教育公平研究译丛　丛书主编　袁振国 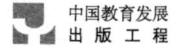 中国教育发展出版工程

科尔曼报告

教育机会公平

［美］詹姆斯·S.科尔曼◎等著
汪幼枫◎译

上册

Equality of Educational Opportunity

华东师范大学出版社

教育公平研究译丛
编委会

主　编：袁振国
副主编：窦卫霖　张春柏
编　委：陈　舒　杜振东　胡　婧　黄忠敬
　　　　李宏鸿　彭呈军　彭正梅　汪幼枫
　　　　吴　波　张　兵　赵　刚　郅庭瑾

Equality of Educational Opportunity (*The Coleman Report*)/by Coleman, James S. on behalf of the U. S. government in 1966

This Chinese translation is published by East China Normal University Press Ltd.

ALL RIGHTS RESERVED.

丛书序言

袁振国

教育公平是人类社会的共同追求,也是衡量一个国家文明水平的重要标志;教育公平涉及千家万户,影响个人的终身发展,是人民群众的重要关切;教育公平既与个人的利益、观念、背景有关,所以众说纷纭、莫衷一是,又取决于历史水平、文明程度,所以不断发展、渐成共识。

教育公平是一个需要不断努力无限接近的目标,在历史的进程中也许可以分为梯度推进的四个阶段:机会公平、条件公平、过程公平和结果公平。机会公平的本质是学校向每个人开门——有教无类;条件公平的本质是办好每一所学校——均衡发展;过程公平的本质是平等地对待每个学生——一视同仁;结果公平的本质是为每个学生提供适合的教育——因材施教。这四个阶段相互关联、相互促进、相辅相成。

机会公平:学校向每个人开门——有教无类

有教无类是 2500 年前孔夫子提出来的教育主张:不管什么人都可以受到教育,不因为贫富、贵贱、智愚、善恶等原因把一些人排除在教育对象之外。[①] 有教无类体现了深厚的人文情怀,颇有超越历史条件的先知先觉气概。有教无类的思想虽然早在 2500 年前就提出来了,但真正做到人人能上学却不是一件容易的事。30 多年前(1986年)我国才以法律的形式提出普及九年制义务教育,经过不懈努力,到 2008 年才真正实现了全国城乡免费九年制义务教育。

作为现代社会的普遍人权,教育公平体现了《世界人权宣言》(1948)的基本精神。《世界人权宣言》第二十六条第一款明确规定:"人人都有受教育的权利,教育应当免

[①] 也有一种说法,认为有教无类是有教则无类的简化,人原本是"有类"的,比如有的智有的愚,有的孝顺有的不肖,但通过教育可以消除这些差别——即便是按照这种说法,也还是强调教育的公平价值。

费,至少在初级和基本阶段应如此。初级教育应属义务性质。技术和职业教育应普遍设立。高等教育应根据成绩而对一切人平等开放。"《中华人民共和国教育法》规定:"公民不分民族、种族、性别、职业、财产状况、宗教信仰等,依法享有平等的受教育机会。"但要做到这一点,需要艰苦的努力和斗争。

拦在有教无类征途上的第一道门槛是身份歧视。所谓身份歧视,就是将人分为高低贵贱的不同身份,赋予不同权利,剥夺多数人受教育的基本权利。古代印度有种姓制度,根据某种宗教体系,把人分成婆罗门、刹帝利、吠舍、首陀罗四个等级,权利和自由等级森严,在四个等级之外还有不入等的达利特,又称贱民,不能受教育、不可穿鞋,也几乎没有社会地位,只被允许从事非常卑贱的工作,例如清洁秽物或丧葬。根据人口普查数据,印度目前有 1.67 亿达利特人,其文盲率竟高达 60%。

拦在有教无类征途上的第二道门槛是智力歧视。所谓智力歧视,就是主张按"智力"赋予权利和资源,而智力被认为是遗传的结果,能人、名人的大脑里携带着聪明的基因,注定要成为卓越人士。英国遗传决定论者高尔顿认为,伟人或天才出自名门世家,在有些家庭里出名人的概率是很高的。高尔顿汇集的材料"证明",在每一个例证中这些人物不仅继承了天才,像他们一些先辈人物所表现的那样,而且他们还继承了先辈才华的特定形态。这种理论迎合了资产阶级的政治需要,成为能人治国、效率分配资源的根据。根据这种理论,有色人种、穷人、底层人士被认为是因为祖先的遗传基因不好,先天愚笨,所以活该不值得受到好的教育。当然这种理论早已被历史唾弃了。

条件公平:办好每一所学校——均衡发展

能不能上学是前提,是教育公平的起点,进不了学校的大门,什么机会、福利都无从谈起。但有学上与上什么学差别很大,同样是九年义务教育,在不同地方、不同学校可能有着完全不同的办学水平。为了加快工业化的进程,在很长时间里我们采取的是农业支持工业、农村支持城市的发展战略,实行的是"双轨制",维持的是"剪刀差",城市和农村的教育政策也是双轨的,不同的教育经费标准,不同的教师工资标准,不同的师生比标准,等等;与此同时,为了集中资源培养一批优秀人才,形成了重点学校或重点班制度,在同一座城市,在同一个街区,不同的学校可能有很大差别。

2002年中国共产党第十六次全国代表大会首次把公平正义作为政治工作的重大主题，把促进公平正义作为政治工作的出发点和归属，教育公平被列为教育最核心的词汇。2004年十六届四中全会提出了"工业反哺农业、城市支持农村"的时代要求。2007年，时任中共中央总书记胡锦涛在当年庆祝教师节的讲话中第一次提出了"把促进教育公平作为国家基本教育政策"的要求，2010年《国家中长期教育改革和发展规划纲要（2010—2020年）》对此做了具体的政策阐释和工作部署，指出：教育公平的基本要求是保障每个公民依法享有公平接受教育的权利；促进教育公平的关键是机会公平，重点是义务教育的均衡发展和帮扶困难人群，主要措施是合理配置公共教育资源（在区域之间向西部倾斜，在城乡之间向农村倾斜，在学校之间向薄弱学校倾斜，在人群之间向困难人群倾斜）。2012年党的十八大继续把促进教育公平作为教育工作的基本方针。"十二五"期间采取了一揽子的计划和措施，促进中国的教育公平水平迈出了重大步伐。我和很多外国朋友进行过交流，他们都充分认可中国在促进教育公平方面的巨大努力和明显进展。

过程公平：平等地对待每个学生——一视同仁

在不同的学校受到的教育不同，在同一校园内甚至坐在同一个教室里也未必能受到同样的教育。这是更深层次的教育公平问题。从政府责任的角度说，促进教育公平的主要措施是合理配置公共教育资源，缩小城乡、区域、学校之间的差距，创造条件公平的环境。但是，对每个具体的学生来说，学校内、班级内的不公平对个体发展的影响更大、更直接，后果更严重。

关注一部分学生，忽视一部分学生，甚至只关注少部分学生，忽视大部分学生的现象并不在少数。只关注成绩优秀的学生，而忽视成绩后进的学生，有人称为"厚待前10名现象"。同在一个学校里，同在一个课堂上，不同学生的学习机会和发展机会大相径庭。由于升学竞争的压力，由于人性自身的弱点，聪明伶俐的、长得漂亮的、家庭背景好的学生很容易受到更多关注，被寄予更大期望，相反，那些不那么"讨喜"的学生就经常会受到冷遇甚至嘲讽。早在20世纪80年代我就做过关于农村学生辍学的调查，发现辍学的学生80%以上并不是因为经济原因，而是因为在班上经常受到忽视、批评甚至嘲讽。上学对他们来说没有丝毫的乐趣，而是经受煎熬，因此他们宁可逃离学校。针对期望效应的心理学研究表明，被寄予更高期望的学生会得到更多的"雨露阳光"，性格会更加活泼可爱，学习成绩也会明显比其他同学提高得更快。优秀的学生、讨喜的学生通常会得到更多的教育资源，比如会得到更多的提问，会得到更多的鼓励，作业会得到更认真的批改，做错了事也会得到更多的原谅。有时候，课堂上的不公平可能比硬件实施上的不公平更严重，对学生成长的影响也更大。怎么把保障每个公民平等接受教育的权利这样一个现代教育的基本理念落到实处，怎样确保平等对待每个学生，保障每个学生得到平等的学习机会和发展机会，是过程公平的问题，需要更细心的维护，需要教育观念和教师素质的更大进步。

结果公平：为每个学生提供适合的教育——因材施教

说到结果公平，首先不得不申明的是，结果公平并不是让所有的人得到同样的成绩，获得同样的结果，这是不可能的，也是不应该的，事实上也从来没有一种公平理论提出过这样的主张，但是这种误解确实有一定的普遍性，所以不得不画蛇添足予以申明。教育公平并不是大家一样，更不是把高水平拉到低水平。所谓教育结果公平是指为每个人提供适合的教育，即因材施教，使每个人尽可能得到最好的发展，使不同家庭背景的学生受到同样的教育，缩小社会差距的影响，阻断贫困的代际传递。正因为如此，教育公平被称为社会公平的平衡器。

"最好"的发展其实也是一个相对的概念，随着社会文明水平和教育能力的提高，"最好"又会变得更好。这里的因材施教也已经不是局限于教育教学层面的概念，而是具有了更为广阔的社会含义。首先，社会发展到较高水平，社会形成了比较健全的人才观和就业观，形成了只有分工不同、没有贵贱之分的社会文化，人人都能有尊严地生活；其次，心理学的研究对人的身心发展规律有了更深刻的认识，对人的身心特点和个性特征可以有更为深刻和准确的认识，人的个性特点成为人的亮点，能够受到充分的尊重；第三，教育制度、教学制度、课程设计更加人性化，教师的教育教学水平得到很大的提高，信息化为个性化教育提供了极大的便利，社会各界都能自觉地围绕以人为本、以学生的发展为中心，给予更好的配合和支持；第四，教育的评价对促进学生的个性发展起到诊断、激励的作用，每个人的不可替代性能得到充分的展现，单一的评价标准，统一的选拔制度，恶性的竞争态势，僵化的课程和教学制度，自不待说大班额等得到根本性的扭转。

因材施教是为相同的人提供相同的教育,为不同的人提供不同的教育,就是在人人平等享有公共资源的前提下,为个性发展提供更好的条件。但区别对待不是等差对待,现在有些学校也在积极探索课程选修制、弹性教学制,试图增强学生的选择性,促进学生有特色地发展,这当然是值得鼓励的,但是有一种潜在的倾向值得注意,就是在分类、分层教学的时候,要防止和反对将优质资源、优秀教师集中在主课和高程度的教学班级,非主课和低程度的班级则安排相对较差的资源和较弱的师资,把分类、分层教学变成了差别教学。

机会公平、条件公平、过程公平、结果公平并不是简单的高低先后的线性关系,而是相互包含、相互影响、相辅相成的。目前机会公平在我国已经得到了相对充分的保障,也可以说有学上的问题已经基本解决,但部分进城务工人员子女、特殊儿童、家庭经济困难学生,地处边远、自然环境恶劣地区的孩子还未能平等地享有义务教育;随着大规模的学校危房和薄弱学校的改造,办学条件的标准化建设,我国的办学条件得到了大跨度的改善,但师资差距在城乡、区域、学校之间并没有得到有效缩小,在某些方面还有拉大的危险;过程公平正在受到越来越多的关注,但远远没有得到应有的重视;结果公平无疑是教育公平向纵深发展的新指向、价值引导的新路标。

在这个时候我们组织翻译《教育公平研究译丛》,就是为了进一步拓展国际视野,借鉴历史成果,也为更好地总结和提炼我们促进教育公平的理论和实践经验,促进世界不断向更高质量、更加公平的教育迈进。译丛一共10册,其中既有专注的理论探讨,也有国际案例的比较研究,既有国家政策的大型调查,也有学校层面的微型访谈,在研究方法上也是多种多样,对我们深化教育公平研究无疑会有多方面的启示。这10册译著的内容摘要如下。

《教育公平:范例与经验》:本书探讨几个紧迫的问题:各国内部和国家之间差距有多大?是否有有效和负担得起的方式可以缩短这些差距?本书的作者是世界各地重要的教育创新者,他们报告了一系列独特的全球案例研究,重点了解世界各地哪些教育项目在解决不公平问题和改善教育成果方面特别有效。

《教育公平:基于学生视角的国际比较研究》:本书记录了学生在学校内外的正义经历,并将这些经历与他们个人正义感的发展和对公平的判断标准联系起来。本书特别关注的一点是向读者呈现那些潜在弱势学生群体的看法和经历。

这一小学生群体包括有学习困难或行为问题的学生,明显较不适合"学术轨道"的新移民学生,以及母语为非主流语言或是来自社会经济贫困阶层的学生。

《生活的交融:亚洲移民身份认同》:本书阐明了新的理论观点、提供新的实证依据,以了解亚洲一些国家和地区的某些移民群体在生活中如何以及为什么把文化、社会、政治和经济的特征与不同地区和聚居地的根本特点相结合。本书的编著者共同推动了交叉性分析新方法的产生。交叉性分析考察大量的因素,如种族、性别、社会阶层、地理位置、技能、文化、网络位置和年龄是如何相互影响,从而进一步危害或改善人们获得所需资源的途径。

《教育、公正与人之善:教育系统中的教育公平与教育平等》:本书把对教育公正的思考与对人之善和教育目的的思考结合起来,揭示出:仅对某些分配模式作出评估还远远不够;还必须澄清分配物的价值。从这种意义上来说,对教育价值的深入思考也是解释教育公正的一部分。

《幻想公平》:本书作者探讨了平等和教育问题,特别是平等和质量之间的冲突,之后他转而探讨了诸如社会阶层之类的社会因素与教育公平之间的关系。同时,他还讨论了知识社会学的新支持者们的观点,这些人声称不平等的原因在于我们组织知识以及将知识合法化的传统方式。最后,他将注意力转向文化问题以及建立一个共同课程的愿望。在书的最后,作者犹犹豫豫地声明自己是个非平等主义者——并非因为他强烈反对平等,而是因为他热烈地相信质量之于教育的重要性。他无法理解在当前对平等主义政策趋之若鹜的情况下,教育的质量如何能够得到保证。这是一本极具争议的书,它既通俗易懂,又别出心裁,同时也不乏严厉的批评。

《科尔曼报告:教育机会公平》:该报告根据美国《1964年民权法案》的要求,经过广泛调查,以白人多数族群所获得的机会为参照,记录了公立学校向少数族裔的黑人、波多黎各人、墨西哥裔美国人、东亚裔美国人,以及美国印第安人提供公平教育机会的情况。该报告的比较评估建立在区域性及全国性的基础上。具体而言,该报告详细介绍了少数族裔学生和教师在学校里面临的种族隔离程度,以及这和学生成绩之间的关系,衡量因素包括成绩测试,以及他们所在的学校类型。调查结果中值得注意的是,黑人学生和教师在很大程度上被以不公平的方式与白人师生隔离,少数族裔学生的成绩普遍低于白人学生,并且更容易受到所在学校质量的影响。

《日趋加大的差距：世界各地的教育不平等》：经济增长究竟是造就了机会的开放（如社会民主国家），还是导致公众为公立教育机构的少数名额展开激烈竞争（如福利制度较薄弱的发达国家）；民办高等教育的惊人增长，一方面弥补了高等教育机会的缺口，但另一方面也给部分家庭带来了严重的债务问题，因为这些家庭必须独自承担这种人力资本积累。在不平等日益扩大的背景下，世界各国展开了对教育优势的竞争。对于理解这个现象，比较研究是一种至关重要的方法。本书对该问题研究的贡献在于：在对不同教育体系进行描述之外，展开详细的国家案例研究。

《教育的社会公平手册》：作者指出教育的社会公平并不是什么新的理念，也不是又一个对现状修修补补的改革倡议，教育的社会公平是民主社会教育和教学的根基，是民主建设的基石。我们将迎来一个文明先进、充满希望的黄金时代，在这个时代，儿童会成为最受瞩目的社会成员，而教学将回归本真，被视为最重要、最高尚的事业。这一点虽然在政策和实践上会有分歧，但却很少被公开质疑。本书将作为教育改革斗争中的一件利器，提醒我们教育不可改变的核心地位。社会公平教育是建立在以下三大基石或原则之上的：1. 公平，即公平性原则；2. 行动主义，即主动性原则；3. 社会文化程度，即相关性原则。

《教育、平等和社会凝聚力：一种基于比较的分析》：本书采用不同的方法，主要关注两个问题：一是社会层面，而非个体、小群体及社区层面的社会凝聚力；二是教育如何影响以及在什么背景下影响这种社会凝聚力。因此，本书所探讨的是最广义上的社会凝聚力结果，作者们不仅从融入劳动力市场的角度，而且从可能与社会凝聚力相关的更广泛的社会属性角度对这个问题进行了探讨，后者包括收入不平等的结构性、社会性和经济性议题：收入低下，社会冲突，以及基于信任、容忍度、政治投入与公民自由的各种文化表现形式。

《学校与平等机会问题》：本书聚焦大众教育中的"平等—效率"困境。如今的很多教育研究将目光投向教育改革，人们期待那些改革能关注平等机会这个问题。西方国家的学校也探索了许多替代方案，诸如去分层化、更灵活的课程、重视子女的自我观感胜过重视他们的学业成绩、通过测试来确保没有子女掉队，以及为低收入家庭提供选择。本书研究者收集到的证据表明，尽管展现了一些进步的可能通道，他们仍然对于很多学校所采取的激进的改变机会结构的政策的有效性提出了质疑。根据目前所知，人们不宜期望短期能出现奇迹。最好的方法就是通过一个高效的教育体系来挑战每位受教育者,让他们都实现自己的潜力。在那个意义上,一个高效的教育体系也有助于实现平等。

2018 年 5 月

教育机会公平

詹姆斯·S.科尔曼,约翰·霍普金斯大学
以及
厄内斯特·Q.坎贝尔,范德堡大学
卡罗尔·J.霍布森,美国教育厅
詹姆斯·麦克帕特兰,美国教育厅
亚历山大·M.穆德,美国教育厅
弗雷德里克·D.魏因费尔德,美国教育厅
罗伯特·L.约克,美国教育厅

美国卫生、教育与福利部
约翰·W.加德纳,部长
教育厅,哈罗德·豪二世

报告概略

《科尔曼报告：教育机会公平》是根据《1964年民权法案》的要求，经过广泛调查，以白人多数族群所获得的机会为参照，记录了公立学校向少数族裔的黑人、波多黎各人、墨西哥裔美国人、东亚裔美国人以及美国印第安人提供公平教育机会的情况。该报告的比较评估是建立在区域性及全国性的基础上。具体而言，该报告详细介绍了少数族裔学生和教师在学校里的种族隔离程度，以及这和学生成绩之间的关系，衡量因素包括成绩测试以及他们所在的学校类型。教育质量的评估依据包括课程设置，学校设施如课本、实验室和图书馆，学术实践如能力和成绩测试以及学校中教师和全体学生的个人、社会及学术特征。此外，报告中还包括关于少数族裔儿童未来教师的讨论、取消学校种族隔离的案例研究、少数族裔的高等教育状况以及学校辍学率调查。附录中提供了本次调查研究程序的相关信息。调查结果中值得注意的是，黑人学生和教师在很大程度上被以不公平的方式与白人师生隔离，少数族裔学生的成绩普遍低于白人学生，并且更容易受到所在学校质量的影响。

致

美国总统

参议院主席

众议院议长

本报告应《1964年民权法案》第402条的要求而提交：

第402条：教育厅长必须在本法案颁布后两年内组织一次调查，在美国的所有领土、领地以及哥伦比亚特区的范围内，考察在所有层次的公共教育机构中，由于种族、肤色、宗教信仰或民族出身不同而使个人丧失公平教育机会的情况，并向总统和国会提交报告。

本法案所要求的调查已完成，其主要发现将在本报告概要部分加以简述。更详细的信息将在完整报告中分八个章节进行全面陈述。完整报告还详细描述了调查设计和程序以及调查采用的测试类型；该测试包括发放给教育总监、校长、教师和学生的调查问卷，作为研究的一部分。

在开展调查时，六个种族和族群受到了关注，分别是：黑人、印第安人、东亚裔美国人、居住在美国大陆的波多黎各人、墨西哥裔美国人以及除了墨西哥裔美国人和波多黎各人之外的白人——他们往往被称为"多数族群"或简称为"白人"。这些身份术语的使用并非是人类学意义上的，而是反映了社会类属，在美国，人们借此进行自我身份识别以及被他人进行身份识别。

从最广泛的意义上来说，本次调查致力于回答四个重要问题。

第一个问题是，在公立学校中，种族和族群之间相互隔离到什么程度？

第二个问题是，学校是否根据一些被视作教育质量优秀指标的其他标准提供了公平的教育机会？这是一个难以回答的问题，要解答它，需要对学校的许多特征进行描述。

其中一些特征是有形的，如实验室、课本、图书馆及诸如此类设施的数量。还有一些与学校提供的课程有关——包括学术、商业和职业培训课程，以及与学术实践有关，如对能力和成绩测试进行管理并根据学生的推定能力进行"分班"。另外一些层面则比较抽象，其中包括在校教师的特征——如他们的教育背景、教学经验、工资水平、语言能力和他们表现出来的态度倾向。在研究框架允许的范围内，也对学校全体学生的特征进行了评估，以便对学生的社会经济背景、家长的教育背景、学生对自己的态度、学生决定自己命运的能力以及他们的学术志向作一些粗略的描述。

上述特征可称作"学校输入"，通过研究它们，我们只能获得部分关于教育公平或不公平的信息。我们还需要考察"学校输出"，即它们所产生的结果。因此，第三个重要问题是，如果用标准化成绩测试对学生的表现进行衡量的话，学生究竟学到了多少？

第四个问题是，努力了解学生的成绩和他们所上的学校之间可能存在的关系。

我的工作人员和顾问们曾就该项目向他们提供帮助，他们认为，美国缺乏公平教育机会并非调查结果的最后定论。但他们的确认为，本次调查工作进行得足够谨慎，对其结果的诠释也足够谨慎，因此调查结果对那些关心美国公共教育的人而言是有用的。

该报告并未根据调查结果对联邦、州或地方政府机构提出任何旨在改善教育机会的政策或方案建议。在未来的几个月里，美国教育厅将安排自己的工作人员在顾问的帮助下，确定如何利用调查结果来增加所有美国公民的教育机会。我们鼓励其他公共和私人团体也这么做，并且很乐意与寻求在这份调查报告的基础上采取建设性行动者进行合作。

哈罗德·豪二世
美国教育厅长
1966年7月2日

目 录

调查	1
1.0 报告概要	1
1.1 公立学校中的种族隔离	3
1.2 学校及其特征	5
1.3 公立学校中的成绩	25
1.4 学校特征与成绩的关系	27
1.5 其他调查和研究	29
2.0 学校环境	49
2.1 概述	51
2.2 学校设施、服务和课程	65
2.3 学校教师特征	145
2.4 同学特征	222
2.5 北部和西部大城市地区	248
2.6 南部大城市地区	252
2.7 南部非大城市地区	257
2.8 其他少数族群	261
2.9 边远地区学校特征	263
3.0 学生成绩和动机	269
3.1 学校教育结果	271
3.2 学校因素与成绩的关系	346
3.3 种族融合与成绩	408
4.0 少数族群的未来教师	413
4.1 未来教师和其他9年级学生的比较	417
4.2 未来教师和其他12年级学生的比较	419
4.3 未来教师和其他大学一年级学生的比较	421

4.4	未来教师和其他大学四年级学生的比较	424
4.5	教师和未来教师的语言能力和其他测试分数	426
4.6	教师的地点和迁移	430
4.7	学校的黏附力	432
4.8	教师：留用潜力	435
4.9	选择性派任过程	439
4.10	缺乏经验的教师的教学境况和教学偏好	444
4.11	学校在未来教师中的差别性吸引力	447
4.12	1965年大学中未来教师的选定特征	458
5.0	**高等教育**	463
5.1	数据的一般描述	465
5.2	数据的表格描述	468
5.3	高校中黑人学生所占比例的变化	529
5.4	可授予攻读博士学位、有系统化研究预算、拥有AAUP和PBK分会的院校比例	550
5.5	基于高校类型的少数族群分布状况	555
6.0	**辍学状况**	561
6.1	1960年人口普查测量的辍学状况	563
6.2	1965年10月期间16和17岁人口辍学率	575
6.3	1965年10月期间14到19岁人口辍学率	581
7.0	**学校种族融合的案例研究**	585
7.1	信息匮乏	587
7.2	少数族群儿童的表现	593
7.3	小社区遵行种族融合法律的情况	598
7.4	旨在实现小学种族平衡的自愿转校计划	603
7.5	初中阶段废除种族隔离和重新划分学区	610
7.6	高中阶段的种族平衡计划	619
7.7	某职业学校中的种族隔离状况	627
7.8	综合性大学与废除学校种族隔离的关系	633

8.0	专题研究	635
8.1	"领先"项目	637
8.2	与家中使用外语有关的不利因素	682
8.3	辅导员	691
8.4	职业教育	709
9.0	附录	713
9.1	公函	715
9.2	样本设计	717
9.3	数据采集与处理	726
9.4	估计值的计算	730
9.5	抽样变异性	735
9.6	回应率	740
9.7	问卷回应的可靠性	746
9.8	回归分析的技术细节	751
9.9	调查工具	759
9.10	相关表格	762
	学校调查测试的说明和样题	762
	学校调查测试——1年级	777
	学校调查测试——3年级	792
	学校调查测试——6年级	810
	学校调查测试——12年级	827
	学校调查测试——校长问卷	853
	学校调查测试——教师问卷	874
	学校调查测试——教育总监问卷	895
	大学调查测试——校长手册大学协调员手册	912
	大学调查测试——毕业班学生	922

调查

鉴于教育机会对于当今许多重要社会问题而言具有根本性意义,国会要求对本报告中所汇报的教育机会进行调查。当然,本次调查仅仅是当前广泛而形式多样的工作中的一小部分,展开这些工作的众多机构和人士都在努力了解与少数族群儿童教育相关的关键因素,以便建立一个健全合理的基础,为改善这些儿童的教育状况提供建议。这是一项长期、艰巨的任务,本次调查的主要贡献或许就是,有史以来第一次依据统一的规范在全美国的范围内进行了广泛的数据收集工作。

这些数据是在1965年下半年收集的,因此教育厅利用手头的几个月时间进行了一些简要的数据分析工作,以便确定数据所显示的一些更为直接的意义,并将分析结果纳入本报告中。教育厅属下的一个小组将展开持续的分析工作。更重要的是,这些数据将被提供给各地的研究人员,以便他们能够自行展开分析,并且能够将数据应用到各自专门的考察领域。

这项调查是由美国教育厅属下的国家教育统计中心负责展开的。除了自己的工作人员外,该中心还聘用了外部顾问和承包人。这次调查的设计、管理和分析主要由约翰霍普金斯大学的詹姆斯·科尔曼负责。范德堡大学的厄内斯特·坎贝尔分担了这一责任,他特别负责领衔大学方面的调查。被指派专职参与调查的国家教育统计中心工作人员包括:卡罗尔·霍布森,詹姆斯·麦克帕特兰,弗雷德里克·魏因费尔德,以及罗伯特·约克。被指派兼职参与调查的工作人员包括:戈登·亚当斯,理查德·巴尔,L.比绍夫,O.吉恩·布兰德斯,基思·布鲁奈尔,马乔里·钱德勒,乔治·J.科林斯,亚伯拉罕·弗兰克尔,杰奎琳·格里森,福雷斯特·哈里森,尤金·希金斯,哈利·莱斯特,弗兰西斯·纳塞塔,黑兹尔·普尔,布朗森·普莱斯,詹姆斯·K.洛克斯,弗兰克·L.锡克,塞缪尔·施洛斯,伊凡·塞伯特,艾丽斯·汤普森,爱德华·扎布洛斯基,以及朱迪·辛特。

位于新泽西州普林斯顿的教育考试服务中心是公立学校调查的主要承包者,调查在罗伯特·J.索罗门和约瑟夫·L.博伊德的领导下进行。它提供了现成的已发表的测试题目供调查使用,并且负责用这些测试题目及由统计中心工作人员制定的特别问卷进行测试调查。教育考试服务中心的艾伯特·E.比顿依照统计中心工作人员提供的规范进行了计算机分析。

佛罗里达州立大学是辍学研究的承包方，该研究由查尔斯·南、刘易斯·罗茨和罗伯特·赫里奥特负责进行。人口普查局将本次调查作为其1965年10月现时人口调查的一部分，并对数据进行了处理。

西北大学的雷蒙德·W.麦克所领导的社会学家团队在十座美国城市中进行了少数族群教育的案例研究。该团队的成员包括：特洛伊·达斯特，迈克尔·艾肯，N.J.德梅拉斯三世，玛格丽特·朗，鲁思·西姆斯，汉密尔顿·赫伯特·R.巴林杰，罗瑟琳·J.德沃金，约翰·皮斯，波妮·雷姆斯伯格，以及A.G.德沃金。对于由事实上存在的种族隔离所带来的法律和政治问题，威斯康星大学的G.W.福斯特所领导的律师团队在七座美国城市中进行了案例研究。该团队的成员包括：小威廉·G.巴斯，约翰·E.库恩斯，威廉·科恩，埃拉·迈克尔·海曼，拉尔夫·赖斯纳，约翰·卡普兰，以及罗伯特·H.马登。

其他对该报告做出贡献的非教育厅职员包括：戴维·阿莫，菲利普斯·奥特莱特，詹姆斯·芬尼西，珍妮特·霍普金斯，南希·卡威特，吉墨·伦纳德。普林斯顿大学的约翰·图基在回归分析设计方面提供了咨询帮助。

一个顾问委员会负责协助研究设计和开发执行程序。该委员会没有参与数据分析或编撰最终报告。其成员包括：

小詹姆斯·E.艾伦，纽约州教育局长

安妮·阿纳斯塔西，福特汉姆大学

文森特·J.布朗，霍华德大学

本杰明·E.卡迈克尔，查塔努加教育总监

约翰·B.卡罗尔，哈佛大学

奥蒂斯·杜德利·邓肯，密歇根大学

沃伦·G.芬德利，佐治亚大学

埃德蒙·W.戈登，叶史瓦大学

戴维·A.戈斯林，罗素塞奇基金会

卡尔·F.汉森，哥伦比亚特区公立学校教育总监

詹姆斯·A.黑兹利特，堪萨斯城教育总监

塞隆·A.约翰逊，纽约州教育部

西德尼·P.马兰，匹兹堡教育总监

詹姆斯·M.纳布里特,霍华德大学校长

托马斯·F.佩蒂格鲁,哈佛大学

克林顿·C.特里灵汉姆,洛杉矶县教育总监

沃伦·T.怀特,达拉斯公立学校教育总监

史蒂芬·J.赖特,费斯克大学校长

在本次调查的早期设计阶段,我们曾向大量教育工作者进行过非正式咨询,他们的名字就不在此一一列举了。与此同时,我们也向一些组织的代表进行了咨询,特别是以下人士:全国有色人种促进协会法律辩护与教育基金会的勒罗伊·克拉克和约翰·W.戴维斯;全国有色人种促进协会朱恩·沙格罗夫;争取种族平等大会的卡尔·拉克林和马文·里奇;美国犹太人委员会的麦克斯·伯恩鲍姆,劳伦斯·布鲁姆加登和以赛亚·特曼;全国城市联盟的奥蒂斯·芬利和玛伦·普里尔;反诽谤联盟的哈罗德·布雷弗曼;南方基督教领袖会议的伦道夫·布莱克威尔;美国大兵论坛的鲁迪·拉莫斯;美国少数民族组织全国联合会的保罗·M.迪克;以及美国民权委员会的伊丽莎白·R.科尔[①]。

到目前为止,对这次调查的最大贡献来自各个教育层面的数以百计的学校官员,他们不辞劳苦,配合支持我们的工作,此外还有全国各地近 20 000 名中小学教师,他们在自己的班级中为我们开展问卷调查。

教育厅将把在这次调查中采集的所有数据提供给研究人员。数据采集必须以表格或统计数字的形式完成,不得透露任何关于学生个人、教师个人、当地或州学校管理者个人、地方或州学校系统的信息。

亚历山大·M.穆德
教育统计中心主任助理

---

① 已故。

1.0
报告概要

1.1 公立学校中的种族隔离   3
1.2 学校及其特征   5
1.3 公立学校中的成绩   25
1.4 学校特征与成绩的关系   27
1.5 其他调查和研究   29

1.1 公立学校中的种族隔离

美国大多数儿童所上的学校基本上都采取种族隔离政策——也就是说，在学校里，几乎所有学生都具有相同的种族背景。在少数族裔群体中，黑人是迄今为止受隔离程度最高的。然而，如果把所有群体都考虑进去，则白人儿童的受隔离程度最高。在所有1到12年级的白人小学生中，有将近80%是在白人学生比例高达90%到100%的学校就读。1年级中有97%、12年级中有99%在白人学生比例为50%以上的学校就读。

对黑人小学生而言，种族隔离在南方几乎是全面实行的（对白人而言也是如此）。但是在美国所有其他地区这种现象也广泛存在，黑人人口十分集中，包括北部、中西部和西部的城市地区。

在所有一年级的黑人小学生中，有超过65%是在黑人学生比例高达90%到100%的学校就读。1年级中有87%、12年级中有66%在黑人学生比例为50%以上的学校就读。在南方，大多数学生就读的学校都是由100%的白人学生或黑人学生构成。

在黑人和白人学生的教师中，也存在着同样的种族隔离模式，只是没有那么严重而已。就整个美国而言，普通黑人小学生就读的学校中有65%的教师是黑人；普通白人小学生就读的学校中有97%的教师是白人。在中学阶段，白人教师更占主导地位，相应的数字分别是59%和97%。教师和学生的种族匹配现象在南方最为明显，按照传统，在那里是全面实行这种制度的。从全国范围来看，在没有对学生和教师进行种族匹配的学校里，所有趋势都是朝着同一个方向：白人教师教黑人儿童，但黑人教师很少教白人儿童；正如在各所学校中，种族融合主要体现在少数黑人学生上白人学生数量占显著优势的学校，但几乎从来不会有少数白人学生去上主要由黑人学生构成的学校。

在1954年废除种族隔离的判决中，最高法院判定，黑人和白人儿童的种族隔离学校本身是不公平的。这项调查发现，依照这一标准去衡量，在美国的大部分地区，美国公共教育在很大程度上仍然是不公平的，包括所有那些黑人占据显著人口比例优势的地区。然而，很显然，这并不是唯一的标准。本摘要的下一节将描述其他一些特征，通过它们可以对教育机会公平进行评估。

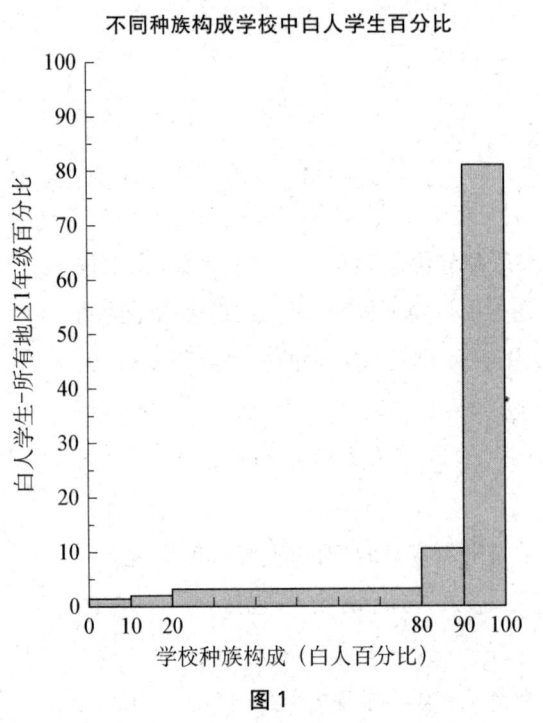

图 1

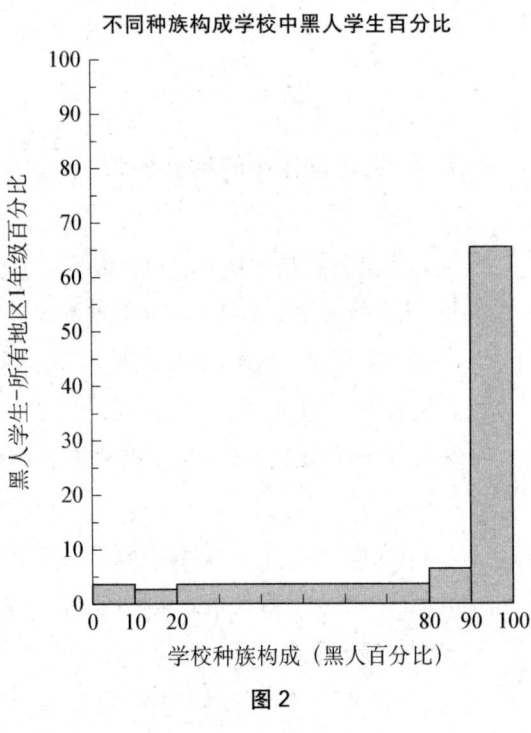

图 2

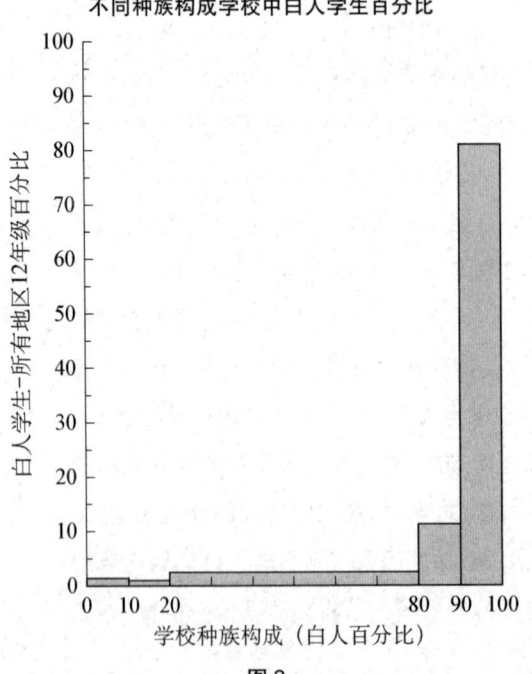

图 3

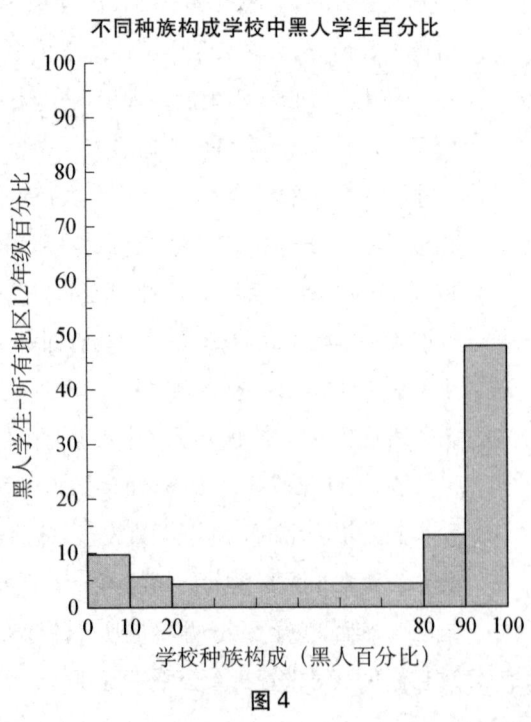

图 4

1.2 学校及其特征

一名儿童的学校环境由众多要素组成,从他的课桌到坐在他旁边的孩子,还包括站在其班级前面的教师。统计调查只能针对这一环境提供不完整的证据。

本书中提供了大量数据,像这样的数据——包括总数、平均值和百分比——都是模糊而晦涩的,并不能让它们所代表的变化范围变得清晰明朗。例如,如果你读到马里兰州的人均年收入是3 000美元,你就会倾向于想象一个普通人生活在一个中产阶级社区的中等环境中,拥有一份普通的职业。但这个数字的最高端代表着百万富翁,最低端则代表着失业者、养老金领取者、女佣。因此,3 000美元的平均收入应该让我们同时想到大亨和流浪汉、豪宅和陋室,以及住在普通住宅里的普通人。

因此,同理,在阅读这些关于教育的统计数字时,你必须想到,有的孩子就读的学校拥有你可以想到的所有据信能加强教育过程的设施,他的教师可能特别有天赋并且受过良好的教育,而且他的家庭和整个社区本身就对他的教育和成长起到了强大的促进作用。同时,你也必须想到,有的孩子生活在阴暗的廉租公寓区,他可能会饿着肚子去一座老旧、肮脏的校舍里上学,那里通风不良、光线昏暗、拥挤、教职人员不足,而且没有充足的课本。

而且,统计数字一次只能处理一个问题,这样一来,其中的累积效应往往会缺失。拥有一位没有大学学位的教师意味着某种不利因素,但是在具体情况下,一名儿童的教师可能不仅没有学位,而且还是在当地社区长大并接受学校教育的,他从来没有离开过这个州,词汇量只有10年级水平,而且抱持的是当地社区的观念态度。

你还必须意识到特定之物对于特定之人的相对重要性。就像一块面包对一个饥肠辘辘的人而言比对一个过饱的人而言重要得多。所以一本非常好的课本,或者,比这更好的,一位很有能力的教师,对于一名贫困儿童而言可能比已拥有两者不少的儿童而言重要得多。

最后,应该牢记的是,在关于南方黑人受到不公平待遇的案例中,所涉及个体的实际数量意义十分重大,因为达到学龄的黑人人口中的54%,也就是大约320万名儿童就生活在那个区域。

本概要部分中的所有研究结果报告都是基于由公立学校教师、校长、学区教育总监和学生填写的调查问卷回答。这些数据是在1965年9月到10月间从4 000所公立学校收集的。这些学校中的所有教师、校长和学区教育总监都参加了调查,此外还有3年级、6年级、9年级和12年级的所有学生。这些学校中的1年级学生有一半参加了调查。共有超过645 000名学生参与了这项调查。大约有30%被选中参与调查的学校最终没有参与。一项关于未参与学校的分析表明,他们的参与并不会显著改变调查结果。具体参与率如下:北部和西部大城市地区,72%;南部和西南部大城市地区,65%;北部和西部非大城市地区,82%;南部和西南部非大城市地区,61%。

所有有关学校物质设施及学术和课外课程的统计数字均以教师及行政人员提供的信息为依据。他们还提供了有关他们自身的教育背景、教学经验和教育理念的信息,并且从自己的视角描述了他们的学校所服务社区的社会经济特征。

有关学生个人的社会经济背景、父母教育水平和家中某些物品(如百科全书、日报等等)的统计数据是基于学生对问卷的回答。学生们还回答了有关其学术志向和对继续在校深造的看法的问题。

所有个人和学校数据都是保密的,只用于统计目的。收集的问卷上都不署名,也没有答卷人的其他个人识别标识。

对黑人和白人儿童的数据划分依据是学校是否地处大城市地区。对大城市地区的定义即为政府机构常用的定义:一座居民人数超过50 000的城市,包括其郊区。所有其他位于小城市、小镇或农村地区的学校都被称为非大城市地区学校。

最后,在大多数表格中,对黑人和白人儿童的数据是按地理区域进行划分的。大城市地区学校通常按照以下五个区域进行划分:

  东北部——康涅狄格州,缅因州,马萨诸塞州,新罕布什尔州,罗得岛州,佛蒙特州,特拉华州,马里兰州,新泽西州,纽约州,宾夕法尼亚州,哥伦比亚特区。(根据1960年人口普查数据,该区域中居住着美国大约16%的黑人儿童和20%的白人儿童,年龄在5至19岁之间。)

  中西部——伊利诺伊州,印第安纳州,密歇根州,俄亥俄州,威斯康星州,艾奥瓦州,堪萨斯州,明尼苏达州,密苏里州,内布拉斯加州,北达科他州,南达科他州。(包括16%的黑人儿童和19%的白人儿童,年龄在5至19岁之间。)

  南部——亚拉巴马州,阿肯色州,佛罗里达州,佐治亚州,肯塔基州,路易斯安那州,密西西比州,北卡罗来纳州,南卡罗来纳州,田纳西州,弗吉尼亚州,西弗吉尼亚州。(包括27%的黑人儿童和14%的白人儿童,年龄在5至19岁之间。)

西南部——亚利桑那州,新墨西哥州,俄克拉何马州,得克萨斯州。(包括4%的黑人儿童和3%的白人儿童,年龄在5至19岁之间。)

西部——阿拉斯加州,加利福尼亚州,科罗拉多州,夏威夷州,爱达荷州,蒙大拿州,内华达州,俄勒冈州,犹他州,华盛顿州,怀俄明州。(包括4%的黑人儿童和11%的白人儿童,年龄在5至19岁之间。)

非大城市地区学校通常只按照三个区域进行划分:

南部——同上(包括27%的黑人儿童和14%的白人儿童,年龄在5至19岁之间)

西南部——同上(包括4%的黑人儿童和2%的白人儿童,年龄在5至19岁之间)

北部和西部——所有不在南部和西南部的各州(包括2%的黑人儿童和17%的白人儿童,年龄在5至19岁之间)

非黑人少数族群的数据只在全国范围的基础上提供,因为没有足够的案例证明有必要根据地区进行划分。

设施

下页中的两个表格(表1为小学,表2为中学)列举了学校的某些特征以及在具有这些特征的学校就读的各族裔学生的百分比。在标明为"平均值"的地方,数字代表了实际数字而非百分比。从左到右,在全国范围内对六个组别给出了百分比或平均值;接着,根据区域和大城市-非大城市的划分对黑人和白人获得各类设施的情况进行了比较。

因此,在表1中可以看出,就全美范围而言,在白人儿童就读的小学里,每间教室的平均学生数(29)少于任何一所少数族群小学(人数从30到33不等)。在表格靠右的部分,是对白人和黑人的区域划分,可以看到,在一些地区,全国范围内的模式被颠倒过来:比如,在北部、西部和西南部的非大城市地区,黑人每间教室的平均学生数量要少于白人。

表2中相同的项目表明,在中学,白人每间教室的平均学生数量比少数族群要少,只有印第安人除外。然而,在根据区域划分进行考察时,会发现比全国平均值显著得多的差异:例如,在中西部的大城市地区,黑人平均每54名学生拥有一间教室——这可能反映了相当高频率的两个班级共用一间教室的做法——与之相比,白人平均每33名学生拥有一间教室。在全国范围内,在中学阶段,平均每22名白人学生拥有1名教师,平均每26名黑人学生拥有1名教师(见表6b)。

表 1 具有左侧所列学校特征的小学中的学生百分比（除非标明是平均值），1965 年秋

特征	全国 MA	PR	IA	OA	Neg	Maj	非大城市地区 北部和西部 Neg	Maj	南部 Neg	Maj	西南部 Neg	Maj	东北部 Neg	Maj	大城市地区 中西部 Neg	Maj	南部 Neg	Maj	西南部 Neg	Maj	西部 Neg	Maj
校舍年龄:																						
不到20年	59	57	66	61	63	60	48	54	72	34	73	40	59	31	28	63	77	75	52	89	76	80
20—40年	18	18	20	20	17	20	35	13	21	43	17	28	23	23	18	18	11	20	27	10	14	9
至少40年	22	24	13	18	18	18	17	32	4	20	9	29	18	43	53	18	12	4	21	1	7	7
每间教室平均学生数	33	31	30	33	32	29	25	28	34	26	21	31	30	33	34	30	30	31	39	26	37	31
会堂	20	31	18	21	27	19	3	5	16	40	14	19	27	56	10	40	20	21	11	1	47	12
餐厅	39	43	38	30	38	37	41	33	46	64	47	54	24	41	22	45	34	32	48	38	34	14
体育馆	19	27	20	14	15	21	21	8	15	31	15	21	36	46	19	49	6	5	13	17	0	8
医务室	59	62	64	77	71	68	52	52	49	44	38	39	74	74	79	90	81	76	59	48	93	96
全职图书管理员	22	31	22	24	30	22	4	13	32	22	5	11	22	46	15	43	38	50	11	12	19	13
免费课本	80	82	80	85	84	75	73	56	70	94	99	98	72	100	54	98	84	82	83	65	98	100
学校有数量充足的课本	90	87	91	93	84	96	97	99	76	60	97	96	99	90	99	97	74	98	82	84	95	90
使用不到4年的课本	66	68	60	52	67	61	66	51	60	77	47	85	67	57	59	56	71	91	76	53	77	77
学校中央图书馆	69	71	72	83	73	72	44	58	74	87	48	75	57	83	70	89	79	69	59	33	81	95
免费午餐计划	64	73	66	52	74	59	61	50	87	94	83	70	42	50	48	43	90	85	74	82	65	47

注：在本概要部分，分组标识缩写为：MA—墨西哥裔美国人；PR—波多黎各人；IA—美国印第安人；OA—东亚裔美国人；Neg—黑人；Maj—多数族群或白人

表 2 具有左侧所列学校特征的中学特征的中学中的学生百分比(除非标明是平均值),1965 年秋

特征	全国					非大城市地区											大城市地区									
						北部和西部			南部			西南部			东北部			中西部			南部			西南部			西部		
	MA	PR	IA	OA	Neg	Maj	Neg	Maj	Neg	Maj	Neg	Maj	Neg	Maj	Neg	Maj	Neg	Maj	Neg	Maj	Neg	Maj	Neg	Maj
校舍年龄:																								
不到 20 年	48	40	49	41	60	53	64	35	79	52	76	44	18	64	33	43	74	84	76	43	53	79
20—40 年	40	31	35	32	26	29	15	26	13	33	22	46	41	20	38	37	18	14	16	56	46	19
至少 40 年	11	28	15	26	12	18	21	38	3	15	3	10	40	15	29	20	3	0	6	1	2	3
每间教室平均学生数	32	33	29	32	34	31	27	30	35	28	22	20	35	28	54	33	30	34	28	42	31	30
会堂	57	68	49	66	49	46	32	27	21	36	56	68	77	72	51	44	49	40	67	57	72	45
餐厅	72	80	74	81	72	65	55	41	65	78	78	97	88	73	55	54	77	97	75	63	77	79
体育馆	78	88	70	83	64	74	51	52	38	63	71	71	90	90	75	76	52	80	70	77	99	95
电动工具工作坊	96	88	96	98	89	96	97	96	85	90	88	91	67	97	99	100	89	90	92	97	100	100
生物实验室	95	84	96	96	93	94	99	87	85	88	93	96	83	94	100	99	95	100	100	97	100	100
化学实验室	96	94	99	99	94	98	98	97	85	91	92	95	99	99	100	100	94	100	100	97	100	100
物理实验室	90	83	90	97	80	94	80	90	63	83	74	93	92	99	94	96	83	100	96	97	76	80
语言实验室	57	45	58	75	49	56	32	24	17	32	38	19	47	79	68	57	48	72	69	85	95	87
医务室	65	77	77	69	70	75	47	56	53	45	23	47	96	99	70	83	83	83	74	63	71	99
全职图书管理员	84	93	85	98	87	83	53	58	69	76	67	61	97	99	99	94	96	99	71	100	99
免费课本	74	79	78	88	70	62	42	53	51	43	94	92	98	91	67	39	58	34	98	97	99	86

续　表

特征	全国 MA	PR	IA	OA	Neg	Maj	非大城市地区 北部和西部 Neg	Maj	南部 Neg	Maj	西南部 Neg	Maj	大城市地区 东北部 Neg	Maj	中西部 Neg	Maj	南部 Neg	Maj	西南部 Neg	Maj	西部 Neg	Maj
数量不足的课本	92	89	90	96	85	95	99	99	79	91	97	100	94	99	98	100	69	97	94	57	96	96
使用不到4年的教材	58	68	65	55	61	62	77	56	64	54	73	66	55	59	51	67	56	65	59	82	59	67
学生人均拥有图书馆图书数量	8.1	6.2	6.4	5.7	4.6	5.8	4.5	6.3	4.0	6.1	8.1	14.8	3.8	5.3	3.5	4.8	4.5	5.7	5.6	3.7	6.5	6.3
免费午餐计划	66	80	63	75	74	62	58	54	89	88	61	82	66	52	74	63	79	79	89	52	47	54

因此,这些表格显然必须仔细研究,特别要注意区域划分,因为这往往会比全国平均值提供更多有意义的信息。这种细致的研究将表明,完全一致的模式是不存在的——也就是说,少数族群并非在所有列出的项目中都处于劣势——但是,仍然存在着一些明确的和系统化的差异倾向。在全国范围内,黑人学生拥有的某些看似与学术成就最相关的设施较少;他们拥有的物理、化学和语言实验室较少;平均每个学生在他们的图书馆中拥有的图书数量较少;他们的课本供应不太充足。就物质设施对学习的重要程度而言,这些东西显得比其他一些设施更为重要,如餐厅,而少数族群则在后者占有优势。

然而,比多数-少数族群差异更显著的往往是地区差异。例如,表2显示,在远西部的大城市,有95%的黑人中学生和80%的白人中学生就读的学校有语言实验室;而在南部大城市地区,对应的数字则分别为48%和72%,尽管在南部,建校不足20年的学校比例更高。

最后,一定要始终记住,这些统计数据只表明了多数-少数族群的平均差异和地区平均差异;它们并不能显示将一所学校与另一所学校进行对比时会发现的极端差异。

课程

表3和表4总结了一些关于学校课程、管理和课外活动的调查结果。这些表格的组织方式与表1和表2相同,应该以同样的方法加以研究,并且同样要特别注意地区差异。

对这些表格的研究所揭示的模式类似于表1和表2。正如少数族群往往获得较少的看似与学术成就有关的物质设施,他们能获得的看似有类似关系的课内和课外课程也较少。

黑人中学生在获得地方认证的学校就读的可能性较小,这在南方尤为明显。黑人和波多黎各学生获得大学预备课程和速成课程的机会较少;波多黎各人获得职业课程的机会也较少。在黑人和波多黎各人的学校里进行的智力测试较少。最后,白人学生一般有更多机会参加更成熟的课外活动项目,特别是那些可能与学术相关的(例如辩论队和学生报纸)。

地区差异又一次十分显著。例如,在远西部的大城市地区,100%的黑人中学生和97%的白人中学生就读的学校里有一位矫正阅读教师(当然,这并不意味着每位学生都会接受那位教师的辅导,但是他可以接触到所有学生),而在南部大城市地区,对应的数字则分别为46％和65％——在西南部的非大城市地区,分别为4％和9％。

校长和教师

下面的表格(5、6a和6b)中列出了校长和教师的一些特征。在表5中,给出了全美所有少数族群的数据,然后根据地区划分出了黑人和白人的数据,这些数字指的是具有所列特征的校长所在学校的学生百分比。因此,第一行显示有1％的白人小学生在有黑人校长的学校就读,有56％的黑人儿童在有黑人校长的学校就读。

表6a和6b(指教师的特征)必须按照不同的方式进行解读。这些数字是指具有某一指定特征的教师在不同群体的普通学生就读的学校中所占的比例。因此,表6a中的第一行显示:在普通白人学生就读的小学里,有40％的教师一生中大部分时间都在同一座城市、镇子或县里度过;在普通黑人学生就读的小学里,有53％的教师一生中大部分时间在同一个地方度过。

两份表格都列出了其他可以粗略表明教师质量的特征,包括就读高校的类型、教龄、工资、母亲的教育水平以及一个30个单词的词汇测试成绩。根据这些指标衡量,在普通黑人学生就读的学校里,有较大比例的教师在能力上似乎比普通白人学生所就读学校里的教师有所欠缺。

这些表格中的其他项目揭示了教师的某些态度。可以看出,在普通白人学生就读的学校里,有51％的教师不会选择调动到另一所学校去,而在普通黑人学生就读的学校里,有46％的教师不会选择调动。

全体学生的特征

表7和表8中的数据展示了目前在各类学校就读的全体学生的某些特征。这些表格必须按照与前几个表格相同的方式进行解读。在看表7的第六个项目时,你应该读到:在一名普通白人中学生就读的学校里,他有82％的同学报告称自己家中有百科全书,但这并不意味着所有白人学生中有82％的学生家中都有百科全书,虽然很显然这大致接近事实。简言之,这些表格旨在描述在"普通"白人或少数族裔学生就读的学校里全体学生的特征。

在这些调查项目中存在着明显的差异。普通黑人有较少的同学母亲从中学毕业;他的同学更多是来自大家庭而不是小家庭;他们较少修读大学预备课程;他们上的英语、数学、外语和科学课程数量较少。

表3 所在小学有左侧所列特征的学生百分比，1965年秋

特征	全国 MA	全国 PR	全国 IA	全国 OA	全国 Neg	全国 Maj	非大城市地区 北部和西部 Neg	非大城市地区 北部和西部 Maj	非大城市地区 南部 Neg	非大城市地区 南部 Maj	非大城市地区 西南部 Neg	非大城市地区 西南部 Maj	非大城市地区 东北部 Neg	非大城市地区 东北部 Maj	大城市地区 中西部 Neg	大城市地区 中西部 Maj	大城市地区 南部 Neg	大城市地区 南部 Maj	大城市地区 西南部 Neg	大城市地区 西南部 Maj	大城市地区 西部 Neg	大城市地区 西部 Maj
地方认证学校	21	27	25	22	27	28	38	29	16	22	59	39	34	24	52	49	21	35	42	23	22	9
音乐教师	31	34	41	33	24	35	22	43	26	17	37	42	34	49	38	32	21	17	23	61	9	13
阅读辅导教师	41	45	35	41	39	39	37	46	15	11	12	26	73	58	60	17	28	31	18	29	66	70
速成课程	34	32	42	37	29	40	47	26	28	24	32	13	34	47	21	28	19	41	34	76	43	73
低智商班级	43	44	44	56	54	48	54	48	30	29	47	25	60	51	73	45	48	33	63	66	77	75
言语障碍班级	41	44	42	58	41	51	34	49	13	11	27	22	59	73	86	67	20	41	34	23	86	82
智力测试的使用	93	77	90	95	88	95	85	93	80	91	92	90	73	91	97	99	92	100	97	98	98	99
场地或露天以外的作业实践	6	11	9	5	12	6	6	1	27	20	26	2	7	4	1	2	12	22	0	0	4	1
采用分班制	37	47	40	34	44	36	36	28	38	25	38	23	66	50	40	38	45	35	50	48	36	40
有终身职位的教师	68	68	69	79	70	64	70	64	34	49	7	36	100	98	94	70	51	58	64	39	92	90
校长年薪达9 000美元及以上	51	52	56	69	51	51	45	34	12	12	22	36	95	86	92	72	30	26	35	14	98	99
校报	23	29	35	37	28	29	39	43	25	26	8	6	28	31	31	24	29	27	22	11	31	31
男生校际体育运动	55	44	51	47	41	43	71	62	51	51	59	72	22	22	43	46	38	22	43	54	34	22
女生校际体育运动	35	29	36	32	26	26	37	35	39	38	40	44	19	14	17	17	2	6	29	43	25	18

续 表

特征	全国						非大城市地区								大城市地区							
							北部和西部		南部		西南部		东北部		中西部		南部		西南部		西部	
	MA	PR	IA	OA	Neg	Maj	Neg	Maj	Neg	Maj	Neg	Maj	Neg	Maj	Neg	Maj	Neg	Maj	Neg	Maj	Neg	Maj
乐队	71	63	64	76	66	72	82	81	39	40	54	76	67	73	77	86	66	85	52	33	95	94
戏剧俱乐部	26	37	32	33	38	29	43	33	50	31	25	25	34	32	36	29	35	23	33	2	37	36
辩论队	6	4	4	7	5	4	0	3	14	6	10	6	1	3	0	0	3	6	16	8	0	2

表 4 所在中学有右左侧所列特征的学生百分比，1965 年秋

特征	全国					非大城市地区								大城市地区							
						北部和西部		南部		西南部		东北部		中西部		南部		西南部		西部	
	MA	PR	IA	OA	Neg	Maj	Neg	Maj	Neg	Maj	Neg	Maj	Neg	Maj	Neg	Maj	Neg	Maj	Neg	Maj	Neg	Maj
地方认证学校	77	78	71	86	68	76	69	65	40	59	30	62	74	74	75	86	72	81	92	86	100	100
音乐教师，全职	84	94	88	96	85	88	87	87	65	61	85	77	95	97	96	96	87	100	91	82	99	97
大学预备课程	95	90	96	98	88	96	98	95	74	92	81	83	93	99	99	100	87	100	89	82	100	100
职业课程	56	50	55	68	56	55	49	64	51	62	52	34	42	35	60	60	58	21	89	80	65	65
阅读辅导教师	57	76	55	81	53	52	35	32	24	20	4	9	81	66	62	57	46	65	63	62	100	97
速成课程	67	60	66	80	61	66	42	46	46	58	25	25	60	82	64	78	72	81	87	55	74	73
低智商班级	54	56	50	85	54	49	44	47	23	20	46	12	75	62	86	59	37	34	64	14	98	98
言语障碍班级	28	58	28	51	21	31	18	33	10	6	1	11	43	44	48	42	0	10	14	3	45	57
智力测试的使用	91	57	84	86	80	89	87	93	83	90	97	100	59	87	86	86	78	100	94	75	89	92
场地或露天以外的作业实践	4	20	9	3	19	4	5	0	32	14	2	0	14	5	0	0	36	9	4	0	0	0
采用分班制	79	88	79	85	75	74	41	48	55	57	21	24	94	92	74	90	80	80	92	82	99	98
有终身职位的教师	65	86	71	85	61	72	47	73	33	41	2	3	100	98	97	83	50	79	24	15	96	88
校长年薪达 9 000 美元及以上	73	89	73	91	66	72	54	64	31	37	59	63	99	99	76	91	61	46	86	18	100	100
校报	89	95	86	97	80	89	71	72	50	81	67	71	95	93	99	97	87	100	66	94	100	100

续 表

特征	全国 MA	PR	IA	OA	Neg	Maj	非大城市地区 北部和西部 Neg	Maj	南部 Neg	Maj	西南部 Neg	Maj	东北部 Neg	Maj	大城市地区 中西部 Neg	Maj	南部 Neg	Maj	西南部 Neg	Maj	西部 Neg	Maj
男生校际体育运动	94	90	98	99	95	98	99	99	97	100	96	93	80	95	100	97	93	100	95	100	100	100
女生校际体育运动	58	33	59	37	57	54	32	32	80	69	89	81	51	60	50	43	45	80	89	97	38	35
乐队	92	88	92	98	91	95	90	97	80	76	84	81	92	97	100	100	93	100	99	100	100	100
戏剧俱乐部	95	93	89	92	92	93	75	91	87	75	91	88	92	88	93	99	94	94	100	97	100	100
辩论队	51	32	46	50	39	52	43	48	27	36	80	67	27	46	49	69	42	58	68	63	37	48

表 5　有左侧所列特征的校长所在中小学的学生百分比，1965 年秋

特征	全国					非大城市地区										大城市地区									
	MA	PR	IA	OA	Neg	Maj	北部和西部		南部		西南部		东北部		中西部		南部		西南部		西部	
							Neg	Maj	Neg	Maj	Neg	Maj	Neg	Maj	Neg	Maj	Neg	Maj	Neg	Maj	Neg	Maj
小学:																								
黑人校长	16	27	11	12	56	1	13	0	86	2	69	1	9	1	28	0	94	2	64	0	3	0
白人校长	79	71	80	77	39	95	79	90	7	91	24	97	86	97	69	94	1	97	29	100	95	99
硕士以上学位的校长	85	84	77	86	84	80	69	69	65	64	86	91	98	90	98	92	83	74	95	85	96	94
即使种族失衡也要保留社区学校的校长	62	52	58	52	45	65	58	67	30	67	58	67	38	53	61	80	48	71	78	67	29	53
赞成补偿教育的校长	66	68	61	70	72	59	63	60	61	46	52	58	76	64	82	63	67	46	75	52	92	76
会特意为下列情况使用混合族裔教师的校长:																								
学生大多为少数族裔	40	48	38	47	48	43	31	44	41	43	43	35	56	37	51	40	43	44	52	45	61	57
混合族裔学生	34	46	31	42	44	35	46	40	37	35	35	26	50	32	50	34	40	28	46	23	52	42
几乎都是白人学生	17	30	15	25	35	14	19	13	29	3	18	3	48	18	42	15	34	7	33	1	41	37
中学:																								
黑人校长	9	12	7	3	61	1	8	0	85	0	68	0	22	0	36	4	97	0	82	0	10	0
白人校长	89	81	91	76	37	95	79	87	10	94	25	98	75	99	64	95	3	100	18	100	90	99
硕士以上学位的校长	91	97	94	94	96	93	89	85	92	90	90	90	97	97	100	100	97	93	94	86	100	100

续 表

特征	全国 MA	PR	IA	OA	(Neg)	非大城市地区 北部和西部 Maj	Neg	南部 Maj	Neg	西南部 Maj	Neg	东北部 Maj	Neg	大城市地区 中西部 Maj	Neg	南部 Maj	Neg	西南部 Maj	Neg	西部 Maj	Neg
即使种族失衡也要保持社区学校的校长	49	37	50	33	32	56	54	41	49	27	52	53	25	48	55	18	91	80	64	14	28
赞成补偿教育的校长	80	83	73	94	78	71	73	59	66	81	49	79	75	71	79	80	57	100	80	100	100
会特意为下列情况使用混合族裔教师：																					
学生大多为少数族裔	56	47	61	70	54	58	50	53	41	57	43	50	41	46	71	53	42	85	86	92	65
混合族裔学生	35	41	45	57	46	40	40	39	36	37	7	37	37	18	56	57	32	47	46	82	55
几乎都是白人学生	22	32	23	43	39	14	17	9	23	32	1	20	35	14	29	48	0	70	1	78	26

表 6a 普通白人和少数族裔学生所就读小学中具有左侧所列所列特征的教师百分比，1965 年秋

特征	全国 MA	PR	IA	OA	Neg	Maj	非大城市地区 北部和西部 Neg	Maj	南部 Neg	Maj	西南部 Neg	Maj	东北部 Neg	Maj	中西部 Neg	Maj	大城市地区 南部 Neg	Maj	西南部 Neg	Maj	西部 Neg	Maj
一生中大部分时间生活在目前的城、镇或县的教师百分比	37	54	35	39	53	40	34	40	54	55	40	31	64	51	55	39	69	37	35	18	24	24
教师语言能力平均分[1]	22	22	22	23	20	23	23	24	17	22	20	22	22	23	22	23	19	23	21	24	22	24
专业为学术学科的教师百分比	19	18	17	21	17	16	16	18	12	14	16	22	19	17	17	15	18	16	9	7	23	22
毕业于不提供研究生学位的高校的教师百分比	39	41	37	32	53	37	48	38	63	47	44	30	45	38	39	40	72	46	44	26	22	21
毕业于以招收白人学生为主的大学的教师百分比	79	70	85	83	39	97	81	99	9	97	28	93	73	97	75	97	7	95	43	98	82	96
教师母亲的平均受教育程度（分数）[2]	3.7	3.5	3.7	3.8	3.5	3.7	3.4	3.5	2.9	3.5	3.6	3.7	3.6	3.7	3.7	3.6	3.5	4.2	3.8	3.8	4.1	4.2
平均获取最高学位[3]	3.1	3.1	3.1	3.2	3.0	2.8	2.8	3.3	3.1	3.0	3.4	3.3	3.2	3.1	3.1	3.0	3.2	3.0	3.5	3.2	3.3	3.1
平均教龄	13	12	12	13	12	13	12	13	14	16	14	13	11	11	11	11	14	10	13	11	11	10
平均教师年薪（单位：1 000 美元）	5.9	6.0	6.1	6.6	6.0	5.7	5.8	5.4	4.7	5.0	5.5	5.4	7.2	7.1	7.0	6.5	5.2	5.0	5.9	5.1	7.8	7.3
平均每名教师对应学生数	30	30	30	28	20	25	26	26	32	27	23	26	27	26	29	28	28	30	30	42	30	31
不会选择调动到另一所学校的教师百分比	58	57	59	59	55	60	56	64	49	73	57	64	53	64	49	63	61	76	63	59	55	66

报告概要 | 19

续 表

特征	全国							非大城市地区										大城市地区							
	MA	PR	IA	OA	Neg	Maj	北部和西部		南部		西南部		东北部		中西部		南部		西南部		西部	
							Neg	Maj	Neg	Maj	Neg	Maj	Neg	Maj	Neg	Maj	Neg	Maj	Neg	Maj	Neg	Maj
计划一直从教至退休的教师百分比	44	42	41	39	45	37	42	35	50	51	57	55	31	32	34	31	51	34	48	46	41	34
更愿意教白人学生的教师百分比	27	21	26	20	7	37	22	32	6	57	10	45	8	18	12	37	1	57	12	48	8	31
赞成补偿教育的教师百分比	56	59	56	64	61	56	53	56	55	47	53	44	69	66	65	55	59	49	56	54	73	66
黑人教师百分比	19	30	14	15	65	2	17	1	90	2	75	1	31	2	40	2	96	4	65	1	22	2
白人教师百分比	78	67	83	79	32	97	82	99	8	96	24	96	67	97	58	98	2	96	32	98	69	95

1. 该分数指在一个包括30个项目的语言技能测试中回答正确的平均数。
2. 按1到8分（最低到最高）给受教育程度打分；4分代表中学毕业。
3. 按1到6分（最低到最高）给获取最高学位打分；3分代表本科学位。

表 6b 普通白人和少数民族裔学生所就读中学中具有左侧所列特征的教师百分比，1965 年秋

特征	全国				非大城市地区										大城市地区							
					北部和西部		南部		西南部		东北部		中西部		南部		西南部		西部	
	MA	PR	IA	OA	Neg	Maj	Neg	Maj	Neg	Maj	Neg	Maj	Neg	Maj	Neg	Maj	Neg	Maj	Neg	Maj
一生中大部分时间生活在目前的城、镇或县的教师百分比	31	55	31	36	41	34	20	23	38	48	35	28	62	49	34	31	52	41	37	19	22	25
教师语言能力平均分[1]	23	22	23	23	21	23	23	24	19	23	22	24	22	23	22	23	21	23	21	24	23	24
专业为学术类学科的教师百分比	37	40	39	40	38	40	39	36	37	35	30	32	40	46	35	41	42	41	25	36	38	41
毕业于不提供硕士学位的高校的教师百分比	26	27	27	20	44	31	33	31	52	44	32	17	25	29	38	34	64	42	42	22	16	13
毕业于以招收白人学生为主的大学的教师百分比	90	86	92	86	44	48	90	99	15	99	31	98	85	98	75	97	8	97	29	99	90	95
教师母亲的平均受教育程度（分数）[2]	3.8	3.5	3.8	3.7	3.6	3.8	3.6	3.8	3.3	3.8	3.7	3.8	3.5	3.5	3.7	3.8	3.8	4.3	3.4	3.7	4.1	4.0
平均获取最高学位[3]	3.4	3.5	3.4	3.6	3.3	3.4	3.2	3.2	3.2	3.2	3.4	3.4	3.5	3.5	3.4	3.4	3.2	3.3	3.4	3.3	3.6	3.5
平均教龄	11	11	10	11	11	10	9	10	10	12	11	11	12	11	10	11	12	8	11	9	11	11
平均教师年薪（单位：1 000 美元）	6.8	7.6	6.8	7.7	6.4	6.6	6.0	6.3	4.9	5.2	5.6	5.8	7.8	7.6	7.2	7.2	5.5	5.4	6.1	5.5	8.8	8.3
平均每名教师对应学生数	23	22	23	24	26	22	20	20	30	25	20	21	24	20	25	24	26	25	25	26	23	23
不会选择调动到另一所学校的教师百分比	49	48	48	48	46	51	39	42	59	48	63	55	51	45	49	62	50	55	51	42	47

续 表

特征	全国 MA	全国 PR	全国 IA	全国 OA	全国 Neg	全国 Maj	非大城市地区 北部和西部 Neg	非大城市地区 北部和西部 Maj	非大城市地区 南部 Neg	非大城市地区 南部 Maj	非大城市地区 西南部 Neg	非大城市地区 西南部 Maj	非大城市地区 东北部 Neg	非大城市地区 东北部 Maj	大城市地区 中西部 Neg	大城市地区 中西部 Maj	大城市地区 南部 Neg	大城市地区 南部 Maj	大城市地区 西南部 Neg	大城市地区 西南部 Maj	大城市地区 西部 Neg	大城市地区 西部 Maj
计划一直从教至退休的教师百分比	36	41	34	40	38	33	25	28	35	36	43	43	44	38	37	31	35	23	37	30	44	41
更愿意教白人学生的教师百分比	26	13	24	13	8	32	28	28	8	58	15	48	8	14	11	31	2	52	7	38	10	21
赞成补偿教育的教师百分比	61	67	60	68	66	60	55	62	60	49	59	50	72	67	67	58	67	54	67	49	72	70
黑人教师百分比	10	16	8	6	59	2	11	2	2	70	1	2	18	2	35	2	1	94	0	77	14	2
白人教师百分比	87	81	88	76	38	97	88	97	13	98	27	98	79	96	64	97	3	99	20	97	82	94

1. 该分数指在一个包括30个项目的语言技能测试中回答正确的平均数。
2. 按1到8分（最低到最高）给受教育程度打分；4分代表中学毕业。
3. 按1到6分（最低到最高）给获取最高学位打分；3分代表本科学位。

表7 在普通少数民族裔或白人学生中，具有指定特征的同校学生百分比，1965年秋

学校级别和学生特征	全国						非大城市地区										大城市地区								
	MA	PR	IA	OA	Neg	Maj	北部和西部		南部		西南部		东北部		中西部		南部		西南部		西部	
							Neg	Maj	Neg	Maj	Neg	Maj	Neg	Maj	Neg	Maj	Neg	Maj	Neg	Maj	Neg	Maj
小学:																							
去年同班同学大部分是白人	59	52	66	63	19	89	59	91	17	91	19	72	33	87	26	91	7	91	27	91	20	86
去年全都是白人教师	75	68	77	74	53	88	71	89	53	87	57	84	60	89	52	88	49	89	51	89	52	85
家中有百科全书	62	57	64	70	54	75	62	72	36	65	48	64	71	84	60	80	51	80	57	72	64	83
中学:																							
去年同班同学大部分是白人	72	56	72	57	10	91	77	96	12	94	23	88	41	90	40	89	4	95	14	96	35	81
去年全都是白人教师	73	57	75	57	25	89	79	93	11	93	23	90	44	84	45	88	3	92	16	95	46	79
家中有百科全书	77	76	75	82	69	82	76	78	52	75	66	75	82	87	80	86	67	88	73	83	78	83
母亲为中学以上毕业生	49	47	50	53	40	58	51	58	23	45	44	48	51	63	49	63	37	58	41	49	53	65
正在上大学预备课程	36	38	35	41	32	41	29	35	22	33	28	32	39	53	43	46	34	44	29	31	34	46
正在上某种职业课程	27	30	28	32	27	23	22	29	23	20	25	20	30	20	28	25	27	16	37	38	35	30
2½年或以上的科学课	36	38	38	38	39	42	41	41	41	38	47	39	43	55	32	38	43	43	42	31	26	34
1½年或以上的语言课	37	41	35	43	35	40	29	30	25	26	19	23	49	60	36	44	38	44	34	23	37	50
3½年或以上的英语课	77	73	80	76	69	83	68	78	66	89	75	84	79	91	73	79	67	89	71	87	62	72
2½年或以上的数学课	47	45	44	47	44	49	40	39	43	46	50	52	47	63	41	50	46	55	58	45	37	47

表 8 在普通少数族裔或白人学生中，具有指定特征的同校学生百分比，1965 年秋

中学生特征	全国 MA	PR	IA	OA	Neg	Maj	非大城市地区 北部和西部 Neg	Maj	南部 Neg	Maj	西南部 Neg	Maj	东北部 Neg	Maj	大城市地区 中西部 Neg	Maj	南部 Neg	Maj	西南部 Neg	Maj	西部 Neg	Maj
母亲不是在城市中长大	45	33	44	33	45	42	58	50	64	65	53	61	25	19	35	32	45	42	48	60	34	33
家中有亲生父亲	77	71	75	84	64	83	80	84	65	84	64	85	67	83	70	84	58	84	55	84	62	74
家中有亲生母亲	90	88	90	89	85	92	90	92	82	93	82	94	88	92	90	92	83	92	83	94	86	88
有五个或以上兄弟姐妹	28	27	30	27	44	20	30	24	56	23	54	23	25	15	34	19	48	13	47	17	36	21
母亲期望在班上表现优异	48	49	45	42	62	43	47	39	71	55	67	54	50	41	49	38	69	49	71	51	53	41
父母每天讨论学业	47	46	44	42	49	47	44	44	51	51	52	54	50	52	44	45	53	53	51	43	43	44
父亲期望至少大学毕业	38	34	35	37	38	37	36	32	33	37	39	44	33	39	36	38	39	44	45	45	37	40
母亲期望至少大学毕业	41	39	39	41	44	41	41	35	42	40	48	45	38	42	43	41	48	45	52	50	43	44
父母参加PTA(家长教师联谊会)	36	38	34	37	51	37	36	40	59	37	50	34	43	37	45	36	61	44	42	26	36	30
父母在孩子上学前经常给孩子朗读书籍	25	28	24	24	30	26	26	24	30	25	32	23	32	31	27	27	33	29	31	21	26	27

在大多数项目中,关于每种特征在其同学身上的典型性程度,其他少数族群处于黑人和白人之间,但更接近白人。

各地在差异幅度上又一次存在着巨大的不同,通常在南部诸州差异更为明显。

1.3 公立学校中的成绩

学校承担着很多责任。其中最重要的是传授某些智力技能,如阅读、写作、计算和解决问题。评估学校所提供教育机会的一种方式就是衡量它们这项任务执行得有多好。标准成绩测试可以用来衡量这些技能,本次调查在1、3、6、9和12年级中进行了若干这样的测试。

这些测试并不是测量智力,或是态度,或是品质。此外,它们没有,也并不打算"排除文化因素"。恰恰相反,它们是与文化密切相关的。它们所要测试的是一些重要的技能,以此我们在社会中能找到一份好工作和获得更好的工作以及充分参与技术化程度越来越高的世界。因此,公立学校最高年级学生的测试结果给他毕业时可能拥有的机遇范围提供了一种很好的衡量工具——如果这些技能很高超,在职业或大学选择上就有广泛空间;如果这些技能很低下,则选择范围很狭窄,里面只包括一些最无需技巧的低报酬工作。

表9将全国范围内参加所在年级测试的1年级和12年级学生的分数中位数(即将该组一分为二的分数)列表,给出了不同组别测试结果的总体说明。例如,有一半的12年级白人学生在非语言能力测试中成绩是在52分以上,还有一半则低于52分。(每个年级的每个测试分数都经过标准化处理,因此全国抽样平均分为50,标准差为10。这就意味着,在全国的所有学生中,大约有16%得分会低于40,大约有16%得分会高于60。)

除了一些例外情况——尤其是东亚裔美国人——在每个年级的这些测试中,普通少数族裔学生的得分都显著低于普通白人学生。在1年级,少数族裔学生的分数低于白人学生高达一个标准差。在12年级,同样的语言技能和非语言技能的测试结果表明,在任何情况下,比起1年级来,少数族裔学生的分数都进一步落后于白人学生。对于某些群体而言,这种相对下降微不足道;但对于其他群体而言,则非常明显。

此外,在不同年级中存在的一个标准差恒量代表着同年级水平差距越来越大。例

表9 全国1年级和12年级学生分数中位数，1965年秋

测试	种族或族裔群体					
	波多黎各人	美国印第安人	墨西哥裔美国人	东亚裔美国人	黑人	白人
1年级：						
非语言技能	45.8	53.0	50.1	56.6	43.4	54.1
语言技能	44.9	47.8	46.5	51.6	45.4	53.2
12年级：						
非语言技能	43.3	47.1	45.0	51.6	40.9	52.0
语言技能	43.1	43.7	43.8	49.6	40.9	52.1
阅读	42.6	44.3	44.2	48.8	42.2	51.9
数学	43.7	45.9	45.5	51.3	41.8	51.8
一般信息	41.7	44.7	43.3	49.0	40.6	52.2
五项测试平均分	43.1	45.1	44.4	50.1	41.1	52.0

如，在东北大城市地区，6、9和12年级的黑人学生比同一地区的白人学生低大约1.1个标准差。但在6年级，这代表落后1.6年；在9年级，这代表落后2.4年；而在12年级，这代表落后3.3年。因此，根据这种测试，随着年级升高，少数族裔学生在成绩方面的不足日渐加大。

因此，对大多数少数族群，尤其是黑人而言，学校几乎没有为他们提供机会去克服这种初始缺陷。事实上，他们在发展谋生和全面参与现代社会所需的若干关键技能方面，反而进一步落后于白人。非学校因素——如贫穷、社区态度、父母受教育程度低——固然使少数族裔儿童在上一年级时就在语言及非语言技能方面处于劣势，但无论产生影响的是哪些因素，事实就是，学校未能克服这些不利因素。

在读表时需要记住几点。首先，表中显示的差异不应该掩盖一个事实，即一些少数族裔儿童的表现比许多白人儿童要好。在分数中位数上相差一个标准差意味着位于下方的小组中有大约84%的儿童低于白人学生的中位数——但是，有50%的白人儿童本身也低于该中位数。

技能问题的第二点涉及地区差异。南部地区12年级的白人和黑人学生分数都低于北部地区的对应群体。此外，比起北方黑人与北方白人的分数差距来，南方黑人的

分数要更加低于南方白人。这一模式的后果可通过如下事实说明：即南部非大城市地区的 12 年级黑人学生比东北部大城市地区的黑人低了 0.8 个标准差——或者，用年来衡量，落后 1.9 年——尽管这样的地区差异在 1 年级时并不存在。

最后，12 年级的测试分数显然没有考虑到那些在读到高年级之前就已经辍学的学生。在北部和西部的大城市地区，年龄在 16 和 17 岁的黑人有 20％没有上学，辍学率比在南部大城市地区和非大城市地区都高。如果北部地区的一些或许多辍学生在校期间表现不佳，则北方黑人的成绩可能被人为地提高了，因为一些成绩不佳的学生已经离开了学校。

1.4 学校特征与成绩的关系

如果在一所学校里有 100 名学生参加了某项测试，他们之间的成绩差异可能很大。一个学生可能得 97 分，另一个可能得 13 分，还有一些可能得 78 分。这代表了在这所特定的学校内部存在着成绩可变性。

然而，计算该校学生取得的平均分数并将其与另一所学校的学生平均分数或成绩进行比较，这是可以做到的。这样一来，这些比较就体现了学校之间的差异。

当你看到在一次语言成绩测试中，X 学校的平均分数是 55 分，Y 学校是 72 分，你自然会问：这种差异是由什么导致的？

这种差异可能与多种因素有关。本分析集中研究了这些因素中的一组因素。它试图描述学校的特征本身（例如图书馆、教师和实验室等等）与多数和少数族群（在全国范围内分成各个组别，此外黑人和白人分成北部和南部组别）的成绩之间看上去存在什么关系。

第一个发现是，当学生的社会经济背景被考虑进来时，学校与学生成绩之间发生关系的方式非常相似。众所周知，社会经济因素与学业成绩息息相关。然而，当对这些因素进行统计控制时，学校之间的差异似乎只对学生成绩差异产生了很小的影响。

不过，在与不同种族和族裔的关系方面，学校之间的确存在着差异。比起普通少数族裔学生来，普通白人学生的平均成绩似乎较少受到学校设施、课程和教师的优缺点的影响。换句话说，比起白人学生的成绩来，少数族裔学生的成绩更取决于就读的学校。因此，在南部地区，黑人成绩的 20％ 与他们就读的特定学校有关，而白人成绩只有10%与学校有关。除了东亚裔美国人之外,这是在所有少数族裔中发现的一般结果。

因此,可以做出推论,提高少数族裔学生的学校质量可能比提高白人儿童的学校质量更有助于提高学生的成绩。同样,在质量差的学校,普通少数族裔学生的成绩可能比普通白人学生更容易受到负面影响。简言之,不管怎么样,白人,以及在较小程度上的东亚裔美国人,比少数族裔学生更不容易受到学校质量的影响。这表明,对最弱势的儿童而言,学校质量的改善最容易对成绩产生积极影响。

这些研究结果都指向了下一个问题:与成绩最相关的学校特征是什么?换句话说,在学校,有什么因素就影响成绩而言看上去是最重要的?

就标准测试的测量结果看,学校的设施和课程变化对学生成绩差异的影响相对较小。在多数族群白人中,这些变化导致的差异依旧最小;在少数族群中,它们导致的差异则增加了一些。在与成绩表现出一定关联的设施中,相对于在白人学生的学校中,有几项设施在少数族裔学生的学校中较不完善。例如,科学实验室的存在与成绩表现出一种很小但却始终存在的关联,而表2则表明,在少数族裔,特别是黑人就读的学校中,实验室数量较少。

教师的素质与学生的成绩表现出更强大的关联性。而且,年级越高,这种关联就越明显,这说明一所学校中教师的素质会对学生的成绩产生累积影响。再一次,教师素质对少数族裔的影响似乎超过了对白人的影响。

应该指出,有许多教师特征并不在本次调查的测量范围中,因此,关于具体哪些教师特征是最重要的,本次调查结果绝非结论性的。然而,在本次调查所测量的特征中,与学生成绩关系最大的特征首先是教师在语言技能测试中的得分,其次是他的教育背景——包括他本人的教育水平和他父母的教育水平。在这两项测量中,少数族裔学生,尤其是黑人学生的教师水平,都比较低。

最后,学生的成绩似乎与学校中其他学生的教育背景和志向密切相关。对这些变量仅采用了粗糙的测量方式(主要是关于家中有百科全书的学生比例和计划上大学的学生比例)。然而,分析表明,拥有特定家庭背景的儿童在具有不同社会构成的学校中,会取得相当不同的成绩。再一次,这种效应对白人学生的影响低于对除东亚人之外其他任何少数族群的影响。因此,如果一个白人学生来自一个坚定并有效地支持教育的家庭,那么让他在一所大多数学生都不是来自这种家庭的学校就读,他的成绩和他在一所由跟他类似的学生构成的学校中就读几乎不会有什么差别。但是,如果一名来自没有良好教育背景家庭的少数族裔学生与有着深厚教育背景的同学交往，他的成绩就可能会提高。

将这个一般调查结果与先前关于学校差异的测试结合起来看，对于教育机会公平具有重要意义。因为先前的表格显示，黑人和白人的学校环境的主要区别就在于其全体学生的构成，而调查表明，全体学生的构成情况与黑人和少数族裔学生的成绩有很大的关系。

* * * * *

本分析集中研究学校在全体学生构成、设施、课程和教师方面所提供的教育机会。这种强调虽然完全恰当地回应了要求进行该调查的法案，但却忽略了在同一所学校就读的学生个体之间可变性中的重要因素，而这种可变性大约是学校之间可变性的四倍。例如，一个学生的态度因素与成绩的关系似乎比其他所有"学校"因素加在一起还要大，它指的是一个人在多大程度上觉得对自己的命运拥有某种支配权。表 10 中提供了与这种态度相关项目的数据，此外还有关于其他态度和志向的数据。学生对调查中问题的回答显示，少数族裔学生除东亚人之外，对于他们可以影响自己的环境和未来的信念远远低于白人。然而，当他们的确有这种信念时，他们的成绩要高于缺乏这种信念的白人。

此外，虽然这一特征看上去与大多数学校因素关系不大，但是对黑人而言，它与白人在学校中的比例有关。在白人比例更高的学校就读的那些黑人拥有更多的支配感。这一发现表明，这种态度的趋向可能与学生的在校经验以及他在更大社区内的经验有关。

1.5　其他调查和研究

除了对公立中小学进行的主要调查外，教育厅还进行了许多研究。其中一些是相当广泛的调查，提交了像书本一样多篇幅的最终报告；某些报告将作为主报告的附录全文发表；还有一些附录会提供主报告中无法收录的对公立学校更为详细的数据分析；另外还有一些附录将提供调查中所收集数据的详细表格，以方便研究人员获取它们。

表 10 具有某种态度和志向的 12 年级少数族裔和白人学生百分比，1965 年秋

项目	全国 MA	PR	IA	OA	Neg	Maj	非大城市地区 北部和西部 Neg	Maj	南部 Neg	Maj	西南部 Neg	Maj	大城市地区 东北部 Neg	Maj	中西部 Neg	Maj	南部 Neg	Maj	西南部 Neg	Maj	西部 Neg	Maj
愿意为继续上学做任何事	37	35	36	44	46	45	43	44	49	50	46	50	47	47	44	43	48	54	50	47	35	44
渴望成为班级里最好的	33	36	38	46	58	33	48	35	69	46	68	48	36	36	48	33	63	45	70	45	50	35
每天校外学习至少花 3 个小时	22	21	17	42	31	23	26	21	32	23	36	23	33	27	27	19	33	27	33	22	27	23
不随意缺课	59	53	60	76	76	66	72	65	84	75	86	73	68	61	73	66	78	69	77	69	64	56
今年暑假至少读了一本书	69	72	73	74	80	75	76	74	83	73	82	75	81	79	75	74	83	73	80	72	76	75
渴望完成大学学业	43	43	42	46	46	45	43	38	42	41	51	47	43	49	46	47	52	52	57	45	42	51
明确计划明年上大学	26	26	27	53	34	40	22	35	30	35	41	50	31	46	33	37	35	41	43	40	48	55
读过一本高校目录	46	45	50	70	54	61	51	57	49	50	54	64	59	73	55	59	57	67	59	63	54	65
咨询过大学工作人员	22	25	26	33	25	37	26	33	22	38	23	38	32	46	25	35	24	44	26	30	25	30
相信自己比一般人更聪明	31	37	31	51	40	49	41	48	42	45	44	51	37	48	36	50	40	48	46	51	43	56
"我就是学不会"	38	37	44	38	27	39	31	39	24	37	21	35	29	39	34	40	23	37	25	39	28	38
"如果老师讲课速度慢一点我的成绩会更好"	28	31	26	26	21	24	23	23	22	25	19	24	22	22	22	24	20	20	19	25	20	25

续 表

项目	全国						非大城市地区						大城市地区									
							北部和西部		南部		西南部		东北部		中西部		南部		西南部		西部	
	MA	PR	IA	OA	Neg	Maj	Neg	Maj	Neg	Maj	Neg	Maj	Neg	Maj	Neg	Maj	Neg	Maj	Neg	Maj	Neg	Maj
"运气比努力更重要"	11	19	11	8	11	4	14	4	15	4	14	4	9	4	9	4	10	4	11	4	10	4
"当我想尝试时,总会有什么人或事妨碍我"	23	30	27	18	22	14	24	14	22	16	26	14	21	13	23	15	19	14	23	13	21	12
"像我这样的人没有大机会"	12	19	14	9	12	6	15	6	11	6	11	5	12	5	13	6	10	6	11	4	13	6
期望拥有专业生涯	18	21	21	43	27	37	26	34	25	31	26	38	31	46	31	37	27	37	28	37	22	38

高等教育机构中的机会

南方高等教育系统大部分是种族隔离的,因此,对该地区主要招收黑人学生和主要招收白人的大学进行比较十分容易。在其他地区,过去则不可能对教育机会进行比较,因为联邦和州政府机构的一般政策不允许根据种族采集数据。然而,1965 年秋,美国教育厅改变了这一政策,因为许多机构和组织都想了解少数族裔学生在获得高等教育方面取得的进步。美国几乎所有高等院校都提供了所有攻读学位的一年级新生的种族构成数据。

在报告中,对这些种族构成数据与学校的各种特征进行了交叉列表。在这里,我们只提供三个这样的交叉表格,它们特别涉及学校的整体素质。首先,有三个表格(表 11、表 12、表 13),它们显示黑人学生在美国八个地区的数量和百分比分布情况。有超过一半的黑人大学生在南部和西南部主要是种族隔离的学校就读。所有大学生中,有大约 4.6% 是黑人(大学年龄人口中有 11.5% 是黑人)。

表 11　根据种族和地区划分的大学生估计数量,1965 年秋[1]

	新英格兰	中东部	五大湖区	大平原区	南部	西南部	落基山区	远西部	总计
白人	313,514	782,112	821,999	375,043	778,472	434,005	175,000	552,153	4,232,098
黑人	2,216	30,226	30,870	8,500	101,648	20,620	1,605	11,631	207,316
其他少数族群	1,538	6,542	10,822	2,885	4,996	7,012	1,968	16,092	51,855
总计	317,268	817,880	863,691	386,428	885,116	461,637	179,373	579,867	4,491,269

1. 基于从总计 2 183 所院校中的 2 013 所收到的报告。

表 12　根据种族划分的大学生在各地区分布百分比,1965 年秋[1]

	新英格兰	中东部	五大湖区	大平原区	南部	西南部	落基山区	远西部	总计
白人	7.41	18.46	19.42	8.86	18.39	10.26	4.15	13.05	100
黑人	1.07	14.58	14.89	4.10	49.03	9.95	.77	5.61	100
其他少数族群	2.97	12.62	20.87	5.56	9.63	13.52	3.80	31.03	100

1. 基于从总计 2 183 所院校中的 2 013 所收到的报告。

表 13　根据种族划分的大学生在地区内部分布百分比，1965 年秋[1]

	新英格兰	中东部	五大湖区	大平原区	南部	西南部	落基山区	远西部
白人	98.82	95.50	95.17	97.05	87.95	94.01	98.01	95.22
黑人	.69	3.70	3.57	2.20	11.48	4.47	.89	2.00
其他少数族群	.48	.80	1.25	.75	.56	1.52	1.10	2.78
总计	99.99	100.00	99.99	100.00	99.99	100.00	100.00	100.00

1. 基于从总计 2 183 所院校中的 2 013 所收到的报告。

在这三个分布表之后，是三个交叉列表，分别显示了师生比例、获博士学位的教师百分比以及教师平均工资。在表 14 中，纵列上方表头根据黑人学生占总入学人数的百分比对学校进行划分；对于前面的每一个类别，接下来的纵列表头显示属于表格左边所列类别的学校数量和平均师生比例；平均值根据学校中的学生数量进行了加权处理（在纵列表头处标注为"加权平均值"），这样，大型院校对平均值的影响也大。例如，在 0%一栏中最上面的数字 8 和 22 意味着在北大西洋地区有 8 所高校中没有黑人学生，而在这 8 所高校中，平均每 22 名学生拥有一名教师。表格底行的数据表明，虽然在大部分高校（0%—2%一栏中的 1 104 所）中，平均每 20 名学生拥有一名教师，但是在主要招收黑人的学校里（50%—100%一栏中的 96 所），平均每 16 名学生拥有一名教师。表 15 提供了关于拥有博士学位的教师百分比的同类信息。有较高比例的黑人学生所在的高等院校中拥有博士学位的教师比例较低（见表 15 底行）；这是普遍现象，但在不同地区不一定总是这样。

表 14　根据黑人在高等教育机构入学率划分的学生-教师比例，1963 年秋

控制和区域 (1)	黑人入学率											
	0%		0%—2%		2%—5%		5%—10%		10%—50%		50%—100%	
	机构数量 (2)	加权平均值 (3)	机构数量 (4)	加权平均值 (5)	机构数量 (6)	加权平均值 (7)	机构数量 (8)	加权平均值 (9)	机构数量 (10)	加权平均值 (11)	机构数量 (12)	加权平均值 (13)
公立院校：												
北大西洋区	8	22	64	21	15	23	5	21	2	69	.6	16
五大湖和大平原区	41	22	91	21	27	22	7	21	10	33	2	23
南部	24	18	66	19	13	19	21	22	3	21	28	17

续　表

控制和区域 (1)	黑人入学率											
	0%		0%—2%		2%—5%		5%—10%		10%—50%		50%—100%	
	机构数量 (2)	加权平均值 (3)	机构数量 (4)	加权平均值 (5)	机构数量 (6)	加权平均值 (7)	机构数量 (8)	加权平均值 (9)	机构数量 (10)	加权平均值 (11)	机构数量 (12)	加权平均值 (13)
西南部	3	26	46	23	24	27	8	28	(1)	(1)	3	20
落基山区和远西部	12	21	83	26	22	32	8	40	2	36	(1)	(1)
私立院校:												
北大西洋区	70	12	265	20	58	16	11	25	14	13	2	11
五大湖和大平原区	54	13	249	16	59	17	20	27	8	21	1	20
南部	86	18	117	6	15	18	4	14	1	18	48	15
西南部	9	19	33	8	10	18	1	22	(1)	(1)	6	16
落基山区和远西部	17	15	90	17	20	19	4	25	1	2	(1)	(1)
所有公立院校	88	21	350	22	101	25	49	25	17	35	39	17
所有私立院校	236	16	754	18	162	17	40	25	24	18	57	15
所有院校	324	18	1,104	20	263	22	89	25	41	31	96	16

1. 无相关数据

表 15　根据黑人在高等教育机构入学率划分的博士学位教师比例,1963 年秋

控制和区域 (1)	黑人入学率											
	0%		0%—2%		2%—5%		5%—10%		10%—50%		50%—100%	
	机构数量 (2)	加权平均值 (3)	机构数量 (4)	加权平均值 (5)	机构数量 (6)	加权平均值 (7)	机构数量 (8)	加权平均值 (9)	机构数量 (10)	加权平均值 (11)	机构数量 (12)	加权平均值 (13)
公立院校:												
北大西洋区	3	47	47	38	5	54	2	30	(1)	(1)	6	22
五大湖和大平原区	2	46	49	41	12	28	2	23	2	42	2	34
南部	12	29	49	30	12	32	3	26	1	17	18	19
西南部	2	22	25	37	8	39	1	45	(1)	(1)	3	26
落基山区和远西部	4	37	32	40	2	27	1	32	(1)	(1)	(1)	(1)
私立院校:												
北大西洋区	13	25	175	37	31	35	7	17	3	30	2	26

续 表

控制和区域 (1)	黑人入学率											
	0%		0%—2%		2%—5%		5%—10%		10%—50%		50%—100%	
	机构数量(2)	加权平均值(3)	机构数量(4)	加权平均值(5)	机构数量(6)	加权平均值(7)	机构数量(8)	加权平均值(9)	机构数量(10)	加权平均值(11)	机构数量(12)	加权平均值(13)
五大湖和大平原区	10	32	179	30	35	26	6	23	4	29	1	27
南部	31	32	78	32	12	23	2	28	1	33	28	29
西南部	1	41	24	34	5	27	(1)	(1)	(1)	(1)	3	31
落基山区和远西部	8	22	67	38	15	35	3	25	(1)	(1)	(1)	(1)
所有公立院校	23	36	202	37	39	35	9	28	3	34	29	21
所有私立院校	63	30	523	34	98	31	18	20	8	30	34	29
所有院校	86	34	725	36	137	34	27	25	11	31	63	24

1. 无相关数据

表16显示了以美元计算的教师平均年薪,格式与先前相同。在黑人学生就读的大学,教师工资明显较低。南部和西南部的院校所支付的工资普遍低于其他地区,主要为黑人学生服务的院校则处于这一低水平中的最底层。

表16 根据黑人入学率划分的高等教育机构从讲师到教授的平均年薪,1963年秋

控制和区域 (1)	黑人入学率											
	0%		0%—2%		2%—5%		5%—10%		10%—50%		50%—100%	
	机构数量(2)	加权平均值(3)	机构数量(4)	加权平均值(5)	机构数量(6)	加权平均值(7)	机构数量(8)	加权平均值(9)	机构数量(10)	加权平均值(11)	机构数量(12)	加权平均值(13)
公立院校:												
北大西洋区	3	$8,577	38	$8,607	6	$10,601	2	$11,514	(1)		5	$8,152
五大湖和大平原区	2	8,268	43	8,777	11	9,417	2	8,687	1	10,005	2	8,185
南部	11	7,296	45	7,992	13	7,838	3	6,959	1	6,784	19	6,583
西南部	2	7,041	24	8,176	7	7,777	1	7,419	(1)		2	6,806
落基山区和远西部	2	6,436	28	8,893	2	9,641	(1)		(1)		(1)	
私立院校:												
北大西洋区	7	6,513	156	8,268	27	8,867	6	8,040	3	5,947	1	8,309

续 表

控制和区域 (1)	黑人入学率											
	0%		0%—2%		2%—5%		5%—10%		10%—50%		50%—100%	
	机构数量 (2)	加权平均值 (3)	机构数量 (4)	加权平均值 (5)	机构数量 (6)	加权平均值 (7)	机构数量 (8)	加权平均值 (9)	机构数量 (10)	加权平均值 (11)	机构数量 (12)	加权平均值 (13)
五大湖和大平原区	7	6,336	147	7,781	30	7,872	5	7,145	4	7,895	(1)	(1)
南部	25	6,421	63	7,543	8	6,340	3	6,047	(1)	(1)	19	5,974
西南部	1	5,816	23	6,770	5	5,784	(1)	(1)	(1)	(1)	2	5,473
落基山区和远西部	1	5,470	50	8,448	9	7,107	1	7,302	(1)	(1)	(1)	(1)
所有公立院校	20	7,573	178	8,491	39	9,112	8	9,248	2	8,754	28	6,824
所有私立院校	41	6,379	439	7,964	79	8,175	15	7,640	7	7,352	22	6,652
所有院校	61	7,165	617	8,279	118	8,756	23	8,643	9	7,795	50	6,773

1. 无相关数据

其他的研究结果包括：(1)在所有地区，黑人学生都更容易进入州立专科学院系统而不是州立综合性大学系统，而且他们在综合性大学全体学生中的比例要小于在任何其他类别的公共高等教育机构中的比例；(2)黑人学生更容易出现在有高辍学率的院校中；(3)他们主要去学费较低的院校就读；(4)他们倾向于选择工程学、农业、教育、社会福利工作、社会科学和护理专业。

未来的教师

由于在过去几年里许多关于教师资格的调查表明，黑人儿童的教师在资质方面逊于以教白人儿童为主的教师，本调查要研究这种情况是否有望通过正准备当教师的大学生加以改变，为此，在1960年拥有全美国超过90%黑人人口的18个州的32所师范院校中，向大约17 000名大学新生和5 500名大学四年级学生采集了问卷调查和成绩测试数据。本次调查的一些结果如下：

1. 在大一和大四两个年级中，未来的教师都非常像他们所在院校中打算从事其他工作的学生。（应该记住，这些对比局限于以教师培训为主的高校中的学生，因此当然并不是在所有高校中的随机抽样调查。）

2. 在为进入教师行业而接受训练的大学生中，白人学生为了读大学而做的准备工作超过了黑人学生；也就是说，他们上过更多的外语、英语和数学课，在中学时成绩更好，更多被分在等级最高的英语班组中。

3. 来自高年级学生的数据表明，高校并没有缩小黑人和白人学生之间的学术训练差距；事实上，有一些证据表明，大学课程反而扩大了这一差距，至少在南方是这样。

4. 在大一和大四两个年级，黑人和白人未来教师的测试成绩都存在着实质性差异，大约有15%的黑人成绩超过了同一区域白人学生的平均成绩。（该数字的变化在很大程度上取决于测试本身，但在任何情况下，超过白人平均成绩的黑人百分比都没有达到25%。）

5. 测试数据表明，在南部地区，大一和大四学生的测试结果差距有所扩大。这一发现的意义在于，大多数黑人教师是在南部诸州接受培训的。

6. 未来教师对某些学校和某些学生的偏好导致了新聘教师的期望和就业机会特征之间的匹配问题。

未来教师的偏好也得到了研究。根据市场条件总结，似乎很显然，太多的未来教师更希望在一所学术型中学任教；蓝领工人的孩子数量远比愿意教他们的正在接受培训的教师数量要多得多；有数量非常庞大的正在接受培训的白人教师希望在种族混合型学校任教，甚至在南部地区也是如此；未来的黑人和白人教师都很少希望在主要由少数族裔学生构成的学校任教；最后，能力高的学生比能力低的学生更受未来教师的青睐。比起未来的白人教师，未来黑人教师的偏好更符合市场需求分配；相对于顾客所需要的服务而言，愿意教蓝领或低能力儿童，或者是愿意在种族成分混杂以及特殊教育、职业培训或商业学校任教的未来白人教师太少了。这些数据表明，就目前的学校组织而言，在准备最充分的未来教师中只有相对很少的人会进入少数族裔儿童的教室，抵消掉他们所遭遇的一些环境不利因素。

入学与辍学

另一项广泛的研究利用1960年人口普查数据，探讨了不同年龄、种族、社会经济类别儿童的入学率。这项研究还利用美国人口普查局1965年10月的"人口现状调查"对辍学儿童进行了调查。"人口现状调查"采用了精心挑选的35 000个家户的样本。这是一个足够大的样本，可以用来对黑人少数族裔做可靠的全国性估计，但不足以用来估计其他少数族裔。本节中"白人"一词包括墨西哥裔美国人和波多黎各少数族裔。

根据"人口现状调查"估计，在1965年10月，有大约696万名年龄在16到17岁的年轻人正居住在美国。其中,有30万人(5%)被大学录取,因此,在人口普查局的这项研究中不予考虑。剩下的人中,有约10%,即68.1万名16到17岁的年轻人在完成中学学业前便辍学了。

表17最下面一行显示,有大约17%的黑人青少年(年龄在16到17岁)辍学,而在白人青少年中,对应的数字是9%。接下来的表18显示,这种差异大多源自南部地区之外的人群差异;在南部地区,白人和黑人的未入学率基本上差不多。

表17 全美国根据性别和种族划分16和17岁非大学生人口入学状况,1965年10月
【数字单位:千。各数字四舍五入到千位,不对群体总数进行相应调整,群体总数单独四舍五入】

入学状况	总计	两种性别总和		男性		女性	
		白人	黑人	白人	黑人	白人	黑人
16—17岁非大学生人口总数	6,661	5,886	775	3,001	372	2,885	403
已入学:							
私立学校	588	562	26	281	11	281	15
公立学校	5,198	4,588	610	2,363	299	2,225	311
未入学:							
中学毕业	194	183	11	66	2	117	9
非中学毕业	681	553	128	291	60	262	68
未入学率[1]	10	9	17	10	16	9	17

1. 指"未入学、非中学毕业生"占"16—17岁非大学生人口总数"的百分比。

表18 全美国根据性别、种族和居住地划分16和17岁非大学生人口入学状况,1965年10月
【数字单位:千】

入学状况和居住地	总计	两种性别总和		男性		女性	
		白人	黑人	白人	黑人	白人	黑人
南部							
16—17岁非大学生人口总数	2,141	1,676	465	847	238	829	227
已入学:							
私立学校	108	89	19	45	11	44	8
公立学校	1,666	1,297	369	669	195	628	174
未入学:							
中学毕业	36	29	7	8	0	21	7

续表

入学状况和居住地	总计	两种性别总和		男性		女性	
		白人	黑人	白人	黑人	白人	黑人
非中学毕业	331	261	70	125	32	136	38
未入学率[1]	15	16	15	15	13	16	17
北部和西部							
16—17岁非大学生人口总数	4,520	4,210	310	2,154	134	2,056	176
已入学:							
私立学校	480	473	7	236	0	237	7
公立学校	3,532	3,291	241	1,694	104	1,597	137
未入学:							
中学毕业	158	154	4	58	2	96	2
非中学毕业	350	292	58	166	28	126	30
未入学率[1]	8	7	19	8	21	6	17

1. 指"未入学、非中学毕业生"占"16—17岁非大学生人口总数"的百分比。

表19所针对的问题是,在不同的社会经济水平中辍学率是否有差异。数据表明,来自白领家庭的16到17岁青少年的未入学率为3%,来自非白领家庭(户主是蓝领工人或是在农场上工作,或是失业,或是根本不具有劳动能力)的数字则是前者的四倍多(13%)。此外,在男性和女性、黑人和白人青少年中,都存在着这种由父母职业导致的未入学率差异。

表19 全美国根据性别、种族和户主职业划分16和17岁
非大学生人口入学状况,1965年10月

【数字单位:千。当基数低于40 000时不显示百分比】

入学状况和户主职业	总计	两种性别总和		男性		女性	
		白人	黑人	白人	黑人	白人	黑人
白领							
16—17岁非大学生人口总数	2,065	2,017	48	1,081	31	936	17
已入学:							
私立学校	275	257	18	135	11	122	7
公立学校	1,680	1,654	26	893	18	762	8

续　表

入学状况和户主职业	总计	两种性别总和		男性		女性	
		白人	黑人	白人	黑人	白人	黑人
未入学：							
中学毕业	44	42	2	14	2	28	0
非中学毕业	65	63	2	39	0	24	2
未入学率[1]	3	3	4	4		3	
非白领							
16—17岁非大学生人口总数	4,596	3,869	727	1,920	341	1,949	386
已入学：							
私立学校	313	305	8	146	0	159	8
公立学校	3,517	2,933	584	1,470	281	1,463	303
未入学：							
中学毕业	150	141	9	52	0	89	9
非中学毕业	616	490	126	252	660	238	66
未入学率[1]	13	13	17	13	18	12	17

1. 指"未入学、非中学毕业生"占"16—17岁非大学生人口总数"的百分比。

一旦把社会经济因素考虑进去，辍学率中的种族差异就大大降低了。在所有的黑人和白人青少年之间存在着8个百分点的辍学率差距，但如果他们都来自白领家庭，则差距会降为1%，如果他们都来自非白领家庭，则差距会降为4%。

表20根据大城市地区和非大城市地区以及南部地区和非南部地区划分数据。在北部和西部的城市地区，黑人和白人的辍学率差距最大；在北部和西部的非城市地区，样本中的黑人家庭数量太少，无法提供可靠的估计值。南部地区的结果出人意料，在城市地区，白人女孩的辍学率高于黑人女孩；在非城市地区，白人男孩的辍学率大大高于黑人男孩。

表20　全美国根据性别、种族、地区类型和居住地划分16和17岁
非大学生人口未入学状况，1965年10月

【数字单位：千。当基数低于50,000时不显示百分比】

未入学率，地区类型和居住地	总计	两种性别总和		男性		女性	
		白人	黑人	白人	黑人	白人	黑人
南部大城市地区							
16—17岁非大学生人口总数	715	545	170	295	95	250	75

续 表

未入学率，地区类型和居住地	总计	两种性别总和 白人	两种性别总和 黑人	男性 白人	男性 黑人	女性 白人	女性 黑人
未入学率[1]	10	9	12	4	14	16	11
北部和西部大城市地区							
16—17岁非大学生人口总数	2,576	2,301	275	1,237	124	1,064	151
未入学率[1]	8	6	20	7	23	6	17
南部非大城市地区							
16—17岁非大学生人口总数	1,426	1,131	295	552	143	579	152
未入学率[1]	18	19	17	21	13	17	20
北部和西部非大城市地区							
16—17岁非大学生人口总数	1,944	1,909	35	917	10	992	25
未入学率[1]	8	8		9		7	

1. 指"未入学、非中学毕业生"占"16—17岁非大学生人口总数"的百分比。

种族融合与成绩的关系

可以预期，在种族融合的学校中接受教育会在对其他种族群体成员的态度方面产生重大影响。在最好的情况下，它能够培养出适合这些学生将生活于其中的种族融合社会的态度；最坏的情况是，它可以在同一所学校里制造出敌对的黑人和白人阵营。因此，"学校种族融合"不仅仅是把黑人和白人放在同一座建筑物里那么简单，而且种族融合可能产生比其对成绩的影响更为重要的后果。

然而，前面对学校因素的分析表明，从长远来看，种族融合应该也有望对黑人的成绩产生积极影响。有一项分析研究了可在短期内显现的这种对成绩产生的效应。对种族融合学校中黑人儿童考试成绩的分析表明，种族融合具有积极效果，尽管这种效果相当微弱。表21提供了6、9和12年级黑人学生的成绩，按照前一年班上白人同学的比例划分。比较每一行的平均数可知，除了一个例外情况，在平均分数最高的黑人学生的班级里，有一半以上的同学是白人。但从左到右浏览，会发现增长的幅度很小，而且那些班上只有很少几个白人学生的黑人学生得分往往低于班上完全没有白人的黑人学生。

表 21　黑人学生平均测试成绩，1965 年秋

年级	区域	阅读理解——去年白人同班同学比例				数学成绩——去年白人同班同学比例			
		无	低于一半	一半	高于一半	无	低于一半	一半	高于一半
12	东北部大城市地区	46.0	43.7	44.5	47.5	41.5	40.6	41.1	44.5
12	中西部大城市地区	46.4	43.2	44.0	46.7	43.8	42.6	42.9	44.8
9	东北部大城市地区	44.2	44.8	44.8	47.1	43.1	43.5	43.7	47.2
9	中西部大城市地区	45.3	45.2	45.3	46.4	44.4	44.3	44.1	46.6
6	东北部大城市地区	46.0	45.4	45.8	46.6	44.0	43.4	43.6	45.6
6	中西部大城市地区	46.0	44.7	44.9	45.1	43.8	42.8	42.9	44.1

表 22 旨在观察在种族融合学校就读年数较多的黑人学生是否有获得较高平均成绩的趋势。那些在低年级先进入种族融合学校就读的学生分数始终比其他群体高，尽管差异依然很小。

表 22　黑人学生平均测试成绩，1965 年秋

年级	区域	第一次有白人同班同学的年级	去年白人同班同学比例				总计
			无	低于一半	一半	高于一半	
9	东北部大城市地区	1,2,或3	45.9	46.7	46.9	48.1	46.8
		4,5,或6	45.2	43.3	44.4	44.4	44.8
		7,8,或9	43.5	42.9	44.6	45.0	44.0
		从没有过	43.2				43.2
9	中西部大城市地区	1,2,或3	45.4	46.6	46.4	48.6	46.7
		4,5,或6	44.4	44.1	45.3	46.7	44.5
		7,8,或9	44.4	43.4	43.3	45.2	43.7
		从没有过	46.5				46.5

续 表

年级	区域	第一次有白人同班同学的年级	去年白人同班同学比例				总计
			无	低于一半	一半	高于一半	
12	东北部大城市地区	1,2,或3	40.8	43.6	45.2	48.6	46.2
		4,5,或6	46.7	45.1	44.9	46.7	45.6
		7,8,或9	42.2	43.5	43.8	49.7	48.2
		10,11,或12	42.2	41.1	43.2	46.6	44.1
		从没有过	40.9				40.9
12	中西部大城市地区	1,2,或3	47.4	44.3	45.6	48.3	46.7
		4,5,或6	46.1	43.0	43.5	46.4	45.4
		7,8,或9	46.6	40.8	42.3	45.6	45.3
		10,11,或12	44.8	39.5	43.5	44.9	44.3
		从没有过	47.2				47.2

这些表格都没有考虑到不同组别的学生有可能来自不同的背景。当这些因素用以社会经济状况为指标的简单交叉列表加以考时时,种族融合学校和融合年数较久的学校的成绩仍然较高。因此,虽然差异很小,而且学校内部的种族融合程度未知,但是很显然,即使是在短期内,学校种族融合对黑人学生的阅读和数学成绩也会发挥效应。

当然,这种制表方式是可能研究这种效应的最简单的方式。通过更详细的分析、更仔细地研究黑人学生特有的特征,并且研究具有类似种族构成的学校内部的不同融合程度,或许能揭示一种更为明确的效应。在随后的报告中会提供这样的分析。

学校种族融合案例研究

作为调查的一部分,我们委派了两套关于学校种族融合的案例研究。这些案例研究剖析了各个城镇的种族融合进程,并且说明了不仅在这些社区而且还在其他许多社区出现的问题。完整的案例研究文件在教育厅存档。此外,其作者的所有或部分报告将由商业出版社出版。

主报告中提供了这些案例研究的摘录,用来说明某些一再出现的问题。以下段落将介绍每份摘录的内容,说明其涵盖的问题种类。

缺乏种族信息。——在某些社区,缺乏有关少数族群儿童和少数族群教师数量、其所在地和流动情况的信息，从而很难对教育机会的公平性做出评估。例如，在一座城市里，自从实施了自由转校计划以后，就没有对学生的种族情况进行记录，所以，任何对该过程的评价只可能是主观的。教育总监、校长和地方教育董事会有时回应称种族记录本身就标志着歧视。

在关于旧金山市的报告摘录中阐述了"种族人数统计问题"和对寻找解决方案的回应。

少数族群儿童的表现。——有效评估少数族群儿童教育公平状况的真正障碍之一，是很少有社区进行过系统性测试，对学术表现及这些儿童对教育的态度进行过评估的就更少了。然而，对教育质量的评估既要依据教育结果，也要依据校舍的年数和师生比数据。计划进行这一评估的城市可以参考一项指导，即在伊利诺伊州埃文斯顿镇进行的学生信息调查。

1964年，第65学区研究测试部主任收集并分析了136名黑人儿童的"能力"与"成绩"数据；这些儿童在小学阶段曾连续就读于中心小学、杜威小学、福斯特小学或诺伊斯小学。对照组由132名白人儿童组成，他们在同一阶段连续就读于两所白人小学。从学前班到七年级，将七种不同的计量标准进行关联和组合，最后精简成为标准九分评分制。埃文斯顿报告的摘录详细考察了这两组儿童的表现。

小社区遵行种族融合法律的情况。——南部和北部的许多大城市地区正朝着恢复种族隔离制度的方向发展，尽管地方教育董事会和市政府在努力扭转这种趋势。在大城市里，种族居住地集中化巩固了社区学校的种族隔离模式，与此同时，许多白人家庭已经搬迁到了郊区，还有一些家庭则让孩子脱离了公立学校系统，让他们去私立和教会学校就读。另一方面，在北部和南部的小城镇和中等规模地区，则正在一定程度上废除学校中的种族隔离做法。

在世世代代实行完全学校种族隔离制度的南部诸州，许多学校系统中出现了遵行种族融合法律的迹象。然而，对开放招生的强调和自由选择计划往往导致先前的白人学校对黑人进行象征性的招生。某些学校系统在某些年级实行种族融合，在其他年级则不然，但这些学校系统选择在中学而不是小学实行种族融合，这往往进一步减少了选择转校的黑人人数，因为他们不愿意在临近毕业时承担额外的风险。

在一座密西西比小镇的报告摘录中，对遵行种族融合法律的趋势进行了描述。

旨在实现小学种族平衡的自愿转校计划。——公立学校小学阶段的种族隔离比高年级更为严格。在大城市里，小学在传统上根据社区划分来布置作业。因此，居住地种族隔离现象往往导致在北方大多数城市中建立起种族隔离的小学系统；在南方也一样，在那里，**事实上的**种族隔离正在取代**法律上的**种族隔离。

各种社区一直努力想办法在保留社区学校的同时实现更高的种族平衡。校车接送制度、配对、重划学区、合并以及许多其他策略都已经被尝试过。许多都失败了，另一些则取得了至少部分的成功。康涅狄格州纽黑文市采取了有力行动解决这个问题：在初中阶段尝试配对政策，以实现强制性种族融合，在小学阶段则实施自愿转校计划。自愿转校计划的核心意图号称是为了缓解过度拥挤现象，但它实现了更大的种族平衡，因为人满为患的都是黑人学校。然而，随着学校盖起新校舍，这一废除种族隔离的间接刺激将不复存在。在纽黑文，转学计划比在许多其他社区更行之有效，这是因为学校领导的投入、积极上门就转学进行游说、为转学者提供交通便利、教师的合作、教室里不同族裔的混合分组，以及其他因素。

最初的计划规定，学生可以申请在指定"集群区"内一组小学中的任意一所入学，对该申请的批准将依据可提供的入学名额、对种族平衡的影响和某些未说明的教育因素；在特定学校"目前已登记入学"的学生将获得优先考虑；必要时会提供校车接送。

通过在初中阶段重划学区废除种族隔离。——初中在传统上是7到9年级，在许多社区废除种族隔离的计划中，初中一直是大量工作和冲突的焦点。大部分地区在小学阶段都不愿放弃社区学校，导致了种族集中模式，而高中的融合度本就较高，因为它们较少依赖社区边界，而且先前已通过合并获得最大化的资源，这样一来，初中自然而然成为实施废除种族隔离计划的起点。与小学一样，它们过去也是在地理位置的基础上分配学生，但另一方面，它们显示出某种程度的合并倾向，因为一所初中的生源是来自若干所小学。此外，比起小学阶段，来自家长要维持严格社区边界的压力也没有那么大。

许多社区已经尝试将两所初中配对，以实现更高程度的种族平衡。其他地区则尝试了重划学区或是重新给学校的生源区划分界线。在加州伯克利市，经过相当多的社区冲突和努力后，实施了一项在所有三所初中取消种族隔离的计划（其中一所之前已取消种族隔离）。所有9年级学生都被送进了同一所学校，它先前是黑人学校，7、8年级学生则被分配到另外两所学校。新的9年级学校取了一个新校名，用来在社区大众面前表达它的新身份。摘录描述了该计划实施后的情况，以及不同学校在种族融合方面取得的差异性成功。

高中阶段的种族平衡计划。——在许多社区，学生根据其居住地被分配到中学去，因此种族不平衡的状态在持续。加州帕萨迪纳市实施了一项计划，旨在通过开放学校的一些场所以允许黑人转学到以白人为主的中学来纠正这种不平衡。该计划取得了一定的成功，但遭到过许多抵制。这一情况中特别令人关注的是，有司法意见认为，为实现种族平衡做出的努力是违反宪法的，学区划分中不得将种族作为考虑因素。显然，以前通过学区划分加以巩固的种族集中现象并没有被认为违宪，而废除种族隔离的努力却被认为违宪。地方教育董事会发现这种法律操纵使他们的任务变得更加艰难。摘录描述了地方教育董事会中的讨论和争议，以及法院判决的影响，法院判决最终支持通过转学来实现种族平衡的政策。

某职业学校中的种族隔离状况。——芝加哥沃什伯恩行业学校似乎通过工会的实践和惯例有效地实行了种族隔离，因为工会的学徒计划具有种族隔离的特征。自从1919年在国会通过《史密斯休斯法案》后成立以来，沃什伯恩学校一直没有什么改变。该法案规定建立学徒培训计划，让技术工人在学校和工作中接受培训。例如，一个希望获得水管工资格的年轻人可以每周工作4天，每周参加至少1个白天或是几个晚上的正式培训。

这些学徒项目由联邦政府通过劳动部和卫生、教育与福利部提供大量资金并进行调控。近年来，调控越来越聚焦于工会组织内部的种族隔离。导致这一问题的原因之一是在学徒学校中存在的相当令人沮丧的种族模式。沃什伯恩学校似乎保持了该模式。1960年，一项非正式评估显示，在沃什伯恩学校超过2 700名学生中，黑人只占不到1%。在学校实行的学徒计划中有一半都没有任何黑人参与。这一摘录描述了沃什伯恩学校和芝加哥职业学校中的种族隔离状况。

综合性大学与废除学校种族隔离的关系。——教育是一种连续行为——从学前班一直延续到大学——而公立学校的废除种族隔离计划对同一地区的高校正产生着越来越大的影响，特别是那些由市政府或州政府资助的高校。免除学费，例如在纽约市的高校中，对在中学阶段就辍学的少数族群成员没有任何意义，对那些因成绩太差而无法进入大学求学的人来说也几乎没有意义。许多大学通过暑期辅导班和有选择地录取成绩原本不合格的学生来努力纠正这一间接形式的种族不平衡。

以下摘录表明，在特拉华州纽瓦克市，旨在让公立学校废除种族隔离的压力对附近的特拉华大学产生了影响：

在纽瓦克市的市政机关、学区和特拉华大学中，对于种族融合有着惊人相似的反应。由于大学在纽瓦克市的事务中发挥了很大的作用,所以本摘录考察了它在学校种族融合中遇到的问题。

＊　＊　＊　＊

这一节是调查报告概要的最后一部分。报告概要是完整报告的第一部分,也为那些只想概览主要调查结果的人进行了单独印刷。完整报告包含大量详细的数据,其中已经有少量被本概要采用。此外,完整报告中还对探讨教育结果和学校特征之间关系的统计分析进行了完整的描述。

2.0 学校环境

2.1	概述	51
	2.11 学校环境的一般特征	52
	2.12 局部地区内部和之间的比较	53
	2.13 黑人儿童的分布情况	55
	2.14 白人和少数族裔就读学校的种族构成	57
	2.15 少数族裔的错误分类	65
2.2	学校设施、服务和课程	65
	2.21 学校建筑物、设施和设备	67
	2.22 学校特别服务	88
	2.23 课程	93
	2.24 针对特殊儿童的课程	111
	2.25 学生评价和安置	121
	2.26 课外活动	137
	2.27 学校特征中不公平现象总结	144
2.3	学校教师特征	145
	2.31 教师社会背景	145
	2.32 教师和校长的个人特征	150
	2.33 教育和背景	158
	2.34 教师和校长的工作条件及对学校的态度	182
	2.35 教师和校长对种族相关问题的态度	203
2.4	同学特征	222
	2.41 同班同学的一般种族构成	222
	2.42 家庭背景	224
	2.43 学生自身特征	235
2.5	北部和西部大城市地区	248
	2.51 北部和西部大城市地区学校与全国对比	248
	2.52 北部和西部大城市地区黑人就读的学校	249
2.6	南部大城市地区	252
	2.61 南部大城市地区学校与全国对比	252
	2.62 南部大城市地区黑人就读的学校	253
2.7	南部非大城市地区	257
	2.71 南部非大城市地区学校与全国对比	257
	2.72 南部非大城市地区黑人就读的学校	259
2.8	其他少数族群	261
2.9	边远地区学校特征	263

2.1 概述

在美国历史上的第一个世纪,机会与西部边疆联系在一起;开拓者是成功的象征。在第二个世纪的很多时间里,机会与扩大工业企业相关;自学成才者是成功的象征。今天,机会必须到一个高度组织化的技术社会中去寻找;科学家是成功的象征。

在我们的社会中,公立学校是为发展心智技能和传授知识提供机会的主要手段。它们的任务对于那些遭到经济或文化剥夺或是社会排斥的人群来说至关重要,出于上述原因,这些人群最不可能向他们的子女传授必要技能,使其能够在今天的美国获得机会。从这个角度来看,本报告的问题非常简单:我们国家的学校在多大程度上向原本可能以明显劣势开启成人生活的少数族群儿童提供了这样的机会?今天在这方面处于最大劣势的少数群体都属于少数种族和少数族裔,本报告中最受关注的是其中五个少数族群:美国黑人、波多黎各裔美国人、美国印第安人、墨西哥裔美国人和东亚裔美国人。

要回答上述这个问题需要进行各种探讨。当然,最基本的问题就是,学校在多大程度上通过为少数族裔儿童打下平等的心智技能和知识基础而消弭了出身的不平等?也就是说,学校取得了什么成果?

本报告的3.1节利用学业深造和当今求职必备的心智技能标准测试中的评判标准仔细探讨了这一问题。一个相关问题就是具有不同语言背景的少数族裔在入学之初遭遇的初始语言缺陷,以及在校期间这些缺陷会发生什么变化。8.2节以概述的形式对这一问题进行了考察。除了根据测试结果衡量的学校成果以外,学校的另一个成果就是学校教育本身进行的程度。许多儿童没有读完中学,6.1节对学校教育的该项成果进行了考察。

在有关学校教育结果的问题之外,还有必要了解其他一些问题。首先是,与其他美国儿童就读的学校所获得的资源相比,少数族裔儿童就读的学校获得的资源问题。本报告的2.2节到2.9节对这些资源在中小学中的获得情况、5.1节对其在高等教育中的获得情况分别作了统计制表和讨论。此外,在学校资源的特殊方面,8.3节针对辅导员、8.4节针对职业教育分别以概述的形式进行了考察。

一旦了解了学校所取得的成果和进入学校的资源情况，问题就变成了：学校哪方面的因素对其取得的成果影响最大？学校为什么以及如何才能产生预期效果？3.2节在中小学中考察了这一问题。8.1节对一项教育创新举措——"领先"暑期学前计划——进行了专门考察。

在教育机会方面有一个特殊的问题，一直并且将继续对少数族裔特别是黑人产生关键影响。这就是学校教育中的种族隔离问题，不管是法律上的种族隔离，就像南方一直实行的那样，还是通过社会或居住因素实行的种族隔离，就像在北方那样。本报告自始至终都在考察教育机会中的这一问题，但有三个部分专门讨论了种族隔离的各个方面。3.3节分别对种族隔离和种族融合的中小学各年级的学校教育结果进行了初步考察。4.1节考察了黑人和白人中小学教师的培养情况。在种族隔离式教育中，学校教师也大多受到种族隔离。这一节考察了教师中的种族隔离制度与黑人和白人教师接受的差别性培养相叠加，会对即将由这些教师执教的一代代中小学生产生怎样的共同影响。

学校种族隔离问题的另一个方面在于目前旨在降低学校种族隔离程度的尝试，在北方和在南方都是如此。促成这份报告的部分工作包括对特定城市和社区的案例研究，它们考察了社区中学校种族隔离状况，以及这种状况所发生的变化。在这些案例研究中，说明废除学校种族隔离中一般问题的摘录被挑选出来，放在了7.1到7.8节中。

2.11　学校环境的一般特征

一名儿童的学校环境由众多要素组成，从他的课桌到坐在他旁边的孩子，还包括站在班级前面的教师。任何统计调查都只能针对这些环境提供最微薄的证据，原因有二。首先，将环境的各个方面缩减到量化计量标准必然会失去许多与儿童相关的元素，包括清晰可见的和较不易察觉的。这些计量标准必须可以在学校之间进行比较，然而儿童所经历的最重要的元素很可能因学校而异，而且在同一所学校的儿童中也很可能因人而异。

其次，儿童是将环境作为一个整体来体验的，而统计手段不可避免要将环境碎片化。拥有一个没有大学学位的教师可能意味着某种不利因素，但是在具体情况下，一名学童的教师可能不仅没有大学学位，而且还是在当地社区长大并接受学校教育的，他从来没有离开过这个州，词汇量只有十年级水平，而且抱持的是当地社区的观念态度。

出于上述两种原因，对少数族裔和白人儿童的学校环境差异进行的统计调查会给人一种差异小于实际存在的印象。通常——尽管并不总是如此——这些差异都是对少数族裔不利的，因此后续章节可能会倾向于低估普通少数族裔儿童与普通白人儿童相比在学校环境中所处的真实不利地位。这种对差异的低估是系统化统计比较的必然结果。然而，相较于对学校环境只凭印象和定性的研究所可能导致的观察偏倚，这算是两害相权之轻者。（在某些领域，如社区对种族隔离所带来的问题的回应，定性研究几乎是必要的，也必须接受观察偏倚的可能性。在 7.1 到 7.8 节的摘录中提到的案例研究揭示了在种族隔离问题和社区反应方面的特征，这是统计研究几乎无法匹敌的。）

为了减少统计表造成的学校环境碎片化，对少数族裔和白人的学校环境之间的主要差异用两种方式概括。首先，对特定的环境特征进行了处理，分别考察整个国家和所有地区。这些特征被分为三大类：设施和课程（2.2 节）、学校教师（包括教师和校长）的特征（2.3 节），以及同班同学的特征（2.4 节）。

第二，为了更好地描述黑人和白人儿童在美国不同地区所体验的学校环境，调查中使用的八个区域层被分为四组，对于其中三组中黑人和白人就读的学校，在学校、学校教师和学生方面进行了概述。这四个组分别是：北部大城市地区，包括西部（2.5节）；南部大城市地区，包括西南部（2.6 节）；南部非大城市地区，包括西南部（2.7 节）；以及北部非大城市地区。由于最后一个地区的黑人人口不到全国总数的 5%，所以未进行单独研究。最后，2.8 节分别描述了在全美国范围内，其他四个少数族裔所就读学校的学校、学校教师和学生的情况。2.9 节简要介绍了边远地区学校的特征。这种双重构架必然会造成说明冗余，但这种冗余或许可以更好地达到描述少数族裔和白人儿童学校环境的目的。

2.12 局部地区内部和之间的比较

当人们发现少数族裔学生和白人学生的学校环境之间存在着差异，问题马上就出现了：是什么造成了这种差异？该问题的一个重要方面与居住地有关：差异的产生是因为同一地区内的资源分配差异吗？还是因为少数族裔儿童跟白人生活在不同的地方，享有不同的资源？如果某项差异是由于前一种原因造成的，则消除该差异就需要关注当地少数族裔和白人学生之间的资源分配，以及可能存在的资源分配歧视；如果是第二种原因造成的,就意味着在一些地理"范围"内学校普遍存在不足。第二种情况意味着在某些地方——那些少数族裔学生高度集中的地方——投入学校的资源较少。要消除这种不足,得依靠向当地学校注入资源,可能是通过向当地本身注入资源的方式。

为了区分这两种不公平的源头,使用了两套程序。一、只用于黑人,分别显示八个地理和大城市—非大城市地区层的调查结果。在各层内部对黑人和白人学校环境的比较显示了这些区域层内部的不公平状况;对不同层之间两个种族的比较则显示了该层作为一个整体的不公平特征。例如,表 2.24.2[①] 表明在南部非大城市地区,15%的黑人小学生和11%的白人小学生所就读的学校里有一名阅读辅导教师,而在北部非大城市地区,37%的黑人和46%的白人在这样的学校中就读。在其中一个地区,在有阅读辅导教师的学校中就读的黑人比例稍微高于白人;在另外一个地区,他们在这种学校中就读的比例比白人低了几分。然而,主要差异还是存在于区域比较中,南部非大城市地区中这些教师的出现率较低。这一事实,再加上在南部非大城市地区有许多黑人,就表明黑人处于不利地位;而南部非大城市地区的黑人和白人都处于这种不利地位。

然而,这些区域比较只是在大的地理区域内非常广泛地显示了居住地的影响。为了在非常小范围内的地点研究同样的问题,表格中列出了一个额外的数据,并在测试中加以讨论。它通常被称为"同县的白人",在表格中被标记为"白(黑)",代表跟黑人在同一个县内的白人(对于其他少数族裔,则标记为白( ),括号内为该少数族裔的简称)。该表格的建立方式在附录9中加以说明。总之,这一测量根据每个县的黑人人数对该县白人所就读的学校按比例进行了加权处理。

它允许进行两项比较。首先,同一个县内黑人和白人的差异显示了在同一个县(或是大城市层的标准大城市地区)内部存在的差异。与黑人同县的白人和该地区所有白人的比较显示了少数族裔儿童最密集的县或大城市地区和白人最集中地区的差异。在上面提到的同一个表格 2.24.2 中可以看到其中一例。在北部非大城市地区有37%的黑人和46%的白人就读的学校中有一名阅读辅导教师。为了弄清这9个百分点的差异来源,我们将黑人与"白(黑)"一栏进行了比较,发现后者中有40%有阅读辅导教师。因此,他们与这些县里的黑人有3个百分点的差异。另一项比较在"白(黑)"与该地区的白人间进行,表明在黑人集中的县内,同县的白人在学校拥有阅读辅导教

---

① p.100(注:原文的第100页)

师的比例比整个地区的白人低 6%。因此，在这一案例中，黑人和白人之间的整体差异主要是由阅读辅导教师在黑人最密集的县内出现频率较低造成的。

在非大城市地区层，进行这种比较的地点是县；在大城市地区层，则是标准大城市地区，包括城市和郊区。将大城市地区的郊区与中心城区都包括在内意味着黑人和"白(黑)"之间的比较在某种程度上是城区(大多数黑人的居住地)学校和郊区(许多白人的居住地)学校之间的比较。如果将范围仅限制在中央城区，就会掩盖大城市地区内部的这些城郊不公平现象。

2.13 黑人儿童的分布情况

除了按种族进行划分外，对黑人和白人儿童的数据划分依据是学校是否位于大城市地区。对大城市地区的定义即为政府机构常用的定义：一座居民人数超过 50 000 的城市，包括其郊区。所有其他位于小城市、小镇或农村地区的学校都被称为非大城市地区学校。

在大多数表格中，对黑人和白人儿童的数据是按地理区域进行划分的。大城市地区学校通常按照以下五个区域进行划分：

  东北部——康涅狄格州，缅因州，马萨诸塞州，新罕布什尔州，罗得岛州，佛蒙特州，特拉华州，马里兰，新泽西州，纽约州，宾夕法尼亚州，哥伦比亚特区。

  中西部——伊利诺伊州，印第安纳州，密歇根州，俄亥俄州，威斯康星州，艾奥瓦州，堪萨斯州，明尼苏达州，密苏里州，内布拉斯加州，北达科他州，南达科他州。

  南部——亚拉巴马州，阿肯色州，佛罗里达州，佐治亚州，肯塔基州，路易斯安那州，密西西比州，北卡罗来纳州，南卡罗来纳州，田纳西州，弗吉尼亚州，西弗吉尼亚州。

  西南部——亚利桑那州，新墨西哥州，俄克拉何马州，得克萨斯州。

  西部——阿拉斯加州，加利福尼亚州，科罗拉多州，夏威夷州，爱达荷州，蒙大拿州，内华达州，俄勒冈州，犹他州，华盛顿州，怀俄明州。

非大城市地区学校通常只按照三个区域进行划分：

南部——同上

西南部——同上

北部和西部——所有不在南部和西南部的各州

非黑人少数族群的数据只在全国范围的基础上提供，因为没有足够的案例证明有必要根据地区进行划分。下面的表格利用1960年人口普查数据显示了年龄为5到19岁的黑人在上述八个层的分布情况。

表 2.13.1　5—19 岁黑人儿童分布情况，1960 年

层	5—19 岁黑人数量	在全国所有 5—19 岁黑人中所占百分比(%)	在该层所有 5—19 岁儿童中所占百分比(%)
大城市地区			
东北部	937,000	16.0	9.6
中西部	936,000	16.0	10.2
西部	266,000	4.5	4.9
南部	1,580,000	27.0	22.7
西南部	265,000	4.5	10.3
非大城市地区			
北部和西部	99,000	1.7	1.2
南部	1,565,000	26.7	23.2
西南部	213,000	3.6	22.0
总计	5,861,000	100.0	

自一战以来，美国出现了黑人人口通过国内迁移实现的大范围地区重新分布现象。[1] 在1910年，89%的黑人人口集中在南部。到了1960年，居住在北部和西部的黑人比例达到了40%，几乎是1910年的四倍。在黑人人口集中方面更富戏剧性的巨大变化是他们大批涌向大城市地区，特别是美国的大型中心城市。在1910年，全国73%的黑人居住在农场和居民人数不足2500的农村地区。到了1960年，情况发生了完全的逆转，有73%的黑人居住在城市地区，其中有65%居住在最大的大城市地区。此外，这些黑人中的大部分都居住在大城市地区的中心城市里。1960年，美国全部黑人中的51%居住在中心城市。这种城市居住模式在北部和西部比在南部更为显著。

此外，由于美国的黑人人口比白人人口年轻，黑人大量集中在城市的趋势在学龄

---

[1] 要更全面地了解黑人在全国的分布变化情况，参见 Philip M. Hauser 所著《黑人融合中的人口因素 (Demographic Factors in the Integration of the Negro)》，达达罗斯，1965 年秋，pp. 847-877。

人口中更为引人注目。在 1960 年,美国 68% 的黑人学龄儿童都居住在大城市地区。这一持续了 50 年的迁移模式仍在继续①,并且有望在北部和西部的城市中进一步提高黑人的比例。

2.14　白人和少数族裔就读学校的种族构成

调查样本的设计宗旨不是为了对每个组别儿童就读学校的种族构成做出精确估计。尽管如此,在全国的较大地区内,有可能估计出在由各种种族组成的学校中,每一个组别儿童的分布情况。黑人和白人儿童的区域组别包括在 1.2 节中描述的如下八个层的集群:北部大城市地区(东北部、中西部和西部)、南部大城市地区(南部和西南部)、北部非大城市地区(北部和西部),以及南部非大城市地区(南部和西南部)。有图表(图 2.14.1—2.14.24)②用来说明在每个组别刚入学的 1 年级学生中学校的种族构成估计值,以及在即将毕业的 12 年级学生中学校的种族构成估计值。

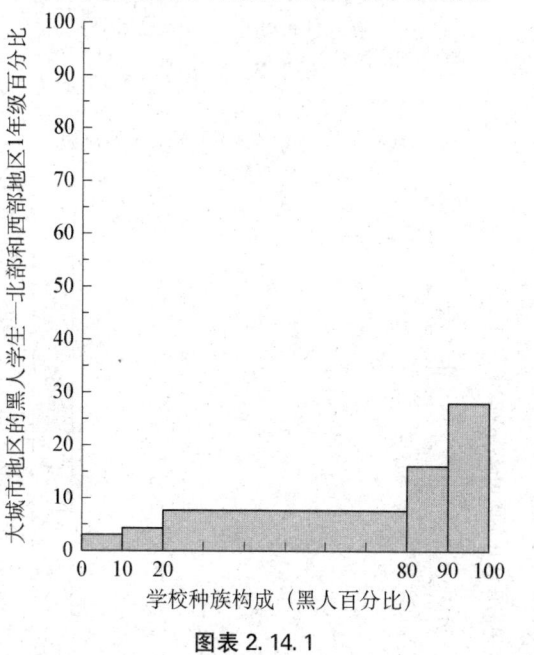

黑人学生在具有不同种族构成的学校中的百分比

图表 2.14.1

黑人学生在具有不同种族构成的学校中的百分比

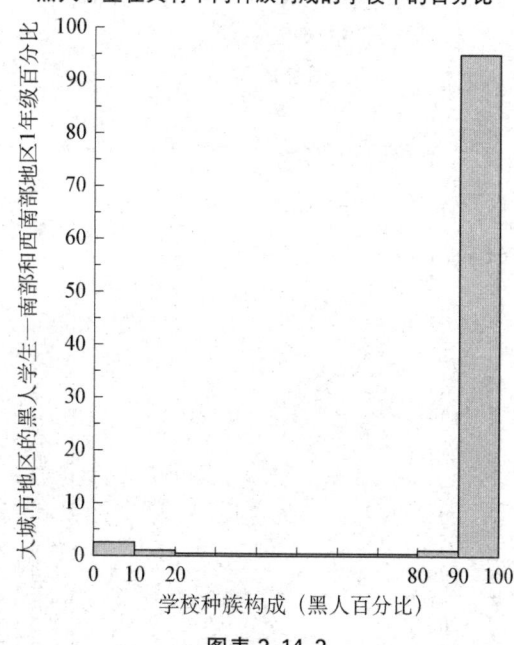

图表 2.14.2

---

① 例如,可参见美国人口普查局《补充报告》PS(SI)-49,1965 年 11 月 16 日。
② 这些图表的其中四幅,放在 1.1 节。

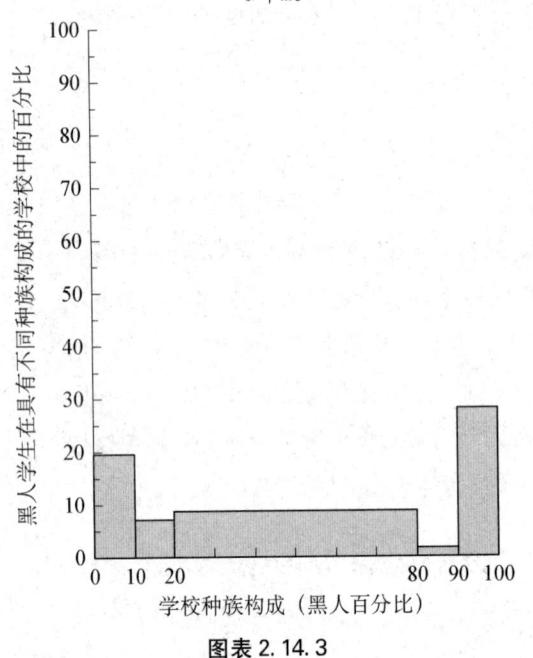

科尔曼报告：教育机会公平

非大城市地区的黑人学生——北部和西部地区
1年级

图表 2.14.3

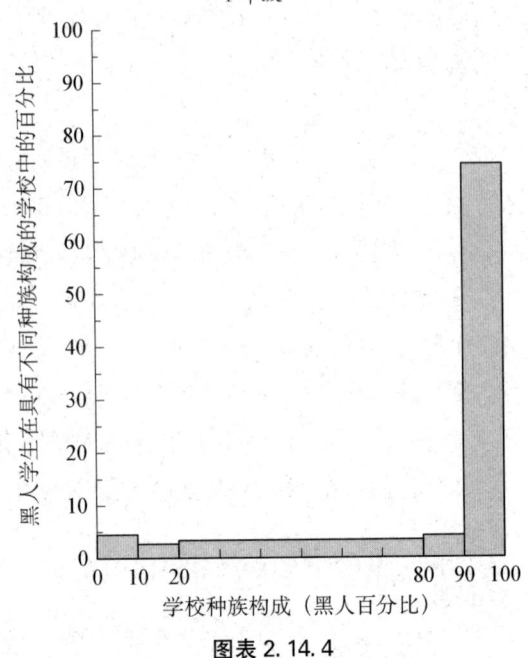

非大城市地区的黑人学生——南部和西南部地区
1年级

图表 2.14.4

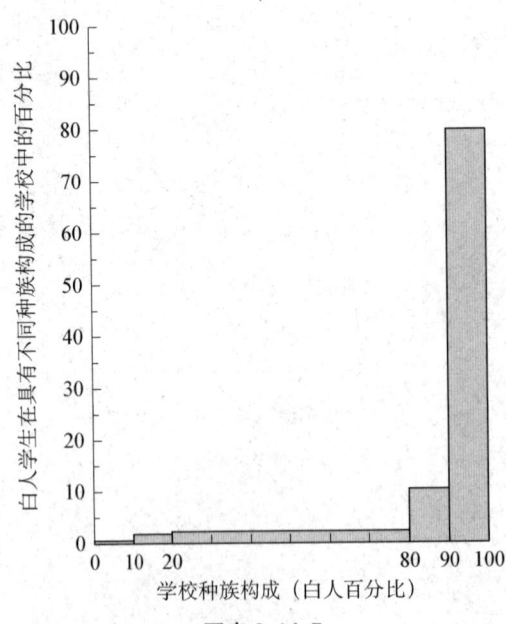

大城市地区的白人学生——北部和西部地区
1年级

图表 2.14.5

大城市地区的白人学生——南部和西南部地区
1年级

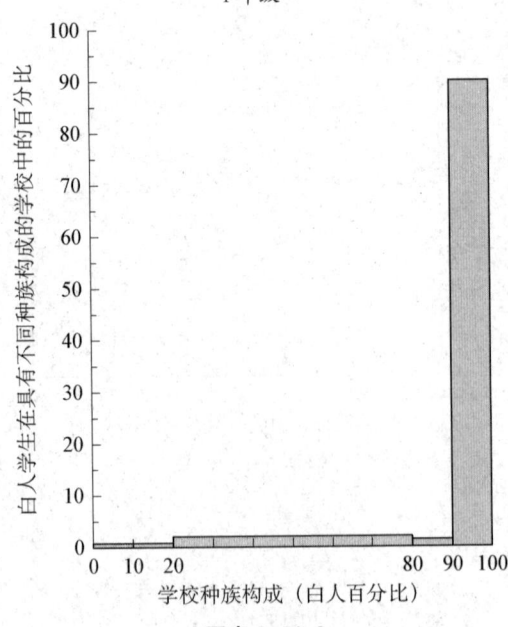

图表 2.14.6

学校环境 | 59

非大城市地区的白人学生——北部和西部地区
1年级

图表 2.14.7

非大城市地区的白人学生——南部和西南部地区
1年级

图表 2.14.8

墨西哥裔美国人学生——所有地区
1年级

图表 2.14.9

波多黎各裔学生——所有地区
1年级

图表 2.14.10

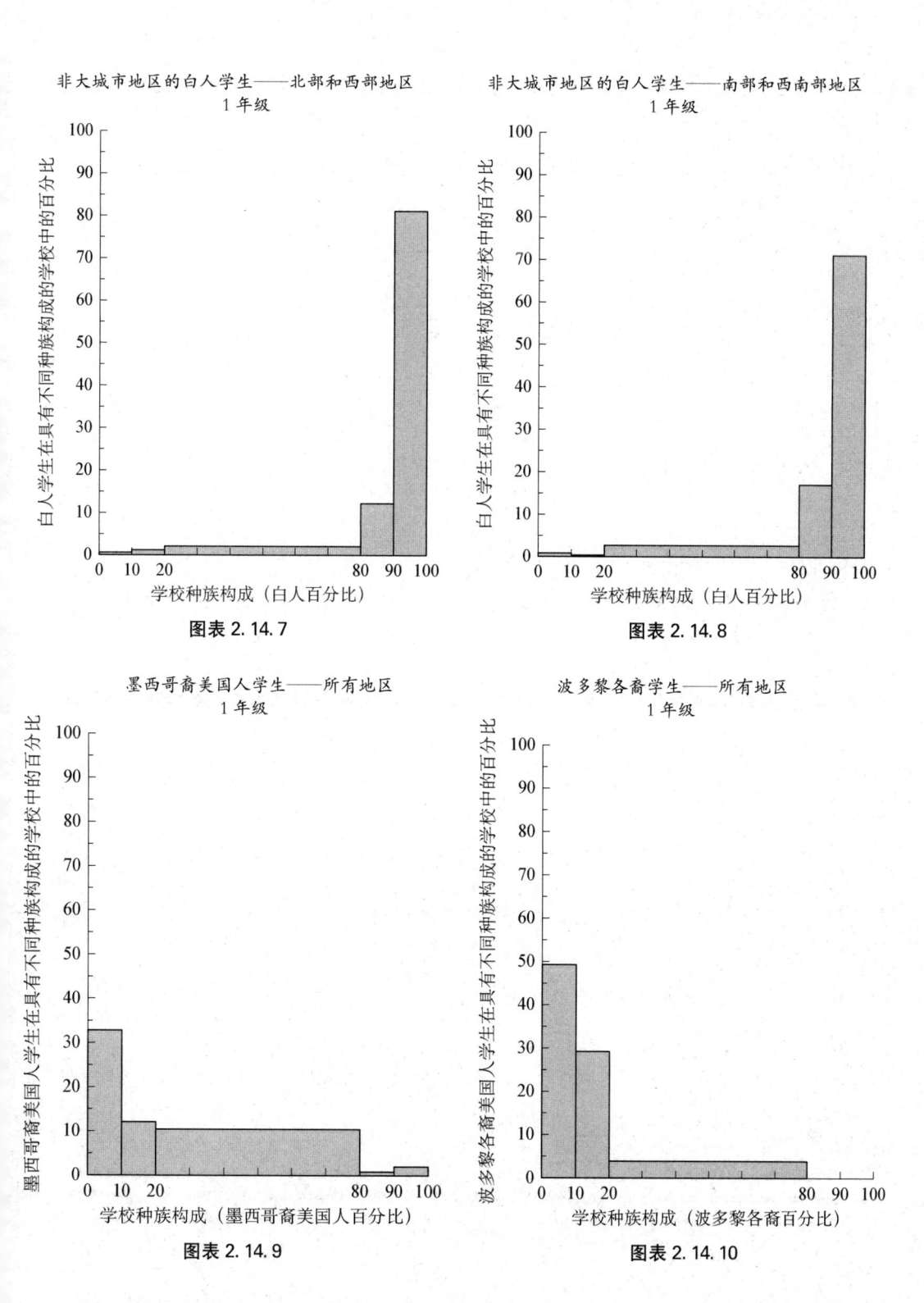

| 60 | 科尔曼报告：教育机会公平

美国印第安人学生在具有不同种族构成的学校中的百分比

图表 2.14.11

东亚裔美国人学生在具有不同种族构成的学校中的百分比

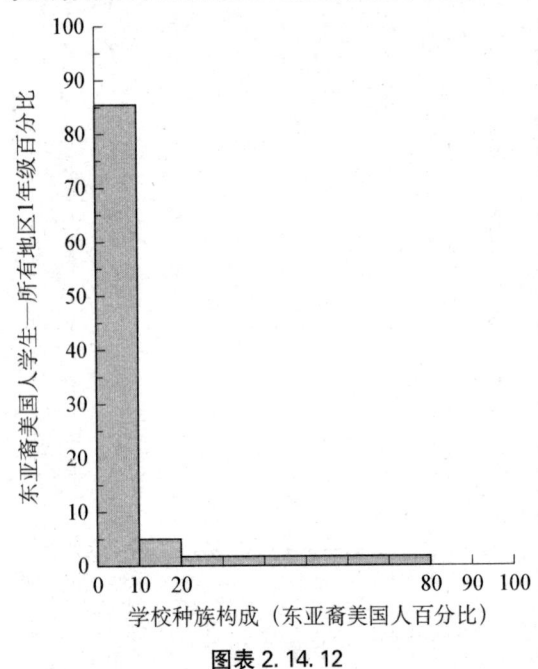

图表 2.14.12

黑人学生在具有不同种族构成的学校中的百分比

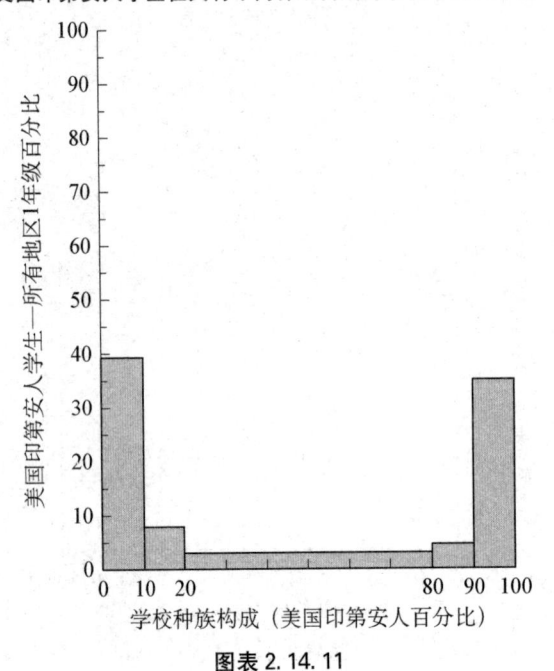

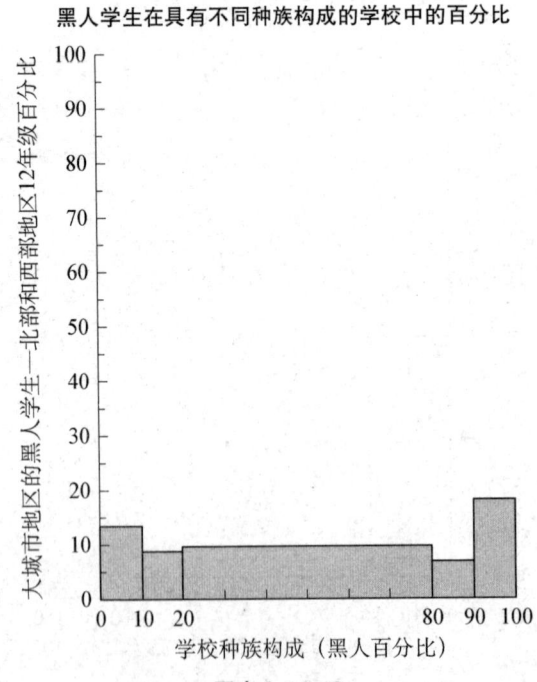

图表 2.14.13

黑人学生在具有不同种族构成的学校中的百分比

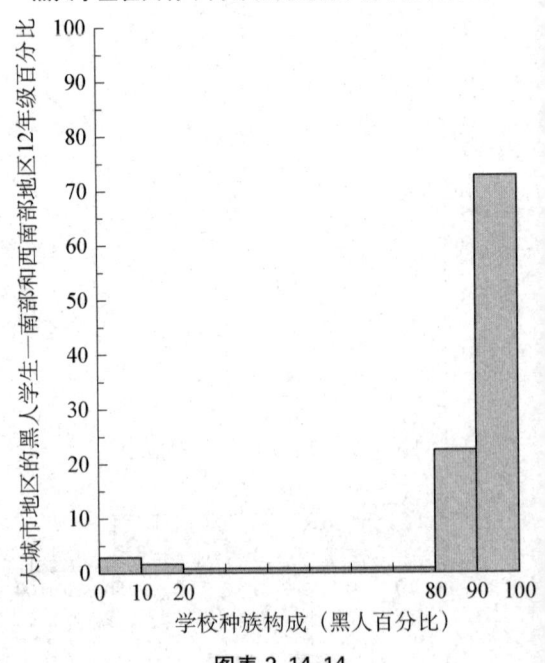

图表 2.14.14

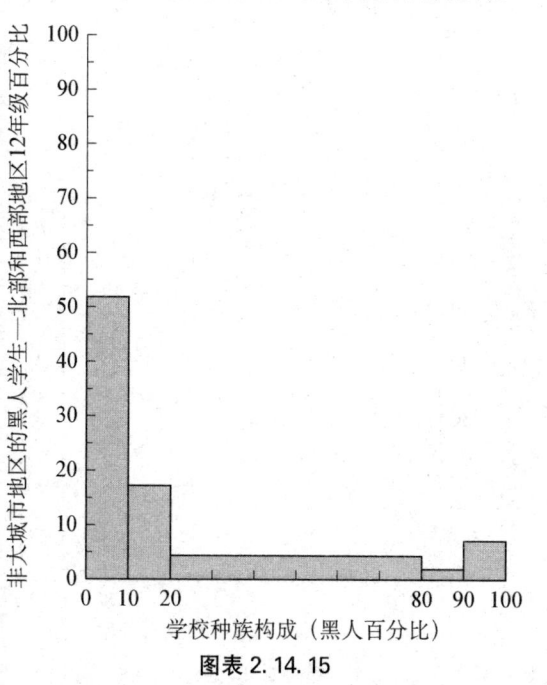

学校环境 | 61

黑人学生在具有不同种族构成的学校中的百分比

图表 2.14.15

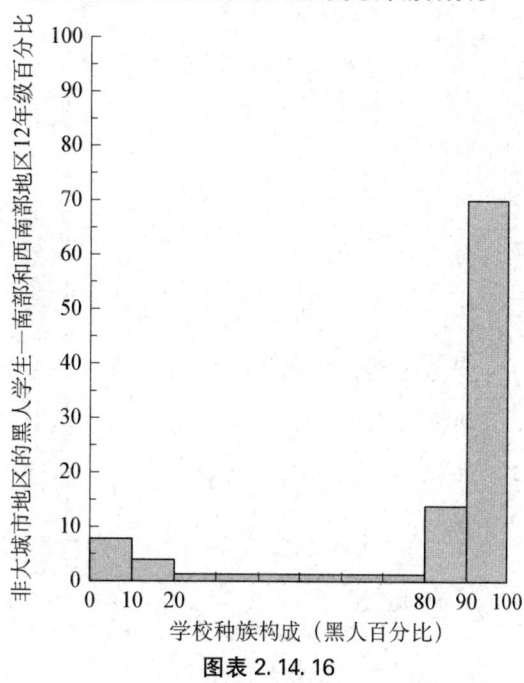

黑人学生在具有不同种族构成的学校中的百分比

图表 2.14.16

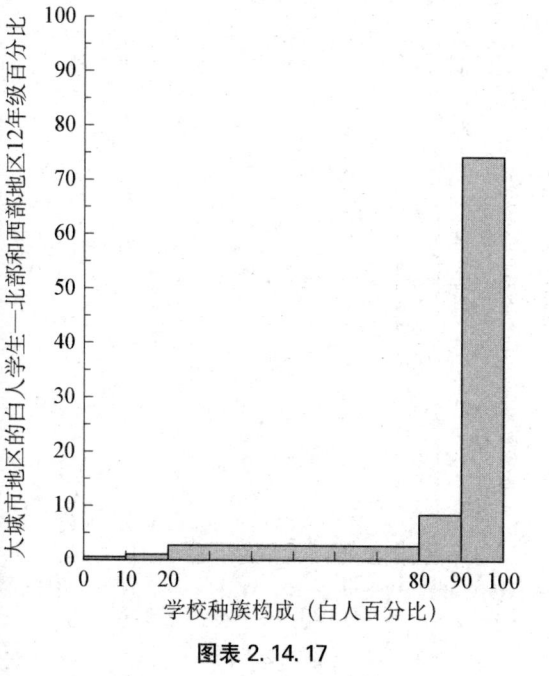

白人学生在具有不同种族构成的学校中的百分比

图表 2.14.17

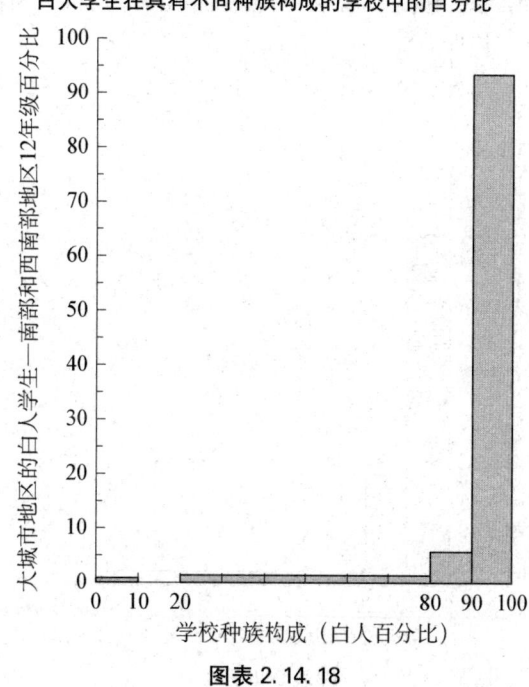

白人学生在具有不同种族构成的学校中的百分比

图表 2.14.18

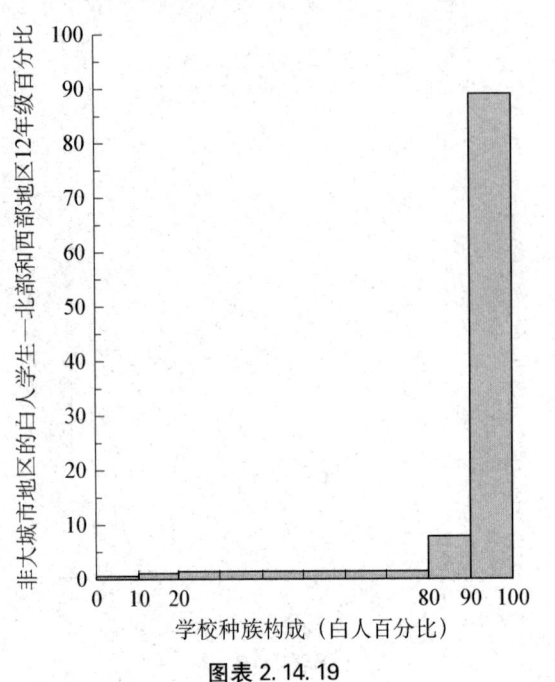

图表 2.14.19　白人学生在具有不同种族构成的学校中的百分比（非大城市地区的白人学生—北部和西部地区12年级百分比）

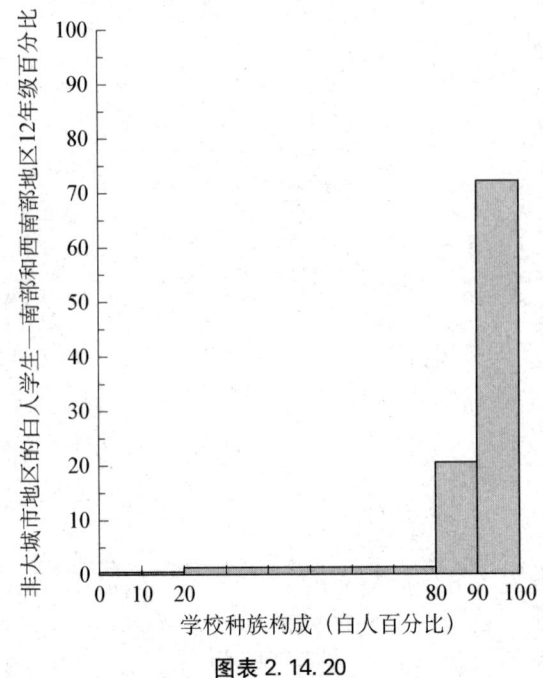

图表 2.14.20　白人学生在具有不同种族构成的学校中的百分比（非大城市地区的白人学生—南部和西南部地区12年级百分比）

图表 2.14.21　墨西哥裔美国人学生在具有不同种族构成的学校中的百分比（墨西哥裔美国人学生—所有地区12年级百分比）

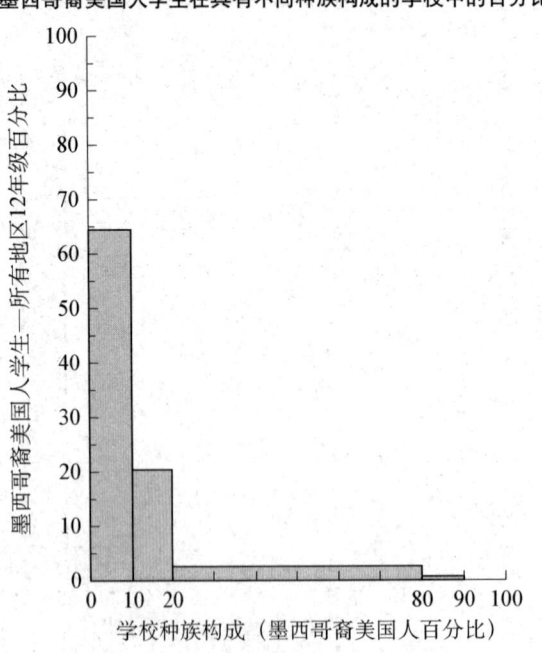

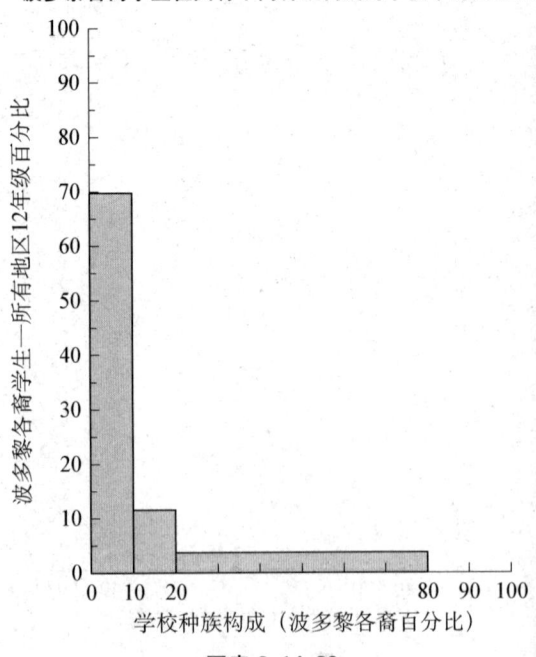

图表 2.14.22　波多黎各裔学生在具有不同种族构成的学校中的百分比（波多黎各裔学生—所有地区12年级百分比）

学校环境 | 63

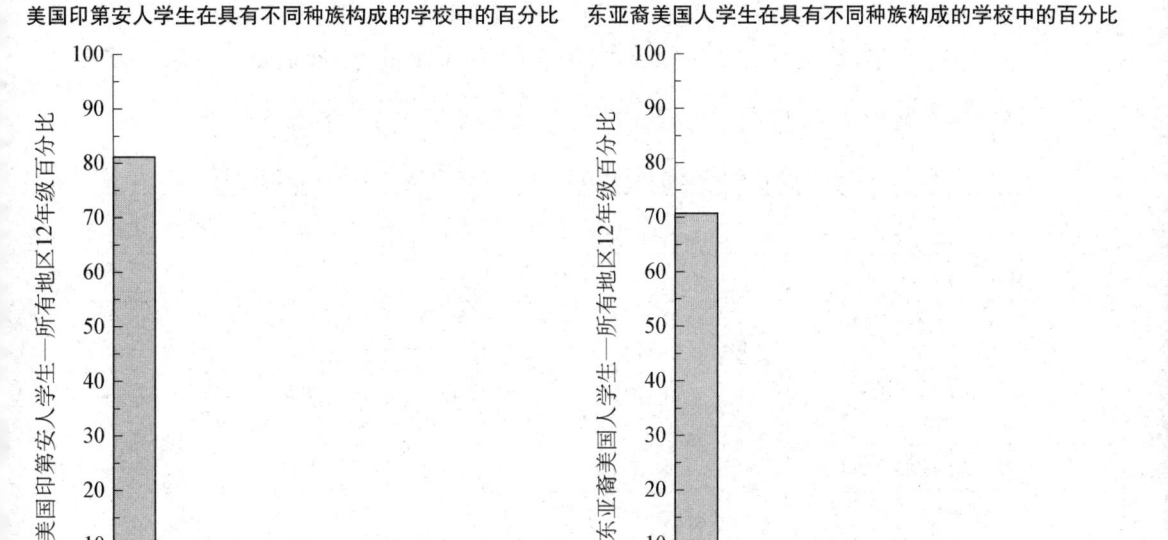

美国印第安人学生在具有不同种族构成的学校中的百分比　　东亚裔美国人学生在具有不同种族构成的学校中的百分比

图表 2.14.23　　　　　　　　　　　　　　　　　图表 2.14.24

每幅图表都显示了某个指定种族组别在种族构成中分别有 10%—20%、20%—80% 以及 90%—100% 的学生属于相同组别的学校就读的学生的比例。例如，图 2.14.1 表明，在北部大城市地区，27.8% 的黑人一年级学生是在黑人比例为 90%—100% 的学校就读；16.4% 是在黑人比例为 80%—90% 的学校就读；在黑人比例为 20%—80% 的学校，在每 10 个百分点的区间内，这一数字的平均值是 8%；4.5% 是在黑人比例为 10%—20% 的学校就读；3.1% 是在黑人比例为 0—10% 的学校就读。（20%—80% 对应的数据是该范围内的平均数，因为低出现率导致对该范围内任一 10 个百分点区间内的估计值都不可靠。）

1 年级黑人儿童的图表显示，他们的种族隔离程度在南部大城市地区最高，其次是南部非大城市地区，在北部非大城市地区最低。1 年级白人儿童就读的学校甚至在更大程度上完全局限于他们自己的种族。几乎没有任何白人在以非白人学生为主的学校就读。在其他少数族裔中，只有美国印第安人儿童较多是在以他们的种族群体为主的学校就读。

在 12 年级，黑人的种族集中程度在一定程度上有所降低。他们中有更多人在种族构成居中的学校就读,在以白人学生为主的学校就读的黑人学生比例升高了。这一变化在南部最小(图 2.14.14 和 2.14.16),在北部非大城市地区最大。然而,在后一地区居住的黑人还不到全国的 5%,所以这一种族融合只代表了一小部分黑人(见表 2.13.1)。

表 2.14.1　本种族在本校占多数的白人和少数族裔学生百分比,1965 年秋

项目	1 年级 50%—100%	12 年级 50%—100%
黑人:		
北部大城市地区	72	35
南部大城市地区	97	95
北部非大城市地区	70	8
南部非大城市地区	92	85
所有地区	87	66
白人:		
北部大城市地区	96	98
南部大城市地区	100	99
北部非大城市地区	98	100
南部非大城市地区	94	98
所有地区	97	99
墨西哥裔美国人	30	2
波多黎各人	8	3
美国印第安人	48	9
东亚裔美国人	1	13

12 年级的白人主要集中在以白人学生为主的学校中,这跟 1 年级学生几乎一模一样。虽然有更多 12 年级的黑人在以白人为主的学校就读,但是白人的种族集中状况基本上没有变化,而 90%—100% 这一栏掩盖了一个事实,即在 12 年级,有更高比例的学校中有少量黑人就读(尽管它们仍属于白人学生占 90%—100% 的学校类别)。12 年级的其他少数族裔,除了东亚裔美国人以外,均比该族裔一年级学生在就读学校中所占比例更小。

研究种族构成数据的一个略微不同的方式就是了解其种族在就读学校占多数的学生在该校所占百分比。在 1 年级和 12 年级,几乎所有白人学生都在自己种族占多

数的学校就读。在北部非大城市地区的 12 年级中，该比例上升到几乎等于 100％；在南部非大城市地区的 1 年级中该比例最低，但是也有 94％。

　　黑人尽管数量比白人少得多，但是在南部地区几乎跟白人一样有可能成为所在学校的大多数，特别是在大城市地区。根据这一测量结果看，南部黑人数量最大的种族扩散发生在南部非大城市地区的 12 年级，其中有 85％的黑人学生在以黑人为主的学校就读。北方黑人的种族隔离程度较低，特别是在 12 年级。在 1 年级，北部大城市地区和非大城市地区都有大约 70％的黑人儿童在黑人占多数的学校就读。在 12 年级，北部大城市地区有 35％的黑人在以黑人为主的学校就读，但在北部非大城市地区只有 8％的黑人在以黑人为主的学校就读。

　　有大量美国印第安人和墨西哥裔美国人的一年级学生在他们族群占多数的学校就读，然而在 12 年级，情况并非如此。

2.15　少数族裔的错误分类

　　根据儿童们对问卷项目的回答，他们被按照种族和族裔分类。由于存在回应误差，所以出现了一些错误分类。这种错误在 1 年级和 12 年级可能是最不严重的，因为在 1 年级，是由教师完成问卷调查，而在 12 年级，学生们则较不可能发生回应误差。这种错误在 6 年级可能是最严重的，因为从这个年级开始，儿童需自己阅读问题并检查答案。

　　这种错误分类在黑人和白人中是最不严重的，因为每个组别中出现的回应误差在总数中只占了一小部分，而且也因为在关于族裔的问题中，一名儿童只有在他未将自己归类为波多黎各裔或墨西哥裔美国人时，才会被归类为黑人或白人。这种错误在波多黎各裔和墨西哥裔美国人中可能最为严重。而学生数据的匿名性使检查或删除错误分类的个人变为不可能。因此，第 2 节中关于波多黎各裔、墨西哥裔美国人和美国印第安人在小学阶段的数据应谨慎解读，3.1 和 3.2 节中关于这些群体在 3 年级和 6 年级的调查结果也一样。

2.2　学校设施、服务和课程

　　本节通过比较不同少数族群以及美国不同地区获得各种设施和服务的情况来考察学校的设施、服务和课程，这里没有任何对所发现的差异的意义进行评估的意图。本节只是提交来自问卷的信息,这些问卷由校长和教师完成,针对的是他们学校中的设施、特别服务、总课程、特殊儿童计划、学生评价方法以及课外活动情况。

每种学校特征都将在四个表格中加以体现,其中两个针对小学、两个针对中学。在每一种情况下,都有一个表格涉及某一特征在不同种族和族裔群体中的可获得情况,另一个表格则涉及在美国不同地区的黑人和白人群体中该特征的可获得情况。

在考察本节中的表格和文献所报告的学校设施可获得性时,除了在 2.1 节中讨论过的事项以外,还必须记住两点。第一,并非所有设施对学习而言都同等重要,而且它们也并不都以相同的方式与学习发生关联。科学实验室和学校心理专家的功能就不一样。因此,不可能进行任何全面总结,对所研究的各个组别所就读学校的差异给出一个总的测量值。特定的同类或同领域的设施在一定程度上可以被视为一个整体,但是对于完全不同领域的事物则不可能进行真正的比较——例如会堂和课本。本节的最后,将对在几个大的学校职能领域中存在的差异作一个全面的概述。即使是出于这样的目的,某些被分在同一组的设施也是非常不同的,在大多数研究中都应该单独考察。

这些项目的不可比性导致的一个后果就是,无法对它们的重要性进行一般排序。不同的人会有不同的排序,取决于他们认为什么因素最影响学习。文本中的项目讨论顺序严格遵照表格的顺序,使用的是跟其他教育厅出版物相同的一般分组。

第二点必须牢记的是,对于某些服务,不应该认为它们理当具有同样的可获得性。某些服务,如免费午餐和免费牛奶,是专门提供给低收入家庭儿童的。展示此类项目只是为了说明这种服务对于不同群体的可获得性,我们不可能根据差异的存在或是不存在来评估公平性或不公平性。

表格中使用的地理称呼在 2.1 节中已解释过。种族群体的缩写略有不同。"同县的白人"使用了如下六种符号加以定义:跟黑人在同一个县内的白人,白(黑);跟墨西哥裔美国人在同一个县内的白人,白(墨);跟波多黎各人在同一个县内的白人,白(波);跟美国印第安人在同一个县内的白人,白(印);跟东亚裔美国人在同一个县内的白人,白(东);跟其他种族在同一个县内的白人,白(他)。2.12 节已对这一数据的涵义进行了解释。表格中在标示提供数据的问卷项目时用字母 P 代表校长,T 代表教师,U 代表中小学生;因此 P-11 指校长问卷的第 11 项。在下文的所有表格中,百分比中的零代表不足0.5个百分点。

2.21 学校建筑物、设施和设备

表2.21.1、2.21.2、2.21.3和2.21.4显示了来自校长问卷的关于教室物理特征的问题和特定测量值。在研究这四个表格时,黑人和白人的主要差异最容易在表2.21.2和2.21.4的地理分组中体现出来。另外两个表格主要用于全国范围内非黑人少数族裔和黑人及白人的比较。

表2.21.1　全美国少数族裔和白人学生所在小学[1]校舍特征,1965年秋

项目	问题编号	总	白	黑	白(黑)	墨	白(墨)	波	白(波)	印	白(印)	东	白(东)	他	白(他)
平均每座校舍中教室数量[2]	P-11	20	19	23	20	18	17	25	21	20	19	19	18	20	19
平均每座校舍中简易或临时教室数量	P-12	1	1	1	1	1	1	1	1	1	1	1	1	1	1
在特定年龄校舍中就读的学生百分比:															
不到20年	P-10	61	60	63	62	59	58	57	57	66	66	61	62	65	63
20—39年		20	20	17	23	18	20	18	26	20	21	20	22	16	19
40年或以上		18	18	18	14	22	20	24	16	13	11	18	15	17	17
平均对应学生数量:															
每间教室[2]	SM-1*	30	29	32	31	33	33	31	30	30	29	33	32	33	33
每名教师	SM-2*	29	28	29	29	30	29	30	29	30	30	28	29	29	29
平均总入学人数	P-40	491	485	547	500	463	450	520	494	475	470	498	484	496	488

1. 在第2节的所有表格中,关于"小学"学生的数值都是基于六年级学生的数据。
2. 包括设计或改造用于课堂教学的普通教室、实验室和工作坊;不包括简易或临时教室和一般用途设施。

　*详见附录9.42

表 2.21.2 根据区域划分大城市和非大城市地区黑人和白人学生所在小学校舍特征,1965 年秋

项目	问题编号	全美国 黑	全美国 白(黑)	全美国 白	北部和西部 黑	北部和西部 白(黑)	北部和西部 白	南部 黑	南部 白(黑)	南部 白	西南部 黑	西南部 白(黑)	西南部 白
平均每座校舍中教室数量	P-11	23	20	19	15	16	15	20	18	18	13	18	15
平均每座校舍中简易或临时教室数量	P-12	1	1	1	2	2	1	1	1	1	0	0	0
在特定年龄校舍中就读的学生百分比:	P-10												
不到 20 年		63	62	60	48	47	54	72	42	34	73	58	40
20—39 年		17	23	20	35	37	13	21	34	43	17	20	28
40 年或以上		18	14	18	17	16	32	4	21	20	9	17	29
平均对应学生数量:													
每间教室[1]	SM-1*	32	31	29	25	25	28	34	30	26	21	23	31
每名教师	SM-2*	29	29	28	26	27	25	32	27	27	23	24	26
平均总入学人数	P-40	547	500	485	384	336	371	465	405	414	281	418	371

项目	问题编号	东北部 黑	东北部 白(黑)	东北部 白	中西部 黑	中西部 白(黑)	中西部 白	南部 黑	南部 白(黑)	南部 白	西南部 黑	西南部 白(黑)	西南部 白	西部 黑	西部 白(黑)	西部 白
平均每座校舍中教室数量	P-11	30	23	25	26	19	18	25	21	19	18	20	26	21	19	20
平均每座校舍中简易或临时教室数量	P-12	1	1	0	1	0	0	2	2	2	1	0	0	0	0	0
在特定年龄校舍中就读的学生百分比:	P-10															
不到 20 年		31	40	59	28	66	63	77	74	75	52	84	89	76	80	80
20—39 年		23	31	23	18	15	18	11	18	20	27	16	10	14	13	9
40 年或以上		43	27	18	53	18	18	12	8	4	21	1	1	7	6	7
平均对应学生数量:																

续 表

项目	问题编号	大城市地区											
		东北部			中西部			南部			西南部			西部	
		黑	白(黑)	白	黑	白(黑)	白	黑	白(黑)	白	黑	白(黑)	白	黑	白(黑)	白
每间教室[1]	SM-1*	33	34	30	34	31	30	30	31	31	39	29	26	37	37	31
每名教师	SM-2*	27	27	26	29	29	28	28	29	30	30	41	42	30	32	31
平均总入学人数	P-40	640	600	587	643	560	555	599	541	524	544	474	528	600	565	560

1. 包括设计或改造用于课堂教学的普通教室、实验室和工作坊；不包括简易或临时教室和一般用途设施。

* 详见附录 9.42

表 2.21.3　全美国少数族裔和白人学生所在**中学**[1]校舍特征，1965 年秋

【注：SM-1 和 SM-2 是指定小组中学生的平均值】

项目	问题编号	总	白	黑	白(黑)	墨	白(墨)	波	白(波)	印	白(印)	东	白(东)	他	白(他)
平均每座校舍中教室数量[2]	P-11	41	41	41	45	40	40	55	56	42	43	60	54	50	50
平均每座校舍中简易或临时教室数量	P-12	1	1	2	2	1	1	1	1	1	1	1	0	1	1
在特定年龄校舍中就读的学生百分比：	P-10														
不到 20 年		54	53	60	50	48	51	40	50	49	52	41	63	54	57
20—39 年		29	29	26	36	40	39	31	39	35	33	32	26	29	29
40 年或以上		17	18	12	13	11	9	28	10	15	14	26	11	16	13
平均对应学生数量：															
每间教室[2]	SM-1*	31	31	34	31	32	31	33	33	29	29	32	32	31	30
每名教师	SM-2*	23	22	26	24	23	22	22	22	22	24	24	23	23
平均总入学人数	P-40	545	541	574	553	520	515	619	595	536	546	625	624	616	602

1. 在第 2 节的所有表格中，关于"中学"学生的数值都是基于 12 年级学生的数据。
2. 包括设计或改造用于课堂教学的普通教室、实验室和工作坊；不包括简易或临时教室和一般用途设施。

* 详见附录 9.42

表 2.21.4　根据区域划分大城市和非大城市地区黑人和白人学生所在**中学**校舍特征，1965 年秋

项目	问题编号	全美国 黑	全美国 白(黑)	全美国 白	非大城市地区 北部和西部 黑	北部和西部 白(黑)	北部和西部 白	南部 黑	南部 白(黑)	南部 白	西南部 黑	西南部 白(黑)	西南部 白
平均每座校舍中教室数量[1]	P-11	41	45	41	23	23	25	26	26	28	21	35	26
平均每座校舍中简易或临时教室数量	P-12	2	2	1	0	0	1	1	2	1	0	0	0
在特定年龄校舍中就读的学生百分比：	P-10												
不到 20 年		60	50	53	64	65	35	79	47	52	76	65	44
20-39 年		26	36	29	15	13	26	13	37	33	22	21	46
40 年或以上		12	13	18	21	22	38	3	15	15	3	12	10
平均对应学生数量：													
每间教室[1]	SM-1*	34	31	31	27	27	30	35	27	28	22	23	20
每名教师	SM-2*	26	24	22	20	20	20	30	26	25	20	20	21
平均总入学人数	P-40	574	553	541	421	429	421	589	529	593	435	304	351

项目	问题编号	大城市地区 东北部 黑	东北部 白(黑)	东北部 白	中西部 黑	中西部 白(黑)	中西部 白	南部 黑	南部 白(黑)	南部 白	西南部 黑	西南部 白(黑)	西南部 白	西部 黑	西部 白(黑)	西部 白
平均每座校舍中教室数量[1]	P-11	61	60	58	39	40	47	42	53	41	41	25	25	61	64	59
平均每座校舍中简易或临时教室数量	P-12	0	1	1	3	2	1	4	2	2	1	1	1	1	0	1
在特定年龄校舍中就读的学生百分比：	P-10															
不到 20 年		18	47	64	33	38	43	74	55	84	76	31	43	53	55	79
20—39 年		41	27	20	38	27	37	18	40	14	16	68	56	46	45	19
40 年或以上		40	27	15	29	36	20	3	0	0	6	1	1	2	1	3
平均对应学生数量：																

续　表

| 项目 | 问题编号 | 大城市地区 ||||||||||
| | | 东北部 ||| 中西部 ||| 南部 ||| 西南部 ||| 西部 |||
		黑	白(黑)	白	黑	白(黑)	白	黑	白(黑)	白	黑	白(黑)	白	黑	白(黑)	白
每间教室[1]	SM-1*	35	32	28	54	41	33	30	33	34	28	41	42	31	30	30
每名教师	SM-2*	24	22	20	25	25	24	26	24	25	25	26	26	23	24	23
平均总入学人数	P-40	604	657	673	708	619	573	672	788	843	530	672	521	428	428	447

1. 包括设计或改造用于课堂教学的普通教室、实验室和工作坊；不包括简易或临时教室和一般用途设施。

* 详见附录 9.42

观察全国平均数值，首先，看起来所有群体的儿童在可获得的学校物理设施方面差异相对很小。在小学里（表 2.21.1），他们拥有设施的情况大体相同：每间教室和每名教师对应的学生数；临时教室数量；在建筑物老旧的学校就读的学生比例。依照全国测量标准或是同一地区的白人标准看，最大的差异似乎存在于在 40 年以上校舍中就读的波多黎各裔儿童数量，可以看到，这一人数达到了全体的 24%，而跟这些波多黎各裔儿童同县的白人儿童只有 16% 在使用这样的校舍。

进入表 2.21.3，可以看出，情况是类似的，一般只存在很小的差异。最大的例外是，波多黎各裔儿童和东亚裔儿童使用的校舍更为老旧。另一个明显的差异体现在黑人的教室学生比和师生比上，但是这一点在接下来的地区表格中能够得到最好的考察。

在全国层面上，表 2.21.1 似乎表明，在小学生的学校中，简易或临时教室数量对黑人和白人而言没有差别。小学平均每座校舍中只有一间这样的临时教室。然而，在区域层面上（表 2.21.2）我们发现了一些差异。例如，在大城市地区（除了南部和西部），黑人学生就读的小学平均有一间临时教室，而该地区的白人学生则没有这样的教室。临时教室数量最多的是南部大城市地区的中学，黑人学生就读的学校平均有四间不合格的教室（表 2.21.4）。

可以看到，在中西部大城市地区的中学里，平均每间教室对应的学生数（54）比美国其他任何地区都要高。考察这些学生就读学校的校龄可知，其中的三分之二（29%加 38%）都超过了 20 年。在校舍年龄这一方面，比例最高的是东北部大城市地区的中学生，有 81% 在使用 20 年以上的校舍。这些表格的其他观察结果见 1.2、2.5、2.6 和

2.7 节。

特殊场馆——表 2.21.5 和 2.21.6 总结了通过校长问卷获得的关于会堂、体育馆和医务室等小学设施的信息。表格中不能一目了然的信息在 1.2 节或是下文中做出了说明解释。

表 2.21.5　全美国所在**小学**拥有选定特别设施的少数族裔和白人学生百分比，1965 年秋

设施类型	问题编号	总	白	黑	白(黑)	墨	白(墨)	波	白(波)	印	白(印)	东	白(东)	他	白(他)
会堂（独立）	P-13(c)	20	19	27	26	20	19	31	27	18	18	21	18	25	22
餐厅（独立）	P-13(d)	37	37	38	40	39	39	43	44	38	35	30	29	33	33
体育馆（独立）	P-13(e)	20	21	15	18	19	20	27	28	20	20	14	14	17	19
准备热餐的厨房[1]	P-13(r)	85	86	85	91	81	83	85	89	89	88	92	92	81	86
医务室或保健室	P-25	67	68	71	72	59	63	62	68	64	69	77	80	70	72
特殊场馆[2]	SM-4*	37	38	31	37	35	37	35	40	37	38	34	35	34	37

1. 包括将热午餐从外面送进来的学校。
2. 对特殊场馆和运动场的综合测量，包括学校中的多用型设施如体育馆-会堂、餐厅-体育馆等。
   * 详见附录 9.42

表 2.21.6　根据区域划分大城市和非大城市地区所在**小学**拥有选定
特别设施的黑人和白人学生百分比，1965 年秋

设施类型	问题编号	全美国		非大城市地区					
				北部和西部		南部		西南部	
		黑	白(黑)	黑	白(黑)	黑	白(黑)	黑	白(黑)	白
会堂（独立）	P-13(c)	27	26	19	3	4	5	16	42	40	14	19	19
餐厅（独立）	P-13(d)	38	40	37	41	43	33	46	67	64	47	52	54
体育馆（独立）	P-13(e)	15	18	21	9	17	8	15	36	31	15	27	21
准备热餐的厨房[1]	P-13(r)	85	91	86	86	79	84	91	97	96	96	98	81
医务室或保健室	P-25	71	72	68	52	63	52	49	51	44	38	63	39
特殊场馆[2]	SM-4*	31	37	38	35	38	35	32	52	48	33	42	40

续 表

| 设施类型 | 问题编号 | 大城市地区 ||||||||||||
| | | 东北部 ||| 中西部 ||| 南部 ||| 西南部 ||| 西部 |||
		黑	白(黑)	白	黑	白(黑)	白	黑	白(黑)	白	黑	白(黑)	白	黑	白(黑)	白
会堂(独立)	P-13(c)	56	48	40	27	10	10	20	23	21	11	3	1	47	17	12
餐厅(独立)	P-13(d)	41	47	45	24	16	22	34	41	32	48	45	38	34	6	14
体育馆(独立)	P-13(e)	46	41	49	36	18	19	6	5	5	13	19	17	0	0	8
准备热餐的厨房[1]	P-13(r)	61	73	82	57	68	71	93	99	100	98	85	84	90	95	92
医务室或保健室	P-25	74	81	90	74	80	79	81	74	76	59	30	48	93	99	96
特殊场馆[2]	SM-4*	35	40	47	35	33	36	26	31	31	30	31	31	31	29	34

1. 包括将热午餐从外面送进来的学校。
2. 对特殊场馆和运动场的综合测量,包括学校中的多用型设施如体育馆-会堂、餐厅-体育馆等。
* 详见附录9.42

特定测量4是对会堂、餐厅、体育馆和运动场的综合平均测量值;它表明,黑人的拥有比例是最低的,只有31%,而同县的白人,比例则为37%。根据这一测量值来看,对其他种族而言,差异并没有在黑人这里那么明显,但是在任何情况下,白人的比例都略为高一些。跟波多黎各人同县的白人,即"白(波)"所就读的小学在每一种设施方面都比全国平均值高。波多黎各裔儿童跟同县的白人拥有几乎相等的设施。从区域表格(2.21.6)中可以看到,白人小学生一般比黑人小学生拥有更多这些设施,最大的差异出现在南部非大城市地区。

表2.21.7显示,普通白人中学生一般来说对少数族裔学生具有小小的优势,有时候优势则较大。他们对波多黎各裔学生显示出最大的优势,特别是在电动工具工作坊、生物和化学实验室、语言实验室以及运动场这些方面。

表2.21.7 全美国所在中学拥有选定特别设施的少数族裔和白人学生百分比,1965年秋

设施类型	问题编号	总	白	黑	白(黑)	墨	白(墨)	波	白(波)	印	白(印)	东	白(东)	他	白(他)
会堂(独立)	P-13(c)	47	46	49	60	57	50	68	64	49	56	66	45	58	54
餐厅(独立)	P-13(d)	67	65	72	83	72	72	80	72	74	73	81	71	75	74
体育馆(独立)	P-13(e)	73	74	64	79	78	80	88	91	70	77	83	76	82	81
电动工具工作坊	P-13(j)	95	96	89	95	96	98	88	97	96	98	98	98	95	98

续 表

设施类型	问题编号	总	白	黑	白（黑）	墨	白（墨）	波	白（波）	印	白（印）	东	白（东）	他	白（他）
进行生物实验的空间和设备	P-13(k)	94	94	93	95	95	95	84	92	96	96	96	96	92	94
进行化学实验的空间和设备	P-13(l)	97	98	94	98	96	97	94	96	99	99	99	100	96	98
进行物理实验的空间和设备	P-13(m)	92	94	80	90	90	92	83	94	90	93	97	97	91	93
拥有音响设备的外语实验室	P-13(n)	55	56	49	58	57	57	45	68	58	64	75	67	61	62
打字教室（独立）	P-13(o)	90	91	88	93	90	92	94	94	92	93	95	96	94	95
棒球或橄榄球场[1]	P-13(p)	97	98	89	99	97	99	69	93	96	98	94	96	96	98
准备热餐的厨房[2]	P-13(r)	94	95	97	98	94	95	93	94	94	93	99	99	93	93
医务室或保健室	P-25	74	75	70	76	65	68	77	85	77	79	69	75	72	74
特殊场馆	SM-4*	60	60	58	70	65	63	62	64	63	65	69	60	66	64
科学实验室设施	SM-5*	94	94	89	94	93	94	87	94	94	95	96	97	92	94

1. 包括在学校地产上、社区范围内的设施，以及在另一所学校地产上的设施。
2. 包括将热午餐从外面送进来的学校。

* 详见附录9.42

表2.21.8显示，黑人与白人在小学阶段出现的差异到了中学阶段变得更为普遍。在任何情况下，黑人对该项目的拥有比例都比同县的白人少。在全国范围内，最大的差异存在于物理实验室上。有80%的黑人中学生的学校里有物理实验室，而白人中学生的这一比例则为94%。这种差异在南部和西南部的非大城市地区最为显著，在那里，学校里拥有物理实验室的同县的白人学生比黑人学生多了13%到18%。

特定测量5，科学实验室设施是对学校中拥有的生物、化学和物理实验室比例的综合测量。就可能拥有的实验室而言，黑人和波多黎各裔儿童就读的学校分别拥有89%和87%，而白人儿童则是94%。其他种族在这一测量中几乎没有表现出差异；黑人和白人之间差异最大的区域是南部的非大城市地区和大城市地区，以及西南部的非大城市地区。

值得注意的是，在某些情况下，最大的差异出现在大城市地区和非大城市地区之间。拥有音响设备的外语实验室就是一个很好的例子；在大城市地区（东北部和南

表 2.21.8　根据区域划分大城市和非大城市地区所在**中学**拥有选定特别设施的黑人和白人学生百分比,1965 年秋

设施类型	问题编号	全美国 黑	全美国 白(黑)	全美国 白	非大城市地区 北部和西部 黑	非大城市地区 北部和西部 白(黑)	非大城市地区 北部和西部 白	非大城市地区 南部 黑	非大城市地区 南部 白(黑)	非大城市地区 南部 白	非大城市地区 西南部 黑	非大城市地区 西南部 白(黑)	非大城市地区 西南部 白
会堂(独立)	P-13(c)	49	60	46	32	31	27	21	43	36	56	84	68
餐厅(独立)	P-13(d)	72	83	65	55	58	41	65	83	78	78	94	97
体育馆(独立)	P-13(e)	64	79	74	51	52	52	38	66	63	71	90	71
电动工具工作坊	P-13(j)	89	95	96	97	96	96	85	92	90	88	93	91
进行生物实验的空间和设备	P-13(k)	93	95	94	99	97	87	85	89	88	93	94	96
进行化学实验的空间和设备	P-13(l)	94	98	98	98	96	97	85	94	91	92	93	95
进行物理实验的空间和设备	P-13(m)	80	90	94	80	80	90	63	81	83	74	87	93
拥有音响设备的外语实验室	P-13(n)	49	58	56	32	36	24	17	22	32	38	36	19
打字教室(独立)	P-13(o)	88	93	91	89	91	77	70	80	92	81	88	65
棒球或橄榄球场[1]	P-13(p)	89	99	98	96	95	98	89	99	98	97	97	98
准备热餐的厨房[2]	P-13(r)	97	98	93	92	92	79	96	96	94	98	99	99
医务室或保健室	P-25	70	76	75	47	49	56	53	51	45	23	67	47
特殊场馆	SM-4*	58	70	60	48	47	44	45	63	57	52	74	69
科学实验室设施	SM-5*	89	94	94	92	92	91	78	88	86	85	91	94

设施类型	问题编号	大城市地区 东北部 黑	大城市地区 东北部 白(黑)	大城市地区 东北部 白	大城市地区 中西部 黑	大城市地区 中西部 白(黑)	大城市地区 中西部 白	大城市地区 南部 黑	大城市地区 南部 白(黑)	大城市地区 南部 白	大城市地区 西南部 黑	大城市地区 西南部 白(黑)	大城市地区 西南部 白	大城市地区 西部 黑	大城市地区 西部 白(黑)	大城市地区 西部 白
会堂(独立)	P-13(c)	77	82	72	51	56	44	49	68	40	67	65	57	72	57	45
餐厅(独立)	P-13(d)	88	81	73	55	67	54	77	93	97	75	69	63	77	91	79
体育馆(独立)	P-13(e)	90	93	90	75	78	76	52	78	80	70	76	77	99	99	95

续表

| 设施类型 | 问题编号 | 大城市地区 ||||||||||
| | | 东北部 ||| 中西部 ||| 南部 ||| 西南部 ||| 西部 |||
		黑	白(黑)	白	黑	白(黑)	白	黑	白(黑)	白	黑	白(黑)	白	黑	白(黑)	白
电动工具工作坊	P-13(j)	67	95	97	99	100	100	89	91	90	92	100	97	100	100	100
进行生物实验的空间和设备	P-13(k)	83	94	94	100	94	100	95	97	100	100	100	97	100	100	100
进行化学实验的空间和设备	P-13(l)	99	99	99	100	100	100	94	100	100	100	100	100	100	100	100
进行物理实验的空间和设备	P-13(m)	92	97	99	94	98	96	83	96	100	96	100	97	76	76	100
拥有音响设备的外语实验室	P-13(n)	47	80	79	68	48	57	48	65	72	69	90	97	95	94	80
打字教室(独立)	P-13(o)	94	99	93	100	98	96	89	94	99	92	96	97	100	100	100
棒球或橄榄球场[1]	P-13(p)	75	92	95	77	100	100	92	100	100	94	100	100	100	100	100
准备热餐的厨房[2]	P-13(r)	99	100	100	88	96	100	100	100	100	100	100	100	99	97	92
医务室或保健室	P-25	96	99	99	70	81	83	83	86	83	74	80	85	71	80	87
特殊场馆	SM-4*	67	73	67	59	68	58	57	77	71	70	76	72	75	69	65
科学实验室设施	SM-5*	91	95	97	97	96	97	91	97	99	98	99	99	91	91	99

1. 包括在学校地产上、社区范围内的设施,以及在另一所学校地产上的设施。
2. 包括将热午餐从外面送进来的学校。
* 详见附录9.42

部),黑人儿童的拥有量明显低于白人儿童,但仍然超过了非大城市地区的最高拥有量(西南部)。

图书馆——美国几乎所有(96%)中学儿童都拥有集中式学校图书馆,但在小学儿童中只有72%。在非大城市地区,黑人就读的小学中拥有集中式图书馆的较少,但在南部和西南部大城市地区,情况正相反。然而图书馆——包括学校和公共的——的可获得性在西南部大城市地区是最低的。

有关图书馆藏书量的数字如果不与在读人数进行参照的话,价值有限,因为其中的差异可能在一定程度上源自学校规模的差异。尽管如此,它们的确能说明各族裔群体可获得的藏书规模,并在一定程度上说明了藏书范围。当然,中学图书馆里的图书数量要高于小学图书馆,相应的全国平均数分别约为6 900和3 000。在全国范围内,只有波多黎各人和东亚人就读的学校似乎拥有特别大的图书馆。

对学校图书馆的另一种测量方式是学生人均拥有图书量。（在计算该平均值时也包括了没有图书馆的学校，它们的藏书量计为零。）小学阶段，在同县的黑人和白人儿童就读的学校里，分别是每个学生拥有 3.8 和 5 本书，而在中学阶段，这一对可比数字分别是每个学生 4.6 和 5.5 本书。波多黎各裔中学生跟同县的白人学生差别最大，他们人均拥有图书 6.2 本，而白人学生是 4.9 本。这可能是因为波多黎各人集中在大城市地区的中心城市里。

如果没有专职图书管理员，图书馆的价值会降低一点，而如果根本没有任何图书管理员的话，图书馆的价值就会大大降低。少数族裔小学生的学校中拥有专职图书管理员的比例比白人小学生高一些；墨西哥裔美国人的学校往往根本没有图书管理员。在中学里，白人和少数族群之间的差异很小，但大城市地区和非大城市地区之间的差异则很大。大城市地区（除西南部以外）拥有 26% 到 44% 的优势。

作为学校图书馆的一种补充，公共图书馆对儿童来说也是个相关资源。与同县的白人相比，在小学和中学里的所有少数族裔学生更多是在步行范围内有一座公共图书馆的学校就读。这种关系在以下情况中略微更加明显：1. 小学生与中学生相比；2. 大城市地区与非大城市地区相比；3. 波多黎各人、黑人和东亚人与其他组别相比。造成这种情况的原因可能是，这些少数族群经常居住在人口高度密集的中心城市里。例如，在中西部的大城市地区，分别有 82% 和 90% 的黑人小学生和中学生可以获得公共图书馆，而对于跟这些黑人同县的白人学生来说，相应的数字分别为 43% 和 55%。其他少数族群大致上也是相同的模式。这些同样可能反映了这些族群在中心城市的密集度。

课本——在全美国范围内，小学阶段可获得免费课本（表 2.21.9 和 2.21.11），几乎在所有区域，这对所有种族的学生和黑人学生来说几乎都是一样的。在中学阶段，比起同县的白人来，有更高比例的黑人学生在有免费课本的学校就读。在某些大城市地区，这种差异最为明显。

课本的可获得性的确因种族而存在差异。在小学阶段，与同县的白人相比，所有少数族群就读的学校都更缺乏教材。只有 84% 的黑人小学生就读的学校里有足够的教材，而对同县的白人而言，相应的数字是 94%。这种差距在南部大城市地区和非大城市地区最为显著，在东北部大城市地区则程度较轻。

表 2.21.9 全美国少数族裔和白人学生小学可获得的图书馆服务和课本，1965 年秋

[注：图书数量和学生人均拥有图书数量（SM－6 和 SM－7）是指定组别中学生的平均值。其他数值均为可获得左栏所列项目的学生在给定组别中的百分比]

项目	问题编号	总	白	黑	白(黑)	墨	白(墨)	波	白(波)	印	白(印)	东	白(东)	他	白(他)
图书馆服务：															
在距学校步行范围内拥有至少 5 000 本图书的公共图书馆	P－74	43	41	51	38	42	38	52	44	40	40	59	54	49	43
学校拥有集中式校图书馆	P－13a	72	72	73	78	69	75	71	76	72	70	83	84	75	79
校图书馆中图管理员人数：	P－36														
无		36	36	36	31	40	40	30	30	37	38	23	24	34	34
1 位兼职		39	40	33	43	35	39	37	39	39	43	53	54	39	43
1 位或以上全职		24	22	30	26	22	19	31	29	22	17	24	22	26	23
学校有至少 3 台配有音响设备的电影放映机	P－13q	18	17	23	20	16	14	19	17	18	14	15	17	19	18
校图书馆平均图书量	SM－6*	3,037	3,012	3,183	3,199	2,988	2,852	3,006	3,279	2,960	2,823	3,500	3,375	3,090	3,060

续表

项目	问题编号	总	白	黑	白(黑)	墨	白(墨)	波	白(波)	印	白(印)	东	白(东)	他	白(他)
平均每位学生在校图书馆拥有图书量	SM-7*	4.98	5.20	3.76	5.02	5.40	5.77	3.95	4.93	4.74	4.75	6.58	6.45	4.49	5.04
课本:															
学校有免费课本	P-16	77	75	84	86	80	81	82	83	80	81	85	86	85	84
学校有数量充足的课本	P-20	93	96	84	94	90	94	87	94	91	93	93	95	90	95
学校课本的新旧程度:	P-17														
没有教材		3	3	4	2	2	2	3	2	5	3	3	2	2	2
4年以下教材		62	61	67	68	66	68	68	68	60	60	52	59	70	68
4年或以上教材		34	35	29	29	31	30	29	30	35	37	45	39	27	30

*详见附录9.42

表 2.21.10 根据区域划分大城市和非大城市地区黑人和白人学生在小学可获得的图书馆服务，1965 年秋

【注：图书数量和学生人均拥有图书数量(SM-6 和 SM-7)是指给定组别中学生的平均值。其他数值均为可获得左栏所列项目的学生在给定组别中的百分比】

项目	问题编号	全美国 黑	全美国 白(黑)	全美国 白	北部和西部 黑	北部和西部 白(黑)	北部和西部 白	非大城市地区 南部 黑	非大城市地区 南部 白(黑)	非大城市地区 南部 白	非大城市地区 西南部 黑	非大城市地区 西南部 白(黑)	非大城市地区 西南部 白
在距学校步行范围内拥有至少 5 000 本图书的公共图书馆	P-74	51	38	41	37	36	40	34	32	33	51	39	29
学校拥有集中式校图书馆	P-13	73	78	72	44	47	58	74	79	77	48	70	75
校图书馆中图书管理员人数：	P-36												
无		36	31	36	70	65	47	27	23	21	60	33	46
1 位兼职		33	43	40	26	28	39	41	54	57	35	61	44
1 位或以上全职		30	26	22	4	7	13	32	23	22	5	6	11
学校有至少 3 台配有音响设备的电影放映机	P-13q	23	20	17	7	11	19	11	8	6	4	2	3
校图书馆藏书量	SM-6*	3,183	3,199	3,012	1,267	1,546	2,233	2,183	2,548	2,560	670	2,200	1,987
平均每位学生在校图书馆拥有图书量	SM-7*	3.76	5.02	5.20	1.81	2.57	5.44	3.27	5.66	5.60	6.13	4.37	7.31

续 表

大城市地区

项目	问题编号	东北部 黑	东北部 白（黑）	东北部 白	中西部 黑	中西部 白（黑）	中西部 白	南部 黑	南部 白（黑）	南部 白	西南部 黑	西南部 白（黑）	西南部 白	西部 黑	西部 白（黑）	西部 白
在距学校步行范围内拥有至少5 000本图书的公共图书馆	P-74	71	64	62	82	43	42	34	18	20	33	11	14	77	67	48
学校拥有集中式校图书馆	P-13	83	95	89	57	75	70	79	70	69	59	36	33	81	98	95
校图书馆中图书管理员人数：	P-36															
无		34	33	22	46	43	46	40	33	36	40	53	53	23	17	27
1位兼职		19	33	34	30	41	39	22	27	15	47	28	20	57	69	60
1位或以上全职		46	34	43	22	15	15	38	40	50	11	5	12	19	14	13
学校有至少3台配有音响设备的电影放映机	P-13q	25	27	30	45	22	15	31	36	26	36	2	13	14	8	12
校图书馆藏书量	SM-6*	2,990	3,794	4,012	2,684	2,670	2,796	3,072	2,682	3,015	3,005	2,095	2,602	6,099	4,820	4,487
平均每位学生在校图书馆拥有图书量	SM-7*	3.02	5.33	4.65	2.39	4.00	5.03	3.34	4.16	4.50	2.95	2.26	2.28	6.58	7.57	7.27

*详见附录9.42

表 2.21.11　根据区域划分大城市和非大城市地区可在小学获得课本的黑人和白人学生百分比，1965 年秋

项目	问题编号	全美国			非大城市地区					
					北部和西部			南部			西南部	
		黑	白(黑)	白	黑	白(黑)	白	黑	白(黑)	白	黑	白(黑)	白
学校有免费课本	P-16	84	86	75	73	73	56	70	71	73	99	97	98
学校有数量充足的课本	P-20	84	94	96	97	98	99	76	90	94	97	96	96
学校课本年龄：	P-17												
没有教材		4	2	3	6	2	4	11	6	10	0	1	1
4 年以下教材		67	68	61	66	61	51	60	63	60	47	67	85
4 年或以上教材		29	29	35	29	37	45	29	29	28	52	31	15

项目	问题编号	大城市地区												
		东北部			中西部			南部			西南部			西部	
		黑	白(黑)	白	黑	白(黑)	白	黑	白(黑)	白	黑	白(黑)	白	黑	白(黑)	白
学校有免费课本	P-16	100	100	98	72	65	54	84	91	82	83	65	65	98	100	100
学校有数量充足的课本	P-20	90	97	97	97	99	99	74	95	98	82	85	84	95	91	90
学校课本年龄：	P-17															
没有教材		2	1	2	3	2	2	2	1	0	0	2	0	0	1	1
4 年以下教材		57	47	56	67	59	59	71	84	91	76	64	53	77	68	77
4 年或以上教材		41	52	42	30	39	39	27	13	9	18	34	47	21	31	22

　　在中学阶段，黑人和同县的白人最不可能在有充足课本的学校就读。这种障碍主要发生在南部大城市地区和非大城市地区。

　　在全国范围内，少数族裔和白人所使用的课本在新旧程度上似乎不存在重要差异。在小学和中学都是如此。在小学，主要地区差异发生在西南部非大城市地区和南部大城市地区。在中学，对黑人最不利的情况则出现在中西部。

　　在美国，几乎所有中学都教生物课，但是只有相对较少的小学会教生物课。从区域看，非大城市地区在二手课本的老旧程度方面最占劣势。

学校环境

表 2.21.12 全美国少数族裔和白人学生在中学可获得的图书馆服务和课本，1965 年秋

【注：图书数量和学生人均拥有图书数量(SM-6 和 SM-7)是指定组别中学生的平均值。其他数值均为可获得左栏所列项目的学生在给定组别中的百分比】

项目	问题编号	总	白	黑	白(黑)	墨	白(墨)	波	白(波)	印	白(印)	东	白(东)	他	白(他)
图书馆服务：															
在距学校步行范围内拥有至少5 000本图书的公共图书馆	P-74	59	59	61	53	55	54	77	76	55	56	86	71	64	63
学校拥有集中式校图书馆	P-13a	96	96	97	98	97	97	97	97	97	96	99	99	98	98
校图书馆中图书管理员人数：	P-36														
无		3	3	3	1	1	1	2	2	3	3	1	0	1	1
1位兼职		14	14	10	11	14	14	5	6	12	11	1	1	6	8
1位或以上全职		84	83	87	88	84	85	93	92	85	85	98	99	93	92
学校有至少3台配有音响设备的电影放映机	P-13q	66	67	56	66	65	66	78	81	77	78	89	88	75	77
校图书馆平均图书量	SM-6*	6,887	6,790	6,937	7,432	7,418	7,422	8,879	8,893	6,915	7,258	9,479	8,800	8,209	8,222
平均每位学生在校图书馆拥有图书量	SM-7*	5.68	5.77	4.59	5.48	8.06	8.25	6.24	4.90	6.37	5.98	5.66	5.38	5.56	5.75

续表

项目	问题编号	总	白	黑	白(黑)	墨	白(墨)	波	白(波)	印	白(印)	东	白(东)	他	白(他)
课本:															
学校有免费课本	P-16	64	62	70	60	74	73	79	76	78	75	88	88	66	66
学校有数量充足的课本	P-20	93	95	85	86	92	93	89	95	90	89	96	91	94	94
学校课本的新旧程度:	P-17														
没有教材		9	9	8	14	8	9	9	11	9	9	3	3	9	10
4年以下教材		62	62	61	63	58	56	68	65	65	63	55	59	60	57
4年或以上教材		29	28	27	24	34	36	17	24	27	29	43	38	31	33
生物课本版权期:	P-19														
没有生物课		2	2	0	3	3	4	9	5	13	2	1	1	1	2
4年以下		82	82	82	85	86	85	75	83	79	80	83	89	86	86
4年或以上		15	15	13	10	11	11	16	12	17	17	16	11	12	12

* 详见附录9.42

表 2.21.13 根据区域划分大城市和非大城市地区黑人和白人学生在中学可获得的图书馆服务,1965 年秋

[注:图书数量和学生人均拥有图书数量(SM-6 和 SM-7)是指定组别中学生的平均值。其他数值均为可获得左栏所列项目的学生在给定组别中的百分比]

项目	问题编号	全美国 黑	全美国 白(黑)	全美国 白	北部和西部 黑	北部和西部 白(黑)	北部和西部 白	非大城市地区 南部 黑	非大城市地区 南部 白(黑)	非大城市地区 南部 白	非大城市地区 西南部 黑	非大城市地区 西南部 白(黑)	非大城市地区 西南部 白
在距学校步行范围内拥有至少 5 000 本图书的公共图书馆	P-74	61	53	59	52	50	65	44	32	45	57	58	41
学校拥有集中式校图书馆	P-13a	97	98	96	89	89	91	94	94	93	92	94	97
校图书馆中图管理员人数:	P-36												
无		3	1	3	8	7	10	3	1	0	8	6	4
1 位兼职		10	11	14	39	41	31	29	32	24	25	20	35
1 位或以上全职		87	88	83	53	53	58	69	67	76	67	74	61
学校有至少 3 台配有音响设备的电影放映机	P-13q	56	66	67	46	48	57	20	32	35	4	46	28
校图书馆平均书量	SM-6*	6,937	7,432	6,790	3,785	3,730	5,060	3,387	4,014	4,491	4,237	8,067	6,498
平均每位学生在校图书馆拥有图书量	SM-7*	4.59	5.48	5.77	4.45	4.27	6.32	3.96	6.32	6.11	8.09	10.13	14.81

续 表

项目	问题编号	东北部 黑	东北部 白(黑)	东北部 白	中西部 黑	中西部 白(黑)	中西部 白	大城市地区 南部 黑	大城市地区 南部 白(黑)	大城市地区 南部 白	大城市地区 西南部 黑	大城市地区 西南部 白(黑)	大城市地区 西南部 白	西部 黑	西部 白(黑)	西部 白
在距学校步行范围内拥有至少5 000本图书的公共图书馆	P-74	85	78	68	90	55	75	41	44	32	44	14	18	94	90	67
学校拥有集中式校图书馆	P-13a	100	99	99	100	100	100	96	100	100	100	90	85	100	100	100
校图书馆中图书管理员人数：	P-36															
无		3	1	2	0	0	2	4	0	0	0	0	3	0	0	0
1位兼职		0	0	0	1	0	5	0	1	1	1	34	35	0	0	1
1位或以上全职		97	99	99	99	100	94	96	99	99	99	66	63	100	100	99
学校有至少3台配有音响设备的电影放映机	P-13q	93	74	79	68	63	77	52	77	57	75	79	79	100	100	99
校图书馆平均图书量	SM-6*	8,299	8,763	8,318	8,666	6,553	8,057	7,059	8,883	7,651	7,734	3,499	3,491	11,599	11,590	10,214
平均每位学生在校图书馆拥有图书量	SM-7*	3.79	4.74	5.29	3.45	3.71	4.82	4.53	5.54	5.73	5.56	4.47	3.73	6.50	5.94	6.27

*详见附录9.42

表 2.21.14 根据区域划分大城市和非大城市地区可在**中学**获得课本的黑人和白人学生百分比，1965 年秋

项目	问题编号	全美国 黑	全美国 白(黑)	全美国 白	非大城市地区 北部和西部 黑	北部和西部 白(黑)	北部和西部 白	南部 黑	南部 白(黑)	南部 白	西南部 黑	西南部 白(黑)	西南部 白
学校有免费课本	P-16	70	60	62	42	42	53	51	51	43	94	91	92
学校有数量充足的课本	P-20	85	86	95	99	94	99	79	88	91	97	100	100
学校课本年龄：	P-17												
没有教材		8	14	9	0	1	1	8	9	25	0	0	1
4 年以下教材		61	63	62	77	76	56	64	70	54	73	67	66
4 年或以上教材		27	24	28	23	24	43	28	21	22	25	33	34
生物课本版权期	P-19												
没有生物课		0	3	2	0	1	1	0	0	3	3	6	4
4 年以下		82	85	82	73	70	64	67	78	77	90	81	87
4 年或以上		13	10	15	26	27	34	21	22	3	11	8

项目	问题编号	大城市地区 东北部 黑	东北部 白(黑)	东北部 白	中西部 黑	中西部 白(黑)	中西部 白	南部 黑	南部 白(黑)	南部 白	西南部 黑	西南部 白(黑)	西南部 白	西部 黑	西部 白(黑)	西部 白
学校有免费课本	P-16	98	96	91	67	48	39	58	33	34	98	100	97	99	99	86
学校有数量充足的课本	P-20	94	99	99	98	99	100	69	68	97	94	56	57	96	99	96
学校课本年龄：	P-17															
没有教材		1	1	8	14	21	20	17	31	4	1	4	0	0	0	2
4 年以下教材		55	53	59	51	73	67	56	63	65	99	85	82	59	37	67
4 年或以上教材		42	47	34	35	6	13	19	6	31	0	11	17	40	62	30
生物课本版权期	P-19															
没有生物课		1	5	3	0	6	1	0	3	0	0	11	17	0	0	0
4 年以下		78	68	84	92	94	97	85	93	100	77	69	63	98	99	99
4 年或以上		17	26	12	8	0	2	7	0	0	5	20	20	2	1	2

2.22 学校特别服务

本节中讨论的学校特别服务也来自校长问卷中的问题。有关这些问题的数据在表 2.22.1 到表 2.22.4 中加以说明。

表 2.22.1 全美国所在小学提供某些服务的少数族裔和白人学生百分比,1965 年秋

服务	问题编号	总	白	黑	白(黑)	墨	白(墨)	波	白(波)	印	白(印)	东	白(东)	他	白(他)
免费午餐:	P-14														
平均获得百分比		8	7	10	9	8	6	15	9	15	9	6	6	8	7
学校不提供百分比		36	39	26	34	33	38	24	28	33	34	47	46	35	38
免费牛奶:	P-15														
平均获得百分比		9	8	11	9	8	7	14	9	17	11	9	8	8	8
学校不提供百分比		39	41	31	39	37	41	33	33	32	35	37	43	39	41
所在学区义务教育法:	P-7														
无义务教育法		5	4	11	15	5	5	8	8	6	5	3	3	6	7
有严格执行的义务教育法		78	82	58	63	71	75	68	75	72	77	85	86	76	78
学校里有心理专家(全职或兼职)	P-33	34	36	28	30	29	32	26	33	31	33	45	47	39	39
学校里有护士(全职或兼职)	P-37	63	63	65	56	59	59	63	61	66	62	71	70	64	64
服务于学校的考勤官(全职或兼职)	P-38	55	52	68	61	57	56	62	59	43	44	57	53	59	56

表 2.22.2 根据区域划分大城市和非大城市地区所在**小学**提供某些服务的黑人和白人学生百分比，1965 年秋

服务	问题编号	全美国 黑	全美国 白(黑)	全美国 白	非大城市地区 北部和西部 黑	北部和西部 白(黑)	北部和西部 白	南部 黑	南部 白(黑)	南部 白	西南部 黑	西南部 白(黑)	西南部 白
免费午餐：	P-14												
平均获得百分比		10	9	7	6	6	8	15	12	13	8	7	6
学校不提供百分比		26	34	39	39	38	51	14	5	6	17	25	30
免费牛奶：	P-15												
平均获得百分比		11	9	8	7	7	15	10	12	12	6	6	5
学校不提供百分比		31	39	41	30	26	35	34	15	13	36	40	38
所在学区义务教育法：	P-7												
无义务教育法		11	15	4	0	0	0	22	17	6	2	0	0
有严格执行的义务教育法		58	63	82	77	86	90	26	41	57	62	53	57
学校里有心理专家(全职或兼职)	P-33	28	30	36	25	33	34	7	5	6	0	3	1
学校里有护士(全职或兼职)	P-37	65	56	63	48	47	57	13	9	16	59	61	53
服务于学校的考勤官(全职或兼职)	P-38	68	61	52	64	51	32	54	57	66	54	46	48

服务	问题编号	大城市地区 东北部 黑	东北部 白(黑)	东北部 白	中西部 黑	中西部 白(黑)	中西部 白	南部 黑	南部 白(黑)	南部 白	西南部 黑	西南部 白(黑)	西南部 白	西部 黑	西部 白(黑)	西部 白
免费午餐：	P-14															
平均获得百分比		13	6	5	3	3	3	10	13	13	10	8	8	4	4	3
学校不提供百分比		50	53	55	58	59	55	9	32	16	24	6	2	33	49	53
免费牛奶：	P-15															
平均获得百分比		32	24	4	5	4	6	8	6	9	8	8	7	4	2	2

续表

| 服务 | 问题编号 | 大城市地区 ||||||||||
| | | 东北部 || 中西部 ||| 南部 ||| 西南部 ||| 西部 |||
		黑	白(黑)	白	黑	白(黑)	白	黑	白(黑)	白	黑	白(黑)	白	黑	白(黑)	白
学校不提供百分比		29	43	60	48	60	55	25	44	36	27	7	14	28	56	61
所在学区义务教育法:	P-7															
无义务教育法		0	0	0	3	0	0	19	39	38	0	0	0	0	0	0
有严格执行的义务教育法		97	96	96	85	88	89	41	38	58	29	69	77	87	96	94
学校里有心理专家(全职或兼职)	P-33	50	69	59	35	42	34	5	0	0	19	24	26	86	89	84
学校里有护士(全职或兼职)	P-37	93	93	91	91	90	88	66	43	28	82	49	65	96	93	86
服务于学校的考勤官(全职或兼职)	P-38	94	88	81	73	63	54	66	52	77	43	5	4	76	76	48

表2.22.3　全美国所在**中学**提供某些服务的少数族裔和白人学生百分比,1965年秋

服务	问题编号	总	白	黑	白(黑)	墨	白(墨)	波	白(波)	印	白(印)	东	白(东)	他	白(他)
免费午餐:	P-14														
平均获得百分比		5	4	8	6	5	5	11	5	12	5	5	4	5	4
学校不提供百分比		35	37	25	26	34	35	20	23	37	40	25	24	33	33
免费牛奶:	P-15														
平均获得百分比		5	5	5	5	5	4	7	4	10	5	3	3	3	3
学校不提供百分比		45	44	46	36	46	44	39	45	48	49	51	41	49	45
所在学区义务教育法:	P-7														
无义务教育法		6	5	11	15	3	3	4	5	6	5	1	1	4	4

续表

服务	问题编号	总	白	黑	白(黑)	墨	白(墨)	波	白(波)	印	白(印)	东	白(东)	他	白(他)
有严格执行的义务教育法		74	76	58	56	74	75	83	82	66	68	87	85	78	78
学校里有心理专家(全职或兼职)	P-33	24	31	23	24	31	33	32	45	28	31	50	53	35	38
学校里有护士(全职或兼职)	P-37	62	62	61	50	66	64	63	75	61	56	72	70	68	56
服务于学校的考勤官(全职或兼职)	P-38	65	64	68	68	67	67	81	78	61	59	72	71	68	65

表 2.22.4　根据区域划分大城市和非大城市地区所在中学提供某些服务的黑人和白人学生百分比,1965 年秋

		全美国		非大城市地区					
				北部和西部		南部		西南部	
服务	问题编号	黑	白(黑)	白	黑	白(黑)	白	黑	白(黑)	白
免费午餐:	P-14									
平均获得百分比		8	6	4	5	4	4	13	10	10	7	6	5
学校不提供百分比		25	26	37	41	39	45	10	6	12	37	15	17
免费牛奶:	P-15									
平均获得百分比		5	5	5	5	5	8	8	5	6	5	5
学校不提供百分比		46	36	44	63	58	52	28	14	28	48	9	14
所在学区义务教育法:	P-7									
无义务教育法		11	15	5	7	7	9	19	15	7	5	0	0
有严格执行的义务教育法		58	56	76	59	63	83	29	46	61	65	68	58
学校里有心理专家(全职或兼职)	P-33	23	24	31	16	16	20	1	2	4	1	0	0
学校里有护士(全职或兼职)	P-37	61	50	62	34	34	50	10	11	10	52	50	58
服务于学校的考勤官(全职或兼职)	P-38	68	68	64	46	44	42	51	62	65	59	59	39

续表

服务	问题编号	大城市地区													
		东北部			中西部			南部			西南部			西部		
		黑	白(黑)	白	黑	白(黑)	白	黑	白(黑)	白	黑	白(黑)	白	黑	白(黑)	白
免费午餐:	P-14															
平均获得百分比		7	4	3	9	8	4	7	4	4	7	3	3	2	3	3
学校不提供百分比		34	29	49	26	27	35	18	31	21	11	50	48	53	39	46
免费牛奶:	P-15															
平均获得百分比		5	3	3	3	9	5	4	4	4	4	3	3	1	1	1
学校不提供百分比		29	40	50	49	33	38	47	39	35	54	50	48	84	60	61
所在学区义务教育法:	P-7															
无义务教育法		0	0	0	0	0	0	21	40	36	4	0	0	0	0	0
有严格执行的义务教育法		97	93	90	69	72	88	50	24	58	13	17	20	96	97	91
学校里有心理专家(全职或兼职)	P-33	30	58	40	73	42	55	0	1	1	4	0	3	70	71	72
学校里有护士(全职或兼职)	P-37	83	93	92	93	89	87	66	28	49	76	16	20	99	99	92
服务于学校的考勤官(全职或兼职)	P-38	95	75	80	67	79	65	68	61	89	36	36	37	94	95	84

免费午餐和免费牛奶——少数族裔学生普遍比白人学生更多享受到免费午餐和免费牛奶,但是就其较低的平均经济水平而言,可能尚未达到人们期望的程度。在南部非大城市地区,小学和中学里的黑人对这些服务的获得机会都大大低于同县的白人。但在南部大城市地区,情况则恰恰相反(除了中学里的免费牛奶项目)。

考勤——在除黑人之外所有群体就读的学校里,似乎都对考勤有合理的严格要求。然而,在南部地区,对学校考勤的关注程度似乎要低很多,在黑人就读的学校和白人就读的学校都是如此。在南部非大城市地区,较少比例的黑人在义务教育法严明的学校就读。值得注意的是,虽然在所有的白人学生中,有82%是在严格执行义务教育法的学校就读,但是只有52%的学生所在的学校里有考勤官;在黑人学生那里,相应的数字则分别为58%和68%。

学校护士——在全美国的小学和中学里,比起同县的白人来,有较高比例的黑人学生所就读的学校里有一名全职或兼职护士。在南部和西南部大城市地区的小学和中学里,黑人明显比白人享有更多的学校护士服务。

学校心理专家——在全国范围内,除了波多黎各人(低)和东亚裔美国人(高)之外,小学中不同种族可获得的学校心理专家服务没有明显差异。在北部大城市地区的小学和中学阶段,黑人学生获得的学校心理专家服务都低于同县的白人。在南部和西南部地区,拥有心理专家的学校比例远远低于美国其他地区——在黑人就读的学校和白人就读的学校中都是如此。

2.23 课程

免费学前班——表2.23.1和2.23.2显示,在全国范围内,只有48%的小学生在拥有免费学前班的学校就读。非大城市地区的儿童,尤其是在南部地区,他们的学校是最不太可能拥有学前班的。

表2.23.1 全美国所在小学设有免费学前班或幼儿园的白人和少数族裔学生百分比,1965年秋

项目	问题编号	总	白	黑	白(黑)	墨	白(墨)	波	白(波)	印	白(印)	东	白(东)	他	白(他)
学前班:	P-3														
有,向全体学生免费		48	48	45	36	46	46	45	43	43	44	58	61	52	52
没有		41	39	49	59	38	40	44	48	41	43	26	26	38	39
有,但收费		6	7	1	3	8	7	6	6	9	9	1	2	4	4
幼儿园:	P-4														
有,向全体学生免费		1	1	5	1	2	1	5	1	4	1	3	1	3	1
没有		92	93	89	94	89	92	89	94	89	93	81	85	90	93

表2.23.2　根据区域划分大城市和非大城市地区所在小学设有免费学前班或幼儿园的白人和黑人学生百分比，1965年秋

项目	问题编号	全美国 黑	全美国 白(黑)	全美国 白	非大城市地区 北部和西部 黑	白(黑)	白	南部 黑	白(黑)	白	西南部 黑	白(黑)	白
学前班：	P-3												
有,向全体学生免费		45	36	48	28	36	56	1	0	1	1	1	20
没有		49	59	39	59	56	22	84	93	94	87	87	66
有,但收费		1	3	7	12	5	10	1	2	1	1	5	2
幼儿园：	P-4												
有,向全体学生免费		5	1	1	0	0	0	1	0	0	0	1	0
没有		89	94	93	98	97	87	85	93	94	88	90	87

项目	问题编号	大城市地区 东北部 黑	白(黑)	白	中西部 黑	白(黑)	白	南部 黑	白(黑)	白	西南部 黑	白(黑)	白	西部 黑	白(黑)	白
学前班：	P-3															
有,向全体学生免费		90	84	74	93	77	66	23	0	0	61	28	18	91	98	87
没有		7	12	18	2	18	29	74	98	96	34	26	36	7	2	13
有,但收费		1	2	0	1	5	5	0	0	0	3	40	44	0	0	0
幼儿园：	P-4															
有,向全体学生免费		5	2	2	16	1	1	6	0	0	6	0	0	5	2	1
没有		93	88	89	81	99	99	89	98	96	91	92	98	90	94	96

在大城市地区,黑人学生一般更容易获得免费学前班服务。然而,值得注意的是,跟黑人在同一个县的白人同时也比该地区的其他白人学生更占优势。

认证——表2.23.3、2.23.4、2.23.5和2.23.6说明了州和地方政府对学校的认证情况。所有中学生中的93%和所有小学生中的62%都在经州政府认证的学校就

学校环境 | 95

表 2.23.3　全美国所在小学获得州认证机构和地方认证协会认证的白人和少数族裔学生百分比，1965 年秋

项目	问题编号	总	白	黑	白(黑)	墨	白(墨)	波	白(波)	印	白(印)	东	白(东)	他	白(他)
获得州认证：	P-5														
是		62	64	57	66	58	59	63	67	59	64	54	54	54	54
否		9	7	16	10	9	8	13	9	10	7	8	9	11	10
无认证途径		25	26	20	21	28	30	18	20	24	26	32	34	30	32
获得地方协会认证：	P-6														
是		27	28	27	34	21	23	27	31	25	27	22	22	26	27
否		29	28	34	27	30	29	33	28	30	27	33	30	26	24
无认证途径		38	39	29	34	43	44	30	36	37	41	37	41	43	44

表 2.23.4　根据区域划分大城市和非大城市地区所在小学获得州认证机构和地方认证协会认证的白人和黑人学生百分比，1965 年秋

项目	问题编号	全美国			非大城市地区					
					北部和西部		南部		西南部	
		黑	白(黑)	白	黑	白(黑)	白	黑	白(黑)	白	黑	白(黑)	白
获得州认证：	P-5												
是		57	66	64	67	76	71	57	73	71	91	94	77
否		16	10	7	4	2	4	30	17	8	1	0	0
无认证途径		20	21	26	28	21	24	6	5	5	3	6	22
获得地方协会认证：	P-6												
是		27	34	28	38	43	29	16	25	22	59	41	39
否		34	27	28	18	13	29	69	61	51	15	31	18
无认证途径		29	34	39	34	37	32	8	10	21	13	23	43

续 表

| 项目 | 问题编号 | 大城市地区 ||||||||||
||| 东北部 || 中西部 || 南部 || 西南部 || 西部 ||
		黑	白(黑)	白	黑	白(黑)	白	黑	白(黑)	白	黑	白(黑)	白
获得州认证：	P-5														
是 || 49	49	52	75	72	83	55	80	55	89	77	76	40	28	29
否 || 7	1	6	0	1	1	25	17	31	0	0	0	8	6	13
无认证途径 || 42	49	41	21	27	16	13	2	13	2	15	16	42	50	56
获得地方协会认证：	P-6														
是 || 34	28	24	52	42	49	21	51	35	42	23	23	22	9	9
否 || 8	8	14	5	7	11	45	25	45	33	28	38	16	18	23
无认证途径 || 51	61	57	39	47	36	21	21	18	15	37	39	52	63	63

表 2.23.5　全美国所在**中学**获得州认证机构和地方认证协会认证的白人和少数族裔学生百分比，1965 年秋

项目	问题编号	总	白	黑	白(黑)	墨	白(墨)	波	白(波)	印	白(印)	东	白(东)	他	白(他)
获得州认证：	P-5														
是		93	93	91	96	89	92	94	95	92	93	77	83	86	90
否		2	3	2	1	2	2	1	1	2	2	11	6	5	4
无认证途径		4	4	4	4	8	6	5	4	5	4	12	11	8	6
获得地方协会认证：	P-6														
是		75	76	68	74	77	79	78	65	71	77	86	87	81	82
否		22	22	26	23	17	16	21	33	22	19	13	12	17	16
无认证途径		2	2	2	2	2	2	1	2	5	3	1	0	1	1

表 2.23.6 根据区域划分大城市和非大城市地区所在**中学**获得州认证机构和地方认证协会认证的白人和黑人学生百分比，1965 年秋

项目	问题编号	全美国 黑	全美国 白(黑)	全美国 白	非大城市地区 北部和西部 黑	北部和西部 白(黑)	北部和西部 白	南部 黑	南部 白(黑)	南部 白	西南部 黑	西南部 白(黑)	西南部 白
获得州认证：	P-5												
是		91	96	93	95	92	88	86	92	95	95	100	100
否		2	1	3	4	7	10	6	4	1	0	0	0
无认证途径		4	1	4	0	1	3	0	0	0	0	0	0
获得地方协会认证：	P-6												
是		68	74	76	69	70	65	40	55	59	30	61	62
否		26	23	22	30	29	33	54	39	37	49	8	15
无认证途径		2	2	2	0	1	2	3	5	4	7	10	7

项目	问题编号	大城市地区 东北部 黑	东北部 白(黑)	东北部 白	中西部 黑	中西部 白(黑)	中西部 白	南部 黑	南部 白(黑)	南部 白	西南部 黑	西南部 白(黑)	西南部 白	西部 黑	西部 白(黑)	西部 白
获得州认证：	P-5															
是		95	96	92	99	100	100	96	100	100	100	100	100	72	91	80
否		0	0	0	0	0	0	1	0	0	0	0	0	2	1	2
无认证途径		5	2	7	0	0	0	0	0	0	0	0	0	26	9	18
获得地方协会认证：	P-6															
是		74	68	74	75	93	86	72	72	81	92	81	86	100	100	100
否		17	27	21	25	7	14	19	28	20	5	19	12	0	0	0
无认证途径		6	2	3	0	0	1	0	0	0	0	3	0	0	0	0

读；所有中学生中的 75% 和所有小学生中的 27% 在经地方政府认证的学校就读。（在全美国，对小学进行认证的地方政策千差万别。）

一般来说，白人学生在同时获得地方和州政府认证的学校就读的比例比任何少数族裔学生都高。例如，全美国只有 57% 的黑人小学生在这样的学校就读，而同县的白

人则为66%。对黑人来说，无论是小学生还是中学生，这种差异的主要来源是南部的大城市地区和非大城市地区。在全国其他一些地区，黑人小学生在获得地方或州政府认证的学校中就读的比例要高过白人学生。

美术和音乐教师——表2.23.7、2.23.8、2.23.9和2.23.10提供了有关学校中美术教师和音乐教师的数据。只有16%的小学生在有专职美术教师的学校就读。在全国范围内，白人学生往往比少数族裔学生有更多的美术音乐教师，但少数族裔略微有超过同县的白人的倾向。

表2.23.7　全美国所在**小学**有美术和音乐教师的白人和少数族裔学生百分比，1965年秋

项目	问题编号	总	白	黑	白(黑)	墨	白(墨)	波	白(波)	印	白(印)	东	白(东)	他	白(他)
美术教师：	P-30														
无美术教师		60	57	68	74	74	75	65	66	69	69	59	65	66	68
兼职		23	25	19	17	13	14	17	16	14	16	21	20	19	19
每周工作4天或以上		16	17	12	8	12	10	18	18	14	13	16	12	14	13
音乐教师：	P-31														
无音乐教师		27	25	38	34	31	31	35	33	27	27	24	24	32	30
兼职		39	40	37	41	37	40	31	33	33	35	43	46	40	43
每周工作4天或以上		33	35	24	25	31	29	34	35	41	38	33	30	28	27
美术和音乐教师平均全职当量	SM-8*	.38	.40	.29	.29	.32	.31	.36	.36	.38	.37	.40	.37	.34	.33

*详见附录9.42

表2.23.8　根据区域划分大城市和非大城市地区所在**小学**有美术和音乐教师的白人和黑人学生百分比，1965年秋

项目	问题编号	全美国		非大城市地区					
				北部和西部		南部		西南部	
		黑	白(黑)	白	黑	白(黑)	白	黑	白(黑)	白
美术教师：	P-30									
无美术教师		68	74	57	61	60	53	88	92	91	89	91	89

续　表

项目	问题编号	全美国			非大城市地区							
					北部和西部			南部			西南部		
		黑	白(黑)	白	黑	白(黑)	白	黑	白(黑)	白	黑	白(黑)	白
兼职		19	17	25	31	29	25	6	4	4	3	5	6
每周工作4天或以上		12	8	17	8	11	21	6	4	4	7	5	5
音乐教师：	P-31												
无音乐教师		38	34	25	6	13	14	49	47	40	51	37	31
兼职		37	40	41	72	64	42	24	29	42	12	13	27
每周工作4天或以上		24	25	35	22	24	43	26	24	17	37	50	42
美术和音乐教师平均全职当量	SM-8*	.29	.29	.40	.40	.38	.48	.22	.21	.21	.25	.31	.31

项目	问题编号	大城市地区													
		东北部			中西部			南部			西南部			西部		
		黑	白(黑)	白	黑	白(黑)	白	黑	白(黑)	白	黑	白(黑)	白	黑	白(黑)	白
美术教师：	P-30															
无美术教师		27	21	16	33	11	20	76	93	91	77	92	88	72	91	85
兼职		44	47	41	35	79	68	16	1	1	2	6	10	19	6	4
每周工作4天或以上		29	32	43	31	10	12	7	5	8	14	1	2	7	2	10
音乐教师：	P-31															
无音乐教师		18	13	11	13	5	6	48	49	62	63	35	37	35	28	40
兼职		48	41	40	49	72	62	30	30	21	7	14	2	54	66	47
每周工作4天或以上		34	46	49	38	23	32	21	20	17	23	50	61	9	6	13
美术和音乐教师平均全职当量	SM-8*	.50	.57	.63	.50	.49	.50	.23	.20	.18	.22	.31	.35	.23	.19	.22

*详见附录9.42

表 2.23.9　全美国所在**中学**有美术和音乐教师的白人和少数族裔学生百分比，1965 年秋

项目	问题编号	总	白	黑	白(黑)	墨	白(墨)	波	白(波)	印	白(印)	东	白(东)	他	白(他)
美术教师:	P-30														
无美术教师		29	29	33	32	32	30	12	12	21	19	4	6	21	21
兼职		5	6	2	3	2	3	1	3	4	6	5	5	5	7
每周工作4天或以上		65	64	65	64	66	67	86	85	74	76	91	89	74	72
音乐教师:	P-31														
无音乐教师		6	6	10	8	12	11	5	4	5	5	2	2	4	4
兼职		6	6	4	6	4	5	1	3	7	7	2	1	5	6
每周工作4天或以上		88	88	85	85	84	84	94	92	88	88	96	97	91	90
美术和音乐教师平均全职当量	SM-8*	.78	.79	.76	.76	.75	.76	.90	.89	.82	.84	.94	.95	.84	.83

* 详见附录 9.42

表 2.23.10　根据区域划分大城市和非大城市地区所在**中学**有美术和音乐教师的白人和黑人学生百分比，1965 年秋

项目	问题编号	全美国 黑	全美国 白(黑)	全美国 白	非大城市地区 北部和西部 黑	非大城市地区 北部和西部 白(黑)	非大城市地区 北部和西部 白	非大城市地区 南部 黑	非大城市地区 南部 白(黑)	非大城市地区 南部 白	非大城市地区 西南部 黑	非大城市地区 西南部 白(黑)	非大城市地区 西南部 白
美术教师:	P-30												
无美术教师		33	32	29	52	48	42	79	81	70	59	54	68
兼职		2	3	6	11	10	18	5	2	5	1	2	0
每周工作4天或以上		65	65	64	38	41	37	17	16	25	40	45	31
音乐教师:	P-31												
无音乐教师		10	8	6	1	3	2	25	30	27	12	16	21
兼职		5	6	6	12	12	12	10	21	13	3	5	2
每周工作4天或以上		85	85	88	87	85	87	65	50	61	85	79	77
美术和音乐教师平均全职当量	SM-8*	.76	.76	.79	.67	.68	.69	.44	.38	.47	.63	.63	.54

续 表

项目	问题编号	大城市地区											
		东北部			中西部			南部			西南部			西部		
		黑	白(黑)	白	黑	白(黑)	白	黑	白(黑)	白	黑	白(黑)	白	黑	白(黑)	白
美术教师:	P-30															
无美术教师		1	3	5	4	26	11	31	20	50	22	34	32	1	1	3
兼职		0	0	0	0	6	5	0	5	6	0	0	0	0	0	0
每周工作4天或以上		99	97	95	95	68	85	68	75	44	78	66	68	99	99	97
音乐教师:	P-31															
无音乐教师		0	0	0	3	1	0	12	3	0	1	14	15	1	1	3
兼职		5	1	3	0	6	4	2	0	0	9	7	3	0	0	0
每周工作4天或以上		95	99	97	96	93	96	87	97	100	91	79	82	99	99	97
美术和音乐教师平均全职当量	SM-8*	.97	.97	.95	.95	.83	.92	.77	.86	.72	.86	.74	.75	.98	.98	.96

* 详见附录 9.42

一般来说,中学生获得全职音乐和美术教师的机会远远高于小学生,大城市地区通常会比非大城市地区向更高比例的学生提供美术和音乐教师。种族和族裔之间的差别很小。

上课时间和作业——在整个南部和西南部的小学里(表 2.23.11 和 2.23.12),出现了一种明显的趋势,即每天的上课时间加长了,而且家庭作业也增多了。而在中学阶段(表 2.23.13 和 2.23.14),这两方面都没有出现这种趋势。在全国范围内,中学生平均每天的学习时间约为 6.4 小时,比小学生长 0.5 小时;他们每天预计家庭作业时间是 1.8 小时,而小学生是 0.9 小时。

在这些测量中,少数族裔学生并没有显示出与白人学生有所不同的一般趋势。

在小学和中学阶段,所有学生中有 4% 是非全日制学生。在全国范围内的小学和中学两个阶段,少数族裔的非全日制学生比白人学生高了 2% 到 4%。在大多数地区,黑人和白人之间存在着类似的差异程度。

课程——表 2.23.15 中的数据显示,在全美国所有中学生里,有 90% 到 95% 就读的学校提供大学预备课程、商业课程和一般课程。有 88% 的黑人学生所在的中学提

表 2.23.11 全美国普通白人和少数族裔学生所在小学年和学日长度、预计家庭作业时间以及在校时间少于一个完整或正规学日的学生百分比，1965 年秋

项目	问题编号	总	白	黑	墨	白(墨)	波	白(波)	印	白(印)	东	白(东)	他	白(他)
学校平均教学日天数	P-8	179.4	179.4	179.6	178.7	178.4	178.1	180.9	179.3	179.3	179.2	179.3	179.5	180.1	179.3
教学日平均小时数	P-76	5.9	5.9	6.0	6.0	6.0	6.0	5.9	5.9	6.0	6.0	5.9	5.9	5.9	5.9
教学日总小时数	{P-8, P-76}	1,058	1,058	1,078	1,072	1,070	1,069	1,067	1,058	1,078	1,075	1,058	1,059	1,063	1,057
学生每天预计家庭作业小时数	P-91	.9	.9	1.1	1.0	.9	.9	1.0	1.0	.9	.9	1.0	.9	1.0	.9
非全日制学生百分比	P-21	4.6	4.0	6.0	3.5	6.7	4.7	9.4	5.4	7.0	5.8	3.4	2.4	5.1	3.7

表 2.23.12 根据区域划分大城市和非大城市地区普通白人和黑人学生所在小学年和学日长度、预计家庭作业时间以及在校时间少于一个完整或正规学日的学生百分比，1965 年秋

项目	问题编号	全美国		非大城市地区							
				北部和西部		南部		西南部			
		黑	白(黑)	黑	白(黑)	白	黑	白(黑)	白	黑	白(黑)	白
学校平均教学日天数	P-8	179.6	178.7	178.3	178.9	179.4	176.9	178.3	176.6	175.4	174.9	175.4
教学日平均小时数	P-76	6.0	6.0	6.0	5.8	5.9	6.2	6.3	6.2	6.7	6.9	6.7

续 表

项目	问题编号	全美国 黑	全美国 白	全美国 白(黑)	东北部和西部 黑	北部和西部 白(黑)	北部和西部 白	非大城市地区 南部 黑	非大城市地区 南部 白(黑)	非大城市地区 南部 白	非大城市地区 西南部 黑	非大城市地区 西南部 白(黑)	非大城市地区 西南部 白
教学日总小时数	(P-8),(P-76)	1,078	1,072	1,058	1,070	1,038	1,070	1,097	1,123	1,095	1,175	1,207	1,175
学生每天预计家庭作业小时数	P-91	1.1	1.0	.9	1.1	1.1	.9	1.6	1.5	1.4	1.1	1.0	.9
非全日制学生百分比	P-21	6.0	3.5	4.0	1.9	1.8	2.4	7.5	2.6	8.3	6.1	2.1	4.1

项目	问题编号	东北部 黑	东北部 白	东北部 白(黑)	中西部 黑	中西部 白	中西部 白(黑)	大城市地区 南部 黑	大城市地区 南部 白(黑)	大城市地区 南部 白	大城市地区 西南部 黑	大城市地区 西南部 白(黑)	大城市地区 西南部 白
学校平均教学日天数	P-8	183.0	181.3	182.1	182.8	179.0	179.7	180.8	178.3	179.5	176.2	177.8	177.1	178.2	178.7	183.5
教学日平均小时数	P-76	5.3	5.4	5.5	5.6	5.8	5.8	6.3	6.4	6.1	6.8	6.7	6.6	5.4	5.3	5.4
教学日总小时数	(P-8),(P-76)	970	979	1,002	1,024	1,038	1,042	1,139	1,141	1,095	1,198	1,191	1,169	962	947	991
学生每天预计家庭作业小时数	P-91	.7	.8	.7	.6	.6	.6	1.2	.9	1.0	1.2	1.0	1.1	.7	.6	.6
非全日制学生百分比	P-21	3.5	1.9	1.5	.9	2.6	1.6	7.9	3.6	2.1	7.9	16.4	16.7	5.6	4.9	2.0

表 2.23.13 全美国普通白人和少数族裔学生所在中学学年和学日长度、预计家庭作业时间以及在校时间少于一个完整或正规学日的学生百分比，1965 年秋

项目	问题编号	总	白	黑	白(黑)	墨	白(墨)	波	白(波)	印	白(印)	东	白(东)	他	白(他)
学校平均教学日天数	P-8	179.9	179.7	180.9	178.9	178.9	178.4	182.5	180.5	189.5	181.5	179.3	179.1	179.7	179.6
教学日平均小时数	P-76	6.4	6.3	6.4	6.4	6.4	6.4	6.3	6.4	6.3	6.3	6.3	6.4	6.4	6.4
教学日总小时数	(P-8)·(P-76)	1,151	1,132	1,158	1,145	1,145	1,142	1,150	1,155	1,194	1,143	1,130	1,146	1,150	1,149
学生每天预计家庭作业小时数	P-91	1.8	1.8	1.9	1.9	1.6	1.6	1.9	2.1	1.7	1.7	1.9	1.8	1.9	1.9
非全日制学生百分比	P-21	3.5	3.1	5.9	3.1	3.6	3.1	2.7	2.2	3.3	3.6	4.4	3.1	4.7	3.7

表 2.23.14 根据区域划分大城市和非大城市地区普通白人和黑人学生所在中学学年和学日长度、预计家庭作业时间以及在校时间少于一个完整或正规学日的学生百分比，1965 年秋

非大城市地区

项目	问题编号	全美国 黑	全美国 白(黑)	北部和西部 黑	北部和西部 白(黑)	南部 黑	南部 白(黑)	西南部 黑	西南部 白(黑)
学校平均教学日天数	P-8	180.9	178.9	178.8	178.5	185.7	178.3	175.4	174.4	178.2	175.8
教学日平均小时数	P-76	6.4	6.3	6.3	6.0	6.3	6.3	6.9	6.9	6.3	7.0

续 表

非大城市地区

项目	问题编号	全美国 黑	全美国 白(黑)	全美国 白	北部和西部 黑	北部和西部 白(黑)	北部和西部 白	南部 黑	南部 白(黑)	南部 白	西南部 黑	西南部 白(黑)	西南部 白
教学日总小时数	(P-8),(P-76)	1,158	1,145	1,132	1,126	1,127	1,071	1,170	1,123	1,123	1,210	1,203	1,231
学生每天预计家庭作业小时数	P-91	1.9	1.9	1.8	1.6	1.6	1.7	1.9	1.9	1.9	1.7	1.5	1.5
非全日制学生百分比	P-21	5.9	3.1	3.1	4.3	4.2	3.2	5.1	1.9	2.1	2.1	4.0	2.9

大城市地区

项目	问题编号	东北部 黑	东北部 白(黑)	中西部 黑	中西部 白(黑)	中西部 白	南部 黑	南部 白(黑)	南部 白	西南部 黑	西南部 白(黑)	西南部 白	西部 黑	西部 白(黑)	西部 白
学校平均教学日天数	P-8	184.6	182.3	184.7	182.4	180.0	177.2	178.2	179.3	176.5	176.0	175.9	178.6	178.2	178.2
教学日平均小时数	P-76	6.1	6.3	6.4	6.6	6.6	6.4	6.7	6.3	6.7	6.3	6.4	6.1	6.2	6.2
教学日总小时数	(P-8),(P-76)	1,126	1,148	1,182	1,204	1,188	1,134	1,194	1,130	1,183	1,109	1,126	1,089	1,105	1,105
学生每天预计家庭作业小时数	P-91	2.2	2.3	2.3	1.4	1.9	1.9	1.9	1.7	2.0	1.1	1.2	1.9	1.7	1.7
非全日制学生百分比	P-21	5.5	2.0	1.5	2.9	3.7	9.4	3.8	5.1	1.2	2.3	2.4	6.9	3.8	3.5

表 2.23.15　全美国白人和少数族裔学生所在中学提供的课程，课程综合性以及课程分类，1965 年秋

[注：课程综合性（SM-11）是指定组别中学生得到可获表左栏所列项目的学生在给定组别中的百分比]

项目	问题编号	总	白	黑	白(黑)	墨	白(墨)	波	白(波)	印	白(印)	东	白(东)	他	白(他)
大学预备课程	P-78a	95	96	88	97	95	97	90	98	96	98	98	100	97	98
商业课程	P-78b	90	92	75	94	87	90	85	91	90	96	96	99	92	95
一般课程	P-78c	92	92	92	95	90	91	83	91	93	94	98	99	93	94
职业课程	P-78d	55	55	56	49	56	54	50	42	55	52	68	59	58	55
农业课程	P-78e	27	28	20	26	33	33	14	16	27	31	30	30	23	24
工艺课程	P-78f	68	69	57	68	68	70	64	76	73	77	91	93	78	81
课程综合性	SM-11*	88.4	88.7	86.6	87.9	86.8	87.1	82.2	84.7	87.9	88.1	91.0	90.2	88.8	88.6
学校课程分类	P-79														
学术型学校		20	21	20	25	15	16	16	33	15	18	8	8	16	18
综合型学校		74	74	70	71	76	76	56	60	73	79	89	91	80	80
特殊学校		1	0	4	0	5	5	13	1	7	1	1	0	2	1

* 详见附录 9.42

表 2.23.16 根据区域划分大城市和非大城市地区白人和黑人学生所在**中学**提供的课程、课程综合性以及课程分类，1965 年秋
[注：课程综合性(SM-11)是指定组别中学生的平均值。其他数值均为可获得左栏所列项目的学生在给定组别中的百分比]

项目	问题编号	全美国 黑	全美国 白(黑)	全美国 白	北部和西部 黑	北部和西部 白(黑)	北部和西部 白	非大城市地区 南部 黑	非大城市地区 南部 白(黑)	非大城市地区 南部 白	非大城市地区 西南部 黑	非大城市地区 西南部 白(黑)	非大城市地区 西南部 白
大学预备课程	P-78-a	88	97	96	98	96	95	74	91	92	81	94	83
商业课程	P-78-b	75	94	92	97	97	92	49	89	92	39	81	70
一般课程	P-78-c	92	95	92	90	89	86	85	95	98	87	86	73
职业课程	P-78-d	56	49	55	49	50	64	51	62	62	52	50	34
农业课程	P-78-e	20	26	28	28	26	39	48	68	68	69	81	62
工艺课程	P-78-f	57	68	69	87	85	79	26	28	33	29	68	49
课程综合性	SM-11*	86.6	87.9	88.7	87.9	88.2	92.4	81.2	90.4	89.9	79.2	86.6	82.1
学校课程分类	P-79												
学术型学校		20	25	21	21	20	19	43	34	26	55	54	34
综合型学校		70	71	74	78	77	77	47	61	72	39	40	42
特殊学校		4	0	0	1	0	0	6	0	0	1	0	6

续表

大城市地区

项目	问题编号	东北部 黑	东北部 白(黑)	东北部 白	中西部 黑	中西部 白(黑)	中西部 白	南部 黑	南部 白(黑)	南部 白	西南部 黑	西南部 白(黑)	西南部 白	西部 黑	西部 白(黑)	西部 白
大学预备课程	P-78-a	93	98	99	99	100	100	87	100	100	89	85	82	100	100	100
商业课程	P-78-b	85	94	93	99	98	96	71	96	100	70	73	71	100	100	100
一般课程	P-78-c	89	93	94	99	98	95	93	95	94	100	89	83	83	100	100
职业课程	P-78-d	42	36	35	60	61	60	58	42	21	89	85	80	65	36	65
农业课程	P-78-e	4	8	17	5	4	8	9	15	13	23	50	43	4	2	8
工艺课程	P-78-f	41	82	78	70	93	82	62	67	36	79	53	49	100	100	99
课程综合性	SM-11*	81.2	83.3	83.6	90.8	90.3	89.0	88.8	86.6	82.0	94.1	96.5	95.6	91.9	86.3	91.9
学校课程分类	P-79															
学术型学校		7	23	22	5	10	15	18	28	37	31	6	4	0	1	3
综合型学校		68	72	74	94	88	81	72	60	42	58	70	67	100	99	97
特殊学校		11	1	1	1	0	0	5	0	0	6	1	1	0	0	0

* 详见附录 9.42

供大学预备课程,而对于同县的白人而言,该数字为 97%。更引人注目的是,有 75% 的黑人学生所在的学校提供商业课程,而对于同县的白人而言,该数字为 94%。

为了了解少数族裔学生是否能够获得与白人学生数量相同的替代课程,表格中计算出了所提供课程与所有六门可能提供的课程之间的比率(SM-11)。因此,如果一个学校提供所有六门课程,它的比率就是 100%,如果该地区的所有学校都这么做,则区域比也是 100%。在美国的所有学校中,普通中学的这一比率大约是 88%。各族裔学生所在的普通中学该平均值高低不一(从波多黎各美国人的 82% 到东亚裔美国人的 91%),少数—多数族裔差异很小。

高中校长也被要求根据他们的首要课程重点来划分他们的学校。在全美国范围内,95% 的学校被列为:1. 学术导向型(20%);2. 综合型(74%);或是 3. 针对文化不利学生的特殊课程学校(1%)。其余的 5% 分布在职业型、技术型或商业学校中,或是未回应。相对于同县的白人学生而言,波多黎各裔学生在学术导向型学校就读的比例最低。黑人去被划为学术型的学校就读的比例略低,他们更可能去专门课程学校上学。从区域看,存在着很大的差异,在少数族裔之间也有一些差异,但是不存在始终如一的多数—少数族裔差异。

表 2.23.17 和 2.23.18 中的数据显示了以黑人为主和以白人为主的高校派代表与中学生面谈的程度;以及来自以黑人为主的高校的代表在所有高校代表中的比例。比起同县白人或是一般白人就读的学校来,白人高校很少派代表去少数族裔学生就读的学校。这种情况对黑人和波多黎各人而言尤其显著。

表 2.23.17 全美国 1964—1965 学年中前往普通白人和少数族裔学生所在中学与有兴趣的学生进行谈话的高校代表的特征

项目	问题编号	总	白	黑	白(黑)	墨	白(墨)	波	白(波)	印	白(印)	东	白(东)	他	白(他)
派遣代表的黑人高校平均数量	P-53	0.6	0.1	3.0	0.2	0.5	0.1	0.9	0.2	0.4	0.1	0.5	0.2	0.7	0.2
派遣代表的白人高校平均数量	P-54	11.8	13.0	5.3	12.2	8.9	11.3	9.5	16.5	10.5	12.5	11.1	13.5	12.4	14.3
黑人高校访问中学的代表比例		.05	.01	.36	.02	.05	.01	.09	.01	.04	.01	.04	.01	.05	.01

表 2.23.18　根据区域划分大城市和非大城市地区 1964—1965 学年中前往普通白人和黑人学生所在高中与有兴趣的学生进行谈话的高校代表的特征

项目	问题编号	全美国 黑	全美国 白(黑)	全美国 白	非大城市地区 北部和西部 黑	北部和西部 白(黑)	北部和西部 白	南部 黑	南部 白(黑)	南部 白	西南部 黑	西南部 白(黑)	西南部 白
派遣代表的黑人高校平均数量	P-53	3.0	0.2	0.1	0.3	0.0	0.0	2.7	0.2	0.1	2.5	0.0	0.1
派遣代表的白人高校平均数量	P-54	5.3	12.2	13.0	9.4	10.1	10.1	1.2	7.6	9.1	1.3	9.2	5.6
黑人高校访问中学的代表比例		.36	.02	.01	.03	0.0	0.0	.69	.03	.01	.66	0.0	.02

项目	问题编号	大城市地区 东北部 黑	东北部 白(黑)	东北部 白	中西部 黑	中西部 白(黑)	中西部 白	南部 黑	南部 白(黑)	南部 白	西南部 黑	西南部 白(黑)	西南部 白	西部 黑	西部 白(黑)	西部 白
派遣代表的黑人高校平均数量	P-53	1.4	1.1	0.2	1.3	0.2	0.1	6.4	0.1	0.5	4.3	0.2	0.2	0.3	0.2	0.1
派遣代表的白人高校平均数量	P-54	9.4	15.8	18.2	5.9	11.5	15.5	3.6	13.9	14.2	3.9	6.4	6.1	11.9	16.0	14.3
黑人高校访问中学的代表比例		.13	.07	.01	.18	.02	.01	.64	.01	.03	.52	.03	.03	.02	.01	.01

　　黑人学生与白人大学代表面谈的最高比率出现在西部大城市地区,那里的平均值是 12 所高校,比同县的白人的 16 所高校低了约 25%。在其他少数族裔中,在以白人为主的高校代表数量方面,差异最大的是波多黎各人,平均值是每所学校有大约 10 所高校的代表造访,而同县的白人则是近 17 所高校。

2.24 针对特殊儿童的课程

特殊儿童需要适合他们特定需求或天赋的特殊服务。许多这种服务、特殊班级和课程都很昂贵,并需要训练有素的专业人员,较小、较贫穷的学校系统无法提供。然而,最近,随着联邦政府对教育资助的增加,更多学校在努力提供能满足一些此类需求的服务。由于很大比例的少数族群都处于社会经济水平低下的阶层,所以可以预期,相应地有更多的少数族群儿童需要特别关注,以克服教育不利地位。

在小学阶段最明显的模式是,相对于全国标准而言,墨西哥裔美国人的比例始终较低,而东亚裔美国人的比例始终较高。这种差异一般来说似乎并不是种族差异的结果,因为在将他们跟同县的白人比较时,只有细微的差别。在中学阶段,东亚裔美国人的全国模式几乎跟在小学一样,但对墨西哥裔美国人而言则没那么明显。相对于全国标准而言,黑人的机会是最匮乏的,体现在阅读辅导和算术班的可获得性以及速成课程的可获得性上。

按照区域范围比较,小学阶段的主要差异在南部(包括西南部)和美国其他地区之间最为明显。在几乎所有情况下,南部和西南部地区都明显落后于其他地区。

在中学阶段,情况虽然没么明显,但总体上是相同的。区域间可能存在极端差异,其中一例就是身体残疾学生特殊班级的可获得性:在南部大城市地区,8%的黑人和2%的同县的白人可以获得这样的班级;在西部大城市地区,相应的百分比分别为53%和82%。在观察此类差异时,必须记住,美国有一半黑人儿童住在南部地区。

表2.24.1 全美国所在小学为特殊儿童提供课程的少数族裔和白人学生百分比,1965年秋

项目	问题编号	总	白	黑	白(黑)	墨	白(墨)	波	白(波)	印	白(印)	东	白(东)	他	白(他)
言语矫治专家(全职和兼职)	P-32	58	60	54	49	47	48	54	54	52	53	65	66	62	61
阅读辅导教师(全职和兼职)	P-34	39	39	39	30	41	36	45	38	35	35	41	38	48	42
一门或以上科目有速成课程	P-86	38	40	29	40	34	38	32	42	42	41	37	41	39	45
学校中参加数学辅导班的学生百分比:	P-92														

续表

项目	问题编号	总	白	黑	白(黑)	墨	白(墨)	波	白(波)	印	白(印)	东	白(东)	他	白(他)
0—4		35	37	24	28	34	39	30	33	35	36	31	33	34	34
5—9		6	6	5	11	6	7	5	8	5	7	10	10	9	11
10—14		2	2	3	2	2	2	3	3	2	1	1	1	1	2
15—19		1	0	2	0	1	0	1	0	1	0	1	1	1	0
20—24		1	1	2	1	2	1	1	1	2	1	3	1	2	1
25 或以上		2	1	2	1	4	3	3	1	2	1	2	1	2	2
未提供		46	45	50	51	42	42	43	45	44	46	47	50	42	45
学校中参加阅读辅导班的学生百分比：	P-93														
0—4		31	33	23	27	31	35	22	29	28	31	30	32	31	32
5—9		16	17	11	15	11	13	14	16	11	15	16	18	16	18
10—14		6	6	6	6	4	4	10	9	7	7	6	5	6	5
15—19		2	1	4	2	2	1	4	2	2	1	4	2	4	2
20—24		2	2	1	1	4	3	3	2	2	4	1	1	1	2
25 或以上		3	2	4	1	5	5	5	2	5	3	5	3	4	3
未提供		33	32	38	41	32	33	30	33	34	33	33	35	31	34
学校为下列群体提供单独的班级：															
低智商或智力发育迟缓学生	P-94a	49	48	54	51	43	44	44	44	44	48	56	55	50	48
有行为和适应问题的学生	P-94b	12	12	13	19	11	11	16	15	11	12	16	14	14	15
非英语学生	P-94c	5	5	4	5	8	7	9	4	7	5	6	4	6	5
快速学习者	P-94d	21	21	21	23	19	20	25	26	21	21	19	25	22	25
特殊技能或天赋（如：美术，音乐）	P-94e	29	30	28	30	24	25	32	28	27	27	37	35	33	32

续 表

项目	问题编号	总	白	黑	白(黑)	墨	白(墨)	波	白(波)	印	白(印)	东	白(东)	他	白(他)
有言语障碍的学生	P-94f	49	51	41	43	41	41	44	43	42	44	58	59	51	50
身体残疾学生	P-94g	21	22	18	20	17	20	18	19	19	19	26	27	22	24
为特殊情况学生单独开班	SM 10*	29	29	29	29	27	27	30	28	28	28	32	32	30	30

*详见附录 9.42

表 2.24.2 根据区域划分大城市和非大城市地区所在小学为特殊儿童提供课程的黑人和白人学生百分比, 1965 年秋

项目	问题编号	全美国			非大城市地区								
					北部和西部			南部			西南部		
		黑	白(黑)	白	黑	白(黑)	白	黑	白(黑)	白	黑	白(黑)	白
言语矫治专家（全职和兼职）	P-32	54	49	60	51	48	59	17	12	14	37	47	27
阅读辅导教师（全职和兼职）	P-34	39	30	39	37	40	46	15	19	11	12	7	26
一门或以上科目有速成课程	P-86	29	40	40	47	54	26	28	30	24	32	17	13
学校中参加数学辅导班的学生百分比：	P-92												
0—4		24	28	37	15	21	33	22	29	28	28	27	31
5—9		5	11	6	4	4	8	4	4	2	2	4	1
10—14		3	2	2	9	14	2	4	4	2	9	0	0
15—19		2	0	0	0	0	0	0	0	0	0	0	0
20—24		2	1	1	0	0	0	1	1	2	0	0	0
25 或以上		2	1	1	0	0	0	1	4	2	2	2	7

续 表

项目	问题编号	全美国			非大城市地区							
					北部和西部			南部			西南部		
		黑	白(黑)	白	黑	白(黑)	白	黑	白(黑)	白	黑	白(黑)	白
未提供		50	51	45	58	53	49	50	51	54	42	57	54
学校中参加阅读辅导班的学生百分比：	P-93												
0—4		23	27	33	15	18	28	18	24	19	26	29	31
5—9		11	15	17	11	18	31	6	7	5	3	5	4
10—14		6	6	6	11	15	3	3	6	12	1	3	1
15—19		4	2	1	11	3	1	1	3	1	8	0	0
20—24		1	1	2	0	0	1	3	1	1	0	0	0
25 或以上		4	1	2	0	0	3	3	5	2	2	2	7
未提供		38	41	32	38	38	30	49	48	49	41	52	52
学校为下列群体提供单独的班级：													
低智商或智力发育迟缓学生	P-94a	54	51	48	54	53	48	30	29	29	47	41	25
有行为和适应问题的学生	P-94b	13	19	12	3	3	1	8	4	8	2	6	3
非英语学生	P-94c	4	5	5	12	4	6	1	1	0	7	17	12
快速学习者	P-94d	21	23	21	13	9	3	11	8	5	6	5	3
特殊技能或天赋（如：美术，音乐）	P-94e	28	30	30	35	30	25	18	21	14	15	12	8
有言语障碍的学生	P-94f	41	43	51	34	29	49	13	11	11	27	44	22
身体残疾学生	P-94g	18	20	22	23	22	23	3	4	5	10	31	14
为特殊情况学生单独开班	SM-10*	29	29	29	27	22	26	15	13	11	20	21	13

*详见附录 9.42

表 2.24.2 根据区域划分大城市和非大城市地区所在小学为特殊儿童提供课程的黑人和白人学生百分比,1965 年秋(续)

项目	问题编号	大城市地区 东北部 黑	白(黑)	白	中西部 黑	白(黑)	白	南部 黑	白(黑)	白	西南部 黑	白(黑)	白	西部 黑	白(黑)	白
言语矫治专家(全职和兼职)	P-32	94	94	90	98	95	79	35	19	43	48	14	15	87	100	99
阅读辅导教师(全职和兼职)	P-34	73	52	58	60	22	17	28	23	31	18	25	29	66	46	70
一门或以上科目有速成课程	P-86	34	49	47	21	25	28	19	31	41	34	58	76	43	67	73
学校中参加数学辅导班的学生百分比:	P-92															
0—4		38	28	40	30	39	33	15	17	23	21	53	65	33	35	49
5—9		4	5	4	12	9	6	1	17	17	2	2	1	11	21	13
10—14		2	3	2	3	2	1	1	1	6	0	0	0	4	1	1
15—19		2	0	0	1	0	0	0	0	0	0	0	0	1	1	2
20—24		0	0	0	2	2	2	0	0	0	0	0	0	6	2	2
25 或以上		1	1	0	2	0	0	1	0	0	0	0	0	5	2	1
未提供		45	56	45	40	45	56	63	60	49	54	30	18	31	34	27
学校中参加阅读辅导班的学生百分比:	P-93															
0—4		40	44	48	32	41	32	13	13	14	23	37	48	32	35	38
5—9		12	15	18	23	10	9	9	17	21	2	2	1	19	28	22
10—14		16	10	5	6	3	2	3	5	14	1	0	1	6	8	6
15—19		4	3	1	4	4	2	1	0	0	1	0	0	8	4	2
20—24		0	0	0	1	2	2	0	0	0	16	17	3	1	2
25 或以上		4	1	1	3	0	0	2	0	0	10	0	0	9	1	7
未提供		13	20	18	24	36	48	58	60	48	39	25	13	15	20	16
学校为下列群体提供单独的班级:																
低智商或智力发育迟缓学生	P-94a	62	54	51	73	51	45	48	54	33	63	62	66	77	70	75

续 表

| 项目 | 问题编号 | 大城市地区 ||||||||||
||| 东北部 ||中西部 ||南部 ||西南部 ||西部 ||
		黑	白(黑)	黑	白(黑)	黑	白(黑)	黑	白(黑)	黑	白(黑)	白
有行为和适应问题的学生	P-94b	30	22	20	20	14	13	9	33	21	14	10	9	17	22	24
非英语学生	P-94c	6	8	4	8	4	6	3	7	4	0	0	0	6	4	10
快速学习者	P-94d	44	46	35	20	14	12	9	13	17	12	18	28	30	56	67
特殊技能或天赋（如：美术，音乐）	P-94e	34	31	38	54	46	47	10	20	16	23	3	12	58	59	51
有言语障碍的学生	P-94f	59	67	73	86	73	67	20	26	41	34	20	23	86	87	82
身体残疾学生	P-94g	17	14	16	31	28	24	14	17	12	26	30	30	37	42	47
为特殊情况学生单独开班	SM-10*	36	35	34	43	34	31	21	26	24	36	33	37	46	50	51

* 详见附录 9.42

表 2.24.3　全美国所在**中学**为特殊儿童提供课程的少数族裔和白人学生百分比，1965 年秋

项目	问题编号	总	白	黑	白(黑)	墨	白(墨)	波	白(波)	印	白(印)	东	白(东)	他	白(他)
言语矫治专家（全职和兼职）	P-32	44	45	37	34	39	40	61	64	42	44	54	62	47	49
阅读辅导教师（全职和兼职）	P-34	53	52	53	49	57	53	76	50	55	56	81	81	69	66
一门或以上科目有速成课程	P-86	66	66	61	63	67	64	69	75	66	80	72	72	69
12 年级学生获得进阶课程或大学学分的机会	P-88	78	80	67	65	78	73	59	79	76	79	80	70	81	78
学校中参加数学辅导班的学生百分比：	P-92														
0—4		39	41	26	38	27	36	27	34	39	42	22	37	32	38
5—9		19	18	21	23	24	23	27	32	19	18	38	34	23	23

续　表

项目	问题编号	总	白	黑	白(黑)	墨	白(墨)	波	白(波)	印	白(印)	东	白(东)	他	白(他)
10—14		11	10	10	8	14	8	22	11	11	11	25	14	18	14
15—19		3	2	6	2	9	7	3	1	2	2	1	1	3	2
20—24		1	0	3	0	3	2	4	0	3	3	0	0	0	0
25 或以上		1	1	2	1	2	2	1	1	3	2	1	1	1	1
未提供		27	27	31	27	22	21	17	21	24	23	13	14	23	23
学校中参加阅读辅导班的学生百分比：	P-93														
0—4		32	35	17	27	22	23	17	28	32	32	17	21	23	27
5—9		23	24	17	27	23	27	34	28	25	28	47	50	31	35
10—14		10	10	11	12	10	8	19	10	9	9	8	10	8	7
15—19		5	5	5	3	11	10	5	4	5	5	7	5	11	9
20—24		5	3	13	4	7	5	13	18	7	6	12	6	8	5
25 或以上		1	1	3	2	3	2	2	1	2	2	1	2	1
未提供		23	22	31	26	24	24	10	12	19	19	7	8	16	16
学校为下列群体提供单独的班级：															
低智商或智力发育迟缓学生	P-94a	51	49	54	49	54	52	56	61	50	50	85	77	63	60
有行为和适应问题的学生	P-94b	10	9	15	7	9	8	10	5	11	9	7	6	10	9
非英语学生	P-94c	2	2	3	4	5	3	23	7	2	2	12	4	5	3
快速学习者	P-94d	41	39	45	43	42	44	62	69	42	43	76	80	59	58
特殊技能或天赋（如：美术，音乐）	P-94e	57	57	59	45	51	56	66	71	63	62	54	57	66	63
有言语障碍的学生	P-94f	30	31	21	23	28	29	58	48	28	33	51	57	36	39

续 表

项目	问题编号	总	白	黑	白(黑)	墨	白(墨)	波	白(波)	印	白(印)	东	白(东)	他	白(他)
身体残疾学生	P-94g	16	15	16	16	25	29	17	19	15	18	37	42	21	24
为特殊情况学生单独开班	SM-10*	32	28	31	27	30	31	41	40	30	30	45	45	36	36

表 2.24.4 根据区域划分大城市和非大城市地区所在**中学**为特殊儿童提供课程的白人和黑人学生百分比，1965 年秋

项目	问题编号	全美国			非大城市地区							
					北部和西部			南部			西南部	
		黑	白(黑)	白	黑	白(黑)	白	黑	白(黑)	白	黑	白(黑)	白
言语矫治专家（全职和兼职）	P-32	37	34	45	22	29	40	9	10	12	9	45	25
阅读辅导教师（全职和兼职）	P-34	53	49	52	35	35	32	24	22	20	4	9	9
一门或以上科目有速成课程	P-86	61	63	66	42	41	46	46	48	58	25	15	25
12 年级学生获得进阶课程或大学学分的机会	P-88	67	65	80	73	73	72	54	66	75	39	79	61
学校中参加数学辅导班的学生百分比：	P-92												
0—4		26	38	41	19	18	21	29	42	31	16	53	35
5—9		21	23	18	26	27	18	10	9	16	4	1	1
10—14		10	8	10	9	12	12	6	5	6	3	0	0
15—19		6	2	2	2	1	1	3	2	5	2	0	6
20—24		3	0	0	0	0	0	3	0	1	2	1	8
25 或以上		2	1	1	0	0	0	1	5	2	1	0	0

续 表

项目	问题编号	全美国			非大城市地区							
					北部和西部			南部			西南部		
		黑	白(黑)	白	黑	白(黑)	白	黑	白(黑)	白	黑	白(黑)	白
未提供		31	27	27	35	33	47	47	38	41	71	45	50
学校中参加阅读辅导班的学生百分比：	P-93												
0—4		17	27	35	22	24	27	25	33	30	17	61	39
5—9		17	27	24	24	27	22	14	8	8	1	1	2
10—14		11	12	10	7	4	5	5	6	8	3	0	0
15—19		5	3	5	6	5	6	2	3	10	2	0	0
20—24		13	4	3	0	0	0	3	3	2	1	0	4
25或以上		3	2	1	1	0	0	2	6	2	1	0	0
未提供		31	26	22	32	31	38	46	42	40	74	37	55
学校为下列群体提供单独的班级：													
低智商或智力发育迟缓学生	P-94a	54	49	49	44	44	47	23	17	20	46	11	12
有行为和适应问题的学生	P-94b	15	7	9	2	2	11	9	1	1	0	0	0
非英语学生	P-94c	3	4	2	0	0	0	2	0	0	0	0	1
快速学习者	P-94d	45	43	39	15	18	16	16	14	17	6	9	7
特殊技能或天赋(如：美术,音乐)	P-94e	59	45	57	44	49	39	40	25	41	48	46	40
有言语障碍的学生	P-94f	21	23	31	18	20	33	10	6	6	1	17	11
身体残疾学生	P-94g	16	16	15	8	7	19	4	0	1	1	8	4
为特殊情况学生单独开班	SM-10*	31	27	28	18	20	23	15	9	12	16	13	10

表 2.24.4　根据区域划分大城市和非大城市地区所在**中学**为特殊儿童提供课程的白人和黑人学生百分比，1965 年秋（续）

项目	问题编号	大城市地区														
		东北部			中西部			南部			西南部			西部		
		黑	白(黑)	白	黑	白(黑)	白	黑	白(黑)	白	黑	白(黑)	白	黑	白(黑)	白
言语矫治专家（全职和兼职）	P-32	72	72	59	93	62	75	17	10	14	50	0	3	48	65	72
阅读辅导教师（全职和兼职）	P-34	81	61	66	62	58	57	46	42	65	63	59	62	100	99	97
一门或以上科目有速成课程	P-86	60	85	82	64	70	78	72	79	81	87	53	55	74	45	73
12 年级学生获得进阶课程或大学学分的机会	P-88	64	85	82	70	68	92	75	57	85	83	89	83	73	45	74
学校中参加数学辅导班的学生百分比：	P-92															
0—4		34	35	54	26	56	40	34	25	54	18	67	74	4	36	51
5—9		30	21	13	12	23	26	16	30	21	2	0	3	60	49	29
10—14		22	29	13	4	7	14	4	0	0	5	2	2	32	15	17
15—19		0	0	0	31	11	6	0	0	0	35	0	0	0	0	0
20—24		1	0	0	0	0	0	8	0	0	0	0	0	0	0	0
25 或以上		0	0	0	1	0	1	2	0	0	6	1	1	4	1	4
未提供		13	15	22	26	4	14	35	45	25	34	30	20	0	0	0
学校中参加阅读辅导班的学生百分比：	P-93															
0—4		16	31	48	16	44	27	19	16	47	14	67	74	1	3	12
5—9		42	17	17	9	28	32	7	34	28	7	3	5	36	63	65
10—14		22	27	11	14	12	23	0	7	0	39	0	0	26	25	4
15—19		6	1	1	7	4	5	0	0	0	1	0	0	22	7	12
20—24		5	14	8	26	11	6	30	1	0	6	1	1	2	1	3
25 或以上		5	0	0	5	1	1	2	0	0	0	0	0	14	1	14
未提供		5	8	15	23	1	4	43	42	21	34	30	20	0	0	0
学校为下列群体提供单独的班级：																

续 表

| 项目 | 问题编号 | 大城市地区 ||||||||||
| | | 东北部 || | 中西部 || | 南部 || | 西南部 || | 西部 || |
		黑	白(黑)	白	黑	白(黑)	白	黑	白(黑)	白	黑	白(黑)	白	黑	白(黑)	白
低智商或智力发育迟缓学生	P-94a	75	70	62	86	61	59	37	46	34	64	16	14	98	100	98
有行为和适应问题的学生	P-94b	22	7	11	19	5	8	9	6	7	6	14	15	37	27	9
非英语学生	P-94c	17		3	5	3	1	0	0	0	5	13	11	0	1	2
快速学习者	P-94d	83	86	66	51	56	54	40	30	25	49	3	8	85	95	76
特殊技能或天赋(如:美术,音乐)	P-94e	92	91	81	53	60	63	64	23	58	58	47	48	69	68	67
有言语障碍的学生	P-94f	43	35	44	48	42	42	0	10	10	14	0	3	45	60	57
身体残疾学生	P-94g	8	9	8	31	8	12	8	2	5	11	0	0	53	82	72
为特殊情况学生单独开班	SM-10*	49	45	39	41	34	34	23	17	19	29	13	14	54	60	53

2.25 学生评价和安置

关于测试、分班、升级、给学生分配学校和班级,中小学校长们被要求回答一定数量的问题。这些问题有关测试手段在学校的普遍使用程度,用来确定不同组别的学生在接触智力测试和成绩测试的程度方面可能存在的差异。校长们报告说,全国有约90%的学生在小学和中学阶段都在会进行智力和成绩测试的学校就读,这表明了公立学校的测试普及率。在中小学,成绩测试都比智力测试略微频繁一些。(表2.25.1到2.25.4)

在各种族和族裔群体之间,接触智力测试程度的差异在中小学两个阶段都微不足道,只有波多黎各人除外,比起同县的白人来,他们有更多的学生在不进行智力测试的学校就读。在全国范围内,黑人学生似乎跟白人学生有几乎相同的机会参加智力测试,但并非所有地区都是如此。例如,在小学阶段,在东北部大城市地区有27%的黑人学生所在学校不进行任何智力测试;而同县的白人学生相应的百分比是15%。在中学阶段,在南部大城市地区,相应的百分比分别为15%和0。

表 2.25.1　全美国所在小学提供智力和成绩测试以及兴趣目录的
少数族裔和白人学生百分比，1965 年秋

项目	问题编号	总	白	黑	白(黑)	墨	白(墨)	波	白(波)	印	白(印)	东	白(东)	他	白(他)
智力测试	P-22														
是，只在1个年级		8	8	7	5	11	9	9	7	10	9	7	6	7	6
是，2个或以上年级		85	87	81	87	82	85	68	80	80	84	88	91	84	87
无		6	5	11	7	7	5	22	12	9	6	4	3	9	6
标准成绩测试	P-23														
是，只在1个年级		2	2	2	2	2	2	2	2	2	2	5	3	2	2
是，2个或以上年级		95	96	92	95	95	96	93	96	96	97	94	96	94	97
无		2	1	5	2	3	2	5	3	2	1	1	1	3	1
兴趣目录	P-24														
是，只在1个年级		9	10	7	8	8	8	7	9	11	10	14	15	7	9
是，2个或以上年级		7	6	13	11	7	6	10	8	8	6	11	8	10	9
无		81	82	78	80	82	84	79	81	76	81	74	77	81	80

表 2.25.2　根据区域划分大城市和非大城市地区所在小学提供智力和
成绩测试以及兴趣目录的白人和黑人学生百分比，1965 年秋

项目	问题编号	全美国			非大城市地区						
					北部和西部			南部		西南部	
		黑	白(黑)	白	黑	白(黑)	白	黑	白(黑)	白	黑	白(黑)	白

注：上表列结构为：项目 | 问题编号 | 黑 | 白(黑) | 白 | 黑 | 白(黑) | 白 | 黑 | 白(黑) | 白 | 黑 | 白(黑) | 白

智力测试	P-22												
是，只在1个年级		7	5	8	2	5	5	8	8	11	39	7	9
是，2个或以上年级		81	87	87	83	72	88	72	76	80	53	86	81
无		11	7	5	14	18	5	19	15	8	9	6	9

续 表

项目	问题编号	全美国			非大城市地区					
					北部和西部		南部		西南部	
		黑	白(黑)	白	黑	白(黑)	白	黑	白(黑)	白	黑	白(黑)	白
标准成绩测试	P-23												
是,只在1个年级		2	2	2	2	4	3	4	4	4	0	2	1
是,2个或以上年级		92	95	96	97	93	96	80	86	92	98	97	98
无		5	2	1	1	1	1	14	9	2	1	1	1
兴趣目录	P-24												
是,只在1个年级		7	8	10	7	6	24	7	17	12	8	6	14
是,2个或以上年级		13	11	6	1	3	2	17	17	7	14	6	2
无		78	80	82	92	87	72	72	64	80	75	87	83

项目	问题编号	大城市地区									
		东北部		中西部		南部		西南部		西部	
		黑	白(黑)	白	黑	白(黑)	白	黑	白(黑)	白	黑	白(黑)	白
智力测试	P-22												
是,只在1个年级		3	3	6	3	18	11	7	2	1	1	16	17	4	1	7
是,2个或以上年级		70	82	85	94	81	88	85	96	99	96	81	81	94	99	92
无		27	15	9	1	0	1	7	3	0	3	3	2	0	0	0
标准成绩测试	P-23												
是,只在1个年级		3	1	2	1	3	3	2	2	0	0	0	2	1	2
是,2个或以上年级		96	99	98	99	96	94	91	98	99	100	100	100	96	99	98
无		1	0	0	0	0	3	6	1	1	0	0	0	0	0
兴趣目录	P-24												
是,只在1个年级		3	4	5	13	7	5	9	6	6	2	2	0	3	6	2
是,2个或以上年级		13	6	10	12	6	4	14	13	14	17	14	0	10	7	6
无		84	90	84	76	86	88	75	79	80	79	69	84	84	88	92

表 2.25.3　全美国所在**中学**提供智力和成绩测试以及兴趣目录的少数族裔和白人学生百分比,1965 年秋

项目	问题编号	总	白	黑	白(黑)	墨	白(墨)	波	白(波)	印	白(印)	东	白(东)	他	白(他)
智力测试	P-22														
是,只在1个年级		26	25	25	29	35	30	20	18	28	27	52	33	33	28
是,2个或以上年级		62	64	55	60	56	62	37	54	56	59	34	58	51	60
无		12	10	16	10	8	7	42	29	16	14	14	9	16	12
标准成绩测试	P-23														
是,只在1个年级		15	15	13	14	18	16	28	16	16	16	28	22	20	20
是,2个或以上年级		77	76	82	82	74	77	63	77	80	78	68	76	73	75
无		5	5	4	3	8	7	7	4	3	5	3	2	6	5
兴趣目录	P-24														
是,只在1个年级		42	44	30	44	46	51	30	38	43	43	47	62	36	43
是,2个或以上年级		22	23	20	23	18	18	17	15	22	23	11	12	21	20
无		34	32	46	32	35	29	53	46	34	33	41	25	42	36

表 2.25.4　根据区域划分大城市和非大城市地区所在**中学**提供智力和成绩测试以及兴趣目录的白人和黑人学生百分比,1965 年秋

项目	问题编号	全美国 黑	全美国 白(黑)	全美国 白	北部和西部 黑	北部和西部 白(黑)	北部和西部 白	南部 黑	南部 白(黑)	南部 白	西南部 黑	西南部 白(黑)	西南部 白
智力测试	P-22												
是,只在1个年级		25	29	25	42	38	17	10	19	24	18	40	38
是,2个或以上年级		55	60	64	45	45	76	73	71	66	79	59	62
无		16	10	10	13	17	7	13	10	8	3	1	1

续 表

项目	问题编号	全美国			非大城市地区							
					北部和西部			南部			西南部		
		黑	白(黑)	白	黑	白(黑)	白	黑	白(黑)	白	黑	白(黑)	白
标准成绩测试	P-23												
是,只在1个年级		13	14	15	13	10	14	6	5	7	L	10	9
是,2个或以上年级		82	82	76	55	56	75	86	90	88	98	89	84
无		4	3	5	26	29	2	7	3	2	1	1	7
兴趣目录	P-24												
是,只在1个年级		30	44	44	48	51	60	21	47	37	31	34	40
是,2个或以上年级		20	23	23	14	14	11	25	21	18	45	50	36
无		46	32	32	38	35	29	51	30	44	23	15	24

项目	问题编号	大城市地区														
		东北部			中西部			南部			西南部			西部		
		黑	白(黑)	白	黑	白(黑)	白	黑	白(黑)	白	黑	白(黑)	白	黑	白(黑)	白
智力测试	P-22															
是,只在1个年级		26	21	34	9	22	25	24	32	25	35	L	L	67	56	42
是,2个或以上年级		33	37	53	77	72	61	54	68	75	59	77	75	12	38	50
无		37	41	13	6	6	14	15	L	L	6	23	24	21	6	9
标准成绩测试	P-23															
是,只在1个年级		15	10	15	7	14	22	5	11	15				55	46	30
是,2个或以上年级		77	81	71	88	80	66	95	89	85	99	99	99	45	55	71
无		8	9	14	3	4	8	1			L	L	L			
兴趣目录	P-24															
是,只在1个年级		21	28	45	64	42	48	20	43	10	18	7	6	43	70	65
是,2个或以上年级		18	14	18	10	47	25	21	18	53	39	73	69	11	1	5
无		62	58	38	19	11	28	51	36	28	42	20	22	46	29	31

L=小于一个百分点

根据校长们的报告，在所有种族群体就读的小学和中学里都会广泛进行成绩测试。在全国范围内，黑人和白人中学生在所就读学校中的成绩测试方面没有显著差异。然而，在全国不同的地理区域，存在着相当不同的成绩测试模式，而在特定区域内，黑人和白人之间也存在着一些差别。

作为一种咨询援助，一些学校向学生发放"兴趣目录"，反映他们的情感和喜好，而不是表明他们的知识、能力或经验。相对较少的学生（16%）所在小学会发放兴趣目录。分数主要是用来确定职业目标并协助就业指导的，这些测试在中学阶段更有用。学校使用这些测试或许表明，在该校职业指导较受重视。

在所有高中生里，有64%所在的中学会在至少一个年级向学生发放兴趣目录。黑人就读的中学使用兴趣目录的比白人少：在全美国这样的黑人占50%，相比之下白人则为67%。在南部大城市地区和西南部大城市地区的所有区域也都是如此，在那里，所在学校发放兴趣目录的白人学生比黑人学生多了20%还不止。对于其他种族群体而言，数据范围是在从波多黎各裔学生的47%到美国印第安人学生的65%之间。

根据报告，在小学阶段，最常见的（表2.25.5）学生入学分配方式是基于某种地理区域的考虑和开放式注册。在全国范围内，所在小学接受来自某一地理区域内的所有学生且不允许或很少允许转校的少数族群学生百分比范围是从最低的黑人学生的32%到最高的东亚裔学生的44%。看来，虽然地理区域是小学入学分配的基础，但是黑人学生所在的学校略微比其他任何组别更能允许较为频繁地转学，有52%的黑人小学生在此类学校上学。对于这些调查结果的初步解释可能是《1964年民权法案》颁布之后广泛采取的自由选择计划。整个国家的汇总数据表明，对黑人以外的少数族群学生采用的入学分配方式一般也用于同县的白人学生。然而，在全国一些地区，白人和黑人的入学分配方式明显有很大不同。在西南部非大城市地区，只有7%的黑人小学生所在学校校长报告称根据地区分配学生入学，不允许或很少允许转学；对同县的白人而言，相应的比例是34%。在这同一个地区，会"采用其他做法"分配26%的黑人学生，但同县的白人相对只有3%。在南部非大城市地区，校长报告说，有39%的黑人学生就读于"开放式注册的学校"，但白人学生则有54%在这样的学校就读。在同样的学区范围内出现这些变化说明，南部地区于1965年秋采取的种族融合计划在以黑人为主的学校中实施情况跟在以白人为主的学校中不一样——或者，至少可以说，这两种学校的校长们对这些计划的解释和看法各有不同。

表 2.25.5　全美国根据阶段划分所在学校用不同方式将学生分配到特定学校的
少数族裔和白人学生的百分比分布，1965 年秋

将学生分配到 特定学校的方式	问题 编号	总	白	黑	白 (黑)	墨	白 (墨)	波	白 (波)	印	白 (印)	东	白 (东)	他	白 (他)
小学	P-39														
基于地理区域：															
不允许或极少允许转学		42	44	32	31	42	40	37	36	34	36	44	45	44	42
经常允许转学		19	17	25	24	18	20	20	21	25	23	22	24	21	22
向所有学生开放		32	32	29	29	33	33	30	28	32	33	28	26	27	27
采用其他做法		7	6	12	13	6	6	11	12	9	7	5	4	7	8
中学	P-39														
基于地理区域：															
不允许或极少允许转学		31	32	22	28	32	33	38	39	25	31	43	46	35	35
经常允许转学		13	12	19	14	17	16	15	11	15	14	25	30	14	14
向所有学生开放		49	51	38	39	45	47	25	41	50	50	28	22	44	45
采用其他做法		6	4	19	18	4	4	20	8	9	3	3	1	6	5

表 2.25.6　根据区域和阶段划分大城市和非大城市地区所在学校用不同方式
将学生分配到特定学校的白人和黑人学生的百分比分布，1965 年秋

将学生分配到 特定学校的方式	问题编号	全美国 黑	全美国 白(黑)	全美国 白	北部和西部 黑	北部和西部 白(黑)	北部和西部 白	南部 黑	南部 白(黑)	南部 白	西南部 黑	西南部 白(黑)	西南部 白
小学	P-39												
基于地理区域：													
不允许或极少允许转学		32	31	44	29	25	46	15	10	15	7	34	35
经常允许转学		25	24	17	12	10	14	16	8	12	22	17	14
向所有学生开放		29	29	32	53	62	39	39	54	49	44	43	48
采用其他做法		12	13	6	6	3	1	27	22	20	26	3	2

续 表

将学生分配到特定学校的方式	问题编号	全美国 黑	全美国 白(黑)	全美国 白	非大城市地区 北部和西部 黑	非大城市地区 北部和西部 白(黑)	非大城市地区 北部和西部 白	非大城市地区 南部 黑	非大城市地区 南部 白(黑)	非大城市地区 南部 白	非大城市地区 西南部 黑	非大城市地区 西南部 白(黑)	非大城市地区 西南部 白
中学	P-39												
基于地理区域:													
不允许或极少允许转学		22	28	32	33	33	28	9	12	12	15	25	20
经常允许转学		19	14	12	4	4	2	10	4	3	4	3	4
向所有学生开放		38	39	51	58	61	69	47	60	70	79	72	76
采用其他做法		19	18	4	5	1	L	32	22	14	2		

将学生分配到特定学校的方式	问题编号	大城市地区 东北部 黑	大城市地区 东北部 白(黑)	大城市地区 东北部 白	大城市地区 中西部 黑	大城市地区 中西部 白(黑)	大城市地区 中西部 白	大城市地区 南部 黑	大城市地区 南部 白(黑)	大城市地区 南部 白	大城市地区 西南部 黑	大城市地区 西南部 白(黑)	大城市地区 西南部 白	大城市地区 西部 黑	大城市地区 西部 白(黑)	大城市地区 西部 白
小学	P-39															
基于地理区域:																
不允许或极少允许转学		39	47	52	58	65	54	14	16	31	49	27	25	71	59	70
经常允许转学		33	28	16	18	16	12	35	33	25	18	34	39	21	33	21
向所有学生开放		20	18	27	22	17	31	35	26	21	33	39	37	3	6	7
采用其他做法		7	6	4	1	1	2	12	24	22	0	0	0	4	2	1
中学	P-39															
基于地理区域:																
不允许或极少允许转学		37	24	30	35	32	38	6	35	63	50	6	6	46	42	58
经常允许转学		13	6	8	29	16	23	18	11	16	13	27	23	43	47	25
向所有学生开放		36	50	57	34	50	35	38	16	11	33	67	71	11	11	16
采用其他做法		14	20	5				36	36	9	4					

L=小于一个百分点

基于地理区域进行入学分配的做法在中学略微不及在小学普遍。在全国范围内的所有中学生里，有44%是在基于地理位置分配入学的学校里就读，而这一群体中约有四分之三的学生所在的学校反对转学。有49%的中学生在"开放式注册"学校就读。在全国层面，"开放式注册"的学校中有相当大比例的白人、墨西哥裔美国人、美国印第安人以及"其他少数族裔"学生，但波多黎各人、东亚人和黑人则较少。采用"其他做法"进行入学分配的学校招收了20%的波多黎各人和19%的黑人，但招收其他任何族群学生都不超过10%。在一些情况下，白人中学生和黑人中学生在学校入学分配方面的地区差异非常大。例如，在南部大城市地区，只有6%的黑人学生会基于地理区域被分配入学且几乎不允许转出该地区，而同县的白人有35%是如此操作的——这再次表明自由选择计划的不对等操作。在美国的这一地区，有36%的黑人学生和同县的白人学生在采取其他入学分配方式的学校就读。在同一个地区，有数量相当于同县白人两倍的黑人在"开放式注册"学校就读（分别是16%和38%）。这似乎表明，这些地区的许多黑人学校向所有学生开放，但同一地区的普通白人学生就读的学校并不向所有学生开放。

与那个区域形成对比的是，在南部非大城市地区有60%与黑人同县的白人中学生在"开放式注册"学校就读，但黑人的比例仅为47%。

将学生根据能力分班在许多年以前就开始了，现在已成为普遍做法。表2.25.7和2.25.8提供的数据是关于学校所采用的能力分班系统的(P-80)。在全国范围内，根据能力或成绩分班的做法在中学阶段似乎比在小学阶段更为普遍。从整个国家来看，所有小学生中的38%和所有中学生中的75%所在的学校都实行某种形式的分组或分班。

表2.25.7　全美国根据阶段划分所在学校根据能力或成绩对学生进行分组或分班的少数族裔和白人学生百分比，1965年秋

项目	问题编号	总	白	黑	白(黑)	墨	白(墨)	波	白(波)	印	白(印)	东	白(东)	他	白(他)
小学	P-80														
是，针对所有学生		31	30	35	27	30	29	39	32	34	30	24	23	31	29
是，只针对最高级别学生		4	4	4	5	4	5	4	4	5	7	8	5	6

续　表

项目	问题编号	总	白	黑	白(黑)	墨	白(墨)	波	白(波)	印	白(印)	东	白(东)	他	白(他)
是，只针对最低级别学生		3	2	5	1	3	2	4	1	2	1	3	2	3	2
否		53	55	43	60	54	58	40	50	50	53	58	61	52	56
未应答		10	10	14	8	9	7	14	12	11	10	7	6	9	8
中学	P-80														
是，针对所有学生		59	60	50	49	61	62	75	73	63	63	62	74	65	65
是，只针对最高级别学生		12	11	20	16	16	14	12	11	12	11	22	18	14	12
是，只针对最低级别学生		4	4	5	4	3	2	1	1	4	2	1	1	1	1
否		23	23	24	32	21	22	12	14	20	21	14	7	20	21
未应答		2	2	2	1	1	0	1	1	3	0	0	1	1	

表 2.25.8　根据区域和阶段划分大城市和非大城市地区所在学校根据能力或成绩对学生进行分组或分班的白人和黑人学生百分比，1965年秋

项目	问题编号	全美国		非大城市地区							
				北部和西部		南部		西南部			
		黑	白(黑)	白	黑	白(黑)	白	黑	白(黑)	白	黑	白(黑)	白
小学	P-80											
是，针对所有学生		35	27	30	34	29	21	27	24	18	34	24	22
是，只针对最高级别学生		4	5	4	0	0	2	6	3	4	2	2	1
是，只针对最低级别学生		5	1	2	2	1	5	5	3	3	2	0	0
否		43	60	55	57	63	66	49	63	58	45	67	71
未应答		14	8	10	7	6	7	13	8	18	16	7	6
中学	P-80											
是，针对所有学生		50	49	60	17	20	24	32	42	43	9	10	11

续 表

项目	问题编号	全美国			非大城市地区								
					北部和西部			南部			西南部		
		黑	白(黑)	白	黑	白(黑)	白	黑	白(黑)	白	黑	白(黑)	白
是,只针对最高级别学生		20	16	11	7	6	12	17	7	9	8	1	11
是,只针对最低级别学生		5	4	4	17	14	12	6	5	5	4	L	2
否		24	32	23	57	57	48	40	44	40	77	89	77
未应答		2	1	2	2	3	4	4	2	4	3	0	0

项目	问题编号	大城市地区														
		东北部			中西部			南部			西南部			西部		
		黑	白(黑)	白	黑	白(黑)	白	黑	白(黑)	白	黑	白(黑)	白	黑	白(黑)	白
小学	P-80															
是,针对所有学生		61	45	43	30	32	31	34	22	35	39	40	46	27	22	28
是,只针对最高级别学生		3	15	6	3	4	3	4	0	0	2	1	2	7	10	11
是,只针对最低级别学生		2	1	1	7	1	4	7	1	0	9	0	0	2	0	1
否		25	29	39	43	55	56	39	71	61	24	44	36	57	62	54
未应答		10	10	12	17	8	6	16	6	4	26	16	16	8	6	7
中学	P-80															
是,针对所有学生		85	79	79	72	91	83	33	10	50	57	83	80	80	80	85
是,只针对最高级别学生		4	14	11	1	7	7	45	29	23	12	2	2	19	20	13
是,只针对最低级别学生		5	1	2	1	0	L	2	6	7	23	0	0	0	0	0
否		5	5	5	27	2	10	19	55	20	8	15	18	L	L	2
未应答		1	1	3	0	0	0	1	0	0	0	0	0	0	0	0

L＝小于一个百分点

有88％的波多黎各人高中生所在的学校会将学生分班——这在所有种族或族裔群体中比例最高。在所有地区，分班的做法在黑人就读的学校和同县的白人就读的学校之间差异极大。在大多数地区，更多的黑人学生所在的学校会将学生分班——差别最大的是南部大城市地区，那里有80％的黑人学生在执行分班政策的中学就读，但同县的白人学生只有45％是在这样的学校就读。东北部大城市地区是小学儿童分班比例最高的地区，有66％的黑人学生在分班的学校就读，同县的白人学生则有61％是在这样的学校就读。

在东北部和西部的大城市地区，中学分组或分班的做法在白人和黑人中都很普遍，但数据表明，在其他地区的大城市地区，差异很大。在中西部地区，74％的黑人学生所在的中学会根据能力或成绩分班，但是同县的白人学生有98％是在这样的学校就读。然而，在南部大城市地区，情况正好相反，有更多的黑人学生被分班（80％），超过了白人学生（45％）。

小学阶段的数据表明，按照比例，少数族群比白人学生更多在根据能力或成绩给儿童分班的学校就读。绝大部分学生就读的分班学校会针对学校里的所有学生进行分班。只针对高分或低分两个极端的儿童提供分组或分班课程的学校，招生人数只占所有小学生的7％和所有中学生的16％。白人和各种族群体在只对最高分或最低分儿童分班的学校就读的学生比例没有差异。

校长们也被要求提供最低级班组（P-83）和最高级班组（P-82）中的学生比例数据。这些项目不仅涉及对所有学生分班的学校，也针对那些只对最高分或最低分儿童分班的学校。这些数据在表2.25.9和2.25.10中提供，采用的是根据问题P-82和P-83收集的数据计算出来的平均值。

表2.25.9　全美国根据阶段划分普通少数族裔或白人学生所在学校分班级别最低或最高学生百分比，1965年秋

分班和阶段	问题编号	总	白	黑	白(黑)	墨	白(墨)	波	白(波)	印	白(印)	东	白(东)	他	白(他)
小学															
最低级别	P-83	26	24	32	23	28	25	33	24	28	24	29	26	28	23
最高级别	P-82	27	27	25	30	27	29	25	27	27	27	28	28	24	27
中学															
最低级别	P-83	21	19	31	24	24	23	34	22	24	24	23	23	23	21
最高级别	P-82	20	21	17	17	20	19	20	20	24	20	19	18	19	19

表 2.25.10　根据区域和阶段划分大城市和非大城市地区普通白人或黑人学生所在学校分班级别最低或最高学生百分比，1965 年秋

分班和阶段	问题编号	全美国 黑	全美国 白(黑)	全美国 白	非大城市地区 北部和西部 黑	北部和西部 白(黑)	北部和西部 白	南部 黑	南部 白(黑)	南部 白	西南部 黑	西南部 白(黑)	西南部 白
小学													
最低级别	P-83	32	23	24	32	28	35	38	27	25	33	36	34
最高级别	P-82	25	30	27	28	34	32	30	32	33	29	33	32
中学													
最低级别	P-83	31	24	19	22	15	19	38	29	22	38	33	31
最高级别	P-82	17	17	21	20	24	21	24	24	22	24	28	25

分班和阶段	问题编号	大城市地区 东北部 黑	东北部 白(黑)	东北部 白	中西部 黑	中西部 白(黑)	中西部 白	南部 黑	南部 白(黑)	南部 白	西南部 黑	西南部 白(黑)	西南部 白	西部 黑	西部 白(黑)	西部 白
小学																
最低级别	P-83	24	18	21	34	19	22	33	19	19	43	22	22	26	16	20
最高级别	P-82	17	27	25	26	24	27	28	34	32	23	19	20	19	22	25
中学																
最低级别	P-83	25	22	21	24	18	18	30	14	14	29	16	17	35	32	18
最高级别	P-82	21	22	18	16	17	17	12	17	17	21	17	17	13	14	19

　　在全国范围内的分班学校中，无论是在小学阶段还是在中学阶段，在普通学生就读的学校里，被分到最低级班组中的学生比例与被分到最高级班组中的学生比例相同，在小学阶段是 27%，在中学阶段是 20%。少数族群和同县的白人之间的数据比较中，波多黎各人和黑人最值得注意。在波多黎各人和黑人所在的小学里，被分到最低级班组中的学生比例比同县普通白人学生就读的学校高了约 10%。在普通黑人就读的学校里，被分到最高级班组中的学生比例（25%）则比同一个县的白人学生就读的学校要低。

　　在全国范围内，黑人的这一数据相当一致。在南部非大城市地区和除了东北部以

外所有地区中的大城市地区,在普通黑人学生就读的学校里,都有更大比例的学生被分在最低级的班组中。在南部非大城市地区,黑人就读的学校中被分在最低级班组中的学生平均比例为38%,而同县的白人则是27%。在大城市地区,黑人和同县的白人之间的差异则要大得多。在黑人和白人就读的小学里,被分到最高级班组中的学生平均比例也存在地区差异。在大部分地区,在普通白人学生就读的学校里,被分到最高级班组中的学生比例要略微高些。在东北部大城市地区尤其是这样,在那里,黑人就读的小学中,平均只有17%的学生被分到最高级班组中,而白人学生的比例则是27%。

在中学阶段,与同县的白人学生相比,在少数族裔学生就读的学校里,被分在最低级班组中的学生要稍多一些。在波多黎各人和黑人学生就读的中学里,全体学生中分别有34%和31%被分在最低级班组中。相比较而言,同县的白人学生分别是22%和24%。在中学阶段的最高级班组分配方面,不存在很大的差异;所有族群的百分比都在黑人的17%和美国印第安人的24%之间。在全国各地区,跟同县的白人相比,黑人学生所在的学校根据比例有更多的学生被分在最低级班组中。在被分到最高级班组中的人数方面,黑人和同县的白人只有轻微的差异。在南部大城市地区,黑人就读的学校平均只有12%的学生被分在最高级班组中,而在白人学生就读的学校中则有21%。

在有不及格科目的儿童升级方面,不同学校采取了不同的政策。表2.25.11和2.25.12中提供的数据来自校长们,有关其所在学校的学习迟缓者升级政策(P-89)。

表2.25.11 全美国根据阶段划分所在学校对学习迟缓者有不同升级政策的少数族裔和白人学生的百分比分布,1965年秋

学校在学习迟缓者升级方面的政策	问题编号	总	白	黑	白(黑)	墨	白(墨)	波	白(波)	印	白(印)	东	白(东)	他	白(他)
小学	P-89														
在不合格的年级留级		34	35	32	39	30	33	32	37	22	27	23	26	33	36
重修不合格科目		8	8	9	7	7	6	7	6	10	10	14	11	7	5
学习迟缓者未入学或被送到其他学校		1	2	1	2	1	2	1	2	1	2	1	3	1	2

续 表

学校在学习迟缓者升级方面的政策	问题编号	总	白	黑	白(黑)	墨	白(墨)	波	白(波)	印	白(印)	东	白(东)	他	白(他)
随年龄组升级		42	42	37	36	49	46	45	40	51	48	46	44	43	43
未应答		15	15	22	17	13	13	15	17	16	13	15	17	15	15
中学	P-89														
在不合格的年级留级		13	12	19	14	8	8	19	22	12	12	6	6	13	12
重修不合格科目		67	67	67	76	76	77	69	67	70	75	81	80	69	71
学习迟缓者未入学或被送到其他学校		1	1	0	0	1	1	1	0	1	1	0	0	0	0
随年龄组升级		14	15	11	8	11	11	5	5	13	10	7	8	10	9
未应答		4	5	2	2	4	2	5	5	4	3	5	6	8	8

L=小于1个百分点

表 2.25.12 根据区域和阶段划分大城市和非大城市地区所在学校对学习迟缓者有不同升级政策的白人和黑人学生的百分比分布,1965 年秋

学校在学习迟缓者升级方面的政策	问题编号	全美国		非大城市地区					
				北部和西部		南部		西南部	
		黑	白(黑)	白	黑	白(黑)	白	黑	白(黑)	白
小学	P-89									
在不合格的年级留级		32	39	35	43	32	33	38	36	33	35	32	38
重修不合格科目		9	7	8	3	5	16	24	19	17	15	14	18
学习迟缓者未入学或被送到其他学校		1	2	2	4	3	3	1	1	0	0	0	0
随年龄组升级		37	36	42	43	45	34	23	28	34	27	40	36
未应答		22	17	15	7	16	14	14	16	16	24	15	8
中学	P-89												

续 表

学校在学习迟缓者升级方面的政策	问题编号	全美国 黑	全美国 白(黑)	全美国 白	非大城市地区 北部和西部 黑	非大城市地区 北部和西部 白(黑)	非大城市地区 北部和西部 白	非大城市地区 南部 黑	非大城市地区 南部 白(黑)	非大城市地区 南部 白	非大城市地区 西南部 黑	非大城市地区 西南部 白(黑)	非大城市地区 西南部 白
在不合格的年级留级		19	14	12	12	11	13	21	23	13	3	1	3
重修不合格科目		67	76	67	60	60	48	60	55	63	83	86	87
学习迟缓者未入学或被送到其他学校		0	0	1	L	L	L	1	L	L	L	2	1
随年龄组升级		11	8	15	21	19	29	16	20	22	12	11	9
未应答		2	2	5	7	10	11	4	1	2	3	L	L

学校在学习迟缓者升级方面的政策	问题编号	大城市地区 东北部 黑	白(黑)	白	中西部 黑	白(黑)	白	南部 黑	白(黑)	白	西南部 黑	白(黑)	白	西部 黑	白(黑)	白
小学	P-89															
在不合格的年级留级		44	40	45	29	38	35	34	54	67	12	28	20	13	17	13
重修不合格科目		0	1	2	7	1	1	7	5	8	9	2	0	0	0	0
学习迟缓者未入学或被送到其他学校		0	8	1	3	3	2	0	0	0	0	0	0	0	1	1
随年龄组升级		27	30	37	42	41	44	31	26	15	62	60	70	65	61	71
未应答		29	21	15	19	16	18	28	15	9	17	10	10	21	21	15
中学	P-89															
在不合格的年级留级		8	15	11	4	36	14	44	L	L	3	37	35	0	0	0
重修不合格科目		84	74	67	68	56	69	48	97	97	80	50	51	100	99	97
学习迟缓者未入学或被送到其他学校		0	0	0	L	2	6	1	L	L	0	0	0	0	0	0
随年龄组升级		5	7	14	24	3	8	7	3	3	17	14	15	0	1	3
未应答		3	4	8	3	3	3	L	L	L	0	0	0	0	0	0

L=小于一个百分点

在全国范围内,有两条升级政策影响到了四分之三的小学生:34%的小学生所在的学校规定,有一门课程不及格就必须重修整个年级的课程;42%的小学生所在的学校让儿童随着他们的年龄组升级,而不管他们是否已经掌握了功课。在少数情况下(8%),小学生只需要重修不及格的课程。

普通白人学生就读的小学与普通少数族裔学生就读的小学在升级政策方面存在着始终一致的差异。在任何情况下,少数族群学生都较不可能被要求留级。黑人学生的比例是32%,同县的白人则是39%。在随年龄组升级方面,各种族群体在小学阶段似乎没有这种明显的差异。

在小学阶段,白人和黑人学生在升级政策方面存在着明显的地区差异。在北部和西部的非大城市地区,43%的黑人学习迟缓者被要求留级,但是同县的白人学生只有32%被要求这样做。在中西部、南部和东北部的大城市地区,该政策恰恰相反,与黑人相比,有更多的白人所在的学校实行强制留级政策。

在中学阶段,学校的升级政策通常规定只重修那些成绩不合格的课程(67%)。只有13%的学生所在的学校要求留级。虽然年龄是小学阶段升级的一个重要因素,但是只有14%的中学生所在的学校规定学生总是随年龄组升级。少数族群学生就读的学校采取的政策没有什么区别,只有黑人例外,有67%的黑人所在的中学要求学习迟缓者重修不及格的课程,而同县的白人则是76%。在大城市地区,在白人和黑人学习迟缓者的升级政策方面存在着非常鲜明的地区差异。在东北部、中西部和西南部,比起黑人学生来,有更多同县的白人学生被要求留级。然而,在这些地区,大多数黑人学习迟缓者只需重修不及格的课程。在南部大城市地区,几乎所有白人学生(97%)都只需要重修不及格的课程,但对黑人学生来说,这个比例只有48%;同样在这些地区,有44%的黑人学生必须留级。只有在西部大城市地区,中学阶段的黑人和白人学生才似乎拥有同样的升级政策——所有的白人和黑人学生都只需要重修不及格的课程。

2.26 课外活动

调查中所考察的各种课外活动包括校长问卷第90题中所列的19项活动,以及所有活动的平均值。相关数据如表2.26.1、2.26.2、2.26.3和2.26.4所示,说明了拥有左栏所列课外活动的学生百分比。

从这四份一组的表格中得出的最重要的结论是,课外活动的可获得性对少数族群和白人来说几乎没有差别。在中学尤其如此,我们发现所列活动的可获得性对黑人而

表 2.26.1　全美国所在小学提供所列课外活动的
少数族裔和白人学生百分比，1965 年秋

活动	问题编号	总	白	黑	白(黑)	墨	白(墨)	波	白(波)	印	白(印)	东	白(东)	他	白(他)
学生自治	P-90a	33	31	40	34	30	27	36	32	36	34	48	43	38	34
校报	P-90b	29	29	28	26	23	25	29	31	35	32	37	35	31	32
学校年鉴	P-90c	16	17	10	15	16	16	14	16	25	23	20	18	14	17
男生校际体育运动	P-90d	44	43	41	43	55	53	44	41	51	48	47	42	46	45
女生校际体育运动	P-90e	27	26	26	26	35	31	29	26	36	33	32	29	27	27
男生校内体育运动	P-90f	51	49	49	50	62	61	49	49	58	56	60	58	57	57
女生校内体育运动	P-90g	43	42	42	43	55	55	42	45	47	45	52	49	49	49
乐队	P-90h	71	72	66	76	71	73	63	69	64	67	76	79	71	75
合唱队	P-90i	55	53	66	49	53	46	59	54	55	52	60	58	56	52
优等生联合会	P-90j	7	7	8	8	7	6	7	7	6	8	14	12	6	5
主题俱乐部	P-90k	13	12	19	10	12	8	19	15	12	10	20	13	15	11
国际象棋俱乐部	P-90l	3	3	2	2	2	2	2	3	3	2	3	3	3	2
兴趣小组	P-90m	11	11	13	10	10	10	11	11	13	12	11	10	10	10
戏剧	P-90n	30	29	38	30	26	25	37	31	32	30	33	31	35	29
辩论队	P-90o	4	4	5	7	6	7	4	5	4	3	7	7	5	6
交谊舞	P-90p	21	20	23	18	20	16	25	18	25	20	28	22	24	19
军事培训	P-90q	0	1	0	0	0	0	0	1	0	0	0	0	0	0
社区服务俱乐部	P-90r	9	7	18	7	9	7	14	9	8	7	13	9	10	8
宗教俱乐部	P-90s	1	0	2	0	1	0	2	1	0	0	1	0	1	0
平均		32	31	36	29	34	30	33	31	33	31	36	33	32	30

表 2.26.2　根据区域划分大城市和非大城市地区所在**小学**提供所列课外活动的白人和黑人学生百分比，1965 年秋

活动	问题编号	全美国 黑	全美国 白(黑)	全美国 白	北部和西部 黑	北部和西部 白(黑)	北部和西部 白	南部 黑	南部 白(黑)	南部 白	西南部 黑	西南部 白(黑)	西南部 白
学生自治	P-90a	40	34	31	32	33	38	41	29	24	30	13	18
校报	P-90b	28	26	29	39	34	43	25	30	26	8	10	6
学校年鉴	P-90c	10	15	17	17	15	27	17	30	30	17	18	22
男生校际体育运动	P-90d	41	43	43	71	68	62	51	64	51	59	55	72
女生校际体育运动	P-90e	26	26	26	37	33	35	39	55	38	40	41	44
男生校内体育运动	P-90f	49	50	49	49	53	50	54	67	51	43	60	62
女生校内体育运动	P-90g	42	43	42	35	30	37	49	64	49	37	59	60
乐队	P-90h	66	76	72	82	76	81	39	47	40	54	69	76
合唱队	P-90i	66	49	53	67	55	56	59	52	38	40	51	38
优等生联合会	P-90j	8	8	7	4	3	11	20	23	20	10	9	7
主题俱乐部	P-90k	19	10	12	8	8	12	36	25	21	18	10	14
国际象棋俱乐部	P-90l	2	2	3	3	7	2	2	1	1	0	0
兴趣小组	P-90m	13	10	11	15	7	9	15	9	6	12	0	10
戏剧	P-90n	38	30	29	43	34	33	50	43	31	25	20	25
辩论队	P-90o	5	7	4	0	0	3	14	12	6	10	5	6
交谊舞	P-90p	23	18	20	29	33	36	45	29	19	21	11	3
军事培训	P-90q	0	0	0	0	0	0	0	0	0	0	0	0
社区服务俱乐部	P-90r	18	7	7	9	8	11	16	10	6	8	1	1
宗教俱乐部	P-90s	2	0	0	0	0	3	1	1	1	0	0
平均		36	29	31	30	31	38	38	36	31	33	30	27

续 表

| 活动 | 问题编号 | 大城市地区 ||||||||||
| | | 东北部 || 中西部 || 南部 || 西南部 || 西部 ||
		黑	白(黑)	白	黑	白(黑)	白	黑	白(黑)	白	黑	白(黑)	白
学生自治	P-90a	37	36	27	32	29	25	39	32	21	30	5	12	57	59	67
校报	P-90b	28	24	31	31	25	24	29	24	27	22	13	11	31	33	31
学校年鉴	P-90c	8	5	7	9	3	7	10	19	13	13	33	28	0	1	3
男生校际体育运动	P-90d	22	20	22	43	37	46	38	44	22	43	59	54	34	25	22
女生校际体育运动	P-90e	19	15	14	17	16	17	21	15	6	29	47	43	25	17	18
男生校内体育运动	P-90f	43	40	44	54	42	52	33	32	23	47	47	54	78	76	61
女生校内体育运动	P-90g	37	39	40	39	29	39	26	22	18	40	46	54	74	63	50
乐队	P-90h	67	79	73	77	87	86	66	85	85	52	36	33	95	97	94
合唱队	P-90i	75	78	69	75	56	51	61	25	26	39	51	47	87	63	67
优等生联合会	P-90j	1	1	1	3	0	2	8	10	7	11	3	1	0	0	0
主题俱乐部	P-90k	15	14	17	20	7	7	15	3	10	14	3	2	12	5	5
国际象棋俱乐部	P-90l	2	4	7	7	1	2	1	2	2	0	0	0	4	4	3
兴趣小组	P-90m	16	12	18	14	11	9	8	10	7	24	33	34	11	10	4
戏剧	P-90n	34	29	32	36	26	29	35	24	23	33	17	2	37	31	36
辩论队	P-90o	1	2	3	0	0	0	3	10	6	16	8	8	0	4	2
交谊舞	P-90p	9	10	14	15	11	16	20	20	23	22	16	12	15	8	8
军事培训	P-90q	0	0	0	1	1	1	0	0	0	0	0	0	0	0	1
社区服务俱乐部	P-90r	20	7	4	22	8	9	21	8	11	26	1	3	15	7	3
宗教俱乐部	P-90s	0	0	0	0	0	1	4	0	0	2	0	0	0	0	0
平均		25	28	32	34	25	26	39	34	21	40	26	25	39	32	31

表 2.26.3　全美国所在**中学**提供课外活动的少数族裔和白人学生百分比，1965 年秋

活动	问题编号	总	白	黑	白(黑)	墨	白(墨)	波	白(波)	印	白(印)	东	白(东)	他	白(他)
学生自治	P-90a	91	91	90	92	85	86	97	97	94	94	98	99	95	96
校报	P-90b	88	89	80	91	89	92	95	97	86	89	97	98	92	93
学校年鉴	P-90c	93	95	79	96	94	97	93	97	94	96	97	99	94	97
男生校际体育运动	P-90d	94	98	95	97	94	94	90	98	98	99	99	99	97	98
女生校际体育运动	P-90e	54	54	57	57	58	54	33	43	59	57	37	42	50	47
男生校内体育运动	P-90f	77	78	75	72	66	64	64	69	79	77	72	69	79	78
女生校内体育运动	P-90g	77	77	80	80	67	71	80	74	79	79	77	84	79	81
乐队	P-90h	94	95	91	95	92	92	88	95	92	96	98	99	96	96
合唱队	P-90i	93	93	96	93	90	89	97	96	93	94	100	100	95	95
优等生联合会	P-90j	79	80	71	78	75	76	68	83	74	79	68	76	73	78
主题俱乐部	P-90k	87	86	87	88	87	86	85	91	85	87	94	91	90	90
国际象棋俱乐部	P-90l	28	29	21	25	24	30	38	47	26	28	35	53	36	38
兴趣小组	P-90m	49	49	49	44	45	44	44	59	50	48	49	55	53	53
戏剧	P-90n	93	93	92	89	95	93	93	95	89	91	92	91	93	92
辩论队	P-90o	50	52	39	48	51	54	32	43	46	50	50	51	52	53
交谊舞	P-90p	87	87	88	74	82	81	91	89	86	83	93	94	89	87
军事培训	P-90q	8	7	12	7	13	10	8	6	8	7	30	21	11	10
社区服务俱乐部	P-90r	61	60	66	71	61	64	50	67	54	57	88	89	75	74
宗教俱乐部	P-90s	9	8	9	11	9	11	9	29	10	10	7	16	17	11	11
平均		68	69	67	68	67	67	66	70	67	68	72	74	71	71

表 2.26.4 根据区域划分大城市和非大城市地区所在**中学**提供所列课外活动的白人和黑人学生百分比，1965 年秋

活动	问题编号	全美国 黑	全美国 白(黑)	全美国 白	非大城市地区 北部和西部 黑	非大城市地区 北部和西部 白(黑)	非大城市地区 北部和西部 白	非大城市地区 南部 黑	非大城市地区 南部 白(黑)	非大城市地区 南部 白	非大城市地区 西南部 黑	非大城市地区 西南部 白(黑)	非大城市地区 西南部 白
学生自治	P-90a	90	92	91	91	88	90	85	71	72	83	79	73
校报	P-90b	80	91	89	71	70	72	50	71	81	67	83	71
学校年鉴	P-90c	79	96	95	96	97	98	50	88	92	69	91	93
男生校际体育运动	P-90d	95	97	98	99	98	99	97	100	100	96	100	93
女生校际体育运动	P-90e	57	57	54	32	36	32	80	83	69	89	64	81
男生校内体育运动	P-90f	75	72	78	65	65	86	86	69	66	93	73	47
女生校内体育运动	P-90g	80	80	77	65	69	70	81	69	63	85	39	34
乐队	P-90h	91	91	95	90	89	97	80	68	76	84	80	81
合唱队	P-80i	96	93	93	99	97	88	92	75	78	88	79	77
优等生联合会	P-90j	71	78	80	56	56	72	60	55	37	67	89	77
主题俱乐部	P-90k	87	88	86	78	76	65	83	67	77	73	80	79
国际象棋俱乐部	P-90l	21	25	29	8	9	10	3	5	8	3	35	16
兴趣小组	P-90m	49	44	49	38	39	37	20	12	23	36	11	29
戏剧	P-90n	92	89	93	75	78	91	87	70	75	91	82	88
辩论队	P-90o	39	48	52	43	46	48	27	30	36	80	72	67
交谊舞	P-90p	88	74	87	98	97	96	78	60	67	86	46	43
军事培训	P-90q	12	7	7	1	1	1	1	1	1	0	0	0
社区服务俱乐部	P-90r	66	71	60	42	40	42	41	36	47	43	49	36
宗教俱乐部	P-90s	9	11	8	8	8	6	11	7	15	1	0	2
平均		67	68	69	60	61	62	60	54	58	65	60	57

续表

活动	问题编号	大城市地区									
		东北部			中西部			南部			西南部			西部		
		黑	白(黑)	白	黑	白(黑)	白	黑	白(黑)	白	黑	白(黑)	白	黑	白(黑)	白
学生自治	P-90a	99	98	95	77	100	95	92	100	99	91	94	99	100	100	100
校报	P-90b	95	96	93	99	100	97	87	100	100	66	96	94	100	100	100
学校年鉴	P-90c	92	95	88	76	100	96	88	100	100	84	100	100	100	100	100
男生校际体育运动	P-90d	80	95	95	100	100	97	93	93	100	95	100	100	100	100	100
女生校际体育运动	P-90e	51	65	60	50	56	43	45	51	80	89	100	97	38	11	35
男生校内体育运动	P-90f	46	60	84	66	61	76	82	93	96	85	75	77	72	58	59
女生校内体育运动	P-90g	79	79	83	68	65	82	82	100	100	86	76	78	83	87	79
乐队	P-90h	92	99	97	100	100	100	93	97	100	99	96	100	100	100	100
合唱队	P-90i	100	100	100	100	100	100	94	97	100	99	86	82	100	100	100
优等生联合会	P-90j	72	73	92	69	89	86	87	93	89	90	93	94	62	79	64
主题俱乐部	P-90k	86	89	92	77	100	96	91	96	98	96	96	100	100	98	93
国际象棋俱乐部	P-90l	54	62	43	30	47	52	14	12	13	41	1	4	31	40	56
兴趣小组	P-90m	69	77	72	65	67	77	53	38	33	57	0	0	65	74	57
戏剧	P-90n	92	99	98	93	94	99	94	93	94	100	94	97	100	100	100
辩论队	P-90o	27	53	46	49	82	69	42	46	58	68	54	63	37	35	48
交谊舞	P-90p	99	100	100	96	99	100	82	55	77	94	40	44	96	97	91
军事培训	P-90q	18	20	6	10	6	14	19	2	4	8	0	3	22	23	25
社区服务俱乐部	P-90r	65	71	69	89	82	71	69	93	93	84	26	32	94	95	84
宗教俱乐部	P-90s	13	5	3	2	32	15	3	5	7	2	5	2	24	25	5
平均		70	74	73	69	77	77	68	70	75	74	64	65	74	73	72

言是67%,对同县的白人而言是68%,对白人而言是69%。同样,在其他各少数族群之间也没有很大差异;各族群的百分比都是大约70%。在小学,课外活动的可获得性对少数族群而言有略大于白人的趋势。在全国范围内,课外活动的平均可获得性对黑人而言是36%,对同县的白人而言是29%,对所有白人而言则是31%。

在分别考察全国小学的各项活动时发现,对大多数学生来说,活动的可获得性没有显著差异,尽管少数族群参与学校年鉴和乐队活动的比例稍低;但少数族群学生在学生自治、合唱队、主题俱乐部、戏剧、交谊舞和社区服务俱乐部等项目方面的可获得性稍高。这些描述对黑人和其他少数族群都适用。在中学，全国的趋势是所有少数族群在以下活动方面的可获得性略低：校报、学校年鉴、优等生联合会、国际象棋俱乐部和辩论队。少数族群在合唱队、军事培训、兴趣小组和交谊舞这些活动方面的可获得性略高。在其他活动项目上，全国范围内不存在特别明显的差异。

根据考察，各项活动的可获得性在大城市地区和非大城市地区之间有很大差异，但就黑人而言似乎并不存在此类差异的统一模式。例如，在非大城市地区的小学生中，男生校际体育运动的可获得性明显较高，但这对黑人和白人而言都一样。考察各个地区的情况，我们发现有些地区的百分比与全国百分比相差很大，但是同样地，这些差异对黑人和白人来说大致相同。在中学里，存在着一些种族方面的差异，尤其是在南部非大城市地区。我们发现，在那里，黑人在以下项目中比白人有更多的机会：学生自治、男生和女生校内体育运动、乐队、合唱队、主题俱乐部、戏剧和交谊舞。在南部非大城市地区，黑人有两个项目的可获得性相对全国而言较低：校报、学校年鉴。在南部大城市地区，这种相对差异远没有那么显著。在西南部地区，我们在非大城市和大城市地区都发现了相对差异。在西南部非大城市地区，黑人在学生自治、男生和女生校际体育运动、男生和女生校内体育运动、兴趣小组、辩论队、交谊舞这些项目上比白人相对占优势，而在校报、学校年鉴、优等生联合会、国际象棋俱乐部这些项目上，白人相对处于劣势。在西南部大城市地区，黑人在校内体育运动、国际象棋俱乐部、兴趣小组、辩论队、交谊舞、社区服务俱乐部这些项目中相对占优势，但在校报这一项目中相对占劣势。总结所有这些观察，或许可以公平地说，对黑人来说，有一种较小的趋势，即在以学术为导向的活动的可获得性上落后于白人，但是在以运动为导向和社交性更强的活动的可获得性上超过了白人。

2.27 学校特征中不公平现象总结

少数族裔学生就读的学校和白人就读的学校之间存在着一些明确的、系统化的差异方向。看起来，与学术最相关的领域正是少数族裔学生的学校始终表现出不足的地方。那些学校里的物理实验室较少，图书馆中学生人均拥有图书量较少，课本供应充足的学校相对较少，获得认证的学校相对较少，考试不及格的学生较不可能留级，举行密集测试的学校较少，与学术相关的课外活动较少，课程较少是围绕某个学术项目建设的。这仅仅是这些学校之间差异的一个方面，但是少数族裔学生的学校在学校设施和课程方面存在的问题有很多都与这方面相关。在所有对学业而言具有重要性的学校设施中(该问题将在3.2节中进行考察),这些可能相对更为重要。与此同时,这些设施和课程上的差异也不应被过分强调。在许多情况下,它们并不显著。学校之间的地区差异通常比少数和多数族群之间的差异要大得多。

2.3 学校教师特征

2.31 教师社会背景

在美国,有相当多的证据表明,黑人学生的教师更多是来自当地,也就是说,他们是所任教地区的产物,是在附近的公立学校接受培训的。在小学和中学都是如此:有更多的黑人学生的教师一生中大部分时间都生活在本县,他们中有更高的比例是从他们所任教的那个县的中学毕业。然而,在小学和中学阶段,黑人学生的教师均不太可能是在本州高校中接受过训练的(表2.31.1)。

表2.31.1 全美国普通少数族裔和白人学生所在中小学里一生中大部分时间都生活在本地并在本地接受教育的教师百分比,1965年秋

【注:本地=目前居住的县】

项目	问题编号	总	白	黑	白(黑)	墨	白(墨)	波	白(波)	印	白(印)	东	白(东)	他	白(他)
小学															
下列教师百分比:															
一生中大部分时间都生活在本地	T-3	42	40	53	42	37	35	54	45	35	34	39	37	40	38
从本地高中毕业	T-7	34	33	45	32	30	27	46	36	28	26	31	29	33	29
上过一所本州高校	T-15	75	75	75	75	73	79	78	71	72	68	68	70	70	
中学															
下列教师百分比:															

续　表

项目	问题编号	总	白	黑	白(黑)	墨	白(墨)	波	白(波)	印	白(印)	东	白(东)	他	白(他)
一生中大部分时间都生活在本地	T-3	35	34	41	35	31	30	55	46	31	30	36	32	35	33
从本地高中毕业	T-7	29	28	35	28	25	24	49	39	25	25	28	25	28	26
上过一所本州高校	T-15	71	71	69	72	69	70	75	72	68	69	58	56	64	65

表2.31.2　根据区域划分大城市和非大城市地区普通白人和黑人学生所在中小学里，一生中大部分时间都生活在本地并在本地接受教育的教师百分比，1965年秋

【注：本地＝目前居住的县】

活动	问题编号	全美国			非大城市地区					
					北部和西部			南部			西南部	
			黑	白(黑)	白	黑	白(黑)	白	黑	白(黑)	白	黑	白(黑)	白
小学												
下列教师百分比：												
一生中大部分时间都生活在本地	T-3	53	42	40	34	36	40	54	59	55	40	32	31
从本地高中毕业	T-7	45	32	33	27	31	35	41	41	42	32	21	22
上过一所本州高校	T-15	75	75	75	68	69	79	86	88	80	88	85	79
中学												
下列教师百分比：												
一生中大部分时间都生活在本地	T-3	41	35	34	21	22	23	38	45	48	35	31	28
从本地高中毕业	T-7	35	28	28	19	20	21	32	37	39	30	24	24
上过一所本州高校	T-15	69	72	71	58	59	68	82	84	83	93	87	86

续表

活动	问题编号	大城市地区													
		东北部			中西部			南部			西南部			西部		
		黑	白(黑)	白	黑	白(黑)	白	黑	白(黑)	白	黑	白(黑)	白	黑	白(黑)	白
小学																
下列教师百分比:																
一生中大部分时间都生活在本地	T-3	64	53	51	55	40	39	69	37	37	35	18	18	24	29	24
从本地高中毕业	T-7	61	48	46	47	31	30	61	30	27	27	13	11	18	20	19
上过一所本州高校	T-15	75	75	79	67	77	77	82	77	75	77	89	86	46	51	46
中学																
下列教师百分比:																
一生中大部分时间都生活在本地	T-3	62	50	49	34	30	31	52	33	41	37	19	20	22	25	25
从本地高中毕业	T-7	53	43	44	28	24	24	47	26	32	29	14	14	16	17	16
上过一所本州高校	T-15	68	65	71	51	65	70	76	74	71	75	88	91	51	54	53

表 2.31.3　全美国普通少数族裔和白人学生所在中小学里，一生中大部分时间都生活在本地的教师所在地面积规模，1965 年秋

【注：按照 1—6 的等级打分；6 分最大】

项目	问题编号	总	白	黑	白(黑)	墨	白(墨)	波	白(波)	印	白(印)	东	白(东)	他	白(他)
小学	T-4	2.7	2.6	3.2	2.8	2.7	2.6	3.1	2.9	2.6	2.5	2.9	2.8	2.9	2.8
中学	T-4	2.8	2.7	3.2	2.8	2.7	2.6	4.0	3.7	2.8	2.7	3.4	3.2	3.0	2.9

表 2.31.4　根据区域划分大城市和非大城市地区普通白人和黑人学生所在中小学里，一生中大部分时间都生活在本地的教师所在地面积规模，1965 年秋

【注：按照 1—6 的等级打分；6 分最大】

项目	问题编号	全美国		非大城市地区					
				北部和西部		南部		西南部	
		黑	白(黑)	白	黑	白(黑)	白	黑	白(黑)	白
小学	T-4	3.2	2.8	2.6	2.2	2.1	2.0	2.2	1.8	1.8	2.4	2.3	2.3
中学	T-4	3.2	2.8	2.7	2.2	2.2	2.1	2.3	1.9	1.9	2.3	2.0	1.9

续 表

项目	问题编号	大城市地区									
		东北部		中西部		南部		西南部		西部	
		黑	白(黑)	白	黑	白(黑)	白	黑	白(黑)	白	黑	白(黑)	白
小学	T-4	4.3	4.0	3.5	3.9	3.0	2.8	3.3	2.8	2.8	2.9	2.1	2.2	3.7	3.5	3.1
中学	T-4	4.5	4.1	3.6	3.4	2.9	3.0	3.3	2.9	3.0	3.0	2.0	2.0	3.6	3.6	3.2

表 2.31.5 全美国普通少数族裔和白人学生所在中小学里，
教师父母的受教育程度，1965 年秋
【注：教育程度按照 1—8 打分（从低到高）；4 分代表高中毕业生】

项目	问题编号	总	白	黑	白(黑)	墨	白(墨)	波	白(波)	印	白(印)	东	白(东)	他	白(他)
小学															
教师的父亲	T-9	3.6	3.6	3.3	3.8	3.5	3.7	3.4	3.6	3.5	3.6	3.6	3.7	3.6	3.8
教师的母亲	T-10	3.7	3.7	3.5	3.9	3.6	3.8	3.5	3.7	3.7	3.7	3.8	3.9	3.8	3.8
中学															
教师的父亲	T-9	3.6	3.6	3.4	3.8	3.6	3.6	3.5	3.7	3.6	3.7	3.7	3.8	3.7	3.8
教师的母亲	T-10	3.8	3.8	3.6	3.9	3.9	3.5	3.6	3.8	3.7	3.8	3.7	3.8	3.8	3.9

表 2.31.6 根据区域划分大城市和非大城市地区普通白人和黑人学生
所在中小学里，教师父母的受教育程度，1965 年秋
【注：教育程度按照 1—8 打分（从低到高）；4 分代表高中毕业生】

项目	问题编号	全美国		非大城市地区					
				北部和西部		南部		西南部	
		黑	白(黑)	黑	白(黑)	黑	白(黑)	黑	白(黑)	白
小学										
教师的父亲	T-9	3.3	3.8	3.6	3.2	3.2	3.2	2.6	3.3	3.4	3.2	3.6	3.6
教师的母亲	T-10	3.5	3.9	3.7	3.4	3.3	3.5	2.9	3.6	3.5	3.6	3.7	3.7
中学										
教师的父亲	T-9	3.4	3.8	3.6	3.3	3.3	3.5	2.9	3.6	3.6	3.1	3.7	3.5
教师的母亲	T-10	3.6	3.9	3.8	3.6	3.6	3.9	3.3	3.9	3.8	3.7	3.8	3.8

续 表

| 项目 | 问题编号 | 大城市地区 ||||||||||
| | | 东北部 || 中西部 || 南部 || 西南部 || 西部 ||
		黑	白(黑)	白	黑	白(黑)	白	黑	白(黑)	白	黑	白(黑)	白	黑	白(黑)	白
小学													
教师的父亲	T-9	3.7	4.0	3.8	3.6	3.6	3.6	3.1	4.0	4.1	3.6	3.2	3.5	4.1	4.1	4.1
教师的母亲	T-10	3.6	3.7	3.7	3.7	3.6	3.6	3.5	4.1	4.2	3.8	3.6	3.8	4.1	4.2	4.2
中学													
教师的父亲	T-9	3.7	3.8	3.6	3.6	3.5	3.6	3.3	4.1	4.1	3.2	3.3	3.4	4.0	3.9	3.9
教师的母亲	T-10	3.5	3.7	3.5	3.7	3.7	3.8	3.8	4.3	4.3	3.4	3.4	3.7	4.1	4.0	4.0

与此同时，无论是从全国看还是从具体的地区看，相对于白人学生的教师而言，黑人学生的教师更可能是生活在较大的城镇里。在两个区域里，教师主要居住社区的平均面积是一样的，但无论是在中学阶段还是在小学阶段，黑人的教师所居住社区的平均面积都不小于白人的教师。因此，在城市地区，黑人学生的教师往往就来自他们所任教的那座城市，而且往往来自较大的城市。

对波多黎各裔学生而言有一个明显的趋势，与白人相比，在他们就读的学校里，教师中本地居民和本地中学毕业生的比例较高，但这种趋势在其他少数族群那里非常微弱。平均而言，在黑人学生的教师所成长的家庭中，其父母的受教育程度比白人学生的教师要低一些。这一差异在南部大城市地区最为明显，一般而言，在教师父亲中的差异幅度要大于在教师母亲中的差异幅度。

一般来说，在任何其他少数族群的普通成员就读的学校里，教师父母的受教育程度都没有对比组中的白人那么高。这一差异在波多黎各人的教师那里稍许更显著些。

重点结论——与普通白人学生的教师相比，普通黑人学生的教师——

——更可能一生中大部分时间都生活在当前的县里。

——更可能是在目前的县读完高中的。

——上过本州大学的可能性一样。

——更可能是在大城市里度过一生中的很多时间。

——拥有受过良好教育的父母的可能性较低（在南部尤其明显）。

2.32　教师和校长的个人特征

在美国的小学里,普通学生,不管是白人还是少数族裔,所在学校的大多数教师都是女性。一般来说,在全体教师的性别构成中,没有发现有种族差异存在。同样,教师的平均年龄也没有很大的差异。普通黑人学生,跟普通白人学生一样,无论在小学还是在中学,教师的平均年龄都是接近40岁,因他们所在的地区和年级而有所不同。显然,没有任何组别的学生的教师有更成熟或是接受训练的时间更近的趋向。

全体教师的种族构成有很大的差异。在全国范围内,普通黑人小学生就读的学校中有65%的教师是黑人,普通白人小学生就读的学校中有97%的教师是白人;白人教师在中学阶段更占主导地位,相应的数字分别是59%和97%。地区差异十分显著;即使如此,在每个地区,无论是小学还是中学,白人学生都比黑人学生更可能由白人教师授课。教师与学生的这种种族匹配方式在南部最为明显,在传统上它是十分彻底的。因此,在南部大城市地区,普通白人小学生所在的学校中有96%的教师是白人,而普通黑人所在的学校中有96%的教师是黑人。在中西部大城市地区,普通白人所在的学校中有2%的教师是黑人,而普通黑人所在的学校中有40%的教师是黑人。研究表明,在西部大城市地区的中学里,这种匹配方式是最不常见的,但即使是在那里,它也在一定程度上发生了。

参照学生的种族对校长的种族进行类似的分析,没有产生什么不同的结论。在全国范围内,有61%的黑人中学生所在学校的校长是黑人校长,95%的白人学生所在学校的校长是白人。在南部诸州以外的地区,黑人校长很少见,但只要他们出现了,管理的往往是黑人学生密集的学校。

每一个少数族群,不管是墨西哥人、波多黎各人、印第安人还是东亚人,都比同县的白人更可能由黑人教师授课:因此,普通东亚裔小学生就读的学校里有15%的教师是黑人,对同县的普通白人而言,这个数字则是4%。但是对于任何少数族群的学生而言,最常见的教师都是白人:在小学阶段,白人教师的比例从波多黎各人的67%到美国印第安人的83%不等;在中学,该比例从东亚人的76%到美国印第安人的88%不等。在各少数族群中(不包括黑人),似乎只有东亚人会有一定的数量从事教师职业;值得注意的是,在中学,有15%的东亚裔学生和13%的同县的白人是由东亚人授课的。

对学校的管理层面采用了类似的观测法。每一个少数族群都比对比组中的白人更可能在黑人校长的学校里就读。但另一方面,那些少数族群学生最常拥有的校长是白人:其比例从76%到91%不等。而且,只有东亚人多少有机会担任校长。

表 2.32.1　全美国普通少数族裔和白人学生所在的小学里给定性别、种族或出身的教师百分比，以及教师平均年龄，1965 年秋

【注：除了教师年龄以外，所有数字都代表对普通学生而言的平均百分比】

项目	问题编号	总	白	黑	白(黑)	墨	白(墨)	波	白(波)	印	白(印)	东	白(东)	他	白(他)
平均年龄	T-2	40	40	39	40	40	40	38	40	39	40	39	39	39	39
性别，男性	T-1	17	17	16	14	19	19	18	16	20	19	20	18	18	18
教师的种族或出身	T-5														
黑人		12	2	65	11	19	4	30	6	14	3	15	4	20	5
白人		86	97	32	87	78	93	67	92	83	95	79	90	76	93
墨西哥裔美国人		1	0	1	1	1	1	1	1	1	1	1	1	1	1
波多黎各人		0	0	1	0	0	0	0	0	0	0	0	0	0	0
美国印第安人		0	0	0	0	0	0	0	0	1	0	0	0	0	0
东亚人		0	0	1	0	1	1	0	1	0	1	0	5	5	2	1
其他		0	0	0	0	0	0	0	0	0	0	1	1	1	0

注：东亚人行共 15 列数据。

表 2.32.2　根据区域划分大城市和非大城市地区普通白人和黑人学生所在的小学里给定性别、种族或出身的教师百分比，以及教师平均年龄，1965 年秋

【注：除了教师年龄以外，所有数字都代表对普通学生而言的平均百分比】

项目	问题编号	全美国 黑	全美国 白(黑)	全美国 白	北部和西部 黑	北部和西部 白(黑)	北部和西部 白	南部 黑	南部 白(黑)	南部 白	西南部 黑	西南部 白(黑)	西南部 白
平均年龄	T-2	39	40	40	39	40	42	39	43	43	40	41	41
性别，男性	T-1	16	14	17	23	21	19	16	17	16	18	15	21
教师的种族或出身	T-5												
黑人		65	11	2	17	2	1	90	18	2	75	7	1
白人		32	87	97	82	97	99	8	81	96	24	91	96
墨西哥裔美国人		1	1	0	0	0	0	1	1	1	1	2	
波多黎各人		1	0	0	0	0	0	1	0	0	0	0	0

续　表

项目	问题编号	全美国			非大城市地区					
					北部和西部			南部			西南部
		黑	白(黑)	白	黑	白(黑)	白	黑	白(黑)	白	黑	白(黑)	白
美国印第安人		0	0	0	0	0	0	0	0	0	0	0	0
东亚人		1	0	0	0	0	0	0	0	0	0	0	0
其他		1	0	0	0	0	0	1	0	0	0	0	1

项目	问题编号	大城市地区
		东北部 ||| 中西部 ||| 南部 ||| 西南部 ||| 西部
		黑	白(黑)	白	黑	白(黑)	白	黑	白(黑)	白	黑	白(黑)	白	黑	白(黑)	白
平均年龄	T-2	37	39	38	38	38	38	39	38	37	39	40	39	38	39	38
性别,男性	T-1	17	14	18	18	17	19	10	7	8	16	14	12	19	18	22
教师的种族或出身	T-5															
黑人		31	11	2	40	3	2	96	14	4	65	17	1	22	4	2
白人		67	88	97	58	96	98	2	85	96	32	82	98	69	91	95
墨西哥裔美国人		0	0	0	1	0	0	1	0	0	0	0	0	1	1	1
波多黎各人		0	0	0	1	0	0	1	0	0	1	0	0	1	0	0
美国印第安人		0	0	0	0	0	0	1	0	0	1	1	1	0	0
东亚人		0	0	0	0	0	0	0	0	0	0	0	0	5	3	2
其他		1	0	0	1	0	0	0	0	0	1	0	0	2	0	0

表2.32.3　全美国普通少数族裔和白人学生所在的**中学**里给定性别、种族或出身的教师百分比,以及教师平均年龄,1965年秋

【注:除了教师年龄以外,所有数字都代表对普通学生而言的平均百分比】

项目	问题编号	总	白	黑	白(黑)	墨	白(墨)	波	白(波)	印	白(印)	东	白(东)	他	白(他)
平均年龄	T-2	37	36	37	36	37	37	38	38	36	36	38	37	37	37
性别,男性	T-1	55	56	49	49	57	57	53	55	59	59	56	57	55	55
教师的种族或出身	T-5														

续　表

项目	问题编号	总	白	黑	白(黑)	墨	白(墨)	波	白(波)	印	白(印)	东	白(东)	他	白(他)
黑人		10	2	59	6	10	3	16	3	8	2	6	3	13	3
白人		89	97	38	93	87	94	81	94	88	95	76	81	83	93
墨西哥裔美国人		1	1	1	1	2	2	1	1	1	1	1	1	1	1
波多黎各人		0	0	1	0	0	0	1	0	0	0	0	0	0	0
美国印第安人		0	0	0	0	0	0	0	0	2	1	0	0	0	0
东亚人		0	0	0	0	0	0	1	1	0	0	15	13	2	2
其他		0	0	1	0	0	0	1	1	0	0	2	2	1	0

表 2.32.4　根据区域划分大城市和非大城市地区普通白人和黑人学生所在的**中学**里给定性别、种族或出身的教师百分比，以及教师平均年龄，1965 年秋

项目	问题编号	全美国			非大城市地区					
					北部和西部			南部			西南部	
		黑	白(黑)	白	黑	白(黑)	白	黑	白(黑)	白	黑	白(黑)	白
平均年龄	T-2	37	36	36	35	34	36	35	38	38	36	38	37
性别,男性	T-1	49	49	56	59	59	59	42	47	46	49	51	55
教师的种族或出身	T-5												
黑人		59	6	2	11	4	2	85	3	2	70	2	1
白人		38	93	97	88	95	97	13	97	98	27	98	98
墨西哥裔美国人		1	1	1	0	0	0	1	0	0	0	0	1
波多黎各人		1	0	0	0	0	0	1	0	0	0	0	0
美国印第安人		0	0	0	0	0	0	0	0	0	0	0	0
东亚人		0	0	0	0	0	0	0	0	0	0	0	0
其他		1	0	0	0	0	0	0	0	0	2	0	0

续　表

| 项目 | 问题编号 | 大城市地区 ||||||||||
| | | 东北部 ||| 中西部 ||| 南部 ||| 西南部 ||| 西部 |||
		黑	白(黑)	白	黑	白(黑)	白	黑	白(黑)	白	黑	白(黑)	白	黑	白(黑)	白
平均年龄	T-2	40	39	38	37	36	36	37	34	34	38	35	35	39	38	39
性别，男性	T-1	51	51	58	54	56	59	44	37	36	52	60	63	57	59	59
教师的种族或出身	T-5															
黑人		18	9	2	35	2	1	94	5	1	77	26	0	14	9	2
白人		79	89	96	64	97	97	3	93	99	20	69	96	82	87	94
墨西哥裔美国人		0	0	1	0	1	1	1	1	0	1	2	3	2	2	1
波多黎各人		1	0	0	0	0	0	1	0	0	0	0	0	1	0	0
美国印第安人		0	0	0	0	0	0	0	0	0	0	0	0	0	1	1
东亚人		0	0	0	0	0	0	0	0	0	0	0	0	1	1	1
其他		1	1	0	0	0	0	1	0	0	1	3	0	0	0	0

表 2.32.5　全美国所在学校校长为给定性别、种族或出身的白人和少数族裔小学生百分比，以及校长平均年龄，1965 年秋

【注：除了校长平均年龄以外，所有数字都是学生的百分比】

项目	问题编号	总	白	黑	白(黑)	墨	白(墨)	波	白(波)	印	白(印)	东	白(东)	他	白(他)
平均年龄	P-58	46	46	48	46	47	46	48	47	47	46	46	46	46	46
性别，男性	P-59	80	80	76	81	81	84	77	82	84	84	89	88	82	85
校长的种族或出身	P-67														
黑人		10	1	56	9	16	3	27	5	11	3	12	2	17	3
白人		85	95	39	88	79	94	71	93	80	90	77	88	79	93
波多黎各人		0	0	0	0	1	0	0	0	0	0	0	0	0	0
墨西哥裔美国人		0	0	0	0	0	0	0	0	0	0	0	0	0	0
美国印第安人		0	0	0	1	0	0	0	0	2	1	1	0	0	0
东亚人		0	0	0	0	0	0	0	0	0	0	4	4	1	1
其他		0	0	0	0	0	0	0	0	0	0	1	1	0	0

表 2.32.6　根据区域划分大城市和非大城市地区所在学校校长为给定性别、种族或出身的白人和黑人**小学生**百分比，以及校长平均年龄，1965 年秋

【注：除了校长年龄以外，所有数字都是学生的百分比】

项目	问题编号	全美国			非大城市地区						
					北部和西部			南部			西南部		
		黑	白(黑)	白	黑	白(黑)	白	黑	白(黑)	白	黑	白(黑)	白
平均年龄	P-58	48	46	46	42	42	44	47	45	46	49	44	47
性别，男性	P-59	76	81	80	85	89	86	84	87	89	69	94	96
校长的种族或出身	P-67												
黑人		56	9	1	13	0	0	86	16	2	69	9	1
白人		39	88	95	79	93	90	7	80	91	24	87	97
波多黎各人		0	0	0	0	0	0	1	1	0	1	1	0
墨西哥裔美国人		0	0	0	0	0	0	0	0	0	0	0	0
美国印第安人		0	1	0	0	0	0	0	0	0	0	0	0
东亚人		0	0	0	0	0	0	0	0	0	0	0	0
其他		0	0	0	0	0	0	0	0	0	0	1	1

项目	问题编号	大城市地区													
		东北部			中西部			南部			西南部			西部		
		黑	白(黑)	白	黑	白(黑)	白	黑	白(黑)	白	黑	白(黑)	白	黑	白(黑)	白
平均年龄	P-58	50	49	47	46	44	45	50	47	45	54	52	52	47	45	43
性别，男性	P-59	60	64	69	75	76	73	70	77	67	68	75	74	92	96	92
校长的种族或出身	P-67															
黑人		9	2	1	28	1	0	94	14	2	64	14	0	3	0	0
白人		86	97	97	69	95	94	1	83	97	29	86	100	95	92	99
波多黎各人		0	0	1	0	0	0	0	0	0	0	0	0	0	0	0
墨西哥裔美国人		0	0	0	0	0	0	0	0	0	0	0	0	0	0	0
美国印第安人		0	0	0	0	3	2	0	3	0	0	0	0	0	0	0
东亚人		0	0	0	0	0	0	0	0	0	0	0	0	0	0	0
其他		0	0	0	0	0	0	0	0	0	0	0	0	0	0	0

表 2.32.7　全美国所在学校校长为给定性别、种族或出身的白人和少数族裔**中学生**百分比,以及校长平均年龄,1965 年秋

【注:除了校长年龄以外,所有数字都是学生的百分比】

项目	问题编号	总	白	黑	白(黑)	墨	白(墨)	波	白(波)	印	白(印)	东	白(东)	他	白(他)
平均年龄	P-58	47	47	49	46	47	47	50	49	47	47	50	48	48	48
性别,男性	P-59	98	98	97	93	98	98	94	96	99	99	98	99	98	98
校长的种族或出身	P-67														
黑人		10	1	61	3	9	1	12	1	7	1	3	0	12	1
白人		87	95	37	95	89	96	81	94	91	97	76	80	83	93
波多黎各人		0	0	0	0	1	1	0	0	0	0	0	0	0	0
墨西哥裔美国人		0	0	0	0	0	0	0	0	0	0	0	0	0	0
美国印第安人		0	0	0	0	0	0	0	0	0	0	0	0	0	0
东亚人		0	0	0	0	0	1	1	0	0	19	19	3	3	
其他		0	0	0	0	0	0	0	0	0	0	0	0	0	0

表 2.32.8　根据区域划分大城市和非大城市地区所在学校校长为给定性别、种族或出身的白人和黑人**中学生**百分比,以及校长平均年龄,1965 年秋

【注:除了校长年龄以外,所有数字都是学生的百分比】

项目	问题编号	全美国 黑	全美国 白(黑)	全美国 白	非大城市地区 北部和西部 黑	非大城市地区 北部和西部 白(黑)	非大城市地区 北部和西部 白	非大城市地区 南部 黑	非大城市地区 南部 白(黑)	非大城市地区 南部 白	非大城市地区 西南部 黑	非大城市地区 西南部 白(黑)	非大城市地区 西南部 白
平均年龄	P-58	49	46	47	46	44	47	47	43	43	47	41	44
性别,男性	P-59	97	93	98	100	100	98	96	98	97	96	92	96
校长的种族或出身	P-67												
黑人		61	3	1	8	0	0	85	4	0	68	1	0
白人		37	95	95	79	88	87	10	91	94	25	96	98
波多黎各人		0	1	0	0	0	0	1	4	2	2	0	0
墨西哥裔美国人		0	0	0	0	0	0	0	0	0	0	0	0

续 表

项目	问题编号	全美国			非大城市地区					
					北部和西部		南部		西南部	
		黑	白(黑)	白	黑	白(黑)	白	黑	白(黑)	白	黑	白(黑)	白
美国印第安人		0	0	0	0	0	0	0	0	0	0	0	0
东亚人		0	0	0	0	0	0	0	0	0	0	0	0
其他		0	0	0	0	0	0	0	0	0	0	0	0

项目	问题编号	大城市地区									
		东北部		中西部		南部		西南部		西部	
		黑	白(黑)	白	黑	白(黑)	白	黑	白(黑)	白	黑	白(黑)	白	黑	白(黑)	白
平均年龄	P-58	52	52	51	46	45	48	51	46	43	52	42	42	47	49	48
性别,男性	P-59	88	79	98	97	75	96	99	100	100	96	100	100	100	100	100
校长的种族或出身	P-67															
黑人		22	4	0	36	4	4	97	5	0	82	0	0	10	0	0
白人		75	95	99	64	95	95	3	95	100	18	100	100	90	100	100
波多黎各人		0	0	0	0	0	0	0	0	0	0	0	0	0	0	0
墨西哥裔美国人		0	0	0	0	0	0	0	0	0	0	0	0	0	0	0
美国印第安人		0	0	0	0	0	0	0	0	0	0	0	0	0	0	0
东亚人		0	0	0	0	0	0	0	0	0	0	0	0	0	0	1
其他		0	0	0	0	0	0	0	0	0	0	0	0	0	0	0

重点结论——与普通白人学生的教师相比,普通黑人学生的教师

——在南部大城市地区更多是男性,在西南部大城市地区更多是女性,至少在中学阶段是如此。

——年迈的可能性一样,年轻的可能性也一样。

——在所有地区都更可能是黑人。

——更有可能在黑人校长手下任职。

2.33 教育和背景

按照教师所获最高攻读获取学位来衡量，学生的种族和教师所受的训练量之间没有关联（表2.33.1到2.33.4），每个地区的平均值相等。因此，黑人学生由获高级学位的教师授课的可能性既不是更高，也不是更低。

表2.33.1　全美国普通少数族裔和白人学生所在小学教师和辅导员[1]的语言能力、教育程度以及经验，1965年秋

【注：项目和评分方法详见正文】

项目	问题编号	总	白	黑	白(黑)	墨	白(墨)	波	白(波)	印	白(印)	东	白(东)	他	白(他)
语言能力	T-Pt.2	22.8	23.4	20.2	22.6	22.0	22.9	21.6	22.9	22.5	23.1	22.7	23.2	22.0	22.9
最高攻读获取学位	T-11	3	3	3	3	3	3	3	3	3	3	3	3	3	3
教龄	T-25	12	12	13	13	13	12	12	12	12	12	12	12	12	12
在本校的教龄	T-26	6	6	7	6	6	6	7	7	6	6	6	6	6	6
阅读的专业杂志	T-49	1	1	2	1	1	1	1	1	1	1	1	1	1	1

1. 包括每周花超过5小时提供咨询者

表2.33.2　根据区域划分大城市和非大城市地区普通白人和黑人学生所在小学教师和辅导员[1]的语言能力、教育程度以及经验，1965年秋

【注：项目和评分方法详见正文】

		全美国			非大城市地区					
					北部和西部		南部		西南部	
项目	问题编号	黑	白(黑)	白	黑	白(黑)	白	黑	白(黑)	白	黑	白(黑)	白
语言能力	T-Pt.2	20.2	22.6	23.4	22.7	23.5	23.7	17.5	21.1	22.5	20.4	23.5	22.4
最高攻读获取学位	T-11	3	3	3	3	3	3	3	3	3	3	3	3
教龄	T-25	13	13	12	12	13	13	14	16	16	14	13	13
在本校的教龄	T-26	7	6	6	6	6	6	8	10	9	8	7	7
阅读的专业杂志	T-49	2	1	1	1	1	1	2	1	1	1	1	1

续 表

项目	问题编号	大城市地区									
		东北部		中西部		南部		西南部		西部	
		黑	白(黑)	白	黑	白(黑)	白	黑	白(黑)	白	黑	白(黑)	白	黑	白(黑)	白
语言能力	T-Pt.2	21.8	22.7	23.4	22.4	23.4	23.4	19.2	22.9	23.1	20.9	22.7	24.3	22.2	23.0	23.5
最高攻读获取学位	T-11	3	3	3	3	3	3	3	3	3	3	3	3	3	3	3
教龄	T-25	11	13	11	11	11	11	14	11	10	13	11	11	11	12	10
在本校的教龄	T-26	6	7	7	6	6	6	8	5	5	7	5	5	5	5	4
阅读的专业杂志	T-49	1	1	1	1	1	1	2	1	1	2	1	1	1	1	1

1. 包括每周花超过5小时提供咨询者

**表 2.33.3　全美国普通少数族裔和白人学生所在中学教师和辅导员的
语言能力、教育程度以及经验，1965年秋**

【注：项目和评分方法详见正文】

项目	问题编号	总	白	黑	白(黑)	墨	白(墨)	波	白(波)	印	白(印)	东	白(东)	他	白(他)
教师和辅导员：[1]															
语言能力	T-Pt.2	22.9	23.2	21.2	22.9	22.8	23.1	22.4	22.9	23.0	23.2	23.1	23.3	22.7	23.0
最高攻读获取学位	T-11	3	3	3	3	3	3	3	4	3	3	4	4	3	3
教龄	T-25	10	10	11	10	11	10	11	11	10	10	11	10	11	10
在本校的教龄	T-26	6	6	7	6	6	6	7	7	6	6	6	6	6	6
阅读的专业杂志	T-49	1	1	2	1	1	1	1	1	1	1	1	1	1	1
专职辅导员：[1]															
担任辅导员年数	T-68	5	6	5	6	5	7	7	5	5	6	6	6
咨询机构成员身份	T-70	1	1	1	1	1	1	2	1	1	1	1	1

续表

项目	问题编号	总	白	黑	白(黑)	墨	白(墨)	波	白(波)	印	白(印)	东	白(东)	他	白(他)
阅读的咨询杂志	T-71	5	5	5	5	5	5	5	5	5	5	5	5	5	5
最高攻读获取学位专业为咨询研究或相关领域者百分比	T-69	48	49	43	50	44	44	43	47	44	46	44	45	44	43

1. 包括每周花超过5小时提供咨询者

表2.33.4 根据区域划分大城市和非大城市地区普通白人和黑人学生所在**中学**教师和辅导员[1]的语言能力、教育程度以及经验，1965年秋

【注：项目和评分方法详见正文】

项目	问题编号	全美国			非大城市地区							
					北部和西部			南部			西南部		
		黑	白(黑)	白	黑	白(黑)	白	黑	白(黑)	白	黑	白(黑)	白
教师和辅导员：[1]													
语言能力	T-Pt.2	21.2	22.9	23.2	22.6	22.9	23.5	19.4	22.9	23.2	22.2	23.8	23.5
最高攻读获取学位	T-11	3	3	3	3	3	3	3	3	3	3	3	3
教龄	T-25	11	10	10	9	9	10	10	11	12	11	11	11
在本校的教龄	T-26	7	6	6	5	5	5	7	7	7	8	6	6
阅读的专业杂志	T-49	2	1	1	1	1	1	2	1	1	2	1	1
专职辅导员：[1]													
担任辅导员年数	T-68	5	6	6	5	5	5	4	5	5	6	7	7
咨询机构成员身份	T-70	1	1	1	1	1	1	1	2	2	2	1	1
阅读的咨询杂志	T-71	5	5	5	5	5	5	5	5	5	5	5	5

续 表

项目	问题编号	全美国 黑	全美国 白(黑)	全美国 白	非大城市地区 北部和西部 黑	白(黑)	白	南部 黑	白(黑)	白	西南部 黑	白(黑)	白
最高攻读获取学位专业为咨询研究或相关领域者百分比	T-69	43	50	49	48	51	43	31	40	41	60	53	26

项目	问题编号	大城市地区 东北部 黑	白(黑)	白	中西部 黑	白(黑)	白	南部 黑	白(黑)	白	西南部 黑	白(黑)	白	西部 黑	白(黑)	白
教师和辅导员:[1]																
语言能力	T-Pt.2	22.0	22.6	22.7	21.8	22.7	23.2	20.6	23.0	22.6	21.0	21.7	23.5	23.3	23.3	23.5
最高攻读获取学位	T-11	4	4	4	3	3	3	3	3	3	3	3	3	4	4	4
教龄	T-25	12	12	11	11	10	10	12	9	8	11	10	9	11	11	11
在本校的教龄	T-26	7	7	7	7	6	6	8	4	5	7	6	5	5	6	6
阅读的专业杂志	T-49	1	1	1	1	1	1	2	1	1	2	1	1	1	1	1
专职辅导员:[1]																
担任辅导员年数	T-68	7	9	7	5	5	5	6	5	5	2	3	3	5	6	6
咨询机构成员身份	T-70	1	2	2	1	1	1	1	2	1	1	1	1	1	1	1
阅读的咨询杂志	T-71	5	5	5	5	5	5	5	5	5	5	5	5	5	5	5
最高攻读获取学位专业为咨询研究或相关领域者百分比	T-69	50	57	55	55	71	59	40	53	59	42	14	23	45	40	46

1. 包括每周花超过5小时提供咨询者

然而,普通黑人学生的教师更可能在一个自愿参加的有30道题目的教师语言能力小测试中获得较低分。在每一个地区的小学阶段和中学阶段,同县的白人学生的教师平均分数都超过了黑人学生的教师;中学阶段只有西部大城市地区例外,那里的黑人和同县的白人平均分数相等。这种差异在南部比在任何其他地区都更为明显,包括大城市地区和非大城市地区。总之,在所有地区,黑人学生的教师的语言技能较弱(如该测试所测量的),黑人的教师和白人的教师之间的这种差异在南部诸州尤其明显。(事实上,在南部,同县的白人的教师比美国其他地区的对应者成绩更好,但黑人的教师比美国其他地区的对应者成绩更差。)另外,根据该测试的测量结果,黑人学生的教师的语言能力比调查中所覆盖的其他任何少数族群的教师都差。

在全国范围内,黑人学生的教师经验略丰富,在总教龄和在目前学校的教龄方面都是如此。在小学,普通黑人学生的教师在他们目前学校的平均教龄为7年,而同县的白人则是6年。然而,这一模式在不同的层有着很大的差异。在南部大城市地区,在平均总教龄和在目前学校的平均教龄方面,黑人的教师和白人的教师之间的差距最大,例如,在那里,黑人学生的中学教师在目前学校的平均教龄是8年,而同县的白人学生的中学教师则只有4年;另一方面,在东北部大城市地区,同县的白人的小学教师的平均总教龄多了2年,在目前学校的平均教龄则多了一年。但总的来说,黑人学生的教师并不缺乏经验,在目前学校的教龄也并非更短。

在小学和中学阶段,普通黑人学生的教师报告称会阅读更多的专业教育杂志。他们报告称平均阅读2本这样的刊物,而同县的普通白人学生的小学和中学教师所提交的平均数据各是1本。应该指出的是,这种差异几乎完全源自南部和西南部地区,在那里,通过这一标准来衡量,黑人的教师的专业参与度比白人的教师高得多(表2.33.1到2.33.4)。

有一系列独立的问题是针对每周花至少5个小时从事学校辅导员工作的学校员工,这一工作不包括集合教室里的活动。在全国范围内,在同县的普通白人和普通黑人就读的学校里,辅导员在咨询活动方面的经验差不多相等,尽管并非在所有地区和层都是这样。在东北部大城市地区这种差异最为显著,对于那里同县的普通白人中学生和普通黑人中学生而言,该数字分别为9年和7年;但在南部大城市地区,相应的数字分别是5年和6年。除了在西南部非大城市地区以外,同县的白人学生的辅导员与专业咨询机构的关系更为密切一些,但是在专业咨询期刊这一方面,似乎没有因学生的种族而产生差异。

表 2.33.9 到 2.33.12 包含了与中小学校长的特征有关的几组项目。我们对此没有进行广泛的讨论,因为通过这些标准来衡量,黑人和白人学生所在学校的校长似乎非常相似——至少在全国范围内是如此。黑人中学生的校长任职年数较多;从区域来看,在南部和西南部地区都是如此,但在东北部大城市地区情况则相反。除了在中西部大城市地区以外,对黑人小学生而言,其校长的专业是基础教育的比例较高。

表 2.33.5 全美国普通少数族裔和白人学生所在小学具有各种资质、培训经历和其他职业特征的教师百分比,1965 年秋

【注:所有项目都是指教师百分比,只有带星号(*)者代表平均分数】

项目	问题编号	总	白	黑	白(黑)	墨	白(墨)	波	白(波)	印	白(印)	东	白(东)	他	白(他)
专业研究领域:															
基础教育	T-12	61	61	62	61	57	57	60	60	58	59	55	57	59	59
某学术领域	T-12	17	16	17	16	19	19	18	17	17	17	21	19	19	18
高校经验:[1]															
上过师范院校	T-13	48	49	43	50	50	50	45	48	52	53	43	45	45	47
就读高校不提供研究生学位	T-14	39	37	53	39	39	35	41	37	37	34	32	29	38	35
就读高校中白人学生平均百分比	T-16	87	97	39	88	79	92	70	93	85	95	83	93	79	93
学术竞争感	T-17,19,21	60	59	65	60	60	59	64	60	61	59	65	64	62	60
社会关系*	T-18,20,22	48	47	54	48	48	46	48	46	49	47	46	44	47	45
就读高校的教师学术水平等级[2*]	T-23	71	72	64	72	70	72	70	73	72	72	72	74	70	72
非正规证书	T-28	13	14	8	11	14	14	13	12	13	13	13	14	13	14
专业水平:															
参加过 NSF, NDEA, ESEA 机构培训	T-30	6	5	9	7	5	6	6	6	6	7	7	6	5	

续表

项目	问题编号	总	白	黑	白(黑)	墨	白(墨)	波	白(波)	印	白(印)	东	白(东)	他	白(他)
参加过旨在为文化不利学生提供教学或咨询的培训	T-31	14	11	24	13	16	12	19	13	17	15	16	13	16	12
全国优等生联合会成员（KDP或PBK）	T-36	15	15	13	14	15	17	12	14	15	16	15	15	14	15
任何教师组织的官员或活跃分子	T-48	33	32	39	32	35	33	33	30	33	33	32	32	31	30

1. 指教师修习大部分本科课程时所在院校。
2. 从0到100打分，高分代表高等级。

表 2.33.6　根据区域划分大城市和非大城市地区普通白人和黑人学生所在小学具有各种资质、培训经历和其他职业特征的教师百分比，1965年秋
【注：所有项目都是指教师百分比，只有带星号（*）者代表平均分数】

项目	问题编号	全美国 黑	全美国 白(黑)	全美国 白	非大城市地区 北部和西部 黑	北部和西部 白(黑)	北部和西部 白	南部 黑	南部 白(黑)	南部 白	西南部 黑	西南部 白(黑)	西南部 白
专业研究领域：													
基础教育	T-12	62	61	61	64	65	59	70	57	62	40	55	48
某学术领域	T-12	17	16	16	16	16	18	12	15	14	16	15	22
高校经验：[1]													
上过师范院校	T-13	43	50	49	60	62	49	56	59	60	45	52	55
就读高校不提供研究生学位	T-14	53	39	37	48	45	38	63	53	47	44	26	30
就读高校中白人学生平均百分比*	T-16	39	88	97	81	96	99	9	82	97	28	93	93
学术竞争感*	T-17,19,21	65	60	59	64	63	61	65	58	59	66	57	56
社会关系*	T-18,20,22	54	48	47	48	46	48	64	53	50	59	52	50

续　表

项目	问题编号	全美国			非大城市地区							
					北部和西部			南部			西南部		
		黑	白(黑)	白	黑	白(黑)	白	黑	白(黑)	白	黑	白(黑)	白
就读高校的教师学术水平等级[2]*	T-23	64	72	72	72	73	73	56	70	73	62	71	69
非正规证书	T-28	8	11	14	13	15	16	4	6	10	8	16	17
专业水平:													
参加过 NSF, NDEA, ESEA 机构培训	T-30	9	7	5	3	4	5	12	14	9	10	4	4
参加过旨在为文化不利学生提供教学或咨询的培训	T-31	24	13	11	16	13	11	23	12	12	28	14	8
全国优等生联合会成员(KDP 或 PBK)	T-36	13	14	15	9	9	12	10	14	16	20	24	26
任何教师组织的官员或活跃分子	T-48	39	32	32	11	7	6	29	28	36	58	46	44

1. 指教师修习大部分本科课程时所在院校。
2. 从 0 到 100 打分，高分代表高等级。

表2.33.6　根据区域划分大城市和非大城市地区普通白人和黑人学生所在小学具有各种资质、培训经历和其他职业特征的教师百分比，1965年秋(续)
【注：所有项目都是指教师百分比，只有带星号(*)者代表平均分数】

项目	问题编号	大城市地区													
		东北部			中西部			南部			西南部			西部		
		黑	白(黑)	白	黑	白(黑)	白	黑	白(黑)	白	黑	白(黑)	白	黑	白(黑)	白
专业研究领域:																
基础教育	T-12	65	63	63	62	70	69	64	63	64	52	61	59	51	56	59
某学术领域	T-12	19	19	17	17	14	15	18	16	16	9	6	7	23	21	22
高校经验:[1]																
上过师范院校	T-13	49	48	56	35	38	42	34	52	44	40	56	52	37	39	36
就读高校不提供研究生学位	T-14	45	40	38	36	35	40	72	42	46	44	28	26	22	20	21

续 表

| 项目 | 问题编号 | 大城市地区 ||||||||||
| | | 东北部 ||| 中西部 ||| 南部 ||| 西南部 ||| 西部 |||
		黑	白(黑)	白	黑	白(黑)	白	黑	白(黑)	白	黑	白(黑)	白	黑	白(黑)	白
就读高校中白人学生平均百分比	T-16	73	89	97	75	96	97	7	85	95	43	81	98	82	94	96
学术竞争感*	T-17, 19, 21	65	60	57	65	60	60	63	57	56	60	54	53	69	69	65
社会关系*	T-18, 20, 22	44	43	45	42	40	42	63	53	50	55	46	48	42	39	42
就读高校的教师学术水平等级[2]	T-23	70	72	71	74	74	73	58	70	70	67	68	73	75	77	74
非正规证书	T-28	23	21	17	18	18	15	3	8	12	11	16	16	5	5	6
专业水平:																
参加过 NSF, NDEA, ESEA 机构培训	T-30	5	4	4	7	4	4	12	8	4	12	3	3	6	6	5
参加过旨在为文化不利学生提供教学或咨询的培训	T-31	20	12	11	24	10	9	25	13	11	21	14	14	30	18	13
全国优等生联合会成员(KDP 或 PBK)	T-36	11	13	12	13	14	14	12	14	16	17	15	19	17	16	20
任何教师组织的官员或活跃分子	T-48	39	38	34	16	19	23	23	28	28	49	31	23	40	30	31

1. 指教师修习大部分本科课程时所在院校。
2. 从 0 到 100 打分,高分代表高等级。

表 2.33.7　全美国普通少数族裔和白人学生所在**中学**具有各种资质、
培训经历和其他职业特征的教师百分比,1965 年秋
【注:所有项目都是指教师百分比,只有带星号(*)者代表平均分数】

项目	问题编号	总	白	黑	白(黑)	墨	白(墨)	波	白(波)	印	白(印)	东	白(东)	他	白(他)
专业研究领域:															
基础教育	T-12	2	2	4	2	2	2	1	1	3	2	2	2	2	1
某学术领域	T-12	39	40	38	37	37	38	40	43	39	40	40	41	40	40
高校经验:[1]															

续 表

项目	问题编号	总	白	黑	白(黑)	墨	白(墨)	波	白(波)	印	白(印)	东	白(东)	他	白(他)
上过师范院校	T-13	35	35	36	36	36	36	25	26	38	37	26	26	31	32
就读高校不提供研究生学位	T-14	32	31	44	31	26	24	27	26	27	26	20	18	30	27
就读高校中白人学生平均百分比	T-16	90	98	44	94	90	96	86	96	92	97	86	90	86	96
学术竞争感*	T-17, 19, 21	61	61	65	61	63	62	67	64	62	61	68	68	64	63
社会关系*	T-18, 20, 22	50	49	57	50	50	49	42	43	49	48	42	42	48	47
就读高校的教师学术水平等级[2]*	T-23	73	74	68	75	74	75	76	78	73	74	76	76	74	75
非正规证书	T-28	16	16	12	14	14	15	20	18	16	16	12	14	14	14
专业水平:															
参加过NSF, NDEA, ESEA机构培训	T-30	15	14	14	13	14	13	15	14	15	15	20	19	17	16
参加过旨在为文化不利学生提供教学或咨询的培训	T-31	9	8	16	9	11	10	12	9	12	9	14	10	11	9
全国优等生联合会成员(KDP或PBK)	T-36	22	23	18	24	23	23	19	24	22	24	24	24	23	23
任何教师组织的官员或活跃分子	T-48	32	31	40	30	33	32	26	25	31	32	26	26	30	28

1. 指教师修习大部分本科课程时所在院校。
2. 从0到100打分,高分代表高等级。

表 2.33.8　根据区域划分大城市和非大城市地区普通白人和黑人学生所在**中学**具有各种资质、培训经历和其他职业特征的教师百分比，1965 年秋
【注：所有项目都是指教师百分比，只有带星号（＊）者代表平均分数】

项目	问题编号	全美国 黑	全美国 白(黑)	全美国 白	北部和西部 黑	北部和西部 白(黑)	北部和西部 白	南部 黑	南部 白(黑)	南部 白	西南部 黑	西南部 白(黑)	西南部 白
专业研究领域：													
基础教育	T-12	4	2	2	3	3	2	7	4	4	5	2	2
某学术领域	T-12	38	37	40	39	39	36	38	34	35	30	32	32
高校经验：[1]													
上过师范院校	T-13	36	36	35	48	48	37	46	42	43	45	45	42
就读高校不提供研究生学位	T-14	44	31	31	33	33	31	53	46	44	32	17	17
就读高校中白人学生平均百分比	T-16	44	94	98	90	97	99	15	97	99	31	98	98
学术竞争感＊	T-17, 19,21	65	61	61	68	66	62	64	56	57	66	59	59
社会关系＊	T-18, 20,22	57	50	49	50	49	49	66	53	54	59	55	58
就读高校的教师学术水平等级[2]＊	T-23	68	75	74	70	70	73	61	74	73	66	74	74
非正规证书	T-28	12	14	16	10	10	16	6	9	9	16	13	13
专业水平：													
参加过 NSF，NDEA，ESEA 机构培训	T-30	20	13	14	10	10	13	22	12	14	13	10	11
参加过旨在为文化不利学生提供教学或咨询的培训	T-31	16	9	8	9	8	7	16	6	7	18	12	10
全国优等生联合会成员（KDP 或 PBK）	T-36	18	24	23	20	21	21	13	19	22	19	29	20
任何教师组织的官员或活跃分子	T-48	40	30	31	34	32	37	56	40	38	47	40	45

见表格末尾下方脚注。

表 2.33.8　根据区域划分大城市和非大城市地区普通白人和黑人学生所在**中学**具有各种资质、培训经历和其他职业特征的教师百分比，1965 年秋（续）

项目	问题编号	大城市地区													
		东北部			中西部			南部			西南部			西部		
		黑	白(黑)	白	黑	白(黑)	白	黑	白(黑)	白	黑	白(黑)	白	黑	白(黑)	白
专业研究领域：																
基础教育	T-12	1	1	1	5	2	1	3	0	0	6	4	2	1	1	1
某学术领域	T-12	41	46	46	35	36	41	42	38	41	25	32	36	38	39	42
高校经验：[1]																
上过师范院校	T-13	20	24	26	30	33	33	37	38	32	42	48	49	27	20	23
就读高校不提供研究生学位	T-14	25	29	29	38	31	34	64	32	42	42	22	22	16	14	13
就读高校中白人学生平均百分比	T-16	85	92	98	75	97	97	8	95	97	29	74	99	90	90	95
学术竞争感*	T-17,19,21	67	65	62	58	61	59	63	58	58	62	63	59	73	72	68
社会关系*	T-18,20,22	44	44	49	50	45	45	66	55	54	64	61	55	42	40	43
就读高校的教师学术水平等级[2]*	T-23	78	78	76	76	76	75	60	73	74	66	75	74	78	78	73
非正规证书	T-28	27	26	23	27	27	18	4	11	12	15	15	18	7	6	12
专业水平：																
参加过 NSF，NDEA，ESEA 机构培训	T-30	14	14	15	11	12	14	29	11	12	21	22	16	16	15	17
参加过旨在为文化不利学生提供教学或咨询的培训	T-31	13	9	8	15	7	9	16	8	10	18	9	10	24	17	12
全国优等生联合会成员(KDP 或 PBK)	T-36	18	24	21	22	24	26	17	27	29	18	20	20	27	26	27
任何教师组织的官员或活跃分子	T-48	21	21	23	29	21	24	44	28	24	43	37	36	28	27	26

1. 指教师修习大部分本科课程时所在院校。
2. 从 0 到 100 打分，高分代表高等级。

表 2.33.9　全美国所在学校校长具有各种资质、培训经历和其他职业特征的少数族裔和白人小学生百分比,1965 年秋

【注:所有项目都是指学生百分比,只有"平均"代表普通白人和少数族裔学生的校长的特征】

项目	问题编号	总	白	黑	白(黑)	墨	白(墨)	波	白(波)	印	白(印)	东	白(东)	他	白(他)
最高攻读获取学位	P-60														
学士		16	17	14	17	14	17	14	17	21	21	14	17	14	16
硕士和专科医生		80	79	82	81	83	81	81	80	76	76	82	78	82	80
博士		2	1	2	2	2	2	3	2	1	1	4	3	2	2
担任校长年数	P-56														
10 年以下		47	50	36	44	42	44	43	46	42	42	42	44	47	49
10—19 年		31	30	35	37	31	35	33	33	32	35	40	40	32	33
20 年或以上		19	18	26	18	23	19	20	19	22	20	17	15	18	16
平均(年)		12	12	14	12	13	12	13	12	13	13	12	12	12	12
在目前学校担任校长年数	P-57														
10 年以下		73	75	64	75	68	71	71	72	72	73	75	76	73	75
10—19 年		21	19	28	21	27	26	23	21	24	23	22	21	21	20
20 年或以上		5	5	6	5	4	4	5	6	4	4	3	3	5	4
平均(年)		7	7	7	7	7	7	7	7	7	7	7	7	7	7
专业研究领域	P-61														
基础教育		35	36	37	30	30	29	31	31	31	32	25	31	35	32
英语		8	8	6	10	7	9	10	11	6	9	7	8	8	9
数学		5	6	5	5	5	4	5	4	9	7	4	3	5	4
体育		7	8	5	6	6	6	6	8	6	6	6	5	5	6
社会科学		21	20	21	19	27	26	20	19	20	22	33	29	23	24
就读高校类型	P-62														
公立师范高校		38	41	24	36	34	40	30	37	38	40	32	35	34	38
公立(其他)		34	33	37	40	31	31	37	31	34	36	33	38	36	35
非公立(其他)[1]		24	22	33	21	23	20	26	21	20	33	25	24	22

续 表

项目	问题编号	总	白	黑	白(黑)	墨	白(墨)	波	白(波)	印	白(印)	东	白(东)	他	白(他)
就读高校所授予最高学位	P-63														
学士		40	39	51	40	32	30	43	41	38	34	32	31	32	33
硕士		32	32	28	35	35	37	32	34	34	35	32	32	38	36
博士		22	23	17	22	28	29	21	21	21	25	30	31	24	27
就读高校中白人学生百分比	P-65														
90—100		75	83	36	79	71	83	65	81	71	77	64	74	69	81
0—10		9	1	51	8	14	3	23	5	10	3	12	3	15	3
平均		86	95	43	87	80	92	72	91	84	92	80	89	79	91
最高学位以外获得学分	P-66														
11分以下		44	47	35	40	38	40	40	38	39	43	32	36	36	
11—20分		17	17	20	20	14	15	18	20	19	16	16	18	21	
超过20分		37	34	43	39	44	43	38	39	39	38	51	49	44	42

1. 不包括私立师范院校。

表 2.33.10 根据区域划分大城市和非大城市地区所在学校校长具有各种资质、培训经历和其他职业特征的白人和黑人小学生百分比，1965 年秋

【注：所有项目都是指学生百分比，只有"平均"代表普通白人和黑人学生的校长的特征】

项目	问题编号	全美国		非大城市地区					
				北部和西部		南部		西南部	
		黑	白(黑)	白	黑	白(黑)	白	黑	白(黑)	白
最高攻读获取学位	P-60									
学士		14	17	17	35	36	24	33	31	34	14	12	9
硕士和专科医生		82	81	79	60	63	69	65	67	64	86	88	91
博士		2	2	1	0	0	0	0	0	0	0	0	0
担任校长年数	P-56												
10年以下		36	44	50	67	67	67	38	48	46	32	49	47

续　表

项目	问题编号	全美国			非大城市地区							
					北部和西部			南部			西南部		
		黑	白(黑)	白	黑	白(黑)	白	黑	白(黑)	白	黑	白(黑)	白
10—19年		35	37	30	12	20	18	31	23	25	32	43	32
20年或以上		26	18	18	21	13	15	29	28	28	33	8	21
平均(年)		14	12	12	10	9	9	15	13	13	15	10	12
在目前学校担任校长年数	P-57												
10年以下		64	75	75	81	78	83	61	64	64	49	60	52
10—19年		28	21	19	10	18	13	26	24	28	41	38	35
20年或以上		6	5	5	8	2	3	12	12	8	9	2	13
平均(年)		7	7	7	6	6	6	6	6	6	7	7	7
专业研究领域	P-61												
基础教育		37	30	36	43	26	35	30	22	21	15	5	5
英语		6	10	8	1	5	2	5	12	13	6	2	2
数学		5	5	6	13	15	6	7	5	7	12	10	7
体育		5	6	8	21	21	13	1	10	10	5	10	6
社会科学		21	19	20	3	9	16	26	25	22	28	23	32
就读高校类型	P-62												
公立师范高校		24	36	41	39	32	40	25	31	33	30	45	37
公立(其他)		37	40	33	48	46	32	39	48	47	46	17	27
非公立(其他)[1]		33	21	22	10	17	26	30	17	15	12	34	18
就读高校所授予最高学位	P-63												
学士		51	40	39	49	50	34	59	43	46	37	19	11
硕士		28	35	32	27	29	27	33	30	30	58	60	56
博士		17	22	23	8	12	22	5	23	21	5	20	32
就读高校中白人学生百分比	P-65												
90—100		36	79	83	68	77	75	10	74	85	27	87	95
0—10		51	8	1	13	1	0	81	16	1	66	7	1

续 表

项目	问题编号	全美国			非大城市地区						
					北部和西部			南部			西南部		
		黑	白(黑)	白	黑	白(黑)	白	黑	白(黑)	白	黑	白(黑)	白
平均		43	87	95	79	93	94	12	81	96	29	92	97
最高学位以外获得学分	P-66												
11 分以下		35	40	47	48	54	64	50	47	53	46	48	39
11—20 分		20	20	17	7	12	9	17	18	22	24	26	13
超过 20 分		43	39	34	40	33	26	28	33	25	26	22	48

见表格末尾下方脚注。

表 2.33.10 根据区域划分大城市和非大城市地区所在学校校长具有各种资质、培训经历和其他职业特征的白人和黑人小学生百分比,1965 年秋(续)

项目	问题编号	大城市地区											
		东北部			中西部			南部			西南部			西部		
		黑	白(黑)	白	黑	白(黑)	白	黑	白(黑)	白	黑	白(黑)	白	黑	白(黑)	白
最高攻读获取学位	P-60															
学士		2	4	7	2	4	8	15	20	26	5	27	15	2	5	6
硕士和专科医生		92	91	85	89	95	92	83	80	73	95	73	85	91	87	90
博士		5	4	5	10	1	1	0	0	0	0	0	0	5	9	4
担任校长年数	P-56															
10 年以下		38	54	52	54	49	51	28	41	49	21	9	8	35	34	45
10—19 年		47	35	33	28	39	37	35	39	31	44	42	37	41	55	44
20 年或以上		15	11	14	17	12	11	34	20	20	32	34	39	22	10	7
平均(年)		12	11	12	11	11	10	16	13	12	17	20	21	13	12	11
在目前学校担任校长年数	P-57															
10 年以下		76	75	72	79	72	76	49	76	77	52	63	65	81	91	91
10—19 年		21	20	20	19	23	19	38	20	13	39	36	35	17	8	9
20 年或以上		1	4	8	1	4	5	8	4	9	9	1	0	0	0	1
平均(年)		8	8	8	7	7	7	7	7	7	6	6	6	8	7	7

续　表

项目	问题编号	大城市地区													
		东北部			中西部			南部			西南部			西部		
		黑	白(黑)	白	黑	白(黑)	白	黑	白(黑)	白	黑	白(黑)	白	黑	白(黑)	白
专业研究领域	P-61															
基础教育		53	52	45	51	54	51	32	21	38	39	26	27	37	30	31
英语		6	6	5	3	6	7	11	11	17	3	17	17	3	11	9
数学		2	4	3	2	3	2	5	4	2	2	30	18	1	2	5
体育		4	3	3	9	6	7	3	3	9	0	0	1	9	8	9
社会科学		12	16	28	16	12	13	25	14	6	22	21	25	20	29	21
就读高校类型	P-62															
公立师范高校		37	44	48	27	37	37	13	37	37	40	56	67	22	27	33
公立(其他)		32	29	23	52	43	39	21	38	47	36	20	7	55	53	38
非公立(其他)[1]		29	26	28	17	16	22	56	24	16	20	9	11	21	20	28
就读高校所授予最高学位:	P-63															
学士		34	47	39	39	39	48	70	45	51	54	21	20	31	31	38
硕士		29	25	28	20	26	24	22	38	24	23	64	63	32	36	38
博士		30	23	21	34	31	27	7	17	24	23	15	17	35	33	23
就读高校中白人学生百分比	P-65															
90—100		75	77	84	65	77	77	8	86	98	43	71	84	68	76	83
0—10		6	2	0	11	0	0	88	13	2	44	14	0	3	1	1
平均		87	90	94	82	92	93	8	86	97	50	84	99	87	92	93
最高学位以外获得学分	P-66															
11分以下		21	16	29	54	55	52	31	49	54	35	46	56	17	15	14
11—20分		24	14	18	19	27	24	28	23	29	23	13	13	8	22	17
超过20分		54	70	52	24	18	24	40	28	18	40	26	16	73	64	69

1. 不包括私立师范院校。

表 2.33.11　全美国所在学校校长具有各种资质、培训经历和其他职业特征的少数族裔和白人**中学生**百分比，1965 年秋

【注：所有项目都是指学生百分比，只有"平均"代表普通白人和少数族裔学生的校长的特征】

项目	问题编号	总	白	黑	白(黑)	墨	白(墨)	波	白(波)	印	白(印)	东	白(东)	他	白(他)
最高攻读获取学位	P-60														
学士		6	7	3	5	9	8	3	3	6	4	6	5	4	3
硕士和专科医生		88	88	91	87	81	78	83	85	88	87	70	63	85	82
博士		6	6	6	8	10	14	14	12	6	9	24	32	11	14
担任校长年数	P-56														
10 年以下		45	47	35	47	43	43	43	37	42	43	28	31	45	45
10—19 年		34	34	36	35	33	34	40	47	37	37	48	51	33	33
20 年或以上		21	19	30	18	24	23	17	16	21	20	24	18	22	22
平均(年)		13	13	15	13	13	13	12	13	13	13	16	14	13	13
在目前学校担任校长年数	P-57														
10 年以下		76	77	69	85	82	83	81	71	81	83	91	91	78	81
10—19 年		18	18	16	12	15	14	16	26	15	13	7	8	15	14
20 年或以上		5	4	12	2	3	3	3	2	4	4	2	1	6	5
平均(年)		8	8	8	8	8	8	8	9	9	8	9	9	8	9
专业研究领域	P-61														
基础教育		11	11	11	7	10	9	6	10	15	18	10	7	10	8
英语		13	13	12	18	21	19	11	25	11	11	21	16	13	13
数学		10	11	8	8	8	8	8	8	10	11	5	4	11	10
体育		5	4	11	4	3	2	7	5	6	5	1	2	5	3
社会科学		29	29	29	38	23	29	42	31	24	24	30	44	25	32
就读高校类型	P-62														
公立师范高校		29	30	26	38	35	40	20	25	33	32	30	37	26	33
公立(其他)		40	41	33	37	41	37	51	44	39	41	51	44	42	39
非公立(其他)[1]		29	28	39	24	24	23	28	31	27	26	18	19	28	25

续表

项目	问题编号	总	白	黑	白(黑)	墨	白(墨)	波	白(波)	印	白(印)	东	白(东)	他	白(他)
就读高校所授予最高学位	P-63														
学士		46	43	61	50	39	41	39	48	41	39	40	45	47	47
硕士		26	27	20	24	27	29	34	25	23	24	12	13	21	21
博士		27	26	18	24	33	28	26	26	34	35	47	42	29	28
就读高校中白人学生百分比	P-65														
90—100		77	83	38	73	78	84	72	76	75	78	75	73	75	83
0—10		8	1	53	3	8	1	11	1	7	2	3	0	11	1
平均		87	94	43	94	87	94	82	93	87	94	83	89	83	93
最高学位以外获得学分	P-66														
11分以下		31	30	37	35	37	34	23	23	27	25	24	18	30	30
11—20分		22	23	20	31	18	25	16	19	21	24	17	39	24	31
超过20分		46	47	42	33	45	41	61	57	52	51	57	43	45	39

1. 不包括私立师范院校。

表2.33.12 根据区域划分大城市和非大城市地区所在学校校长具有各种资质、培训经历和其他职业特征的黑人和白人**中学生**百分比，1965年秋

【注：所有项目都是指学生百分比，只有"平均"代表普通白人和黑人学生的校长的特征】

项目	问题编号	全美国		非大城市地区							
				北部和西部		南部		西南部			
		黑	白(黑)	白	黑	白(黑)	白	黑	白(黑)	白	黑	白(黑)	白
最高攻读获取学位	P-60											
学士		3	5	7	12	11	14	8	9	10	10	5	10
硕士和专科医生		91	87	88	82	84	81	91	91	90	90	95	90
博士		6	8	6	7	5	1	1	0	0	0	0	0
担任校长年数	P-56											
10年以下		35	47	47	56	62	58	30	49	50	34	43	47

续 表

项目	问题编号	全美国 黑	全美国 白(黑)	全美国 白	非大城市地区 北部和西部 黑	非大城市地区 北部和西部 白(黑)	非大城市地区 北部和西部 白	非大城市地区 南部 黑	非大城市地区 南部 白(黑)	非大城市地区 南部 白	非大城市地区 西南部 黑	非大城市地区 西南部 白(黑)	非大城市地区 西南部 白
10—19 年		36	35	34	17	16	24	31	26	31	18	46	25
20 年或以上		30	18	19	28	21	18	39	24	19	49	11	29
平均(年)		15	13	13	12	11	10	17	12	12	16	11	13
在目前学校担任校长年数	P-57												
10 年以下		69	85	77	72	78	72	59	76	79	55	88	79
10—19 年		16	12	18	21	20	23	26	20	18	15	9	7
20 年或以上		12	2	4	7	2	5	16	4	2	30	3	14
平均(年)		8	8	8	8	8	7	8	7	7	7	7	7
专业研究领域	P-61												
基础教育		11	7	11	3	3	10	16	6	8	5	2	1
英语		12	18	13	6	6	10	10	18	14	11	19	22
数学		8	8	11	15	17	17	8	7	8	4	3	5
体育		11	2	4	3	0	1	6	1	3	35	0	1
社会科学		29	38	29	23	21	21	27	36	34	18	11	13
就读高校类型	P-62												
公立师范高校		26	38	30	16	17	23	22	27	30	15	21	31
公立(其他)		33	37	41	37	42	37	37	47	46	38	58	45
非公立(其他)[1]		39	24	28	46	40	38	36	22	22	42	21	24
就读高校所授予最高学位	P-63												
学士		61	50	43	52	45	44	58	34	39	68	20	20
硕士		20	24	27	19	21	27	29	35	36	25	26	40
博士		18	24	26	30	34	26	11	28	24	7	54	39
就读高校中白人学生百分比	P-65												
90—100		38	73	83	72	79	72	18	87	92	24	94	96
0—10		53	3	1	11	3	2	73	3	0	69	0	0

续表

项目	问题编号	全美国 黑	全美国 白(黑)	全美国 白	非大城市地区 北部和西部 黑	非大城市地区 北部和西部 白(黑)	非大城市地区 北部和西部 白	非大城市地区 南部 黑	非大城市地区 南部 白(黑)	非大城市地区 南部 白	非大城市地区 西南部 黑	非大城市地区 西南部 白(黑)	非大城市地区 西南部 白
平均		43	94	94	85	93	91	22	94	98	26	99	98
最高学位以外获得学分：	P-66												
11分以下		37	35	30	50	52	46	49	39	42	29	62	46
11—20分		20	31	23	6	9	16	17	27	22	48	25	21
超过20分		42	33	46	44	39	36	31	34	36	21	13	33

见表格末尾下方脚注。

表2.33.12 根据区域划分大城市和非大城市地区所在学校校长具有各种资质、培训经历和其他职业特征的黑人和白人**中学生**百分比，1965年秋（续）

项目	问题编号	大城市地区 东北部 黑	大城市地区 东北部 白(黑)	大城市地区 东北部 白	大城市地区 中西部 黑	大城市地区 中西部 白(黑)	大城市地区 中西部 白	大城市地区 南部 黑	大城市地区 南部 白(黑)	大城市地区 南部 白	大城市地区 西南部 黑	大城市地区 西南部 白(黑)	大城市地区 西南部 白	大城市地区 西部 黑	大城市地区 西部 白(黑)	大城市地区 西部 白
最高攻读获取学位	P-60															
学士		3	1	3	0	0	0	3	6	7	6	14	15	0	0	0
硕士和专科医生		94	91	93	91	98	98	95	94	93	94	86	85	75	47	54
博士		3	8	4	9	2	2	2	9	9	9	1	25	53	46	
担任校长年数	P-56															
10年以下		65	37	44	43	43	29	24	62	67	20	72	71	30	12	28
10—19年		27	40	38	20	30	48	43	30	20	76	21	26	48	66	44
20年或以上		8	23	19	37	27	24	33	8	13	5	6	5	22	22	28
平均（年）		9	14	13	14	15	15	17	12	12	14	9	9	15	16	16
在目前学校担任校长年数	P-57															
10年以下		85	70	69	56	72	70	66	100	100	73	94	97	98	99	88
10—19年		10	27	26	32	21	22	9	0	0	5	7	3	1	0	12
20年或以上		5	4	6	9	6	8	16	0	0	22	0	0	0	0	0

续 表

| 项目 | 问题编号 | 大城市地区 ||||||||||||
| | | 东北部 ||| 中西部 ||| 南部 ||| 西南部 ||| 西部 |||
		黑	白(黑)	白	黑	白(黑)	白	黑	白(黑)	白	黑	白(黑)	白	黑	白(黑)	白
平均(年)		8	8	8	8	7	8	7	7	7	7	7	7	9	12	11
专业研究领域	P-61															
基础教育		2	8	12	5	9	5	13	3	5	4	63	62	21	4	3
英语		5	15	17	31	14	11	6	23	16	0	0	0	23	21	17
数学		9	3	10	6	10	12	12	11	7	14	13	11	1	2	6
体育		19	10	8	9	3	9	19	0	0	0	0	3	0	0	0
社会科学		35	22	20	31	53	47	35	48	20	53	10	6	8	36	50
就读高校类型	P-62															
公立师范高校		30	39	28	21	31	40	23	36	6	32	44	35	45	75	40
公立(其他)		25	24	23	63	63	47	16	27	57	13	54	57	41	20	45
非公立(其他)[1]		45	38	49	16	4	10	60	37	37	51	2	7	14	4	15
就读高校所授予最高学位	P-63															
学士		48	61	48	29	34	48	88	63	64	86	1	6	49	76	44
硕士		21	21	28	35	39	27	8	16	16	14	45	37	11	4	14
博士		32	18	17	36	26	23	1	18	20	0	54	57	40	20	43
就读高校中白人学生百分比	P-65															
90—100		60	83	91	57	55	79	8	92	99	18	57	58	99	96	98
0—10		22	4	1	12	0	0	91	5	0	79	0	0	0	0	0
平均		71	91	94	80	89	92	9	94	98	18	96	97	95	96	95
最高学位以外获得学分	P-66															
11分以下		10	7	14	43	46	22	25	31	56	67	13	14	47	45	17
11—20分		9	23	30	35	22	20	28	46	27	1	10	7	6	35	38
超过20分		81	70	57	22	32	58	45	19	17	32	77	79	47	20	45

1. 不包括私立师范院校。

本节中讨论的最后一组表格(2.33.4 到 2.33.8)说明了黑人和白人学生的教师的某些资格和职业特征。无论是从全国范围观察还是从各地区单独观察，无论是在中学还是在小学，在大学主修学术型科目的教师的比例都没有实质性的差异。大约每 10 位语法教师中有 6 位报告称主修课程是基础教育，这一点没有因学生的种族而产生差异。全国略高于三分之一的中学教师和将近一半的小学教师在师范院校接受过教育。有同样比例的白人和黑人中学生的教师受过这些训练。但在小学里，白人学生更可能拥有从这些院校毕业的教师。在南部大城市地区，在小学阶段存在着明显的种族差异，但各地区给人们的总体印象是，对于普通白人和普通黑人学生而言，他们的教师所就读的高校类型并不存在差异。

另一方面，高校所提供的学位程度不同。黑人学生的教师显然更可能是从只提供学士学位或证书的大学毕业的。这种差异在南部大城市地区最大，在那里，在教师的学校只提供学士学位或证书这一项中，黑人的比例高出同县的普通白人近一倍(在中学分别是 64% 和 32%；在小学分别是 72% 与 42%)。只有在东北部大城市地区的中学里，情况是相反的。

如果种族在全体学生的构成或教师的分配中不是一个影响因素的话，那么在普通黑人和白人学生的教师所就读的高校里，就应该有 10% 到 15% 的黑人学生。然而事实上，普通黑人中学生的教师中有 44% 上的是以白人学生为主的高校，而同县的白人的教师则是 94%；在小学，相应的数字分别是 39% 和 88%。种族在大学中的两极化分布，如 5.1 节所示，意味着有 44% 的比例出现在两种极端的混合中——即大约一半的教师上的是以黑人为主的高校，大约另外一半上的是以白人为主的高校。

中学教师所就读高校中的种族差异在南部大城市地区最为显著——普通黑人的教师中有 8% 上的是以白人为主的高校，而同县的白人的教师中有 95% 上的是明显以白人为主的高校。所有地区的小学中都呈现这一特征，在南部大城市地区最为明显，在西部大城市地区和北部和西部的非大城市地区则最不明显。换言之，黑人学生的教师非常可能是在有大量黑人学生就读的学校中接受教育；白人学生的教师在读大学时与黑人同学的接触可能很有限。

有一道单独列出的问题要求教师将他们所就读的高校与所有高等教育机构进行对比，然后对其学术水平评分。在全国范围内，普通白人学生的教师在这个问题上给他们的学校评分较高。这一全国数值仅反映了两个地区的结果——南部和西南部；在其他地区，黑人学生的教师对其就读的高校给予高分的可能性相对并不低。只有在黑人学生的教师特别可能就读于种族隔离高校的地区，他们才会认为自己是在学术质量不佳的高校接受培训。

表 2.33.7 和 2.33.8 的最下面是关于学术荣誉、特殊在职机构培训和参加教师组织的情况。在全国范围内，小学和中学的普通黑人学生的教师相比白人学生的教师而言，不太可能是学术荣誉协会如"美国大学优等生联谊会"或"国际教育荣誉学会"的成员；他们更可能参加过对教师进行特殊培训和专业升级的机构，并且会参加教师组织，是组织中的官员或积极分子。但是在所有情况下，在地区或层之间的种族差异间都存在着相当大的变化。总的说来，在教师中种族隔离最严重的地方，黑人的教师比白人的教师更多地参加专业组织。主要是在南部和西南部地区，黑人的教师参加 NSF（美国国家科学基金会）、NDEA（美国国防教育法案）和 ESEA（美国中小学教育法案）暑期学校的比例超过了白人的教师。相比之下，在几乎所有地区，那些在文化不利学生的教学或咨询方面提供特殊培训的机构更多是吸引黑人的教师参加，这一趋势在南部诸州并不是更为明显。

至于除黑人以外的少数族群，与跟他们在同一个县内的白人比较，可以得出以下结论：在任何少数族群普通成员就读的小学里，教师的语言能力得分都比普通白人学生就读的小学要低，尽管黑人的教师与白人的教师相比在中学和小学阶段差异都更为明显。在教师持有高级学位的比例方面，白人和黑人以外的少数族群之间没有差异；在教龄方面也没有重大差异。少数族群的教师和白人的教师在目前学校的教龄相仿，专业杂志的平均阅读数量也非常相近。当我们考察校长而非教师时，总体印象是，普通墨西哥裔、波多黎各裔、印第安裔或东亚裔学生的校长跟普通白人学生的校长相似度很高。在任职总年数、在目前学校的任职年数以及所就读高校的特征方面，他们之间的差异非常小。我们也注意到东亚裔学生所就读学校的校长和其他少数族裔学生所就读学校的校长之间存在着一些差异，这可能反映了西部地区的独有情况——例如，他们更可能持有攻读获取的博士学位。

重点结论——与普通白人学生的教师相比，普通黑人教师——
——在语言能力测试中得分较低，在南部诸州这项差异最为显著。
——持有高级学位的可能性既不是更高也不是更低。
——教龄稍许更长，在目前学校的教龄也稍许更长。
——阅读更多的专业杂志。
——专业是一门学术科目的可能性既不是更高也不是更低。
——如果是小学教师，接受过师范院校培训的可能性相对较低。

——更多是从不提供研究生培训的高校毕业。

——所就读高校的全体学生中,白人的比例要低得多。

——相对较少认为他们就读的高校具有高学术质量。

——相对较少加入学术荣誉团体,特别是在南部。

——相对更多地加入帮助文化不利学生的机构。

与普通白人学生相比,普通黑人学生所在的学校——

——辅导员经验比较不足,而且较少是职业咨询机构成员,但他们在接受咨询特别训练和阅读咨询杂志方面并非相对较少。

2.34 教师和校长的工作条件及对学校的态度

在全美国,小学教师的平均年薪是 5 900 美元,中学教师的平均年薪为 6 400 美元。这里存在着广泛的地区差异;在南部非大城市地区,普通黑人学生所在中学的教师平均年薪为 4 900 美元,而他们在西部大城市地区的同行则为 8 800 美元。在根据学生种族划分教师时观察到的这些地区差异比其他任何划分方式都要明显得多。然而,确实也有这种情况,例如,在西部大城市地区的小学里,黑人的教师的平均年薪比相应的白人的教师高了 400 美元,在西南部大城市地区,则高了 700 美元;而在南部非大城市地区的中学里,普通黑人的教师要比普通白人的教师少拿 300 美元。应该记住,居住在这一区域的黑人人数比上面提到的两个地区要多得多。总的结论是,学生的种族是影响教师工资的一个小因素——如果这的确算是一个因素的话。

根据报告,在全国范围内,小学教师平均每年缺勤 4 天左右。在各种族群体中,这项的差异非常小。但的确存在地区差异,西南部非大城市地区平均缺勤率最低(每年不到 3 天),东北部非大城市地区最高(每年 5 天以上)。

中学教师的缺勤率普遍较低,在各种族群体中,这项差异微乎其微。地区差异没有在小学教师中那么大,不过东北部大城市地区的缺勤率再一次高于其他地区。

小学教师比中学教师更可能是主动要求分配到他们目前的学校。同样,黑人的教师比白人的教师更可能是主动要求分配到他们目前的学校。在所有地区的小学和中学阶段,与普通白人相比,在普通黑人就读的学校里,有更大比例的教师是主动要求分配到他们任教的学校。该项的种族间差异在南部诸州和中西部大城市地区似乎特别显著,而在西部大城市地区则几乎看不到。但白人的教师与黑人的教师相比,如果有机会的话,比较不会选择在另一所学校教书。

表 2.34.1　全美国普通少数族裔和白人学生所在**小学**教师工作条件，1965 年秋

项目	问题编号	总	白	黑	白(黑)	墨	白(墨)	波	白(波)	印	白(印)	东	白(东)	他	白(他)
教师平均年薪（千美元）	T-32	6.0	6.0	6.0	5.9	5.9	5.9	6.0	6.1	6.1	6.0	6.6	6.5	6.1	6.2
每天用于备课平均小时数	T-51	3.2	3.2	3.4	3.2	3.3	3.2	3.2	3.1	3.2	3.2	3.3	3.3	3.3	3.3
每天花在教室里的平均小时数	T-52	5.8	5.8	5.9	5.9	5.9	5.9	5.7	5.8	5.8	5.8	5.7	5.7	5.8	5.8
每个班级平均学生数	T-53	30	30	32	30	30	30	31	30	30	30	31	30	31	30
教授的不同科目平均门数	T-54	5.6	5.5	5.6	5.8	5.6	5.6	5.5	5.5	5.5	5.6	5.6	5.6	5.5	5.6
教授的不同课程的比例	T-56	.56	.53	.66	.57	.60	.56	.60	.54	.54	.53	.59	.57	.57	.56
每周除了正式指导任务以外的平均咨询小时数	T-55	1.4	1.3	1.8	1.4	1.5	1.4	1.6	1.4	1.4	1.4	1.4	1.4	1.5	1.4
上学年缺勤天数	T-27	3.8	3.7	4.1	4.1	3.8	3.9	4.1	4.2	3.6	3.6	3.8	3.9	4.1	4.1
自行要求分配到当前学校的百分比	T-29	46	43	65	52	47	44	50	45	42	41	50	48	51	47

表 2.34.2　根据区域划分大城市和非大城市地区普通白人和黑人学生所在**小学**教师工作条件，1965 年秋

项目	问题编号	全美国 黑	全美国 白(黑)	全美国 白	北部和西部 黑	北部和西部 白(黑)	北部和西部 白	南部 黑	南部 白(黑)	南部 白	西南部 黑	西南部 白(黑)	西南部 白
教师平均年薪（千美元）	T-32	6.0	5.9	6.0	5.8	5.8	5.7	4.6	4.8	5.0	5.5	5.4	5.4
每天用于备课平均小时数	T-51	3.4	3.2	3.2	3.1	3.0	3.1	3.4	3.2	3.1	3.5	3.1	3.2
每天花在教室里的平均小时数	T-52	5.9	5.9	5.8	5.9	5.9	5.8	6.1	6.1	6.2	6.2	6.0	5.9
每个班级平均学生数	T-53	32	30	30	27	27	28	33	31	30	29	28	29

续 表

项目	问题编号	全美国			非大城市地区							
					北部和西部			南部			西南部		
		黑	白(黑)	白	黑	白(黑)	白	黑	白(黑)	白	黑	白(黑)	白
教授的不同科目平均门数	T-54	5.6	5.8	5.5	5.3	5.4	5.4	5.2	5.4	5.7	5.7	5.0	5.1
教授的不同课程的比例	T-56	.66	.57	.53	.51	.50	.53	.69	.57	.60	.75	.58	.61
每周除了正式指导任务以外的咨询小时数	T-55	1.8	1.4	1.3	1.1	1.1	1.2	1.9	1.6	1.5	1.8	1.7	1.7
上学年缺勤天数	T-27	4.1	4.1	3.7	3.3	3.1	3.1	3.2	3.6	3.6	2.3	2.9	3.4
自行要求分配到当前学校的百分比	T-29	65	52	43	42	38	29	57	33	34	44	37	34

项目	问题编号	大城市地区													
		东北部			中西部			南部			西南部			西部		
		黑	白(黑)	白	黑	白(黑)	白	黑	白(黑)	白	黑	白(黑)	白	黑	白(黑)	白
教师平均年薪(千美元)	T-32	7.2	7.4	7.1	7.0	6.7	6.5	5.4	5.1	5.0	5.8	5.1	5.1	7.8	7.8	7.3
每天用于备课平均小时数	T-52	3.2	3.2	3.1	3.2	3.2	3.6	3.2	3.2	3.3	3.2	3.2	3.3	3.4	3.4	
每天花在教室里的平均小时数	T-52	5.3	5.4	5.5	5.8	5.9	5.8	6.1	6.1	6.0	6.2	6.0	6.1	5.5	5.5	5.6
每个班级平均学生数	T-53	31	30	29	33	32	31	32	30	31	33	30	31	32	31	31
教授的不同科目平均门数	T-54	6.2	5.5	5.5	5.4	5.7	5.6	6.2	6.1	5.6	5.2	4.8	5.8	6.1	6.0	
教授的不同课程的比例	T-56	.59	.51	.47	.51	.50	.52	.71	.59	.53	.76	.49	.44	.68	.64	.60
每周除了正式指导任务以外的咨询小时数	T-55	1.4	1.3	1.2	1.4	1.3	1.3	2.1	1.3	2.0	1.2	1.4	1.7	1.5	1.5	
上学年缺勤天数	T-27	5.7	5.2	4.7	4.5	4.0	3.8	3.7	4.3	4.2	3.6	3.1	2.8	5.0	4.3	4.1
自行要求分配到当前学校的百分比	T-29	59	56	52	74	60	52	74	59	52	60	30	27	70	70	63

表 2.34.3　全美国普通少数族裔和白人学生所在**中学**教师工作条件，1965 年秋

项目	问题编号	总	白	黑	白(黑)	墨	白(墨)	波	白(波)	印	白(印)	东	白(东)	他	白(他)
教师平均年薪（千美元）	T-32	6.6	6.6	6.4	6.4	6.8	6.8	7.6	7.7	6.8	6.8	7.7	7.6	7.0	7.0
每天用于备课平均小时数	T-51	3.2	3.2	3.4	3.3	3.3	3.3	3.1	3.2	3.2	3.2	3.3	3.4	3.2	3.2
每天花在教室里的平均小时数	T-52	5.1	5.1	5.2	5.1	5.1	5.1	4.8	4.8	5.2	5.1	5.1	5.2	5.1	5.1
每个班级平均学生数	T-53	32	31	34	32	32	32	34	33	32	32	34	34	33	32
教授的不同科目平均门数	T-54	2.9	2.9	3.0	2.8	2.9	2.9	2.6	2.6	2.9	2.9	2.8	2.7	2.7	2.7
教授的不同课程的比例	T-56	.34	.33	.40	.34	.34	.34	.34	.32	.34	.33	.33	.31	.33	.32
每周除了正式指导任务以外的咨询小时数	T-55	1.7	1.6	2.2	1.7	1.8	1.7	1.7	1.6	1.8	1.7	1.9	1.7	1.8	1.6
上个学年缺勤天数	T-27	2.8	2.8	3.2	3.0	2.8	2.7	3.6	3.5	2.9	2.8	3.2	3.2	3.0	3.0
自行要求分配到当前学校的百分比	T-29	29	26	45	30	31	28	42	30	28	25	41	40	34	30

表 2.34.4　根据区域划分大城市和非大城市地区普通白人和黑人学生所在**中学**教师工作条件，1965 年秋

项目	问题编号	全美国 黑	全美国 白(黑)	全美国 白	非大城市地区 北部和西部 黑	非大城市地区 北部和西部 白(黑)	非大城市地区 北部和西部 白	非大城市地区 南部 黑	非大城市地区 南部 白(黑)	非大城市地区 南部 白	非大城市地区 西南部 黑	非大城市地区 西南部 白(黑)	非大城市地区 西南部 白
教师平均年薪（千美元）	T-32	6.4	6.4	6.6	6.0	6.0	6.3	4.9	5.2	5.2	5.6	5.3	5.8
每天用于备课平均小时数	T-51	3.4	3.3	3.2	3.2	3.2	3.2	3.5	3.4	3.3	3.7	3.3	3.4
每天花在教室里的平均小时数	T-52	5.2	5.1	5.1	5.3	5.3	5.2	5.5	5.2	5.3	5.4	4.9	4.8

续 表

项目	问题编号	全美国			非大城市地区							
					北部和西部			南部			西南部		
		黑	白(黑)	白	黑	白(黑)	白	黑	白(黑)	白	黑	白(黑)	白
每个班级平均学生数	T-53	34	32	31	29	29	28	34	29	30	30	30	31
教授的不同科目平均门数	T-54	3.0	2.8	2.9	3.5	3.5	3.4	3.4	3.3	3.0	3.7	2.8	3.1
教授的不同课程的比例	T-56	.40	.34	.33	.36	.36	.33	.51	.40	.38	.47	.37	.45
每周除了正式指导任务以外的咨询小时数	T-55	2.2	1.7	1.6	1.4	1.4	1.6	2.3	1.8	1.8	2.7	2.1	2.2
上学年缺勤天数	T-27	3.2	3.0	2.8	2.6	2.6	2.4	2.9	2.8	2.8	2.2	1.9	1.8
自行要求分配到当前学校的百分比	T-29	45	30	26	21	19	13	39	19	22	35	15	15

项目	问题编号	大城市地区														
			东北部			中西部			南部			西南部			西部		
		黑	白(黑)	白	黑	白(黑)	白	黑	白(黑)	白	黑	白(黑)	白	黑	白(黑)	白
教师平均年薪(千美元)	T-32	7.8	7.9	7.6	7.2	7.1	7.2	5.5	5.3	5.4	6.1	5.6	5.5	8.8	8.7	8.3
每天用于备课平均小时数	T-51	3.1	3.2	3.2	3.1	3.1	3.1	3.5	3.2	3.2	3.4	3.5	3.4	3.4	3.4	3.4
每天花在教室里的平均小时数	T-52	4.8	4.8	4.9	5.2	5.2	5.0	5.2	5.2	5.4	5.3	5.0	5.0	5.0	5.1
每个班级平均学生数	T-53	34	33	32	36	32	32	35	34	33	36	31	35	36	36	34
教授的不同科目平均门数	T-54	2.6	2.6	2.6	3.0	2.8	2.6	2.6	2.2	2.5	3.3	3.8	2.9	2.6	2.5	2.7
教授的不同课程的比例	T-56	.36	.33	.33	.34	.31	.31	.38	.29	.30	.42	.53	.35	.31	.30	.31
每周除了正式指导任务以外的咨询小时数	T-55	1.9	1.6	1.5	1.9	1.5	1.6	2.2	1.4	1.6	2.9	2.4	1.8	2.0	1.8	1.7
上学年缺勤天数	T-27	4.3	3.9	3.6	3.0	2.6	2.6	3.3	3.4	2.9	2.7	1.7	1.9	3.3	3.4	3.3
自行要求分配到当前学校的百分比	T-29	47	38	31	46	30	35	53	36	39	41	17	13	46	41	41

表 2.34.5　全美国普通少数族裔和白人学生所在小学教师对其
职业、学校和学生的态度，1965 年秋
【注：带星号（＊）的项目是普通少数族裔和白人学生所在学校的分数】

项目	问题编号	总	白	黑	白(黑)	墨	白(墨)	波	白(波)	印	白(印)	东	白(东)	他	白(他)
明确愿意重新选择教师职业者百分比	T-37	57	57	54	57	58	58	55	56	56	57	57	57	57	57
计划退休前一直当教师者百分比	T-50	39	37	45	39	44	41	42	39	41	39	38	38	41	38
愿意继续在目前的学校执教者百分比	T-38	63	65	55	68	58	63	57	66	59	63	59	65	59	65
教师对学生努力程度打分	T-33*	2.3	2.4	1.9	2.4	2.2	2.4	1.9	2.4	2.2	2.4	2.2	2.4	2.2	2.4
教师对学生能力打分	T-34*	2.3	2.4	1.9	2.4	2.1	2.3	1.9	2.4	2.1	2.3	2.1	2.3	2.2	2.4
教师认为所在学校在校外教师心目中的声誉	T-44*	2.8	2.9	2.7	2.9	2.8	2.9	2.6	2.9	2.7	2.9	2.7	2.8	2.7	2.9
教师在学生及学生家庭方面遇到的问题	T-47*	.10	.08	.19	.10	.14	.10	.17	.10	.13	.10	.12	.09	.13	.09
教师在学校运作方面遇到的问题	T-47*	.07	.06	.11	.07	.08	.07	.10	.07	.08	.06	.07	.06	.08	.06

表 2.34.6　根据区域划分大城市和非大城市地区普通白人和黑人
学生所在小学教师对其职业、学校和学生的态度，1965 年秋
【注：带星号（＊）的项目是普通白人或黑人学生所在学校的分数】

项目	问题编号	全美国		非大城市地区					
				北部和西部		南部		西南部	
		黑	白(黑)	白	黑	白(黑)	白	黑	白(黑)	白
明确愿意重新选择教师职业者百分比	T-37	54	57	57	60	60	56	53	51	52	61	63
计划退休前一直当教师者百分比	T-50	45	39	37	42	41	35	50	51	51	57	51	55

续 表

项目	问题编号	全美国			非大城市地区					
					北部和西部			南部			西南部		
			黑	白(黑)	白	黑	白(黑)	白	黑	白(黑)	白	黑	白(黑)	白
愿意继续在目前的学校执教者百分比	T-38	55	68	65	56	60	60	49	66	73	57	71	64
教师对学生努力程度打分	T-33*	1.9	2.4	2.4	2.0	2.2	2.4	2.0	2.2	2.3	2.2	2.1	2.4
教师对学生能力打分	T-34*	1.9	2.4	2.4	1.9	2.1	2.3	2.1	2.3	2.3	2.2	2.2	2.3
教师认为所在学校在校外教师心目中的声誉	T-44*	2.7	2.9	2.9	2.4	2.6	2.7	2.8	2.9	2.9	2.9	2.9	2.9
教师在学生及学生家庭方面遇到的问题	T-47*	.19	.10	.08	.14	.11	.07	.21	.12	.11	.15	.13	.11
教师在学校运作方面遇到的问题	T-47*	.11	.07	.06	.08	.07	.06	.12	.08	.07	.07	.06	.06

项目	问题编号	大城市地区													
			东北部			中西部			南部			西南部			西部		
			黑	白(黑)	白	黑	白(黑)	白	黑	白(黑)	白	黑	白(黑)	白	黑	白(黑)	白
明确愿意重新选择教师职业者百分比	T-37	49	53	55	50	58	57	54	62	59	56	66	68	60	55	59
计划退休前一直当教师者百分比	T-50	31	32	32	34	31	31	51	36	34	48	46	46	41	36	34
愿意继续在目前的学校执教者百分比	T-38	53	66	64	49	62	63	61	75	76	63	58	59	55	67	66
教师对学生努力程度打分	T-33*	1.8	2.6	2.6	1.7	2.4	2.4	2.0	2.4	2.4	2.1	2.3	2.3	1.7	2.4	2.6
教师对学生能力打分	T-34*	1.7	2.6	2.6	1.6	2.4	2.4	2.0	2.4	2.4	2.1	2.3	2.3	1.5	2.3	2.5
教师认为所在学校在校外教师心目中的声誉	T-44*	2.4	3.1	3.0	2.1	2.9	2.9	3.1	3.0	3.1	2.9	2.9	2.9	2.3	2.9	2.9
教师在学生及学生家庭方面遇到的问题	T-47*	.17	.08	.07	.20	.08	.08	.19	.09	.08	.17	.12	.11	.21	.10	.08
教师在学校运作方面遇到的问题	T-47*	.11	.07	.06	.09	.06	.06	.11	.06	.06	.09	.07	.07	.10	.07	.06

表 2.34.7　全美国普通少数族裔和白人学生所在**中学**教师
对其职业、学校和学生的态度，1965 年秋
【注：带星号(*)的项目是普通少数族裔和白人学生所在学校的分数】

项目	问题编号	总	白	黑	白(黑)	墨	白(墨)	波	白(波)	印	白(印)	东	白(东)	他	白(他)
明确愿意重新选择教师职业者百分比	T-37	43	43	42	45	44	45	44	45	43	44	44	46	44	44
计划退休前一直当教师者百分比	T-50	34	33	38	35	36	35	41	40	34	33	40	37	36	35
愿意继续在目前的学校执教者百分比	T-38	50	51	46	55	49	50	48	56	48	50	48	48	50	51
教师对学生努力程度打分	T-33*	2.2	2.3	1.8	2.2	2.1	2.2	1.9	2.4	2.0	2.2	2.1	2.3	2.2	2.3
教师对学生能力打分	T-34*	2.3	2.4	2.0	2.3	2.1	2.3	1.8	2.5	2.1	2.3	2.1	2.3	2.2	2.4
教师认为所在学校在校外教师心目中的声誉	T-44*	2.8	2.8	2.6	2.8	2.6	2.8	2.2	2.9	2.6	2.7	2.6	2.7	2.6	2.8
教师在学生及学生家庭方面遇到的问题	T-47*	.13	.11	.20	.13	.16	.14	.18	.11	.15	.13	.16	.13	15	12
教师在学校运作方面遇到的问题	T-47*	.09	.08	.11	.09	.09	.09	.10	.08	.09	.09	.10	.09	.09	.09

表 2.34.8　根据区域划分大城市和非大城市地区普通白人和黑人学生
所在**中学**教师对其职业、学校和学生的态度，1965 年秋
【注：带星号(*)的项目是普通白人或黑人学生所在学校的分数】

项目	问题编号	全美国 黑	全美国 白(黑)	全美国 白	非大城市地区 北部和西部 黑	非大城市地区 北部和西部 白(黑)	非大城市地区 北部和西部 白	非大城市地区 南部 黑	非大城市地区 南部 白(黑)	非大城市地区 南部 白	非大城市地区 西南部 黑	非大城市地区 西南部 白(黑)	非大城市地区 西南部 白
明确愿意重新选择教师职业者百分比	T-37	42	45	43	47	46	42	39	45	41	49	53	54
计划退休前一直当教师者百分比	T-50	38	35	33	25	24	28	35	35	36	43	42	43

续　表

项目	问题编号	全美国			非大城市地区					
					北部和西部			南部			西南部		
		黑	白(黑)	白	黑	白(黑)	白	黑	白(黑)	白	黑	白(黑)	白
愿意继续在目前的学校执教者百分比	T-38	46	55	51	39	42	42	42	60	59	47	65	63
教师对学生努力程度打分	T-33*	1.8	2.2	2.3	2.0	2.0	2.3	1.9	2.2	2.2	1.8	2.1	2.2
教师对学生能力打分	T-34*	2.0	2.3	2.4	2.1	2.1	2.3	2.1	2.3	2.3	2.0	2.3	2.3
教师认为所在学校在校外教师心目中的声誉	T-44*	2.6	2.8	2.8	2.4	2.5	2.5	2.7	2.9	2.9	2.9	2.8	2.8
教师在学生及学生家庭方面遇到的问题	T-47*	.20	.13	.11	.15	.14	.10	.20	.11	.12	.18	.14	.13
教师在学校运作方面遇到的问题	T-47*	.11	.09	.08	.08	.07	.07	.14	.07	.08	.08	.07	.07

项目	问题编号	大城市地区													
		东北部			中西部			南部			西南部			西部		
		黑	白(黑)	白	黑	白(黑)	白	黑	白(黑)	白	黑	白(黑)	白	黑	白(黑)	白
明确愿意重新选择教师职业者百分比	T-37	42	43	43	47	43	40	36	46	42	41	38	46	50	50	47
计划退休前一直当教师者百分比	T-50	44	41	38	37	35	31	36	26	23	37	28	30	44	43	41
愿意继续在目前的学校执教者百分比	T-38	51	61	55	45	50	49	50	57	62	55	48	51	42	45	47
教师对学生努力程度打分	T-33*	1.8	2.6	2.4	1.9	2.4	2.4	1.9	2.1	2.3	2.0	2.3	2.0	1.6	2.0	2.3
教师对学生能力打分	T-34*	1.8	2.6	2.5	2.1	2.5	2.5	2.1	2.2	2.4	2.2	2.4	2.2	1.5	2.0	2.4
教师认为所在学校在校外教师心目中的声誉	T-44*	2.2	3.1	2.9	2.5	2.8	2.9	3.0	2.8	3.0	2.8	2.9	2.7	1.9	2.5	2.8
教师在学生及学生家庭方面遇到的问题	T-47*	.18	.10	.10	.18	.12	.11	.20	.13	.11	.20	.14	.16	.25	.19	.14
教师在学校运作方面遇到的问题	T-47*	.11	.08	.08	.10	.08	.08	.12	.11	.09	.09	.11	.12	.11	.11	.09

表 2.34.9　全美国普通少数族裔和白人学生所在**中学**辅导员工作条件，1965 年秋

项目	问题编号	总	白	黑	白(黑)	墨	白(墨)	波	白(波)	印	白(印)	东	白(东)	他	白(他)
被分派辅导的学生平均数	T-65	391	397	359	420	366	376	377	370	383	401	380	392	380	394
每周辅导的学生平均数	T-66	39	39	36	40	37	39	39	42	41	41	36	37	40	40
以下辅导项目平均投入时间——															
学生课程选修	T-67	29	29	29	29	28	27	29	29	28	29	29	25	29	27
学生大学和大学专业选择	T-67	24	24	21	20	21	19	22	22	23	21	19	22	22
个人或情感调整	T-67	22	22	25	25	24	24	28	25	23	23	26	24	25	24
职业选择	T-67	21	21	21	19	20	20	18	18	20	18	20	18	21	21

表 2.34.10　根据区域划分大城市和非大城市地区普通白人和黑人学生所在**中学**辅导员工作条件，1965 年秋

项目	问题编号	全美国			非大城市地区						
					北部和西部		南部		西南部		
		黑	白(黑)	白	黑	白(黑)	白	黑	白(黑)	白	黑	白(黑)	白
被分派辅导的学生平均数	T-65	359	420	397	356	378	378	316	365	407	407	580	349
每周辅导的学生平均数	T-66	36	40	39	33	34	33	32	34	33	32	34	28
以下辅导项目平均投入时间——													
学生课程选修	T-67	29	29	29	23	25	26	24	27	25	22	26	20
学生大学和大学专业选择	T-67	21	22	24	27	29	28	22	25	23	21	23	21
个人或情感调整	T-67	25	25	22	19	20	20	23	20	22	25	22	22
职业选择	T-67	21	19	21	21	23	28	24	23	23	32	33	25

续 表

| 项目 | 问题编号 | 大城市地区 ||||||||||||
| | | 东北部 ||| 中西部 ||| 南部 ||| 西南部 ||| 西部 |||
		黑	白(黑)	白	黑	白(黑)	白	黑	白(黑)	白	黑	白(黑)	白	黑	白(黑)	白
被分派辅导的学生平均数	T-65	382	385	389	309	320	345	399	487	580	346	533	571	357	360	351
每周辅导的学生平均数	T-66	42	44	42	35	42	37	37	41	53	28	48	56	40	37	41
以下辅导项目平均投入时间——																
学生课程选修	T-67	30	33	31	34	35	35	32	30	31	24	18	19	30	24	29
学生大学和大学专业选择	T-67	20	25	27	21	21	22	21	22	22	16	21	21	15	18	25
个人或情感调整	T-67	27	21	21	26	24	22	21	29	29	28	14	14	29	29	26
职业选择	T-67	22	15	18	18	19	20	19	18	13	19	24	21	17	18	18

如果能回到过去重新选择职业的话，会再次选择从事教师职业的白人的教师和黑人的教师之间的百分比差异很小。但是在小学和中学阶段，白人的教师更多会再次选择该职业。这种差异在南部地区似乎更大一些。另一方面，明确打算一直从教至退休的白人教师比例较小。情况在区域层面会发生逆转，但在所有区域或层的层面上，种族间的差异都不是非常显著。

总的来说，没有明确的证据表明，在对于教学或是对于特定学校系统的奉献精神方面，黑人的教师比白人的教师更强或是更弱。

在白人就读的学校中，教师更认为自己的学校受到其他学校教师的尊敬（该看法可以从1到5打分，5="名列前茅"；1="一座差劲的学校"；表格中的数值是这些数字的平均值）。最显著的地区差异出现在东北部大城市地区，特别是在中学阶段，普通白人就读的学校分值高于全国白人的平均值（分别是3.1%和2.8%），但是那里黑人学生的平均分值则低于全国黑人的平均值（分别是2.2%和2.6%）。

中学教师也被要求指出他们最愿意为之工作的中学特征，是学术型、综合型、特殊课程型、职业培训型还是商业型。（表格中的数值代表更愿意在学术型中学任教的教师百分比。）在全国层面，关于是否愿意在教师更喜欢学术型课程的学校任教，普通白人的概率稍高于普通黑人（分别是45%和40%）。在南部的非大城市地区和大城市地

表 2.34.11 全美国所在小学中有对全体教学人员产生影响的各种做法和情况的少数族裔和白人儿童百分比,只有带星号(∗)的项目是指少数族裔或白人学生所在学校的平均值,1965 年秋

【注:所有项目均指学生百分比,只有带星号(∗)的项目是指少数族裔或白人学生所在学校的平均值】

项目	问题编号	总	白	黑	白(黑)	墨	白(墨)	波	白(波)	印	白(印)	东	白(东)	他	白(他)
学校系统中有终身职位	P-28	69	70	64	56	68	66	68	65	69	66	79	80	74	73
学校采用全国教师考试	P-29	13	10	28	14	12	9	30	18	14	9	11	9	17	13
校长认为学校处于中游或以上水平	P-69	92	94	85	95	86	94	83	94	88	93	89	94	87	94
校长没有教学任务	P-70	67	67	70	72	61	58	72	72	70	68	68	69	66	66
校长的年薪低于 9 000 美元	P-71	47	48	46	48	49	50	47	48	44	47	30	29	40	42
校长平均年薪(千美元)∗	P-71	9.75	9.67	9.98	9.56	9.71	9.58	10.18	10.08	9.91	9.63	10.82	10.78	10.24	10.09
校长教学时间平均百分比	P-70	12.7	12.8	10.9	9.5	16.5	16.6	10.2	9.7	11.4	12.0	8.2	8.7	11.4	12.3
拥有终身职位的教师百分比∗	T-35	42.3	42.7	42.4	39.9	37.9	38.4	40.2	42.4	40.0	40.3	49.9	49.8	42.7	42.9
离校教师平均年百分比∗	P-27	10.0	10.3	7.5	9.3	11.6	12.4	7.9	9.2	10.9	11.4	11.3	11.1	11.2	11.0

表 2.34.12 根据区域划分大城市和非大城市地区所在小学中有对全体教学人员产生影响的各种做法和情况的白人和黑人儿童百分比,只有带星号(**)的项目是指少数族裔和白人学生所在学校的平均值]
【注：所有项目均指学生百分比,只有带星号(**)的项目是指少数族裔和白人学生所在学校的平均值】

非大城市地区

项目	问题编号	全美国 黑	全美国 白(黑)	全美国 白	北部和西部 黑	北部和西部 白(黑)	北部和西部 白	南部 黑	南部 白(黑)	南部 白	西南部 黑	西南部 白(黑)	西南部 白
学校系统中有终身职位	P-28	64	56	70	70	73	64	34	36	49	7	20	36
学校采用全国教师考试	P-29	28	14	10	0	0	1	21	16	17	6	5	3
校长认为学校处于中游或以上水平	P-69	85	95	94	86	94	94	91	96	96	95	91	98
校长没有教学任务	P-70	70	72	67	53	47	57	56	50	54	56	56	43
校长的年薪低于9 000美元	P-71	46	48	48	54	57	64	86	84	86	79	47	63
校长平均年薪(千美元)*	P-71	9.98	9.56	9.67	8.70	8.62	8.60	6.98	7.35	7.26	8.05	8.91	8.56
校长教学时间平均百分比*	P-70	10.9	9.5	12.8	31.3	34.1	21.2	21.0	20.3	20.1	24.7	18.3	29.3
拥有终身职位的教师百分比*	T-35	42.4	39.9	42.7	39.1	39.8	37.6	27.9	32.9	39.6	14.5	23.1	20.1
离校教师平均年百分比*	P-27	7.5	9.3	10.3	12.3	11.4	10.3	5.8	8.0	10.2	6.5	9.3	16.3

续 表

项目	问题编号	大城市地区											
		东北部			中西部			南部			西南部			西部		
		黑	白(黑)	白	黑	白(黑)	白	黑	白(黑)	白	黑	白(黑)	白	黑	白(黑)	白
学校系统中有终身职位	P-28	100	99	98	94	79	76	51	29	58	64	40	39	92	95	90
学校采用全国教师考试	P-29	68	40	18	29	5	5	29	14	34	58	10	12	6	3	2
校长认为学校处于中游或以上水平	P-69	87	96	96	76	97	96	90	99	97	85	85	84	67	91	89
校长没有教学任务	P-70	79	84	84	86	82	78	83	91	78	71	53	66	56	62	61
校长的年薪低于9 000美元	P-71	4	8	13	8	18	28	65	71	74	65	93	86	0	0	1
校长平均年薪(千美元)*	P-71	13.34	12.86	12.09	12.10	11.33	10.79	8.48	7.76	8.24	8.71	7.11	7.32	13.83	12.96	12.60
校长教学时间平均百分比*	P-70	2.6	2.0	3.0	2.2	4.6	6.7	7.2	3.3	5.4	15.2	24.5	16.6	6.9	4.6	5.4
拥有终身职位的教师百分比*	P-35	56.7	59.4	60.7	59.9	49.9	45.0	39.1	27.9	38.1	28.4	17.2	23.2	58.6	59.9	51.2
离校教师平均年百分比*	P-27	7.5	7.2	7.9	8.2	13.0	12.2	4.2	9.2	9.2	7.1	12.1	11.2	14.3	10.3	9.5

表2.34.13　全美国所在中学中有对全体教学人员产生影响的各种做法和情况的少数族裔和白人儿童百分比,1965年秋

[注:所有项目均指学生百分比,只有带星号(﹡)的项目是指学生所在学校或白人学生所在学校的平均值]

项目	问题编号	总	白	黑	白(黑)	墨	白(墨)	波	白(波)	印	白(印)	东	白(东)	他	白(他)
学校系统中有终身职位	P-28	71	72	61	60	65	64	86	85	71	66	85	92	78	77
学校采用全国教师考试	P-29	13	10	29	17	11	8	37	29	13	10	9	7	17	12
校长认为学校处于中游或以上水平	P-69	95	97	89	98	96	97	85	95	94	96	92	97	91	95
校长设有教学任务	P-70	87	85	92	87	85	86	95	94	90	92	97	96	92	93
校长的年薪低于9 000美元	P-71	28	28	33	37	27	27	11	14	27	27	9	16	17	19
校长平均年薪(千美元)	P-71	11	11	11	11	12	12	15	15	12	12	14	13	13	13
校长教学时间平均百分比﹡	P-70	4.7	5.1	3.0	5.2	6.7	6.2	2.4	2.5	2.6	2.3	1.1	1.7	2.2	2.1
拥有终身职位的教师百分比﹡	T-35	45.5	45.9	40.8	41.4	46.9	46.0	57.9	58.6	44.5	44.1	62.3	60.9	51.3	51.1
离校教师平均年百分比﹡	P-27	10.9	11.5	7.3	10.5	10.7	11.5	6.4	7.9	11.8	12.7	8.5	10.2	12.1	12.5

学校环境 | 197

表 2.34.14 根据区域划分大城市和非大城市地区所在**中学**中有对全体教学人员产生影响的各种做法和情况的白人和黑人儿童百分比,只有带星号(*)的项目是指少数族裔和白人学生所在学校的平均值,1965年秋
【注：所有项目均指学生百分比,只有带星号(*)的项目是指少数族裔和白人学生所在学校的平均值】

项目	问题编号	全美国 黑	全美国 白(黑)	全美国 白	北部和西部 黑	北部和西部 白(黑)	北部和西部 白	非大城市地区 南部 黑	非大城市地区 南部 白(黑)	非大城市地区 南部 白	非大城市地区 西南部 黑	非大城市地区 西南部 白(黑)	非大城市地区 西南部 白
学校系统中有终身职位	P-28	61	60	72	47	47	73	33	32	41	2	3	3
学校采用全国教师考试	P-29	29	17	10	0	0	0	24	17	8	5	9	7
校长认为学校处于中游或以上水平	P-69	89	98	97	99	100	89	95	99	98	96	99	99
校长没有教学任务	P-70	92	87	85	82	82	76	83	69	80	66	73	61
校长的年薪低于9 000美元	P-71	33	37	28	46	46	34	66	59	63	39	21	37
校长平均年薪(千美元)*	P-71	11.4	11.3	11.4	9.6	9.6	9.9	8.2	8.8	8.6	9.0	10.3	9.3
校长教学时间平均百分比*	P-70	3.0	5.2	5.1	10.0	10.4	8.1	5.7	8.5	6.8	19.1	12.7	21.9
拥有终身职位的教师百分比*	T-35	40.8	41.4	45.9	30.1	29.4	39.1	26.7	32.2	36.5	19.2	22.6	26.4
离校教师平均年百分比*	P-27	7.3	10.5	11.5	12.7	12.7	16.1	7.1	11.4	11.8	7.3	11.3	10.9

续　表

大城市地区

项目	问题编号	东北部 黑	东北部 白(黑)	东北部 白	中西部 黑	中西部 白(黑)	中西部 白	南部 黑	南部 白(黑)	南部 白	西南部 黑	西南部 白(黑)	西南部 白	西部 黑	西部 白(黑)	西部 白
学校系统中有终身职位	P-28	100	100	98	97	82	83	50	53	79	24	13	15	96	96	88
学校采用全国教师考试	P-29	65	44	18	11	5	12	39	21	23	63	15	17	11	4	
校长认为学校处于中游或以上水平	P-69	81	95	98	72	100	100	98	100	100	100	100	100	69	96	97
校长没有教学任务	P-70	99	99	99	99	76	91	94	98	69	93	79	82	100	99	96
校长的年薪低于9 000美元	P-71	0	0	1	24	26	10	39	53	54	14	80	82	0	0	0
校长年平均年薪(千美元)*	P-71	14.6	15.4	14.1	12.8	11.5	12.2	10.0	9.9	9.6	11.4	8.9	8.8	17.1	15.7	14.9
校长教学时间平均百分比*	P-70	.1	.1	.1	.5	14.7	3.7	.9	.2	3.8	4.5	11.3	13.3	.1	.2	.6
拥有终身职位的教师百分比*	T-35	64.1	65.3	65.1	56.4	55.1	51.9	34.1	28.6	39.9	17.1	14.1	17.8	59.1	64.2	57.4
离校教师平均年百分比*	P-27	5.6	7.0	8.0	10.7	7.7	11.1	4.3	12.4	9.5	4.7	13.9	13.5	11.5	9.3	9.6

区,这一差异比较模糊,在美国的其他地区则更为明显;例如,在东北部大城市地区,普通白人学生就读的学校中有50%的教师更喜欢学术型课程,而对普通黑人而言,该数值仅为39%。

在普通黑人就读的学校里,教师们报告的在工作日程以外花费的备课时间要更多一点。区域间的这种小差异并不显著,只有在南部大城市地区较为明显,在东北部大城市地区情况则相反。

在全国范围内,小学教师报告的每天在教室里所花费的平均时间为5.9小时。这里存在着一些较小的地区差异,但几乎没有区域内的种族差异。在全国范围内,中学教师每天在教室里所花费的平均时间黑人为5.2小时、白人为5.1小时。在这里,小的地区差异很明显,但在同一个地区内,不同的种族群体是相当一致的,只有在南部和西南部的非大城市地区,黑人教师比相应的白人教师在教室里花的时间要稍微多些。

在国家层面,小学教师报告的每个班级的平均学生数量为30.2;对普通白人学生而言是30.5,对黑人而言是31.7。在各个地区范围内部,黑人的教师所报告的学生数量往往比同县的白人的教师所报告的多一或两名学生。最极端的差距发生在西南部大城市地区,黑人的教师报告的班级规模平均为32.7名学生,同县的白人的教师报告的是29.5名。

对中学教师来说,种族和区域群体间的差异范围比小学阶段要大;白人的教师报告的平均人数为32.4人,而黑人则为34.4人。再一次,平均班级规模的差异在西南部大城市地区特别显著,那里普通黑人学生的班级有36.3名学生,普通白人则是31.5名。另一方面,在四个层——南部和西南部的大城市地区和非大城市地区——该平均值的种族差异可以忽略不计或者完全看不到。

全国小学教师平均要教5.4门课,而中学教师平均为2.9门。在中学阶段,白人的教师的授课平均数略高,与黑人相比分别是3.0和2.8,但在小学阶段不是这样(分别是5.5和5.6)。

当代许多学校都雇用专门的辅导咨询人员,后面即有一个章节是考察这一工作人员资源的分配情况的。但是训练有素的辅导员并不能取消课堂教师对学生个人和小组成员提出建议的必要性。在全国范围内,小学教师估计他们每周花1.4小时辅导学生,中学教师估计要花1.7小时。在这两个阶段,普通黑人就读的学校估计值都更高,与白人相比,小学分别是1.8和1.4,中学分别是2.2和1.7。

在全国范围内，在 12 年级普通白人学生就读的学校里，正式分配给辅导员的学生人数比在普通黑人的学校里多，不过这里存在着广泛的区域差异。在平均每周实际辅导的学生数量方面，也存在类似的模式。在 12 年级普通黑人学生就读的学校里，辅导员每周指导的学生数量稍微少一些。再一次，这里存在着很大的区域差异。

辅导员将他们的时间分配给各种可能的活动，在调查中受访者被要求指出以下活动分别占用了他们多少时间：与课程选择、规划等有关的教育咨询；关于选择高校或高校主修专业等的教育咨询；关于个人和情感调整的咨询；以及职业或工作咨询。

在全国范围内，在普通 12 年级学生就读的学校里，在课程选择、规划等方面的咨询时间所占百分比是 29％。这里很少有或完全没有种族差异，不同地区的百分比也是相似的。在高校选择等方面的咨询时间全国平均百分比为 24％。区域内的平均值相当均匀，最大的差异出现在东北部大城市地区，在黑人的教师那里是 20％，在该地区白人的教师那里是 27％。

在全国范围内，辅导员在个人调整方面进行辅导的平均时间占 23％，这在种族群体间不存在任何重要差异，只有一个地区例外，即西南部大城市地区，在那里，黑人的教师和白人的教师之间存在很大的差异，其平均值分别为 28％和 14％。

在全国范围内，职业咨询方面所花费的时间占 21％，种族和地区之间的差异很小。只有在东北部大城市地区，这种咨询活动在普通黑人的教师中更为普遍，在西南部大城市地区，情况正好相反，该项目中较重要的种族间差异只有这些。

当我们将墨西哥裔美国人、波多黎各人、印第安人和东亚裔美国人学生与同县的白人进行比较时，几乎没发现有什么差别。大多数关系都接近白人和黑人之间的关系。在教师工资方面，年收入根据学生种族划分差距都不超过 100 美元，而且缺勤率也没有明显差别。在所有少数族群的普通成员就读的学校里，与普通白人相比，教师对学生在学习努力或能力方面的评分没那么高；该差异在波多黎各人那里最为明显。有比例略高的少数族裔的教师报告称，他们主动要求在目前的学校任教（尤其是在波多黎各人那里）。在波多黎各人就读的学校和东亚人就读的小学里，有较高比例的教师报告称有机会的话愿意去另一所学校任教。然而，他们中有更高比例的人计划终生从事教学工作。在白人学生就读的学校里，教师对本校的声誉评价较高，尤其是与波多黎各人就读的学校中的教师相比。白人的教师更愿意在学术型学校任教，但差异不大。教师在备课方面花费的时间、在教学中花费的时间或是在所授不同科目的数量上，不存在学生种族间的差异。与普通白人相比，少数族群成员（除了东亚裔美国人）

所在的学校每个班级里的学生人数较多,但在任何情况下,差距都没有达到每个班级相差两名学生的程度。少数族裔的教师,尤其是墨西哥裔美国人,报告称会花更多时间进行辅导。在各种族间,正式分配给辅导员的学生数量总体都很相似(只有墨西哥裔美国人的平均辅导学生人数较少)。最后,在辅导员的咨询活动类型方面,存在着极大的相似性;几乎没有例外,学生的种族与辅导员在教育、个人、职业咨询等方面的时间分配模式间没有任何关联。

对整个美国来说,在普通小学生所在的学校中,每年有9%的教师离开学校。普通白人就读的学校中人事变更率为9%,在普通黑人那里则是6%;因此,在黑人就读的学校中教师队伍更为稳定。在中学阶段,相应的数字分别为11%和7%。在南部和西南部的大城市地区和非大城市地区,白人中的教师人事变更率都比在同一个地区的黑人中要高。黑人中教师人事变更率最高的地方是北部和西部非大城市地区。相比之下,黑人中教师人事变更率最低(4%)的地方是南部大城市地区。在所有地区,白人的教师人事变更率皆为约10%。

黑人就读的小学比白人就读的小学更可能采取终身教职制(分别是59%和52%),但这种差异在中学阶段并不存在。关于终身教职制的可能性存在着较大的地区差异,这种体制在大城市地区比在非大城市地区更普遍,在北部和西部地区比在南部和西南部地区更普遍。因此,与几乎所有的东北部大城市地区(这里不存在种族间差异)相比,在南部非大城市地区只有三分之一的教师受雇于终身教职制学校(这里依然不存在种族间差异)。总的来说,区域之间存在着重大差异,但在全国或地区层面都不存在始终一致的种族间差异。

在聘用教师时会采用全国教师考试(NTE)或同等地方考试的学校的招生数量不到全国学童的五分之一。大城市地区的学校使用该考试比其他地区更频繁,而且在东北部地区比其他地方更普遍,最不普遍的地区是西部。通常情况下,普通黑人就读的学校比普通白人就读的学校更常使用NTE,这一趋势的区域间差异变化很大。地区间的这种种族差异的极端例子是东北部大城市地区(有70%的黑人学生和40%的白人学生所就读的学校使用该考试)和西南部大城市地区(该比例分别是58%和11%)。

大约70%的小学生和90%的中学生所在学校的校长没有教学任务。没有教学任务的校长在大城市地区更加典型。或许除了南部地区以外,在所有地区,似乎没有任何显著趋势表明,黑人所在学校的校长比白人所在学校的校长更常有教学任务。同样,一般只有小部分校长的时间会被教学任务占用(小学里是11%,中学里是4%),通常,在白人学生的校长中该比例要高于黑人学生的校长。

在中学和小学阶段,普通黑人学生所在学校的校长年薪都略高于(100至200美元)普通白人学生所在学校的校长。然而,白人并非在所有地区都存在这种落后情况;具体来说,在南部和西南部非大城市地区的中小学阶段,白人的校长工资更高,在东北部大城市地区只有在中学阶段他们的工资更高。在全国范围内以及在大部分地区,在另一个有关校长工资的测量值,即年薪低于9 000美元的校长百分比中,种族间的差异非常小。根据地区划分,校长年薪的差异表现为:小学校长和中学校长的最低值分别是7 060美元和8 200美元,最高值分别是13 180美元和17 000美元;根据小学和中学划分,差别很大,但根据种族划分差别则很小。

跟白人就读的学校相比,教师人事变更率在其他少数族群就读的学校中相对较低。此外,少数族裔的学校更多实行终身教职制。但在这两种情况下,差别都很小。其他少数族群的学校有一个跟黑人相同的明显趋势,即采用全国教师考试的比率更高。然而,这些少数群体和白人在校长是否有教学任务,或是有教学任务的校长的教学时长方面没有差异,在校长的工资或拥有终身教职的教师百分比方面也没有差别。

重点结论——与普通白人相比,在普通黑人学生就读的学校,教师——

——高缺勤率的可能性既不是更高也不是更低。

——在一些地区工资较高,在其他地区则较少;因此全国平均值大致相同。

——更有可能是主动要求被分配到目前学校的,更希望终身从教。

——如果有机会改变,较不希望留在目前的学校;如果可以重新选择,他们较不可能再次选择从教。

——对学生在学习动机或能力方面的评分较低。

——认为所在学校在其他教师心目中具有良好声誉的较少。

——不太愿意在学术型中学任教。

——更可能花大量时间备课。

——更可能教大班。

——更可能花时间接受学生咨询。

——上一年较有可能在同一所学校任教。

——更可能参加教师考试以作为一个就业条件。

与普通白人相比,在普通黑人学生就读的学校,校长——

——有教学任务的可能性既不是更高也不是更低;如果的确有教学任务,在课堂上花很多的时间的可能性既不是更高也不是更低。

——工资略微高一些。

2.35 教师和校长对种族相关问题的态度

本节中讨论的问题涉及教师对于全体学生的社会阶层、族裔、种族和能力构成的偏好，以及教师和校长对于目前学校政策中某些与种族相关问题的态度：社区小学是否应该保留；用校车接送小学儿童是否是一种理想的做法；对文化不利学生的补偿教育计划是否是必要的额外成本；在以下学校中教师队伍最合适的种族构成各是怎样的——全部或绝大部分是非白人，种族混合，全部或绝大部分是白人。对于后面这些项目，教师和校长的数据呈现方式有所不同，前者使用平均值，后者提供分配值。我们的讨论将或多或少同时处理对教师的调查结果和对校长的调查结果。

大多数教师没有表示出特别希望学生是来自白领和专业人士家庭的儿童；在所有地区，表示偏爱地位较高家庭孩子的教师都不足三分之一。但是普通白人儿童在很大程度上比普通黑人儿童更可能遇到有这种偏好的教师：在全国范围内，普通白人学生就读的小学中有14%的教师更喜欢地位较高家庭的学生；普通黑人对应的数字则是7%；在中学阶段，相应的数字分别是17%和8%。

在全国范围内，普通白人的教师在很大程度上更喜欢教盎格鲁—撒克逊裔学生。在南部诸州，这种偏好最为显著，白人的教师和黑人的教师之间差异程度也最大。但在小学和中学阶段，这种差异在一定程度上存在于所有的地区和层。然而，应当指出，只有在南部普通白人就读的学校里，会有大部分教师表示更喜欢教盎格鲁—撒克逊裔学生。

在对学生种族的偏好方面存在着相同的一般模式。在全国范围内，普通白人学生就读的学校中有大约40%的教师更愿意在全白人学校任教，在普通黑人学生就读的学校，相应的数字只有5%。普通白人的数字在南部地区的教师中显著增加，在大城市地区有约60%、在非大城市地区有约70%的教师希望在全白人学校任教。在偏爱全白人学校方面，所有其他地区的百分比都低于全国平均值，但在所有地区和层中，普通白人学生的教师中不喜欢教非白人学生的教师比例超过了普通黑人学生的教师。

普通白人所在学校的教师更偏爱高能力学生，在全国范围内和在所有的地区和层中都是如此。对于美国普通黑人小学生而言，他的教师中有15%喜欢教高能力学生，但对同县的普通白人而言，则是24%；在中学阶段，相应的数字分别是28%和40%。

表 2.35.1　全美国普通少数族裔和白人学生所在学校中表示喜欢教某类学生以及对目前学校问题表达了某些态度的**小学教师百分比**，1965 年秋

项目	问题编号	总	白	黑	白(黑)	墨	白(墨)	波	白(波)	印	白(印)	东	白(东)	他	白(他)
喜欢教以下类别儿童的教师百分比——															
专业和白领工作者的孩子	T-40	12	14	7	16	11	14	10	15	10	12	11	13	13	16
盎格鲁-撒克逊人	T-41	31	37	7	42	27	37	21	37	26	35	20	28	24	35
白人	T-42	30	35	5	43	23	35	19	38	24	34	15	23	21	33
学术能力高	T-43	24	26	16	25	20	24	21	26	22	24	24	26	22	25
赞成以下事物的教师百分比——															
社区学校	T-46a	84	85	76	84	84	86	80	83	85	84	81	83	82	84
用校车接送制度取消种族隔离	T-46b	29	27	39	26	31	27	32	27	30	27	32	29	31	27
补偿教育	T-46c	57	56	62	54	58	56	59	57	57	55	64	61	60	57
教师和学生实行种族混合	T-46d,f	43	39	60	36	46	38	50	39	46	40	52	57	48	41

表 2.35.2　根据区域划分大城市和非大城市地区普通白人和黑人学生所在学校中表示喜欢教某类学生以及对目前学校问题表达了某些态度的**小学教师百分比**，1965 年秋

项目	问题编号	全美国 黑	全美国 白(黑)	全美国 白	非大城市地区 北部和西部 黑	非大城市地区 北部和西部 白(黑)	非大城市地区 北部和西部 白	非大城市地区 南部 黑	非大城市地区 南部 白(黑)	非大城市地区 南部 白	非大城市地区 西南部 黑	非大城市地区 西南部 白(黑)	非大城市地区 西南部 白
喜欢教以下类别儿童的教师百分比——													
专业和白领工作者的孩子	T-40	7	11	14	9	10	7	5	14	13	6	13	15
盎格鲁-撒克逊人	T-41	7	42	37	22	29	32	6	57	57	10	42	45
白人	T-42	5	43	35	19	25	29	5	67	64	7	35	40

续　表

项目	问题编号	全美国 黑	全美国 白(黑)	全美国 白	非大城市地区 北部和西部 黑	非大城市地区 北部和西部 白(黑)	非大城市地区 北部和西部 白	非大城市地区 南部 黑	非大城市地区 南部 白(黑)	非大城市地区 南部 白	非大城市地区 西南部 黑	非大城市地区 西南部 白(黑)	非大城市地区 西南部 白
学术能力高	T-43	16	25	26	18	22	24	13	22	22	13	26	22
赞成以下事物的教师百分比——													
社区学校	T-46a	76	84	85	78	82	85	73	80	83	78	85	87
用校车接送制度取消种族隔离	T-46b	39	26	27	37	30	29	44	26	24	39	27	27
补偿教育	T-46c	62	54	56	54	54	56	54	43	47	53	49	48
教师和学生实行种族混合	T-46d,f	60	36	39	48	44	42	57	24	23	53	31	31

项目	问题编号	大城市地区 东北部 黑	白(黑)	白	中西部 黑	白(黑)	白	南部 黑	白(黑)	白	西南部 黑	白(黑)	白	西部 黑	白(黑)	白
喜欢教以下类别儿童的教师百分比——																
专业和白领工作者的孩子	T-40	12	17	17	9	17	17	3	17	19	6	9	8	8	19	21
盎格鲁-撒克逊人	T-41	8	16	18	12	35	37	1	57	57	12	38	48	8	23	31
白人	T-42	5	12	15	10	39	38	1	60	62	10	37	44	4	13	19
学术能力高	T-43	24	30	26	18	27	27	11	22	28	12	17	21	19	30	34
赞成以下事物的教师百分比——																
社区学校	T-46a	76	82	82	77	90	90	78	87	87	83	86	88	71	80	86
用校车接送制度取消种族隔离	T-46b	34	28	30	35	26	24	41	22	19	37	26	21	39	32	31
补偿教育	T-46c	69	66	66	65	58	56	59	50	50	57	48	54	74	67	61
教师和学生实行种族混合	T-46d,f	60	54	52	58	42	40	62	23	24	55	36	29	65	56	51

表 2.35.3 全美国普通少数族裔和白人学生所在学校中表示喜欢教某类学生以及对目前学校问题表达了某些态度的**中学**教师百分比，1965 年秋

项目	问题编号	总	白	黑	白(黑)	墨	白(墨)	波	白(波)	印	白(印)	东	白(东)	他	白(他)
喜欢教以下类别儿童的教师百分比——															
专业和白领工作者的孩子	T-40	16	17	8	20	15	18	15	22	15	17	14	18	17	20
盎格鲁-撒克逊人	T-41	28	32	8	41	26	32	13	21	24	28	13	17	21	29
白人	T-42	25	28	6	34	20	26	10	19	20	27	8	12	17	25
学术能力高	T-43	37	39	28	40	38	40	35	42	36	39	36	41	37	41
赞成以下事物的教师百分比——															
社区学校	T-46a	80	81	74	80	81	81	76	77	80	81	76	78	78	80
用校车接送制度取消种族隔离	T-46b	28	26	39	25	29	27	33	30	29	27	33	32	31	28
补偿教育	T-46c	60	59	66	55	61	60	67	67	60	59	68	66	64	62
教师和学生实行种族混合	T-46d,f	44	42	57	35	46	43	56	50	47	44	58	55	50	45

表 2.35.4 根据区域划分大城市和非大城市地区普通白人和黑人学生所在学校中表示喜欢教某类学生以及对目前学校问题表达了某些态度的**中学**教师百分比，1965 年秋

项目	问题编号	全美国 黑	全美国 白(黑)	全美国 白	北部和西部 黑	北部和西部 白(黑)	北部和西部 白	南部 黑	南部 白(黑)	南部 白	西南部 黑	西南部 白(黑)	西南部 白
喜欢教以下类别儿童的教师百分比——													
专业和白领工作者的孩子	T-40	8	20	17	10	12	11	7	18	16	7	12	12
盎格鲁-撒克逊人	T-41	8	41	32	28	31	28	8	69	58	15	47	48
白人	T-42	6	42	28	25	27	22	7	73	60	8	37	35

续　表

项目	问题编号	全美国			非大城市地区							
					北部和西部			南部			西南部		
		黑	白(黑)	白	黑	白(黑)	白	黑	白(黑)	白	黑	白(黑)	白
学术能力高	T-43	28	40	39	37	39	38	24	37	40	25	37	34
赞成以下事物的教师百分比——													
社区学校	T-46a	74	80	81	80	81	79	70	80	80	81	82	82
用校车接送制度取消种族隔离	T-46b	39	25	26	29	27	28	44	22	23	35	24	24
补偿教育	T-46c	66	55	59	55	56	62	60	42	49	59	47	50
教师和学生实行种族混合	T-46d,f	57	35	42	44	43	45	56	18	22	50	29	32

项目	问题编号	大城市地区													
		东北部			中西部			南部			西南部			西部		
		黑	白(黑)	白	黑	白(黑)	白	黑	白(黑)	白	黑	白(黑)	白	黑	白(黑)	白
喜欢教以下类别儿童的教师百分比——																
专业和白领工作者的孩子	T-40	16	21	21	9	17	21	5	28	25	6	8	13	10	16	22
盎格鲁-撒克逊人	T-41	8	11	14	11	28	31	2	55	52	7	26	38	10	15	21
白人	T-42	6	9	13	6	30	24	2	61	59	4	27	38	5	8	11
学术能力高	T-43	37	43	41	26	33	37	26	45	43	29	28	32	33	42	45
赞成以下事物的教师百分比——																
社区学校	T-46a	74	77	79	82	85	86	72	83	87	77	78	84	67	74	76
用校车接送制度取消种族隔离	T-46b	34	31	29	30	23	24	42	21	18	41	31	21	45	37	34
补偿教育	T-46c	71	70	67	67	56	58	67	52	54	67	47	49	72	71	69
教师和学生实行种族混合	T-46d,f	61	56	52	53	43	44	59	22	23	57	40	30	62	60	56

表 2.35.5　全美国所在学校校长对目前学校问题表达了各种态度的普通少数族裔和白人**小学生**百分比，1965 年秋

项目	问题编号	总	白	黑	白(黑)	墨	白(墨)	波	白(波)	印	白(印)	东	白(东)	他	白(他)
关于社区小学的最佳教育实践：	P-95														
保留，罔顾种族不平衡		62	65	45	63	62	63	52	60	58	59	52	54	59	63
保留，但促进种族平衡		22	19	35	22	22	22	33	25	22	21	31	32	26	23
抛弃社区学校的理念不会造成任何重大损失		8	7	12	8	7	7	8	7	7	7	9	7	7	7
未应答		9	10	8	7	9	8	8	8	13	14	8	8	8	7
关于校车接送小学生的最佳教育实践：	P-96														
不用校车接送至社区以外的学校		26	27	20	38	28	31	28	33	28	33	26	25	29	33
校车只用于缓解拥挤		53	55	46	42	51	51	46k	46	49	52	48	49	51	49
校车接送非白人儿童以实现种族平衡		2	1	4	3	2	2	5	3	2	2	2	4	3	3
校车接送白人和非白人儿童以实现种族平衡		9	7	19	7	9	6	12	9	11	7	11	10	9	8
未应答		10	10	11	9	10	9	9	10	14	15	9	10	9	8
教育政策中支付额外人均费用对文化不利学生实行的补偿教育计划是否合理？	P-97														
是		62	59	72	53	66	64	68	61	61	56	70	68	66	61
否		8	8	8	17	6	7	8	9	8	11	7	6	8	10
未决定		23	25	14	23	21	23	19	23	20	23	17	20	20	24

表 2.35.6 根据区域划分大城市和非大城市地区所在学校校长对目前学校问题表达了各种态度的普通白人和黑人**小学生**百分比，1965 年秋

项目	问题编号	全美国 黑	全美国 白(黑)	全美国 白	北部和西部 黑	北部和西部 白(黑)	北部和西部 白	南部 黑	南部 白(黑)	南部 白	西南部 黑	西南部 白(黑)	西南部 白
关于社区小学的最佳教育实践：	P-95												
保留，罔顾种族不平衡		45	63	65	58	56	67	39	60	67	58	73	67
保留，但促进种族平衡		35	22	19	20	11	15	32	19	10	17	14	11
抛弃社区学校的理念不会造成任何重大损失		12	8	7	11	17	5	19	11	11	16	7	9
未应答		8	7	10	11	17	13	10	10	13	9	6	13
关于校车接送小学生的最佳教育实践：	P-96												
不用校车接送至社区以外的学校		20	38	27	42	43	22	19	37	41	31	46	40
校车只用于缓解拥挤		46	42	55	34	36	57	40	35	39	33	40	52
校车接送非白人儿童以实现种族平衡		4	3	1	0	0	0	5	4	1	1	7	5
校车接送白人和非白人儿童以实现种族平衡		19	7	7	11	2	6	24	9	7	26	2	1
未应答		11	9	10	13	20	15	12	16	12	9	5	2
教育政策中支付额外人均费用对文化不利学生实行的补偿教育计划是否合理？	P-97												
是		72	53	59	63	62	60	61	39	46	52	47	58
否		8	17	8	6	3	4	9	18	19	9	22	23
未决定		14	23	25	24	21	25	22	32	24	26	29	18

表 2.35.6　根据区域划分大城市和非大城市地区所在学校校长对目前学校问题表达了各种态度的普通白人和黑人**小学生**百分比，1965 年秋（续）

项目	问题编号	大城市地区													
		东北部			中西部			南部			西南部			西部		
		黑	白(黑)	白	黑	白(黑)	白	黑	白(黑)	白	黑	白(黑)	白	黑	白(黑)	白
关于社区小学的最佳教育实践：	P-95															
保留，罔顾种族不平衡		38	50	53	61	82	80	48	79	71	78	56	67	29	36	53
保留，但促进种族平衡		48	39	37	25	9	8	30	6	11	7	27	17	55	57	30
抛弃社区学校的理念不会造成任何重大损失		7	8	6	9	6	4	12	5	2	1	3	1	12	7	16
未应答		7	3	3	5	3	8	10	10	16	14	15	16	4	1	1
关于校车接送小学生的最佳教育实践：																
不用校车接送至社区以外的学校		19	29	23	18	22	25	18	54	52	24	22	13	20	26	23
校车只用于缓解拥挤		49	48	57	66	74	68	39	29	36	44	54	52	61	55	64
校车接送非白人儿童以实现种族平衡		6	5	3	0	0	0	5	0	0	0	0	0	3	9	4
校车接送白人和非白人儿童以实现种族平衡		16	14	13	12	1	2	22	7	1	18	8	9	11	7	7
未应答		10	4	4	5	3	5	15	10	11	15	16	26	6	4	2
教育政策中支付额外人均费用对文化不利学生实行的补偿教育计划是否合理？	P-97															
是		76	72	64	82	66	63	67	36	46	75	50	52	92	83	76
否		6	7	4	5	8	10	11	33	18	8	0	1	3	5	4
未决定		11	17	28	8	23	21	14	23	26	9	35	32	3	12	20

表 2.35.7　全美国所在学校校长对目前学校问题表达了各种态度的普通少数族裔和白人中学生百分比，1965 年秋

项目	问题编号	总	白	黑	白(黑)	墨	白(墨)	波	白(波)	印	白(印)	东	白(东)	他	白(他)
关于社区小学的最佳教育实践：	P-95														
保留，罔顾种族不平衡		52	56	32	59	49	49	37	44	50	56	33	41	51	53
保留，但促进种族平衡		30	28	37	25	36	35	46	37	37	32	49	49	36	34
抛弃社区学校的理念不会造成任何重大损失		11	8	26	11	11	11	8	12	8	8	14	9	8	7
未应答		7	8	5	6	4	5	9	7	5	4	3	2	6	6
关于校车接送小学生的最佳教育实践：	P-96														
不用校车接送至社区以外的学校		28	29	19	38	26	25	32	33	29	33	20	21	28	29
校车只用于缓解拥挤		57	58	50	46	59	61	45	46	55	53	58	64	53	57
校车接送非白人儿童以实现种族平衡		2	2	3	1	1	1	7	4	4	3	1	1	4	3
校车接送白人和非白人儿童以实现种族平衡		7	5	21	8	10	8	8	12	7	7	17	12	10	7
未应答		6	6	7	7	5	5	7	6	5	5	4	2	5	5
教育政策中支付额外人均费用对文化不利学生实行的补偿教育计划是否合理？	P-97														
是		73	71	78	64	80	79	83	83	73	73	94	92	78	76
否		9	9	9	12	9	9	6	5	7	9	4	4	12	11
未决定		14	16	20	20	9	10	7	9	16	15	1	3	7	9

表 2.35.8　根据区域划分大城市和非大城市地区所在学校校长对目前学校问题表达了各种态度的普通白人和黑人**中学生**百分比，1965 年秋

项目	问题编号	全美国 黑	全美国 白(黑)	全美国 白	北部和西部 黑	北部和西部 白(黑)	北部和西部 白	南部 黑	南部 白(黑)	南部 白	西南部 黑	西南部 白(黑)	西南部 白
关于社区小学的最佳教育实践：	P-95												
保留，罔顾种族不平衡		32	59	56	54	59	49	41	63	73	27	66	52
保留，但促进种族平衡		37	25	28	29	26	28	34	17	11	53	22	21
抛弃社区学校的理念不会造成任何重大损失		26	11	8	4	2	7	22	10	6	9	1	8
未应答		5	6	8	13	13	16	4	10	9	10	11	19
关于校车接送小学生的最佳教育实践：	P-96												
不用校车接送至社区以外的学校		19	38	29	15	12	20	19	40	36	11	13	9
校车只用于缓解拥挤		50	46	58	71	74	67	46	36	51	70	74	84
校车接送非白人儿童以实现种族平衡		3	1	2	1	2	1	2	1	1	2	0	0
校车接送白人和非白人儿童以实现种族平衡		21	8	5	0	0	1	21	5	2	6	3	1
未应答		7	7	6	13	12	11	12	18	11	12	11	6
教育政策中支付额外人均费用对文化不利学生实行的补偿教育计划是否合理？													
是		78	64	71	73	74	59	66	41	55	81	42	49
否		9	12	9	0	0	7	8	23	20	5	6	24
未决定		10	20	16	14	14	23	20	27	18	6	14	12

表 2.35.8　根据区域划分大城市和非大城市地区所在学校校长对目前学校问题表达了各种态度的普通白人和黑人中学生百分比，1965 年秋(续)

项目	问题编号	大城市地区													
		东北部			中西部			南部			西南部			西部		
		黑	白(黑)	白	黑	白(黑)	白	黑	白(黑)	白	黑	白(黑)	白	黑	白(黑)	白
关于社区小学的最佳教育实践：	P-95															
保留，罔顾种族不平衡		25	51	53	48	42	55	18	87	91	80	59	64	14	13	28
保留，但促进种族平衡		60	38	38	26	38	21	31	0	0	12	22	22	51	63	71
抛弃社区学校的理念不会造成任何重大损失		5	6	3	24	17	19	45	6	6	8	19	14	34	24	0
未应答		6	7	1	3	5	7	7	3	0	0	0	0	2	0	1
关于校车接送小学生的最佳教育实践：	P-96															
不用校车接送至社区以外的学校		20	43	26	30	40	18	19	50	75	5	54	63	14	12	18
校车只用于缓解拥挤		59	29	46	41	51	76	57	45	24	61	44	35	26	58	71
校车接送非白人儿童以实现种族平衡		9	7	8	1	0	1	3	0	0	10	2	0	0	0	1
校车接送白人和非白人儿童以实现种族平衡		2	15	12	28	8	5	14	0	0	24	0	0	58	30	9
未应答		10	6	9	0	1	1	8	5	1	0	0	0	2	0	1
教育政策中支付额外人均费用对文化不利学生实行的补偿教育计划是否合理？																
是		75	71	79	71	83	79	80	54	57	100	74	80	100	100	100
否		3	21	7	27	13	10	9	9	10	0	0	0	0	0	0
未决定		22	8	14	2	5	8	5	37	32	0	26	20	0	0	0

表 2.35.9　全美国所在学校校长对全体教师和学生的种族构成表达了某种态度的白人和少数族裔小学生百分比，1965 年秋

项目	问题编号	总	白	黑	白(黑)	墨	白(墨)	波	白(波)	印	白(印)	东	白(东)	他	白(他)
当全体学生都是或者绝大部分是非白人时，全体教师的种族构成应该是：	P-98														
都是或绝大部分是白人		7	8	3	9	5	6	6	8	7	7	5	5	4	7
都是非白人		5	5	1	12	3	5	3	7	5	6	2	4	4	6
白人和非白人		44	43	48	46	40	44	48	46	38	42	47	49	47	46
选拔时不考虑种族因素		32	31	38	25	39	33	33	28	33	28	30	31	34	32
不重要		5	4	5	4	5	3	5	4	5	4	8	4	5	4
当全体学生是种族混合时，全体教师应该是：	P-99														
都是或绝大部分是白人		9	11	3	19	9	13	6	13	8	13	7	9	8	3
都是非白人		0	0	0	0	0	0	0	0	0	0	0	0	0	0
白人和非白人		36	35	44	32	34	32	46	34	31	31	42	36	37	33
选拔时不考虑种族因素		40	39	43	35	44	41	35	37	41	38	35	41	42	41
不重要		5	5	4	4	5	4	5	6	6	4	9	6	6	5
当全体学生都是或者绝大部分是白人时，全体教师应该是：	P-100														
都是或绝大部分是白人		39	44	15	52	34	45	28	47	36	43	25	34	28	40
都是非白人		0	0	0	0	0	0	0	0	0	0	0	0	0	0
白人和非白人		17	14	35	17	17	13	30	17	15	14	25	22	25	17

续 表

项目	问题编号	总	白	黑	白(黑)	墨	白(墨)	波	白(波)	印	白(印)	东	白(东)	他	白(他)
选拔时不考虑种族因素		31	29	38	23	36	31	30	24	31	26	33	31	36	32
不重要		5	4	5	3	5	3	5	6	6	4	9	6	6	5

表 2.35.10 根据区域划分大城市和非大城市地区所在学校校长对全体教师和学生的种族构成表达了某种态度的白人和黑人**小学生**百分比,1965 年秋

项目	问题编号	全美国			非大城市地区					
					北部和西部		南部		西南部	
		黑	白(黑)	白	黑	白(黑)	白	黑	白(黑)	白
当全体学生都是或者绝大部分是非白人时,全体教师的种族构成应该是:	P-98									
都是或绝大部分是白人		3	9	8	8	15	2	2	12	18	5	13	6
都是非白人		1	12	5	5	3	5	8	20	16	1	10	3
白人和非白人		48	46	43	31	26	44	41	47	43	43	41	35
选拔时不考虑种族因素		38	25	31	23	19	29	39	12	14	41	24	37
不重要		5	4	4	19	21	5	8	3	2	2	8	13
当全体学生是种族混合时,全体教师应该是:	P-99									
都是或绝大部分是白人		3	19	11	4	4	5	2	27	21	4	28	16
都是非白人		0	0	0	0	0	0	1	1	0	0	0	0
白人和非白人		44	32	35	46	43	40	37	25	35	35	26	26
选拔时不考虑种族因素		43	35	39	32	24	36	43	25	25	47	33	41
不重要		4	4	5	5	11	4	9	5	5	3	6	13
当全体学生都是或者绝大部分是白人时,全体教师应该是:	P-100									
都是或绝大部分是白人		15	52	44	39	40	40	16	70	72	34	77	63

项目	问题编号	全美国 黑	全美国 白(黑)	全美国 白	非大城市地区 北部和西部 黑	非大城市地区 北部和西部 白(黑)	非大城市地区 北部和西部 白	非大城市地区 南部 黑	非大城市地区 南部 白(黑)	非大城市地区 南部 白	非大城市地区 西南部 黑	非大城市地区 西南部 白(黑)	非大城市地区 西南部 白
都是非白人		0	0	0	0	0	0	0	0	0	0	0	0
白人和非白人		35	17	14	19	13	13	29	9	3	18	4	3
选拔时不考虑种族因素		38	23	29	23	16	24	40	13	13	40	15	32
不重要		5	3	4	5	14	6	7	4	2	2	1	1

表 2.35.10　根据区域划分大城市和非大城市地区所在学校校长对全体教师和学生的种族构成表达了某种态度的白人和黑人小学生百分比(续)

项目	问题编号	大城市地区 东北部 黑	白(黑)	白	中西部 黑	白(黑)	白	南部 黑	白(黑)	白	西南部 黑	白(黑)	白	西部 黑	白(黑)	白
当全体学生都是或者绝大部分是非白人时,全体教师的种族构成应该是:	P-98															
都是或绝大部分是白人		3	3	7	1	2	6	1	12	16	8	10	9	6	2	2
都是非白人		0	0	0	1	2	4	0	23	15	0	0	1	0	0	0
白人和非白人		56	48	37	51	46	40	43	39	44	52	44	45	61	63	57
选拔时不考虑种族因素		32	41	45	34	39	32	49	21	18	23	30	30	27	32	37
不重要		2	5	6	7	6	8	3	1	1	8	0	0	4	2	2
当全体学生是种族混合时,全体教师应该是:	P-99															
都是或绝大部分是白人		1	3	5	1	3	5	0	33	24	10	26	26	11	6	4
都是非白人		0	0	0	0	0	0	0	0	0	0	0	0	0	0	0
白人和非白人		50	36	32	50	39	34	40	27	28	46	20	23	52	45	42
选拔时不考虑种族因素		39	50	49	36	49	44	54	29	36	29	39	35	31	44	47

续 表

项目	问题编号	大城市地区									
		东北部			中西部			南部			西南部			西部		
		黑	白(黑)	白	黑	白(黑)	白	黑	白(黑)	白	黑	白(黑)	白	黑	白(黑)	白
不重要		3	7	9	6	4	6	2	2	1	1	0	1	5	4	5
当全体学生都是或者绝大部分是白人时,全体教师应该是:	P-100															
都是或绝大部分是白人		6	21	23	17	35	36	9	71	72	28	71	71	16	17	21
都是非白人		0	0	0	0	0	0	0	0	0	0	0	0	0	0	0
白人和非白人		48	30	18	42	15	15	34	10	7	33	1	1	41	43	37
选拔时不考虑种族因素		36	40	50	30	41	34	46	14	13	29	14	13	34	35	35
不重要		3	7	6	6	3	5	0	0	0	0	0	0	6	4	5

表 2.35.11 全美国所在学校校长对全体教师和学生的种族构成表达了某种态度的白人和少数族裔**中学生**百分比,1965 年秋

项目	问题编号	总	白	黑	白(黑)	墨	白(墨)	波	白(波)	印	白(印)	东	白(东)	他	白(他)
当全体学生都是或者绝大部分是非白人时,全体教师的种族构成应该是:	P-98														
都是或绝大部分是白人		3	3	1	5	6	7	1	2	2	2	1	2	1	2
都是非白人		2	3	1	8	1	2	1	2	2	3	0	1	2	3
白人和非白人		57	58	54	62	56	59	47	64	61	64	70	60	60	61
选拔时不考虑种族因素		31	30	37	22	30	26	36	25	29	25	24	32	30	29
不重要		2	1	4	1	5	3	10	1	2	2	4	5	2	1
当全体学生是种族混合时,全体教师应该是:	P-99														

续表

项目	问题编号	总	白	黑	白(黑)	墨	白(墨)	波	白(波)	印	白(印)	东	白(东)	他	白(他)
都是或绝大部分是白人		12	14	4	20	19	20	4	8	11	12	9	8	9	10
都是非白人		0	0	0	0	0	0	0	0	0	0	0	0	0	0
白人和非白人		41	40	46	45	35	37	41	49	45	47	57	46	47	46
选拔时不考虑种族因素		36	35	38	25	35	34	37	35	35	34	27	38	32	31
不重要		6	6	9	5	9	6	13	3	5	4	6	6	9	8
当全体学生都是或者绝大部分是白人时,全体教师应该是:	P-100														
都是或绝大部分是白人		43	49	13	54	38	48	17	29	39	48	19	32	57	48
都是非白人		0	0	0	0	0	0	0	0	0	0	0	0	0	0
白人和非白人		19	14	39	20	22	18	32	36	23	18	43	26	31	21
选拔时不考虑种族因素		31	30	40	22	32	27	36	30	32	30	32	36	28	26
不重要		3	2	5	1	5	4	11	2	3	2	5	5	2	1

表2.35.12 根据区域划分大城市和非大城市地区所在学校校长对全体教师和学生的种族构成表达了某种态度的白人和黑人**中学生**百分比,1965年秋

项目	问题编号	全美国 黑	全美国 白(黑)	全美国 白	北部和西部 黑	北部和西部 白(黑)	北部和西部 白	南部 黑	南部 白(黑)	南部 白	西南部 黑	西南部 白(黑)	西南部 白
当全体学生都是或者绝大部分是非白人时,全体教师的种族构成应该是:	P-98												
都是或绝大部分是白人		1	5	3	0	0	0	2	14	12	1	1	9
都是非白人		1	8	3	0	0	1	1	16	10	0	1	1

续 表

项目	问题编号	全美国 黑	全美国 白(黑)	全美国 白	非大城市地区 北部和西部 黑	非大城市地区 北部和西部 白(黑)	非大城市地区 北部和西部 白	非大城市地区 南部 黑	非大城市地区 南部 白(黑)	非大城市地区 南部 白	非大城市地区 西南部 黑	非大城市地区 西南部 白(黑)	非大城市地区 西南部 白
白人和非白人		54	62	58	50	46	53	41	45	49	57	48	43
选拔时不考虑种族因素		37	22	30	36	41	35	45	18	22	34	12	16
不重要		4	1	1	2	0	1	8	1	1	0	0	16
当全体学生是种族混合时,全体教师应该是:	P-99												
都是或绝大部分是白人		4	20	14	1	1	5	4	40	31	14	28	35
都是非白人		0	0	0	0	0	0	0	0	0	0	0	0
白人和非白人		46	45	40	40	38	39	36	15	19	37	8	7
选拔时不考虑种族因素		38	25	35	38	42	39	48	18	31	39	26	27
不重要		9	5	6	8	7	6	9	10	11	2	0	16
当全体学生都是或者绝大部分是白人时,全体教师应该是:	P-100												
都是或绝大部分是白人		13	54	49	38	40	51	20	80	77	27	45	64
都是非白人		0	0	0	0	0	0	0	0	0	0	0	0
白人和非白人		39	20	14	17	13	9	23	2	1	32	0	1
选拔时不考虑种族因素		40	22	30	24	29	24	47	12	12	33	12	17
不重要		5	1	2	8	7	6	5	1	1	0	3	0

表 2.35.12 根据区域划分大城市和非大城市地区所在学校校长对全体教师和学生的种族构成表达了某种态度的白人和黑人**中学生**百分比,1965 年秋(续)

项目	问题编号	大城市地区 东北部 黑	大城市地区 东北部 白(黑)	大城市地区 东北部 白	大城市地区 中西部 黑	大城市地区 中西部 白(黑)	大城市地区 中西部 白	大城市地区 南部 黑	大城市地区 南部 白(黑)	大城市地区 南部 白	大城市地区 西南部 黑	大城市地区 西南部 白(黑)	大城市地区 西南部 白	大城市地区 西部 黑	大城市地区 西部 白(黑)	大城市地区 西部 白
当全体学生都是或绝大部分是非白人时,全体教师的种族构成应该是:	P-98															

续 表

| 项目 | 问题编号 | 大城市地区 ||||||||||||
| | | 东北部 ||| 中西部 ||| 南部 ||| 西南部 ||| 西部 |||
		黑	白(黑)	白	黑	白(黑)	白	黑	白(黑)	白	黑	白(黑)	白	黑	白(黑)	白
都是或绝大部分是白人		0	0	0	1	0	1	0	6	7	1	4	0	0	0	2
都是非白人		0	0	0	0	0	0	2	15	14	0	0	3	0	0	0
白人和非白人		41	69	50	46	83	71	53	49	42	85	84	86	92	89	65
选拔时不考虑种族因素		53	28	40	48	15	24	37	30	36	12	13	11	7	10	30
不重要		5	1	1	4	1	1	4	0	0	2	0	0	1	1	3
当全体学生是种族混合时，全体教师应该是：	P-99															
都是或绝大部分是白人		1	5	6	3	4	6	0	24	27	1	35	37	10	8	7
都是非白人		0	0	0	0	0	0	0	0	0	0	0	0	0	0	0
白人和非白人		37	57	37	18	63	56	57	43	32	47	44	46	82	80	55
选拔时不考虑种族因素		55	35	49	49	21	27	33	33	40	17	21	17	6	11	34
不重要		6	2	4	30	12	8	5	0	0	0	0	0	3	1	4
当全体学生都是或者绝大部分是白人时，全体教师应该是：	P-100															
都是或绝大部分是白人		6	38	32	7	21	39	8	65	63	13	85	83	11	37	27
都是非白人		0	0	0	0	0	0	0	0	0	0	0	0	0	0	0
白人和非白人		36	29	20	14	52	29	48	5	0	70	1	1	78	51	26
选拔时不考虑种族因素		54	32	44	74	25	30	34	30	36	17	15	17	8	11	42
不重要		5	1	1	4	1	1	6	0	0	0	0	0	3	1	4

与普通黑人学生相比，在普通白人学生就读的学校中，有较大比例的教师和校长对社区小学表达出全力支持，有较小比例的教师和校长支持用校车接送小学生去社区

以外的学校上学。在考察不同地区时,情况也几乎毫无例外是如此,虽然有一些迹象表明,这种差异性在南部比在任何其他地区都大。小学教师和校长比他们的中学同行较多肯定对社区学校的支持,小学教师也比中学阶段的同行较少表达对校车接送制度的支持。

黑人学生比白人学生更可能拥有支持对文化不利学生实行补偿教育计划的中小学教师和中小学校长。这些比较不应掩盖这样一个事实,即总的来说,对补偿教育政策的支持总体上很高;例如,五分之四的黑人和三分之二的白人的校长支持这一政策。在全国范围内和在各地区,与普通白人学生相比,普通黑人学生所在学校的教师和校长更可能认为,学校里至少得有一些与学生种族相异的教师,这在教育上是合理的。西部和东北部大城市地区的黑人和白人学生的教师都对这种政策表达了最强烈的支持。南部地区以及西南部大城市地区的黑人的教师几乎表达了同样强有力的支持。相比之下,这些地区的白人的教师比其他任何地区的同行都更为反对全体教师和学生中的种族混合。然而,应当指出,在黑人集中的县里,白人儿童的小学教师一般倾向于比同地区的普通白人的教师更支持这样一种政策(表 2.35.3)。一般来说,同样的观测结果对校长和教师都适用。

对于非黑人的少数族群而言,在任何族群中的普通学生所在的学校里,教师和校长普遍比对比组的白人较少但是比对比组的黑人较多地喜欢教白领家庭的学生;喜欢教盎格鲁-撒克逊裔学生;喜欢教全体学生都是白人的班级;以及喜欢教高能力的学生。在支持校车接送制度、支持社区学校、支持补偿教育等方面,非黑人少数族群的教师与全国平均值程度相似。他们比白人的教师较多但比黑人的教师较少地认为,让白人教非白人学生是一项好政策。

重点结论——与普通白人学生相比,普通黑人学生所在学校中的教师

——较少喜欢教来自白领和专业人士家庭的儿童。

——较少喜欢教盎格鲁-撒克逊裔学生。

——较少喜欢教白人学生。

——较少喜欢教高能力学生。

(然而,在任何情况下,对这些类型学生的偏好都不是大多数普通白人的教师的特征。)

——较少支持社区学校的概念。

——更支持校车接送小学生。

——更支持支付额外费用的补偿教育计划(尽管白人的教师中的绝大多数也赞成这一政策)。

——认为让非白人学生拥有白人教师、白人学生拥有非白人教师在教育上是合理的。

2.4 同学特征

儿童的学校环境的一个重要组成部分不是学校的物理设施、课程和教师,而是他的同学。一名儿童的同学会挑战他去争取成绩,也会令他在争取成绩的过程中分心;他们通过交往和非正式讨论提供了课堂外的学习机会。事实上,当父母和教育者们想到社区中的一所"好学校"时,他们通常会根据该校全体学生的类型来衡量它:有志上大学、成绩好。家长们努力把孩子送到这样的"好学校",因为他们认识到,无论教师、课程和设施的质量如何,学校的教学水平一定是能够适应全体学生本身的。

下面的研究将描述普通少数族群儿童——黑人、墨西哥裔美国人、波多黎各人、印第安人或东亚裔美国人——所相处的全体学生的特征。在高度种族隔离学校,这种全体学生的特征大体上与该普通少数族群儿童本人一样——这就使这样一名儿童在努力进入更广阔的社会时会遇到某种困难。它让儿童始终置身于与他的出身相一致的环境中,使他无法接触到更大的社会环境,从而加重了他的问题。

2.41 同班同学的一般种族构成

在全国范围内的小学阶段(表2.41.1),普通儿童就读的学校里有74%的同学都是白人。然而,当我们分别观察各种族时,发现总的平均数字掩盖了种族不平衡或孤立的事实。例如,普通白人小学生所上的学校里有87%的同学都是白人。普通黑人所上的学校里只有16%的同学是白人。这个数字在一定程度上是不同种族在全国各地地理分布不均的结果。然而,还有其他因素在起作用,正如以下发现所揭示的:与黑人在同一县内的普通白人儿童就读的学校里有76%而不是16%的儿童是白人。表2.41.2表明黑人受隔离程度最严重的是南部大城市地区,其次是南部非大城市地区和西南部非大城市地区。黑人受种族隔离程度最低的是在北部和西部非大城市地区。这在很大程度上是因为北部和西部非大城市地区黑人人口相对稀疏。反过来,考虑到

表 2.41.1 全美国根据阶段划分白人和少数族裔学生与白人学生的平均接触值,1965 年秋

阶段	问题编号	总	白	黑	白(黑)	墨	白(墨)	波	白(波)	印	白(印)	东	白(东)	他	白(他)
学校中白人学生的百分比——															
小学	U-4	74	87	16	76	53	75	45	80	60	80	57	74	56	75
中学	U-7	81	91	24	83	68	80	56	84	70	84	54	69	67	79

表 2.41.2 根据区域和阶段划分大城市和非大城市地区白人和黑人学生彼此接触的平均值,1965 年秋

项目	问题编号	全美国 黑	全美国 白(黑)	全美国 白	北部和西部 黑	北部和西部 白(黑)	北部和西部 白	南部 黑	南部 白(黑)	南部 白	西南部 黑	西南部 白(黑)	西南部 白
学校中白人学生的百分比——													
小学	U-4	16	76	87	54	76	89	10	77	89	16	68	67
中学	U-7	24	83	91	76	84	94	11	91	93	19	83	83

项目	问题编号	东北部 黑	东北部 白(黑)	东北部 白	中西部 黑	中西部 白(黑)	中西部 白	南部 黑	南部 白(黑)	南部 白	西南部 黑	西南部 白(黑)	西南部 白	西部 黑	西部 白(黑)	西部 白
学校中白人学生的百分比——																
小学	U-4	33	73	88	23	87	90	3	80	89	20	70	83	17	70	80
中学	U-7	45	76	90	45	88	91	3	91	95	13	70	94	35	56	79

这一事实,或许就很奇怪,北部和西部非大城市地区的普通黑人小学生就读的学校里只有稍许超过一半的同学是白人。然而,如果种族隔离的定义是各县采取标准化做法对白人和黑人进行隔离,那么中西部大城市地区就加入南部大城市和非大城市地区成为全美国种族隔离最严重的地区。西部大城市地区是白人种族隔离程度最低的地区。

种族隔离在小学和中学阶段差别很大。在所有的非大城市地区和南部大城市地区，中学阶段白人的种族隔离程度与小学阶段相比更严重或是大致相等。另一方面，在南部和西南部以外的地区，黑人的种族隔离程度趋向于小学阶段比中学阶段严重。在南部和西南部地区，黑人在小学和中学的种族隔离程度几乎相等。

这些发现需要一些解释。造成这两种模式之间差异的，可能是由一种双重系统衍生的事实上的种族隔离制度和历史残余的种族隔离制度在性质上的差异。在南部和西南部以外的地区，黑人的隔离程度在小学阶段比在中学阶段严重，是因为在居住地种族隔离模式下产生了事实上的种族隔离的小学。事实上的种族隔离的中学相对较不常见，因为高中通常比小学在更广的区域内招生。

2.42　家庭背景

第二个被考察的学生环境特征是同学的家庭背景。这项研究将包括父母受教育程度、家庭结构完整性、家中兄弟姐妹数量、家中物品、家中读物、父母的教育愿望以及父母对教育的兴趣。

父母受教育程度——表2.42.1研究不同种族学生的同学的母亲之平均受教育程度。在全国范围内，在普通儿童就读的学校中大多数学生的母亲至少是中学毕业生。小学生有更多同学的母亲只上过一段时间的中学或是更少。然而，与中学生相比，有更高比例的小学生回答了"不知道"，从而产生了一定的不确定性。这种差异部分可能源自受教育程度较低的父母的孩子辍学率较高。将各种族进行比较，普通少数族群成员的同班同学的母亲受教育程度往往比普通白人低。对黑人和波多黎各人来说，差距尤其显著。表2.42.2表明，对黑人而言，这一趋势存在于全国各地区，虽然在南部差距比在其他地区稍大些。

家庭结构完整性——表2.42.1还考察了不同种族学生的同学家庭的结构完整性。对家庭结构完整性的测量是依据儿童是否报告称发挥其父母作用的人既是其亲生父母也住在家里。在全国范围内，普通学生所在的班级有大约90%的学生报告称他们的亲生母亲就住在家里，亲生父亲的数字大约是80%。黑人和波多黎各裔儿童所在的班级特别可能有大量学生来自破碎的家庭。表2.42.2表明黑人和白人之间的差距存在于美国所有地区。这种差距往往在南部和西南部地区最大。

表 2.42.1　全美国根据阶段划分白人和少数族裔学生与给定
　　　　　家庭背景同学的平均接触值,1965 年秋

阶段	问题编号	总	白	黑	白(黑)	墨	白(墨)	波	白(波)	印	白(印)	东	白(东)	他	白(他)
母亲完成中学以上教育的百分比:															
小学	U-14	45	48	33	45	37	44	34	45	39	45	41	45	41	46
中学	U-20	55	58	40	55	49	54	47	61	50	55	53	58	56	60
不知道母亲所受教育的百分比:															
小学	U-14	29	28	33	28	31	29	33	28	32	29	34	32	34	31
中学	U-20	6	5	10	5	7	5	10	6	7	5	9	7	7	6
亲生母亲住在家里的百分比:															
小学	U-10	90	92	80	90	86	90	82	89	87	90	87	90	87	91
中学	U-17	91	92	85	91	90	91	88	92	90	91	89	90	90	91
亲生父亲住在家里的百分比:															
小学	U-9	79	83	59	79	72	79	66	80	74	80	74	80	73	79
中学	U-16	80	83	64	81	77	80	71	81	75	80	75	78	76	80
父亲希望其在班上名列前茅的百分比:															
小学	U-42	61	62	61	64	61	63	60	63	59	61	58	59	60	62
中学	U-25	46	45	56	51	48	47	48	46	46	45	43	43	44	43
几乎天天与父母谈论学业的百分比:															
小学	U-54	53	53	52	55	49	52	50	55	48	51	48	51	48	51
中学	U-26	48	47	49	50	47	48	46	50	44	45	42	43	45	46
学前经常有人为其朗读的百分比:															

续表

阶段	问题编号	总	白	黑	白(黑)	墨	白(墨)	波	白(波)	印	白(印)	东	白(东)	他	白(他)
小学	U-18	17	17	19	19	16	17	17	18	16	17	17	17	16	17
中学	U-30	27	26	30	27	25	24	28	29	24	25	24	25	27	27
中学															
父亲对学生的教育愿望：															
希望中学后接受技工或更低培训的百分比	U-27	31	31	28	29	29	29	29	26	31	30	28	28	27	27
父亲不在或不知道的百分比	U-27	13	12	17	12	14	13	16	12	15	13	15	13	14	12
母亲对学生的教育愿望：															
希望中学后接受技工或更低培训的百分比	U-28	32	33	30	31	30	30	32	27	33	31	29	28	29	28
母亲不在或不知道的百分比	U-28	7	7	6	6	7	7	7	6	8	7	8	7	7	7
父母上一学年参加过家长联合会会议的百分比	U-29	39	37	51	38	36	34	38	40	34	33	37	37	38	37

表 2.42.2 根据区域和阶段划分大城市和非大城市地区白人和黑人学生与给定家庭背景同学的平均接触值，1965 年秋

项目	问题编号	全美国 黑	全美国 白(黑)	全美国 白	非大城市地区 北部和西部 黑	非大城市地区 北部和西部 白(黑)	非大城市地区 北部和西部 白	非大城市地区 南部 黑	非大城市地区 南部 白(黑)	非大城市地区 南部 白	非大城市地区 西南部 黑	非大城市地区 西南部 白(黑)	非大城市地区 西南部 白
母亲完成中学以上教育的百分比：													
小学	U-14	33	45	48	35	39	51	24	37	38	28	38	39
中学	U-20	40	55	58	51	53	58	23	47	45	44	53	48

续　表

项目	问题编号	全美国 黑	全美国 白(黑)	全美国 白	非大城市地区 北部和西部 黑	非大城市地区 北部和西部 白(黑)	非大城市地区 北部和西部 白	非大城市地区 南部 黑	非大城市地区 南部 白(黑)	非大城市地区 南部 白	非大城市地区 西南部 黑	非大城市地区 西南部 白(黑)	非大城市地区 西南部 白
不知道母亲所受教育的百分比:													
小学	U-14	33	28	28	29	26	28	28	24	22	36	32	28
中学	U-20	10	5	5	5	4	4	12	5	5	8	6	7
亲生母亲住在家里的百分比:													
小学	U-10	80	90	92	86	90	92	73	87	91	80	91	91
中学	U-17	85	91	92	90	91	92	82	93	93	82	92	94
亲生父亲住在家里的百分比:													
小学	U-9	59	79	83	71	79	85	57	78	82	61	78	78
中学	U-16	64	81	83	80	82	84	65	83	84	64	80	85
父亲希望其在班上名列前茅的百分比:													
小学	U-42	61	64	62	57	60	56	57	66	69	60	66	66
中学	U-25	56	51	45	47	46	39	62	56	54	61	54	54
几乎天天与父母谈论学业的百分比:													
小学	U-54	52	55	53	48	51	49	51	56	57	51	58	53
中学	U-26	49	50	47	44	45	44	51	54	51	52	54	54
学前经常有人为其朗读的百分比:													
小学	U-18	19	19	17	17	17	16	17	17	19	19	19	17
中学	U-30	30	27	26	26	26	24	30	25	25	32	25	23
中学													
父亲对学生的教育愿望:													

续 表

项目	问题编号	全美国 黑	全美国 白(黑)	全美国 白	非大城市地区 北部和西部 黑	非大城市地区 北部和西部 白(黑)	非大城市地区 北部和西部 白	非大城市地区 南部 黑	非大城市地区 南部 白(黑)	非大城市地区 南部 白	非大城市地区 西南部 黑	非大城市地区 西南部 白(黑)	非大城市地区 西南部 白
希望中学后接受技工或更低培训的百分比	U-27	28	29	31	33	35	36	33	36	35	26	27	29
父亲不在或不知道的百分比	U-27	17	12	12	11	13	13	19	13	13	16	11	11
母亲对学生的教育愿望:													
希望中学后接受技工或更低培训的百分比	U-28	30	31	33	37	38	37	35	38	37	26	28	29
母亲不在或不知道的百分比	U-28	6	6	7	6	6	8	6	6	7	8	6	8
父母上一学年参加过家长联合会会议的百分比	U-29	51	38	37	36	35	40	59	38	37	50	35	34

表 2.42.2 根据区域和阶段划分大城市和非大城市地区白人和黑人学生与给定家庭背景同学的平均接触值，1965 年秋(续)

项目	问题编号	大城市地区 东北部 黑	大城市地区 东北部 白(黑)	大城市地区 东北部 白	大城市地区 中西部 黑	大城市地区 中西部 白(黑)	大城市地区 中西部 白	大城市地区 南部 黑	大城市地区 南部 白(黑)	大城市地区 南部 白	大城市地区 西南部 黑	大城市地区 西南部 白(黑)	大城市地区 西南部 白	大城市地区 西部 黑	大城市地区 西部 白(黑)	大城市地区 西部 白
母亲完成中学以上教育的百分比:																
小学	U-14	39	55	52	36	49	51	33	45	44	40	41	43	35	48	50
中学	U-20	51	63	63	49	58	63	37	58	58	41	42	49	53	60	65
不知道母亲所受教育的百分比:																
小学	U-14	37	29	31	39	32	30	32	26	26	31	25	26	39	35	34
中学	U-20	10	6	5	9	5	4	9	4	5	9	3	4	9	7	6
亲生母亲住在家里的百分比:																
小学	U-10	87	92	93	86	92	93	78	88	91	81	89	91	84	91	91

续 表

项目	问题编号	大城市地区													
		东北部			中西部			南部			西南部			西部		
		黑	白(黑)	白	黑	白(黑)	白	黑	白(黑)	白	黑	白(黑)	白	黑	白(黑)	白
中学	U-17	88	89	92	90	91	92	83	92	92	83	93	94	86	89	88
亲生父亲住在家里的百分比:																
小学	U-9	68	82	85	63	84	86	55	78	82	58	83	81	60	75	78
中学	U-16	67	77	83	70	85	84	58	82	84	55	83	84	62	70	74
父亲希望其在班上名列前茅的百分比:																
小学	U-42	63	63	60	64	61	59	61	64	66	65	69	71	64	61	61
中学	U-25	50	46	43	48	45	41	61	53	51	63	61	54	51	45	43
几乎天天与父母谈论学业的百分比:																
小学	U-54	56	61	57	49	51	52	55	54	58	52	51	51	45	49	51
中学	U-26	50	52	52	44	44	45	53	53	53	51	46	43	43	42	44
学前经常有人为其朗读的百分比:																
小学	U-18	22	23	19	19	17	17	19	20	19	19	13	16	19	18	17
中学	U-30	32	33	31	27	26	27	33	29	29	31	18	21	26	26	27
中学																
父亲对学生的教育愿望:																
希望中学后接受技工或更低培训的百分比	U-27	30	25	30	30	31	31	23	29	29	22	24	30	23	22	21
父亲不在或不知道的百分比	U-27	17	11	11	17	13	13	18	10	10	18	10	11	17	16	14
母亲对学生的教育愿望:																
希望中学后接受技工或更低培训的百分比	U-28	34	27	32	30	33	33	26	31	30	24	25	30	23	23	22
母亲不在或不知道的百分比	U-28	6	5	6	7	8	7	5	6	3	6	6	6	7	7
父母上一学年参加过家长联合会会议的百分比	U-29	43	43	37	45	37	36	61	41	44	42	33	26	36	33	30

家中儿童数量——表 2.42.3 考察了不同种族学生的同学家中的儿童数量。它跟其他一些因素一样,都是在对家庭经济水平作粗略衡量。该表根据家中另外还有一个或两个孩子的学生百分比对各种族进行了比较。在全国范围内,在普通中学生所在班级里,有大约 20% 的学生家中有一个或两个孩子。在少数族群儿童所在的班级里,儿童的家庭人数始终比白人组儿童多。这种差距在黑人和波多黎各人中尤其明显。表 2.42.4 表明,黑人与白人之间的差距在全国各个地区都存在,但在南部地区差距最大。

表 2.42.3 全美国根据阶段划分普通白人和少数族裔学生的同学中拥有给定家庭背景者百分比,1965 年秋

项目	问题编号	总	白	黑	白(黑)	墨	白(墨)	波	白(波)	印	白(印)	东	白(东)	他	白(他)
家中有一或两名18岁以下儿童的百分比:															
小学生	U-8	32	33	27	36	29	33	30	36	29	32	30	34	30	34
有一个兄弟或姐妹的百分比:[1]															
中学生	U-10	20	22	12	23	18	20	20	27	18	20	19	22	20	23
家中有如下物品的同学百分比:															
汽车:															
小学生	U-25	89	94	68	90	84	91	72	89	35	92	87	93	85	92
中学生	U-37	93	95	79	94	92	95	75	89	91	94	91	94	90	93
电话:															
小学生	U-20	80	84	63	80	68	76	65	80	70	79	80	84	76	83
中学生	U-32	88	90	75	87	83	86	85	92	81	87	92	94	91	93
吸尘器:中学生	U-38	85	89	58	83	79	84	74	89	79	86	83	87	84	89
日报:															
小学生	U-27	73	77	61	75	63	70	63	74	66	72	72	77	70	76
中学生	U-39	85	86	77	83	80	82	85	88	81	84	87	88	87	88

续 表

项目	问题编号	总	白	黑	白(黑)	墨	白(墨)	波	白(波)	印	白(印)	东	白(东)	他	白(他)
百科全书:															
小学生	U-24	71	75	54	73	62	71	57	73	64	72	70	76	68	75
中学生	U-36	80	82	69	82	77	79	76	84	75	79	82	84	82	84
家中有100或以上本书:中学生	U-42	38	39	26	36	34	36	36	47	36	39	41	44	42	45

1. 包括继兄弟姐妹以及同父异母或同母异父的兄弟姐妹,无论年龄大小。

表 2.42.4 根据区域和阶段划分大城市和非大城市地区普通白人和黑人学生的同学中拥有给定家庭背景者百分比,1965 年秋

项目	问题编号	全美国			非大城市地区							
					北部和西部			南部			西南部	
		黑	白(黑)	白	黑	白(黑)	白	黑	白(黑)	白	黑	白(黑)	白
家中有一或两名18岁以下儿童的百分比:小学生	U-8	27	36	33	25	27	29	25	35	37	25	32	34
有一个兄弟或姐妹的百分比:[1]中学生	U-10	12	23	22	17	18	18	7	19	19	9	19	19
家中有如下物品的同学百分比:													
汽车:													
小学生	U-25	68	90	94	88	94	96	60	85	91	72	91	91
中学生	U-37	79	94	95	94	96	97	75	95	94	84	95	96
电话:													
小学生	U-29	63	80	84	72	79	85	40	63	68	45	67	60
中学生	U-32	75	87	90	85	87	90	52	76	79	62	80	75
吸尘器:中学生	U-38	58	83	89	86	89	92	34	68	75	46	75	73
日报:													
小学生	U-27	61	75	77	60	67	75	40	56	59	54	63	56
中学生	U-39	77	83	86	77	79	85	60	73	74	72	79	75

续 表

项目	问题编号	全美国			非大城市地区							
					北部和西部			南部			西南部	
		黑	白(黑)	白	黑	白(黑)	白	黑	白(黑)	白	黑	白(黑)	白
百科全书：													
小学生	U-24	54	73	75	62	68	72	36	60	65	48	65	64
中学生	U-36	69	82	82	76	78	78	52	74	75	66	77	75
家中有 100 或以上本书：中学生	U-42	26	36	39	33	34	35	16	25	27	16	30	25

项目	问题编号	大城市地区										
		东北部		中西部		南部		西南部		西部		
		黑	白(黑)	白	黑	白(黑)	白	黑	白(黑)	白	黑	白(黑)	白
家中有一或两名 18 岁以下儿童的百分比：小学生	U-8	35	41	37	24	31	31	24	38	35	26	32	30	26	39	35
有一个兄弟或姐妹的百分比：[1]中学生	U-10	20	28	26	16	21	21	9	27	27	10	20	22	15	22	23
家中有如下物品的同学百分比：													
汽车：													
小学生	U-25	70	87	91	77	95	95	61	92	94	78	96	95	80	93	95
中学生	U-37	72	84	92	88	97	96	71	95	95	85	94	98	90	93	94
电话：													
小学生	U-29	79	91	92	79	90	91	57	81	86	65	75	80	83	93	93
中学生	U-32	89	94	95	93	94	95	72	90	92	75	77	87	91	94	93
吸尘器：中学生	U-38	78	90	94	79	94	95	47	84	90	65	81	85	82	88	91
日报：													
小学生	U-27	75	85	86	70	84	84	64	79	84	67	69	76	67	83	82
中学生	U-39	91	91	93	86	91	92	80	88	93	77	77	83	81	83	86
百科全书：													

续 表

项目	问题编号	大城市地区									
		东北部		中西部		南部		西南部		西部	
		黑	白(黑)	白	黑	白(黑)	白	黑	白(黑)	白	黑	白(黑)	白

项目	问题编号	东北部黑	东北部白(黑)	东北部白	中西部黑	中西部白(黑)	中西部白	南部黑	南部白(黑)	南部白	西南部黑	西南部白(黑)	西南部白	西部黑	西部白(黑)	西部白
小学生	U-24	71	84	84	61	79	80	51	75	80	57	66	72	64	82	83
中学生	U-36	82	86	87	80	88	86	67	85	88	73	77	83	78	81	83
家中有100或以上本书：中学生	U-42	41	53	52	36	43	44	21	36	40	24	26	32	37	41	48

1. 包括继兄弟姐妹以及同父异母或同母异父的兄弟姐妹，无论年龄大小。

表 2.42.5 全美国根据阶段划分白人和少数族裔学生与有给定地域流动性的同学的接触值，1965年秋

地域流动性项目	问题编号	总	白	黑	白(黑)	墨	白(墨)	波	白(波)	印	白(印)	东	白(东)	他	白(他)
从没换过学校的学生百分比——															
小学	U-30	42	43	41	44	41	41	39	41	38	40	42	42	38	39
中学	U-47	40	40	41	36	38	38	35	36	33	34	36	34	35	35
今年转到该校的学生平均百分比——															
小学	P-44	7	6	8	7	7	7	8	7	8	7	9	8	8	7
中学	P-44	5	5	5	6	6	6	7	6	6	6	7	7	6	5

家中的物品——表 2.42.3 还考察了学生种族和其同学家中物品之间的关系。这一经济状况指数包括是否拥有电话、吸尘器和汽车。在普通少数族群学生所在的班级里，儿童们家中拥有的这些物品比普通白人学生家中少。这一差异对于黑人和波多黎各人而言尤其显著。表 2.42.4 表明黑人与白人之间的差距在全国各地区都存在。该项差距在南部地区趋于最大，在西南部非大城市地区也很大。

父母的教育愿望和实践——家庭环境影响儿童教育机会的另一个方面是父母对子女的期望。对这一点的测量包括让学生对以下方面评分：父母各希望他成为多好的学生、父母各希望他接受多少教育、上个学年他的父母参加家长联合会会议的频率、学生与父母讨论学校功课的频率以及在他能自己阅读前父母是否为他读书。在不同

种族的儿童所接触的同学中，报告称其父母对其教育非常感兴趣的所占百分比差不多相同。表2.42.1表明，唯一存在显著差距的项目就是PTA（家长教师联谊会）或其他家长联合会的出席率。在这里，普通黑人比普通白人有更多的同学报告称父母参加PTA会议。这种差异存在于全国各个地区，在南部和西南部尤为明显。

这些报告即使有夸大的成分，也表明黑人儿童、他们的父母或两者都高度重视学校制度，将其作为实现社会流动的一种手段。报告中显示的父母对子女教育成就非常感兴趣的一般模式可能是正确的。然而，很明显，这种兴趣往往不能转化为支持孩子在校学习的行动。在父母对教育成就表达出来的兴趣和他们真的用鼓励和帮助等行动使子女取得高分成为可能之间，通常有一种并不太容易实现的联系。

家中的读物——在少数族群学生所在的班级里，儿童们所报告的家中读物数量往往比白人儿童少。表2.42.3表明这适用于家里的日报、百科全书和一些书籍。白人和少数族群儿童此方面的差异对黑人而言特别显著，对波多黎各人而言也很明显。白人和黑人之间的差异模式往往发生在全国各地。差距最大的地方往往在南部，虽然并不始终如此。

地域流动性——全体学生的稳定性被一些人认为对成绩的影响很大。因此，中学生被问到："你上次转校是什么时候（不包括从一个阶段的学校升级到另一个阶段的学校）？"种族之间唯一存在差别的只有黑人和白人。比起普通白人来，在普通黑人所在的中学里，学生们更可能从来没有转过学。表2.42.6表明，这一比较结果在不同地区间表现不一样。它在南部和西南部特别明显，而在西部大城市地区实际上略微相反。这些结果可能反映了人口流动的结果。黑人从南部农村迁出后，由于缺乏迁入人口，就解释了为什么剩下的黑人人口流动性低。而非大城市地区的黑人与大城市地区的黑人相比更为稳定，也符合这一解释。

校长们被问了一个相关的问题，关于该校来自另一所学校的转校生的百分比。与在学生中的调查结果形成对照的是，在小学和中学两个阶段，种族间都不存在流动性差异。然而，表2.42.6表明，校长们在报告中反映出的黑人与白人之间的地区变化模式与学生们报告的一样。也就是说，在南部和西南部地区，普通黑人所在的学校比白人更稳定，但在东北部和西部大城市地区则相反。小学阶段该模式略有不同。然而，黑人与白人之间的差异还存在于全国各地区的内部，其模式类似于中学阶段的模式，只有南部和西南部大城市地区例外。这可以反映出在不同年龄组内的黑人的父母、白人的父母或者两者兼有的人口流动差异。

表 2.42.6　根据区域和阶段划分大城市和非大城市地区白人和黑人学生与有给定地域流动性的同学的接触值,1965 年秋

地域流动性项目	问题编号	全美国			非大城市地区								
					北部和西部			南部			西南部		
		黑	白(黑)	白	黑	白(黑)	白	黑	白(黑)	白	黑	白(黑)	白
从没换过学校的学生百分比——													
小学	U-30	44	44	43	42	40	50	57	56	53	49	38	42
中学	U-47	41	36	40	49	48	51	53	54	48	51	34	42
今年转到该校的学生平均百分比——													
小学	P-44	8	7	6	9	9	4	5	7	5	9	6	
中学	P-44	5	6	5	3	3	3	3	5	5	2	7	4

地域流动性项目	问题编号	大城市地区														
		东北部			中西部			南部			西南部			西部		
		黑	白(黑)	白	黑	白(黑)	白	黑	白(黑)	白	黑	白(黑)	白	黑	白(黑)	白
从没换过学校的学生百分比——																
小学	U-30	36	40	41	32	42	43	47	44	39	41	35	28	32	34	27
中学	U-47	30	34	39	37	34	36	42	25	31	41	32	23	20	26	26
今年转到该校的学生平均百分比——																
小学	P-44	13	10	7	9	7	6	6	6	5	7	3	4	16	12	10
中学	P-44	8	5	5	7	7	5	2	5	4	4	9	9	10	8	6

2.43　学生自身特征

我们还必须根据学生自身及其父母的特征来考察学生环境。

在校问题——学生在学校是否存在行为问题是影响学习的一个极其重要的学生环境特征。校长们通过回答一系列问题对全体学生的这一特征进行了报告,这些问题

涉及是否存在破坏财物、对师长不敬、种族关系紧张、偷窃、肢体暴力、酗酒和吸毒等问题。问卷用一个"问题等级体系"将这些项目纳入单一衡量标准中。在表 2.43.1 所报告的调查结果中，按等级分，0 表示没有项目中所列的任何问题，75 表示每个项目都存在严重问题。在全国范围内，小学阶段的分数平均值只有 9，中学阶段是 15。少数族群所在学校的问题平均数量始终高于白人。该差异对于黑人和波多黎各人而言尤其显著。白人和黑人之间的差异往往存在于全国各地区。

辍学——学生环境的另一个重要特征是所在学校的学生辍学率。校长被要求估计"进入你校 10 年级但却在毕业前辍学的"所有男孩和女孩的大致百分比。结果表明，少数族群所在的学校始终更可能有高辍学率，或换句话说，比起白人组的儿童来，在少数族群儿童就读的学校里，学生更可能在毕业前辍学。这种风气所产生的影响可能是严重的。某些学生如果上另一所学校的话，可能永远也不会考虑辍学，但是如果他们上的学校里有许多男孩女孩都辍学的话，那他们可能也会决定辍学。在东北部大城市地区和中西部大城市地区，黑人和白人之间差异最大。另一方面，在南部非大城市地区和西南部非大城市地区，差距趋于缩小，甚至逆转。

学术环境——正如跟打算辍学的同学交往可能打消学生的志向，跟要读大学的同学交往则可能提升学生的志向。表 2.43.1 表明，黑人比白人较少接触到读过高校目录或是跟高校官员谈过上大学的事的同学。校长们被要求估计他们去年的毕业班学生被大学录取的百分比。在全国范围内，普通高中生就读的学校中有 44% 的毕业生据称立即上了大学。跟白人相比，少数族群——特别是黑人和波多黎各人——所在的学校往往上大学的学生数量较少。白人学生比黑人学生有更多的同学参加了大学预备课程（分别是 39% 和 32%），并选修了通常上大学所需的课程（科学、英语和外语）。

对学术环境的其他测量还包括总平均分和作为这项调查一部分的测试成绩。在这两方面，黑人所在学校的学术环境都不如白人。普通黑人所在的学校里有 40% 的同学报告称总平均分是 A 或 B，而白人则是 45%。这里没有提供黑人的同学的考试成绩，因为这些数据将在第 3 节中进行详细探讨。然而，这些数据清楚地表明，黑人的同学的分数大大低于白人学生。本节中的调查结果普遍适用于波多黎各人以及黑人，但其他少数族群则与白人没有明显不同。

如果我们在这里止步，就会得到一个明确的指示，说明在黑人和白人就读的学校之间，存在着学术环境上的主要差距。然而，还存在着一些相互矛盾的证据。例如，黑人和白人接触到了差不多相等的报告称明确打算明年上大学的同学。而且，黑人接触

表 2.43.1　全美国根据阶段划分白人和少数族裔学生与学生学术环境特征的平均接触值，1965 年秋

项目	问题编号	总	白	黑	白(黑)	墨	白(墨)	波	白(波)	印	白(印)	东	白(东)	他	白(他)
问题平均等级分数：															
小学	SM-12[1]	9	8	14	9	11	9	14	9	11	9	13	10	11	8
中学	SM-12[1]	15	13	20	14	17	15	19	16	16	15	18	16	17	15
辍学率,中学	SM-15[1]	7	6	12	7	8	7	15	7	9	7	6	5	8	6
中学生															
读过高校目录的百分比	U-54	59	60	55	61	57	59	57	67	56	59	59	62	61	63
就上大学事项与高校代表面谈过的百分比	U-55	34	35	26	36	29	31	31	40	31	34	29	31	32	34
去年毕业班高校录取率	P-49	44	46	35	46	44	47	37	55	41	45	46	50	46	50
注册参加大学预备课程的百分比	U-43	40	41	32	39	36	39	38	50	35	39	41	43	44	46
修过一年或以下科学课的百分比	U-74	22	21	26	20	26	24	25	20	25	23	26	25	23	22
没修过外语课程的百分比	U-75	42	42	40	45	44	43	37	31	43	41	35	33	34	34
修过 2 年或以下英语课的百分比	U-77	5	4	12	5	7	6	10	5	7	5	7	7	7	6
报告称中学总平均分为 A 或 B 的百分比	U-88	45	46	40	45	46	47	48	51	44	45	43	45	45	46
"明确"计划于 1966—1967 学年上大学的百分比	U-56	37	37	36	40	38	40	36	46	35	37	42	44	42	44
"可能"于 1966—1967 学年上大学的百分比	U-56	26	25	34	26	29	28	28	23	29	27	29	27	28	26

续　表

项目	问题编号	总	白	黑	白(黑)	墨	白(墨)	波	白(波)	印	白(印)	东	白(东)	他	白(他)
教师或辅导员鼓励其上大学的百分比	U-94	51	51	50	53	51	52	47	55	48	50	50	52	51	53
认为教师期望其在班上名列前茅的百分比	U-100	24	22	33	26	25	23	25	23	24	22	22	21	22	22
英语课上的能力分组或分班：															
在最高级班组的百分比	U-86	20	20	20	22	22	22	21	22	20	20	23	24	23	23
不知道自己的班组等级或者所在学校不分班的百分比	U-86	34	35	29	32	30	31	28	30	33	33	21	23	25	27
暑假至少读过一本书的学生百分比：															
小学生	U-28	79	80	78	80	77	78	77	80	79	79	80	80	78	79
中学生	U-57	73	72	77	73	71	71	76	77	73	73	74	74	74	74
想在班上名列前茅的中学生百分比	U-60	40	37	56	43	42	39	42	38	40	38	37	35	38	36
报告称自己从未逃过学的中学生百分比	U-63	67	67	74	68	68	67	65	63	64	63	63	61	63	62
报告称愿意为继续求学做几乎任何事的学生百分比	U-59	44	44	46	47	43	43	43	45	43	43	41	41	43	43
报告称花大量时间做家庭作业的学生百分比：															

续 表

项目	问题编号	总	白	黑	白(黑)	墨	白(墨)	波	白(波)	印	白(印)	东	白(东)	他	白(他)
小学	U-32	19	18	23	22	20	20	20	20	18	18	18	18	19	19
中学	U-61	22	21	29	25	23	23	25	27	21	21	25	24	24	24
每天到校学生平均百分比:															
小学	P-42	95	95	93	95	95	95	93	95	95	95	94	95	94	95
中学	P-42	93	94	91	94	93	93	90	93	93	93	93	93	93	94
认为自己在班上名列前茅的小学生百分比	U-40	19	18	21	19	20	19	20	19	18	17	18	18	20	19
认为自己在本年级高于平均水平或者属于最聪明学生行列的中学生百分比	U-91	46	47	43	47	45	46	43	48	44	46	44	48	47	48
总是感觉自己还没学会的中学生百分比	U-108	42	42	43	44	41	41	40	43	39	41	38	38	40	40
感觉就算老师讲课速度慢一点自己的成绩也不会更好的中学生百分比	U-109	46	47	41	46	45	46	43	49	45	46	44	46	46	47

* 详见附录 9.42

到的声称明年有可能上大学的同学比白人更多。此外,黑人和白人的同班同学受到教师或辅导员鼓励去上大学的比例也差不多相等。黑人比白人更可能处在这样一种学校环境中,即他的同学们认为他们的老师期望自己会"在班上名列前茅"。而且,尽管黑人班上儿童的成绩和平均分较低,但是黑人和白人儿童就读于以下这种班级的可能性一样高,即班上同学会报告称自己在最高能力级别的英语班组中。

中学生被问到上个暑假读了多少本书(不包括学校要求读的书、漫画书或杂志)。他们还被问到:"你想在学校里做一名多好的学生?"以及,"在上一个学年中,你有没有仅仅因为不想上学而逃学?"在所有这些问题中,唯一的区别都出现在白人和黑人之间。所有问题的调查结果都是，比起普通白人来，普通黑人会接触到更多报告称对上学和阅读感兴趣的同学。这种差距在关于渴望成为一名好学生的问题上尤为显著。表 2.43.2 表明，这些差距在南部和西南部地区特别明显。在另外两个相关问题上则没有发现什么差异，即："如果发生了什么事情，你现在必须辍学，你会有什么感觉？"以及，"在平时的教学日，你在校外花多少时间学习？"然而，与美国其他地区的黑人和白人相比，南部和西南部的黑人所在的学校中往往有更多学生报告称会花大量时间做家庭作业。

2.43.2——根据区域和阶段划分大城市和非大城市地区白人和黑人学生与学生学术环境特征的平均接触值，1965 年秋

项目	问题编号	全美国 黑	全美国 白(黑)	全美国 白	非大城市地区 北部和西部 黑	非大城市地区 北部和西部 白(黑)	非大城市地区 北部和西部 白	非大城市地区 南部 黑	非大城市地区 南部 白(黑)	非大城市地区 南部 白	非大城市地区 西南部 黑	非大城市地区 西南部 白(黑)	非大城市地区 西南部 白
问题平均等级分数：													
小学	SM-12[1]	14	9	8	9	6	8	11	8	7	10	10	8
中学	SM-12[1]	20	14	13	15	14	12	17	10	11	15	9	11
辍学率，中学	SM-15[1]	12	7	6	6	5	6	8	9	9	7	9	9
中学生													
读过高校目录的百分比	U-54	55	61	60	52	52	54	48	57	55	58	57	62
就上大学事项与高校代表面谈过的百分比	U-55	26	36	35	34	34	31	22	36	34	28	32	30
去年毕业班高校录取率	P-49	35	46	46	39	40	41	27	41	41	45	51	56
注册参加大学预备课程的百分比	U-43	32	39	41	29	30	35	22	33	33	33	33	32
修过一年或以下科学课的百分比	U-74	26	20	21	26	25	23	26	15	15	19	8	12
没修过外语课程的百分比	U-75	40	45	42	54	53	52	49	58	58	52	52	59
修过 2 年或以下英语课的百分比	U-77	12	5	4	7	6	4	17	4	4	10	6	5
报告称中学总平均分为 A 或 B 的百分比	U-88	40	45	46	43	43	42	43	46	44	47	55	58

续　表

项目	问题编号	全美国 黑	全美国 白(黑)	全美国 白	非大城市地区 北部和西部 黑	非大城市地区 北部和西部 白(黑)	非大城市地区 北部和西部 白	非大城市地区 南部 黑	非大城市地区 南部 白(黑)	非大城市地区 南部 白	非大城市地区 西南部 黑	非大城市地区 西南部 白(黑)	非大城市地区 西南部 白
"明确"计划于1966—1967学年上大学的百分比	U-56	36	40	37	33	33	31	30	33	32	40	41	41
"可能"于1966—1967学年上大学的百分比	U-56	34	26	25	26	25	25	36	25	24	38	27	24
教师或辅导员鼓励其上大学的百分比	U-94	50	53	51	49	49	46	52	51	51	60	56	50
认为教师期望其在班上名列前茅的百分比	U-100	33	26	22	24	23	20	38	32	29	41	29	29
英语课上的能力分组或分班：													
在最高级班组的百分比	U-86	20	22	20	18	17	16	18	19	20	21	17	17
不知道自己的班组等级或者所在学校不分班的百分比	U-86	20	32	35	41	41	42	34	40	38	42	47	46
暑假至少读过一本书的学生百分比：													
小学生	U-28	78	80	80	78	80	81	75	77	79	73	75	76
中学生	U-57	77	73	72	73	72	71	79	71	71	78	74	70
想在班上名列前茅的中学生百分比	U-60	56	43	37	39	37	33	67	51	47	62	48	47
报告称自己从未逃过学的中学生百分比	U-63	74	68	67	71	70	69	82	77	74	84	73	77
报告称愿意为继续求学做几乎任何事的学生百分比	U-59	46	47	44	45	46	42	48	49	49	48	47	45
报告称花大量时间做家庭作业的学生百分比：													
小学	U-32	23	22	18	14	13	15	28	30	27	25	25	23
中学	U-61	29	25	21	21	21	18	30	23	22	33	26	22

续　表

项目	问题编号	全美国 黑	全美国 白(黑)	全美国 白	非大城市地区 北部和西部 黑	非大城市地区 北部和西部 白(黑)	非大城市地区 北部和西部 白	非大城市地区 南部 黑	非大城市地区 南部 白(黑)	非大城市地区 南部 白	非大城市地区 西南部 黑	非大城市地区 西南部 白(黑)	非大城市地区 西南部 白
每天到校学生平均百分比：													
小学	P-42	93	95	95	94	94	96	92	95	95	95	95	96
中学	P-42	91	94	94	93	93	94	92	95	95	94	95	94
认为自己在班上名列前茅的小学生百分比	U-40	21	19	18	17	19	19	23	20	18	23	21	20
认为自己在本年级高于平均水平或者属于最聪明学生行列的中学生百分比	U-91	43	47	47	47	47	46	43	43	44	47	47	43
总是感觉自己还没学会的中学生百分比	U-108	43	44	42	44	43	41	48	45	45	50	44	43
感觉就算老师讲课速度慢一点自己的成绩也不会更好的中学生百分比	U-109	41	46		51	47	40	45	47	46	47	48

项目	问题编号	大城市地区 东北部 黑	大城市地区 东北部 白(黑)	大城市地区 东北部 白	大城市地区 中西部 黑	大城市地区 中西部 白(黑)	大城市地区 中西部 白	大城市地区 南部 黑	大城市地区 南部 白(黑)	大城市地区 南部 白	大城市地区 西南部 黑	大城市地区 西南部 白(黑)	大城市地区 西南部 白	大城市地区 西部 黑	大城市地区 西部 白(黑)	大城市地区 西部 白
问题平均等级分数：																
小学	SM-12[1]	14	8	6	16	7	6	11	8	7	14	12	15	26	12	9
中学	SM-12[1]	23	17	15	24	14	16	20	15	10	14	15	16	23	19	14
辍学率,中学	SM-15[1]	23	10	6	19	7	6	9	7	5	10	9	9	12	5	5
中学生																
读过高校目录的百分比	U-54	61	71	70	57	58	58	55	67	67	63	55	60	55	58	62
就上大学事项与高校代表面谈过的百分比	U-55	34	43	43	30	34	35	23	42	45	28	24	29	26	25	29
去年毕业班高校录取率	P-49	33	54	53	33	41	45	33	47	52	39	35	33	49	52	53
注册参加大学预备课程的百分比	U-43	39	55	53	43	45	46	34	38	44	29	38	31	34	40	46

续 表

项目	问题编号	大城市地区													
		东北部			中西部			南部			西南部			西部		
		黑	白(黑)	白	黑	白(黑)	白	黑	白(黑)	白	黑	白(黑)	白	黑	白(黑)	白
修过一年或以下科学课的百分比	U-74	25	17	16	30	26	26	20	18	13	27	18	20	37	33	29
没修过外语课程的百分比	U-75	31	23	26	43	39	38	34	49	37	42	64	49	35	30	28
修过2年或以下英语课的百分比	U-77	8	4	3	7	4	4	12	4	4	13	2	3	12	11	8
报告称中学总平均分为A或B的百分比	U-88	43	48	49	34	38	41	35	43	45	52	62	58	41	45	48
"明确"计划于1966—1967学年上大学的百分比	U-56	34	46	43	32	36	37	36	40	41	47	42	33	47	50	51
"可能"于1966—1967学年上大学的百分比	U-56	28	22	23	33	28	26	36	27	25	32	25	28	33	31	28
教师或辅导员鼓励其上大学的百分比	U-94	45	55	54	46	50	50	51	54	54	59	60	51	49	55	57
认为教师期望其在班上名列前茅的百分比	U-100	26	22	21	26	21	21	37	27	26	37	26	23	26	22	21
英语课上的能力分组或分班:																
在最高级班组的百分比	U-86	20	20	20	23	28	25	18	22	21	23	18	13	24	26	29
不知道自己的班组等级或者所在学校不分班的百分比	U-86	24	27	32	25	27	30	29	29	30	28	45	50	16	16	14
暑假至少读过一本书的学生百分比:																
小学生	U-28	81	85	83	79	80	81	79	80	79	76	70	75	76	80	80
中学生	U-57	70	79	76	72	74	73	78	72	71	77	64	65	71	73	73
想在班上名列前茅的中学生百分比	U-60	44	39	35	44	36	35	62	45	42	65	50	42	43	37	35

续表

项目	问题编号	大城市地区									
^	^	东北部		中西部		南部		西南部		西部	
^	^	黑	白(黑)	白	黑	白(黑)	白	黑	白(黑)	白	黑	白(黑)	白

项目	问题编号	黑	白(黑)	白	黑	白(黑)	白	黑	白(黑)	白	黑	白(黑)	白
报告称自己从未逃过学的中学生百分比	U-63	65	61	61	68	64	66	76	66	67	79	78	71	60	59	55
报告称愿意为继续求学做几乎任何事的学生百分比	U-59	46	46	45	44	43	43	48	52	51	52	46	45	38	39	42
报告称花大量时间做家庭作业的学生百分比：																
小学	U-32	16	16	13	17	15	15	28	25	26	25	22	24	16	15	14
中学	U-61	30	29	26	21	21	21	32	28	24	32	28	19	25	25	23
每天到校学生平均百分比：																
小学	P-42	92	94	94	93	95	95	93	95	95	93	96	96	94	96	96
中学	P-42	90	93	94	89	92	94	91	94	94	91	92	92	92	93	94
认为自己在班上名列前茅的小学生百分比	U-40	20	18	18	19	17	17	20	16	15	22	19	18	25	20	19
认为自己在本年级高于平均水平或者属于最聪明学生行列的中学生百分比	U-91	41	46	46	42	48	49	40	48	47	51	52	50	46	49	53
总是感觉自己还没学会的中学生百分比	U-108	43	43	41	41	44	41	41	44	43	50	51	41	37	39	39
感觉就算老师讲课速度慢一点自己的成绩也不会更好的中学生百分比	U-109	46	50	49	45	47	47	35	45	41	44	45	41	42	46	47

* 详见附录 9.42

虽然黑人所在学校的学生比白人较少承认曾经故意逃学，但是根据普通黑人学校校长的报告，他们的出勤率略低于白人。

最后，儿童们被问了一系列反映其学术自我概念或自信的问题。总的来说，在学术自我概念方面，黑人的同学得分跟白人的同学一样高，甚至更高。在小学阶段，在黑人和白人儿童就读的学校里，学生们报告称自己"在班上名列前茅"的可能性差不多一样高。在中学阶段,黑人和白人的同学都同样可能声称"有时候我觉得我就是学不会"或者"如果老师讲课速度慢一点我的成绩会更好"。此外,黑人的同学几乎跟白人的同学一样可能报告称自己相对年级其他学生处于中等以上水平。

环境控制——另一个被测量的学生特征是他们对环境的控制感。这些测量值旨在衡量学生认为其无法控制的外界力量将在多大程度上决定他会拥有什么样的人生。中学生被问到是否同意以下三种说法:

1. 像我这样的人在人生中没有很大的成功机会。
2. 对于成功来说,好运气比辛勤工作更重要。
3. 每当我尝试获得成功,总有什么人或事作梗。

对小学生只问了第一个问题(表 2.43.3)。

表 2.43.3 全美国根据阶段划分白人和少数族裔学生与具有给定态度的同学的平均接触值,1965 年秋(续)

项目	问题编号	总	白	黑	白(黑)	墨	白(墨)	波	白(波)	印	白(印)	东	白(东)	他	白(他)
"像我这样的人在人生中没有很大的成功机会":															
小学生	U-38														
同意此话的百分比		12	10	18	11	13	11	16	11	13	11	12	10	12	10
不能确定的百分比		35	34	37	32	39	37	37	32	38	35	39	36	39	36
中学生	U-110														
同意此话的百分比		7	6	9	7	7	7	8	6	8	7	8	7	8	7
不能确定的百分比		13	13	14	12	14	14	14	12	15	14	17	16	14	13
"对于成功来说,好运气比辛勤工作更重要":															
中学生	U-102														
同意此话的百分比		5	5	10	5	6	6	8	6	7	5	6	6	6	5

续　表

项目	问题编号	总	白	黑	白(黑)	墨	白(墨)	波	白(波)	印	白(印)	东	白(东)	他	白(他)
不能确定的百分比		7	6	11	7	8	7	10	8	9	7	9	9	8	8
"每当我尝试获得成功,总有什么人或事作梗":															
中学生	U-103														
同意此话的百分比		16	15	19	16	17	16	18	15	18	16	17	16	16	15
不能确定的百分比		20	21	20	20	21	21	19	19	22	21	22	21	20	20

表 2.43.4　根据区域和阶段划分大城市和非大城市地区白人和黑人学生与具有给定态度的同学的平均接触值,1965 年秋

项目	问题编号	全美国			非大城市地区							
					北部和西部			南部			西南部		
		黑	白(黑)	白	黑	白(黑)	白	黑	白(黑)	白	黑	白(黑)	白
"像我这样的人在人生中没有很大的成功机会":													
小学生	U-38												
同意此话的百分比		18	11	10	16	13	9	22	13	12	19	12	11
不能确定的百分比		37	32	34	37	36	36	39	36	36	39	38	40
中学生	U-110												
同意此话的百分比		9	7	6	10	9	6	11	6	6	8	7	6
不能确定的百分比		14	12	13	14	14	13	15	12	13	16	14	16
"对于成功来说,好运气比辛勤工作更重要":													
中学生	U-102												
同意此话的百分比		10	5	5	8	5	4	15	5	4	9	5	5
不能确定的百分比		11	7	6	9	7	6	15	6	6	12	8	8

续 表

项目	问题编号	全美国			非大城市地区						
					北部和西部			南部			西南部		
		黑	白(黑)	白	黑	白(黑)	白	黑	白(黑)	白	黑	白(黑)	白
"每当我尝试获得成功,总有什么人或事作梗":													
中学生	U-103												
同意此话的百分比		19	16	15	16	16	14	22	16	16	23	18	17
不能确定的百分比		20	20	21	20	19	20	22	22	22	18	22	22

项目	问题编号	大城市地区													
		东北部			中西部			南部			西南部			西部		
		黑	白(黑)	白	黑	白(黑)	白	黑	白(黑)	白	黑	白(黑)	白	黑	白(黑)	白
"像我这样的人在人生中没有很大的成功机会":																
小学生	U-38															
同意此话的百分比		14	8	9	16	10	10	20	11	10	16	14	13	16	11	10
不能确定的百分比		34	28	29	38	32	33	37	30	33	39	40	32	38	31	32
中学生	U-110															
同意此话的百分比		8	6	6	8	7	7	9	7	7	12	6	5	9	8	8
不能确定的百分比		14	11	12	13	13	13	12	12	11	14	13	12	14	14	13
"对于成功来说,好运气比辛勤工作更重要":																
中学生	U-102															
同意此话的百分比		7	5	5	6	5	5	9	5	6	10	3	3	7	6	6
不能确定的百分比		9	8	7	7	7	6	11	7	6	11	7	6	10	9	8
"每当我尝试获得成功,总有什么人或事作梗":																
中学生	U-103															
同意此话的百分比		18	14	15	19	17	16	19	16	15	21	15	15	17	16	14
不能确定的百分比		19	19	20	21	21	22	16	20	18	24	24	23	19	19	20

在全国范围内，普通中学生所在的班级里，分别有 7％、5％和 16％的学生同意上述三种说法。这看起来可能比例很小，但也有相当高比例的学生回答"不能确定"。普通小学生所在的班级里，有 12％的学生同意最后一种说法。在小学阶段，少数族群学生的同学往往比白人学生的同学更觉得自己对环境控制无力。这种情况主要发生在黑人中，但对波多黎各人而言也是如此。在中学阶段，白人和少数族群所接触的感到对环境缺乏控制力的学生差异基本上很小，或者根本不存在。当我们特别观察黑人时，我们发现在中学阶段，白人和黑人之间差距最大的地方是在西南部和南部非大城市地区。在小学阶段，差距最大的地方是在南部，在西南部非大城市地区、东北部大城市地区和中西部大城市地区也十分显著。总之，至少在美国的部分地区，黑人学生比白人学生更容易接触到感觉自己对环境控制无力的同学。

2.5　北部和西部大城市地区

2.51　北部和西部大城市地区学校与全国对比

生活在大城市的学生享有一定的教育优势，因为如果有大量学生有着同样的特殊需求，在学校和系统中提供特殊课程就更为可行。如果只有少数学生有特殊需求，那么学校或学区雇用人员并提供特殊设施来满足学生的特殊需要就会更加昂贵。将东北部、中西部和西部大城市地区与全国进行比较，调查显示，这些地区有更大比例的学生所在的学校里配备有专门的班级、课程和人员。例如，这通常包括学校护士、心理专家、言语矫治专家、阅读辅导和数学辅导班、智障和残疾学生课程、由受过美术和音乐专门培训的教师上的常规课程和为在这些领域富有天赋的儿童开设的专门课程、根据成绩水平给中学生分班的制度（在东北部还给小学生分班）以及在中学提供大学进阶课程和在中学及小学提供速成课程。

比起全国范围内的普通中学生来，这些地区的普通中学生就读的学校更大，但是东北部和中西部城市地区的学校较老旧，而且，在中西部，每间教室的学生人数较多，临时教室的比例也更高。此外，由于给定学校所服务的学生人数较多，他们可以拥有更高的行政灵活性并提供更多不同的课程。在中学阶段，几乎所有学生都拥有配有专职管理人员的学校图书馆（尽管在东北部和中西部城市地区学生人均拥有图书量较少）。在东北部、中西部和西部大城市地区，中学生对于外语类和科学类教学实验室、电动工具工作坊以及打字教室的拥有比例也比较高。

使这些地区的学校区别于无法获得大量学童的一般县里学校的,还有其他一些特征。中西部大城市地区的学生不太可能获得免费课本,虽然在所有三个大城市地区都有较高比例的学生的校长们报告称他们的学校里有充足的课本供应。这些地区学生的教师和校长们薪水较高,特别是东北部和西部地区的校长,而且他们更可能获得过高等学位。

在西部大城市地区,学生拥有的男性校长比例最高,而在东北部城市地区,学生拥有的女性校长比例超过了全国其他地区。虽然北部和西部地区普通学生的教师中拥有终身职位的比例较高,但他们中没有正规证书的比例也比较高。在这三个城市地区,普通黑人学生的教师在词汇短测试中的平均得分比全国范围内普通黑人的教师平均得分高。相对于全国范围而言,在北部和西部大城市地区,黑人学生很不容易找到有黑人校长以及大部分教师是黑人的学校,尽管这些地区的黑人校长和教师主要是为黑人儿童服务。同样,相对于全国范围内的普通黑人学生而言,在北部大城市地区的普通黑人学生就读的学校里,有较大比例的白人。

2.52　北部和西部大城市地区黑人就读的学校

在东北部、中西部和西部大城市地区上学的学生所享有的优势在黑人儿童和白人儿童中间是完全不同的。一般来说,与白人学生相比,黑人的校舍更旧、更大、更拥挤,实验室较少,图书馆图书较少,会堂和体育馆较少,尽管他们拥有更多的辅导班和惩教人员。调查中并没有显示出黑人和白人学生的教师和校长有重大差异,不过黑人员工更可能在黑人学生就读的学校里工作。普通黑人小学生的教师在词汇短测试中的平均得分比普通白人小学生的教师低。在所有这些地区,普通黑人高中生就读的学校里有较少的学生研修进入大多数大学所要求的课程。与普通白人学生相反,普通黑人学生的同学所提供的社会语境中有更高比例的学生来自教育遭剥夺的家庭背景。(后面的章节将表明,学校的学生环境将对学生个人的学习表现产生重要影响。)调查所揭示的差异反映了一个事实:黑人都集中在大城市地区中心城市中最古老的区域,白人往往居住在城市的边缘地区或是郊区,在那里有他们自己独立的学区。

在中西部大城市地区的小学和中学阶段,普通黑人学生就读的学校招生人数都超过了普通白人,而在东北部和西部,只有在小学阶段才是这样。此外,在东北部和中西部,普通黑人的中小学校都比较老旧;在中西部的中学阶段,他们拥有的临时教室比例也比较高。在所有三个地区的普通黑人的中学里,使用每间教室的学生数量更多,但是黑人学生的教师所教学生的平均数量跟普通白人学校里的教师差不多。

在中学阶段,这三个地区几乎所有中学生都拥有集中式学校图书馆和专职图书馆管理员。然而,在小学阶段,比黑人学生比例更高的白人学生所在的学校里有集中式图书馆。普通黑人学生的学校规模较大,但是图书馆却并不比普通白人所在学校的更大。在黑人学生的中小学里,学生人均图书拥有量都少于白人学校,只有西部地区的中学例外,在那里,学生人均图书拥有量基本上相等。

在课本方面,黑人学生可能也处于不利的境地。在东北部和中西部地区,有稍高比例的黑人学生所在的学校校长报告称教材数量不足,尽管在小学阶段,黑人学生所在学校的教材平均看来比白人学校的教材要新。但是在中西部地区,有较高比例的黑人中学生所在的学校课本更旧。此外,在中西部地区,虽然向学生免费提供课本的做法并不像在其他地区那样普遍,但是有较高比例的黑人学生就读的学校免费提供课本。

在特殊教室和设施如体育馆、运动场、会堂和餐厅的可获得性方面存在的各项差异中,通常都是白人学生所在的学校占优势地位。调查中将给定学校的会堂、餐厅、体育馆和运动场的供应情况综合成一个指数,构建了单一的测量标准。这项测量表明,在东北部和中西部地区的中学里,以及在东北部地区的小学里,这些设施对大多数黑人所生活其中的大城市地区的白人学生供应更充足,不过在西部地区,则对黑人供应更充足。还有一项一般性测量旨在反映指定学校中几种专门教室的可获得性,以生物、化学和物理等科学实验室为指数。根据这项测量,在东北部和西部大城市地区,但是不包括中西部地区,普通白人的中学设备似乎更充足。考察每种实验室的可获得性,在东北部地区有较高比例的白人学生拥有物理和生物实验室,而在中西部地区则有比例较高的与黑人在同一县内的白人学生拥有物理实验室,但是他们拥有生物实验室的比例则较低。在西部几乎没有黑人居住的大城市地区,白人学生拥有的物理实验室比例既高于黑人也高于住在以黑人人口为主的地区的白人。在这些地区,所有中学生一般都拥有化学实验室。用于外语教学的音响设备更多出现在西部,但在东北部地区,对白人的供应往往超过对黑人的供应,而在中西部地区,则有比白人比例更高的黑人就读的学校会使用这些辅助设备。在这些地区,所有中学生一般都拥有打字教室,唯一的差别出现在东北部地区,在那里,跟黑人在同一个县内的白人学生拥有该设施的比例较高。在东北部和中西部的大城市地区,白人中学生更容易获得学校运动场。

在北部大城市地区,黑人学生的学校似乎提供更多的辅导和矫正课程及服务。例如,在所有这些地区,都有更多的黑人学生所在的学校里有矫正阅读教师;在这些地区,普通黑人就读的学校里有更高比例的学生接受阅读辅导指导(除了东北部地区的中学生)。同样地,有更高比例的黑人学生所在的学校为有行为和适应问题的学生提供单独的班级(除了西部地区的小学),并为低智商或智力发育迟缓的学生提供单独的班级。

然而,针对快速学习者的速成课程的可获得性在普通白人的学校中比在普通黑人的学校中更为常见。调查表明,这些地区有较高比例的白人中小学生就读的学校提供速成课程(除了西部地区的中学),或者是为快速学习者提供单独的班级。在东北部和中西部地区,白人就读的中学更多为12年级学生提供获得大学进阶课程或学分的机会。

总的来说,在黑人学生的学校里,较少学生研修对高中后继续深造而言往往必不可少的课程。在东北部、中西部和西部的所有大城市地区,比起普通白人学生的学校,在普通黑人中学生的学校里,较少学生报读大学预备课程。另外,在所有地区内部,在普通白人就读的学校里,有更高比例的学生研修中级和高级英语课程、数学、外语和科学,而在普通黑人的学校里,有更高比例的学生会报读更多的职业课程。

在这些地区,除了教师和校长的种族构成之外,该调查并没有显示在普通黑人和白人学生的全职教师和行政人员之间存在显著的差异模式。在东北部、中西部和西部,普通黑人学生比普通白人学生有较高比例的黑人教师,同时,有较高比例的黑人学生拥有黑人校长。

在所受的大学训练、资格认证状态和任期、平均教龄和在目前学校中的教龄以及薪水方面,普通白人和黑人学生的中小学教师之间没有显著的差异模式。在这一总的概括之外还存在一些变化:在东北部地区,普通白人的小学教师在目前学校的教龄稍长,并且已经获得终身职位;在中西部地区,黑人的教师工资稍高,在小学阶段,他们中获得大学高等学历的人更多,得到终身职位的也更多,而在中学阶段,他们在目前学校的教龄更长;在西部地区,普通白人的中学教师在目前学校的教龄更长,并且往往不具有正规证书。

然而,在每个地区,普通白人学生的教师在词汇测试中的平均分都比普通黑人的教师高了一分。在小学和中学阶段,有较高比例的黑人的教师参加过旨在为文化不利学生提供教学或咨询的培训。虽然黑人的教师往往计划在公共教育领域展开更长的职业生涯，但他们较少表达希望继续在目前学校任教的愿望，他们更多报告称自己不是主动要求来这里的，而是被分配过来。他们的缺勤率比普通白人学生的教师稍高。

与所有这些地区中的普通白人学生相比，在普通黑人学生所在的学校里，他的同学们一般来自经济上更贫困、更不稳定的家庭，更无力对孩子的教育追求进行激励。他们的家庭规模更大，亲生父母都住在家里的情况较少；家长的教育程度较低，家中更缺乏现代便利设施和读物，如日报、百科全书和家庭图书室。在所有使普通白人学生所获得的教育有别于普通黑人学生的学校特征中，由其同学所形成的环境差异是最引人注目的。

2.6　南部大城市地区

2.61　南部大城市地区学校与全国对比

对南部大城市地区的学生来说，学校在若干方面似乎装备更好，但是其师资配备却没有全国范围内普通学生所在的学校好。

有较大比例的建筑物是在过去 20 年中建造的。此外，中学里的设施往往比全国平均水平更为完善。在这里的学生就读的学校里，有超过全国平均水平的生物、物理、外语实验室和打字教室。在南部大城市地区，每位教师对应的学生数量与全国基本相同。

普通小学生获得免费课本的机会与全国小学生差不多相同，但中学生的获得机会则较低。在南部大城市地区，课本的供应充足程度比全国略低，虽然就可获得的课本而言，这里的课本比全国范围内的课本平均更新一些。在南部大城市地区的普通学生所在的学校里，拥有一座集中式图书馆的可能性与全国相同，但他们的图书馆更可能雇用一名全职管理员。

与全国范围内的学生相比，南部大城市地区的学生一般拥有较少的特殊服务和课程，而这在美国许多其他学校中都有提供。在小学和中学阶段，该地区在以下方面较为不足：言语矫治专家、学校护士和心理专家、数学辅导课和阅读辅导课、美术音乐等特殊技能课、为有言语障碍和身心障碍者开设的班级以及为快速学习者开设的班级。该地区的小学生不太可能上过学前班，也不太可能去经地方或州机构认证的学校就读。中学生所在学校提供的课程比其他地方都更有局限性。在另一方面，这里的学生比全国其他地区的学生更有机会在学校参加智力测试、获得兴趣目录、接受作为对学生评价的组成部分的成绩测试。虽然南部大城市地区的学生所在的学校较少强制执行义务教育法，但是却更可能拥有一名考勤官。最后，这里有更多的学校会向一些学生分发免费午餐，并且有广泛的课外活动选项。在这里，黑人学生比全国范围内的黑人有更多的教师和校长上的是不提供学士学位以外课程的本科高校。比起全国范围内的白人学生来，这里的普通白人学生的教师中表示喜欢教益格鲁-撒克逊裔学生和全白人学生的比较多。比起全国范围内的黑人学生来，在南部大城市地区，黑人学生的教师中表示喜欢教益格鲁-撒克逊裔学生和全白人学生的比较少；但在西南部大城市地区，黑人的教师则更可能喜欢教那些学生。在南部大城市地区，比起其他地方的白人来，这里的白人的校长更可能反对校车接送制度和补偿教育，但却支持在具有各种种族构成的学校中全部或主要使用白人教师。

2.62 南部大城市地区黑人就读的学校

在南部大城市地区，大多数现代学校拥有的设施对普通黑人而言，可获得性都比普通白人低。在本次调查中测量的设施并非完全都是如此，但其中有很多都是这样的。与普通黑人相比，普通白人就读的中学更可能拥有体育馆、带音响设备的外语实验室、餐厅、物理实验室、打字专用教室、运动场、化学实验室、生物实验室、至少三台电影放映机。（这些设施按种族差异顺序从最大到最小排列。）

数据表明，在南部大城市地区，黑人学生可能比白人学生更缺乏充足的、现代的教材。普通黑人就读的学校更可能提供免费课本，尤其是在中学里，但在小学阶段就仅是稍具优势了（事实上，与黑人同县的白人比黑人更容易获得免费小学教材，而免费教材对小学生而言一般更为常见）。可如果说教材对黑人而言更多是免费的，那么在另一方面，有更多黑人就读的学校教材供应不足；黑人就读的中学和小学都更经常报告教材供给不足。在中学，与同县的白人的比较表明，这种不足在黑人集中的县区是普遍现象。教材不仅不足，而且老旧：有更多的普通黑人的小学报告说教材平均年龄超过4年，中学则较少有新的生物课教材。

在公共图书馆设施和获得这些设施的机会方面，不存在如此一致的不足。普通黑人更可能生活在一座公共图书馆的步行距离内；如果他正在上小学的话，学校更可能拥有一座图书馆（几乎所有中学都有一座集中式图书馆），而且他的图书馆的平均藏书量更大。另一方面，普通黑人小学生的学校里较少拥有一位专职图书管理员（尽管同县的白人与黑人相比没有太大区别），普通黑人中学生的学校图书馆藏书量略少，为7 059册，白人是7 651册，同县的白人则是8 883册。然而，在学生人均拥有图书量上差异则较大：在白人就读的小学是4.50册，在黑人就读的小学是3.34册；而在中学，相应的数字分别是5.73本和4.53本。

如果各种特殊服务的供应，如免费午餐计划，应该不受需求的影响，那么南部大城市地区的黑人和白人在这方面都获取不足。在普通黑人就读的学校里，获取免费牛奶和免费午餐的学生比例差不多与普通白人一样（这往往是一个非常低的数字，在4%到13%之间）；然而，有更高比例的黑人就读的学校中有免费午餐和免费牛奶计划，与同县的白人相比，这种差异变得相当明显。

在南部大城市地区，任何学校都极不可能拥有一位全职心理专家。在小学阶段，有少许迹象表明，普通黑人更容易获得这一罕见的服务。黑人学生明显更容易获得学校护士，但学校考勤官则往往出现在白人就读的学校里（可如果将同县的白人考虑进来，就不是这样了；事实是，有大量黑人居住的大城市地区的区县较不可能雇用考勤官）。事实上，尽管黑人最集中的学区往往有义务教育法，但义务教育法在这里往往执行较不得力。

有强有力的证据表明，各种辅助服务和特殊课程的可获得性在黑人的学校里比在白人的学校里低。言语矫治专家、阅读教师、速成课程、数学辅导、阅读辅导、对有行为问题的儿童的特殊服务、快速学习者班级、有美术和音乐等特殊才能者的班级、语言障碍者班级，上述这些在小学阶段较少出现在普通黑人的学校里，在中学阶段基本上也是如此；只有为低智商儿童开设的特殊班级会较多提供给普通黑人。与一般的白人相比，与黑人住在同一个县内的白人也较少获得这些服务；在一些情况下，普通黑人比同县的白人有更多机会获得这样的服务。有43%的白人小学生可获得言语矫治专家，黑人小学生是35%，但与黑人同县的白人则只有19%能接触到言语矫治专家。或者，另举一例，黑人高中生就读的学校较少提供让他们获取学分从而在大学里获得较前排名的机会，但与同县的白人相比，他们的机会则要好得多。这可能是因为，比起同地区的普通白人来，黑人往往居住在资源较少的城市里。然而，在南部大城市地区，普通黑人儿童比普通白人儿童较少有机会获得这些额外的辅导或者是额外发展的机会。

智力与成绩测试在南部大城市地区的学校里几乎普遍存在。而对在职业和教育咨询中很有用的兴趣目录的使用则远没有那么普及，只有略微半数以上的中学生才能获得。黑人学生的获得比例(49%)远远低于白人学生(72%)。再一次,该项差异因该区域内的不同地点而变化,因为与黑人同县的白人只有64%能获得这项服务。

比起普通白人来,普通黑人就读的小学更多采用正式的分班系统对学生进行分组,但在中学里,在这一做法的普及程度上不存在种族差别。在小学和中学里,黑人学生都较可能被分到最低级别的班组,较不可能被分到最高级别的班组。由于废除种族隔离运动在该地区没有取得足够进展,不足以解释这方面产生的差异,所以这有可能是因为全黑人学校较少将学生分到最高级别的班组中。升级政策也因种族而异,不过在这里,中小学各年级的情况并不一致。(在任何情况下调查都必须谨慎,因为对于该问题小学校长的未回应率很高。)与普通白人相比,在普通黑人就读的小学里,当学生有一门科目不及格时,更可能随他们的年龄组升级;与此形成对比的是,他就读的中学更可能要求他留级,而不仅仅是重修不及格的科目。

几乎所有课外活动都较少出现在普通黑人就读的中学里,这包括:学生自治、校报、年鉴、男生和女生的校际和校内体育运动、乐队、合唱队、社区服务俱乐部和辩论俱乐部。只有兴趣小组、交谊舞和军事培训对于普通白人学生而言较不常见。应该强调的是,有时双方差异非常小,而且在许多情况下,两个种族的几乎所有学校都开设了该项活动。然而,有数据大力支持的结论是,普通白人学生被提供了更为广泛的课外活动的可能性。

正如与白人学生相比,普通黑人学生拥有稍许不同的设施、课程和课外活动,他所接触到的教师和行政人员也有着不同的背景和态度。最明显和极端的差异体现在教师和行政人员的种族方面。在南部大城市地区,学生和教师的种族混合现象比美国其他任何地方都更为罕见。在这里,93%的黑人小学生和97%的黑人中学生就读于校长是黑人的学校;97%的白人小学生和100%的白人中学生就读于校长也是白人的学校。在南部大城市地区的小学阶段,普通黑人的教师中有96%是黑人,在中学阶段有94%是黑人。对于白人来说,白人教师的比例分别是96%和99%。但是,在南部大城市地区,种族分类并不是黑人的教师区别于白人的教师的唯一标准。黑人的教师更可能是当地人,往往一生中大部分时间都生活在当地、毕业于当地的一所中学并就读于一所州内的大学;这种差异在小学教师中尤为明显。普通黑人的教师在词汇测试中平均得分较低,这种差异在小学教师中同样比在中学教师中显著。但是,与此形成某种对比的是,普通黑人的教师和校长更有可能拥有高级学位,而且他们的教师、校长和辅导员都拥有更长的平均工作年数。普通黑人学生的教师不仅经验更丰富,而且教师和校长在目前学校的平均任职期也更长，特别是在中学阶段。与更丰富的经验相对应，普通黑人学生有更高比例的教师获得过完全认证。

还有一些证据表明，黑人的教师拥有更高的专业参与度。他们更可能积极地加入教师组织，他们阅读的专业杂志的平均数量更多，而且他们参加了更多的一般暑期学校，以及更多的针对文化不利群体的机构。

关于这些教师接受培训的高校，最显著的区别性特征就是全体学生的种族。普通黑人的教师和校长在大学里几乎没有白人同学，相比较而言，普通白人儿童的教师和校长在大学里也基本上只有白人同学。也就是说，在教师们接受训练的机构里，种族隔离程度并不比他们现在执教的学校更低。此外，在普通黑人儿童就读的学校里，教师较少认为他们所就读的大学学术质量很高。

在中学和小学阶段，普通白人学生的教师更喜欢教益格鲁-撒克逊裔学生、全白人学生、来自白领和专业人士家庭的儿童和高能力学生。这里存在的差距很大。两个种族中都有超过四分之三的教师支持社区学校的概念，但这种信念在白人教师中更为普遍。相应地，少于一半的教师支持用校车将学生送到社区以外的学校去，但有较多的黑人的教师支持校车接送制度；同时，有较多的黑人的教师支持为弱势学生提供需支出额外费用的补偿教育计划，但这里的差距并不大。一般来说，在普通白人和普通黑人的校长中，存在着类似的观点差异：前者有更多反对校车接送制度、希望保留社区学校，而后者有更多支持补偿教育。在普通黑人就读的学校里，有大约60%的教师赞成（或接受）白人教师教非白人学生，但在白人那里，相应的数字则不到25%。黑人学生的校长比白人学生的校长更相信，在选择教师时，应该忽略学生的种族。

将黑人的同学的特征与白人的同学相比，在很多方面都存在着巨大差异。最极端的差异在于他们的种族：在普通黑人小学生的学校里，他的同学中有3%是白人；而对比组的白人儿童同学中有89%是白人（不过该数字对与黑人同县的白人来说下降到了80%）。普通黑人学生的同学的父母较少是中学毕业生，他们也较少跟亲生父母一同生活；较少同学家里有2个或以下的孩子，较少同学家里有吸尘器、电话、汽车、日报、百科全书或至少100本书。与普通白人相比，普通黑人中学生的同学中读过高校目录或注册参加大学预备课程的较少，而且，根据所报告的上一届毕业班的表现，有较小比例的同学会真的上大学。在普通黑人的同学中，辍学的较多，平均日出勤率略低，平均分保持在A或B级的较少，较少的同学被分在等级最高的英语班里。普通黑人高中生的同学中，有更多的人只上了一年或以下的科学课，更多的人上英语课的时间不超过两年。与普通白人相比，普通黑人有更高比例的同学认为"像我这样的人在人生中没有很大的成功机会"以及"对于成功来说，好运气比辛勤工作更重要"。在这些方面的差异值有很多只有几个百分点。

总的来说，根据家中的教育资料、家庭的稳定性和家长的教育程度来衡量，普通黑人的同学的家庭背景似乎较不可能支持并鼓励在学校形成激励性的学术氛围。还有一点尚不是那么清楚，但也有着合理的确定性，即他的同学们的行为和成绩似乎不太可能挑战他去争取最好的学习成绩。然而，与黑人报告中一般描述的父母对教育很感兴趣这一点相一致的是，在南部大城市地区，与普通白人相比，普通黑人学生的同学报告称其父母同样喜欢经常跟他们讨论学校事务，同样经常在学前为他们朗读书籍，同样积极参加PTA，同样希望自己的孩子成为好学生，并希望他们获得中学以上的训练。此外，普通黑人学生的同学同样报告称在上一个暑假至少读了一本书，从来没有主动旷过课，并且想在班上名列前茅。很显然，从教育支持氛围更加客观的指标（如家庭经济和教育水平）来看，普通黑人周围的同学家庭远不是那么有助于取得好成绩。

2.7 南部非大城市地区

2.71 南部非大城市地区学校与全国对比

在若干重要方面，相对于全国其他地区的儿童而言，南部非大城市地区所有种族儿童就读的学校都让该地区儿童处于不利境地。

这里的学生就读的学校并不更拥挤，但却比全国整体水平要老旧些。然而，这里的黑人比全国黑人更可能拥有二战后建造的校舍，而白人则较不可能比全国白人拥有更新的校舍。

在中学阶段，南部非大城市地区学校的平均设施拥有量大大低于全国平均水平。西南部地区学校的设施拥有量远远超过了严格意义上的南部地区。在严格意义上的南部地区，中学生拥有较少的工作坊、科学实验室设备和空间、语言实验室、保健室、单一用途的体育馆和会堂。然而，在小学阶段，白人儿童比全国白人更有机会在学校拥有准备热午餐的厨房以及单一用途的餐厅、会堂和体育馆。原因之一可能是该地区更为普遍的将中小学（1到12年级）合并的做法。虽然在学校步行范围以内藏书在5 000册以上的公立图书馆数量少于全国平均值，但是学校集中式图书馆的数量却差不多——

样。学校图书馆的藏书比全国平均值低，在中学阶段，学校较不可能拥有一名或以上全职图书管理员。在南部非大城市地区，免费课本可获得性较低，但在西南部非大城市地区则更容易获得。

比起美国其他地区的儿童来，南部非大城市地区的儿童获得广泛多样的特殊教师及其他工作人员的机会要少得多。这方面的差距异常显著，而且存在于以下人员和服务的可获得性上：学校护士、阅读教师、为低智商或智力发育迟缓学生开的特殊班级、幼儿教师、美术教师、音乐教师、数学辅导班、为有语言障碍的学生开设的班级，等等。

此外，这里中学生的课程选择更有局限性。这里的学生只有上农业课的机会超过了全国平均值。

与全国平均水平相比，这里的学生就读的学校平均规模较小；每座校舍里的教室较少，学生也较少。学校规模较小这一事实有助于解释为什么这里比全国更难保证完善的学校设施和课程。在南部非大城市地区，小学生和中学生所在的学校都较不可能获得过州或地方机构的认证。在西南部非大城市地区，学生更容易获得州认证学校，但地方认证的学校只有在小学阶段更容易获得。

这个地区提供的标准化智力测试、成绩测试和兴趣目录数量与全国水平大致相当。免费学校午餐和免费牛奶比其他地区稍多一些。除了一些体育课程外，中学的课外活动数量比其他地区少。

该地区学生的教师和校长在几个方面与全国其他地区的同行不同。在作为调查一部分的词汇测试中，这里的教师分数相对较低，这一点非常重要。教师的背景更加本地化，因为他们比全国一般教师更可能在本地度过一生中的大部分时间、毕业于本地的中学、上的是本州的高校。这里的校长比全国一般校长较不可能拥有高等学位。此外，他们在最高大学学位以外获得的大学学分往往更少。

这里的校长和教师都比全国范围内的校长和教师较少支持补偿教育计划中的额外支出。白人学生的教师远比其他地区的白人的教师更喜欢教白人和盎格鲁-撒克逊裔学生。白人学生的校长比全国范围内的白人校长更支持全部或主要使用白人教师，不管学生构成是以白人为主、种族混合型还是以非白人为主。然而，跟在全国范围内一样，对全部或主要使用白人教师的偏好在全白人或以白人为主的学校中最为显著。最后，比起其他地区的白人的校长来，这里的白人的校长较不可能支持在教师选拔中忽略种族的因素。

在南部非大城市地区，黑人学生比全国范围内的黑人更少有白人同学，而白人学生则比全国范围内的白人更可能有白人同学。在西南部非大城市地区,比起其他地区来,白人就读的学校中白人较少,墨西哥裔美国人较多。

该地区学生环境与国家通例相异的另一个重要地方是,在白人和黑人共同就读的学校里,学生是来自稍比全国平均水平更为贫困的家庭。他们的母亲往往受教育程度较低,家中的物质财富(如电话和吸尘器)较少,家中的教育物品(日报、百科全书和书籍)较少。

2.72 南部非大城市地区黑人就读的学校

在南部非大城市地区,黑人儿童与白人儿童相比在许多方面没有公平的教育机会。与白人儿童相比,黑人儿童就读的学校里更可能设施较少、教师语言技能较低、班级同学来自经济贫困家庭。部分是由于这些差异带来的后果,与白人儿童相比,黑人儿童去获得地方或州认证的学校就读的可能性较低。

调查数据显示,在20世纪50年代和60年代,为黑人修建了许多新学校,这可能是为了在学校设施方面保持平衡,以抗衡法律判决的压力。在小学和中学阶段,黑人儿童远比白人儿童更可能就读于一所校舍不到20年历史的学校,并且远比白人儿童更不可能就读于一所校舍历史在40年以上的学校。即便如此,黑人学校里的设施仍然不如白人学校。此外,黑人儿童所在的学校更加拥挤。例如,在南部非大城市地区,普通黑人中学生所在的学校中是每35名学生一间教室,相形之下,白人儿童是每28名学生一间教室。

对南部非大城市地区的学童而言,不但学校设施不如全国平均水平完善,而且黑人儿童在自己学校中的设施拥有量也少于白人儿童。这一发现特别有意义,因为黑人学校往往比白人学校规模大,所以按理说应该为有效利用学校设施提供更多的机会。黑人拥有的各类学校设施比白人少,从单一用途的会堂到科学实验室都一样。例如,38%的黑人和63%的白人中学生所在的学校有单一用途的体育馆;63%的黑人和83%的白人中学生所在的学校有做物理实验所需的空间和设备。黑人儿童拥有的图书馆总藏书量和人均图书拥有量都比白人少。在南部地区,黑人所在的学校也更容易出现课本短缺现象。

一个与设施密切相关的问题是,是否向学生提供特殊工作人员和特殊课程。虽然在这些地区此类针对学生的服务与全国相比有很大的差异,但是大多数差异对白人和黑人来说都一样巨大。然而,在对义务教育法的有差别执行方面,黑人处于不利地位。

黑人儿童的校长比白人儿童的校长更可能报告说没有这样的法律,较不可能报告说该法得到了严格执行。另外,虽然两个种族获得特殊教师的机会大体一致,但课程选择却并非如此。比起白人学生来,黑人中学生所在的学校较不可能提供大学预备、商业、综合、职业和农业课程。

种族不平等现象也出现在其他学校服务中。比起白人来,黑人就读的学校中没有免费午餐或免费牛奶计划的可能性略微高一点。这一点特别重要,因为一般来说,黑人儿童更需要这些服务。与白人相比,黑人,尤其是在小学阶段,所在的学校更可能不提供标准化智力或成绩测试。然而,他们的学校提供的课外活动往往比白人所在的学校更多,这尤其包括学生自治、合唱、戏剧、交谊舞。但是对于一些较为昂贵的活动(如校报和学校年鉴或年报),白人儿童获得的机会比黑人多。

在南部非大城市地区,黑人和白人学生的教师和校长在许多方面很相似,但在某些重要方面却有所不同。作为调查的一部分对教师进行的词汇测试突出了这种差异。黑人的教师得分不仅低于全国平均水平,而且还远远低于该地区内部白人的平均水平。在这里,黑人和白人儿童拥有跟自己同种族教师和校长的可能性超过了全国平均值。在南部非大城市地区的小学阶段,有86%的黑人儿童有一位黑人校长,但只有2%的白人儿童有黑人校长。有91%的白人儿童有一位白人校长,但只有7%的黑人儿童有白人校长。此外,这里的普通黑人小学生所在的学校里有90%的教师是黑人,8%是白人。这里的普通白人小学生所在的学校里有96%的教师是白人,2%是黑人。

在南部非大城市地区,公立学校中的学生种族隔离现象比全国整体情况更为严重。普通黑人小学生的同学中有10%是白人,中学生中的种族隔离程度只是稍微轻一些。白人也同样受到种族隔离;白人小学生的同学中有89%是白人,白人中学生的同学中则有93%是白人。当然,这一结果反映了种族隔离学校的历史模式。很少有种族隔离现象可以用该地区的种族分布不均来解释(将居住的县进行标准化处理后,白人中学生的同学中有91%而不是93%是白人,而在普通黑人中学生就读的学校里只有11%的同学是白人)。

在南部非大城市地区,与白人相比,黑人就读的学校中有更多来自贫困家庭的儿童。比起白人来,黑人的同学的母亲较少受过中学以上教育,黑人的同学较少跟亲生父母住在一起,家里较少拥有各种物质和教育财产(电话、汽车、百科全书、日报等)。此外,黑人儿童的同学家里不仅资源较少,而且孩子较多。在南部非大城市地区,普通黑人小学生有75%的同学、普通白人小学生有63%的同学来自有三个或更多孩子的家庭。

但是，尽管在这里的黑人就读的学校里，学生家中可支持教育的有形资源十分贫乏，但在家庭会提供对教育的无形支持的同学的比例方面，他们跟白人不相上下。例如，白人和黑人儿童都有大约一半同学报告称几乎每天都会与父母进行讨论，而且双方都有大约65%的同学报告称他们的母亲希望他们上大学。

学校环境的一个很重要的方面是同学的成绩水平以及他们关于学习和成功的态度和价值观。与白人相比，在黑人就读学校中，学生的测试成绩较低；在经常根据能力分组或分班的地方，有更高比例的学生被分到最低级别的班级；而且校长报告称那里有更多的纪律问题。此外，为大学做准备的课程的参加率较低；较少有学生就上大学事宜与大学官员沟通过；而且校长们报告称这些学校的大学入学率较低。此外，与全国其他地区相比更严重的是，这里的黑人比白人更容易接触到那些感觉无力控制自己的环境的同学。黑人有30%的同学同意"对于成功来说，好运气比辛勤工作更重要"这句话，而白人只有10%的同学这么认为。

在黑人就读的学校里，这些不支持学习的环境指标必须与其他事实进行权衡。黑人学生有更多的同学说他们想在班上名列前茅，而且说他们的老师也期望他们如此。另外，在这里，黑人的同学报告称没有主动逃过学、花相当多的时间做家庭作业并且有很高的学术自我概念和自我信心，这些至少跟白人的同学一样。

2.8 其他少数族群

来自这些少数族群的学童受到的种族隔离程度比黑人儿童要低得多。在普通黑人小学生的学校里，16%的学生是白人，但对波多黎各人来说，白人同学的平均比例为45%，对墨西哥裔美国人来说是53%，对东亚裔美国人来说是57%，对美国印第安人来说是60%。在中学阶段，在普通黑人的学校里白人学生的比例是24%，而对东亚裔美国人来说，白人同学的平均比例为54%，对波多黎各人来说是56%，对墨西哥裔美国人来说是68%，对美国印第安人来说是70%。此外，表2.14.11到2.14.14和表2.14.25到2.14.28表明，与黑人形成对比的是，在这些少数族群所就读的大多数学校里，只有0—10%的学生是属于那个族群的。在一年级，有大约34%的墨西哥裔美国人、39％的美国印第安人、50％的波多黎各人和85％的东亚裔美国人在这样的学校中就读；有大约34％的美国印第安人学生所在的学校中有90％—100％的学生是美国印第安人。在中学阶段，有约65％的墨西哥裔美国人、70％的波多黎各人、71％的东亚裔美国人和83％的美国印第安人都是在这样的学校（同学中有10％或更少与他们的种族相同）就读。

因此，特别是与美国一些地区的黑人相比，关于这些少数族群学生的同学描述，在很大程度上是在描述白人儿童。同样，这些少数族群就读的学校也与白人就读的学校非常相似。当然，他们的情况跟普通白人儿童并不一样，因为后者的周围基本上都是自己种族的孩子。然而，墨西哥裔美国人、美国印第安人和东亚裔美国人就读的学校往往跟白人的学校很像。如果跟同县的白人进行比较的话，情况尤其如此。

与按区县进行标准化的白人相比，波多黎各人就读的学校平均校龄稍微大一些，附属设施和课外活动较少，有更多的行为问题，较不可能提供免费学前班和速成课程。波多黎各人的学校更多是经过地方认证的，更多会提供免费午餐，有更多的阅读教师和阅读辅导课，有更多单独为非英语学生和语言障碍学生开设的班级。

少数族群学生的校长和教师跟白人的校长和教师很像。他们的教师不像白人的教师那样喜欢教盎格鲁-撒克逊裔学生和全白人学生。与此同时，这些少数族裔儿童中有很大数量会接触到不愿意教他们的老师。这些少数族裔学生比白人更可能拥有一位黑人校长，然而拥有黑人校长的黑人小学生数量是波多黎各人的两倍，是美国印第安人或东亚裔美国人的四倍。在中学阶段，12％的波多黎各人、9％的墨西哥裔美国人和7％的美国印第安人拥有黑人校长。对教师种族的调查结果跟这个非常相似。除黑人和白人外，唯一拥有很大数量校长的种族是东亚裔美国人。他们大量集中在美国东亚裔学生聚集的地区，但是按区县标准化的白人跟东亚裔美国人一样可能拥有一位东亚裔美国人校长。

在墨西哥裔美国人、美国印第安人和东亚裔美国人就读的学校，学生环境与白人的非常类似。与白人相比，波多黎各人有更多的同学父母教育程度较低，来自破碎的家庭，家中几乎没有物质和教育财产。与同县普通白人的同学相比，普通波多黎各人的同学较不可能表示有明确计划要上大学，要参加大学预备课程或是大学入学通常要求的课程；或是报告称读过高校目录，或者与大学官员谈过上大学的事。与此同时，波多黎各人的同学中符合下列各条的比例与白人差不多：报告称在上一个暑假中读过书、按时上学、有很高的平均分、立志在班上名列前茅，等等。

2.9 边远地区学校特征

在确定边远地区的教育机会状况时遇到的问题与美国大陆有很大不同。调查在美属萨摩亚、巴拿马运河区、关岛、波多黎各、美属维尔京群岛等五个地区展开。这些地区各有不同的政治和金融组织。然而，主要的差别还在于这五个地区的文化和族裔背景，每个地区的全体学生都由几个不同种族群体组成，白人在几乎所有学校里都是少数群体。

由于这些地区存在着特殊的社会条件，所以教育机会问题将不像在美国大陆那样以分别考察各种族群体的方式进行。相反，每个地区都被视为一个单元。这样就可以对一个地区所提供的总体教育机会水平进行考察，并将其与其他地区进行比较。

关于学校的数据采集自每一个地区的几乎所有学校，使用了"用于学校数据总结的校长专用表格"，在表格中缩写为"P(S)"。这份问卷是校长问卷的缩简版，也是用来在这些地区收集数据的唯一工具。五个地区回应问卷的校长数量分别为：美属萨摩亚 17；巴拿马运河区 22；关岛 24；波多黎各 121；美属维尔京群岛 21。从所有地区都收到了近乎完整的数据，只有美属萨摩亚例外，那里有一些小学没有做出回应。这些数据代表了对所有小学的调查，只有波多黎各例外，那里是在三选一的基础上采样的。

表 2.9.1 以概要的形式提供了每个地区拥有指定学校设施、特征和服务的中小学联合百分比。这里必须指出，在任何地区得到的调查结果都必须结合该地区的特殊需要和既有条件加以考虑。例如，美属萨摩亚和波多黎各都不为学生提供体育馆。然而，这一不足在美属萨摩亚或许并不代表教育机会有重大不足，因为在那里体育馆或许并不是那么重要，但是在波多黎各的大城市地区或许就的确代表有这方面的不足了。另一方面，缺少学校图书馆这样的设施，或是课本不足，则是初步证据，表明那些学校里的学生缺少受教育机会。

考察表 2.9.1 上列举的各种学校特征的数据，这五个地区之间的差异是非常明显的。我们或许无法将这些数据与美国大陆的数据直接进行比较，因为这些数据是对每所学校进行同等加权处理后得到的百分比，而在美国大陆，则是对每个学生进行同等加权处理。此外，表 2.9.1 是将中小学结合在一起制作的。

表 2.9.1　以下地区拥有选定学校设施和特征的学校
（小学和中学合并计算）百分比，1965 年秋

项目	问题编号	美属萨摩亚 数量＝17	巴拿马运河区 数量＝22	关岛 数量＝24	波多黎各 数量＝121	美属维尔京群岛 数量＝21
免费学前班	P(S)-3	0	73	0	5	67
免费幼儿园	P(S)-4	0	0	0	0	14
义务教育法	P(S)-7					
无		0	100	0	7	0
执行很差		53	0	13	66	10
严格执行		41	0	88	21	86
主校舍年龄	P(S)-10					
不满 5 年		88	9	8	8	10
5—19 年		6	32	79	43	48
20 年或以上		6	59	13	46	38
集中式学校图书馆	P(S)-13a	53	23	75	21	38
学校图书馆藏书量	P(S)-13b					
不到 250 册		18	77	21	71	38
250—1 000 册		65	0	21	6	19
1 000 册或以上		12	23	46	12	10
会堂（独立）	P(S)-13c	6	9	0	3	10
餐厅（独立）	P(S)-13d	53	5	8	69	43
体育馆（独立）	P(S)-13e	0	64	0	3	14
电动工具工作坊	P(S)-13j	12	32	33	17	19
有空间和装备用于进行：						
生物实验	P(S)-13k	6	18	13	11	10
化学实验	P(S)-13l	6	18	8	9	10
物理实验	P(S)-13m	6	18	8	9	5
打字教室（独立）	P(S)-13o	18	18	8	10	10
棒球或橄榄球场[1]	P(S)-13p	29	64	75	35	48

续　表

项目	问题编号	美属萨摩亚 数量=17	巴拿马运河区 数量=22	关岛 数量=24	波多黎各 数量=121	美属维尔京群岛 数量=21
准备热餐的厨房[2]	P(S)-13r	82	18	96	97	100
所有课本免费	P(S)-16	71	100	100	94	100
有数量充足的课本	P(S)-20	[3]47	100	92	52	67
在一个或更多年级进行智力测试	P(S)-22	12	59	79	79	71
进行标准化成绩测试的年级	P(S)-23					
1到5个年级		6	18	42	68	43
6个或以上年级		0	82	54	29	43
每周一天或以上有一位美术教师	P(S)-30	6	27	29	17	29
每周一天或以上有一位音乐教师	P(S)-31	12	27	33	15	43
一位图书管理员，兼职或专职[4]	P(S)-36	18	23	38	16	19
任何对老师无礼或不敬的问题	P(S)-48b	6	55	46	26	67
任何种族或族裔间冲突问题	P(S)-48c	6	0	38	[5]3	5
针对以下人群的特殊班级						
低智商或智力发育迟缓学生	P(S)-69a	0	59	58	10	19
非英语学生	P(S)-69c	24	41	13	5	10
快速学习者	P(S)-69d	12	23	42	17	[3]10
校报	P(S)-87b	18	18	33	19	[5]10
男生校际体育运动	P(S)-87d	53	36	21	31	[5]19
预期平均每天做家庭作业时间	P(S)-88					

续 表

项目	问题编号	美属萨摩亚 数量=17	巴拿马运河区 数量=22	关岛 数量=24	波多黎各 数量=121	美属维尔京群岛 数量=21
通常不布置		77	0	4	3	14
不到1小时		6	73	21	22	10
1到2小时		0	27	29	43	14
超过2小时		6	0	8	16	0

1. 包括在学校地产上、社区范围内的设施,以及在另一所学校地产上的设施。
2. 包括将热午餐从外面送进来的学校。
3. 约40%的校长没有回答这个问题。
4. 包括同时充当图书管理员的教师。
5. 约60%的校长没有回答这个问题。

然而,表2.9.2提供了在这五个地区几乎所有中学相同特征方面的数据,并提供了美国的可比数据。这些数据也是基于学校而不是学生。在许多学校特征方面,地区间的差异相当明显,某些地区与美国大陆之间的差异也同样明显。例如,我们发现在巴拿马运河区、关岛和维尔京群岛的中学里,美术教师的比例都高于美国的学校。在另一方面,美属萨摩亚和波多黎各的美术教师数量则略少一些。

表2.9.2 美国和以下地区拥有选定学校设施和特征的**中学**百分比,1965年秋

项目	问题编号	美国	美属萨摩亚 数量=3	巴拿马运河区 数量=5	关岛 数量=7	波多黎各 数量=61	美属维尔京群岛 数量=3
义务教育法	P(S)-7						
无		5	0	100	0	8	0
执行很差		30	67	0	14	69	0
严格执行		64	33	0	86	16	100
主校舍年龄	P(S)-10						
不满5年		8	67	20	14	8	0
5—19年		36	0	40	71	35	100
20年或以上		53	33	40	14	54	0
集中式学校图书馆	P(S)-13a	86	100	100	100	34	67
学校图书馆藏书量	P(S)-13b						

续 表

项目	问题编号	美国	美属萨摩亚 数量=3	巴拿马运河区 数量=5	关岛 数量=7	波多黎各 数量=61	美属维尔京群岛 数量=3
不到 250 册			0	0	0	64	[1]0
250—1 000 册			67	0	14	7	0
1 000 册或以上			33	100	0	21	33
会堂(独立)	P(S)-13c	27	[2]33	40	0	5	67
餐厅(独立)	P(S)-13d	64	67	20	0	74	67
体育馆(独立)	P(S)-13e	50	[2]0	60	0	2	67
电动工具工作坊	P(S)-13j	83	[2]67	100	100	33	100
有空间和装备用于进行:							
生物实验	P(S)-13k	88	33	80	43	21	67
化学实验	P(S)-13l	92	33	80	29	18	67
物理实验	P(S)-13m	84	33	80	29	18	33
打字教室(独立)	P(S)-13o	77	100	80	29	20	67
棒球或橄榄球场[3]	P(S)-13p	95	100	100	86	48	[2]67
准备热餐的厨房[4]	P(S)-13r	94	100	40	86	97	100
所有课本免费	P(S)-16	60	[1]33	100	100	93	100
有数量充足的课本	P(S)-20	93	[1]33	100	100	41	67
在一个或更多年级进行智力测试	P(S)-22	88	33	0	.86	97	100
进行标准化成绩测试的年级	P(S)-23						
1 到 5 个年级		53	33	60	57	85	67
6 个或以上年级		41	0	40	43	10	33
每周一天或以上有一位美术教师	P(S)-30	38	33	80	86	23	100
每周一天或以上有一位音乐教师	P(S)-31	83	67	100	86	20	100

续　表

项目	问题编号	美国	美属萨摩亚 数量＝3	巴拿马运河区 数量＝5	关岛 数量＝7	波多黎各 数量＝61	美属维尔京群岛 数量＝3
一位图书管理员，兼职或专职[5]	P(S)-36	96	67	100	86	30	67
任何对老师无礼或不敬的问题	P(S)-48b		33	100	71	31	100
任何种族或族裔间冲突问题	P(S)-48c		0	0	71	[6]5	0
针对以下人群的特殊班级							
低智商或智力发育迟缓学生	P(S)-69a	30	0	100	57	13	33
非英语学生	P(S)-69c	2	0	20	29	8	0
快速学习者	P(S)-69d	15	33	60	71	23	67
校报	P(S)-87b	72	100	80	100	31	67
男生校际体育运动	P(S)-87d	97	67	80	57	51	67
预期平均每天做家庭作业时间：	P(S)-88						
通常不布置		0	67	0	0	3	0
不到1小时		8	0	0	29	12	0
1到2小时		65	0	100	29	48	67
超过2小时		22	33	0	29	26	[2]0

1. 67%的校长没有回答这个问题。
2. 33%的校长没有回答这个问题。
3. 包括在学校地产上、社区范围内的设施，以及在另一所学校地产上的设施。
4. 包括将热午餐从外面送进来的学校。
5. 包括同时充当图书管理员的教师。
6. 57%的校长没有回答这个问题。

3.0
学生成绩和动机

3.1	学校教育结果	271
	3.11 成绩测试分数	272
	3.12 不同年级的测试分数差异	305
	3.13 志向和动机	324
3.2	学校因素与成绩的关系	346
	3.21 成绩的标准	348
	3.22 校际成绩差异	352
	3.23 全体学生特征	364
	3.24 学校设施和课程	377
	3.25 教师的特征	385
	3.26 学生的态度	389
	3.2A 3.2节技术性附录	400
3.3	种族融合与成绩	408

3.1 学校教育结果

本次调查中所进行的广泛的比较研究显然只能部分呈现出学校间差异的影响,并必须辅以对特定学校背景的深入研究。然而,它可以用一种一般性的方式对前一节所描述的学校特征与学校教育结果之间的关系进行一些说明。

这里所要研究的教育结果包括两个常规领域:成绩和动机。成绩显示了学校迄今取得的成就;动机显示了它为进一步取得成绩所创造的兴趣。

在考察这些教育结果时,必须牢记几个要点。第一,成绩测试用来预测未来人生成功的机会,其有效性可能从农村环境到城市环境、从体力工作到非体力工作是大不一样的。然而,随着社会变得越来越城市化,随着各种职业变得越来越非体力化,这种测试的有效性也就提高了,正如学校本身的重要性在增加一样。与本次调查中使用的测试类似的测试被广泛应用于大学录取工作,并且越来越多地被用于就业安置。现代社会生活的事实就是,智力技能,包括阅读、写作、计算、信息分析,正成为个体独立、工作高效、政治参与和明智消费的基本条件。在我们成长于其中的更为简单的农村里,这种智力技能远没有那么重要,而且,就跟在所有农村中一样,培养这些技能的教育在那里并不是很重要。本节中的许多数据将表明,我们当前在弱势群体教育中的大部分问题都源于这种农村背景和我们的社会所经历的急剧转变。

因此,虽然这些测试结果并不是教育者在谈到教育结果时所说的唯一东西,但它们是其中一个重大的组成部分。这种测试在任何意义上都并非"文化公平";事实上,它们的设计旨在确定一名儿童在多大程度上吸收了一种适合美国现代生活的文化。在这类测试中,文化不利应该表现得最为显著,因为它们旨在测量在一种高度技术化和尖端文化中的表现。

在考察测试成绩和动机的差异时要牢记的第二点是,学校只是影响成绩和动机的一个因素:家庭背景的差异和全社会的总体影响也会产生强大的效应。关于学校成绩的研究一致表明,家庭背景差异对学校成绩的影响远远超过了学校特征方面的差异。

由于有这些重要的家庭差异存在,所以一般采取的方法是在考虑儿童背景差异产生的效应后,研究学校差异产生的效应。每个种族或族裔群体将分别受到考察,对黑人和白人而言，将对地区群体进行单独考察。通过这种方式，就有可能针对相对同质的地理和族裔群体，考察学校因素对学校教育结果的影响。

最后一点要注意的是对动机的测量。成绩动机是一种难以描述的量，不能通过问卷回答或其他语言回应来准确测量。因此，相较影响成绩的因素，给影响成绩的动机做结论时必须更为慎重。

在对学校的效应进行考察前，将展示每个年级受调查学生的教育成绩总体水平、动机水平和其他态度特征。这将提供一个参考框架，可以在这个框架内考察学校对成绩的影响。

本次调查中使用的测试在附录中有详细描述，并提供了所用项目类型的例子。下面的表格中显示了每个年级的测试中所涵盖的领域：

测　　试	年　　级				
	12	9	6	3	1
语言能力	x	x	x	x	x
非语言能力	x	x	x		x
阅读理解	x	x	x	x	
数学成绩	x	x	x	x	
5个领域的一般信息 （实用技能，女生；实用技能，男生；自然科学；社会科学；人文。）	x	x			

3.11　成绩测试分数

在考察测试结果时，首先将讨论12年级的成绩，然后将考察1到12年级的成绩变化。用适当谨慎的态度加以研究，这些变化可以说明被调查的各族裔和区域群体的相对增长率。

所有的分数都经过标准化处理，为每个年级的人群提供了一个50的整体平均值，标准差为10。测试结果显示在图3.11.1到3.11.31中。每一根指示条代表测试分数的分布，其端点在第一个和最后一个十分位数上（10%和90%），同时也显示了中间值位置以及第一和第三个四分位值的位置（25%和75%）。

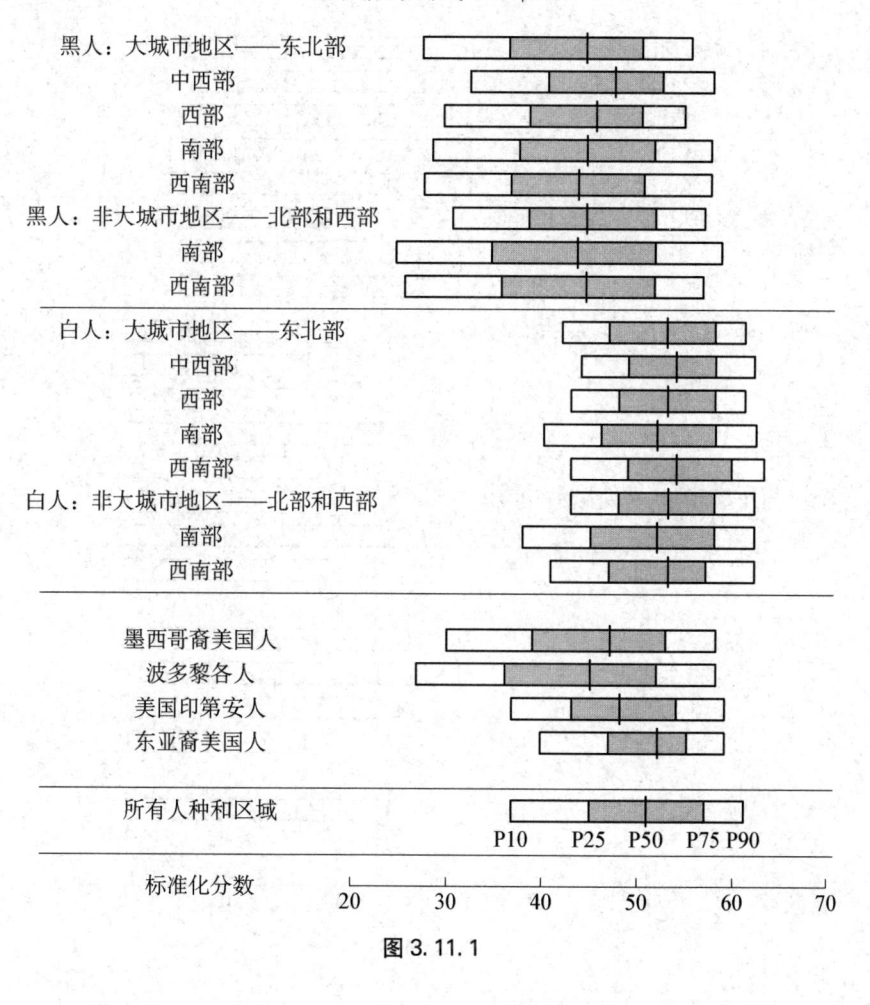

学生成绩和动机 | 273

语言能力测试—1年级

黑人：大城市地区——东北部
中西部
西部
南部
西南部
黑人：非大城市地区——北部和西部
南部
西南部

白人：大城市地区——东北部
中西部
西部
南部
西南部
白人：非大城市地区——北部和西部
南部
西南部

墨西哥裔美国人
波多黎各人
美国印第安人
东亚裔美国人

所有人种和区域

P10　P25　P50　P75 P90

标准化分数　　　20　30　40　50　60　70

图 3.11.1

非语言能力测试—1 年级

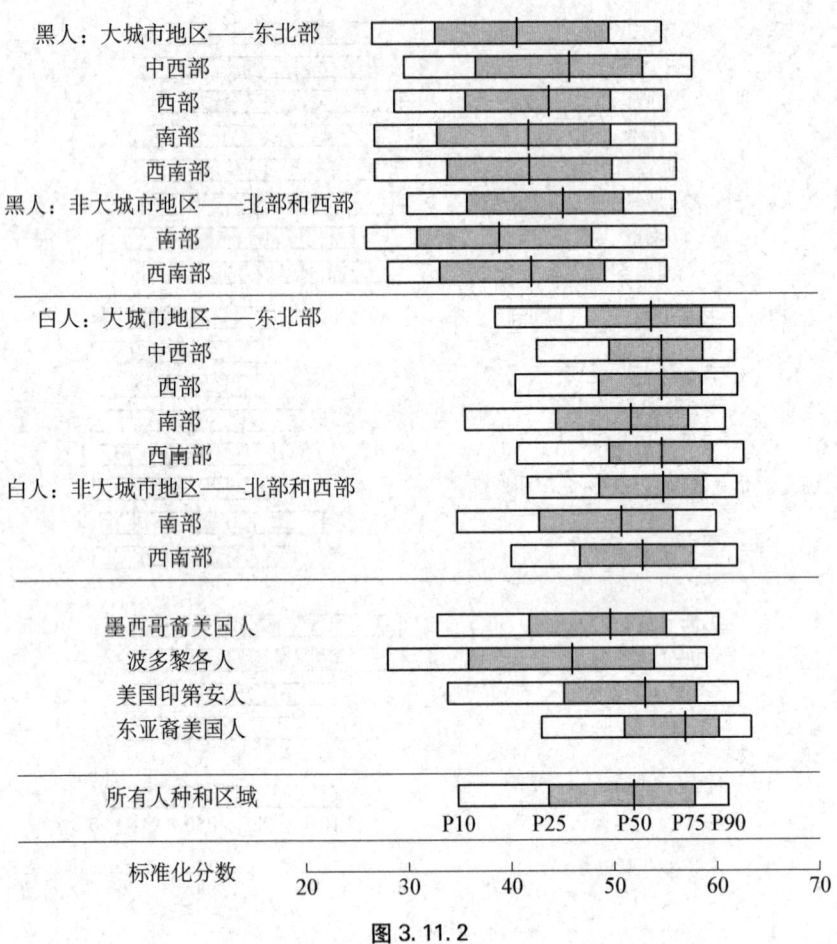

黑人：大城市地区——东北部	
中西部	
西部	
南部	
西南部	
黑人：非大城市地区——北部和西部	
南部	
西南部	
白人：大城市地区——东北部	
中西部	
西部	
南部	
西南部	
白人：非大城市地区——北部和西部	
南部	
西南部	
墨西哥裔美国人	
波多黎各人	
美国印第安人	
东亚裔美国人	
所有人种和区域	

P10　P25　P50　P75 P90

标准化分数　20　30　40　50　60　70

图 3.11.2

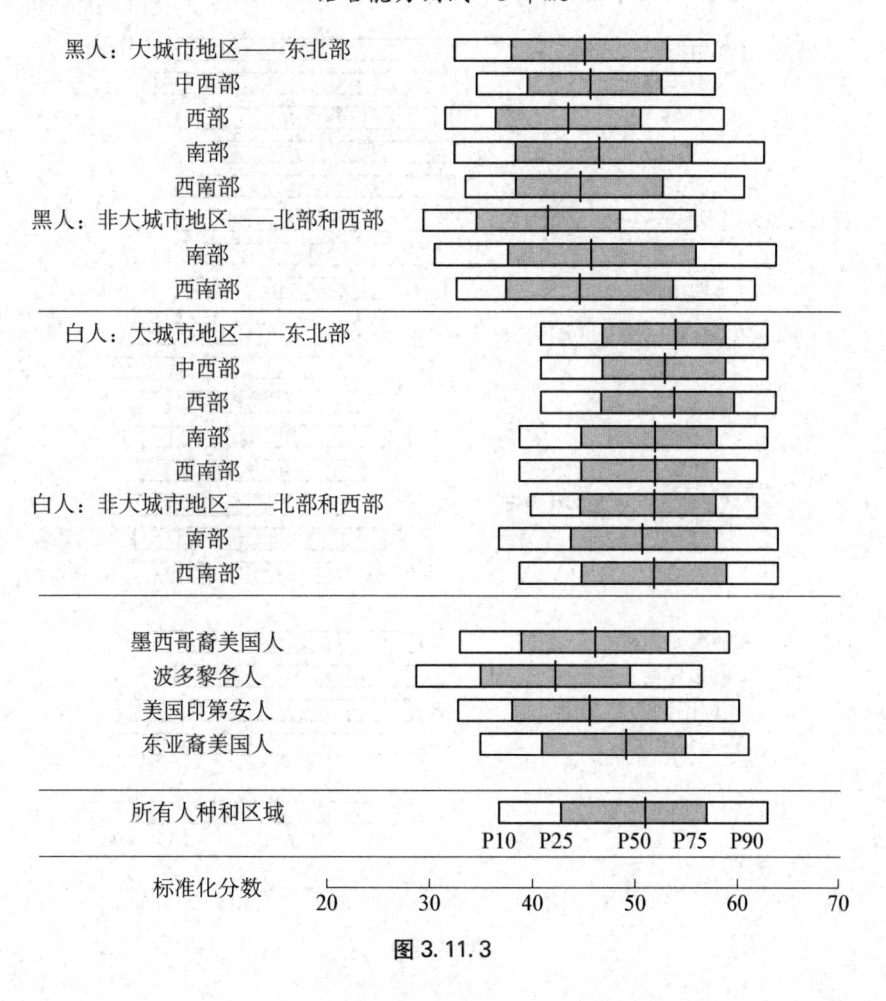

语言能力测试—3年级

黑人：大城市地区——东北部
中西部
西部
南部
西南部
黑人：非大城市地区——北部和西部
南部
西南部

白人：大城市地区——东北部
中西部
西部
南部
西南部
白人：非大城市地区——北部和西部
南部
西南部

墨西哥裔美国人
波多黎各人
美国印第安人
东亚裔美国人

所有人种和区域
P10 P25 P50 P75 P90

标准化分数 20 30 40 50 60 70

图 3.11.3

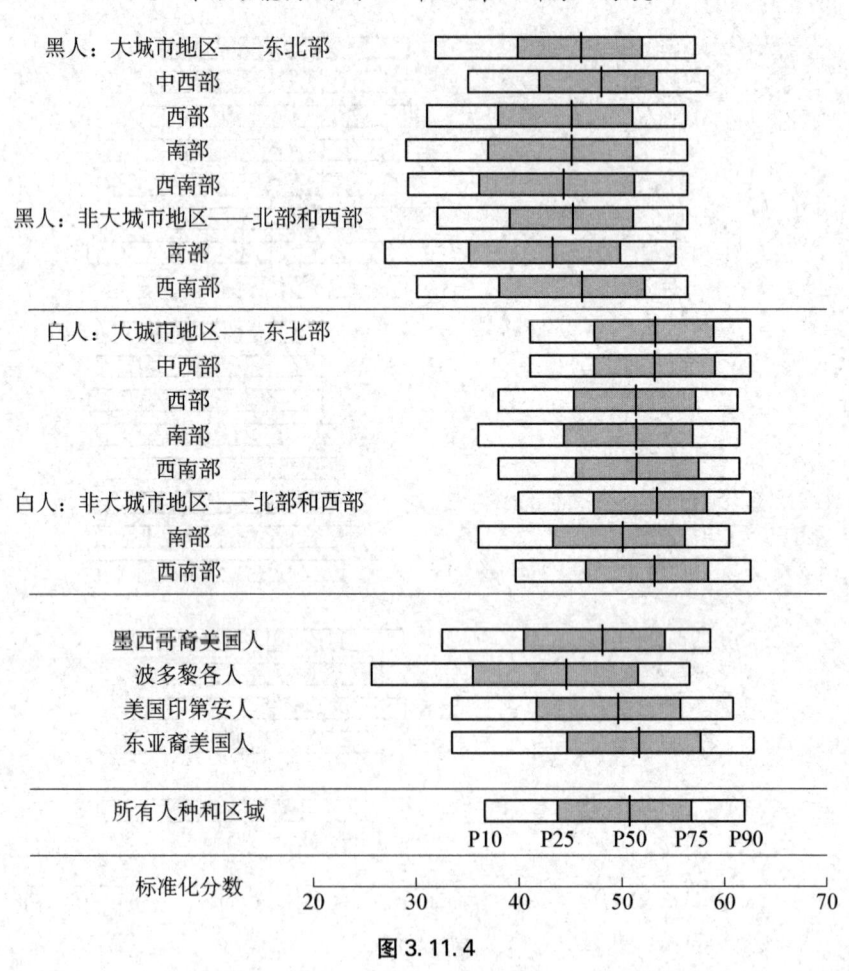

276 科尔曼报告：教育机会公平

非语言能力测试—3年级（第2部分　分类）

- 黑人：大城市地区——东北部
- 中西部
- 西部
- 南部
- 西南部
- 黑人：非大城市地区——北部和西部
- 南部
- 西南部

- 白人：大城市地区——东北部
- 中西部
- 西部
- 南部
- 西南部
- 白人：非大城市地区——北部和西部
- 南部
- 西南部

- 墨西哥裔美国人
- 波多黎各人
- 美国印第安人
- 东亚裔美国人

- 所有人种和区域

P10　P25　P50　P75　P90

标准化分数　20　30　40　50　60　70

图 3.11.4

非语言能力测试—3年级(第3部分 类比)

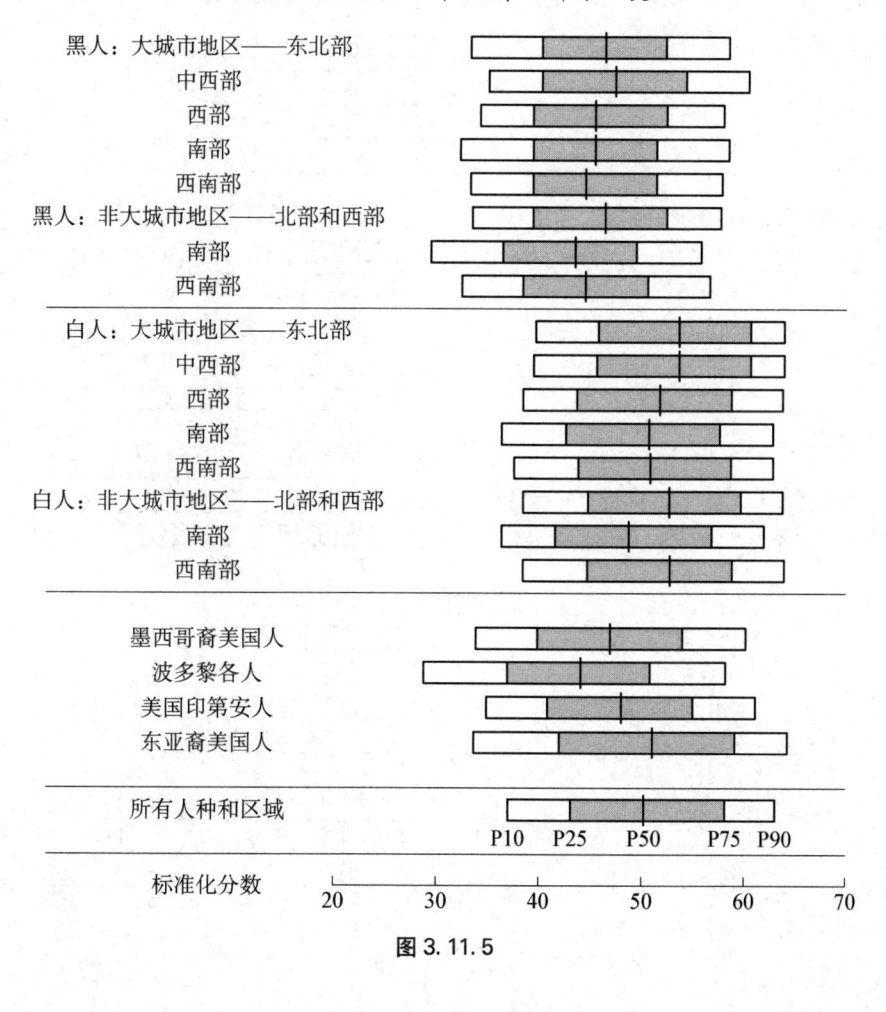

黑人：大城市地区——东北部
中西部
西部
南部
西南部
黑人：非大城市地区——北部和西部
南部
西南部

白人：大城市地区——东北部
中西部
西部
南部
西南部
白人：非大城市地区——北部和西部
南部
西南部

墨西哥裔美国人
波多黎各人
美国印第安人
东亚裔美国人

所有人种和区域
　　　　　P10　P25　P50　P75　P90

标准化分数　20　30　40　50　60　70

图 3.11.5

阅读理解测试—3年级

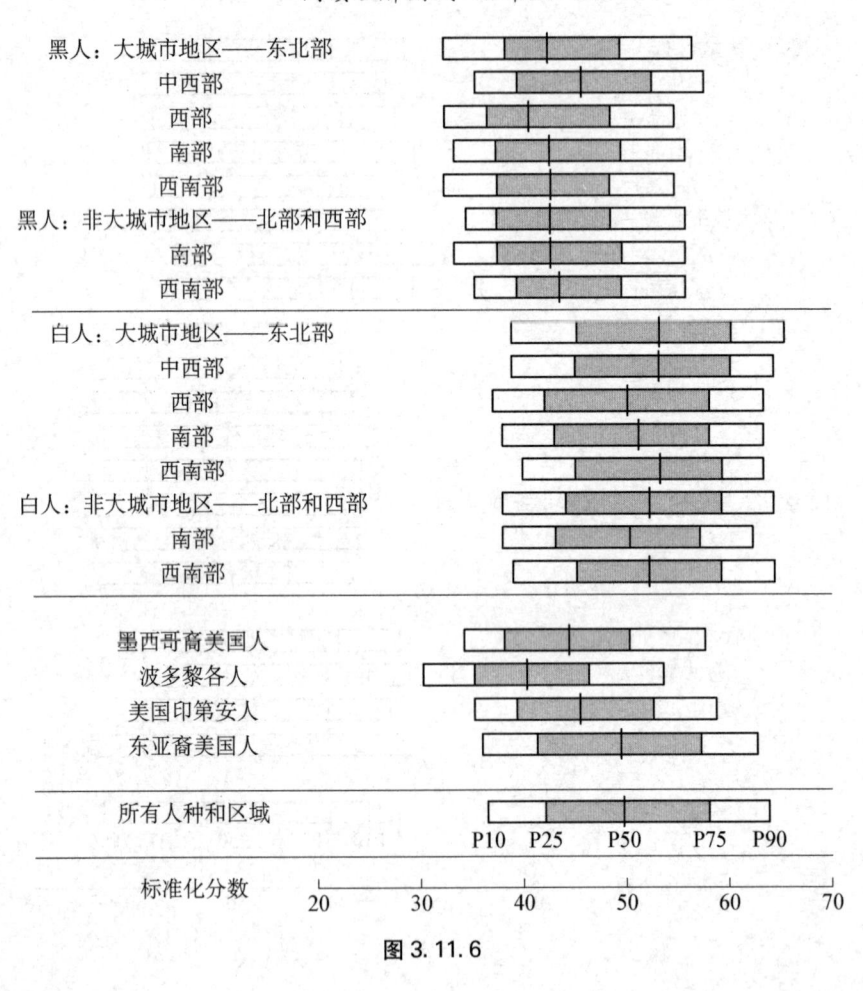

黑人：大城市地区——东北部	
中西部	
西部	
南部	
西南部	
黑人：非大城市地区——北部和西部	
南部	
西南部	
白人：大城市地区——东北部	
中西部	
西部	
南部	
西南部	
白人：非大城市地区——北部和西部	
南部	
西南部	
墨西哥裔美国人	
波多黎各人	
美国印第安人	
东亚裔美国人	
所有人种和区域	

标准化分数

图 3.11.6

数学成绩测试—3年级

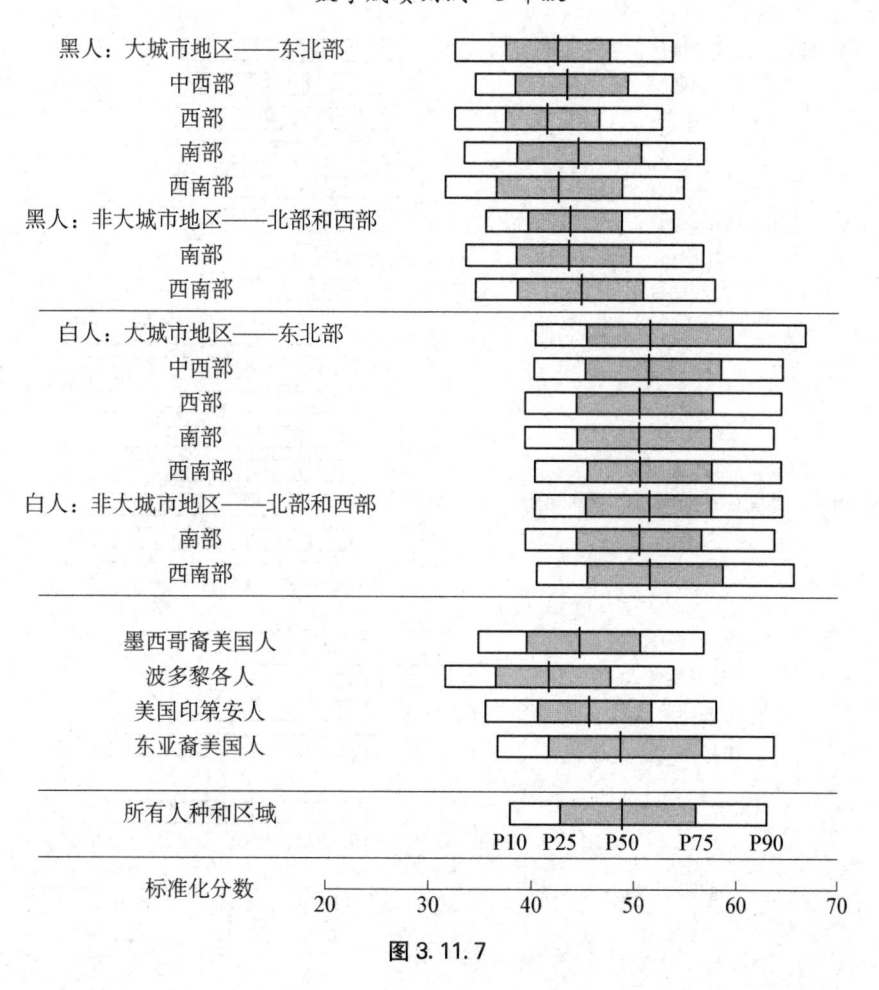

黑人：大城市地区——东北部	
中西部	
西部	
南部	
西南部	
黑人：非大城市地区——北部和西部	
南部	
西南部	
白人：大城市地区——东北部	
中西部	
西部	
南部	
西南部	
白人：非大城市地区——北部和西部	
南部	
西南部	
墨西哥裔美国人	
波多黎各人	
美国印第安人	
东亚裔美国人	
所有人种和区域	P10　P25　P50　P75　P90
标准化分数	20　30　40　50　60　70

图 3.11.7

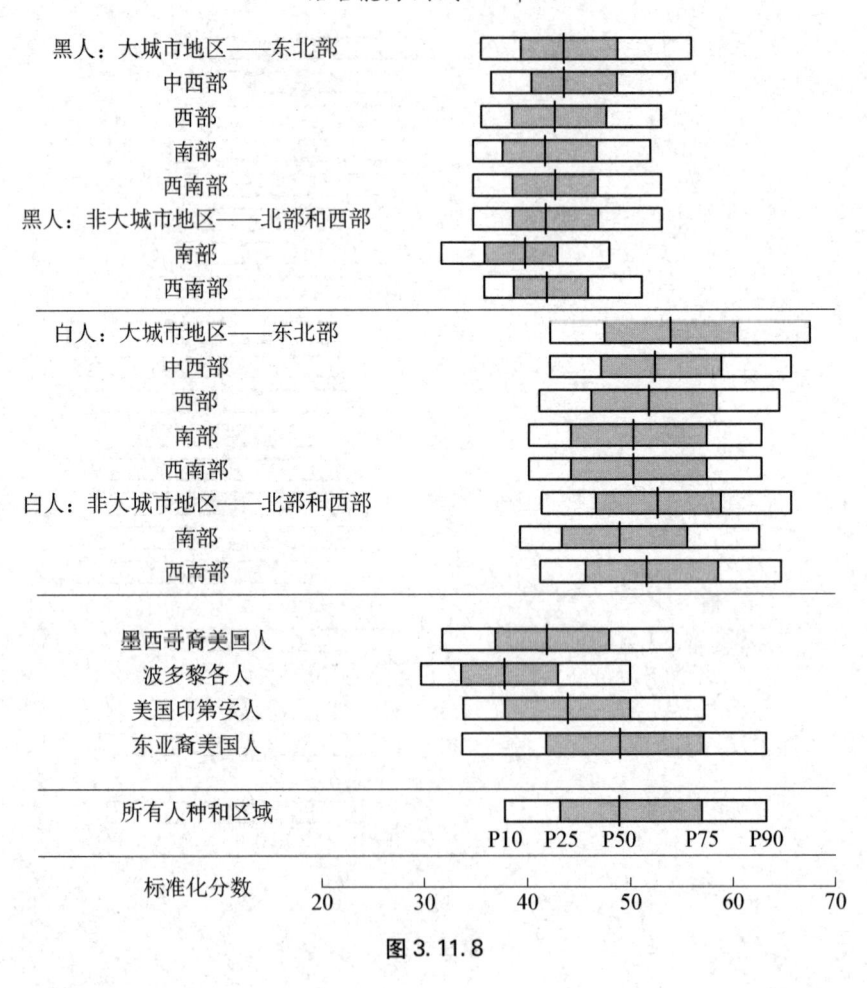

| 280 | 科尔曼报告：教育机会公平

语言能力测试—6年级

黑人：大城市地区——东北部
中西部
西部
南部
西南部
黑人：非大城市地区——北部和西部
南部
西南部

白人：大城市地区——东北部
中西部
西部
南部
西南部
白人：非大城市地区——北部和西部
南部
西南部

墨西哥裔美国人
波多黎各人
美国印第安人
东亚裔美国人

所有人种和区域

P10 P25 P50 P75 P90

标准化分数   20   30   40   50   60   70

图 3.11.8

非语言能力测试—6年级

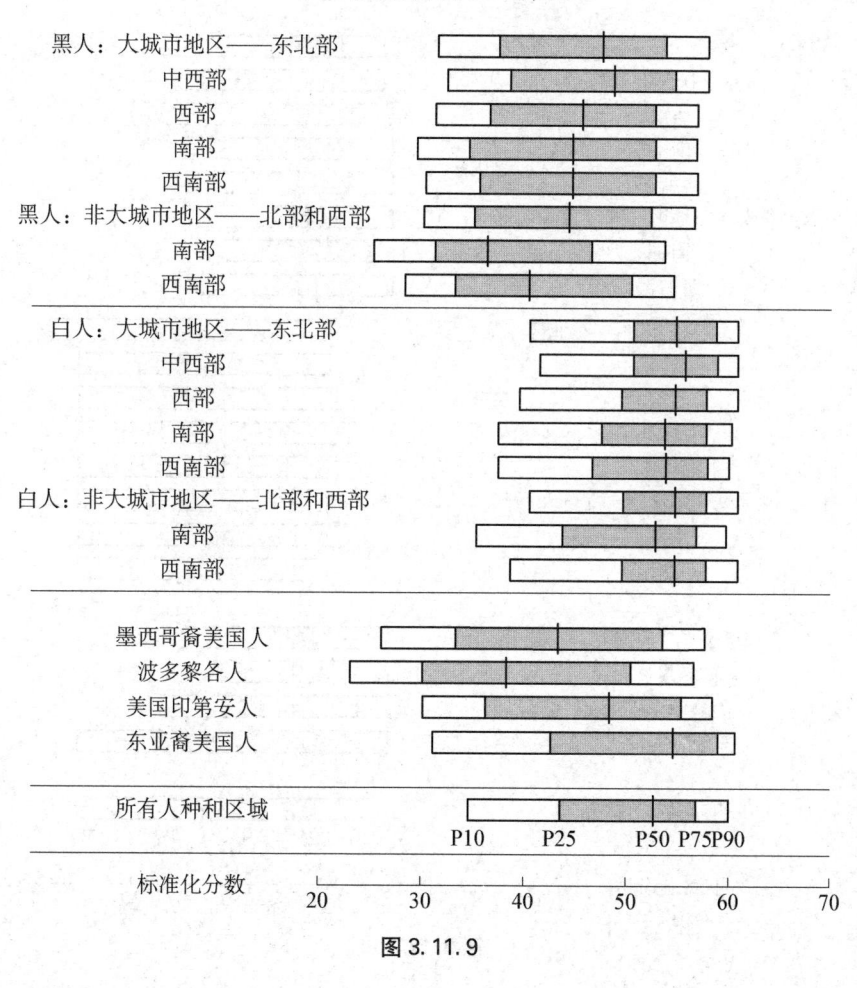

分组	
黑人：大城市地区——东北部	
中西部	
西部	
南部	
西南部	
黑人：非大城市地区——北部和西部	
南部	
西南部	
白人：大城市地区——东北部	
中西部	
西部	
南部	
西南部	
白人：非大城市地区——北部和西部	
南部	
西南部	
墨西哥裔美国人	
波多黎各人	
美国印第安人	
东亚裔美国人	
所有人种和区域	

P10　P25　　P50 P75 P90

标准化分数　20　　30　　40　　50　　60　　70

图 3.11.9

阅读理解测试—6年级

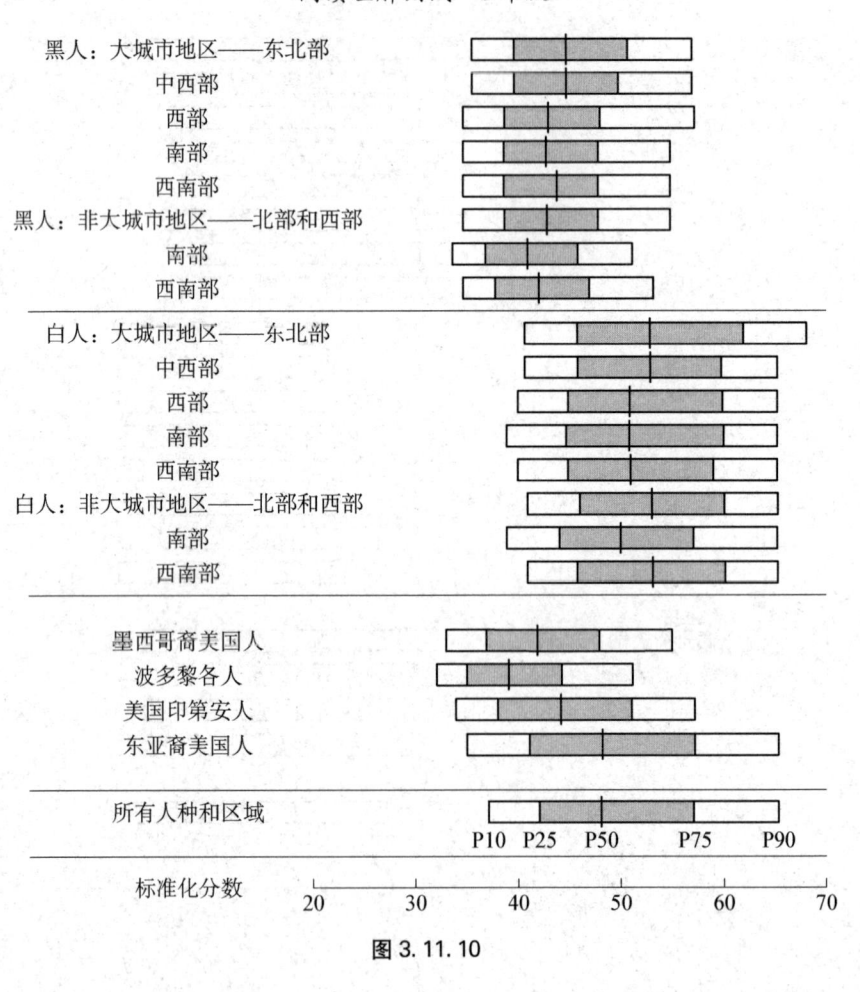

黑人：大城市地区——东北部
　　　　　　中西部
　　　　　　西部
　　　　　　南部
　　　　　　西南部
黑人：非大城市地区——北部和西部
　　　　　　南部
　　　　　　西南部

白人：大城市地区——东北部
　　　　　　中西部
　　　　　　西部
　　　　　　南部
　　　　　　西南部
白人：非大城市地区——北部和西部
　　　　　　南部
　　　　　　西南部

墨西哥裔美国人
波多黎各人
美国印第安人
东亚裔美国人

所有人种和区域

P10　P25　P50　P75　P90

标准化分数　　20　　30　　40　　50　　60　　70

图 3.11.10

数学成绩测试—6年级

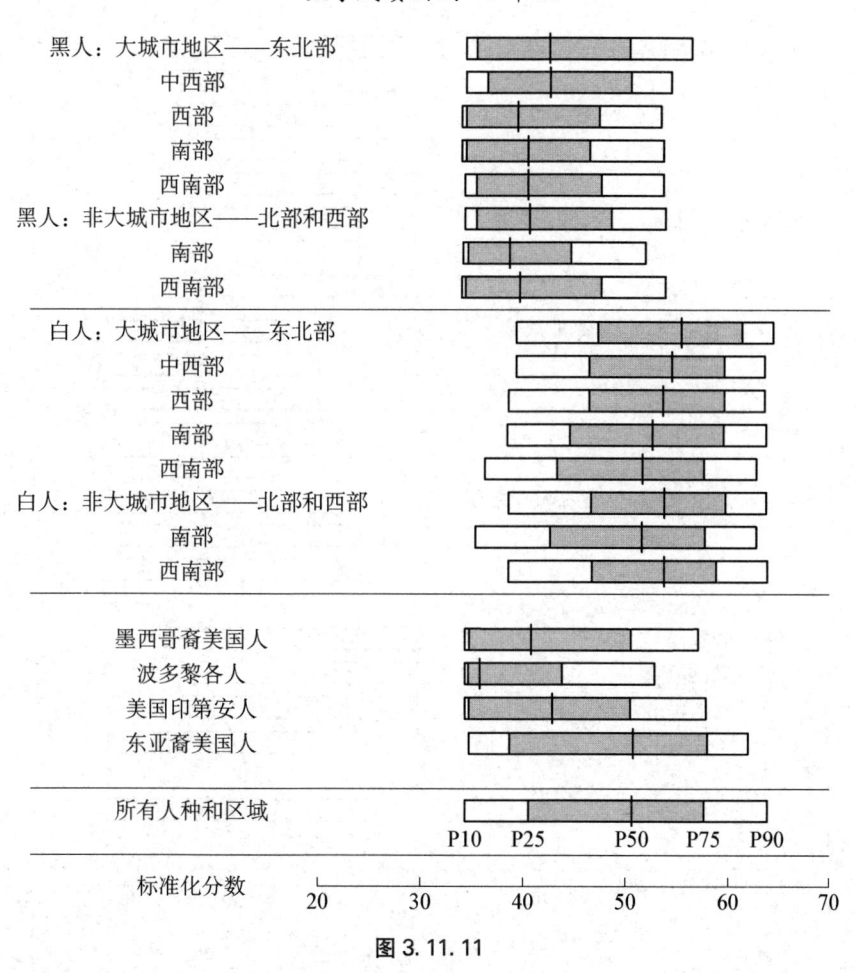

组别	
黑人：大城市地区——东北部	
中西部	
西部	
南部	
西南部	
黑人：非大城市地区——北部和西部	
南部	
西南部	
白人：大城市地区——东北部	
中西部	
西部	
南部	
西南部	
白人：非大城市地区——北部和西部	
南部	
西南部	
墨西哥裔美国人	
波多黎各人	
美国印第安人	
东亚裔美国人	
所有人种和区域	

标准化分数：20　30　40　50　60　70
P10　P25　P50　P75　P90

图 3.11.11

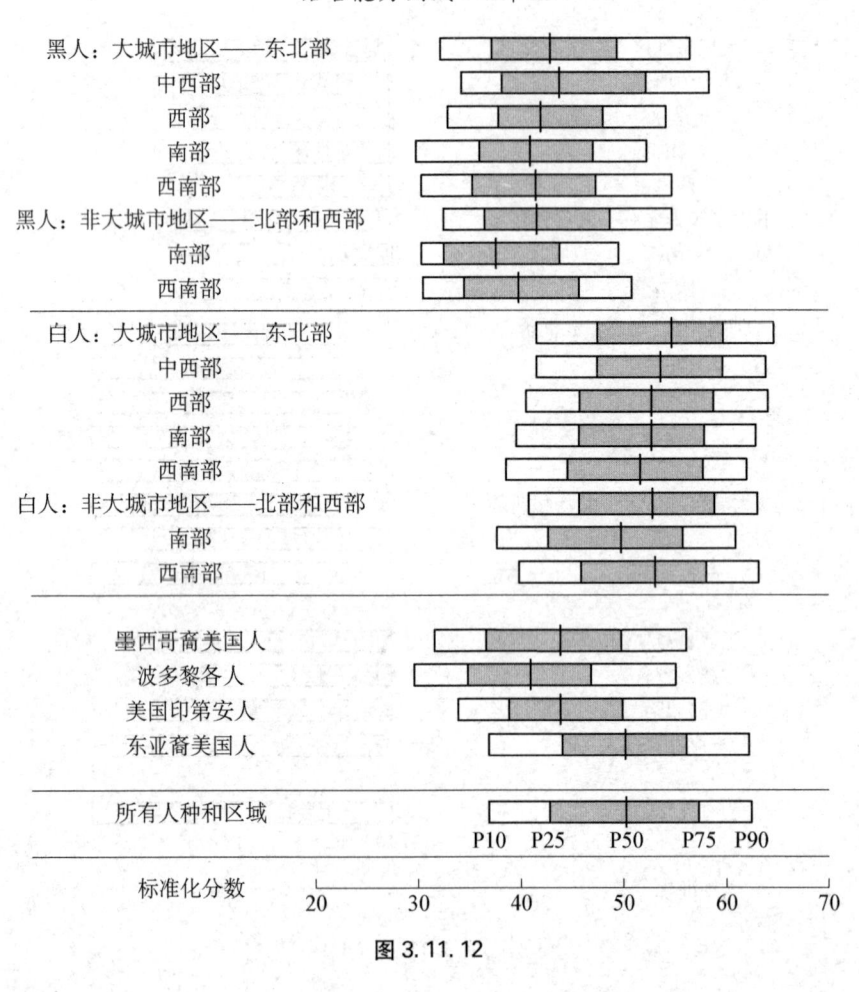

| 284 | 科尔曼报告：教育机会公平

语言能力测试—9年级

黑人：大城市地区——东北部	
中西部	
西部	
南部	
西南部	
黑人：非大城市地区——北部和西部	
南部	
西南部	
白人：大城市地区——东北部	
中西部	
西部	
南部	
西南部	
白人：非大城市地区——北部和西部	
南部	
西南部	
墨西哥裔美国人	
波多黎各人	
美国印第安人	
东亚裔美国人	
所有人种和区域	

P10　P25　P50　P75　P90

标准化分数　　20　　30　　40　　50　　60　　70

图 3.11.12

非语言能力测试—9年级

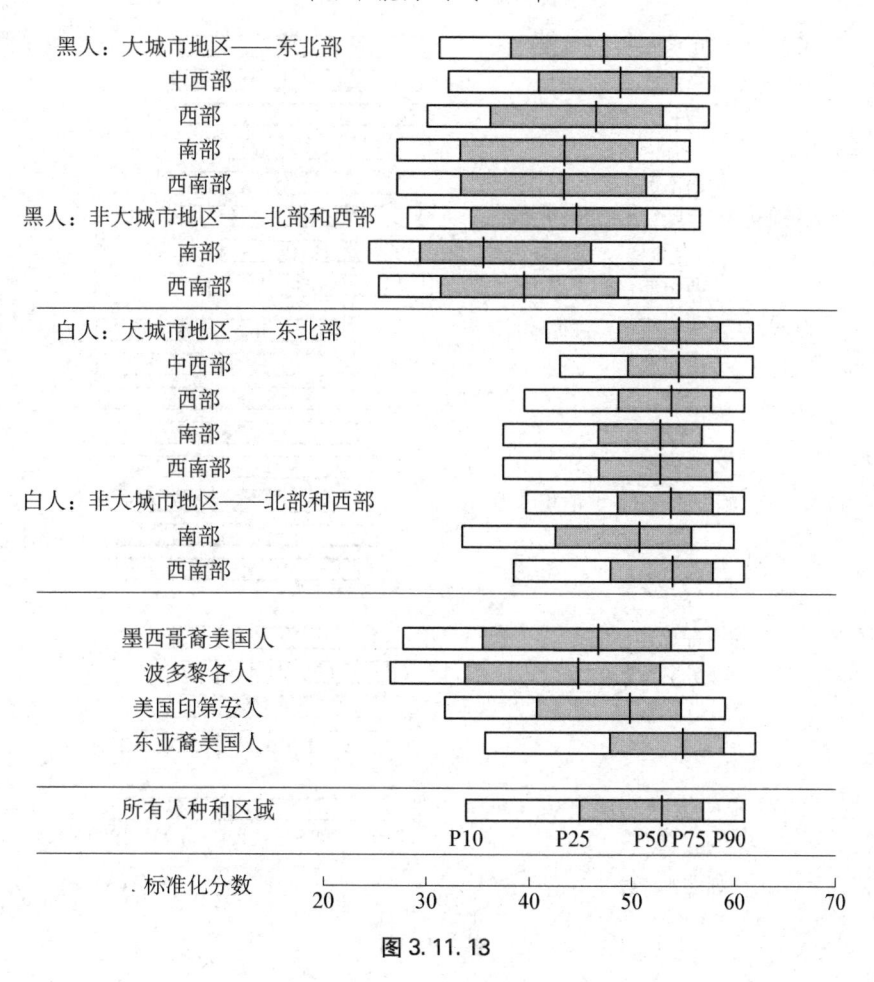

- 黑人：大城市地区——东北部
  - 中西部
  - 西部
  - 南部
  - 西南部
- 黑人：非大城市地区——北部和西部
  - 南部
  - 西南部

- 白人：大城市地区——东北部
  - 中西部
  - 西部
  - 南部
  - 西南部
- 白人：非大城市地区——北部和西部
  - 南部
  - 西南部

- 墨西哥裔美国人
- 波多黎各人
- 美国印第安人
- 东亚裔美国人

- 所有人种和区域

P10　P25　P50 P75 P90

标准化分数　20　30　40　50　60　70

图 3.11.13

阅读理解测试—9 年级

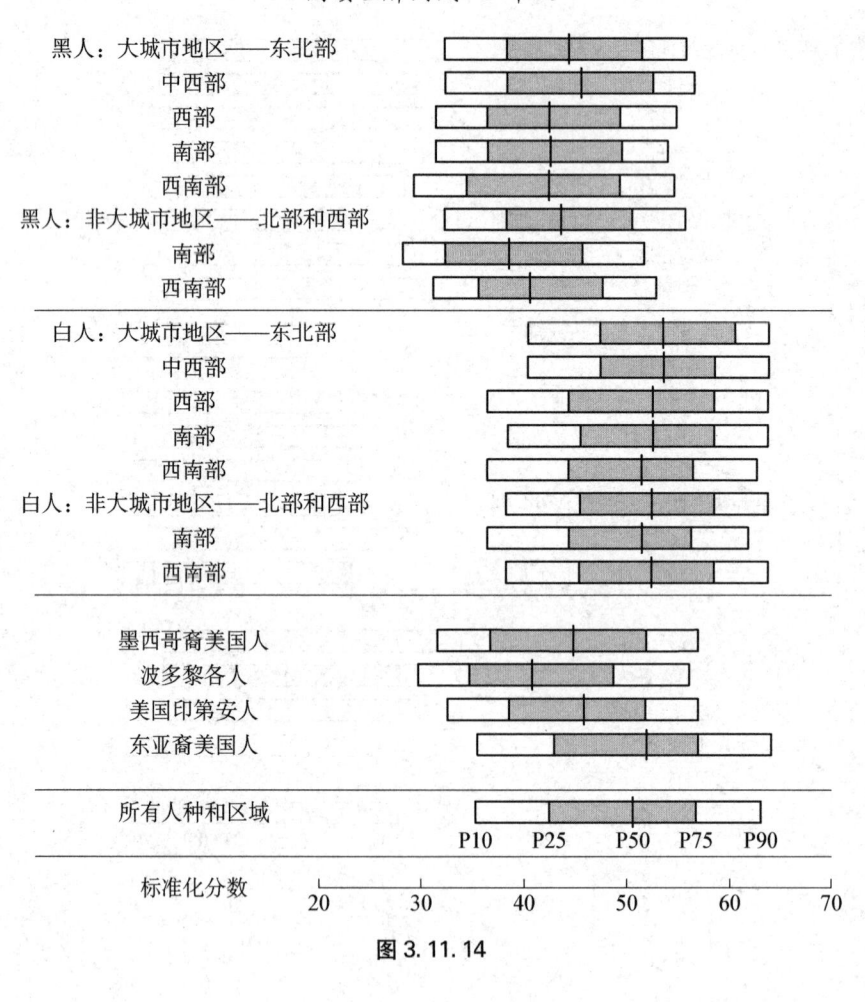

黑人：大城市地区——东北部	
中西部	
西部	
南部	
西南部	
黑人：非大城市地区——北部和西部	
南部	
西南部	
白人：大城市地区——东北部	
中西部	
西部	
南部	
西南部	
白人：非大城市地区——北部和西部	
南部	
西南部	
墨西哥裔美国人	
波多黎各人	
美国印第安人	
东亚裔美国人	
所有人种和区域	

P10　P25　P50　P75　P90

标准化分数　　20　　30　　40　　50　　60　　70

图 3.11.14

数学成绩测试—9年级

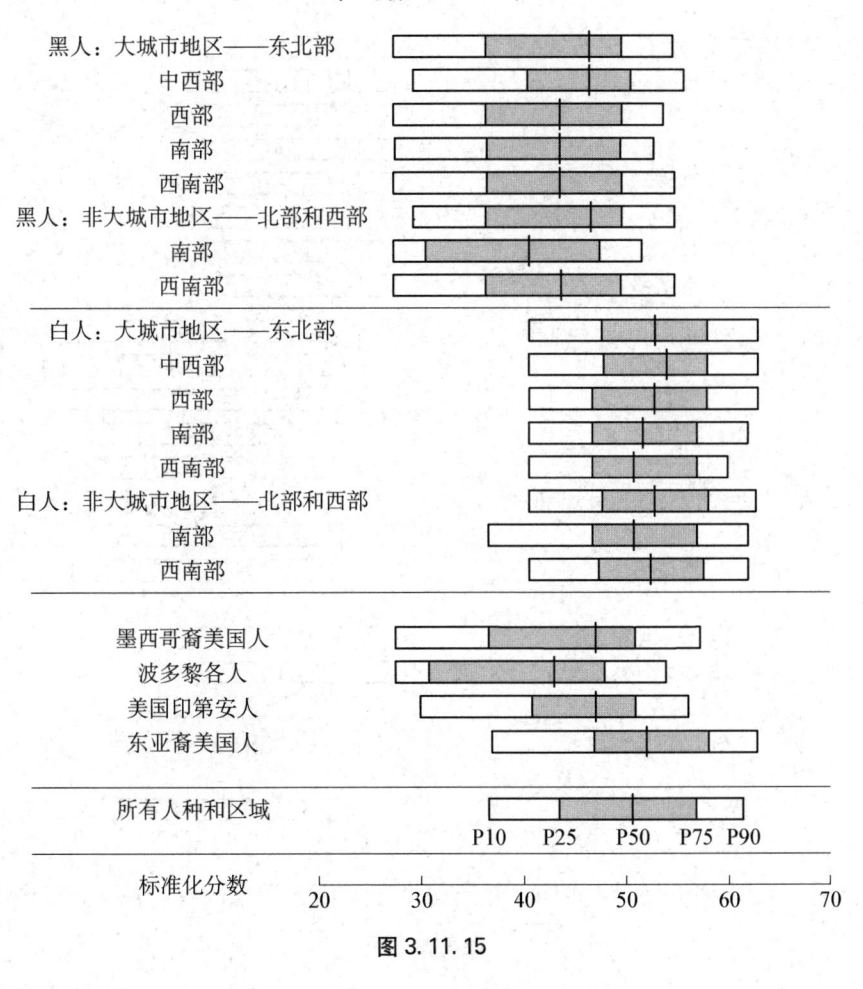

黑人：大城市地区——东北部	
中西部	
西部	
南部	
西南部	
黑人：非大城市地区——北部和西部	
南部	
西南部	
白人：大城市地区——东北部	
中西部	
西部	
南部	
西南部	
白人：非大城市地区——北部和西部	
南部	
西南部	
墨西哥裔美国人	
波多黎各人	
美国印第安人	
东亚裔美国人	
所有人种和区域	

P10　P25　P50　P75　P90

标准化分数　20　30　40　50　60　70

图 3.11.15

一般信息测试—实用技能(女生)9年级

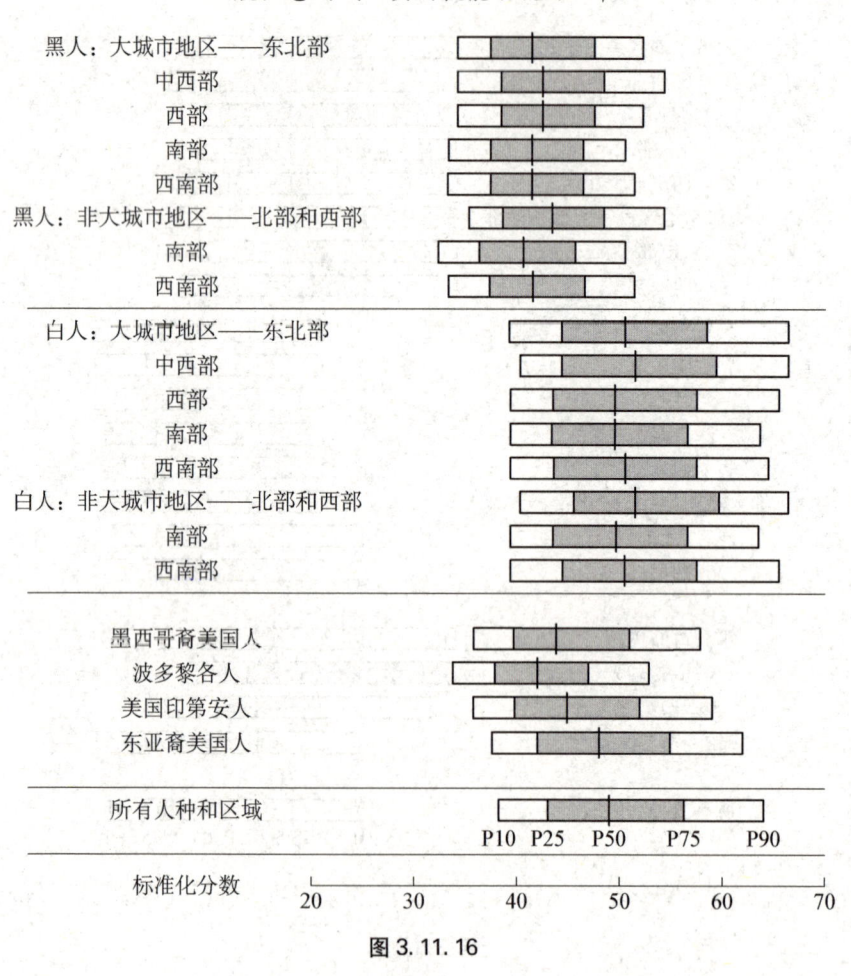

黑人：大城市地区——东北部
　　　　　　　　中西部
　　　　　　　　西部
　　　　　　　　南部
　　　　　　　　西南部
黑人：非大城市地区——北部和西部
　　　　　　　　南部
　　　　　　　　西南部

白人：大城市地区——东北部
　　　　　　　　中西部
　　　　　　　　西部
　　　　　　　　南部
　　　　　　　　西南部
白人：非大城市地区——北部和西部
　　　　　　　　南部
　　　　　　　　西南部

墨西哥裔美国人
波多黎各人
美国印第安人
东亚裔美国人

所有人种和区域

P10　P25　P50　P75　P90

标准化分数　　20　30　40　50　60　70

图 3.11.16

一般信息测试—9年级（实用技能-男生）

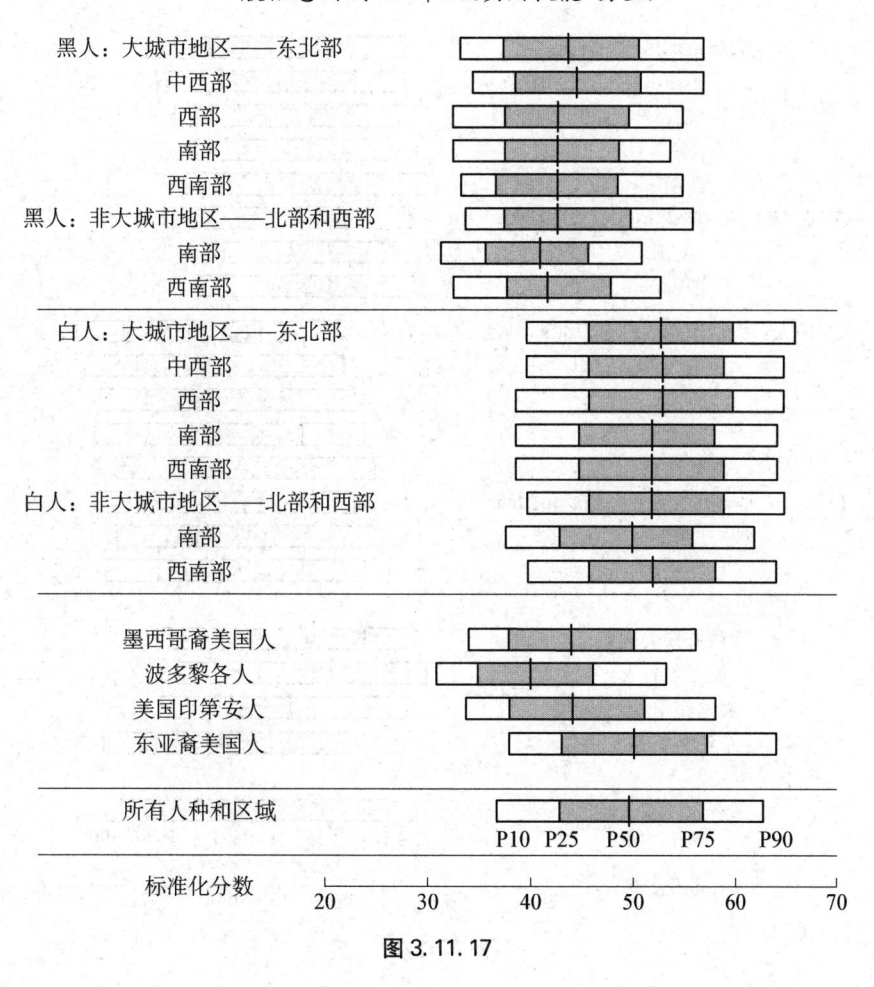

图 3.11.17

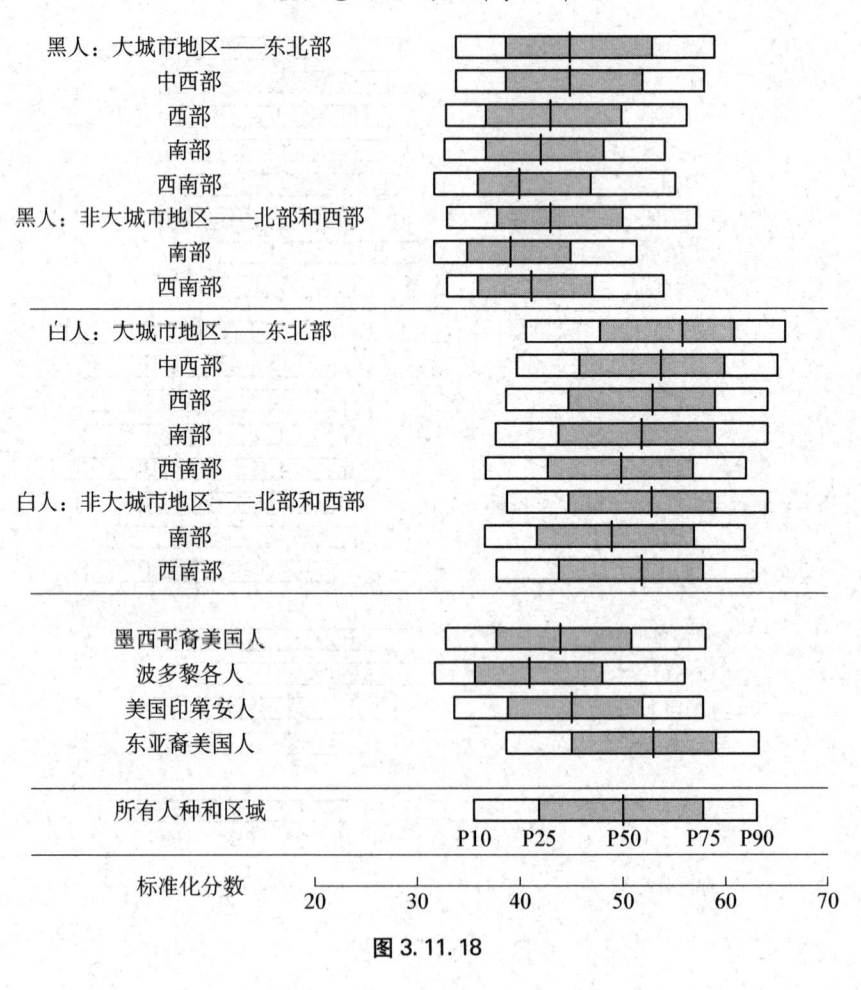

一般信息测试(自然科学)9年级

黑人：大城市地区——东北部	
中西部	
西部	
南部	
西南部	
黑人：非大城市地区——北部和西部	
南部	
西南部	
白人：大城市地区——东北部	
中西部	
西部	
南部	
西南部	
白人：非大城市地区——北部和西部	
南部	
西南部	
墨西哥裔美国人	
波多黎各人	
美国印第安人	
东亚裔美国人	
所有人种和区域	

P10　P25　P50　P75　P90

标准化分数　　20　　30　　40　　50　　60　　70

图 3.11.18

一般信息测试(社会科学)9年级

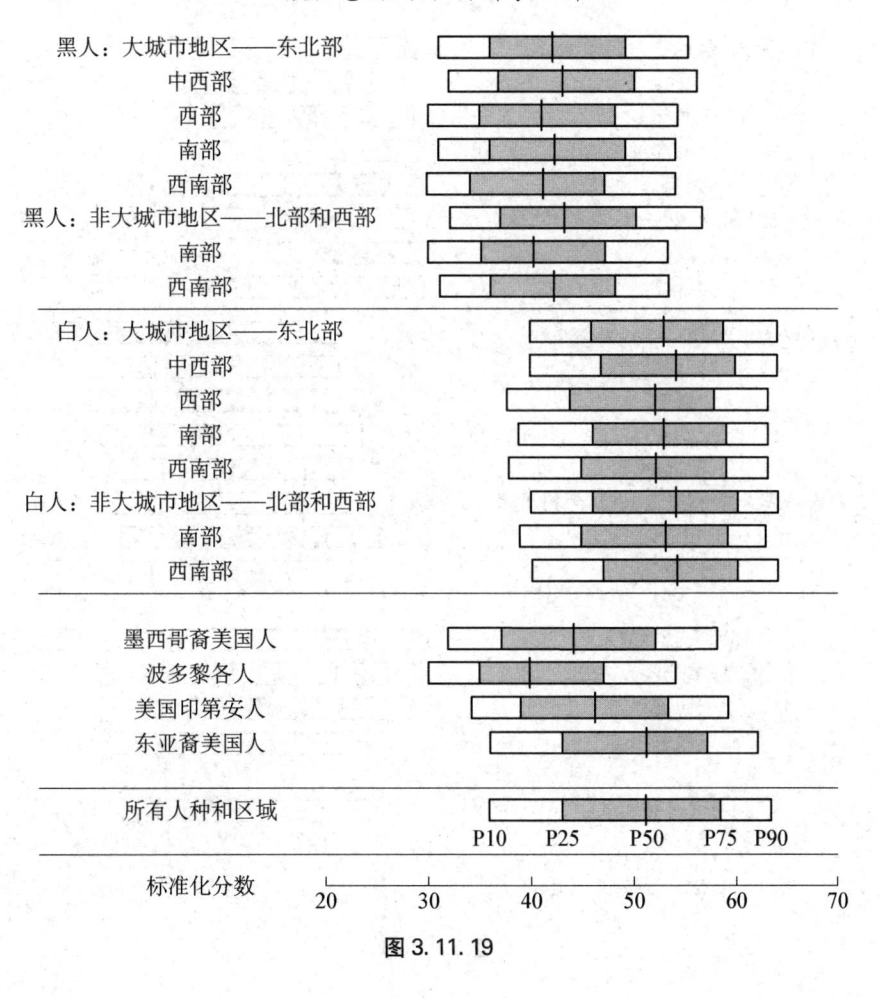

黑人：大城市地区——东北部
　　　　　　　中西部
　　　　　　　西部
　　　　　　　南部
　　　　　　　西南部
黑人：非大城市地区——北部和西部
　　　　　　　南部
　　　　　　　西南部

白人：大城市地区——东北部
　　　　　　　中西部
　　　　　　　西部
　　　　　　　南部
　　　　　　　西南部
白人：非大城市地区——北部和西部
　　　　　　　南部
　　　　　　　西南部

墨西哥裔美国人
波多黎各人
美国印第安人
东亚裔美国人

所有人种和区域

P10　P25　P50　P75　P90

标准化分数　　20　　30　　40　　50　　60　　70

图 3.11.19

一般信息测试(人文)9年级

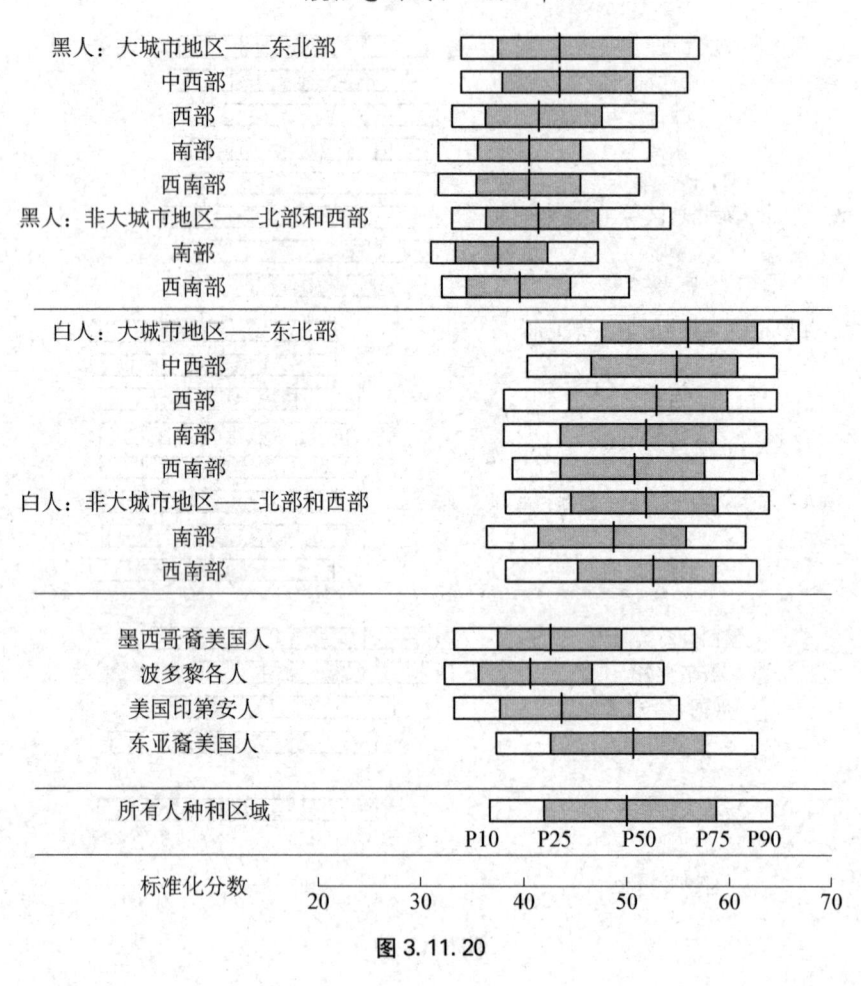

黑人：大城市地区——东北部	
中西部	
西部	
南部	
西南部	
黑人：非大城市地区——北部和西部	
南部	
西南部	
白人：大城市地区——东北部	
中西部	
西部	
南部	
西南部	
白人：非大城市地区——北部和西部	
南部	
西南部	
墨西哥裔美国人	
波多黎各人	
美国印第安人	
东亚裔美国人	
所有人种和区域	P10　P25　P50　P75　P90
标准化分数	20　30　40　50　60　70

图 3.11.20

一般信息汇总—9年级

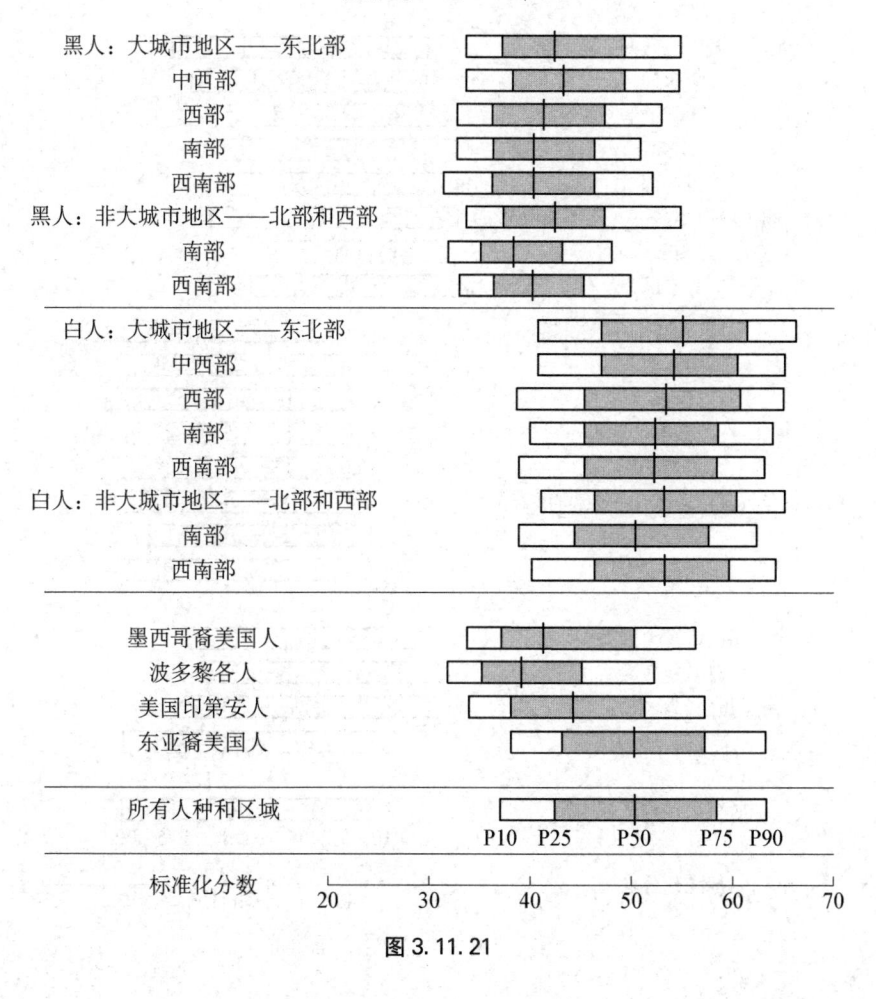

黑人：大城市地区——东北部
　　　　　　　　　中西部
　　　　　　　　　西部
　　　　　　　　　南部
　　　　　　　　　西南部
黑人：非大城市地区——北部和西部
　　　　　　　　　南部
　　　　　　　　　西南部

白人：大城市地区——东北部
　　　　　　　　　中西部
　　　　　　　　　西部
　　　　　　　　　南部
　　　　　　　　　西南部
白人：非大城市地区——北部和西部
　　　　　　　　　南部
　　　　　　　　　西南部

墨西哥裔美国人
波多黎各人
美国印第安人
东亚裔美国人

所有人种和区域

P10　P25　P50　P75　P90

标准化分数　20　30　40　50　60　70

图 3.11.21

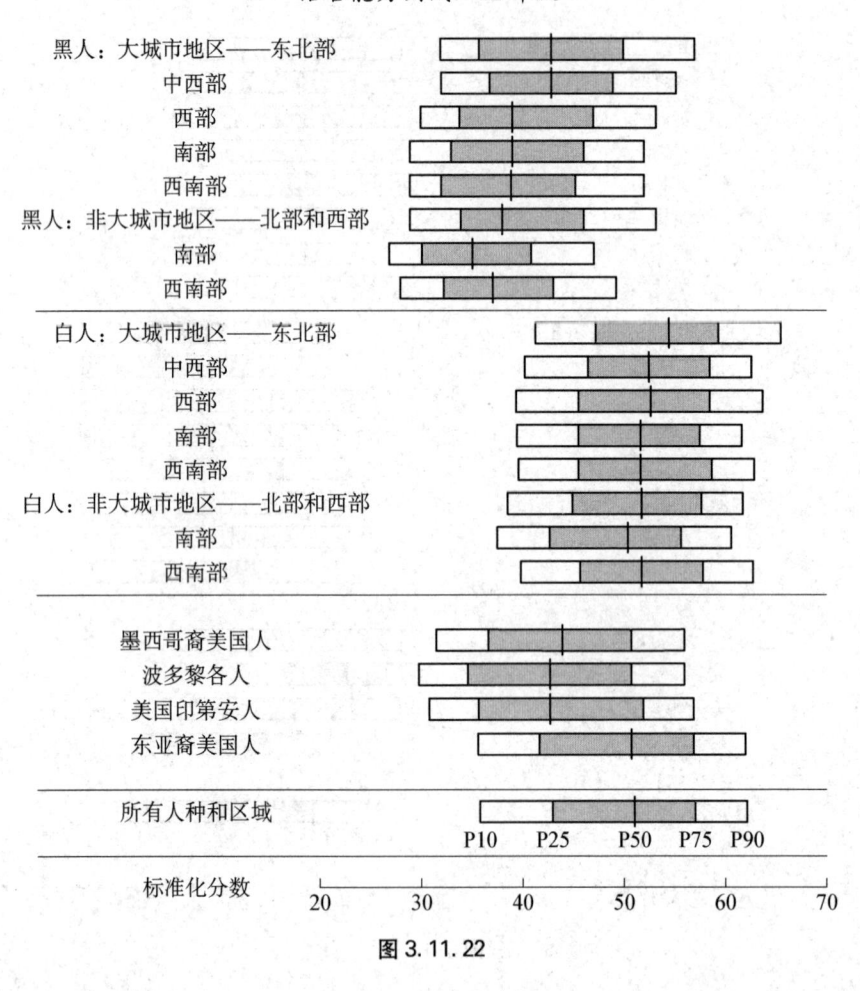

语言能力测试—12 年级

黑人：大城市地区——东北部
中西部
西部
南部
西南部
黑人：非大城市地区——北部和西部
南部
西南部

白人：大城市地区——东北部
中西部
西部
南部
西南部
白人：非大城市地区——北部和西部
南部
西南部

墨西哥裔美国人
波多黎各人
美国印第安人
东亚裔美国人

所有人种和区域

P10 P25 P50 P75 P90

标准化分数 20 30 40 50 60 70

图 3.11.22

非语言能力测试—12年级

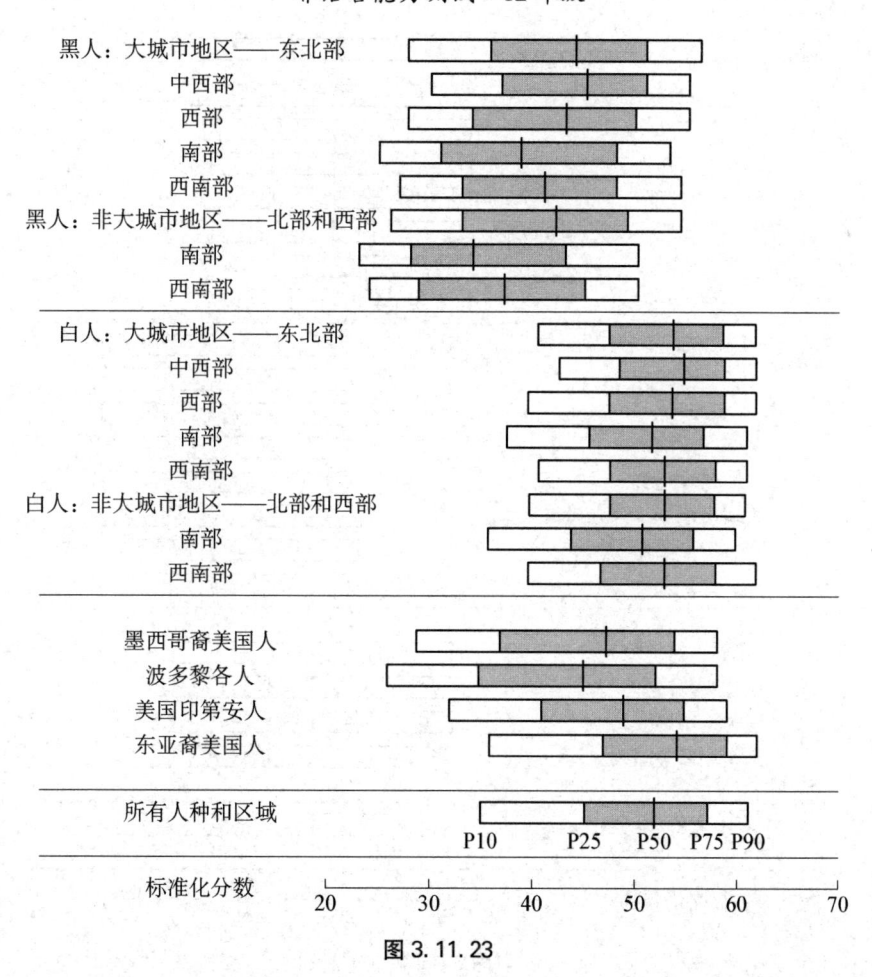

黑人：大城市地区——东北部
中西部
西部
南部
西南部
黑人：非大城市地区——北部和西部
南部
西南部

白人：大城市地区——东北部
中西部
西部
南部
西南部
白人：非大城市地区——北部和西部
南部
西南部

墨西哥裔美国人
波多黎各人
美国印第安人
东亚裔美国人

所有人种和区域

P10 P25 P50 P75 P90

标准化分数   20   30   40   50   60   70

图 3.11.23

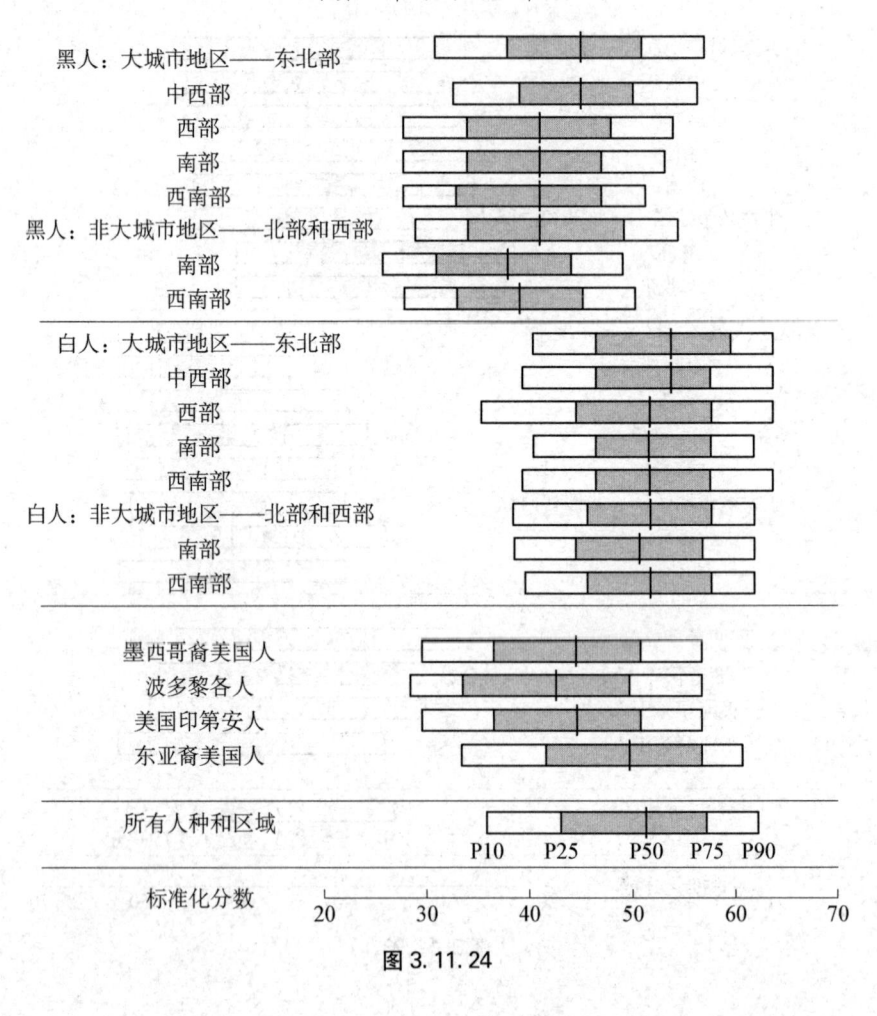

阅读理解测试—12 年级

黑人：大城市地区——东北部	
中西部	
西部	
南部	
西南部	
黑人：非大城市地区——北部和西部	
南部	
西南部	
白人：大城市地区——东北部	
中西部	
西部	
南部	
西南部	
白人：非大城市地区——北部和西部	
南部	
西南部	
墨西哥裔美国人	
波多黎各人	
美国印第安人	
东亚裔美国人	
所有人种和区域	P10 P25 P50 P75 P90
标准化分数	20　30　40　50　60　70

图 3.11.24

数学成绩—12年级

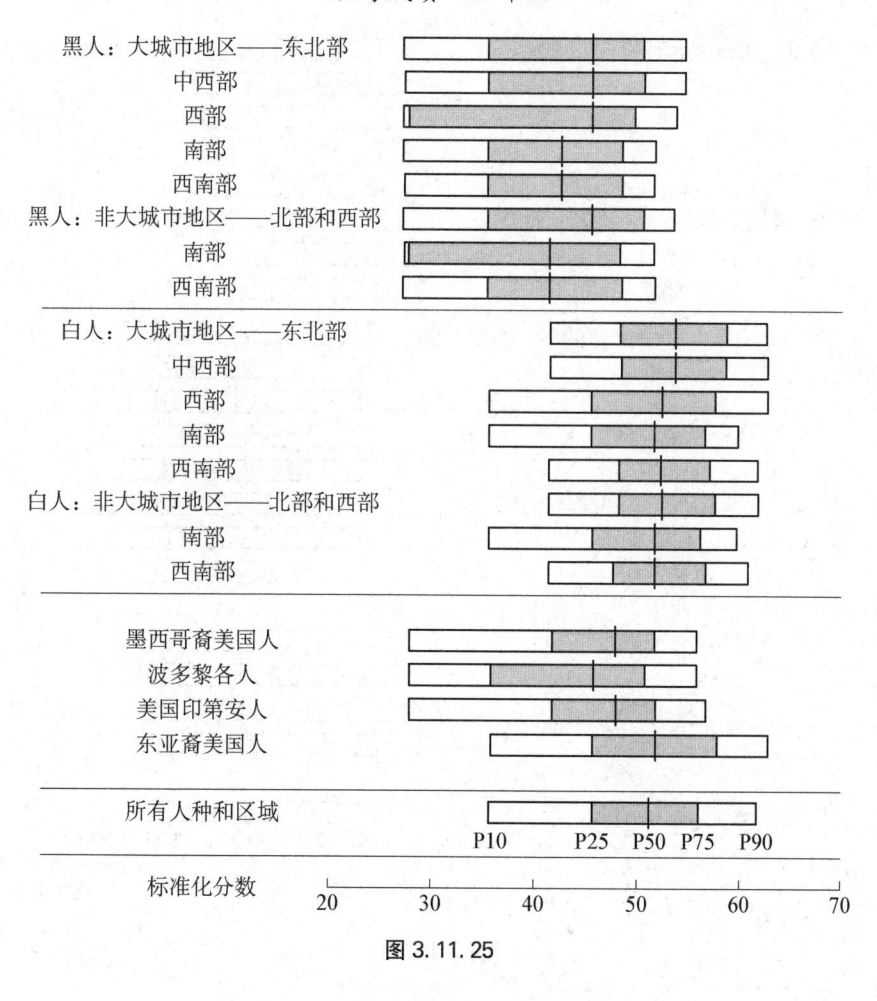

黑人：大城市地区——东北部
　　　　中西部
　　　　西部
　　　　南部
　　　　西南部
黑人：非大城市地区——北部和西部
　　　　南部
　　　　西南部

白人：大城市地区——东北部
　　　　中西部
　　　　西部
　　　　南部
　　　　西南部
白人：非大城市地区——北部和西部
　　　　南部
　　　　西南部

墨西哥裔美国人
波多黎各人
美国印第安人
东亚裔美国人

所有人种和区域

P10　P25　P50　P75　P90

标准化分数　　20　30　40　50　60　70

图 3.11.25

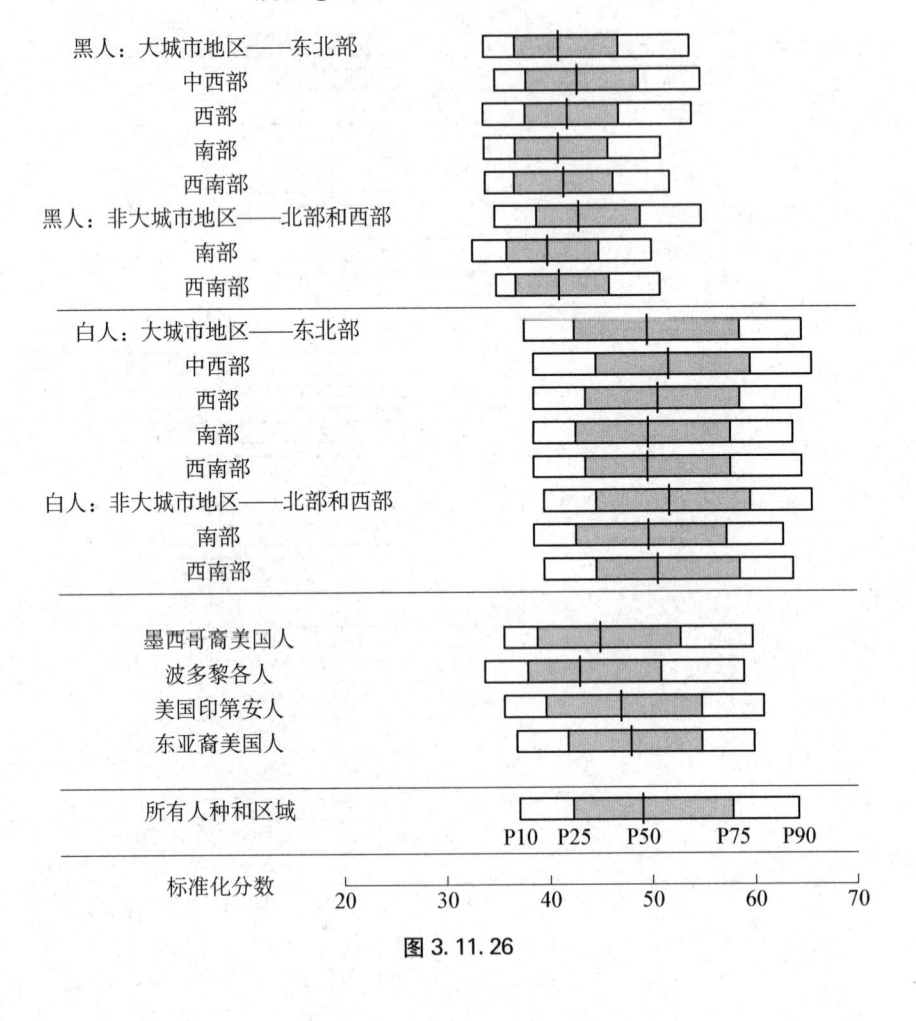

一般信息测试—实用技能(女生)12年级

黑人：大城市地区——东北部	
中西部	
西部	
南部	
西南部	
黑人：非大城市地区——北部和西部	
南部	
西南部	
白人：大城市地区——东北部	
中西部	
西部	
南部	
西南部	
白人：非大城市地区——北部和西部	
南部	
西南部	
墨西哥裔美国人	
波多黎各人	
美国印第安人	
东亚裔美国人	
所有人种和区域	P10　P25　P50　P75　P90
标准化分数	20　30　40　50　60　70

图 3.11.26

一般信息测试—实用技能(男生)12年级

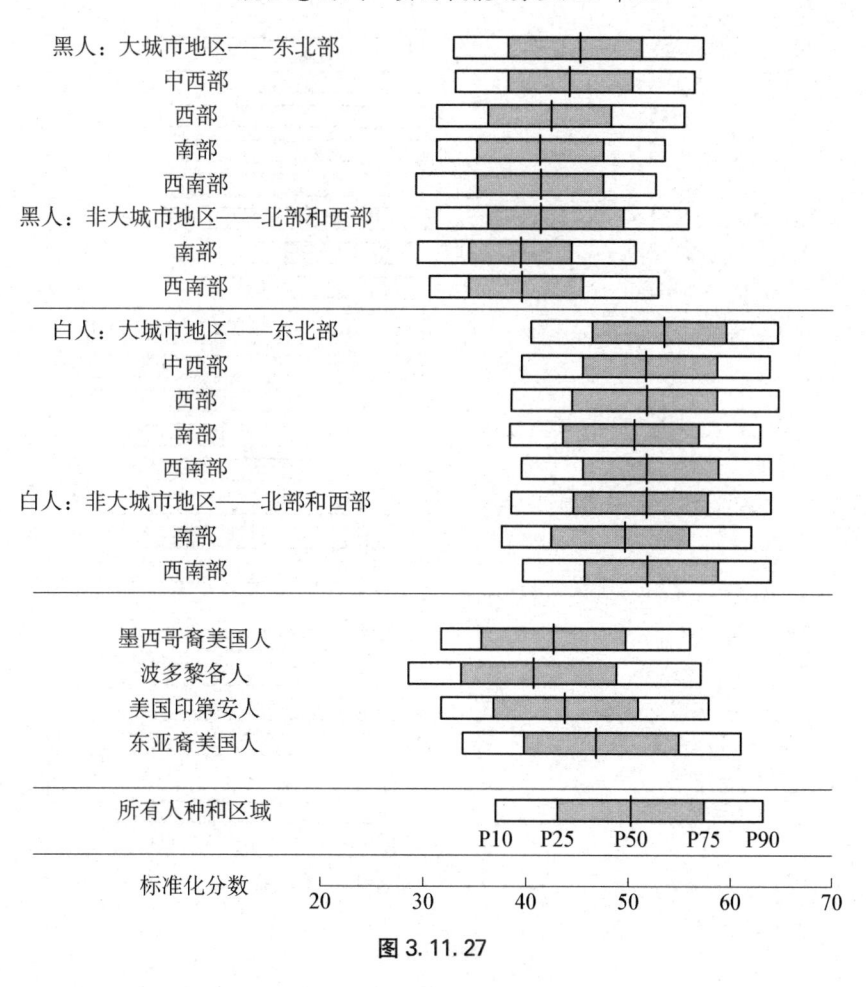

图 3.11.27

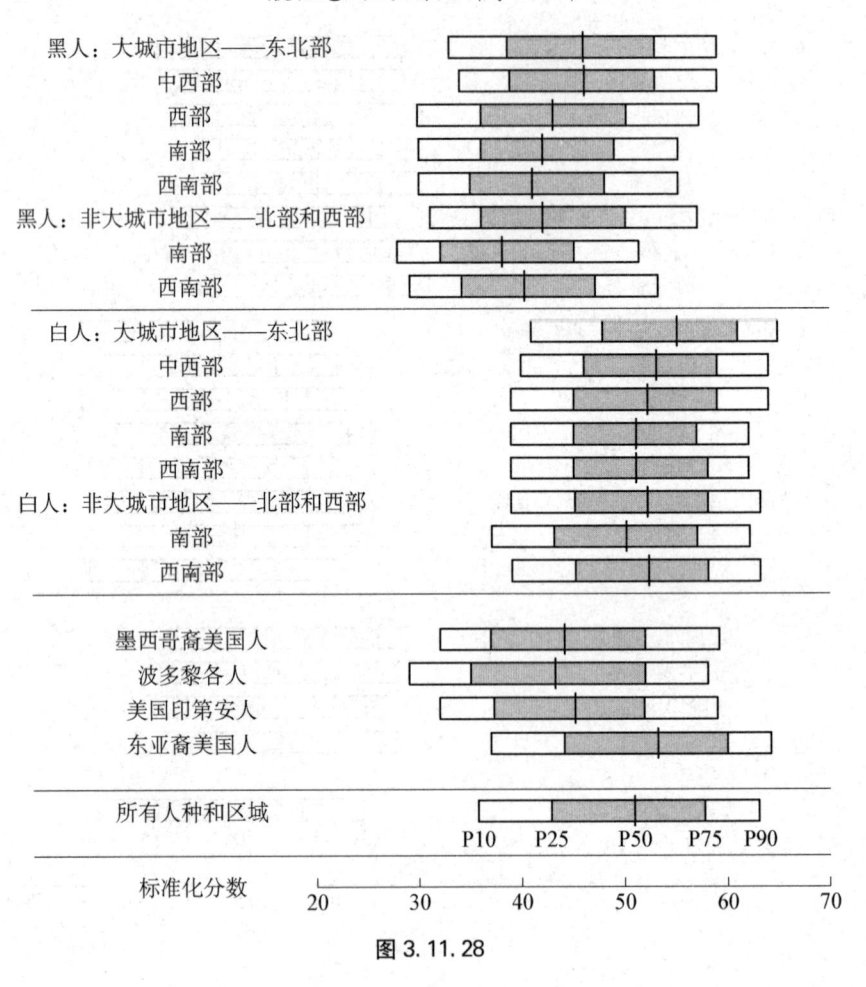

一般信息测试(自然科学)12年级

类别	
黑人：大城市地区——东北部	
中西部	
西部	
南部	
西南部	
黑人：非大城市地区——北部和西部	
南部	
西南部	
白人：大城市地区——东北部	
中西部	
西部	
南部	
西南部	
白人：非大城市地区——北部和西部	
南部	
西南部	
墨西哥裔美国人	
波多黎各人	
美国印第安人	
东亚裔美国人	
所有人种和区域	P10　P25　　P50　　P75　P90
标准化分数	20　　30　　40　　50　　60　　70

图 3.11.28

一般信息测试(社会科学)12年级

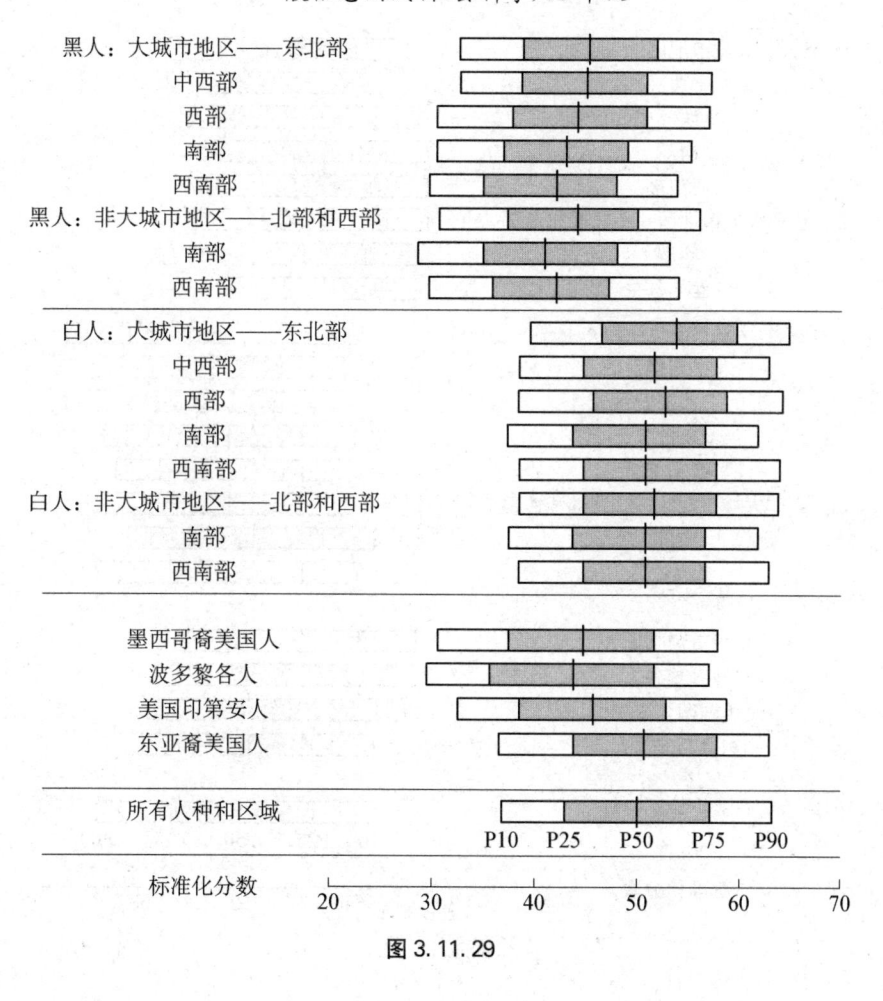

黑人：大城市地区——东北部
中西部
西部
南部
西南部
黑人：非大城市地区——北部和西部
南部
西南部

白人：大城市地区——东北部
中西部
西部
南部
西南部
白人：非大城市地区——北部和西部
南部
西南部

墨西哥裔美国人
波多黎各人
美国印第安人
东亚裔美国人

所有人种和区域

P10 P25 P50 P75 P90

标准化分数   20   30   40   50   60   70

图 3.11.29

一般信息测试(人文)12年级

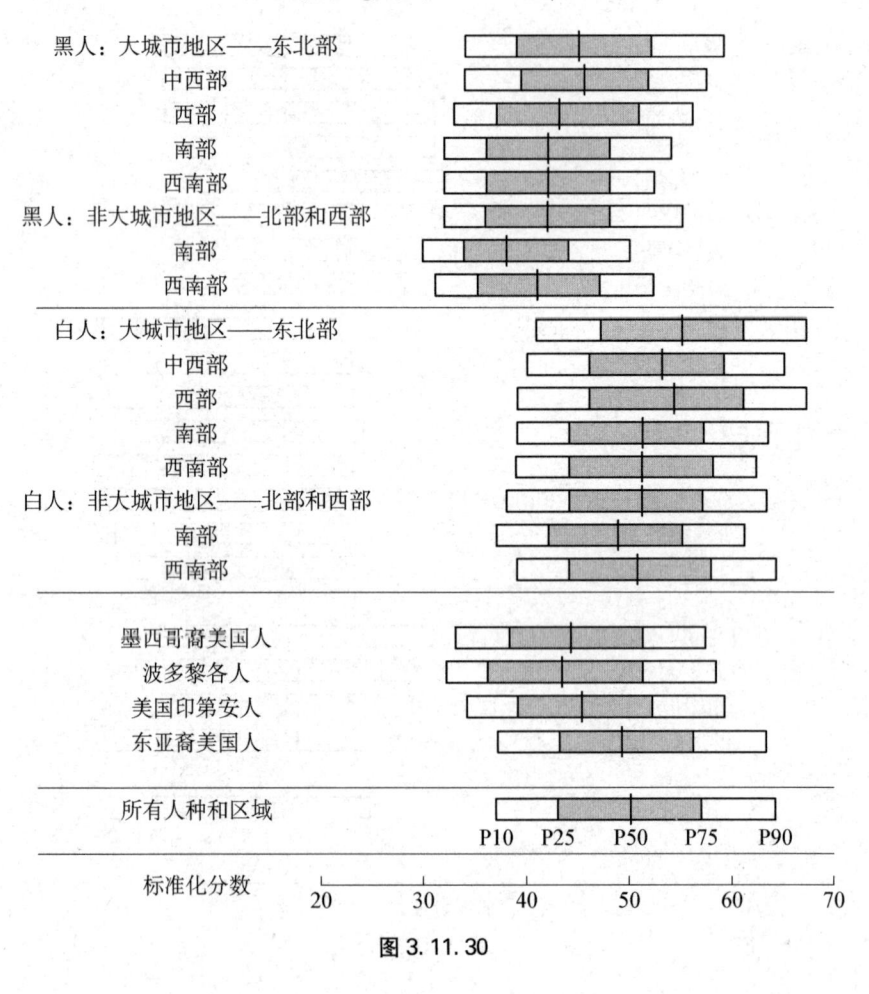

黑人：大城市地区——东北部
　　　　中西部
　　　　西部
　　　　南部
　　　　西南部
黑人：非大城市地区——北部和西部
　　　　南部
　　　　西南部

白人：大城市地区——东北部
　　　　中西部
　　　　西部
　　　　南部
　　　　西南部
白人：非大城市地区——北部和西部
　　　　南部
　　　　西南部

墨西哥裔美国人
波多黎各人
美国印第安人
东亚裔美国人

所有人种和区域

P10　P25　P50　P75　P90

标准化分数　　20　　30　　40　　50　　60　　70

图 3.11.30

学生成绩和动机 | 303

一般信息汇总

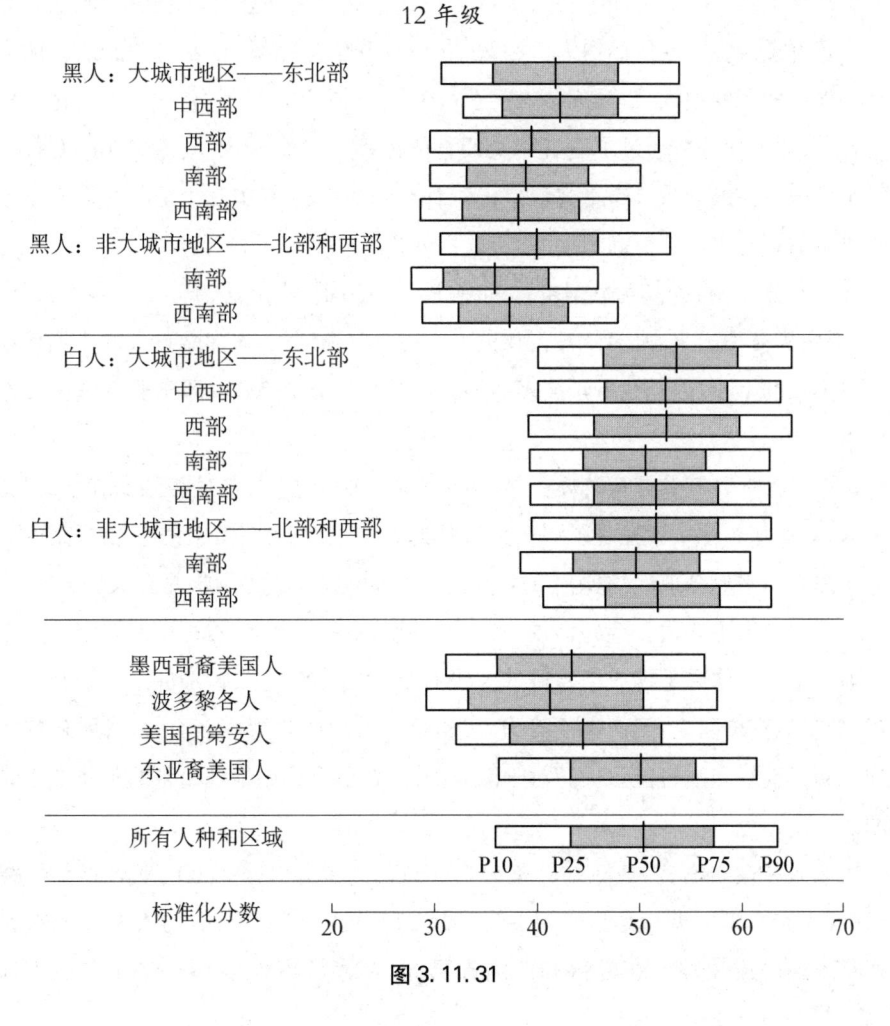

12 年级

黑人：大城市地区——东北部
中西部
西部
南部
西南部
黑人：非大城市地区——北部和西部
南部
西南部

白人：大城市地区——东北部
中西部
西部
南部
西南部
白人：非大城市地区——北部和西部
南部
西南部

墨西哥裔美国人
波多黎各人
美国印第安人
东亚裔美国人

所有人种和区域
P10 P25 P50 P75 P90

标准化分数   20   30   40   50   60   70

图 3.11.31

12 年级的测试结果显示，不同种族和族裔群体之间存在着显著差异，白人和黑人之间的地区差异也很大。白人在所有地区的平均得分都高于其他几乎所有群体的平均分数。只有东亚人的平均分数接近白人，而且只有在数学成绩和非语言能力这两项测试中，他们的平均分数高于某一地区的白人。在数学成绩测试中，他们的平均成绩高于南部白人的平均值，在标准大城市地区内外都是如此；在非语言能力测试中，他们的平均成绩也高于西南部非大城市地区的白人。此外，在这两项测试中，东亚人分数的分布超过了大多数地区的白人。在第 90 个百分位数那里，东亚人的非语言能力得分高于任何地区的白人，数学成绩仅次于八个地区中三个地区的白人。除了这一例外情况，白人的平均分数超过了所有接受调查的组别。然而，这不应掩盖在所有接受调查的组别中存在的分数分布重叠现象：对于任何两个组，其中一个组都有许多学生比另一个组的某些学生得分高很多。

在所有测试中，种族和族裔群体的排序几乎相同。白人之后分别是东亚人、印第安人、墨西哥裔美国人、波多黎各人和黑人。在所有测试中，波多黎各人的平均值虽然在所有黑人的上面，但是略低于波多黎各人所居住地区的黑人，即东北部和中西部的大城市地区。

白人和其他种族及族裔群体（不包括东亚人）之间的差异的确很大。在上了 12 年学之后，对于那些在中学接受了那么久教育的人来说，仍然存在着程度相当大的教育劣势。黑人的平均分值往往比白人低大约一个标准差，这就意味着有大约 85% 的黑人分数低于白人平均值。换句话说，有大约 50% 的白人和 85% 的黑人的成绩低于这一分值。不同群体在不同成绩领域的劣势有所不同。对于那些来自不同语言文化的族群，即东亚裔美国人、墨西哥裔美国人、印第安人和波多黎各人而言，最明显的劣势体现在阅读理解和语言能力上。对于黑人来说，在所有领域表现出来的劣势似乎是一样的。

对黑人和白人而言，地区差异是相当一致的：在南部非大城市地区差异始终都是最低的，在北部大城市地区差异始终都是最高的。一般来说，白人和黑人在北部和西部地区的成绩都比在南部和西南部更高，在大城市地区都比在非大城市地区更高。

对黑人而言，地区差异比白人要大得多。与北部城市地区相比，生活在南部农村地区的白人因此遭遇的成绩劣势是标准分的 3 或 4 分，相当于白人分数分布中大约 15 个百分点。与北部城市地区相比，生活在南部农村地区的 12 年级黑人因此遭遇的成绩劣势是标准分的 7 或 8 分,相当于黑人分数分配中大约 30 个百分点。如果换一种方式进行比较,则黑人与白人相比所遭遇的成绩劣势在北部大城市地区约等于标准分 9 分,但在南部农村则是约 12 分。

3.12　不同年级的测试分数差异

12 年级的测试成绩显示了学生们在正式教育终点上的成绩水平——这是针对一直坚持上到 12 年级的学生而言。对整个在校期间的分数进行一些研究可以揭示在校时期的不同教育增长情况。

阅读理解和数学成绩测试是单个系列,在 3、6、9 年级中进行。一般信息测试仅在 9 年级和 12 年级进行。由于所涵盖的年级跨度很大,使用了两个系列的语言和非语言能力测试。第一个系列覆盖 1 和 3 年级,第二个系列则覆盖 8、9 年级和 12 年级。因此,在这两个测试中对 1、3 年级和 6、9、12 年级进行比较时,必须认识到这一系列上的差异。其他一些差异也使得年级之间的直接比较变得困难。尤其是,在第一个系列对 3 年级的测试中表现出一种天花板效应(即它的测试范围达不到某些学生的实际高度),与 1 年级的情况相比,它具有在通常较低的组别中人为增加分值、在通常较高的组别中人为减少分值的效应。这在语言和非语言能力测试中都是如此,从而在下面的一些图表中,使 3 年级那里产生一种人为的峰值或谷值。

图 3.12.1 到 3.12.20[①] 显示了各个被研究群体在年级之间的变化。只有最一致和最大的变化才能被解释为在校期间的趋势。将多年来变化和测试的一致性作为标准来衡量,大多数群体在校期间不会改变他们的相对位置。将全国作为一个整体来看,在第一个系列对 1、3 年级进行的非语言能力测试中,墨西哥裔美国人、波多黎各人、印第安人和东亚裔美国人的分数比后来的测试系列分数要高。此外,从 1 到 12 年级,黑人的平均语言能力分数似乎在持续下降,而且在 9 和 12 年级的其他测试中也有一些下降。

然而,对不同地区黑人和白人群体的考察表明,黑人相对成绩的下降仅局限于美国某些地区。它在南部和西南部非大城市地区最为明显。然而,在南部和西南部大城市地区以及北部和西部非大城市地区也出现了某种下降,大致是按照以下顺序:

---

① 从第 252 页(注:这里是原文页码)开始

大城市地区的黑人学生——东北部地区

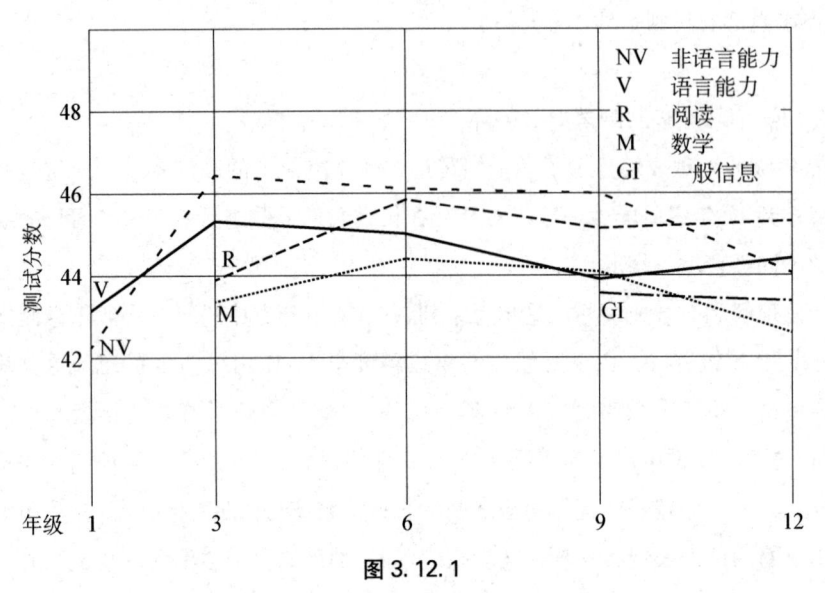

NV 非语言能力
V 语言能力
R 阅读
M 数学
GI 一般信息

图 3.12.1

大城市地区的黑人学生——中西部地区

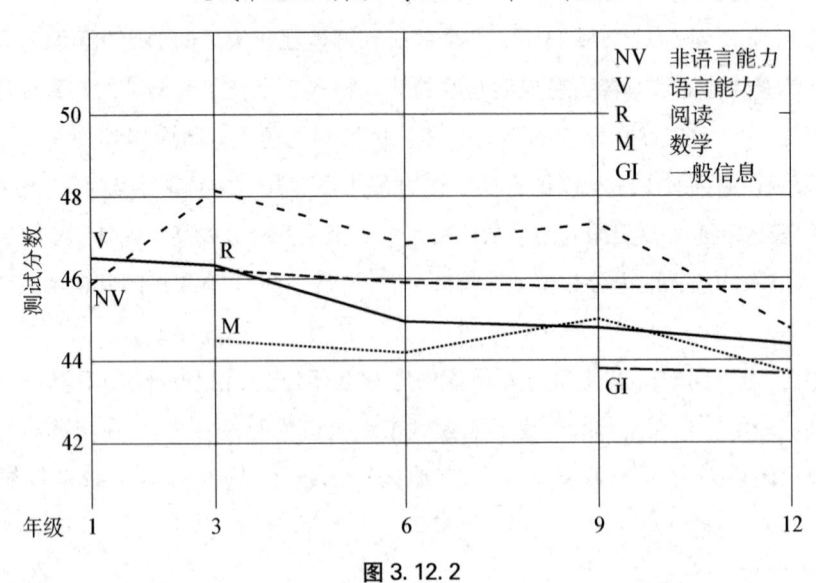

NV 非语言能力
V 语言能力
R 阅读
M 数学
GI 一般信息

图 3.12.2

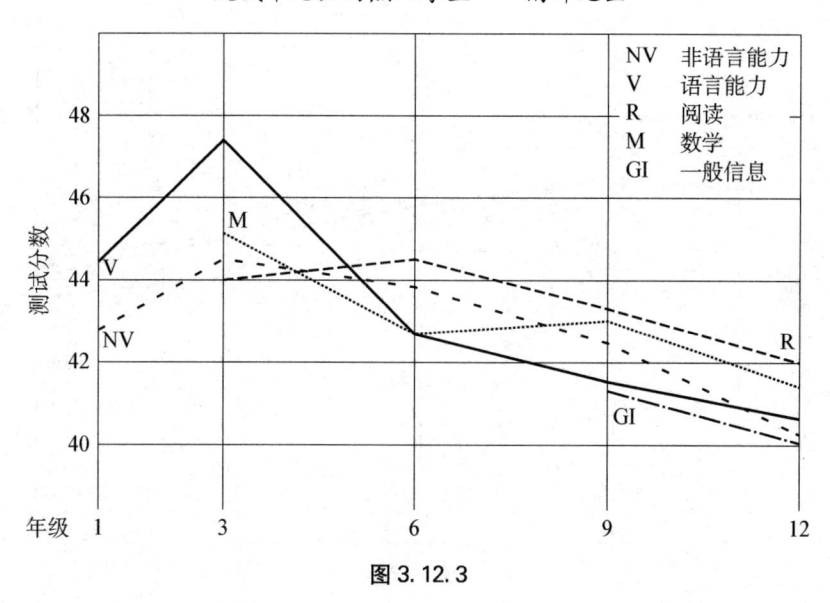

图 3.12.3 大城市地区的黑人学生——南部地区

图 3.12.4 大城市地区的黑人学生——西南部地区

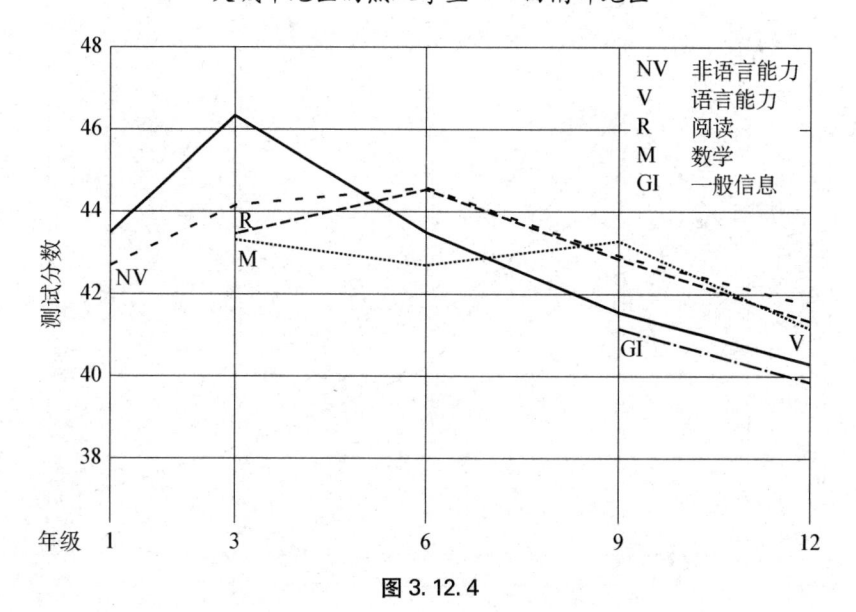

大城市地区的黑人学生——西部地区

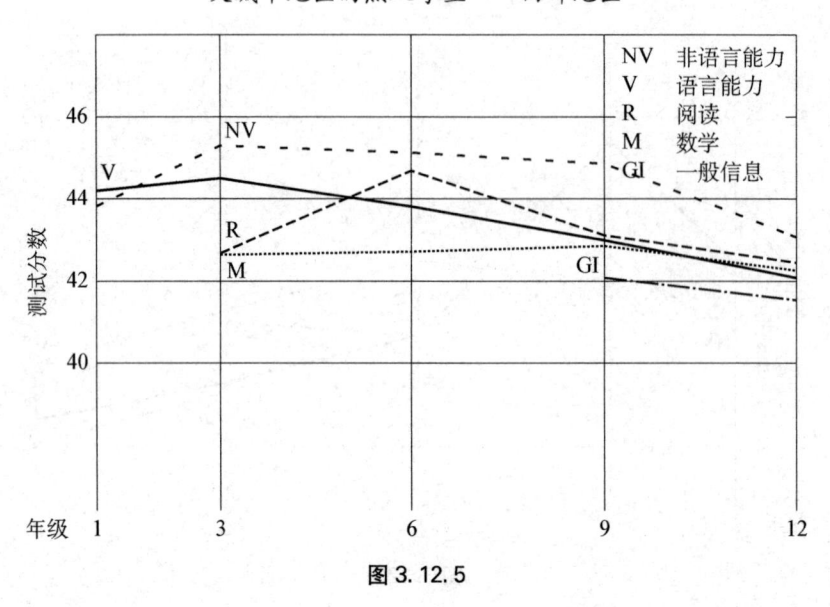

图 3.12.5

非大城市地区的黑人学生——南部地区

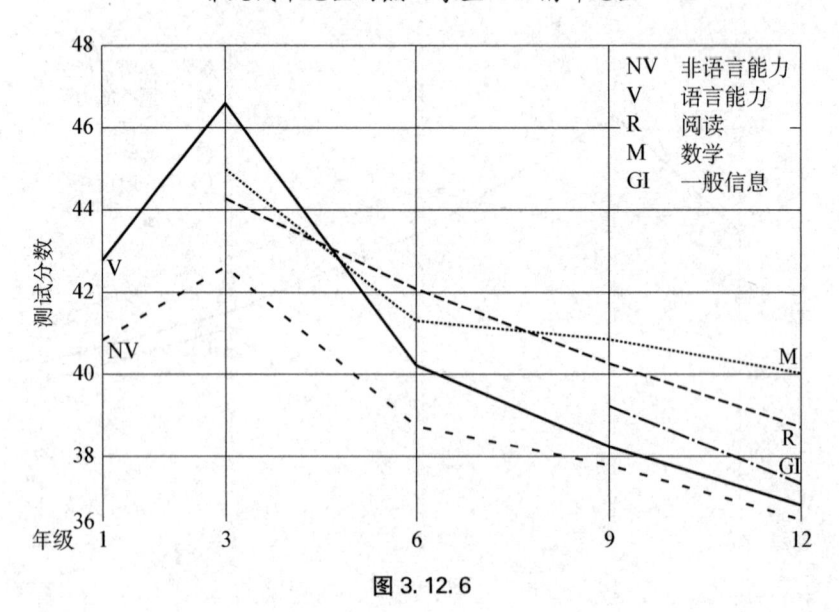

图 3.12.6

图 3.12.7

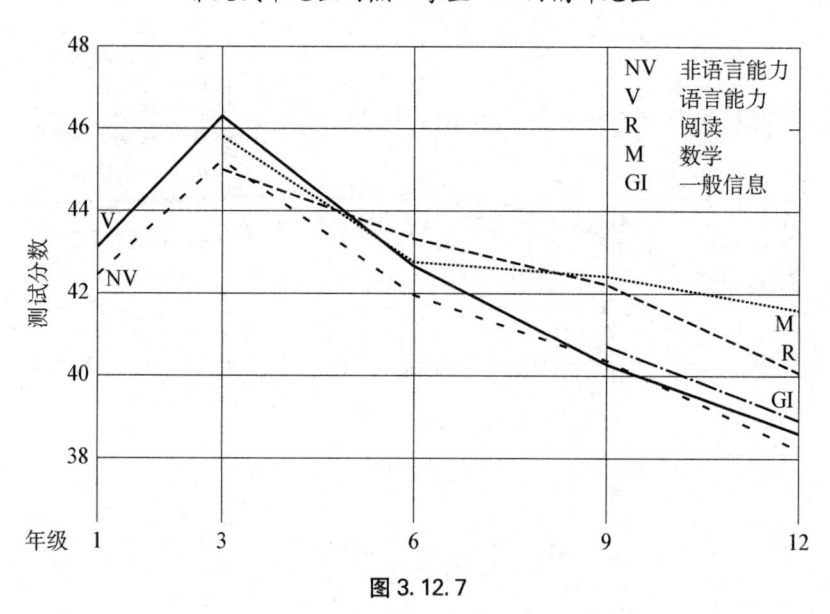

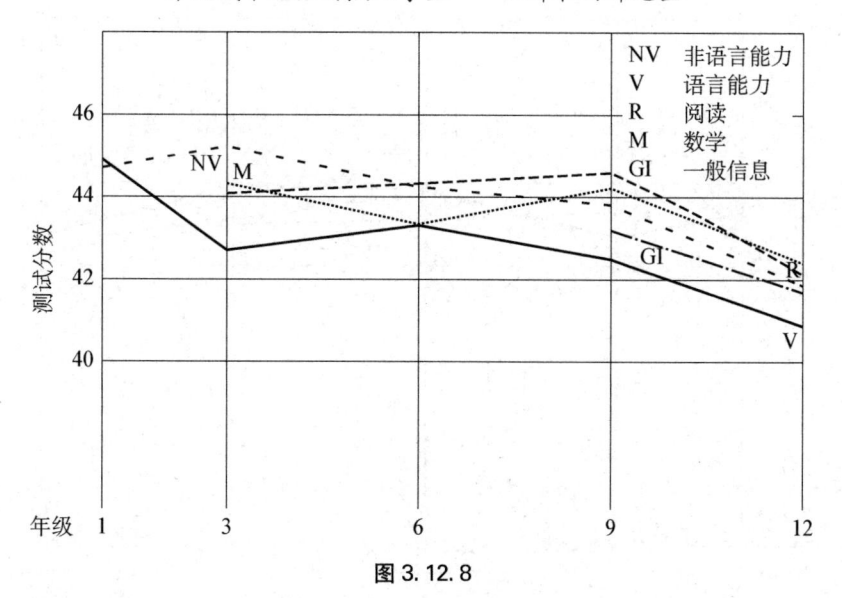

图 3.12.8

图 3.12.9

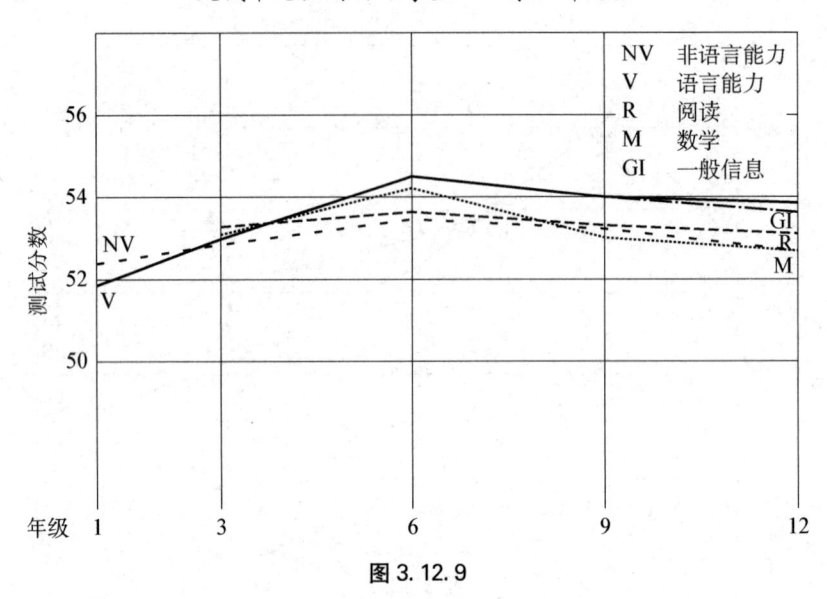

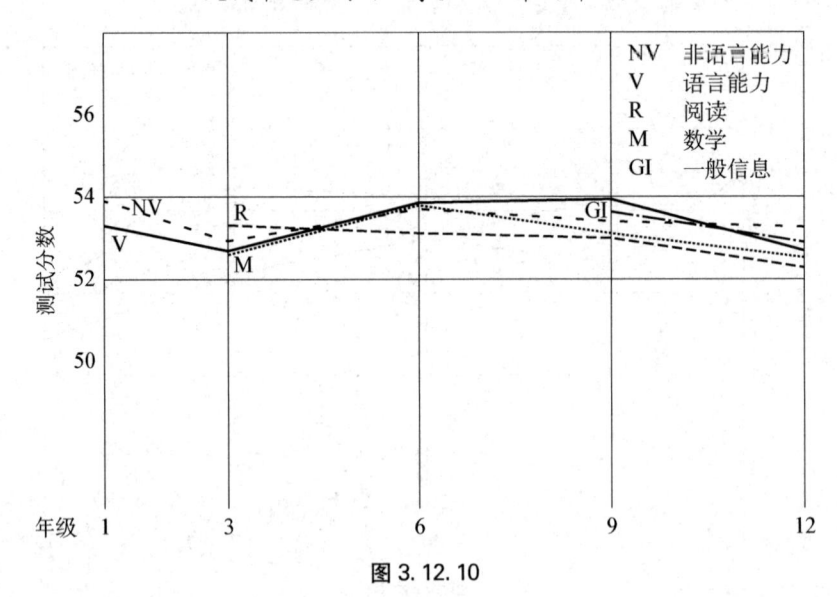

图 3.12.10

大城市地区的白人学生——南部地区

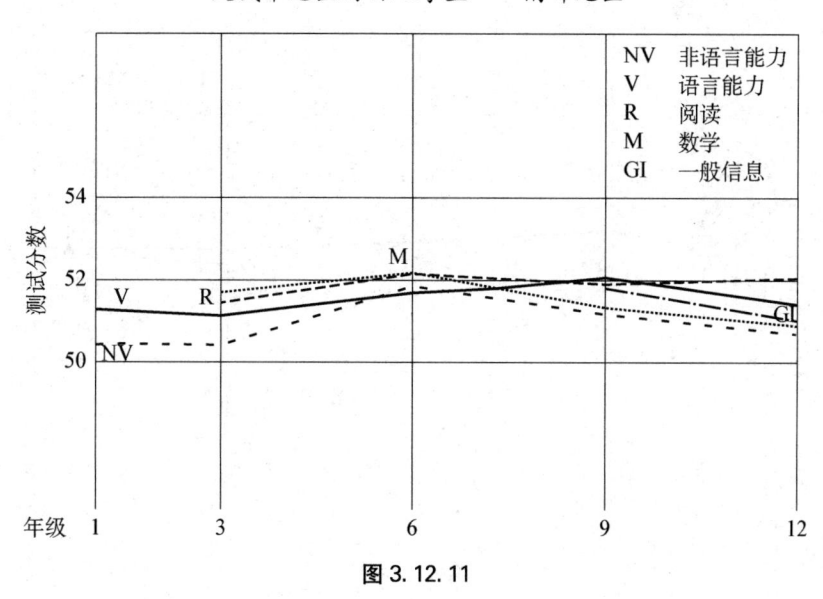

NV	非语言能力
V	语言能力
R	阅读
M	数学
GI	一般信息

图 3.12.11

大城市地区的白人学生——西南部地区

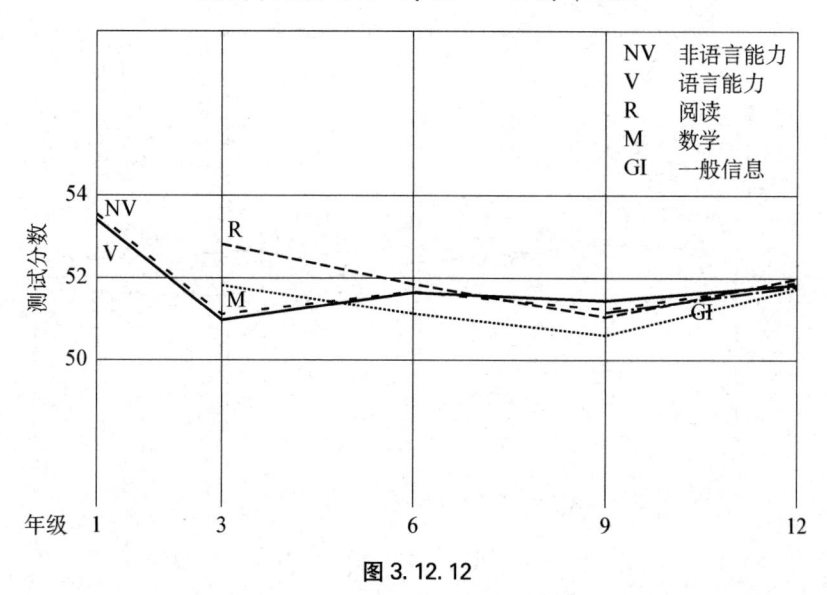

NV	非语言能力
V	语言能力
R	阅读
M	数学
GI	一般信息

图 3.12.12

大城市地区的白人学生——西部地区

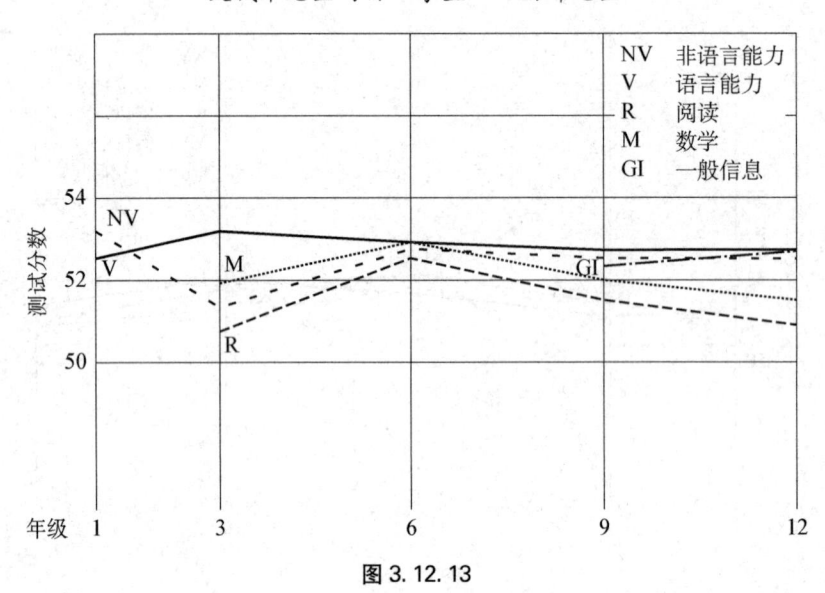

图 3.12.13

非大城市地区的白人学生——东南部地区

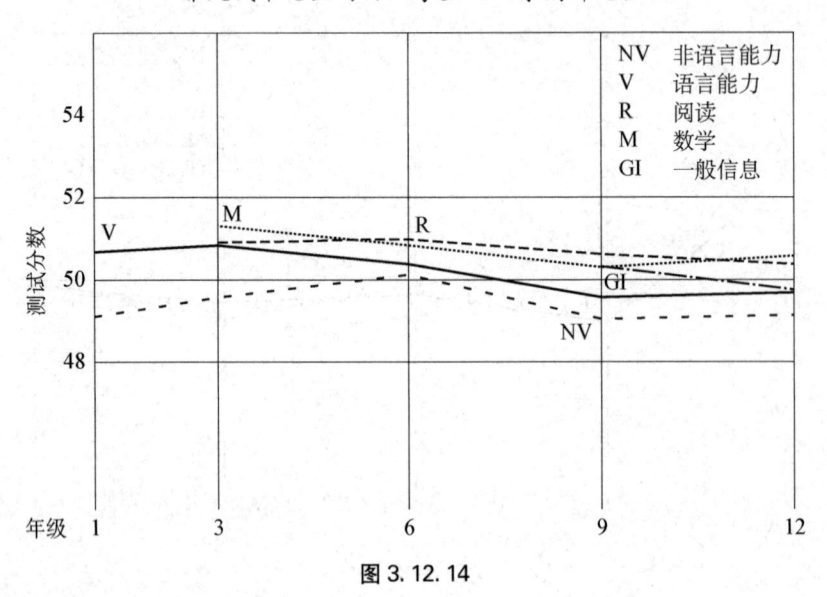

图 3.12.14

学生成绩和动机 | 313

非大城市地区的白人学生——西南部地区

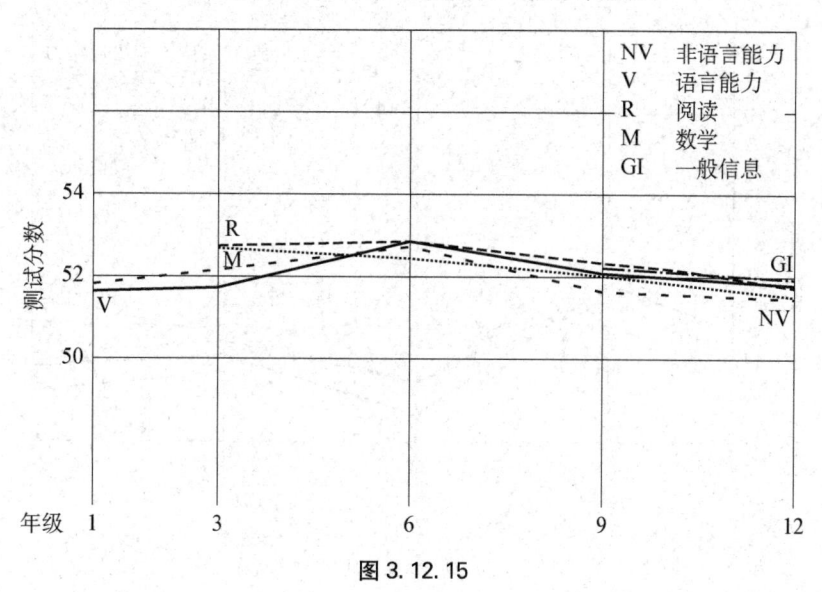

图 3.12.15

非大城市地区的白人学生——北部和西部地区

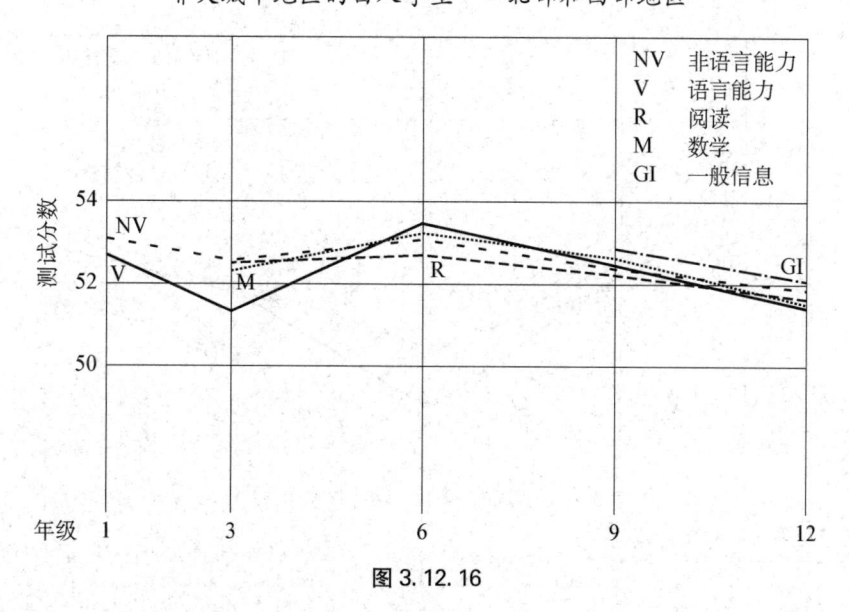

图 3.12.16

墨西哥裔美国人——总

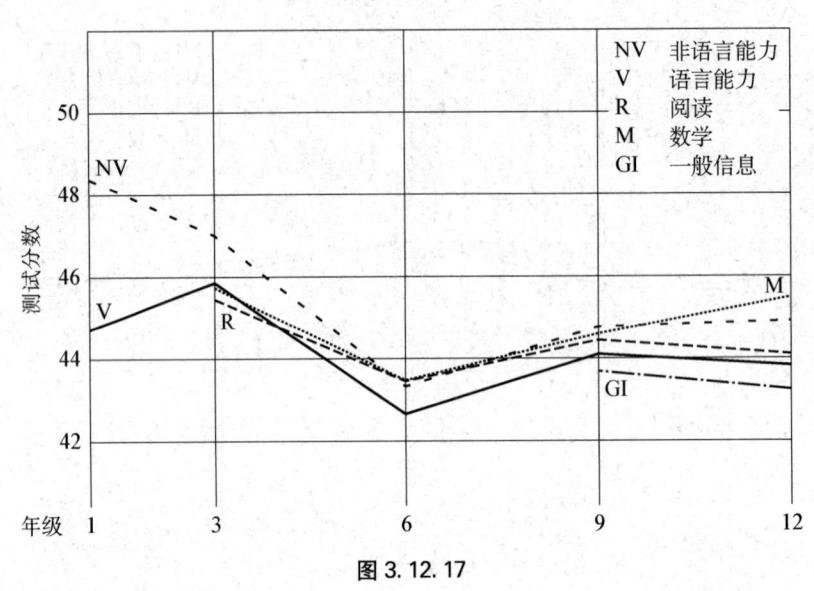

图 3.12.17

波多黎各人——总

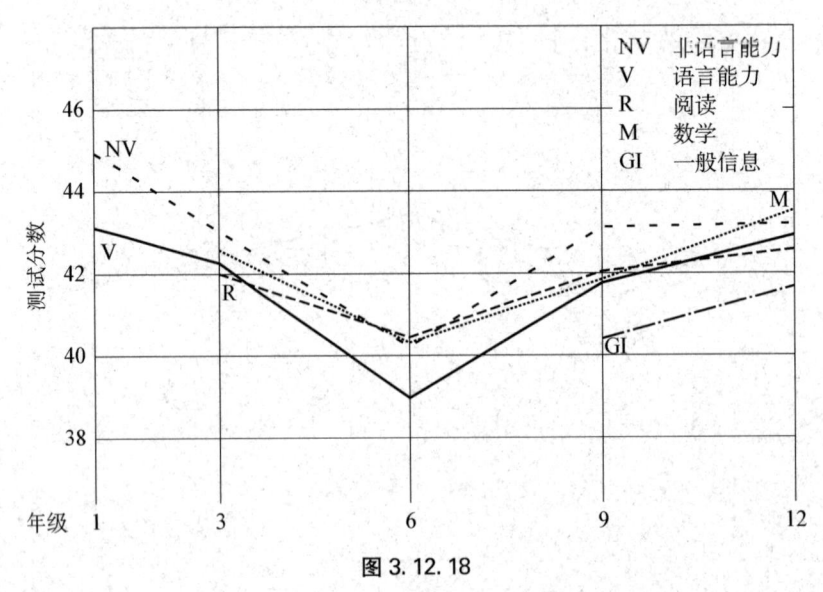

图 3.12.18

美国印第安人——总

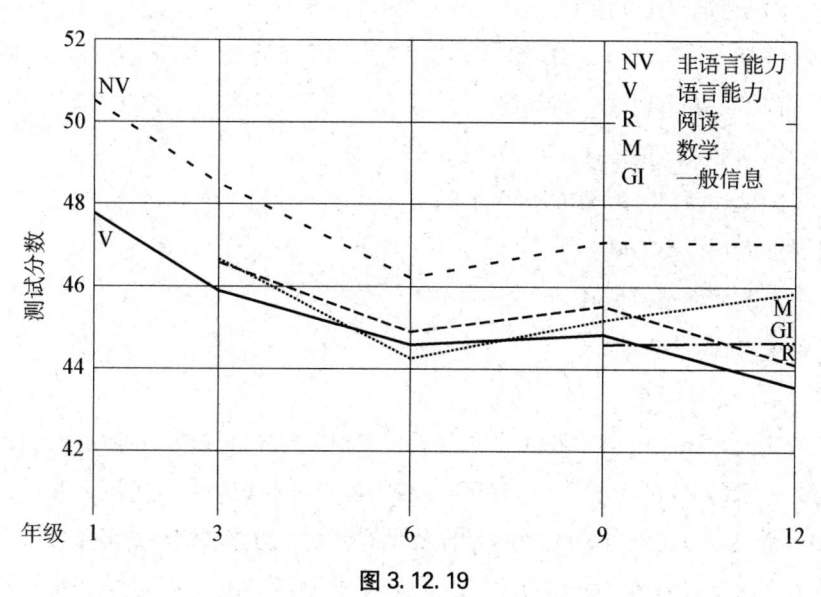

NV 非语言能力
V 语言能力
R 阅读
M 数学
GI 一般信息

图 3.12.19

东亚裔美国人——总

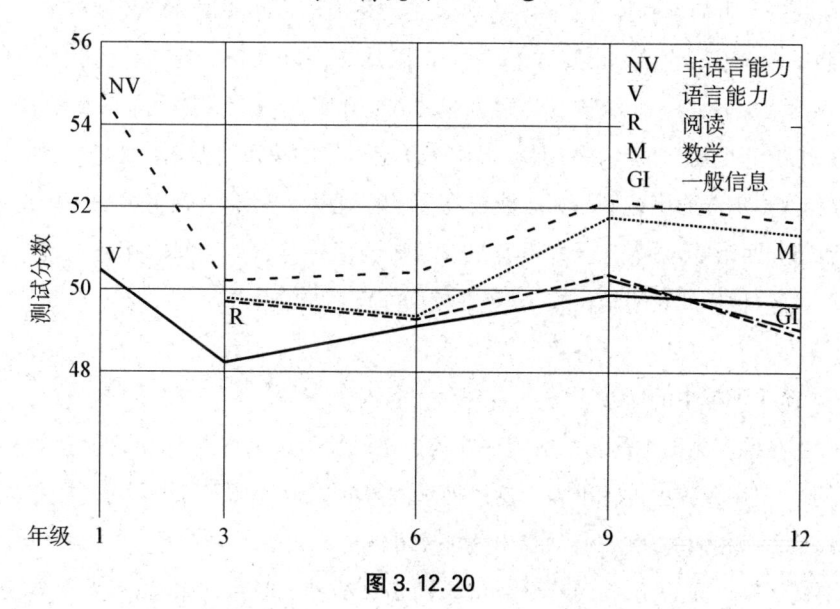

NV 非语言能力
V 语言能力
R 阅读
M 数学
GI 一般信息

图 3.12.20

大幅下降（测试分约 5 分，相当于在黑人成绩中下降 20 个百分点）：

  南部非大城市地区

  西南部非大城市地区

中等下降（测试分约 2½ 分，相当于在黑人成绩中下降 10 个百分点）：

  南部大城市地区

  西南部大城市地区

  北部和西部非大城市地区

几乎或完全没有下降：

  东北部大城市地区

  中西部大城市地区

  西部大城市地区

  一般来说，黑人在一年级时的分数几乎没有地区差异，但随着在校时间增长，差异越来越大。看起来，在美国的一些地区，在校期间有一些经历会扩大黑人和白人之间的成绩差距；然而，在任何地区，在校期间都没有什么经历能够缩小这种差异。

  这些调查结果在若干方面很重要。首先，它们表明，在这些少数族群中存在的教育不利情况并不局限于阅读或数学；在一门科目上存在不利，在其他的科目上也一样存在不利。

  稍许更严重的不利体现在除黑人外其他群体的语言和阅读理解测试成绩中，这些群体都有着非英语的语言出身背景。不过，除此之外，他们在不同的测试中体现了普遍的一致性。第二，一个族群一开始遭遇的教育不利情况会伴随他们直到完成学业。某些系统中的个别学生或许有机会克服一开始遇到的障碍；但即使如此，这种机会也不够广泛，不足以缩小他们与大多数白人之间的差距。事实上，在美国的一些地区，特别是南部和西南部，黑人甚至都没有足够的机会保持与白人之间的相对地位。因此，在这些地区，他们的相对地位在 12 年在校期间反而是恶化了。

3.121　学校中的年级

  学生在标准测试中的相对成绩往往与上述成绩的表示方式不同，即会使用年级成绩，而不是使用分数中的标准差。这两种对群体（或个人分数）之间平均分数差异的测量方式是大不相同的，我们必须指出这种差异。

  要进行年级间的比较，就有必要将不同年级的考试联系起来，这样每个年级的分数就可以用相同的单位来表示。在对6、9和12年级进行的测试中,有三项测试的分数(在被标准化到以50为平均值、以10为标准差之前)所使用的单位在所有三个年级中都是一样的。因此,就有可能考察上面所讨论的标准差差异中的年级差异。

图3.121.1、3.121.2和3.121.3显示了东北部大城市地区这三个年级的黑人和白人在语言能力、阅读理解和数学成绩三项测试中转换前的平均量表分数。白人的分数线一直向下延伸到3年级。① 语言能力得分(图3.121.1)将被用于进行说明。这一

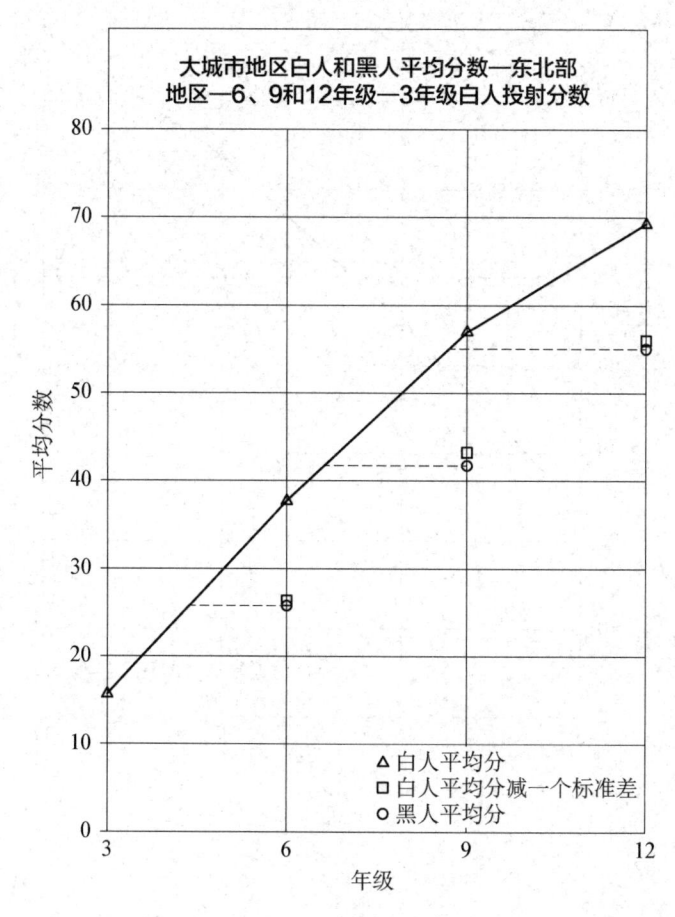

图3.121.1
语言能力

大城市地区白人和黑人平均分数—东北部
地区—6、9和12年级—3年级白人投射分数

---

① 就是将9年级的平均分按照低于12年级的标准差、6年级的平均分按照低于9年级的标准差来表达,然后假设3年级与6年级的标准差差距减去9年级和6年级之间的标准差差距,应该等于9年级和6年级之间的标准差差距减去12年级和9年级之间的标准差差距。

图 3.121.2
阅读理解

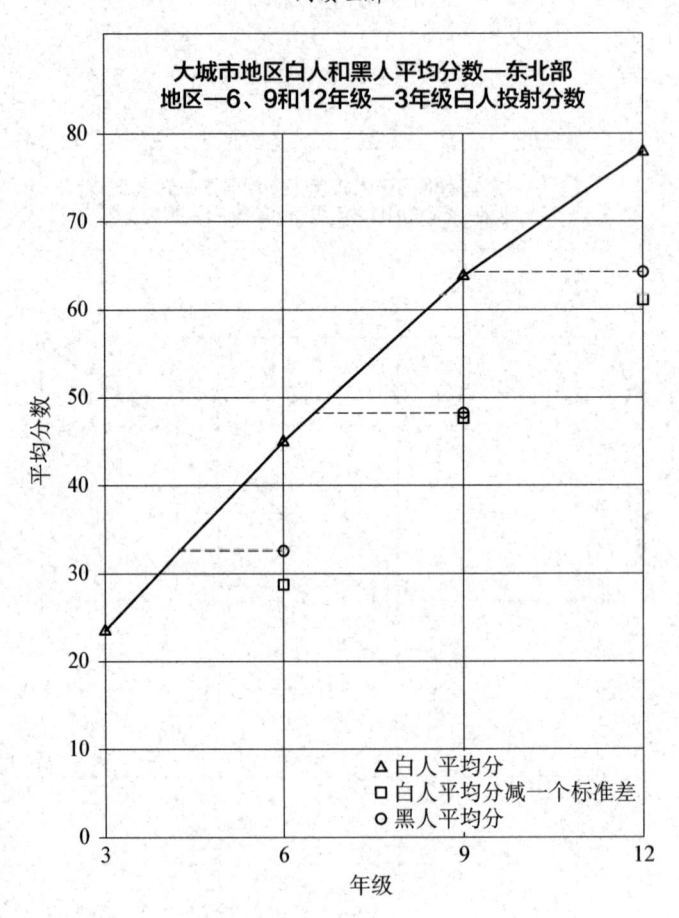

大城市地区白人和黑人平均分数—东北部地区—6、9和12年级—3年级白人投射分数

△ 白人平均分
□ 白人平均分减一个标准差
○ 黑人平均分

学生成绩和动机 | 319

图 3.121.3
数学成绩

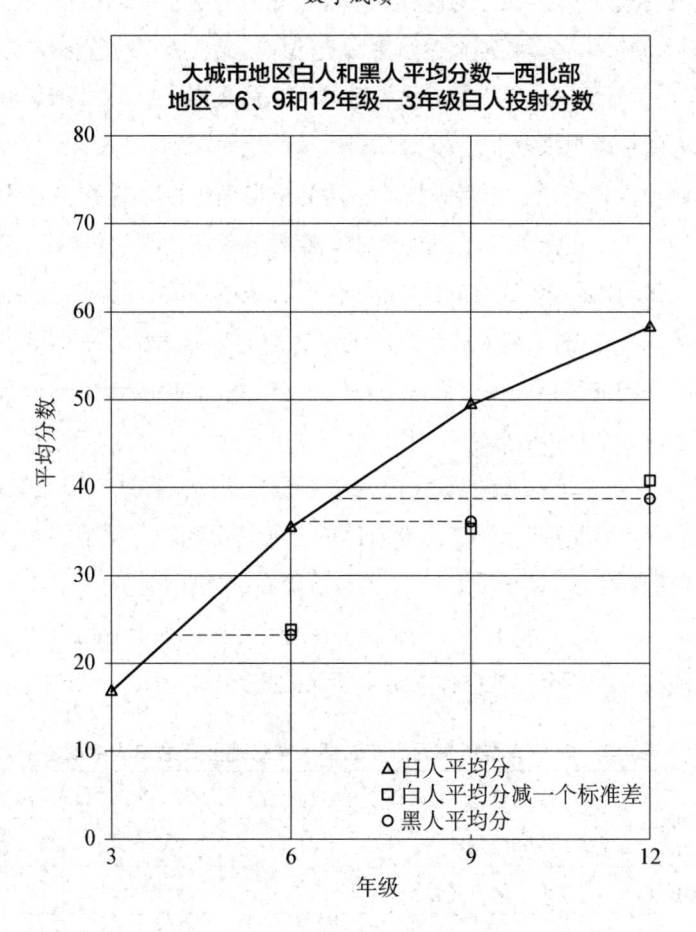

大城市地区白人和黑人平均分数—西北部
地区—6、9和12年级—3年级白人投射分数

△ 白人平均分
□ 白人平均分减一个标准差
○ 黑人平均分

年级

地区的黑人在每一个年级几乎都比白人低了正好一个标准差(用白人的标准差作为衡量标准)。图表中标注了白人平均分以下一个标准差的位置。但是从普通黑人分数出发的一直到白人分数线的水平线表明,黑人分数落后于本年级的年数在逐渐增加。在6年级,普通黑人比普通白人落后大约 $1\frac{1}{2}$ 年;在9年级,他比普通白人落后大约 $2\frac{1}{4}$ 年;在12年级,他比普通白人落后大约 $3\frac{1}{4}$ 年。

其他两项测试显示,年级差异同样在增加。在所有这三项测试中,从6年级到12年级,东北部大城市地区黑人都在逐渐落后于同地区的白人。尽管标准差的数值经常有所不同,但在所有地区的黑人都有类似的结果。从6年级到12年级,他们的成绩分数落后于白人的距离越来越大。

这两种测量方式为什么会得到如此不同的结果呢?答案在于,在这些年级,标准差有着不同的含义。在低年级,白人分数的一个标准差所代表的年级数字或年数比在高年级要小。换句话说,就年级来看,在高年级,白人本身的分散情况要大大高于低年级的白人。再一次,以东北部大城市地区的语言能力分数为例:在6年级,约有15％的白人比白人平均成绩落后一个标准差,或 $1\frac{1}{2}$ 年;在12年级,约有15％的白人比白人平均成绩落后一个标准差,或 $3\frac{1}{4}$ 年。

因此,在某种意义上不妨说,东北部大城市地区的黑人在这三个年级落后于白人相同的距离——也就是说,相对于白人自己的分布情况而言。从另一个意义上讲,按照年级或年数差异来看,从6年级到12年级差距在扩大。

表 3.121.1、3.121.2 和 3.121.3 显示了在所有地区和所有这三项测试中,东北部大城市地区的白人和所有其他群体在每个年级的差异。

表 3.121.1　语言能力:所有群体落后于东北部大城市地区普通白人标准差数值和年级数

种族和地区	落后标准差			落后年级数		
	6	9	12	6	9	12
白人,非大城市地区:						
南部	0.4	0.5	0.5	0.7	1.0	1.5
西南部	.2	.2	.2	.3	.4	.8
北部	.1	.2	.3	.2	.4	.9
白人,大城市地区:						
东北部						

续　表

种族和地区	落后标准差 6	落后标准差 9	落后标准差 12	落后年级数 6	落后年级数 9	落后年级数 12
中西部	.1	.0	.1	.1	.0	.4
南部	.3	.2	.3	.5	.5	.9
西南部	.3	.3	.2	.5	.6	.7
西部	.2	.1	.1	.3	.3	.5
黑人,非大城市地区：						
南部	1.5	1.7	1.9	2.5	3.9	5.2
西南部	1.3	1.5	1.7	2.0	3.3	4.7
北部	1.2	1.2	1.4	1.9	2.7	4.2
黑人,大城市地区：						
东北部	1.0	1.1	1.1	1.6	2.4	3.3
中西部	1.0	1.0	1.1	1.7	2.2	3.3
南部	1.3	1.4	1.5	2.0	3.0	4.2
西南部	1.2	1.4	1.5	1.9	2.9	4.3
西部	1.2	1.2	1.3	1.9	2.6	3.9
墨西哥裔美国人	1.3	1.1	1.1	2.0	2.3	3.5
波多黎各人	1.7	1.3	1.2	2.7	2.9	3.6
美国印第安人	1.1	1.0	1.1	1.7	2.1	3.5
东亚裔美国人	.6	.4	.5	.9	1.0	1.6

表3.121.2　阅读理解:所有群体落后于东北部大城市地区普通白人标准差数值和年级数

种族和地区	落后标准差 6	落后标准差 9	落后标准差 12	落后年级数 6	落后年级数 9	落后年级数 12
白人,非大城市地区：						
南部	0.2	0.3	0.3	0.5	0.8	1.0
西南部	.1	.1	.1	.1	.3	.5
北部	.1	.1	.1	.2	.3	.5
白人,大城市地区：						
东北部						

种族和地区	落后标准差 6	落后标准差 9	落后标准差 12	落后年级数 6	落后年级数 9	落后年级数 12
中西部	0	0	.1	.1	.1	.3
南部	.1	.2	.1	.3	.4	.4
西南部	.2	.2	.1	.4	.7	.4
西部	.1	.2	.2	.2	.5	.8
黑人,非大城市地区:						
南部	1.2	1.4	1.6	2.7	3.7	4.9
西南部	1.0	1.2	1.4	2.4	3.3	4.5
北部	1.0	1.0	1.2	2.2	2.6	3.8
黑人,大城市地区:						
东北部	.8	.9	.8	1.8	2.6	2.9
中西部	.8	.8	.8	1.8	2.3	2.8
南部	.9	1.1	1.2	2.1	3.0	3.9
西南部	.9	1.2	1.3	2.1	3.0	4.1
西部	.9	1.1	1.2	2.1	3.1	3.8
墨西哥裔美国人	1.0	1.0	1.0	2.4	2.6	3.3
波多黎各人	1.4	1.2	1.1	3.1	3.3	3.7
美国印第安人	.9	.8	1.0	2.0	2.3	3.2
东亚裔美国人	.4	.3	.5	1.0	.9	6.1*

表 3.121.3 数学成绩:所有群体落后于东北部大城市地区普通白人标准差数值和年级数

种族和地区	落后标准差 6	落后标准差 9	落后标准差 12	落后年级数 6	落后年级数 9	落后年级数 12
白人,非大城市地区:						
南部	0.4	0.3	0.2	0.7	0.9	1.4
西南部	.2	.1	.1	.3	.3	.8
北部	.1	.0	.1	.2	.1	.8

---

* 此处原文疑有误,应为 1.6。——译者注

续 表

种族和地区	落后标准差 6	落后标准差 9	落后标准差 12	落后年级数 6	落后年级数 9	落后年级数 12
白人,大城市地区:						
东北部						
中西部	.0	.0	.0	.1	.0	.1
南部	.2	.2	.2	.4	.6	1.2
西南部	.3	.2	.1	.6	.7	.6
西部	.1	.1	.1	.3	.3	.8
黑人,非大城市地区:						
南部	1.4	1.3	1.4	2.6	3.7	6.2
西南部	1.3	1.2	1.2	2.4	3.2	5.6
北部	1.2	1.0	1.1	2.2	2.8	5.2
黑人,大城市地区:						
东北部	1.1	1.0	1.1	2.0	2.8	5.2
中西部	1.1	.9	1.0	2.1	2.5	4.7
南部	1.3	1.1	1.2	2.4	3.1	5.6
西南部	1.3	1.1	1.2	2.3	3.0	5.7
西部	1.3	1.1	1.1	2.4	3.1	5.3
墨西哥裔美国人	1.2	.9	.8	2.2	2.6	4.1
波多黎各人	1.5	1.2	1.0	2.8	3.4	4.8
美国印第安人	1.1	.8	.7	2.0	2.4	3.9
东亚裔美国人	.5	.1	.1	1.0	.4	.9

对成绩测试结果的分析指出了特定少数族群在美国所经历的教育不利生态。这里必须再谨慎地补充一句：这些并不是教育的唯一结果,它们只不过是最有形的结果,而且它们对于在我们的社会中取得成功正变得越来越重要。虽然这些结果可能是局部的和不完整的,但它们却鲜明地勾勒出不同种族和族裔群体——以及区域群

体——在公立教育结束之际所获得的不同技能。

显然，这种不利境况很大一部分是源自这些群体所处的背景文化。在南部农村的黑人所处的文化世界中，学校里传授的技能似乎在很大程度上是无关紧要的。随着他的成长，这些技能将变得重要，特别是如果他想进入更广阔的社会中的话。

教育不利的另一部分直接源自他受到的那种教育。由于未能给他提供与其他学校相同的机会，他所就读的学校对他造成了直接的不利。除此之外，如果他的学校没有尝试或是未能做到弥补他在入学之初遭遇的文化不利，可以预见，他在开启成年生活时会遭遇他所生存于其中的文化给他带来的障碍，而且这种障碍还由于让他错过了学校教育中的各种机会而进一步恶化。

为了提供关于某些增量的概念，以展示最能取得效益的学校教育方式，首要任务就是要深入了解不同族群儿童之间的文化差异。本次调查在这方面采用的方法是不精确的，因为它是根据儿童自己对问卷调查表的回应做出的。然而，对于这些在学校成绩水平如此参差不一的群体，它能够就存在差异的主要领域提供一些信息。

3.13 志向和动机

儿童本身的取向是学校和家庭环境的重要指标。因为这些取向——他们对自己的看法、他们在学校的动机、他们对继续深造和理想职业的向往——部分是家庭的产物，部分是学校的产物。它们扮演着一个特殊的角色，因为它们部分是教育的结果，部分又是促使孩子接受进一步教育和取得更好成绩的因素。因此，本节稍后将从这两个方面对之进行考察：作为受学校影响的因素，以及作为本身能影响学校成绩的一个因素。因为很显然，如果一所学校不激励学生热爱学习，它就几乎不能指望他们取得好成绩。眼下，我们将只对这些不同种族和族裔群体的学生以及黑人和白人在不同地区所表现出来的取向和动机进行一个概述。

当被问到："如果发生了什么事情，你现在必须辍学，你会有什么感觉？"将近一半的 12 年级学生回答说他们"愿意为继续求学做几乎任何事"（表 3.13.1）。各组在这方面都很相似，黑人和白人略高于别的组别，只有波多黎各裔儿童中有一定比例（15.9%）表示他们想退学。这里几乎不存在地区差异，除了南部和西南部非大城市地区的黑人和白人报告称想留在学校里的动机比北部和西部非大城市地区的黑人和白人略强烈一点。

表 3.13.1　根据区域划分大城市和非大城市地区白人和黑人以及全美国选定少数族群 12 年级学生针对现在必须辍学可能性的回答分布百分比，1965 年秋

种族和地区	想退学	不在乎	会感到失望	努力继续求学	愿意为继续求学做任何事	未应答
白人，非大城市地区：						
南部	1	2	11	35	50	0
西南部	2	2	10	35	50	1
北部和西部	2	4	12	38	44	1
白人，大城市地区：						
东北部	2	4	12	36	47	1
中西部	2	5	12	37	43	1
南部	1	2	8	35	54	1
西南部	1	3	10	39	47	0
西部	2	5	12	37	44	1
黑人，非大城市地区：						
南部	1	1	15	32	49	1
西南部	2	1	15	35	46	2
北部和西部	2	3	15	36	43	1
黑人，大城市地区：						
东北部	2	2	13	33	47	2
中西部	2	3	14	36	44	1
南部	1	1	14	31	48	2
西南部	3	1	14	31	50	2
西部	3	5	17	37	35	3
墨西哥裔美国人，总计	6	5	15	36	37	2
波多黎各人，总计	15	5	13	29	35	4
美国印第安人，总计	4	7	17	35	36	2
东亚裔美国人，总计	4	4	12	34	44	1
其他，总计	11	8	15	30	33	3
所有种族，总计	2	4	12	36	45	2

来源：U-59

当被问及他们是否想成为好学生时,黑人组有比其他组别更高的比例——超过一半——报告称他们想在班上名列前茅(表3.13.2)。在每一个地区,做出这一回答的黑人的比例都大大高于白人。同样,跟前面的问题一样,南部和西南部的黑人和白人都更多表现出这种强大的动机——在黑人中高出15%到20%,在白人中高出10%到15%。波多黎各人中再一次有独一无二的比例回答称,他们觉得勉强过得去就行。

表 3.13.2　根据区域划分大城市和非大城市地区的白人和黑人以及全美国选定少数族群 12 年级学生关于理想的学术排名的回答分布百分比,1965 年秋

种族和地区	在班级名列前茅	中上等	中等	勉强合格	不在乎	未应答
白人,非大城市地区:						
南部	46	35	15	2	1	1
西南部	48	34	13	2	1	1
北部和西部	35	42	18	3	1	1
白人,大城市地区:						
东北部	36	41	18	3	1	1
中西部	33	45	17	2	1	1
南部	45	39	13	2	1	1
西南部	45	36	16	2	1	0
西部	35	46	14	2	1	1
黑人,非大城市地区:						
南部	69	20	7	1	1	2
西南部	68	22	7	2	1	2
北部和西部	48	30	16	3	1	1
黑人,大城市地区:						
东北部	48	32	13	4	1	1
中西部	48	36	13	2	2	1
南部	63	22	8	2	1	4
西南部	70	21	6	2	1	2
西部	50	30	12	3	2	3
墨西哥裔美国人,总计	33	34	20	6	5	3

续 表

种族和地区	在班级名列前茅	中上等	中等	勉强合格	不在乎	未应答
波多黎各人,总计	36	26	14	7	13	4
美国印第安人,总计	38	33	17	6	4	3
东亚裔美国人,总计	46	37	10	3	3	1
其他,总计	35	29	16	6	13	3
所有种族,总计	40	38	15	3	2	2

来源：U-60

黑人所声称的校外学习时间超过了除东亚裔美国人以外的任何组别（表 3.13.3）。在这里，再一次，南部和西南部的黑人——虽然这次不包括白人——报告称学习时间超过了任何其他地区。

表 3.13.3　根据区域划分大城市和非大城市地区的白人和黑人以及全美国选定少数族群 12 年级学生关于在普通教学日校外学习时间的回答分布百分比,1965 年秋

种族和地区	校外不学习	½ 小时	1 小时	1½ 小时	2 小时	3 小时	4 小时	未应答
白人,非大城市地区：								
南部	8	9	19	17	24	17	6	1
西南部	8	10	18	17	24	16	6	1
北部和西部	9	10	20	17	24	15	6	1
白人,大城市地区：								
东北部	7	8	17	16	25	19	7	1
中西部	9	11	21	18	22	14	5	1
南部	6	8	18	17	24	18	9	1
西南部	8	10	19	17	23	16	6	1
西部	6	9	19	17	25	16	7	1
黑人,非大城市地区：								
南部	6	9	14	14	23	20	12	2
西南部	4	8	13	14	23	20	16	2
北部和西部	7	8	16	17	24	17	10	1

续 表

种族和地区	校外不学习	½ 小时	1 小时	1½ 小时	2 小时	3 小时	4 小时	未应答
黑人,大城市地区:								
东北部	7	7	13	14	24	21	12	2
中西部	7	9	17	16	24	18	9	1
南部	5	7	13	13	25	21	13	4
西南部	5	7	14	13	25	20	13	2
西部	8	8	16	14	24	18	9	4
墨西哥裔美国人,总计	12	10	19	14	21	14	8	2
波多黎各人,总计	17	11	15	13	20	12	9	3
美国印第安人,总计	13	12	23	15	18	12	5	3
东亚裔美国人,总计	5	5	12	14	22	21	21	1
其他,总计	16	11	14	14	17	13	12	3
所有种族,总计	2	9	18	16	23	16	7	2

来源:U-61

在"因为不想上学"于是就逃学这个问题上,在全国所有地区(表3.13.4),黑人报告的数字都大大低于白人,只有东亚裔美国人可与之相比。地区差异模式与前一个问题类似,南部和西南部地区的黑人和白人主动旷课率都略低。另外,对于黑人和白人而言,非大城市地区学生报告的旷课率都低于大城市地区。

表3.13.4 根据区域划分大城市和非大城市地区的白人和黑人以及全美国选定少数族群12年级学生关于上一学年仅仅因为不想上学而旷课天数的回答分布百分比,1965年秋

种族和地区	无	1或2天	3到6天	7到15天	16天或以上	未应答
白人,非大城市地区:						
南部	75	19	3	1	2	1
西南部	73	19	3	1	2	1
北部和西部	65	24	6	2	2	1

续 表

种族和地区	无	1或2天	3到6天	7到15天	16天或以上	未应答
白人,大城市地区:						
东北部	61	28	7	2	2	1
中西部	66	24	6	2	2	1
南部	69	22	4	2	3	1
西南部	69	23	5	1	1	1
西部	56	27	8	3	4	2
黑人,非大城市地区:						
南部	84	10	2	1	1	2
西南部	86	9	2	1	0	2
北部和西部	72	19	2	1	3	1
黑人,大城市地区:						
东北部	68	21	5	2	2	2
中西部	73	18	4	2	2	1
南部	78	13	2	1	1	5
西南部	77	16	2	1	2	2
西部	64	19	7	3	3	4
墨西哥裔美国人,总计	59	23	7	3	7	2
波多黎各人,总计	53	18	6	3	16	4
美国印第安人,总计	60	22	7	3	6	2
东亚裔美国人,总计	76	14	4	2	3	1
其他,总计	53	20	7	5	12	4
所有种族,总计	66	22	5	2	3	2

来源：U-63

跟前面几个问题中黑人与白人的一般差异模式一致,报告称前一个暑假中没有读过书的黑人比白人略少(表3.13.5)。

表 3.13.5　根据区域划分大城市和非大城市地区的白人和黑人以及全美国选定少数族群 12 年级学生关于 1965 年暑假阅读书籍数量的回答分布百分比，1965 年秋

种族和地区	未读书	1 到 5 本	6 到 10 本	11 到 15 本	16 到 20 本	21 本或以上	未应答
白人,非大城市地区:							
南部	26	42	14	7	4	6	1
西南部	27	43	14	6	3	7	0
北部和西部	25	46	14	6	4	5	1
白人,大城市地区:							
东北部	21	50	16	6	3	4	1
中西部	26	45	14	6	4	5	1
南部	27	43	14	6	4	6	1
西南部	28	41	14	5	3	7	1
西部	25	46	15	6	3	5	1
黑人,非大城市地区:							
南部	17	46	17	8	5	5	2
西南部	18	49	16	8	3	4	2
北部和西部	24	44	17	5	4	5	2
黑人,大城市地区:							
东北部	19	47	17	7	4	4	2
中西部	25	47	14	5	4	5	1
南部	17	47	17	8	4	4	3
西南部	20	47	18	6	3	5	2
西部	24	42	15	7	3	6	3
墨西哥裔美国人,总计	32	39	13	5	4	6	2
波多黎各人,总计	28	39	13	6	4	7	3
美国印第安人,总计	27	38	14	8	4	7	2
东亚裔美国人,总计	26	43	15	7	3	6	1
其他,总计	27	37	13	7	4	10	3
所有种族,总计	24	45	14	6	4	5	2

来源：U-57

进入大学计划和志向这一块，模式略有不同。在所有地区，比白人比例较小的黑人报告称中学毕业后不会继续深造，不过也有略小比例的黑人报告称想读完大学或继续深造（表 3.13.6）。更多的黑人报告称希望在大学毕业后去技术、护理或商业学校。在别的组别中，东亚裔美国人表现出迄今为止整个样本所有组别中对上大学最强烈的志向，有 64% 报告称要读完大学或继续深造。

表 3.13.6　根据区域划分大城市和非大城市地区的白人和黑人以及全美国选定少数族群 12 年级学生关于"你希望将学业进行到什么程度"的回答分布百分比，1965 年秋

种族和地区	不想读完高中	想读完高中	想上技术学校	想接受一些大学训练	想读完大学	想从事专业或研究生工作	未应答
白人，非大城市地区：							
南部	1	16	30	9	30	13	0
西南部	1	11	19	10	39	20	1
北部和西部	2	16	28	12	28	14	1
白人，大城市地区：							
东北部	1	13	24	9	32	21	1
中西部	1	16	25	11	30	17	1
南部	1	10	26	10	35	18	0
西南部	1	13	21	11	35	19	1
西部	1	9	17	17	33	22	1
黑人，非大城市地区：							
南部	4	10	34	9	27	16	1
西南部	2	6	29	10	30	22	2
北部和西部	3	14	37	11	19	14	1
黑人，大城市地区：							
东北部	3	10	34	10	24	18	1
中西部	3	7	32	12	27	19	1
南部	3	8	29	7	29	22	2

续　表

种族和地区	不想读完高中	想读完高中	想上技术学校	想接受一些大学训练	想读完大学	想从事专业或研究生工作	未应答
西南部	3	7	25	8	34	21	1
西部	3	8	24	21	28	13	2
墨西哥裔美国人,总计	5	19	26	17	21	11	2
波多黎各人,总计	13	18	23	12	18	14	3
美国印第安人,总计	3	11	37	12	22	13	2
东亚裔美国人,总计	2	4	20	9	33	31	1
其他,总计	9	13	27	10	20	17	4
所有种族,总计	2	13	26	11	30	17	2

来源：U-49

将黑人与白人相比较,这些学生对于明年上大学的具体计划的回答显示出两个趋势:有明确上大学计划的黑人较少,但有明确不上大学计划的黑人也较少(表3.13.7)。这表明黑人的志向比较缺乏具体性,有较多的愿望,但计划较少。

表3.13.7　根据区域划分大城市和非大城市地区的白人和黑人以及全美国选定少数族群中计划明年上大学的12年级学生百分比,1965年秋

种族和地区	肯定会	可能会	可能不会	肯定不会	未应答
白人,非大城市地区:					
南部	35	25	24	16	1
西南部	50	23	17	9	1
北部和西部	35	26	22	17	1
白人,大城市地区:					
东北部	46	22	16	16	1
中西部	37	25	21	16	1
南部	41	26	19	13	0

续 表

种族和地区	肯定会	可能会	可能不会	肯定不会	未应答
西南部	40	30	20	11	0
西部	55	27	11	6	1
黑人,非大城市地区:					
南部	30	38	22	8	2
西南部	41	41	12	5	1
北部和西部	22	33	29	15	1
黑人,大城市地区:					
东北部	31	31	24	13	2
中西部	33	38	21	8	1
南部	35	36	19	8	3
西南部	43	34	17	5	2
西部	48	37	9	3	3
墨西哥裔美国人,总计	26	34	24	15	2
波多黎各人,总计	26	27	23	22	3
美国印第安人,总计	27	35	25	12	2
东亚裔美国人,总计	53	29	11	8	1
其他,总计	32	29	19	17	4
所有种族,总计	38	27	20	14	2

来源:U-56

黑人学生在大学计划方面比白人具有更大的不确定性,这一点也体现在他们中读过高校目录或给大学写过信的人比例较低上(表3.13.8、3.13.9)。

表3.13.8 根据区域划分大城市和非大城市地区的白人和黑人以及全美国选定少数族群中报告称是否读过高校目录的12年级学生百分比,1965年秋

种族和地区	读过目录	未读过目录	未应答
白人,非大城市地区:			
南部	58	42	0

续　表

种族和地区	读过目录	未读过目录	未应答
西南部	64	36	0
北部和西部	57	43	0
白人,大城市地区:			
东北部	73	27	1
中西部	59	41	0
南部	67	33	0
西南部	63	37	1
西部	65	34	1
黑人,非大城市地区:			
南部	49	49	1
西南部	54	44	2
北部和西部	51	48	1
黑人,大城市地区:			
东北部	59	39	2
中西部	55	44	1
南部	57	41	3
西南部	59	39	1
西部	54	43	3
墨西哥裔美国人,总计	46	52	2
波多黎各人,总计	45	52	3
美国印第安人,总计	50	48	2
东亚裔美国人,总计	70	29	1
其他,总计	55	42	3
所有种族,总计	60	39	1

来源: U-54

表3.13.9 根据区域划分大城市和非大城市地区的白人和黑人以及全美国选定少数族群中回答是否曾就上大学事宜给高校公务员去函或与其面谈的12年级学生百分比,1965年秋

种族和地区	咨询过高校官员	未咨询过高校官员	未应答
白人,非大城市地区:			
南部	38	62	0
西南部	38	62	0
北部和西部	33	67	0
白人,大城市地区:			
东北部	46	54	0
中西部	35	65	0
南部	44	56	0
西南部	30	69	0
西部	30	69	1
黑人,非大城市地区:			
南部	22	77	1
西南部	23	76	2
北部和西部	26	74	1
黑人,大城市地区:			
东北部	32	66	2
中西部	25	74	1
南部	24	73	3
西南部	26	73	2
西部	25	72	3
墨西哥裔美国人,总计	22	76	2
波多黎各人,总计	25	72	3
美国印第安人,总计	26	72	1
东亚裔美国人,总计	33	66	1
其他,总计	29	68	3
所有种族,总计	34	65	1

来源:U-55

在黑人和白人中,西部地区有比其他地区更多的人计划上大学。南部和西南部有比东北部和中西部更多的黑人计划上大学。对于黑人、白人和东亚裔美国人以外的群体,所有指标都表明其上大学的愿望或计划较少。

在所有组别中,最高的教育志向都体现在同样高的职业志向中(表 3.13.10)。① 对每一个组别而言,到目前为止,他们"认为自己将从事的"最大的职业类别是专业性职业。总的来说,有 35% 的 12 年级学生报告称计划拥有一份专业性职业——尽管(在七个地区中)只有白人和东亚裔美国人的比例在总平均值之上。

表 3.13.10　根据区域划分大城市和非大城市地区的白人和黑人以及全美国选定少数族群中报告称认为自己完成学业后将获得下列职业的 12 年级学生百分比,1965 年秋

种族和地区	技术人员	公务员	管理人员	半技术工人	推销员	农场主	农场工人	体力劳动者	专业人员	技术工人	不知道	未应答
白人,非大城市地区:												
南部	6	2	5	20	1	2	0	1	31	8	21	4
西南部	7	2	4	15	1	3	0	0	38	6	18	6
北部和西部	7	2	4	18	1	3	0	1	34	8	18	4
白人,大城市地区:												
东北部	7	2	4	16	1	1	0	1	46	5	14	4
中西部	8	2	5	17	1	1	0	1	37	8	16	4
南部	8	2	5	18	1	1	0	0	37	6	16	6
西南部	6	2	4	17	1	2	0	0	37	8	17	6
西部	8	2	4	16	1	1	0	0	38	6	15	9
黑人,非大城市地区:												
南部	6	4	5	13	1	1	0	1	25	7	19	19
西南部	8	2	5	12	1	1	0	1	26	6	18	20
北部和西部	5	3	4	21	0	1	0	2	26	12	17	11
黑人,大城市地区:												
东北部	8	4	3	20	1	1	0	0	31	5	10	18
中西部	9	2	3	18	1	0	0	2	31	6	13	14

---

① 在本节中,在该表格和随后一些表格中,某些组别有较高的未应答率,是因为这些问题被放在调查问卷接近末尾的部分,一些学生,特别是在成绩低的组别中的学生,没有完成问卷。

续表

种族和地区	技术人员	公务员	管理人员	半技术工人	推销员	农场主	农场工人	体力劳动者	专业人员	技术工人	不知道	未应答
南部	6	2	3	12	0	0	0	1	27	7	13	28
西南部	7	5	5	12	0	0	0	1	28	10	13	20
西部	7	2	2	19	1	0	0	1	22	5	9	31
墨西哥裔美国人，总计	6	3	5	17	1	1	1	2	18	10	21	16
波多黎各人，总计	7	4	3	15	1	2	2	3	21	5	16	22
美国印第安人，总计	8	3	3	12	0	0	2	0	21	12	25	13
东亚裔美国人，总计	7	2	4	11	1	1	1	1	43	7	15	8
其他，总计	10	3	6	13	1	2	1	1	23	6	20	16
所有种族，总计	7	2	3	17	1	1	0	1	35	7	17	9

来源：U-115

对每个组别而言，拥有这一志向的比例都高得不现实，因为在美国，专业人士只占到总劳动力的 13%。然而，这个问题在另一方面表明，所有这些群体中的学生都有很高的教育和职业志向。

总的来说，对于有关他们目前的学习动机和未来计划的问题，这些儿童所做的回答显示出一些令人意想不到的种族差异。除了所有群体普遍水平较高的项目外，最显著的差异是黑人学生报告的动机、兴趣和志向水平特别高。这些数据很难与黑人的学业完成率较低、大学入学率较低的事实相吻合。它们至少表明一件事：黑人特别倾向于将学校作为实现社会流动的途径。这一发现与另一项研究结果一致，后者表明在可比经济水平上，黑人比白人更渴望上大学。但这些调查结果也表明，其志向相当缺乏现实主义态度，尤其是在黑人中，他们的回答与实际大学录取率和高中学业完成率偏离得最厉害。

关于这些儿童还有另一系列的取向可能很重要，既是影响他们学校成绩的一个因素，也是关乎今后人生成就的一个学校教育结果。这些就是对自身及环境的一般态度。这项调查研究了两种态度。首先是儿童对自身能力的感觉，他的"自我概念"。如果一名儿童的自我概念很低，即他觉得自己不能成功，那么这将影响到他对工作的努力程度，从而影响到他成功的机会。当然，他的自我概念会受在校学业是否成功的影响,因此,很难揭示自我概念对成绩产生的影响。但作为一个独立存在的因素,它本身就是教育的一个重要结果。

对12年级和9年级学生提了三个问题,以获取对儿童自我概念的一定了解,它们是:

(1) 你认为与同年级其他学生相比你有多聪明(表3.13.11)?

(2) 同意或不同意：有时候我觉得我就是学不会(表3.13.12)。

(3) 同意或不同意：如果老师讲课速度慢一点我的成绩会更好(表3.13.13)。

表3.13.11 根据区域划分大城市和非大城市地区的白人和黑人以及全美国选定少数族群12年级学生关于他们认为自己与同年级其他学生相比有多聪明的回答分布百分比,1965年秋

种族和地区	属于最聪明之列	中上等	中等	中等以下	最低	未应答
白人,非大城市地区:						
南部	12	33	50	3	1	2
西南部	13	38	42	3	0	3
北部和西部	11	37	46	4	1	2
白人,大城市地区:						
东北部	12	37	46	3	1	2
中西部	11	40	44	4	1	2
南部	11	37	46	3	1	2
西南部	13	38	45	2	1	3
西部	13	44	37	3	1	4
黑人,非大城市地区:						
南部	17	25	47	3	0	8
西南部	17	27	46	3	0	7
北部和西部	10	30	52	4	1	3
黑人,大城市地区:						
东北部	8	29	52	3	1	7
中西部	8	28	55	4	1	4
南部	12	28	44	2	1	14
西南部	15	31	42	1	0	10

续 表

种族和地区	属于最聪明之列	中上等	中等	中等以下	最低	未应答
西部	9	33	40	3	1	13
墨西哥裔美国人,总计	8	22	53	7	3	7
波多黎各人,总计	17	21	42	4	7	10
美国印第安人,总计	11	20	53	8	2	6
东亚裔美国人,总计	11	40	40	3	2	3
其他,总计	17	25	41	3	6	9
所有种族,总计	12	35	45	3	1	4

来源:U-91

表 3.13.12 根据区域划分大城市和非大城市地区的白人和黑人以及全美国选定少数族群12 年级学生关于问题"有时候我觉得我就是学不会"的回答分布百分比,1965 年秋

种族和地区	同意	不确定	不同意	未应答
白人,非大城市地区:				
南部	37	15	45	2
西南部	35	14	47	4
北部和西部	39	16	43	2
白人,大城市地区:				
东北部	39	15	43	2
中西部	40	17	41	2
南部	37	14	47	3
西南部	39	13	44	5
西部	38	16	41	5
黑人,非大城市地区:				
南部	24	13	49	14
西南部	21	15	50	15
北部和西部	31	16	48	6
黑人,大城市地区:				
东北部	29	15	43	13

种族和地区	同意	不确定	不同意	未应答
中西部	34	15	42	9
南部	23	11	42	23
西南部	25	13	47	15
西部	28	15	36	22
墨西哥裔美国人,总计	38	18	33	11
波多黎各人,总计	37	18	30	15
美国印第安人,总计	44	19	30	7
东亚裔美国人,总计	38	25	33	4
其他,总计	38	18	33	11
所有种族,总计	37	15	42	6

来源：U-108

表3.13.13 根据区域划分大城市和非大城市地区的白人和黑人以及全美国选定少数族群12年级学生关于问题"如果老师讲课速度慢一点我的成绩会更好"的回答分布百分比,1965年秋

种族和地区	同意	不确定	不同意	未应答
白人,非大城市地区:				
南部	25	26	47	2
西南部	24	22	50	4
北部和西部	23	26	49	2
白人,大城市地区:				
东北部	22	24	52	2
中西部	24	25	49	2
南部	24	25	48	3
西南部	25	24	47	5
西部	21	23	50	5
黑人,非大城市地区:				
南部	22	24	40	14
西南部	19	23	43	15

续　表

种族和地区	同意	不确定	不同意	未应答
北部和西部	23	28	43	7
黑人,大城市地区:				
东北部	22	22	44	13
中西部	21	25	44	10
南部	20	20	36	24
西南部	19	21	45	15
西部	20	21	37	22
墨西哥裔美国人,总计	28	25	37	11
波多黎各人,总计	31	23	31	15
美国印第安人,总计	26	30	37	7
东亚裔美国人,总计	26	32	36	5
其他,总计	21	27	41	11
所有种族,总计	23	25	47	6

来源：U-109

总的来说,对这些问题的回答没有显示出黑人与白人之间存在差异,但却的确显示出他们和其他少数族群之间存在着差异。黑人和白人对这些问题的回答显示出相似的水平,虽然存在着地区间差异。其他所有族群在所有这些问题中都显示出比黑人样本或白人样本更低的自我概念。

令一些分析师感到费解的是,黑人儿童报告的自尊水平跟白人一样高,虽然在他们所处的社会环境中有那么多因素会降低黑人的自尊。那些分析师推测,这些回应或许并不意味着它们的表面意思。在任何情况下,考察学校因素对这种自尊的影响都是很有价值的,因为很多儿童报告的自尊水平的确很低,而且很明显的是,在学校的经历可能会对此产生影响。

这次测试中调查的第二个态度因素是儿童对环境的控制感。如果一名儿童觉得自己的环境是善变的,或是随机的,或是超出了自己去改变的能力,那么他可能会得出结论：试图影响它是不值得的,从而停止尝试。对环境的这种反应可能是相当无意识的,仅仅是通过长期经验形成的一种一般态度。对于受歧视群体而言,该因素的特别重要性在于,在客观上,他们对于环境的控制力要大大小于白人群体成员。对黑人而言尤其是这样。

问卷中有三个项目是用来衡量儿童对环境的控制感的——

(1) 同意或不同意:对于成功来说,好运气比辛勤工作更重要(表3.13.14)。

(2) 同意或不同意:每当我尝试获得成功,总有什么人或事作梗(表3.13.15)。

(3) 像我这样的人在人生中没有很大的成功机会(表3.13.16)。

表3.13.14 根据区域划分大城市和非大城市地区的白人和黑人以及全美国选定少数族群中报告称认为对成功而言好运气比辛勤工作更重要的12年级学生百分比,1965年秋

种族和地区	同意	不确定	不同意	未应答
白人,非大城市地区:				
南部	4	6	89	2
西南部	4	4	89	3
北部和西部	4	6	89	2
白人,大城市地区:				
东北部	4	7	88	2
中西部	4	6	89	2
南部	4	5	89	2
西南部	4	5	87	4
西部	4	7	84	5
黑人,非大城市地区:				
南部	15	15	57	12
西南部	14	15	59	12
北部和西部	14	17	64	5
黑人,大城市地区:				
东北部	9	9	70	11
中西部	9	11	73	7
南部	10	11	60	20
西南部	11	10	66	13
西部	10	12	58	20

续表

种族和地区	同意	不确定	不同意	未应答
墨西哥裔美国人,总计	11	12	68	9
波多黎各人,总计	19	15	53	14
美国印第安人,总计	11	15	68	6
东亚裔美国人,总计	8	10	78	3
其他,总计	14	16	62	9
所有种族,总计	6	7	82	5

来源:U-102

表3.13.15 根据区域划分大城市和非大城市地区的白人和黑人以及全美国选定少数族群12年级学生关于问题"每当我尝试获得成功,总有什么人或事作梗"的回答分布百分比,1965年秋

种族和地区	同意	不确定	不同意	未应答
白人,非大城市地区:				
南部	16	22	61	2
西南部	14	19	64	4
北部和西部	14	20	64	2
白人,大城市地区:				
东北部	13	19	65	2
中西部	15	22	62	2
南部	14	19	65	3
西南部	13	20	63	4
西部	12	18	65	5
黑人,非大城市地区:				
南部	22	22	44	12
西南部	26	21	42	12
北部和西部	24	22	49	5
黑人,大城市地区:				
东北部	21	20	48	12
中西部	23	22	47	8

(续表)

种族和地区	同意	不确定	不同意	未应答
南部	19	17	43	21
西南部	23	22	42	13
西部	21	19	41	20
墨西哥裔美国人,总计	23	22	46	10
波多黎各人,总计	30	20	36	14
美国印第安人,总计	27	28	39	7
东亚裔美国人,总计	18	31	47	4
其他,总计	29	23	38	10
所有种族,总计	16	20	59	5

来源：U-103

表 3.13.16 根据区域划分大城市和非大城市地区白人和黑人以及全美选定少数族群 12 年级学生关于问题"像我这样的人在人生中没有很大的成功机会"的回答分布百分比,1965 年秋

种族和地区	同意	不确定	不同意	未应答
白人,非大城市地区:				
南部	6	12	80	2
西南部	5	11	80	4
北部和西部	6	12	80	3
白人,大城市地区:				
东北部	5	11	81	3
中西部	6	12	80	2
南部	6	10	80	4
西南部	4	11	80	5
西部	6	12	77	5
黑人,非大城市地区:				
南部	11	16	59	14
西南部	11	16	58	15
北部和西部	15	19	60	7

续 表

种族和地区	同意	不确定	不同意	未应答
黑人,大城市地区:				
东北部	12	15	60	14
中西部	13	16	62	10
南部	10	12	54	24
西南部	11	15	58	15
西部	13	13	52	23
墨西哥裔美国人,总计	12	19	59	11
波多黎各人,总计	19	19	46	15
美国印第安人,总计	14	25	54	7
东亚裔美国人,总计	9	24	63	5
其他,总计	15	22	52	12
所有种族,总计	7	13	74	6

来源:U-110

在所有这些项目中,黑人和其他少数族裔儿童所表现出来的环境控制感都比白人低很多。在大城市地区,比例大约是白人两倍的黑人对"好运气"问题给出了低控制感回应。在非大城市地区,该比例约为白人的三倍。对其他少数族群而言,低控制感回应同样很高,在波多黎各人中最高,在东亚裔美国人中最低。

在另外两个问题中,白人和少数族群之间也存在类似的差异,尽管差异不像前一题那么大。很明显,来自所有这些少数族群的普通儿童对环境的控制感大大低于普通白人儿童。看起来,控制感在波多黎各人中最低;在黑人中,则以在非大城市地区的黑人中最低。除了白人以外,在东亚裔美国人中最高。

如前面所指出的,这种控制感方面的差异存在着客观基础,即这些少数族裔儿童比身为多数族群的白人缺乏控制环境的机会。然而,尚不明确的是,这在多大程度上是由学校因素造成的,多大程度上是由家庭差异造成的,多大程度上是由他们的一般社会地位造成的。此外,这种态度因素对儿童在校成绩影响几何也有待考察。这两类问题都将在关于学校效应的研究中加以考察。

3.2 学校因素与成绩的关系

在这种标准测试中，少数族群和白人在教育结果方面的差异可以被看作是这些群体所遭遇的教育不利之一——这种不利部分来自学校，部分来自社区，部分来自家庭。毫无疑问，这种不足是一种真正的、严重的不利，因为这些测试测量的是教育深造和现代社会中职业发展所必需的主要技能。

这种教育不利的情况确实很严重。它对黑人和波多黎各人来说最严重，对东亚人来说程度最轻。在黑人中，它在南部非大城市地区最严重，而且在那些最严重的地区，不利程度会随着儿童从1年级到12年级显著增长。这些事实本身暗示了成绩差异的来源，因为正是在学校资源最匮乏的地区，教育不利从一开始就最严重，并且会持续加重。然而，这些结果仅仅表明了不利因素的最基本来源。有几分是来自家庭？有几分是来自社区？有几分是来自学校？家庭和学校中有哪些因素使一些少数族群儿童处在如此不利的境地？

我们将通过逐个在每个种族和族裔群体内部考察教育不利的来源对这些问题进行研究。在分析中，将儿童的成绩与其学校中各种可能的解释因素联系起来，此外还有其他通常与成绩相关的因素，如他的家庭背景和他的态度。在对结果进行考察前，有必要简要说明一下统计分析是如何在其他因素正在起作用的同时将成绩与某个给定因素联系起来的。图3.2.1显示了学生成绩分数的假设数据。这里只有不多几个分数，因为该图的唯一目的是为了演示方法。图中各点被标注为a、b、c、d、e、f、g和h；让我们假设每个点都代表一个来自不同学校的学生的分数，该点在水平线上的高度即代表分数（在左边垂直线上标示）。有许多因素会导致这些分数不同：学生们的能力和动机，家庭的兴趣和背景，学校的特征，该生的同学的态度，他在考试当天的机敏度，社区对教育的支持态度，等等。

现在让我们假设，我们想测量众多因素中的一个因素与这些分数的关系，具体地说，就是学校为学生的人均支出因素。这样一来，该因素就成为下方水平线的衡量标度，图中各点则根据学生所在学校的支出状况放置在该标度上方。因此，被标记为"c"的点表示该学生（分值为38）所在学校对学生的人均支出是每年430美元；点"f"表示该生所在学校每年为每个学生支出490美元，其分值为52。这些分数的总体变异性（或方差）是通过在平均值（在本图中是49）上绘制水平虚线和使用分数到平均分数线

图 3.2.1

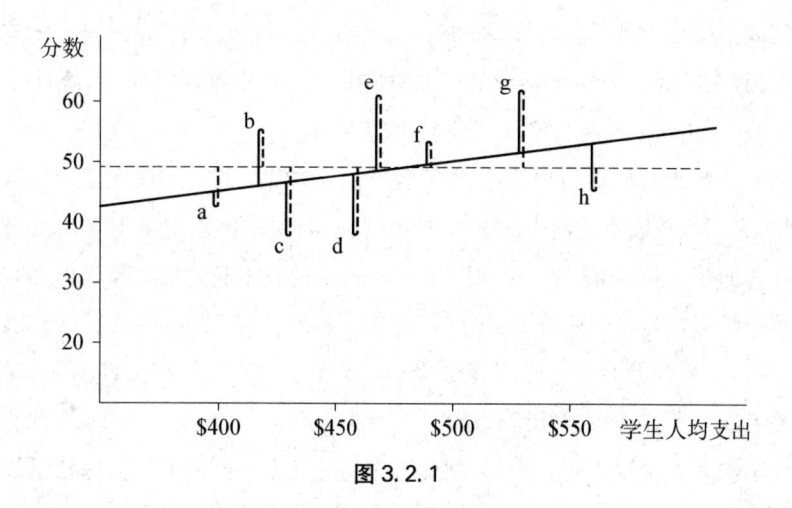

的距离(垂直虚线)加以测量的。变异性或方差的常用指标是这些距离的平方和。

下一步是建立一条斜线,使各点到斜线垂直距离的总的平方尽可能地小。这些垂直距离的平方——用连接各点与斜线的实线表示——将总体小于垂直虚线的平方。它们之间所差的百分比就被称为由该因素"解释"或"说明"的"变异量"或"方差量"。因此,在图 3.2.1 中,如果到实线的垂直实线距离的总平方数相当于到水平虚线的垂直虚线距离的平方的 95%,那么就说明"在学生成绩差异中有 5% 是由学校对每个学生的人均支出导致的"。为了更好地说明此类分析的原理,在图 3.2.2 显示的案例中,一个单一的(假想的)因素导致了分数间的几乎所有差异。垂直实线加起来只占垂直

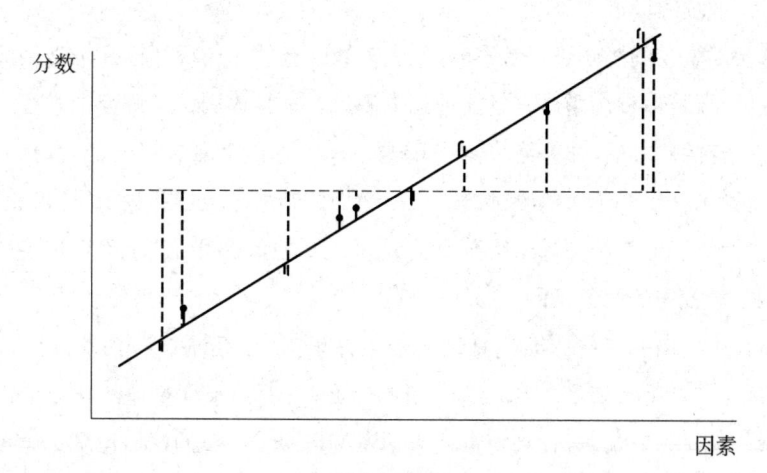

图 3.2.2

虚线总长度的极小一部分。同样，例如，如果在学生人均支出很高的学校，所有学生的分数都很高，在学生人均支出很低的学校，所有学生的分数都很低，则统计分析将表明，学生人均支出对成绩差异产生了非常大的影响。

在解释这样的分析结果时，需要了解各种注意事项。它们并没有证明是该因素引起了变化，它们只是暗示这两者是相关的。例如，如果我们发现学生人均支出解释了很多成绩方面的变化，则这种关系很可能只不过是由其本身与成绩及支出都有关联的因素导致的结果，如这些孩子的家庭经济水平。在许多情况下，可以对这些因素进行统计控制；但在解释时始终有必要保持谨慎。3.2节包括一份技术性附录，对该附录的评述将有助于解读本节中的调查结果。

如果本次调查可以进行若干年，就可能用一种完全不同的方式去评估学校特征的影响，即考察在一段时间内、在具有不同特征的学校中，儿童的教育成长情况。这是另一种评估方式，在某些方面也更适合用来评估学校特征的影响。它也需要进行谨慎的解读，因为可能引起成长差异的各种因素通常相互之间都有关联，而且也因为成长率与初始状态之间有着复杂的关系。

应该认识到，这种对于成长的分析结果可能会在某些方面与目前的分析结果有所不同。如果成绩差异的来源不是那么复杂，则分析结果不会有什么不同；但在这里，就像人类行为中的绝大多数事物一样，各种关系十分复杂。因此，目前的分析应该辅以其他在跨度较大的时间段中对成绩变化所做的分析研究。

3.21 成绩的标准

在这次对学校的影响进行考察时，绝大多数时候使用的成绩标准是学生的语言能力测试成绩，那是一种衡量语言技能的词汇测试。在将该测试与调查中进行的其他测试进行了广泛的比较后，才最终决定采用这一标准。在做出这一决定前，我们做了一些调查，得到了一些关于这些测试的表现所呈现的结果。虽然有些结果得到了一些教育工作者的承认，但它们却远未得到普遍认可。要理解这些结果，就有必要考察这些测试被用于学校中的两大目的。

在学校中使用的一些标准化测试通常被标识为"成绩测试"，其他的则被标识为"能力测试"，前者用来衡量一名儿童学到了什么，后者用来衡量他的学习能力。学校的典型做法是，用"成绩测试"来衡量儿童学习特定课程内容的好坏程度。学校的另一种典型做法是，用"能力测试"来给学生分班，用该测试来衡量孩子学习特定课程内容的基础和能力。

能力测试在过去而且在今天也往往被称为"智力测试"或"智商测试",被视作对较基本、较稳定的智力能力的测试。但最近的研究并不支持这一观点。能力测试仅仅是对教育更为广泛和更为普遍的衡量,而成绩测试则是针对特定科目领域的较为狭隘的衡量。本次调查结果提供了更多的证据表明,"能力"测试至少跟"成绩"测试一样受学校间差异的影响。

以下是具体调查结果:

1. 如果个人考试分数的差异被分为两个部分,即校内部分和校际部分,则学校因素的影响应该更大,表现为更大的校际方差。正如表 3.21.1 所显示的,学校之间的方差百分比在"能力"测试中略大于"成绩"测试。

表 3.21.1　各族群学校间成绩差异百分比(3 到 12 年级中接受所有 4 项测试的 4 个年级的平均值)

	非语言能力	语言能力	阅读理解	数学成绩
墨西哥裔美国人	20.91	23.05	20.63	19.30
波多黎各人	25.62	25.66	22.55	21.63
美国印第安人	21.52	28.00	23.17	21.68
东亚裔美国人	18.54	16.58	15.76	17.51
黑人:				
北部[1]	11.78	15.50	13.17	11.75
南部[1]	19.33	21.57	17.08	14.92
白人:				
北部	6.81	9.80	7.88	8.63
南部	10.66	11.84	9.26	9.42

1. 在对测试分数差异的所有分析中,"南部"指前文中"南部"和"西南部"两个地区的合并,"北部"指美国的其余所有地区。

该表显示,校际方差一般在语言能力测试中为最大,其次是非语言能力测试,再次是阅读理解和数学成绩。这间接证明,学校之间的差异对"能力测试"分数的影响和对"成绩测试"分数的影响一样大,或是更大。

2. 表 3.21.1 中显示,有相当一部分校际差异得归因于不同学校间学生整体构成的差异,而不是学校效能的差异。这种学生整体间最初的差异应该在低年级时表现最明显,而学校的影响作用则在高年级时最为明显。因此,如果学校的主要影响在于成绩测试分数,则高年级的校际成绩测试分数差异应该大于能力测试分数差异。但是表 3.21.2 表明,在校际差异中,从 3 年级到 12 年级,下降最明显的是"成绩测试"。这表明"能力测试"比"成绩测试"更容易受学校差异的影响。(成绩下降这一事实本身,如在 6 年级和 9 年级之间的下降,将在下一节中进行研究。年级无法在校际差异的绝对规模上进行直接比较,因为在小学阶段和中学阶段,学校的规模各不相同。)

表 3.21.2 各年级(墨西哥裔美国人、波多黎各人、美国印第安人、东亚裔美国人、北部和南部黑人以及北部和南部白人的平均值)的校际差异(按照成绩总变异率的百分比计算)

	12	9	6	3	1
非语言能力	13.99	13.97	22.29	17.33	18.16
语言能力	16.61	15.61	21.36	22.41	17.78
阅读理解	13.24	11.98	18.54	20.86	
数学成绩	10.55	11.97	18.41	21.48	

3. 当我们试图用学校特征来解释个体成绩方差时,将家庭背景作为常量,则能力测试分数比成绩测试分数有更高的比例得到了解释。表 3.21.3 提供了 12 年级黑人和白人学生的数据。

表 3.21.3 对学生背景效应进行控制后,12 年级黑人和白人根据选定学校特征划分由 4 项测试分数解释的差异百分比(受控制的背景变量见表 3.221.1)

	黑人				白人			
	语言	非语言	阅读	数学	语言	非语言	阅读	数学
10 个教师变量	7.21	5.21	4.46	2.06	1.29	1.19	0.23	0.61
18 个学校变量	6.54	5.78	5.00	2.12	2.02	.81	.62	.90

这张表格提供了更直接的证据,表明学校差异对能力分数的影响比对成绩分数的影响更大,因为在所有情况下,比起黑人或白人的成绩测试分数来,都有更多能力测试分数的差异得到了解释。

4. 如果学校因素对阅读理解分数的影响超过了对语言能力分数的影响,则将语言能力作为常量应该不会大幅降低由学校因素解释的阅读理解的方差。因此,调查中分别将语言能力作为常量和不作为常量,对阅读理解进行直接比较;然后分别将阅读理解作为常量和不作为常量,对语言能力进行直接比较。在所有情况下,都以家庭背景因素为常量。结果如表 3.21.4 所示。

表 3.21.4 对家庭背景特征进行控制,由 39 个教师、学校和学生群体变量解释的 12 年级阅读理解和语言能力的方差百分比,每组分别在对另一组不进行控制("否")和进行控制("是")的情况下进行比较

黑人				白人			
阅读理解		语言能力		阅读理解		语言能力	
否	是	否	是	否	是	否	是
10.79	2.14	14.84	6.58	2.53	1.97	5.70	5.15

对黑人和白人而言,当语言能力受到控制时,阅读理解中的解释方差的减少比例都超过了当阅读理解受到控制时语言能力中的解释方差。

5. 有人可能终于会问,学校是否独立于家庭背景对阅读理解发挥了更大影响？超过了对语言能力测试中所测量的语言能力的影响？如果是这样的话,那么家庭背景因素和阅读理解之间的关系应该随着在校时间的推进而下降,其程度超过家庭背景和语言能力之间关系的下降。然而,情况并非如此。背景与阅读理解的关系变化与表 3.221.3 中所示的语言能力的变化正好保持平行。很显然,对于两项测试所测量的语言能力,学校都产生了影响,而且影响程度相似,只是学校之间的差异在语言能力测试的表现中更为明显罢了。

本研究在学生测试和分类方面的意义是明确的：能力测试的分数至少跟成绩测试的分数一样,受到在所调查特征方面学校间差异的影响。

能力测试分数比成绩测试分数表现出更大的校际差异,而且似乎更受到学校特征的影响,这一事实该如何解释？答案似乎在于,成绩测试所覆盖的内容在所有学校的课程中几乎是相同的,所有学校都会进行教授,而能力测试所覆盖的内容是学校在更偶然的情况下教授的,所以会取得有差别的成功。因此,在刚入学时有所不同的整体到了后面会在与标准课程最直接相关的技能上变得更加相似,但是在与不太标准的课程相关的技能方面就不会这样。

这两类测试间的差异更充分地体现在表 3.21.5 中,其中针对学校数量对校际变化分量进行了校正,以便提供一个与两个方差分量之和相关的校际方差估计值。

学校之间的相似性往往将科目中的校际方差推向课程所导向的科目；学校之间的

差异则在学生所学到的与课程没有直接关联的事物中变得明显,这些由能力测试加以覆盖。这并不意味着学校对于学习后者的影响较小,因为在不同的学校中学习技能的过程不同,正如表 3.21.5 中相对较高的校际方差分量所示。

表 3.21.5　表示为各年级两个方差分量百分比的校际总方差分量。墨西哥裔美国人、波多黎各人、美国印第安人、东亚裔美国人、北部和南部黑人以及北部和南部白人的平均值(根据因学校数量产生的自由度数量进行了校正)

	年级				
	12	9	6	3	1
非语言能力	11.89	12.14	23.92	14.89	17.20
语言能力	16.25	14.70	21.27	23.56	16.54
阅读理解	10.80	9.02	16.29	20.70	
数学成绩	6.72	9.00	15.74	20.94	

因此,就像先前的表格所显示的那样,学校间差异的影响应该更多地体现在与课程较不直接相关的测试成绩校际差异中,而不是体现在课程直接导向的测试成绩校际差异中。因此,语言能力测试是衡量受学校间差异影响的成绩差异的最佳方式。

其他相关要点也证实,用该测试分数来评估学校的明显效应是有效的。它在所有年级、所有被调查研究的种族和族裔群体中,都显示出与其他测试成绩的最高相关性。因此,这样做似乎可以测量出其他测试所测量的大部分内容,但它更为可靠。所以,语言能力测试,也就是实际上的语言成绩测试,将在之后整个第 3 部分被用作成绩标准。

3.22　校际成绩差异

在关于学校效应的研究中,这项调查首要和最直接的问题是:一所学校的学生和另一所学校的学生在成绩上存在着多大的差异? 因为如果学校之间在学生成绩上没有差异,那么探索不同类型的学校对成绩的影响就将是徒劳无用的。

因此,学校之间存在的成绩差异就代表了使一所学校在产生成绩方面区别于另一所学校的因素的效应上限。但是其他因素也可能会造成这种校际成绩差异。我们或许有必要列出有可能涉及校际成绩差异的可能因素。

校际成绩差异的源头可能有——

1. 学校之间在影响成绩的学校因素方面存在的差异。

2. 社区之间在个人家庭背景包括学生能力方面存在的差异。

3. 社区之间在除了学生自己的家庭以外、校外的各种影响方面存在的差异。

校内成绩差异的源头可能有——

1. 同一所学校内的学生能力差异。

2. 同一所学校内的学生家庭背景差异。

3. 同一所学校的学生在学校体验方面的差异（即，不同的教师、不同的课程，等等）。

4. 社区内不同的学生受到的不同的对成绩的影响（如社区的态度可能在地位较低的儿童中间打击获取高分的努力，在地位较高的儿童中间鼓励获取高分的努力）。

这两个列表表明，关于校际成绩差异的发现既不是推断学校因素所产生效应的必要依据，也不是其充分依据；其他因素也可能导致校际差异，而且学校因素还可能导致校内差异的出现。然而，当我们发现学校间在成绩方面存在差异时，就可以采用适当的方法，进一步鉴定是哪些学校因素在不同学校导致不同水平的成绩。

学校因素在学校内部导致的差异无法在本研究中进行评估，因为这些数据并不是根据学校内部的差别性经验采集的，如一所学校内教过每位学生的一组特定的教师（除了那些高度依赖于学生成绩本身的经验，例如，他上过的数学课数量）。

因此，本次调查中研究的学校因素效应必须通过校际成绩差异加以证明。我们的任务是将这种差异的三个可能来源中的一个分离出来，以便对学校效应的强度获得一定了解。

通常，当人们发现一所学校的成绩水平比另一所学校高出很多，就会想到这些差异的来源：两所学校的生源不同；不同的社区背景；学生整体风气会鼓励或不鼓励优秀成绩；还有学校自身的差异。当我们发现在成绩方面存在校际差异时，我们同样应当记住这些差异来源。接下来的分析将尝试把它们分离出来，以便对它们各自的效应做出一些评估。

对于每个种族和族裔群体来说，都有一个测试分数的总差异，它可以被分为两个部分：(1)一部分包括一所学校内学生个人成绩相对于其种族群体校内平均分的差异——这是校内方差；(2)一部分包括学校平均分相对于全国或地区平均分的差异——这是校际或学校之间的方差。表 3.22.1 展示了校际方差占总方差的百分比。对这些数字的考察表明，校际方差部分大约占总方差的 5% 到 35%。

表 3.22.1　学校间个人语言成绩分数总方差百分比*

	年级				
	12	9	6	3	1
墨西哥裔美国人	20.20	15.87	28.18	24.35	23.22
波多黎各人	22.35	21.00	31.30	26.65	16.74
美国印第安人	30.97	24.44	30.29	37.92	19.29
东亚裔美国人	5.07	5.64	22.47	16.25	9.54
南部黑人	22.54	20.17	22.64	34.68	23.21
北部黑人	10.92	12.67	13.89	19.47	10.63
南部白人	10.11	9.13	11.05	17.73	18.64
北部白人	7.84	8.69	10.32	11.42	11.07

* 根据自由度进行了校正。见 327 页（注：原文页码）。

根据该表格，我们得出了在学校因素评估中与成绩相关的第一条重要结论：在成绩方面存在的校际差异，无论源自什么因素（社区差异、全体学生的一般性背景差异、学校因素差异），都比校内的个人差异小得多，在所有年级、对所有种族和族裔群体而言都是如此。这就意味着，在成绩方面存在的大部分差异都不可能用校际差异来解释，因为它主要存在于学校内部。该表格仅提供了语言成绩的结果，但正如 3.21 节中说明的，该结论对其他测试分数同样有效，甚至更加有效。这一结果表明，尽管在不同学校的学校设施、课程和教师中存在着广泛的多样性，尽管在不同学校的学生群体中存在着广泛的多样性，但是在每个群体中，都有超过 70% 的成绩差异是发生在同一个学生群体内部的差异。校际差异甚至比所有群体的综合数据所指示的还要低，因为校际差异在黑人和白人中通常最小，而这两个群体在数字上是最庞大的。因此，在数字上最重要的群体中，成绩总差异中只有大约 10% 到 20% 是由校际差异引起的。

对表 3.22.1 的进一步考察在一定程度上揭示了校际差异的可能来源。学校之间存在差异这一事实并没有说明这些差异是否与学校因素、支持学校成绩的社区差异或是背景差异有关。但是，如果这些差异主要是由于学校因素或支持获取学校成绩的社区差异这二者之一引起的，那么校际差异就会随着在校年级的提高而扩大。（由于各所小学和中学的规模不一样，直接比较只能进行到 6 年级为止。）然而，情况并非如此，在所有群体的 1 到 6 年级中，都没有出现始终一致的差异扩大现象，只有在对所有群体取平均值时，才略有增加。在这里，1 年级是关键案例，因为测试是在入学后不久进行的,因此学校因素还起不了什么作用——而且家庭以外的社区因素也不可能产生很大影响(除非它们通过家庭发挥作用)。因此,1年级测试分数的校际方差分量几乎完全是在测量不同学校的儿童在刚入学时拥有的技能。如表3.22.1所示,这一校际分量在1年级时已经很大了,对白人而言,与3年级时一样大。因此,成绩方面的校际差异主要似乎并不是学校差异影响下的结果,而是全体入学学生的家庭背景差异引起的。

因此,一个合理的结论是,就对学生学习产生的影响而言,我们的学校具有很大的一致性。数据表明学校质量的差异并不与学生成绩的差异高度相关。3.1节间接说明了这一点,那些来自最贫穷家庭背景的少数族群不仅一开始成绩就最低,而且始终如此。在这里,比较完全是在每个族群内部进行的,它表明,在对种族群体之间进行比较时得出的学校相对缺乏效果这一结论也适用于各个族群内部的成绩差异。目前的数据表明了为什么一开始处于教育不利地位的少数族群会在在校的十二个年级中始终表现出这种不利:学校似乎无法发挥独立的影响,让成绩水平较不依赖于儿童的背景——在各个族群内部都是如此,正如在族群之间那样。

在成绩的校际差异方面,不同的种族群体之间也存在着差别。首先,黑人和白人相比,有着重要的差别。对黑人和白人而言,成绩的校际差异在南部都比北部大。然而,这些校际差异在南部的黑人中间特别大。这一结论,再加上对黑人和其他少数族群而言,校际方差分量从1年级到3年级一直在增加,但在白人中不是这样,于是就导致了第三条重要结论。间接证据表明,学校因素在少数族群成员中产生的差异超过了在白人中;对南部的黑人而言尤其如此。这一结论表明,在学校因素的差异与成绩差异相关的范围内,它们对少数族群儿童的影响最大。该证据仅仅是间接的,在后续章节对学校因素进行明确的研究时,还需要对这一点做进一步研究。但是在目前,间接证据表明,对于那些最没有做好上学准备的儿童而言、对于在校成绩一般很低的儿童而言,学校的特征对他们的影响最大。

这些结果说明(随后的章节将进一步证实这一点),这些儿童可以被认为对学校质量差异具有不同的敏感度。数据表明,敏感度最低的通常是来自一开始成绩就最高的群体中的儿童(并且始终如此),敏感度最高的是那些初始水平最低的儿童。通过考察表3.22.1,可以获得对学校影响的敏感度的大致排序,以下或许就是从高到低的排序:

波多黎各人　　　　　北部的黑人

美国印第安人	东亚裔美国人
墨西哥裔美国白人	南部的白人
南部的黑人	北部的白人

由于必须评估是否的确存在这种对学校影响的一般性敏感度差异,所以后面表格中的数据将按照上面显示的顺序进行排列。这样,如果的确存在对学校影响的一般性敏感度差异,则在后续表格中显示的与学校因素的相关程度应该随着往表格下方移动呈现递减的趋势。

对于校际成绩差异研究的总体成果可以概括为三条:

1. 对于每个组别而言,到目前为止,学生成绩的最大差异发生在同一所学校内,而不是在学校之间。

2. 对校际成绩差异在 1 年级之初和之后几年的情况进行的比较表明,只有一小部分差异是学校因素引起的,这与社区之间的家庭背景差异形成了对比。

3. 有间接证据表明,学校因素在影响少数族群成绩方面更为重要;对黑人而言,在南部情况似乎尤其如此。这就导致了对学校差异的不同敏感度的概念,成绩最低的少数族群显示出最高的敏感度。

在考察学校差异对个人成绩方差的影响效力时,表 3.22.1 中的这些校际差异将构成某种上限。因此,在某些情况下,研究由某个给定因素解释的方差与该上限的关系及其与成绩总体变化的关系是很有用的。在研究中有两个不同的问题得到了回答:如果以个人成绩的总差异为标准,则问题就是,这一变量能解释个人成绩的哪一部分?如果以表 3.22.1 中的校际差异为标准,则问题就是,这一变量解释了成绩的校际变化中的哪一部分?

为了继续聚焦于特定因素的整体有效性,随后的表格将报告被解释的个体方差的百分比。很显然,被解释的量会相当低,因为上限本身就很低。为了确定被解释的校际方差的比例,表 3.22.1 中的数字可以被视为上限。

3.221 学生背景因素对成绩的影响

在研究学校特征与学生成绩的关系前,先考察一下学生背景特征的影响会很有帮助。因为这些背景差异先于学校影响,在儿童入学前先行塑造了他。在我们已经成功测量的范围内,我们在考察学校因素的效应时,将对这些背景因素进行控制。这就意味着,仅仅是由学生输入导致的学校间的成绩差异可以部分受到控制,从而使对学校或教师自身因素差异的表面效应的考察更加准确。

因此,首先最好能考察一下这些背景因素与成绩的关系,以便了解一些使儿童在学校倾向于学得好或不好的家庭因素。调查无法详细研究背景因素的影响,但是在考察学校因素前尽可能控制其效应,这一点至关重要。

对特定背景因素与成绩关系的初步分析表明,本次调查中测量的家庭背景差异可以被分为八组变量。这些变量与成绩的关系将只在 12、9 和 6 年级中进行考察,因为有一些问题没有(而且大多数也不可能成功地)向 3 和 1 年级的儿童提出。(除了下面另行注明的,问题编号都是指 12 和 9 年级的调查问卷。如果问题内容与 6 年级不同,会进行标注。)

A (1)(9 和 12 年级)背景的城市化情况(基于问题 6 和问题 21,关于本人和母亲长大的社区);(2)(6 年级)迁移(基于问题 3 和问题 13,关于本人和母亲的出生地)

B 父母的受教育程度(基于问题 19 和问题 20,关于母亲和父亲的受教育程度)

C 家庭结构完整性(基于问题 18 和问题 17,关于家中母亲和父亲的情况)

D 家庭规模之小(兄弟姐妹的数量,方向为负,基于问题 10)

E 家中物品(基于问题 31、问题 32、问题 33、问题 34、问题 37 和问题 38:电视机、电话、唱机、冰箱、汽车、真空吸尘器)

F 家中阅读资料(基于问题 35、问题 36、问题 41 和问题 42:字典、百科全书、日报、杂志、书籍。最后两项在 6 年级问卷中缺失)

G 父母的兴趣(基于问题 26 和问题 30:与父母谈论学校的事情;在你小时候有人为你朗读书籍)

H 父母的教育愿望(基于问题 24、问题 25、问题 27、问题 28 和问题 29:母亲和父亲希望孩子成为多好的学生;母亲和父亲希望孩子学业进行到什么程度;PTA 的出席情况。最后三项在 6 年级问卷中缺失)

这些变量组的范围包括父母的背景(父亲和母亲的教育程度、背景的城市化情况)和描述父母目前表现出的对儿童在校表现的兴趣的因素。在所有情况下,数据都是基于儿童的报告,其中可能包括扭曲、误解或信息缺损,特别是在 6 年级。

考察背景因素对成绩的影响的方法之一就是考察由这些家庭因素解释的校内方差百分比和校际方差百分比。首先,将校际差异设为给定值,考察由家庭背景特征解释的增加的方差,即可表明校内方差的哪一个部分可以由这些因素解释。这是一种严重的限制,因为从表 3.221.2 看来,很大一部分校际方差本身是家庭背景差异的结果。

表3.221.1显示了在12、9和6三个年级阶段被解释的差异,首先是由儿童所报告的家庭客观条件进行解释,然后由这些再加上"主观"的背景因素进行解释,最后,在此基础上再加上他自己的态度进行解释。该表显示,在每个年级,将这些因素综合起来进行解释的校内方差量与跟校际因素有关的方差的量级是一样的。特别是对白人和东亚裔美国人而言,由客观家庭条件(B)解释的校内方差百分比和那些加上主观家庭条件(C)解释的校内方差百分比非常高。对所有族群而言,包括校际差异(A)和由背景和态度解释的校内差异在内的总解释方差占了成绩总方差的30%到50%。

表3.221.1 由依次添加额外因素解释的6、9和12年级语言成绩方差百分比
【A:与校际差异(已测和未测的)相关的方差;[1]B:添加了(由学生报告的)客观背景因素(从A到F);C:添加了主观背景因素(G和H);D:添加了儿童的态度(1)对学校的兴趣,(2)自我概念,(3)环境控制】

	A	A+B	A+B+C	A+B+C+D
12年级				
波多黎各人	23.40	24.69	26.75	31.54
美国印第安人	24.13	30.73	34.81	43.61
墨西哥裔美国人	20.07	22.60	26.09	34.33
南部黑人	22.15	26.17	28.18	38.97
北部黑人	11.19	15.34	18.85	31.04
东亚裔美国人	2.33	13.65	21.99	32.04
南部白人	10.39	18.14	24.06	39.07
北部白人	8.25	17.24	27.12	40.09
黑人,总计	20.90	24.73	27.31	38.18
白人,总计	9.49	17.93	26.42	39.80
9年级				
波多黎各人	16.77	19.11	21.88	30.41
美国印第安人	19.75	25.89	29.31	36.64
墨西哥裔美国人	20.28	25.26	27.79	34.10
南部黑人	18.55	22.84	26.93	38.88
北部黑人	8.96	13.84	17.73	30.48

续　表

	A	A + B	A + B + C	A + B + C + D
东亚裔美国人	7.36	17.58	27.66	34.93
南部白人	10.50	21.54	26.63	42.09
北部白人	8.31	19.32	25.55	39.56
黑人,总计	17.43	21.68	25.47	37.21
白人,总计	10.00	20.78	26.57	40.90
6年级				
波多黎各人	22.49	34.25	36.40	40.35
美国印第安人	26.67	33.93	35.05	41.20
墨西哥裔美国人	37.60	35.79	37.74	45.04
南部黑人	22.25	27.95	28.89	37.69
北部黑人	11.86	16.97	17.93	26.39
东亚裔美国人	24.31	41.20	42.25	51.76
南部白人	12.33	21.58	23.52	34.61
北部白人	12.77	19.95	21.70	35.77
黑人,总计	19.77	24.83	25.77	34.12
白人,总计	13.71	21.25	23.06	35.95

1. 第一列只是对每个群体校际成绩差异的一个估计,是通过将个人成绩在学校总平均成绩(对所有群体而言)和白人的比例上进行回归得出的。这两种测量方式的结合(除非在学校还有第三个群体)提供了一个对学校中群体平均得分的估计值,它假定白人平均值和少数群体平均值的差异在所有学校都是不变的。

其次,我们可以询问由背景因素解释的校际方差比例。将表3.221.1的第2栏中的方差作为要解释的总方差,问题就变成了:这些校际方差的百分之多少是由这些相同的背景因素解释的?表3.221.2显示,校际方差百分比是由跟表3.221.1第3栏相同的背景因素解释的(其总方差作为个体方差的一个百分比在A栏列出)。如表3.221.1所示,这些个人背景因素的很多效应都发生在校内,但表3.221.2则表明,有一个额外的量是与校际成绩差异相关联的。这张表格连同下一张,说明了背景因素在解释成绩差异时的力度,在校内和校际都是如此。

表 3.221.2　校际语言成绩的方差百分比（根据学校平均成绩近似计算，按照白人在校比例进行了控制），由八个背景因素解释（见表 3.221.1 的 B 栏和 C 栏）。解释方差是表 3.221.1 的 A 栏中显示的百分比

	12 年级	9 年级	6 年级		12 年级	9 年级	6 年级
波多黎各人	3.05	4.74	7.54	东亚裔美国人	5.67	7.24	28.36
美国印第安人	2.96	3.41	7.28	南部白人	28.86	23.82	19.96
墨西哥裔美国人	11.56	10.49	6.55	北部白人	15.99	14.42	10.99
南部黑人	32.69	23.47	12.37	黑人，总计	29.05	21.82	12.80
北部黑人	12.25	7.37	6.75	白人，总计	21.89	21.28	17.09

表 3.221.3 显示了与这些背景因素相关的校内和校际的语言成绩总方差。表中每个年级下方都包括三个纵列，第一列包括由前六个背景因素单独解释的方差，将（由儿童报告的）父母的兴趣和志向排除在外。第二列显示了由所有八个因素解释的方差，第三列代表前两列之间的差异，显示了由父母对孩子的兴趣和志向解释的增加的方差。

表 3.221.3　12、9 和 6 年级由六个和八个背景因素解释的语言成绩方差百分比

	12 年级			9 年级			6 年级		
	六	八	八－六	六	八	八－六	六	八	八－六
波多黎各人	3.64	4.69	1.05	3.89	6.18	2.29	23.71	25.51	1.80
美国印第安人	18.89	22.07	3.18	13.92	16.30	2.38	18.40	19.65	1.25
墨西哥裔美国人	7.92	10.23	2.31	12.79	14.25	1.46	21.82	23.07	1.25
南部黑人	14.41	15.79	1.38	12.27	15.69	3.42	14.66	15.44	.78
北部黑人	7.53	10.96	3.43	7.68	11.41	3.73	9.51	10.25	.74
东亚裔美国人	11.81	19.45	7.64	12.75	22.81	10.06	34.77	36.16	1.39
南部白人	14.75	20.13	5.38	18.40	23.12	4.72	18.14	19.91	1.77
北部白人	14.28	24.56	10.28	16.49	22.78	6.29	14.10	15.57	1.47
黑人，总计	13.48	15.14	1.66	12.15	14.99	2.84	14.01	14.62	.61
白人，总计	14.71	23.03	8.32	17.81	23.28	5.47	16.20	17.64	1.44

该表格表明，总体而言，通过这六或八个变量测量出来的背景因素解释了约 10% 至 25% 的个人成绩方差。当然，儿童的背景中还有诸多其他方面都未在这里进行测

量。因此,这些变量所解释的方差可以被解读为背景差异实际效应的某种下限。(这与校际差异的情况正好相反,在后者那里,校际差异构成了可能与学校差异有关的效应的上限。)

数据显示,在各个年级和不同群体之间存在着一定数量的差异。首先,对家庭客观条件的六项测量在较低年级解释的成绩方差比在较高年级多。对黑人和白人而言,从 6 年级到 12 年级的下降趋势是非常轻微的,但对另外一些群体而言,则更为显著。

这种下降特别值得注意,因为较低年级学生报告的家庭背景可靠性较低,这将减少被观察到的关系。因此,家庭客观条件和成绩之间关系的真实下降情况可能比所观察到的轻微下降情况更为严重。

关于家庭背景对成绩的影响,有两个相当简单的模型具有**先验**合理性:(1)家庭对儿童的影响在最初几年中最有效果,因此入学之后,家庭间差异对成绩的影响应该开始下降。(2)家庭对儿童的影响波及他对日后经验的接受情况,因此家庭间差异对成绩的影响应该随着在校年数的增加而增加。来自家庭客观条件的数据似乎支持第一个模型,因为从 6 年级到 12 年级,这些条件之间的关系水平在下降(或许程度被低估了)。①

表中可以观察到的第二点是,对主观家庭条件的测量表明在年级间存在相反的趋势:它们与成绩的关系从 6 到 12 年级在增长。每个年级的第三列显示了对父母兴趣的两项测试给解释方差增加的量。该列显示,从 6 年级到 12 年级存在着增长。这一增长表明,要么是年长的学生比年幼的学生更准确地意识到父母的兴趣,要么是他们父母的兴趣在之后的在校岁月中对他们的成绩影响更大。

来自该表的第三点认识与本研究有更直接的相关性。那就是在不同群体中,主观家庭条件与成绩的关系中存在的差异。对白人和东亚裔美国人而言,由父母的兴趣解释的差异大大超过了其他任何群体。这一结果可能源自两个条件中的一个:要么是特定量的父母的兴趣对所有群体有着相同的影响,但对这两个群体而言,父母的兴趣有着更大的差异;要么是对这两个群体而言,父母的兴趣事实上的确会产生更大的效应。为了在这两种解释之间做出取舍,这两项测试贡献的独特数值(表 3.221.3 中每个年级的第三列)被用上方表格中一个变量 H 的方差除,该变量解释了所有群体中几

---

① 然而,应当指出,在 1 年级和 3 年级,这些条件(未经完全测量)表现出的与成绩之间的关系低于这里考察的三个年级中的任何一个。在这两个年级,所有变量和成绩之间的关系都出现了这种情况。虽然这可能源自这些年级的答卷不完整和不可靠,但它可能也说明这种关系的确会随着时间而增长。

乎所有增加的方差。数据显示(在表 3.221.4 中),几乎没有任何被解释的成绩差异与每一组中不同的方差有关,它们几乎全都与父母兴趣效应的不同强度有关。这导致了一个重要的调查结果:

表 3.221.4 主观家庭条件对成绩影响的相对强度。对于每个年级,左栏显示父母对孩子的教育愿望的方差,右栏显示增加的方差,由后两个因素被左栏除后(并乘以100)解释

	12 年级		9 年级		6 年级	
波多黎各人	103.59	1.01	95.63	2.39	84.64	2.13
美国印第安人	95.55	3.33	99.14	2.40	91.99	1.36
墨西哥裔美国人	90.23	2.56	89.36	1.63	87.10	1.44
南部黑人	60.28	2.29	67.52	5.07	71.28	1.09
北部黑人	69.94	4.90	73.94	5.04	79.03	.94
东亚裔美国人	79.98	9.55	81.09	12.41	78.75	1.77
南部白人	65.22	8.25	66.70	7.08	68.26	2.59
北部白人	71.22	14.43	67.09	9.38	64.05	2.30
黑人,总计	65.40	2.54	70.85	4.01	75.34	.81
白人,总计	69.71	11.94	66.98	.08	65.40	2.20

要么(1)黑人、墨西哥裔美国人、波多黎各人和美国印第安人儿童未能像白人和东亚裔美国人那样充分意识到父母对其学校教育的兴趣或缺乏兴趣;要么(2)这些少数族群儿童的父母不像白人或东亚裔美国人父母那样擅长将他们的兴趣转化为对孩子学习的有效支持。

两种可能性都有一些证据支持。在 3.1 节中,黑人儿童志向的不切实际十分明显;这表明,同样由于缺乏现实态度,他们可能会在报告中夸大自己父母的兴趣。与此同时,黑人家长的确也对孩子的教育表现出比相同经济水平的白人父母更大的兴趣,并对孩子的教育成功表现出更高的志向。因此,儿童们的报告或许是可靠的。如果是这样的话,则表 3.221.3 的数据表明,黑人和其他少数族裔父母不能有效地将他们的兴趣转化成支持孩子成绩的行为。

关于儿童的背景中与语言成绩最为相关的因素,表 3.221.5 提供了在某种程度上更详细的考量。由六个变量分别解释的成绩方差比例被进行分级排序,表中列出了每个群体中每个年级的等级。等级前面的(—)代表成绩和变量之间呈负相关关系。

表 3.22 1.5 12,9 和 6 年级的 6 个背景因素[1] 按照标准化回归系数大小分级（1 最高，6 最低）

	12年级							9年级							6年级					
	A	B	C	D	E	F	A	B	C	D	E	F	A	B	C	D	E	F
波多黎各人	2	1	(−)4	5	(−)3	6	3	4	2	(−)6	(−)5	1	(−)6	5	2	4	1	3
美国印第安人	5	1	6	2	3	4	(−)4	1	3	5	2	6	3	4	2	6	1	5
墨西哥裔美国人	2	1	3	4	6	5	(−)6	3	2	5	1	4	(−)6	4	3	5	1	2
南部黑人	2	3	6	1	5	4	5	1	4	3	2	6	6	2	5	4	1	3
北部黑人	3	1	4	2	6	5	6	2	3	1	5	4	6	3	5	4	1	2
东亚裔美国人	(−)5	3	1	4	(−)6	2	(−)6	4	2	3	5	1	6	3	2	4	1	5
南部白人	3	1	6	4	(−)5	2	6	1	5	3	4	2	(−)5	1	6	3	2	4
北部白人	4	1	5	3	6	2	6	1	4	2	5	3	(−)5	1	6	4	3	2
黑人，总计	1	2	6	3	4	5	4	1	5	2	3	6	6	2	5	4	1	3
白人，总计	4	1	5	3	(−)6	2	6	1	4	3	5	2	(−)5	1	6	4	2	3

1. 编码：
A =（9 和 12 年级）背景的城市化情况
A =（6 年级）移民
B = 父母的受教育程度
C = 家庭结构完整性
D = 家庭规模之小
E = 家中物品
F = 家中阅读资料
G = 父母的兴趣
H = 父母的教育愿望

该表格表明,在六年级,儿童所报告的表明其经济水平的家中物品对所有少数族群而言,都与成绩有着最高关联,而父母的受教育程度则对白人而言有着最高关联。而在后面的岁月里,父母的受教育程度对几乎所有群体而言都有着最高关联。对 12 年级的黑人而言,在城市环境中的时间长度和其家庭规模(之小)呈现出与父母的受教育程度相似的重要性。与很多文章中写的相反,家庭结构的完整性(主要是父亲的存在或缺失)看上去与黑人的成绩关系甚微。然而,对其他少数族群而言,它的确与成绩有着强大的关联。

一般来说,每一个受到研究的群体都显示出独有的背景变量相对重要性模式。看起来,相对于经济水平指标而言,家庭的教育相关属性(父母的受教育程度、读物)的相对重要性对于白人儿童而言大于少数族群儿童。这一点也可以从表 3.221.6 中看出来,表中显示了在还包括学校和全体学生变量的回归分析中,代表经济水平和教育水平的两组变量对成绩方差的独特贡献。

表 3.221.6　在包括 7 个其他学校和学生变量的回归分析中,仅由家庭经济水平和家庭教育水平解释的语言成绩方差百分比

	12 年级		9 年级		6 年级	
	经济	教育	经济	教育	经济	教育
波多黎各人	0.04	0.37	0.01	0.39	4.68	1.18
美国印第安人	.41	.68	.19	.56	4.66	.01
墨西哥裔美国人	.00	.29	.89	.66	2.35	1.54
南部黑人	.80	.14	.79	.52	2.41	.38
北部黑人	.34	.26	1.01	.44	1.35	.88
东亚裔美国人	.65	1.75	.25	.92	5.61	1.29
南部白人	.03	1.82	.52	2.60	.62	2.25
北部白人	.16	2.38	.69	2.69	.25	1.55
黑人,总计	.57	.15	.93	.44	1.76	.56
白人,总计	.11	2.17	.65	2.59	.37	1.74

3.23　全体学生特征

在考察学校特征与各群体中儿童成绩的关系时,第一个警示是由 3.22 节中的调

查结果给出的。不同年级的校际成绩差异模式表明，它们与学校因素的关联很小。然而，通过一些简单的考察，可以对学校因素可能产生的效应获得一些了解。像第二部分中做的那样，将学校特征分成三组会很方便研究：第一组，设施、课程和学校自身的其他特征；第二组，教师的特征；第三组，全体学生的特征。①

接下来的章节将考察每个大类内部的变量，研究它们与成绩之间的关系。但是，在此之前，如果不将三者放在一起做初步考察，那么三者的相对强度以及由此发现的一个重要结果，就会被忽视。基于各种分析发现的主要结果如下：

在少数族群儿童中，其他学生的属性所解释的成绩差异远远超过了任何学校设施的属性，并略微超过了教师的属性。

一般来说，随着其同学的教育志向和背景增长，少数族群儿童的成绩也会增长。对这样的结果必须进行特别细致的检查，因为它可能与学生自己的教育背景和志向相混淆，后者通常会与他的同学很相似。为此，在整个分析过程中，除了特别注明的地方，对学生本人的背景特征进行了控制，以减少这种影响。

有两份表格为该结果提供了一些证据，我们有必要对其进行仔细考察。其中一份（表 3.23.1）展示了采用八个变量进行的回归分析的结果。八个变量中的三个代表学生的背景和态度，两个代表学校因素，两个代表教师因素，一个代表全体学生的素质。三个背景变量是控制变量，它们的效应没有在表中显示。由其他五个变量各做出独特解释的方差部分在表中得到分别体现。在计算与单变量相关联的独特部分时，先是获取由所有八个变量解释的方差，然后再单独获取由七个变量（去除该单变量）解释的方差；这两个方差之间的差就是该单变量（在解释方差中）的独特贡献。

第一列显示了方差中由整套五个变量联合解释的部分（超出部分由三个背景控制变量解释）。第二列是五个变量的"共同"部分，它的计算方法是，从联合百分比中扣除方差的独特百分比之和。（1 年级和 3 年级没有在这里显示，因为由五个学校特征中的任何一个解释的方差比例都非常小。）

表格显示，学校和教师特征的独特贡献越来越小，但是全体学生特征的独特贡献却非常大。此外，该表第二列显示了共同解释的方差，也就是说，可以由五个变量中的

---

① 关于全体学生特点在教育结果方面的重要性，若干名研究者已经展示过一些一般性发现。其中一项系统性调查的发现被公布在 Alan B. Wilson 的《社会阶层的居住地种族隔离和中学男生的志向（Residential Segregation of Social Classes and Aspirations of High School Boys）》《美国社会学评论（American Sociological Review）》1959 年第 24 期，pp. 836–845）一文中。

表 3.23.1 12、9 和 6 年级由单一变量做出独特解释的语言成绩方差百分比，这些单变量分别代表：学校设施(A)、课程(B)、教师素质(C)、教师的态度(D)、全体学生的素质(E)

	ABCDE 联合	共同	独特 A	B	C	D	E
12 年级							
波多黎各人	21.83	11.93	1.00	0.01	0.44	0.89	8.55
美国印第安人	10.60	3.56	.31	.52	0	2.77	3.44
墨西哥裔美国人	15.70	7.45	.22	.20	.27	.42	7.14
南部黑人	11.06	2.80	0	0	.01	.18	8.07
北部黑人	7.59	3.58	.13	.04	0	.17	3.67
东亚裔美国人	1.18	.44	.03	.03	.18	.09	.41
南部白人	3.02	.25	.02	0	0	.24	2.34
北部白人	1.58	.25	.02	0	0	0	1.31
黑人，总计	12.43	5.58	.02	1.01	.02	.03	6.77
白人，总计	2.52	.50	.01	0	0	0	2.01
9 年级							
波多黎各人	14.46	2.95	.13	.23	.05	.31	10.79
美国印第安人	8.69	2.39	.89	.16	.19	.30	4.76
墨西哥裔美国人	9.22	3.88	.05	.19	.28	1.18	3.64
南部黑人	8.84	3.40	0	0	.07	.02	5.35
北部黑人	3.37	1.38	.07	.01	.01	.24	1.66
东亚裔美国人	3.79	-.34	.05	.20	.27	.13	3.48
南部白人	2.05	.15	.03	.03	.01	.05	1.78
北部白人	1.23	.01	.01	.12	.08	.01	1.10
黑人，总计	8.21	3.99	.01	0	.08	.08	4.05
白人，总计	1.88	-.06	.02	.08	.06	.09	1.69
6 年级							
波多黎各人	12.01	4.07	.01	.02	.03	.02	7.86
美国印第安人	9.14	2.28	.54	.09	.40	.34	5.49
墨西哥裔美国人	12.91	4.91	0	.01	.10	.22	7.67

续 表

	ABCDE 联合	独特					
		共同	A	B	C	D	E
南部黑人	9.48	3.22	.05	.03	.06	.04	6.12
北部黑人	4.81	.87	0	.05	.19	.01	3.69
东亚裔美国人	4.99	1.39	.15	.42	.08	.04	2.91
南部白人	2.13	-.02	.03	0	0	.01	2.11
北部白人	4.56	.02	.15	0	.08	0	4.31
黑人,总计	9.38	2.85	0	.03	0	.01	6.49
白人,总计	4.37	-.06	.03	0	.05	.09	4.26

不止一个变量另行解释的方差。这种方差中的一部分当然可以用学校或教师变量来解释,我们以后将要看到,其中大部分要归因于教师变量。在任何情况下,都有相当大百分比的方差是由全体学生特征解释的。

观察学校和同学变量与成绩之间的相对重要性还有一个不同的方法,那就是给予学校变量以特殊的优势,让它们解释尽可能多的方差,然后引入同学特征,去解释它们可以解释的任何额外方差。我们在另一个分析中就这么做了,对学生自身的背景进行了统计控制。表 3.23.2 中展示了每个年级的结果。在 3 年级和 1 年级,几乎没有任何方差是由学校特征或全体学生特征解释的。对 3 年级和 1 年级的分析始终都是这一结果,即没有任何变量可以解释很多成绩方差,尽管表 3.22.1 和 3.22.2 显示出很大的校际差异。

然而,在 12、9 和 6 年级,全体学生特征相比较而言的重要性开始变得明显。即使它们是在学校特征之后加入的,但是在很多群体中,它们使解释方差翻了一倍多,并在所有群体中大幅增加了解释方差。

这些论证可以由许多其他论证进行补充。在许多已经进行的分析中,几乎每一项全体学生特征都比学校特征本身更能有效地解释个人成绩差异。

表 3.23.1 和 3.23.2 揭示的第二个一般结果是,成绩最高的群体,即白人和东亚裔美国人,一般其成绩对同学特征表现出的依赖性最小。这一说法假定表 3.23.1 和表 3.23.2 中显示的差异并不是由于东亚裔美国人和白人的同学特征差异较小。全体学生特征方差(如在表 3.23.1 中采用的)以及百科全书和学生高校计划方差(在表

表 3.23.2 由学校特征(A)和学校特征加全体学生特征(A+B)解释的语言成绩方差百分比。被控制的背景特征是在表 3.221.5 中出现的前六项

	12 年级			9 年级			6 年级			3 年级			1 年级		
	A^1	$A+B^2$	增加	A^1	$A+B^2$	增加	A^1	$A+B^2$	增加	A^1	$A+B^2$	增加	A^1	$A+B^2$	增加
波多黎各人	6.67	22.59	15.92	4.07	15.70	11.63	3.21	11.83	8.62	2.27	8.18	5.91	4.52	6.26	1.74
美国印第安人	11.48	22.78	11.30	2.59	9.98	7.39	5.64	9.25	3.61	4.04	5.35	1.31	3.62	5.75	2.13
墨西哥裔美国人	6.59	15.90	9.31	2.82	10.68	7.86	1.47	11.92	10.45	3.50	6.76	3.26	5.64	6.10	.46
南部黑人	8.64	12.69	4.05	7.52	12.66	5.14	4.90	7.77	2.87	.80	1.40	.60	2.14	2.93	.79
北部黑人	3.14	7.73	4.59	1.45	4.62	3.17	.77	2.73	1.96	2.96	5.13	2.17	2.38	3.28	.90
东亚裔美国人	3.83	4.40	.57	5.66	11.12	5.46	9.06	12.10	3.04	2.62	7.28	4.66	3.88	6.45	2.57
南部白人	3.16	4.61	1.45	1.60	2.82	1.22	.57	1.92	1.35	.83	1.91	1.08	.96	1.53	.57
北部白人	1.87	2.94	1.07	.73	2.34	1.61	32	3.63	3.31	.33	1.46	1.13	.83	2.35	1.52
黑人·总计	6.96	12.82	5.86	5.19	10.59	5.40	2.77	5.48	2.71	2.26	2.96	.70	.72	1.76	1.04
白人·总计	2.53	3.69	1.16	1.15	2.44	1.29	.47	3.13	2.66	.33	1.28	.95	.32	1.33	1.01

1. 学校特征是：
在教师资方面的学生人均支出
图书馆的学生人均藏书量
科学实验室设施（仅 9 年级和 12 年级）
课外活动
有速成课程（仅 9 年级和 12 年级）
课程的综合性（仅 9 年级和 12 年级）
采用分班制
分班班级同流动性（仅 9 年级和 12 年级）
规模
辅导员（仅 9 年级和 12 年级）
学校位置（城郊·镇·农村）

2. 全体学生特征是：
家中拥有百科全书的比例
转校生数量
出勤率
计划上大学的比例（仅 1,3,6 年级）
教师对全体学生素质的看法（仅 9 年级和 12 年级）
做家庭作业平均小时数（仅 9 年级和 12 年级）

3.23.2中,这两个变量解释了9和12年级的大部分方差)在这两个群体中略小一些。然而,当这些方差被分为表3.23.1和3.23.2中的数字,其差异仍然保持近乎相同的力度。这就意味着,在同学特征中存在的给定差异给这两个群体造成的成绩差异较小。这表明,正如先前的数据所揭示的,这些群体的儿童对学校环境的敏感度较低。这还说明,亦如先前的数据所揭示的,具有鼓励成绩作用的家庭背景可以降低对学校差异的敏感度。学校,包括全体学生,对于来自这种背景的儿童的成绩显然不太容易造成差别性影响。

因此,这些结果表明,由全体学生提供的环境在影响力方面是不对称的,它对来自教育匮乏背景的儿童有着最大的影响力。这一问题当然比这种简单的关系要更加复杂,它无疑取决于学校中高成就和低成就学生的相对数量,以及其他一些因素。

从表3.23.1和3.23.2的数据中获得的另一个结果与前文所示的一般敏感度差异一致,它与黑人之间的差异有关。南部黑人的成绩似乎最容易因同学特征的差异而出现差异。这里是教育不利状况最严重的地区,也是成绩最低的地区,在这里,全体学生特征对黑人的成绩影响最大。在过去,正是在这些较为稳定、城市化程度较低的地区,黑人儿童最不可能接触到具有不同教育背景和志向的儿童。

特定的全体学生特征。——既然已经注意到全体学生素质与成绩之间一般存在着强大的关系,接下来的问题就是:那些是什么素质?首先,可以说,衡量全体学生一般教育背景的全体学生特征与衡量教育愿望的特征是高度相关的。也就是说,一种可以用来概括全体学生的一般维度就是学生的"平均教育水平"——无论是就背景而言还是就现实志向而言。在考察该维度的重要性时,使用了两个变量:一个用来衡量背景,另一个用来衡量志向。第一个变量是在问卷调查中称家中有一本百科全书的学生比例,第二个变量是有明确上大学计划的学生比例。后者对6年级学生不可用,对全体学生素质的测量依据的是教师的报告,看是否存在由学生衍生而来的问题。

本研究对全体学生当前的特征使用了如下三种测量方式:

一项对学生流动性的测量,来自关于去年转入或离开学校的学生百分比的校长报告。

一项对学生出勤率的测量,来自校长报告。

平均家庭作业时间,来自学生的报告(仅9年级和12年级)。

表3.23.3在三个条件下对这些学生的整体测量结果和学生个人成绩的关系进行了研究,所有这些条件都对学生本人的背景进行了控制。此外,第一个条件还对在校

表 3.23.3 由全体学生因素在三个条件下解释的语言成绩额外方差：学生人均教学支出(A)；增加 10 个学校变量(B)[2]；增加其他的全体学生特征(C)[3]。（六个背景因素被控制）

项目	12 年级 A	A+B	A+B+C	9 年级 A	A+B	A+B+C	6 年级 A	A+B	A+B+C
黑人总计：									
总解释[1]	(2.17)	(2.77)	((15.48))	(2.55)	(5.19)	((10.59))	(2.62)	(6.96)	((12.82))
百科全书	8.03	4.26	1.93	6.36	4.68	3.82	2.16	2.00	1.32
流动性	(−).22	(−).37	(−).11	(−).35	(−).36	(−).35	.01	.01	.01
出勤率	.68	1.04	.29	.75	.97	.12	1.00	.98	.38
大学(9,12)	6.52	3.18	.09	.52	.26	(−).11			
教师的报告(6)							.42	.47	.28
家庭作业	.11	.08	(−).01	.32	.40	.10			
白人总计：									
总解释[1]	(.36)	(.47)	((3.13))	(.64)	(1.15)	((2.44))	(.80)	(2.53)	((3.69))
百科全书	1.02	.48	.12	1.11	.98	.80	1.13	1.22	.27
流动性	.00	(−).04	(−).01	(−).01	(−).03	.00	.02	.04	.14
出勤率	.12	.23	.10	.37	.36	.24	.37	.36	.08
大学(9,12)	1.52	.90	.48	.13	.07	.04			
教师的报告(6)							2.16	2.15	1.21
家庭作业	.12	.04	(−).02	(−).01	(−).02	(−).07			
北部黑人：									
总解释[1]	(.14)	(.77)	((2.73))	(.02)	(1.45)	((4.62))	(.09)	(3.14)	((7.73))
百科全书	4.71	2.25	.55	1.82	1.61	1.26	1.36	1.31	.65
流动性	(−).94	(−).97	(−).36	(−).92	(−).84	(−).74	(−).16	.05	.00
出勤率	1.29	1.04	.23	1.02	1.04	.25	.44	.41	.08
大学(9,12)	5.35	3.09	1.36	.22	.10	.34			
教师的报告(6)							1.37	1.10	.48
家庭作业	.20	.05	(−).13	.63	.51	.14			
南部黑人：									
总解释[1]	(3.49)	(4.90)	((7.77))	(2.89)	(7.52)	((12.66))	(2.98)	(8.64)	((12.69))
百科全书	7.04	2.90	1.54	7.99	4.66	3.29	2.64	1.86	.94
流动性	.10	.07	.05	.06	.05	.00	1.03	.84	.28

续 表

项目	12年级 A	12年级 A+B	12年级 A+B+C	9年级 A	9年级 A+B	9年级 A+B+C	6年级 A	6年级 A+B	6年级 A+B+C
出勤率	.29	.48	.30	.39	.85	.57	1.09	1.18	.51
大学(9,12)	5.58	1.90	.62	.40	.02	(-).09			
教师的报告(6)							.08	.13	.18
家庭作业	.64	.09	.16	.80	1.03	(-).06			
北部白人：									
总解释[1]	(.05)	(.32)	((3.63))	(.14)	(.73)	((2.34))	(.29)	(1.87)	((2.94))
百科全书	.76	.39	.08	.82	.83	.75	1.29	1.36	.16
流动性	(-).10	(-).19	(-).11	(-).15	(-).16	(-).03	.04	.10	.30
出勤率	.16	.19	.04	.81	.69	.57	.32	.25	.02
大学(9,12)	1.04	.79	.40	.00	.00	(-).09			
教师的报告(6)							2.80	2.82	1.67
家庭作业	.13	.02	(-).02	(-).01	(-).05	(-).06			
南部白人：									
总解释[1]	(.15)	(.57)	((1.92))	(.21)	(1.60)	((2.82))	(.06)	(3.16)	((4.61))
百科全书	1.69	.54	.06	1.56	.86	.62	.67	.44	.08
流动性	.50	.17	.23	.39	.15	.06	.01	.00	.01
出勤率	.01	.28	.22	(-).04	.02	.00	.53	.57	.32
大学(9,12)	2.53	.95	.45	.95	.36	.17			
教师的报告(6)							1.04	.86	.52
家庭作业	.35	.12	.01	.19	.24	.04			

1. 在 A 栏和 A+B 栏(用括号标注)下的总解释方差不包括所列项目的贡献。在 A+B+C 栏(用双括号标注)下的则包括它们的贡献。

2. 学校特征是：
  在师资方面的学生人均支出
  图书馆的学生人均藏书量
  科学实验室设施(仅9年级和12年级)
  课外活动(仅9年级和12年级)
  有速成课程(仅9年级和12年级)
  课程的综合性(仅9年级和12年级)
  采用分班制(仅9年级和12年级)
  分班班级间流动性(仅9年级和12年级)
  规模
  辅导员(仅9年级和12年级)
  学校位置(城郊,镇,农村)

3. 全体学生特征是：
  家中拥有百科全书的比例
  转校生数量
  出勤率
  计划上大学的比例(仅9年级和12年级)
  教师对全体学生素质的看法(仅1,3,6年级)
  做家庭作业平均小时数(仅9年级和12年级)

数字前的(-)代表该态度与成绩的偏相关关系为负。

学生人均教育支出进行了控制,第二个条件还对10项学校设施和课程测量结果进行了控制(它们本身将在下一节中得到研究),第三个条件还对这里介绍的其他学生群体测量结果进行了控制。

从该表中可获得若干个结果。第一个一般性结果得到了表格中若干方面的支持,即同学的教育背景与志向似乎对学生的成绩产生了一种独立于其自身背景的促进或放大性效应。

表3.23.3中有如下一些与此结果相关的证据:在12年级,同学的背景和志向都与成绩有很大的关系,当其中一项受到控制时,则另一项与成绩的关系就都无法得到完全解释。其次,在九年级,成绩与背景的关系与志向相仿,虽然同学的教育志向水平与语言成绩的关系要弱很多。

在北方,与成绩关系更大的是同学的志向水平;而在南方,则是他们的背景。在六年级,在教师的眼中,全体学生素质与成绩的关系与全体学生背景差不多一样大(对于北部的白人和黑人而言更大,对于南部的黑人而言则较弱)。

另一项关于全体学生与学校亲近度的一般测量项目是出勤率,它部分源自社区的总体特征,部分源自学校的管理。对所有群体而言,它与成绩始终具有中等关联度,在其他学生群体因素受到控制前后都是如此。①

从这份表格中获得的最后一个结果涉及流动性。在北部,对白人和黑人而言,成绩较低的地方学生的流动性很高;在南部,成绩较高的地方学生的流动性很高。

在南部地区和北部地区存在的这种反向关系极有可能是一种城乡差异。在城市里,某些学校有非常高的学生流动率,这显然限制了这些学校创造成绩的能力。但在农村地区,流动性要差得多,因此看上去那些在学生人数方面最固定、最稳定的学校成绩是最低的。

关于全体学生有一个特殊的特征,回归分析提供了一些额外的证据。这就是全体学生的种族构成。对其效果的评估被以下事实大大复杂化了:即在种族成分混杂的学校里,两个种族的学生都不能代表各自种族的所有学生,而且往往非常不具有代表性。然而,尽管要注意这一点,但是考察由不同种族组成的学校中每个种族学生的成

---

① 必须指出,在这一分析中,学生本人的出勤率和他的大学志向都没有受到控制,尽管关于他的背景有六个变量。因此,在其同学们所提供的环境效应和他自身特点产生的效应之间会出现一些混淆,因为这些本身是有关联的。然而,当学生本人同样的背景特点以及本节前面讨论到的因素受到控制后,他的同学背景测量值的力度表明,这种混淆并没有严重扭曲来自数据的推论。

绩还是十分有用的。

在种族成分混杂的学校中,儿童的表现问题常常因为未能分离若干不同的要素而产生混淆:

i. 由学校自身不同的设施和课程产生的效应。

ii. 由同学在教育方面的不足或成就等差异产生的效应,这些差异与种族相关,尽管并非普遍如此。

iii. 由全体学生种族构成产生的在教育成就之外的效应。

若想对上述效应有一些较深入的了解,或许可以考察一下,关于各个种族的学生在不同层次的初始信息下取得的成绩,全体学生的种族构成能告诉我们一些什么,如以下所示(在所有情况下,学生自己的家庭背景特征都受到了控制):

(A) 在第一种情况下,如果我们除了学生人均教学支出外对学校一无所知;

(B) 在第二种情况下,如果我们还知道学校的各种设施和课程特征;

(C) 在第三种情况下,如果我们还知道全体学生的若干特征,如在前一节中考察过的那些。

在所有这些情况下,我们都要问,全体学生的种族构成(按照他们与非波多黎各裔或墨西哥裔美国人的白人的比例计算)就一个给定的种族或族裔群体的学生成绩额外告诉了我们一些什么?表 3.23.4 中提供了 3、6、9、12 年级中的这些不同的条件。值得一提的是,相对于由大多数学校因素所解释的方差而言,在某些条件下增加的解释方差确实很大。还有其他一些全体学生变量能增加解释方差,但不是太多。这些数字也必须与校际总方差进行参照比较,后者对黑人来说不到 20%,对白人来说不到 10%。(见表 3.22.1。)

表 3.23.4 由不同信息初始状态下在校白人比例解释的成绩额外方差百分比:(学生本人的六个背景变量被控制),校内师资的学生人均支出(A);学校的额外设施和课程特征(B);全体学生的特征(C);除非前面有(-)标注,所有效应的方向都是更高的成绩

	12 年级			9 年级		
	A	A+B	A+B+C	A	A+B	A+B+C
波多黎各人	17.06	13.53	3.98	7.76	8.45	0.81
美国印第安人	12.61	6.93	.15	8.50	11.21	5.19
墨西哥裔美国人	12.51	9.45	1.87	11.50	11.52	4.20
南部黑人	1.52	1.67	.39	2.35	1.62	.34

续表

	12年级			9年级		
	A	A+B	A+B+C	A	A+B	A+B+C
北部黑人	2.90	1.83	.41	2.41	1.36	.82
东亚裔美国人	.77	1.70	(*)	.89	.30	(*)
南部白人	.00	.01	(-).01	.00	.04	.00
北部白人	.56	.81	.21	1.40	1.40	.41
黑人总计	3.29	3.54	.68	3.01	1.54	.67
白人总计	.29	.29	.13	.69	.91	.25

	6年级			3年级		
	A	A+B	A+B+C	A	A+B	A+B+C
波多黎各人	6.34	6.66	0.78	5.24	5.02	1.51
美国印第安人	2.83	4.59	2.02	2.60	1.91	.96
墨西哥裔美国人	9.70	9.06	1.67	3.08	3.52	1.00
南部黑人	1.31	1.62	.56	(-).23	(-).18	(-).28
北部黑人	1.46	1.36	.37	.09	.14	(-).07
东亚裔美国人	.06	.09	.04	3.52	2.25	.52
南部白人	.34	.39	.15	.19	.16	.04
北部白人	1.50	1.38	.34	.01	.04	(-).05
黑人总计	1.12	1.54	.40	(-).01	.00	(-).07
白人总计	1.06	1.04	.23	.04	.06	(-).01

* 回归分析中缺少充足的数据进行估测。

由这张表格得出的第一个相当一般性的结果是,随着白人的比例在一所学校中增加,每个种族群体中的学生成绩都在增长。这尚未分离出 i、ii、iii 的效应。我们很快就会提出问题:哪些效应看上去是最重要的?

第二个一般性的结果是,随着年级的增加,这种关系也在增长。这种关系在 3 年级时是不存在的,在 9 年级和 12 年级时是最强大的。这就在一定程度上确保了这种关系不是由相关因素引起的,不然那些因素就会在所有的年级中都产生明显的效应。

第三点要说明的是,学校特征的额外知识(与 A 相比的条件 A+B)只是略微降低了种族构成的额外影响。这就导致了第三个重要结果：在白人比例较大的学校中所有种族和族裔群体的成绩也较高，这一点不能由这些学校中更好的设施和课程来加以解释(在我们的问卷测量所及的范围内)。但是，将这一条件与下一个条件(A+B+C)进行比较，后者的信息包括全体学生的教育背景和志向，结果表明后者的特征大幅降低了由种族构成解释的增加的方差。(如3.2A节中解释的，明显效应出现急剧下降，在现实中很可能意味着完全没有产生效应。)这就导致了另一个重要的结果：在白人比例较高的学校中所有种族和族裔群体的成绩也较高，这一点在很大程度上，也许是完全地，与全体学生的教育背景和志向所产生的效应有关。这就意味着，高比例的白人学生给全体学生带来的明显有益的影响不是源自种族构成本身，而是源自一般来说容易在白人学生中发现的更好的教育背景和更高的教育志向。全体学生环境对个体学生成绩的影响似乎取决于这整个学生群体的教育水平，无论其种族或族裔构成是怎样的。①

然而，这样的结果的确让我们对两个群体的成绩如何能够长期保持相当不同的水平有了一些深入了解。如果学校对一名学生的很大一部分影响是由其他在校学生的成绩水平解释的，那么在一个种族隔离系统内，如果一个群体一开始就处于教育贫困水平，那么它就会趋于保持在这一水平。

通常，人们认为学校的作用是从外部形成一种强大的刺激，不受学生的直接社会语境的影响。从本节的结果来看，似乎更应该把学校看成是一个自我复制的系统，其中大部分效应都不是独立于社会语境的，而恰恰相反，是社会语境内部的效应。

3.231　对分析的两点评论

——前面章节所发现的结果足以跟普遍观念产生分歧，以至于人们可能就分析提出若干问题。

其中一个问题是：为什么在分析中要将各种族和族裔群体分开对待？让我们假设所有黑人都上同样糟糕的学校，所有白人都上同样好的学校，或者是反过来。那么将群体区别对待的分析就会表明学校特征没有任何效应，因为对每个种族或族裔群体而言，所有学校都是一样糟或是一样好。

首先，重要的是要澄清为什么要在分析中将种族群体分开对待。当成绩在各群体

---

① 数据显示，残差关系(A+B+C列)在白人中比在黑人中小，在南部白人中比在北部白人中小。然而，这主要是因为白人中全体学生的种族构成差异比黑人小，在南方白人中则比在北方白人中小。

中有如此大的差异时，如果将这些群体放在一起分析，不对学生的种族或族裔进行控制，就会使任何与种族或族裔有高度相关性的学校特征呈现出与成绩的虚假关系。例如，教师的种族与学生本人的种族高度相关，如果学生的种族没有受到控制的话，它就会表现出与成绩的高度相关性。总之，如果未能控制一个众所周知与因变量有着高度而稳定相关性的变量——在这里就是种族或族裔背景，它不受学生就读学校的特征的影响——那么这就不会是一个好方法。

我们进行了一次考察，没有对种族进行控制，观察学校因素看上去是否会解释很大一部分比例的方差。① 它使用了表3.23.1中所示的五个学校平均变量，连同该分析中使用的相同的三个学生个体变量：家庭经济背景、家庭教育背景和兴趣以及学生的态度。五个代表学校特征的变量分别是：学校设施、学校课程、教师的素质、教师的态度以及全体学生特征。表3.231.1通过所有八个变量的回归分析，分别显示了这五个变量在3、6、9和12年级的独特贡献，以及所有五个变量共同的独特贡献。该表数据表明，学校和师资因素对方差的独特贡献极小，就跟在种族和族裔被分开处理的案例中一样（表3.23.1）。在学校层面，做出强大独特贡献的唯一变量是同学的教育背景与志向——即全体学生变量。或许可以顺便指出，就连教师态度的微薄贡献在很大程度上也可能是源自这种态度与在校学生的种族或族裔的相互关系。

表3.231.1 由学校教师和全体学生特征解释的语言成绩的独特方差百分比，采用2个家庭背景因素和1个个人态度因素进行回归分析

	年级			
	12	9	6	3
以下因素对解释方差的独特贡献：				
学校设施	0	0	0	0
学校课程	0	.2	0	0
教师素质	0	0	0	.1
教师态度	.8	.9	.4	.3
全体学生特征	4.7	4.9	8.2	1.4
所有5个因素的联合独特贡献	9.6	8.1	10.9	2.5
所有8个因素总贡献	35.4	38.1	37.7	12.9

---

① 如果有任何学校因素与种族高度相关，它们当然就会虚假地解释成绩方差中的很大一部分。这样一来，表面上的学校效应就不一定能代表真实的学校效应。

必须强调，在教师的素质方面，我们只处理了学校的平均值。在同一所学校内由教师间差异解释的学生成绩方差不能用本调查中的数据进行探讨。

对于第二个可能引发的问题，本调查中的数据则提供了较少的直接证据。这个问题可以这样提出：学校的效应并不明显，是因为没有对教育成长进行测量；如果进行测量的话，有些学校就可能比其他学校表现出更高的学生成长率，而这些比率很可能与学校的特征高度相关。

如果情况真是这样的话，那么它最可能引发的后果之一就是，家庭背景与成绩之间的相关性应该随着在校年数的增加而下降，大致与学校效应成比例，相应地，学校因素与成绩的相互关系则应该逐年增长。只有当在校学生家庭背景是同性质的，且学校效应与家庭背景高度相关时，学校效应才能在成绩和家庭背景间保持高度相关性。但是，先前已经证明，学校有一种效应似乎是依赖于在校生的一般家庭背景——这一效应通过全体学生实现，而不是通过学校本身的特征实现。因此，上述问题只有在指涉一种独立于全体学生组成结构的效应时才是有意义的。而这样一种效应，如上文所述，应该降低家庭背景因素与成绩的相关性，并提高学校因素与成绩的相关性。然而，在成绩方差中几乎没有由学校特征解释的增长，虽然有一些方差增长是由教师特征解释的（如 3.25 节中将说明的），还有更多的方差增长是由全体学生特征解释的。此外，表 3.221.3 表明，在兼顾主客观两种背景时，对黑人以及白人而言，从 6 年级到 12 年级期间，背景因素和成绩之间的多重相关性保持不变或是有所增长。（1 年级和 3 年级不能被列入比较，因为有若干家庭背景测量没有在 1 年级和 3 年级中进行。）很可能，6 年级的测量效果也没那么好，从而使精确比较变为不可能；但很显然，没有任何强大的外界刺激能够对背景和成绩的一般关系形成干扰性冲击；也就是说，很显然，学校并没有作为独立于儿童背景或全体学生水平的强大刺激在发挥作用。因为不然的话，这种相互关系就会出现下降，与这种刺激的强度成正比。当然，这并不是说，学校没有影响，而是说，学校的影响与学生的个人背景以及在校全体学生的教育背景高度相关；即这种效应似乎不是源自学校系统能够控制的因素，而是源自学校外部的因素。由独立于学生背景因素的变量中产生的刺激似乎相对较弱。

3.24 学校设施和课程

对学校设施和课程特征的研究必须以此为出发点：即由这些特征的差异所解释的学生成绩的差异值小得令人惊讶。然而，我们可以以一种多少有点武断的方式介绍依次选定的学校特征,考察它们对于解释成绩方差有什么帮助,从而对具有不同特征的学校中的成绩有所了解。在对特定学校因素进行这一考察时,来自除黑人和白人之外其他组别的样本相对较少,从而使这些小组的结果可变性很大,对于研究与给定学校特征相关的成绩几乎没有什么价值。因此,只有黑人和白人两个群体将受到考察,分别在全国范围、北部和南部三种组别中进行。首先要介绍的是总的师资方面的学生人均支出,作为社区向学校输入资源的总体测量值。然而,即使在这个初始点,学生背景差异也受到了控制,这样考察结果就不会被社区对学校的学生输入所掩盖。因此,残差关系显示,在学生人均支出很高的学校,具有相似背景的儿童的成绩也比较高。表 3.24.1 中展示了这一考察获得的数据,它们导致了本节的第一个结果:在南部黑人就读的学校里,但不是在其他群体中,在 6、9 和 12 年级中,当学生的背景差异受到控制后,学生人均高支出与成绩较高有关联。这一结果意味着,对于南部的黑人来说,学生人均支出较低的学校的成绩明显低于高支出学校。另一项比较使该群体与其他群体之间的差异更为尖锐:南部黑人和白人中的学生人均支出方差仅为其他群体的十分之一到三分之一。因此,南部黑人中呈现的这一关系和该关系在其他地区的相对缺失所形成的对比就显得更为明显。

表 3.24.1　在 12、9、6 年级,对 6 个背景变量进行控制后,
由学生人均教学支出解释的方差

	12	9	6		12	9	6
南部黑人	2.98	2.89	3.49	北部白人	.29	.14	.05
北部黑人	.09	.02	.14	黑人总计	2.62	2.55	2.17
南部白人	.06	.21	.15	白人总计	.80	.64	.36

这绝对不是说,支出差异本身造成了南部黑人中的这种成绩差异。这项测量很可能代表着社区中存在的其他差异。如 3.23 节所示,当全体学生的特征被考虑进去时,由学校设施测量值解释的方差(包括学生人均支出)实际上是非常小的。事实上,如果经过调整,去除目前分析中的全体学生因素,以及设施和课程的测量值,则在南部黑人中,学生人均支出的独特贡献会几乎完全消失。

考察的下一步是引入某些选定的设施和课程测量值,它们在早期分析中显示出与成绩最相关的迹象,或是看似在学校政策(如分组或分班)中具有内在的重要性。一些

设施的测量值,如教学中的师生数量比例,没有被包括进来,因为它们在所有条件下、在所有群体中始终表现得与成绩缺乏关联性。

学校设施和课程测量值包括——

图书馆的学生人均藏书量

科学实验室设施(仅9年级和12年级)

课外活动数量(仅9年级和12年级)

有速成课程(仅9年级和12年级)

课程的综合性(仅9年级和12年级)

学习迟缓者升级制度的严格程度(仅6年级)

采用分班或分组制(仅9年级和12年级)

分班班级间流动性(仅9年级和12年级)

学校规模

辅导员数量(仅9年级和12年级)

学校位置的城市化程度

对于所有黑人和白人,以及对于分别在北部和南部的所有种族,这项分析使我们得以在两个不同的条件下考察这些测量值中的任何一个所解释的增加的方差——一个是当我们只了解学生的背景信息和学校的学生人均教学支出时,另一个是当我们拥有关于所有其他设施和课程测量值的额外信息时。即,在第一个条件下,只有学生的输入信息和学校的资金投入信息测量值受到了控制;在第二个条件下,其他各种设施和课程测量值也受到了控制。相关数据在表3.24.2中提供。

表3.24.2 个体设施和课程测量值、给定学生背景信息(6个背景变量受到控制)和学生人均支出(A),以及A的给定信息加10项设施和课程测量值(B)对语言成绩方差的独特贡献百分比

	12年级		9年级		6年级	
	A	A+B	A	A+B	A	A+B
黑人总计:						
总解释方差[1]	(2.62)	((6.96))	(2.55)	((5.19))	(2.17)	((2.77))
支出		.54		.87		1.62
图书量	.04	.05	(−).04	0	(−).01	.02
实验室	1.61	.42	.04	.07		

续 表

	12年级		9年级		6年级	
	A	A+B	A	A+B	A	A+B
课外活动	1.64	.10	.12	.01		
速成课程	.59	.11	.11	.04	.08	.07
课程综合性(12,9)	.61	0	.08	(-).01		
升级严格性(6)					.25	.22
分班或分组	(-).01	.10	(-).14	(-).01		
分班班级间流动性	(-).40	(-).19	(-)1.14	(-).88		
规模	2.55	.16	1.32	.09	0	.04
辅导员	2.61	.06	1.25	.06		
城市化程度	2.12	.11	.88	.15	.23	.28
白人总计:						
总解释方差[1]	(0.80)	((2.53))	(0.64)	((1.15))	(0.36)	((0.47))
支出		.54		.87		1.62
图书量	(-).11	(-).12	.06	.03	.01	.01
实验室	.62	.20	0	(-).05		
课外活动	.04	.93	.07	.02		
速成课程	.67	.33	.01	0	.02	.02
课程综合性(12,9)	0	(-).02	(-).14	(-).13		
升级严格性(6)					.05	.05
分班或分组	(-).02	0	(-).01	0		
分班班级间流动性	.02	0	(-).02	0		
规模	(-).22	(-).19	.04	.04	0	0
辅导员	.16	.81	.22	.17		
城市化程度	.04	.28	.08	0	(-).03	.03
北部黑人:						
总解释方差[1]	(0.09)	((3.14))	(0.02)	((1.45))	(0.14)	((0.77))
支出		0		(-).05		.16
图书量	(-).28	(-).28	(-).04	(-).03	0	0
实验室	.97	.77	.32	.15		

续　表

	12年级		9年级		6年级	
	A	A+B	A	A+B	A	A+B
课外活动	1.07	.71	.16	0		
速成课程	.96	.58	.31	.19	.09	.06
课程综合性(12,9)	.22	(-).19	.02	0		
升级严格性(6)					.46	.44
分班或分组	.11	.52	.02	.09		
分班班级间流动性	.07	(-).14	(-).38	(-).27		
规模	.40	0	.46	.28	(-).01	0
辅导员	.38	(-).03	.18	(-).01		
城市化程度	.30	.02	(-).02	(-).05	(-).08	(-).03
南部黑人：						
总解释方差[1]	(2.98)	((8.64))	(2.89)	((7.52))	(3.49)	((4.90))
支出		.65		1.40		1.90
图书量	1.37	.86	(-).04	.14	(-).09	(-).08
实验室	1.93	.37	.08	.12		
课外活动	1.10	0	(-).28	.23		
速成课程	.30	0	.28	.12	.05	.05
课程综合性(12,9)	.57	.05	.27	(-).05		
升级严格性(6)					.06	.09
分班或分组	(-).02	.02	(-).28	(-).01		
分班班级间流动性	(-).44	(-).07	(-)1.43	(-)1.36		
规模	3.72	.27	2.85	.15	.02	(-).06
辅导员	3.04	0	2.40	.06		
城市化程度	2.80	.21	1.99	.03	1.10	1.20
北部白人：						
总解释方差[1]	(0.29)	((1.87))	(0.14)	((0.73))	(0.05)	((0.32))
支出		.13		.11		.05
图书量	(-).12	(-).18	.17	.07	.02	.02

续 表

	12年级 A	12年级 A+B	9年级 A	9年级 A+B	6年级 A	6年级 A+B
实验室	.33	.15	.02	(−).01		
课外活动	.43	0	.02	.03		
速成课程	.66	.72	.01	0	.03	.05
课程综合性(12,9)	(−).05	.17	.29	.32		
升级严格性(6)					.03	.04
分班或分组	(−).01	(−).01	0	0	.03	.04
分班班级间流动性	.05	0	0	0		
规模	.02	(−).35	(−).03	(−).03	.01	(−).01
辅导员	.28	.14	.01	.03		
城市化程度	.06	0	(−).01	.06	(−).17	(−).17
南部白人：						
总解释方差[1]	(0.06)	((3.16))	(0.21)	((1.60))	(0.15)	((0.57))
支出		(−).17		.12		.11
图书量	.03	.04	0	0	.01	.03
实验室	.87	.47	(−).08	(−).08		
课外活动	1.57	.02	.30	0		
速成课程	.42	(−).01	.22	.01	.01	(−).01
课程综合性(12,9)	.33	.06	0	0		
升级严格性(6)					.13	.11
分班或分组	(−).03	(−).03	(−).02	0		
分班班级间流动性	0	(−).18	(−).02	(−).08		
规模	1.13	0	.63	0	.22	.22
辅导员	2.23	.11	1.01	.39		
城市化程度	.98	.33	.77	.03	.06	.05

1. 在条件A()下,总解释方差未将所列设施包括在回归分析中。在条件A+B(())下,它则包括这些设施。

年级之间的差异——年级之间的一般比较表明,从 6 年级到 12 年级,设施和课程测量值所解释的成绩方差变得越来越大。在 6 年级,大多数测量值只解释了极少一部分方差,到了 9 年级则多了一点,到了 12 年级就更多一点。6 年级时大部分项目都没有表现出关联性,是因为在小学中,这些设施的校际差异很小。

黑人和白人之间的差异——这里可以清楚地看出,对白人而言,由校际差异解释的方差通常较少。对白人而言,所有特征解释的方差都比较少,很多特征都几乎不能或完全不能解释任何方差。

地区之间的差异——对于黑人和白人而言,在几乎所有测量值上,在南部地区,校际差异解释的方差都超过了北部地区的校际差异。这一结果与先前的结果一致,表明在南部地区校际差异与成绩的关联比在北部地区大。

特殊设施和课程测量值——在第一个条件(A)之下,一个在 9 和 12 年级解释了相对较多方差的变量就是学校规模。(6 年级时没有体现出这一关联性,或许是由于小学的学校规模差异较小。)该关系对南部的黑人而言最强,但在南部的白人中也存在。然而,如果对各种设施和课程差异加以控制,则它的大多数表面效应都会消失。也就是说,规模较大的学校有较高的成绩在很大程度上是由它们拥有的额外设施解释的。有一些证据表明,在北方的白人中,对于最大的学校而言,学校的规模可能会具有相反的效果。在学校规模很小的农村地区和在学校规模很大的城市地区,规模效应可能会有所不同,这一点在表 3.24.3 中得到了进一步支持。该表将各种族按照大城市地区和非大城市地区进行划分,并显示了引入学校规模因素后增加的解释方差。(在测量这一增加方差时,表 3.24.2 上方的所有特征都得到了控制。因此,A 和大多数 B 都得到了控制。)

表 3.24.3　当学生的背景因素、学生人均教学支出、选定设施和选定课程因素受到控制时,学校规模对语言成绩解释方差的独特贡献百分比

	12 年级	9 年级	6 年级		12 年级	9 年级	6 年级
黑人:				白人:			
北部	(-)0.01	0.21	(-)0.01	北部	(-).27	(-).04	(-).01
南部	1.59	1.12	.02	南部	.33	.23	22
在大城市地区	.07	.13	(-).02	在大城市地区	(-).43	.01	.01
在非大城市地区	2.87	1.59	(-).01	在非大城市地区	.08	.00	.00

这说明，城乡分类所体现出的效应比南北分类所体现出的效应稍稍大了一点，并进一步证明，在大城市地区可能存在学校规模的负面影响。

一个有助于解读这种关系的变量就是学校所在位置的城市化程度。在城市地区，该变量体现了城市和郊区的位置差异；在非城市地区，它体现了农村、小镇和较大镇子的位置差异。对于黑人和白人而言，该变量在南部地区与成绩有着毋庸置疑的关联，在那里，差异主要存在于农村、小镇和较大的镇子之间；但是该变量在北部地区与成绩并无明确关联，在那里，该变量的差异主要体现在郊区与城市之间。这再次表明，除了设施和课程之外，最小的、最乡下的学校比较大的、较城市化的学校成绩要低，但是最大的、最城市化的学校成绩并不比中等规模的学校要高，对黑人而言尤其如此。

表3.24.2中的若干测量值可以被迅速抛到脑后。分班与成绩没有表现出任何关联，因此对分班班级间的学生流动性与成绩之间的表面关联无法做出任何有意义的解释。

课程的综合性与成绩之间关系很小，而且也不能始终一致。然而，速成课程的存在的确在12年级表现出一种与成绩始终如一的关联，特别是在北方，在其他课程和设施的测量值被控制前后都是如此。但是，我们不可能得出确凿结论，速成课程究竟是真的能有效地提供额外机会，还是说它仅仅是全体学生取得了高成绩或是社区拥有高度教育兴趣的额外指标。

学校图书馆的学生人均藏书量与成绩之间的关联很小，而且并不始终一致。然而，科学实验室和课外活动数量都与成绩有着始终一致、强度适中的关联。在其他学校因素受到控制前，课外活动数量解释的差异更多，但是在那些因素受到控制后，则解释的差异量不如实验室多。这表明，课外活动与成绩高的学校的其他属性关联性更高，但实验室的存在则与高成绩本身有着更多的内在关联。

对于那些最能够充分利用学生输入的学校来说，所有调查结果提供的概况就是，它们通常拥有更多的资源。那些关联都不是很大，但它们都在朝着更高的成绩方向发挥作用：更高的学生人均教学支出，一门具有更大挑战性的课程，更多的实验室和更多的活动。然而，最重要的结果或许是在前一节中指出的：设施和课程特征与成绩的相关度大大低于同校同学的特征。

很显然，本次调查中的其他校际差异几乎淹没了课程差异的所有效应。要了解它们的效应，就必须进行一次更深入的研究，更充分地聚焦于这些课程变量本身。但以下事实本身却很重要：学校设施和课程的差异是人们在试图改善学校质量时针对的主要变量，但它们却与学生成绩水平差异关系很小，除了极少的例外情况，它们的作用甚至都不能在如此大规模的调查中显现出来。

3.25 教师的特征

这些学生的教师在诸多方面有所不同。大多数黑人的教师都是黑人,白人的教师几乎始终都是白人;黑人的教师对学校种族融合往往持更积极的态度,并较少表达出教中产、白领家庭儿童的偏好;黑人的教师在教师词汇测试中得分较低;此外还有其他差异存在,这些都在第 2 部分中指出了。

在评价教师特征对成绩产生的效应时,我们对一所学校中的教师进行了汇总,以获取该校教师的平均值。对 1、3 和 6 年级而言,汇总只包括教 1 到 6 年级的教师;对 9 年级而言,汇总只包括教 7 到 12 年级的教师;对 12 年级而言,汇总只包括教 9 到 12 年级的教师。

总的看来,教师特征平均值的校际差异所解释的学生成绩差异比例比除了全体学生特征外学校其他方面特征的总和还多。在早期回归分析中,有一些特征似未产生什么效应,在将它们淘汰后,对几项被选中的教师特征进行了特别考察。其他变量被淘汰是因为它们与剩下的一个或更多变量有着高度的相互关联性,因此其效应不容易被区分。剩余的变量必须在一定程度上被视为其他与之相关变量的替代者。因此,就跟任何对一组复杂关系的调查一样,对结果的解读必须谨慎,因为有许多因素不能同时作为常量存在。

被选中进行特别考察的教师变量包括——

(1) 教师家庭的平均受教育程度(采用母亲的受教育程度)。

(2) 平均教龄。

(3) 在校教师的地方性:他们以前是否就读于本地的中学和大学,并在本地度过了生命中的大部分时间。

(4) 教师自身的平均受教育程度。

(5) 教师自己进行的词汇测试平均分。

(6) 教师对教中产、白领家庭学生的偏好。

(7) 白人教师在学校中的比例。

这次考察中发现的第一个重要结果是,教师特征的效应在学生在校期间出现了大幅增长。在低年级,由教师平均特征差异解释的成绩方差非常小,到了较高年级则会增加。表 3.25.1 中体现了这一效应。在这份表格中,应该特别关注从 6 年级到 12 年级的变化，因为前面章节的分析已经表明，在 1 和 3 年级中，通常任何变量与成绩的关联都很小。到了 6、9 和 12 年级，在两个地区的白人和黑人中间，这种关系都出现了普遍增长。其他少数族群的数据较不一致，然而对几乎所有群体而言，这种关系都是在 12 年级达到最强化。

表 3.25.1　在 12、9、6、3 和 1 年级，由 7 个选定的教师变量解释的语言成绩方差百分比，对背景因素进行了控制[1]

	12 年级	9 年级	6 年级	3 年级	1 年级
波多黎各人	18.38	9.70	8.11	2.60	4.70
美国印第安人	15.75	7.25	17.95	3.71	10.97
墨西哥裔美国人	14.63	11.71	12.59	2.31	2.18
南部黑人	9.97	7.72	5.29	1.73	.91
北部黑人	4.35	1.58	2.19	2.38	1.38
东亚裔美国人	1.77	3.18	4.19	3.92	6.04
南部白人	2.07	2.49	1.12	1.08	.46
北部白人	1.89	1.02	1.67	.85	.87
黑人总计	9.53	6.77	3.52	2.83	.52
白人总计	1.82	1.03	1.23	.59	.37

1. 在 1 年级和 3 年级，只有来自表 3.221.1 的 4 个背景变量 1、2、5 和 6 受到了控制，而它们在所有 5 个年级中都测量了；为了与 3.23 和 3.24 节具有可比性，在 6、9 和 12 年级对 6 个背景变量进行了控制。

该表格显示了第二个重要结果。对一个给定群体中的儿童而言，一般教师特征的明显效应与该群体对学校环境的"敏感度"直接相关。特别是对南部的黑人而言，他们受到的影响似乎比北部的黑人更大。在所有群体中，受影响最小的似乎是白人。①

这是一个极为重要的结果，因为它表明，好教师对教育背景不完善的少数族群儿童而言更重要。它还表明，对任何群体而言，不管是否是少数族群，好教师对教育背景最不利的儿童产生的影响是最大的，而旨在提升教师质量的给定投入对于贫困地区的成绩而言，效果是最显著的。

---

① 这种差别性关联度可能仅仅是在南北部黑人教师特点的更大差异下的结果之一，其实也可能是一种给定差异量产生的更大效应。为了确定究竟是哪一种情况，调查中考察了三个最重要变量的方差，即教师的语言能力、家庭教育背景和本人接受的教育。这些方差对北部和南部黑人而言大致相同，这表明导致不同关联度产生的不是教师可变性的差异，而是给定变化幅度的效应的差异。

被选择进行特别考察的教师变量显示了每一种变量对于解释总方差的贡献。表 3.25.2 显示了在每个年级的黑人和白人中的这些效应。该表显示了当这些变量被添加后的累积解释方差量，添加顺序如上文所示。

表 3.25.2　各年级黑人和白人的成绩累积方差，通过按照所列顺序增加特定教师变量的全校平均值进行解释

【4 个背景因素受到控制】

增加的变量	12 年级 黑	12 年级 白	9 年级 黑	9 年级 白	6 年级 黑	6 年级 白	3 年级 黑	3 年级 白	1 年级 黑	1 年级 白
教师的家庭教育水平	2.26	0.10	1.42	0.14	0.58	0.21	0.03	0.01	0.03	0.00
教龄	3.37	.12	1.53	.22	.61	.21	1.50	.05	.14	.15
地方性	3.38	.47	1.54	.47	.93	.49	2.34	.21	.26	.19
教师的受教育水平	4.87	1.08	3.20	.60	.93	.51	2.40	.23	.26	.21
词汇测试分数	7.05	1.21	5.05	.62	2.82	.67	2.74	.27	.34	.27
对中产阶级的偏好	8.09	2.07	5.42	.69	3.03	.82	2.76	.56	.35	.33
白人比例	8.23	2.10	5.55	1.04	3.33	1.20	2.83	.59	.52	.37

这些数据再次表明，教师变量对黑人的影响大大超过了对白人的影响。对白人而言，教师的这些特征在任何年级都没有表现出很大效应。对黑人而言，凡是显示出效应的变量都随着年级的升高而影响日增。

显示出最大效应的变量分别是：教师的家庭教育水平（正效应），教师自身所受的教育（正效应），以及教师的词汇测试分数（正效应）。教师的态度在一些年级表现出轻微的影响（对中产阶级学生的偏好为负效应），教龄也是如此（正效应），而地方性和白人教师比例则没有或几乎没有显示出任何效应。对其他少数族群而言，出现了类似的结果，除了教师的教龄表现出正负不一致的效应，这表明它并不具有独立的效应。教师对中产阶级学生的偏爱对墨西哥裔美国人、波多黎各人、印第安人有着更强大的、始终为负的效应；而白人教师比例始终对这三个群体具有正效应。

来自这些表格最令人信服的结果（除了学校环境对高敏感度群体效应更强大以及效应随着年级增长这两条结果外）是，教师的语言技能具有很强的效应，这最初表现在 6 年级，说明在 3 到 6 年级之间，教师的语言技能格外重要。表格中显示，这一结果对黑人而言成立，对其他各个少数族群而言也成立。对后者而言，在 3 年级到 6 年级间，由教师的语言技能解释的增加方差甚至比对黑人而言还要大。

第二种效应对黑人而言不是那么强大，即教师的教育水平（包括家庭教育和教师本人接受的教育）或是某种可以用这个作为替代的变量。该变量从 9 年级和 12 年级时开始产生影响。（同样的结果对其他少数族群而言也成立，只不过教师本人受教育程度在这些群体中表现出更多变的效应。）

对学校、教师和学生环境变量一起进行一次全面考察是可行的，因为现在所有的三个变量都已经被单独考察过了。这一考察在表 3.25.3 中进行，表中显示了由教师变量解释的方差、由教师变量加 3.24.1 节中考察过的学校特征解释的方差，以及由这两组变量加 3.23 节中考察过的学生环境解释的方差。该表的第三列显示，总的来说，除了 12 年级的黑人和白人以外，这些变量解释了在所有群体中存在的几乎所有校际差异，但是对黑人和白人而言比例要低得多，而且对所有年级的 9 年级和 6 年级来说，比例都比较低。要考察这三个变量行为的相对强度，可以将第一列（仅教师变量）与表 3.24.2 第二列的第一行（仅学校特征）进行比较，并将第二列（教师加学校特征）与表 3.23.2 的第二列（学生环境加学校特征）进行比较。这一比较表明，学校特征是三者中最弱的；教师的特征与学生环境特征相仿，但略弱于后者。

表 3.25.3　12、9 和 6 年级中，分别由教师变量(T)、前者加上学校变量(S)以及前者加上学生环境变量(E)解释的语言成绩方差百分比

【6 个背景因素受到控制】

	12 年级			9 年级			6 年级		
	T	T+S	T+S+E	T	T+S	T+S+E	T	T+S	T+S+E
波多黎各人	18.38	20.00	26.39	9.70	11.37	16.26	8.11	10.81	13.97
美国印第安人	15.75	19.56	26.33	7.25	10.17	14.04	17.95	19.41	20.95
墨西哥裔美国人	14.63	16.94	19.16	11.71	14.12	15.04	12.59	13.57	16.52
南部黑人	9.97	11.68	13.90	7.72	11.24	13.33	5.29	7.76	9.02
北部黑人	4.35	6.68	8.97	1.58	3.32	5.36	2.19	2.66	4.93
东亚裔美国人	1.77	6.63	(1)	3.18	(1)	(1)	4.19	11.99	14.54
南部白人	2.07	3.60	4.80	2.49	3.36	3.83	1.12	1.56	2.94
北部白人	1.89	3.16	3.82	1.02	2.06	3.07	1.67	2.02	4.84
黑人总计	9.53	10.70	13.78	6.67	8.70	11.22	3.52	4.42	6.52
白人总计	1.82	3.42	41.8	1.03	2.41	3.18	1.23	1.77	4.13

1. 回归分析中无充足数据进行估计。

因此，教师变量对学生成绩产生的效应显示了几个重要结果。在这里重申这些结果，分别是——

1. 教师差异会随着在校年数产生累积效应。
2. 教师差异与在教育上处于不利地位的少数族群的成绩有更高相关性，超过了与白人成绩的相关性。这一关系大致对应于少数族群对学校环境差异的总体敏感性。此外，教师差异与南部黑人成绩的相关性是与北部黑人成绩相关性的两倍。
3. 对所有少数族群而言，教师的语言技能最先在6年级显现强大效应。
4. 对所有少数族群而言，教师的教育背景（本人和家庭）最先在9年级显现强大效应。

3.26 学生的态度

调查中考察了三种与成绩相关的学生态度和动机的表达。一个是学生对学校的兴趣及其报告的校外阅读情况；另一个是学生的自我概念，特别是关于学习和在学校取得的成功；第三个是我们所说的学生对环境的控制感。

正如在先前的章节中指出的，相对于其他群体而言，黑人和白人儿童都表现出很高的自我概念，以及对学校和学习的高度兴趣。然而，黑人跟其他少数族群一样，表达出比白人低得多的环境控制感。

这些态度没有在所有年级中进行测量。下面的表格显示了在每个年级中对每种态度的调查各基于哪些问题。（在3年级，前两种态度各只有一个问题可用，第三种态度则无任何项目作出提问。对1年级学生没有提出态度方面的问题。因此，比较都是在6、9和12年级中进行的。）

年级	对学习和阅读的兴趣	自我概念	环境控制
12	q 57,59,60,63	q 91,108,109	q 102,103,110
9	q 54,56,57,60	q 88,99,100	q 93,94,103
6	q 36,51,28	q 37,40	q 38

（译注：q=问题）

由于在6、9和12年级之间，提的问题不是一模一样的，所以测量值并不完全一样。然而，尽管在6、9和12年级中存在着这种差异，但是在分析中有一点是非常清楚的。

在调查测量的所有变量中,包括所有家庭背景测量值和所有学校变量,这些态度在所有三个年级中都表现出与成绩最密切的关系。这些态度与成绩的零阶相关系数均高于任何其他变量,在某些情况下则与某些测试成绩跟其他变量的相关性一样高(在 .4 到 .5 之间)。单独来看,这些态度变量所解释的成绩差异比其他任何一组都多(所有家庭背景变量放在一起,或是所有学校变量放在一起)。当添加到其他任何一组变量中时,它们所增加的解释差异也比其他任何一组变量都多。表 3.26.1 和 3.26.2 将这些态度和 8 个最强的背景变量进行了比较。表 3.26.1 显示了由这三种态度解释的方差,以及由 8 个本分析中一直采用的背景因素解释的方差量。在 9 年级和 12 年级,除了两个例外(9 年级东亚裔美国人和 12 年级美国印第安人),都是三种态度所解释的方差更多。在 6 年级,当北部和南部被分开考虑时,态度解释了白人和黑人的大部分方差;在其他群体中,背景因素解释的方差更多。表 3.26.2 用若干种方式将它们与背景因素进行比较,显示了当它们作为独立变量被包括进去时所增加的解释方差,以及它们各自对解释方差的独特贡献,结果表明,如果将该变量从方程式中移除,解释方差就会减少。表中还包括了与成绩关联最密切的背景变量的可比数量。

表 3.26.1　12、9 和 6 年级中,分别由 3 种态度和
8 个背景变量解释的语言技能总方差百分比

	态度			背景		
	12 年级	9 年级	6 年级	12 年级	9 年级	6 年级
波多黎各人	9.09	13.99	8.97	4.69	6.18	25.51
美国印第安人	21.62	18.81	14.23	22.07	16.30	19.65
墨西哥裔美国人	14.04	16.32	13.38	10.23	14.25	23.07
南部黑人	17.18	20.84	15.55	15.79	15.69	15.44
北部黑人	17.54	20.77	13.27	10.96	11.41	10.25
东亚裔美国人	19.58	21.69	25.78	19.45	22.81	36.16
南部白人	26.52	31.53	23.69	20.13	23.18	19.91
北部白人	29.14	31.10	24.20	24.56	22.38	15.57
黑人总计	15.89	20.12	14.16	15.14	14.99	14.62
白人总计	27.68	31.10	24.26	23.03	23.28	17.64

表 3.26.2 在 12、9 和 6 年级,在有 8 个背景变量的回归方程式中,3 种态度和单一最强背景变量对语言技能解释方差的独特贡献

	独特贡献		
	12 年级	9 年级	6 年级
波多黎各人:			
学习兴趣	(-)4.33	(-)0.37	1.01
自我概念	2.09	.86	.09
环境控制	2.18	7.89	2.67
最强背景项目	.90	1.05	5.35
背景项目	(^{1})	(^{1})	(^{2})
总体包括态度	12.87	17.26	29.68
总体排除态度	4.69	6.18	25.51
美国印第安人:			
学习兴趣	.01	0	2.92
自我概念	2.91	1.90	.70
环境控制	5.06	5.41	3.08
最强背景项目	1.34	1.37	3.60
背景项目	(^{1})	(^{3})	(^{2})
总体包括态度	32.86	26.34	27.59
总体排除态度	22.07	16.30	19.65
墨西哥裔美国人:			
学习兴趣	.00	.05	.88
自我概念	.70	.49	1.21
环境控制	7.29	6.26	3.60
最强背景项目	2.15	.93	3.35
背景项目	(^{3})	(^{4})	(^{2})
总体包括态度	20.59	22.96	29.91
总体排除态度	10.23	14.25	23.07
南部黑人:			

续　表

	独特贡献		
	12 年级	9 年级	6 年级
学习兴趣	(－).05	.07	1.79
自我概念	3.06	.87	1.00
环境控制	5.76	9.68	5.41
最强背景项目	2.09	1.26	1.81
背景项目	(^{1})	(^{1})	(^{2})
总体包括态度	27.94	29.63	25.31
总体排除态度	15.79	15.69	15.44
北部黑人:			
学习兴趣	(－).03	.01	1.19
自我概念	3.72	1.95	1.23
环境控制	5.07	7.96	4.89
最强背景项目	1.13	1.44	1.34
背景项目	(1)	(1)	(2)
总体包括态度	22.67	25.30	19.22
总体排除态度	10.96	11.41	10.25
东亚裔美国人:			
学习兴趣	(－).12	.27	1.33
自我概念	5.20	1.48	.83
环境控制	1.59	3.11	5.27
最强背景项目	3.88	4.36	2.85
背景项目	(^{1})	(^{1})	(^{2})
总体包括态度	28.81	30.48	46.82
总体排除态度	19.45	22.81	36.16
南部白人:			
学习兴趣	1.60	1.52	1.96

续　表

	独特贡献		
	12 年级	9 年级	6 年级
自我概念	7.67	3.62	3.17
环境控制	.69	4.84	2.92
最强背景项目	1.33	1.04	1.94
背景项目	(³)	(³)	(³)
总体包括态度	35.51	39.60	32.11
总体排除态度	20.13	23.12	19.91
北部白人：			
学习兴趣	1.37	1.82	1.79
自我概念	5.02	3.36	4.40
环境控制	1.55	3.42	3.52
最强背景项目	3.09	1.27	1.45
背景项目	(¹)	(³)	(³)
总体包括态度	37.32	37.85	30.80
总体排除态度	24.56	22.78	15.57
黑人，总计：			
学习兴趣	(−).13	0	1.36
自我概念	2.91	1.16	.98
环境控制	5.33	8.89	5.25
最强背景项目	1.39	1.03	2.34
背景项目	(⁵)	(¹)	(²)
总体包括态度	26.11	28.18	23.74
总体排除态度	15.14	14.99	14.62
白人，总计：			
学习兴趣	1.31	1.61	1.83
自我概念	5.82	3.49	3.95
环境控制	1.26	3.88	3.27
最强背景项目	2.19	1.24	1.66

续表

	独特贡献		
	12 年级	9 年级	6 年级
背景项目	(¹)	(³)	(³)
总体包括态度	36.30	38.75	31.82
总体排除态度	23.03	23.28	17.64

1. 父母的教育愿望
2. 家中物品
3. 父母受教育程度
4. 结构性种族融合
5. 城市化程度

这些表格表明,无论选择何种测量值,态度变量都与成绩有着最强的关联性。当然,自我概念与成绩有如此紧密的联系是很合理的,因为它代表了个人对自己能力的估计。(再一次,参见 3.1 节中这一变量所基于的项目。)从某个角度看,自我概念与成绩的关系仅仅是他对自己学术能力估计的准确性,很可能,与其说那是他学术成绩的因,不如说是他学术成绩的果。可以假设,他的学习兴趣部分源于家庭背景,部分源于他在学校的成功。因此,这在一定程度上是在校成绩的因。然而,在这三个态度变量中,它是最弱的,尤其是在少数族群中,它与成绩的关联在 9 年级和 12 年级中表现得并不一致。对黑人而言,此处缺乏一致的关联,再加上 3.1 节中显示的数据说明黑人甚至比白人更有学习兴趣,就说明尽管这些学生报告称对学术成绩有很高兴趣,但这种兴趣并没有通过有效行动转化为成绩。因此,通常假设会发生的因果序列,也就是兴趣导致努力从而导致成就,似乎并没有在黑人和其他少数族群中如期发生。

关于可能发生的因果顺序的线索是由另外两个态度因素与成绩的关系提供的。其中一条线索就是本节的第二个重要结果:在 12 年级,对白人和东亚裔美国人而言,在背景因素受到控制前后,自我概念与语言技能更为高度相关,超过了环境控制感;但对于所有其他少数族群,其相对重要性则正好相反:儿童的环境控制感与成绩的关系最为密切。

表 3.26.3 显示了这一比较。这一结果尤其令人印象深刻,因为这种态度与在校成绩或能力没有直接的逻辑关系。它所基于的三个问题陈述分别是:"对于成功来说,好运气比辛勤工作更重要";"每当我尝试获得成功,总有什么人或事作梗";以及"像我这样的人在人生中没有很大的成功机会"。然而,对于成绩最差的少数族群而言,对这些陈述的回应(作为个体或作为群体)与成绩之间的关联超过了其他任何变量。3.1

节中的数据明确显示,来自这些群体的儿童对这些陈述做出的反应更有可能表明他们缺乏对环境的控制感。目前的数据则显示,这些少数族群中表现出某种环境控制感的儿童成绩比那些没有环境控制感的儿童要高出许多。这一关联中的因果顺序并未由关系本身指明。它很可能是双向的,态度和成绩会相互影响。然而,鉴于在因果关系的方向方面缺少明确的证据,一种不无裨益的做法是充分考察其中的一个方向——即这种态度的可能效应,也就是说,对环境的高控制感或低控制感对成绩的影响。[1]

表 3.26.3 在 12 年级,在 8 个背景因素被包括及未被包括的情况下,自我概念和环境控制分别与另一个态度因素对语言技能解释方差的共同独特贡献

【左侧回归分析中的总解释方差在表 3.26.1 中提供,右侧回归分析中的总解释方差在表 3.26.2 中提供】

群体和地区	不包括背景因素		包括背景因素	
	自我概念	环境控制	自我概念	环境控制
波多黎各人	2.59	3.00	2.09	2.18
美国印第安人	4.94	9.69	2.91	5.06
墨西哥裔美国人	1.43	8.64	0.70	7.29
南部黑人	3.64	8.36	3.06	5.76
北部黑人	5.30	6.41	3.72	5.07
东亚裔美国人	6.46	3.60	5.20	1.59
南部白人	10.97	1.29	7.67	0.69
北部白人	8.50	2.55	5.02	1.55
黑人总计	3.61	7.88	2.91	5.33
白人总计	9.31	1.99	5.82	1.26

表 3.26.4 显示了在每个少数族群中以及在根据南北部地区划分的黑人和白人中,在回答问题时选择"好运气"的男孩和女孩的平均语言成绩,以及选择"辛勤工作"

---

[1] 在这一方面,最近的一项社会心理学实验很有意义。黑人和白人成年人被要求在两种境况中二选一,一种境况是有风险的,其结果取决于运气;另一种境况虽然总体上并非更有利,但其结果却是取决于自己的回应。与白人相比,黑人成年人较少选择取决于自己行为的境况,而是更多地选择由运气决定的境况。Herbert M. Lefcourt,《黑人和白人成年人的风险选择(Risk-Taking in Negro and White Adults)》,《个性和社会心理学期刊(Journal of Personality and Social Psychology)》1965 年第 2 期,pp. 766 - 770。

的男孩和女孩的平均语言成绩。那些选择"努力工作"或"有控制力"的少数族群学生在测试中的分数高于那些选择"无控制力"的白人。

表 3.26.4 对问题"同意或不同意：对于成功来说，好运气比辛勤工作更重要"给予不同回答的 9 年级学生语言测试分数

群体和地区	同意（好运气）	不同意（辛勤工作）	群体和地区	同意（好运气）	不同意（辛勤工作）
波多黎各人	38.6	46.8	南部黑人	36.6	43.3
美国印第安人	38.5	45.5	北部黑人	40.0	47.1
墨西哥裔美国人	99.9	47.3	南部白人	42.9	52.5
东亚裔美国人	44.0	52.5	北部白人	45.4	54.8

少数族群儿童或许也包括白人弱势儿童，对他们而言，环境控制感对成绩的特殊重要性表明，在弱势群体儿童和强势群体儿童中，是两套不同的倾向性因素导致了成绩低或高的结果。对强势群体儿童来说，成绩好坏似乎与他们的自我概念密切相关：即他们对自己的信念。对弱势群体儿童来说，成绩好坏似乎与他们对环境的信念密切相关：即他们究竟是相信环境会对合理的努力做出回应，还是认为环境只是随机的或无法改变的。换句话说，强势群体儿童似乎假设，只要他们有足够的能力去影响环境，环境就会做出回应；弱势群体儿童则不会进行这种假设，在很多情况下都认为，他们做的任何事情都无法改变环境——环境会给予他们好处或障碍，但这些都不是他们自己行为的后果。

我们可以推测，这些概念应该是源自这些儿童的不同经历。来自强势家庭的儿童，他的所有需求往往都能得到满足，他生活在一种反应积极的环境中，因此他可能假设，只要他做出适当的行为，环境将继续做出积极反应。来自弱势家庭的儿童，他的需求很少能得到满足，他生活在一种漠然的环境中，在家庭内部（他母亲要应对其他需求压力）和家庭外部都是如此，他所面对的外部世界往往是不友好的。[①] 因此，他不能假设环境会回应他的行动。这种状态可能会导致被动性，一种对运气的一般信仰，认

---

① 近来对黑人母亲及其 4 岁子女的研究显示，在对母亲行为的其他方面，包括其本人的智商进行统计控制后，那些对环境抱持一种徒劳感的母亲，其子女在斯坦福-比奈智商测试中得分也较低。参见 Roberta M. Bear Robert D. Hess 和 Virginia C. Shipman 的《母亲对学校态度的社会阶层差异及其对年幼儿童认知发展的影响（Social class difference in maternal attitudes toward school and the consequences for cognitive development in the young child）》，油印版，1966 年，芝加哥大学城市儿童中心。

为这个世界是充满敌意的，并认为自己所做的任何事情都无法改变世界。他还没有看到自己能够影响自己的环境，因为根据他以往的经验，这种事情从来都没有发生过。

因此，对于许多弱势儿童而言，取得成绩的一个主要障碍可能来自他们面对环境的方式。在经历了一种毫无反应的环境后，对这样的儿童来说，勤奋工作、为取得成绩而付出不懈的勤奋努力，似乎不可能有回报。因此，他很有可能只是"适应"自己的环境，在被动的追求中找到满足。

因此，很有可能，对经历过不利境况和特别漠然的环境——无论是在家中还是在更大的社会中——的少数族群而言，通向成功的钥匙之一是这种观念上的转变。

这些数据得出的进一步结果可以提供一些线索，说明在弱势群体儿童和强势群体儿童中，或是在来自不同类型家庭的儿童中，这种态度上的差别性动态。当所有三种态度被放在一起研究，作为对语言成绩的预测，则从 6 年级到 9 和 12 年级会发生如下变化：(a)在 6 年级，所有族群自称的对学校的兴趣都与成绩有关。但这一关系在 9 和 12 年级消失了，只有对东亚裔美国人和白人例外。(b)在 6 年级，对所有群体而言，环境控制都与成绩有着强大关联；但这一关联到了 9 和 12 年级，在东亚裔美国人中就变弱了，在白人中则消失了，但对其他少数族群而言则增强了。表 3.26.5 中展示了这些关系，显示了在三个年级中，三种态度对方差的独特贡献。[①]

这些数据表明，必须谨慎看待关系中发生的变化，因为在 6 年级与 9 和 12 年级之间的测量值本身中就存在着一些差异。然而，数据表明，儿童对环境的控制感（3.1 节中指出，这在 6 年级时较低，且随着年龄而增长）对所有组别儿童的早期成绩都很重要，但是，对于来自弱势群体的儿童而言，他们对环境的控制感会继续与后来的重大成绩差异保持相关性。这些结果当然只是暗示性的，表明需要对社会弱势群体中态度和成绩的动态关系做进一步研究。由于态度和成绩间可能存在着相互依赖的关系，所以此类调查在确定二者在何种程度上互相影响时，需要特别小心。

了解学校和家庭中有哪些因素会影响儿童的自我概念和环境控制感是很有用的。首先，本次研究几乎没有提供有关学校因素对这些态度影响的证据。如果对家庭背景

---

① 针对不同人群中这些态度方差相对大小的一项调查表明，在不同群体之间，导致与成绩不同关联并不是态度差异的不同程度，因为态度方差并不存在很大的不同。导致差异的是在这些群体中，给定态度差异量与成绩的不同关联。

表 3.26.5　在 12、9 和 6 年级，对语言成绩解释方差的独特贡献*

【总方差见表 3.3.1】

群体和地区	12 年级			9 年级			6 年级		
	兴趣	自我概念	控制	兴趣	自我概念	控制	兴趣	自我概念	控制
波多黎各人	(−)6.25	2.59	3.00	(−)0.15	1.54	8.59	5.10	0.42	2.30
美国印第安人	.05	4.94	9.69	.31	2.45	9.20	5.81	1.40	4.35
墨西哥裔美国人	(−).11	1.43	8.64	.64	.64	9.26	3.30	2.11	4.77
南部黑人	(−).07	3.64	8.36	.51	1.26	13.09	4.11	1.60	6.32
北部黑人	0	5.30	6.41	.19	2.84	10.03	1.91	1.94	6.37
东亚裔美国人	1.09	6.46	3.60	3.62	2.38	5.39	6.15	2.53	7.33
南部白人	2.24	10.97	1.29	2.78	5.93	7.08	3.83	5.06	5.18
北部白人	3.97	8.50	2.25	3.86	5.31	4.87	2.67	6.96	5.33
黑人总计	.25	3.61	7.88	.08	1.70	12.30	2.60	1.55	6.93
白人总计	3.02	9.31	1.99	3.13	5.71	5.74	3.05	6.30	5.38

* 数字前的(−)代表该态度与成绩的偏相关关系为负。

特征进行控制的话，则本次调查中测量的学校因素就几乎完全不能解释自我意识和环境控制的剩余方差。然而，有一个变量始终与环境控制和自我概念保持着关联。对所有群体而言，随着学校中白人比例的增加，儿童的环境控制感在增强，自我概念则在降低。这表明，学校种族融合有可能对少数族群儿童的态度产生了冲突性效应：它增加了他们的环境控制感或机遇意识，但却降低了他们的自我概念。这种关系很可能是人为制造的，因为全体学生的成绩水平随着白人的百分比而增长，这个或许才是导致这些对立关系的近因。如果是这样的话，则这些效应就仅仅是同学的成绩和动机产生的效应，而不是种族融合的直接效应。无论因果关系的时间结构是怎样的，这种关系——尽管始终一致——在所有情况下都很微弱。

这些态度更多是取决于家庭而非学校，这看起来很合理。之前提到的一项研究表明，母亲对环境的控制意识会影响幼儿的认知能力。看起来，她的孩子对环境的控制感也同样取决于她本人。要调查这些态度的来源，最好在比目前调查规模小的密集型研究中进行。然而，目前调查的一些结果可以被列为这些态度来源的线索。

在6、9和12年级中，研究了八个家庭背景因素与这两种态度同时发生的关联。这些背景因素是：

家庭结构的完整性（主要是父亲的存在）

兄弟姐妹数量

在城市地区居住的时间长度

父母的受教育程度

家庭环境经济水平

家中阅读材料

父母对子女教育的兴趣

父母对子女教育深造的愿望

这些因素和这两种态度的关系模式在本次调查中的所有群体中都很相似，只有以下一些小的例外。首先，在这些态度中，只有一小部分方差，平均不到10％，是由所有这些背景因素共同解释的。对于除了黑人以外的少数族群而言，这些背景因素能更好地解释环境控制，而非自我概念。对黑人而言，二者差不多相同；对白人而言，自我概念比环境控制得到了更好的解释。

对两种态度以及对所有群体而言，父母对子女教育深造的愿望这一因素对积极的自我概念和环境控制感有着最大的独特贡献。对于自我概念而言，在其他变量中，唯一表现出始终如一（正面）关系的是父母的受教育水平和家中的阅读材料数量。对于孩子的环境控制感而言，还多了一种与家庭经济水平及家庭结构完整性的始终一致的关系。也就是说，来自经济水平较高家庭和家中有父亲存在的儿童对环境的控制感相对较高，而来自经济水平较低家庭或家中没有父亲存在的儿童对环境的控制感相对较低。

这些结果可以仅仅被视为儿童背景中这些态度来源的次要标示。但是这一节的主要结果不仅看上去相当重要，而且值得进一步研究，那就是，这两种态度似乎对来自强势背景和弱势背景的儿童发挥着不同的作用。

3.2节中的发现对教育机会公平的意义——在研究学校对成绩所产生的效应时，诸多发现中有一条似乎具有压倒一切的重要性，这条发现是结合以下所有结果得出的结论：

1. 家庭背景对成绩的巨大重要性；
2. 家庭背景与成绩之间的关联性于在校期间不会降低；

3. 有较少量的校际差异不是由家庭背景差异解释的，说明学校设施、课程和全体教师的差异对成绩具有很小的独立效应；

4. 有少量成绩方差明确是由设施和课程差异解释的；

5. 尽管没有任何学校因素能解释成绩上的很大差异，但教师特征所解释的差异比其他任何因素都要多，这一点要结合 2.3 节的结果看，后者表明教师往往在社交上和种族上与他们所教的学生很相似；

6. 全体学生的社会构成与成绩的关联性比任何学校因素都更高，不受学生本人的社会背景影响；

7. 对环境的控制感或是对环境反应性的信念等态度与成绩极为相关，但似乎很少受到学校特征差异的影响。

将所有这些结果结合起来看，有一条发现格外突出：独立于儿童自身背景和总体社会环境之外，学校带给儿童成绩的影响微乎其微；学校缺乏独立效应这一事实意味着，通过家庭、社区和同辈环境强加给儿童们的不公平会持续下去，成为他们离开学校后开启成年人生活时要面对的不公平。要通过学校实现教育机会公平就必然意味着学校拥有强大的、独立于儿童当前社会环境的效应，而那种强大的、独立的效应并不存在于美国学校中。

3.2 节 技术性附录

方差的测量——首先，需要关注一下校际差异的测量。如果学生之间的总差异被标记为 SS，那么 SS 就可以被分割：$SS = SS_w + SS_b$。在这里，SS_w 是校内差异，SS_b 是校际差异。这里的"成绩差异"一语指的是平均成绩的离差平方和。这个和可以被分割成两个分量，一个分量反映学校平均成绩与总平均值的离差之和，另一个分量反映学校内部的个体分数与学校平均值的离差平方和。除了黑人和白人以外，每个群体的总平均值是该群体的全国平均数。对于黑人和白人来说，则分别是北部群体和南部群体的平均值。在除黑人和白人以外的所有群体中，都有一些证据表明在种族身份确定中有一些回应不可靠，导致了测量误差。为了减少这一误差，在校际差异测量中排除了这样一些学生：他们声称自己属于某一族群，但是在他们学校的同一年级中，另外最多只有一名学生也声称自己属于同一个族群。

后一个分量 SS_b 是随时准备由在学校间或社区间有差异的因素来解释的。我们将把这称为学校间存在的差异比例。SS_b 的值以每个群体的 SS 百分比形式来表达，表 3.2A.1 中提供了 1、3、6、9、12 各年级语言成绩的 SS_b 值。

表 3.2A.1　校际个人语言成绩分数总方差百分比(未做自由度校正)[1]

	年级				
	12	9	6	3	1
墨西哥裔美国人	22.02	17.92	27.63	24.61	23.04
波多黎各人	24.02	22.10	29.46	27.07	20.45
美国印第安人	27.59	24.69	28.19	31.52	18.79
东亚裔美国人	9.21	11.18	24.79	21.12	18.76
南部黑人	19.92	17.98	21.14	27.23	20.34
北部黑人	12.37	13.37	16.92	19.33	12.50
南部白人	9.96	9.12	11.82	16.47	16.77
北部白人	7.76	8.51	10.96	11.95	11.58

1. 由于错误回应可能导致归类错误,从而对人数很少的少数族裔数据造成很大的污染,所以,对于除了黑人以外的四个少数族裔而言,如果任何一个族裔在某个年级中的学生人数只有 2 名或更少,那么在计算方差时就会将该校排除在外。此外,这些结果是根据总样本经过适当加权计算出来的,而回归分析数据则是根据 1 000 份来自 20 个层的所有年级并经过适当加权的学生样本计算出来的。因此,本节中对校际方差的计算和后面章节中通过回归分析进行的方差分割没有直接可比性。

然而,就因校而异(或因社区而异)的那些因素,以及在校内因人而异的那些因素而言,作为其相对影响力的真实测量值,这一 SS_b 测量值需要校正。

如果我们将个体测试成绩看成是由以下三个分量组成的:一个代表其种族或族裔群体平均值的分量(A_g),一个代表其群体在其学校中的平均值的分量(A_s),和一个与其个体相关的分量(A_i),那么他的分数就可以被视为由这些分量的和组成:分数 = $A_g + A_s + A_i$。

这样一来,要解决校际差异与校内差异的关系的问题,就只需要解决 A_s 和 A_i 的典型值相对数量问题。表 3.22.1 通过展示 A_s 方差所占 A_s 和 A_i 方差之和的百分比,提供了每个群体和每个年级的 A_s 和 A_i 的相对数量。

关系的评价问题——上述分析处理了测试成绩与各类因素之间的关系,我们认为这些因素部分可测,并对其发展起到了作用,它们包括:家庭背景、社区、学校设施、课程和教师。

在这里进行的任何此类分析中,有三个中心事实需要记住:
1. 任何单一变量或任何一类变量的测量充其量也是部分和不完全的。
2. 当两个变量(或两组变量)具有统计关联时,其原因可能与研究无关,也可能与研究密切相关,这时第三变量与其中一个变量之间的明显关系就可能源自该变量与另一个变量之间的实际关系。(如果出现这种情况,我们就可能说第一变量是第二变量的替代变量,并试图通过研究我们的回应与两个变量或两组变量的联合关系来揭示这种效应。)

3. 即使我们所研究的变量与一些"解释性"变量的关联已经牢固确立了,但这种确立本身并不能解决因果关系问题(尽管如果时间顺序已知,就可以提供强有力的证据);任何一个变量都可能"导致"另一个变量,或者两个变量可能是一个共同原因导致的。在许多情况下,继续研究这些变量如何随着时间而发展可以解决这样一个问题:"是什么导致了什么?"在当前情况下,对成绩水平变化的研究可以比目前的横断面调查提供更多直接证据。

忽视这些核心困难中的任何一个,就等于是在冒犯严重错误的风险。然而,不使用这些证据做出判断并采取行动,就可能让自己陷入无端的不作为中,而这种错误往往性质更严重;或者是可能仅仅基于谣言和毫无根据的意见采取行动。我们必须认识并处理这三个困难,在解读中采取谨慎的态度。

要点一,在评估不完全测量的变量是否与所研究的变量相关联时,测量的不完全性往往不是一个主要问题。测量的不完全性会导致对效果的低估。虽然这一事实必须牢记在心,但它通常不会成为关键问题,因为即使是不完全测量,但只要它们反映了真实变量,或是与真实变量具有合理的高度相关性,那它们通常也能起到确定真正效应的存在和正确方向的作用。(我们将很快看到,结合下文中的要点二可知,要点一可能非常关键。)

然而,在本研究中有一个例子,由于测量极不完整,以至于有产生误解的危险。这与学校设施和课程有关,这两者都结合了易于描述和衡量的正式条件和目前只能通过个人审视和参与来判断的非正式条件。例如,在对黑人和白人进行比较时,我们可以预见,在种族隔离和种族融合的学校制度中,关于机会公平的社会压力都将集中在它对正式条件发挥的效应上。因此,正如在第 2 部分中所报告的那样,两个种族可获得的正式设施之间那种密切的平行关系可能很容易掩盖非正式条件下的广泛差异。如果是这样,那么这种学校特征的真实效应就可能被低估了。

要点二,从目前的研究中我们可以清楚地看到,未加考虑的替代变量的危险性是至关重要的。让我们假设社区对教育的重要性和教育质量的态度对于学生成绩的发展会产生实质性的效应。那么关于成绩和教师特征之间的表面关系,我们又有什么预计？我们当然预计那些更关心教育和教育质量的社区会——(1)在招聘教师时会更严格筛选；(2)支付更高的工资，从而吸引更好的候选人。因此，我们可以预计会产生一种成绩的发展和可测量的教师特征之间的表面关系，作为成绩的发展和社区看待教育的态度之间的潜在关系的替代变量，哪怕教师特征本身对成绩不产生任何效应。

如果不对要点一和要点二的联合作用进行充分考虑，就可能导致严重的误导性结论。考虑一下当两组全体学生变量存在时成绩的发展情况：一组是拥有不同背景和动机的全体学生，另一组是拥有不同种族构成的全体学生。假设当全体学生的背景会对成绩的发展发挥主要的直接效应，而种族构成则没有直接效应。在这种情况下，白人的较高百分比仍然会与成绩的发展联系在一起，尽管事实上只是通过前者实现了随之而来的更高层次的全体学生背景和动机。

这时候，最简单的错误就是在研究成绩与白人百分比的关系时，忘记考虑全体学生的背景。这是一个纯粹的要点二式的错误。适当的解决办法就是尝试在全体学生素质相同的学校间进行成绩对比。如果对全体学生背景的测量是准确的(且如果用来对全体学生背景的相等值进行比较的常用统计方法是恰如其分的)，则这一比较将显示，白人的百分比对成绩并无明显影响。

但如果测量是不准确的，就像在这项研究中一样，或者如果常用的统计方法①是不适合的，则对学生背景进行"控制"的结果就不会使白人百分比的表面效应消失，而是使它大大减少，具有相同的迹象，但不为零。

因此，每当"控制"第三个变量会大大减少但没有完全消除第二个变量对第一个变量的表面效应时，我们就应该认识到，第二个变量可能对第一个变量有很小的影响，虽然其效应尚未得到展示。

要点三是一个非常普遍的应用要点，必须在所有类型的研究中牢牢记住。关于因果关系的答案往往含混不清，就连在评估拟议校正测量值的可能值时必须有一个关于"因"的明确答案时也是这样。正如在 3.26 节中所讨论的，态度和成绩之间的关系就是一个很明显的困难实例，当两个变量都可能是"因"、都至少在某种程度上导致了另一方的发展时，这种困难可能是最大的。

评估关系强度时的几个问题——几乎所有对社会组织现象的研究都面临着一个

---

① 这里要么是指"排除(一个或几个有关变量)的影响"，往往是通过在回归分析中连续增加变量来进行，要么是指通过将我们的注意力限定在大类内部的比较中来"控制"变量。

共同的难题：如何基于一个或多个群体中的反应变量（在本案例中是语言成绩）理清并表述许多变量的诸多效应。上一节处理了理清影响时的定性问题，而本节则将研究表述这些影响大小的定量问题。

细致的回归研究涉及包罗越来越广的"回归"的序列发展（也许是一个，通常为更多），在这里会发现越来越多变量的线性组合，它们根据某些其他变量的值，在被分析的数据中，尽可能准确地预测回应的值。

使用以下数字名称会便于表述：

第一变量 = 被研究的回应。

第二变量（群） = 对第一变量所产生的直接效应的大小和方向正在被找出来的变量或变量群。

第三变量 = 在第二变量被引入之前被引入回归分析的变量。

第四变量 = 在第二变量被引入之前未被引入回归分析的变量。

最后一节指出，第二变量通过其他中间变量产生的间接效应将始终是该第二变量的明显效应，前提是这个中间变量始终是第四变量。可一旦中间变量被变成第三变量，则这种间接效应将大大降低（在理想情况下会变为无效）。关于这一结果有一条重要的部分逆定理。如果有另一个变量影响第二变量，但其对第一变量的影响仅通过第二变量的直接影响实现，那么将这个影响第二变量的变量作为第四变量有助于我们正确评估第二变量的直接效应的大小和方向，而将这样一个变量作为第三变量则会混淆这一估测，使其产生偏差。

因此，要谨慎地估测一种直接效应是没有简单途径可走的。一些变量应该被用作第三变量，另一些则绝对不可以。应该怎么用，取决于各个变量如何相互关联的更细微的细节。

如果要让读者得到正确的印象，那么即使是对依赖程度的数字表达也值得关注。在描述第一变量有多大比例的可变性与第二变量有合理关联时，我们要从许多（虽然不是全部）角度进行分析。这就意味着我们必须选择一个尺度来测量可变性。没有任何尺度能一直提供简单而出色的结果。然而，有一个尺度比我们所知道的任何其他尺度都更经常能做到这一点。这就是用方差来测量可变性的尺度——通过等效作用量：

1. 个体偏离均值的平均平方。
2. 两个个体间差值平方的平均值的一半。

这是一个平方尺度，并且倾向于使数字看上去比原先更加极端一些。说到对方差有10％的贡献率,这看上去似乎很少,但这就意味着相关性为 $\sqrt{0.10} = 0.32$,绝对不可以忽略不计。

使用"解释率"和"独特贡献"——在确定使用哪个测量尺度并且选择好适当的第一和第二变量后,仍然可能得到许多不同的数值答案。这是因为对第三变量的不同选择可能导致第一变量在被第二变量的回归分析吸收后,原始方差出现完全不同的百分比。

当分析的目的是粗略估测一个给定的第二变量有多大的可变性,则分析常常在若干组第三变量群中提供一个选择;可当分析的目的是确定被各种多少有点相互冲突的变量所吸收的可变性相对数量时,事情就更复杂了。部分是由于时间上的压力,选择几乎是一致的,那就是展示几个变量的所谓"特殊贡献",即当所有其他相关变量(或许还包括更多变量)都作为第三变量存在时,每个变量的贡献。这种选择通常可以被形容为"合乎规矩的保守",因为比起将较少的变量作为第三变量来,它很可能会为解释百分比提供一个较小的数字。(增加一个第三变量不一定会减少解释百分比,有时也的确不会减少,但是根据经验来看,减少的几率似乎比增加的几率要高。)

然而,知道了被第二变量(单独)解释的第一变量中的方差百分比并不能提供关于关系强度的完整图像。首先,第一变量的方差在两个组中可能相差很大。由于在目前的研究中,因变量几乎总是语言成绩,不同群体的方差几乎都一样,所以在这里这不是件具有重要意义的事,我们将不会讨论应对这种情况的其他处理方式。然而,即使第一变量的方差几乎都一样,第二变量的方差也可能不一样,所以我们必须考虑,这对于解读两个(或多个)组别中不同的解释百分比会产生什么效应。

在简化案例中讨论这个问题是最方便的,该案例满足以下条件:(i)在所有组别中,第一变量的方差完全相同(例如,100％＝1);(ii)没有第三变量;(iii)第二变量的表面效应与其直接效应相同。对这一案例的讨论足以解决该问题,因为第三变量的存在不会改变当前情况中的任何要素。

在第 j 个数据组中,将第二变量的方差设为 v_{2j}^2,将回归系数设为 b_j。这样,因变量中的解释方差量就将是 $b_j^2 v_{2j}^2$,它也是独特贡献(在 j 组中),当没有其他变量要考虑时,我们将之简称为"对 j 独特"。

于是,关于如何解读不同群体间的解释方差差异,就出现问题了,因为它既取决于回归系数 b_j,又取决于第二变量的方差 v_{2j}^2。

在其中一个极端，当不同 j 组的 b_j 是一样的，而 v_{2j}^2 却大不相同时，解释方差的大小就会出现差异。

从纯科学的角度来看，由于 b_j 是相同的，就意味着来自第二变量的给定变化对第一变量的平均效应在所有组别中都是一样的，我们通常会说第二变量和第一变量的关系在所有地方都是一样的。更实际地说，应该预期，来自第二变量平均值的给定变化所引起的第一变量的数值变化在所有组别中都是一样的（尽管我们可能发现，在那些较大的组别中，更容易获得这种平均值的变化）。

当 v_{2j}^2 全都一样时，就出现了另一个极端，尽管 b_j 的差异范围很大。科学的回答是，第二变量对第一变量的作用机制在不同的组别中产生了非常不同的效果。在更实际的层面上，预计由第二变量的给定变化带给第一变量的变化在各个组别之间差别很大，而且我们几乎可以认定，将我们的校正措施集中在 b_j 最大的组别中是很有用处的。

这两种极端情况，以及两个极端之间的情况，都可能导致各组别之间的解释方差百分比出现差异。因此，有必要考察这两种解释百分比，以及 v_{2j}^2 的解释百分比。① 通过比较这些数量的组别，可以得出以下推论：

（a）j 组和 k 组的解释百分比（或对解释百分比的独特贡献）差异："若第二变量的分布如 j 组和 k 组所示，则由第二变量所解释的第一变量方差的比例会出现特定的差异。"

（b）（解释百分比）/v_{2j}^2 的差异："如果第二变量在 j 组和 k 组中有相同的变化，则在 j 组和 k 组中得到解释的第一变量方差的比例会出现特定的差异；又或者，如果在 j 组和 k 组中出现相同的第二变量平均值的变化，则第一变量的预期变化将出现特定的差异。"[1]

用于研究学校特征效应的一般程序——为了考察学校特征的效应，数据被放在一个表格中，使学生的特征，如测试成绩和动机，可以与其就读的学校的特征相关联，后者则包括教师特征、学校设施和课程以及全体学生的特征。除了黑人和白人以外，我们对于每个群体都采集了 1 000 份代表性的学生样本，外加他们相应的学校和教师特征，用于每个年级的分析。对于黑人和白人而言，则使用了 8 份这样的样本，与第 2 节

---

① 只有当存在一个单一的第二变量，且当第一变量方差等于一时，（解释百分比）/v_{2j}^2 才会等于 b_j^2。在多元回归分析中，它不等于多元回归系数的平方。

和第 3.1 节中的地区分类相对应。然而，我们对这些层进行了加权集结，最后获得两大区域层，即将两个群体分别按照大北部地区和大南部地区（包括西南部）以及全国范围进行划分。

在分析中，成绩和学生态度被作为因变量，家庭背景、教师、学校和全体学生特征则被作为自变量。下面报告的大部分分析是按照以下步骤进行的：

首先，研究了成绩和家庭背景因素的关系，一则是为了了解成绩差异中有多少是由所测得的背景因素解释的，二则是为了了解学生背景中有哪些因素表现得与成绩的关联性最强。3.221 节中报告了该分析的结果。调查中测量的背景因素包括家庭经济和教育水平，以及在孩子眼中父母对教育的兴趣程度等。它们不包括先天禀赋的差异，这个当然也必须被认为是家庭背景的一部分，尽管不属于被测量的一部分。

接着，考察了教师和学校与成绩的关系，在此之前，则先将由所测得的家庭背景因素解释的成绩差异排除在外。这么做是为了减少源自学生背景差异的成绩差异，这样学校因素本身的影响可以区别于家庭背景的影响而被分离出来。由于学生的背景显然先于且独立于任何学校因素的影响，所以这些背景因素能够并且应该在研究学校变量的效应时被作为常量。这样，由学校变量解释的成绩和态度差异就是减去由家庭背景差别解释的差异后所剩下的。

我们尚不是很清楚，在学校和教师变量中，哪些更为重要并应该优先考虑。本次调查中包含的很多学校和教师变量都是高度相关的：在那些学生人均支出很高的学校里，往往有更加训练有素的教师、更多的实验室和其他设施、更完善的课程，还有辅导和速成课程以及其他各种特征。因此，当有大量因素高度相关时，通常无法对每个因素的效应进行单独研究。

鉴于存在上述困难，分析中使用了一种看上去合理而正当的变量添加次序，并且注明了每次添加变量时因变量的解释方差的增加情况。这就意味着，早添加的因素比晚添加的因素更有机会对方差进行解释。在后者与早添加因素的相关范围内，如果它们被提早添加的话，就能解释较多的方差。当本分析的报告中使用了某一特殊次序时，在解读时应该牢记上述各点。

在这种需要处理两个层面的变量的分析中，有一些与之俱来的技术性问题。其中最重要的问题就是，学校层面的变量只能解释存在于学校之间的方差，而不能解释学校内部的个体特征（例如成绩）的方差。为此，在分析的一开始，就考察了校际方差部分,而不是校内方差部分。

在解读这种分析的结果时必须始终记住,在研究学校的效应时,有效的单元数量不是个体的数量,而是学校的数量。因此,虽然学生样本的数量相当大,但学校样本的数量对统计分析而言却不算大,因此,要对十分具体化的学校因素的效应进行调查是不可能的。然而,对这些数据进行的分析确实可以大大超出这里的报告范围,用来研究一些对当前任务不是那么重要的问题。

3.3 种族融合与成绩

3.23 节表明,学校中的白人比例与个人表现呈正相关。这种效应似乎小于除学校本身的种族构成外的其他全体学生特征,并且在很大程度上由后者解释。要了解这种关系的大小,可以通过比较表 3.23.2 中黑人学生在"增加"一栏下面的数据和表 3.23.4 中在"A+B"一栏下面的数据。这表明,根据学校的设施和课程特征,在 12 年级,由学生环境的一般特征解释的额外方差数量是 4.0%和 4.6%,而由白人比例解释的则是 1.7%和 1.8%。我们制作了一系列表格,就种族构成与成绩的关系提供进一步信息,其中便考虑到去年所在班级里有不同比例白人同学的黑人学生群体的平均测试成绩。

对东北部和中西部大城市地区而言,表 3.3.1 显示了 6、9、12 年级黑人学生所接受的两次成绩测试的平均分数,这些学生所在的班级有着不同的种族构成。比较每一行的平均数,除了一处例外,在每一种情况下,平均分最高的黑人所在班级都是以白人学生为主。从左到右一栏栏读下来,一般规律就是,随着白人同学的比例增加,平均测试成绩也有所提高;不过在许多情况下,比起所在班级有一半或更少学生是白人的黑人学生来,完全种族隔离班级里的黑人学生平均分更高。

表 3.3.2 是为了观察在种族融合学校就读年数较多的黑人学生是否有表现出较高平均成绩的趋向。那些在低年级就进入种族融合学校的学生的平均分数通常确实比在较高年级才进入种族融合学校的黑人学生略高一些。①

---

① 在制作表 3.3.1 和 3.3.2 时,没有考虑到不同群体的学生可能拥有不同的背景。通过对社会经济状况指标进行交叉列表对此问题进行的进一步探索表明,这些表格中显示的差异不是由家庭背景解释的。

表 3.3.1　根据年级、地区和去年白人同学的比例划分的
黑人学生阅读理解和数学成绩测试平均分

【括号中的数字是用来计算平均值的人数】

年级	地区	阅读理解——去年白人同学比例				数学成绩——去年白人同学比例			
		无	不到一半	一半	超过一半	无	不到一半	一半	超过一半
12	东北部大城市地区	46.0 (474)	43.7 (1,215)	44.5 (1,207)	47.5 (1,468)	41.5 (474)	40.6 (1,215)	41.1 (1,207)	44.5 (1,468)
12	中西部大城市地区	46.4 (646)	43.2 (321)	44.0 (507)	46.7 (790)	43.8 (646)	42.6 (321)	42.9 (507)	44.8 (790)
9	东北部大城市地区	44.2 (2,297)	44.8 (2,929)	44.8 (1,233)	47.1 (1,676)	43.1 (2,297)	43.5 (2,929)	43.7 (1,233)	47.2 (1,676)
9	中西部大城市地区	45.3 (1,356)	45.2 (1,070)	45.3 (434)	46.4 (636)	44.4 (1,356)	44.3 (1,070)	44.1 (434)	46.6 (636)
6	东北部大城市地区	46.0 (2,108)	45.4 (1,992)	45.8 (794)	46.6 (1,224)	44.0 (2,108)	43.4 (1,992)	43.6 (794)	45.6 (1,224)
6	中西部大城市地区	46.0 (1,651)	44.7 (1,439)	44.9 (353)	45.1 (550)	43.8 (1,651)	42.8 (1,439)	42.9 (353)	44.1 (550)

表 3.3.2　根据年级、地区、去年白人同学的比例和首次与白人学生
在一起的年级划分的黑人学生阅读理解测试平均分

【括号中的数字是用来计算平均值的人数】

年级	地区和首次与白人学生在一起的年级	去年白人同学比例				
		无	不到一半	一半	超过一半	总计
9	东北部大城市地区：					
	1,2 或 3	45.9 (871)	46.7 (1,596)	46.9 (701)	48.1 (977)	46.8 (4,221)
	4,5 或 6	45.2 (340)	43.3 (446)	44.4 (155)	44.4 (232)	44.8 (1,203)
	7,8 或 9	43.5 (572)	42.9 (509)	44.6 (227)	45.0 (280)	44.0 (1,618)
	从没有	43.2 (327)				43.2 (327)

续 表

年级	地区和首次与白人学生在一起的年级	去年白人同学比例			
		无	不到一半	一半	超过一半	总计
9	中西部大城市地区					
	1,2 或 3	45.4 (516)	46.6 (677)	46.4 (677)	48.6 (344)	46.7 (1,882)
	4,5 或 6	44.4 (231)	44.1 (149)	45.3 (70)	46.7 (101)	44.5 (561)
	7,8 或 9	44.4 (173)	43.3 (137)	43.3 (66)	45.2 (111)	43.7 (496)
	从没有	46.5 (70)				46.5 (370)
12	东北部大城市地区					
	1,2 或 3	40.8 (73)	43.6 (297)	45.2 (282)	48.6 (462)	46.2 (1,231)
	4,5 或 6	46.7 (268)	45.1 (627)	44.9 (622)	46.7 (586)	45.6 (2,241)
	7,8 或 9	42.2 (46)	43.5 (109)	43.8 (134)	49.7 (201)	48.2 (535)
	10,11 或 12	42.2 (52)	41.1 (118)	43.2 (117)	46.6 (131)	44.1 (451)
	从没有	40.9 (19)				40.9 (19)
12	中西部大城市地区					
	1,2 或 3	47.4 (143)	44.3 (137)	45.6 (187)	48.3 (288)	46.7 (818)
	4,5 或 6	46.1 (161)	43.0 (117)	43.5 (221)	46.4 (320)	45.4 (882)
	7,8 或 9	46.6 (112)	40.8 (39)	42.3 (48)	45.6 (97)	45.3 (314)
	10,11 或 12	44.8 (88)	39.5 (20)	43.5 (21)	44.9 (44)	44.3 (188)
	从没有	47.2 (121)				47.2 (121)

在东北部大城市地区,那些一直在种族隔离学校就读的学生的平均分数始终低于有其他体验的学生群体。然而,在中西部大城市地区,只体验过种族隔离学校的黑人学生的平均得分则可能超过那些到了较高年级才首次进入种族融合学校就读的黑人学生。在这些情况下,你需要研究这些较迟进入种族融合学校的儿童的学习经验,看其相对较差的成绩是由于缺乏对更具竞争力的环境的准备,还是由于在种族融合学校本身内部有种族隔离现象在延续,或是由于其他一些因素。

在大多数学生都是白人的班级里,黑人学生的平均测试成绩要高一些,不仅如此,在这些班级中测试成绩差异也更大。表 3.3.3 提供了在不同种族构成的班级里的黑人学生的测验分数标准差。在两个测试标准差的范围内包括了大约三分之二的分数。因此,左上角的数值 9.35 有如下意义:这里显示了 474 个分数的平均值,是 46.0(在表 3.3.1 中给出);在这 474 个分数中,有三分之二是在 46.0 − 9.35 = 36.65 和 46.0 + 9.35 = 55.35 之间。在每个年级中,测试成绩最大的可变性出现在那些同班同学全是白人或一半以上是白人的黑人学生中。

表 3.3.3　根据去年白人同学的比例以及根据测试、年级和地区划分组别的黑人学生的测试分数标准差

【括号中的数字是用来计算标准差的人数】

年级	地区	阅读理解——去年白人同学比例					数学成绩——去年白人同学比例				
		无	不到一半	一半	超过一半	总计	无	不到一半	一半	超过一半	总计
12	东北部大城市地区	9.35 (474)	9.65 (1,215)	9.06 (1,207)	13.53 (1,338)	32.54 (130)	9.73 (474)	9.65 (1,215)	9.73 (1,207)	14.02 (1,338)	23.64 (130)
12	中西部大城市地区	9.04 (646)	8.95 (321)	9.23 (507)	9.27 (723)	9.45 (67)	9.49 (646)	9.22 (321)	9.25 (507)	9.73 (723)	11.12 (67)
9	东北部大城市地区	8.81 (2,297)	8.68 (2,929)	8.67 (1,233)	9.23 (1,429)	10.61 (247)	9.11 (2,297)	8.87 (2,929)	8.98 (1,233)	8.95 (1,429)	10.61 (247)
9	中西部大城市地区	8.31 (1,356)	8.33 (1,070)	8.98 (434)	9.07 (508)	10.83 (128)	8.53 (1,356)	8.42 (1,070)	9.66 (434)	9.47 (508)	10.90 (128)
6	东北部大城市地区	7.99 (2,108)	8.15 (1,992)	8.05 (794)	9.11 (1,020)	8.05 (204)	7.91 (2,108)	7.85 (1,992)	8.00 (794)	8.80 (1,020)	8.92 (204)
6	中西部大城市地区	7.52 (1,651)	7.70 (1,439)	7.75 (353)	8.12 (409)	8.42 (141)	7.51 (1,651)	7.16 (1,439)	7.79 (353)	7.92 (409)	9.47 (141)

这些成绩可变性的差异说明,如果了解了一名黑人所在班级的种族构成,比起黑人占少数的班级来,如果是在黑人占多数的班级里,就可以更加有信心地使用所有来自类似班级的黑人分数的平均值去预测给定黑人的成绩。因为在黑人占少数的班级里,指定的黑人学生往往会有特别高的分数或是特别低的分数。造成这种成绩可变性的,要么是在以白人为主的班级中黑人学生的背景和先前所受训练的差异,要么是因为这些班级所在学校的条件不同,例如黑人学生在学校正式和非正式活动中的被接受程度。①

调查数据还显示,在低年级就进入种族融合学校的白人学生可能很重视与黑人学生的关系。表3.3.3和3.3.4显示,在愿意选择全白人班级或全白人朋友的白人学生中,占比最小的是那些在低年级就跟非白人学生同班的白人学生。

表3.3.4 根据首次与非白人学生在一起的年级以及根据目前年级和地区划分的愿意选择全白人好友的白人学生百分比

年级	地区	首次与非白人学生在一起的年级				
		1,2 或 3	4,5 或 6	7,8 或 9	10,11 或 12	从没有
9	东北部大城市地区	30.4	32.3	36.0		36.8
9	中西部大城市地区	27.5	34.2	31.8		41.4
12	东北部大城市地区	28.9	37.1	35.1	36.5	35.8
12	中西部大城市地区	37.8	43.0	44.0	47.5	47.4

表3.3.5 根据首次与非白人学生在一起的时间、目前年级和地区划分的愿意选择全白人班级的白人学生百分比

年级	地区	首次与非白人学生在一起的年级				
		1,2 或 3	4,5 或 6	7,8 或 9	10,11 或 12	从没有
9	东北部大城市地区	21.5	24.4	25.2		28.0
9	中西部大城市地区	33.8	40.2	37.7		45.9
12	东北部大城市地区	18.3	25.5	21.7	22.9	26.5
12	中西部大城市地区	26.0	32.9	30.0	34.6	38.5

---

① 欧文·卡茨(Irwin Katz)仔细考察了几项针对种族混合环境中的黑人对象的实验,提出了一个黑人成绩要么受益于,要么受损于白人同伴的条件模型。Irwin Katz,《评废除种族隔离对黑人成绩所产生效应的相关证据(Review of Evidence Relating to Effects of Integration on the Intellectual Performance of Negroes)》,《美国心理学家(American Psychologist)》,1964年6月。

4.0
少数族群的未来教师

4.1	未来教师和其他 9 年级学生的比较	417
4.2	未来教师和其他 12 年级学生的比较	419
4.3	未来教师和其他大学一年级学生的比较	421
4.4	未来教师和其他大学四年级学生的比较	424
4.5	教师和未来教师的语言能力和其他测试分数	426
4.6	教师的地点和迁移	430
4.7	学校的黏附力	432
4.8	教师：留用潜力	435
4.9	选择性派任过程	439
4.10	缺乏经验的教师的教学境况和教学偏好	444
4.11	学校在未来教师中的差别性吸引力	447
4.12	1965 年大学中未来教师的选定特征	458

我们在前面的章节中了解到,白人儿童的教师与黑人儿童的教师有着不同的平均语言技能,黑人老师通常教黑人学生以及教师素质是少数对学生成绩有着显著影响的学校特征之一。本节的任务则是考虑,在征聘和培训未来教师方面是否存在着不公平持续再生的情况。相应地,它所关注的是,目前的教师筛选和留用过程是否会导致更少的合格教师进入由更多少数族群成员就读的学校中。

这些数据有两个来源。首先是美国公立学校的一般样本,大多数报告是建立在这一基础上的。第二个来源是采集自18个州32所公立高校中一年级和四年级学生的问卷调查和测试数据。高校是按照以下标准进行选择的:该学校应该主要是一所教师培训学校,应该是其所在州公立学校的主要教师输送者;此外,必须有足够的代表性的学生群体,既有以白人为主的,也有以黑人为主的。在确定高校名单的过程中,我们咨询了美国教师教育高校联合会(American Association of Colleges for Teacher Education)以及各州教育部门人士,并且审阅了美国教育厅的官方出版物。在最初入选的41所高校中,有9所拒绝参与。截至1960年,这18个州中居住着全国近95%的非白人人口;其中,只有加利福尼亚州在参与高校名单中没有代表。数据收集工具被收录在一份附录中,其内容大部分与公立学校的手段并行。

调查对象一共包括15 565名大一新生和7 172名大学毕业班学生。由于教学实习计划,在部分高校中,大四学生中的案例流失情况很严重。有大约65%的大一新生和72%的大四学生声称未来要当教师。调查中无法按照州的划分对样本进行加权,但是应该注意在某一区域内某一给定种族大学生的表面同质化程度。理想的情况是获得数量相等的黑人和白人的样本,以及数量相等的南部地区和非南部地区的学生样本,但是在南部地区以外,黑人大学生调查对象的数量相对较少。我们从原始数据磁带中采集了一份系统性分层随机样本,因为真正代表大学生人群的样本中所包含的白人学生数量会超出提取显著差异模式的必要,而在北部地区黑人学生数量太少,无法进行适当的比较。

我们必须考虑的问题是,这些案例是否能公正地代表美国正在到来的新一代教师。这并不是系统化采集的师范院校的样本,而那些加起来比师范院校培养教师人数更多的私立院校和州立大学也完全没有得到体现。因为有这些遗漏,所以我们很可能低估了未来教师的能力水平,而这种低估对白人而言比非白人更为严重,因为后者较不可能去州立大学和私立院校就读。总的来说，似乎没有理由认为，如果能够取得全国受培训教师的系统性样本的话，在本报告中进行的重点比较所得出的结论会有质的不同，但是我们无法就这一观点提供统计证据。

本章第一部分使用主调查中获得的数据，将是未来教师俱乐部成员的高中生与不是其成员的高中生进行比较。有些学校里没有这些俱乐部。我们对所有未来教师俱乐部成员和来自同一学校的同等人数的学生进行分析；具体地说，当有一名俱乐部成员出现在学生花名册上，我们就会选中在该校花名册上出现的下一位性别相同的非俱乐部成员。只有有意向上大学的学生会被选中。本节的目的是要了解，有志从教的学生（以其俱乐部会员身份为标志）与他们有其他职业规划的同学相比较是怎样的；说得更具体一点，我们的目的是在种族之间进行比较，因为如果黑人教师继续主要教黑人学生，而下一代黑人教师所受的训练又不如下一代白人教师充分，我们就可以预期，会出现一种持续运作的循环机制，由训练不足的教学人员向学生提供不足的训练，而其中一些学生又被招募到教师职业中，从而延续这一循环。

很显然，许多想上大学的高中生最后却没能成功。本章第二部分将大学中的未来教师与其同学进行了比较。对12年级学生和大学一年级新生进行比较，使我们可以对种族之间以及未来教师和其他学生之间的相对流失率进行初步推断。对大学新生和大四毕业生的比较则涉及白人和非白人未来教师可能受到的差别性训练，以及在大学期间教师职业留住未来教师的能力。

第三部分的目的是，通过比较不同教龄者在语言能力方面的种族差异，来辨别白人和黑人教师相对能力水平的长期趋势和前景。因此，如果种族差异在目前12年级的未来教师中就跟在拥有长期教龄的教师中一样大，则以下推论就得到了加强：非白人的教育不利地位将持续到什么程度，取决于教师的能力。如果目前教师和学生之间的种族同质化模式被终止，如果随后的模式不会将能力较差的白人教师放置在少数族群学生中，那么由于缺乏受过良好训练的教师所造成的这种教育不利就不会持续下去。

在美国公共教育的现行结构中，教师与学生之间的种族相似性是一种明确的迹象，表明分类机制的运作会使某些类型的教师进入某些类型的学校。本章的其余各节从若干立场出发，研究了这一匹配过程的性质和后果。基于中学校长的报告，学校是按照以下标准分类的：学校的课程、在校学生的主要社会阶层、学校的服务区域以及全体学生的种族构成。如果我们在某个给定的时间观察到教师不是被随机分配到不同类型的学校的,这里有几种可能的解释。一种可能性是,某些类型的新教师拒绝在某些学校任教,并被吸引到其他学校中去;事实上,教师们从一开始就对自己进行分类了。另一种可能性是,地方教育董事会实行一种隐性的奖励制度,其后果是,受到赏识的教师会被提拔到更好的学校中。第三种可能性是,给定的教师发现一些教学环境非常令人满意,而另一些则非常令人厌烦,于是,他们会努力摆脱令人厌烦的教学环境,其最终结果就是导致师生团队同质化。我们将研究未来教师所偏爱的教学环境、新教师的最初分配情况、现有教师的实际和潜在的选择性留用过程,以及可能的选择性任用过程,以期阐明这一问题。

4.1 未来教师和其他 9 年级学生的比较

表 4.1.1 的前 5 栏提供了 9 年级学生的数据,报告了修读特定科目的学生的百分比。由于这个年级的学生不可能有太多的科目进行选择,所以我们不应该期望在未来教师和其他学生之间观察到很大的差异。事实上,在白人中没有值得注意的差异,唯一的例外是,南部诸州有更多的未来教师会选修外语。在黑人中,有一种普遍的趋势,在南部地区更为明显,也就是未来教师(以下简称 FT)会报告称选修了更多的学术课程。一般来说,FT 和 NFT(非未来教师)的平均成绩(在接下来的 3 栏中显示)十分相似,除了在南部黑人中,FT 的平均值较低。一般来说,FT 被分到最高等级英语班的可能性略高一点,南部黑人又一次是例外。

早在 9 年级时,性别对职业选择的影响在白人中就已经是显而易见的了,相比于 NFT,FT 中的男性比例较小。但是在 9 年级的未来教师中,男性比在大学未来教师和实际教师队伍中更为普遍,所以在 9 年级以后,男性的流失率必然更高。在黑人中,这种性别差异并不明显。在两个群体的阅读和学习习惯方面,白人之间有明显的差异,但黑人之间类似的差异较小:FT 阅读量更大,而且会花更多的时间学习。但是,认为自己的聪明程度在班级里属于中等以上者的比例,在 FT 和 NFT 之间只有很微小的差异。最后,我们注意到,在所有四个种族和地区群体中,有一个微小但却始终一致的趋势,也就是 FT 更常与对方种族的成员缔结友谊。

数据中几乎没有提供任何证据可证明 9 年级的未来教师与他们的同学有什么本质性的不同。他们读书更多、学习更努力、成绩可能更好一点,有更多的人正在学习一

表 4.1.1 根据地区和种族划分 9 年级未来教师和其他学生的选定比较

	选择科学课百分比	选择外语课百分比	选择社会学课百分比	选择英语课百分比	选择数学课百分比	英语课平均成绩	数学课平均成绩	平均总平均成绩[1]	在英语最高级班级中者百分比	男生百分比	暑假中阅读5本或更少书籍者百分比	每天至少学习3个小时者百分比	自我评估聪明程度在中等以上者百分比	在对方种族中无密友者百分比
白人														
南部,9年级:														
未来教师	72.4	43.8	73.8	86.2	79.3	2.13	2.24	2.12	37.2	46.8	39.8	34.1	52.5	83.2
非未来教师	74.4	33.9	76.9	89.4	81.9	2.12	2.30	2.13	35.4	53.3	56.1	20.6	54.0	86.9
非南部,9年级:														
未来教师	77.1	67.4	80.1	89.5	89.6	1.88	2.04	2.03	47.9	38.7	49.4	26.7	62.9	63.1
非未来教师	76.7	65.5	81.1	88.9	88.2	2.02	2.13	2.02	42.6	49.2	58.5	17.8	56.3	66.5
黑人														
南部,9年级:														
未来教师	79.0	30.6	79.6	80.7	73.9	2.16	2.37	2.31	33.2	49.5	51.7	29.4	55.3	70.0
非未来教师	73.2	18.9	75.7	74.3	68.2	2.12	2.33	2.12	35.6	48.7	58.3	30.7	52.0	75.1
非南部,9年级:														
未来教师	66.2	47.4	77.0	77.8	76.2	2.08	2.28	2.08	42.6	50.1	52.4	20.5	56.1	36.7
非未来教师	64.1	41.4	71.3	79.3	76.0	2.17	2.43	2.20	31.4	45.9	55.8	26.5	50.5	42.4

1. A=1, B=2, C=3, D=4, F=5

门外语。但总的来说,最好的总结是,FT 是所有 9 年级学生的一般横断面,尽管他们可能表现稍微好一点。在这个教师招聘的第一阶段,黑人在学术素质方面显然不能明显地高出同班同学一筹,而且比起白人 FT 来,他们不太可能比黑人学生整体更为优秀,而白人 FT 则更可能比其他白人学生整体更优秀。简言之,在 9 年级,似乎没有发生任何事情能够减少下一代教师在学术能力方面的种族差异。鉴于这两个种族群体在学术表现上的不公平分配,如果目前基于种族划分的教师分配模式继续下去,而且如果要消除教师能力的差异对不公平现象再生的影响,那么与白人未来教师相比,黑人未来教师有必要从他们群体内部更高的学术分配层次中吸收人才。但迄今为止的数据并没有显示这些事情正在发生。

4.2 未来教师和其他 12 年级学生的比较

12 年级学生报告了到学年结束时他们在某一给定领域所修读的课程总数(一门"课程"是半年的学分)。在表 4.2.1 的前面几栏列出的五个学术领域中,白人未来教师获得学分略微多一些;在南部地区,在一个领域,即外国语言方面,FT 占了相当大的优势。但是在黑人学生中,FT 所做的学术准备比 NFT 稍逊一筹;例如,在南部地区,NFT 在科学、社会学、英语、数学领域的平均课程数略高。在比较 FT 和 NFT 的平均成绩时,南部的白人未来教师显然比他们那些打算上大学但却不打算当教师的同班同学们更为优秀,但是这种模式并没有在其他任何种族或地区群体中发生。同样,FT 也较可能被分到最高等级的英语班级中;在南部白人中,差异更为显著。然而,只有南部白人和非南部黑人的 FT 比 NFT 更可能认为自己的聪明程度高于平均水平。在白人中比在黑人中有更为显著比例的 FT 报读了大学预备课程,而且在所有的比较中,他们的阅读量都更大、学习时间都更长。就像在 9 年级一样,未来教师俱乐部在白人中招收到的主要是女性成员,但在黑人中对男性和女性的吸引力差不多。最后,有两组 FT(南部白人和非南部黑人)似乎较不可能只在自己的族群范围内建立亲密的友谊。

如果我们要总结一下 12 年级的 FT 与同种族和地区的同学相比情况如何,那么有迹象表明,他们在学术表现和投入方面比一般学生要略高一些。但如果我们问,黑人 FT 与白人 FT 比较起来怎么样——这么问同样是因为希望消除教师能力方面的种

表 4.2.1 根据地区和种族划分 12 年级未来教师和其他学生的选定比较

	高中科学课程平均数量[1]	高中外语课程平均数量[1]	高中社会学课程平均数量[1]	高中英语课程平均数量[1]	高中数学课程平均数量[1]	高中英语课程平均成绩[2]	高中数学课程平均成绩[2]	平均高中总平均成绩[2]	在高中英语最高级班中的学生百分比	男生百分比	在高中参加大学预备课程者百分比	暑假中阅读5本或更多书籍者百分比	每天至少学习3个小时者百分比	自我评估聪明程度在中等以上者百分比	在对方种族中无密友者百分比
白人															
南部,12年级:															
未来教师	5.65	3.48	6.24	8.14	6.59	1.90	2.21	2.06	57.7	32.2	74.8	57.2	37.9	67.2	89.3
非未来教师	5.56	2.87	6.13	8.02	6.22	2.12	2.32	2.26	45.7	44.8	65.5	63.7	25.3	59.6	94.4
非南部,12年级:															
未来教师	5.67	5.20	6.84	7.94	6.04	2.03	2.28	2.16	46.8	40.3	80.5	60.5	36.7	64.5	67.2
非未来教师	5.61	5.04	6.71	7.89	6.12	2.16	2.27	2.21	43.2	49.1	74.5	65.7	33.5	65.3	67.9
黑人															
南部,12年级:															
未来教师	5.02	2.54	5.29	6.85	5.05	2.25	2.40	2.37	39.2	45.4	45.9	53.1	37.7	54.7	72.0
非未来教师	5.12	2.25	5.69	6.99	5.26	2.28	2.45	2.40	37.2	50.9	41.4	63.7	29.5	56.3	72.8
非南部,12年级:															
未来教师	4.72	3.63	5.93	7.38	5.14	2.34	2.60	2.45	36.5	50.6	48.3	62.8	42.1	53.5	29.8
非未来教师	4.81	3.33	5.96	7.38	5.05	2.34	2.59	2.51	32.1	49.4	46.8	68.8	40.7	48.1	38.9

1. 一门课程等于半年(1学期)。
2. A=1;F=5

族差异——则结果相当清楚，在传统的学术科目上，黑人未来教师接受的训练量不如白人未来教师。我们有充分理由认为，如果想上大学的 12 年级学生继续执行他们的职业计划，那么进入教师行业的黑人在学术上所做的准备将逊于白人老师——除非大学教育过程可以以某种方式发挥具有差别性的影响，起到补偿作用。在接下来的章节中可以检查是否有这种可能性。

4.3 未来教师和其他大学一年级学生的比较

延续前两份表格的模式，表 4.3.1 分别按地区和种族划分，提供了在大学新生中指定类型的比较。未来教师与非未来教师相比，在高中上过更多的外语课程与较少的数学课程，但是他们高中成绩单的一般情况非常相似。（我们对未来教师和非未来教师的比较只在强调教学训练的院校中进行；如果将来自理工院校和州立大学的学生包括在内，这种组别间的差异无疑会更加明显。）在南部地区以外的白人和黑人中，FT 的报告显示，他们的高中毕业平均成绩要稍高一些。在南部地区的白人和非南部地区的非白人中，FT 更可能曾被分到所在高中英语课程的最高学术组别（最高级别的班级）中。总的来说，我们的结论是，FT 在学术背景和能力上与他们的同学没有什么不同——至少在那些以培训教师为主要任务的高校中是这样。

在两个组别可以进行比较的其他特征方面，我们发现——当然，是在师范院校的范围内——FT 更多是女性，而不是男性。大约每四名 FT 中有三名是女性，而在 NFT 中，则是每两名中有一名。但是还有其他方面的差异：如 FT 在高中参加大学预备课程的比例更高（非南部白人除外）；在白人中，他们在上个暑假中的阅读量更大，而且他们会花更多的时间学习；他们不太可能有不同种族的密友；在白人和南部黑人中，他们更可能受到过高中老师的鼓励去上大学。只有在南部白人中，自我评估聪明程度在中等以上的 FT 的比例超过了 NFT；事实上，在非南部黑人中，他们很少这么做。和学术背景比较的结论一样，在这里，有依据的结论似乎是，除了性别方面的明显差异外，FT 和 NFT 非常相似。我们应该注意到表中暗示的一种可能性，即资金支持和高中教师的鼓励或许有助于吸引学生进入教师行业。

表 4.3.1 根据地区和种族划分大学一年级未来教师和其他学生的选定比较

	高中科学课程平均数量[1]	高中外语课程平均数量	高中社会学课程平均数量[1]	高中英语课程平均数量[1]	高中数学课程平均数量[1]	高中英语课平均成绩[2]	高中数学课平均成绩[2]	平均高中总平均成绩[2]	在高中英语最高级班中的学生百分比	男生百分比	在高中参加大学预备课程者百分比	暑假中阅读5本或更多书籍者百分比	每天至少学习3个小时者百分比	自我评估聪明程度在中等以上者百分比	受到过高中教师敦促上大学者百分比	在对方种族中无密友者百分比
白人																
南部,13年级:																
未来教师	4.53	4.09	5.21	7.17	5.54	1.89	2.27	2.02	64.3	16.1	70.5	62.3	70.3	37.0	92.4	92.6
非未来教师	4.59	3.43	5.32	7.10	5.52	2.12	2.35	2.17	56.0	43.7	61.1	66.8	61.5	34.6	81.3	84.6
非南部,13年级:																
未来教师	4.78	5.02	5.91	7.09	5.22	1.96	2.36	2.15	56.7	28.8	84.3	65.4	65.8	36.5	86.7	70.2
非未来教师	4.87	4.76	5.89	7.02	5.35	2.14	2.55	2.31	59.9	49.5	87.1	67.2	60.1	37.0	83.6	67.8
黑人																
南部,13年级:																
未来教师	4.66	2.63	5.54	6.59	4.85	2.18	2.58	2.36	49.0	30.7	40.1	68.2	60.8	30.7	84.9	71.3
非未来教师	4.71	2.43	5.39	6.77	5.05	2.18	2.39	2.29	55.9	48.2	37.0	65.5	61.3	33.2	83.1	71.6
非南部,13年级:																
未来教师	4.72	4.39	5.44	6.82	4.61	2.33	2.81	2.54	43.2	19.2	69.3	65.1	64.5	23.7	78.5	39.0
非未来教师	5.06	4.13	5.57	6.94	4.83	2.43	2.85	2.57	37.1	42.3	67.8	68.4	63.5	33.9	79.9	34.7

1. 一门课程等于半年(1学期)。
2. A=1;F=5

与白人未来教师相比,黑人的高中背景有几处明显的不同;而这些差异通常意味着白人为上大学做了更充分的准备。两个地区都有以下情况,但在南部地区更值得注意,那就是黑人未来教师上过的外语、英语和数学课较少;他们的英语和数学成绩较差,总平均成绩较低;同时,他们较少被分到等级最高的英语班级,而且较少修读大学预备课程。在每天学习至少 3 小时的人中,黑人比白人少,而且较少的黑人认为自己的聪明程度在中等以上。这些数据与几项成绩测验分数相一致,表明在大学一年级,有志从教的黑人在学术方面准备不如白人有志从教者充分。因此,除非大学时期的训练可以弥补我们在入学时观察到的种族差异,我们应该预期,未来公立学校教师的学术能力会因种族而不同。

如果要让黑人教师的学术预备水平向白人靠拢,就需要有更多更优秀的黑人学生在即将或正在做出上大学的决定时被吸引到教师行业中(或者说,与此相关地,在那些有志从教的高中生里,有更大比例更优秀的黑人会一直坚持这个选择,直到读大学)。但是在我们的讨论中,迄今为止没有任何证据表明,人们正在采取这样的措施来提高未来黑人教师的水平,以使其赶上白人的水平。我们可以进一步探讨这个问题,不过我们只能将 12 年级的情况与师范院校的一年级新生进行比较,因为在后者这一级别,我们的数据中不包括代表私立院校和公立大学的调查对象。如果能够更详细地了解有志从教的高中毕业生进入大学以后的命运,对我们的研究将不无裨益。但是,即使缺少这一信息,我们至少可以在这一研究中观察到,12 年级和大学一年级之间的差异对于 NFT 和 FT 而言都十分明显。因此,(比起 12 年级或大学四年级学生来)大学新生明显不太可能自我评估聪明程度在中等以上,但这种情况对 NFT 和 FT 而言程度差不多。每天学习 3 小时以上的大学新生要比高中毕业班学生多得多,但是这对 NFT 和 FT 来说仍都一样。然而,至少有一个主要差异值得注意,那就是在 12 年级和大学一年级期间,在男生身上发生了一些情况:在南部和非南部地区,无论是黑人还是白人,在大学新生中,未来教师中的男性比例都缩小了很多。这是为什么,目前还不清楚,但至少我们似乎已经发现,在这一点上,对所有种族和地区群体的男性而言,教师职业变得失去了吸引力:一旦从高中到大学的过渡完成了,所有种族、所有地区都没能在未来的教师队伍中保留接近一半的男性。但是回到最初的问题上,到目前为止,我们没有任何理由可以认为,对下一代教师而言,训练质量和能力水平上的种族差异会比过去减少。

4.4 未来教师和其他大学四年级学生的比较

在表 4.4.1 中,所有四个种族和地区群体唯一的共同点就是,FT 中的女性比例通常高于 NFT。观察高中阶段外语、社会学、英语和数学方面所修的课程数量,这种差异的存在表明,FT 在这些科目上获得了略微更广泛的训练,但总体而言,这些情况非常相似。在两个地区的白人和非南部地区的黑人中,FT 的高中平均成绩要稍高一些;在白人中,但不是在黑人中,有更多的 FT 曾受到教师的鼓励去上大学。白人 FT 比 NFT 更可能每天学习至少 3 个小时,但在黑人中不是这样。在所有四个种族和地区的比较中,有更多的 FT 在高中选修了大学预备课程,但在所有情况下,这种差异都不显著。

当我们跨越种族界限进行比较时,各种类型的证据都表明,大学四年级的白人未来教师就跟大一新生一样,在学术方面准备更充分。他们在高中上过更多的外语课、更多的社会学课、更多的英语课和更多的数学课;他们的高中成绩更高;他们中有更多的人被分配到最高级的英语班组,有更多的人参加大学预备课程;他们中有更多的人认为自己比同学更聪明;他们中有更多的人(在非南部地区)曾受到他们的高中教师的鼓励去上大学。只有在一点上黑人 FT 在两个地区比例更高:他们更可能每天至少学习 3 小时。

可以想象的是,在一年级和四年级之间,学生中会发生一些调整,导致具有某些独特特征的学生会加入教师行业,而具有某些不同特征的学生则会决定放弃向从教生涯迈进。事实上,我们可以预期,在一所师范院校的背景之下,教师职业生涯将会吸引全体学生中学术能力最强的学生,其结果就是,这些学生会在大学期间转向为从教做准备。我们可以仔细审视这些表格,在新生和四年级学生之间进行比较,向自己提出一个一般性的问题:在高校培训阶段,教师这一职业是否留住了很高比例的可预测拥有最光明前景的学生?但是,仔细考察表 4.3.1 和 4.4.1 中大学新生和大学四年级学生的数据对比,我们并不能确凿无疑地得出这一结论。FT 与 NFT 在四年级时相比跟在一年级时相比差不多。通常情况下,四年级和一年级 FT 的高中成绩都比他们的 NFT 同学高,但在平均分的差异程度上,四年级并没有变得更显著。我们的结论是,在四年级时继续计划从教的学生基本上跟新生中有志从教者属于相同的类型和素质;没有证据显示,在大学期间会有数量特别多的更优秀的学生离开或是进入教师培训程序。

大学一年级和四年级之间的比较表明,黑人和白人未来教师之间的训练差异并没有在大学期间的选拔过程中消失。这些差异始终非常显著。事实上,大学课程可能会

表4.4.1 根据地区和种族划分大学四年级未来教师和其他学生的选定比较

	高中科学课程平均数量[1]	高中外语课程平均数量[1]	高中社会学课程平均数量[1]	高中英语课程平均数量[1]	高中数学课程平均数量[1]	高中英语课平均成绩[2]	高中数学课平均成绩[2]	平均高中总平均成绩[3]	在高中英语最高级班中者百分比	男生百分比	在高中参加大学预备课程者百分比	暑假中阅读5本或更多书籍者百分比	每天至少学习3个小时者百分比	自我评估聪明程度在中等以上者百分比	受到过高中教师鼓励上大学者百分比	在对方种族中无密友者百分比
白人																
南部,16年级:																
未来教师	4.35	2.87	5.16	7.08	5.36	1.88	2.10	1.94	66.2	33.3	54.9	69.7	52.5	46.7	73.4	85.9
非未来教师	4.58	2.48	5.20	6.91	5.47	2.15	2.19	2.18	51.5	63.6	51.9	72.7	47.1	47.2	66.5	84.3
非南部,16年级:																
未来教师	4.80	4.67	5.92	7.04	4.96	1.92	2.27	2.06	67.8	27.4	81.9	68.8	52.4	57.4	74.2	65.8
非未来教师	4.74	4.67	6.03	6.97	5.15	2.08	2.34	2.18	62.8	44.9	76.9	65.2	41.6	56.1	70.9	64.1
黑人																
南部,16年级:																
未来教师	4.31	1.95	4.94	6.48	4.95	1.98	2.23	2.09	53.1	31.7	34.4	69.0	66.6	39.1	74.7	47.8
非未来教师	4.45	1.85	4.78	6.50	5.12	1.97	2.08	2.00	59.2	46.6	31.2	73.6	66.5	47.2	69.9	74.1
非南部,16年级:																
未来教师	4.62	3.92	5.28	6.62	4.80	2.05	2.36	2.20	56.5	19.6	59.2	67.7	60.6	39.9	63.6	47.8
非未来教师	4.78	3.79	5.06	6.67	4.57	2.21	2.60	2.34	54.2	33.3	58.7	67.0	61.7	44.0	64.4	44.7

1. 一门课程等于半年(1学期)。
2. A=1; F=5。
3. A=1; D=4。

增加这种差异,至少在南部是这样(表 4.4.2):南部的白人未来教师会上更多的科学课和英语课,但不是数学课;而在非南部地区,黑人未来教师在大学中会上更多的数学课和科学课,不过仍不是英语课。

表 4.4.2　根据种族、地区和从教计划以及特定科目划分
大学四年级学生在大学平均修读课程数

	科学	数学	英语		科学	数学	英语
南部黑人:				南部白人:			
未来教师	4.62	3.66	5.63	未来教师	5.50	3.55	6.56
非未来教师	5.14	4.04	5.39	非未来教师	5.30	3.76	5.95
北部黑人:				北部白人:			
未来教师	5.07	3.58	5.97	未来教师	4.77	3.34	6.22
非未来教师	5.35	3.98	6.17	非未来教师	4.75	3.25	6.12

4.5　教师和未来教师的语言能力和其他测试分数

根据我们的观察,无论是经验丰富的教师还是经验不足的教师,无论是现任教师还是未来教师,黑人与白人在语言能力测试成绩方面都存在着显著差异。如果这些差异在教龄最长的人中间最显著,在刚刚开始从教或计划从教的人中间最小,那么我们就可以得出结论:长期趋势会减少师生种族匹配导致的歧视效应。但是在表 4.5.1 中看不出这种趋势,该表格根据地区划分(南部和非南部),显示每个种族特定经验水平和地区的人群在语言技能方面超过白人平均分的比例。一般来说,通过对有经验的教师和教师行业新征募成员的观察发现,在超过白人平均分的比例方面,二者的种族差异程度都差不多。教师的平均分不能直接与学生的进行比较,大学四年级学生的平均分也不能直接与大学新生的进行比较,因为测试本身是不相同的。但对三个层次的现任教师进行比较,得出了同样的结论。因此,以下结论似乎是合理的:黑人教师和白人教师的语言技能差异并没有逐渐缩小的长期趋势;如果将目前这种师生种族匹配的做法持续下去的话,那么一般来说,黑人学生将由语言能力较弱的教师来教授。表 4.5.2 到 4.5.6 显示了大学新生和大四学生在其他各领域的能力测试成绩,这些为种

表 4.5.1 根据教师和未来教师的种族和经验层次划分，
在语言能力测试中超过白人平均分的百分比

	南部				非南部			
	黑人平均分	白人平均分	超过白人平均分的百分比		黑人平均分	白人平均分	超过白人平均分的百分比	
			黑人	白人			黑人	白人
教师：								
10年以上教龄	18.87	23.45	23.79	65.89	19.20	24.46	24.17	62.24
5—9年教龄	19.37	23.50	26.47	64.10	21.85	24.85	30.30	68.41
不到5年教龄	18.59	24.38	17.11	60.92	20.68	24.73	25.92	63.86
大学四年级学生：未来教师	18.43	30.18	5.82	48.04	25.74	30.59	24.54	53.28
大学一年级学生：未来教师	26.83	44.75	8.54	54.66	35.96	47.66	14.59	56.51
高中毕业班学生：未来教师	17.37	34.70	7.56	52.41	26.18	37.95	21.48	55.10
高中一年级学生：未来教师	12.96	23.53	6.39	44.47	18.98	29.86	14.82	50.00

表 4.5.2 大学一年级和四年级学生根据种族、地区和从教计划划分的平均分，
以及在非语言推理测试中超过白人平均分的百分比

	南部				非南部			
	黑人平均分	白人平均分	超过白人平均分的百分比		黑人平均分	白人平均分	超过白人平均分的百分比	
			黑人	白人			黑人	白人
大学一年级学生：								
未来教师	28.52 (363)	37.51 (436)	12.95	53.11	33.14 (658)	39.11 (818)	14.13	52.93
非未来教师	29.61 (580)	37.94 (662)	14.83	59.97	33.36 (333)	39.22 (294)	18.02	55.44
大学四年级学生：								
未来教师	9.68 (963)	17.18 (1140)	11.32	54.30	13.86 (389)	19.73 (1666)	19.79	56.78
非未来教师	10.86 (769)	18.64 (812)	13.52	55.54	15.78 (94)	20.55 (356)	31.91	57.58

注：括号中的数字是用来计算平均分的案例数量。

表 4.5.3 大学一年级和四年级学生根据种族、地区和从教计划划分的平均分,以及在数学测试中超过白人平均分的百分比

	南部				非南部			
	黑人平均分	白人平均分	超过白人平均分的百分比		黑人平均分	白人平均分	超过白人平均分的百分比	
			黑人	白人			黑人	白人
大学一年级学生:								
未来教师	6.82	10.55	11.85	54.59	7.67	13.50	5.78	49.39
非未来教师	7.40	10.78	16.21	55.74	8.60	13.78	10.51	50.34
大学四年级学生:								
未来教师	4.95	10.27	7.27	46.71	7.40	11.87	16.20	54.28
非未来教师	6.01	10.92	15.08	53.19	8.23	12.09	20.21	48.46

表 4.5.4 大学一年级和四年级学生根据种族、地区和从教计划划分的平均分,以及在科学测试中超过白人平均分的百分比

	南部				非南部			
	黑人平均分	白人平均分	超过白人平均分的百分比		黑人平均分	白人平均分	超过白人平均分的百分比	
			黑人	白人			黑人	白人
大学一年级学生:								
未来教师	7.70	9.37	23.69	61.47	9.35	11.41	19.30	51.96
非未来教师	7.94	9.25	28.79	55.74	9.81	11.50	26.73	57.48
大学四年级学生:								
未来教师	11.96	20.10	5.40	48.47	17.33	22.13	19.79	49.01
非未来教师	13.09	21.00	8.45	48.65	18.01	22.93	35.11	55.46

表4.5.5 大学一年级和四年级学生根据种族、地区和从教计划划分的平均分,以及在社会学测试中超过白人平均分的百分比

	南部				非南部			
	黑人平均分	白人平均分	超过白人平均分的百分比		黑人平均分	白人平均分	超过白人平均分的百分比	
			黑人	白人			黑人	白人
大学一年级学生:								
未来教师	5.78	8.32	16.25	55.96	7.83	10.40	19.57	50.36
非未来教师	5.96	8.22	15.68	51.81	8.08	10.23	18.91	48.97
大学四年级学生:								
未来教师	9.02	16.00	4.57	41.98	13.72	18.39	10.80	51.35
非未来教师	9.66	16.23	8.06	47.05	13.47	18.89	9.57	52.94

表4.5.6 大学一年级和四年级学生根据种族、地区和从教计划划分的平均分,以及在美术测试中超过白人平均分的百分比

	南部				非南部			
	黑人平均分	白人平均分	超过白人平均分的百分比		黑人平均分	白人平均分	超过白人平均分的百分比	
			黑人	白人			黑人	白人
大学一年级学生:								
未来教师	7.23	8.43	25.90	60.32	7.97	9.75	24.62	55.50
非未来教师	7.50	8.35	31.21	58.91	8.36	10.08	15.92	45.58
大学四年级学生:								
未来教师	5.63	7.99	19.83	57.32	8.05	9.42	30.33	50.15
非未来教师	5.59	7.65	19.17	51.97	8.35	9.66	31.91	50.98

族差异以及这一差异并未缩小的事实提供了额外的证据。总体而言,测试结果还表明,师范院校中的非未来教师在学术方面比同校的未来教师更为优秀。

当我们单独观察未来教师时,发现在各个地区和层次(大一新生和大四学生)的组别中,只有不到20%的黑人调查对象在非语言推理测试中超过了相应的白人组平均

分(表 4.5.2)。① 在任何地区和层次的组合中，都只有不到七分之一的黑人在数学测试中超过白人平均分(表 4.5.3)，在科学测试中(表 4.5.4)这一数字在大一新生中大约是五分之一，在大学四年级学生中大约是十分之一。在南部地区的学生中，在社会学测试中(表 4.5.5)有大约六分之一的黑人新生和二十分之一的黑人大四学生超过了对应的白人组平均分；在北部地区，这一数字分别是大约五分之一和十分之一。这些测试结果表明，在大学培训期间，从一年级到四年级，南部白人和南部黑人之间的差距在扩大——这是一项重要发现，因为南部高校要承担培养大量黑人教师的重大责任。在非南部地区，在差距大小的变化方面没有出现明确的模式，因为在非语言推理测试中，相比大一新生，有更多的黑人大四学生超过了白人平均分，但在数学和社会学方面，数量则更少。

4.6　教师的地点和迁移

关于教师在前往目前所在学校之前所任教的学校，我们无法发表任何评论。然而，我们可以询问教师，当他们更换任教学校时，是不是具有某些技能的人往往会被选择派往某些类型的学校。在极端情况下，我们可以设想，教师迁移模式的效应将提高教师和学生特征之间的兼容性；因此，有较高学术期望的教师倾向于进入学术水平较高的学校。

在这里，我们只考虑在目前的学校执教前有过教学经验的教师。为了对总教龄进行控制，我们将教师分为四类，总教龄分别为 5 至 9 年、10 到 14 年、15 到 19 年以及 20 年以上。（总教龄不到 5 年的教师被排除在外，因为他们中在目前的学校执教前有过教学经验的人数较少。）我们必须记住，教师先前任教的学校可能与他或她目前所在的学校非常相似；而该信息是无法获得的。因此，我们无法推断，这种重组过程增加了不同类型学校之间的教师能力水平差异；我们只能说明，它是否消除了现存的差异。我们使用的能力测量值是教师在语言能力测试中的分数。表 4.6.1 的第一部分表明，在任何教龄水平，比起以白人为主的学校来，在以非白人为主的学校中，那些先前曾在其他学校任教过的教师语言表达较不流利。这种差别在南部地区比在非南部地区更大，

---

① 大学新生与四年级学生的测试形式并无密切联系，不应对不同年级的分数进行比较。

而且在相对年轻(缺乏经验)的教师中似乎更显著一些,这似乎意味着白人学校中的教师在语言技能方面的优势越来越大。

表 4.6.1 根据学校类型和教龄划分,在目前学校之前有过教学经验的教师语言能力平均分

【括号中的数字是用来计算平均分的案例数量】

	学校类型:在校白人百分比			学校类型:学校地点					
	0—9	10—89	90或以上	农村	小镇	小城市	郊区	大城市边缘	大城市平民区
南部地区									
教师:									
5—9年总教龄	(49) 18.96	(4) 26.75	(55) 24.16	(31) 20.18	(15) 23.47	(19) 22.58	(24) 23.13	(14) 19.07	(6) 16.33
10—19年总教龄	(110) 19.05	(4) 25.00	(121) 23.68	(44) 21.50	(37) 19.54	(40) 22.35	(31) 22.94	(25) 22.60	(16) 21.63
20年或以上总教龄	(30) 19.31	(2) 23.50	(169) 22.39	(80) 20.66	(58) 21.02	(41) 21.20	(38) 21.68	(25) 23.36	(9) 20.89
非南部地区									
教师:									
5—9年总教龄	(34) 21.91	(71) 24.86	(234) 24.75	(47) 23.87	(25) 25.56	(58) 24.93	(122) 24.30	(46) 24.67	(42) 24.38
10—19年总教龄	(52) 22.19	(101) 24.25	(344) 24.59	(63) 23.70	(44) 24.31	(61) 24.72	(131) 24.15	(71) 24.28	(45) 24.00
20年或以上总教龄	(37) 21.65	(94) 23.49	(313) 23.84	(57) 22.81	(51) 24.29	(92) 24.17	(90) 22.61	(61) 23.34	(45) 23.47

	学校类型:学校构成				学校类型:大学录取率		
	专业人士和白领	各种类型混合	蓝领	农村	超过50%	30%—50%	0—30%
南部地区							
教师:							
5—9年教龄	(9) 23.11	(58) 22.34	(18) 21.28	(23) 20.04	(64) 20.6	(12) 22.4	(2)
10—19年教龄	(10) 24.80	(117) 22.24	(33) 21.52	(33) 18.94	(133) 21.2	(23) 25.1	(82) 21.2

续　表

	学校类型：学校构成				学校类型：大学录取率		
	专业人士和白领	各种类型混合	蓝领	农村	超过50%	30%—50%	0—30%
20年或以上教龄	(12) 23.42	(146) 21.51	(34) 21.38	(55) 19.80	(180) 20.7	(17) 22.8	(87) 21.2
非南部地区教师：							
5—9年教龄	(78) 25.09	(185) 24.64	(51) 24.10	(11) 21.73	(241) 24.9	(34) 23.5	(65) 23.6
10—19年教龄	(90) 23.94	(238) 24.77	(64) 24.06	(16) 23.19	(338) 24.4	(72) 24.7	(88) 23.7
20年或以上教龄	(59) 22.47	(250) 24.17	(59) 23.29	(19) 22.68	(326) 24.0	(48) 23.8	(72) 23.0

关于学校的地点则未出现这种明确的模式（表4.6.1第二部分）。确实，在南部地区，最近被分配到市内学校的教师语言能力似乎较弱，但该数值可能并不稳定，因为案例库规模有限。在非南部地区，因学校地点而产生的差异非常小。在南部地区却不是这样，因为那里的学校是按照学生的社会阶层划分的（表4.6.1第三部分）；在每个教龄水平，语言能力的平均分数都是为专业人士和白领家庭儿童服务的学校最高，为蓝领和农村家庭儿童服务的学校最低。同样的模式也出现在非南部地区相对缺乏经验的教师中，但在经验较丰富的教师中却并非如此。事实上，若干表格中的数据表明，跟南部地区以外的全美各地区相比，重组过程在南部地区可能使教师与学校客户群之间出现更加密切的对应关系。表4.6.1的最后部分并没有提供明确的证据表明，在经验丰富的教师中，语言技能较高者想去大学录取率很高的学校任教。在非南部地区，有一定这样的趋势，而在南部地区，表现极佳和表现极差的学校的平均分都比升学率水平中等的学校要低。

4.7　学校的黏附力

在教师行业中，不同学校可能被认为具有不同程度的吸引力或"黏附力"。因此，我们可以极端地想象有一些学校对几乎所有教师都非常具有吸引力,因此,随着时间的推移,其教师团队是由其最希望获得的教师组成的,也就是说,由它认为高度称职的教师组成。而在另一个极端,则有一些学校,它们对教师的吸引力是如此之小,以至于它们要么总是被来自其他系统的教师拒绝,要么就是得持续用缺乏经验的教师来补充教师团队。如果按照这一流程运作,如果我们能正确识别某些让学校具有较大或较小吸引力的特征,那么我们就应该能观察到,随着教师年龄的增加,在具有不同特征的学校之间,教师的差异变得更大。我们对事实的预期就是这样,因为,用极端的方式来表述,在公立学校系统,教师的排序时间更长,会让好教师离开表现差的学校,让表现差的教师离开好学校。

我们可能认为,教师们会觉得这样的学校更理想:大学录取率高,位于郊区或城市外缘而不是在市中心贫民区,教白领而不是蓝领家庭的学生,而且学生中有很多白人;表 4.7.1 提供了相关数据。然而,这些数据并没有表明,在不同类型的学校之间,年长教师的平均语言技能差异有所增加。在不同类型的学校间,的确可以观察到教师的语言技能存在着差异,但是这种差异不会以任何模式随着教师的年龄段发生变化。就白人在学校的比例和大学录取率而言,或许我们前面所描述的过程正在某种较小的程度上运作,至少在南部地区以外是这样。但它们在学校的班级构成或学校的位置方面根本不起作用。很显然,学校系统成功地将教师以非随机的方式分配到各个类型的学校中(例如,在每一个年龄水平,白领学校的教师平均分要高于蓝领学校的教师),但数据显示,随着时间的推移,这并不会产生任何累积效应。

表 4.7.1　根据教师年龄、白人在学校的百分比和学校地点划分,教师语言能力平均分

	在校白人百分比				学校地点(仅城市地区)		
	0—10	10—50	50—90	90—100	郊区	大城市边缘	大城市平民区
南部地区							
教师:							
25 岁或以下	18.99		26.50	23.78	22.31	23.72	19.06
26—35 岁	19.25		24.88	23.64	21.55	20.91	20.70
36—55 岁	19.58		25.00	23.86	22.70	21.64	20.61
56 岁或以上	18.16			22.10	21.95	20.00	

续　表

	在校白人百分比				学校地点(仅城市地区)		
	0—10	10—50	50—90	90—100	郊区	大城市边缘	大城市平民区
非南部地区							
教师：							
25岁或以下	23.44	24.53	23.89	24.81	24.89	25.38	24.79
26—35岁	20.85	23.39	24.36	24.29	24.20	23.75	22.65
36—55岁	22.13	23.43	24.37	24.64	24.37	24.52	23.08
56岁或以上	20.59	22.64	24.02	24.08	23.47	23.65	22.26

	学校的班级构成（不包括农村学校）			大学录取率		
	专业人士和白领	各种类型混合	蓝领	0—20%	20%—50%	超过50%
南部地区						
教师：						
25岁或以下	25.75	22.94	20.56	19.52	22.06	22.51
26—35岁	23.50	21.37	20.21	18.63	21.89	22.18
36—55岁	24.21	22.19	21.82	20.10	22.54	24.18
56岁或以上	24.80	21.21	23.67	19.55	23.31	22.44
非南部地区						
教师：						
25岁或以下	25.46	24.49	24.22	24.53	24.02	25.45
26—35岁	23.92	24.32	22.69	22.11	24.15	23.62
36—55岁	24.56	24.48	23.74	21.49	24.12	24.98
56岁或以上	22.96	24.36	22.72	22.07	24.72	25.43

我们不能忽视这一套表格最明显的含意：从在为蓝领工作者提供服务的学校和升学率很低的学校中美国少数族群学生的密集度来看，很显然，他们更容易接触到语言技能相对较弱的教师。

4.8 教师：留用潜力

一位专业人士从其工作活动中获得的满意感程度应该与他是否会继续从事这些活动有很大关系，前提是他有选择权。因此，至少在目前教师短缺和经济发展的条件下，那些最有可能继续从教并继续留在目前学校任教的，应该分别是那些喜欢教书以及喜欢在目前学校教书的人。因此，学校系统所面临的一项任务是，提供能够激励教师留下的令人满意的工作体验——尤其是对于那些学校最想留住的教师而言。当然，教师对其工作经验会做出何种反应或许并不完全取决于学校的特征；这也就是说，教师的背景和学术兴趣可能影响其对于一种给定的教学情境的反应。

表 4.8.1 到 4.8.4 探讨了工作满意度的两个元素——如果教师"能回到过去，重

**表 4.8.1　根据教师能力划分学校特征对教师士气的影响：
会再次选择从教和想留在目前学校的比例**

【括号中的数字是用来计算百分比的案例数量】

	会再次选择从教及目前执教于以下学校者百分比			想留在目前学校及目前执教于以下学校者百分比		
	黑人学校	种族混合学校	白人学校	黑人学校	种族混合学校	白人学校
黑人教师						
语言能力分数:						
高	77.8(54)	64.3(28)	100.0(16)	42.3(52)	42.9(28)	75.0(16)
中高	73.0(304)	79.2(48)	87.5(32)	50.7(300)	62.5(48)	62.5(32)
中低	71.4(406)	87.5(32)	78.6(28)	46.8(402)	68.8(32)	46.2(26)
低	75.1(714)	77.3(44)	91.7(24)	50.3(692)	61.9(42)	58.3(24)
白人教师						
语言能力分数:						
高	85.4(96)	81.5(324)	79.4(1,290)	46.8(94)	51.9(324)	58.9(1,286)
中高	79.2(144)	81.6(610)	79.5(2,600)	50.0(140)	47.8(602)	62.8(2,576)
中低	100.0(56)	80.5(246)	82.6(1,124)	70.4(54)	43.4(244)	66.7(1,122)
低	76.9(26)	62.5(128)	77.7(548)	58.3(24)	56.3(24)	69.1(544)

表 4.8.2 根据教师能力划分学校特征对教师士气的影响：
会再次选择从教和想留在目前学校的比例
【括号中的数字是用来计算百分比的案例数量】

	会再次选择从教及目前执教于以下学校者百分比					
	农村学校	小镇学校	小城学校	郊区学校	大城市边缘学校	大城市内城区学校
黑人教师						
语言能力分数：						
高	57.1(14)	50.0(4)	75.0(8)	100.0(12)	85.7(28)	92.3(26)
中高	82.4(68)	70.6(34)	83.3(50)	82.4(34)	75.0(88)	84.2(76)
中低	78.4(74)	82.1(56)	81.4(86)	80.0(40)	81.8(88)	74.4(86)
低	80.0(100)	76.8(69)	80.6(62)	91.2(34)	85.4(54)	81.3(48)
白人教师						
语言能力分数：						
高	86.1(216)	85.7(210)	87.7(310)	81.8(538)	78.8(226)	76.7(146)
中高	87.6(259)	82.1(196)	81.0(290)	81.9(520)	83.9(217)	83.6(134)
中低	86.9(122)	81.9(105)	88.3(128)	86.3(212)	86.8(76)	82.6(46)
低	73.4(64)	90.6(53)	72.3(47)	78.1(105)	72.7(44)	75.9(29)

	想留在目前学校及目前执教于以下学校者百分比					
	农村学校	小镇学校	小城学校	郊区学校	大城市边缘学校	大城市内城区学校
黑人教师						
语言能力分数：						
高	50.0(16)	50.0(4)	60.0(10)	66.7(12)	28.6(28)	53.8(26)
中高	48.6(70)	55.6(36)	51.5(66)	35.3(34)	56.5(92)	61.0(82)
中低	45.0(80)	41.9(62)	47.7(88)	63.6(44)	52.2(92)	42.6(94)
低	47.2(106)	47.1(68)	50.7(67)	35.0(40)	66.1(56)	64.6(48)
白人教师						
语言能力分数：						
高	50.9(114)	61.5(109)	59.1(159)	57.9(278)	60.7(117)	47.2(72)
中高	59.1(264)	63.6(198)	59.0(307)	62.2(529)	57.9(221)	49.3(140)
中低	63.7(124)	63.9(108)	63.8(130)	63.5(219)	63.0(81)	50.0(48)
低	65.2(69)	66.7(54)	65.3(49)	63.1(103)	75.0(44)	67.7(31)

表 4.8.3　根据教师能力划分学校特征对教师士气的影响：
　　　　会再次选择从教和想留在目前学校的比例
【括号中的数字是用来计算百分比的案例数量】

	会再次选择从教及目前学校有如下升学率者百分比			想留在目前学校及目前学校有如下升学率者百分比		
	0—30	30—50	50 以上	0—30	30—50	50 以上
黑人教师						
语言能力分数：						
高	63.6(22)	100.0(12)	50.0(4)	25.0(24)	66.7(12)	50.0(4)
中高	79.5(88)	90.0(66)	75.0(8)	48.9(90)	77.8(72)	60.0(10)
中低	77.6(98)	65.4(52)	100.0(16)	35.8(106)	60.0(60)	45.4(22)
低	81.1(212)	84.8(66)	81.3(32)	45.2(230)	47.2(72)	50.0(32)
白人教师						
语言能力分数：						
高	78.1(64)	75.4(114)	81.8(137)	42.0(69)	38.0(121)	60.4(144)
中高	85.8(127)	79.2(212)	76.9(255)	60.5(129)	49.3(223)	60.8(260)
中低	81.0(58)	78.3(83)	82.6(86)	58.3(60)	53.4(88)	62.6(91)
低	81.3(32)	75.0(48)	70.2(57)	57.6(33)	52.9(51)	69.6(56)

表 4.8.4　根据教师能力划分学校特征对教师士气的影响：
　　　　会再次选择从教和想留在目前学校的比例
【括号中的数字是用来计算百分比的案例数量】

	会再次选择从教及目前执教于以下学校者百分比			
	白领学校	各阶层混合学校	蓝领学校	农村学校
黑人教师				
语言能力分数：				
高	100.0(6)	81.0(42)	88.2(34)	50.0(8)
中高	66.7(6)	81.1(180)	78.0(100)	82.9(70)
中低	50.0(8)	79.2(202)	80.6(134)	82.1(78)
低	75.0(16)	86.3(332)	81.0(168)	77.5(222)
白人教师				
语言能力分数：				

续 表

	会再次选择从教及目前执教于以下学校者百分比			
	白领学校	各阶层混合学校	蓝领学校	农村学校
高	86.2(159)	82.1(542)	84.5(97)	81.5(27)
中高	84.6(280)	81.7(1,041)	82.9(210)	92.8(83)
中低	87.2(109)	85.1(449)	89.3(75)	86.0(57)
低	72.1(61)	76.6(205)	84.4(45)	83.9(31)

	想留在目前学校及目前执教于以下学校者百分比			
	白领学校	各阶层混合学校	蓝领学校	农村学校
黑人教师				
语言能力分数：				
高	66.7(6)	54.5(44)	38.9(36)	25.0(8)
中高	50.0(8)	58.9(190)	49.1(106)	47.2(72)
中低	25.0(8)	51.8(220)	47.9(142)	40.5(84)
低	70.0(20)	45.1(288)	41.4(140)	40.2(204)
白人教师				
语言能力分数：				
高	68.1(166)	56.3(558)	45.1(102)	46.4(28)
中高	72.1(283)	58.2(1,074)	47.2(214)	65.5(87)
中低	73.6(110)	62.8(446)	59.0(78)	69.0(58)
低	71.2(59)	65.4(214)	62.2(45)	68.8(32)

新开始读大学",他或她是否会再次选择从教；以及他或她是否会留在目前的学校："如果你可以选择,你会选择到其他学校而不是这所学校任教吗？"我们参考先前使用过的四个因素考察了对这些问题的回答,这四个因素是：种族构成、地点、社会阶级背景、学校的学术成就,此外还有用语言能力测试衡量的教师能力。该分析是按照种族而非地区划分分别进行的。

对黑人教师而言,那些在白人学校中执教的人对教师职业的承诺度更高("我会再次选择从教。"),对白人教师而言,那些在黑人学校中执教的人对教师职业的承诺度略高(由于案例数量太少,降低了最后这一条发现的可靠性)。与在郊区学校的黑人相比，小镇和农村学校中的黑人较少表现出这种承诺度，而在白人中，不同学校地点之间的相似性是如此之高，以至于没有出现任何差异模式。白领学校的黑人教师较少报告称他们会再次选择从教；在白人教师中，这种差异非常小，没有表现出任何模式。最后，表格的后半部分没有任何证据表明，学校的大学录取率会对教师的职业承诺度有任何影响。

不过，语言能力较强的教师对给定学校环境的反应可能不同于他们的同事。例如，可以想象，当学生有志上大学时，语言技能强的教师也会有很高的职业承诺度，可是当学生们不打算继续深造时，他们也不会有很高的职业承诺度。对该表格进行考察，没有发现任何总体趋势表明语言能力会与学校特征相互影响，从而影响教师对自己所选择职业的满意度。我们也没有发现任何系统性趋势表明教师的职业承诺度会受到他们所在学校的构成和特征的影响。

可以想象，一名教师可能会再次选择从教，但却希望能去其他学校任教。是不是某些类型的学校里有更多的教师渴望迁移？这里的确出现了某些模式。在白人学校，希望迁移的教师较少；城市贫民区学校的白人教师较少对目前的职位感到满意；而在大城市学校，无论是在城市边缘还是在城市贫民区，都有更多的黑人教师感到满意。如果教师是在白领学校教书，他们更可能愿意留下；如果他们是在蓝领学校教书，则一般不太可能愿意留下（尽管在黑人中，农村学校的教师最希望迁移）。同时，有迹象表明，尤其是在白人中，在大学录取率很低的学校里有更多的教师希望去别处任教。

然而，没有任何迹象显示，能力较强的教师更可能满意某些类型的学校。至少，在白人中间，有一些迹象表明，能力很高的教师最可能是不管目前学校是什么类型都希望迁移的那些人，但他们的相对满意度与学校的构成无关。因此，我们得出结论，如果一所学校按照一般定义算是"好学校"——白人、白领、郊区、学术性强，则教师们多多少少更希望留在目前的学校，但没有任何数据说明较优秀的老师（按照语言能力测量值来定义）显然更喜欢这样的学校。

4.9 选择性派任过程

我们可以想象一种持续很久的漏斗型传输过程，起点是青少年在大学预科期的职业选择，终点是教师和学校之间长期的、终身的职业关系。被招募到教师行业的人员特征、他们在大学期间所受训练的性质和效果、就业市场对他们职位申请的最初反应（反映在他们最初的教职分配中）、教师对教学情况的持续反应和学校管理部门对教师工作表现的持续反应——所有这些因素都可能影响我们在任何给定时间观察到的教师人才的分布。本节的目的是研究，新任教师的某些可观察特征是否会影响到他们被派任到美国什么地方的学校中。很显然，在某些方面的确存在着教师和学生之间的匹配做法——例如，男校往往有男教师，黑人教师往往被派到黑人学校——但我们应该关注对一些测量值的应用，它们可能表明了教师在素质和能力方面的差异。如果数据表明，较优秀的、受过更先进训练的新任教师被分配到了白人的、中产阶级的、大城市边缘的学校，我们将无法证明发生这一切是因为新任教师喜欢这种结果，还是因为学校管理部门把最好的申请人分配到优质学校，或是因为某些没有言明的原因的组合——但我们至少可以确定一种教育政策本身可以加以针对的情况。

表4.9.1和4.9.2使用了先前使用过的四种学校划分方式，分别是根据地点、种族构成、客户阶层以及有志读大学的学生比例。两个表格根据教师培训或能力的七种测量值报告了新任教师的分配情况，这七个测量值包括：语言能力分数、最高学历、证书级别、学术荣誉、专业杂志阅读、就读的高校类型以及就读高校的质量（由教师评分）。

表4.9.1　根据学校构成划分，南部地区新任教师的选定特征

【括号中的数字是用来计算百分比的回应数】

	语言能力成绩在全国中值以上的百分比	拥有硕士文凭的百分比	有正规或最高证书者百分比	优等生联合会成员百分比	阅读2本或以上专业杂志的百分比	上过综合性大学的百分比	上过质量排名在前30%的高校的百分比
在以下学校的教师——							
黑人学校（超过90%黑人）	18.8 (101)	1.0 (101)	81.7 (93)	17.8 (101)	40.0 (100)	54.0 (100)	34.1 (88)
种族混合学校（10%—90%黑人）	66.7 (9)	11.1 (9)	77.8 (9)	33.3 (9)	44.4 (9)	66.7 (9)	66.7 (9)
白人学校（0—10%黑人）	56.5 (167)	2.4 (167)	76.9 (160)	21.6 (167)	26.2 (164)	65.1 (166)	63.1 (160)
教师的学校位于——							

续 表

	语言能力成绩在全国中值以上的百分比	拥有硕士文凭的百分比	有正规或最高证书者百分比	优等生联合会成员百分比	阅读2本或以上专业杂志的百分比	上过综合性大学的百分比	上过质量排名在前30%的高校的百分比
农村地区	34.2 (76)	1.3 (76)	86.1 (72)	19.7 (76)	29.3 (75)	53.9 (76)	64.8 (71)
小镇	49.0 (51)	2.0 (51)	79.5 (44)	19.6 (51)	31.4 (51)	60.8 (51)	53.2 (47)
小城	50.0 (38)	5.3 (38)	88.9 (36)	26.3 (38)	42.1 (38)	55.3 (38)	36.1 (36)
郊区	57.7 (52)	1.9 (53)	63.5 (52)	15.1 (53)	25.0 (52)	66.7 (51)	55.1 (49)
大城市边缘地区	66.7 (39)	2.6 (39)	74.4 (39)	30.8 (39)	27.0 (37)	71.8 (39)	48.7 (39)
大城市内城区	33.3 (18)	0 (18)	88.2 (17)	5.6 (18)	50.0 (18)	72.2 (18)	38.5 (13)
在以下学校的教师——							
专业人士和白领学校	56.3 (16)	0 (8)	87.5 (8)	25.0 (8)	25.0 (8)	62.5 (8)	50.0 (8)
各阶层混合学校	50.8 (260)	2.8 (181)	74.6 (173)	22.7 (181)	32.6 (181)	62.8 (180)	55.6 (169)
蓝领学校	29.6 (71)	2.1 (47)	90.9 (44)	17.0 (47)	43.5 (46)	60.9 (46)	53.7 (41)
农村地区	34.9 (66)	0 (41)	83.8 (37)	12.2 (41)	48.8 (41)	56.1 (41)	43.6 (39)
在以下学校的教师——							
大学录取率 0—30%	27.8 (40)	2.5 (40)	88.6 (35)	12.5 (40)	43.6 (39)	52.5 (40)	43.2 (37)
大学录取率 30%—50%	46.8 (77)	3.9 (77)	74.3 (74)	24.7 (77)	30.3 (76)	65.3 (75)	54.8 (73)
大学录取率 50%—70%	68.8 (32)	0 (22)	71.4 (21)	27.3 (22)	31.8 (22)	50.0 (22)	35.0 (20)
大学录取率 70%—100%	54.6 (22)	0 (22)	72.7 (22)	31.8 (22)	27.3 (22)	72.7 (22)	63.6 (22)

表 4.9.2　根据学校构成划分，非南部地区新任教师的选定特征
【括号中的数字是用来计算百分比的回应数】

	语言能力成绩在全国中值以上的百分比	拥有硕士文凭的百分比	有正规或最高证书者百分比	优等生联合会成员百分比	阅读2本或以上专业杂志的百分比	上过综合性大学的百分比	上过质量排名在前30%的高校的百分比
在以下学校的教师——							
黑人学校（超过90%黑人）	32.3 (202)	7.7 (65)	42.9 (63)	15.4 (65)	29.2 (65)	67.7 (65)	63.5 (63)
种族混合学校（10%—90%黑人）	55.1 (351)	6.2 (194)	52.4 (187)	12.9 (193)	20.8 (192)	74.0 (192)	67.7 (186)
白人学校（0—10%黑人）	63.1 (584)	7.9 (584)	42.4 (574)	16.1 (594)	23.3 (575)	65.6 (582)	58.0 (569)
教师的学校位于——							
农村地区	43.1 (116)	6.8 (117)	50.0 (114)	7.7 (117)	21.1 (114)	51.3 (117)	51.8 (114)
小镇	50.0 (80)	5.0 (80)	55.7 (79)	21.3 (80)	29.5 (78)	56.3 (80)	58.8 (80)
小城	44.0 (118)	6.8 (118)	47.9 (117)	12.6 (118)	22.9 (118)	65.5 (116)	63.7 (113)
郊区	57.0 (330)	8.4 (332)	45.1 (326)	19.0 (330)	24.3 (329)	71.4 (332)	62.0 (324)
大城市边缘地区	57.1 (105)	7.6 (105)	35.0 (103)	19.0 (105)	24.0 (104)	72.1 (104)	59.0 (100)
大城市内城区	41.0 (93)	7.4 (94)	41.6 (89)	6.4 (93)	16.1 (93)	85.1 (94)	68.1 (91)
在以下学校的教师——							

续 表

	语言能力成绩在全国中值以上的百分比	拥有硕士文凭的百分比	有正规或最高证书者百分比	优等生联合会成员百分比	阅读2本或以上专业杂志的百分比	上过综合性大学的百分比	上过质量排名在前30%的高校的百分比
专业人士和白领学校	68.2 (245)	10.1 (168)	43.9 (164)	25.0 (168)	21.3 (168)	72.6 (168)	64.7 (167)
各阶层混合学校	61.6 (745)	7.1 (523)	46.8 (517)	14.1 (524)	31.5 (508)	68.1 (520)	59.3 (504)
蓝领学校	53.4 (176)	6.1 (114)	35.2 (108)	10.5 (114)	33.3 (112)	72.8 (114)	64.9 (111)
农村地区	45.5 (55)	4.9 (41)	64.1 (39)	4.9 (41)	48.8 (41)	34.1 (41)	51.2 (41)
在以下学校的教师——							
大学录取率 0—30%	50.0 (30)	3.3 (30)	37.9 (29)	16.7 (30)	23.3 (30)	60.7 (30)	65.5 (29)
大学录取率 30%—50%	61.8 (126)	9.5 (126)	43.2 (125)	16.8 (125)	28.0 (125)	63.5 (126)	61.2 (121)
大学录取率 50%—70%	66.0 (58)	8.6 (58)	47.4 (59)	25.0 (56)	25.9 (58)	77.6 (58)	63.2 (57)
大学录取率 70%—100%	74.4 (25)	16.0 (25)	39.1 (23)	16.0 (25)	25.0 (24)	72.0 (25)	70.8 (24)

即使有的话,这些数据也提供了很少的依据可以声称,初任教师的特征会影响他或她被分配到美国哪里的学校。(显然,这一声明的意义是由考察中选定的学校和教师的特征共同界定的)。但是对于这一总体概括还有某些明显的例外。例如,在南部地区,高等教育大多有种族隔离现象,再加上把黑人教师分配到黑人学校的惯例做法,分配到黑人学校的新教师不太可能上过综合性大学,并且不太可能在质量方面给他们就读过的高校评高分。无论是在南部还是北部地区,对教师和学生进行种族匹配的做法都意味着黑人学校的语言能力平均得分较低。但在其他方面,我们观察到了一些相

反的现象。例如,在南部地区,黑人学校的教师比白人学校的教师有更多获得了充分认证,而在非南部地区,贫民区学校的教师比其他任何学校的教师有更多上过综合性大学而不是其他高等教育院校,而且更可能在质量方面将他们就读过的高校评为美国高等教育院校的前30%。这样看来,无论教师特征和学生特征的最终匹配程度如何,这不是因为涉及新进教师的差别性分配程序而发生的。

4.10 缺乏经验的教师的教学境况和教学偏好

我们还没有考虑新进教师是否愿意在他们实际上任教的学校任教。我们可以想象两种可能的极端:一、不同的教师偏爱不同的学校,分配过程正好将教师们分配在他们希望去的地方;二、所有教师都喜欢相同类型的学校,但由于学校和学校各不相同,所以那些成功被分配到受偏爱类型学校的教师很满意,而其他人则很不高兴。表4.10.1、4.10.2 和 4.10.3 考察了受偏爱类型学校与实际用人学校的关系。对学校的描述来自各学校的校长,对受偏爱类型学校的描述来自个体教师的报告。

表 4.10.1 教学境况和教学偏好:中学课程重点(仅第一、第二、第三年教师)

	所偏好的学校类型为——			总计	共计百分比
	学术型中学	综合性中学	专业、职业或商业中学		
在以下学校执教的教师中:					
学术型中学	58.1	22.2	19.7	117	29.0
综合性中学	46.1	38.0	15.9	271	67.1
专业、职业或商业中学	56.3	18.7	25.0	16	3.9
总计	202	132	70	404	
共计百分比	50.0	32.7	17.3		100.0

1. 共计

表 4.10.2 教学境况和教学偏好：学校客户社会阶层(仅第一、第二、第三年教师)

	所偏好的学校类型为——					总计	共计百分比
	全白领或大多数为白领儿童	社区各阶层混合型	全蓝领或大多数为蓝领儿童	农村儿童	无偏好		
在教授以下儿童的教师中：							
全白领儿童	35.4	48.6	2.3	0.6	13.1	(175)	15.7
大多数为白领儿童							
社区各阶层混合型	17.9	55.2	1.3	3.6	22.1	(698)	62.7
大多数为蓝领儿童	13.8	50.9	5.0	6.3	23.9	(159)	14.3
全蓝领儿童							
农村儿童	8.6	46.9	1.2	6.2	37.0	(81)	7.3
总计	(216)	(589)	(22)	(41)	(245)	(1113)	
共计百分比	19.4	52.9	2.0	3.7	22.0		100.0

1. 共计

表 4.10.3 教学境况和教学偏好；根据教师种族划分：全体学生种族构成(仅第一、第二、第三年教师)

	所偏好的学校类型为——						
	全白人	大多数是白人	白人非白人各占一半	大多数是非白人	全部是非白人	无偏好	(人数)
在以下学校执教的教师中：							
黑人教师：							
白人学生不到10%	0.9	1.7	27.4	4.3	0	65.8	(117)
白人学生超过10%	0	10.5	36.8	0	0	52.6	(19)
白人教师：							

续　表

	所偏好的学校类型为——						
	全白人	大多数是白人	白人非白人各占一半	大多数是非白人	全部是非白人	无偏好	（人数）
白人学生不到10%	27.7	25.5	12.8	12.8	4.3	17.0	(47)
白人学生占10%—49%	7.9	18.4	15.8	5.3	2.6	50.0	(38)
白人学生占50%—90%	13.0	41.1	15.4	.7	0	29.5	(146)
白人学生占90%或更多	29.5	41.8	6.1	0	.3	22.3	(725)

从表 4.10.1 中可以清楚地看到，那些刚从大学毕业的教师，无论他或她在什么学校里任教，一般都偏爱在学术型中学任教——"一所非常强调大学预备教育的学术型学校"。另一方面，无论是什么类型的学校，任教教师都更可能比其他类型学校任教的教师更喜欢该类型的学校；因此，例如，在一所综合性高中里，有近 40% 实际在里面任教的教师都更偏爱它，但是在学术型或职业高中里，偏爱综合性高中的教师比例要少一半。但是，正如表 4.10.2 所显示的，教师们也倾向于偏爱社区各阶层混合型学校，而不是大多是白领学生或大多是蓝领学生的学校。然而，白领学校的教师仍比其他教师更倾向于偏爱白领学校，各阶层混合型学校的教师最倾向于偏爱各阶层混合型学校，而蓝领学校的教师最倾向于偏好蓝领学校。白领学校的教师最不可能对学校的类型报告称"无偏好"。

表 4.10.3 旨在研究教师是否真的被分配到了能反映他们对全体学生种族构成的偏爱的学校。在考虑该关系时，会将黑人和白人教师分开研究。由于在非黑人学校的黑人教师数量很少，因此，在提供黑人教师数据时，需要采用一种简单的二分法（少于 10% 的白人学生与其他状况进行对比）。黑人老师不喜欢教种族隔离学校的黑人学生；他们中的大多数人表示没有偏好，但几乎所有有偏好的教师都希望至少有一半的学生是白人。我们无法根据这些数据判断，这是否因为他们认为白人学生能够更好地像他们希望的那样表现，或者是否反映了一种对种族融合教育的价值承诺；但看上去教白人学生的黑人教师的确正是那些最可能偏爱教白人学生的人。白人教师，无论其

学生的种族构成如何，显然都不愿意在大部分或所有学生都是非白人的学校任教；在四种类型的学校中，有三种学校的大多数教师都希望全体或大部分学生是白人。比起其他类型的学校来，在主要是白人（至少90%）的学校里，有更多的教师希望全体或大部分学生都是白人；在主要是非白人的学校里，有更多的教师希望大部分学生都是非白人，这一切再次证明，新任教师的喜好反映在了雇用他们的学校里。

4.11 学校在未来教师中的差别性吸引力

现在我们开始考虑教师培训过程是否会影响他们关于合适就业地点的设想。在报告概要关于第4章未来教师的一节中，考察了调查中收集的关于未来教师所偏爱的学校和学生类型的数据。这里的数据所涉及的问题则是，未来教师的能力水平是否与他或她所喜欢的学校类型有关？我们也可以这样问：如果未来教师的偏好是他们分配时的一个重要因素，那么能力高的新教师是否会密集出现在某些类型的学校中，而在另外一些学校中则密度很低？或者说，如果将白领学生、高能力学生、学术型高中的学生和白人学生相对于其对立面定义为强势学生群体，我们可能会问，能力更高的未来教师是更愿意还是更不愿意教强势学生群体？

相关的数据包含在一套八份表格中（每份针对种族、地区以及大一新生和大四学生的一种组合），每份表格包括学术能力的各种测量值。这些表格是从表4.11.1到4.11.8。在若干能力测试中得分较高的未来教师更愿意教高能力学生。但是，并没有其他的一般迹象表明，测试结果与大学中未来教师的偏好模式有关。也有一些迹象表明，较优秀的学生（以高中数学和英语成绩衡量）比其他人更偏爱学术型高中和高能力学生。在每一项比较中，无论是在大一还是在大四，认为自己的聪明程度高于平均水平的未来教师往往更想在学术型高中教高能力学生。当然，说到进入教师行业的人员所表达的偏好在多大程度上决定了他们受雇于美国哪所学校，这些数据中没有任何迹象显示，更加训练有素、更聪明的教师会被派去教弱势学生群体，以至于能够对其所处的不利环境进行必要的补偿。在另一方面，我们在这些数据中也没有发现多少迹象可以表明，新任教师的偏好可以解释观察到的种种模式，这些模式在事实上确实将更称职的教师分配到强势学生群体的学校。

表 4.11.1 根据教师素质的各种测量值划分、偏爱在强势学生群体的学校任教的大学中未来教师比例：黑人、南部地区、大学一年级

【括号中的数字是用来计算百分比的回应数】

	有以下偏好的百分比			
	白领学生	高能力学生	学术型高中	白人学生
1. 语言能力测试：				
高	6.5(31)	16.1(31)	77.4(31)	6.7(30)
中高	0(27)	3.1(27)	70.4(27)	0(27)
中低	4.8(63)	4.8(62)	64.1(64)	4.8(62)
低	11.5(218)	9.5(221)	56.0(218)	5.5(218)
2. 数学测试：				
高	—(4)	—(4)	—(4)	—(3)
中	5.2(58)	8.8(57)	70.7(58)	3.5(57)
低	9.8(277)	8.2(280)	58.3(278)	5.4(277)
3. 非语言推理测试：				
高	(^{1})	4.3(23)	56.5(23)	4.5(22)
中	(^{1})	7.6(144)	61.4(145)	4.2(143)
低	(^{1})	10.3(174)	60.5(172)	5.8(172)
4. 高中英语平均分：				
A	6.7(45)	9.1(44)	69.6(44)	4.5(44)
B	7.5(187)	9(189)	66.1(183)	1.6(183)
C 或更低	11.4(105)	8.5(106)	47.2(108)	11.1(108)
5. 高中数学平均分：				
A	(^{1})	20.7(29)	76.7(30)	3.4(29)
B	(^{1})	3.6(111)	62.7(110)	2.7(111)
C 或更低	(^{1})	10.2(197)	57.7(196)	6.7(193)
6. "聪明"程度自我评分：				
中等以上	7.8(103)	13.6(103)	72.3(101)	4.9(102)
中等或以下	9.6(229)	6.4(233)	56.0(232)	4.4(227)

1. 数据不可得。

表 4.11.2 根据教师素质的各种测量值划分、偏爱在强势学生群体的学校任教的大学中未来教师比例：黑人、非南部地区、大学一年级

	有以下偏好的百分比			
	白领学生	高能力学生	学术型高中	白人学生
1. 语言能力测试：				
高	1.4(147)	13(146)	54.9(144)	1.4(145)
中高	3.3(120)	5.8(121)	50.9(114)	1.7(120)
中低	2.0(198)	4(198)	49.7(185)	2.5(197)
低	6.5(185)	8(187)	58.6(181)	2.2(184)
2. 数学测试：				
高	0(18)	5.6(18)	70.6(17)	0(18)
中	2.6(152)	9.8(153)	56(150)	2(152)
低	3.8(480)	6.9(481)	52.3(457)	2.1(477)
3. 非语言推理测试：				
高	(^{1})	10.8(93)	60.4(91)	1.1(91)
中	(^{1})	7.1(407)	53.2(389)	2.7(404)
低	(^{1})	6.6(152)	50.7(144)	.7(152)
4. 高中英语平均分：				
A	5.7(53)	15.1(53)	67.3(52)	3.8(53)
B	3.9(336)	8(338)	55.1(321)	2.1(335)
C 或更低	2.3(256)	5.5(256)	48.6(247)	1.6(254)
5. 高中数学平均分：				
A	(^{1})	23.3(30)	66.7(30)	10(30)
B	(^{1})	9.2(184)	57.1(177)	2.2(184)
C 或更低	(^{1})	5.8(430)	51.3(409)	1.4(425)
6. "聪明"程度自我评分：				
中等以上	3.9(152)	15.1(152)	56.7(150)	3.9(152)
中等或以下	3.3(489)	5.3(491)	52.7(467)	1.4(486)

1. 数据不可得。

表 4.11.3　根据教师素质的各种测量值划分、偏爱在强势学生群体的学校任教的大学中未来教师比例：白人、南部地区、大学一年级

	有以下偏好的百分比			
	白领学生	高能力学生	学术型高中	白人学生
1. 语言能力测试：				
高	7.3(207)	23.4(209)	83.2(208)	69.9(209)
中高	11.1(72)	15.3(72)	84.5(71)	79.2(72)
中低	13.1(84)	8.1(86)	78.3(83)	73.3(86)
低	4.7(64)	15.4(65)	66.7(63)	72.3(65)
2. 数学测试：				
高	9.5(95)	22.5(98)	82.5(97)	70.4(98)
中	10.5(181)	19.3(181)	81.1(180)	74.6(181)
低	6(151)	13.1(153)	77(148)	71.2(153)
3. 非语言推理测试：				
高	([1])	21.2(146)	79.9(144)	68.5(146)
中	([1])	15.3(216)	82.6(213)	75.9(216)
低	([1])	18.6(70)	72.1(68)	70(70)
4. 高中英语平均分：				
A	5.7(127)	28.7(129)	81.3(128)	71.3(129)
B	10.6(227)	14(229)	80.4(225)	75.5(229)
C 或更低	8.2(73)	10.8(74)	76.4(72)	64.9(74)
5. 高中数学平均分：				
A	([1])	21.8(78)	82.1(78)	79.5(78)
B	([1])	20.1(179)	81.9(177)	73.7(179)
C 或更低	([1])	13.3(173)	77.4(168)	68.2(173)
6. "聪明"程度自我评分：				
中等以上	8.9(158)	28.5(158)	83.9(155)	69.8(159)
中等或以下	8.6(267)	11.8(271)	78.3(267)	73.8(271)

1. 数据不可得。

表 4.11.4 根据教师素质的各种测量值划分、偏爱在强势学生群体的学校任教的大学中未来教师比例：白人、非南部地区、大学一年级

	有以下偏好的百分比			
	白领学生	高能力学生	学术型高中	白人学生
1. 语言能力测试：				
高	10.9(578)	19.4(577)	65.2(575)	49.9(577)
中高	7.8(128)	7.9(127)	63.0(127)	57.9(126)
中低	9.4(96)	3.1(97)	67.4(95)	51.6(97)
低	(9)	(9)	(9)	(9)
2. 数学测试：				
高	8.8(318)	23.3(317)	63.9(316)	50.5(317)
中	11.9(360)	10.3(360)	64.4(357)	52.4(357)
低	8.4(131)	10.5(133)	66.4(131)	50.4(135)
3. 非语言推理测试：				
高	(1)	18.6(430)	65.5(426)	50.6(431)
中	(1)	12.0(350)	62.9(350)	51.1(348)
低	(1)	10.0(30)	66.7(30)	63.3(30)
4. 高中英语平均分：				
A	10.3(194)	28.7(195)	68.6(194)	51.0(194)
B	9.4(449)	11.8(450)	64.2(447)	49.8(445)
C 或更低	12.0(166)	9.2(163)	59.5(163)	55.4(166)
5. 高中数学平均分：				
A	(1)	23.0(126)	61.9(126)	46.0(126)
B	(1)	15.5(322)	66.5(319)	51.9(320)
C 或更低	(1)	12.6(358)	63.3(357)	52.5(360)
6. "聪明"程度自我评分：				
中等以上	14.3(293)	29.4(293)	69.8(291)	52.2(291)
中等或以下	7.8(513)	7.6(511)	61.6(511)	50.9(513)

1. 数据不可得。

表 4.11.5　根据教师素质的各种测量值划分、偏爱在强势学生群体的学校任教的大学中未来教师比例：黑人、南部地区、大学四年级

	有以下偏好的百分比			
	白领学生	高能力学生	学术型高中	白人学生
1. 语言能力测试：				
高	4.8(21)	19.0(21)	52.4(21)	4.8(21)
中高	4.5(44)	18.2(44)	64.3(42)	2.3(44)
中	4.8(125)	7.2(125)	60.2(123)	4.0(125)
中低	1.6(185)	8.7(184)	60.8(181)	1.1(184)
低	7.3(551)	7.5(547)	58.1(544)	5.3(550)
2. 数学测试：				
高	10.0(10)	20.0(10)	60.0(10)	(10)
中高	1.3(77)	6.3(79)	70.9(79)	5.1(79)
中低	5.0(378)	8.2(379)	57.6(375)	3.5(375)
低	6.7(461)	8.8(453)	58.2(447)	4.6(460)
3. 非语言推理测试：				
高	2.0(50)	12.0(50)	72.0(50)	4.1(49)
中高	7.3(124)	7.9(126)	50.8(124)	1.6(124)
中低	5.9(255)	9.5(253)	62.9(245)	3.9(254)
低	5.4(497)	7.7(492)	57.9(492)	4.8(495)
4. 高中英语平均分：				
A	4.2(215)	10.6(218)	65.6(218)	2.3(221)
B	4.9(509)	7.9(505)	57.7(492)	4.8(504)
C 或更低	8.7(195)	7.9(191)	54.1(194)	4.2(192)
5. 高中数学平均分：				
A	5.4(56)	7.1(56)	63.6(55)	8.9(56)
B	2.4(246)	9.6(251)	62.1(248)	3.2(250)
C 或更低	6.6(607)	8.2(598)	57.1(592)	3.8(602)
6. "聪明"程度自我评分：				
中等以上	8.2(365)	11.6(361)	59.7(362)	4.7(362)

续 表

	有以下偏好的百分比			
	白领学生	高能力学生	学术型高中	白人学生
中等或以下	4.0(554)	6.3(554)	58.4(541)	3.8(555)
7. 在大学修读的数学课数量:				
5 或更多	5.2(192)	8.2(734)	58.4(197)	1.0(195)
3 或 4	5.9(572)	10.3(116)	58.2(555)	4.1(567)
1 或 2	4.9(162)	8.5(71)	62.9(159)	8.0(162)
8. 在大学修读的科学课数量:				
7 或更多	3.6(195)	10.5(191)	66.1(189)	5.3(190)
5 或 6	5.4(280)	7.9(280)	60.1(276)	2.1(280)
3 或 4	5.3(323)	8.1(321)	55.2(317)	4.0(326)
1 或 2	10.2(128)	7.8(129)	55.8(129)	7.0(128)
9. 在大学修读的英语课数量:				
7 或更多	4.4(320)	10.5(191)	62.7(314)	3.2(317)
5 或 6	3.8(421)	7.9(280)	56.5(414)	3.1(42)
4 或更少	11.9(185)	8.0(450)	58.5(183)	8.0(187)

表 4.11.6 根据教师素质的各种测量值划分、偏爱在强势学生群体的学校任教的大学中未来教师比例:黑人、非南部地区、大学四年级

	有以下偏好的百分比			
	白领学生	高能力学生	学术型高中	白人学生
1. 语言能力测试:				
高	7.9(38)	21.1(38)	57.9(38)	7.9(38)
中高	6.1(82)	23.2(82)	36.5(74)	8.6(81)
中	2.9(105)	6.7(107)	61.3(102)	3.8(104)
中低	2.2(90)	5.6(90)	51.7(85)	6.7(90)
低	11.1(63)	6.3(64)	36.4(55)	4.5(66)

续 表

	有以下偏好的百分比			
	白领学生	高能力学生	学术型高中	白人学生
2. 数学测试:				
高	0(22)	9.1(22)	50.0(22)	9.1(22)
中高	10.5(86)	16.3(86)	56.1(86)	12.9(85)
中低	.6(175)	9.1(175)	31.3(160)	1.7(174)
低	10.5(95)	4.1(98)	39.3(89)	7.1(98)
3. 非语言推理测试:				
高	5.7(70)	14.3(70)	57.1(70)	8.6(70)
中高	1.9(105)	4.5(105)	36.7(98)	4.9(103)
中低	4.0(125)	8.0(125)	33.0(115)	5.6(125)
低	11.5(78)	7.4(81)	40.0(70)	6.2(81)
4. 高中英语平均分:				
A	3.3(92)	20.7(92)	35.2(88)	2.2(91)
B	6.8(177)	8.3(181)	45.3(161)	5.6(178)
C 或更低	4.6(109)	1.9(107)	36.5(104)	10.1(109)
5. 高中数学平均分:				
A	5.3(38)	2.6(38)	45.9(37)	5.3(38)
B	2.2(135)	11.9(135)	39.2(125)	2.2(34)
C 或更低	7.8(192)	9.8(194)	41.0(178)	8.8(193)
6. "聪明"程度自我评分:				
中等以上	7.3(15)	15.3(150)	46.2(143)	9.4(149)
中等或以下	3.2(22)	5.8(223)	36.6(202)	4.1(222)
7. 在大学修读的数学课数量:				
5 或更多	4.3(70)	9.1(317)	50.0(64)	2.9(70)
3 或 4	5.7(230)	10.2(49)	38.5(213)	5.6(231)
1 或 2	5.1(78)	13.3(15)	36.8(76)	10.3(78)
8. 在大学修读的科学课数量:				

续 表

	有以下偏好的百分比			
	白领学生	高能力学生	学术型高中	白人学生
7 或更多	5.8(69)	8.6(70)	41.8(67)	7.2(69)
5 或 6	4.6(194)	9.1(198)	45.4(183)	4.6(195)
3 或 4	5.6(89)	9.2(87)	27.8(79)	9.0(89)
1 或 2	3.8(26)	15.4(26)	37.5(24)	3.8(26)
9. 在大学修读的英语课数量:				
7 或更多	5.8(171)	8.6(70)	42.1(164)	7.0(171)
5 或 6	2.8(144)	9.1(198)	37.9(132)	5.6(144)
4 或更少	9.5(63)	10.6(113)	40.4(57)	4.7(64)

表 4.11.7 根据教师素质的各种测量值划分、偏爱在强势学生群体的学校任教的大学中未来教师比例：白人、南部地区、大学四年级

	有以下偏好的百分比			
	白领学生	高能力学生	学术型高中	白人学生
1. 语言能力测试:				
高	18.0(362)	26.7(359)	61.4(360)	69.7(33)
中高	14.5(290)	14.0(292)	65.5(287)	77.6(58)
中	16.3(240)	13.8(240)	62.3(231)	71.9(64)
中低	9.9(142)	5.6(143)	58.8(136)	70.2(94)
低	14.3(98)	11.8(96)	64.2(95)	71.3(87)
2. 数学测试:				
高	19.1(183)	33.7(184)	66.1(183)	68.1(182)
中高	14.2(459)	17.4(459)	61.8(453)	71.8(458)
中低	15.2(396)	10.1(396)	62.4(383)	74.4(395)
低	14.9(94)	5.4(93)	60.0(90)	70.2(94)
3. 非语言推理测试:				
高	16.4(440)	22.5(440)	63.0(435)	68.1(439)
中高	14.7(402)	14.7(401)	59.9(397)	75.1(401)

续 表

	有以下偏好的百分比			
	白领学生	高能力学生	学术型高中	白人学生
中低	16.1(28)	11.9(219)	67.3(211)	76.5(217)
低	11.3(71)	2.8(71)	60.0(65)	66.2(71)
4. 高中英语平均分：				
A	16.3(406)	23.3(407)	60.0(402)	73.2(407)
B	15.5(478)	11.7(478)	64.0(467)	72.6(475)
C 或更低	13.4(247)	14.2(246)	64.0(239)	68.7(246)
5. 高中数学平均分：				
A	19.7(122)	28.7(122)	66.4(122)	70.2(121)
B	14.6(364)	18.1(365)	64.5(355)	72.1(362)
C 或更低	14.3(567)	12.7(566)	60.2(553)	71.8(568)
6. "聪明"程度自我评分：				
中等以上	19.6(525)	25.9(526)	63.8(522)	71.2(524)
中等或以下	11.8(604)	8.5(603)	61.5(584)	72.8(602)
7. 在大学修读的数学课数量：				
5 或更多	17.7(243)	16.4(1,052)	63.2(239)	71.6(243)
3 或 4	13.3(570)	16.1(31)	62.5(558)	70.3(569)
1 或 2	17.2(319)	26.3(19)	62.2(312)	75.4(317)
8. 在大学修读的科学课数量：				
7 或更多	14.2(408)	19.3(405)	64.7(402)	71.2(406)
5 或 6	14.3(420)	16.2(420)	61.7(413)	74.0(420)
3 或 4	17.4(258)	12.0(259)	60.5(248)	70.4(257)
1 或 2	23.9(46)	21.7(46)	63.0(46)	69.6(46)
9. 在大学修读的英语课数量：				
7 或更多	16.0(620)	19.2(407)	63.0(610)	68.5(619)
5 或 6	15.4(462)	16.2(420)	61.9(44)	77.2(460)
4 或更少	8.0(50)	13.4(305)	64.0(50)	68.0(50)

表 4.11.8 根据教师素质的各种测量值划分、偏爱在强势学生群体的学校任教的大学中未来教师比例：白人、非南部地区、大学四年级

	有以下偏好的百分比			
	白领学生	高能力学生	学术型高中	白人学生
1. 语言能力测试：				
高	16.7(492)	20.8(491)	45.8(483)	50.9(483)
中高	18.0(523)	13.2(524)	49.9(511)	50.2(520)
中	19.4(356)	19.8(359)	50.3(348)	53.0(355)
中低	15.2(184)	13.3(181)	43.8(178)	45.1(182)
低	16.3(98)	13.3(98)	34.3(99)	61.5(96)
2. 数学测试：				
高	19.8(449)	20.8(448)	52.5(442)	54.8(445)
中高	17.6(716)	16.7(720)	45.0(706)	48.4(711)
中低	15.5(425)	13.7(424)	45.4(412)	51.9(420)
低	12.7(63)	13.1(61)	44.1(59)	50.0(60)
3. 非语言推理测试：				
高	18.5(915)	18.8(918)	48.1(903)	52.3(911)
中高	16.4(500)	13.8(499)	49.2(486)	50.4(490)
中低	15.7(191)	16.3(190)	41.3(184)	46.3(190)
低	18.2(44)	14.0(43)	31.8(44)	54.8(42)
4. 高中英语平均分：				
A	18.2(446)	18.4(445)	49.9(437)	49.0(441)
B	17.1(901)	16.4(901)	47.5(874)	50.7(891)
C 或更低	17.4(299)	15.7(300)	41.9(301)	53.7(300)
5. 高中数学平均分：				
A	18.5(248)	19.4(248)	52.0(246)	49.0(247)
B	18.4(591)	16.6(595)	51.1(577)	54.5(587)
C 或更低	16.5(710)	14.6(710)	41.2(692)	49.5(699)
6. "聪明"程度自我评分：				
中等以上	20.1(943)	22.7(941)	49.0(923)	52.4(931)

续 表

	有以下偏好的百分比			
	白领学生	高能力学生	学术型高中	白人学生
中等或以下	13.7(693)	8.5(697)	44.3(681)	50.1(690)
7. 在大学修读的数学课数量：				
5 或更多	23.0(248)	17.2(1,475)	58.2(239)	59.0(244)
3 或 4	17.1(974)	14.2(162)	45.9(958)	49.5(969)
1 或 2	15.1(431)	18.8(16)	43.6(422)	50.1(423)
8. 在大学修读的科学课数量：				
7 或更多	17.7(260)	21.5(260)	53.1(254)	51.2(258)
5 或 6	18.0(679)	14.4(681)	48.9(664)	48.8(674)
3 或 4	16.4(602)	17.1(604)	42.8(594)	54.3(598)
1 或 2	19.6(112)	20.4(108)	45.8(107)	47.2(106)
9. 在大学修读的英语课数量：				
7 或更多	18.2(696)	21.5(260)	50.6(683)	47.7(684)
5 或 6	16.7(777)	14.4(681)	44.1(766)	53.4(776)
4 或更少	17.8(180)	17.6(712)	47.1(170)	54.5(176)

4.12 1965年大学中未来教师的选定特征

表4.12.1通过种族和地区划分,描述了下一代教师的各种特征。在解读这些项目时,必须记住,南部地区黑人未来教师的数量远远多于北部地区,因此关于南部黑人的数据在很大程度上是对下一代黑人教师的描述。在许多项目上,种族差异在非南部地区远远低于南部地区。

这里无需进行详细的评论,因为这些项目是不言自明的。然而,一些总结性评语有助于强调表格的特征：

表 4.12.1　根据种族和地区划分大学一年级和四年级未来教师的选定描述性特征和教育经验，1965 年秋

	大一新生				大四学生				来源*
	南部		北部		南部		北部		
	黑人	白人	黑人	白人	黑人	白人	黑人	白人	
男性百分比	30.7	16.1	19.2	28.8	31.7	33.3	19.6	27.4	(1,1)
平均年龄	18.1	17.9	18.4	18	21.9	21.	22.5	21.6	(2,2)
住在大城市者百分比	19.9	10.1	51.3	32.1	21.6	10.9	62.8	36.9	(8,8)
住在郊区者百分比	11.9	18.6	16.0	29.4	8.2	11	10.5	24.9	(8,8)
住在小镇或农场社区者百分比	39.7	45.5	16.8	24.8	40.9	56.1	17.4	21.3	(8,8)
父亲是白领百分比	18.2	50.3	22.8	45.2	20.0	48.6	21.1	48.8	(24,24)
父亲是高中毕业百分比	34.5	68.4	51.0	63.6	31.9	58.9	41.6	57.7	(26,26)
父亲是大学毕业百分比	7.8	16.2	9.6	12.6	7.3	14.2	4.6	12.8	(26,26)
母亲是高中毕业百分比	46.1	77.6	64.5	67.2	44.3	71.2	52.9	62.3	(27,27)
母亲是大学毕业百分比	10.7	13.1	9.9	5.8	10.9	12.9	8.2	8.6	(27,27)
高中同学中上大学者百分比	44.7	52.8	45.1	51	37.1	42.4	39.5	44.1	(54,47)
在高中掌握学习好方法者百分比	74.7	64.7	68.5	54.5	64.4	47.4	61	54.2	(55,48)
自我评价在高中准备工作充分者百分比	51.9	58	49.3	57.7	42.4	48.5	53.3	56.2	(56,49)
平均预计均分（最高分 = 4）	3.0	2.6	2.9	3.2	3.4	3.4	3.6	3.6	(59,52)
报告称所有大学同班同学都是白人者百分比	.8	57.0	.8	16.3	1	66.0	3.7	24.4	(66,60)
报告称不到一半大学同班同学是白人者百分比	98.3	3.4	56.2	6.4	97.6	2.9	47.7	6.3	(66,60)
报告称所有高中同班同学都是白人者百分比	.6	66.6	.8	37	.6	80.8	2.3	41.9	(67,61)
报告称所有或几乎所有高中同班同学都是白人者百分比	2.8	95.4	15.7	76.1	1.4	92.1	18.5	78.7	(67,61)
报告称不到一半高中同班同学是白人者百分比	94.2	.9	51.8	3.8	97	1.5	51.7	3.7	(67,61)

续 表

	大一新生				大四学生				来源*
	南部		北部		南部		北部		
	黑人	白人	黑人	白人	黑人	白人	黑人	白人	
报告称所有高中教师都是白人者百分比	2.5	97.5	11.7	68.6					(69,63)
报告称所有或几乎所有高中教师都是白人者百分比	4.4	98.9	33.5	94.8					(69,63)
报告称不到一半高中教师是白人者百分比	92.2	.4	37.9	1.0					(69,63)
报告称所有大学教师都是白人者百分比	.6	99.5	12.6	82.8	1.6	98.8	40.3	86.5	(70,64)
报告称不到一半大学教师是白人者百分比	99	.2	65.1	2.5	96.4	1.0	44.8	3.2	(70,64)
报告称没有大学教师是白人者百分比	81.3	.2	14.6	.9	82.3	.5	17.8	1.7	(70,64)
黑人高校访问高中的平均数量	6.1	0.1	3.1	0.7	4.8	0.1	2.3	0.4	(88,81)
目前就读高校访问过所在高中者百分比	55.8	56.5	42.9	45.6	48.1	40.8	24.4	31.4	(89,82)
所在高校邀请高中前来参观者百分比	50.3	52.8	54.0	52.0					(90,)
7年级前决定上大学者百分比	54.9	71.8	54.2	57.5	51.7	59.5	53.6	49.8	(91,83)
11年级后决定上大学者百分比	26.5	6.0	15.6	9.8	24.6	18.7	26.8	19.1	(91,83)
7年级前决定上目前大学者百分比	10.3	6.2	6.5	6.5	12.8	6.7	3.9	4.3	(92,84)
11年级后决定上目前大学者百分比	64.1	61.7	73.4	65.2	73.8	76.4	81.7	77.3	(92,84)
在最想去的高校就读者百分比	58.5	64.4	50.5	64.3	43.5	61.4	34.4	52.9	(93,85)
觉得写作非常困难者百分比	17.6	23.6	19.1	16.5	12.2	12	9.9	9.2	(95,87)

续 表

	大一新生 南部 黑人	大一新生 南部 白人	大一新生 北部 黑人	大一新生 北部 白人	大四学生 南部 黑人	大四学生 南部 白人	大四学生 北部 黑人	大四学生 北部 白人	来源*
其教师鼓励读大学者百分比	84.9	92.4	78.5	86.7	74.7	73.4	63.6	74.2	(98,89)
同意"对于成功来说,好运气比辛勤工作更重要"者百分比	6.9	1.6	2.4	0.6	7.7	1.9	3.1	2.1	(100,102)
同意"每当我尝试获得成功,总有什么人或事作梗"者百分比	16.9	5.1	12.4	5.2	15.8	4.0	11.1	2.4	(100,102)
同意"如果一个人的人生失败,那是他自己的错"者百分比	32.6	26.9	38.7	32.3	34.7	28.3	46.4	30.5	(100,102)
同意"随遇而安的人比努力改变现状的人更幸福"者百分比	46.8	31.6	30.3	26.6	36.0	25.5	14.5	21.5	(100,102)
同意"为了在世上获得成功,我愿意做出任何牺牲"者百分比	47.5	12.2	35.0	12.3	41.7	9.9	22.7	10.4	(100,102)
同意"像我这样的人在人生中没有很大的成功机会"者百分比	6.1	0.9	3.7	1.0	4.5	1.1	4.4	1.4	(100,102)
同意"如果我能改变,我希望变得跟现在的我不一样"者百分比	15.1	7.6	14.4	12.1	13.3	8.1	10.9	10.3	(100,102)
计划在小学执教者百分比	30.5	40.9	53.9	47.9	37.4	34.5	64.2	56.7	(111,113)
未决定教哪个级别学校者百分比	15.5	3	5.1	5.1	3.9	1.9	5.3	4.8	(111,113)
认为非白人学校中应该有非白人教师者百分比	9.3	55.2	7.2	28.7	10.7	57.3	7.6	27.2	(112,118)
认为白人学校中应该有白人教师者百分比	17.0	83.2	13.6	45.5	18.0	81.9	10.5	38.1	(114,120)

*第一个数字指大一新生问卷调查手册中的问题号码,第二个数字指大四学生的。

(1) 两个地区的黑人未来教师的社会经济背景比白人低。

(2) 两个种族的未来教师在很大程度上都是种族隔离教育的产物,这种种族隔离模式存在于他们的高校中,也是他们的公立学校背景的一部分;尽管在南部地区更严重,但是在北部地区也很明显。种族隔离模式适用于他们的老师,也适用于他们的同学。总之,美国的未来教师缺乏不同种族间交流的经验。而且,很少有黑人未来教师——但是有一大半南部白人和大约三分之一的北部白人——认为公立学校的学生应该由他们自己种族的教师来教,而且所有群体都更倾向于认为白人学生应该由白人教师教,但并不是那么认为非白人学生应该由非白人教师教。

(3) 高校招聘人员通过选择他们要访问的高中影响了所在高校的种族混合情况;例如,黑人高校会访问有黑人学生的高中。

(4) 白人大学生较早决定上大学,他们中有更多人上了他们最喜欢的大学;而且,他们中有更多人受到过老师的鼓励上大学。

(5) 黑人未来教师通常更可能对有关同意和不同意的项目做出回应,结果表明他们认为个人以外的障碍要为失败负责,这一模式类似于本报告先前部分中公立学校学生中的模式。

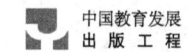

教育公平研究译丛　丛书主编　袁振国

中国教育发展出版工程

科尔曼报告

教育机会公平

[美] 詹姆斯·S.科尔曼◎等著

汪幼枫◎译

下册

Equality of Educational Opportunity

华东师范大学出版社

5.0
高等教育

5.1	数据的一般描述	465
5.2	数据的表格描述	468
5.3	高校中黑人学生所占比例的变化	529
5.4	可授予攻读博士学位、有系统化研究预算、拥有 AAUP 和 PBK 分会的院校比例	550
5.5	基于高校类型的少数族群分布状况	555

5.1 数据的一般描述

本节的基本问题是，高校的重要特征是否会随全体学生的种族构成而变化？或者，更具体地说，黑人学生所上的大学与白人学生所上的大学是否在据推测与教育质量有关的特征上有所不同？

南部诸州种族隔离的高等教育制度使黑人高校和白人高校之间的比较在一段时间内成为可能。我们知道，在这些高校里，教师的工资较低，实验室的装备较差，攻读获取博士学位的教师数量较少，教学负荷较重，图书馆馆藏较微薄。但是我们迄今还无法提供有关南部地区以外黑人高等教育的类似描述，因为关于全体学生的种族构成信息始终不可得。然而，我们通过 1965 年秋季的开学注册调查，从全美国 92% 的高等教育院校中获得了关于大学新生种族构成和攻读学位者的估计数据。（另外还有 60 所院校的估计数据承蒙 Howard J. McGrath 提供，他在编写专著《转型期的以黑人为主的大学(*The Predominantly Negro College in Transition*)》[New York：Teachers College，Columbia University，1965]时获得了相关信息。）调查对象通常是大学注册主任，他们被要求"（分别就所有学生和所有新生）给出关于(a)黑人和(b)其他非白人的最佳估计值"。有大约一半的未应答者来自两个州：纽约州和加利福尼亚州。因此，我们可以就全国而非仅仅是南部地区提问：黑人所上的高校和大学在设施和资源方面可以与白人相比吗？与投入白人教育的资源相比，投入黑人教育的资源是什么？

表 5.1.1 到 5.1.3 展示了各个地理区域高校总注册数量中种族成分的分布情况。

在对具有不同种族构成的高校进行比较时，所依据的测量值皆来自现有的记录，主要是从教育厅高等教育部的定期调查中获得；我们没有专门为本研究而获取新的数据。在所有情况下，都使用了最新的可用数据。这些测量值代表了可获得记录的范围；它们和它们的预期目的如下：

1. **师生比**——这是为了评估教学负荷。每位教师对应的学生人数越多，一般教师的课堂教学时间就越长，相应地，教师可以用来进行学术研究和写作的时间应该就更少。这里被统计的学生和教师都是全职师生。数据来自 1963 年秋季。

表 5.1.1　根据种族和地区划分大学生估计数量，1965 年秋[1]

	新英格兰	中东部	五大湖区	大平原区	南部	西南部	落基山区	远西部	总计
白人	313,514	781,112	821,999	375,043	778,472	434,005	175,800	552,153	4,232,098
黑人	2,216	30,226	30,870	8,500	101,648	20,620	1,605	11,631	207,316
其他非白人	1,538	6,542	10,822	2,885	4,996	7,012	1,968	16,092	51,855
总计	317,268	817,880	863,691	386,428	885,116	461,637	179,373	579,876	4,491,269

1. 基于从总计 2 183 所院校中的 2013 所收到的报告。

表 5.1.2　根据种族划分区域内大学生分布，1965 年秋

【单位为百分比[1]】

	新英格兰	中东部	五大湖区	大平原区	南部	西南部	落基山区	远西部
白人	98.82	95.50	95.17	97.05	87.95	94.01	98.01	95.22
黑人	.69	3.70	3.57	2.20	11.48	4.47	.89	2.00
其他非白人	.48	.80	1.25	.75	.56	1.52	1.10	2.78
总计	99.99	100.00	99.99	100.00	99.99	100.00	100.00	100.00

1. 基于从总计 2 183 所院校中的 2013 所收到的报告。

表 5.1.3　根据种族划分区域间大学生分布，1965 年秋

【单位为百分比[1]】

	新英格兰	中东部	五大湖区	大平原区	南部	西南部	落基山区	远西部	总计
白人	7.41	18.46	19.42	8.86	18.39	10.26	4.15	13.05	100.00
黑人	1.07	14.58	14.89	4.10	49.03	9.95	.77	5.61	100.00
其他非白人	2.97	12.62	20.87	5.56	9.63	13.52	3.80	31.03	100.00

1. 基于从总计 2 183 所院校中的 2013 所收到的报告。

2. **攻读获取博士学位的教师百分比**——这是对教师所接受的正规训练程度的直接测量值。数据来自 1963 年。

3. **来自本州的学生百分比**——这涉及该院校的吸引力和声誉范围。如果有很大一部分比例的学生来自学校附近，我们会认为全体学生不够见多识广，在经历和兴趣方面不够多样化。数据来自 1963 年。

4. **教师平均工资，根据级别划分和总水平**——我们认为这反映了在招聘人员时

该院校的竞争地位。在开放的市场条件下，素质更高的教授会前往经济补偿最大的学校。对薪酬数据的报告来自 1963 年秋季。

5. **学生人均支出**——这一数值反映了该院校在学生教育中所作的投资。人们认为，在该支出较高的院校中学生获得的教育质量也较高。支出报告来自 1964 学年。

6. **住宿支出**——高等教育中的一个问题是高等教育在经济上的可获得性。对黑人而言，上大学的成本比白人更高还是更低？目前的测量值是可能有误的，因为它对社区学生而言没有意义，但总的来说，它向我们提供了一些 1964 年的可比成本数据。

7. **美国大学优等生荣誉学会（PBK）分会**——高等院校必须符合一定的优秀标准，然后美国历史最悠久和最杰出的学术荣誉协会才会在其校园内建立分会。因此，PBK 分会的存在对该院校的质量提供了一种独立的测量值。该信息由 PBK 全国总部提供，正确反映了 1965 年秋季的情况。

8. **美国大学教授协会（AAUP）分会**——AAUP 旨在代表并鼓励大学教授的专业兴趣。它关注学术自由、薪资和其他工作条件。可以认为，在拥有 AAUP 分会的校园里，总的来说，教师们组织得更好，更关注工作条件和发展，并能更好地确保在院校的行政决定中代表教师的利益。AAUP 总部提供了 1965 年秋季的最新信息。

9. **学费和费用**——和住宿支出一样，在这里我们所关心的是，大学教育在多大程度上是在所有高中毕业生的经济能力范围内。这一信息还提供了另一条线索，即黑人接受大学教育需要付出比白人更多、更少还是一样多的钱。数据代表的年份是 1964 年。

10. **图书馆资源**——我们认为该信息是能反映院校教育设施的一项主要特征。图书馆藏书量本身是对教育资源的一种衡量，因为它代表着学生可以接触到的已出版信息的范围，可能也是与图书馆有关的几项测量值中最具直接相关性的一项。其他测量值则应被视为院校所做努力的指标，即该院校目前的投入与其规模和资源的比例是多少；这些测量值包括教师人均支出、学生人均支出，以及图书馆支出占总教育支出和一般支出的比例。我们必须记住，就算一所给定的院校或某一类型的院校在这些测量值上看起来表现很好，但那很可能是因为它们目前有图书馆发展应急项目以弥补过去的不足。数据是在 1963 到 1964 学年间获得的。

11. **全体学生规模**——在任何情况下，对教育机会的规模与质量的相关性进行推论都是极其危险的。非常小的学校可能无法提供丰富多样的课程，或是为教师或学生提供多样性的前景，然而，人们也经常担心，在非常大的学校里，学生之间和师生之间冷淡的关系可能会损害某些类型学生的教育兴趣。这些数据的目的仅用于描述说明，反映的是 1965 到 1966 年的情况。

12. **大一新生和大四学生比例**——各院校的该数值是这样确定的：用 1964 年春季所授予的学士学位数除以 1960 年的大一新生数量。因此，这是一项重大的努力，旨在测量一所院校留住学生并让他们通过其要求达到成功彼岸的能力。这一测量值受到了不同转校率和从大专学院涌入的学生的污染，使用时应该谨慎。

13. **大一新生和全体学生比例**——该测量值的目的与前一项相同。除了新学校以外，如果新生在全体学生中占很大比例，就说明该院校很不善于留住它的学生。数据反映的是 1965 年秋季的情况。

5.2 数据的表格描述

针对上述各种特征积累的数据在 38 个表格（5.2.1 到 5.2.38）中加以展示，并就较重要的数据指示进行了简要讨论。

表 5.2.1　变量名称：**全体学生规模**，美国高校，地区四分位[1]标准，1965—1966

控制和地区	院校数量	黑人占指定等第全体学生百分比				指定等第中的黑人占所有黑人学生百分比			
		第一	第二	第三	第四	第一	第二	第三	第四
公立院校：									
北大西洋区	115	7.72	16.17	1.75	2.19	7.10	34.89	9.31	48.70
五大湖和大平原区	193	.96	2.80	6.15	3.36	.36	3.53	29.00	67.11
南部	178	15.89	19.81	19.26	6.07	6.11	18.83	38.67	36.39
西南部	88	2.16	7.09	12.91	1.87	1.50	12.17	54.45	31.88
落基山区和远西部	144	1.25	1.20	2.80	1.78	1.97	6.22	32.37	59.44
私立院校：									
北大西洋区	457	2.38	1.34	1.96	2.85	1.38	3.36	11.98	83.29
五大湖和大平原区	416	1.50	2.71	1.52	2.21	2.19	13.01	14.47	70.33
南部	283	15.58	22.07	21.66	7.72	6.50	23.52	36.84	33.14

续　表

控制和地区	院校数量	黑人占指定等第全体学生百分比				指定等第中的黑人占所有黑人学生百分比			
		第一	第二	第三	第四	第一	第二	第三	第四
西南部	62	10.72	23.69	8.26	.92	8.46	48.95	32.09	10.50
落基山区和远西部	137	1.54	.95	1.11	1.12	3.31	6.98	19.30	70.41
所有公立院校	718	5.21	11.43	8.40	3.28	2.64	17.81	32.78	46.77
所有私立院校	1,355	4.45	8.37	6.99	2.76	2.87	18.63	30.89	47.61
所有院校	2,073	6.51	7.52	6.42	3.94	2.96	11.28	20.74	65.02

控制和地区	院校数量	其他非白人占指定等第全体学生百分比				指定等第中的其他非白人占所有非白人学生百分比			
		第一	第二	第三	第四	第一	第二	第三	第四
公立院校：									
北大西洋区	115	0.21	0.59	0.22	0.55	1.32	8.60		82.11
五大湖和大平原区	193	.89	.57	.60	1.43	1.01	2.20	8.78	88.00
南部	178	.08	.50	.14	.64	.67	10.20	5.97	83.16
西南部	88	3.98	1.19	2.62	1.16	7.79	5.76	31.02	55.44
落基山区和远西部	144	2.33	1.89	2.39	1.98	3.44	9.16	25.72	61.68
私立院校：									
北大西洋区	457	1.54	1.57	.83	.77	2.75	12.13	15.69	69.42
五大湖和大平原区	416	.84	1.00	.76	.89	2.94	11.56	17.46	68.03
南部	283	1.64	1.80	.56	.44	12.56	35.13	17.35	34.96
西南部	62	.99	3.17	1.32	1.42	2.74	22.92	17.88	56.45
落基山区和远西部	137	6.69	4.40	6.16	2.43	4.71	10.55	34.85	49.94
所有公立院校	718	1.04	1.08	.80	1.28	2.22	7.15	13.18	77.44
所有私立院校	1,355	1.86	1.78	1.28	.98	4.30	14.24	20.40	61.06
所有院校	2,073	1.78	1.32	1.05	1.14	3.24	7.90	13.62	75.24

1. 从最小到最大：第一等第＝最小的院校。

表 5.2.2 变量名称：**全体学生规模,美国高校,全国四分位[1]标准**

控制和地区	院校数量	黑人占指定等第全体学生百分比				指定等第中的黑人占所有黑人学生百分比			
		第一	第二	第三	第四	第一	第二	第三	第四
公立院校：									
北大西洋区	115	1.25	14.97	9.38	2.08	0.21	21.09	23.68	55.02
五大湖和大平原区	193	.38	1.83	6.81	3.76	.08	1.57	7.77	90.58
南部	178	48.15	9.99	19.42	9.38	1.97	2.29	20.67	75.06
西南部	88	2.81	2.19	6.39	4.08	.28	1.06	12.41	86.25
落基山区和远西部	144	1.37	1.43	1.03	2.02	.35	1.54	3.80	94.31
私立院校：									
北大西洋区	457	1.82	2.23	1.27	3.08	2.43	7.54	9.72	80.32
五大湖和大平原区	416	1.59	2.23	1.45	2.55	3.80	14.95	22.03	59.23
南部	283	18.97	18.45	15.33	6.21	9.73	36.86	37.92	15.48
西南部	62	11.87	19.62	6.57	.97	8.29	49.20	32.96	9.54
落基山区和远西部	137	1.22	1.05	1.09	1.12	5.28	9.78	27.42	57.53

控制和地区	院校数量	其他非白人占指定等第全体学生百分比				指定等第中的其他非白人占所有非白人学生百分比			
		第一	第二	第三	第四	第二	第二	第三	第四
公立院校：									
北大西洋区	115	0.13	0.24	0.53	0.50	0.15	2.30	8.99	88.56
五大湖和大平原区	193	.32	.84	.45	1.29	.21	2.23	1.57	95.98
南部	178	.04	.10	.45	.52	.03	.51	10.33	89.12
西南部	88	3.06	4.94	1.39	1.43	.87	6.71	7.59	84.83
落基山区和远西部	144	1.27	2.83	2.36	2.04	.30	2.84	8.12	88.74
私立院校：									
北大西洋区	457	2.60	.86	.68	.80	10.72	8.95	15.99	64.34
五大湖和大平原区	416	.93	.91	.66	1.00	5.33	14.60	24.17	55.90
南部	283	1.49	1.20	.39	.54	14.00	43.80	17.51	24.69
西南部	62	1.00	2.74	1.18	1.53	2.45	24.04	20.70	52.82
落基山区和远西部	137	4.77	4.39	4.97	2.35	6.75	13.28	40.66	39.31

1. 从最小到最大：第一等第＝最小的院校。

表 5.2.3　变量名称：来自本州全体学生百分比，美国高校，地区四分位[1]标准，1963 年

控制和地区	院校数量	黑人占指定等第全体学生百分比				指定等第中的黑人占所有黑人学生百分比			
		第一	第二	第三	第四	第一	第二	第三	第四
公立院校：									
北大西洋区	100	2.52	4.52	4.91	1.91	21.68	37.48	23.22	17.62
五大湖和大平原区	178	9.57	7.07	2.36	2.24	17.73	35.50	20.04	26.72
南部	155	26.27	11.32	15.54	4.74	27.24	18.23	36.29	18.23
西南部	83	1.82	7.53	5.86	2.07	5.83	33.53	43.22	17.43
落基山区和远西部	127	2.21	2.06	1.86	.95	27.00	32.74	22.73	17.54
私立院校：									
北大西洋区	420	1.43	1.51	1.49	7.85	15.86	18.55	11.65	53.94
五大湖和大平原区	390	3.03	1.85	1.31	2.15	40.58	27.49	14.99	16.94
南部	270	15.99	10.49	18.35	7.87	28.16	23.27	36.84	11.74
西南部	59	1.08	14.38	3.65	.49	3.81	67.17	27.98	1.04
落基山区和远西部	132	1.02	1.52	.89	.99	30.80	30.22	14.32	24.67
所有公立院校	643	6.62	5.37	6.73	2.80	24.87	18.95	34.76	21.42
所有私立院校	1,271	3.90	3.79	3.76	5.35	27.31	27.52	22.01	23.16
所有院校	1,914	5.52	4.67	3.16	5.60	34.08	35.10	17.38	13.44

控制和地区	院校数量	其他非白人占指定等第全体学生百分比				指定等第中的其他非白人占所有非白人学生百分比			
		第一	第二	第三	第四	第一	第二	第三	第四
公立院校：									
北大西洋区	100	0.24	0.58	0.48	0.63	13.78	32.08	15.12	39.02
五大湖和大平原区	178	.19	3.45	.37	1.09	1.04	51.27	9.33	38.35
南部	155	.07	.32	.43	.80	1.48	11.16	21.33	66.02
西南部	83	3.21	.83	.61	1.99	29.05	10.54	12.74	47.68
落基山区和远西部	127	1.91	2.47	1.38	1.88	20.42	34.41	14.81	30.35
私立院校：									
北大西洋区	420	.52	.68	.95	1.50	18.18	26.20	23.27	32.36

续 表

控制和地区	院校数量	其他非白人占指定等第全体学生百分比				指定等第中的其他非白人占所有非白人学生百分比			
		第一	第二	第三	第四	第一	第二	第三	第四
五大湖和大平原区	390	.57	1.18	.88	.86	18.10	41.76	24.04	16.09
南部	270	.20	.88	.68	1.22	6.32	35.65	24.84	33.19
西南部	59	1.77	1.47	1.76	.91	21.83	23.99	47.39	6.78
落基山区和远西部	132	3.35	3.34	4.88	2.47	32.85	21.64	25.49	20.02
所有公立院校	643	1.77	1.14	.60	1.22	28.81	17.41	13.41	40.37
所有私立院校	1,271	.94	1.28	1.03	1.34	23.74	33.49	21.78	21.00
所有院校	1,914	1.22	1.06	1.12	1.27	3.42	32.20	25.03	12.35

1. 从最多到最少：第1等第=来自本州学生百分比最高。

表5.2.4　变量名称：来自本州学生百分比，美国高校，全国四分位[1]标准，1963年

控制和地区	院校数量	黑人占指定等第全体学生百分比				指定等第中的黑人占所有黑人学生百分比			
		第一	第二	第三	第四	第一	第二	第三	第四
公立院校：									
北大西洋区	100	0.20	4.57	1.95	3.61	0.08	12.98	15.17	71.77
五大湖和大平原区	178	70.98	.76	2.94	5.83	7.53	5.13	32.60	54.74
南部	155	.16	6.09	11.86	15.54	.02	11.72	54.69	33.57
西南部	83	0.00	1.54	2.90	6.58	0.00	7.92	22.27	69.81
落基山区和远西部	127	.35	1.06	1.07	2.30	.05	11.71	18.33	69.90
私立院校：									
北大西洋区	420	5.77	1.31	1.87	0.80	58.81	15.94	22.07	3.18
五大湖和大平原区	390	1.85	1.69	2.15	4.49	25.10	30.53	24.89	19.48
南部	270	12.99	12.49	15.58	11.90	32.61	32.88	28.48	6.03
西南部	59	.43	3.28	8.05	.82	.79	14.84	83.35	1.02
落基山区和远西部	132	1.01	.95	1.26	1.44	24.30	28.16	44.74	2.80

续 表

控制和地区	院校数量	其他非白人占指定等第全体学生百分比				指定等第中的其他非白人占所有非白人学生百分比			
		第一	第二	第三	第四	第一	第二	第三	第四
公立院校：									
北大西洋区	100	0.14	0.30	0.72	0.43	0.36	5.71	37.12	56.81
五大湖和大平原区	178	1.71	.69	.99	1.92	.54	13.77	32.51	53.18
南部	155	.99	.94	.53	.14	2.93	38.64	52.03	6.40
西南部	83	1.25	1.32	1.75	1.42	.09	19.21	38.05	42.65
落基山区和远西部	127	4.85	1.40	1.83	2.18	.66	13.47	27.65	58.23
私立院校：									
北大西洋区	420	1.35	.90	.55	.18	43.14	34.38	20.28	2.19
五大湖和大平原区	390	.90	1.08	.81	.18	29.12	46.70	22.34	1.84
南部	270	1.12	.82	.25	.13	51.07	39.35	8.35	1.23
西南部	59	.72	2.09	1.43	2.31	4.62	33.23	52.09	10.06
落基山区和远西部	132	2.49	3.86	3.67	1.49	19.44	37.12	42.50	.95

1. 从最多到最少：第一等第＝来自本州学生百分比最高。

表5.2.5 变量名称：攻读学位的学生百分比，美国高校，地区四分位[1]标准，1965年秋

控制和地区	院校数量	黑人占指定等第全体学生百分比				指定等第中的黑人占所有黑人学生百分比			
		第一	第二	第三	第四	第一	第二	第三	第四
公立院校：									
北大西洋区	69	7.29	0.55	0.93	3.67	58.27	2.83	9.54	29.36
五大湖和大平原区	69	5.68	1.17	1.29	1.59	54.39	12.96	13.85	18.79
南部	100	24.20	8.11	8.71	8.05	46.85	17.17	16.82	19.15
西南部	40	20.59	2.22	2.93	0.98	60.86	14.54	18.39	6.21
落基山区和远西部	36	0.37	1.64	.41	.32	4.49	72.35	12.66	10.50
私立院校：									
北大西洋区	280	7.79	1.98	1.33	1.09	59.40	16.16	12.20	12.24
五大湖和大平原区	290	2.70	2.35	1.49	2.06	23.78	27.04	20.70	28.48

续表

控制和地区	院校数量	黑人占指定等第全体学生百分比				指定等第中的黑人占所有黑人学生百分比			
		第一	第二	第三	第四	第一	第二	第三	第四
南部	177	23.48	11.20	10.47	13.74	31.18	23.42	20.13	25.27
西南部	43	17.99	4.98	7.02	2.42	41.13	16.05	24.84	17.98
落基山区和远西部	94	1.18	.89	1.16	1.21	9.76	24.89	24.31	41.04
所有公立院校	314	11.93	3.95	4.10	2.11	47.24	22.70	17.39	12.67
所有私立院校	884	8.57	3.93	2.97	2.81	35.99	22.86	19.92	21.23
所有院校	1,198	11.12	4.00	3.37	2.51	41.36	24.36	18.29	15.98

控制和地区	院校数量	其他非白人占指定等第全体学生百分比				指定等第中的其他非白人占所有非白人学生百分比			
		第一	第二	第三	第四	第一	第二	第三	第四
公立院校：									
北大西洋区	69	0.55	0.24	0.51	0.49	29.73	8.22	35.36	26.68
五大湖和大平原区	69	.79	1.10	.66	.33	24.52	39.73	22.93	12.82
南部	100	.68	.33	.70	.66	26.70	14.16	27.33	31.81
西南部	40	.79	1.87	2.07	.98	6.93	36.29	38.46	18.33
落基山区和远西部	36	1.55	2.31	.99	.36	11.50	62.60	18.66	7.24
私立院校：									
北大西洋区	280	1.22	.52	.71	.77	32.38	14.82	22.67	30.13
五大湖和大平原区	290	.73	1.18	.71	.90	15.17	32.01	23.37	29.45
南部	177	2.03	.28	.43	.61	51.45	11.38	15.82	21.35
西南部	43	1.03	1.28	1.32	1.41	10.85	19.09	21.61	48.44
落基山区和远西部	94	9.38	2.40	2.91	2.82	25.78	22.33	20.18	31.71
所有公立院校	314	.79	1.35	.61	.56	18.62	46.00	15.28	20.09
所有私立院校	884	1.76	.89	.95	1.03	27.68	19.33	23.91	29.08
所有院校	1,198	1.22	1.14	.83	.72	22.15	33.80	21.77	22.28

1. 从最小到最大：第一等第＝攻读学位的学生百分比最低。

表5.2.6　变量名称：攻读学位的学生百分比，美国高校，全国四分位[1]标准，1965年秋

控制和地区	院校数量	黑人占指定等第全体学生百分比				指定等第中的黑人占所有黑人学生百分比			
		第一	第二	第三	第四	第一	第二	第三	第四
公立院校：									
北大西洋区	69	8.58	4.86	1.13	2.13	29.31	30.05	6.54	34.10
五大湖和大平原区	69	4.48	2.71	1.26	1.68	28.43	38.93	15.49	17.15
南部	100	21.27	8.46	11.07	5.66	47.24	22.47	21.62	8.67
西南部	40	15.50	2.28	3.13	.82	61.51	20.05	14.55	3.88
落基山区和远西部	36	.37	1.83	.46	.31	4.49	67.41	19.17	8.93
私立院校：									
北大西洋区	280	9.52	1.70	2.05	1.06	56.19	8.03	18.20	17.57
五大湖和大平原区	290	2.41	2.30	1.32	2.23	25.46	33.58	14.92	26.05
南部	177	23.48	11.34	9.41	15.36	31.18	23.37	20.24	25.21
西南部	43	16.66	5.65	2.58	4.85	41.43	31.07	15.50	11.99
落基山区和远西部	94	1.32	.84	1.25	1.22	14.33	26.94	17.81	40.92

控制和地区	院校数量	其他非白人占指定等第全体学生百分比				指定等第中的其他非白人占所有非白人学生百分比			
		第一	第二	第三	第四	第一	第二	第三	第四
公立院校：									
北大西洋区	69	0.53	0.44	0.24	0.56	12.08	18.40	9.20	60.32
五大湖和大平原区	69	.88	.99	.60	.36	18.04	46.20	23.85	11.90
南部	100	.66	.53	.54	.66	29.59	28.66	21.26	20.50
西南部	40	1.03	2.44	1.64	.14	12.10	63.30	22.58	2.02
落基山区和远西部	36	1.55	2.49	1.07	.27	11.50	56.25	27.45	4.81
私立院校：									
北大西洋区	280	1.42	.40	.54	.82	29.16	6.59	16.83	47.42
五大湖和大平原区	290	.68	.98	.85	.97	16.90	33.83	22.49	26.79
南部	177	2.03	.29	.40	.66	51.45	11.38	16.46	20.71
西南部	43	1.35	1.21	1.52	.98	15.58	30.75	42.41	11.26
落基山区和远西部	94	8.42	1.90	3.72	2.84	30.36	20.33	17.64	31.67

1. 从最高到最低：第一等第＝新生在全体学生中所占百分比最高。

表 5.2.7　变量名称：大一新生在全体学生中百分比，
美国高校，地区四分位[1]标准，1965 年秋

控制和地区	院校数量	黑人占指定等第全体学生百分比				指定等第中的黑人占所有黑人学生百分比			
		第一	第二	第三	第四	第一	第二	第三	第四
公立院校：									
北大西洋区	76	7.69	2.52	1.27	3.88	16.58	11.22	13.34	58.86
五大湖和大平原区	74	1.49	1.43	4.18	2.34	9.74	7.83	27.70	54.73
南部	116	24.25	21.01	9.86	2.57	30.25	34.60	26.35	8.80
西南部	41	8.16	1.08	9.51	1.61	12.16	2.53	67.02	18.29
落基山区和远西部	46	.47	.85	1.40	.86	3.30	11.47	45.96	39.26
私立院校：									
北大西洋区	376	1.99	1.11	5.13	1.80	10.53	7.08	55.33	27.06
五大湖和大平原区	367	2.21	1.33	1.61	2.83	15.05	11.76	24.91	48.27
南部	207	12.61	32.42	19.21	3.93	12.63	42.87	32.86	11.64
西南部	53	25.70	13.15	1.04	1.05	53.05	33.43	6.57	6.95
落基山区和远西部	127	1.14	.50	1.62	1.25	11.85	13.08	40.03	35.03
所有公立院校	353	9.59	10.03	4.11	2.26	23.03	31.38	25.92	19.67
所有私立院校	1,130	9.45	4.59	4.08	2.06	31.84	20.10	27.79	20.27
所有院校	1,483	10.14	6.89	3.82	2.26	29.04	24.42	27.59	18.95

控制和地区	院校数量	其他非白人占指定等第全体学生百分比				指定等第中的其他非白人占所有非白人学生百分比			
		第一	第二	第三	第四	第一	第二	第三	第四
公立院校：									
北大西洋区	76	0.18	0.18	0.52	0.57	2.60	5.30	35.69	56.41
五大湖和大平原区	74	.28	.34	.56	1.01	5.82	6.09	11.87	76.22
南部	116	.95	.31	.42	.62	24.00	10.32	22.65	43.03
西南部	41	6.76	.86	1.28	1.11	29.84	5.93	26.82	37.42
落基山区和远西部	46	1.06	1.60	1.51	1.14	5.74	16.50	37.90	39.86
私立院校：									

续 表

控制和地区	院校数量	其他非白人占指定等第全体学生百分比				指定等第中的其他非白人占所有非白人学生百分比			
		第一	第二	第三	第四	第一	第二	第三	第四
北大西洋区	376	.54	.90	.78	.99	8.99	18.14	26.33	46.53
五大湖和大平原区	367	.71	.73	.88	1.00	11.51	15.41	32.52	40.56
南部	207	2.08	.39	.56	.64	38.03	9.54	17.59	34.84
西南部	53	1.62	1.51	1.05	1.59	13.72	15.75	27.34	43.19
落基山区和远西部	127	8.22	2.16	2.57	3.30	28.65	18.90	21.30	31.15
所有公立院校	353	1.16	.48	1.00	.74	16.25	8.89	36.89	37.97
所有私立院校	1,130	1.50	.82	1.11	1.16	18.35	12.96	27.39	41.29
所有院校	1,483	1.30	.63	.99	.96	17.61	10.67	33.64	38.08

1. 从最高到最低：第一等第＝大一新生在全体学生中百分比最大。

表5.2.8 变量名称：大一新生在全体学生中百分比，美国高校，全国四分位[1]标准，1965年秋

控制和地区	院校数量	黑人占指定等第全体学生百分比				指定等第中的黑人占所有黑人学生百分比			
		第一	第二	第三	第四	第一	第二	第三	第四
公立院校：									
北大西洋区	76	3.43	1.84	1.68	9.31	60.31	18.47	4.83	16.39
五大湖和大平原区	74	2.95	2.46	2.26	1.71	19.12	55.44	12.76	12.67
南部	116	2.77	4.48	19.94	26.39	8.38	10.49	43.99	37.14
西南部	41	1.96	6.51	.89	7.08	16.30	69.14	1.30	13.26
落基山区和远西部	46	.85	1.68	.83	.42	42.87	40.65	12.50	3.98
私立院校：									
北大西洋区	376	1.65	5.77	1.55	1.69	33.54	53.86	6.79	5.81
五大湖和大平原区	367	2.93	1.71	1.32	2.13	46.19	22.78	15.45	15.58
南部	207	3.56	8.69	18.94	25.98	6.00	16.71	28.92	48.37
西南部	53	.68	1.32	10.32	24.92	3.44	9.97	25.08	61.51
落基山区和远西部	127	1.39	1.24	.49	1.12	59.54	19.03	10.42	11.00

续 表

控制和地区	院校数量	其他非白人占指定等第全体学生百分比				指定等第中的其他非白人占所有非白人学生百分比			
		第一	第二	第三	第四	第一	第二	第三	第四
公立院校：									
北大西洋区	76	0.53	0.48	0.24	0.19	61.49	31.71	4.59	2.21
五大湖和大平原区	74	.47	1.04	.41	.31	9.71	75.50	7.47	7.32
南部	116	.69	.39	.34	.85	42.30	18.27	15.33	24.10
西南部	41	.77	1.49	.32	5.89	19.07	46.88	1.39	32.66
落基山区和远西部	46	1.27	1.46	1.17	1.47	48.73	27.07	13.47	10.73
私立院校：									
北大西洋区	376	.92	.98	.50	.53	58.70	28.75	6.84	5.70
五大湖和大平原区	367	1.04	.96	.65	.69	39.06	30.62	18.31	12.01
南部	207	.64	.67	.51	1.24	19.87	23.47	14.33	42.32
西南部	53	1.66	1.04	1.53	1.74	34.60	32.39	15.31	17.70
落基山区和远西部	127	3.00	2.64	2.06	8.65	43.20	13.57	14.69	28.54

1. 从最高到最低：第一等第＝大一新生在全体学生中百分比最大。

表 5.2.9　变量名称：学生人均支出，美国高校，地区四分位[1]标准，1964 学年

控制和地区	院校数量	黑人占指定等第全体学生百分比				指定等第中的黑人占所有黑人学生百分比			
		第一	第二	第三	第四	第一	第二	第三	第四
公立院校：									
北大西洋区	91	1.59	1.21	4.53	3.39	9.49	4.51	58.86	27.13
五大湖和大平原区	170	12.06	4.88	1.17	2.45	35.67	19.90	6.75	37.67
南部	150	3.47	13.98	14.47	12.27	6.52	18.53	38.68	36.27
西南部	82	3.79	2.09	8.43	2.45	12.98	7.90	56.17	22.95
落基山区和远西部	116	2.86	2.77	1.26	.61	39.48	29.97	21.93	8.62
私立院校：									
北大西洋区	390	1.54	1.78	6.77	1.66	13.96	21.91	50.25	13.87
五大湖和大平原区	374	2.52	2.80	1.37	1.33	34.32	34.07	16.20	15.40

续 表

控制和地区	院校数量	黑人占指定等第全体学生百分比				指定等第中的黑人占所有黑人学生百分比			
		第一	第二	第三	第四	第一	第二	第三	第四
南部	261	15.23	15.23	10.11	12.59	26.21	25.42	16.46	31.90
西南部	57	11.28	4.69	5.68	.46	44.63	27.67	26.16	1.54
落基山区和远西部	120	1.48	.57	1.44	.97	29.62	17.27	40.23	12.89
所有公立院校	609	4.77	3.43	6.28	4.93	15.97	12.50	33.37	38.16
所有私立院校	1,202	5.33	3.84	3.10	4.22	30.17	26.15	19.53	24.15
所有院校	1,811	4.83	4.97	5.70	3.01	24.98	26.68	32.17	16.16

控制和地区	院校数量	其他非白人占指定等第全体学生百分比				指定等第中的其他非白人占所有非白人学生百分比			
		第一	第二	第三	第四	第一	第二	第三	第四
公立院校：									
北大西洋区	91	0.28	0.15	0.54	0.73	11.11	3.67	46.56	38.66
五大湖和大平原区	170	6.13	.30	.43	.88	51.25	3.45	7.03	38.26
南部	150	.32	.37	.68	.61	12.66	10.31	38.74	38.29
西南部	82	4.18	.52	.59	1.64	40.19	5.52	11.09	43.20
落基山区和远西部	116	2.11	3.23	.92	1.99	26.94	32.31	14.95	25.80
私立院校：									
北大西洋区	390	.48	.86	.83	1.27	13.66	33.33	19.36	33.66
五大湖和大平原区	374	.85	.80	.73	1.14	26.75	22.60	20.08	30.56
南部	261	1.24	.47	.34	.85	37.97	13.84	9.79	38.40
西南部	57	1.00	1.75	1.50	2.13	13.98	36.39	24.29	25.34
落基山区和远西部	120	3.34	4.55	2.39	2.79	21.68	44.66	21.63	12.03
所有公立院校	609	2.17	1.00	.97	.92	31.44	15.68	22.23	30.64
所有私立院校	1,202	1.00	1.25	.92	1.39	20.30	30.42	20.68	28.60
所有院校	1,811	1.58	.86	.98	1.20	32.90	18.58	22.41	26.10

1. 从最低到最高：第一等第＝学生人均支出最少。

表 5.2.10　变量名称：学生人均支出，美国高校，全国四分位[1]标准，1964 学年

控制和地区	院校数量	黑人占指定等第全体学生百分比				指定等第中的黑人占所有黑人学生百分比			
		第一	第二	第三	第四	第一	第二	第三	第四
公立院校：									
北大西洋区	91	1.59	1.03	4.32	4.29	9.49	5.05	58.91	26.54
五大湖和大平原区	170	7.20	1.28	2.74	2.26	55.87	6.46	16.76	20.92
南部	150	5.68	14.10	19.31	4.51	15.12	30.73	47.14	7.00
西南部	82	2.87	7.22	2.76	.69	23.92	62.89	11.88	1.31
落基山区和远西部	116	3.05	1.17	.95	.79	64.23	19.91	9.67	6.19
私立院校：									
北大西洋区	390	1.65	1.30	1.85	4.23	8.07	8.70	19.44	63.80
五大湖和大平原区	374	2.37	3.24	1.38	1.27	14.90	47.90	19.34	17.86
南部	261	15.03	15.15	11.33	11.45	26.23	30.90	23.92	18.95
西南部	57	13.02	4.12	5.95	.47	44.37	28.93	25.20	1.49
落基山区和远西部	120	1.67	.75	1.45	1.11	9.69	23.98	29.18	37.14

控制和地区	院校数量	其他非白人占指定等第全体学生百分比				指定等第中的其他非白人占所有非白人学生百分比			
		第一	第二	第三	第四	第一	第二	第三	第四
公立院校：									
北大西洋区	91	0.28	0.13	0.52	0.91	11.11	4.29	47.24	37.36
五大湖和大平原区	170	2.52	.45	.63	1.05	55.28	6.46	10.81	27.45
南部	150	.30	.46	.83	.56	16.94	21.45	43.12	18.49
西南部	82	2.01	.93	2.47	.06	47.08	22.79	29.79	.34
落基山区和远西部	116	2.58	1.10	1.22	2.88	50.39	17.37	11.44	20.80
私立院校：									
北大西洋区	390	.33	.62	.90	1.09	5.12	13.12	29.78	51.97
五大湖和大平原区	374	1.24	.71	.72	1.05	18.06	24.24	23.43	34.28
南部	261	1.23	.45	.24	1.23	38.24	16.50	8.87	36.40
西南部	57	1.14	1.63	1.42	2.22	13.68	40.45	21.13	24.74
落基山区和远西部	120	5.01	3.49	4.30	2.42	9.41	36.11	28.14	26.33

1. 从最低到最高：第一等第＝学生人均支出最少。

表 5.2.11　变量名称：助理教授平均工资，美国高校，地区四分位[1]标准，1963 年秋

控制和地区	院校数量	黑人占指定等第全体学生百分比				指定等第中的黑人占所有黑人学生百分比			
		第一	第二	第三	第四	第一	第二	第三	第四
公立院校：									
北大西洋区	54	2.51	4.41	1.47	4.15	9.24	19.02	10.72	61.02
五大湖和大平原区	61	1.37	2.16	2.18	3.00	5.78	19.92	41.17	33.13
南部	92	34.22	20.19	13.82	1.52	33.97	34.86	25.36	5.80
西南部	36	17.38	3.02	1.57	1.09	50.36	20.30	17.68	11.66
落基山区和远西部	32	.26	.64	.35	1.12	4.31	15.64	13.21	66.83
私立院校：									
北大西洋区	191	2.20	1.63	1.46	5.06	7.66	11.28	15.97	65.09
五大湖和大平原区	184	1.50	2.03	1.82	2.22	9.16	19.39	22.27	49.19
南部	118	28.48	23.53	7.79	3.26	32.00	38.74	17.22	12.04
西南部	31	8.21	.94	.95	1.04	71.51	5.42	5.08	17.99
落基山区和远西部	60	.85	.96	1.29	.86	9.70	12.90	55.61	21.79
所有公立院校	275	21.93	5.46	1.55	2.24	49.78	20.67	8.44	21.10
所有私立院校	584	11.34	2.78	2.01	2.96	36.08	12.47	16.48	34.96
所有院校	859	15.75	7.47	2.94	2.28	29.14	26.43	17.79	26.04

控制和地区	院校数量	其他非白人占指定等第全体学生百分比				指定等第中的其他非白人占所有非白人学生百分比			
		第一	第二	第三	第四	第一	第二	第三	第四
公立院校：									
北大西洋区	54	0.07	0.14	0.65	0.64	1.76	4.12	31.45	62.67
五大湖和大平原区	61	.52	.45	1.07	.42	7.08	13.32	64.73	14.87
南部	92	.61	.33	.62	.72	11.93	11.41	22.36	54.30
西南部	36	1.04	1.28	2.49	.94	6.08	17.32	56.26	20.34
落基山区和远西部	32	1.19	1.35	.45	1.74	11.50	18.90	9.79	59.81
私立院校：									

续 表

控制和地区	院校数量	其他非白人占指定等第全体学生百分比				指定等第中的其他非白人占所有非白人学生百分比			
		第一	第二	第三	第四	第一	第二	第三	第四
北大西洋区	191	1.15	.37	.88	.96	14.03	8.91	33.76	43.30
五大湖和大平原区	184	.73	.55	.65	.89	11.90	14.08	21.13	52.89
南部	118	.58	.64	.30	.59	14.35	23.15	14.35	48.15
西南部	31	.92	1.35	1.40	1.69	15.18	14.86	14.27	55.73
落基山区和远西部	60	3.95	1.95	2.31	4.84	15.28	8.93	33.97	41.81
所有公立院校	275	.44	.66	1.09	.89	5.57	14.06	33.34	47.03
所有私立院校	584	1.03	.89	.81	1.21	11.70	14.19	23.50	50.61
所有院校	859	.90	.59	1.07	.94	7.86	9.82	30.40	51.91

1. 从最低到最高：第一等第＝平均工资最低。

表 5.2.12　变量名称：助理教授平均工资，美国高校，全国四分位[1]标准，1963 年秋

控制和地区	院校数量	黑人占指定等第全体学生百分比				指定等第中的黑人占所有黑人学生百分比			
		第一	第二	第三	第四	第一	第二	第三	第四
公立院校:									
北大西洋区	54	0.31	3.57	4.36	3.08	0.09	7.11	25.15	67.65
五大湖和大平原区	61	0.00	1.48	3.49	2.22	0.00	2.24	13.33	84.43
南部	92	36.44	20.02	6.42	.99	33.88	47.34	16.25	2.52
西南部	36	99.24	17.92	2.06	1.03	12.91	36.67	40.21	10.22
落基山区和远西部	32	0.00	.22	.69	.75	0.00	.92	15.53	83.55
私立院校:									
北大西洋区	191	2.87	1.78	1.66	4.23	5.04	10.16	18.39	66.41
五大湖和大平原区	184	1.46	2.29	1.99	2.01	9.74	28.07	30.75	31.44
南部	118	23.36	1.09	6.85	3.51	86.26	2.91	5.62	5.21
西南部	31	4.27	1.16	.37	.20	80.45	19.05	.22	.28
落基山区和远西部	60	.89	.87	1.34	.85	12.26	12.34	53.45	21.96

续 表

控制和地区	院校数量	其他非白人占指定等第全体学生百分比				指定等第中的其他非白人占所有非白人学生百分比			
		第一	第二	第三	第四	第一	第二	第三	第四
公立院校：									
北大西洋区	54	0.00	0.13	0.12	0.64	0.00	1.70	4.42	93.88
五大湖和大平原区	61	0.00	0.42	.62	.74	0.00	2.04	7.59	90.37
南部	92	.65	.31	.66	.81	11.93	14.67	32.77	40.64
西南部	36	.76	1.34	1.89	1.01	.20	5.53	74.02	20.25
落基山区和远西部	32	0.00	1.01	1.16	1.29	0.00	2.42	14.97	82.62
私立院校：									
北大西洋区	191	1.10	.61	.87	.87	6.75	12.18	33.63	47.44
五大湖和大平原区	184	.73	.54	.77	.90	13.01	17.80	31.53	37.66
南部	118	.49	.24	.29	1.26	39.70	14.24	5.21	40.86
西南部	31	1.07	1.71	.56	3.01	38.22	53.18	.64	7.96
落基山区和远西部	60	3.38	1.94	2.43	4.79	15.80	9.34	32.99	41.87

1. 从最低到最高：第一等第＝平均工资最低。

表5.2.13 变量名称：副教授平均工资，美国高校，地区四分位[1]标准，1963年秋

控制和地区	院校数量	黑人占指定等第全体学生百分比				指定等第中的黑人占所有黑人学生百分比			
		第一	第二	第三	第四	第一	第二	第三	第四
公立院校：									
北大西洋区	54	2.50	6.05	0.85	4.73	9.56	18.58	8.25	63.62
五大湖和大平原区	61	1.10	2.71	2.44	2.34	4.68	19.26	25.52	50.54
南部	92	19.32	29.31	10.61	2.42	20.07	49.71	21.44	8.77
西南部	36	22.75	1.45	2.40	1.19	52.97	11.36	20.17	15.50
落基山区和远西部	32	.75	.20	.34	1.24	13.00	6.31	11.38	69.31
私立院校：									
北大西洋区	186	1.90	1.78	1.74	4.64	6.88	12.05	17.07	64.00
五大湖和大平原区	172	1.78	.99	2.06	2.45	10.06	9.40	26.92	53.61

续 表

控制和地区	院校数量	黑人占指定等第全体学生百分比				指定等第中的黑人占所有黑人学生百分比			
		第一	第二	第三	第四	第一	第二	第三	第四
南部	116	30.97	8.20	17.00	3.23	38.30	13.36	36.08	12.25
西南部	31	11.39	.78	.68	1.37	68.21	6.48	5.92	19.38
落基山区和远西部	59	.92	1.36	1.79	.61	10.87	19.18	50.11	19.84
所有公立院校	275	20.78	4.99	2.32	2.15	49.79	16.91	11.57	21.73
所有私立院校	564	9.28	3.90	2.36	2.90	27.54	20.08	18.31	34.06
所有院校	839	9.50	10.79	2.97	2.30	17.22	37.95	17.86	26.97

控制和地区	院校数量	其他非白人占指定等第全体学生百分比				指定等第中的其他非白人占所有非白人学生百分比			
		第一	第二	第三	第四	第一	第二	第三	第四
公立院校：									
北大西洋区	54	0.08	0.06	0.59	0.65	2.12	1.27	38.12	58.48
五大湖和大平原区	61	.59	.44	.71	.84	8.05	9.94	23.60	58.40
南部	92	.56	.28	.68	.73	11.58	9.40	27.01	52.01
西南部	36	6.94	1.51	1.24	.87	32.52	23.86	20.93	22.67
落基山区和远西部	32	.81	1.14	.55	1.89	7.99	20.39	10.72	60.89
私立院校：									
北大西洋区	186	.79	.56	1.02	.86	10.03	13.29	35.00	41.68
五大湖和大平原区	172	1.01	.42	.48	1.01	14.97	10.38	16.51	58.14
南部	116	.45	.52	.42	.61	12.22	18.39	19.44	49.94
西南部	31	1.33	.86	2.21	1.28	15.18	13.59	36.73	34.50
落基山区和远西部	59	2.51	3.23	2.74	3.83	10.70	16.36	27.69	42.25
所有公立院校	275	1.02	.77	.72	.91	13.65	14.58	20.09	51.67
所有私立院校	564	1.08	.95	.75	1.25	11.24	17.08	20.28	51.40
所有院校	839	.98	.81	.90	.96	8.31	13.40	25.39	52.90

1. 从最低到最高：第一等第＝平均工资最低。

表 5.2.14　变量名称：副教授平均工资，美国高校，全国四分位[1]标准，1963 年秋

控制和地区	院校数量	黑人占指定等第全体学生百分比				指定等第中的黑人占所有黑人学生百分比			
		第一	第二	第三	第四	第一	第二	第三	第四
公立院校：									
北大西洋区	54	0.00	4.31	4.47	2.98	0.00	7.08	25.18	67.74
五大湖和大平原区	61	.26	1.41	1.84	2.47	.06	4.10	9.85	85.99
南部	92	16.07	24.04	7.20	.87	9.88	70.02	18.08	2.03
西南部	36	38.41	20.03	1.95	1.30	13.23	39.73	27.15	19.88
落基山区和远西部	32	0.00	0.00	.60	.76	0.00	0.00	16.72	83.28
私立院校：									
北大西洋区	186	2.65	1.48	1.91	4.24	5.44	7.82	21.35	65.38
五大湖和大平原区	172	1.59	1.61	1.85	2.49	12.06	16.55	25.79	45.59
南部	116	18.65	10.65	3.83	.67	71.53	22.18	5.14	1.00
西南部	31	4.83	1.17	1.09	.20	76.76	18.55	4.41	.28
落基山区和远西部	59	1.34	.88	1.90	.62	19.99	11.76	47.61	20.65

控制和地区	院校数量	其他非白人占指定等第全体学生百分比				指定等第中的其他非白人占所有非白人学生百分比			
		第一	第二	第三	第四	第一	第二	第三	第四
公立院校：									
北大西洋区	54	0.00	0.12	0.06	0.64	0.00	1.33	2.30	96.36
五大湖和大平原区	61	.96	.38	.57	.77	.73	3.57	9.82	85.88
南部	92	.90	.22	.78	.81	10.89	12.79	38.79	37.62
西南部	36	.67	8.04	1.46	.86	.46	32.06	40.94	26.53
落基山区和远西部	32	0.00	3.27	.98	1.32	0.00	.87	15.74	83.39
私立院校：									
北大西洋区	186	1.05	.69	.80	.89	7.58	12.81	31.47	48.14
五大湖和大平原区	172	.87	.43	.61	1.02	17.40	11.50	22.34	48.77
南部	116	.54	.22	.28	1.12	45.05	10.13	8.15	36.67
西南部	31	1.04	1.57	1.75	3.01	31.32	47.24	13.48	7.96
落基山区和远西部	59	2.82	2.60	2.91	3.83	15.14	12.50	26.37	45.99

1. 从最低到最高：第一等第＝平均工资最低。

表 5.2.15　变量名称：正教授平均工资，美国高校，地区四分位[1]标准，1963 年秋

控制和地区	院校数量	黑人占指定等第全体学生百分比				指定等第中的黑人占所有黑人学生百分比			
		第一	第二	第三	第四	第一	第二	第三	第四
公立院校：									
北大西洋区	53	3.87	6.02	0.39	3.76	13.12	18.45	2.35	66.08
五大湖和大平原区	61	1.10	2.73	2.85	2.19	4.76	17.86	26.96	50.42
南部	92	12.75	21.32	18.79	3.91	12.98	38.09	34.26	14.66
西南部	36	7.09	8.49	1.88	1.56	22.11	37.66	16.01	24.22
落基山区和远西部	32	.78	.24	.54	1.02	12.57	7.66	14.89	64.89
私立院校：									
北大西洋区	183	2.11	1.15	1.67	4.93	8.26	6.55	17.74	67.45
五大湖和大平原区	170	1.79	2.00	1.56	2.32	9.80	16.49	22.94	50.78
南部	114	19.79	13.31	17.91	3.51	24.73	22.34	40.76	12.16
西南部	26	9.04	6.40	1.19	.74	40.72	34.07	13.97	11.24
落基山区和远西部	59	1.50	.90	1.77	.62	18.52	12.56	48.42	20.50
所有公立院校	274	14.33	10.21	2.59	2.05	34.57	31.18	12.57	21.68
所有私立院校	552	9.00	4.73	2.15	2.87	26.02	22.50	16.45	35.03
所有院校	826	6.58	10.28	4.19	2.31	11.11	36.58	24.94	27.36

控制和地区	院校数量	其他非白人占指定等第全体学生百分比				指定等第中的其他非白人占所有非白人学生百分比			
		第一	第二	第三	第四	第一	第二	第三	第四
公立院校：									
北大西洋区	52	0.07	0.09	0.11	0.79	1.64	1.88	4.42	92.06
五大湖和大平原区	61	.51	.49	.82	.78	7.08	10.36	24.76	57.80
南部	92	.58	.27	.75	.70	11.68	9.40	26.91	52.01
西南部	36	5.70	.73	.69	1.47	35.74	6.50	11.85	45.90
落基山区和远西部	32	.89	1.19	.49	1.72	8.24	21.60	7.72	62.44
私立院校：									

续 表

控制和地区	院校数量	其他非白人占指定等第全体学生百分比				指定等第中的其他非白人占所有非白人学生百分比			
		第一	第二	第三	第四	第一	第二	第三	第四
北大西洋区	183	.73	.57	.92	.91	10.04	11.54	34.52	43.90
五大湖和大平原区	170	.94	.54	.63	.89	13.32	11.62	24.13	50.92
南部	114	.43	.49	.41	.66	11.84	17.94	20.16	50.06
西南部	26	1.40	2.03	1.59	1.24	11.56	19.85	34.35	34.24
落基山区和远西部	59	3.11	2.06	3.04	3.86	13.79	10.40	29.86	45.94
所有公立院校	274	1.11	.56	.82	.89	15.01	9.67	22.37	52.95
所有私立院校	552	1.05	.79	.99	1.16	10.63	13.11	26.58	49.69
所有院校	826	.96	.90	.77	1.00	7.62	15.03	21.59	55.75

1. 从最低到最高：第一等第＝平均工资最低。

表5.2.16　变量名称：正教授平均工资，美国高校，全国四分位[1]标准，1963年秋

控制和地区	院校数量	黑人占指定等第全体学生百分比				指定等第中的黑人占所有黑人学生百分比			
		第一	第二	第三	第四	第一	第二	第三	第四
公立院校：									
北大西洋区	53	0.00	6.53	4.08	2.98	0.00	6.92	25.34	67.74
五大湖和大平原区	61	.19	1.33	2.29	2.42	.08	3.58	20.19	76.16
南部	92	4.97	22.71	13.41	10.97	2.88	62.55	31.98	2.58
西南部	36	20.85	3.29	3.53	1.67	13.43	8.76	57.96	19.84
落基山区和远西部	32	.00	2.90	.19	.76	.00	8.90	4.05	87.06
私立院校：									
北大西洋区	183	2.86	1.26	1.84	4.07	5.12	6.52	17.65	70.71
五大湖和大平原区	170	1.66	1.61	1.78	2.45	14.23	15.46	22.55	47.76
南部	114	15.93	18.64	.86	.67	47.15	50.57	1.28	1.00
西南部	26	6.13	.55	1.09	.20	85.73	9.27	4.70	.30
落基山区和远西部	59	1.34	1.14	1.94	.65	22.63	12.96	39.09	24.32

续 表

控制和地区	院校数量	其他非白人占指定等第全体学生百分比				指定等第中的其他非白人占所有非白人学生百分比			
		第一	第二	第三	第四	第一	第二	第三	第四
公立院校：									
北大西洋区	53	0.00	0.14	0.06	0.64	0.00	0.97	2.67	96.36
五大湖和大平原区	61	.67	.57	.43	.81	.85	4.90	12.22	82.03
南部	92	.65	.31	.71	.80	7.42	16.99	33.50	42.09
西南部	36	.53	6.56	1.02	1.28	.68	35.15	33.69	30.48
落基山区和远西部	32	.00	.84	1.16	1.29	.00	1.49	13.88	84.63
私立院校：									
北大西洋区	183	1.06	.69	.93	.81	6.68	12.56	31.47	49.29
五大湖和大平原区	170	.80	.41	.67	.98	17.85	10.38	22.23	49.54
南部	114	.46	.47	.17	1.12	29.89	27.67	5.51	36.93
西南部	26	1.55	1.23	1.75	3.01	39.80	38.17	13.85	8.18
落基山区和远西部	59	2.62	3.15	2.05	4.10	15.97	13.93	14.85	55.26

1. 从最低到最高：第一等第=教师工资最低。

表 5.2.17 变量名称：加权平均工资，从正教授到讲师，美国高校，地区四分位[1]标准，1963 年秋

控制和地区	院校数量	黑人占指定等第全体学生百分比				指定等第中的黑人占所有黑人学生百分比			
		第一	第二	第三	第四	第一	第二	第三	第四
公立院校：									
北大西洋区	54	2.55	3.23	1.62	4.70	8.10	13.52	14.77	63.61
五大湖和大平原区	61	1.56	2.22	2.30	2.49	7.22	16.25	22.32	54.21
南部	92	26.19	31.10	11.68	1.14	25.86	46.13	28.57	4.44
西南部	36	16.66	1.90	1.42	1.64	52.94	13.72	9.18	24.17
落基山区和远西部	32	.63	.39	.33	1.06	11.38	7.71	11.60	69.31
私立院校：									
北大西洋区	200	2.11	1.43	6.81	1.64	6.72	9.75	57.62	25.91
五大湖和大平原区	193	1.47	2.85	1.33	2.16	8.13	25.95	18.81	47.10

续 表

控制和地区	院校数量	黑人占指定等第全体学生百分比				指定等第中的黑人占所有黑人学生百分比			
		第一	第二	第三	第四	第一	第二	第三	第四
南部	118	16.27	31.88	5.96	3.32	21.25	53.35	13.39	12.01
西南部	31	14.85	.89	1.68	.65	68.88	7.99	12.74	10.39
落基山区和远西部	61	.78	1.64	1.58	.62	8.08	26.95	45.01	19.97
所有公立院校	275	23.04	4.43	1.92	2.15	53.10	15.57	9.01	22.32
所有私立院校	603	10.66	3.97	1.55	3.03	30.35	18.99	11.52	39.14
所有院校	878	14.20	9.75	2.33	2.37	24.40	32.83	14.23	28.52

控制和地区	院校数量	其他非白人占指定等第全体学生百分比				指定等第中的其他非白人占所有非白人学生百分比			
		第一	第二	第三	第四	第一	第二	第三	第四
公立院校：									
北大西洋区	54	0.90	0.10	0.61	0.65	1.94	2.85	36.73	58.48
五大湖和大平原区	61	.45	1.06	.31	.84	6.72	24.96	9.56	58.77
南部	92	.45	.37	.63	.72	8.88	10.75	25	55.37
西南部	36	1.21	3.48	.54	1.17	7.71	50.62	6.98	34.68
落基山区和远西部	32	1.20	1.49	.48	1.62	12.49	16.98	9.64	60.89
私立院校：									
北大西洋区	200	.83	.71	.59	1.01	9.27	17.04	17.52	56.17
五大湖和大平原区	193	.80	.58	.71	.86	11.49	13.59	26.12	48.80
南部	118	.46	.77	.24	.61	13.05	27.71	11.43	47.81
西南部	31	1.31	.74	1.39	1.83	11.57	12.63	20.06	55.73
落基山区和远西部	61	2.92	2.82	4.64	2.21	10.73	16.58	47.38	25.31
所有公立院校	275	.58	1.06	.86	.84	7.55	21.01	22.64	48.79
所有私立院校	603	1.06	.65	.88	1.25	10.52	10.81	22.61	56.06
所有院校	878	.82	.73	1.00	.95	6.59	11.49	28.41	53.51

1. 从最低到最高：第一等第＝教师工资最低。

表 5.2.18　变量名称：加权平均工资，从正教授到讲师，美国高校，全国四分位[1]标准，1963 年秋

控制和地区	院校数量	黑人占指定等第全体学生百分比				指定等第中的黑人占所有黑人学生百分比			
		第一	第二	第三	第四	第一	第二	第三	第四
公立院校：									
北大西洋区	54	87.22	0.77	2.02	3.57	6.46	0.48	15.04	78.02
五大湖和大平原区	61	0.00	1.70	2.28	2.35	0.00	3.48	19.72	76.79
南部	92	32.79	28.78	3.84	1.08	25.70	60.34	11.18	2.79
西南部	36	99.24	12.26	1.89	1.51	12.91	40.03	21.80	25.26
落基山区和远西部	32	0.00	.01	.66	.77	0.00	.05	17.48	82.47
私立院校：									
北大西洋区	200	1.67	1.58	1.54	4.25	3.05	10.54	13.31	73.10
五大湖和大平原区	193	1.46	2.17	1.74	2.24	10.82	26.75	22.76	39.67
南部	118	24.73	5.98	5.39	.65	74.60	13.43	10.97	1.00
西南部	31	5.09	.52	.80	.20	87.54	5.14	7.04	.28
落基山区和远西部	61	.85	1.69	1.94	.73	11.82	18.65	38.69	30.84

控制和地区	院校数量	其他非白人占指定等第全体学生百分比				指定等第中的其他非白人占所有非白人学生百分比			
		第一	第二	第三	第四	第一	第二	第三	第四
公立院校：									
北大西洋区	54	0.25	0.14	0.08	0.65	0.12	0.61	4.18	95.09
五大湖和大平原区	61	0.00	.47	.97	.67	0.00	3.06	26.97	69.97
南部	92	.08	.48	.62	.84	1.28	20.01	35.75	42.96
西南部	36	.76	1.24	2.35	1.11	.20	8.18	54.41	37.22
落基山区和远西部	32	3.27	2.28	.82	1.32	.87	5.42	12.49	81.22
私立院校：									
北大西洋区	200	.87	.67	.51	1.06	5.53	15.57	15.24	63.65
五大湖和大平原区	193	.80	.53	.84	.86	15.40	16.85	28.41	39.34
南部	118	.63	.24	.25	1.10	40.88	11.43	11.09	36.61
西南部	31	1.10	1.79	1.35	3.01	36.09	33.44	22.51	7.96
落基山区和远西部	61	2.59	3.46	5.18	2.41	12.88	13.67	36.91	36.54

1. 从最低到最高：第一等第＝教师工资最低。

表 5.2.19　变量名称：师生比，美国高校，地区四分位[1]标准，1963 年秋

控制和地区	院校数量	黑人占指定等第全体学生百分比				指定等第中的黑人占所有黑人学生百分比			
		第一	第二	第三	第四	第一	第二	第三	第四
公立院校：									
北大西洋区	100	1.94	1.80	5.71	3.56	10.71	19.85	49.24	20.20
五大湖和大平原区	178	8.89	2.58	1.97	1.33	56.81	24.84	10.19	8.16
南部	155	4.38	10.06	10.63	18.02	9.16	17.40	24.24	49.21
西南部	84	2.60	2.20	9.22	3.18	22.00	11.68	54.38	11.94
落基山区和远西部	127	3.36	1.54	.69	1.04	55.63	18.73	11.21	14.44
私立院校：									
北大西洋区	420	1.69	1.39	8.48	1.62	28.30	14.06	48.74	8.90
五大湖和大平原区	391	3.43	1.29	1.15	1.43	62.46	17.95	10.14	9.45
南部	271	5.81	16.49	23.61	10.67	11.94	33.90	33.21	20.95
西南部	59	1.31	10.40	11.17	.66	8.38	57.43	32.09	2.10
落基山区和远西部	132	1.41	.71	.96	1.32	54.94	19.28	18.44	7.34
所有公立院校	644	4.15	3.26	5.60	7.25	22.26	18.05	23.99	35.69
所有私立院校	1,273	2.91	5.47	5.97	2.71	28.35	36.81	24.21	10.63
所有院校	1,917	3.44	4.65	7.41	4.41	30.71	29.91	29.46	9.92

控制和地区	院校数量	其他非白人占指定等第全体学生百分比				指定等第中的其他非白人占所有非白人学生百分比			
		第一	第二	第三	第四	第一	第二	第三	第四
公立院校：									
北大西洋区	100	0.50	0.59	0.39	0.42	18.25	43.34	22.67	15.73
五大湖和大平原区	178	2.83	.41	.68	1.35	53.40	11.73	10.35	24.51
南部	155	.28	.62	.58	.62	12.58	22.75	28.35	36.33
西南部	84	2.19	1.31	1.16	.84	52.17	19.62	19.28	8.94
落基山区和远西部	127	2.34	2.62	1.05	1.90	33.99	27.92	14.97	23.12
私立院校：									

续　表

控制和地区	院校数量	其他非白人占指定等第全体学生百分比				指定等第中的其他非白人占所有非白人学生百分比			
		第一	第二	第三	第四	第一	第二	第三	第四
北大西洋区	420	.64	.67	1.12	1.45	33.52	21.26	20.18	25.03
五大湖和大平原区	391	.92	.84	.68	1.12	40.14	27.82	14.31	17.73
南部	271	.22	.35	1.56	1.09	8.14	13.06	39.77	39.03
西南部	59	1.71	1.09	1.60	2.21	38.38	21.01	16.09	24.52
落基山区和远西部	132	2.55	4.33	3.34	4.59	32.37	38.44	20.90	8.29
所有公立院校	644	2.10	.64	.95	.87	48.60	15.34	17.58	18.48
所有私立院校	1,273	.94	1.19	1.15	1.50	33.01	28.87	16.80	21.33
所有院校	1,917	1.27	.91	1.01	1.55	46.07	23.60	16.23	14.10

1. 从最高到最低：第一等第＝每位教师对应的学生数最多。

表 5.2.20　变量名称：师生比，美国高校，全国四分位[1]标准，1963 年秋

控制和地区	院校数量	黑人占指定等第全体学生百分比				指定等第中的黑人占所有黑人学生百分比			
		第一	第二	第三	第四	第一	第二	第三	第四
公立院校：									
北大西洋区	100	8.22	4.51	3.95	2.06	5.19	10.39	56.34	28.08
五大湖和大平原区	178	2.13	.93	1.74	5.10	3.55	2.24	12.56	81.65
南部	155	.76	23.77	9.57	5.24	.13	48.35	37.19	14.32
西南部	84	.52	3.52	8.20	3.68	.04	9.27	26.30	64.40
落基山区和远西部	127	.61	.49	1.05	2.10	.20	1.91	16.48	91.41
私立院校：									
北大西洋区	420	5.57	1.38	1.49	1.79	57.13	13.95	13.66	15.26
五大湖和大平原区	391	1.31	1.23	2.69	3.36	11.63	18.75	36.15	33.47
南部	271	10.57	22.69	11.31	4.12	17.97	49.77	27.52	4.75
西南部	59	.64	9.32	8.22	1.56	1.85	33.17	58.05	6.93
落基山区和远西部	132	.98	.75	1.87	1.04	16.96	23.09	34.34	25.62

续 表

控制和地区	院校数量	其他非白人占指定等第全体学生百分比				指定等第中的其他非白人占所有非白人学生百分比			
		第一	第二	第三	第四	第一	第二	第三	第四
公立院校：									
北大西洋区	100	0.17	0.31	0.57	0.45	0.72	4.68	53.88	40.72
五大湖和大平原区	178	3.03	1.08	.57	1.38	14.93	7.69	12.25	65.13
南部	155	.19	.64	.66	.29	.71	27.86	54.63	16.80
西南部	84	1.63	.55	.99	1.76	.34	4.09	8.95	86.61
落基山区和远西部	127	3.16	1.44	1.83	20.2	.93	4.90	25.27	68.90
私立院校：									
北大西洋区	420	1.31	.71	.96	.29	42.25	22.38	27.59	7.78
五大湖和大平原区	391	1.03	.87	.68	1.04	21.99	31.46	21.91	24.64
南部	271	1.16	1.19	.32	.14	35.65	47.82	14.19	2.84
西南部	59	2.32	1.49	.88	2.31	23.62	18.63	21.68	36.07
落基山区和远西部	132	3.35	3.18	4.46	2.82	18.85	31.77	26.63	22.76

1. 从最低到最高；第一等第＝每位教师对应的学生数最多。

表 5.2.21　变量名称：攻读获取博士学位的教师百分比，
美国高校，地区四分位[1]标准，1963 年

控制和地区	院校数量	黑人占指定等第全体学生百分比				指定等第中的黑人占所有黑人学生百分比			
		第一	第二	第三	第四	第一	第二	第三	第四
公立院校：									
北大西洋区	63	7.08	6.12	1.93	1.53	22.59	46.38	9.10	21.93
五大湖和大平原区	69	2.31	2.75	2.00	2.39	27.43	22.36	20.59	29.62
南部	95	16.46	28.96	4.34	1.16	35.70	52.08	8.85	3.38
西南部	39	9.49	8.30	1.51	2.35	39.38	34.86	10.46	15.30
落基山区和远西部	39	.76	1.72	.34	.34	18.08	61.58	9.74	10.60
私立院校：									
北大西洋区	231	2.37	6.22	1.50	1.07	22.21	55.28	13.49	9.02
五大湖和大平原区	235	2.54	1.57	2.59	1.46	40.08	19.34	25.50	15.07

续 表

控制和地区	院校数量	黑人占指定等第全体学生百分比				指定等第中的黑人占所有黑人学生百分比			
		第一	第二	第三	第四	第一	第二	第三	第四
南部	152	10.49	23.80	8.66	9.62	25.09	44.17	14.17	16.56
西南部	33	1.51	22.25	.58	.77	9.28	83.20	4.39	3.12
落基山区和远西部	93	1.65	1.12	1.38	1.08	17.74	20.83	28.00	33.44
所有公立院校	305	10.69	7.04	2.77	1.84	39.66	34.38	12.03	13.93
所有私立院校	744	2.46	8.23	3.59	1.96	16.28	50.69	19.70	13.33
所有院校	1,049	6.55	7.41	3.16	1.88	31.12	40.43	14.74	13.71

控制和地区	院校数量	其他非白人占指定等第全体学生百分比				指定等第中的其他非白人占所有非白人学生百分比			
		第一	第二	第三	第四	第一	第二	第三	第四
公立院校：									
北大西洋区	63	0.08	0.53	0.22	0.59	1.91	29.09	7.56	61.44
五大湖和大平原区	69	1.32	.45	.66	.39	50.63	11.82	21.95	15.60
南部	95	.37	.26	.61	.99	14.83	8.81	22.88	53.47
西南部	39	1.05	.42	.91	3.11	13.32	5.37	19.25	62.05
落基山区和远西部	39	1.43	.50	.81	.95	32.43	17.20	22.22	28.15
私立院校：									
北大西洋区	231	1.16	.64	.55	.77	38.80	20.34	17.72	23.14
五大湖和大平原区	235	1.19	.94	.50	.56	45.75	28.25	12.02	13.98
南部	152	.57	.55	.34	.51	35.73	26.80	14.58	22.89
西南部	33	1.41	.88	1.43	1.73	29.00	11.12	36.28	23.60
落基山区和远西部	93	9.02	3.95	20	2.33	33.80	25.57	15.46	25.17
所有公立院校	305	.62	.78	.38	1.10	14.33	23.72	10.18	51.77
所有私立院校	744	1.31	1.18	.75	.94	32.83	27.53	15.49	24.15
所有院校	1,049	.97	.89	.58	1.05	23.29	24.59	13.76	38.37

1. 从最低到最高：第一等第＝拥有博士学位的教师百分比最低。

表 5.2.22 变量名称：攻读获取博士学位的教师百分比，美国高校，全国四分位[1]标准，1963 年

控制和地区	院校数量	黑人占指定等第全体学生百分比				指定等第中的黑人占所有黑人学生百分比			
		第一	第二	第三	第四	第一	第二	第三	第四
公立院校：									
北大西洋区	63	4.86	6.70	1.83	1.51	11.71	58.55	8.88	20.87
五大湖和大平原区	69	2.55	2.77	.53	3.01	20.54	28.94	4.72	45.79
南部	95	19.67	13.87	3.72	1.46	52.15	39.11	6.10	2.63
西南部	39	15.90	1.14	10.83	1.95	35.60	6.39	37.67	20.34
落基山区和远西部	39	.91	.37	1.60	.36	15.68	2.93	61.63	19.76
私立院校：									
北大西洋区	231	2.11	6.62	1.08	1.44	17.37	58.14	7.14	17.35
五大湖和大平原区	235	2.43	1.58	2.69	1.33	40.77	19.40	28.41	11.43
南部	152	4.14	27.09	8.98	8.18	8.44	64.06	14.57	12.92
西南部	33	1.53	1.31	8.71	.77	7.21	3.71	85.96	3.12
落基山区和远西部	93	1.50	1.36	1.25	1.08	21.08	13.91	29.85	35.17

控制和地区	院校数量	其他非白人占指定等第全体学生百分比				指定等第中的其他非白人占所有非白人学生百分比			
		第一	第二	第三	第四	第一	第二	第三	第四
公立院校：									
北大西洋区	63	0.10	0.47	0.21	0.62	1.72	29.34	7.50	61.44
五大湖和大平原区	69	.74	1.18	.39	.59	19.22	40.11	11.33	29.33
南部	95	.32	.56	.43	1.26	15.66	29.27	13.04	42.04
西南部	39	1.29	.55	.24	2.47	8.85	9.37	2.53	79.26
落基山区和远西部	39	1.38	1.44	.52	.89	22.95	10.95	19.41	46.69
私立院校：									
北大西洋区	231	.74	1.07	.57	.73	21.74	33.51	13.45	31.30
五大湖和大平原区	235	1.17	.91	.56	.50	47.88	27.20	14.50	10.42
南部	152	.45	.65	.34	.51	24.02	40.35	14.37	21.25
西南部	33	1.23	1.62	1.25	1.73	19.44	15.38	41.58	23.60
落基山区和远西部	93	7.69	3.92	2.51	2.45	37.45	13.89	20.83	27.83

1. 从最低到最高：第一等第＝拥有博士学位的教师百分比最低。

表 5.2.23　变量名称：学生人均拥有图书馆藏书量，美国高校，地区四分位[1]标准，1963—1964 学年

控制和地区	院校数量	黑人占指定等第全体学生百分比				指定等第中的黑人占所有黑人学生百分比			
		第一	第二	第三	第四	第一	第二	第三	第四
公立院校：									
北大西洋区	100	2.41	1.98	2.96	5.89	13.49	17.65	27.73	41.12
五大湖和大平原区	175	5.23	2.35	1.78	2.70	25.93	14.13	21.08	38.86
南部	154	21.21	5.43	18.73	5.74	31.58	10.92	38.61	18.89
西南部	83	3.25	6.53	6.27	2.00	15.79	34.44	34.06	15.70
落基山区和远西部	126	2.18	2.73	1.28	.81	42.63	31.14	10.24	15.99
私立院校：									
北大西洋区	428	1.78	6.32	1.37	1.93	32.38	48.25	10.43	8.93
五大湖和大平原区	385	2.91	1.05	2.03	1.30	56.76	10.33	24.28	8.62
南部	262	11.94	19.87	10.31	7.70	24.59	40.40	21.68	13.32
西南部	60	9.39	9.20	2.73	.56	39.27	44.43	14.18	2.12
落基山区和远西部	128	.97	1.02	1.63	.94	30.80	31.65	27.21	10.34
所有公立院校	638	3.87	6.16	5.43	3.91	16.81	24.59	30.24	28.36
所有私立院校	1,263	3.32	5.14	4.63	2.49	33.55	30.10	27.14	9.21
所有院校	1,901	4.19	5.47	4.50	2.19	31.75	38.63	23.34	6.27

控制和地区	院校数量	其他非白人占指定等第全体学生百分比				指定等第中的其他非白人占所有非白人学生百分比			
		第一	第二	第三	第四	第一	第二	第三	第四
公立院校：									
北大西洋区	100	0.39	0.36	0.68	0.46	14.70	21.44	42.42	21.44
五大湖和大平原区	175	.32	.27	.34	1.22	6.38	6.64	16.29	70.69
南部	154	.15	.26	.77	.72	4.76	11.26	33.82	50.16
西南部	83	.87	3.24	1.05	1.08	11.84	48.05	16.13	23.98
落基山区和远西部	126	2.16	2.36	1.38	1.71	37.01	23.57	9.71	29.71
私立院校：									

续 表

控制和地区	院校数量	其他非白人占指定等第全体学生百分比				指定等第中的其他非白人占所有非白人学生百分比			
		第一	第二	第三	第四	第一	第二	第三	第四
北大西洋区	428	.77	.90	.85	1.01	43.66	21.48	20.32	14.55
五大湖和大平原区	385	.87	.60	.86	1.41	39.79	13.87	24.39	21.94
南部	262	1.05	.65	.28	.76	40.07	24.53	10.99	24.41
西南部	60	1.35	2.04	1.68	1.13	19.82	34.52	30.59	15.07
落基山区和远西部	128	4.34	2.86	3.21	2.40	44.98	28.99	17.47	8.55
所有公立院校	638	1.40	.89	.58	1.14	28.73	16.75	15.43	39.09
所有私立院校	1,263	1.14	1.06	1.10	1.23	40.21	21.53	22.43	15.83
所有院校	1,901	1.15	.89	.98	1.30	36.66	26.39	21.35	15.59

1. 从最低到最高：第一等第＝学生人均拥有图书馆藏书量最低。

表 5.2.24　变量名称：学生人均拥有图书馆藏书量，美国高校，全国四分位[1]标准，1963—1964 学年

控制和地区	院校数量	黑人占指定等第全体学生百分比				指定等第中的黑人占所有黑人学生百分比			
		第一	第二	第三	第四	第一	第二	第三	第四
公立院校：									
北大西洋区	100	1.98	4.17	5.83	0.00	33.77	35.51	30.72	0.00
五大湖和大平原区	175	4.08	2.14	2.83	1.60	39.20	37.43	16.36	7.02
南部	154	12.25	17.82	4.76	.75	38.53	51.51	9.32	.64
西南部	83	4.96	5.49	.94	39.48	50.23	35.99	6.13	7.65
落基山区和远西部	126	2.25	.43	1.19	.72	82.86	4.71	11.24	1.19
私立院校：									
北大西洋区	428	1.56	1.73	7.05	1.68	17.14	18.82	48.37	15.67
五大湖和大平原区	385	3.19	2.50	1.83	1.22	22.66	36.66	26.13	14.55
南部	262	5.71	15.11	15.24	7.55	4.15	37.15	45.38	13.32
西南部	60	.73	10.70	5.73	.50	.74	42.52	55.04	1.70
落基山区和远西部	128	2.11	.64	1.27	.97	15.85	16.39	52.22	15.53

续 表

控制和地区	院校数量	其他非白人占指定等第全体学生百分比				指定等第中的其他非白人占所有非白人学生百分比			
		第一	第二	第三	第四	第一	第二	第三	第四
公立院校：									
北大西洋区	100	0.50	0.45	0.48	0.00	57.28	25.71	17.02	0.00
五大湖和大平原区	175	.31	.52	.70	2.01	12.01	36.23	16.20	35.56
南部	154	.19	.69	.83	.57	12.90	42.21	34.52	10.36
西南部	83	2.10	1.58	.56	1.21	59.89	29.23	10.22	.66
落基山区和远西部	126	2.14	1.26	1.81	2.68	69.05	12.01	15.03	3.91
私立院校：									
北大西洋区	428	.60	.98	.73	1.06	20.55	33.05	15.64	30.76
五大湖和大平原区	385	1.35	.62	.72	1.13	22.59	21.59	24.17	31.65
南部	262	2.41	.37	.47	.74	32.60	16.88	26.11	24.41
西南部	60	2.41	1.79	1.54	1.24	8.54	24.94	51.74	14.77
落基山区和远西部	128	5.87	3.91	2.88	2.70	14.40	32.82	38.68	14.10

1. 从最低到最高：第一等第＝学生人均拥有图书馆藏书量最低。

表 5.2.25　变量名称：图书馆藏书量，美国高校，地区四分位[1]标准，1963—1964 学年

控制和地区	院校数量	黑人占指定等第全体学生百分比				指定等第中的黑人占所有黑人学生百分比			
		第一	第二	第三	第四	第一	第二	第三	第四
公立院校：									
北大西洋区	100	2.55	5.94	4.32	2.63	3.81	15.22	26.51	54.46
五大湖和大平原区	175	1.36	3.48	5.43	2.03	1.19	6.93	35.10	56.78
南部	155	9.04	26.24	10.29	8.14	5.14	32.71	21.43	40.72
西南部	83	2.48	2.47	8.01	3.36	2.84	4.52	41.26	51.38
落基山区和远西部	127	2.44	1.26	3.54	1.13	7.21	10.52	52.91	29.35
私立院校：									
北大西洋区	428	1.81	2.04	1.26	3.32	4.65	6.80	11.21	77.34
五大湖和大平原区	385	2.34	3.31	1.15	2.07	10.53	21.72	10.61	57.14

续　表

控制和地区	院校数量	黑人占指定等第全体学生百分比				指定等第中的黑人占所有黑人学生百分比			
		第一	第二	第三	第四	第一	第二	第三	第四
南部	262	13.80	21.29	15.30	7.81	11.59	29.47	29.38	29.55
西南部	60	7.72	24.20	4.19	.93	9.81	65.91	14.41	9.87
落基山区和远西部	128	1.74	1.29	1.40	.91	11.52	12.21	23.46	52.81
所有公立院校	640	4.66	5.57	6.35	4.10	4.11	14.62	26.78	54.50
所有私立院校	1,263	5.37	8.74	3.23	3.01	11.17	26.07	16.68	46.08
所有院校	1,903	4.04	8.41	4.74	3.61	6.45	23.71	18.20	51.64

控制和地区	院校数量	其他非白人占指定等第全体学生百分比				指定等第中的其他非白人占所有非白人学生百分比			
		第一	第二	第三	第四	第一	第二	第三	第四
公立院校：									
北大西洋区	100	0.60	0.34	0.05	0.63	6.01	5.76	2.21	86.01
五大湖和大平原区	175	.40	.57	.40	.74	1.42	4.55	10.51	83.52
南部	155	.10	.39	.20	.75	1.16	10.33	8.85	79.66
西南部	83	1.83	1.59	2.69	1.09	5.88	8.19	39.06	46.88
落基山区和远西部	127	2.55	2.53	2.87	1.50	6.82	19.07	38.87	35.23
私立院校：									
北大西洋区	428	1.49	.76	.66	.85	11.87	7.89	18.16	62.07
五大湖和大平原区	385	.96	.81	.57	1.00	10.16	12.55	12.36	64.93
南部	262	2.32	.55	.49	.46	36.25	14.09	17.55	32.12
西南部	60	4.20	1.38	1.57	1.33	18.63	13.14	18.93	49.29
落基山区和远西部	128	7.10	8.06	2.84	2.35	15.34	24.89	15.53	44.23
所有公立院校	640	1.32	1.66	.89	.94	5.36	20.04	17.22	57.38
所有私立院校	1,263	2.12	1.41	.78	1.05	15.35	14.64	13.98	56.04
所有院校	1,903	1.59	.86	1.65	.96	10.47	19.25	13.58	56.09

1. 从最低到最高：第一等第＝图书馆藏书量最低。

表 5.2.26　变量名称：图书馆藏书量，美国高校，全国四分位[1]标准，1963—1964 学年

控制和地区	院校数量	黑人占指定等第全体学生百分比				指定等第中的黑人占所有黑人学生百分比			
		第一	第二	第三	第四	第一	第二	第三	第四
公立院校：									
北大西洋区	100	3.93	7.01	3.68	2.63	7.20	15.98	22.37	54.46
五大湖和大平原区	175	2.79	8.28	5.15	1.99	8.49	16.93	17.48	57.09
南部	155	10.19	22.05	18.81	8.31	4.36	21.91	20.78	52.94
西南部	83	2.15	3.51	2.47	4.86	3.64	3.52	8.08	84.76
落基山区和远西部	127	1.89	3.22	2.19	.91	9.46	55.31	13.58	21.65
私立院校：									
北大西洋区	428	1.97	1.97	1.29	3.21	4.43	6.71	10.17	78.69
五大湖和大平原区	385	2.91	3.41	1.31	2.10	9.09	17.71	16.39	56.80
南部	262	12.04	21.30	10.65	8.65	9.49	41.01	23.38	26.12
西南部	60	8.89	23.76	3.55	.97	8.96	60.69	14.60	9.74
落基山区和远西部	128	1.74	.96	1.50	.92	10.87	6.59	29.73	52.81

控制和地区	院校数量	其他非白人占指定等第全体学生百分比				指定等第中的其他非白人占所有非白人学生百分比			
		第一	第二	第三	第四	第一	第二	第三	第四
公立院校：									
北大西洋区	100	0.63	0.28	0.05	0.63	7.71	4.32	1.95	86.02
五大湖和大平原区	175	.49	.39	.50	.73	6.04	3.22	6.88	83.86
南部	155	.10	.48	.15	.63	.87	10.17	3.60	85.36
西南部	83	1.92	1.67	.82	1.60	9.17	4.72	7.51	78.60
落基山区和远西部	127	2.56	2.79	2.90	1.32	11.62	43.50	16.34	28.54
私立院校：									
北大西洋区	428	1.61	.68	.72	.84	11.30	7.18	17.66	63.86
五大湖和大平原区	385	.95	.94	.60	1	6.97	11.48	17.70	63.85
南部	262	2.43	.60	.41	.47	35.64	21.37	16.76	26.23
西南部	60	1.22	2.78	1.58	1.30	4.31	27.25	22.72	45.73
落基山区和远西部	128	7.37	9.98	2.86	2.35	15.05	22.27	18.45	44.23

1. 从最低到最高：第一等第＝图书馆藏书量最低。

表 5.2.27　变量名称：图书馆学生人均支出，美国高校，
地区四分位[1]标准，1963—1964 学年

控制和地区	院校数量	黑人占指定等第全体学生百分比				指定等第中的黑人占所有黑人学生百分比			
		第一	第二	第三	第四	第一	第二	第三	第四
公立院校：									
北大西洋区	100	2.12	2.91	1.28	11.18	8.36	41.31	11.86	38.47
五大湖和大平原区	175	5.23	1.49	2.22	2.76	22.09	8.58	24.28	45.05
南部	155	10.11	10.39	15.41	9.36	18.30	18.32	34.44	28.94
西南部	83	2.61	7.29	1.24	5.87	7.27	41.77	9.82	41.14
落基山区和远西部	127	3.25	2.67	.40	1.27	53.97	22.47	5.11	18.45
私立院校：									
北大西洋区	428	1.62	1.32	6.70	1.10	25.60	13.18	57.09	4.12
五大湖和大平原区	385	2.67	2.45	1.42	1.34	42.68	30.15	15.21	11.96
南部	262	9.91	17.88	17.83	5.04	21.18	30.05	39.11	9.66
西南部	60	5.55	14.68	3.02	.48	27.19	53.49	17.58	1.74
落基山区和远西部	128	1.71	.96	.80	1.05	32.73	43.06	12.48	11.73
所有公立院校	640	4.16	4.87	5.37	4.48	15.87	22.80	31.72	29.61
所有私立院校	1,263	3.11	5.80	2.98	4.09	26.61	36.99	18.63	17.78
所有院校	1,903	3.97	4.76	5.40	3.15	24.67	32.68	30.54	12.11

控制和地区	院校数量	其他非白人占指定等第全体学生百分比				指定等第中的其他非白人占所有非白人学生百分比			
		第一	第二	第三	第四	第一	第二	第三	第四
公立院校：									
北大西洋区	100	0.36	0.49	0.61	0.26	9.51	46.63	37.99	5.86
五大湖和大平原区	175	.33	.58	.58	.85	5.61	13.41	25.27	55.72
南部	155	.25	.31	.67	.72	9.56	11.65	31.72	47.07
西南部	83	1.34	2.28	1.17	1.35	10.47	36.80	26.06	26.67
落基山区和远西部	127	2.52	3.59	.94	1.81	37.95	27.41	10.71	23.93
私立院校：									

续 表

控制和地区	院校数量	其他非白人占指定等第全体学生百分比				指定等第中的其他非白人占所有非白人学生百分比			
		第一	第二	第三	第四	第一	第二	第三	第四
北大西洋区	428	.74	.85	.96	.99	36.51	26.44	25.55	11.50
五大湖和大平原区	385	1.04	.52	.82	1.19	39.29	15.02	20.70	24.99
南部	262	.97	.45	.64	.59	38.68	14.03	26.11	21.19
西南部	60	1.26	2.45	1.52	1.27	21.68	31.25	30.88	16.18
落基山区和远西部	128	3.79	3.13	3.86	3.06	23.62	45.66	19.57	11.15
所有公立院校	640	1.80	.87	.74	.98	31.51	18.68	20.04	29.77
所有私立院校	1,263	1.05	1.02	1.13	1.43	31.15	22.64	24.65	21.57
所有院校	1,903	1.38	.78	.92	1.30	35.56	22.11	21.61	20.71

1. 从最低到最高：第一等第＝图书馆学生人均支出最低。

表 5.2.28 变量名称：图书馆学生人均支出，美国高校，全国四分位[1]标准

控制和地区	院校数量	黑人占指定等第全体学生百分比				指定等第中的黑人占所有黑人学生百分比			
		第一	第二	第三	第四	第一	第二	第三	第四
公立院校：									
北大西洋区	100	1.88	2.67	2.96	14.81	8.67	44.89	23.38	23.05
五大湖和大平原区	175	3.25	2.09	2.46	3.25	30.31	24.71	22.44	22.54
南部	155	7.79	14.53	15.50	1.57	18.94	36.23	42.94	1.88
西南部	83	5.11	4.20	3.90	.69	51.56	35.03	12.11	1.30
落基山区和远西部	127	3.01	.43	1.39	.78	76.73	4.52	13.82	4.92
私立院校：									
北大西洋区	428	1.58	1.49	1.33	5.59	15.10	16.71	8.87	59.32
五大湖和大平原区	385	3.00	2.53	1.44	1.27	32.72	36.49	17.87	12.92
南部	262	9.31	17.01	16.46	2.34	14.25	36.87	45.46	3.43
西南部	60	10.18	9.34	3.02	.48	11.17	69.52	17.58	1.74
落基山区和远西部	128	1.74	1.06	1.04	1.00	14.94	29.57	37.33	18.16

续 表

控制和地区	院校数量	其他非白人占指定等第全体学生百分比				指定等第中的其他非白人占所有非白人学生百分比			
		第一	第二	第三	第四	第一	第二	第三	第四
公立院校：									
北大西洋区	100	0.32	0.60	0.37	0.32	9.77	67.25	19.69	3.29
五大湖和大平原区	175	.45	.58	.41	1.45	16.76	27.74	15.00	40.50
南部	155	.24	.39	.84	.67	12.32	20.88	49.71	17.08
西南部	83	1.72	1.47	1.88	.05	48.69	34.54	16.49	.28
落基山区和远西部	127	2.84	1.06	.60	3.28	65.81	10.06	5.45	18.67
私立院校：									
北大西洋区	428	1.07	.58	.73	.98	31.94	20.37	15.29	32.41
五大湖和大平原区	385	1.10	.65	.78	1.12	28.37	21.97	22.81	26.86
南部	262	1.25	.35	.64	.63	35.52	14.27	33.03	17.18
西南部	60	1.34	1.84	1.52	1.27	5.12	47.81	30.88	16.18
落基山区和远西部	128	4.84	2.45	3.67	3.60	13.53	22.29	42.94	21.24

1. 从最低到最高：第一等第＝图书馆学生人均支出最低。

表 5.2.29 变量名称：图书馆教师人均支出，美国高校，地区四分位[1]标准，1963—1964 学年

控制和地区	院校数量	黑人占指定等第全体学生百分比				指定等第中的黑人占所有黑人学生百分比			
		第一	第二	第三	第四	第一	第二	第三	第四
公立院校：									
北大西洋区	100	0.84	2.92	2.77	10.19	5.19	45.46	14.83	34.22
五大湖和大平原区	175	6.10	1.60	1.39	5.02	25.83	20.18	18.44	35.55
南部	155	9.20	6.02	15.52	15.00	17.71	15.81	36.78	29.70
西南部	83	2.40	6.47	2.68	5.45	7.01	35.16	23.46	34.36
落基山区和远西部	127	2.68	3.52	.67	1.37	36.96	33.64	9.79	19.61
私立院校：									
北大西洋区	428	1.81	5.04	.92	1.60	23.42	60.87	7.02	8.69
五大湖和大平原区	385	2.48	1.92	1.88	1.97	36.25	24.87	26.89	11.99

续 表

控制和地区	院校数量	黑人占指定等第全体学生百分比				指定等第中的黑人占所有黑人学生百分比			
		第一	第二	第三	第四	第一	第二	第三	第四
南部	262	18.59	14.00	10.12	8.40	30.52	32.40	21.95	15.13
西南部	60	6.46	15.40	1.16	.48	22.29	68.99	6.64	2.08
落基山区和远西部	128	.88	1.78	.64	1.32	20.35	49.17	20.67	9.80
所有公立院校	640	4.59	3.51	5.24	6.01	18.47	21.95	33.55	26.02
所有私立院校	1,263	3.31	6.20	3.32	1.91	25.09	46.47	19.98	18.46
所有院校	1,903	3.90	4.20	5.20	4.46	21.72	31.59	30.98	15.71

控制和地区	院校数量	其他非白人占指定等第全体学生百分比				指定等第中的其他非白人占所有非白人学生百分比			
		第一	第二	第三	第四	第一	第二	第三	第四
公立院校：									
北大西洋区	100	0.53	0.52	0.50	0.21	23.24	54.29	17.79	4.68
五大湖和大平原区	175	1.08	.80	■*	.47	18.41	40.48	27.67	13.43
南部	155	.33	.57	■	.88	13.64	31.85	17.50	37
西南部	83	1.08	1.85	■	2.53	8.87	28.24	17.98	44.92
落基山区和远西部	127	2.70	3.02	■	1.79	33.78	26.13	16.86	23.23
私立院校：									
北大西洋区	428	1.22	.74	.51	.64	49.19	27.85	12.21	10.75
五大湖和大平原区	385	1.25	.66	.72	.88	43.20	20.08	24.17	12.55
南部	262	1.58	.48	.36	.49	48.39	20.64	14.45	16.51
西南部	60	2.18	.86	1.83	1.54	26.35	13.44	36.75	23.46
落基山区和远西部	128	3.95	2.44	3.62	4.12	29.90	21.92	38.24	9.93
所有公立院校	640	1.54	.95	.72	1.15	28.40	27.38	21.33	22.89
所有私立院校	1,263	1.52	.75	1.12	1.09	40.19	19.48	23.49	16.83
所有院校	1,903	1.56	.80	.97	1.05	35.81	24.98	23.85	15.35

1. 从最低到最高：第一等第=图书馆教师人均支出最低。

* 本列4个数字,原版复印件无法辨认。——编辑注

表 5.2.30　变量名称：图书馆教师人均支出，美国高校，全国四分位[1]标准，1963—1964 学年

控制和地区	院校数量	黑人占指定等第全体学生百分比				指定等第中的黑人占所有黑人学生百分比			
		第一	第二	第三	第四	第一	第二	第三	第四
公立院校：									
北大西洋区	100	0.97	2.83	2.49	7.19	3.73	36.08	22.47	37.72
五大湖和大平原区	175	3.58	1.60	.97	7.38	35.45	23.27	8.04	33.24
南部	155	9.20	5.56	19.89	15.00	17.71	19.98	47.00	15.31
西南部	83	2.16	4.77	5.40	1.81	7.31	47.20	40.82	4.68
落基山区和远西部	127	2.89	2.05	.99	1.34	47.05	29.67	15.45	7.84
私立院校：									
北大西洋区	428	1.79	6.20	1.12	1.49	23.03	56.28	10.10	10.59
五大湖和大平原区	385	2.63	1.83	2.07	1.66	35.90	24.93	24.75	14.42
南部	262	17.59	12.92	12.12	7.75	22.96	40.29	26.66	10.10
西南部	60	8.91	6.73	9.53	.60	21.55	24.75	49.69	4.01
落基山区和远西部	128	.89	2.45	1.01	.63	19.98	38.83	21.64	19.55

控制和地区	院校数量	其他非白人占指定等第全体学生百分比				指定等第中的其他非白人占所有非白人学生百分比			
		第一	第二	第三	第四	第一	第二	第三	第四
公立院校：									
北大西洋区	100	0.83	0.56	0.34	0.30	21.39	47.61	20.57	10.44
五大湖和大平原区	175	1.27	.52	.27	.57	50.49	30.19	9.02	10.29
南部	155	.33	.52	.65	.67	13.64	39.41	32.46	14.48
西南部	83	1.43	1.11	1.48	3.32	13.62	30.75	31.48	24.16
落基山区和远西部	127	2.91	2.00	1.73	1.19	43.00	26.22	24.46	6.32
私立院校：									
北大西洋区	428	1.22	.68	.64	.63	49.01	19.11	17.96	13.93
五大湖和大平原区	385	1.33	.64	.50	1.12	42.64	20.39	13.99	22.98
南部	262	1.90	.40	.46	.50	46.08	22.95	18.94	12.02
西南部	60	2.40	1.17	1.98	1.22	20.27	15.00	36.08	28.66
落基山区和远西部	128	3.76	2.24	5.06	2.55	27.54	11.56	35.19	25.71

1. 从最低到最高：第一等第 = 图书馆教师人均支出最低。

表 5.2.31　变量名称：图书馆支出占总支出比例，美国高校，地区四分位[1]标准，1963—1964 学年

控制和地区	院校数量	黑人占指定等第全体学生百分比				指定等第中的黑人占所有黑人学生百分比			
		第一	第二	第三	第四	第一	第二	第三	第四
公立院校：									
北大西洋区	100	1.90	3.86	4.94	1.81	17.71	42.35	32.83	7.11
五大湖和大平原区	175	5.73	2.23	1.90	3.97	21.37	41.32	20.34	16.97
南部	155	2.85	8.36	21.65	18.83	7.52	24.82	42.55	25.11
西南部	83	1.65	2.00	4.65	7.82	6.97	9.83	41.87	41.33
落基山区和远西部	127	2.80	2.36	1.04	10.5	37.26	39.51	13.71	9.52
私立院校：									
北大西洋区	428	1.86	3.76	1.44	2.19	16.76	62.71	12.70	7.82
五大湖和大平原区	385	2.03	1.99	2.00	2.74	21.51	38.44	25.27	14.78
南部	262	8.43	16.47	7.46	18.94	17.21	44.18	14.37	24.24
西南部	60	.51	3.80	5.76	10.35	1.76	14.96	33.77	49.50
落基山区和远西部	128	1.99	.73	1.07	1.77	28.55	34.49	22.12	14.84
所有公立院校	640	3.06	3.04	6.55	7.96	15.85	20.81	38.11	25.22
所有私立院校	1,263	2.48	4.68	2.95	6.45	15.75	45.61	18.72	19.93
所有院校	1,903	2.75	3.95	5.64	6.83	15.96	33.15	30.52	20.37

控制和地区	院校数量	其他非白人占指定等第全体学生百分比				指定等第中的其他非白人占所有非白人学生百分比			
		第一	第二	第三	第四	第一	第二	第三	第四
公立院校：									
北大西洋区	100	0.62	0.54	0.45	0.10	38.20	39.23	19.90	2.67
五大湖和大平原区	175	1.11	.78	.42	.41	16.63	58.01	18.24	7.11
南部	155	.44	.56	.58	.56	24.87	35.07	24.10	15.96
西南部	83	1.65	1.32	.78	2.86	19.58	18.23	19.71	42.48
落基山区和远西部	127	3.07	2.60	1.28	1.01	37.07	39.43	15.23	8.26
私立院校：									

续 表

控制和地区	院校数量	其他非白人占指定等第全体学生百分比				指定等第中的其他非白人占所有非白人学生百分比			
		第一	第二	第三	第四	第一	第二	第三	第四
北大西洋区	428	1.20	.69	.85	.66	33.67	35.79	23.19	7.35
五大湖和大平原区	385	1.16	1.03	.49	.75	28.89	46.88	14.66	9.56
南部	262	1.22	.51	.45	.52	46.20	25.32	16.03	12.45
西南部	60	2.05	1.89	1.24	1.43	24.65	26.06	25.39	23.90
落基山区和远西部	128	5.16	1.71	4.67	6.65	24.05	26.32	31.49	18.14
所有公立院校	640	1.49	1.04	.64	1.02	35.41	32.61	17.17	14.81
所有私立院校	1,263	1.43	.84	1.19	1.26	31.70	28.51	26.21	13.58
所有院校	1,903	1.48	.92	.97	.89	35.47	31.85	21.65	11.04

1. 从最低到最高：第一等第=图书馆支出占总支出比例最低。

表 5.2.32　变量名称：图书馆支出占总支出比例，美国高校，全国四分位[1]标准，1963—1964 学年

控制和地区	院校数量	黑人占指定等第全体学生百分比				指定等第中的黑人占所有黑人学生百分比			
		第一	第二	第三	第四	第一	第二	第三	第四
公立院校：									
北大西洋区	100	1.93	3.86	3.23	4.14	17.69	41.88	15.82	24.61
五大湖和大平原区	175	3.61	2.14	1.73	5.33	33.95	37.65	12.56	15.85
南部	155	3.46	7.53	19.09	19.29	7.36	24.01	43.56	25.07
西南部	83	1.65	6.04	5.14	2.19	6.97	44.67	39.21	9.14
落基山区和远西部	127	2.89	1.81	.49	1.57	51.34	36.21	4.63	7.81
私立院校：									
北大西洋区	428	1.67	4.71	1.43	2.23	22.46	56.88	12.94	7.72
五大湖和大平原区	385	2.12	1.92	2.11	2.56	20.06	40.64	24.26	15.03
南部	262	12.05	13.29	8.38	19.41	11.47	42.24	20.82	25.47
西南部	60	.28	5.11	5.99	6.72	.57	11.48	33.16	54.79
落基山区和远西部	128	1.95	.59	1.04	1.33	29.83	15.91	34.76	19.50

续 表

控制和地区	院校数量	其他非白人占指定等第全体学生百分比				指定等第中的其他非白人占所有非白人学生百分比			
		第一	第二	第三	第四	第一	第二	第三	第四
公立院校：									
北大西洋区	100	0.62	0.54	0.58	0.10	38.15	39.02	18.92	3.91
五大湖和大平原区	175	1.26	.47	.50	.37	47.68	33.43	14.48	4.40
南部	155	.50	.50	.57	.58	22.65	33.66	27.73	15.96
西南部	83	1.65	1.43	1.60	1.38	19.58	29.86	34.40	16.17
落基山区和远西部	127	2.96	2.06	1.04	1.37	47.61	37.30	8.90	6.19
私立院校：									
北大西洋区	428	1.13	.58	.83	.66	47.54	21.83	23.46	7.16
五大湖和大平原区	385	1.28	.96	.40	.74	28.58	48.06	13.15	10.21
南部	262	.74	.90	.45	.52	13.18	53.37	20.89	12.57
西南部	60	2.41	1.00	2.30	1.05	17.52	7.87	44.62	29.99
落基山区和远西部	128	5.16	1.84	3.41	4.34	25.71	16.18	37.30	20.81

1. 从最低到最高：第一等第＝图书馆支出占总支出比例最低。

表 5.2.33　变量名称：住宿费用，美国高校，地区四分位[1]标准，1964 年

控制和地区	院校数量	黑人占指定等第全体学生百分比				指定等第中的黑人占所有黑人学生百分比			
		第一	第二	第三	第四	第一	第二	第三	第四
公立院校：									
北大西洋区	105	5.93	5.15	2.04	1.71	17.34	52.43	10.09	20.14
五大湖和大平原区	178	13.52	9.75	2.14	1.54	40.42	23.10	9.73	26.74
南部	156	7.06	38.25	8.97	5.26	9.00	50.44	18.63	21.92
西南部	84	3.51	18.30	7.14	1.58	11.59	38.22	27.85	22.34
落基山区和远西部	128	2.24	3.50	1.24	.73	32.66	41.11	9.48	16.76
私立院校：									
北大西洋区	430	1.75	12.55	1.00	1.73	10.46	48.88	10.97	29.69
五大湖和大平原区	395	4.12	2.25	1.72	1.59	30.52	14.29	20.11	35.09

续　表

控制和地区	院校数量	黑人占指定等第全体学生百分比				指定等第中的黑人占所有黑人学生百分比			
		第一	第二	第三	第四	第一	第二	第三	第四
南部	271	33.17	11.60	16.22	5.14	37.50	18.27	28.80	15.43
西南部	60	24.00	5.99	2.63	1.20	53.75	21.86	18.08	6.30
落基山区和远西部	132	2.16	.30	1.70	.94	17.01	6.50	40.52	35.97
所有公立院校	651	5.76	7.31	10.81	1.92	19.42	18.57	42.43	19.58
所有私立院校	1,288	4.98	9.81	5.40	1.40	17.59	33.13	33.27	16.01
所有院校	1,939	5.59	13.34	3.79	1.43	22.88	41.89	23.75	11.49

控制和地区	院校数量	其他非白人占指定等第全体学生百分比				指定等第中的其他非白人占所有非白人学生百分比			
		第一	第二	第三	第四	第一	第二	第三	第四
公立院校：									
北大西洋区	105	0.37	0.61	0.28	0.49	7.47	42.91	9.50	40.12
五大湖和大平原区	178	5.76	.31	.96	.66	50.92	2.20	12.94	33.93
南部	156	.29	.51	.25	.75	7.88	14.25	11.22	66.64
西南部	84	1.03	.81	3.69	1.14	9.58	4.73	40.46	45.23
落基山区和远西部	128	2.33	2.69	1.61	1.41	30.82	28.74	11.25	29.19
私立院校：									
北大西洋区	430	.80	1.61	.55	.87	14.88	19.57	18.98	46.56
五大湖和大平原区	395	1.17	.84	.61	.94	20.78	12.75	16.96	49.51
南部	271	.57	.50	.53	1.04	11.78	14.19	17.13	56.91
西南部	60	1.60	2.35	1.34	1.37	12.55	29.99	32.37	25.09
落基山区和远西部	132	6.30	2.22	4.74	2.56	16.15	15.36	36.69	31.80
所有公立院校	651	2.47	.74	.93	.91	36.05	8.18	15.73	40.04
所有私立院校	1,288	1.14	1.03	1.25	1.01	18.27	12.53	27.74	41.46
所有院校	1,939	1.72	1.00	1.17	.89	28.58	12.70	29.69	29.03

1. 从最低到最高：第一等第＝住宿费用最低。

表 5.2.34　变量名称：住宿费用，美国高校，全国四分位[1]标准，1964 年

控制和地区	院校数量	黑人占指定等第全体学生百分比				指定等第中的黑人占所有黑人学生百分比			
		第一	第二	第三	第四	第一	第二	第三	第四
公立院校：									
北大西洋区	105	4.92	5.21	2.98	0.51	61.28	14.04	20.73	3.94
五大湖和大平原区	178	11.61	3.22	1.48	1.53	64.17	5.57	11.23	19.02
南部	156	7.06	21.75	5.52	2.47	9.00	68.72	20.63	1.65
西南部	84	3.50	14.65	1.53	1.93	11.75	61.49	14.28	11.94
落基山区和远西部	128	2.74	1.72	.91	.33	76.53	3.27	17.72	2.47
私立院校：									
北大西洋区	430	1.82	1.57	17.29	1.44	12.10	0.76	46.42	40.72
五大湖和大平原区	395	3.98	2.79	1.91	1.54	31.00	7.83	22.90	38.26
南部	271	22.16	16.93	19.73	2.01	15.45	47.17	32.67	4.71
西南部	60	17.67	11.96	2.33	1.27	29.17	46.02	19.61	5.20
落基山区和远西部	132	2.16	.22	1.50	1.07	17.01	3.38	24.51	55.10

控制和地区	院校数量	其他非白人占指定等第全体学生百分比				指定等第中的其他非白人占所有非白人学生百分比			
		第一	第二	第三	第四	第一	第二	第三	第四
公立院校：									
北大西洋区	105	0.58	0.25	0.25	0.65	49.67	4.62	11.83	33.88
五大湖和大平原区	178	3.27	.60	.77	.71	53.36	3.06	17.36	26.22
南部	156	.29	.34	.63	1.32	7.88	23.00	50.37	18.75
西南部	84	1.02	1.23	2.18	.94	9.67	14.56	59.45	16.32
落基山区和远西部	128	2.39	3.65	1.73	.34	60.62	6.33	30.73	2.32
私立院校：									
北大西洋区	430	1.12	0.51	1.24	0.75	23.29	0.77	10.34	65.60
五大湖和大平原区	395	1.20	.90	.67	.88	22.40	6.03	19.18	52.39
南部	271	.73	.47	.66	1.11	9.21	23.77	19.97	47.06
西南部	60	1.62	2.33	1.48	1.10	9.35	31.33	43.50	15.81
落基山区和远西部	132	6.30	2.33	5.63	2.52	16.15	11.75	29.94	42.16

1. 从最低到最高：第一等第＝住宿费用最低。

表 5.2.35　变量名称：本州居民学费，[1] 美国高校，地区四分位[2] 标准，1964 年

控制和地区	院校数量	黑人占指定等第全体学生百分比				指定等第中的黑人占所有黑人学生百分比			
		第一	第二	第三	第四	第一	第二	第三	第四
公立院校：									
北大西洋区	105	5.35	5.83	1.54	0.53	58.16	28.76	8.54	4.53
五大湖和大平原区	178	15.16	6.35	1.05	1.63	40.16	29.67	4.45	25.72
南部	156	11.60	13.16	9.97	11.27	14.01	24.28	26.74	34.97
西南部	84	3.64	4.84	6.92	2.62	12.26	29.09	35.17	23.49
落基山区和远西部	128	3.47	1.62	.60	1.31	47.56	19.09	6.29	27.06
私立院校：									
北大西洋区	430	1.48	9.73	1.66	1.41	3.60	50.18	21.14	25.07
五大湖和大平原区	395	1.67	3.03	2.56	1.50	5.41	23.71	39.55	31.33
南部	271	28.64	26.01	13.73	.61	26.28	42.85	29.16	1.71
西南部	60	18.30	8.08	4.58	.80	37.80	29.50	27.70	4.99
落基山区和远西部	132	.43	1.55	1.08	1.27	7.66	18.22	22.50	51.61
所有公立院校	651	5.96	6.52	5.58	3.37	25.05	24.67	24.30	25.98
所有私立院校	1,288	7.88	12.92	2.17	1.37	17.30	52.60	14.04	16.06
所有院校	1,939	6.35	4.66	7.58	1.48	31.12	39.53	21.44	7.91

控制和地区	院校数量	其他非白人占指定等第全体学生百分比				指定等第中的其他非白人占所有非白人学生百分比			
		第一	第二	第三	第四	第一	第二	第三	第四
公立院校：									
北大西洋区	105	0.65	0.31	0.22	0.56	48.25	10.41	8.43	32.91
五大湖和大平原区	178	6.56	.42	.27	.85	51.36	5.79	3.43	39.42
南部	156	.27	.32	.41	.86	6.85	12.70	23.77	56.67
西南部	84	1.12	.64	2.21	1.86	10.66	10.82	31.67	46.85
落基山区和远西部	128	3.24	2.10	.35	1.79	40.41	22.51	3.34	33.73
私立院校：									

续 表

控制和地区	院校数量	其他非白人占指定等第全体学生百分比				指定等第中的其他非白人占所有非白人学生百分比			
		第一	第二	第三	第四	第一	第二	第三	第四
北大西洋区	430	1.66	.79	.69	.86	12.58	12.64	27.41	47.37
五大湖和大平原区	395	.69	1.43	.52	.98	5.31	26.64	19.18	48.87
南部	271	1.03	.53	.42	1.00	17.13	15.85	16.33	50.70
西南部	60	3.21	1.82	1.74	.77	23.16	23.24	36.82	16.78
落基山区和远西部	132	4.85	4.93	3.65	2.15	27.98	18.83	24.75	28.43
所有公立院校	651	2.32	.49	.90	.99	42.24	7.97	16.88	32.91
所有私立院校	1,288	2.10	1.30	.84	1.05	16.61	19.13	19.64	44.63
所有院校	1,939	1.63	1.00	1.02	1.00	32.33	11.63	21.68	

1. 私立院校的学费无本州居民和非本州居民的区别。私人院校的学费适用于所有学生。
2. 从最低到最高：第一等第＝学费最低。

表 5.2.36　变量名称：本州居民学费,[1] 美国高校，全国四分位[2]标准，1964 年

控制和地区	院校数量	黑人占指定等第全体学生百分比				指定等第中的黑人占所有黑人学生百分比			
		第一	第二	第三	第四	第一	第二	第三	第四
公立院校：									
北大西洋区	105	6.08	2.58	0.61	0.00	58.02	38.77	3.21	0.00
五大湖和大平原区	178	10.95	1.73	.64	0.00	63.81	35.66	.53	0.00
南部	156	12.50	10.86	12.82	0.00	26.49	69.74	3.58	0.00
西南部	84	7.02	2.26	0.00	0.00	70.26	29.74	0.00	0.00
落基山区和远西部	128	2.18	1.21	0.00	0.00	70.23	29.77	0.00	0.00
私立院校：									
北大西洋区	430	1.30	2.07	13.71	1.53	2.88	.23	47.55	49.34
五大湖和大平原区	395	1.87	1.27	2.77	1.77	3.79	1.64	45.61	48.96
南部	271	32.88	23.56	17.11	.63	14.08	14.88	69.56	1.48
西南部	60	21.29	24.50	4.44	.62	28.68	8.89	60.82	1.61
落基山区和远西部	132	1.35	.06	1.56	1.20	6.97	.79	23.14	69.10

续 表

控制和地区	院校数量	其他非白人占指定等第全体学生百分比				指定等第中的其他非白人占所有非白人学生百分比			
		第一	第二	第三	第四	第一	第二	第三	第四
公立院校：									
北大西洋区	105	0.68	0.26	0.80	0.00	44.54	26.51	28.95	0.00
五大湖和大平原区	178	3.23	.72	.16	0.00	55.63	43.98	.39	0.00
南部	156	.23	.64	.37	0.00	10.26	87.52	2.22	0.00
西南部	84	.86	2.01	1.69	0.00	24.19	74.58	1.23	0.00
落基山区和远西部	128	2.17	1.63	0.00	0.00	63.47	36.53	0.00	0.00
私立院校：									
北大西洋区	430	1.73	.96	.89	.78	11.94	.34	9.60	78.12
五大湖和大平原区	395	.82	.48	1.01	.83	3.98	1.48	39.53	55.02
南部	271	1.46	.62	.46	1.11	11.35	7.07	33.99	47.59
西南部	60	1.42	10.53	1.50	.91	6.68	13.36	71.64	8.31
落基山区和远西部	132	4.76	5.10	4.35	2.60	7.98	22.31	20.95	48.76

1. 私立院校的学费无本州居民和非本州居民的区别。私人院校的学费适用于所有学生。
2. 从最低到最高：第一等第＝学费最低。

表 5.2.37　变量名称：非本州居民学费，美国高校，地区四分位[2]标准，1964 年

控制和地区	院校数量	黑人占指定等第全体学生百分比				指定等第中的黑人占所有黑人学生百分比			
		第一	第二	第三	第四	第一	第二	第三	第四
公立院校：									
北大西洋区	105	3.96	6.36	1.97	2.15	44.57	24.68	9.30	21.45
五大湖和大平原区	178	8.82	3.45	2.50	3.73	11.29	11.89	15.27	61.55
南部	156	19.14	18.85	13.12	4.59	21.89	29.10	31.99	17.03
西南部	84	2.63	3.56	9.08	1.95	7.10	9.54	61.37	21.99
落基山区和远西部	128	3.15	2.51	.67	1.03	34.15	36.89	5.92	23.03
私立院校：[1]									
所有公立院校	651	6.67	6.33	6.57	2.97	18.79	24.32	31.32	25.57

续表

控制和地区	院校数量	其他非白人占指定等第全体学生百分比				指定等第中的其他非白人占所有非白人学生百分比			
		第一	第二	第三	第四	第一	第二	第三	第四
公立院校：									
北大西洋区	105	0.53	0.26	0.22	0.65	41.29	7.01	7.26	44.44
五大湖和大平原区	178	.56	.30	.49	1.76	2.11	3.05	8.93	85.92
南部	156	.24	.36	.43	.75	5.85	11.87	22.16	59.66
西南部	84	1.28	4.08	.56	1.54	9.68	30.78	10.63	48.91
落基山区和远西部	128	2.04	2.94	1.51	1.39	20.14	39.44	12.16	28.26
私立院校：[1]									
所有公立院校	651	.68	1.54	.93	1.26	8.35	25.66	19.10	46.88

1. 只提供公立院校数据。
2. 从最低到最高：第一等第＝学费最低。

表 5.2.38　变量名称：非本州居民学费，美国高校，全国四分位[1]标准，1964 年

控制和地区	院校数量	黑人占指定等第全体学生百分比				指定等第中的黑人占所有黑人学生百分比			
		第一	第二	第三	第四	第一	第二	第三	第四
公立院校：									
北大西洋区	105	5.26	0.00	1.79	3.21	30.03	0.00	9.40	60.57
五大湖和大平原区	178	9.96	0.00	4.39	3.34	10.52	0.00	7.74	81.74
南部	156	41.88	0.00	9.04	10.17	14.13	0.00	4.48	81.39
西南部	84	3.19	0.00	2.78	4.40	2.92	0.00	3.31	93.78
落基山区和远西部	128	1.93	0.00	3.19	.99	4.59	0.00	60.14	35.26
私立院校：[2]									

控制和地区	院校数量	其他非白人占指定等第全体学生百分比				指定等第中的其他非白人占所有非白人学生百分比			
		第一	第二	第三	第四	第一	第二	第三	第四
公立院校：									
北大西洋区	105	0.54	0.00	0.52	0.46	21.28	0.00	18.84	59.88

续表

控制和地区	院校数量	其他非白人占指定等第全体学生百分比				指定等第中的其他非白人占所有非白人学生百分比			
		第一	第二	第三	第四	第一	第二	第三	第四
五大湖和大平原区	178	.34	0.00	.62	1.32	1.06	0.00	3.25	95.69
南部	156	.49	0.00	.14	.56	3.51	0.00	1.48	95.01
西南部	84	1.65	0.00	.43	1.57	4.25	0.00	1.44	94.30
落基山区和远西部	128	1.59	0.00	2.81	1.49	3.43	0.00	48.28	48.29

私立院校:[2]

1. 从最低到最高:第一等第=学费最低。
2. 只提供公立院校数据。

首先,我们要描述表格的总体布局。让我们只考虑每份表格的上半部分,因为下半部分只是用"其他非白人"取代"黑人"并重复上半部分的分析而已。表格的上半部分被分为两部分,标题分别定为:"黑人占指定等第全体学生百分比"和"指定等第中的黑人占所有黑人学生百分比"。相同的数据可以用不同的方法进行研究。如果我们将总表分为四组纵栏来看,则第一栏和第三栏解决的是以下问题:按照给定的特征将院校排序和分组,黑人(或其他非白人)占每个等第学生总数的百分比是多少?第二栏和第四栏使用相同的四分位分割法,但问的是一个不同的问题:取给定区域内的所有黑人(或其他非白人)大学生,他们是如何分布在根据指定特征排序的等第中的?例如,在一个给定的等第中,出现在第一栏中的某一给定值(例如,第二等第中的10%)应该进行如下解读:在标识的特征上排名为第二等第的院校中,黑人占全体学生的10%。同样的值若出现在第二栏的同一个位置,则应该进行如下解读:在指定地区和指定类型的院校中,所有黑人中有10%就读的学校在标识的特征上排在第二等第。

换言之,在两栏数据中,分子是相同的,都是在指定等第中注册入学的黑人大学生人数;但分母不同——在第一栏中,分母是该地区的学生总数;在第二栏中,分母是该地区的黑人(或其他非白人)学生总数。

每个地区、每种测量值和每种类型的院校(公立或私立)都有自己的四分位数值。每份表格只有在最后三行会将地区进行合并,求得其四分位数值;在最后一行将公立和私立院校合并,求得其四分位数值。在计算中使用到的院校数量出现在每份表格的近左侧,每份表格所涉及的特征则在表格顶部加以标识。

我们不妨来细读表5.2.1("全体学生规模"),集中看北大西洋地区的公立院校(第一行),或许会对读者有所帮助。这样的学院和大学总共有115所。我们按照全体学生的规模大小对它们进行排序和分级,最小的院校组成第一等第,最大的院校构成第四等第。被输入四列纵栏中的数字应解读如下:在北大西洋地区按照规模排序等第最低的公立学院和大学中,有7.72%的学生是黑人;在排在第二等第的学校中,这一数字是16.17%;在排在第三等第的学校中,这一数字是1.75%;而在该地区最大的公立院校中,黑人则占全体学生的2.19%。我们可以获得其他任何地区的可比数字。我们对第二组纵栏(仍是关于北大西洋地区的公立学校)的解读则有所不同:在所有上公立院校的黑人学生中,有7.10%上的是这些院校中规模最小的;34.89%上的是规模第二小的院校;9.31%上的是规模为第三等第的院校;在所有公立高校的黑人学生中,有48.70%上的是该地区规模最大的院校。如果黑人和白人在同一个规模等第的学校中,那么每个等第的数字就应该是一样的。某个给定等第的数值较高就意味着在该等第中,黑人学生的密集度较高。

我们的讨论将只限于黑人学生。每份表格的下半部分涉及其他非白人学生,可以按照同样的方式进行解读。

读者会注意到,每个变量都有两份表格,不同之处在于,第一份表格是基于地区四分位标准,第二份表格则是基于全国四分位标准。除了一些偶尔的情况,本文将集中讨论每对表格中的第一份(地区四分位标准),让有兴趣的读者自行解读后者。然而,我们应该对数字的含义进行一下说明。正如我们已经解释过的,在地区四分位标准表格中,每个地区的学校都经过了排序,分为独立于其他任何地区学校的若干等第;因此,一所规模属于第四等第的南方大学就属于南部地区最大的院校之一。但是在全国四分位标准表格中,对美国的所有院校都进行了排序,并确定了其四分位数值;因此,南部地区任何排在第四等第的高校,其规模在全国的高等院校中都是排在前25%的。具体来说,我们会以如下方式解读南部地区公立院校全体学生规模的数值:在规模等第最小的高校中,有48.15%的学生是黑人;在第二等第的高校中,有9.99%的学生是黑人;在第三等第中,黑人学生占19.42%;而在全国最大的高校中,有9.38%的学生是黑人。进入第二组纵栏,我们观察到(仍是在南部地区),就南部地区的所有黑人学生而言,其中的1.97%上的是全国最小的高校;2.29%上的是规模在全国排在第二等第的院校;20.67%上的是第三等第的院校;75.06%上的是规模在全国排在最高等第的院校。

全体学生规模(表 5.2.1 和 5.2.2)

公立院校——在美国的任何地区,黑人学生往往都不会集中在最大的或最小的院校中。因此,就所有公立院校而言,在最高等第规模的院校中,他们只占全体学生人数的 3.28%,而在第二等第规模的院校中,他们占了 11.43%。特别是在南部和西南部地区,他们在较大规模院校中人数比例不足;相比之下,唯有在五大湖和大平原区,各州的黑人学生特别有可能去上该地区规模最大的院校。

但是一般黑人大学生都是在规模等第最高的两组高校中接受教育的,在五大湖和大平原区,有三分之二的黑人上的是规模最大的院校。在全国,有 46.77% 的黑人上的是规模最大的院校,2.64% 上的是规模最小的院校。南部和西南部地区的黑人最不可能去上大型院校。在五大湖和大平原区,以及落基山区和远西部,超过十分之九的黑人学生上的是在全国规模等第最高的学校。

私立院校——地区差异在私立院校中比在公立院校中更为明显。在西南部地区所有就读于私立院校的黑人学生中,大部分上的都是规模较小的学校(第一和第二等第),而在落基山区和远西部,以及五大湖和大平原区,有超过 70% 的人就读于规模等第最高的高校。但是,将所有的公立院校与所有的私立院校进行比较,没有出现任何程度的明显差异。而且,尽管在北大西洋地区,黑人在规模最大的私立院校中所占全体学生的比例超过了在规模最小的私立院校中所占的比例,但是在南部地区,他们在规模最小的院校中所占全体学生的比例却是在规模最大的院校中的 2 倍,而在西南部地区的类似比较中,则超过了 10 倍。

对于全美国所有的高校而言,可以说,有大约三分之二的黑人学生上的是规模等第最高的高校,但是在规模最大的院校中,黑人学生占全体学生的比例小于他们在较小的院校中所占全体学生的比例。

来自本州全体学生百分比(表 5.2.3 和 5.2.4)

公立院校——黑人学生所上的高校一般都相对较少从本州以外的地方招收学生。除了在西南部地区以外,在那些非本州学生比例等第较高的学校中,黑人学生的比例是最小的。尤其是在五大湖和大平原区以及在南部地区,那里的高校显然缺乏一种世界文化特质。总体趋势就是,在这项测量中排名等第较高的院校中,黑人学生出现的比例较小。

然而,在全国所有的公立院校中,有超过半数的黑人学生就读的院校在吸引非本州学生的能力方面处于中等以上水平。在南部和西南部地区拥有很高非本州学生比例的院校中,黑人学生的比例比其他地区都高;这可能反映了一个事实,即有不少黑人学生离开原先的地区,前往南部的全黑人高等教育机构去接受教育。

私立院校——地区差异在私立院校中可能比在公立院校中更为明显。在五大湖和大平原区,以及落基山区和远西部,那里的黑人学生有明显的倾向会去上非本州学生相对较少的院校。另一方面,在北大西洋地区,在非本州学生比例最高的院校中,黑人在全体学生中的比例较高。对于所有私人院校而言,各个等第之间黑人在全体学生中的比例差异很小,但是在非本州学生比例较高的学校中,黑人学生的比例略微高一些。考察所有院校,很明显的是,在这项测量中,全国有三分之二的黑人学生所上的高校校园生活的世界文化气息低于中等水平。

攻读学位的学生百分比(表 5.2.5 和 5.2.6)

这项测量值应该反映出院校在推动学生完成学业直到毕业方面的成功程度。它是用 1964 年春季所授予的学士学位数除以 1960 年秋季入学的大一新生数得到的,并且仅包括高级学院。这一测量值会受到大量涌入的转校生的污染,就像在大专学院系统很发达的地区可能发生的那样,因此其指数值可能超过 1.00(也就是说,大四毕业生可能比大一新生还要多)。但是,除非转校生的涌入与全体学生的种族构成有某种关联,而且关联还非常强大,我们在这里得出的结论就不会失效。

公立院校——在落基山区和远西部地区以外的所有地区,有大量的黑人学生集中在毕业率最低的院校中,也就是说,毕业生和新生比率等第最低的那些学校。在落基山区和远西部,几乎有四分之三的黑人学生集中在等第为倒数第二的院校中。五个地区中有三个地区——北大西洋地区、五大湖和大平原区以及西南地区,有超过一半的黑人学生集中在等第最低的院校中,在南部地区则有近一半黑人学生是这样。只有在北大西洋地区,有多达四分之一的黑人上的是等第较高的院校。或许南部地区的情况可以说明这一全国性特征:在这里,全体学生中有 24% 是在毕业率最低的高校就读的黑人,那些学校在培养受过大学教育的公民方面的表现是最差的;但是在这方面表现最佳的院校中,只有 8% 的学生是黑人。

私立院校——在私人院校中,种族与获取学位的正常进程之间的关系并没有那么明显,但也是存在的。虽然在三个地区,有超过四分之一的黑人学生在等第较高的学校就读,但是也有三个地区,在那里有超过四分之一的黑人学生在等第较低的学校就读。而且,从表格中可以清楚地看到,在除了落基山区和远西部地区以外的所有地区,黑人在等第较低的学校中占全体学生的比例都比较高。

考察全国所有的公立院校可知,有十分之七的黑人学生就读于在这方面处于中等水平以下的院校,将近一半的黑人学生就读于等第最低的学校。黑人在等第较低的学校就读的可能性是在等第较高的学校就读的可能性的五倍(11.93%在等第最低的学校,2.11%在等第最高的学校)。对于所有的私立院校而言,相应的数字分别是十分之六,超过三分之一,以及三比一的概率。最后,考察全国所有授予学位的院校可知,美国有66%的黑人学生就读的院校的毕业率不到平均水平;在等第最差的学校(按照本测量值衡量)中有11%—12%的学生是黑人,但是在等第最高的学校中,只有2.51%的学生是黑人。

大一新生占全体学生的百分比(表5.2.7和5.2.8)

与前一项测量值一样,大一新生在全体学生中的百分比应该反映了学校留住学生、让学生待在学校里并促使他们完成学业、取得学位的能力。该测量值可能出现错误,因为当一所新学院出现非同寻常的快速扩张时,只有一、二年级的学生大量涌入,数量会膨胀到一种不合理的水平;但除非种族构成与这种膨胀因素密切相关,这种不可靠性应该不会挑战我们所得出的结论。

公立院校——很显然,关于这一个特征,南部地区有一种独特的情况。等第最低的学校中的黑人比例是等第最高的学校中的九倍多。该地区有近三分之二的黑人学生在新生占全体学生比例低于中等水平的学校就读。而在其他所有地区,黑人至少有微弱的趋势处在中等水平以上。将所有的公立院校放在一起考察,有略微超过一半的黑人都在低于平均水平的院校中就读。在表现不佳的院校中,黑人在全体学生中的比例要大得多。但是我们应该记住,这一不佳的全国数据只是反映了南部地区的权重。

私立院校——总的来说,私立院校中的情况相对公立院校而言更加不利。在南部和西南部地区,黑人都集中于在此项目上表现不佳的院校中,而在剩下的地区中,没有任何一处等第最高的学校中的黑人比例有在公立学校中那么高。而且很显然,西南部也加入南部地区,成为表现特别差劲的地方。在西南部地区等第最低的院校中,全体学生中有26%是黑人,而在等第较高的院校中,全体学生中只有1%是黑人。将所有的私立院校放在一起考虑，正好有超过一半的黑人学生在低于平均水平的院校就读，但是随着等第从低往上，黑人在全体学生中的比例也在稳步下降。由于公立和私立院校在全国的层面上非常相似，所以同样的结论也适用于将所有院校放在一起考察（见各自表格的最后一行）。

学生人均支出（表5.2.9和5.2.10）

公立院校——在五大湖和大平原区，以及落基山区和远西部地区，有更多的黑人集中在各自地区里学生人均支出最低的院校中。然而，在其余的地区，黑人学生大量集中在第三和第四（最高）等第的高校中。例如，在五大湖和大平原区，最低等第的高校中有12.06％的学生是黑人，最高等第的高校中只有2.45％的学生是黑人；但在南部地区，最低等第的高校中只有3.47％的学生是黑人，但在最高等第的高校中却有超过12％的学生是黑人。将所有的公立院校放在一起考察，很显然，黑人学生往往集中在学生人均支出高的院校中，有超过70％的学生集中在中等水平以上的院校中。

私立院校——只有在南部地区，有超过四分之一的黑人学生在最高等第的院校就读。在除北大西洋地区以外的所有地区，超过四分之一的黑人在最低等第的院校就读。有一些趋势表明，在北大西洋地区以及落基山区和远西部地区，在第三和第四等第的院校中，黑人在全体学生中的比例更大；但是在五大湖和大平原区以及南部地区，有一种明显的趋势，黑人学生更多会在第一和第二等第的院校中就读。后一种趋势在西南部地区更为明显。将所有私立院校放在一起考察，有轻微迹象显示，黑人集中在表现较差的地方。最后，全国所有院校的总数据支持以下结论：即使黑人有前往学生人均开支较低的院校就读的倾向，那也的确是微不足道的。

教师工资（表5.2.11,5.2.12,5.2.13,5.2.14,5.2.15,5.2.16,5.2.17和5.2.18）

本系列中要考察四对表格：助理教授、副教授、教授各一对，将所有级别包括讲师结合起来一对。我们不会对不同的级别分别进行考察，因为它们的模式通常都是相同的。

在这项比较中，地区差异极为显著。在非南部地区，黑人学生就读的院校是那些地区助理教授工资等第最高的，也许对白人而言也一样，因为一般来说，院校规模越大，薪水就越高。

表5.2.11显示，在三个地区有一种明显的小趋势，即随着学校的等第升高，黑人

学生的比例也在上升。但是在南部地区,黑人学生主要就读于排名垫底和第二等第的高校;我们观察到,在助理教授工资等第最低的高校中,黑人的比例是 34.22%,而在助理教授等第最高的高校中,黑人的比例则是 1.52%。

考察副教授和正教授的工资,情况并没有实质性的不同,不过我们注意到,在北大西洋地区以及落基山区和远西部地区有一种微弱的趋势,即黑人学生相对较多地在低工资水平的高校就读。

或许地区差异最显著的证据出现在将所有教师结合起来的表格里。在这里,南部地区只有 4.44% 的黑人大学生就读于教师工资等第最高的院校,而北大西洋地区则有 63.61% 的黑人大学生就读于这样的高校。反过来说,南部地区有四分之一的黑人大学生就读于教师工资等第垫底的院校,而北大西洋地区则只有 8% 的黑人大学生就读于这样的高校。在南部地区,每 1 000 名就读于工资结构最差的高校的学生中有 262 人是黑人;而每 1 000 名就读于工资结构最佳的高校的学生中则只有 11 人是黑人。

私立院校——就跟在公立院校一样,私立院校的黑人学生往往就读于薪资情况很好的学校,只有南部和西南部地区例外。在这两个地区,70% 以上的黑人学生都就读于助理教授工资水平低于地区中位数的院校,而在其他地区,这一数字都不超过 30%。尽管在非南部地区有一种微弱的趋势,从比例上来说有更多的黑人学生就读于工资水平较高的院校,但是在南部和西南部地区,显然有为数更多的黑人学生就读于工资条件最差的院校。关于副教授工资的数据并没有改变这些结论,只有一处例外,即在南部地区,黑人学生相对集中于第三等第的院校中。同样,对于正教授来说,除了在南部地区黑人学生相对集中于第三等第的院校这一情况外,南部各州与全国其他地区的对比确实非常明显。

当考察所有院校中所有等级的薪酬数据时,可以清楚地看到,在美国,普通黑人大学生远比普通白人大学生更可能就读于一所薪资水平比全国标准差很多的院校。在全美国工资水平最低的院校中,全体学生中有超过 14% 的黑人,而在工资水平最高的院校中,全体学生中只有不到 3% 的黑人。然而,我们必须记住,按照地区来看,这种差异只存在于南部和西南部地区,而不是全国其他地区。但是,由于这些地区教育了很大比例的黑人公民,所以尽管这个问题从社会生态的角度来说是区域性的,但其产生的影响却是全国性的。

师生比(表 5.2.19 和 5.2.20)

公立院校——在这一测量值上,地区间存在着很大的差异,而且似乎并不存在明显的差异模式。在北大西洋地区、南部和西南部地区,有一种明显的趋势,黑人学生集中于在这一方面数据最佳的院校中,也就是说,在每位教师对应的学生数量最少的院校中。在剩下的两个地区,情况则不太有利,黑人学生在第三和最高等第的院校中人数很少。

将所有公立院校放在一起看,全国范围内的情况显示,每 100 名黑人大学生中就有 35 人就读于师生比数据非常好的院校中,而且黑人学生在最高等第中的比例超过了在其他任何一个等第中的比例。然而,应该记住的是,这里面存在着地区差异,全国总数据之所以看上去很有吸引力,主要是因为全国黑人学生中有很大比例都分布在该项数据很好的南部地区。

私立院校——私立院校的模式与公立学校大体相同。在北大西洋地区和南部地区,大部分黑人学生就读的院校中师生比排名都高于中位数,而在五大湖和大平原区以及落基山区和远西部地区,黑人学生则特别可能集中于最低等第的院校中。然而,地区差异并不明显,只有在南部地区例外,那里的黑人更有可能就读于高于最低等第的院校。将所有私立院校放在一起看,大多数黑人学生(65%)就读的院校都低于中位数,而在中间两个等第中的黑人学生的比例超过了在首尾两个等第中的黑人。

在美国的所有高等教育院校中,有大约 60% 的黑人学生在低于中位数的院校中就读,但是在第三等第中,黑人学生占全体学生的比例比在其他任何等第中都高(7.41%),在等第垫底的院校中,黑人的比例也最低,只占学生总数的 3.44%。

攻读获取博士学位的教师百分比(表 5.2.21 和 5.2.22)

公立院校——与白人相比,在黑人学生就读的院校中,拥有博士学位的教师比例很小。事实上,在所有地区,在低于中位数的院校中黑人学生的比例都要高于在中位数以上的院校。只有在五大湖和大平原区地区,有将近一半的黑人学生就读于在中位数以上的院校。将所有公立院校放在一起看,有四分之三的黑人学生就读于在中位数以下的院校。从最低等第的院校到最高等第的院校,黑人在全体学生中的比例从 10.69% 稳步降低到 1.84%。

私立院校——在落基山区和远西部地区,绝大多数黑人学生就读于排名更好的院校。在这个地区,以及在五大湖和大平原区,黑人学生就读于等第较高的学校中的可能性跟就读于等第较低的学校中的可能性差不多。但是在其他地方,情况却没那么诱人。西南部地区有90%的黑人学生、北大西洋地区有近80%的黑人学生在低于中位数的院校就读，在南部地区，这一数据大约是70%，在五大湖和大平原区这一数据大约是60%。也许南部地区应该获得特别关注，因为有大量黑人学生集中在那里，应该指出在低于中位数的院校中，黑人在全体学生中的比例要大大高于在第三和第四等第院校中的比例。

在全国范围内，近70%的黑人就读的私立院校拥有博士学位的教师百分比低于中位数，黑人学生在全体学生中的比例在第二等第的高校中最高。

将所有公立和私立院校放在一起看，就可以了解全国的完整情况了。全美国有超过70%的黑人学生就读于教师中博士学位比例相对较小的高校，在该项数值低于平均水平的院校中，黑人学生的比例有两到三倍高。

学生人均拥有图书馆藏书量（表5.2.23和5.2.24）

公立院校——除了在落基山区和远西部地区以外，在黑人就读的院校，学生人均拥有藏书量似乎至少达到了平均的或代表性的水平。在其他地区，有一半或更多的学生是在中位数以上的院校就读；在北大西洋地区有一种趋势，黑人在全体学生中的比例随着该项测量值的改善而上升。在南部和西南部地区，黑人在最高等第中的代表人数不足，但在第三等第中则代表人数过多。将所有公立院校放在一起看，有近60%的黑人学生就读于平均水平以上的高校，黑人在中间等第高校中的比例稍微高于在两端（最高或最低等第）的比例。

私立院校——私立院校的情况则明显不同。在所有地区，特别是在北大西洋地区和西南部地区，大多数黑人学生都在等第较差的院校就读。只有在南部地区以及落基山区和远西部地区，黑人在等第最高的院校中比例超过10%，但是都没有超过很多。只有在落基山区和远西部地区，全体学生在平均水平以上的院校和在平均水平以下的院校中的比例相当。在西南部地区，在等第最低的院校中，每1 000名学生中有94名是黑人，但在等第最高的院校中，每1 000名学生中只有6名是黑人。将所有私立院校放在一起看，有将近三分之二的黑人学生就读于学生人均图书馆藏书量低于中位数的院校，在最低等第的院校中就读的黑人学生比例高于在最高等第的院校中就读的黑人学生比例，在第二等第的院校中就读的黑人学生比例高于在第三等第的院校中就读的黑人学生比例。

将所有的院校放在一起看，有超过70%的黑人学生在中位数以下的院校中就读；

在最低等第的院校中就读的黑人学生比例是在最高等第的院校中的近两倍。在私立学校的所有黑人学生中,有32％是在等第最低的院校中就读,只有6％是在学生人均图书量最多的高校中就读。

图书馆藏书量(表5.2.25和5.2.26)

公立院校——在所有地区,黑人学生都集中于在这项测量值上得分很高的院校;除了南部地区以及落基山区和远西部地区以外,有超过一半的黑人学生在最高等第的院校中就读。在任何情况下,在藏书量属于最低等第的院校中,黑人学生的比例都没有超过8％。将所有公立院校放在一起看,全美国有超过80％的黑人学生就读于中位数以上的院校,有超过半数的黑人学生就读于最高等第的院校。

就表5.2.25的第一栏而言,情况并不是那么清晰。只有在西南部地区,表现较好的大学里黑人学生的比例明显更高。在南部地区低于中位数的院校中,黑人学生在全体学生中的密集度明显更高。在全国范围内,黑人学生就读于更好院校的趋势都比较温和。另一方面,公立大学中有超过一半的黑人学生就读于藏书量等第最高的院校,只有6％的黑人学生就读于藏书量等第最低的院校。

私立院校——在私立院校中存在着引人注目的地区差异。在西南部地区有不到25％的黑人、在北大西洋地区有近90％的黑人就读于图书馆藏书量高于中位数的非白人院校。在西南部地区,公立和私立院校之间的对比尤其显著。然而,在除北大西洋地区以外的所有地区,在表现较好的院校中,黑人学生所占的比例都比较少。这在西南部地区尤其明显,在那里,在最低等第的院校中,有大约8％的学生是黑人,而在最高等第的院校中,只有1％的学生是黑人。将所有私立院校放在一起看,有超过60％的黑人就读于中位数以上的院校,但是跟等第较高的院校相比,在等第较低的院校里,黑人在全体学生中所占的比例明显较大(大约2比1)。

将所有的院校放在一起看,大约有70％的黑人学生就读于第三和最高等第的院校,但是有一种明显的趋势,黑人学生更常出现在等第较低的学校中。因此,黑人学生就读的高校一般都有一座好图书馆;但是比起好图书馆来,当图书馆不好时,其所对应的学生更可能是黑人。

图书馆学生人均支出(表5.2.27和5.2.28)

公立院校——在公立院校中,有超过60％的黑人学生就读于图书馆学生人均支出排名高于中位数的院校,但在北大西洋地区,数量不到一半;在西南部地区,数量几乎为一半;而在落基山区和远西部地区,有超过一半的黑人学生就读于等第最低的学校。因此,是两个地区——南部地区以及五大湖和大平原区——使全国的总数据看上去鼓舞人心。在全国范围内,这两个表现最强劲的地区影响了整体数据,足以使我们得出结论,在表现较佳的院校中,黑人在全体学生中的比例略大。

私立院校——私立院校中的黑人学生倾向于在图书馆学生人均支出低的学校就读。不到40%的黑人学生在中位数以上的学校就读,只有在北大西洋地区,这一数字超过了50%。只有在北大西洋地区,黑人在表现较好而不是较差的院校中占了全体学生的很大一部分,而在全国范围内,他们相对较少出现在等第较高的院校中。在南部地区,集中了大量吸引黑人学生的私人院校,在第二和第三等第的院校中黑人占全体学生的比例最高,但是第一等第院校中的黑人比例大大高于最高等第院校中的黑人比例。

图书馆教师人均支出(表 5.2.29 和 5.2.30)

公立院校——在美国,每 10 名黑人学生中有 6 名就读于图书馆教师人均支出高于全国中位数的公立高校。而且,黑人学生在中位数以上的公立院校中出现的概率高于在中位数以下的公立院校中出现的概率。就地区而论,有三个地区的大部分黑人学生就读于中位数以上的院校,但在北大西洋地区以及落基山区和远西部地区并非如此。然而,就前者而言,全体黑人学生中有三分之一就读于等第最高的院校。应该指出的是,在南部地区,大多数黑人学生就读于等第较高的院校,在第三和第四等第院校中的黑人学生比例总的来说比在第一和第二等第院校中要高。

私立院校——再一次,私立院校中的情况没有公立院校中光明。一般而言,在黑人就读的私立学校中,图书馆教师人均支出与其他私立院校相比表现不佳。在美国的所有私立院校中,不到30%的黑人学生就读于较高两个等第的院校;就地区而言,在较高两个等第的院校中就读的黑人比例从西南部地区的9%一直上升到五大湖和大平原区的38%不等。在任何地区,黑人在较高等第院校中占全体学生的比例都没有超过在较低等第院校中的比例;这一点最生动的例子是在西南部地区,从最低等第向最高等第排列,黑人占全体学生的比例分别是 6.46、15.40、1.16 和 0.48。

将所有的院校放在一起看,黑人学生就读的高校一般处在所有院校的下游,但是在等第较高的院校中,黑人的比例略高于在等第较低的院校中。

图书馆支出占总支出比例（表 5.2.31 和 5.2.32）

公立院校——在美国，公立院校的黑人学生中有超过 60% 就读于该项测量值为较高两个等第的院校。

换言之，他们所就读的学校似乎一直在努力提高自己图书馆服务的质量。但是，如果我们逐一按照地区来考察数据，很显然，只有在南部和西南部地区，黑人就读的院校才真正在此方面做出了持续的努力；在其他三个地区，60% 到 77% 的黑人学生就读于中位数以下的院校。同样，只有在南部和西南部地区，黑人在表现最好的院校的全体学生中占比相对较高；因此，在南部地区表现最好的院校，黑人在全体学生中占 19%，在表现最差的院校中，占 3%。在全国，黑人在较高两个等第的院校中的比例是较低两个等第中的两倍多。

私立院校——在除了西南部以外的所有地区，大部分黑人学生——从五大湖和大平原区的 60% 到北大西洋地区的近 80%——都在两个较差等第的院校中。将所有私立院校放在一起看，该数字是 61%。同样，也只有在西南部地区，黑人在中位数以上院校的全体学生中占比显然较大；不过，在其他地区，也只有在北大西洋地区，黑人明显倾向于集中在表现较差的学校中。将所有私立院校放在一起看，有一种温和的趋势，黑人较多集中于较高两个等第的院校中。

将所有的高等教育机构放在一起看，从表现最差的院校考察到表现最好的院校，黑人在全体学生中的比例有一种持续上升的趋势。很有可能，这些数据反映了在黑人就读的高校中，管理部门最近为改善对学生提供的图书馆服务质量做了一些努力。

住宿费用（表 5.2.33 和 5.2.34）

公立院校——在五个地区中的每一个地区，都至少有一半的黑人学生就读于较低两个等第的院校，即，住宿费用低于平均水平的院校。这在落基山区和远西部地区尤为明显，而在西南部地区则几乎看不出来。但是，将所有公立院校放在一起看，得到的数据是，有超过 60% 黑人学生就读的公立院校其住宿费用高于全国中位数。而且，很明显，在较低两个等第的院校中，黑人在全体学生中的比重较大，这在五大湖和大平原区尤其明显，在那里，最低等第的院校中有超过 13% 的学生是黑人，但在等第较高的院校中，只有 2% 的学生是黑人；而在南方，在第二等第的院校中，几乎每 10 名学生中就有 4 名是黑人。但是，将所有的公立院校放在一起看，黑人不成比例地大量聚集在第三等第的院校中,不过他们在较低两个等第院校中的数量大大超过了在最高等第院校中的数量。

私立院校——在五大湖和大平原区以及落基山区和远西部地区,大多数黑人学生就读于住宿费用超过中位数的学校。但是,在其他三个地区,这样的学生是少数。将所有私立院校放在一起看,比例则是 50 比 50。然而,很明显,黑人在房租低于中位数的学校里占比更高,或许只有在落基山区和远西部地区例外。将所有私立院校放在一起看,在中位数以下的院校中黑人的比例是中位数以上院校中的两倍多。

将所有的院校放在一起看,有近三分之二的黑人学生就读于房租低于全国中位数的院校,在房租低于中位数的院校中,黑人在全体学生中占比相对要高得多。该结论似乎可以证明,黑人学生总体上会去费用较低的院校,至少以房租作为费用指标来看是这样。

学费(表 5.2.35、5.2.36、5.2.37 和 5.2.38)

公立院校,本州居民学费——在南部和西南部地区,大多数黑人学生就读于学费高于居民学费地区中位数的院校。在其余的三个地区,情况则完全相反。将所有的公立院校放在一起看,正好有一半的黑人学生就读于学费低于中位数的院校。再一次,在西南部以外的所有地区,黑人学生很显然更可能上学费等第较低而不是较高的院校,不过该模式在南部地区不是很明显。

公立院校,非本州居民学费——将所有的公立院校放在一起看,在所有黑人学生中,只有不到一半(43%)的人就读于非本州居民学费在中位数以下的院校。从地区来看,在五大湖和大平原区以及西南地区,黑人明显集中于学费高的院校中;在北大西洋地区和落基山区和远西部地区,则明显集中在学费低的院校中。总的来说,在学费低的院校中,黑人在全体学生中的比例大于他们在学费高的院校中的比例,只有西南部地区例外。

私立院校——在北大西洋地区、五大湖和大平原区以及落基山区和远西部地区,黑人学生集中在低学费的私立机构。在全国范围内,大量黑人集中在学费等第最低的院校中。

总结

我们必须记住,我们所获得并分析的这些数据都是第二手资料,唯一专门为这个项目采集的数据是各院校对全体学生中黑人和其他非白人学生数量的估计。如果时间、预算和相关的大学院校允许,我们本希望能提供更多的数据,用于探讨相关的高等教育机会和高质量高等教育机会的问题。在有关少数族群学生所就读高校的知识氛围和校园人际氛围以及他们通过对参与活动和交往伙伴的选择为自己创造的更为直接的环境方面,我们觉得发言权尤其有限。此外,在谈及教学人员的性质时,报告仅以教师工资这一间接途径来加以说明,这是一个很大的遗憾。员工招聘的模式和来源、就业条件和任期、教学负荷、科研产出能力、员工中废除种族隔离、行政政策、师生关系、入学要求、决定院校生源的招生办公室与公立学校之间的关系等——所有这一切都说明我们的信息存在着巨大的缺口,不能全面了解学生追求或不追求高等教育以及选择某一院校而不是另一院校的复杂处理过程。我们怀疑,但是没有证据,减少少数族群成员尤其是黑人在大学生群体中比例的强大因素源自惯例和环境条件,包括历史的和态度上的,它们没有歧视的主观意图,而只是有歧视的客观效应。本报告中的数据只是描述了学生在全美国高校中分布状况的一些较为粗略的特征,不适宜用来完成解释的任务。

也许,总结起来,有如下若干总体特征:(1)根据本报告中使用的院校质量测量值,美国大多数黑人学生就读的院校排名都相当高;(2)与在排名相对较低的院校中的比例相比,黑人在大多数测量值排名相对较高的院校中所占的比例较小;(3)关于对服务于美国黑人学生的高校的资源投入问题,任何结论都因所涉及的具体资源不同而大不相同。

在若干个领域中出现了程度相当严重的问题和不足,最明显的或许就是教师工资问题。教育美国黑人学生的院校对其教师的报酬非常不如人意,这肯定会对其吸引有能力教师的竞争地位产生严重影响。该问题在南部和西南部地区非常明显,这两个地区都是既有着种族隔离教育的传统,又有着对大量黑人公民进行高等教育的重大传统责任。在留住入学的学生并促使他们完成正常的求学进程以获得大学学位方面,黑人学生所就读的院校也明显很无能。再一次,在南部各州,该问题的存在形式最为显著。这会产生几点影响:有更多的黑人学生在上大学时,将时间和资源投入到自己无法获得毕业这一主要回报的高校中,同时,有较大比例的教师和教学时间被投入到在毕业前即中止教育发展的学生身上;但更严重的影响或许在于,对留下来的学生而言,由于一些学生不断进进出出、不充分参与并完成学校的全部课程和目标,所以会产生一种流动的、不稳定的氛围,使学校具有一种无序、无常的感觉。

在为黑人提供服务的学校中,较有利的(即较低的)学生和教师比例会带来什么影响目前还不清楚。我们没有观察到全体学生的种族构成会给学生人均支出造成任何重大差异。如果拥有更多的教师,且每位老师的课时量也更大,那么在黑人高校中或许存在教师资源被低效利用的问题,对黑人高校管理的经济状况进行专家分析或许有助于创造更有效的教育组织,甚至不需要额外的资金投入。然而也有可能,南方黑人院校必须用一种不同的、更昂贵的方式部署自己的资源;例如,有可能,员工必须将时间花在没有学分的辅导工作上,而且,教学活动也许会迅速扩散到非高校资产范围的区域内。

5.3 高校中黑人学生所占比例的变化

表5.3.1到5.3.18中的数据描述了拥有指定黑人学生比例的院校的特征。院校按照1965年秋季黑人占总入学人数的比例分类。每一个单元格中的值都是一个加权平均值,其计算方法是用院校的特征乘以攻读全日制学位学分的本科生人数,将所有适用院校的这些数值求和,最后再用这个和除以所有这些院校中攻读全日制学位学分的本科生总人数。这样,院校的特征就经过学生人数的加权,使大的院校对平均值有大的影响,目的在于测量普通学生所体验到的特征。例如,在表5.3.1左下方单元格中的数字2 861意味着,一名学生若就读于一所没有黑人学生的美国大学,则其所在校园平均有2 861名学生。

全体学生规模(表5.3.1)

完全不招收黑人学生的学校和一般以黑人学生为主的学校,其招生规模都小于其他学校。对公立院校和私立院校来说都是如此,但并不是在所有地区都很典型。通常,在全体学生规模最大的院校中,黑人占到了0—2%,或者是2%—5%。

学费(表5.3.2和5.3.3)

总的来说,在有相当大比例黑人学生的学校里,一般学生支付的学费较低。在南部地区,本州居民和非本州居民之间的学费差异似乎较小,有大量非本州黑人在这里接受大学教育。

表 5.3.1　变量名称：全体学生规模，1965—1966 年

黑人入学数量

控制和地区	0 院校数量	0 加权平均值	0—2% 院校数量	0—2% 加权平均值	2%—5% 院校数量	2%—5% 加权平均值	5%—10% 院校数量	5%—10% 加权平均值	10%—50% 院校数量	10%—50% 加权平均值	50%—100% 院校数量	50%—100% 加权平均值
公立院校：												
北大西洋区	12	7,578	71	11,326	15	16,592	7	22,503	3	2,160	7	1,065
五大湖和大平原区	45	2,611	98	15,569	29	22,421	8	15,814	11	20,457	2	2,045
南部	29	3,892	77	9,601	15	6,429	25	6,817	3	2,162	29	3,564
西南部	3	3,206	49	13,169	25	11,264	8	2,731	(¹)	(¹)	3	3,538
落基山区和远西部	16	3,261	91	9,903	25	9,985	9	7,712	3	5,762	(¹)	(¹)
私立院校：												
北大西洋区	84	2,854	278	6,585	64	12,317	14	11,255	15	1,996	2	7,502
五大湖和大平原区	60	481	259	4,044	66	5,546	22	4,932	8	4,235	1	612
南部	90	1,108	122	3,463	16	2,009	4	1,058	1	766	50	1,013
西南部	9	889	35	4,166	11	1,772	1	539	(¹)	(¹)	6	813
落基山区和远西部	18	298	91	7,254	22	3,580	4	2,220	2	32	(¹)	(¹)
所有公立院校	105	4,282	386	11,966	109	15,014	57	11,587	20	16,083	41	3,268
所有私立院校	261	1,437	785	5,451	179	8,308	45	7,910	26	3,297	59	2,203
所有院校	366	2,861	1,171	9,338	288	12,682	102	10,670	46	13,674	100	2,864

1. 数据不可得。

表 5.3.2 变量名称：本州居民学费，1964 年

黑人入学数量

控制和地区	0 院校数量	0 加权平均值	0—2% 院校数量	0—2% 加权平均值	2%—5% 院校数量	2%—5% 加权平均值	5%—10% 院校数量	5%—10% 加权平均值	10%—50% 院校数量	10%—50% 加权平均值	50%—100% 院校数量	50%—100% 加权平均值
公立院校：												
北大西洋区	10	274	65	309	15	142	6	84	2	28	7	166
五大湖和大平原区	41	197	91	286	27	258	7	219	10	83	2	63
南部	24	275	66	246	13	298	22	160	3	141	28	235
西南部	3	430	46	188	24	131	8	163	(¹)	(¹)	3	162
落基山区和远西部	12	206	83	145	22	118	9	143	2	(¹)	(¹)	(¹)
私立院校：												
北大西洋区	74	949	266	1,204	62	1,246	12	1,252	14	886	2	506
五大湖和大平原区	54	606	251	996	61	976	20	763	8	766	1	641
南部	86	663	117	871	15	689	4	403	1	583	48	453
西南部	9	503	33	679	11	614	1	170	(¹)	(¹)	6	343
落基山区和远西部	17	417	90	915	20	926	4	760	1	(¹)	0	0
所有公立院校	90	260	351	233	101	195	52	154	17	75	40	212
所有私立院校	240	714	757	1,039	169	1,074	41	1,003	24	802	57	456
所有院校	330	491	1,108	565	270	504	93	371	41	233	97	304

1. 数据不可得。

表 5.3.3　变量名称：非本州居民学费，1964 年

控制和地区	黑人入学数量										
	0		0—2%		2%—5%		5%—10%		10%—50%		50%—100%	
	院校数量	加权平均值	院校数量	加权平均值	院校数量	加权平均值	院校数量	加权平均值	院校数量	加权平均值	院校数量	加权平均值
公立院校：												
北大西洋区	10	558	65	596	15	302	6	72	2	628	7	592
五大湖和大平原区	41	315	91	631	27	577	7	483	10	595	2	114
南部	24	535	66	559	13	651	22	446	3	396	28	389
西南部	3	692	46	511	24	442	8	413	(^{1})	(^{1})	3	456
落基山区和远西部	12	456	83	483	22	508	9	415	2	306	(^{1})	(^{1})
所有公立院校	90	496	351	558	101	505	52	375	17	557	40	399

1. 数据不可得。

表 5.3.4　变量名称：图书馆藏书量，1963—1964 学年

控制和地区	黑人入学数量										
	0		0—2%		2%—5%		5%—10%		10%—50%		50%—100%	
	院校数量	加权平均值	院校数量	加权平均值	院校数量	加权平均值	院校数量	加权平均值	院校数量	加权平均值	院校数量	加权平均值
公立院校：												
北大西洋区	8	163,238	64	333,505	15	219,196	5	586,785	2	11,075	0	52,202

续 表

控制和地区	黑人入学数量											
	0		0—2%		2%—5%		5%—10%		10%—50%		50%—100%	
	院校数量	加权平均值	院校数量	加权平均值	院校数量	加权平均值	院校数量	加权平均值	院校数量	加权平均值	院校数量	加权平均值
五大湖和大平原区	40	60,406	91	633,419	27	1,353,140	6	629,038	9	37,819	2	78,701
南部	24	198,514	67	422,950	13	183,323	21	98,472	3	44,906	27	92,042
西南部	3	57,982	45	565,164	24	195,244	8	47,811	(^{1})	(^{1})	3	105,650
落基山区和远西部	11	109,862	83	269,193	22	245,389	8	66,789	3	26,231	(^{1})	(^{1})
私立院校:												
北大西洋区	73	182,666	265	545,332	62	665,990	12	231,223	14	33,877	2	417,195
五大湖和大平原区	52	41,025	249	280,859	58	270,213	19	129,009	6	133,031	1	35,292
南部	86	46,376	114	282,205	14	103,043	4	89,148	1	29,229	43	59,088
西南部	9	36,526	33	269,716	11	66,829	1	18,198	(^{1})	(^{1})	6	27,890
落基山区和远西部	17	30,952	86	475,922	20	198,165	4	54,240	1	5,064	(^{1})	(^{1})
所有公立院校	86	142,895	350	448,495	101	598,209	48	287,866	17	32,435	38	89,818
所有私立院校	237	79,747	747	414,745	165	439,568	40	176,152	22	91,911	52	129,151
所有院校	323	110,638	1,097	434,699	266	542,668	88	257,635	39	49,772	90	104,058

1. 数据不可得。

表 5.3.5　变量名称：学生人均拥有图书馆藏书量，1963—1964 学年

控制和地区	0 院校数量	0 加权平均值	0—2% 院校数量	0—2% 加权平均值	2%—5% 院校数量	2%—5% 加权平均值	5%—10% 院校数量	5%—10% 加权平均值	10%—50% 院校数量	10%—50% 加权平均值	50%—100% 院校数量	50%—100% 加权平均值
公立院校：												
北大西洋区	8	32	64	33	15	22	5	27	2	5	6	66
五大湖和大平原区	40	35	91	43	27	53	6	50	9	15	2	46
南部	24	53	66	51	13	37	21	21	3	29	27	35
西南部	3	38	45	45	24	24	8	24	([1])	([1])	3	45
落基山区和远西部	11	37	83	28	22	19	8	9	2	8	([1])	([1])
私立院校：												
北大西洋区	73	104	265	89	62	86	12	43	14	84	2	81
五大湖和大平原区	52	134	249	75	58	71	19	36	6	45	1	83
南部	86	55	114	82	14	67	4	92	1	46	43	71
西南部	9	82	33	79	11	78	1	46	([1])	([1])	6	46
落基山区和远西部	17	150	86	76	20	63	4	62	1	422	([1])	([1])
所有公立院校	86	42	349	40	101	34	48	26	16	14	38	39
所有私立院校	237	82	747	82	165	78	40	44	22	60	52	71
所有院校	323	63	1,096	57	266	50	88	31	38	29	90	51

黑人入学数量

1. 数据不可得。

高等教育 | 535

表 5.3.6 变量名称：图书馆教师人均支出，1963—1964 学年

<table>
<tr><th rowspan="2">控制和地区</th><th colspan="11">黑人入学数量</th></tr>
<tr><th colspan="2">0</th><th colspan="2">0—2%</th><th colspan="2">2%—5%</th><th colspan="2">5%—10%</th><th colspan="2">10%—50%</th><th colspan="2">50%—100%</th></tr>
<tr><td></td><td>院校数量</td><td>加权平均值</td><td>院校数量</td><td>加权平均值</td><td>院校数量</td><td>加权平均值</td><td>院校数量</td><td>加权平均值</td><td>院校数量</td><td>加权平均值</td><td>院校数量</td><td>加权平均值</td></tr>
<tr><td colspan="13">公立院校：</td></tr>
<tr><td>北大西洋区</td><td>8</td><td>819</td><td>64</td><td>866</td><td>15</td><td>840</td><td>5</td><td>785</td><td>2</td><td>1,051</td><td>6</td><td>1,569</td></tr>
<tr><td>五大湖和大平原区</td><td>40</td><td>916</td><td>91</td><td>732</td><td>27</td><td>747</td><td>6</td><td>1,100</td><td>9</td><td>871</td><td>2</td><td>1,094</td></tr>
<tr><td>南部</td><td>24</td><td>789</td><td>67</td><td>738</td><td>13</td><td>920</td><td>21</td><td>781</td><td>3</td><td>706</td><td>27</td><td>993</td></tr>
<tr><td>西南部</td><td>3</td><td>887</td><td>45</td><td>775</td><td>24</td><td>811</td><td>8</td><td>885</td><td>(¹)</td><td>(¹)</td><td>3</td><td>790</td></tr>
<tr><td>落基山区和远西部</td><td>11</td><td>888</td><td>83</td><td>836</td><td>22</td><td>685</td><td>8</td><td>776</td><td>3</td><td>323</td><td>(¹)</td><td>(¹)</td></tr>
<tr><td colspan="13">私立院校：</td></tr>
<tr><td>北大西洋区</td><td>73</td><td>774</td><td>265</td><td>827</td><td>62</td><td>639</td><td>12</td><td>575</td><td>14</td><td>625</td><td>2</td><td>849</td></tr>
<tr><td>五大湖和大平原区</td><td>52</td><td>1,025</td><td>249</td><td>819</td><td>58</td><td>773</td><td>19</td><td>755</td><td>6</td><td>1,066</td><td>1</td><td>541</td></tr>
<tr><td>南部</td><td>86</td><td>760</td><td>114</td><td>887</td><td>14</td><td>868</td><td>4</td><td>791</td><td>1</td><td>534</td><td>43</td><td>744</td></tr>
<tr><td>西南部</td><td>9</td><td>848</td><td>33</td><td>1,066</td><td>11</td><td>828</td><td>1</td><td>961</td><td>(¹)</td><td>(¹)</td><td>6</td><td>732</td></tr>
<tr><td>落基山区和远西部</td><td>17</td><td>1,105</td><td>86</td><td>907</td><td>20</td><td>831</td><td>4</td><td>714</td><td>1</td><td>492</td><td>(¹)</td><td>(¹)</td></tr>
<tr><td>所有公立院校</td><td>86</td><td>840</td><td>350</td><td>784</td><td>101</td><td>785</td><td>48</td><td>849</td><td>17</td><td>706</td><td>38</td><td>1,019</td></tr>
<tr><td>所有私立院校</td><td>237</td><td>813</td><td>747</td><td>855</td><td>165</td><td>720</td><td>40</td><td>660</td><td>22</td><td>880</td><td>52</td><td>761</td></tr>
<tr><td>所有院校</td><td>323</td><td>827</td><td>1,097</td><td>813</td><td>266</td><td>763</td><td>88</td><td>798</td><td>39</td><td>757</td><td>90</td><td>926</td></tr>
</table>

1. 数据不可得。

表 5.3.7 变量名称：图书馆学生人均支出，1963—1964 学年

黑人入学数量

控制和地区	0 院校数量	0 加权平均值	0—2% 院校数量	0—2% 加权平均值	2%—5% 院校数量	2%—5% 加权平均值	5%—10% 院校数量	5%—10% 加权平均值	10%—50% 院校数量	10%—50% 加权平均值	50%—100% 院校数量	50%—100% 加权平均值
公立院校：												
北大西洋区	8	41	64	54	15	40	5	39	2	28	6	97
五大湖和大平原区	40	48	91	51	27	54	6	64	9	42	2	50
南部	24	50	67	55	13	61	21	38	3	41	27	51
西南部	3	41	45	48	24	35	8	32	(1)	(1)	3	43
洛基山区和远西部	11	44	83	47	22	32	8	27	3	22	(1)	(1)
私立院校：												
北大西洋区	73	85	265	66	62	76	12	37	14	64	2	99
五大湖和大平原区	52	93	249	68	58	55	19	37	6	56	1	27
南部	86	46	114	73	14	52	4	59	1	30	43	50
西南部	9	51	33	68	11	61	1	44	(1)	(1)	6	45
洛基山区和远西部	17	93	86	74	20	60	4	40	1	246	(1)	(1)
所有公立院校	86	46	350	51	101	45	48	41	17	35	38	53
所有私立院校	237	64	747	68	165	66	40	38	22	58	52	59
所有院校	323	56	1,097	58	266	52	88	40	39	41	90	55

1. 数据不可得。

高等教育 | 537 |

表 5.3.8 变量名称：图书馆支出占总支出比例，1963—1964学年

<table>
<tr><th rowspan="2">控制和地区</th><th colspan="2">0</th><th colspan="2">0%—2%</th><th colspan="8">黑人入学数量
2%—5%</th><th colspan="2">5%—10%</th><th colspan="2">10%—50%</th><th colspan="2">50%—100%</th></tr>
<tr><th>院校数量</th><th>加权平均值</th><th>院校数量</th><th>加权平均值</th><th>院校数量</th><th>加权平均值</th><th>院校数量</th><th>加权平均值</th><th>院校数量</th><th>加权平均值</th><th>院校数量</th><th>加权平均值</th><th>院校数量</th><th>加权平均值</th></tr>
<tr><td colspan="15">公立院校：</td></tr>
<tr><td>北大西洋区</td><td>8</td><td>2</td><td>64</td><td>4</td><td>15</td><td>5</td><td>5</td><td>5</td><td>2</td><td>3</td><td>6</td><td>6</td></tr>
<tr><td>五大湖和大平原区</td><td>40</td><td>5</td><td>91</td><td>4</td><td>27</td><td>4</td><td>6</td><td>4</td><td>9</td><td>2</td><td>2</td><td>2</td></tr>
<tr><td>南部</td><td>24</td><td>5</td><td>67</td><td>4</td><td>13</td><td>5</td><td>21</td><td>5</td><td>3</td><td>1</td><td>27</td><td>5</td></tr>
<tr><td>西南部</td><td>3</td><td>6</td><td>45</td><td>4</td><td>24</td><td>5</td><td>8</td><td>5</td><td>(1)</td><td>(1)</td><td>3</td><td>5</td></tr>
<tr><td>落基山区和远西部</td><td>11</td><td>5</td><td>83</td><td>4</td><td>22</td><td>3</td><td>8</td><td>4</td><td>3</td><td>2</td><td>(1)</td><td>(1)</td></tr>
<tr><td colspan="15">私立院校：</td></tr>
<tr><td>北大西洋区</td><td>73</td><td>4</td><td>265</td><td>4</td><td>62</td><td>3</td><td>12</td><td>3</td><td>14</td><td>5</td><td>2</td><td>5</td></tr>
<tr><td>五大湖和大平原区</td><td>52</td><td>5</td><td>249</td><td>4</td><td>58</td><td>4</td><td>19</td><td>4</td><td>6</td><td>6</td><td>1</td><td>4</td></tr>
<tr><td>南部</td><td>86</td><td>4</td><td>114</td><td>4</td><td>14</td><td>5</td><td>4</td><td>5</td><td>1</td><td>3</td><td>43</td><td>5</td></tr>
<tr><td>西南部</td><td>9</td><td>3</td><td>33</td><td>6</td><td>11</td><td>6</td><td>1</td><td>6</td><td>(1)</td><td>(1)</td><td>6</td><td>8</td></tr>
<tr><td>落基山区和远西部</td><td>17</td><td>6</td><td>86</td><td>4</td><td>20</td><td>5</td><td>4</td><td>5</td><td>1</td><td>3</td><td>(1)</td><td>(1)</td></tr>
<tr><td>所有公立院校</td><td>86</td><td>4</td><td>350</td><td>4</td><td>101</td><td>4</td><td>48</td><td>4</td><td>17</td><td>2</td><td>38</td><td>5</td></tr>
<tr><td>所有私立院校</td><td>237</td><td>4</td><td>747</td><td>4</td><td>165</td><td>4</td><td>40</td><td>3</td><td>22</td><td>5</td><td>52</td><td>5</td></tr>
<tr><td>所有院校</td><td>323</td><td>4</td><td>1,097</td><td>4</td><td>266</td><td>4</td><td>88</td><td>4</td><td>39</td><td>3</td><td>90</td><td>5</td></tr>
</table>

1. 数据不可得。

表 5.3.9 变量名称：师生比，1963 年秋

黑人入学数量

控制和地区	0 院校数量	0 加权平均值	0—2% 院校数量	0—2% 加权平均值	2%—5% 院校数量	2%—5% 加权平均值	5%—10% 院校数量	5%—10% 加权平均值	10%—50% 院校数量	10%—50% 加权平均值	50%—100% 院校数量	50%—100% 加权平均值
公立院校：												
北大西洋区	8	22	64	21	15	23	5	21	2	69	6	16
五大湖和大平原区	41	22	91	21	27	22	7	21	10	33	2	23
南部	24	18	66	19	13	19	21	22	3	21	28	17
西南部	3	26	46	23	24	27	8	28	(¹)	(¹)	3	20
落基山区和远西部	12	21	83	26	22	32	8	40	2	36	(¹)	(¹)
私立院校：												
北大西洋区	70	12	265	20	58	16	11	25	14	13	2	11
五大湖和大平原区	54	13	249	16	59	17	20	27	8	21	1	20
南部	86	18	117	16	15	18	4	14	1	18	48	15
西南部	9	19	33	18	10	18	1	22	(¹)	(¹)	6	16
落基山区和远西部	17	15	90	17	20	19	4	25	1	2	(¹)	(¹)
所有公立院校	88	21	350	22	101	25	49	25	17	35	39	17
所有私立院校	236	16	754	18	162	17	40	25	24	18	57	15
所有院校	324	18	1,104	20	263	22	89	25	41	31	96	16

1. 数据不可得。

表 5.3.10 变量名称：攻读获取博士学位的教师百分比，1963 年

黑人入学数量

控制和地区	0 院校数量	0 加权平均值	0—2% 院校数量	0—2% 加权平均值	2%—5% 院校数量	2%—5% 加权平均值	5%—10% 院校数量	5%—10% 加权平均值	10%—50% 院校数量	10%—50% 加权平均值	50%—100% 院校数量	50%—100% 加权平均值
公立院校：												
北大西洋区	3	47	47	38	5	54	2	30	(¹)	(¹)	6	22
五大湖和大平原区	2	46	49	41	12	28	2	23	2	42	2	34
南部	12	29	49	30	12	32	3	26	1	17	18	19
西南部	2	22	25	37	8	39	1	45	(¹)	(¹)	3	26
落基山区和远西部	4	37	32	40	2	27	1	32	(¹)	(¹)	(¹)	(¹)
私立院校：												
北大西洋区	13	25	175	37	31	35	7	17	3	30	2	26
五大湖和大平原区	10	32	179	30	35	26	6	23	4	29	1	27
南部	31	32	78	32	12	23	2	28	1	33	28	29
西南部	1	41	24	34	5	27	(¹)	(¹)	(¹)	(¹)	3	31
落基山区和远西部	8	22	67	38	15	35	3	25	(¹)	(¹)	(¹)	(¹)
所有公立院校	23	36	202	37	39	35	9	28	3	34	29	21
所有私立院校	63	30	523	34	98	31	18	20	8	30	34	29
所有院校	86	34	725	36	137	34	27	25	11	31	63	24

1. 数据不可得。

表 5.3.11 变量名称：本州学生百分比，1963 年

黑人入学数量

控制和地区	0 院校数量	0 加权平均值	0—2% 院校数量	0—2% 加权平均值	2%—5% 院校数量	2%—5% 加权平均值	5%—10% 院校数量	5%—10% 加权平均值	10%—50% 院校数量	10%—50% 加权平均值	50%—100% 院校数量	50%—100% 加权平均值
公立院校：												
北大西洋区	8	85	64	92	15	94	5	99	2	99	6	87
五大湖和大平原区	41	93	91	85	27	88	7	88	10	97	2	64
南部	24	86	66	82	13	88	21	94	3	89	28	90
西南部	3	93	46	88	24	91	7	97	([1])	([1])	3	95
落基山区和远西部	12	84	83	90	22	87	8	97	2	98	([1])	([1])
私立院校：												
北大西洋区	70	37	265	68	58	71	11	34	14	73	2	23
五大湖和大平原区	54	44	248	63	59	64	20	85	8	83	1	17
南部	86	63	116	61	15	77	4	59	1	65	48	66
西南部	9	43	33	79	10	82	1	87	([1])	([1])	6	82
落基山区和远西部	17	68	90	68	20	67	4	89	([1])	([1])	([1])	([1])
所有公立院校	88	87	350	87	101	89	48	94	17	97	39	89
所有私立院校	236	54	752	67	162	69	40	58	24	79	59	58
所有院校	324	70	1,102	79	263	82	88	85	41	93	96	77

1. 数据不可得。

表 5.3.12 变量名称：助理教授平均工资，1963 年秋

黑人入学数量

控制和地区	0 院校数量	0 加权平均值	0—2% 院校数量	0—2% 加权平均值	2%—5% 院校数量	2%—5% 加权平均值	5%—10% 院校数量	5%—10% 加权平均值	10%—50% 院校数量	10%—50% 加权平均值	50%—100% 院校数量	50%—100% 加权平均值
公立院校：												
北大西洋区	3	7,633	38	7,826	6	9,359	2	10,059	(¹)	(¹)	5	7,756
五大湖和大平原区	2	7,891	43	7,838	11	7,914	2	7,896	1	10,571	2	7,671
南部	11	6,644	45	7,195	13	7,180	3	6,638	1	6,174	19	6,200
西南部	2	6,973	24	7,401	7	7,130	1	7,183	(¹)	(¹)	2	6,397
落基山区和远西部	2	7,160	28	7,693	2	7,866	(¹)	(¹)	(¹)	(¹)	(¹)	(¹)
私立院校：												
北大西洋区	5	6,574	151	7,278	27	7,514	5	6,974	2	5,485	1	8,159
五大湖和大平原区	4	6,900	142	7,039	29	7,142	5	6,610	4	7,182	(¹)	(¹)
南部	24	5,916	63	6,598	8	6,057	3	5,580	(¹)	(¹)	20	5,562
西南部	1	5,469	23	6,076	5	5,861	(¹)	(¹)	(¹)	(¹)	2	4,844
落基山区和远西部	1	6,020	50	7,050	9	6,658	(¹)	(¹)	(¹)	(¹)	(¹)	(¹)
所有公立院校	20	7,117	178	7,592	39	7,925	8	8,353	2	8,864	28	6,429
所有私立院校	35	6,062	429	7,025	78	7,191	13	6,785	6	6,718	23	6,301
所有院校	55	6,774	607	7,365	117	7,646	21	7,779	8	7,398	51	6,391

1. 数据不可得。

表 5.3.13 变量名称：副教授平均工资，1963 年秋

黑人入学数量

控制和地区	0 院校数量	0 加权平均值	0—2% 院校数量	0—2% 加权平均值	2%—5% 院校数量	2%—5% 加权平均值	5%—10% 院校数量	5%—10% 加权平均值	10%—50% 院校数量	10%—50% 加权平均值	50%—100% 院校数量	50%—100% 加权平均值
公立院校：												
北大西洋区	3	9,211	38	9,414	6	11,475	2	12,080	(1)	(1)	5	9,040
五大湖和大平原区	2	9,374	43	9,202	11	9,413	2	9,396	1	10,466	2	9,070
南部	11	7,872	45	8,258	13	8,300	3	7,632	1	7,783	19	7,297
西南部	2	7,478	24	8,650	7	8,413	1	7,436	(1)	(1)	2	7,274
落基山区和远西部	2	8,496	28	9,173	2	9,479	(1)	(1)	(1)	(1)	(1)	(1)
私立院校：												
北大西洋区	5	7,438	145	8,654	27	8,998	6	8,085	2	5,525	1	9,494
五大湖和大平原区	2	7,936	134	8,145	28	8,414	4	8,079	4	8,419	(1)	(1)
南部	24	6,478	62	7,664	8	6,606	3	6,529	(1)	(1)	19	6,199
西南部	1	5,864	23	7,105	5	6,836	(1)	(1)	(1)	(1)	2	5,766
落基山区和远西部	(1)	(1)	49	8,387	9	7,594	1	6,832	(1)	(1)	(1)	(1)
所有公立院校	20	8,397	178	8,923	39	9,446	8	9,861	2	9,424	28	7,545
所有私立院校	32	6,651	413	8,258	77	8,493	14	7,953	6	7,627	22	7,167
所有院校	52	7,850	591	8,658	116	9,085	22	9,152	8	8,197	50	7,434

1. 数据不可得。

高等教育 | 543

表 5.3.14 变量名称：正教授平均工资，1963 年秋

黑人入学数量

控制和地区	0 院校数量	0 加权平均值	0—2% 院校数量	0—2% 加权平均值	2%—5% 院校数量	2%—5% 加权平均值	5%—10% 院校数量	5%—10% 加权平均值	10%—50% 院校数量	10%—50% 加权平均值	50%—100% 院校数量	50%—100% 加权平均值
公立院校：												
北大西洋区	2	11,062	38	11,749	6	15,413	2	16,733	0	0	5	10,212
五大湖和大平原区	2	11,032	43	11,500	11	12,409	2	12,042	1	12,286	2	10,890
南部	11	9,302	45	10,228	13	9,951	3	8,758	1	8,894	19	8,870
西南部	2	8,838	24	10,596	7	10,065	1	8,626	(^{1})	(^{1})	2	8,855
落基山区和远西部	2	10,149	28	11,844	2	12,059	(^{1})	(^{1})	(^{1})	(^{1})	(^{1})	(^{1})
私立院校：												
北大西洋区	4	8,517	144	10,986	26	12,082	6	9,772	2	6,019	1	12,177
五大湖和大平原区	4	9,178	133	9,980	26	10,108	3	9,754	4	9,753	(^{1})	(^{1})
南部	24	7,924	61	9,529	7	7,918	3	8,026	(^{1})	(^{1})	19	7,504
西南部	1	6,604	21	8,465	2	7,803	(^{1})	0	(^{1})	(^{1})	2	6,898
落基山区和远西部			49	10,567	9	8,784	1	7,773	(^{1})	(^{1})	(^{1})	(^{1})
所有公立院校	19	9,961	178	11,156	39	12,131	8	12,807	2	10,969	28	9,102
所有私立院校	33	8,031	408	10,317	70	10,890	13	9,596	6	8,731	22	8,878
所有院校	52	9,346	586	10,823	109	11,670	21	11,617	8	94,441	50	9,036

1. 数据不可得。

表 5.3.15 变量名称：正教授到讲师平均工资，1963 年秋

黑人入学数量

控制和地区	0 院校数量	0 加权平均值	0—2% 院校数量	0—2% 加权平均值	2%—5% 院校数量	2%—5% 加权平均值	5%—10% 院校数量	5%—10% 加权平均值	10%—50% 院校数量	10%—50% 加权平均值	50%—100% 院校数量	50%—100% 加权平均值
公立院校：												
北大西洋区	3	8,577	38	8,607	6	10,601	2	11,514	(^{1})	(^{1})	5	8,152
五大湖和大平原区	2	8,268	43	8,777	11	9,417	2	8,687	1	10,005	2	8,185
南部	11	7,296	45	7,992	13	7,838	3	6,959	1	6,784	19	6,583
西南部	2	7,041	24	8,176	7	7,777	1	7,419	(^{1})	(^{1})	2	6,806
落基山区和远西部	2	6,436	28	8,893	2	9,641	(^{1})	(^{1})	(^{1})	(^{1})	(^{1})	(^{1})
私立院校：												
北大西洋区	7	6,513	156	8,268	27	8,867	6	8,040	3	5,947	1	8,309
五大湖和大平原区	7	6,336	147	7,781	30	7,872	5	7,145	4	7,895	(^{1})	(^{1})
南部	25	6,421	63	7,543	8	6,340	3	6,047	(^{1})	(^{1})	19	5,974
西南部	1	5,816	23	6,770	5	5,784	(^{1})	(^{1})	(^{1})	(^{1})	2	5,473
落基山区和远西部	1	5,470	50	8,448	9	7,107	1	7,302	(^{1})	(^{1})	(^{1})	(^{1})
所有公立院校	20	7,573	178	8,491	39	9,112	8	9,248	2	8,754	28	6,824
所有私立院校	41	6,379	439	7,964	79	8,175	15	7,640	7	7,352	22	6,652
所有院校	61	7,165	617	8,279	23	8,756	118	8,643	9	7,795	50	6,773

1. 数据不可得。

表 5.3.16 变量名称：学生人均支出，1964 学年

黑人入学数量

控制和地区	0 院校数量	0 加权平均值	0—2% 院校数量	0—2% 加权平均值	2%—5% 院校数量	2%—5% 加权平均值	5%—10% 院校数量	5%—10% 加权平均值	10%—50% 院校数量	10%—50% 加权平均值	50%—100% 院校数量	50%—100% 加权平均值
公立院校：												
北大西洋区	8	914	58	1,010	13	903	4	901	2	1,323	6	1,256
五大湖和大平原区	39	890	88	1,036	25	1,058	7	1,074	9	441	2	1,109
南部	24	764	65	942	13	959	18	525	3	685	27	912
西南部	3	581	45	811	23	566	8	503	([1])	([1])	3	741
落基山区和远西部	11	732	74	879	20	573	9	458	2	494	([1])	([1])
私立院校：												
北大西洋区	54	1,295	252	1,307	57	1,482	11	945	14	983	2	1,778
五大湖和大平原区	45	1,252	245	1,103	58	1,050	18	744	7	903	1	832
南部	80	804	115	1,083	15	952	4	1,093	1	859	46	908
西南部	8	769	33	932	9	661	1	838	([1])	([1])	6	672
落基山区和远西部	15	1,073	81	1,217	20	1,090	3	851	1	2,863	([1])	([1])
所有公立院校	85	803	330	943	94	839	46	689	16	520	38	929
所有私立院校	202	987	726	1,187	159	1,239	37	879	23	932	55	1,054
所有院校	287	893	1,056	1,043	253	979	83	736	39	613	93	976

1. 数据不可得。

表 5.3.17 变量名称：研究支出占总支出百分比

控制和地区	0 院校数量	0 加权平均值	0—2% 院校数量	0—2% 加权平均值	2%—5% 院校数量	2%—5% 加权平均值	黑人入学数量 5%—10% 院校数量	5%—10% 加权平均值	10%—50% 院校数量	10%—50% 加权平均值	50%—100% 院校数量	50%—100% 加权平均值
公立院校：												
北大西洋区	9	12	58	12	13	3	4	(¹)	2	(¹)	6	(¹)
五大湖和大平原区	39	(¹)	88	17	25	16	7	6	9	(¹)	2	1
南部	24	4	65	22	13	14	18	1	3	(¹)	27	(¹)
西南部	3	(¹)	45	30	23	4	8	(¹)	(¹)	(¹)	3	2
落基山区和远西部	11	(¹)	74	18	20	11	9	1	2	(¹)	(¹)	(¹)
私立院校：												
北大西洋区	58	19	254	13	60	54	12	30	14	17	2	10
五大湖和大平原区	45	1	245	20	61	10	18	1	8	(¹)	1	(¹)
南部	80	(¹)	115	15	15	(¹)	4	(¹)	1	(¹)	46	1
西南部	8	(¹)	38	10	10	(¹)	1	(¹)	(¹)	(¹)	6	(¹)
落基山区和远西部	15	2	81	34	20	24	3	(¹)	1	(¹)	(¹)	(¹)
所有公立院校	86	4	330	19	94	10	46	2	16	(¹)	38	1
所有私立院校	206	5	728	18	166	32	38	17	24	6	55	3
所有院校	292	5	1,058	19	260	18	84	6	40	1	93	1

1. 数据不可得。

表 5.3.18 变量名称：新生在全体学生中百分比，1965 年秋

黑人入学数量

控制和地区	0 院校数量	0 加权平均值	0—2% 院校数量	0—2% 加权平均值	2%—5% 院校数量	2%—5% 加权平均值	5%—10% 院校数量	5%—10% 加权平均值	10%—50% 院校数量	10%—50% 加权平均值	50%—100% 院校数量	50%—100% 加权平均值
公立院校：												
北大西洋区	8	24	53	22	6	15	2	11	1	1	6	27
五大湖和大平原区	3	33	51	25	13	25	3	24	2	15	2	27
南部	13	32	63	25	14	25	4	28	1	26	21	33
西南部	2	32	27	22	8	21	1	35	(^{1})	(^{1})	3	28
落基山区和远西部	7	32	34	21	3	20	2	26	(^{1})	(^{1})	(^{1})	(^{1})
私立院校：												
北大西洋区	50	18	245	22	56	18	12	11	11	31	2	24
五大湖和大平原区	39	26	237	26	63	22	19	21	8	13	1	39
南部	49	31	101	25	13	26	3	27	1	35	40	32
西南部	6	29	31	24	10	26	(^{1})	(^{1})	(^{1})	(^{1})	6	36
落基山区和远西部	13	28	87	21	21	23	4	11	2	(^{1})	(^{1})	(^{1})
所有公立院校	33	30	223	24	44	22	12	22	4	17	32	31
所有私立院校	157	27	701	23	163	21	38	15	22	20	49	31
所有院校	190	29	929	24	207	22	50	19	26	19	81	31

1. 数据不可得。

图书馆资源和支出（表 5.3.4 到 5.3.8）

在黑人学生比例超过 10% 的高校里，图书馆藏书量通常比黑人入学人数较少的学校要少得多。这种趋势的一个小例外体现在所有私立院校的数据上，在没有黑人学生的学校里，图书馆规模相对较小（表 5.3.4）。对所有公立院校而言，学生人均拥有图书馆藏书量（表 5.3.5）在黑人占 10%—50% 的学校中最低，在没有黑人的学校中最高。在私立院校中，黑人占比最低（黑人占 1%）的三组学校的图书馆藏书量全都超过了黑人占比最高的三组学校。对所有院校的一般结论是，在黑人比例很小的学校中，按学生人均计算，用于图书馆的支出要高得多。

对公立院校而言，在以黑人为主的学校里，图书馆教师人均支出（表 5.3.6）往往较高，但在私立院校中则并非如此。然而，在任何地区，无论是在公立院校还是在私立院校，种族构成与该项图书馆支出测量值之间都不存在简单的关系，只有落基山区和远西部地区的私立院校例外，那里的图书馆支出随着黑人比例的增加而下降。将所有的院校放在一起看，只有在几乎没有黑人学生或是黑人学生占绝大多数的学校，图书馆教师人均支出超过了 800 美元。

最后，在公立和私立高校中，当黑人所占比例很高时，图书馆支出（表 5.3.8）占院校总支出的比例都略微高一些。

师生比（表 5.3.9）

在公立院校和私立院校中，当大多数学生是黑人时，每位教师对应的学生数量都较少。在公立高校中，这种对比尤其明显，在以黑人为主的院校中，每位教师对应 17 位学生，远远低于排在第二位的没有黑人学生的院校，后者每位教师对应 21 位学生。在私立院校中，一般每位教师对应的学生数量较少，但即使在这里，在黑人占多数的院校中，每位教师对应 15 位学生这一数字也低于所有其他类别的院校。

攻读获取博士学位的教师百分比（表 5.3.10）

在黑人占大多数的高校中，拥有博士学位的教师比例一般是最低的，在公立院校中显然是如此；在私立院校中，只有黑人占 5% 到 10% 的这一院校类别例外，而该类别的院校数量很少。

本州全体学生百分比(表 5.3.11)

一般来说,黑人比例相对很少(0)和相对很多(50%—100%)的院校更可能招收非本州的学生。南部地区的黑人院校并没有更明显地吸引非本州学生的迹象,无论是相对其他地区院校而言还是相对其他以黑人为主的高校而言。

工资结构(表 5.3.12 到 5.3.15)

最低工资既不是出现在没有黑人学生的院校中,也不是出现在以黑人学生为主的院校中。按照等级划分,工资最高的是招收 2%—5% 和 5%—10% 黑人学生的院校。工资并没有随种族构成的变化而相应出现始终一致的变化,但整体模式很清楚:在以黑人为主的院校中,助理教授的学年工资都比没有黑人学生的院校中的助理教授低 400 美元,比黑人在全体学生中占 5%—10% 的院校中的助理教授低 1 400 美元;在以黑人为主的高校中,正教授的学年收入比全白人院校中的正教授低 300 美元,比在有 2%—5% 黑人学生的院校中低大约 2 650 美元。公立院校和私立院校之间有着一个显著区别:在私立院校中,以黑人为主的院校支付的工资比全白人院校**更高**。应当指出的是,在公立院校中,东南部地区的工资差异程度并不比其他地区高;但在私立院校中,南部地区的模式是,黑人院校中工资较低,而在其他地区,则是全白人院校支付的工资较低。

学生人均支出(表 5.3.16)

一般来说,学生人均支出的峰值出现在黑人比例小(0—5%)的院校中,谷值则出现在黑人占 10%—50% 的院校中。在公立院校和私立院校中都是如此。地区差异很大;例如,尽管总体趋势相反,但在五大湖和大平原区,全白人院校的学生人均支出超过了该地区任何其他类别的私立院校。

研究支出占总支出比例(表 5.3.17)

许多高校都没有报告系统化研究的单独预算项目;因此,该表格中的许多单元格都不包含任何条目,于是,数量相对较少的院校营造出看上去表现很积极的单元格数值。似乎很清楚,黑人学生占很大比例(10%—50% 和 50%—100%)的院校没有对系统性研究进行大额投资,特别是在公立院校。而黑人占比很小(0—2% 和 2%—5%)的大学进行的投资力度是最大的。

新生在全体学生中百分比（表 5.3.18）

比起黑白人种比例较不极端的院校来，在全白人和以黑人为主的院校中，新生占全体学生比例较大，无论是公立高校还是私立高校都是如此。例如，在南部地区，在这两个极端类别的院校中，新生占全体学生的大约三分之一，但在所有其他类别的院校中，则只占约四分之一。新生比例越高，就意味着毕业率越低，但转校率又使这个问题变得复杂，而我们并没有转校率的数据。

5.4　可授予攻读博士学位、有系统化研究预算、拥有 AAUP 和 PBK 分会的院校比例

到目前为止，我们一直都通过测量数量（例如，学生人均支出）来描述院校的特征。现在，我们要转向若干属性，考察其在任何给定院校中是否存在。这些属性包括，一所院校是否拥有全国优等生联合会（PBK）分会以及美国大学教授协会（AAUP）分会、它是否能够授予攻读博士学位以及是否拥有系统化研究的单独明细项目。

我们根据黑人在全体学生中的比例给高校分类，对于每个级别的黑人入学比例，我们只是报告了具有给定特征的院校比例。我们认为，可授予攻读博士学位、可将系统化研究快速编入预算、拥有 AAUP 和 PBK 分会的院校比起不能做到这些的院校来，更有可能提供优质教育。因此，假设随着黑人在全体学生中的比例增加，院校可授予攻读博士学位的可能性下降，我们就可以提出，黑人就读的院校没有向他们提供充分公平的受教育机会。

我们为其他非白人重复提交了总结性表格，但并未对之进行文字讨论。

攻读博士学位的授予——在私立院校中，通常并没有明显的趋势表明，全体学生的种族构成与院校是否可授予博士学位（表 5.4.1）有任何系统性联系，尽管极少有黑人数量超过 5% 的院校可以这么做。在公立院校中，总体趋势是，可授予博士学位的比例峰值出现在黑人学生比例很小（0—2%）的院校类别中，以后逐渐下降。完全没有黑人学生的院校不太可能授予博士学位，只有北大西洋地区例外，在这一地区，几乎有一种线性趋势，即随着黑人比例的增加，授予博士学位的院校比例在下降。有一条结论是明确的：以服务黑人学生为主的院校往往不授予博士学位。因此，在南部地区的 57 所黑人比例超过 5% 的公立院校中，只有一所授予博士学位，而在西南部地区的 11

所此类院校中,没有一所可以这么做。在落基山区和远西部地区的37所黑人比例超过2%的院校中,只有2所学校授予博士学位,在五大湖和大平原区,50所此类院校中只有6所这么做。

表 5.4.1 根据地区、控制和黑人在全体学生中的百分比划分授予攻读博士学位的院校百分比,1965 年 10 月

	黑人在全体学生中的百分比				
	0	0—2%	2%—5%	5%—50%	50%—100%
公立院校:					
北大西洋区	16.67(12)	12.68(71)	13.34(15)	0.00(10)	0.00(7)
五大湖和大平原区	0.00(45)	14.29(98)	13.80(29)	10.53(19)	0.00(2)
南部	3.45(29)	25.98(77)	20.00(15)	0.00(28)	3.45(29)
西南部	0.00(3)	22.45(49)	16.00(25)	0.00(8)	0.00(3)
落基山区和远西部	6.25(16)	14.29(91)	4.00(25)	8.50(12)	0.00(0)
私立院校:					
北大西洋区	5.96(84)	12.95(278)	21.88(64)	17.24(29)	50.00(2)
五大湖和大平原区	6.67(60)	5.02(259)	9.10(66)	3.33(30)	0.00(1)
南部	1.12(90)	7.38(122)	0.00(16)	0.00(5)	2.00(50)
西南部	11.12(9)	17.15(35)	9.10(11)	0.00(1)	0.00(6)
落基山区和远西部	11.12(18)	13.19(91)	18.19(22)	0.00(6)	0.00(0)
所有公立院校	3.81(105)	17.36(386)	12.85(109)	3.90(77)	2.44(41)
所有私立院校	4.99(261)	9.69(785)	13.97(179)	7.41(81)	3.39(59)
所有院校	4.65(366)	12.22(1,171)	13.55(288)	6.08(148)	3.00(100)

表 5.4.2 根据地区、控制和其他非白人在全体学生中的百分比划分授予攻读博士学位的院校百分比,1965 年 10 月

	其他非白人在全体学生中的百分比			
	0	0—2%	2%—5%	5%—100%
所有公立院校	6.95(216)	14.56(419)	31.43(56)	3.70(27)
所有私立院校	5.73(384)	7.81(756)	20.87(139)	15.79(76)
所有院校	6.17(600)	10.22(1,175)	21.03(195)	12.62(103)

全国优等生联合会(PBK)分会(表5.4.3)

无论是在私立院校还是在公立院校中,那些有一些黑人学生但数量又不是很多(0—2%)的高校是最可能拥有PBK分会的。在没有黑人学生的104所公立院校中只有1所、在所有366所没有黑人学生的公立和私立院校中只有8所拥有这一荣誉学术协会。另一方面,在118所黑人超过5%的公立院校中只有2所、在140所此类私立院校中只有3所拥有该分会。

表5.4.3 根据地区、控制和黑人在全体学生中的百分比划分拥有PBK分会的院校百分比,1965年秋

	黑人在全体学生中的百分比				
	0	0—2%	2%—5%	5%—50%	50%—100%
公立院校:					
北大西洋区	0.00(12)	9.86(71)	20.00(15)	10.00(10)	0.00(7)
五大湖和大平原区	0.00(45)	7.15(98)	6.90(29)	0.00(19)	0.00(2)
南部	3.45(29)	11.69(77)	6.67(15)	3.57(28)	0.00(29)
西南部	0.00(3)	22.45(49)	16.00(25)	0.00(8)	0.00(3)
落基山区和远西部	0.00(16)	5.50(91)	4.00(25)	0.00(12)	0.00(0)
私立院校:					
北大西洋区	2.39(84)	13.67(278)	14.07(64)	3.45(29)	50.00(2)
五大湖和大平原区	1.67(60)	8.50(259)	10.61(66)	0.00(30)	0.00(1)
南部	4.45(90)	10.66(122)	0.00(16)	0.00(5)	2.00(50)
西南部	0.00(9)	5.72(35)	0.00(11)	0.00(1)	0.00(6)
落基山区和远西部	0.00(18)	9.89(91)	4.55(22)	0.00(6)	0.00(0)
所有公立院校	.96(105)	8.29(386)	6.43(109)	2.60(77)	0.00(41)
所有私立院校	2.69(261)	10.71(785)	9.50(179)	1.23(81)	3.39(59)
所有院校	2.19(366)	9.91(1,171)	8.34(288)	2.03(148)	2.00(100)

表 5.4.4 根据控制和其他非白人在全体学生中的百分比划分拥有 PBK 分会的院校百分比，1965 年秋

	其他非白人在全体学生中的百分比			
	0	0—2%	2%—5%	5%—100%
所有公立院校	2.32(216)	7.64(419)	5.36(56)	7.41(27)
所有私立院校	3.91(384)	10.72(756)	10.08(139)	1.32(76)
所有院校	3.34(600)	9.62(1,175)	8.72(195)	2.91(103)

美国大学教授协会（AAUP）分会（表 5.4.5）

有一种轻微的倾向，即那些有少许黑人学生但比例不超过 2% 的学校更可能拥有 AAUP 分会。而在完全没有黑人学生的学校里，这种分会似乎是最不常见的。然而，总的来说，或许最安全的结论是，没有任何明确的迹象表明，全体学生的种族构成与 AAUP 分会的存在与否有很大关系。

表 5.4.5 根据地区、控制和黑人在全体学生中的百分比划分拥有 AAUP 分会的院校百分比，1965 年秋

	黑人在全体学生中的百分比				
	0	0—2%	2%—5%	5%—50%	50%—100%
公立院校：					
北大西洋区	33.34(12)	69.02(71)	60.00(15)	60.00(10)	71.43(7)
五大湖和大平原区	15.56(45)	60.21(98)	58.63(29)	52.63(14)	100.00(2)
南部	58.63(29)	80.52(77)	80.00(15)	42.86(28)	65.52(29)
西南部	100.00(3)	73.47(49)	68.00(25)	62.50(8)	100.00(3)
落基山区和远西部	25.00(16)	82.42(91)	76.00(25)	75.00(12)	0.00(0)
私立院校：					
北大西洋区	22.62(84)	74.46(278)	59.38(64)	41.38(29)	100.00(2)
五大湖和大平原区	33.34(60)	72.59(259)	66.67(66)	40.00(30)	100.00(1)
南部	67.78(90)	76.23(122)	81.25(16)	80.00(5)	66.00(50)
西南部	11.12(9)	65.72(35)	63.64(11)	0.00(1)	66.67(6)
落基山区和远西部	38.89(18)	78.03(91)	59.10(22)	16.67(6)	0.00(0)
所有公立院校	33.34(105)	72.80(386)	67.89(109)	54.55(77)	70.74(41)
所有私立院校	41.38(261)	74.14(785)	64.25(179)	35.80(81)	67.80(59)
所有院校	39.08(366)	73.70(1,171)	65.63(288)	47.97(148)	69.00(100)

表 5.4.6　根据控制和其他非白人在全体学生中的百分比划分拥有 AAUP 分会的院校百分比,1965 年秋

	其他非白人在全体学生中的百分比			
	0	0—2%	2%—5%	5%—100%
所有公立院校	49.54(216)	71.60(419)	60.72(56)	74.07(27)
所有私立院校	45.84(384)	75.93(756)	64.03(193)	34.21(76)
所有院校	47.17(600)	74.39(1,175)	63.08(195)	53.40(103)

表 5.4.7　根据地区、控制和黑人在全体学生中的百分比划分拥有独立研究预算的院校百分比,1965 年 10 月

	黑人在全体学生中的百分比				
	0	0—2%	2%—5%	5%—50%	50%—100%
公立院校:					
北大西洋区	11.11(9)	13.79(58)	15.38(13)	0.00(6)	16.67(6)
五大湖和大平原区	0.00(39)	22.73(88)	24.00(25)	6.25(16)	100.00(2)
南部	20.83(24)	41.54(65)	46.15(13)	9.52(21)	18.52(27)
西南部	0.00(3)	44.44(45)	21.74(23)	0.00(8)	66.67(3)
落基山区和远西部	0.00(11)	27.03(74)	5.00(20)	27.27(11)	0.00(0)
私立院校:					
北大西洋区	6.90(58)	32.42(256)	27.59(58)	23.07(26)	100.00(2)
五大湖和大平原区	6.67(45)	16.73(245)	22.95(61)	15.38(26)	0.00(1)
南部	5.00(80)	19.13(115)	0.00(15)	0.00(5)	13.04(46)
西南部	0.00(8)	27.27(33)	20.00(10)	0.00(1)	16.67(6)
落基山区和远西部	6.67(15)	32.10(81)	20.00(20)	0.00(4)	0.00(0)
所有公立院校	6.98(86)	28.79(33)	21.28(94)	11.29(62)	26.32(38)
所有私立院校	5.83(206)	24.79(730)	21.95(164)	16.13(62)	16.36(55)
所有院校	6.16(292)	26.04(10,060)	21.71(258)	12.90(124)	20.43(93)

表 5.4.8　根据控制和其他非白人在全体学生中的百分比
划分拥有独立研究预算的院校百分比，1965 年 10 月

	其他非白人在全体学生中的百分比			
	0	0—2%	2%—5%	5%—100%
所有公立院校	13.71(175)	26.59(361)	28.00(50)	12.50(24)
所有私立院校	13.64(308)	22.28(718)	29.91(128)	14.29(63)
所有院校	13.66(483)	23.73(1,079)	28.65(178)	13.79(87)

独立研究预算——在大多数地区，拥有小比例黑人（0—5%）的院校比种族隔离的白人院校或以黑人为主的院校更可能将院校资金专门投入研究中。

我们必须记住，种族隔离的白人高校和以黑人为主的高校在规模上大大低于平均水平，而这一事实与本节中讨论的黑人学生百分比与一些测量值之间的关系有关。研究预算项目也许是最好的例子。

5.5　基于高校类型的少数族群分布状况

要判断一所教育院校的质量，并不存在一个社会上公认或广泛应用的定量标准。然而，我们可以提出一个观点，即在任何给定的州，州立大学至少被该州的公民认为是州界内最好的公立高等学府。公民们因为自己的州立大学而深感骄傲的情况并不少见。在一些州，如加利福尼亚州，与其他公立高校相比，州立大学有着更高的入学标准，这进一步证明，州立大学是州教育中心。而且，人们通常将州立大学或大学系统称为该州公共教育的顶点，这再次反映了一条普遍的假设，或许最佳表达方式就是："就算它不是最好的，它也应该是最好的。"

我们现在想知道黑人上州立大学的可能性是否跟上其他学校的可能性一样大。如果黑人在州最佳教育单位中较不常见，则其中的原因无论是什么都不重要，不管是个人选择、学术准备、经济条件、招聘惯例还是盲目偏见令他们无法在州立大学就读，总之最切中肯綮的结论就是：比起白人来，有更高比例的黑人在质量较差的院校中接受高校培训，也就是说，不是该地区希望提供的最好的院校。

表 5.5.1 提供了有关八个地区的新生的相关数据。输入表格的数字代表各地区

各类型院校中的黑人比例。在每个地区，比起州立大学来，黑人都更可能进入州立专科院校系统。这一现象在南部和西南部地区很容易解释，在那里，种族隔离教育传统使黑人学生无法进入州立大学，直到最近才被废除。但是该现象在其他地区盛行的原因则不太容易察觉。事实上，只有在西南部和新英格兰这两个地区，黑人在州立大学的比例略高于在公立高级市立和社区学院的比例，在除此之外的其他所有地区，黑人在综合性大学全体学生中的比例都小于在任何其他类型的公立院校中的比例。

表 5.5.1 黑人新生百分比，1965 年 10 月

院校类型	新英格兰	中东部	五大湖	大平原区	南部	西南部	落基山区	远西部
州立综合性大学系统	0.22	0.94	1.81	1.09	2.29	1.42	0.46	1.01
州立专科学院系统	.37	6.58	2.46	2.21	18.94	9.59	.80	2.90
公立高级市立和社区学院	0.00	4.40	2.92	14.62	3.20	1.49	.86	7.15
公立两年制专科学院，理工学院等	1.84	4.37	8.43	6.75	7.45	3.15	1.59	2.85
提供研究生学位的私立高级学院	.90	3.84	2.23	.86	9.46	.92	.70	1.96
不提供研究生学位的私立高级学院	1.20	2.78	2.57	1.26	19.58	19.04	.53	1.24
私立两年制专科学院及其他	.90	1.90	2.74	1.35	6.87	1.57	0.00	1.64

表 5.5.2 其他非白人新生百分比，1965 年 10 月

院校类型	新英格兰	中东部	五大湖	大平原区	南部	西南部	落基山区	远西部
州立综合性大学系统	0.24	0.88	0.59	0.69	0.57	1.03	1.35	3.65
州立专科学院系统	.10	.25	.35	.47	.36	2.37	1.11	2.17
公立高级市立和社区学院	.00	.80	.07	.31	.31	.00	.79	3.58
公立两年制专科学院，理工学院等	.15	.60	2.39	.50	.10	1.60	1.16	2.70
提供研究生学位的私立高级学院	.44	.98	.82	.42	.52	.84	1.03	5.02
不提供研究生学位的私立高级学院	.50	.69	.54	.75	.93	2.08	.65	9.56
私立两年制专科学院及其他	.56	.88	.88	.90	.34	5.58	.38	11.12

在私立院校,总体而言几乎没有什么区别;在大多数地区,三种确定类型的院校中的比例非常相似。在南部的两个地区,黑人学生在不提供研究生学位的高级学院中的比例大大高于其在提供研究生学位的院校中的比例。不过,在中东部地区,情况则恰恰相反。

表5.5.3提供了全学位学分制学生的类似数据,从中无法强行得出任何截然不同的或合格的结论。只有在新英格兰地区,相对于州立学院而言,黑人(稍许)更多就读于州立大学。除了在新英格兰和西南部地区之外,黑人在州立大学全体学生中的比例都低于在其他任何公共高等教育系统单位中的比例。

表5.5.3 黑人全学位学分制学生百分比,1965年10月

院校类型	地区							
	新英格兰	中东部	五大湖	大平原区	南部	西南部	落基山区	远西部
州立综合性大学系统	0.48	0.90	1.68	1.80	2.18	1.58	0.98	0.83
州立专科学院系统	.32	5.28	2.87	1.85	18.00	9.50	.66	1.33
公立高级市立和社区学院	0.00	5.47	14.53	11.95	3.59	.88	.70	1.72
公立两年制专科学院,理工学院等	1.81	6.03	10.84	6.12	7.70	3.12	1.30	2.90
提供研究生学位的私立高级学院	.75	3.69	2.38	1.13	8.49	.95	.96	1.19
不提供研究生学位的私立高级学院	1.04	2.09	2.60	1.18	18.76	16.38	.69	1.16
私立两年制专科学院及其他	.80	1.85	3.58	1.56	7.19	1.83	.04	1.57

表5.5.4 其他非白人全学位学分制学生百分比,1965年10月

院校类型	地区							
	新英格兰	中东部	五大湖	大平原区	南部	西南部	落基山区	远西部
州立综合性大学系统	0.34	0.96	0.84	1.37	0.67	1.36	0.84	3.05
州立专科学院系统	.19	.17	.33	.39	.48	1.82	1.59	.48
公立高级市立和社区学院	0.00	.68	.99	.27	.45	.04	.67	1.72
公立两年制专科学院,理工学院等	.21	.77	4.24	.58	.11	1.46	1.13	2.88
提供研究生学位的私立高级学院	.66	1.05	.98	.53	.73	1.23	1.41	3.12
不提供研究生学位的私立高级学院	.61	.54	.94	.77	.83	1.76	.67	8.01
私立两年制专科学院及其他	.46	.89	1.10	.93	.39	5.70	.61	9.25

如果在给定类型的高校中存在着增加黑人在全体学生中比例的短期趋势，则会导致黑人在新生中的比例高于黑人在全学位学分制学生中的比例。虽然这种趋势完全可能是某些特定院校的特征，但是对两组表格相同单元格的细致比较显示，该趋势对于我们所采用的高校类别而言并不明显。

表5.5.5 所支持的结论应该与基于之前的表5.5.1和5.5.3的结论一致，因为它们只是在以不同的形式报告相同的数据。每一纵栏的和为100%，其单元格数值报告的是给定种族和地区所有就读于特定类型院校的学生的百分比；例如，左上方的数值18.33应解读如下：在新英格兰地区，所有白人大学生中的18.33%就读于公立大学系统。

表5.5.5 各地区内部根据院校类型划分，白人、黑人和其他非白人学位学分制学生的分布情况，1965年10月

	新英格兰				中东部			
	院校数量	白人	黑人	其他非白人	院校数量	白人	黑人	其他非白人
公立综合性大学系统	7	18.33	12.45	12.74	3	7.96	1.88	9.28
公立州专科学院系统	28	18.82	8.48	7.41	30	11.29	16.30	2.42
市立和社区学院	0	0.00	0.00	0.00	8	13.09	19.71	11.24
公立两年制专科学院等	13	2.98	7.85	1.30	26	3.37	5.62	3.30
提供研究生学位的私立高级学院	50	41.24	44.81	56.31	119	47.11	47.14	61.45
不提供研究生学位的私立高级学院	69	14.01	21.12	17.88	138	14.64	8.12	9.57
私立两年制专科学院等	28	4.62	5.28	4.36	53	2.54	1.24	2.75
学生人数		316,514	2,216	1,538		781,112	30,226	6,542
	五大湖				大平原区			
	院校数量	白人	黑人	其他非白人	院校数量	白人	黑人	其他非白人
公立综合性大学系统	10	34.16	15.60	22.30	11	22.68	18.54	41.63
公立州专科学院系统	21	13.70	10.79	3.46	27	26.29	21.89	13.45
市立和社区学院	3	1.66	7.62	1.48	2	1.34	8.05	.52
公立两年制专科学院等	60	11.44	38.87	43.32	59	10.64	30.75	8.60

续　表

	五大湖			大平原区		
	院校数量	白人	黑人	其他非白人	院校数量	白人	黑人	其他非白人
提供研究生学位的私立高级学院	76	20.62	13.52	15.75	24	13.66	6.92	9.50
不提供研究生学位的私立高级学院	157	17.00	12.19	12.47	110	23.05	12.21	23.43
私立两年制专科学院等	25	1.41	1.41	1.23	24	2.33	1.64	2.88
学生人数		821,999	30,870	10,822		375,043	8,500	2,885

	新英格兰			中东部		
	院校数量	白人	黑人	其他非白人	院校数量	白人	黑人	其他非白人
公立综合性大学系统	23	28.81	4.94	30.60	12	42.25	14.47	36.65
公立州专科学院系统	91	32.58	55.09	29.30	28	22.88	51.56	29.01
市立和社区学院	2	1.10	.32	.80	1	.65	.12	.01
公立两年制专科学院等	62	9.10	5.82	1.68	47	15.97	10.98	15.10
提供研究生学位的私立高级学院	52	11.37	8.14	14.07	23	12.70	2.57	9.83
不提供研究生学位的私立高级学院	155	13.08	23.36	20.98	30	4.74	19.96	6.29
私立两年制专科学院等	76	3.95	2.35	2.56	9	.82	.34	3.11
学生人数		778,472	101,648	4,996		434,005	20,620	7,012

	五大湖			大平原区		
	院校数量	白人	黑人	其他非白人	院校数量	白人	黑人	其他非白人
公立综合性大学系统	8	48.72	53.08	37.09	5	11.53	4.68	12.52
公立州专科学院系统	14	21.31	15.70	30.79	17	16.91	10.85	2.82
市立和社区学院	1	1.77	1.37	1.07	1	.05	.04	.03
公立两年制专科学院等	14	5.87	8.54	6.05	84	48.58	70.75	50.86
提供研究生学位的私立高级学院	6	16.97	18.26	21.85	62	18.81	11.07	21.00

续　表

	五大湖				大平原区			
	院校数量	白人	黑人	其他非白人	院校数量	白人	黑人	其他非白人
不提供研究生学位的私立高级学院	9	3.96	2.99	2.39	50	3.60	2.17	10.89
私立两年制专科学院等	2	1.41	.06	.76	8	.53	.44	1.87
学生人数		175,800	1,605	1,968		552,153	11,631	16,092

各纵栏之间和地区内部的比较表明，只有在落基山区的各州，黑人大学生上州立大学的比例才跟白人一样。在大多数地区，特别是在五大湖区、南部和西南部地区，州立大学的学生比例中存在着非常显著的种族差异。在南部和西南部地区，州立专科系统中的学校为一半以上的黑人学生提供服务，而白人学生的比例则要小得多；在除了中东部以外的所有其他地区，白人在州立专科系统中的比例都高于黑人。对于这一说法有一条明显的补充说明，即在这些地区，黑人学生必定是集中在其他类型的高等院校中，至少在五大湖区、大平原区和远西部地区出现了一种明显的倾向，即公立两年制专科系统具有承载教育黑人学生这一独特任务的功能。在新英格兰、南部和西南部地区，比起教育白人来，私立院校在教育黑人方面承载的份额相对较重，尤其明显的是，相对于白人而言，黑人更可能集中在那些不提供研究生教育的私人院校中。

6.0
辍学状况

6.1	1960 年人口普查测量的辍学状况	563
6.2	1965 年 10 月期间 16 和 17 岁人口辍学率	575
6.3	1965 年 10 月期间 14 到 19 岁人口辍学率	581

6.1　1960年人口普查测量的辍学状况

每十年一次的人口普查是美国对社会和经济资源的主要清查手段。这份清单上涵盖了人口受教育状况的测量值。从 1830 年到 1930 年，人口普查确定了人口中的文盲比例；从 1940 年到 1960 年，人口普查确定了个人完成的学年数；从 1840 年到 1960 年，人口普查统计了青少年的入学人数。对不同人群的这些信息进行考察，揭示了美国在教育方面的长期改善情况，以及高等级别教育普及到全国所有地区和所有人群中的长期过程。它进一步表明，对不同群体而言，改善的速度是不一样的。

例如，自 1870 年第一次就文盲项目进行统计以来，文盲中的种族差异已经大幅缩小。当时白人中的文盲率是 12%，而黑人中则有 81% 的人不会阅读和写字。在随后的几十年里，两组人群中的文盲率都在降低，差距也开始缩小。到了 1900 年，只有 6% 的白人和 45% 的黑人是文盲；到了 1930 年，这些百分比分别进一步下降到 3% 和 14%；到了 1959 年，根据人口普查局的全国调查，只有不到 2% 的白人被认为是文盲。因此，虽然 1959 年时仍然存在大量的文盲人口（将近 300 万），但是美国已经在扫盲方面取得了很大的进展。

1930 年之后，美国中止了对文盲的调查，一个原因在于，读写能力虽然具备固有的价值，却不再代表充足的教育。美国社会需要人口中的大多数至少接受过初等教育，人口中的很高比例接受过中等教育，外加有数量众多的小众人士接受过高等教育。随着社会的扩张，必将对人口提出进一步的教育要求。在 1940 年人口普查中首次引入的对个人完成学年数的调查旨在测量为满足日益增长的需求，国家在人类教育资源方面的发展。

自 1940 年以来，美国一直在快速发展其人力资本；所有人群都分享了这一进步。但是数据表明，在全国总人口教育水平方面存在的种族差异可能会持续一段时间；过去几十年间，非白人受到的较差的教育培训反映在中、老年人的教育统计数字中。相对于白人同龄人，早已过了学龄的非白人将长期处于教育上的不利地位，哪怕成人教育可以弥补一小部分的不足。

然而，更令人感兴趣的是，年轻白人和年轻非白人的成人教育出现了并行进步的局面。数据显示,年轻的非白人成人中仅接受过少许几年学校教育者比例曾经很高,但在过去的几十年间,这一比例已经大大降低了。现在,几乎所有非白人和白人都已经获得了部分小学教育。在高等教育中,该模式还不太清楚。在 1920 年到 1940 年间,白人和非白人获得的中学和大学教育都有所增加,但白人的增加幅度更大,从而使差距比以前更大。在 1940 年到 1960 年间,情况开始出现转机;在第二次世界大战期间和之后,教育领域发生的变化促使中学和大学教育的获得水平持续上升,比起白人来,更加有利于非白人。到了 1960 年,年轻非白人成年人已经达到了年轻白人成年人在 1940 年的教育水平,差距显然在缩小。

要了解目前教育机会均等工作所面临的情况,我们必须考察目前学龄儿童和青少年的入学统计数字。在这里,人口普查提供了相关信息:(1)学龄人口是否真的入学了;(2)入学儿童在各年级中的升级情况;(3)与入学差异相关的一些社会经济因素。

公众对教育的态度再加上大多数州实行的义务教育法,使 1960 年有 98％的白人小学学龄儿童和 96％的非白人小学学龄儿童都进入了学校(表 6.1.1)。在后义务教育年龄段,非白人比白人更可能辍学。例如,在 16 和 17 岁的人群中,有 82％的白人和 73％的非白人在上学。人口普查统计数字仅涉及正规公立和私立年级制学校的入学状况。但有证据表明,一旦脱离了正规学校,白人比非白人更可能获取其他类型的教育和培训。

表 6.1.1　根据年龄和肤色划分学龄青少年的入学百分比,1910—1960 年

人口普查年份	7—13 岁 白人	7—13 岁 非白人	14 和 15 岁 白人	14 和 15 岁 非白人	16 和 17 岁 白人	16 和 17 岁 非白人
1960 年	97.8	95.9	94.7	90.1	81.9	73.3
1950 年	95.9	93.9	93.6	89.0	75.9	64.3
1940 年	95.5	91.3	91.0	82.2	70.6	52.9
1930 年	[1]96.6	86.3	[1]90.4	77.4	[1]58.9	45.9
1920 年	92.5	76.4	81.5	68.8	43.4	39.6
1910 年	89.4	64.2	77.4	58.7	44.1	36.0

1. 历次人口普查都将墨西哥人归类为"白人",只有 1930 年人口普查例外,将之列为非白人族群。来源:1960 年人口普查,卷Ⅰ,美国概述,表 169;1950 年人口普查,卷Ⅱ,美国概述,表 110;1930 年人口普查,卷Ⅱ,表 7,p. 1096。

在义务教育年龄段，自 1910 年以来，差距已大大缩小。在 1910 年，有大约 89% 的白人小学学龄儿童，但是只有 64% 的非白人小学学龄儿童在上学。在后义务教育年龄段，从 1910 年起，差距先是一直在扩大，因为白人入学率的提高比非白人更为迅速，这个状况持续到 20 世纪 30 年代；在那以后，差距开始缩小，因为对白人和非白人年轻人来说，留在中学读书的趋势已经成为常态。

不幸的是，1960 年的人口普查出版物没有根据年龄和肤色提供美国国内许多地区的入学数据。然而，我们仍然可能进行一些间接的测量。将 1 到 8 年级的儿童数量与人口中 6 至 14 岁的儿童联系起来，可以计算出一个小学的入学比率；将 9 到 12 年级的人数与人口中 14 至 18 岁者联系起来，可以计算出一个中学的入学比率。在每一种情况下，我们都试图将每个年级的入学人数与有资格进入该年级的人口联系起来。在有 1 000 名或以上非白人人口的地区，就可以获得这些根据肤色划分的统计数据。这种间接测量值的主要缺陷在于，按年级的入学人数和按年龄的入学人数并不完全相互对应。[1] 例如，一些 9 到 12 年级的学生年龄在 14 岁以下或 18 岁以上，而一些 14 到 18 岁的人口上的是更低的年级或者是大学。因此，由于年龄和年级间存在的不对应现象，这种对相对入学率的间接测量值是有些偏差的。

在美国，白人和非白人的入学率因县而异、因城市地区不同而异，差异很大（表 6.1.2）。例如，在 1 334 个非白人人口为 1 000 或以上的县里，有大约五分之一的县白人和非白人中学入学率的差异在 5 个百分点之内，还有大约五分之一的县非白人的入学率高 5 个或以上百分点，另外有大约五分之三的县白人的入学率高 5 个或以上百分点。因此，虽然在美国白人的中学入学率普遍高于非白人，但是在很多地区，这两者之间几乎没有区别，而且在数量差不多的地区非白人的入学率更高。

这种按照中学入学状况的种族差异划分的县分布情况在所有地区都很相似，在北部、南部和西部，在以农村为主的县，在收入中间值为 3 000 美元或更高的县，在收入中间值低于 3 000 美元的县，在黑人比例很高的县，以及在黑人比例很低的县，都是这样。

---

[1] 要了解这些对相对入学率的间接测量值的偏颇程度，可以将特定年龄组白人和非白人的入学率关系和 1960 年美国白人和非白人的总体间接入学关系进行比较。7 至 13 岁年龄组的直接入学率白人是 98%，非白人是 96%，而间接小学入学率白人则是 92%，非白人是 95%；14 至 17 岁年龄组的直接入学率白人是 88%，非白人是 82%，而间接中学入学率白人则是 72%，非白人是 63%。因此，看起来，间接中学入学统计数字比间接小学入学率更准确地描述了白人和非白人之间的差异，但是在国家层面看上去很明显的测量值偏差在地方层面则可能出现各种差异。为此，我们必须谨慎地使用间接入学率。

表 6.1.2　美国有 1 000 或以上非白人人口的县里白人和非白人中学入学率差异[1]；根据地区划分，以及根据城乡构成[2]，收入中间值[3]，和县种族构成划分，1960 年

【县分布百分比】

县　描　述	所有非白人人口为 1 000 或以上的县	白人和非白人中学入学率差异		
		白人入学率高 5 个或以上百分点	二者入学率差异不到 5 个百分点	非白人入学率高 5 个或以上百分点
美国	100	61	21	18
东北部	100	63	21	16
中北部	100	55	24	21
南部	100	63	21	17
西部	100	57	19	24
大城市地区城镇县	100	55	28	17
非大城市地区城镇县	100	60	19	21
农村县	100	64	19	17
收入中间值为 3 000 美元或更高	100	55	24	21
收入中间值不到 3 000 美元	100	69	17	14
黑人占县人口 10% 或更多	100	66	21	14
黑人占县人口不到 10%	100	55	22	23

1. 9—12 年级入学人数与 14—18 岁人口比率。
2. 农村县指有半数或以上人口居住在农村地区。
3. 指 1959 年家庭和无亲戚的个人的收入中间值。

在义务教育年龄段，美国人口中所有族裔群体的入学率都很高。在学龄刚开始阶段和在后义务教育年龄段，各族裔群体之间的入学率差异更为明显（表 6.1.3）。美国印第安人儿童、西南部地区的西班牙裔儿童以及黑人儿童，按照这个顺序，比一般儿童更可能延迟入学，直到一个较大的年龄。而日本裔儿童、华裔儿童、其他少数族裔儿童或是第二代或第一代白人儿童，按照这个顺序，比一般儿童更可能于最低学龄开始上学。16 和 17 岁是最先出现大量辍学现象的年龄段，波多黎各裔青少年、西南部地区的西班牙裔青少年、美国印第安人青少年、黑人青少年或在外国出生的青少年，按照这个顺序，是最可能辍学的，而日裔和华裔青少年则是最可能留在学校求学的。

表 6.1.3　根据年龄划分美国特定族裔群体学龄青少年入学百分比，1960 年

族裔群体	5 岁	6 岁	7—9 岁	10—13 岁	14 和 15 岁	16 和 17 岁
白人	45.2	84.1	97.8	97.7	94.6	88.6
本国人	45.1	84.0	97.8	97.8	94.6	88.5
本国出身	44.5	83.8	97.8	97.8	94.6	88.9
外国或混血出身	55.8	88.1	97.7	97.4	94.3	82.3
境外出生	52.7	85.6	97.1	96.5	93.3	77.5
非白人	42.7	79.1	95.9	95.9	90.2	73.8
黑人	41.8	78.6	95.9	95.9	90.0	73.1
美国印第安人	32.3	72.3	91.7	93.4	88.7	69.9
日裔和华裔	68.9	84.4	97.8	97.7	97.3	93.7
其他族裔[1]	65.6	91.5	97.5	97.2	95.2	81.4
白人	64.4		97.8		94.6	88.6
非白人	60.4		95.9		90.2	73.8
波多黎各裔	66.4		94.9		86.7	61.2
西班牙姓氏者[2]	55.6		96.0		88.0	66.9

1. 包括菲律宾人、韩国人、夏威夷人、印度人、爱斯基摩人、阿留申人和马来人。
2. 只在西南部的五个州。
注：波多黎各裔包括白人和非白人；拥有西班牙姓氏者只有白人。
来源：1960 年人口普查，卷Ⅱ，第 5A 部分，表 1；第 1D 部分，表 3；第 1B 部分，表 4。

在读完五年级的年轻成年人中（表 6.1.4），会继续去完成一些中学学业的人，以日裔、华裔和第二代白人比例最高，以波多黎各裔、西南部地区的西班牙裔和美国印第安人比例最低。同样地，在完成了一些中学学业的人中，毕业率也以波多黎各裔、美国印第安人、黑人和西南部地区的西班牙裔最低。

在关岛和美属萨摩亚（表 6.1.5），各个年龄段的白人和非白人的入学率通常与美国本土一致。在美属维尔京群岛，数据也很相似，但对非白人比对白人更有利。在巴拿马运河区，白人的入学率与美国相似，但对非白人而言极低。波多黎各的人口普查未按肤色区分人口，但该地区各年龄段的入学率普遍较低。

表 6.1.4　根据性别和种族状况划分美国 20 到 24 岁留校求学者选定测量值，1960 年

种族状况	读完五年级后上过中学者百分比		上过中学后毕业者百分比	
	男性	女性	男性	女性
美国	86.5	89.8	73.6	73.9
本国出身的本国白人	87.8	91.2	75.3	75.4
外国或混血出身的本国人	90.9	93.7	78.3	81.0
境外出生者	75.9	76.9	75.5	71.0
黑人	74.5	80.8	52.7	56.1
美国印第安人	67.3	68.8	50.4	49.0
日裔	96.5	96.1	88.5	87.4
华裔	92.7	92.9	85.2	84.9
波多黎各裔	61.4	63.3	40.9	47.0
西班牙姓氏者[1]	68.3	69.2	55.8	58.4

1. 只在西南部的五个州。

注：波多黎各裔包括白人和非白人；拥有西班牙姓氏者只有白人。

来源：1960 年人口普查，卷Ⅱ，第 5B 部分，表 1；第 1B 部分，表 7；第 1D 部分，表 6；第 1C 部分，表 19、20、21、22。

表 6.1.5　根据年龄和肤色划分美国边远地区学龄青少年入学百分比，1960 年

边远地区	5 和 6 岁			7—13 岁			14 和 15 岁			16 和 17 岁		
	总计	白人	非白人	总计	白人	非白人	总计	白人	非白人	总计	白人	非白人
美属萨摩亚	12.9	63.6	12.5	89.2	96.4	89.2	89.7	100.0	89.7	77.9		77.9
巴拿马运河区	57.9	75.3	15.5	79.2	96.0	50.0	71.3	93.3	46.4	64.6	86.1	42.8
关岛	42.8	54.5	38.6	96.1	97.4	95.8	95.5	97.7	95.1	81.1	81.6	81.3
波多黎加	29.5	([1])	([1])	83.7	([1])	([1])	64.7	([1])	([1])	47.1	([1])	([1])
美属维尔京群岛	75.5	71.8	76.0	97.0	96.3	97.2	84.6	78.3	85.5	59.6	45.2	61.9

1. 数据不可得。

来源：1960 年人口普查，卷Ⅰ，第 53—57 部分。

随着年龄的增长，在给定年龄的标准年级以下的年级就读的学生比例也在增加，因为那些在特定年龄刚刚被同龄人"甩在后面"的人会加入那些先前被同龄人"甩在后面"的人。非白人比白人更可能出现这种"学习迟缓"情况；非白人的这种相对不利境

况从很小的时候就开始了,并随着年龄的增长而越发严重。在城市地区(表 6.1.7),有 6% 的 9 岁白人男孩和 11% 的 9 岁非白人男孩"学习迟缓";14% 的 17 岁白人男孩和 33% 的 17 岁非白人男孩所在的年级落后于他们的年龄。"学习迟缓"方面的种族差异对女童而言很相似,但没有那么明显;对男童和女童而言,农村地区的差异更为明显。

表 6.1.6　根据肤色和性别划分学生留校求学情况选定测量值,1959 年

肤色和性别	每 100 位 17 岁青少年中高中毕业班学生比例	高中毕业者百分比	升入大学的高中毕业生百分比
男性:			
白人	82.9	84.9	46.4
非白人	62.3	76.0	40.5
女性:			
白人	81.0	91.9	37.4
非白人	60.8	84.4	38.2

来源:人口普查局和农业部经济研究所,系列普查-ERS(p. 27),第 32 项,表 1 和 2,及未公开发表记录。

表 6.1.7　根据肤色、性别和城乡居住地划分,选定年龄段
学生中学习迟缓者百分比,1950 和 1960 年
【学习迟缓指在某一给定年龄的标准年级以下的年级就读】

年龄,肤色,和性别	1960 年 城市	1960 年 乡村非农场	1960 年 乡村农场	1950 年 城市	1950 年 乡村非农场	1950 年 乡村农场
9 岁:						
男性:						
白人	5.7	8.6	7.0	7.8	14.0	15.1
非白人	11.0	21.1	28.4	18.2	39.0	50.5
女性:						
白人	3.9	5.6	4.8	5.3	9.6	10.4
非白人	7.7	16.2	20.2	13.3	30.8	40.6
13 岁:						
男性:						

续 表

年龄,肤色,和性别	1960 年 城市	1960 年 乡村非农场	1960 年 乡村农场	1950 年 城市	1950 年 乡村非农场	1950 年 乡村农场
白人	10.4	16.7	13.3	18.5	30.2	32.4
非白人	23.0	41.5	50.6	42.6	68.2	78.5
女性:						
白人	6.2	10.0	7.6	11.9	20.0	21.1
非白人	15.6	29.8	35.4	31.4	53.4	65.2
17 岁:						
男性:						
白人	13.6	20.2	15.9	20.1	27.9	29.9
非白人	33.1	51.8	60.1	49.0	69.7	81.8
女性:						
白人	8.6	12.3	9.3	12.3	17.5	19.3
非白人	23.3	38.5	44.3	33.8	55.7	70.8

来源:1960 年人口普查,卷Ⅰ,美国概况,表 168;1950 年人口普查,卷Ⅱ,美国概况,表 112。

学习迟缓的程度因州而异,但是在除了夏威夷以外的所有州,非白人的学习迟缓率都高于白人。学习迟缓(表 6.1.8)在日裔和华裔青少年中最少见,在境外出生的白人、黑人和美国印第安人中则更为常见。波多黎各人和西南部地区说西班牙语的人群相关数据不可得。

表 6.1.8 根据种族状况划分美国选定年龄段学生中学习迟缓者[1]百分比,1960 年

种族状况	10—13 岁	14 和 15 岁	16 和 17 岁
白人	8.2	12.5	12.9
本国人	8.1	12.3	12.7
本国出身	8.1	12.4	12.9
外国或混血出身	8.3	11.2	10.8
境外出生	15.6	21.6	28.0
非白人	21.1	30.2	33.3

续 表

种族状况	10—13 岁	14 和 15 岁	16 和 17 岁
黑人	21.6	31.1	34.4
美国印第安人	29.2	41.5	43.3
日裔和华裔	4.9	4.3	6.9
其他族裔[2]	11.2	15.2	17.5

1. "学习迟缓"指某人在其年龄的标准年级以下的年级就读。
2. 包括菲律宾人、韩国人、夏威夷人、印度人、爱斯基摩人、阿留申人和马来人。
来源：1960年人口普查，卷Ⅱ，第5A部分，表1。

在美国国内和所有地理属地，在1950和1960年间，"学习迟缓"现象都出现了明显的下降。这种下降在多大程度上反映了学生以令人满意的方式掌握给定年级教材的能力的提高，以及在多大程度上反映出无论学生能力如何都让学生升级的趋势越来越流行，我们无法从普查数据中得出相关结论。

在刚开始上学的年龄段和在后义务教育年龄段，白人的入学率（表6.1.9）都比非白人略高一点，但是在义务教育年龄段，二者则更加接近。

表 6.1.9 根据年龄、肤色和父母受教育程度划分美国学龄男童[1]入学百分比，1960年

年龄和肤色	总计	父母受教育程度								
		父亲受教育少于8年		父亲受教育8—11年		父亲受教育12年			父亲受过一些大学教育	
		母亲受教育少于8年	母亲受过8年或以上教育	母亲受教育少于8年	母亲受教育8—11年	母亲受教育12年或上过大学	母亲受教育少于12年	母亲受教育12年	母亲受过一些大学教育	母亲没上过大学	母亲受过一些大学教育
5岁：											
白人	45.1	26.5	32.9	32.0	42.3	44.2	42.9	47.8	49.3	52.4	57.3
非白人	41.7	24.8	32.9	37.7	47.8	55.8	48.8	59.4	53.9	58.5	64.2
6岁：											
白人	84.1	67.2	77.0	76.0	82.1	85.1	83.6	86.3	87.5	88.9	91.1
非白人	79.3	70.5	75.7	77.9	83.7	85.3	84.6	90.8	88.1	84.9	90.5
7—9岁：											

续　表

年龄和肤色	总计	父母受教育程度								
		父亲受教育少于8年		父亲受教育8—11年			父亲受教育12年			父亲受过一些大学教育	
		母亲受教育少于8年	母亲受过8年或以上教育	母亲受教育少于8年	母亲受教育8—11年	母亲受教育12年或上过大学	母亲受教育少于12年	母亲受教育12年	母亲受过一些大学教育	母亲没上过大学	母亲受过一些大学教育
白人	98.0	95.5	97.4	96.8	97.7	98.2	97.9	98.3	98.8	98.6	99.1
非白人	96.1	93.9	96.6	95.5	97.3	97.0	96.1	97.8	97.3	96.9	98.5
10—13岁：											
白人	98.0	95.4	97.4	96.5	97.8	98.3	98.1	98.5	98.6	98.7	99.1
非白人	96.2	94.6	96.9	95.7	96.3	97.4	97.2	98.0	97.9	97.4	98.9
14和15岁：											
白人	95.5	87.7	94.1	92.1	95.3	97.0	96.1	97.5	97.5	97.9	98.6
非白人	91.8	88.4	92.9	91.9	93.5	95.9	94.8	95.8	96.7	96.2	97.3
16和17岁：											
白人	86.0	64.4	79.7	75.8	83.8	91.2	89.2	93.5	95.6	94.6	97.2
非白人	78.0	70.7	78.7	78.2	81.8	88.4	82.6	87.8	94.3	89.6	94.0

1. 只包括和父母都住在一起的男童
来源：1960年人口普查，卷Ⅱ，第5A部分，表4

例如，在父母拥有相同受教育程度的5岁和6岁的白人和非白人儿童中，非白人儿童的入学率普遍较高。白人在这些年龄段的总体入学率较高，原因或许在于有较高比例的白人儿童的父母拥有较高的教育水平。

当我们将入学率与家庭收入联系在一起考察时（表6.1.10），发现了一个类似的模式。在特定的家庭收入类别中，种族群体之间的入学率差异消失了。这说明，白人儿童的入学率之所以高于非白人，在很大程度上是由于有为数更多的白人拥有更有利的社会经济背景。

由于普查中采用的是粗略分类，所以不可能对人口中在教育上处于最不利地位的所有子群体进行具体描述，但这些分类的确表明，波多黎各人、西南部地区说西班牙语的人群、美国印第安人以及（在较轻程度上的）黑人的入学率特别低，而且它们证明，在

表 6.1.10 根据年龄、肤色、父亲或母亲受教育程度[1]和家庭收入划分美国学龄男童[2]入学百分比，1960 年

年龄和肤色	总计	受教育少于 8 年				受教育 8—11 年				受教育 12 年或以上			
		低于 3,000 美元	3,000—4,999 美元	5,000—6,999 美元	7,000 美元及以上	低于 3,000 美元	3,000—4,999 美元	5,000—6,999 美元	7,000 美元及以上	低于 3,000 美元	3,000—4,999 美元	5,000—6,999 美元	7,000 美元及以上
5 岁:													
白人	45.1	22.8	29.8	36.7	42.5	33.8	37.3	45.1	49.4	41.0	40.8	47.6	56.5
非白人	42.3	24.0	37.8	43.2	46.2	37.9	51.6	59.1	67.9	45.8	51.3	64.0	67.2
6 岁:													
白人	84.1	64.1	73.5	80.0	82.6	76.8	80.1	84.7	87.0	82.8	82.3	86.2	90.5
非白人	79.1	68.1	77.0	83.0	86.3	78.0	84.7	87.7	90.2	81.4	85.8	88.6	93.0
7—9 岁:													
白人	97.9	95.3	96.6	97.5	97.3	97.0	97.7	97.9	98.2	97.6	97.9	98.3	98.7
非白人	95.9	93.8	96.8	96.3	96.6	96.0	96.3	98.0	97.3	95.9	96.6	97.6	97.8
10—13 岁:													
白人	97.9	95.1	96.8	97.2	97.3	97.1	97.7	98.0	97.9	98.0	98.2	98.4	98.8
非白人	96.0	94.7	96.0	96.4	95.9	96.0	96.3	97.7	96.7	97.1	97.7	97.4	97.3

续表

父母受教育程度和家庭收入

年龄和肤色	总计	受教育少于8年 低于3,000美元	受教育少于8年 3,000—4,999美元	受教育少于8年 5,000—6,999美元	受教育少于8年 7,000美元及以上	受教育8—11年 低于3,000美元	受教育8—11年 3,000—4,999美元	受教育8—11年 5,000—6,999美元	受教育8—11年 7,000美元及以上	受教育12年或以上 低于3,000美元	受教育12年或以上 3,000—4,999美元	受教育12年或以上 5,000—6,999美元	受教育12年或以上 7,000美元及以上
14和15岁:													
白人	95.3	86.3	91.1	93.3	93.7	93.5	94.6	95.9	96.1	96.7	97.4	97.2	97.7
非白人	91.3	88.4	90.5	91.3	92.5	91.4	94.0	94.3	94.0	91.9	96.2	95.3	96.1
16和17岁:													
白人	85.1	63.0	70.8	75.7	77.4	78.5	83.1	85.3	86.2	90.4	91.2	92.3	94.4
非白人	76.5	71.0	73.2	73.7	74.1	79.1	81.0	79.4	82.5	83.0	85.2	87.2	88.4

1. 如果数据可获得,则采用父亲受教育程度;否则,采用母亲受教育程度。
2. 只包括和一名或两名家长住在一起的男童。
来源: 1960年人口普查,卷Ⅱ,第5A部分,表5。

美国的一些特定地区,学校入学率的种族差异比其他地区更为不平衡。

更重要的是,人口普查统计只提供了学校教育领域质的差异的最小指示。通过年龄和年级的关系可以看出,入学的非白人在升级时比白人更可能进展缓慢。但人口普查数据没有提供教育质量的测量值,而这却是教育机会的一个重要元素。学校教育的内容和质量正迅速成为当今教育的首要考虑因素。我们有必要从人口普查以外的来源查询这些信息。在人口普查中,有许多可能导致入学率差异的因素都没有得到确认。从人口普查数据中,我们注意到家庭社会经济因素随着入学率差异有相应的变化,但是我们没有其他文化因素的测量值,如宗教、使用的语言、同辈群体的影响、对正规教育的态度、教育计划和期望以及对辍学理由的看法等。

6.2 1965年10月期间16和17岁人口辍学率

我们根据青少年的一些特征考察了美国人口普查局(CPS)的1965年10月现时人口调查数据,其他方的研究表明,这些特征都与入学状况有关。一部分考察结果已经写入本报告的第一部分(报告概要)。

在来自天主教家庭的儿童中(表6.2.1),辍学率为6%;在来自非天主教家庭的儿童中,辍学率是12%。种族或性别差异似乎并不会导致这种差异,因为在白人天主教青少年和白人非天主教青少年的男性和女性中,都存在着大约5个百分点的差异。黑人天主教徒人数太少,无法在黑人中进行天主教和非天主教的比较。然而,有趣的是,我们进一步注意到,男性天主教徒和非天主教徒之间6个百分点的差异跟女性之间(4个百分点)的差异是始终一致的,与此同时,黑人和白人非天主教青少年之间(5个百分点)的差异跟男性(4个百分点)和女性(7个百分点)之间的差异也是始终一致的。

为了进一步探讨黑人与白人在这一方面的差异,我们将父母职业和宗教放在一起考虑,分析了两个种族和两种性别的辍学率(表6.2.2)。可以看出,在职业和宗教的四个联合类别中,辍学率最低的(约0)是来自天主教白领家庭的16和17岁青少年;其次(4%)是来自非天主教白领家庭的;再次(9%)是来自天主教非白领家庭的。而且,我们可以进一步看到,在每一个社会经济地位的小类别中,与种族差异相比,由性别导致的差异很小。然而,在家庭的四种社会经济和文化背景水平范围内研究辍学率的种族差异是特别困难的,因为黑人在除了非天主教非白领家庭以外的所有家庭类别中数量都很少。在非天主教非白人家庭这一类别中,我们前面提到的5个百分点的差异似乎减少了,无论是两种性别一起看(3个百分点),还是单看男性(1个百分点)或是女性(3个百分点)。

表 6.2.1 全美国根据性别、种族和宗教划分 16 和 17 岁
非大学生人口入学状况,1965 年 10 月

【数字单位:千。当基数低于 50 000 时,不显示百分比】

入学状况和宗教	总计	两种性别总和		男性		女性	
		白人	黑人	白人	黑人	白人	黑人
天主教							
16—17 岁非大学生人口总数	1,795	1,764	31	938	14	826	17
已入学:							
私立学校	438	433	5	207	0	226	5
公立学校	1,187	1,168	19	646	11	522	8
未入学:							
中学毕业	60	60	0	32	0	28	0
非中学毕业	110	103	7	53	3	50	4
未入学率[1]	6	6		6		6	
非天主教							
16—17 岁非大学生人口总数	4,866	4,122	744	2,063	358	2,059	386
已入学:							
私立学校	150	129	21	74	11	55	10
公立学校	4,011	3,420	591	1,717	288	1,703	303
未入学:							
中学毕业	134	123	11	34	2	89	9
非中学毕业	571	450	121	238	57	212	64
未入学率[1]	12	11	16	12	16	10	17

1. 指"未入学、非中学毕业生"占"16—17 岁非大学生人口总数"的百分比。

表 6.2.2　全美国根据性别、种族、宗教和户主职业划分 16 和 17 岁
非大学生人口辍学率，1965 年 10 月

【数字单位：千。当基数低于 50 000 时不显示百分比】

未入学率，户主职业和宗教	总计	两种性别总和		男性		女性	
		白人	黑人	白人	黑人	白人	黑人
天主教，白领：							
16—17 岁非大学生人口总数	603	597	6	329	3	268	3
未入学率[1]	0	0		0		0	
非天主教，白领：							
16—17 岁非大学生人口总数	1,462	1,420	42	752	28	668	14
未入学率[1]	4	4		5		3	
天主教，非白领：							
16—17 岁非大学生人口总数	1,192	1,167	25	609	11	558	14
未入学率[1]	9	8		8		9	
非天主教，非白领：							
16—17 岁非大学生人口总数	3,404	3,702	702	1,311	330	1,391	372
未入学率[1]	15	14	17	16	17	14	17

1. 指"未入学、非中学毕业生"占"16—17 岁非大学生人口总数"的百分比。

总之，对于黑人和白人青少年而言，他们所能获得的教育机会是有差异的（反映在辍学率上），而且这些差异的存在与其性别无关。然而，对于分别来自地位低的家庭和地位高的家庭的青少年以及分别来自非天主教家庭和天主教家庭的青少年而言，他们所能获得的教育机会也存在着重要的差异。而且，如果将种族差异与家庭社会经济和文化背景这类差异放在一起考察的话，它们往往就消失了。这表明，比起其他因素来，黑人与白人在辍学方面的差异可能更多是由有关辍学的社会经济和文化差异造成的。但是在试图得出这一推论前，有必要考虑一下社区因素可能对辍学率造成的影响。

青少年所居住社区的一个重要特征是其人口密度。在本次调查涉及的 670 万名 16 和 17 岁的青少年中，大约有一半人居住在城市化地区（即大城市及其周边的城市

边缘地区),另一半人则居住在非城市化地区(表6.2.3)。在居住在城市化地区的青少年中,辍学率为8%;在居住在非城市化地区的青少年中,辍学率是12%。因此,辍学与一个人所居住的地区类型有关。然而,由地区类型导致的这4个百分点的差异似乎还受到青少年种族身份的影响,因为非城市化地区的白人辍学率比城市化地区高5个百分点,但城市化地区的黑人辍学率则比非城市化地区要高1个百分点。

表6.2.3 全美国根据性别、种族、地区类型划分16和17岁非大学生人口入学状况,1965年10月

【数字单位:千】

入学状况和地区类型	总计	两种性别总和 白人	两种性别总和 黑人	男性 白人	男性 黑人	女性 白人	女性 黑人
大城市地区							
16—17岁非大学生人口总数	3,291	2,846	445	1,532	219	1,314	226
入学者:							
私立学校	428	411	17	213	9	198	8
公立学校	2,498	2,150	348	1,190	167	960	181
辍学者							
中学毕业	99	94	5	36	2	58	3
非中学毕业	266	191	75	93	41	98	34
辍学率[1]	8	7	17	6	19	7	15
非大城市地区							
16—17岁非大学生人口总数	3,370	3,040	330	1,469	153	1,571	177
入学者:							
私立学校	160	151	9	68	2	83	7
公立学校	2,700	2,438	262	1,173	132	1,265	130
辍学者							
中学毕业	95	89	6	30	0	59	6
非中学毕业	415	362	53	198	19	164	34
辍学率[1]	12	12	16	13	12	10	19

1. 指"未入学、非中学毕业生"占"16—17岁非大学生人口总数"的百分比。

这种地区类型和青少年种族身份之间的相互作用在男性中特别明显。居住在城市化地区的白人男性的辍学率为 6%，而居住在非城市化地区的则是 13%——城市化地区占有 7 个百分点的优势。居住在城市化地区的黑人男性的辍学率为 19%，而居住在非城市化地区的则只有 12%——非城市化地区占有 7 个百分点的优势。然而，对于女性而言，这种相互作用似乎并不存在。在女性这里，无论是白人还是黑人，非城市化地区的辍学率都高于城市化地区，而且在这两种地区，黑人的辍学率都比白人高出约 8 个百分点。因此，虽然非城市化地区的辍学率一般都高于城市化地区，但对黑人男性而言，情况恰恰相反——城市化地区的辍学率反而高于非城市化地区。

为了对 6 项变量对辍学的影响形成一个更为全面的认识，我们针对由这 6 个二分变量的联合类别形成的 64 个亚组，计算出比先前所讨论过的更为具体的比例（表 6.2.4）。然而，由于某些类别中的 16 和 17 岁的非大学生人口数量非常小，所以，当计算比例的基数小于 50 000 时，我们就没有报告辍学率，因为在这种情况下计算出来的比例存在太大的抽样误差。虽然在 64 个类别中有 34 个没有获取辍学率数据，无法进行比较，但是对其余 30 个亚组进行的考察揭示了一些有趣的模式。

表 6.2.4　16 和 17 岁非大学生人口辍学率

【数字单位：千。当基数低于 50 000 时不显示百分比】

宗教，户主职业，地区类型和居住地区	男性 白人 总计	男性 白人 百分比	男性 黑人 总计	男性 黑人 百分比	女性 白人 总计	女性 白人 百分比	女性 黑人 总计	女性 黑人 百分比
天主教								
白领：								
城市化地区：								
北部和西部	174	0	2		146	1	1	
南部	46	1			28	2		
非城市化地区：								
北部和西部	90	2			85	0		
南部	19				9			
非白领：								
城市化地区：								

续 表

宗教,户主职业,地区类型和居住地区	男性 白人 总计	男性 白人 百分比	男性 黑人 总计	男性 黑人 百分比	女性 白人 总计	女性 白人 百分比	女性 黑人 总计	女性 黑人 百分比
北部和西部	337	6	4		306	9	6	
南部	40		5		26		4	
非城市化地区:								
北部和西部	195	10			185	6		
南部	37		2		41		4	
非天主教								
白领:								
城市化地区:								
北部和西部	324	4	5		254	3	3	
南部	116	2	18		73	3	5	
非城市化地区:								
北部和西部	193	7			208	2	4	
南部	119	6	5		133	7	2	
非白领:								
城市化地区:								
北部和西部	402	13	113	23	358	6	141	16
南部	93	10	71	17	123	30	64	13
非城市化地区:								
北部和西部	439	11	10		514	10	21	
南部	377	25	136	14	396	20	146	19

我们首先对除种族以外所有特征都相同的亚组进行了比较。这样,就可以回答以下这个问题了:当其他特征的影响保持不变时,在入学率方面是否存在始终一致的种族差异?显然,答案是否定的。虽然只有12个亚组拥有足够大的基数,允许进行种族间的比较,但是在这些配对的亚组中,有3对亚组(其归类依据是北部和西部城市化地区的①男性或②女性非天主教、非白领人士,和南部城市化地区的③男性非天主教、非

白领人士)中的黑人辍学率高于白人。而在余下的三对亚组(其归类依据是南部非城市化地区的①男性或②女性非天主教、非白领人士,和南部城市化地区的③女性非天主教、非白领人士),白人的辍学率高于黑人。很显然,在这些数据中没有任何证据表明,当我们将其他因素纳入考虑时,黑人或是白人的辍学率会始终比较高。

就居住区域而言,有 10 个亚组在其他所有特征方面都是相同的。在由此进行的 10 项比较中,有 5 项显示西北部地区青少年的辍学率较高,有 4 项显示情况正好相反(余下的一项是并列)。因此,就种族而言,似乎并没有任何可以主要归因于居住地的始终一致的辍学率差异。在地区类型(在 13 组可能的比较中有 6 组显示,城市化地区的辍学率较高,但在其余 7 组中,则是非城市化地区的辍学率较高)和性别(在 15 种比较中,有 9 组的结果有利于男性,6 组的结果有利于女性)方面,我们也必须做出类似的结论。

但是对于某些青少年的特征而言,似乎存在着始终一致的差异。有 24 个亚组可以在除了户主职业以外的所有特征上匹配,在由此进行的所有 12 对比较中,结果都显示来自地位较低家庭的青少年人群辍学率也比较高。同样地,有 16 个亚组可以在除了天主教或非天主教以外的所有特征上匹配,在由此进行的 8 对比较中,有 7 对都显示非天主教青少年人群的辍学率比较高。因此,在剔除其他变量可能产生的混淆效应后,我们发现,始终与毕业前辍学的决定有关联的因素既不是 16 和 17 岁青少年的个人特征(如性别或种族),也不是与其社区有关的特征,而是环境因素。然而,尽管居住地区并不总是与辍学率差异相关,有两项重要的比较需要特别注意:在可以进行可靠估测的类别中,1965 年 10 月观察到的最高辍学率发生在北部和西部城市化地区的黑人中,以及南部非城市化地区的白人中。

6.3　1965 年 10 月期间 14 到 19 岁人口辍学率

在这一节中,我们用稍许更为详细的方式对更广泛的青少年群体(年龄在 14 至 19 岁间)中这些因素与入学状况的关系进行了考察,并且考虑到一个额外的变量,即家中使用的语言。

除了被考察的年龄组有所改变,本节中有关辍学的测量值与前一节略有不同,因为那些没有注册在校和非中学毕业生者都被归入未从中学毕业的年龄组中,作为该组别总人数的一部分百分比得到体现。由于本节和前一节中计算辍学率时使用的分母不同,所以辍学率的数值大小多少会有所不同,但不同人群间的辍学率差异情况应该是相同的。

在14到19岁的青少年(表6.3.1)中,犹太教徒的辍学率最低(1%),新教徒比天主教徒更高(分别是10%和7%),没有宗教信仰的最高(16%)。男女的这项比率一般大致相同,但是未入学的女童比例往往略低于男童。

表6.3.1 全美国根据性别、宗教、种族和户主职业划分
14到19岁人口辍学状况,1965年10月

【单元格内的数字指辍学的非中学毕业生百分比。当基数低于50 000时不显示百分比】

性别和户主职业	总计[1]	新教			罗马天主教			犹太教	其他宗教	无宗教
		总计	白人	黑人	总计	白人	黑人			
两种性别(总计)	12	10	9	15	7	7	8	1	8	16
白领	5	4	4	15	2	2		0	3	3
非白领	16	12	12	15	10	10	11	3	9	23
男性(总计)	12	11	11	14	8	8	8	0	9	15
白领	4	5	5		2	2		0	3	
非白领	15	14	14	15	11	11			12	20
女性(总计)	13	9	7	16	6	6	7	1	6	15
白领	5	3	2		1	1		0	4	
非白领	16	11	9	15	8	8			7	23

1. 包括未报告宗教信仰者。

对数据进行更细致的研究后发现,在说明因宗教而产生的差异时,社会经济背景是一项重要的解释因素。在来自白领家庭的青少年中,辍学率从犹太教徒的0到新教徒的4%不等。在没有宗教信仰的白领背景的青少年中,辍学率只有3%。在来自地位较低家庭的青少年中,辍学率较高,而且宗教人群间的差异依然显著。辍学率最低的仍然是犹太教徒(3%),新教徒比天主教徒更高(分别是12%和10%),没有宗教信仰的最高(23%)。因此,虽然宗教差异的趋势是相同的,不因青少年的社会经济背景而改变,但是在所有的宗教人群中,辍学率在很大程度上是地位较低阶层中的现象。

辍学率的宗教差异并不视宗教群体的种族构成而定。虽然在新教徒和天主教徒中,白人的辍学率都比黑人低,但是新教徒和天主教徒在辍学率方面的差异现象在白

人和黑人中都存在。然而,黑人新教徒的辍学率特别高。

在家中只使用英语的青少年和家中有时会使用另一门语言的青少年中,辍学率差异并不十分显著(分别是8%和9%,表6.3.2)。但是,当青少年的家中主要是使用一门非英语语言时,其辍学率就高得出奇(20%)。在白领和非白领家庭的男孩和女孩中都可以看到这一差别。

表6.3.2　全美国根据性别、家中使用的语言和户主职业划分14到19岁人口辍学状况,1965年10月

【单元格内的数字指辍学的非中学毕业生百分比。当基数低于50 000时不显示百分比】

性别和户主职业	总计[1]	只使用英语	总计	使用其他语言	
				大多数时间	有时使用
两种性别(总计)	12	8	12	20	9
白领	5	3	2	7	1
非白领	16	11	15	22	12
男性(总计)	12	10	13	19	11
白领	4	4	3		1
非白领	15	13	16	19	14
女性(总计)	13	7	11	22	6
白领	5	2	2	4	1
非白领	16	9	14	25	8

1. 包括未报告家中所使用语言者所占的一小部分百分比。

7.0
学校种族融合的案例研究

7.1	信息匮乏	587
7.2	少数族群儿童的表现	593
7.3	小社区遵行种族融合法律的情况	598
7.4	旨在实现小学种族平衡的自愿转校计划	603
7.5	初中阶段废除种族隔离和重新划分学区	610
7.6	高中阶段的种族平衡计划	619
7.7	某职业学校中的种族隔离状况	627
7.8	综合性大学与废除学校种族隔离的关系	633

以下所有案例记录都摘自对个体城市和社区的全面报告，由律师、教育者和社会学家专门为本次调查撰写。在每一种情况下，我们在这里使用它们的目的不是为了表明某一社区中学校废除种族隔离工作的整体状况，而是为了阐明在社区学校系统内的某一特定问题或解决方案，它们具有典型性，会出现在别处类似的情况中，因此可能提供有用的指导。因此，我们的意图不是评价某一特定的城市或学校，而是通过具体的例子来说明一些更为普遍的问题，成千上万其他地区在努力适应学校废除种族隔离制度的新纪元时，也正在遭遇这些问题。

7.1 信息匮乏

在某些社区，由于缺乏关于少数族群儿童和少数族群教师数量、他们的所在地和流动性的信息，从而使对教育公平的评估变得困难。例如，在一座城市里，自从实行自由转学计划以后，并没有记录学生的种族情况，因此对该过程的任何评价都只能是主观的。有时候，教育总监、校长和地方教育董事会回应称，种族记录本身是一种种族歧视的标志。

下文描述了"种族人数统计问题"和对寻求解决办法的回应，来自关于旧金山的报告：

至少在表面上看来，如果人们想与种族失衡作斗争的话，那么正确的做法是从确定它的程度开始。大多数对该问题感兴趣的城市早就在这么做了。尽管有一种法学观点认为政府的所有活动都应该不问肤色，但大多数律师可能都不会将这一原则应用于纯信息项目。最起码，所有人都会承认，如果人口普查局完全不问肤色的话，那么在为减少事实上的种族隔离进行规划时，事情会比现在困难得多。

旧金山对种族人数统计问题的第一次讨论或许是发生在 1962 年 3 月 6 日举行的

教育董事会会议上,当时教育总监提交了关于事实上的种族隔离的报告的第一部分。尽管他也承认,学校分区地图上的普查数据有叠加现象,没有在学校中按人头进行统计那么准确,但他说:"我觉得这大体上足以让董事会了解本地的种族分布状况。"教育总监接着指出,如果董事会希望获得比他所提供的更具体的信息,那么就必须下令他进行种族人口调查。学校系统并没有保存有关学校种族构成的任何数据,而且教育总监认为,教师们并没有从种族的角度去考虑儿童们;"……这就是为什么我很不情愿亲自去按照种族对学校里的孩子们进行统计。"董事会主席则对教育总监的说法提出异议,他表示:"我认为在某些情况下,对于研究而言,(进行种族人口调查)是一种可取的做法。"然而,这次会议并未就该问题做出进一步决定,于是这个问题又沉寂了一段时间。

除了在一次特设委员会会议上进行过一些没有定论的讨论外,整整过去了两年多,在学校中进行种族人数统计的可能性才再次获得认真考虑。在此期间,政府接到了不下数十次请求,但是当局断然拒绝收集关于任何一所学校种族构成的数据。接着,在1964年4月7日的教育董事会会议上,教育总监第一次就此问题发表了完整的声明:

> 在我的记忆中,这个董事会从未采取过在学校中进行种族人数统计的政策。……在进行过种族人数统计的城市中,没有任何迹象表明,这可以阻止白人从那些城市迁移到郊区去。……一旦开始进行那种统计,在那个社区中、在那所特定的学校里就会有人因为这种做法而感到学校被降格了,因此他们感到最好让他们的孩子离开那所学校。注意了,这就是所发生的事情。关于事实上的种族隔离,我跟你们有着同样的想法。我不喜欢学校中存在的事实上的种族隔离。我不喜欢它,但是犯两个错误并不能给我们正在谈论的特殊情况带来一个正确的结果。现在,如果董事会下令在学校里进行种族人数统计,我们会照办的。但教师们并没有从种族的角度去考虑孩子们。然而有人却要求教师们从种族的角度去考虑孩子们。如果要进行统计的话,我很不想逼迫教师们去确定孩子们是什么种族。我宁愿去问家长,因为到目前为止,教师们从来没有必要去考虑某个孩子是什么种族。

作为回应,全国有色人种协进会(NAACP)的代表描述了他们的组织在进行人数统计时遇到的问题：

让我来告诉你们撇开学校去进行这项工作会遇到的问题。如果你走进一所学校，来到校长面前，说："我是全国有色人种协进会教育委员会主席。我想统计一下您这所学校里有多少名黑人儿童。"你会遭到校长的反对。如果你站在外面说："我想让一位统计员数一下有多少黑人儿童走进了学校。"那么你就始终有触犯法律的危险。这是地方教育董事会的人告诉我的，我绝对没在瞎编。

在于1964年4月21日举行的接下来的一次董事会会议上，讨论在继续，辩论更加激烈。席间，争取种族平等大会（CORE）的一位代表一开始就要求进行一次种族人数统计，称"我们总是可以玩玩数字游戏的"，但是很显然，除了董事会主席以外，所有董事会成员无一例外都站在教育总监一边，反对进行任何种族人口调查。尽管如此，董事会还是开始回心转意了。当本地的NAACP分会教育主席在鼓吹种族人口调查时，一名董事会成员问道：

让我们假设，比如说，我们知道本杰明·富兰克林学校的全体学生中有90%是黑人儿童……假使我们已经确定了这一点，那么接下来要做什么？

NAACP教育主席回答道：

接下来我们总还有其他中学的种族构成需要进行确定，然后，如果我们从学区划分的角度进行考虑，为了降低这种不平衡，我们或许可以减少直属学校的数量，但我们首先得知道我们的孩子们在哪里，然后才能那么做。

董事会成员回答说：

好吧，您从现实的角度看到我们可以做两件事。在这个问题上，我们既可以保持沉默，不与对方进行交流，也可以进行相互探讨。

当被问及："如果有个孩子带着一份问卷回家，需要家长签字指明这个孩子的出身,你认为我们的公民会对我们做出什么样的回答?"NAACP 教育主席指出:"我认为您再次提起了一个子虚乌有的话题,没人说过要这么做。"这时,董事会主席也加入了讨论:

哦,我倒是认为,那不失为一个进行种族人数统计的诚实办法。我不知道从法律的角度来看,我们有什么权利根据种族来统计孩子们的人数,而且还背着他们的父母,不去问问父母们是否愿意我们这么做。

NAACP 主席本以为他已经听到过所有反对种族人数统计的理由了,听到这话还是不由大吃一惊。然而,他宣称:

我们正在应对一种社会现实,一方面大家愿意对之采取行动,但另一方面却不愿意对之进行观察。既然您提到要采取一种诚实的行动方式,那么我想知道,分发一份关于你是什么种族的调查问卷到底诚实在哪里?它怎么就格外诚实了?

接着,有人提出了另一条反对理由——这座城市中的种族人口变化太大,必须进行频繁的人数统计。NAACP 主席否认了这一观点,他承认说,虽然"我认为偶尔需要进行一次重新统计,但有很大的可能",我们并不需要做得太过频繁。当一名董事会成员问道:"您打算如何着手进行种族人口调查?"NAACP 主席尖刻地回答道:"先生,您只需要看看他们,然后在纸上做个记号就行了。"他进一步解释道:

要知道,就算你弄错了一两个孩子的种族身份,也不会有太大误差。如果你吃不准,那就猜一下,不管你猜他是什么种族,你都很可能是对的,因为那就是别人对待他的方式,我认为种族人口调查将是相当准确的。

这时,董事会主席问他是否主张去问孩子本人,NAACP 主席说:"不,我就是看一下,然后在纸上做个记号。"另一位董事会成员插道:"弄错几个孩子的身份没有太大关系。我们可以在休息时间开车过去,在误差不超过百分之二或三的情况下对学校的种族构成进行评估。"然而,NAACP 主席认为这样的统计多半不准确,非常耗时,还会引发"很多歇斯底里的事件"。对此,一位董事会成员反驳道:

您的观点是,不进行一次真正的人数统计我们就无法实现那个目的,而我的看法我先前已经说过了,我知道东部地区有两座城市已经不再进行人数统计,因为当他们开始之后,城里的少数族群人数就增加了。

接着,他将话锋转到他后来声称是他反对种族人口调查的主要理由上——这会吓跑白人家长。

他们停止统计人数是因为他们觉得这是在宣扬某种东西,而这正是我担心会在这座城市里发生的事,也就是宣扬学校的种族构成。如果一所学校里有太多的少数族群成员,有些人就会认为那里的教育质量不太理想。所以,如果我们向公众宣传这些学校有这样的种族构成,我觉得就会像我在第一份报告中所说的那样,我们是在给那些学校打上不好的烙印。今晚我本不想在这里跟大家谈及此事,除非你们试图对这样的学校进行改进。要知道,我们对它们进行宣传,会让更多的人因为觉得附近的学校不好而试图搬离那些社区。在这座城市里,对很多学校而言,局面无法得到纠正,除非我们有计划地用校车接送孩子,将白人从一些社区中接出来,并将黑人从另一些社区中接出来,进行交换。

鉴于教育总监对于向公众透露以及(正如他先前所坚决主张的)进行种族人口调查持这样的看法,所以不到两个月后,在1964年6月16日举行的董事会会议上发生的事颇令人惊讶,大家接到报告说——

由于中央办公室和实地行政人员之间保持着密切联系,所以人事关系办公室通过各分支机构获得了关于(所有学校)种族构成的可用的估测。

也就是说,种族人口调查已经进行过了,现在唯一的问题就是董事会是否允许将之公开。在这件事上再一次出现了显著的延宕。该部门屡次接到要求获得关于学校种族构成数据的申请,但却一直不予批准,直到1965年2月9日,一位来自建筑行业工会和旧金山少数族裔学徒公平机会组织的代表向董事会指出——

为了正确地开展工作,我们必须知道少数族裔学徒的准确数量……我们已获悉,旧金山学区确实拥有该信息……(虽然我们)写了信,并且……收到了非常有礼貌的回复,但是就我们所希望获得的信息而言,该答复并没有提供太多有用的信息。

然而,事实证明,教育总监在原则上并不反对透露这一信息。他的问题仅仅是,种族人口调查并不涵盖学徒班,于是他断言:"我想如果你们去学校看一看,就能获取信息,只要你们别去做让学生排队点数、扰乱课堂和其他诸如此类的事情。"

两个月后,在 1965 年 4 月 13 日,教育总监出现在董事会面前,要求准许他与一项即将对旧金山学校系统展开的调查进行合作,该调查由加利福尼亚州公平就业委员会发起,旨在对关于黑人教师受到歧视的指控做出回应,他还要求与市长的人权委员会合作,后者正在调查城中的所有公共雇员,以确定少数族群是否在就业方面获得了公平待遇。这一回没有人对"从种族的角度进行考虑"提出反对意见,毫无争议地,教育总监的请求获得了许可。

1965 年 8 月 3 日,教育总监终于屈服,请董事会同意公开政府所掌握的学生种族人数数据。现在,董事会参与了若干不同的调查,其中包括两项独立的由美国教育厅主持的调查;一项依据《民权法案》第六条的调查,以回应一个 NAACP 分会的投诉;以及一项依据《民权法案》第五条的调查——也就是本调查;此外,还有更多的调查正在成形。对教育总监而言,很显然,无论他对公开这一人口统计数据怎么看,它迟早会被公布的。因此,他声明:

现在董事会的种族政策已经实施了 2 年,而且有大量迹象表明,我们本可以采取更多措施在不同学校间促进学生的种族融合,很显然,旧金山统一学区在此问题上的立场和程序要想获得充分重视,就必须让公众了解存在于各自学校内的种族融合情况。

因此,教育总监提请董事会审议以下决议:

决议:由教育总监按学校逐一公开发布旧金山统一学区全体学生的种族人口调查数据。

7.2 少数族群儿童的表现

有效评估少数族群儿童教育公平状况的真正障碍之一是，很少有社区进行过系统性测试，对学术表现及这些儿童对教育的态度进行过评估的就更少了。然而，对教育质量的评估既要依据教育结果，也要依据校舍的年龄和师生比数据。计划进行这一评估的城市可以参考一份指导资料，即在伊利诺伊州埃文斯顿镇进行的学生信息调查：

1964年，第65学区研究测试部主任收集并分析了136名黑人儿童的"能力"与"成绩"数据；这些儿童在小学阶段曾连续就读于中心小学、杜威小学、福斯特小学或诺伊斯小学。对照组由132名白人儿童组成，他们在同一阶段连续就读于两所白人小学。从学前班到七年级，将七种不同的计量标准进行关联和组合，最后精简成为标准九分评分制。对埃文斯顿镇公立学校整体人群理论上的正常预期如下：4%为1分（低分）；7%为2分；12%为3分；17%为4分；20%为5分；17%为6分；12%为7分；7%为8分；4%为9分（高分）。这相当于典型的钟形曲线。而对两组人群的实际研究结果则出现以下方式的不同：

分数 （九分制）	九分制理论 预期百分比	黑人分数的 实际百分比	非黑人分数的 实际百分比
9	4	1	2
8	7	1	7
7	12	4	15
6	17	5	19
5	20	12	25
4	17	19	18
3	12	23	9
2	7	22	4
1	4	13	1

1965年，他根据1964年在学前班、一年级和二年级的学生中进行的测试编辑了第65学区儿童的测试数据。下面的第一张表格显示了1964年5月对第65学区学前班学生进行的"大城市地区准备情况测试"中"高风险"和"低于正常"者的数量。"高风险"被描述为"在正常教学条件下失败的几率很高"，非常有必要继续在学前班学习，或是被分配到慢班，或是针对其个人情况布置作业。"高风险"的操作性定义是，在阅读准备情况部分，满分66分，低于33分；在数字准备情况部分，满分24分，低于5分。"低于正常"被描述为"在一年级学习中可能会有困难，应该被分配到慢班并获得更多针对其个人的帮助"。被归入此类的孩子分数如下，在阅读准备情况部分，得分为33—46分；在数字准备情况部分，得分为5—9分。

表7.2.1　大城市地区准备情况测试，1964年5月

学校	参加测试的学前班儿童数量	"高风险"百分比 阅读准备情况参加测试儿童百分比	"高风险"百分比 数字准备情况参加测试儿童百分比	"低于正常"百分比 阅读准备情况参加测试儿童百分比	"低于正常"百分比 数字准备情况参加测试儿童百分比
中心小学	56	5.5	12.5	28.0	28.0
学院山小学	70	0	0	8.5	5.7
道斯小学	83	2.4	1.2	14.5	15.7
杜威小学	110	12.7	10.0	30.0	25.4
福斯特小学	141	6.4	5.0	42.5	31.9
黑文小学	55	0	0	16.4	14.5
林肯小学	90	1.1	0	8.9	3.3
林肯伍德小学	70	0	1.4	0	0
米勒小学	49	0	4.1	12.0	12.2
诺伊斯小学	72	6.9	9.7	19.4	8.5
奥克敦小学	135	2.9	1.5	13.3	5.9
奥林顿小学	61	3.3	1.6	13.1	3.3
木岭小学	57	1.8	0	14.0	7.0
沃克尔小学	72	0	0	9.7	6.9
华盛顿小学	107	3.7	4.7	15.9	14.0
威拉德小学	88	1.1	0	9.1	3.4
总计	1,217	3.7	3.6	19.2	13.5

在除了两种情况之外的所有情况下，五所种族融合或黑人学校都等于或超过了整体人群的"高风险"和"低于正常"的平均值。在除了三种情况之外的所有情况下，11所白人学校均等于或低于整体人群的平均值。请注意，如果没有进一步的资料说明有多少学生在阅读和数字两项测试中都被归入"高风险"或"低于正常"类别，那么我们就不能确定被归入这两个类别的学生总数。

在1964年的4月和5月，所有的一年级和二年级学生分别接受了"大城市地区成绩测试"和"斯坦福成绩测试"。下面的表格展示了各学校在各自测试的一个项目上的结果。这些数据表明了哪些学生最需要"特别关注"。关于应该用哪个年级来说明这种需求，测试开发人员的选择显然是武断的。1963年秋季，同一批二年级学生接受了智商测试。每所学校中智商为85或以下或是智商被判定为"不可靠"的人数和百分比也值得注意。

学校	1年级，大城市地区成绩，阅读理解，1964年 参加测试人数	需要特别关注者百分比	2年级，斯坦福测试，单词学习技能，1964年 参加测试人数	需要特别关注者百分比	2年级，智商85或更低百分比，1963年
中心小学	39	2.6	52	11.5	13.5
学院山小学	74	2.7	66	1.5	3.0
道斯小学	65	4.6	74	1.4	2.7
杜威小学	94	5.3	94	10.6	13.8
福斯特小学	153	9.1	138	7.1	17.4
黑文小学	61	0	41	0	0
林肯小学	91	3.3	90	1.1	3.3
林肯伍德小学	71	0	76	4.0	2.6
米勒小学	53	3.8	51	3.9	3.9
诺伊斯小学	45	0	40	2.5	10.0
奥克敦小学	121	1.7	116	1.7	.9
奥林顿小学	51	1.9	48	0	0
木岭小学	66	0	78	0	1.3
沃克尔小学	62	0	66	1.5	1.5
华盛顿小学	81	7.4	73	0	4.1
威拉德小学	79	2.5	83	3.6	1.2
总计	1,206	3.4	1,186	3.5	5.7

表格中的数据基本上证实了基于准备情况测试对每所学校做出的预期。在几乎全部但并非全部情况下，种族融合和黑人学校的成绩都表明，它们需要获得高于平均水平的特别关注。有趣的是，虽然福斯特小学二年级的低智商人数比杜威小学多，但其在单词学习技能方面需要特别关注的学生比例反而较小。而在一年前的阅读理解测试中，情况却正好相反。更有趣的是，福斯特小学二年级学生中智商为 85 或以下的人数比例低于全国人口的平均值，后者的标准值为 20%。

我们可以从这种早期预警数据中推导出第 65 学区黑人和白人儿童在成绩潜力方面的差异，而埃文斯顿镇中学的 60 名白人和 60 名黑人高中生的档案资料有力地证实了这一推论。我们在完整展示该资料的同时还对中学学区进行了配套研究。而来自该研究的一项信息此刻足以证明我们的观点。随机抽取的 60 名白人学生在中学共修读了 238 门优等生课程。而在 60 名黑人学生中，总共只有一人修读了总共一门优等生课程。两个种族中的这些儿童大多数一直在第 65 学区的学校就读。当然，这些优等生课程统计数据与种族或者是种族融合及黑人小学的教育质量之间的关系是成问题的。一个重要的事实就是，埃文斯顿的黑人也好，其他地方的黑人也好，他们遇到的不仅仅是肤色问题。虽然就国民收入而言，黑人可能拥有下层中产阶级的地位，但是在埃文斯顿，他们的社会经济地位仍然是非常低的。

当然，要想对地位观念和态度的问题进行量化是有风险的。第 65 学区已经在这个方向做出了一些努力，其结果的价值微乎其微，但至少值得报道。1964 年，一对来自西北部地区的研究生应特别成立的跨文化关系公民委员会的要求，对 6 年级学生进行了一次态度调查。他们向 1 021 名 6 年级学生分发问卷，了解他们的教育志向、对学校的看法以及对跨文化关系的态度，并且将他们的回答与社会经济地位和种族相互关联。每个儿童社会地位的确定都是基于父母所受教育和职业的一个标准指数。84% 的黑人儿童和 15% 的白人儿童属于社会经济地位低下群体。这样一来，每所学校的整体社会水平就与全体学生的种族构成密切结合起来。杜威小学和福斯特小学的六年级学生在一个层面上形成了一个特征鲜明的群体，从那里一直往上，最后就是拥有最高地位的全白人学校。对于大多数但不是全部问题而言，各社会阶层之间以及黑人和白人之间的回应差异相对较小。

地位低的黑人和白人对教师的认同度都高于地位高的白人或黑人，后者对父母或朋友的认同度相对更高。然而，所有学生都是对父母的认同感最强。几乎所有学生都说，对他们的父母和他们自己而言，获得高分是很重要的。然而，黑人儿童较少和父母谈论有关学校的事。地位高和地位低的黑人都从成绩优异的学生那里感受到更多不利的同龄人压力。此外,他们比白人更重视竞技体育和学校生活中其他非学术方面的因素。两个社会阶层中认为自己的学校比同城其他学校好的黑人(大约37%)都少于白人(大约56%)。然而,很少有学生(约4%)认为自己的学校没有达到平均水平。在对"有多少时间你是真的喜欢上学?"这个问题的回应上,不存在实质性的差异,在所有组别中,都有84%到88%的成员回答"一半以上时间"。地位高的白人和黑人觉得(分别为94%和88%)要想过上更好的生活,仅有中学学历是不够的,而地位低的白人和黑人(分别为84%和81%)则紧随其后。然而,在预测自己会学到什么程度时,只有64%的高地位的黑人和73%的低地位的黑人认为他们会在读完中学后继续学业。另一方面,有92%的高地位的白人和72%的低地位的白人预期自己将在读完中学后继续学业。在所有的组别中,说希望在读完中学后继续学业的人数都超过了真正被预期会这么做的人数。在回答是否认为"让所有种族和背景的儿童在一起上学是个好主意"时,每个组别中都只有5%的学生回答"不",只有地位高的黑人组例外,其中有8%的学生说"不"。

1964年,第65学区研究测试部还对缺勤率进行了研究,其总体调查结果比较令人感兴趣。种族融合学校中的黑人儿童的缺勤率比种族隔离学校中的白人或黑人都低。在三个组别中,种族隔离学校中的白人儿童缺勤率最高。不幸的是,调查中没有获得种族融合学校中白人出勤率的数据。缺勤率研究中的一项附属发现显得有趣而重要。第65学区的黑人儿童比白人儿童更可能留在他们所在的那个学校系统和学校中。在第65学区,由快速转校带来的所有教育方面的后果和影响并不是一个令人担心的重要问题。

最后,我们应该提一下纪律的问题。有没有任何迹象表明学校之间在学生的破坏性反社会行为方面存在着差异?本调查要求所有学校的校长就此撰写评论。我们很难在答案中找到一种模式。在大多数学校中——包括黑人、白人和种族融合学校——都没有出现任何有一定严重性质的问题。早年,全黑人学校经历过一段砸窗玻璃的时期,但现在则没有什么重大问题存在了。在过去的5年中,只有一所种族融合小学报告称情况越来越困难。有一所初中10年来做了个粗略统计,表明有反社会行为的黑人儿童比例明显要高得多。这一信息来源和其他数据都显示,黑人女孩的违规频率非常高。然而,必须非常明确地指出,从所有资料来看,目前存在的纪律问题性质都很轻微,以至于用这一小节来对其进行描述几乎不可避免会夸大它们的性质。诸如武装袭击、恶意破坏财物以及有必要开除出校的行为在该地区几乎不存在。

7.3 小社区遵行种族融合法律的情况

南部和北部的许多大城市地区正朝着恢复种族隔离制度的方向发展,尽管地方教育董事会和市政府在努力扭转这种趋势。在大城市里,种族居住地集中化巩固了社区学校的种族隔离模式,与此同时,许多白人家庭已经搬迁到了郊区,还有一些家庭则让孩子脱离了公立学校系统,让他们去私立和教会学校就读。另一方面,在北部和南部的小城镇和中等规模地区,则正在一定程度上废除学校中的种族隔离做法。

在世世代代实行完全学校种族隔离制度的南部诸州,许多学校系统中出现了遵行种族融合法律的迹象。然而,对开放招生的强调和自由选择计划往往导致先前的白人学校对黑人进行象征性的招生。某些学校系统在某些年级实行种族融合,在其他年级则不然,但这些学校系统选择在中学而不是小学实行种族融合,这往往进一步减少了选择转校的黑人人数,因为他们不愿意在临近毕业时承担额外的风险。

在一座隐匿了真名的密西西比小镇的报告中,对遵行种族融合法律的趋势进行了描述。

一直故意拖延的公立学校董事会已经到了不得不加快步伐向废除种族隔离制度靠拢的时候。……目前的规则已经变成了:开始得越晚,享有的过渡期就越短。(J. 麦纳·威斯顿法官,美国联邦第五巡回上诉法院,1965 年 6 月 30 日,密西西比州杰克逊市。)

毫无疑问,到目前为止,法律干预对于发生在密西西比州的象征性的废除种族隔离运动而言至关重要。然而,该州的各个学区对于《1964 年民权法案》中的教育条款采取了两种截然不同的立场。一种立场是等待法院的实际命令,不管这是出于蔑视法律,还是出于惰性,还是出于担心当地白人的报复。不用说,这一立场在密西西比州是最普遍的。有些学校系统仍然在等待;另一些县,如巴尤县,则成为法院命令的受害者,不仅毫无准备,而且最后期限就在眼前。但是,第二种立场则完全不同。一些学校系统决定未雨绸缪,而不是等到不得不做出反应的那一天。里弗城就是其中之一。

早在 1965 年 2 月,里弗城教育董事会就宣布,将主动制定一份废除种族隔离计划递交给美国教育厅。一位地方教育董事会成员是这样解释这一决定的:

> 我们的确可以将废除种族隔离拖延一段时间,但不可能拖得很久,而且,这也意味着我们将得不到联邦基金的资助。而这些资金对于一个学校系统的好坏来说能造成天壤之别。我们对于好学校有着长期的承诺,我们不会放弃承诺。当然,对这个决定存在着不满,但也有支持。本市的日报支持这一决定,当地白人中学的学生报纸也支持这一决定:
>
> "(该决定)是朝着改善种族关系方向迈出的重要一步。……如果学校实行种族融合政策,届时这将考验里弗城中学的全体学生是否足够成熟。我们必须向公众表明,里弗城不会变得混乱无序,而是会为密西西比州的其他地区做出表率。"

然而,决定提交一份计划是一回事,制定计划本身则是另一回事。细节必须经过地方教育董事会成员之间以及整个社区内部的广泛辩论。有四名黑人得到董事会的接见,他们认为,完全种族融合可以一蹴而就,这并不比任何较为渐进的过程更加困难,后者包括一个"每年融合一个年级"的计划。董事会认为他们的逻辑并不靠谱。最终,在五月份,董事会提交了一份计划,这份计划甚至没能满足教育厅的要求,即先在四个年级中废除种族隔离,一、二年级单独在秋季废除种族隔离。董事会希望第一年只在一、二年级中废除种族隔离就足够了;它制定的目标是用 5 年时间在所有 12 个年级中完全废除种族隔离。董事会的理由是,密西西比州的种族状况使这种做法情有可原,鲁莽行事可能导致暴力冲突,使整个计划中止。当地报纸对这一理由表示赞许。一篇社论认为这项提议明智而谨慎,但却是一次向前迈进的勇敢之举:

> 此时此刻在南部诸州,地方教育董事会不需要软弱的人,也不需要那些仍然相信在这个地方发出一声刺耳的吼叫就能让联邦政府的城墙轰然倒塌的人。

无论如何,在教育厅做出决定之前,董事会便着手实施方案。在一、二年级废除种族隔离的途径是"自由选择"。也就是说,城里的每一名一年级和二年级学生都可以任意在城里选择任何一所小学就读,不管那以前是全白人还是全黑人学校。在五月末留出了两天时间用来进行注册登记。学校官员们十分紧张。注册登记本身是否会引发种族事件？黑人会不会蜂拥至白人学校申请注册，从而在日后引发白人的指责？对学生的重新分配——无论是白人还是黑人——会不会扰乱新学年的预算、教师配置和设备分配计划？对所有这三种引发焦虑的问题，答案都是"不"。

据有关人士说，注册工作进行得"顺利"而"高效"。一位当地的黑人领袖报告说，接到过几个来自白人的电话警告他说，如果黑人完全放弃他们以前的学校的话，就会有麻烦。但除此之外，就没有任何声音了，现场也没有发生意外。这部分是因为一位警察局长只允许家长、学生和官员进入该地区，部分是因为申请加入白人学校的黑人人数远低于许多人的预期。人们所担心的雪崩没有到来，最多只能算是涓涓细流。里弗城朝着废除种族隔离方向迈出的第一步虽有些踌躇，但却是主动的，令城里的白人领袖很满意。五月份过得波澜不惊，这为接下来九月份的工作开辟了一条通途。

但是，千真万确，"五月到九月是一段极其漫长的时光"。关于联邦政府是否会接受已经实施的先在两个年级中废除种族隔离的计划，反馈还远不能令人放心。六月下旬出现了一些不祥的征兆。接着，美国联邦第五巡回上诉法院下令，密西西比州杰克逊市的学校必须完全遵行联邦教育厅对 1965 到 1966 学年的要求，于 1965 年在四个年级中废除种族隔离，并且在 1967 年秋季前在全部 12 个年级中完全废除种族隔离。这比里弗城主动计划采取的速度要仓促得多。尽管如此，根据《民权法案》第四条的规定，很显然，单是司法部就可以采取行动，使法院的决定迅速延伸至里弗城。拖延战术已不再可行。地方教育董事会主席指出：

《民权法案》的关键条款与第六条及获得联邦基金的资格无关。关键在于第四条，它规定司法部长本人可以立即采取法律行动强制服从。杰克逊市的先例在几个月内就会降临到我们头上。如果我们对不祥之兆视若无睹，那是很愚蠢的。为什么不去读懂它，并且接受附带的联邦基金呢？……我们的选择其实是，是要在接受联邦援助的情况下服从法律，还是要在没有联邦援助的情况下服从法律。

至此，地方教育董事会撤回了原先提交的方案，并提交了一份扩展版方案，完全遵行教育厅和法院判决的要求。将废除种族隔离行动从小学 1、2 年级扩展到 7 年级和 12 年级，也就是在初中和高中各包括一个年级。为什么偏偏选择这些年级？里弗城教育总监是这样解释的：

我们觉得,既然我们打算废除种族隔离,那就应该把事情办好。让12年级的黑人学生有机会在学校的最后一年参与废除种族隔离行动,这似乎很公平。而让初中生参与废除种族隔离行动似乎也很公平,因为他们迟早会接触到这一切,既然如此,迟不如早。我们决定继续在小学1、2年级中废除种族隔离,这是因为他们已经在春季进行过注册登记了。而且,小孩子们又知道什么白人、黑人的?我们一直认为在小学推行这个是最容易的。

现在可以肯定的是,学校管理层避免采取如下策略,即将所谓"不受欢迎的学生"集中在一两个年级或学校里,将他们与其他白人隔离开来,然后用特别严厉的手段进行管理;甚至可以肯定,教室里的座位是按照字母顺序等手段排列的,为的是避免同一个种族的学生聚集在一起。而另一方面,在采取所有这些做法时,地方学校官员仅仅是满足了教育厅的要求,但却可能邀了太多的功。就这样:

在1965至1966学年中,废除种族隔离行动将扩展到覆盖至少四个年级;这些年级中必须包括小学一年级和其他任何一个更低的年级、中学的一年级和最高年级,如果采取初高中制度的话则必须包括初中的最低年级……

除了一处例外,里弗城的废除种族隔离行动都遵行了上述明确要求。在1、7和12年级中废除种族隔离是明文规定的。由于里弗城没有公立学前班,所以它不必在"其他任何一个更低的年级"中实行种族融合。不过,要注意的是,里弗城并没有在10年级(或高中一年级)中废除种族隔离,而是选择在高中二年级这么做。这主要是因为里弗城已经在高中二年级中实行了"自由选择"注册制度并做出了承诺。里弗城在若干处利用了教育厅指南后来的一个条款,这里就是其中一例。该条款指出,在"特殊情况下",不同模式的废除种族隔离做法是可以接受的。

与此同时,选择在1、2、7和12年级中推行该政策对里弗城的黑人而言似乎是相当合理的选择。八月下旬是第二次注册期,1年级和2年级学生再次获得自由选择权,而7年级和12年级学生则是第一次获得这种机会。再一次,没有发生任何意外事件。整个过程进展顺利,只除了一样,即学校管理人员忙成一团,要努力跟上16所不同学校中的学生最新分布变化情况。然而,就跟在五月份时一样,选择入读白人学校的黑人数量很少。到第二次注册期结束时,1、2、7和12年级的黑人学生中只有不到十分之一,也就是1 500名黑人学生中只有147人选择去白人学校上学。更有甚者,在这最初注册的147名黑人学生中,实际上只有135人在开学第一天去了白人学校报到,而到了一月份,在这135名报到入学的学生中已经只剩下120人了。

这里有两个不同的问题。第一个问题是,黑人在白人学校中人数很少;第二个问题是,最初进入白人学校的十分之一的黑人学生随着时间的推移人数在减少。黑人家长和领袖们对于注册期并没有什么意见;针对他们进行了充分的宣传,白人地方教育董事会和白人管理人员都没有在自由选择的道路上设置任何障碍。更重要的是,学校官员并没有在学期开始后趁机把黑人学生送回黑人学校。教育总监本人对此说道:

新学年伊始,就有几个黑人学生想更改自己的注册选项,回到黑人学校去。想象一下,如果我们让大约6 000名学生都拥有这一特权会出现什么情况!

实际上,这可能导致又一个注册期,而我的部门和我的职员都吃不消了。于是我们断然拒绝道:"兄弟,是你自己选择了上白人学校,现在不管你说你想不想去,你都必须去。"我才不管学生的皮肤是什么颜色——白色也好,黑色也好,紫色也好,橙色也好——我又不是在经营一家教育自助快餐馆。

黑人学生人数的减少部分要归因于一个地区的地理流动性,即黑人家庭正迅速搬离该地区。但另一个原因仅仅是关于适应的简单问题。许多黑人学生被潜在的学术和(或)社会障碍吓倒了。这些学生中有的人干脆彻底辍学。在1954年最高法院判决出台后不久,密西西比州就废除了该州的义务教育法。现在,根据州教育总监的估计,密西西比州有多达22 000名学龄儿童有意避开了向他们提供的教育。这一情况固然很糟糕,但对于废除种族隔离本身而言,却可能起到一种促进作用。许多潜在的"麻烦制造者"从一开始就与学校环境格格不入,如今则被允许彻底脱离学校系统。

不管是什么原因,总之到目前为止,几乎没有出现什么麻烦。这是各种各样受访者的共识,其中不仅包括学校管理者和教师,也包括激进的民权运动领袖、黑人家长、白人公民以及据称是美国三K党联盟在当地分会的首领。所有人都承认,对于事情进行得如此顺利感到惊奇。所有人都表示对于对方种族的行为感到满意——不论是白人还是黑人。

7.4 旨在实现小学种族平衡的自愿转校计划

公立学校小学阶段的种族隔离比高年级更为严格。在大城市，小学在传统上根据社区划分来布置作业。因此，居住地种族隔离现象往往导致在北方大多数城市中建立起种族隔离的小学系统；在南方也一样，在那里，事实上的种族隔离正在取代法律上的种族隔离。

各种社区一直努力想办法在保留社区学校的同时实现更高的种族平衡。校车接送制度、配对、重划学区、合并以及许多其他策略都已经被尝试过。许多都失败了，另一些则取得了至少部分的成功。康涅狄格州纽黑文市采取有力行动解决这个问题：在初中阶段尝试配对政策，以实现强制性种族融合，在小学阶段则实施自愿转校计划。自愿转校计划的核心意图号称是为了缓解过度拥挤现象，但它间接实现了更大的种族平衡，因为人满为患的都是黑人学校。然而，随着学校盖起新校舍，这一废除种族隔离的间接刺激将不复存在。在纽黑文，转学计划比在许多其他社区更为行之有效，这是因为学校领导的投入、积极上门就转学进行游说、为转学者提供交通便利、教师的合作、教室里不同族裔的混合分组，以及其他因素。

最初的计划规定，学生可以申请在指定"集群区"内一组小学中的任意一所入学，对该申请的批准将依据可提供的入学名额、对种族平衡的影响和某些未说明的教育因素；在特定学校"目前已登记入学"的学生将获得优先考虑；必要时会提供校车接送。《七月七日报告》中的条款并未标榜要采用全部原计划——或者甚至是所有规定了例外情况和限定条件的部分。相反，它声称只采用指定的"后续行动计划"。然而，不言而喻的是，关于被采用的"行动计划"，接下来并没有一个完整的计划陈述。例如，原计划中包含了一份每个"集群区"中所包括的小学名单以及十个附加的解释性段落。而《七月七日报告》却只是用以下说法对之加以取代：

> 从1964年9月开始，各小学将根据原提案中提出的相同边界被规划到各个学区中去。居住在特定学区的家长可以选择将孩子送到学区内的任何一所小学——前提是学校仍有名额。这将是一个严格意义上的自愿计划，目前已就读于某所学校的儿童如果愿意的话，可以选择留在该学校。

小学学区和为每个学区服务的学校集群划分如下：

第 1 学区——比彻小学，爱德华兹小学，艾维小学，胡克小学，林肯小学

第 2 学区——奇弗小学，克林顿小学，康特小学，洛弗尔小学，劳埃德小学，斯特朗小学，温彻斯特小学，伍尔西小学

第 3 学区——黑尔小学，杰普森小学，昆尼皮亚克小学，罗斯小学，伍德沃德小学

第 4 学区——鲍德温小学，巴纳德小学，德怀特小学，斯克兰顿小学

第 5 学区——戴伊小学，金伯利小学，普林斯小学，杜鲁门小学，韦尔奇小学

第 6 学区——布伦南小学，戴维斯小学，埃奇伍德小学，谢尔曼小学，西山小学

"根据原提案中提出的相同边界"划分学区以及区区一个段落的说明文字，是否意味着所有未明确纳入报告或重述的细节都被摈弃了？例如，报告中略去了种族平衡标准，这是否表明董事会已经以沉默的方式放弃将之作为一个相关标准？这一结论似乎是不合理的。当地方教育董事会成员和前教育总监在 1964 至 1965 学年末被问及相关问题时，非常肯定他们采用了原方案。与此同时，他们对所实施的计划非常熟悉，而我们很快就会指出，该计划与原计划在若干方面有所不同。在这里，为了简单起见，我们将假定，除了经过明确修改或更改的地方，所有实质上被采纳的计划都是被完整采纳的。因此，本报告中将假定，董事会所采用的正是最初的计划。

但是，实际执行的计划与原计划文本几乎没有什么相似之处。根据原计划的管理方案，我们应该预期，会按部就班地向每位小学生的家长提供某些必要的基本信息，以便他们为子女选择想上的学校，这些信息包括学区内的学校名单、申请分配到学区内任何学校的权利以及选择不转校的权利，然而这些并没有发生。相反，某些学校被专门挑选出来作为转出学校；这些学校中的儿童被允许选择留下或是转校，在大多数情况下，只能转到一所指定的学校去；被指定的转出学校和转入学校并非一律属于同一个"集群区"；只有 5 年级和 6 年级学生（后来又覆盖到他们的兄弟姐妹）拥有一些选择权；学校系统中的大部分学生都没有获得任何选择权，包括许多在非白人注册学生高于 50%的学校就读的黑人学生。

原计划看上去的确是保留下来了，但是却渐渐退居其次。甚至有报告称，一些转校案例是学生根据原计划采取的主动行为，但这些报告都不能确定相关学校的名称，以及转校生的数量和种族。据了解，原计划的所有选项仍然存在，但却没有人做出任

何努力向儿童或他们的家长传达这一事实。显然,很少有人了解被采纳的最初集群方案。唯一获得强调的是学校的名额使用情况,而这最初仅仅是转校的一个考虑因素。

我们无法肯定地指出究竟发生了什么事,但是看起来原先的重点在计划实施过程中不经意被转移了。看起来,根据要求,教育总监办公室制定了一份具备空余名额的学校的名单,此外,还有一份过于拥挤的学校的名单。目前我们尚无法确定,但很有可能这是一份精心选择而非包罗一切的名单,而且种族平衡在选择学校的过程中起到了一定作用。看起来,鲍德温小学,一所以黑人为主且学生数量严重不足的学校,从未被指定为转入学校;而在伍尔西小学,一所以白人为主且学生数量严重超员的学校就读的儿童,似乎从来没有获得过转到任何其他学校的选择权。但是我们很难根据任何种族标准来划分其他一些被包括在内和被排除在外的学校。例如,希尔地区拥有转校特权,那里的黑人在所有学校中的注册比率至少为18.4%,最多则不超过57.5%。而在另一方面,斯克兰顿小学的儿童则没有得到任何转校特权,尽管那里过于拥挤,1963年底大约有62.6%的黑人注册入学。

之后,当家长们被告知他们可以选择后,计划出现了第二个变动,即家长们没有获悉所有具备空余名额的学校的名单(或是在他们的集群区内所有具备空余名额的学校的名单),他们只被告知了一所特别指定的学校。这可能是由于在许多情况下,负责对家长们进行指导的志愿工作人员们自己对此也不是完全了解;也可能是因为有意识地决定对家长们简化计划说明。另外,这第二个决定就跟第一个一样,显然旨在让文书工作和校车时间安排变得更高效,它把家长们的选项减少到了两个(转校或是不转校)。

在实践中,发生的情况如下:转出学校的校长们被告知有空余名额的学校,并被指示去通知家长选择留在原校或是转到其中一所学校。校长们将该信息传达给家长,作为一种一般形式的沟通,之后却几乎没有收到任何反馈。接着,至少在艾维、林肯和温彻斯特地区,展开了打电话、上门拜访的宣传活动,与这些学校的儿童家长们进行逐个联系。最终,有足够数量的父母选择了转校,将他们的孩子送到另外一所学校,以缓解狄思威尔—纽沃维尔地区这三所学校人满为患的状况。希尔地区内部也有一些转学的选项,由于七年级和八年级学生转到了初中,所以杜鲁门小学和普林斯小学的学生数量严重不足。但是这些选项没有被采用。在希尔各地区的案例中,种族平衡并未成为一个重要因素,当地也没有做出很大努力去征集转校生。因此,结果就是,所有转出学校都是以黑人为主的学校。

　　随着计划的推进，大约有280名学生从艾维、林肯和温彻斯特小学转到了位于城市西部(韦斯特维尔)的戴维斯和埃奇伍德小学，以及位于城市东部各个地段的胡克、爱德华兹、克林顿和伍德沃德小学。这些学生原先有超过一半就读于温彻斯特小学，现在，其中的一些五年级和六年级学生转到了费尔黑文地区的克林顿小学和位于东滨地区的伍德沃德小学，还有一些五年级学生转到了戴维斯小学，一些六年级学生转到了埃奇伍德小学。剩下的转校生分别来自艾维小学和林肯小学，数量大致相等。原艾维小学的五年级和六年级学生转到了胡克小学，原林肯小学的五年级和六年级学生则转到了爱德华兹小学。随着学年的推移，由于各种原因导致了一些个人的变化，如儿童或家长感到不满；出现适应问题，或是在转入学校遇到了特殊困难等。此外，还有较年幼的儿童获准跟哥哥姐姐上同一所学校。艾维、林肯、胡克和爱德华兹都被分配到同一个集群区，因此，涉及这些学校的转校情况与计划中的模式相一致。相比之下，温彻斯特小学的儿童所转入的学校除了克林顿小学外，都不在它的集群区内。对此的简单解释是，在执行计划的过程中，学区的概念被忽视了。然而，也有可能温彻斯特小学被作为一个特例对待。它是一所非常大的黑人学校，注册的黑人学生数量庞大，并且该校位于市中心。在种族不平衡报告的各份草案初稿中，该校被从一个区换到另一个区，甚至还被考虑过作为不属于任何集群区的一个部分存在。最终，他们好像就是这么做的。不幸的是，关于这种变化没有任何解释被记录下来，因此，我们并不清楚这是不是有意为之。

　　自愿转校计划受到了广泛的批评，被指责毫无成效，甚至具有欺骗性。有人认为它将所有的负担——包括由费用和主动采取行动所产生的负担——都加在黑人儿童及其家长身上，而黑人是最难以承受这些负担的，而且自愿转校计划经常被白人儿童当成一种逃跑的途径，不然他们原本是必须上一所黑人学校的。这些因素在纽黑文似乎都存在，但却有着非常重要的限定条件。

　　的确，纽黑文市的计划无疑是将大部分不便加诸黑人儿童身上。他们必须乘坐校车、花额外的时间上学，并承受适应一所陌生学校、新教师和新同学的主要负担。最后一项负担因以下情况而变得更为严重，即那些转校生在所转入学校的所有学生中只是一个相对较小的少数种族，这一事实似乎与董事会所认可的情况相抵触，即在种族融合的学校里，应该做到彻底的融合。然而，至少在他们的特定班级里，转学儿童拥有一种相对较好的种族平衡环境。黑人群体并不急于承担这些额外的负担，但尚不清楚这种不情愿是不是由缺乏主动性造成的。从受访者们一致表达的观点来看，黑人家长本能地反对用校车接送年幼的孩子，这似乎与白人家长的本能反应没有区别。他们不喜欢让年幼的孩子远离自己；他们不喜欢为了送孩子们上学而起得更早；他们不喜欢准备午餐盒；他们不喜欢乘坐校车会带来的潜在危险——不管那是想象的还是真实的危险；他们不喜欢——这一点或许尤其重要——将自己的孩子送到一个陌生的或许不友好的环境中。因为由其中一些或者是所有这些因素导致的忧虑，许多黑人家长更愿意将他们的孩子送到熟悉的"街区"学校。许多家长愿意由"校车接送"他们的孩子，但没有任何迹象表明，这是因为他们不在意这些不利因素。这显然是因为，出于合理的或不合理的理由，总体而言，这些不利因素似乎是可以接受的，为的是让孩子获得种族融合教育。但是，要想理解种族融合这一微妙的问题，就必须理解某种希望"脱离"这种体验的态度。这种态度以如下断言为特征："黑人已经厌倦了承担种族融合的全部重负。"这一断言似乎是在说，美国的理想应该是实现种族融合，但仅仅以牺牲黑人为代价来接受种族融合，这根本就不是在接受种族融合。因此，这一观点表达了一种更深层的沮丧和辛酸。

尽管有上述的不情愿和不便，但是仍然有足够数量的儿童选择从温彻斯特、林肯和艾维小学转出去，从而减少了这些学校中人满为患的现象，并且为转入学校提供了一些种族融合班级。毫无疑问，转校生的数量在很大程度上是积极征召的结果。据一些报告称，某些过于热心的征召者在上门宣传时没有讲明孩子们可以选择留在先前的学校中。

也许，对于实际实施的计划是否取得成功，最好的测试就是第二年选择转校的儿童数量。有报道称，人们对该计划普遍不满，有人断言说，第二年不会有任何人选择转校。但另一方面，也有截然相反的报道。在本报告撰写时要下定论还为时过早，但现在看来，届时将再次出现相当数量的转校生。然而，由于在来年具体选项会发生很大变化，所以我们无法进行直接比较。对艾维和林肯小学的儿童而言，选择将非常相似，只除了两个例外。第一，除了五年级和六年级外，四年级也将获得转校特权。第二，艾维小学的儿童将被允许转到比彻、谢尔曼以及胡克小学，林肯小学的儿童将可以转到洛弗尔以及爱德华兹小学。温彻斯特小学的转校生数量将急剧减少。从该校转到戴维斯小学的16名五年级学生将被允许留在那里读六年级。此外，温彻斯特小学的15名四年级到五年级或者是六年级的学生将被允许转到埃奇伍德小学。

温彻斯特小学的儿童将不再有任何转到伍德沃德或克林顿小学的选项。在某种程度上,这些改变显然是基于学校空余名额及需求的变化。随着戈夫街上开了一所新学校,温彻斯特小学将不再那么拥挤。伍德沃德小学的名额需要用来缓解昆尼皮亚克小学的拥挤现象。另据非官方报道,这些变化其实是对学生和家长愿望的非正式反映。例如,这些报道指出,将伍德沃德和克林顿小学排除在温彻斯特小学转出学生的转入学校名单之外,是符合温彻斯特小学的学生及家长意愿的。这些报道还表示,在那些最直接的参与者看来,该计划的其他方面是成功的。他们认为,如果提供的转校选项的数字是准确的,则它们都会得到实施。

纽黑文学校系统内部的许多观察人士认为,自愿转校计划是成功的。他们总是主动提及这项计划,而不是初中配对计划,认为它是这个或那个耀眼成功案例的源泉。自愿种族平衡计划自然而然地比初中计划更为成功,关于这一结论,没有任何人提出过异议。

该计划与初中计划最相似的地方在于,两者中都存在着一些相同的、普遍的紧张感。此外两者都存在着类似的校车接送问题、陌生感以及在学术成绩方面的可泛化差距。但是两者间的差异似乎更显著。就连紧张感显然也是更多地集中在初中。小学儿童比较年幼,受成人态度的牵累较小,而且可能也不太容易产生心理负担。毕竟,他们还不是真正意义上的成熟青少年,而初中学生则不然。此外,5年级和6年级是自愿转校的,而7年级和8年级则是强制转校。初中计划的典型特征是,许多班级中存在种族隔离现象,但这并没有出现在小学中。在小学,有一些抱怨源自能力差异以及对种族模式化观念的强化,但是由于进行了种族混合分班,环境更为易变,从而减轻了这些不利因素的影响。这方面的实例有,黑人和白人儿童会在课堂上配对、共同学习。虽然没有支持该说法的文件记录,但也有人说转校生中有很多学业成绩提高的例子。学生间形成的亲密友谊偶尔会见诸报道;放学后一些学生还会去新朋友家附近玩耍。毫无疑问,后面所列举的都是孤立事件,但是如果没有董事会的计划,它们也就不会发生。类似的情况可能也在初中发生过,但却没有出现在报道中。或许教师的态度对小学阶段的情况有所帮助。这并不是说,他们一致赞同该计划,但他们也远非一致不赞同该计划。一个简单的事实是,只有一所特定学校的极少一部分教师受到了直接影响,这或许也对事情有所帮助。这个年龄段的黑人儿童穿着得体、彬彬有礼,这一现象是如此醒目,几乎到了令旁人尴尬的地步。然而,此类表面因素显然帮助他们作为一个整体从教师那里获得了更为有利的反应。

这中间出现一些混乱场面是在所难免的。事后看来,在 1964 年 11 月以前,转校生都要乘坐校车回原学校吃午餐,这似乎是一件难以置信的事情。但是,举例来说,温彻斯特小学提供热午餐,埃奇伍德或戴维斯小学则不提供,然而热午餐对家长而言是——或者说似乎是——一个重要的因素。这段额外的校车往返旅程不仅意味着要花更多时间在路上,而且也会强化转校生作为外来访客的身份特征。好在热午餐计划最终被放弃了,用转入学校的冷午餐计划取而代之——也就是说,由学校照看孩子们吃从家中带去的午餐。但这又引发了另一个不同的甚至更为荒唐的问题。转入学校先前并没有什么冷午餐计划。这一创新首先引发了一些生气的抗议,因为该计划早先已经被否决了。接着,它又导致来自转入学校所在地区儿童的超额申请。最终问题是通过只允许"本地"上班族母亲的孩子这么做加以解决的。

根据其实施情况看,纽黑文计划具有某些特征,使其成为自愿计划的一个典范。首先,它是一个强有力的计划,因为转校生可以享受校车接送。也许更重要的是,纽黑文市不遗余力地征集转校生,并告知他们转校带来的好处。在具体实施时,该计划则有一个特殊的优势,即大大简化了所涉及的选项。

此外,实际实施的计划可能比原计划进行了更好的谋划,以改善种族平衡状况。因为最后只有黑人学生比例超过 90% 的学校被指定为转出学校,白人学生比例超过 90% 的学校被指定为转入学校,从而将加剧种族失衡的可能性最小化。事实上,艾维小学的校长报告称,该计划导致大量白人儿童决定选择转校,数量之多足以使黑人学生的集中程度变得更高。但是实际产生的差异只有一个百分点,在一所一开始就有 89% 非白人学生的学校里,这一点差异似乎无关紧要。能够向胡克小学的五年级和六年级增加一些黑人儿童,并且让艾维小学的黑人儿童能够自由地转出种族隔离学校,与这些相比,那一点差异更是毫无意义。

的确,根据所实施计划的条件,如果所有白人儿童都离开转出学校并且没有任何黑人儿童离开转出学校的话,那么就会对种族平衡产生重大不利影响。这会使留下的儿童于在校期间完全失去与白人儿童接触的机会。不能保证这种情况一定不会发生,但是工作人员在征集转校生时对此保持警觉,从而防止了这种现象。当然了,说到底,是董事会和学校管理人员的奉献精神使该计划得以奏效。

作为一种废除种族隔离的手段,该计划最重要的缺陷就是,它似乎取决于转入学校的空余名额数量以及转出学校的人满为患程度。一旦纽黑文市完成当前的学校建设计划,一般来说,它就将不再具有人员不足和超员的学校了。即使在那之前,也不能保证以白人为主的学校会有空余名额，或者以黑人为主的学校会人满为患。正如先前已经指出的，计划执行的第二年在减少种族不平衡方面似乎远不如第一年有效。至少部分是由于名额使用方面的变化，在 1965 到 1966 学年，温彻斯特小学里有权从一所以黑人为主的学校转出去的儿童数量大大少于前一年。在纽黑文市的自愿计划中，还有一个较小的但却依然重要的缺陷，它与第一个缺陷有关。那就是该计划未能缓解 5 年级以下的种族失衡现象，即使在最失衡的学校中也是如此，而对于不是那么极端失衡的学校而言，则是在任何年级都未能缓解种族失衡现象。

7.5 初中阶段废除种族隔离和重新划分学区

初中在传统上是 7 到 9 年级，在许多社区废除种族隔离的计划中，初中一直是大量工作和冲突的焦点。大部分地区在小学阶段都不愿放弃社区学校，导致了种族集中模式，而高中的融合度本就较高，因为它们较少依赖社区边界，而且先前已通过合并获得最大化的资源，这样一来，初中自然而然成为实施废除种族隔离计划的起点。与小学一样，它们过去也是在地理位置的基础上分配学生，但另一方面，它们显示出某种程度的合并倾向，因为一所初中的生源是来自若干所小学。此外，比起小学阶段，来自家长的维持严格社区边界的压力也没有那么大。

许多社区已经尝试将两所初中配对，以实现更高程度的种族平衡。其他地区则尝试了重划学区或是重新给学校的生源区划分界线。在加州伯克利市，经过相当多的社区冲突和努力后，实施了一项在总共三所初中取消种族隔离的计划（其中一所之前已取消种族隔离）。所有 9 年级学生都被送进了同一所学校，它先前是黑人学校；7 年级和 8 年级学生则被分配到另外两所学校。新的 9 年级学校取了一个新校名，用来在社区大众面前表达它的新身份。新的 9 年级学校已经摆脱了事实上的种族隔离，它非常热切地采取了种族融合计划。在先前的白人学校里最初出现了一些阻力，特别是来自教师的，不过从种族隔离学校转来的黑人教师们则决心让该计划奏效，他们的存在起到了正面作用。最初的几个月过后，局势缓和下来。通过教室划分和课外活动中的"自我隔离"行为，一定程度上的种族集中现象仍在持续。然而，先前已经废除种族隔离的学校并没有完全实现精神上的种族融合，而通过改进原先很死板的分班体制，新计划对此还是有所帮助的。

然而,就整个城市而言,黑人学生在初中所占的比例正越来越大,这主要是因为白人学生的数量在减少,而不是因为黑人学生的数量在增加,尽管城市做出了很大努力,但是学校在未来依然面临着种族隔离的危险。

目前,伯克利有三所学校为7年级、8年级和9年级学生服务。这三所学校中的加菲尔德初中,是一所7年级和8年级的学校;另外一所是威拉德初中,明年将成为一所7年级和8年级的学校;第三所是(伯克利中学)西区初中,只有9年级(明年它将接收所有的9年级学生)。这种安排导致了三所种族融合学校的出现。在采取种族融合计划(拉姆齐计划)前,伯克利有一所白人初中(加菲尔德),一所黑人初中(伯班克)和一所种族融合初中(威拉德)。

本节首先对一段时间内的初中人口趋势进行了一些初步观测,然后将考察先前的白人学校和先前的黑人学校对种族融合的反应。本节还将扼要描述在先前的种族融合学校中的种族融合事实,较细致地考察那里采用的分班制度。

下表中显示了在1960年、1963年和1965年这三年中七到九年级的种族人口状况。

表7.5.1　加利福尼亚州伯克利市7—9年级种族人口

种族	1960年 人数	1960年 百分比	1963年 人数	1963年 百分比	1965年 人数	1965年 百分比
黑人	1,158	30.9	1,373	38.8	1,382	41.3
白人	2,297	61.4	1,829	51.6	1,615	48.3
东亚裔	287	7.7	340	9.6	346	10.4
总计	3,742	100.0	3,542	100.0	3,343	100.0

数据显示,黑人比例在上升,白人比例在下降。然而,有趣的是,在1963年到1965年间,黑人总人数的增长是微乎其微的,尽管在1960年到1963年间,相应的增长颇为显著。然而在这两个时期内,白人总人数的下降都很显著,只不过让人有点惊讶的是,种族融合之前的下降比例超过了种族融合之后的下降比例。无论如何,如果目前的趋势持续下去的话,伯克利的初中各年级将变成以黑人为主,不是因为黑人数量增加了,而是因为白人数量减少了。

在采取拉姆齐计划之前,三所初中学校里的种族分布情况如下。

学校	1960 年			1963 年		
	黑人	白人	东亚裔	黑人	白人	东亚裔
伯班克初中（现西区初中）	686	289	99	839	160	105
百分比	63.9	26.8	9.3	76.0	14.5	0.6
威拉德初中	415	509	78	466	467	91
百分比	41.4	50.8	7.8	45.5	45.6	8.9
加菲尔德初中	57	1,499	110	68	1,202	144
百分比	3.4	90.0	6.6	4.8	85.0	10.2

在 1964 至 1965 学年间（此时拉姆齐计划已经通过，但尚未对加菲尔德和威拉德初中 7、8 年级的入学边界进行重新调整），威拉德初中的比例大致保持不变，而加菲尔德初中和西区初中的比例则大致如下：黑人，33％；白人，59.6％；东亚裔，10.1％。1966 年 3 月，地方教育董事会为威拉德和加菲尔德初中 1966 年秋季招生重新划分了学区。根据这一划分，希尔赛德小学（一所白人学校）和林肯小学（一所黑人学校）的儿童将入读威拉德初中，而不是加菲尔德初中。过去，林肯小学一直同时向加菲尔德和威拉德初中输送生源。此外，威拉德初中将把它的 9 年级移交给西区初中，因为后者的校舍建设已经完工了。

这些措施应该能够降低加菲尔德初中的人口效应，并且均衡两所学校中的种族比例。这样，到了 1966 年秋季，伯克利中学就将在 7 到 9 年级中彻底废除种族隔离。

加菲尔德初中是一所人口众多、面积庞大的学校，位于希尔斯区西部和千橡城南部。50 年来，它一直是伯克利最"体面"的初中，主要为希尔地区服务。在拉姆齐计划通过之前，该校的黑人人口占比不到 5％。加菲尔德初中拥有非常高的"学术"声誉。在某些科目上有 13 或 14 个不同的班级；因此，成绩好的学生会被挑选出来，受到特殊对待。加菲尔德初中不仅是全白人学校，而且还属于上层中产阶级。该校有很大比例的儿童是来自专业人士和受过综合性大学教育者的家庭。优异的成绩在该校十分普遍。

可以预见的是，加菲尔德初中的全体教师中有很大比例反对拉姆齐计划。他们中几乎没有人参加过种族团体间的项目活动，也几乎没有人被迫应对过"麻烦制造者"。过去，在该校人数寥寥的黑人学生中，有很多人的表现都很差劲。额外增加的黑人只可能意味着麻烦增加、声誉下滑、风气变糟。很大一部分教师认为自己并不善于处理新出现的纪律问题,可以理解,他们对未知情况感到恐惧。他们的反应得到了该校一小部分家长直言不讳的支持。

种族融合的第一学年(1964年秋)在一种不祥的氛围中开始了。对于这种变化,教师们只有3个月的准备时间,因为董事会是在春季末期采取行动的。此外,中央管理层将很大精力投入到了伯班克初中(西区初中)。希尔斯区的白人抵触情绪很强烈,让他们将孩子送到黑人地区比让黑人去加菲尔德初中上学要艰难得多。

那年的秋季,学校特别拥挤。威拉德初中9年级的转校工作必须推迟到西区初中的建设工作全部完成才能进行,这增加了加菲尔德初中的人数。此外,加菲尔德初中本身也正在进行建设。班级规模保持不变,但是寄物柜不够用,走廊和食堂很拥挤,有些教师则没有集合教室可用。

很多学生都感到害怕。白人学生害怕暴力行为。许多8年级黑人学生则觉得被赶出了"属于他们的"学校,他们害怕竞争和变化。许多"守旧派"教师对此加以抵制。他们不肯在自己教室范围以外的地方负起维持纪律的责任;他们不想指导成绩不好的黑人学生;按照一位观察者的话来说,"他们试图营造一种会导致失败的环境"。

违纪事件增加了。一些白人家长认为,他们的孩子遭到了殴打。其他人则散布谣言说,发生了一起强奸案。这是假消息,然而,有一些"摩擦"是由"弱势阶层"的黑人学生开始遭遇"特权阶层"的白人学生而引发的,反之亦然。有一些黑人儿童会去"测试"白人儿童的反应。他们的做法很粗鲁——在走廊上碰撞和推搡,在操场上绊倒对方,以及"封堵"(一般是在肩部轻轻一击)。一些白人学生被这种恫吓行为吓坏了,采取退让的策略。但是种族间的争执很少发生。另一些人无视这种"测试"或是以友好的方式回应。很显然,有不少白人学生感到不快。

那一年的秋季,加菲尔德初中的很多教师都是新人。校长也是刚刚就任,虽然他在之前的两年中一直在加菲尔德初中担任男生的学监。伯班克初中有大约20名教师加入了加菲尔德初中的员工队伍,加菲尔德初中则有较少数量的教师"随9年级"一同转到了西区初中。(教师们可以选择工作地点和所教授科目,除了一项工作地点和六项科目申请外,似乎所有的请求都获得了批准。)开学前,加菲尔德初中的教师们没有接受任何专门的在职培训。据报道,许多从伯班克初中转来的教师都受到了冷淡的迎接;在最坏的情况下,他们会遭遇一些小的恶意言行并陷入某种孤立状态。还有人指称,前伯班克初中的教师被分到的差班比例较高,因为"他们知道该如何对付那些孩子"。

在第一学年中,情况明显好转。有大约20名教师(其中大部分来自伯班克初中)组成了一支核心力量,为了让种族融合取得成功而非常努力地工作。他们担负起维持走廊、操场纪律的责任。他们组织起种族团体间的午间活动。14名黑人教师的存在发挥了作用——当黑人教师在场时,其他教师就很难在办公室里明目张胆地搞歧视。

到了学年中期,校长开始采取审慎的乐观态度。到了六月份,校长的态度已经很乐观了。违纪事件明显减少。一群有兴趣的学生创建了一所种族关系俱乐部,促使他们这么做的是,在一起事件中,一名黑人儿童因为对白人儿童友好而遭到其他黑人学生的骚扰。一个家政班级坦率地讨论了种族问题,因为该班级负责照顾的一名4岁幼儿园男童对一名黑人学生中伤诋毁。

第二学年,种族融合进行得更为祥和。不确定的氛围已不复存在,加菲尔德初中显然会保持种族融合的状态。一小部分屡教不改、有违纪问题的儿童被转到麦金利进修学校新开设的7、8年级,从而消除了最恶劣的行为问题。教师们不再将加菲尔德初中与"过去的日子"相比较,而是将其与去年相比较,而且比较的结果是有利的。一些教师离开了,但不是很多。

学校还收获了一些"社会效益"。校长报告称,1965年12月,他们将过去就读于"老伯班克"初中的七年级学生的"公民资格"分数与原本应该上伯班克初中但后来上了加菲尔德初中的七年级学生进行了比较。低分的数量已大幅减少。对白人而言,主要的"社会效益"非常明显:虽然许多白人学生报告说,他们觉得没有以前自在(例如,与他们在小学时相比),但是有相当数量的白人学生意识到他们正在接触一个重要的现实。他们已不再生活在"白人象牙塔"中。在食堂里、操场上和舞会中仍存在着明显的自我种族隔离现象;总之,在大多数社交场合都是如此。在课堂上也存在着一定程度的事实上的种族隔离。加菲尔德初中采用四个级别的分班制度,在所有讨论小组、所有级别的班级里都有黑人学生,但较低级别的班级里主要是黑人学生。但并非所有科目都会分班(例如语言课、美术课、音乐课、体育课)。

白人家长担心学术课程的质量降低,但这或许并没有在任何重大程度上发生。虽然总的平均成绩下降了,但同样是这些希尔地区的家长仍在向学校教师抱怨课程对他们的孩子而言有多么困难。当然,分班制度使学术课程的质量得到了保证。

加菲尔德初中迄今为止的经验有力地支持了至少一个结论:成功的种族融合远不止需要重划学区,也远不是将黑人和白人送进同一所学校那么简单。必须做出巨大努力，预计到摩擦冲突、提供灵活积极的工作人员，并让所有学生为即将到来的新体验做好准备。

加菲尔德初中一开始有多消极，西区初中（即原先的伯班克初中）一开始就有多积极。教师和学生们的态度解释了这一切。

教师们希望种族融合能奏效。这是因为发生了从事实上的种族隔离到种族融合的转变（这与加菲尔德初中相反），此外，西区初中的教师类型也发生了变化。那些原本留下来的教师希望能留在那里。而那些从别处（加菲尔德和威拉德初中）转来的教师也同样如此。此外，由中央人事部招聘的12名新教师是精心挑选的，不仅训练有素，而且态度非常积极。总之，出于各种原因，西区初中的教师希望种族融合能够成功，并且愿意为此而努力。

学校采取了一系列策略。其中之一是组织了多种活动，让学生们忙忙碌碌，没有时间找麻烦，其结果就是围绕不同的兴趣成立了一些俱乐部：如法语、拉丁语、国际象棋、观鸟、田径、滑雪、冲浪等等。教师是俱乐部的发起人，他们为之投入了额外的时间。不过，很显然，许多俱乐部以吸引白人为主，虽然它们在某种程度上都具有种族融合的特征。特别是一些从原先伯班克初中"搬迁"过来的俱乐部，里面有很多黑人成员。在第一学年，教师们并没有"强迫"搞种族融合，不过据估计，有65%到70%的学生都参与了一些俱乐部的活动。

在之前的五月份，教师们与伯班克和加菲尔德初中的8年级学生干部及"舆论领袖"们举行了开学说明会；然后到了九月份，在即将开学前，又召开了一次这样的会议。该学生群体对以下事实产生了深刻印象：即他们即将进入高中的第一年；他们已经不再是"儿童"了；他们有责任让种族融合取得成功。九月份，该群体选出了学生干事，正式选举将在晚些时候进行，他们将工作到选举完成。

西区初中的行政人员试着让教师参与规划。相对其他地方的初中而言，西区初中有着相对而言程度较高的学术"民主"，例如，部门负责人为校长组成了某种"内阁"。教师们组成了一个学生关系指导委员会，负责制定政策——这通常与种族融合有关，并负责其执行。

西区初中和加菲尔德初中的教师们有着截然不同的态度，这表现在许多方面：如向活动俱乐部投入的额外时间、在除自己的教室以外的校园各处维持纪律的意愿以及认识到种族融合需要大家关注细节并努力工作的自觉意识。

一位观察者说："其实是孩子们使西区初中取得了成功。"人们几乎一致认为，西区初中的第一堂课上得非常出色。这里面有各种各样的因素。学生们知道他们是一项社会实验的参与者,觉得自己肩负着责任。许多学生没有接受父母的偏颇观点,这也许是出于某种反叛精神。不管怎么说,加菲尔德初中所遭遇的那种纪律问题在西区初中非常罕见。虽然在午餐和舞会的场合有相当严重的自我种族隔离现象,但是黑人学生和白人学生之间有着相当多的交流。

西区初中第二学年的一开始则没有那么成功。加菲尔德初中第一学年的风气似乎入侵了这里。走廊中出现了推搡、绊人的现象,校园里出现了种族间的挑衅言论,以及一般的鲁莽幼稚的行为。随着学年的推进,这些现象有了显著减少。教师们努力设置界限,对纪律问题采取坚定而始终如一的态度。在一位教师看来,同样重要的是,过了一段时间后,所有学生都明白了,教师们没有偏见,因此,那些以成为种族歧视对象为荣的孩子们发现,他们不能以此为依托来为不良行为辩护。俱乐部的活动仍在继续,但现在有很多教师在特意招募黑人成员。学生关系教师指导委员会一直非常繁忙,而由学生组织的学生关系委员会也一样繁忙,它主办了一系列活动,包括一场成功的种族融合舞会。

在伯克利,大部分的学校人士都认为,单独的9年级学校运行顺利。人们觉得,14岁的孩子们单独在一起能相处得特别好。尤其是男生,他们在体育运动和与女生相处方面免于跟17、18岁的大男生竞争。在这所只有一个年级的学校里,教师们可以将精力集中在较窄的科目范围内,并提供不适合在三所初中开设的课程(如德语、拉丁语、公开演讲等)。这所学校的主要缺点是,教师们只有一年时间用来了解学生并影响他们的思想态度。在某种重要的意义上,西区初中深受加菲尔德初中风气的影响(从明年开始,它也将受到威拉德初中风气的影响)。

西区初中,就像整个美国一样,要真正做到让学生的肤色无关紧要,还有很长的路要走。但是它目前在这个方向上取得的有限成就清楚地表明,训练有素、工作努力、态度积极的教师队伍不仅是废除种族隔离的必要条件,还是种族融合起步时不可或缺的成分。

威拉德初中自30年代起便已经废除了种族隔离制度,当时另一所黑人学校因为地震的危险而关闭了。从那以后,威拉德初中的黑人人口一直在慢慢增加。到了1963年,黑人学生的数量已经与白人学生相等。

威拉德初中混合了很高比例的上层阶级的白人和下层阶级的黑人。这是因为该校的白人学生主要来自克莱尔蒙特区,而黑人则来自伯克利西南部,那里相对而言是最为贫困的黑人区。一旦威拉德初中的 9 年级转到西区初中,并且希尔赛德小学成为其对口的直属学校之一,那么这一切就将在一定程度上得到改变。

威拉德初中一向有着已经废除种族隔离但却没有实现种族融合的名声。用校方一位管理人员的话来说,这里与其说是种族融合,不如说是种族"宽容"。种族间的争斗很少发生。社交方面的种族融合微乎其微。由分班形成的班级种族隔离现象非常普遍,但目前正在减少。

威拉德初中有 10 名黑人教师,他们什么学生都教。但是,废除种族隔离而不努力实现种族融合的模式在这里已经实行了很久,以至于在西区初中(以及较小程度上在加菲尔德初中)很普遍的、旨在实现种族融合的那些活动并非该校计划中的常规部分。校方开设了一些补习课程,也有一些旨在促进和激励黑人学生的尝试,但却极少去面对种族问题——该校对此的普遍态度是,大家"不应该在这方面花太多时间"。此外,据公民委员会报告,原先伯班克初中的教师比威拉德初中的教师更愿意鼓励黑人学生,黑人学生在伯班克初中普遍比在威拉德初中感到快乐,因为他们在威拉德初中必须与白人竞争;当黑人学生来到威拉德初中时,他们经常有一种挫败感。

公民委员会抱怨说,威拉德初中的分班制度造成了僵化的校内班级种族隔离现象。这一批评部分导致了对四级分班系统的采用。威拉德初中的辅导员根据种族和直属学校编制 1964 至 1965 学年的分班数据。研究结果对分班和种族隔离问题提出了一些有趣的见解。

该研究涉及于 1964 年 9 月进入威拉德初中的 7 年级,它报告了该学年第一学期对 239 名青少年的分班安排以及他们取得的成绩。威拉德初中于该年九月份切换为四级分班系统。一般来说,学生们会在英语、科学、音乐、美术和历史-地理这几门课上被分到某一级别的班级。数据与分班安排有关。另一项分班计划是为数学课制定的,没有在这里显示。体育课没有进行分班,乐队、管弦乐队、合唱团、西班牙语、阅读工作坊和研究等选修课也没有分班。在前三个级别的班级中成立了学习小组(或讨论小组),并试图将不同种族的儿童分摊在各个组中。

下面的表格显示,在读完第一学期的 239 名儿童中,有 110 名是黑人,107 名是白人,13 名是东亚裔美国人,9 名是其他族裔。有超过 50% 的白人儿童被分在 1 级班级中,相比较而言,黑人儿童中只有 18% 被分在这样的班级中。然而,2 级班级中包含了约 30% 的白人和 26% 的黑人。但是,有超过 50% 的黑人被分在了 3 级和 4 级班级中,相比较而言,只有约 16% 的白人被分在这样的班级里。

表 7.5.2　威拉德初中 7 年级根据种族划分的分班安排——1964 年第一学期

分班编号	白人 人数	白人 百分比	黑人 人数	黑人 百分比	东亚裔 人数	东亚裔 百分比	其他 人数	其他 百分比	总计 人数	总计 百分比
1 级班级	57	61.95	20	21.7	9	9.78	6	6.52	92	100.0
2 级班级	33	49.3	29	43.3	4	5.8	1	1.5	67	100.0
3 级班级	17	27.9	42	68.9	0		2	3.3	61	100.0
4 级班级	0		19	100	0		0		19	100.0
总计	107		110		13		9		239	

表 7.5.3　威拉德初中 7 年级根据分班和种族划分的分数中位数——1964 年第一学期

种族	1 级班级	2 级班级	3 级班级	4 级班级
总分数中位数	3.0	2.6	2.3	1.7
黑人分数中位数	2.0	1.8	2.1	1.7
白人分数中位数	3.1	3.0	2.8	
东亚裔分数中位数	3.4	2.8		

显而易见，威拉德中学的辅导员试图改善原先分班系统中的种族隔离倾向。在过去，分班主要是基于智商、阅读测试成绩和数学测试成绩，6 年级教师的评价不是那么重要。然而，在 7 年级调查对象这里，分班会更多地倚重教师评价，在辅导员编制最终名单前，6 年级教师至少有两次机会对初步安排做出反应。

关于标准智力和成绩测试对黑人学生的影响著述颇多。一位学校心理学家报告说，当个别进行测试，并且当学生确信测试与他们的未来有关时，一些黑人学生的测试成绩有了惊人的提高。但是，上面的分数中位数表格显示，测试分数和课堂作业表现分数之间似乎有某种相关性。在所有级别的班级中，黑人的分数中位数都明显低于白人。当然，这些数据只具有提示作用，因为它们没有将一些重要变量分离出来。但是它们往往证实了一些教师的印象，即聪明的黑人儿童由于缺乏表达技能而受到严重阻碍。例如，西区初中的一位英语老师提到过 1 级班级中的两个黑人男孩，他们在大声朗读部分使用的语调表明，他们对《罗密欧与朱丽叶》有着高水平的理解，但是在笔试和回答家庭作业的问题时，却表现得很糟糕。

学区内的一些人希望彻底废除分班制度。任何种族隔离行为，特别是当它导致了不同肤色的分组时，都被视为对底层学生的态度和动机起到了严重的抑制作用。（据说，在伯克利中学，4级班级的学生嘲弄地称他们的班级为"和谐"班——这种说法源自先前一个特别的"机遇"班级课程——被分在这个班组的学生中有很多人会带着较高级班级使用的课本，以掩饰自己真正的班级。）

但是，大多数教师认为，能力分类对于提高教学效率而言非常必要。据说，很少有教师能够有效地应对学生能力差距很大的班级。

威拉德初中的数据表明，伯克利初中在这两种观点之间找到了一条折衷方案，那就是继续分班，但是减少分级数量，并且将更多的黑人学生分配到较高级别的班组中。伯克利初中的制度仍然能够满足1级班级和优等生学习小组中儿童的需求，但是也降低了校内种族隔离程度。

7.6 高中阶段的种族平衡计划

在许多社区，学生根据其居住地被分配到中学去，因此种族不平衡的状态在持续。加州帕萨迪纳市实施了一项计划，旨在通过开放学校的一些场所以允许黑人转学到以白人为主的中学来纠正这种不平衡。该计划取得了一定的成功，但却遭到过许多抵制。这一情况中特别令人关注的是，有司法意见认为，为实现种族平衡做出的努力是违反宪法的，学区划分中不得将种族作为考虑因素。显然，以前通过学区划分加以巩固的种族集中现象并没有被认为违宪，而废除种族隔离的努力却被认为违宪。地方教育董事会发现这种法律操纵使他们的任务变得更加艰难。

1961年夏天，13岁的黑人杰伊·杰克逊正和他的父母住在帕萨迪纳市拉古纳排屋2515号，那里位于华盛顿初中学区的西北角。1961年8月10日，董事会收到一份代表杰伊·杰克逊提出的请求，要求允许他入读爱略特初中，原因仅仅在于华盛顿初中是种族隔离学校，"因此品质较差"。这一请求被拒绝了。九月，一份诉状将董事会告上法庭，要求强制董事会准许该生转校。该法律问题被一份"法庭之友"意见书扩大化，后者提出了"所谓的'促进种族融合'原则对本案的适用性问题"。加州最高法院在1963年6月27日的法庭判决意见书中接受了这一概念。法院称：

在存在着此类[居住地]种族隔离现象的地方，地方教育董事会仅仅是避免采取助长歧视的行为是不够的。……享受教育公平机会的权利和种族隔离的有害后果都要求地方教育董事会尽量在合理可行的范围内采取措施，缓解学校里的种族失衡现象，无论那是由什么原因造成的……

当杰克逊诉讼案正在法院接受审理时，帕萨迪纳联合学区正面临着重新划分学区的问题。1962 年春末，教育总监与 NAACP 教育委员会讨论将林肯小学的一小部分儿童转到克利夫兰小学去。人们认识到，由于这两所学校都以黑人为主，所以这种变化对小学的种族平衡问题不会有帮助。但是教育总监与 NAACP 都同意，已经到了必须面对重新划分整个学区这一问题的时候了。1962 年 6 月 5 日，他向董事会提交了一份建议，要求启动关于重划学区的公民和教师咨询委员会。董事会一致同意授权教育总监负责任命委员会，接着，NAACP 教育委员会主席发表讲话，说他希望该委员会能够找到办法，在目前存在的种族隔离学校中废除种族隔离，并且在目前已经进行了种族融合、但却因为人口流动而日趋种族隔离化的学校中维持种族平衡。

1962 年 10 月 31 日，该委员会成立，其中包括了四分之三的学校教工。在接下来的 5 个月里，它召开了很多次会议，并且在 4 月 9 日向董事会提交了关于高中重划学区的报告。只有一位公民提出了异议，他由于出了一次意外而未能参加委员会的全部会议，只出席了前六次会议。除此之外，报告获得了一致通过。委员会的报告表明，它认真对待了董事会政策声明中的以下部分，即"在每一所学校中实现各种族、民族和文化群体的最广泛分布"是一个理想的教育目标。此外，委员会依据《1962 年 6 月加利福尼亚州教育董事会政策声明》，对于"消除现有种族隔离并抑制其任何增长倾向"的政策给予了"严肃而周到的考虑"。

在 1961 至 1962 学年，缪尔高中有 2 867 名学生，其中的 16.4% 是黑人。帕萨迪纳高中有 3 371 名学生，其中只有 2.2% 是黑人。如果不改变现有的学区划分界线，那么由于拉卡纳达的白人在逐渐撤离，就会导致总入学人数降低，并大大增加缪尔高中的黑人学生比例。与此同时，缪尔高中将无法招满 2 800 名学生的额度，而帕萨迪纳高中则将大大超过其 3 000 名学生的额度。该报告建议在"最早和最适宜的时机"采取建立第三所高中的行动。但是，委员会又认为，建立第三所高中虽然是很有必要的，但却不太可能成为现实。1959 年，一项为建立第三所高中发行市政债券的提案获得了 54% 的"赞成"投票，远远低于所需的三分之二多数票。因此，现在唯一的问题就是，在现有的两所高中之间，学区分界线划在哪里更能让学校的入学人数接近均衡。

在考虑分界线时,委员会不仅要实现均衡招生的目的,而且还要将一些白人社区划到帕萨迪纳高中的学区里,这有利于实现高中学校的种族构成均衡。委员会的报告指出,如果不重新划分学区,那么缪尔高中将有 38.1% 的少数族裔学生(29.5% 是黑人,8.6% 为其他族裔),而帕萨迪纳高中将只有 7.4% 的少数族裔学生(2.7% 是黑人,4.7% 为其他族裔)。如果根据新方案重新划分学区的话,缪尔高中将有 28.7% 的少数族裔学生(20.3% 是黑人,8.4% 为其他族裔),帕萨迪纳高中将有 10.5% 的少数族裔学生(6.3% 是黑人,4.2% 为其他族裔)。最后,最重要的是,委员会建议董事会坚持一种持续的保持种族平衡的政策,确保任何高中里的黑人学生都不超过 30%,或者非白人学生不超过 40%。

在 4 月 2 日的会议上,董事会只是接收了报告。但是,4 月 16 日的会议却被改到了晚上进行,这样感兴趣的市民就可以参加并对之发表评论。在这期间,事情变得很清楚,在那些根据计划要从帕萨迪纳高中学区切换到缪尔高中学区的社区中,出现了相当多的反对意见。4 月 16 日的会议以一项声明开始,这项声明据说总结了"董事会四位成员及教育总监迄今为止的想法"。声明针对的是委员会提出的建议,即"董事会应该在最早和最适宜的时机采取建立第三所高中的行动"。毗邻帕萨迪纳高中的海军军械库表示愿意提供 11 间教室供 1963 至 1964 学年临时使用,而在同一年,拉卡纳达的高中生也将被划分到缪尔高中学区。因此,有可能再维持一年现状。由于第三所高中是必要的,而且由于这将需要进一步重新划分学区界线,因此,在进一步重新划分学区界线前,应该先完成对建立第三所高中的提议。如果发行市政债券的提案能在 1963 年 10 月获得批准,那么一所能容纳大约 500 名 10 年级学生的学校就可能在 1964 年 9 月准备就绪。

一名董事会成员评论说,他没有签署这项声明,因为他认为,既然召集了一次规模如此大的公开会议,那么在允许公众发表评论之前,董事会不应该做出任何反应或是宣布任何决定。在 4 月 16 日会议接下来的时间,以及 4 月 23 日会议的很大一部分时间里,市民们纷纷对委员会的建议(被称为"B 计划")和 4 月 16 日会议上宣读的声明做出反应。即将被转到缪尔高中学区的地区有许多家长(特别是那些住在阿尔塔迪纳社区东部诺伊斯小学地区的家长)都强烈反对 B 计划。许多人都说,该计划纯粹是为了实现种族融合而对学区进行的不公正改划。一位市民指出,被划分给缪尔高中的诺伊斯地区距离帕萨迪纳高中反而更近了 2 英里,而帕萨迪纳西南部一些新划分给帕萨迪纳高中的地区距离缪尔高中只有 2 英里,距离帕萨迪纳高中却有 5 英里。一位家长提出了用来替代 B 计划的 C 计划，并且说 C 计划"符合常识"。她的 C 计划就是从北到南划一条简单的分界线，从而将该地区的西半部划为缪尔高中学区，东半部划为帕萨迪纳高中学区。委员会主席回应说，C 计划将导致"一种可怕的种族分布状况"——在 1965 年 9 月，缪尔高中将有 907 名黑人学生，而帕萨迪纳高中则只有 28 名黑人学生。

那些支持 B 计划的人强调了消除学校里种族失衡现象的重要性。提及杰克逊案件的律师评论说，他认为 B 计划实在过于保守了，但是，在听了反对意见之后，他认为"有半块面包总比没有好"。委员会的一位成员提出，B 计划并不能实现种族融合，但除非将 B 计划作为第一步，不然帕萨迪纳高中将出现事实上的种族隔离。一些支持 B 计划的人指出，"即时高中"是不可能实现的，并指责董事会和教育总监不诚信。

教育总监在 4 月 23 日的会议上宣读了一份声明，捍卫自己和四位董事会成员于前一周宣读的声明。他强调，董事会的政策就是在学校里保持合理的种族平衡。

> 如果我们发现可能拥有三所高中，那么这些学校的学区划分可能是让缪尔高中拥有跟在 B 计划中大致相同的黑人学生比例（约 20%），而且可能还会更低。第三所高中可能有 10% 到 20% 的黑人学生。我们会尽量让帕萨迪纳高中保持至少与目前相同的种族平衡。这意味着，有了三个学区，我们就可以在更佳的地域基础上为我们的学生提供服务，并且通过为我们的所有三所学校确定更合理、更公平的学区界线实现更好的种族平衡。
>
> 这一切目前还处在探索阶段，我们正在研究 B 计划和委员会的其他建议。如果下个月真的能证实关于第三所高中的紧急方案是可行的，那么董事会将仔细研究增加一所高中后学区划分的各种可能性，以便每个人都能理解该计划将如何兼顾校舍的使用、上学距离以及种族平衡。

在 5 月 7 日的董事会会议上，一名董事会成员以一次正式发言开启了高中学区划分的讨论。首先，她说她认为正确的做法是先建立第三所高中，然后再决定学区如何变化。任何与高中市政债券发行捆绑在一起的具体的学区划分计划都会使社区分裂，从而使市政债券在选举中落败。其次，她意识到居住模式使一些学校出现了事实上的种族隔离现象，但她认为对帕萨迪纳高中的黑人而言，谈论贫民区学校是一种侮辱和贬低。出于这个原因，她认为：

……针对任何种族制定配额计划或实行数量限制都是错误的、歧视性的、侮辱性的。我们到底有什么权利对一个孩子说："因为你们这个种族的人数太多了，所以你必须去别的地方。"我们也没有任何权利限定任何种族住在这个社区里的人数。配额限制了一些学生的人身自由——你们也可以说是人身权利——使他们无法到离他们的家人所选择居住的地方最近的学校上学。

教育总监也进行了发言。他首先强调，用一条简单的垂直线划出两个大致相等的学区是不明智的，因为这会导致缪尔高中的黑人入学人数达到30%，而帕萨迪纳高中则不足1%。接着，他宣布了一项计划，这项计划将在三所高中的基础上缓解高中学校里的种族失衡现象。该计划是由南加州大学的一位教授提出的，基于加州圣加布里埃尔市的一项成功实施的计划，后者旨在平衡墨西哥裔美国人学生的分布。该计划被称为三所高中基于地域且受控制的开放式学区划分计划。除了黑人学生以外，所有学生都将基于传统的地域因素被划分到三所高中里。根据对学校容纳能力的估计，这将使缪尔高中剩下18%的名额，帕萨迪纳高中剩下13%的名额，新建高中剩下17%的名额供黑人学生注册入学。接着，将允许黑人学生在这三所中学里任选一所，并且在学校可容纳的范围内满足他们的第一选择。换句话说，注册对黑人学生而言将是开放式的，但是为了实现种族平衡，要受到学校容纳极限的控制。该计划保留了社区学校政策，应该能够满足白人的要求，与此同时，它又满足了社区中另外一些人的要求，他们担心少数族群在任何一所学校里过度集中。根据研究部门的预测，实施该计划在接下来的3年里将在三所高中实现如下种族平衡：

表7.6.1　根据百分比，对三所高中三年内学生种族百分比分配的预计

学校	1964—1965年 白人及其他	1964—1965年 黑人	1965—1966年 白人及其他	1965—1966年 黑人	1966—1967年 白人及其他	1966—1967年 黑人
缪尔高中	76.0	24.0	78.6	21.4	81.5	18.5
帕萨迪纳高中	94.1	5.9	90.7	9.3	87.1	12.9
第三所高中	82.1	17.9	82.3	17.7	82.4	17.6
总计	85.7	14.3	84.9	15.1	84.2	15.8

董事会主席说，他对该计划很感兴趣。先前发言的董事会成员则说她对这个计划感到兴奋，因为它剔除了由强力带来的耻辱感，并且"将开通不使用强力实现种族融合

的渠道"。有人暧昧地评论道,帕萨迪纳高中欠了教育总监一个人情,因为他青睐建立第三所高中的提议,而且他讨厌孩子们被称为黑人或其他种族:"他们只应该被称为深受大家喜爱的男孩和女孩。"另一位董事会成员评论说,该计划在分散黑人入学人数方面是可取的,但他警告说,这将需要对大量黑人学生进行交通运输;他还对将学生个体定义为"黑人"的必要性表示了担忧。他正式提出了一项计划,旨在按照地域去部署来自黑人集中程度超过50%的小学学区的儿童。

B计划、教育总监最初的基于地域且受控制的开放式学区划分计划以及部署计划都被提交给县律师征求意见。1963年6月7日,律师发回了反馈意见,认定所有这三个计划都是非法的,依据就是县律师在杰克逊案中为他的法庭简短陈述所提出的相同论据和权威意见(杰克逊案的法庭判决意见直到6月27日才正式宣布)。他认为所有"基于肤色的比率或配额计划"都是非法的。B计划中规定的学区是不合理的,而且种族平衡建议是公开地基于种族。无论是部署学校的建议还是教育总监的计划都违反了平等保护条款,因为学区界线将在种族的基础上适用于一些学生而不是另一些学生。另一方面,他说,虽然学区没有法律义务要去努力实现学校里的种族平衡,但是法院不会干涉学校的分区计划,只要学区的划分是建立在理性而非种族的基础和标准上。因此,他认为,由教育总监提出的另一个基于地域且受控制的开放式学区划分计划是合法的。根据这项最终被董事会采纳的计划,城里的一个地区将被指定为开放学区,居住在这一地区的儿童(而不是对黑人作如此指定)将可以选择学校,并且跟在原计划中一样,受到学校容纳能力的制约。

接着,教育总监提交了经过修改的"基于地域且受控制的开放式学区划分"计划的细节。"选定开放区"包括华盛顿小学、克利夫兰小学、林肯小学和麦迪逊小学的所有或部分学区——所有这些地区的黑人人口比例都很高。他表示,会要求开放区的学生说明对高中的第一、第二和第三选择,然后将在有可用名额的基础上结合本人选择和上学距离这两条标准对学生进行分配——如果选择某所学校的人数超过了该校的容纳能力,则住得最近的学生将得到优先考虑。另外,他还发了一份情况说明书,显示根据该计划预计的注册人数。说明书上的数字与教育总监第一个计划中的数字相似,1966至1967学年黑人学生的比例预计如下:缪尔高中,18.6%;帕萨迪纳高中,12.9%;第三所高中,17.8%。

未经事先讨论,董事会便全票通过了该计划。在原计划进行起草以来的一个月时间里,大家已经耐心细致地为所采纳的计划打好了基础。

董事会于 6 月 11 日通过了教育总监的修订版计划,然而,详细的实施却被推迟到市政债券选举之后。根据计划,该政策将于 1964 年 9 月开始实施。1963 年秋天,债券发行获得了通过,没有遇到任何阻力。接着,在 1964 年 1 月 7 日,教育总监介绍了详细的实施计划。注册人数限定为缪尔高中 2 500 人,帕萨迪纳高中 3 590 人,第三所高中 470 人。根据预期的注册规模,预计对于来自选定开放区的 10 年级学生,缪尔高中会有 97 个名额,帕萨迪纳高中会有 195 个名额,第三所高中会有 9 个名额。1964 年 3 月 25 日是事先确定的将学生分配到高中的日期,结果对可用名额的估计被证明是错误的。在短短的时间间隔内,已经有足够多的学生从缪尔高中和第三所高中的学区搬迁到了帕萨迪纳高中的学区,以至于帕萨迪纳高中只剩下 48 个空余名额了。而缪尔高中的空余名额则增加至 191 个,第三所高中(现命名为布莱尔高中)的空余名额增加到了 79 个。

将商定的程序运用到新的数字上,结果导致了对纠正种族失衡计划的部分失望。只有 43 名来自选定开放区的学生会被分配到帕萨迪纳高中,190 名要去上缪尔高中,79 名要去上布莱尔高中。结果将是缪尔高中会有 41% 的少数族群学生注册(29.6% 的黑人和 11.4% 的其他少数族群),布莱尔高中会有 37.2% 的少数族群学生注册(23% 的黑人和 14.2% 的其他少数族群),帕萨迪纳高中会有 8.8% 的少数族群学生注册(2.9% 的黑人和 5.9% 的其他少数族群)。4 月 7 日,教育总监向董事会通报了这些数据,之后,他在媒体上受到了 NAACP 的尖锐批评。有人指责他没有遵守在市政债券选举之前对 NAACP 许下的有关纠正种族不平衡的承诺。在 4 月 14 日的董事会会议上,他对这些指责进行了回应。

他表示,董事会致力于实行能实现某种少数族裔分配比例的政策,并通过增加帕萨迪纳高中的注册数量加以保持。4 月 17 日,他建议允许选定开放区的 125 名选择上缪尔高中的 10 年级学生在自愿的基础上转校到帕萨迪纳高中。如果这 125 名学生不愿意主动转校,那么董事会在随机抽取的基础上选择足够多的学生来填补这 125 个名额。就这样,他和 NAACP 之间的裂痕得到了修复,NAACP 主动提出要尽可能招募学生来填补帕萨迪纳高中的 125 个名额。NAACP 的宣传活动非常成功——97 名居住在选定开放区的黑人学生被说服将他们的第一选择从缪尔高中改为帕萨迪纳高中,现在只需要在"非自愿"的基础上往帕萨迪纳高中填充 28 个名额即可。

1964 年秋季招生结束后,看起来,3 年预期中的第一年的种族构成目标并没有实现。缪尔高中的黑人比例是 29.6%,而非 23%,帕萨迪纳高中的黑人比例是 5.5%,而非10%。然而,人们仍然有信心达到原先的3年目标。

而且,虽然该计划复杂而繁琐,但似乎所有相关人士都很满意,因为它挑战了高中种族不平衡的问题。不过,在计划实施过程中出现了一个小插曲,特别值得一提,因为它揭示了在关于是否应该允许董事会在将学生分配到特定学校时公开考虑种族因素这件事情上持续存在的法律和政策争议。

在1964年6月23日的董事会会议上,教育总监朗读了一封来自一名白人男生家长的信,这名男生居住在选定开放区,并选择了去上缪尔高中。他是28名被分去填补帕萨迪纳高中空余名额的学生之一。这封信认为,如果让这名男生上缪尔中学,并选择一名黑人学生代替他去上帕萨迪纳高中,就可以更好地均衡两所学校之间的种族分布状况。这封信被转交给县律师征求意见。后来,关于种族标准在多大程度上可以被用于实施"基于地域且受控制的开放式学区划分"计划,董事会正式要求获得法律意见。法律意见书于8月14日送到,并且在9月1日的会议上向董事会宣读,它指出,需要决定的问题是,是否可以基于种族原因拒绝让学生从一所学校转到另一所学校:

> 虽然法院尚未明确界定学区管理董事会的权限,规定其可以采取何种行动来缓解由社区居住模式导致的学校种族失衡状况,但是在既往案例中呈现出一定的指导原则,基于这些原则,我们的观点是,你们董事会可以建立一项政策,允许选定开放区的学生无论种族、在自愿的基础上去上另一所学校。然而,如果该政策仅在有利于更佳种族分布的前提下允许选定开放区的学生去上另一所学校,那么它就违反了美国宪法第十四条修正案的平等保护条款。

一名董事会成员宣读了一份匆匆起草的回复:

> 我的观点是,当对种族因素的考虑是出于缓解种族失衡的良性目的时,学生的种族就可以作为批准或拒绝转校请求的理由。……设立选定开放区的全部目的……就是为了在高中学区划分中缓解种族失衡现象。……我的看法是,在杰克逊案之后,至少大部分律师现在都同意,地方教育董事会在划分学区界线时无疑可以考虑种族的因素,地方教育董事会没有必要去跳口头小步舞、忸怩作态、转弯抹角地讨论什么学校设施容纳能力、地理位置因素等等,它只需要缓慢而坚定地朝着它的真正目标前进:遵循业已公开声明的政策,缓解种族失衡现象。

7.7 某职业学校中的种族隔离状况

芝加哥沃什伯恩行业学校似乎通过工会的实践和惯例有效地实行了种族隔离,因为工会的学徒项目具有种族隔离的特征。自从1919年在国会通过《史密斯休斯法案》后成立以来,沃什伯恩学校一直没有什么改变。该法案规定建立学徒培训计划,让技术工人在学校和工作中接受培训。例如,一个希望获得水管工资格的年轻人可以每周工作4天,每周参加至少1个白天或是几个晚上的正式培训。

这些学徒项目由联邦政府通过劳动部和卫生、教育与福利部提供大量资金并进行调控。近年来,调控越来越聚焦于工会组织内部的种族隔离。导致这一问题的原因之一是在学徒学校中存在相当令人沮丧的种族模式。沃什伯恩学校似乎保持了该模式。1960年,一项非正式评估显示,在沃什伯恩学校超过2 700名学生中,黑人只占不到1%。在学校进行的学徒项目中有一半都没有任何黑人参与。今天,这些数字依然没有发生根本性的改变。1985年,芝加哥人事关系委员会正式终止了沃什伯恩学校及芝加哥系统中其他地方存在的所有学徒项目:

项目类型	总计	黑人	波多黎各裔	墨西哥裔美国人	东亚裔美国人	美国印第安人
木匠	162	3	2			
电工	529	12				
铸造和制模工	59	2		2		
印刷工	129	4				
机械修理工	150	3		2		
金属泡沫工	40	0				
油漆和装饰工	153	15	3	6		
水暖工	80	3		1		
管道安装工	182	0				
钣金工	27	3				
车间						

续表

项目类型	总计	黑人	波多黎各裔	墨西哥裔美国人	东亚裔美国人	美国印第安人
钣金工	231	0				
设备制造工						
自动喷水系统安装工	43	2				
厨师培训[1]	70	4		1	1	8
肉类切割工	43	8		2		
建筑工	41	1				
钢铁工人						
泥瓦工	75	12				
钢结构工	39	0				
面包师	20	11		1	1	
莱诺铸排机操作工	15	2				
钢结构工[2]	40	0				
工具和制模工[3]	706	12				
总计	2,834	97	5	15	2	8

1. 非学徒项目；2. 芝加哥职业学校；3. 普罗瑟职业学校

这一种族排斥体制非常复杂，它受制于工会和学校的双重系统，并且因行业而异。1963年，钢铁行业中的种族排斥系统成为美国芝加哥地区法院的诉讼对象。问题出在建筑新的美国县政府大楼和办公楼时，没有雇用任何黑人钢铁工人。原告指控工会的学徒项目中存在着系统性的排外主义，作为一个实际问题，它意味着被排除在钢结构行业的就业机会之外。被告中有相关工会的联合学徒委员会、总承包商、钢铁制造者、美国承包机构和美国学徒工作与培训局的管理者以及芝加哥教育董事会。法庭的结论是，要想通过学徒项目成为一名工会成员，就必须先通过一次考试，再从工会和工业联合学徒工作委员会获得一份申请表，然后向该委员会提交申请表并获得批准。尽管据称会按照申请表提交的先后顺序进行处理，但事实上选择过程完全是由委员会任意决定的。在实践中，该系统会刻意排斥黑人。该系统在潜在的黑人工人中臭名昭著，导致极少有人提出申请，因为"……这一行为必定且显然是徒劳的。……"此外，联邦调查局已经意识到该系统的问题，但却未能采取行动取消该委员会由联邦政府法规

提供的项目。最后,关于教育董事会,法庭做出了如下结论:

> 作为学徒项目的一部分,需要实施一个完整的学术教学项目,这已经进行了一段时间了。教育董事会的设施和设备被用于这一学术教学。教育董事会出钱聘请教师每周花两个晚上的时间上三个小时的课。只有获得了联合委员会的批准,才能被录取上这些课。而在目前就读的56名学生中,没有一名是黑人。
>
> ……被告教育董事会的确曾提供其设施、设备及教师(我应该指出,教师也是在联合委员会的协助下挑选出来的)来推进一个它所知道或者应该知道是不公平而惹人怨恨的歧视性方案。

董事会不负责决定录取政策。它只接收和培养那些业已获得联合委员会批准的学生。在某些情况下,关于谁有资格参加这个项目雇主也有一些发言权,但是在任何情况下,学校系统都不参与选拔过程。沃什伯恩学校的教师通常是由联合学徒委员会推荐的,而且在所有情况下都是由该委员会批准的。他们通常都是工会成员。在许多情况下,除了教师的工资以外,他们还会得到来自工会、承包商或两者皆有的补贴。即使就学校运作本身而言,教育董事会也似乎没有什么控制权。"联合委员会负责挑选、监督所有学徒,授予其毕业证书,以及/或者将之遣散,并且在很大程度上决定了课程的内容。"工会代表在沃什伯恩学校拥有办公场地。

在正式学徒项目中普遍存在的种族排斥现象意味着在该行业的就业中存在着种族排斥现象。对于一些这样的行业,教育董事会的确也在自己的"职业"学校中提供培训。然而,由于进入就业市场最常见的渠道是参与沃什伯恩的正式项目,所以在其他学校中的此类培训往往相当于为某个有趣的爱好做准备,或者说,如果运气好的话,可以在很小的或是不起眼的厂里找到一份非工会的职业。

近年来,地方教育董事会和芝加哥人事关系委员会一直在就该项目进行斗争。人事关系委员会在一些工会那里取得进展,让他们向非白人开放学徒项目。然而,它却在一些重要行业中失败了,因此敦促董事会将这些行业从沃什伯恩学校剔除出去。1964年6月5日,委员会主席通过董事会主席向董事会宣读了一项请求。其部分内容如下:

> 在过去的两年里,我们对这些联合学徒委员会和工会可谓仁至义尽,提供一切机会让他们扩大招生和录取的覆盖面,以便让少数族群青少年获得资格。但他

们没有这样做。

因此,我们要求教育董事会采取适当的行动,包括在那些不能完全满足上述考核要求的学徒项目上撤回资金和设施。我们也正在向美国卫生、教育与福利部以及公共教育总监办公室属下职业教育部发送类似的信函,提出同样的要求。

董事会做出的反应是立即任命一个委员会进行调查。在接下来的一月份(1965年),在该委员会的审议过程中,出现了一名董事会成员,他敦促委员会给予工会时间。董事会的律师也出现了,说董事会不应该"……同时充当法官和陪审团"。

在芝加哥公立学校发行的一本1959年的小册子《沃什伯恩行业学校》中有一段对地方教育董事会作用的描述:

地方教育董事会和沃什伯恩行业学校不参与学徒的选拔。当一个年轻人渴望进入某个特定的行业时,他需要在该行业找到一位雇主,愿意与他签订一份师徒契约协议。传统合同规定了在非全日制学校就读。沃什伯恩学校的学徒教育则是职业培训的补充。如果没有实际工作经验,那么学校的培训就不会有效果。因此,作为学徒受雇于技术行业是在沃什伯恩学校就读的一项必要条件。

学徒的数量受限于工作机会的数量。指望雇主在工资名单上保留超过工作量所需的雇员数量是不合理的。工会努力保持一支技术工人队伍,以满足行业的需求,同时又不会淹没劳动力市场。通常,雇主雇用的学徒数量是与熟练工的就业人数成一定比例的。该比例的设定取决于死亡、退休以及退出该行业的熟练工的数量。

沃什伯恩无权支配学徒的就业,正如它无权支配任何其他年轻人群体的就业。学校接收被送到这里来的人,收集与他们的能力和成绩相关的数据,努力增进他们对于自己所选择行业的理解,并且在一定程度上培养他们的道德感和公民责任感。

1961年,一名芝加哥公立学校代表在美国众议院的一个下属委员会面前重复了这一套理论。芝加哥众议员罗曼·普辛斯基(Roman Pucinski)评论道:"……我就是不明白,你怎么可以向委员会声称你们对这个项目没有任何控制权?"

1965年5月,地方教育董事会主席告诉记者,该问题将"在6个月内"得到解决。

他拒绝透露任何详情,但众所周知,董事会和管理层在过去的5年中一直与工会保持密切联系,努力为沃什伯恩学校的项目达成某种妥协。7月14日,董事会投票决定向所有实行种族歧视政策的工会关闭该学校,但却没有确定如何做出必要的、切合实际的决定,而要想通过董事会的行动取得任何实际效果,这一点至关重要。

如果学校系统要开始自己运行这所学校,想来会在非种族歧视性的基础上进行办学。申请会提交给学校,而不是工会。可以想象,正如管理层所言,其结果可能是工会将在学校之外自行运作他们的学徒培训项目。这样导致的后果就是,沃什伯恩学校会培训更多的黑人,但其就业机会将始终不存在,直到工会愿意接受他们的那一天。为了维护现有的歧视性制度,工会可能会放弃市、州和联邦政府对这些昂贵培训项目的支持。在1964年学徒项目的预算中,单是教师工资就达到了439 440美元。

说到底,芝加哥公立学校学徒项目的重要性与其说是关乎钱,不如说是关于原则。它所涉及的寥寥数百个工作机会都是很好的工作机会,但对于改变黑人失业的一般模式而言几乎起不到任何作用。然而,这一问题已经获得了象征意义,这或许意味着它很重要,而非无关紧要。

芝加哥有九所"职业"中学,最初的目的是为各种无需高等教育学历的职业提供培训。下面的表格中关于这些学校的种族构成数据引自哈维格斯特报告:

表7.7.1 根据学校划分全体学生种族构成

全体学生种族构成	芝加哥职业学校	库勒	克雷吉尔	邓巴	弗洛沃	琼斯	普罗瑟	理查茨	韦斯科特
人数									
全体学生种族构成:									
黑人	1,057	574	794	2,285	1,338	36	0	53	717
白人	3,261	217	44	1	350	546	878	543	107
其他	15	26	0	1	73	0	0	2	15
总计	4,333	817	838	2,287	1,761	582	878	598	839
百分比									
黑人	24.4	70.3	94.7	99.8	76.0	6.2	0	8.9	85.4
白人	75.2	26.5	5.3	.1	19.9	93.8	100.0	90.8	12.8
其他	.4	3.2		.1	4.1			.3	1.8

在这九所学校中,有五所学校有超过90%的学生来自同一个种族;另外四所学校有70%到85%的学生来自同一个种族。在职业学校招收的共计12 933名学生中,有大约53%是黑人。高度的种族隔离是多种因素共同作用的结果。普罗瑟学校、芝加哥职业学校和琼斯学校的选择性招生起到了一定作用,尽管邓巴学校也提出了对小学以上文凭的要求。不公正的学区划分似乎也产生了一定影响。哈维格斯特调查报告发现:"……克雷吉尔、库勒和普罗瑟三所学校的学区划分方式似乎旨在让克雷吉尔和库勒两所学校位于几乎完全是黑人的社区,并让普罗瑟学校位于几乎完全是白人的社区。"此外,"普罗瑟学校似乎对黑人有一种排斥模式"。另一方面,邓巴学校里几乎全都是黑人学生,尽管它的学区涵盖了白人社区。那里的种族隔离似乎是非正式的。邓巴学校被潜在的白人主顾认为是一所"黑人学校",它的位置远离它理论上所要服务的大部分白人社区。最后,它有很多课程是关于建筑行业的,而沃什伯恩学校会向白人学徒提供这些课程;而且,如果学生在沃什伯恩学校以外的地方学习这些课程,并不能具备受雇条件。

就学校所提供的课程而言,并不存在赤裸裸的歧视。然而,课程质量上的确存在着严重的、实质性的差异,这是在哈维格斯特报告中明确得出的结论:

……对于职业中学里的大多数中等水平以下的学生而言,无论是学术还是工厂项目都没有取得成功。不幸的是,这些学生中有很多人就读的都是物理设施最简陋的学校——库勒、克雷吉尔和韦斯科特学校。根据在8年级和小学适应指导教师中盛行的非正式指导模式,许多能力低于平均水平的学生都被建议去上职业中学,然而他们因为达不到入学要求而被芝加哥职业学校和普罗瑟学校给有效地淘汰了。

……职业中学在设施和设备的完备性方面存在着很大的差异。芝加哥职业学校、普罗瑟学校和邓巴学校拥有卓越的设施和设备。在四所主要为黑人服务的学校中,以下三所在此方面存在着严重的不足:库勒学校、克雷吉尔学校和韦斯科特学校。

这项调查建议,所有职业学校都应该向全市范围内的学生开放,而库勒和韦斯科特学校"……由于对中学生而言是不合格的学校……",所以作为职业中学来说,应该被淘汰。

7.8 综合性大学与废除学校种族隔离的关系

教育是一种连续行为——从学前班一直延续到大学——而公立学校的废除种族隔离计划对同一地区的高校正产生着越来越大的影响,特别是那些由市政府或州政府资助的高校。免除学费,例如在纽约市的高校中,对在中学阶段就辍学的少数族群成员没有任何意义,对那些因成绩太差而无法进入大学求学的人来说也几乎没有意义。许多大学通过暑期辅导班和有选择地录取成绩原本不合格的学生来努力纠正这一间接形式的种族不平衡。

以下摘录表明,在特拉华州纽瓦克市,旨在让公立学校废除种族隔离的压力对附近的特拉华大学产生了影响:

> 由于在纽瓦克市的市政机关、学区和特拉华大学中,对于种族融合有着惊人相似的反应,而且由于大学在纽瓦克市的事务中发挥了很大的作用,所以我们应该简要考察它在学校种族融合中遇到的问题。

这所综合性大学是一所由政府赠予土地的学校,在某些方面具有独特的地位。它被正式定义为由州政府支持的私立大学。州政府每年为该校提供约三分之一的运营资金。其他的资金则来自私人捐助、联邦补助等等。

该校一方面一直是民权倡议者的声讨对象,另一方面又一直是种族隔离者的攻击目标。在1954年以前,似乎有一些"杰出的黑人"非法就读于该大学,然而该州的政策显然是对黑人和白人大学生实行种族隔离的。1955年,该校的大门首度向黑人敞开。黑人对此的反应很迟缓,并且始终都很迟缓。尽管没有官方记录,但是据估计,任何一年中,在这所大学里读书的黑人都不超过30人。

最初,其他州的黑人研究生被排除在外。这一政策引起了不少公开争议。1957年,该综合性大学对招生表格进行了修改,上面不再要求说明种族身份。随后,该校又因为在宿舍方面实行种族隔离政策而受到攻击。目前,这方面的工作显然还没有完成,但一位发言人说,大学确实已经通知了那些被分配或是自己要求被分配与黑人住在一起的学生的家长。"这一点,"该官员解释说,"是因为来自南部各县的学生数量众多。在那里，关于这些事情的观念还比较落后。"

特拉华大学显然并不被认为是一个让黑人感到舒适的地方。一些接受采访的黑人大中学生表示，这所大学并不让他们"感到舒服"。引起不适感的原因从校园里黑人数量很少到认为"有些教师和大多数管理人员都有种族偏见"，不一而足。中学辅导员的话也对这种情况产生了影响。据说全州的黑人和白人辅导员都劝黑人学生不要上综合性大学，这似乎是因为他们觉得那里的标准往往太高，或者说黑人学生在那里不受欢迎。黑人学生经常被鼓励去上黑人学院，尤其是特拉华州立学院。纽瓦克的辅导员了解这一情况，据黑人消息提供者称，他们经常建议学生去上其他州的学院。出于这一原因和其他原因，该大学校长和州长都敦促特拉华州立学院与这所大学合并。然而，他们显然一直无法让南方议员们对该计划的优点感到信服。

特拉华大学是黑人批评者们的主要攻击目标之一："大学是这个州里最强大的元素之一。他们为什么不能带头帮助黑人？除了不得不做的事情之外，他们没有做出任何其他努力。"有可能，这所综合性大学通过它的员工发挥影响，直接地或间接地给该州带来了很大的变化。

8.0
专题研究

8.1 "领先"项目	637
8.2 与家中使用外语有关的不利因素	682
8.3 辅导员	691
8.4 职业教育	709

8.1 "领先"项目

8.10 导言

在教育机会调查报告的这一部分,我们将考察"领先"项目对在 1965 年夏天参加该项目的黑人和白人学生产生的可观测效果。我们将通过分析 1965 年秋季开始读一年级的儿童们的可获得数据来研究这些效果。

我们还将注意对参与者和非参与者在家庭背景及其他特征方面进行比较。

我们并不打算分析除"领先"项目以外的其他暑期项目的效果。因此,所有比较都是在被确认是"领先"项目参与者的儿童和被确认未参加任何暑期项目的儿童之间进行的。

这一分析的对象仅仅是那些在即将开始读一年级时参加"领先"项目的小学生。对于在上学前班之前就参加过该项目的儿童来说,参与效应(和参与者的特征)可能会有所不同。

由于缺少可供进行前后对比的数据,所以本次分析采用的方法是考察有着对照经验的两组学生在表现方面的差异:一组参加过"领先"项目,另一组则没有参加过。

这项研究所面临的一个主要问题就是获得适当的控制组。为了控制由父母对教育的兴趣而产生的选择性,我们计划在一个儿童无法获得"领先"项目的地区选择一个非参与者控制组。

然而,我们却发现另一种类型的"自我选择"在发挥作用。"领先"项目最初是提供给那些儿童可能具有背景缺陷的社区的。在无法获得该项目的学校就读的学生,其社会经济地位(SES)远远高于在去年夏天获得该项目的学校就读的学生。

第三种类型的选择似乎也在发挥作用。在实施"领先"项目的社区,参与者的 SES 往往低于来自同一社区的非参与者。

这最后两种形式的自我选择,就提供项目的地点和在拥有该项目的地区由哪个社会经济群体参与来看,在除了南部黑人以外的所有群体中都很明显。这一问题将在后面进行更详细的讨论。

因此，研究设计需要在三个组之间进行："领先"项目参与者、来自和参与者相同学校的非参与者以及来自不提供该项目的社区的非参与者。其他变量受到了控制，以便对三个小组的成员的比较将在拥有相似的 SES、种族、学前教育等条件的学生之间进行。

为了确定某一社区是否获得了"领先"项目，我们决定将"领先"项目的参与者在一个给定学校中的比例作为该项目可获得性的一个指标。因此，在没有学生参与的地方，则推定该项目不可获得；在有几个或更多的学生被确定为参与者的地方，就推定该项目是可获得的。

本研究从原始数据磁带中进行了系统性的随机抽样（针对重复的情况），利用权重来弥补原始样本分层。

8.11 "领先"项目的参与范围

表 8.11.1 显示了参加过"领先"项目的一年级学生的估计百分比。来自大城市地区的黑人儿童参加该项目的可能性是同一地区白人儿童的 6.97 倍。在非大城市地区，黑人参加该项目的可能性是白人的 4.77 倍。白人一年级学生与黑人一年级学生的人数比例大约是 3.1 比 1，这表明黑人一年级学生中的"领先"项目参与者数量超过了白人。

表 8.11.1　参加过"领先"项目的一年级学生估计百分比

地区	黑人	白人	地区	黑人	白人
大城市地区：			大城市地区总计	13.81	2.00
东北部	14.20	1.92	非大城市地区：		
中西部	2.69	1.30	北部和西部	35.85	4.08
南部	25.13	7.45	南部	35.24	12.01
西南部	19.29	1.19	西南部	12.79	4.81
西部	1.90	.52	非大城市地区总计	32.59	6.96

更重要的是，在某个给定小组成员的参与程度与该组平均测试分数之间存在着反比关系。因此，例如，在大城市地区，白人的平均分数最高，并且最不可能参加"领先"节目，相比较而言，非大城市地区的黑人得分最低，并且参与程度最高。

如果将参与度差异作为一个指标,就会发现"领先"项目是向背景缺陷最普遍的地区提供的,并且被那些最可能有背景缺陷的学生所利用。这一问题将在后面的章节中进行更详细的研究,届时将把参与者的家庭背景与非参与者的进行比较。

8.12 "领先"项目参与者的测试表现

接下来的两份表格,8.12.1 和 8.12.2,显示了三组学生的能力测试成绩,他们在这份报告中得到了最深入的分析。第一组由未参加任何暑期项目的学生组成,他们就读于非"领先"项目学校,也就是说,按照推定,这些学生所在的社区不提供"领先"项目。在接下来的所有表格中,这组儿童被标识为"不可获得——无法参与(或'非参与者')"。第二组儿童被标识为"可获得——未参与(或'非参与者')",他们是就读于"领先"项目学校的学生,这表示按照推定,这些学生所在的社区提供"领先"项目,不过他们没有参加"领先"或是任何其他的暑期项目。第三组儿童被标识为"可获得——参与过",指那些就读于"领先"项目学校并且在夏天参加了"领先"项目的学生。

表 8.12.1 根据种族、地区和群体划分的能力平均分

地区	群体	语言能力 黑人	语言能力 白人	全部非语言能力 黑人	全部非语言能力 白人	案例数量 黑人	案例数量 白人
大城市地区							
东北部	不可获得,无法参加	16.509	19.381	18.842	26.494	361	789
	可获得,未参与	15.753	18.090	16.621	23.929	251	255
	可获得,参与过	15.190	16.988	15.861	20.166	419	253
中西部	不可获得,无法参加	17.467	19.476	21.517	27.249	969	1,176
	可获得,未参与	17.279	19.367	21.468	26.149	111	87
	可获得,参与过	18.127	19.650	16.732	25.737	86	160
南部	不可获得,无法参加	16.172	17.806	18.207	23.492	642	201
	可获得,未参与	15.537	19.183	15.890	24.428	541	196
	可获得,参与过	15.896	19.181	16.064	24.929	2,294	512
西南部	不可获得,无法参加	16.188	20.177	18.958	27.236	143	169
	可获得,未参与	14.782	19.625	14.256	28.637	78	80
	可获得,参与过	16.664	15.425	16.937	18.300	191	40

续 表

地区	群体	语言能力 黑人	语言能力 白人	全部非语言能力 黑人	全部非语言能力 白人	案例数量 黑人	案例数量 白人
西部	不可获得,无法参加	16.637	19.581	16.698	27.797	591	573
	可获得,未参与	16.400	18.621	20.173	23.351	75	37
	可获得,参与过	15.047	17.612	19.482	20.580	21	31
全国	不可获得,无法参加	16.783	19.396	19.842	26.892	2,706	2,908
	可获得,未参与	15.777	18.804	16.834	24.916	1,056	655
	可获得,参与过	15.905	18.500	16.134	23.447	3,011	996

表8.12.2 根据种族、地区和群体划分的能力平均分

地区	群体	语言能力 黑人	语言能力 白人	全部非语言能力 黑人	全部非语言能力 白人	案例数量 黑人	案例数量 白人
非大城市地区							
北部城市地区	不可获得,无法参加	17.876	19.404	22.897	27.434	633	1,721
	可获得,未参与	15.782	18.947	18.455	25.488	433	461
	可获得,参与过	15.851	17.756	17.383	22.526	780	604
南部	不可获得,无法参加	15.543	18.477	15.677	23.030	1,760	830
	可获得,未参与	15.321	18.267	14.908	22.452	1,017	688
	可获得,参与过	15.338	17.881	15.458	21.649	2,078	1,254
西南部	不可获得,无法参加	15.650	19.139	17.797	25.104	272	86
	可获得,未参与	15.214	19.290	16.538	26.745	210	220
	可获得,参与过	15.895	17.941	17.244	22.948	143	136
全国	不可获得,无法参加	16.108	19.094	17.608	25.971	2,665	2,637
	可获得,未参与	15.428	18.661	16.039	24.164	1,660	1,639
	可获得,参与过	15.498	17.847	16.044	22.003	3,001	1,994

在阅读本报告的大部分剩余章节时,读者将按照上述顺序读到这三个组。这些组大体上分别是:(1)对照组,里面的学生来自没有任何暑期计划的社区;(2)第二对照组,学生来自提供"领先"项目的地区,但却没有利用过任何项目;(3)"领先"项目参与者,来自提供该项目的社区——即"干预组"。该方案使我们有机会对就读于同一所学

校的"领先"项目参与者和非参与者进行比较,从而提供一个大体上控制社区变量的途径。

我们从这两份表格中发现,就读于同一所学校的"领先"项目参与者和非参与者之间有以下分数差异;差异正值代表项目参与者的分数更高。

地区	黑人		白人	
	语言能力	非语言能力	语言能力	非语言能力
大城市地区:				
东北部	-0.563	-0.760	-0.102	-3.763
中西部	+.848	-4.736	+.283	-.412
南部	+.359	+.174	-.002	+.501
西南部	+1.882	+2.681	-4.200	-10.337
西部	-1.353	-.645	-1.009	-2.771
全国	+.128	-.700	-.304	-1.469
非大城市地区:				
北部和西部	+.069	-1.072	-1.191	-2.962
南部	+.017	+.550	-.386	-.803
西南部	+.681	+.706	-1.349	-3.797
全国	+.070	+.005	-.814	-2.161

在大部分地区,"领先"项目的参与者尚未达到同校同学的学术能力,特别是对于白人而言。此外,项目参与者的表现几乎普遍低于不提供"领先"项目的地区的儿童。

在后面的章节中,在分析"领先"项目的效果时,将考察并控制除种族和地区以外可能会影响学生表现的其他因素。

8.13 先前的教育经历

在这整个分析中,学校因素还没有机会影响学生的表现,因为问卷在学生刚开始上一年级时就发下去了。出于这个原因,我们一直没有尝试控制任何此类因素,如学生人均支出、教师的经验、学校的物理设施,等等。然而,样本中的很多学生都上过学前班,这将使他们的成绩水平产生差异。表 8.13.1 显示了所有"领先"项目参与者的能力测试平均分,按照他们先前是否上过学前班进行分类。对于这些参与者来说,上过学前班和没上过学前班的学生之间的表现差异总结如下。

种族	地区	语言能力	非语言能力	种族	地区	语言能力	非语言能力
黑人	大城市地区	+1.459	+3.290	白人	大城市地区	+.403	+.788
	非大城市地区	+1.587	+1.754		非大城市地区	+.908	+2.238

表 8.13.1 根据种族、地区和先前是否上过学前班划分的能力平均分,仅限于"领先"项目参与者

控制和地区	语言能力 黑人 上过学前班	语言能力 黑人 未上过学前班	语言能力 白人 上过学前班	语言能力 白人 未上过学前班	全部非语言能力 黑人 上过学前班	全部非语言能力 黑人 未上过学前班	全部非语言能力 白人 上过学前班	全部非语言能力 白人 未上过学前班	案例数量 黑人 上过学前班	案例数量 黑人 未上过学前班	案例数量 白人 上过学前班	案例数量 白人 未上过学前班
大城市地区												
东北部	15.377	15.046	17.589	16.975	17.048	14.737	22.163	20.149	228	194	190	161
中西部	18.135	16.190	19.070	17.976	18.610	17.285	26.961	23.677	118	21	182	127
南部	16.989	15.396	19.405	18.984	18.407	15.048	25.396	24.507	742	1,442	111	445
西南部	17.154	15.600	16.734	17.553	17.882	15.260	19.857	23.872	136	50	49	47
西部	16.602	9.000	19.488	14.636	21.576	11.428	23.311	21.363	78	7	45	11
整个国家大城市地区	16.805	15.346	18.671	18.268	18.323	15.033	24.192	23.406	1,302	1,714	577	791
非大城市地区												
北部和西部	18.111	15.051	19.226	16.929	19.117	16.864	25.559	21.068	153	545	243	382
南部	16.276	15.315	17.850	17.812	16.796	15.420	22.073	21.296	325	1,693	287	927
西南部	16.648	15.480	18.352	17.617	18.405	17.461	23.176	23.436	37	104	68	94
整个国家非大城市地区	16.848	15.261	18.466	17.558	17.601	15.847	23.615	21.377	515	2,342	598	1,403

续 表

控制和地区	语言能力				全部非语言能力				案例数量			
	黑人		白人		黑人		白人		黑人		白人	
	上过学前班	未上过学前班	上过学前班	未上过学前班	上过学前班	未上过学前班	上过学前班	未上过学前班	上过学前班	未上过学前班	上过学前班	未上过学前班
大城市地区												
总计										3,016		1,368
未填写学前班经历										201		48
"领先"项目参与者总计										3,217		1,416
非大城市地区												
总计										2,857		2,001
未填写学前班经历										189		95
总计										3,046		2,096

我们并没有去调查这些差异究竟是源自学前班本身的效果，还是源自上过或未上过学前班的学生的家庭背景差异。如果"领先"项目的参与者在 SES 和家庭结构方面往往是属于同一类型的，这就说明上过学前班对于成绩有着非常明确的增益作用。一般来说，由于不同群体的儿童上过学前班的程度不同，所以，考察对学前班就读情况进行控制的测试分数似乎很重要。然而，由于学校质量的因素没有得到控制，所以我们并没有考察这些学生所接受的学前班教育质量。许多"领先"项目的参与者的确上过学前班，从而使"领先"项目的体验对他们而言多少有些不同，因为该项目基本上只是拓展他们的学前班活动而非提供任何新的或不同的体验。

在表 8.13.2 和 8.13.3 中可以找到每个组在两项测试中的分数，按照学生是否上过学前班划分。

表 8.13.2 根据种族、地区、群体和是否上过学前班划分的语言能力平均分(不包括未就学前班问题做出回应的答卷人)

地区	语言能力 黑人 未上过学前班	语言能力 黑人 上过学前班	语言能力 白人 未上过学前班	语言能力 白人 上过学前班	全部非语言能力 黑人 未上过学前班	全部非语言能力 黑人 上过学前班	全部非语言能力 白人 未上过学前班	全部非语言能力 白人 上过学前班	案例数量 黑人 未上过学前班	案例数量 黑人 上过学前班	案例数量 白人 未上过学前班	案例数量 白人 上过学前班
大城市地区												
东北部:												
不可获得,无法参与	16.105	16.509	17.139	19.652	19.184	18.808	21.265	27.097	38	318	79	687
可获得,未参与	14.333	16.325	17.589	18.390	13.373	17.816	22.463	24.874	75	169	95	151
可获得,参与过	15.016	15.330	17.189	16.803	14.587	17.004	20.440	20.145	182	218	127	117
中西部:												
不可获得,无法参与	17.288	17.484	18.821	19.545	18.457	21.659	25.273	27.430	35	910	95	1,040
可获得,未参与	18.250	17.115	19.098	19.750	24.625	21.200	25.098	27.638	8	95	51	36
可获得,参与过	16.071	18.527	18.683	21.177	15.571	16.958	24.510	27.677	14	72	98	62
南部:												
不可获得,无法参与	15.770	17.606	17.303	18.666	16.915	21.662	21.770	26.026	414	178	122	75
可获得,未参与	15.147	16.392	18.873	19.935	14.597	18.693	23.238	26.854	318	196	126	62
可获得,参与过	15.406	16.980	19.124	19.260	15.076	18.257	24.885	24.927	1,421	708	410	96
西南部:												
不可获得,无法参与	15.937	16.400	19.482	20.620	17.412	22.200	27.071	27.351	80	35	56	108
可获得,未参与	12.173	15.104	19.166	20.000	9.478	14.979	28.722	28.800	23	48	36	40

续表

地区	语言能力 黑人 未上过学前班	语言能力 黑人 上过学前班	语言能力 白人 未上过学前班	语言能力 白人 上过学前班	全部非语言能力 黑人 未上过学前班	全部非语言能力 黑人 上过学前班	全部非语言能力 白人 未上过学前班	全部非语言能力 白人 上过学前班	案例数量 黑人 未上过学前班	案例数量 黑人 上过学前班	案例数量 白人 未上过学前班	案例数量 白人 上过学前班
可获得，参与过	15.755	17.097	15.833	14.800	15.408	17.548	26.083	14.120	49	133	12	25
西部：												
不可获得，无法参与	17.571	16.601	19.280	19.600	24.071	19.605	26.600	27.881	14	570	25	525
可获得，未参与	14.166	16.594	17.933	19.050	11.333	20.942	22.200	23.950	6	69	15	20
可获得，参与过	9.000	18.071	14.100	19.905	11.428	23.428	20.700	20.842	7	14	10	19
整个国家大城市地区：												
不可获得，无法参与	15.946	17.072	18.106	19.607	17.397	20.636	23.655	27.387	581	2,011	377	2,435
可获得，未参与	14.890	16.409	18.520	19.110	14.251	18.809	23.866	26.042	430	577	323	309
可获得，参与过	15.353	16.790	18.547	18.373	15.021	17.917	23.928	22.617	1,673	1,145	657	319

表8.13.3　根据种族、地区、群体和是否上过学前班划分的能力平均分(不包括未就学前班问题做出回应的答卷人)

地区	语言能力 黑人 未上过学前班	语言能力 黑人 上过学前班	语言能力 白人 未上过学前班	语言能力 白人 上过学前班	全部非语言能力 黑人 未上过学前班	全部非语言能力 黑人 上过学前班	全部非语言能力 白人 未上过学前班	全部非语言能力 白人 上过学前班	案例数量 黑人 未上过学前班	案例数量 黑人 上过学前班	案例数量 白人 未上过学前班	案例数量 白人 上过学前班
非大城市地区												
北部和西部：												

续 表

地区	语言能力 黑人 未上过学前班	语言能力 黑人 上过学前班	语言能力 白人 未上过学前班	语言能力 白人 上过学前班	全部非语言能力 黑人 未上过学前班	全部非语言能力 黑人 上过学前班	全部非语言能力 白人 未上过学前班	全部非语言能力 白人 上过学前班	案例数量 黑人 未上过学前班	案例数量 黑人 上过学前班	案例数量 白人 未上过学前班	案例数量 白人 上过学前班
不可获得，无法参与	16.717	18.539	18.879	19.598	20.451	24.193	25.938	28.023	184	378	373	1,252
可获得，未参与	15.416	16.858	18.259	19.572	17.725	20.661	23.481	27.550	295	127	216	229
可获得，参与过	15.051	18.101	16.887	19.239	16.864	18.952	20.909	25.170	545	148	374	205
南部:												
不可获得，无法参与	15.335	16.336	18.219	19.379	15.460	15.967	22.192	26.506	1,415	244	607	166
可获得，未参与	15.285	15.596	17.763	20.065	14.830	15.614	20.838	28.365	796	166	507	137
可获得，参与过	15.291	16.300	17.818	17.816	15.359	16.606	21.296	22.116	1,676	310	913	284
西南部:												
不可获得，无法参与	15.495	16.062	18.888	21.058	17.222	20.500	24.092	28.588	216	48	54	17
可获得，未参与	15.464	15.110	18.911	19.763	16.979	16.690	25.459	28.559	99	100	124	93
可获得，参与过	15.640	16.457	17.674	18.458	17.660	17.914	23.127	22.541	100	35	86	48
整个国家:												
不可获得，无法参与	15.494	17.559	18.492	19.590	16.176	20.932	23.643	27.854	1,815	670	1,034	1,435
可获得，未参与	15.332	15.880	18.057	19.758	15.726	17.519	22.188	27.997	1,190	393	847	459
可获得，参与过	15.249	16.851	17.555	18.417	15.812	17.403	21.305	23.320	2,321	493	1,373	537

考察每份表格最下面整个国家的平均数，我们发现在"领先"项目的参与者和来自不提供该项目地区的非参与者之间有如下差异。

	未上过学前班		上过学前班	
	语言能力	非语言能力	语言能力	非语言能力
黑人,大城市地区	+0.463	+0.770	+0.381	-0.892
白人,大城市地区	+.027	+.062	-.737	-3.425
黑人,非大城市地区	-.083	+.086	+.971	-.116
白人,非大城市地区	-.502	-.883	-1.341	-4.677

从表 8.13.2 和 8.13.3 中可以清楚地看到,在分数上存在着很大的区域差异。然而,在某些情况下,单元格的规格太小,无法进行有效的比较。因此,我们划分了两个合并地区:南部区,包括南部和西南部地区;非南部区,包括东北部、中西部(即北部地区);以及西部地区。

在表 8.13.4 中我们看到,在这两个区的大城市地区和非大城市地区,"领先"项目的参与者上过学前班的可能性都**低于**来自同一所学校的"领先"项目的非参与者。同样,项目参与者上过学前班的比例也小于来自不提供"领先"项目的地区的学生;例外情况只有南部的所有黑人和在南部非大城市地区的白人。考察表 8.13.5(语言能力)和 8.13.6(非语言能力)所显示的合并地区的测试成绩,我们发现在南部区有迹象表明"领先"项目具有积极效果。来自同一学校的"领先"项目参与者和非参与者之间的分数差异如下表所示。

	未上过学前班		上过学前班	
	语言能力	非语言能力	语言能力	非语言能力
黑人:				
大城市地区:				
非南部区	+0.207	+0.299	-0.393	-2.140
南部区	+.471	+.835	+.859	+.182
非大城市地区:				
非南部区	-.365	-.861	+1.243	-1.709
南部区	+.005	+.421	+.902	+.721

续 表

	未上过学前班		上过学前班	
	语言能力	非语言能力	语言能力	非语言能力
白人：				
大城市地区：				
非南部区	−.419	−1.125	−.297	−2.695
南部区	+.092	+.463	−1.622	−4.923
非大城市地区：				
非南部区	−1.472	−2.572	−.333	−2.380
南部区	−.183	−.292	−2.034	−6.266

表 8.13.4　根据种族划分并结合地区和群体因素的上过学前班者百分比

地区和群体	上过学前班者百分比			
	黑人		白人	
	百分比	基数	百分比	基数
大城市地区				
非南部区：				
不可获得,无法参与	95.4	100% = 1,885	91.9	100% = 2,451
可获得,未参与	78.9	100% = 422	56.3	100% = 368
可获得,参与过	60.0	100% = 507	45.7	100% = 433
南部区：				
不可获得,无法参与	30.1	100% = 707	50.7	100% = 361
可获得,未参与	41.7	100% = 585	38.6	100% = 264
可获得,参与过	36.4	100% = 2,311	22.3	100% = 543
全国,大城市地区：				
不可获得,无法参与	77.6	100% = 2,592	86.6	100% = 2,812
可获得,未参与	57.3	100% = 1,007	48.9	100% = 632
可获得,参与过	40.6	100% = 2,818	32.7	100% = 976
人数 =		6,417		4,420
未就学前班问题做出回应者 =		356		139

续　表

地区和群体	上过学前班者百分比			
	黑人		白人	
	百分比	基数	百分比	基数
其他群体=		3,276		4,040
总数=		10,049		8,599
非大城市地区				
非南部区:				
不可获得,无法参与	67.3	100%=562	77.0	100%=1,625
可获得,未参与	30.1	100%=422	51.5	100%=445
可获得,参与过	21.4	100%=693	35.4	100%=579
南部区:				
不可获得,无法参与	15.2	100%=1,923	21.7	100%=844
可获得,未参与	22.9	100%=1,161	26.7	100%=861
可获得,参与过	16.3	100%=2,121	24.9	100%=1,331
全国,大城市地区:				
不可获得,无法参与	27.0	100%=2,485	58.1	100%=2,469
可获得,未参与	24.8	100%=1,583	35.1	100%=1,306
可获得,参与过	17.5	100%=2,814	28.1	100%=1,910
人数=		6,882		5,685
未就学前班问题做出回应者=		444		315
其他群体=		2,605		2,959
总数=		9,931		8,959

表8.13.5　根据种族划分并结合地区、群体和是否上过学前班因素的语言能力平均数

地区和群体	黑人		白人	
	未上过学前班	上过学前班	未上过学前班	上过学前班
大城市地区				
非南部区:				
不可获得,无法参与	16.793(87)	17.032(1,798)	18.211(199)	19.590(2,252)

续　表

地区和群体	黑人		白人	
	未上过学前班	上过学前班	未上过学前班	上过学前班
可获得,未参与	14.674(89)	16.606(333)	18.099(161)	18.690(207)
可获得,参与过	14.881(176)	16.213(304)	17.680(235)	18.393(198)
南部区:				
不可获得,无法参与	15.797(494)	17.408(213)	17.988(178)	19.819(183)
可获得,未参与	14.947(341)	16.139(244)	18.938(162)	19.960(102)
可获得,参与过	15.418(1,470)	16,998(841)	19.030(422)	18.338(121)
非大城市地区				
非南部区:				
不可获得,无法参与	16.717(184)	18.539(378)	18.879(373)	19.598(1,252)
可获得,未参与	15.416(295)	16.858(127)	18.259(216)	19.572(229)
可获得,参与过	15.051(545)	18.101(148)	16.887(374)	19.239(205)
南部区:				
不可获得,无法参与	15.356(1,631)	16.291(292)	18.273(661)	19.535(183)
可获得,未参与	15.305(895)	15.413(266)	17.988(631)	19.943(230)
可获得,参与过	15.310(1,776)	16.315(345)	17.805(999)	17.909(332)
大城市地区				
人数=	6,417		4,420	
未就学前班问题做出回应者=	356		139	
其他群体=	3,276		4,040	
总数=	10,049		8,599	
非大城市地区				
人数=	6,882		5,685	
未就学前班问题做出回应者=	444		315	
其他群体=	2,605		2,959	
总数=	9,931		8,959	

表8.13.6　根据种族划分并结合地区、群体和是否上过学前班因素的全部非语言能力平均数

地区和群体	黑人 未上过学前班	黑人 上过学前班	白人 未上过学前班	白人 上过学前班
大城市地区				
非南部区：				
不可获得，无法参与	19.678(87)	20.503(1,798)	23.849(199)	27.434(2,252)
可获得，未参与	14.247(89)	19.429(333)	23.273(161)	25.265(207)
可获得，参与过	14.546(203)	17.289(304)	22.148( )	22.570(198)
南部区：				
不可获得，无法参与	16.996(494)	21.751(213)	23.438(178)	26.808(183)
可获得，未参与	14.252(341)	17.963(244)	24.456(162)	27.617(102)
可获得，参与过	15.087(1,470)	18.145(841)	24.919(422)	22.694(121)
非大城市地区				
非南部区：				
不可获得，无法参与	20.451(184)	24.193(378)	25.938(373)	28.023(1,252)
可获得，未参与	17.725(295)	20.661(127)	23.481(216)	27.550(229)
可获得，参与过	16.864(545)	18.952(148)	20.909(374)	25.170(205)
南部区：				
不可获得，无法参与	15.694(1,631)	16.712(292)	22.348(661)	26.699(183)
可获得，未参与	15.068(895)	16.018(266)	21.746(631)	28.443(230)
可获得，参与过	15.489(1,776)	16.739(345)	21.454(999)	22.177(332)

再一次，南部区参加"领先"项目的黑人分数高于没有利用该项目的学生，无论他们先前是否上过学前班。然而，他们的分数并不是始终高于来自不提供该项目的社区的学生，使自我选择进入该项目具有一种明确的可能性。

除了能力测试分数外，另一个有趣的因变量就是学生的教育兴趣和动机，通过问题32到39进行测试。我们所要考察的重要差异是来自**同一所学校**的参与者和非参与者获得赞许回应的频繁性的差异：这些儿童都来自可获得"领先"项目的地区。将比较范围拓展到不提供该项目的地区的学生，这可能是不合理的，因为这些学校的教师可能没有在同一个参照系内回答这些需要进行主观判断的问题。

来自同一学校的"领先"项目参与者和非参与者之间的百分比差异在下表中得到了总结。对于有关课堂特征的八个问题,参加过"领先"项目的黑人获得赞许回应的百分比超过了同一所学校中的黑人非参与者。然而,对于白人而言,非参与者和参与者似乎大体上获得了相同比例的赞许回应。关于这八个问题的百分比差异的平均值是根据表 8.13.7 计算出来的,如下表所示。

问题 32—39 的平均百分比差异,用"领先"项目参与者获得的赞许回应
百分比减去同一所学校内非参与者获得的赞许回应百分比

	非南部区		南部区	
	未上过学前班	上过学前班	未上过学前班	上过学前班
黑人:				
大城市地区	+3.9	−1.8	+1.1	+3.5
非大城市地区	+5.3	+10.5	+6.6	+5.6
白人:				
大城市地区	−2.7	+1.0	+.3	−1.7
非大城市地区	−2.9	+.9	+.7	−2.7

表 8.13.7 根据种族、地区和先前是否上过学前班划分,在可获得"领先"项目的地区,针对问题 32—39,项目参与者与非参与者获得积极回应的百分比差异

	积极回应的百分比差异[1]							
	问题 32	问题 33	问题 34	问题 35	问题 36	问题 37	问题 38	问题 39
黑人								
大城市地区:								
非南部区:								
未上过学前班	−3.8	+6.7	+0.8	+0.3	+21.7	+1.9	+6.7	−2.9
上过学前班	−1.4	−2.8	−.8	−1.0	+1.5	−5.3	−1.1	−3.2
南部区:								
未上过学前班	−.7	−1.6	+1.6	+1.6	+2.5	−.2	+2.5	+3.1
上过学前班	+.1	+7.2	+3.9	+.7	+8.5	+.4	+7.1	−.3
非大城市地区:								
非南部区:								

续 表

	积极回应的百分比差异[1]							
	问题32	问题33	问题34	问题35	问题36	问题37	问题38	问题39
未上过学前班	+4.4	+1.6	-1.8	+11.4	+9.3	+3.1	+9.7	+4.5
上过学前班	+2.4	+13.1	+6.6	+15.7	+4.7	+26.0	+19.9	-4.4
南部区：								
未上过学前班	+5.9	+4.1	+5.7	+9.7	+12.1	+6.2	+4.4	+4.9
上过学前班	+.5	+17.6	+.6	+3.8	+10.9	+7.8	+6.3	-1.6
白人								
大城市地区：								
非南部区：								
未上过学前班	0	-2.3	-6.8	-1.3	-9.5	-1.3	+1.9	-2.0
上过学前班	+4.4	+3.1	-1.2	-.8	-3.4	+.7	+.7	+4.1
南部区：								
未上过学前班	-.9	-2.7	+.4	+1.7	-4.1	+4.4	+3.2	+.3
上过学前班	-8.7	-3.5	-8.1	-4.6	+1.9	+3.8	-.1	+6.0
非大城市地区：								
非南部区：								
未上过学前班	+2.0	-6.7	+1.7	-2.0	-8.1	-6.0	-1.3	-3.1
上过学前班	-2.1	+3.6	-1.2	+2.5	-2.3	+4.8	-5.1	+6.7
南部区：								
未上过学前班	+.6	-2.1	+.4	+3.6	+3.5	-.1	-.5	+.5
上过学前班	-2.9	+1.6	+.6	-4.9	-8.6	-3.4	-3.9	-.4

1. 差异正值代表参与过"领先"项目的学生获得赞许回应的比例较高。差异负值代表与参与者来自同一所学校的非参与者获得赞许回应的比例较高。

迄今为止，在能力测试和教育动机方面的模式基本上都显示，在提供"领先"项目的社区，只有在黑人中，项目参与者的表现优于非参与者，而白人参与者的表现水平则通常低于白人非参与者。此外，在测试成绩方面，参与者的得分往往低于不提供"领先"项目的学校里的学生。这种差异在很大程度上可能源自参与者与非参与者的家庭背景不同，我们将在下面的章节中对这一点进行考察。

8.14 "领先"项目参与者和非参与者的家庭背景和其他特征

男性"领先"项目参与者和女性参与者在数量上没有很大差异。因此,在提供能力测试平均分时,没有对学生的性别因素进行控制。

家庭中 18 岁以下儿童的数量可能是决定一名儿童在入读一年级时是否做好学业准备的一个重要因素。从表 8.14.1 中我们发现,在"领先"项目参与者的家庭里,18岁以下儿童的数量超过了非参与者的家庭,再一次,只有南部非大城市地区的黑人例外。然而,在可获得"领先"项目的地区和不可获得该项目的地区之间,不存在明显的家庭规模差异模式。

表 8.14.1 针对问题 8,根据种族、地区和群体划分,家庭中的儿童数量(18 岁以下,包括学生本人)

地区和群体	来自有 x 名儿童家庭者百分比							
	黑人				白人			
	1—3名	4—5名	6名或以上	基数	1—3名	4—5名	6名或以上	基数
大城市地区								
非南部区:								
不可获得,无法参与	43.6	33.0	23.3	100% = 1,752	65.2	26.6	8.3	100% = 2,448
可获得,未参与	36.8	32.8	30.4	100% = 418	61.6	28.8	9.7	100% = 372
可获得,参与过	37.4	30.4	32.1	100% = 470	37.8	43.8	18.3	100% = 436
南部区:								
不可获得,无法参与	37.3	35.4	27.2	100% = 745	66.7	26.6	6.7	100% = 342
可获得,未参与	38.7	34.5	26.9	100% = 595	61.3	32.1	6.6	100% = 274
可获得,参与过	34.3	32.6	33.2	100% = 2,423	62.1	27.3	10.6	100% = 549
人数 =				6,403				4,421
未做出回应者人数 =				370				138

续　表

地区和群体	来自有 x 名儿童家庭者百分比							
	黑人				白人			
	1—3名	4—5名	6名或以上	基数	1—3名	4—5名	6名或以上	基数
总数（经过调整）=				6,773				4,559
非大城市地区								
非南部区：								
不可获得,无法参与	42.9	30.3	26.8	100%=545	55.7	32.8	11.5	100%=1,666
可获得,未参与	29.1	38.9	31.9	100%=429	50.6	37.8	11.6	100%=431
可获得,参与过	28.3	30.3	41.3	100%=702	39.3	34.8	25.9	100%=563
南部区：								
不可获得,无法参与	27.4	34.3	38.3	100%=1,902	62.4	28.3	9.3	100%=892
可获得,未参与	29.1	34.9	36.0	100%=1,137	60.8	26.6	12.6	100%=876
可获得,参与过	32.0	32.6	35.4	100%=2,102	60.7	25.9	13.4	100%=1,372
人数=				6,817				5,800
未做出回应者人数=				509				200
总数（经过调整）=				7,326				6,000

家庭结构中另一个可能影响学生教育动机的因素是家中是否父母双全。来自破碎家庭的儿童的成绩可能比来自完整家庭的儿童低。在研究表 8.14.2 时我们发现，参加"领先"项目的白人相对于两个控制组中的非参与者而言，其真正的父亲（或继父）较不可能住在家里。此外，与未提供"领先"项目的学校中的学生相比，在提供该项目的学校里，非参与者与真正的父亲住在一起的情况较少。

表 8.14.2　针对问题 9，根据种族划分并结合地区和群体因素，起父亲作用者

地区和群体	在 X 类别中答卷人百分比[1]							
	黑人				白人			
	父亲	其他人	无	基数	父亲	其他人	无	基数
大城市地区								
非南部区：								
不可获得，无法参与	77.4	5.3	17.2	1,874	93.7	1.2	5.1	2,492
可获得，未参与	76.8	5.9	17.4	426	90.9	1.3	7.7	375
可获得，参与过	79.8	5.1	15.1	490	88.8	3.4	7.8	436
南部区：								
不可获得，无法参与	70.5	7.4	22.1	769	93.5	2.4	4.1	368
可获得，未参与	73.4	4.7	21.9	616	88.4	3.6	8.0	276
可获得，参与过	74.2	6.2	19.6	2,462	85.7	6.3	8.0	552
人数 =				6,637				4,499
未做出回应者人数 =				136				60
总数（经过调整）=				6,773				4,559
非大城市地区								
非南部区：								
不可获得，无法参与	74.2	8.9	16.9	617	94.2	1.0	4.8	1,702
可获得，未参与	78.0	9.6	12.4	428	93.2	2.8	3.9	459
可获得，参与过	71.8	6.5	21.6	753	89.6	1.4	8.9	570
南部区：								
不可获得，无法参与	73.1	10.6	16.3	2,005	93.3	2.5	4.2	910
可获得，未参与	72.8	7.7	19.5	1,190	91.9	2.4	5.6	903
可获得，参与过	70.2	11.8	18.0	2,182	88.4	4.0	7.6	1,382
人数 =				7,175				5,926
未做出回应者人数 =				151				74
总数（经过调整）=				7,326				6,000

1. 父亲 = 住在家中的真正的父亲；继父
其他人 = 养父；祖父和外祖父；其他亲戚；其他成人
无 = 不住在家中的真正的父亲；没有任何人

对于黑人而言,则出现了一种不同的模式。在大城市地区,参与者真正的父亲住在家中的比例超过了两个控制组的非参与者,而在非大城市地区,相对于非参与者而言,黑人参与者较少与其父亲生活在一起。

因此,如果父亲的缺席会损害孩子的教育造诣,则在除了大城市地区的黑人以外的所有情况下,"领先"项目的参与者都比非参与者更常面对这一障碍。

家庭社会经济地位的一个指标是父母的受教育程度。不幸的是,对于这一问题,黑人的未回应率达到了约55%,白人则达到了40%。由于该问题的未回应率太高,很难确定会产生多少偏差,所以我们决定不使用此信息。

我们可获取的最有帮助、最有效果的 SES 指标是一个家庭是否拥有某些物品,如真空吸尘器、字典等等。这一用来确定 SES 的方法曾被华纳、查平等校使用过,并且显示出与收入、职业地位和受教育程度等其他变量的高度关联性。调查问卷中包括学生家里的六件家庭用品和三种可能在家中找到的教育资料:电视机、电话、录音机、冰箱、汽车、吸尘器、字典、百科全书和日报。

我们根据学生家庭拥有的物品数量确定了一个指数。该指数从本质上讲是将本报告中其他地方使用的两种指数——家中的物品和家中的阅读材料——结合起来了。对于小学一年级学生和较高年级的学生而言,父母是否拥有字典或百科全书对其受教育机会的影响是不一样的。对于一年级以上的学生来说,这些教育资料往往代表着家中可用于参考和学习的设施;而对于一年级学生来说,我们并不指望他们会使用字典或百科全书。因此,在本分析中,阅读材料指数被诠释为父母教育背景的一个指标。

学生的家里每拥有一件所列的家居用品和教育物品,就可以得到 10 分;如果家里没有该物品,则学生在该项目上分数是零。对于回应是"不知道"或者未获得回应的给定项目,分数是 5 分。表 8.14.3 显示了各个地区的白人和黑人的平均指数分值。因此,黑人似乎比白人更需要获得补偿项目,南部区的学生比非南部区的学生更需要获得补偿项目,农村地区的儿童比大城市地区的儿童更需要获得补偿项目。

表 8.14.4(黑人)和 8.14.5(白人)显示了"干预"组和对照组中学生指数分值和平均指数分值的分布情况。观察这些表格最右边的栏目,我们看到对照组和"干预"组中的学生家里拥有家居物品和阅读材料的平均数量是有所不同的。

总体而言,"领先"项目参与者的家庭比非参与者更为贫穷;在大多数情况下,就读于可获得"领先"项目的学校的非参与者比不提供该项目的社区里的儿童更为贫穷。例外情况是南部区的黑人,在那里,同一所学校中的参与者和非参与者拥有类似的

表8.14.3 三个主要分析组答卷人拥有物品/阅读材料的平均指数[1]，根据种族和地区划分，按照从高到低顺序排列

种族	地区[2]	区域	平均分
白人	非南部区	大城市地区	7.59
		非大城市地区	7.24
	南部区	大城市地区	7.10
		非大城市地区	6.34
黑人	非南部区	大城市地区	6.15
		非大城市地区	5.30
	南部区	大城市地区	5.18
		非大城市地区	4.54
白人	非南部区	整个地区	7.50
	南部区	同上	6.84
黑人	非南部区	同上	5.62
	南部区	同上	4.73

1. 在这份表格中，指数中的小数点已经被转移，这样平均数代表的就是给定组别中答卷人所拥有的以下9项物品的平均数：

电视机　冰箱　字典
电话　汽车　百科全书
录音机、高保真音响或立体声系统　真空吸尘器　日报

2. 地区被分为以下几部分：非南部区＝北部地区和西部地区；南部区＝南部地区和西南部地区

表8.14.4 黑人：拥有物品/阅读材料指数，根据地区和种族划分

| 地区和群体 | 指数值 X 的百分比 ||||||||| 基数 | 平均数 |
	0—0.5	1—1.5	2—2.5	3—3.5	4—4.5	5—5.5	6—6.5	7—7.5	8—8.5	9		
大城市地区												
北部和西部：												
不可获得项目	0	0.3	0.8	4.1	10.1	18.9	18.3	19.7	19.3	8.8	100%＝1,921	63.714
可获得，非参与者	.5	1.4	1.8	6.6	13.0	18.5	21.3	18.3	14.9	3.7	100%＝437	58.764
可获得，参与者	.0	.2	1.0	6.8	15.8	22.2	19.4	15.4	14.1	5.1	100%＝526	58.859
南部和西南部：												
不可获得项目	.8	2.9	6.8	14.9	25.2	16.6	14.0	8.7	7.6	2.5	100%＝785	48.184

续 表

地区和群体	0—0.5	1—1.5	2—2.5	3—3.5	4—4.5	5—5.5	6—6.5	7—7.5	8—8.5	9	基数	平均数
可获得,非参与者	1.0	1.8	9.4	12.8	13.7	16.5	17.8	13.9	8.9	4.4	100% = 619	52.116
可获得,参与者	.1	1.0	7.6	11.8	18.1	17.2	16.7	13.4	8.2	5.8	100% = 2,485	53.211
人数 =											6,773	
非大城市地区												
北部和西部:												
不可获得项目	.2	1.4	5.1	8.1	15.0	18.6	14.2	17.4	15.5	4.6	100% = 633	57.172
可获得,非参与者	.5	1.8	8.5	11.3	13.2	17.3	16.9	18.9	8.1	3.5	100% = 433	52.979
可获得,参与者	.4	5.3	4.7	8.2	26.9	14.4	19.2	11.8	5.6	3.5	100% = 780	50.403
南部和西南部:												
不可获得项目	1.5	3.1	9.6	17.8	20.5	21.4	11.5	7.4	5.1	2.2	100% = 2,032	45.541
可获得,非参与者	1.6	4.9	10.4	18.3	19.6	18.9	13.4	7.8	3.2	1.9	100% = 1,227	44.034
可获得,参与者	1.4	3.2	11.5	16.5	20.8	15.5	13.8	9.1	5.9	2.3	100% = 2,221	46.004
人数 =											7,326	

表 8.14.5 白人: 拥有物品/阅读材料指数,根据地区和种族划分

地区和群体	0—0.5	1—1.5	2—2.5	3—3.5	4—4.5	5—5.5	6—6.5	7—7.5	8—8.5	9	基数	平均数
大城市地区												
北部和西部:												
不可获得项目	0.0	0.1	0.2	0.6	3.4	5.2	9.2	19.9	33.8	27.5	100% = 2,538	76.540
可获得,非参与者	.3	0	.3	4.2	5.0	9.5	14.8	18.7	31.4	15.8	100% = 379	70.369
可获得,参与者	0	0	.5	4.3	10.8	12.4	11.9	19.2	24.7	15.8	100% = 444	67.781
南部和西南部:												
不可获得项目	0	0	.8	3.5	2.2	7.0	13.2	19.2	32.7	21.4	100% = 370	73.324
可获得,非参与者	0	0	2.5	6.9	6.5	10.5	12.3	18.5	23.6	19.2	100% = 276	67.699
可获得,参与者	0	0	0	6.2	11.8	12.9	14.3	20.5	19.0	15.4	100% = 552	65.525
人数 =											4,559	

续　表

地区和群体	指数值 X 的百分比									基数	平均数
	0—0.5	1—1.5	2—2.5	3—3.5	4—4.5	5—5.5	6—6.5	7—7.5	8—8.5	9		
非大城市地区												
北部和西部：												
不可获得项目	.1	.1	.6	1.2	4.8	7.3	13.8	21.6	31.4	19.1	100％＝1,721	72.815
可获得，非参与者	.0	.4	.4	1.5	5.4	8.2	10.6	23.6	26.0	23.6	100％＝461	72.950
可获得，参与者	.0	1.2	1.5	6.6	8.4	13.6	21.7	12.4	19.5	15.1	100％＝604	64.420
南部和西南部：												
不可获得项目	.1	.5	2.4	5.9	11.9	13.2	16.9	17.4	18.2	13.4	100％＝916	63.591
可获得，非参与者	.2	1.1	1.7	5.9	12.1	11.7	14.2	17.5	19.6	16.0	100％＝908	64.609
可获得，参与者	.4	.9	3.9	9.3	12.2	13.7	17.1	15.0	14.0	13.5	100％＝1,390	60.302
人数＝											6,000	

SES；而且，在大城市地区，与可获得"领先"项目的学校相比，不可获得该项目的学校中的学生更为贫穷。

由于在大多数情况下，"领先"项目的参与者和非参与者之间家庭背景悬殊，所以我们似乎有必要在控制不同家庭背景变量的前提下考察学生的表现，特别是在参与者和非参与者之间差异最大的那些变量。

8.15　控制了其他背景变量的能力测试分数

在 8.14 节中我们发现，"领先"项目的参与者比非参与者更可能来自大家庭。在表 8.15.1 和 8.15.2 中，我们看到来自大家庭的学生测试分数比来自较小家庭的学生低，特别是对白人儿童而言。黑人的模式远没有白人那么始终如一，但总体方向是一致的。在考察大家庭儿童的测试分数时，我们发现"领先"项目参与者的分数低于来自未获得任何项目的学校的学生。将就读于同一所学校的参与者与非参与者进行比较，并且再次只考察来自大家庭的儿童，则在大多数情况下，"领先"项目的参与者分数再次比非参与者低。这里唯一的例外似乎就是南部区未上过学前班的白人学生，如果他们参加过"领先"项目的话，他们的分数要比同校的其他学生高。此外，在大多数情况下，大城市地区的黑人参与者分数要比非参与者高。

表 8.15.1　大城市地区黑人能力平均分，根据地区、先前是否上过学前班(问题 27)和家庭规模(问题 7)划分

家庭	语言能力 2—5	语言能力 6—7	语言能力 8+	全部非语言能力 2—5	全部非语言能力 6—7	全部非语言能力 8+	案例数量 2—5	案例数量 6—7	案例数量 8+
地区和群体									
上过学前班：									
北部和西部：									
不可获得项目	17.672	16.816	16.377	21.919	20.154	19.475	697	539	408
可获得,非参与者	16.215	17.441	16.390	17.758	20.568	20.266	116	102	105
可获得,参与者	16.720	15.808	16.362	18.630	16.315	15.962	111	73	80
南部和西南部：									
不可获得项目	18.000	16.835	17.545	22.433	21.315	20.136	113	73	22
可获得,非参与者	16.453	16.111	15.616	17.969	17.555	18.400	97	81	60
可获得,参与者	17.070	16.733	17.166	17.532	17.521	19.571	342	236	252
未上过学前班：									
北部和西部：									
不可获得项目	17.093	15.931	17.333	19.937	19.655	19.381	32	29	21
可获得,非参与者	14.517	15.230	14.285	14.000	14.730	13.535	29	26	28
可获得,参与者	15.042	15.881	14.685	14.414	16.095	14.985	70	42	70
南部和西南部：									
不可获得项目	15.473	15.994	15.626	15.807	17.297	16.735	114	188	174
可获得,非参与者	14.819	15.229	14.930	13.811	15.156	13.590	122	109	100
可获得,参与者	15.596	15.807	14.898	14.834	16.334	14.225	446	484	511
人数								6,102	
未就学前班问题做出回应者								356	
对学前班问题做出回应,但未就问题 7 做出回应者								315	
总人数(经过调整)								6,773	

表8.15.2 非大城市地区白人能力平均分,根据地区、先前是否上过学前班(问题27)以及家中儿童(18岁以下)数量(问题8)划分

儿童	语言能力			全部非语言能力			案例数量		
	1—3	4—5	6+	1—3	4—5	6+	1—3	4—6	6+
地区和群体									
上过学前班:									
北部和西部:									
不可获得项目	19.811	19.301	19.280	28.354	27.373	27.647	688	372	139
可获得,非参与者	20.007	19.135	18.733	28.401	27.256	24.466	127	74	15
可获得,参与者	18.828	19.784	19.022	24.802	24.455	27.22	76	79	45
南部和西南部:									
不可获得项目	19.751	19.117	18.000	26.546	27.235	26.200	141	34	5
可获得,非参与者	20.128	19.620	17.500	28.519	28.120	27.125	156	58	8
可获得,参与者	18.358	17.373	16.323	23.023	21.722	18.823	212	83	34
未上过学前班:									
北部和西部:									
不可获得项目	18.935	18.923	18.487	25.914	26.229	24.926	187	144	41
可获得,非参与者	19.349	17.416	17.606	24.879	22.607	23.000	83	84	33
可获得,参与者	17.166	18.205	15.344	19.855	23.877	18.473	138	107	93
南部和西南部:									
不可获得项目	18.934	17.658	17.200	23.461	21.248	19.626	366	205	75
可获得,非参与者	18.458	17.809	16.530	22.305	21.946	18.765	347	168	98
可获得,参与者	18.413	16.815	17.143	22.602	20.039	19.547	588	254	146
人数							5,503		
未就学前班问题做出回应者							315		
对学前班问题做出回应,但未就问题8做出回应者							182		
总人数(经过调整)							6,000		

家中父亲的缺失对于能力分数并没有产生预期的影响(表8.15.3到8.15.6)。总的来说,没有父亲的学生与有父亲的学生水平大致相同,尽管各组之间也有一些差异。

表8.15.3 大城市地区黑人能力平均分,根据地区、先前是否上过学前班(问题27)和起父亲作用者(问题9)[1]划分

起父亲作用者	语言能力			全部非语言能力			案例数量		
	父亲	其他人	无	父亲	其他人	无	父亲	其他人	无
地区/群体									
上过学前班:									
北部和西部:									
不可获得项目	17.147	16.750	16.797	20.669	19.806	21.023	1,364	88	301
可获得,非参与者	16.346	17.944	17.529	18.984	21.611	20.882	257	18	51
可获得,参与者	16.477	13.882	16.105	16.718	17.705	18.500	220	17	38
南部和西南部:									
不可获得项目	17.007	19.933	17.890	21.845	24.333	21.527	136	15	55
可获得,非参与者	16.463	15.000	15.244	18.620	14.466	16.612	179	15	49
可获得,参与者	17.046	17.823	16.587	18.360	19.235	17.000	630	51	155
未上过学前班:									
北部和西部:									
不可获得项目	16.517	16.909	17.833	18.857	21.818	21.722	56	11	18
可获得,非参与者	14.967	17.714	12.312	15.177	17.571	9.250	62	7	16
可获得,参与者	15.307	13.250	13.277	14.692	12.625	13.777	153	8	36
南部和西南部:									
不可获得项目	15.287	15.794	17.490	15.954	20.435	18.710	348	39	100
可获得,非参与者	14.952	16.692	14.631	14.075	15.230	14.671	252	13	76
可获得,参与者	15.433	15.170	15.443	15.207	15.212	14.628	1,058	94	307
人数								6,293	
未就学前班问题做出回应者								356	
对学前班问题做出回应,但未就问题9做出回应者								124	
总人数(经过调整)								6,773	

1. 见表8.14.2脚注。

表 8.15.4　非大城市地区黑人能力平均分,根据地区、先前是否上过学前班(问题 27)和起父亲作用者(问题 9)[1] 划分

起父亲作用者	语言能力			全部非语言能力			案例数量		
	父亲	其他人	无	父亲	其他人	无	父亲	其他人	无
地区/群体									
上过学前班:									
北部和西部:									
不可获得项目	18.518	19.078	18.562	24.265	22.342	24.187	264	38	64
可获得,非参与者	17.074	16.222	15.272	21.429	18.000	15.363	107	9	11
可获得,参与者	18.510	19.500	16.700	19.590	20.500	18.800	100	6	30
南部和西南部:									
不可获得项目	16.371	18.192	15.083	16.673	18.500	15.983	202	26	60
可获得,非参与者	14.989	18.540	16.272	15.626	22.800	14.727	198	20	44
可获得,参与者	15.844	17.317	16.852	16.159	16.439	18.000	232	41	61
未上过学前班:									
北部和西部:									
不可获得项目	16.542	17.266	16.913	20.563	21.333	18.782	142	15	23
可获得,非参与者	15.356	15.375	15.666	17.777	20.781	15.214	216	32	42
可获得,参与者	15.218	12.405	15.288	17.026	13.675	17.254	384	37	118
南部和西南部:									
不可获得项目	15.323	15.936	15.171	15.745	16.179	15.498	1,186	173	251
可获得,非参与者	15.056	16.432	15.812	14.678	18.820	15.147	643	67	176
可获得,参与者	15.319	16.668	14.418	15.063	18.341	15.389	1,249	205	311
人数								6,783	
未就学前班问题做出回应者								444	
对学前班问题做出回应,但未就问题 9 做出回应者								139	
总人数(经过调整)								7,366	

1. 见表 8.14.2 脚注。

表 8.15.5 大城市地区白人能力平均分,根据地区、先前是否上过学前班(问题 27)和起父亲作用者(问题 9)[1] 划分

起父亲作用者	语言能力			全部非语言能力			案例数量		
	父亲	其他人	无	父亲	其他人	无	父亲	其他人	无
地区/群体									
上过学前班:									
北部和西部:									
不可获得项目	19.645	19.640	18.956	27.594	25.840	25.175	2,073	25	114
可获得,非参与者	18.779	15.333	18.625	25.188	23.333	26.562	186	3	16
可获得,参与者	18.396	19.000	18.000	22.458	24.000	22.909	179	6	11
南部和西南部:									
不可获得项目	19.877	19.166	19.000	26.929	25.333	23.000	171	6	5
可获得,非参与者	20.011	20.000	19.166	27.219	29.400	32.166	91	5	6
可获得,参与者	18.217	19.500	18.400	22.811	23.000	21.200	101	10	10
未上过学前班:									
北部和西部:									
不可获得项目	18.161	19.666	18.500	23.806	20.000	25.625	186	3	8
可获得,非参与者	18.239	16.500	16.636	23.321	27.500	22.818	146	2	11
可获得,参与者	17.734	18.666	16.950	22.827	17.888	19.785	203	9	20
南部和西南部:									
不可获得项目	18.053	14.333	17.428	23.485	22.666	21.714	167	3	7
可获得,非参与者	18.822	19.600	19.750	24.056	25.600	27.625	141	5	16
可获得,参与者	19.041	19.040	18.911	25.030	21.720	26.088	363	25	34
人数							4,367		
未就学前班问题做出回应者							139		
对学前班问题做出回应,但未就问题 9 做出回应者							53		
总人数(经过调整)							4,559		

1. 见表 8.14.2 脚注。

表8.15.6 非大城市地区白人能力平均分,根据地区、先前是否上过学前班(问题27)和起父亲作用者(问题9)[1]划分

起父亲作用者	语言能力			全部非语言能力			案例数量		
	父亲	其他人	无	父亲	其他人	无	父亲	其他人	无
地区/群体									
上过学前班:									
北部和西部:									
不可获得项目	19.602	18.750	19.660	28.107	28.583	25.820	1,172	12	50
可获得,非参与者	19.540	20.750	20.750	27.459	29.250	30.750	220	4	4
可获得,参与者	19.173	16.000	19.058	25.795	4.000	23.294	161	3	17
南部和西南部:									
不可获得项目	19.645	19.500	17.444	27.040	29.500	19.555	172	2	9
可获得,非参与者	19.986	19.666	18.857	28.440	33.000	26.714	218	3	7
可获得,参与者	17.909	17.333	18.206	22.326	18.066	22.827	288	15	29
未上过学前班:									
北部和西部:									
不可获得项目	18.947	20.000	17.760	26.133	26.500	23.160	344	4	25
可获得,非参与者	18.422	16.375	18.384	23.963	18.250	21.307	194	8	13
可获得,参与者	16.882	17.800	16.750	20.842	16.200	20.035	331	5	28
南部和西南部:									
不可获得项目	18.238	18.473	19.208	22.219	24.894	24.833	612	19	24
可获得,非参与者	18.024	17.388	17.853	22.010	20.055	18.658	570	18	41
可获得,参与者	17.847	18.925	17.219	21.605	22.600	19.986	878	40	73
人数							5,613		
未就学前班问题做出回应者							315		
对学前班问题做出回应,但未就问题9做出回应者							72		
总人数(经过调整)							6,000		

1. 见表8.14.2脚注。

表 8.15.7 至 8.15.10 显示了在使用所拥有物品/阅读材料指数控制答卷人 SES 的前提下的能力测试平均分。考察来自最贫穷家庭的学生,即那些家中指定物品数量只有四件或更少(对白人而言是只有六件或更少)的学生,我们发现参与"领先"项目对于黑人和白人而言有着不同的表面效果。下面的表格总结了同一所学校内低 SES 的"领先"项目参与者和非参与者的能力分数差异。差异正值代表参与者得分较高。

	上过学前班		未上过学前班	
	语言能力	非语言能力	语言能力	非语言能力
黑人——大城市地区:				
非南部区	+0.041	+0.054	+0.461	-1.246
南部区	+.921	-1.166	+.307	+.373
黑人——非大城市地区:				
非南部区	+3.387	+3.552	+.380	+.938
南部区	+1.609	+4.102	-.155	+.076
白人——大城市地区:				
非南部区	-.107	-1.841	-2.227	-4.013
南部区	+1.287	-1.538	-.610	+.386
白人——非大城市地区:				
非南部区	+.722	+1.448	-.459	-1.086
南部区	-2.990	-8.037	+.142	+.344

表 8.15.7 大城市地区黑人能力平均分,根据地区、先前是否上过学前班(问题 27)和所拥有的物品/阅读材料指数划分

指数	语言能力			全部非语言能力			案例数量		
	0—4.5	5—6.5	7—9	0—4.5	5—6.5	7—9	0—4.5	5—6.5	7—9
地区/群体									
上过学前班:									
北部和西部:									
不可获得项目	15.782	16.785	17.593	17.155	19.912	21.955	258	671	869
可获得,非参与者	15.897	15.921	17.587	17.176	19.315	20.644	68	127	138

续 表

指数	语言能力 0—4.5	语言能力 5—6.5	语言能力 7—9	全部非语言能力 0—4.5	全部非语言能力 5—6.5	全部非语言能力 7—9	案例数量 0—4.5	案例数量 5—6.5	案例数量 7—9
可获得,参与者	15.938	15.913	16.802	17.230	17.058	17.643	65	138	101
南部和西南部:									
不可获得项目	17.505	16.626	18.438	21.494	18.946	26.510	89	75	49
可获得,非参与者	15.083	15.804	17.163	16.800	16.260	20.423	60	92	92
可获得,参与者	16.004	16.397	18.016	15.634	17.196	20.361	241	229	371
未上过学前班:									
北部和西部:									
不可获得项目	16.300	16.151	18.291	16.033	21.333	21.959	30	33	24
可获得,非参与者	13.935	15.300	14.555	14.000	13.600	16.111	31	40	18
可获得,参与者	14.396	14.666	15.410	12.754	15.027	15.320	53	72	78
南部和西南部:									
不可获得项目	15.199	15.743	17.588	15.957	16.364	20.988	256	148	96
可获得,非参与者	14.644	15.065	15.464	13.055	15.056	15.788	163	107	71
可获得,参与者	14.951	15.663	15.992	13.428	15.916	17.208	637	550	283
人数								6,417	
未就学前班问题做出回应者								356	
总人数(经过调整)								6,773	

表 8.15.8　非大城市地区黑人能力平均分,根据地区、先前是否上过学前班(问题 27)和所拥有的物品/阅读材料指数划分

指数	语言能力 0—4.5	语言能力 5—6.5	语言能力 7—9	全部非语言能力 0—4.5	全部非语言能力 5—6.5	全部非语言能力 7—9	案例数量 0—4.5	案例数量 5—6.5	案例数量 7—9
地区/群体									
上过学前班:									
北部和西部:									

续 表

指数	语言能力			全部非语言能力			案例数量		
	0—4.5	5—6.5	7—9	0—4.5	5—6.5	7—9	0—4.5	5—6.5	7—9
不可获得项目	17.831	18.455	18.925	24.633	23.641	24.493	71	145	162
可获得,非参与者	14.928	16.255	17.697	14.500	19.319	22.924	14	47	66
可获得,参与者	18.315	17.767	18.285	18.052	20.267	18.314	57	56	35
南部和西南部:									
不可获得项目	15.931	15.758	17.202	16.150	14.833	19.404	73	120	99
可获得,非参与者	14.217	15.810	15.876	12.463	16.727	18.353	69	132	65
可获得,参与者	15.826	16.554	16.568	16.565	17.062	16.529	115	128	102
未上过学前班:									
北部和西部:									
不可获得项目	16.307	16.973	17.488	17.740	21.945	25.720	104	37	43
可获得,非参与者	14.572	15.663	16.727	15.809	18.602	20.227	131	98	66
可获得,参与者	14.952	14.933	15.460	16.747	17.067	16.805	253	179	113
南部和西南部:									
不可获得项目	14.702	16.000	16.956	14.835	16.405	18.153	943	505	183
可获得,非参与者	14.871	15.767	16.770	14.549	15.859	16.137	559	249	87
可获得,参与者	14.716	15.576	17.033	14.625	15.627	18.444	1,010	494	272
人数							6,882		
未就学前班问题做出回应者							444		
总人数(经过调整)							7,326		

表8.15.9 大城市地区白人能力平均分,根据地区、先前是否上过学前班(问题27)和所拥有的物品/阅读材料指数划分

指数	语言能力			全部非语言能力			案例数量		
	0—6.5	7—8.5	9	0—6.5	7—8.5	9	0—6.5	7—8.5	9
地区/群体									

续 表

指数	语言能力			全部非语言能力			案例数量		
	0—6.5	7—8.5	9	0—6.5	7—8.5	9	0—6.5	7—8.5	9
上过学前班：									
北部和西部：									
不可获得项目	18.938	19.486	20.159	25.712	27.131	28.989	372	1,229	651
可获得,非参与者	17.846	19.063	19.106	22.430	26.073	27.553	65	95	47
可获得,参与者	17.739	16.763	21.898	20.589	21.157	27.714	73	76	49
南部和西南部：									
不可获得项目	18.684	19.988	20.327	23.605	26.711	29.181	38	90	55
可获得,非参与者	18.150	19.941	21.161	26.100	27.509	28.774	20	51	31
可获得,参与者	19.437	17.275	18.933	24.562	20.482	25.266	48	58	15
未上过学前班：									
北部和西部：									
不可获得项目	16.881	18.965	19.194	21.171	24.701	27.444	76	87	36
可获得,非参与者	17.879	18.186	18.500	21.655	24.197	24.083	58	91	12
可获得,参与者	15.652	18.714	21.000	17.642	34.621	28.523	95	119	21
南部和西南部：									
不可获得项目	16.033	18.768	19.708	18.593	25.357	27.750	59	95	24
可获得,非参与者	18.728	18.983	19.650	22.222	26.901	26.050	81	61	20
可获得,参与者	18.118	18.974	21.685	22.608	26.310	28.185	194	158	70
人数								4,420	
未就学前班问题做出回应者								139	
总人数(经过调整)								4,559	

表 8.15.10　非大城市地区白人能力平均分,根据地区、先前是否上过学前班(问题27)和所拥有的物品/阅读材料指数划分

指数	语言能力			全部非语言能力			案例数量		
	0—6.5	7—8.5	9	0—6.5	7—8.5	9	0—6.5	7—8.5	9
地区/群体									
上过学前班:									
北部和西部:									
不可获得项目	19.045	19.751	19.920	26.554	28.209	29.458	332	667	253
可获得,非参与者	19.028	19.511	19.984	22.400	28.178	29.076	35	129	65
可获得,参与者	19.750	19.070	18.838	23.888	27.507	23.983	72	71	62
南部和西南部:									
不可获得项目	18.948	19.658	19.745	25.974	26.670	27.220	39	85	59
可获得,非参与者	19.191	20.207	20.039	26.723	28.339	29.636	47	106	77
可获得,参与者	16.201	18.796	19.423	18.686	22.592	27.129	134	113	85
未上过学前班:									
北部和西部:									
不可获得项目	18.544	18.781	19.913	24.788	25.817	28.775	123	192	58
可获得,非参与者	17.168	18.769	19.309	20.831	24.022	27.547	83	91	42
可获得,参与者	16.609	17.127	18.142	19.745	22.169	25.071	228	118	28
南部和西南部:									
不可获得项目	17.486	19.289	19.981	20.389	24.911	26.444	393	214	54
可获得,非参与者	17.142	18.838	19.777	19.606	23.543	27.476	351	217	63
可获得,参与者	17.284	18.203	20.195	19.950	22.680	28.119	632	275	92
人数							5,685		
未就学前班问题做出回应者							315		
总人数(经过调整)							6,000		

参加过"领先"项目的黑人分数往往高于非参与者,这一模式通常不会在白人学生

参与者那里表现出来。看起来,来自背景缺陷最严重家庭的学生最能够从"领先"这样的项目中获益。观察表 8.15.7 和 8.15.8,我们发现,来自中等 SES 黑人家庭的参与者和非参与者在分数方面的差异一般比上面所述的情况要小。对于高 SES 的黑人学生而言,"领先"项目参与者的分数普遍低于在同一所学校里的非参与者。因此,合理的结论是,由于白人在背景方面的文化剥夺程度比黑人低,所以对他们而言,参加"领先"项目的效果不会有黑人那么明显。

如果我们像先前那样,只看来自 SES 最低家庭的学生的测试分数差异的话,则看起来从"领先"项目中获益最大的群体是生活在非大城市地区的黑人。然而,这些地区的"领先"项目参与者的表现比不上就读于不可获得该项目的学校的非参与者。

在许多情况下,"领先"项目的参与者和非参与者的分数差异都很小。考虑到该项目的持续时间很短,认为参与该项目能够立即并普遍地影响学生的语言和非语言推理能力,这种假设可能是不合理的。相反,该项目或许让参与者产生了一种更高程度的教育动机——一种学习的愿望和一种对学校的兴趣——这一切不会以较高分数的形式表现出来,除非学生已经在校学习了很多年。

在 8.13 节中,我们考察了某些行为特征,由教师们定义学生是否拥有这些特征。看起来,"领先"项目的参与者,尤其是黑人参与者,比在同一所学校内的非参与者获得了更高比例的赞许回应;也就是说,参加"领先"项目或许增强了学生的动机,让他对学校产生兴趣。我们将在下一节中在控制家庭背景因素的前提下再次考察这一点。

8.16 教育动机和"领先"项目

要考察学生的课堂行为和动机,就有必要从整体上回顾在 8.13 节中使用的问题 32 至 39,而不是像 8.13 节那样单独考虑每一个问题,并且在使用这八个项目时构建指数。教师对学生的积极(赞许)回应分值为 10,不赞许的回应分值为 0,空白回应分值为 5。每个问题的未回应率约为 1%,该数字小于问卷中大多数其他问题的未回应率。因此,"学生评价"指数的范围是 0 到 80,分数 80 代表学生获得了八个积极回应。据推测,拥有最高指数值的学生应该课堂行为表现最佳,而且对学校活动表现出最大的兴趣。

考察表 8.16.1 和 8.16.2,在这里学生的性别因素得到了控制,看起来"领先"项目的参与者通过参与该项目培养出了很强的教育动机。下面总结了参与者和两个对照组中非参与者之间的差异。所列的数据代表非参与者的分数与"领先"项目参与者平均分数的差异;正值代表参与者的分数较高。

表 8.16.1　黑人：根据地区、先前是否上过学前班(问题 27)、群体和学生性别(问题 1)划分的学生评价指数平均值

地区/群体	平均值：学生评价指数 未上过学前班 男性	平均值：学生评价指数 未上过学前班 女性	平均值：学生评价指数 上过学前班 男性	平均值：学生评价指数 上过学前班 女性	案例数量 未上过学前班 男性	案例数量 未上过学前班 女性	案例数量 上过学前班 男性	案例数量 上过学前班 女性
大城市地区								
北部和西部：								
不可获得项目	52.867	60.555	60.141	66.672	42	45	921	876
可获得——非参与者	55.689	60.322	65.301	66.047	58	31	166	167
可获得——参与者	56.519	65.198	61.586	68.321	102	101	167	137
南部和西南部：								
不可获得项目	60.689	64.562	59.045	69.320	254	240	110	103
可获得——非参与者	62.026	69.630	64.440	66.090	190	149	134	110
可获得——参与者	64.946	67.047	65.692	69.955	747	718	390	450
人数					6,408			
未就学前班问题做出回应者					356			
对学前班问题做出回应，但未就问题 1 做出回应者					colspan 9			
总人数(经过调整)					6,773			
非大城市地区								
北部和西部：								
不可获得项目	61.465	62.352	61.859	64.298	116	68	207	171
可获得——非参与者	61.677	59.726	58.636	69.375	149	146	55	72
可获得——参与者	63.530	65.766	69.488	75.750	245	300	88	60
南部和西南部：								
不可获得项目	59.703	62.164	66.740	68.089	827	804	135	157
可获得——非参与者	56.599	59.740	64.388	64.921	472	423	139	127
可获得——参与者	60.238	66.384	67.866	70.080	923	849	157	187
人数					6,877			

续　表

地区/群体	平均值：学生评价指数				案例数量			
	未上过学前班		上过学前班		未上过学前班		上过学前班	
	男性	女性	男性	女性	男性	女性	男性	女性
未就学前班问题做出回应者					444			
对学前班问题做出回应，但未就问题1做出回应者					5			
总人数(经过调整)					7,326			

表8.16.2　白人：根据地区、先前是否上过学前班(问题27)、群体和学生性别(问题1)划分的学生评价指数平均值

地区/群体	平均值：学生评价指数				案例数量			
	未上过学前班		上过学前班		未上过学前班		上过学前班	
	男性	女性	男性	女性	男性	女性	男性	女性
大城市地区								
北部和西部：								
不可获得项目	64.065	66.902	67.941	73.092	107	92	1,110	1,140
可获得——非参与者	65.921	71.666	70.086	73.846	76	84	116	91
可获得——参与者	64.436	69.550	72.551	72.600	142	89	98	100
南部和西南部：								
不可获得项目	62.239	68.353	67.263	76.022	96	82	95	88
可获得——非参与者	68.289	71.744	72.200	74.038	76	86	50	52
可获得——参与者	67.677	73.625	70.285	68.039	211	211	70	51
人数					4,413			
未就学前班问题做出回应者					139			
对学前班问题做出回应，但未就问题1做出回应者					7			
总人数(经过调整)					4,559			
非大城市地区								

续 表

地区/群体	平均值：学生评价指数				案例数量			
	未上过学前班		上过学前班		未上过学前班		上过学前班	
	男性	女性	男性	女性	男性	女性	男性	女性
北部和西部：								
不可获得项目	68.832	73.742	69.733	74.210	197	175	632	614
可获得——非参与者	63.807	68.364	68.785	71.680	109	107	107	122
可获得——参与者	60.829	66.823	69.375	72.882	193	181	120	85
南部和西南部：								
不可获得项目	65.731	68.148	73.195	73.941	335	324	97	85
可获得——非参与者	65.150	68.070	70.666	74.560	332	298	105	125
可获得——参与者	64.571	68.881	70.126	71.034	467	532	158	174
人数					5,680			
未就学前班问题做出回应者					315			
对学前班问题做出回应，但未就问题1做出回应者					5			
总人数（经过调整）					6,000			

表 8.16.1 和 8.16.2 中显示的平均值差异

	未上过学前班		上过学前班	
	男性	女性	男性	女性
黑人——大城市地区：				
非南部区：				
不可获得项目	+3.652	+4.643	+1.445	+1.649
非参与者[1]	+.830	+4.876	-3.715	+2.274
南部区：				
不可获得项目	+4.257	+2.485	+6.645	+.635
非参与者	+2.920	-2.483	+1.252	+3.865
黑人——非大城市地区：				
非南部区：				

续　表

	未上过学前班		上过学前班	
	男性	女性	男性	女性
不可获得项目	+2.065	+3.414	+7.629	+11.452
非参与者	+1.853	+6.040	+10.852	+6.375
南部区：				
不可获得项目	+.535	+4.220	+1.126	+1.991
非参与者	+3.639	+6.644	+3.478	+5.159
白人——大城市地区：				
非南部区：				
不可获得项目	+.371	+2.648	+4.610	-.492
非参与者	-1.485	-2.116	+2.465	-1.246
南部区：				
不可获得项目	+5.438	+5.272	+3.022	-7.983
非参与者	-.612	+1.881	-1.915	-5.999
白人——非大城市地区：				
非南部区：				
不可获得项目	-8.003	-6.919	-.358	-1.328
非参与者	-2.978	-1.541	+.590	+1.202
南部区：				
不可获得项目	-1.160	+.733	-3.069	-2.907
非参与者	-.579	+.811	-.540	-3.526

1. 在上面的表格以及随后的表格中，"非参与者"指在可获得"领先"项目的社区中未参加该项目的学生；即与"领先"项目的参与者在同一所学校就读的非参与者。

对于男性和女性而言，"领先"项目的效果没有出现任何不同，尽管在48个组中，有46个组的女性指数分值高于男性。对于黑人而言，"领先"项目参与者与来自同一学校的非参与者以及来自未获得该项目的社区的非参与者相比，平均指数较高（即有更好的课堂行为以及看似更强烈的教育兴趣）。但是，我们必须记住，在未提供"领先"项目的地区，很多教师给学生打分的方式与提供该项目的学校中的教师不一样。对于白人学生而言,项目参与者通常似乎与非参与者有着相同程度的教育动机。

接下来,我们要利用"所拥有的物品/阅读材料"指数来控制社会经济地位因素,以此为前提来考察由教师对学生的评价来衡量的教育动机方面的差异。表 8.16.3 和 8.16.4 提供了根据地区、SES 以及是否上过学前班划分的干预组和对照组儿童的平均分。请注意,用于界定低、中、高 SES 家庭的家居/阅读材料项目数量在黑人和白人之间是不一样的。

表 8.16.3 黑人:根据地区、先前是否上过学前班(问题 27)、群体和所拥有的物品/阅读材料指数划分的学生评价指数平均值

地区/群体	平均值:学生评价指数					
	未上过学前班			上过学前班		
SES 指数	0—4.5	5—6.5	7—9	0—4.5	5—6.5	7—9
大城市地区:						
北部和西部:						
不可获得项目	56.666	48.636	68.333	58.856	61.699	65.926
可获得——非参与者	55.000	57.750	60.277	64.338	64.488	67.427
可获得——参与者	59.811	60.416	61.923	65.846	64.347	64.207
南部和西南部:						
不可获得项目	60.234	61.520	70.944	62.134	61.733	70.918
可获得——非参与者	61.809	65.233	73.450	60.750	64.510	68.750
可获得——参与者	62.386	67.772	70.742	61.950	66.506	72.830
非大城市地区:						
北部和西部:						
不可获得项目	60.048	58.783	68.604	59.577	64.551	63.024
可获得——非参与者	54.580	68.061	61.969	69.285	65.212	63.409
可获得——参与者	61.719	66.843	68.274	73.157	77.053	62.142
南部和西南部:						
不可获得项目	58.732	63.207	65.847	69.452	62.791	71.666
可获得——非参与者	57.289	59.076	60.344	64.927	65.113	63.384
可获得——参与者	60.554	66.325	67.261	67.521	69.648	70.147

续 表

SES 指数	案例数量					
	未上过学前班			上过学前班		
	0—4.5	5—6.5	7—9	0—4.5	5—6.5	7—9
大城市地区：						
北部和西部：						
不可获得项目	30	33	24	258	671	869
可获得——非参与者	31	40	18	68	127	138
可获得——参与者	53	72	78	65	138	101
南部和西南部：						
不可获得项目	256	148	90	89	75	49
可获得——非参与者	163	107	71	60	92	92
可获得——参与者	637	550	283	241	229	371
人数	6,417					
未就学前班问题做出回应者	356					
总人数（经过调整）	6,773					
非大城市地区：						
北部和西部：						
不可获得项目	104	37	43	71	145	162
可获得——非参与者	131	98	66	14	47	66
可获得——参与者	253	179	113	57	56	35
南部和西南部：						
不可获得项目	943	505	183	73	120	99
可获得——非参与者	559	249	87	69	132	65
可获得——参与者	1,010	494	272	115	128	102
人数	6,882					
未就学前班问题做出回应者	444					
总人数（经过调整）	7,326					

表8.16.4 白人：根据地区、先前是否上过学前班(问题27)、群体和所拥有的物品/阅读材料指数划分的学生评价指数平均值

地区/群体	平均值：学生评价指数					
	未上过学前班			上过学前班		
SES指数	0—6.5	7—8.5	9	0—6.5	7—8.5	9
大城市地区：						
北部和西部：						
不可获得项目	59.210	67.758	72.638	63.602	70.813	73.993
可获得——非参与者	66.293	69.120	79.583	68.461	71.631	76.489
可获得——参与者	65.368	67.815	65.714	71.232	70.592	77.653
南部和西南部：						
不可获得项目	56.949	67.578	75.000	65.789	73.666	71.818
可获得——非参与者	67.592	70.737	78.500	67.750	72.647	77.419
可获得——参与者	62.654	77.246	77.928	72.291	65.689	74.000
非大城市地区：						
北部和西部：						
不可获得项目	67.561	72.421	73.448	68.930	72.256	75.000
可获得——非参与者	56.747	69.780	76.428	55.857	71.317	76.153
可获得——参与者	62.719	64.364	69.285	66.388	71.549	75.161
南部和西南部：						
不可获得项目	63.269	71.915	74.166	72.820	74.176	72.881
可获得——非参与者	61.908	72.188	72.777	70.425	71.273	76.298
可获得——参与者	64.691	69.672	73.423	67.126	72.831	73.117
	案例数量					
	未上过学前班			上过学前班		
SES指数	0—6.5	7—8.5	9	0—6.5	7—8.5	9
大城市地区：						
北部和西部：						
不可获得项目	76	87	36	372	1,229	651
可获得——非参与者	58	91	12	65	95	47

续 表

SES 指数	案例数量					
	未上过学前班			上过学前班		
	0—6.5	7—8.5	9	0—6.5	7—8.5	9
可获得——参与者	95	119	21	73	76	49
南部和西南部：						
不可获得项目	59	95	24	28	90	55
可获得——非参与者	81	61	20	20	51	31
可获得——参与者	194	158	70	48	58	15
人数	4,420					
未就学前班问题做出回应者	139					
总人数（经过调整）	4,559					
非大城市地区：						
北部和西部：						
不可获得项目	123	192	58	332	667	253
可获得——非参与者	83	91	42	35	129	65
可获得——参与者	228	118	28	72	71	62
南部和西南部：						
不可获得项目	393	214	54	39	85	59
可获得——非参与者	351	217	63	47	106	77
可获得——参与者	632	275	92	134	113	85
人数	5,685					
未就学前班问题做出回应者	315					
总人数（经过调整）	6,000					

首先看一下与"领先"项目参与者就读于同一所学校的任何暑期项目的非参与者。在社会经济背景最低的黑人中，参加"领先"项目的黑人学生始终比非参与者拥有更高的平均评价得分，无论是在什么地区以及先前是否上过学前班。因此，就这些背景缺陷最大的学生而言，比起暑期项目的非参与者来，教师们发现"领先"项目的参与者在

课堂上表现更好,并且/或者对学校教育表现出更大的兴趣。

就来自低 SES 家庭的白人而言,在来自大城市地区、上过学前班的学生以及来自非大城市地区、未上过学前班的学生中,"领先"项目参与者的得分高于同一所学校中的非参与者。此外,在非南部区的非大城市地区,曾上过学前班的参与者在课堂行为/兴趣方面比在同一所学校中的非参与者大约多了一个赞许回应(在八个可能的项目中)。跟黑人的情况一样,参与"领先"项目对于来自社会经济地位较高家庭的学生而言效果似乎较小。

拥有较高社会经济背景的"领先"项目的黑人参与者通常也比在同一所学校中的非参与者拥有更高的平均评价得分,只有最高 SES 的群体例外,他们在某些情况下得分较高,但在另外一些情况下却得分较低。

将黑人参与者与不提供"领先"项目的学校中具有类似背景的学生进行比较,似乎也出现了相同的模式。然而,评价具有一定的主观性,对于这两组学生而言,负责评价学生的教师也是不同的。

8.17　总结——弥补背景缺陷的相对机会:对"领先"项目的分析

"领先"项目的参与者一般是那些能够通过参与得到最大收获的学生:他们来自社会经济地位低的家庭。黑人儿童参与该项目的概率是同一地区白人儿童的五倍。项目参与度最高的地区具有社会经济地位低和测试成绩低的特征;南部非大城市地区有大约35%的黑人一年级学生参加了"领先"项目,相对而言,在非南部各州的学校里,参加该项目的白人学生还不到2%。除了黑人之外,在南部区提供"领先"项目的社区里,参加项目的学生的背景缺陷比没有参加的学生更为严重。此外,在特定的区域内,与不提供"领先"项目的社区相比,提供该项目的社区具有学生家庭背景更为贫穷的特征。总的来说,"领先"项目似乎被提供给了最需要它们的社区,而参加项目的也是最能够从中受益的学生。

一般而言,某一给定种族的"领先"项目参与者在语言和非语言推理测试中表现没有非参与者好。需要特别注意的是,这些来自贫穷家庭的学生尚未"赶上"他们的同学,尽管他们参加过"领先"计划。

然而,南部诸州参与项目的黑人确实比同一所学校中的非参与者测试分数更高,当是否上过学前班的因素得到控制时也存在这一差异。此外,当是否上过学前班的因素得到控制时,没有上过学前班的非南部大城市地区的黑人学生和南部大城市地区的白人学生也显示出"领先"项目的积极效果。

在对种族、地区、是否上过学前班以及社会经济地位的各种测量值进行控制后,看起来,对于最贫穷家庭的学生来说,参与者的分数始终高于同一所学校中的非参与者。这些最贫穷的学生都是低 SES 的黑人,特别是那些在农村地区的。对于白人以及社会经济地位较高的黑人而言,我们无法从能力测试分数中检测到参加"领先"项目所产生效果的任何具体模式。在"领先"项目显示出效果的地方,这些测试中所衡量的语言能力比非语言能力受到了更大程度的影响。

考察课堂行为、明显的学习欲望以及其他可能被描述为教育动机或兴趣的因素,我们发现,来自最低 SES 背景的"领先"项目参与者比非参与者有更高的教育动机。对于来自贫穷家庭的黑人学生而言尤其如此,尽管所有黑人儿童都倾向于表现出这种差异。对于白人而言,来自最低社会经济背景的参与者似乎比同一地区的非参与者更为积极,但对有较高 SES 的白人学生而言,看不出参与"领先"项目有任何效果。

当"领先"项目显示出效果时,它们最有可能是发生在来自最贫穷家庭的学生身上。因此,黑人似乎比白人更容易从教育补偿计划中获益,而来自低社会经济背景的儿童(无论种族)比来自富裕背景的儿童更容易受益于这些计划。

参与计划的效果在测试表现上不如在教育动机上那么明显。因此,看起来"领先"项目最有效的成果是在参与者的心里种下教育兴趣和动机的种子。这种增强了的动机一般来说尚未转化为实际技能并反映在测试分数上,从参加项目到本次研究所进行的测试只有短短几个月时间,而要实现上述转化或许需要更多的时间。如果这些教育动机的种子能够发芽并生长——这将部分取决于儿童们所接触到的教育设施的质量——我们可以期待,在参与者们未来学习生涯的某个点上,会发现参与"领先"项目的更为明确的效果(表现为测试成绩的进步)。

8.2 与家中使用外语有关的不利因素

在这一节中,我们要考虑两个问题,这两个问题都与家庭环境中有时使用英语以外的语言所产生的效应有关。第一个问题是:"如果儿童的家中使用英语以外的语言,那么儿童进入学校系统时是否会处于劣势?"第二个问题是由第一个问题自然引发的,可以表述为:"如果家中使用英语以外语言的儿童在进入学校系统时会处于劣势,那么随着年龄的增长,这种劣势是会减轻还是会加强?"

来自各个族裔群体的答卷人被进一步分为两类:一类人所在的家庭中至少有一个人大部分时间说的是一门非英语语言(见 12 年级问卷中的问题 13),下文中简称为"非英";另一类人所在的家庭习惯上只讲英语,下文中简称为"英"。请注意,关于答卷人属于哪个类别,在家中有多少语言经验是通过英语获得的,又有多少语言经验是通过其他语言获得的,这一信息本身有相当大的不确定性。因此,对自变量的分类是不精确的。

困难的第二个来源是回应误差的存在,正如在 2.1 节中所讨论的,它们至少在 3 年级、6 年级或者可能是 9 年级中存在。这种回应误差会导致将答卷人划分到错误的族裔群体中,因此,一些特殊程序是必要的,我们将酌情予以采用。

这一分析的后半部分只研究波多黎各人,并用东亚裔美国人作为对照组。我们之所以选择东亚裔美国人来进行比较,是因为他们在家庭特征和成绩水平方面与波多黎各人形成了鲜明的对比。对于每一个被研究的年级,我们都根据各个族裔群体的代表性子样本制作了表格。

8.21 一年级的不利因素

为了尽可能地隔离家中另一种语言的影响,在我们考察平均测试分数时,与家庭特征相关的几个变量被保持在固定的水平上。保持恒定的变量是:答卷人的性别;电视、电话和真空吸尘器的物主身份;日报和百科全书的物主身份;母亲的受教育水平;以及儿童是否上过学前班。

为了减少由于回应误差造成的族裔群体归类错误,一些答卷人被排除在三种族群的表格之外。对于波多黎各人而言,只有那些生活在东北部并且没有说他们是墨西哥裔美国人者被包括在内。对于墨西哥裔美国人,只有那些生活在西南部或西部并且没有说他们是波多黎各人者被包括在内。对于美国印第安人而言,只有那些不是生活在东北部并且没有说他们是墨西哥裔美国人者被包括在内。东亚裔美国人中没有被排除在外者。

表 8.21.1 显示了各族群的语言测试平均分,按照"非英"和"英"归类,并且根据性别划分。女童的平均值显示,"非英"人群处于相当明显的不利地位。男童的分数也显示出某种不利地位,但没有那么明显。顺便提一下,这份表格的最后一栏以及在 8.21 中的其他表格提供了在上述排除工作进行之前的波多黎各人的整体测试结果。

表 8.21.1　1 年级语言测试平均分，"非英"和"英"，根据性别划分

性别	波多黎各人（回应校验） 平均数	基数	墨西哥裔美国人（回应校验） 平均数	基数	美国印第安人（回应校验） 平均数	基数	东亚裔美国人（无校验） 平均数	基数	波多黎各人（无校验） 平均数	基数
男性：										
非英	35.57	(182)	40.04	(700)	43.46	(247)	44.95	(298)	37.95	(280)
英	36.87	(21)	45.15	(146)	44.48	(386)	49.45	(233)	43.50	(178)
女性：										
非英	33.19	(196)	36.96	(622)	42.52	(248)	45.37	(274)	35.61	(282)
英	42.40	(33)	46.10	(120)	46.25	(320)	51.63	(199)	44.40	(137)

表 8.21.2 显示了各族群的语言测试平均分，按照"非英"和"英"归类，并且根据家里是否拥有电视机、电话和真空吸尘器划分。总的来说，"非英"人群处于不利地位的模式似乎保持不变，尽管对美国印第安人而言或许并没有什么差别。

表 8.21.2　1 年级语言测试平均分，"非英"和"英"，根据是否拥有电视机、电话和真空吸尘器划分

电器	波多黎各人（回应校验） 平均数	基数	墨西哥裔美国人（回应校验） 平均数	基数	美国印第安人（回应校验） 平均数	基数	东亚裔美国人（无校验） 平均数	基数	波多黎各人（无校验） 平均数	基数
三种都有：										
非英	36.83	(58)	43.58	(363)	49.70	(19)	46.60	(455)	41.33	(138)
英	46.50	(22)	46.47	(152)	46.17	(140)	51.08	(316)	48.78	(112)
有两种：										
非英	32.53	(96)	41.25	(321)	44.03	(85)	38.84	(102)	35.20	(152)
英	36.42	(9)	44.77	(63)	43.60	(138)	49.19	(91)	41.19	(89)
有一种：										
非英	31.99	(81)	34.55	(483)	42.94	(201)	44.51	(9)	34.10	(107)
英	38.13	(17)	44.74	(32)	45.18	(271)	46.97	(15)	41.21	(73)
都没有：										
非英	24.84	(23)	34.37	(100)	41.75	(175)	( )		28.81	(28)
英	( )		38.54	(4)	46.52	(112)	( )		35.54	(7)

表 8.21.3 显示了各族群的语言测试平均分,按照"非英"和"英"归类,并且根据家里是否拥有日报和百科全书划分。再一次,一般模式保持不变,显示"非英"人群处于不利地位。

表 8.21.3　1 年级语言测试平均分,"非英"和"英",根据拥有或不拥有日报和百科全书划分

阅读材料	波多黎各人（回应校验）		墨西哥裔美国人（回应校验）		美国印第安人（回应校验）		东亚裔美国人（无校验）		波多黎各人（无校验）	
	平均数	基数	平均数	基数	平均数	基数	平均数	基数	平均数	基数
两种都有:										
非英	41.62	(8)	43.26	(130)	43.02	(22)	48.16	(137)	40.15	(29)
英	41.23	(9)	48.24	(52)	48.30	(64)	49.99	(193)	48.15	(60)
有一种:										
非英	36.61	(60)	41.12	(328)	44.36	(98)	46.06	(162)	40.67	(110)
英	48.13	(12)	44.43	(78)	43.56	(183)	50.77	(97)	45.12	(83)
都没有:										
非英	29.98	(67)	35.90	(454)	42.93	(290)	43.64	(34)	33.91	(109)
英	36.92	(15)	41.10	(40)	46.25	(278)	47.35	(10)	38.93	(57)

表 8.21.4 显示了各族群的语言测试平均分,按照"非英"和"英"归类,并且根据母亲的受教育程度划分。再一次,一般模式相当明显,尽管在这里回答"不知道"和无回应的比例特别高。

表 8.21.4　1 年级语言测试平均分,"非英"和"英",根据母亲受教育程度划分

母亲受教育程度	波多黎各人（回应校验）		墨西哥裔美国人（回应校验）		美国印第安人（回应校验）		东亚裔美国人（无校验）		波多黎各人（无校验）	
	平均数	基数	平均数	基数	平均数	基数	平均数	基数	平均数	基数
低:										
非英	30.01	(33)	37.55	(410)	43.39	(223)	39.62	(25)	37.77	(121)
英	40.92	(6)	45.74	(35)	45.20	(237)	46.32	(49)	42.16	(106)
中等:										
非英	46.50	(4)	44.66	(83)	43.56	(38)	44.47	(70)	47.82	(18)
英	42.31	(7)	51.01	(21)	47.24	(102)	49.54	(149)	48.12	(75)

续 表

母亲受教育程度	波多黎各人（回应校验）		墨西哥裔美国人（回应校验）		美国印第安人（回应校验）		东亚裔美国人（无校验）		波多黎各人（无校验）	
	平均数	基数	平均数	基数	平均数	基数	平均数	基数	平均数	基数
高等：										
非英		( )	50.45	(27)	46.30	(1)	45.10	(29)	49.29	(2)
英	49.85	(5)	30.69	(9)	47.80	(24)	52.93	(73)	53.10	(22)
空白或不知道：										
非英	34.62	(341)	38.10	(802)	42.50	(235)	45.60	(451)	35.09	(422)
英	38.40	(36)	45.65	(202)	44.59	(343)	51.43	(161)	41.05	(113)

表 8.21.5 显示了各族群的语言测试平均分，按照"非英"和"英"归类，并且根据是否上过学前班划分。这里同样显示出"非英"人群的不利地位，但对上过学前班的儿童而言可能情况要好一点。

表 8.21.5　1 年级语言测试平均分，"非英"和"英"，根据是否上过学前班划分

学前班	波多黎各人（回应校验）		墨西哥裔美国人（回应校验）		美国印第安人（回应校验）		东亚裔美国人（无校验）		波多黎各人（无校验）	
	平均数	基数	平均数	基数	平均数	基数	平均数	基数	平均数	基数
上过学前班：										
非英	36.10	(272)	43.50	(596)	42.81	(230)	45.79	(477)	38.21	(395)
英	43.97	(32)	45.15	(182)	45.32	(347)	50.51	(367)	46.43	(159)
没上过学前班：										
非英	28.94	(96)	34.70	(690)	43.28	(249)	42.25	(91)	32.06	(143)
英	32.23	(18)	47.56	(73)	46.82	(300)	50.77	(54)	40.79	(141)

看起来，总体而言，家里使用一门非英语语言的儿童在进入一年级时会处于某种不利地位（尽管在美国印第安人的情况下会有些疑问）。然而，这种不利情况不是非常严重（通常比相对应的家中只使用英语的儿童低半个标准差），或许可以通过适当的经验

加以缓解,这一点从上过学前班或家中有阅读材料的儿童落后分值较少上可以看出来。

8.22 较高年级

为了说明不利情况在较高年级中是变得更严重了还是减轻了,我们根据 12 年级的波多黎各人和东亚裔美国人的代表性子样本制作了一系列交叉列表。在计算这些表格时,我们还没有充分意识到由回应误差导致的归类错误问题,所以没有使用排除法。然而,对该年级而言,回应误差应该是极小的,因为对一名 17 或 18 岁的年轻人来说,测试中的阅读困难问题,或者是对问题的意义不理解的情况,实际上应该已经不存在了。

一些表格中将儿童的出生地作为控制变量,以减少归类错误的问题。即使有儿童因意外将自己归为波多黎各人,他也不大可能说他出生在波多黎各。

表 8.22.1 显示了基本调查结果:波多黎各人和东亚裔美国人的语言测试平均分,按照"非英"和"英"归类。对波多黎各人而言,12 年级"非英"人群分数高于"英"人群。对东亚裔美国人而言,模式则与此不同,12 年级"非英"人群分数较低。

表 8.22.1 语言测试平均分,12 年级波多黎各人和东亚裔美国人,"非英"和"英"

项目	波多黎各人		东亚裔美国人	
	平均数	基数	平均数	基数
非英	43.86	(694)	48.66	(608)
英	42.37	(378)	51.66	(427)

表 8.22.2 显示了波多黎各人和东亚裔美国人的语言测试平均分,按照"非英"和"英"归类,根据是否在美国本土出生划分。这里再次出现了不利情况有所减轻的模式,在一个单元格中"非英"人群事实上是占了优势。

表 8.22.2 语言测试平均分,12 年级波多黎各人和东亚裔美国人,"非英"和"英",根据本国出生或非本国出生划分

出生地	波多黎各人		东亚裔美国人	
	平均数	基数	平均数	基数
本国出生:				
非英	43.92	(303)	48.74	(462)
英	42.06	(328)	51.76	(400)

续　表

出生地	波多黎各人		东亚裔美国人	
	平均数	基数	平均数	基数
非本国出生：				
非英	43.42	(345)	48.27	(139)
英	44.60	(48)	50.24	(26)

表8.22.3显示了东北部波多黎各人和西部东亚裔美国人的语言测试平均分。这里再次出现了不利情况有所减轻的模式。

表8.22.3　语言测试平均分，12年级东北部波多黎各人和西部东亚裔美国人，"非英"和"英"，根据大城市地区或非大城市地区划分

居住地	波多黎各人		东亚裔美国人	
	平均数	基数	平均数	基数
大城市地区：				
非英	43.12	(360)	49.54	(238)
英	41.86	(75)	55.26	(88)
非大城市地区：				
非英	44.40	(32)	47.57	(214)
英	41.06	(18)	51.34	(244)

上述表格明显表明，1年级之后，不利情况会逐渐减轻，而且在学生在校期间可能消失，至少对波多黎各人而言是这样。但仍有可能我们所观察到的模式是由其他因素导致的。"非英"人群的家庭背景可能在除语言之外的其他方面不同于"英"人群。我们通过计算表格来检验这种可能性。这些表格未在这里进行介绍；然而，我们可以通过考察本报告中所列表格里的案例库来了解发生率，我们从中得到的一般印象是，根据若干家庭背景特征指数，来自使用非英语语言家庭的儿童更容易成为其他情况的受害者，而这些情况一般被认为是不利于学术表现的。

尽管如此，与"英"人群相比，12年级的"非英"人群只表现出相当小的劣势。这种

被观察到的差异可以很好地用非语言因素来加以解释,因此,如果其他条件不变,"非英"人群的平均分数会与12年级的"英"人群一样高,或是更高。

我们还计算了若干份表格,显示"非英"人群和"英"人群的测试平均分,这些平均分或是在8.21中描述的控制变量范畴内,或是根据小时候是否有人为他们朗读书籍划分,后者被认为是一个很好的知识氛围的指标。

表8.22.4显示了12年级波多黎各人和东亚裔美国人的语言测试平均分,按照"非英"和"英"归类,根据家中是否拥有电视机、电话和真空吸尘器划分。对于不拥有全部三项物品的家庭来说,劣势很小或是不存在,特别是对波多黎各人而言。

表8.22.4 语言测试平均分,12年级波多黎各人和东亚裔美国人,"非英"和"英",根据拥有或不拥有电视机、电话和真空吸尘器划分

电器	波多黎各人		东亚裔美国人	
	平均数	基数	平均数	基数
三种都有:				
非英	43.87	(252)	50.05	(456)
英	45.79	(198)	52.94	(330)
有两种:				
非英	41.97	(195)	43.38	(97)
英	39.61	(92)	48.64	(78)
有一种:				
非英	43.57	(110)	46.28	(34)
英	37.80	(51)	46.62	(10)
都没有:				
非英	47.54	(121)	45.54	(18)
英	38.51	(20)	35.05	(6)

表8.22.5显示了12年级波多黎各人和东亚裔美国人的语言测试平均分,按照"非英"和"英"归类,根据家中是否拥有日报和百科全书划分。调查结果与前一个表格相似。

表 8.22.5　语言测试平均分,12 年级波多黎各人和东亚裔美国人,"非英"和"英",根据拥有或不拥有日报和百科全书划分

阅读材料	波多黎各人		东亚裔美国人	
	平均数	基数	平均数	基数
两种都有:				
非英	43.85	(284)	50.03	(460)
英	44.91	(206)	52.46	(368)
有一种:				
非英	42.09	(225)	44.53	(104)
英	40.49	(116)	47.92	(46)
都没有:				
非英	46.78	(171)	44.23	(39)
英	36.72	(46)	39.91	(7)

表 8.22.6 显示了 12 年级波多黎各人和东亚裔美国人的语言测试平均分,按照"非英"和"英"归类,根据母亲受教育程度划分。在这份表格中,不管母亲受教育程度如何,波多黎各人中的"非英"人群分数都高于"英"人群。

表 8.22.6　语言测试平均分,12 年级波多黎各人和东亚裔美国人,"非英"和"英",根据母亲受教育程度划分

母亲受教育程度	波多黎各人		东亚裔美国人	
	平均数	基数	平均数	基数
低:				
非英	43.63	(396)	47.86	(271)
英	41.79	(172)	50.13	(146)
中等:				
非英	45.93	(105)	50.85	(152)
英	44.57	(101)	53.71	(190)
高等:				
非英	48.27	(73)	51.39	(69)
英	45.58	(39)	53.62	(47)
不知道或空白:				
非英	40.13	(120)	52.44	(116)
英	38.64	(66)	45.76	(44)

表 8.22.7 显示了 12 年级波多黎各人和东亚裔美国人的语言测试平均分,按照"非英"和"英"归类,根据他们对"你们小时候,在你们上学前,家里是否有人为你们朗读书籍?"这一问题的回答划分。在这里,波多黎各人中的"非英"人群分数一般都高于"英"人群。

表 8.22.7　语言测试平均分,12 年级波多黎各人和东亚裔美国人,"非英"和"英",根据他们小时候是否有人为他们朗读书籍划分

项目	波多黎各人		东亚裔美国人	
	平均数	基数	平均数	基数
很少或从没有:				
非英	43.22	(322)	48.66	(251)
英	40.53	(129)	51.63	(124)
经常:				
非英	44.53	(185)	49.95	(210)
英	44.61	(157)	52.91	(194)
忘记了或空白:				
非英	44.32	(187)	46.84	(147)
英	41.13	(92)	49.46	(109)

这些表格共同支持的结论是:"非英"人群至少会随着时间的推移赶上"英"人群。也有可能,在不同的 SES 水平上存在着不同的模式,不过这些差异也与回应误差假设相一致。

8.3 辅导员

8.31 中学生与辅导员的接触情况

辅导员被认为是学校中重要的工作人员。他们发挥许多有用的职能,包括经常性地举行并解释标准化测试、提供学生就业信息、帮助学生选择课程、帮助学生选择合适的大学,等等。许多教育工作者和辅导员认为,辅导员的主要贡献体现在两个方面:

(一)协助学生在是否应该准备接受高等教育方面做出基本决策;(二)在个别基础上跟学生接触,聆听他们的问题,给予他们个别关注。

关于辅导员的上述两大贡献,后者是很难衡量的;这种个别关注的具体结果很不明确。然而,第一种贡献却不是那么难以捉摸。低能力者不应该考虑上大学,关于这一点很少有异议。因此,我们可以获得一个相当好的指标,看辅导员在何种程度上通过考察学生上大学的志向与其完成大学学业的能力之间的相关性来做出这一贡献。如果一位辅导员正在做出这样的贡献,我们就会认为,就这一相关性而言,那些去找辅导员的学生比那些不找辅导员的学生要高。

"辅导员"[①]这一说法被用来指那些被正式指定每周要花6个小时或更多时间充当辅导员的人(问题T-63)。我们的分析只限于中等学校,因此这里"学校"一词特指中学。每当报告中出现计数、百分比、平均数等等时,读者们需要明白,这些数字都是经过加权处理,用来代表整体人群的。如果这些数字是基于样本本身而未经加权的,我们将使用"实际"百分比、"实际"数字等等说法。

辅导员的所有特征都汇总于学校问卷中。我们对辅导员的识别方式是,从教师样本中挑选出所有每周在指导咨询上花6个小时或更多时间的答卷人。地区分层被打破了,以确保每个层至少有20所设有辅导员的实际学校。在下面这两节中,我们将始终使用下列地理分层方式:

1. 东北部和中西部非大城市地区
2. 东北部大城市地区
3. 中西部大城市地区
4. 南部和西南部非大城市地区
5. 南部和西南部大城市地区
6. 西部非大城市地区

在计算全职辅导员的当量时,我们将所有每周在指导上花6个小时或更多时间的答卷人的总指导小时数加起来,然后除以30,即获得构成全职工作的小时数。对于给定学校中的黑人和白人而言,每位辅导员负责指导的学生人数的计算方法是:按照比

---

① 请注意,被观察到的相关性差异可能源自对于向辅导员进行咨询的倾向差异,也就是说,那些适应良好并且已经充分意识到自己读大学能力的人,可能也正是那些向辅导员寻求帮助的人。然而,我们似乎可以做出合理的假设,即事实并不经常如此,在本分析中,就那些向辅导员咨询的人而言,能力和大学志向之间更高的相关性被认为是有效指导的标志。

例,用全职当量辅导员的总数去除学校中黑人和白人的数量。

因此,如果学校中有 2.4 名全职当量辅导员,有 100 名黑人学生和 200 名白人学生,则黑人学生会分配到 2.4 名辅导员中的三分之一,即 0.8 名,而白人学生则会分配到 1.6 名辅导员。

给定层内黑人学生和辅导员的接触数据的计算方法是:将该层内所有分配给黑人学生的全职当量辅导员数量相加,再用这个数字去除该层内黑人学生的总数。对于白人学生也是如此。计算结果用每位辅导员平均指导学生数的表格加以展示。

每位辅导员平均指导学生数(全职当量)

层	黑人	白人	层	黑人	白人
大城市地区			非大城市地区		
东北部	77	80	北部和中西部	180	139
中西部	65	86	南部和西南部	105	119
南部和西南部	104	168	西部	108	115
西部	81	82	全国	97	112

上面的小表格表明,在全美国范围内,黑人学生在辅导员的可获得性方面稍稍领先,每位辅导员平均指导 97 名黑人学生;对白人而言,每位辅导员平均要指导 112 名白人学生。只有一个层例外,也就是在东北部和中西部的非大城市地区,这项服务的平均可获得性在白人学生中更高些。在其他层,差异通常很小,但在南部和西南部的大城市地区,黑人学生占有很大的优势。

8.32 辅导员的特征

我们已经考察过指导服务的可获得性,但尚未涉及这些服务的质量。在考察质量时,我们将观察在相同层内服务于普通黑人和白人学生的辅导员的选定特征。

这些特征被列在表 8.32.1 左侧的栏目中。例如,我们在表格的最上面一排中发现,南部和西南部地区的普通黑人学生主要是由黑人辅导员进行指导的。在其他地方,辅导员大多是白人,在任何层中,指导白人学生的黑人辅导员都不会超过总数的 3%。

表 8.32.1　在中学为普通黑人和白人学生服务的辅导员特征

特征	学生种族	全国	大城市地区 东北部	大城市地区 中西部	大城市地区 南部和西南部	大城市地区 西部	非大城市地区 东北部	非大城市地区 南部和西南部	非大城市地区 西部
黑人辅导员百分比	黑人	57	21	20	84	18	5	87	0
	白人	2	2	1	2	3	0	2	0
拥有硕士或以上学历的辅导员百分比	黑人	65	67	86	66	66	73	54	77
	白人	72	75	81	83	57	71	68	53
拥有咨询专业最高学历的辅导员百分比	黑人	52	53	72	53	53	56	43	60
	白人	50	61	63	49	46	42	47	29
参加过暑期学校的辅导员百分比	黑人	69	76	72	65	78	76	65	81
	白人	70	79	78	57	68	74	57	81
拥有文科学士学位的辅导员百分比	黑人	65	69	65	65	63	54	66	82
	白人	68	75	58	88	68	58	58	80
每周见辅导员的学生平均数	黑人	41	49	44	36	44	33	40	27
	白人	43	46	40	63	40	41	39	23
希望留在目前学校的辅导员百分比	黑人	49	57	54	49	38	44	50	62
	白人	49	59	51	45	46	40	54	34
如果能重新选择职业希望再次从教者百分比	黑人	78	73	83	73	84	85	78	83
	白人	78	79	76	63	72	85	85	85

表 8.32.2　每周见辅导员的学生平均数

地　　区	学校中黑人学生百分比 无	1%—20%	21%—50%	65%—100%
东北部和中西部非大城市地区	44.4	32.9	29.8	35.4
东北部大城市地区	30.6	41.5	47.8	49.8
中西部大城市地区	40.8	38.6	44.2	35.9
南部和西南部非大城市地区	34.6	34.2	64.8	38.6
南部和西南部大城市地区	72.5	45.2	42.7	32.9
西部非大城市地区	12.4	21.8		
西部大城市地区	22.2	49.6	42.1	43.4

8.33 教师指导的影响

现在我们要考察教师的指导对于学生的能力和上大学的志向之间契合度的影响。如果辅导员发挥了他应该发挥的作用,那么我们就应该发现去咨询辅导员的学生比不去咨询的学生在这方面拥有更高的契合度。

基本步骤是对能力和上大学志向的相关性进行对比,一方是那些在过去的一年中从未见过辅导员或者只见过一次的学生(问题 U-93),另一方是那些见过两次或以上辅导员的学生。能力的测量值是学生在阅读理解测试中的分数,上大学志向的测量值是对关于学生在未来一年中上大学的计划这一问题的回答(问题 U-56)。在这些表格里,学生父亲的职业(问题 U-18)被作为一个控制变量。工薪和下层阶级的定义是父亲拥有熟练或半熟练的文书、维修或体力劳动者的工作;中产和上层阶级的定义是父亲拥有问题 U-18 列出来的除"不知道"以外的其余类别的职业。相关性方面使用的是古德曼—克鲁斯凯的"伽马"系数。

表 8.33.1 至 8.33.8 展示了基本调查结果,里面不仅展示了相关性,还提供了表格中每个单元格的案例数量;当案例数量小于 20 时,则不予计算相关性。

我们为性别、种族以及大城市地区-非大城市地区的八种可能性的组合各制作了一份表格,因为我们认为,这些变量对相关性的影响最大。这些表格根据黑人学生的注册入学比例将学校分成四组(0,1%—20%,21%—50% 和 65%—100%;没有任何学校的黑人学生比例是在 50%—65% 之间)。此外,学校还根据教师队伍中是否拥有一名黑人辅导员分类。这一部分的表格还将东北地区分为两个区域,分别是新英格兰和中大西洋地区;并将中西部地区分为两个区域,分别是五大湖和大平原地区。新英格兰地区包括缅因州、新罕布什尔州、佛蒙特州、马萨诸塞州、罗得岛州和康涅狄格州。五大湖地区包括俄亥俄州、印第安纳州、伊利诺伊州、密歇根州和威斯康星州。

对表格的研究毫无疑问地表明,那些向辅导员咨询的学生往往拥有更高的契合度,在他们的能力和大学计划之间,有着较高的相关性测量值。在可以进行的 117 对比较中,有 87 个案例表明,那些咨询辅导员的次数超过一次的学生在这方面拥有更大的相关性。在这 117 对比较中,有 30 对的比较结果与预期的关系相反;例如,在表 8.33.2 中,第二行的头两个数据是 0.45 和 0.36,这表明那些咨询辅导员的次数不超过一次的学生能力与志向的契合度更高。

这 30 个逆转案例并不是随机分布的。首先,按照比例看,女性比男性更少出现逆转。三个黑人女性的逆转案例都是发生在没有黑人辅导员的学校里。我们可以将其

表 8.33.1　学生的能力和上大学志向之间的相关性——黑人，女性，非大城市地区[1]

学校种族构成	全白人				1%—20%黑人			
学校提供	无黑人辅导员		1名或以上黑人辅导员		无黑人辅导员		1名或以上黑人辅导员	
与辅导员面谈次数	1次或更少	2次或更多	1次或更少	2次或更多	1次或更少	2次或更多	1次或更少	2次或更多
地区								
新英格兰								
中大西洋	(7)				(4)	(19)		
五大湖		(14)			(9)	(17)		
大平原		(16)			(17)	(15)		
南部					(58)0.04	(59)0.10		
西南部	(19)				(12)	(10)		
西部					(11)	(25).08		

学校种族构成	21%—50%黑人				65%—100%黑人			
学校提供	无黑人辅导员		1名或以上黑人辅导员		无黑人辅导员		1名或以上黑人辅导员	
与辅导员面谈次数	1次或更少	2次或更多	1次或更少	2次或更多	1次或更少	2次或更多	1次或更少	2次或更多
地区								
新英格兰								
中大西洋					(19)		(201)0.85	
五大湖								
大平原								
南部					(1,853)0.24		(1,088).46	
西南部					(141).16		(66).21	
西部								

1. 空白单元格代表没有相关实例。当单元格内的案例数量低于20时，则不予计算相关性系数。

表 8.33.2 学生的能力和上大学志向之间的相关性——黑人，女性，大城市地区[1]

学校种族构成	全白人				1%—20%黑人			
学校提供与辅导员面谈次数	无黑人辅导员		1名或以上黑人辅导员		无黑人辅导员		1名或以上黑人辅导员	
	1次或更少	2次或更多	1次或更少	2次或更多	1次或更少	2次或更多	1次或更少	2次或更多
地区								
新英格兰	(277)0.49	(513)0.34	(240)0.15	(283)0.28	(10)	(52)0.60	(19)	(19)0.58
中大西洋	(15)	(46).27	(143).09	(270).33	(53)0.45	(144).36	(23)0.13	(91)0.58
五大湖	(22).30	(60).21			(14)	(69).16	(22).05	(23).34
大平原	(17)	(8)	(17)		(6)	(43).20		
南部					(7)	(6)		(8)
西南部	(33).32	(113).38		(29).26	(3)	(2)	(3)	
西部					(46).30	(83).46	(9)	(31).38

学校种族构成	21%—50%黑人				65%—100%黑人			
学校提供与辅导员面谈次数	无黑人辅导员		1名或以上黑人辅导员		无黑人辅导员		1名或以上黑人辅导员	
	1次或更少	2次或更多	1次或更少	2次或更多	1次或更少	2次或更多	1次或更少	2次或更多
地区								
新英格兰								
中大西洋					(12)	(127)0.38	(267)0.27	(343)0.41
五大湖					(41)0.2	(22).29	(47).16	(90).48
大平原							(68).20	(130).25
南部							(682).29	(932).30
西南部							(229).36	(221).40
西部							(131).30	(221).35

1. 空白单元格代表没有相关实例。当单元格内的案例数量低于 20 时，则不予计算相关性系数。

表 8.33.3　学生的能力和上大学志向之间的相关性——白人，女性，非大城市地区[1]

学校种族构成	全白人			21%—50%黑人			1%—20%黑人			65%—100%黑人		
学校提供	无黑人辅导员		1名或以上黑人辅导员		无黑人辅导员		1名或以上黑人辅导员		无黑人辅导员		1名或以上黑人辅导员	
与辅导员面谈次数	1次或更少	2次或更多	1次或更少	2次或更多	1次或更少	2次或更多	1次或更少	2次或更多	1次或更少	2次或更多	1次或更少	2次或更多
地区												
新英格兰	(68).27	(138).40										
中大西洋	(92).18	(164).42			(23).46	(48).20	(163).16	(506).37				
五大湖	(158).19	(158).31					(112).40	(231).41				
大平原	(114).29	(145).30					(141).24	(240).39				
南部	(394).27	(412).42			(28).21	(15)	(1,245).28	(1,543).37				
西南部	(135).39	(50).47					(299).32	(397).34				
西部	(135).17	(356).32	(7)	(1)			(412).17	(483).32				

1. 空白单元格代表没有相关实例。当单元格内的案例数量低于 20 时，则不予计算相关性系数。

表8.33.4　学生的能力和上大学志向之间的相关性——白人，女性，大城市地区[1]

	全白人				1%—20%黑人			
学校种族构成	无黑人辅导员		1名或以上黑人辅导员		无黑人辅导员		1名或以上黑人辅导员	
学校提供与辅导员面谈次数	1次或更少	2次或更多	1次或更少	2次或更多	1次或更少	2次或更多	1次或更少	2次或更多
地区								
新英格兰	(6)	(35)0.27			(309)0.35	(1,129)0.40	(114)0.36	(92)0.41
中大西洋	(64)0.23	(166)0.42			(786).33	(2,974).45	(317).43	(818).49
五大湖	(130).39	(240).47			(660).31	(1,977).38	(223).39	(166).49
大平原	(153).43	(150).33			(245).30	(852).47		
南部	(101).52	(116).36			(459).31	(657).37		
西南部	(20).14	(52).26			(115).28	(96).34	(28).23	(35).20
西部					(625).34	(1,779).37	(62).24	(188).36

	21%—50%黑人				65%—100%黑人			
学校种族构成	无黑人辅导员		1名或以上黑人辅导员		无黑人辅导员		1名或以上黑人辅导员	
学校提供与辅导员面谈次数	1次或更少	2次或更多	1次或更少	2次或更多	1次或更少	2次或更多	1次或更少	2次或更多
地区								
新英格兰								
中大西洋	(439)0.24	(883)0.42	(363)0.27	(402)0.43	(6)	(46)0.27	(6)	(8)
五大湖	(22).32	(94).27	(240).28	(278).27			(2)	(7)
大平原	(24)-.05	(44).26						
南部	(18)	(10)						
西南部	(37).18	(184).38	(57).15	(103).32			(8)	(19)
西部								

1. 空白单元格代表没有相关实例。当单元格内的案例数量低于20时，则不予计算相关性系数。

表8.33.5 学生的能力和上大学志向之间的相关性——黑人,男性,非大城市地区[1]

学校种族构成	全白人				1%—20%黑人			
学校提供	无黑人辅导员		1名或以上黑人辅导员		无黑人辅导员		1名或以上黑人辅导员	
与辅导员面谈次数	1次或更少	2次或更多	1次或更少	2次或更多	1次或更少	2次或更多	1次或更少	2次或更多
地区								
新英格兰								
中大西洋					(5)	(17)		
五大湖					(14)	(21)0.0		
大平原					(15)	(20).24		
南部					(63)0.26	(66).24		
西南部					(8)	(14)		
西部					(15)	(40).69		

学校种族构成	21%—50%黑人				65%—100%黑人			
学校提供	无黑人辅导员		1名或以上黑人辅导员		无黑人辅导员		1名或以上黑人辅导员	
与辅导员面谈次数	1次或更少	2次或更多	1次或更少	2次或更多	1次或更少	2次或更多	1次或更少	2次或更多
地区								
新英格兰								
中大西洋	(3)	(8)					(38)-.07	(38)0.44
五大湖		(10)						
大平原								
南部	(20)0.96						(1,375).29	(973).43
西南部							(98).55	(92).42
西部								

1. 空白单元格代表没有相关实例。当单元格内的案例数量低于20时,则不予计算相关性系数。

表 8.33.6 学生的能力和上大学志向之间的相关性——黑人，男性，大城市地区[1]

学校种族构成	全白人					1%—20%黑人				
学校提供	无黑人辅导员		1名或以上黑人辅导员		无黑人辅导员		1名或以上黑人辅导员	
与辅导员面谈次数 地区	1次或更少	2次或更多	1次或更少	2次或更多	1次或更少	2次或更多	1次或更少	2次或更多
新英格兰	(1380).18	(2890).22			(6)	(56)0.40	(13)	(9)
中大西洋	(31).12	(29).49	(170)0.36	(181)0.17	(61)0.40	(203).39	(14)	(61)0.35
五大湖	(25).06	(60).39	(105).11	(213).24	(40).06	(53).30	(14)	(27).48
大平原	(14)	(6)	(18)		(9)	(34).48		
南部					(11)	(16)		
西南部	(29).42	(72).51		(38).16	(3)	(1)	(8)	(6)
西部					(51)−.36	(63).32		(19)

学校种族构成	21%—50%黑人					65%—100%黑人				
学校提供	无黑人辅导员		1名或以上黑人辅导员		无黑人辅导员		1名或以上黑人辅导员	
与辅导员面谈次数 地区	1次或更少	2次或更多	1次或更少	2次或更多	1次或更少	2次或更多	1次或更少	2次或更多
新英格兰								
中大西洋					(10)	(76)0.41	(140)0.07	(262)0.27
五大湖					(34)0.07	(21)−.11	(24)−.15	(100).38
大平原							(65).21	(101).44
南部							(557).16	(792).35
西南部							(182).36	(193).21
西部							(81).40	(196).19

1. 空白单元格代表没有相关实例。当单元格内的案例数量低于 20 时，则不予计算相关性系数。

表 8.33.7 学生的能力和上大学志向之间的相关性——白人，男性，非大城市地区[1]

学校种族构成	全白人				1%—20%黑人			
学校提供	无黑人辅导员		1名或以上黑人辅导员		无黑人辅导员		1名或以上黑人辅导员	
与辅导员面谈次数	1次或更少	2次或更多	1次或更少	2次或更多	1次或更少	2次或更多	1次或更少	2次或更多
地区								
新英格兰	(147).25	(166).39						
中大西洋	(106).48	(174).41			(154).33	(430).44		
五大湖	(132).44	(170).33			(136).39	(220).39		
大平原	(92).23	(171).38			(118).39	(241).46		
南部	(375).38	(414).37			(1,109).33	(1,593).41		
西南部	(132).43	(711).35			(285).29	(408).40		
西部	(174).27	(362).47	(7)		(412).33	(863).37		

学校种族构成	21%—50%黑人				65%—100%黑人			
学校提供	无黑人辅导员		1名或以上黑人辅导员		无黑人辅导员		1名或以上黑人辅导员	
与辅导员面谈次数	1次或更少	2次或更多	1次或更少	2次或更多	1次或更少	2次或更多	1次或更少	2次或更多
地区								
新英格兰								
中大西洋	(22).32	(26).41						
五大湖								
大平原								
南部	(28).06	(22).60						
西南部								
西部								

1. 空白单元格代表没有相关实例。当单元格内的案例数量低于20时，则不予计算相关性系数。

表 8.33.8 学生的能力和上大学志向之间的相关性——白人，男性，大城市地区[1]

学校种族构成	全白人					1%—20%黑人			
学校提供辅导员	无黑人辅导员		1名或以上黑人辅导员		无黑人辅导员		1名或以上黑人辅导员	
与辅导员面谈次数	1次或更少	2次或更多	1次或更少	2次或更多	1次或更少	2次或更多	1次或更少	2次或更多
地区								
新英格兰	(58).22	(200).42			(290).31	(1,053).44	(85).29	(67).25
中大西洋	(31).13	(172).54			(908).47	(3,574).46	(183).44	(656).51
五大湖	(143).46	(271).39			(797).27	(2,207).37	(158).37	(176).36
大平原	(127).35	(167).24			(217).40	(847).45		
南部	(103).44	(124).24			(379).30	(754).38	(22).53	(27).09
西南部	(25).53	(61).57			(90).08	(98).38		
西部					(592).19	(1,753).38	(55).48	(175).31
学校种族构成	21%—50%黑人					65%—100%黑人			
学校提供辅导员	无黑人辅导员		1名或以上黑人辅导员		无黑人辅导员		1名或以上黑人辅导员	
与辅导员面谈次数	1次或更少	2次或更多	1次或更少	2次或更多	1次或更少	2次或更多	1次或更少	2次或更多
地区								
新英格兰								
中大西洋	(244).25	(645).37	(256).30	(389).40	(4)	(35).06	(30).34	(57).29
五大湖	(40).20	(86).33	(197).32	(514).37			(8)	(8)
大平原	(42).32	(101).38						
南部	(18)	(17)						
西南部			(43).14	(109).26				
西部	(67).49	(162).33						

1. 空白单元格代表没有相关实例。当单元格内的案例数量低于20时，则不予计算相关系数。

中两个案例与在同一个层中拥有黑人辅导员的学校中的黑人进行比较,结果发现,在两种情况下相关性都得到了改善。因此,如果黑人女童咨询的是白人辅导员而不是黑人辅导员,则教师的指导工作可能不会那么有用(我们在没有证据的情况下做出假设,如果有黑人辅导员的话,黑人女童会去咨询黑人辅导员)。在这里,为了检测学校可能产生的影响(例如,也许拥有黑人辅导员的种族融合学校总体上对所有学生都发挥了更好的作用),我们考察了白人女性的相同关系。可以看到,对于这些学生而言,在同样类别的比较中并没有发生黑人女性那样的逆转,而且,对于白人女性而言,学校中是不是有黑人辅导员似乎不会导致任何差异。

在白人女性发生的六个逆转案例中,有两个程度都很轻,两个程度最高的逆转案例则都发生在南部大城市地区的全白人学校中。然而,一般来说,其他的全白人学校都显示出相关性有所增加。

在所有可能的男性比较案例中,出现了大约三分之一的逆转情况,黑人和白人的比例大致相同。唯一的模式似乎就是,有大约一半的逆转案例(包括一些程度最高的案例)都发生在南部地区。事实上,在西南部地区七项可能的比较中,有五项都出现了逆转案例,对黑人和白人学生而言都是如此。对这一情况似乎没有一种简单的解释,除非那里的辅导员有一套不同的指导目标。

现在我们转到对社会阶层因素的控制,我们发现了一些对上述几项调查结果的更深入的说明。表 8.33.9 至 8.33.12 分解了选定的层和种族构成,在这些层和种族构成中有数量足够的学生或学校做进一步的次级阐释。

前面提到,在没有黑人辅导员的学校中,出现了三个黑人女性的逆转案例。其中两个发生在中大西洋的大城市地区、1%—20%的黑人类别中。该地区在表 8.33.9 中加以说明。我们相当清楚地看到,上层和中产阶级的女性获得了帮助,而逆转案例总体上是下层阶级强烈逆转的结果。对于黑人男性而言,往往也是这样。在南部非大城市地区、1%—20%的黑人类别中,男性和女性都是这种情况(表 8.33.11)。然而,在东南部地区——主要是黑人类别中(表 8.33.12),我们可以观察到,对下层和中产阶级黑人男性而言,相关性都有所增加。

在这些表格的任何比较中,社会阶层对白人女性而言似乎都产生不了多少效应。然而,对白人男性而言却并非如此。在所有地区的几乎每一项可能的比较中,上层和中产阶级白人男性都出现逆转情况,而下层阶级则表现出与预期相符的相关性的增加。这或许能解释我们上面提到的众多男性逆转案例中的一部分。对于白人而言,辅

表 8.33.9 学生的能力和上大学志向之间的相关性——中大西洋地区，大城市地区，1%—20%黑人，根据社会阶层划分[1]

在一所没有黑人辅导员的学校里

学生性别	男性						女性					
学生种族	黑人		白人				黑人		白人			
与辅导员面谈次数	0 或 1 次	2 次或更多	0 或 1 次	2 次或更多	0 或 1 次	2 次或更多	0 或 1 次	2 次或更多	0 或 1 次	2 次或更多		
学生所属阶层												
中产和上层阶级	(21)0.23	(40)0.69	(352)0.49	(1,810)0.47	(20)0.20	(36)0.54	(268)0.38	(1,468)0.46				
工薪和下层阶级	(37).37	(134).27	(496).37	(1,614).39	(31).48	(88).30	(479).26	(1,399).38				
所有阶层合计	.40	.39	.47	.46	.45	.36	.33	.45				

在一所有 1 名或以上黑人辅导员的学校里

学生性别	男性						女性					
学生种族	黑人		白人				黑人		白人			
与辅导员面谈次数	0 或 1 次	2 次或更多	0 或 1 次	2 次或更多	0 或 1 次	2 次或更多	0 或 1 次	2 次或更多	0 或 1 次	2 次或更多		
学生所属阶层												
中产和上层阶级	(3)	(20)0.33	(80)0.64	(295)0.56	(5)	(17)	(127)0.46	(364)0.55				
工薪和下层阶级	(7).31	(37).31	(74).23	(316).49	(11)	(51)0.54	(101).42	(399).42				
所有阶层合计	.35	.35	.44	.51		.58	.43	.49				

1. 空白单元格代表没有相关实例。当单元格内的案例数量低于 20 时，则不予计算相关性系数。

表 8.33.10 学生的能力和上大学志向之间的相关性——五大湖区，大城市地区，1%—20%黑人，根据社会阶层划分[1]

在一所没有黑人辅导员的学校里

男性

学生性别	黑人		白人	
学生种族	0或1次	2次或更多	0或1次	2次或更多
与辅导员面谈次数				
学生所属阶层				
中产和上层阶级	(10)	(10)	(211)0.34	(894)0.34
工薪和下层阶级	(23)-.14	(35)0.12	(524).21	(1,190).36
所有阶层合计	.06	.30	.27	.37

女性

学生性别	黑人		白人	
学生种族	0或1次	2次或更多	0或1次	2次或更多
与辅导员面谈次数				
学生所属阶层				
中产和上层阶级		(13)	(195)0.34	(841)0.40
工薪和下层阶级		(41)-.09	(441).28	(1,053).34
所有阶层合计		.16	.31	.38

在一所有1名或以上黑人辅导员的学校里

男性

学生性别	黑人		白人	
学生种族	0或1次	2次或更多	0或1次	2次或更多
与辅导员面谈次数				
学生所属阶层				
中产和上层阶级		(20)0.30	(57)0.06	(75)0.42
工薪和下层阶级	(17)	(16)	(94).47	(91).28
所有阶层合计		.48	.37	.36

女性

学生性别	黑人		白人	
学生种族	0或1次	2次或更多	0或1次	2次或更多
与辅导员面谈次数				
学生所属阶层				
中产和上层阶级		(16)	(61)0.38	(70)0.61
工薪和下层阶级			(154).37	(91).42
所有阶层合计			.39	.49

1. 空白单元格代表没有相关实例。当单元格内的案例数量低于20时，则不予计算相关性系数。

表 8.33.11 学生的能力和上大学志向之间的相关性——南部，非大城市地区，1%—20%黑人，根据社会阶层划分[1]

在一所没有黑人辅导员的学校里

学生性别	男性				女性			
学生种族	黑人		白人		黑人		白人	
与辅导员面谈次数	0或1次	2次或更多	0或1次	2次或更多	0或1次	2次或更多	0或1次	2次或更多
学生所属阶层								
中产和上层阶级	(14)	(11)	(380).47	(693).43	(9)	(12)	(391)0.36	(632)0.42
工薪和下层阶级	(37)0.42	(44)0.25	(640).23	(818).38	(37)−0.03	(41)0.01	(769).22	(841).31
所有阶层合计	.26	.24	.33	.41	.04	.10	.28	.37

在一所有1名或以上黑人辅导员的学校里

学生性别	男性				女性			
学生种族	黑人		白人		黑人		白人	
与辅导员面谈次数	0或1次	2次或更多	0或1次	2次或更多	0或1次	2次或更多	0或1次	2次或更多
学生所属阶层								
中产和上层阶级								
工薪和下层阶级								
所有阶层合计								

1. 空白单元格代表没有相关实例。当单元格内的案例数量低于20时，则不予计算相关性系数。

表 8.33.12 学生的能力和上大学志向之间的相关性——南部,非大城市地区,65%—100%黑人,根据社会阶层划分[1]

在一所没有黑人辅导员的学校里

学生性别	男性				女性			
学生种族	黑人		白人		黑人		白人	
与辅导员面谈次数	0或1次	2次或更多	0或1次	2次或更多	0或1次	2次或更多	0或1次	2次或更多
学生所属阶层								
中产和上层阶级	(210)0.28	(159)0.28						
工薪和下层阶级	(872).29	(620).39						
所有阶层合计	.29	.43						

在一所有1名或以上黑人辅导员的学校里

学生性别	男性				女性			
学生种族	黑人		白人		黑人		白人	
与辅导员面谈次数	0或1次	2次或更多	0或1次	2次或更多	0或1次	2次或更多	0或1次	2次或更多
学生所属阶层								
中产和上层阶级	(294)0.48	(185)0.46						
工薪和下层阶级	(1,116).18	(728).45						
所有阶层合计	.24	.46						

1. 空白单元格代表没有相关实例。当单元格内的案例数量低于20时,则不予计算相关性系数。

导员在处理方式上似乎存在着阶级差别。这或许是因为对于那些不打算上大学的聪明的下层阶级男生，辅导员会产生一种更强烈的冲动或干预愿望。然而，这并不能解释为什么中产阶级男性的能力和大学计划之间的契合度较低。

总的来说，我们发现，对大多数学生而言，更多地咨询辅导员对其大学志向和能力之间的契合度会产生影响。然而，我们也的确发现了一些跨越学生的种族、性别和社会阶层的差异。两种社会阶层的白人女性学生都表现出最一致的相关性增长。白人男性表现出的一致性则较弱，而且逆转现象更可能出现在上层阶级的男生中，而不是在下层阶级的男生中。此外，在南部地区的白人男性中也出现了许多逆转现象。

此外，根据学校里是否有黑人辅导员这一点，在黑人学生中出现了一些实质性的差异。这在黑人女性学生中最为显著。对黑人女生而言，如果学校里没有黑人辅导员，则去咨询辅导员的学生的志向和能力的契合度比学校里有黑人辅导员的黑人女性要低得多。此外，这种差异并没有出现在白人女性中，这表明了一种差别性影响。我们还发现，在全白人或是以白人为主的学校里，对于去咨询辅导员的下层阶级黑人而言，这一契合度比较低。

8.4 职业教育

本节十分简要地介绍了来自 12 年级学生的关于职业教育的一些数据。我们并没有就以下考虑对这些数据进行调整：(1)样本在多大程度上不代表该层；(2)学生调查问卷的回收率在多大程度上因层而异。因此，本节中数据上的细微差别毫无意义，因为它们可能会在数据调整中被逆转。但调整不会逆转大的差异。

在 12 年级学生返回的大约 10 万份可用问卷中，有近 18 000 名学生表示参加过一门或多门职业课程。将他们根据南部和非南部、大城市和非大城市地区、黑人和白人分类后，我们在文本所附的表格中发现，黑人在某种程度上比白人更有可能上过至少一门职业课程；在南部大城市地区尤其如此。

在报告上过一门课程的 18 000 名学生中，约有 6 000 人报告说他们参加的是一门中学职业课程。这 6 000 名学生中参加各种职业课程的人数百分比，男生如表 8.4.1 所示，女生如表 8.4.2 所示。

种族	南部区		非南部区		样本总计
	大城市地区	非大城市地区	大城市地区	非大城市地区	
	百分比	百分比	百分比	百分比	百分比
黑人	23	17	28	18	22
白人	9	13	18	19	17

表 8.4.1　修习不同职业课程的 12 年级男生百分比

主要课程名称	南部区男生		非南部区男生		其他非白人
	黑人	白人	黑人	白人	
空调	3.0	2.5	4.1	1.5	3.6
飞机机械	3.7	1.8	3.4	3.2	5.1
汽车维修	4.6	3.8	5.8	4.1	6.2
汽车机械	7.7	17.4	9.9	16.3	14.2
砖石建筑	17.0	2.2	1.3	0.8	1.0
木工	8.1	2.9	4.0	5.2	3.8
电工	5.5	4.4	6.1	8.8	7.9
食品贸易	2.7	2.7	4.5	2.3	2.8
工业合作社	1.8	4.5	2.1	1.8	1.6
机械修理店	4.7	8.0	6.0	8.5	5.4
无线电-电视修理	4.8	3.4	3.2	3.6	1.6
焊接	3.8	4.5	4.8	3.3	1.8
商业美术	1.5	1.4	5.6	5.2	4.4
合作社办公室培训	1.5	4.2	3.3	2.8	1.3
市场推销教育	3.0	12.3	5.0	4.8	3.0
其他，已列举[1]	14.2	8.6	17.2	14.6	20.9
其他，未列举	12.4	15.4	12.7	15.2	15.4

1. 包括细木工、柴油机械、铸造、缝纫业、油漆和装饰、钣金工、水暖工、印刷、实用护理（保健）。

几乎有一半的中学校长报告称，他们的中学不开设职业培训课程。表 8.4.3 显示的是所有 12 年级学生对以下问题的回答分布情况："如果你的中学提供一门你感兴趣的职业(职业培训)课程,你会报名参加吗?"就整体样本而言,有13%的学生报告说,他们已经在上一门职业课程了;44%的学生说,如果他们的中学提供一门有趣的课程,他们会报名参加;44%的学生说,就算提供更多的课程,他们也不会参加。白人学生和非白人学生在参加一门职业课程的欲望方面表现出显著的差异。例如,在南部区,如果提供一门职业培训课程的话,有67%的黑人学生愿意参加,相比较之下,只有46%的白人学生愿意参加。在非南部区,有52%的黑人学生愿意参加,但只有40%的白人学生愿意参加。对职业培训的偏爱南部区超过了非南部区,黑人超过了白人。该表格的第三行从反面证明了这一点。

表8.4.2 修习不同职业课程的12年级女生百分比

主要课程名称	南部区女生 黑人	南部区女生 白人	非南部区女生 黑人	非南部区女生 白人	其他非白人
美容术(整形)	19.7	10.1	10.4	13.4	7.2
商业美术	2.2	3.3	4.5	8.9	5.0
合作社经营	10.0	27.2	18.5	22.3	13.7
市场推销教育	6.1	19.0	5.3	13.7	5.3
食品贸易	5.9	4.1	8.0	2.9	5.3
家政训练	1.4	(¹)		(¹)	1.6
缝纫业	6.1	1.5	3.5	1.5	1.2
实用护理(保健)	8.5	8.2	13.8	7.3	10.6
其他,已列举²	16.0	6.1	16.6	8.3	22.3
其他,未列举	24.1	20.5	19.4	21.7	27.8

1. 低于1%。
2. 包括其他所有不在此表格中但却在学生清单上的项目。见表8.4.1。

表8.4.3 所有12年级学生对中学职业课程的需求

	南部区 黑人	南部区 白人	非南部区 黑人	非南部区 白人	全国 其他非白人	全国 样本总计
目前已报名参加职业课程者百分比	13	10	14	13	15	13
如果提供更多课程则愿意报名上课者百分比	67	46	53	40	49	44
不愿报名上课者百分比	20	43	33	47	37	44

9.0 附录

9.1	公函	715
9.2	样本设计	717
9.3	数据采集与处理	726
9.4	估计值的计算	730
9.5	抽样变异性	735
9.6	回应率	740
9.7	问卷回应的可靠性	746
9.8	回归分析的技术细节	751
9.9	调查工具	759
9.10	相关表格	
	学校调查测试的说明和样题	762
	学校调查测试——1年级	777
	学校调查测试——3年级	792
	学校调查测试——6年级	810
	学校调查测试——12年级	827
	学校调查测试——校长问卷	853
	学校调查测试——教师问卷	874
	学校调查测试——教育总监问卷	895
	大学调查测试——校长手册大学协调员手册	912
	大学调查测试——毕业班学生	922

9.1 公函

下面两封信函要求州和地方官员在对公立学校进行的调查中予以合作。

美国卫生、教育与福利部
美国教育厅
华盛顿特区 20202，1965 年 6 月 10 日

致所有州首席教育官：

  国会指示教育厅长根据《民权法案》第 402 条的要求组织一次调查，考察在公共教育机构中，由于种族、肤色、宗教信仰或民族出身等原因导致的教育机会不公平状况。我们计划于 1965 年秋季展开这项调查，以便根据法案的要求，在 1966 年 7 月 2 日向总统和国会提交报告。

  本次调查将只覆盖学校中的一部分样本（大约 5%），而不是所有学校。取样将侧重于有大量少数族群儿童居住地区的学校，而不是相反。它将尝试通过建立全面的统计信息并对教育工作者们公认与教育质量有关的项目做出评价来解决不公平问题，此类项目包括：教室的条件、每间教室的学生人数、学校设备、图书、图书馆和其他辅助设施、教师的培训和经验、指导和咨询计划、健康计划、总课程、学校组织与管理、美术课程、体育课程、辅导课程、社区对教育的态度、学生人均支出。调查将就这些项目对以主要为少数族群儿童服务的学校和主要为多数族群儿童服务的学校进行比较。

  根据我的判断，调查要想达到目的，就需要通过才能和成绩结果来评估上述项目的相对重要性。调查的这一部分将是自愿的，也就是说，我们将为那些不愿参加该调查项目的地方学校系统找到替代者。在同意合作的学校里，1、3、6、9 和 12 年级的学生将接受测试。参加这些测试连同回答问卷，较高年级将需要大约一整天时间，较低年级需要的时间则较短。

  当然，测试结果将仅用于对影响教育质量之项目的相对重要性进行统计分析。它们不会被用来对所有城市或州的学校系统进行成绩比较，也不会由个别学校或学区来

报告测试结果。

　　这项调查的费用将完全由美国政府承担。如果需要的话,各州教育部都会收到关于本州调查结果的特别表格。

　　我希望你们能指派一名手下的工作人员,协助教育厅与地方学校系统尽快做出适当的安排,因为我们必须立即开始挑选作为调查对象的学校样本。我恳切希望一旦确定人选,你们即向我发送收报人付费电报,以告知他的姓名。如果对这个项目有任何疑问,请随时向我(区号 202-963-6212)或亚历山大·穆德(区号 202-963-6966)致电垂询,由收话人付费。

　　此致

　　　　　　　　　　敬礼!

　　　　　　　　　　　　　　　　　　　　　　　　　　弗兰西斯·凯佩尔
　　　　　　　　　　　　　　　　　　　　　　　　　　美国教育厅长

注:关于本次调查致所有被选中学校的教育总监的信。

美国卫生、教育与福利部
美国教育厅
华盛顿特区 20202,1965 年 7 月 13 日

尊敬的教育总监:

　　这封信函旨在请求您合作并协助我们执行一项美国国会的指令。该指令要求教育厅长根据《1964 年民权法案》的要求进行一次全国范围内的教育机会调查。该调查必须较迅速地进行,以便于 1966 年 7 月 2 日向国会提交一份报告。

　　您的州首席教育官已经任命了一名代表协助本次调查,该代表的姓名如信尾所示。通过我们的工作人员和州代表的努力,已经制定好一份学校取样名单,取样将侧重于有大量少数族群儿童居住地区的学校,而不是相反。取样名单中包括你们系统中的学校,但取样的宗旨并不是要代表该州或是当地的学校系统。因此,调查将不会对州或地方学校系统做出任何结论;调查结果将只在地区和国家层面加以展示,不会透露任何个人、学校、学区或州的名称。

　　我们需要您的合作来满足法律的要求。这一合作包括以下几项任务:

1. 完成关于整个学校系统的问卷调查。
2. 由你们系统中所有被列入取样名单之学校的校长完成一份调查问卷。

3. 由所有被列入取样名单之学校的教师和辅导员完成一份调查问卷。

4. 由你们的教师负责监督抽样学校的1、3、6、9和12年级的所有学生完成一套测试卷和调查问卷。对于较高年级而言,该测试耗时将近一个教学日;对较低年级而言,该测试耗时适当较短。

调查问卷和测试材料将在今年早秋邮寄给您。教育厅雇用教育测试服务中心来展开这项调查,他们将与你们州教育机构合作,与您一同做出必要的安排。

尽管参与第三和第四项任务对于您的学校系统而言可能比较困难,但是我们极力主张您给予全力合作。因为只有这样,国会和美国人民才能获得关于向全美儿童提供最大化教育机会这一问题的连贯一致的信息。在调查问卷中,将提出关于种族、宗教和家庭背景的问题,目的是为了阐明《民权法案》中提出的一些问题。与此同时,调查问卷也申明,每位学生和教师都完全有自由不回答那些他不想回答的问题。

您的学校系统中的抽样学校包括随信附上的名单中列出的中学,以及这些中学的直属学校。烦请您核实名单上的信息,并用随信附上的信封将之寄还给我们。如果我们未从您这里收到相反的信息,那么在接收到这些表格时,我们就会认为您的学校系统将全力配合这次调查。

为了完成调查规划,我们需要尽早获得这一信息。如果您有任何问题,请向卡罗尔·霍布森夫人(区号202-963-6124)致电垂询,由收话人付费。我们对于您对此事的大力协助不胜感激。

此致

敬礼!

A. M. 穆德
教育统计中心主任助理

附件
抄送:
州代表:

9.2 样本设计

公立学校阶段的教育机会调查数据是基于美国各州和哥伦比亚特区公立学校的

分层两阶段概率抽样数据。

与在其他任何调查中一样，我们在设计样本和确定抽取样本的方式时，必须考虑到调查的目的与可获得的材料和资源。这项调查旨在将美国作为一个整体提供大量的学校、学生和教师特征的估计值，为美国主要地理区域的城市和农村地区提供独立的估计值，更确切地说，为这些特征提供可靠的估计值，以便在黑人或其他少数族裔学生和白人学生之间进行比较。

多用途调查的设计通常是由设计中所涉及的各种因素之间的相互作用决定的，如调查的目标、所需的精确度、预算限制等。也就是说，任何一个单独的因素都不是决定设计的唯一因素。然而，在本调查中，要在公立学校的选定年级中测试大约 90 万名学生，其中大约一半是白人，另一半是非白人，这一行政决定是决定样本设计的最重要的因素。

另一个影响样本设计的因素也是出于行政原因，即要求不得在学校内部进行二次抽样，即，如果一所学校被列入取样名单，那么调查中所涉年级的所有学生都将被包括在样本中。

此外，主要样本将采用邮送调查的方式，这一事实也对样本设计产生了一些影响。

很显然，根据上述要求，样本设计中涵盖的初级抽样单位（psu）的数量应该被最大化。

在样本设计的准备工作中可获得的较重要的材料包括下列各项：

（a）**人口普查数据**——从 1960 年人口普查中可获得一些人口特征信息，如县级非白人百分比和学校注册人数。（《1962 年县市数据手册》，美国商务部人口普查局。）

（b）**学校列表**——1962 年春，美国教育厅对美国所有公立学校的校舍进行了一次调查（《全国学校设施和人员清单》，OE - 21016）。从该清单中可根据学校组织级别划分获得校舍所在地学校的数量、年级跨度和总注册人数。注册学生的种族构成并未显示出来。各州教育部发布了《教育目录》和其他统计报告，在不同程度上提供了有关学校数量、注册人数和种族构成的信息，这些信息被用于更新 1962 年调查的信息。

第一阶段——样本设计的第一步是建立初级抽样单位（psu）。由于样本中使用的基本单位是学校，所以初级抽样单位既可以使用本地学校（1965 秋季在美国有 24 446 个运作中的地方学区），也可以使用 3 130 个县、地方行政区或是县级相当单位。我们之所以选择了后者是因为：（a）针对县区的人口普查和其他描述性统计更容易获得；（b）在人口组成方面，县区能提供更大的内部异质性，出于抽样技术的原因，这是更为有效的。

各县区被划分到两个组别中,大城市地区或非大城市地区,所依据的标准是它们是否被包含在一个标准大城市统计区(SMSA)中。在新英格兰,大城市地区由一组邻近的城镇构成,出现在不止一个大城市地区的县区被划归包含该县人口比例最大的大城市地区。没有被包含在任何标准大城市统计区中的县级相当单位,被视为县。在这一步骤中产生了2 883个初级抽样单位,其中有209个属于大城市地区,2 674个是坐落在大城市地区以外的县。

样本设计的第二步是根据地理位置和非白人在初级抽样单位中的比例对上述组别进行分层。表9.2.1显示了调查中使用的七个区域以及每个区域中所包含的州。非白人类别的百分比界线定为:(1)70%及以上,(2)30%至70%以下,(3)10%至30%以下,以及(4)10%以下。对于坐落在大城市地区以外的县而言,最后一类被进一步细分为(4a)非白人估计注册人数为100或以上,以及(4b)非白人估计注册人数为100以下。

表9.2.1 教育机会调查中使用的州区域划分

地区Ⅰ,新英格兰——康涅狄格州,缅因州,马萨诸塞州,新罕布什尔州,罗得岛州和佛蒙特州。
地区Ⅱ,中大西洋——特拉华州,华盛顿特区,马里兰州,新泽西州,纽约州和宾夕法尼亚州。
地区Ⅲ,五大湖——印第安纳州,密歇根州,俄亥俄州,伊利诺伊州和威斯康星州。
地区Ⅳ,大平原——艾奥瓦州、堪萨斯州、明尼苏达州、密苏里州、内布拉斯加州、北达科他州和南达科他州。
地区Ⅴ,东南部——亚拉巴马州,阿肯色州,佛罗里达州,佐治亚州,肯塔基州,路易斯安那州,密西西比州,北卡罗来纳州,南卡罗来纳州,田纳西州,弗吉尼亚州和西弗吉尼亚州。
地区Ⅵ,西南部——亚利桑那州,新墨西哥州,俄克拉何马州和得克萨斯州。
地区Ⅶ,远西部和落基山区——阿拉斯加州,加利福尼亚州,科罗拉多州,夏威夷州,爱达荷州,蒙大拿州,内华达州,俄勒冈州,犹他州,华盛顿州和怀俄明州。

在选择要被列入样本的初级抽样单位之前,必须解决的一个问题是,如何在两个组别(大城市地区内部和大城市地区以外)和七个区域之间分配样本。我们使用的分配程序如下所述。该程序虽然不是最优的,但却合乎需要,因为最优分配需要有更为

精确的关于人口的知识。

对于七个区域中每个区域的大城市地区和大城市以外地区,我们都获取了1、3、6、9和12年级的非白人估计注册人数。结果发现,约占总数62%的非白人注册人数是在大城市地区,约38%是在大城市地区以外。由于我们将被包括在样本中的非白人学生数量设置为约450 000名,因此,在样本中被分配到大城市地区的非白人学生人数被设置为279 000名(450 000×0.62),被分配到大城市地区以外的非白人学生人数被设置为171 000名(450 000×0.38)。

各区域之间的分配也以类似的方式进行。例如,先确定一个区域与大城市地区非白人注册总人数的比例。然后将这一比例用于上面得到的279 000这一数字,就可以确定该区域大城市地区的样本中需要包括的非白人学生数量。

当样本规模是固定的时候,就可能在大城市地区组别中应用最优分配原则。本调查中使用的这一原则将在确定性样本中包括所有初级抽样单位,其对于特定年级的非白人估计注册人数等于或大于在根据要使用的样本规模划分的区域中这些年级的非白人注册总人数。利用这一原则,美国有21个最大的大城市地区被包括在确定性样本中。

其余的初级抽样单位在各自层中按照其1960年非白人学生估计人数进行梳理。在进行随机启动后,以系统的方式依照表9.2.2所示的采样率对各层内的初级抽样单位进行选择。表9.2.2还显示了统计总体和样本中的初级抽样单位数量。

表9.2.2 统计总体中的初级抽样单位数量(N)、样本中的初级抽样单位数量(n)和在教育机会调查第一阶段中使用的抽样率(n/N)

	| I |			| II |			| III |			| IV |		
	N	n	n/N	N	n	n/N	N	n	n/N	N	n	n/N
A. 大城市地区												
包括在确定性样本中	4	4	1/1.00	4	4	1/1.00	3	3	1/1.00	2	2	1/1.00
非白人比例:												
30%—70%以下												
10%—30%以下				4	4	1/1.00	4	4	1/1.00			
10%以下	10	2	1/5.00	19	4	1/4.75	37	7	1/5.29	15	3	1/5.00

续 表

	地区											
	Ⅰ			Ⅱ			Ⅲ			Ⅳ		
	N	n	n/N	N	n	n/N	N	n	n/N	N	n	n/N
总计	14	6		27	12		44	14		17	5	
B. 大城市地区以外的县												
非白人比例:												
70%和以上										1	1	1/1.00
30%—70%以下				5	3	1/1.67	2	2	1/1.00	7	3	1/2.33
10%—30%以下				10	5	1/2.00	3	3	1/1.00	15	7	1/2.14
10%以下:												
100 或更多非白人学生	8	3	1/2.67	41	5	1/8.20	76	8	1/9.50	62	7	1/8.86
不到 100 非白人学生	37	3	1/12.33	48	4	1/12.00	261	12	1/21.75	498	10	1/49.80
总计	45	6		104	17		342	25		583	28	

	地区										
	Ⅴ			Ⅵ			Ⅶ			总计	
	N	n	n/N	N	n	n/N	N	n	n/N	N	n
A. 大城市地区											
包括在确定性样本中	4	4	1/1.00	2	2	1/1.00	2	2	1/1.00	21	21
非白人比例:											
30%—70%以下	13	4	1/3.25							13	4
10%—30%以下	30	6	1/5.67	8	3	1/2.67				46	17
10%以下	4			17	3	1/5.67	27	5	1/5.40	129	28
总计	51	14		27	8		29	7		209	66
B. 大城市地区以外的县											
非白人比例:											
70%和以上	17	8	1/2.13	1	1	1/1.00				19	10
30%—70%以下	338	85	1/3.98	26	9	1/2.89	3	3	1/1.00	381	105

续表

	地区									
	V			VI			VII		总计	
	N	n	n/N	N	n	n/N	N	n	n/N	N	n
10%—30%以下	254	64	1/3.97	73	18	1/4.06	13	13	1/1.00	368	110
10%以下：											
100 或更多非白人学生	157	16	1/9.81	86	9	1/9.56	68	7	1/9.71	498	55
不到 100 非白人学生	184	5	1/36.80	145	7	1/20.71	235	11	1/21.36	1,408	52
总计	950	178		331	44		319	34		2,674	332

第二阶段——我们根据学校建筑详细目录，在第一阶段被选中的每个县和大城市地区内部，列出了所有拥有 12 年级的公立中等学校名单，然后将这些名单发送到各州的教育部门，由各州教育部门进行修正、更新，并注明各个学校中非白人学生的注册百分比，即，(1) 75.1%—100.0%，(2) 50.1%—75.0%，(3) 25.1%—50.0%，(4) 10.1%—25.0%，以及 (5) 0—10%。接下来，每个初级抽样单位中的中学都被划分到由这些比例界定的五个组别中。

选择拥有 12 年级的学校——由于初级抽样单位中要求包括中学 12 年级的注册人数和所有公立学校中所有年级的总注册人数，一个用于样本分配，另一个用于膨胀过程，因此，必须从可获得的中学注册和年级跨度数据中导出这一信息。鉴于中学年级跨度因校而异，有的中学涵盖 6 年级到 12 年级，有的中学则只有 11 年级和 12 年级，因此，我们为各个地区和各个年级跨度计算出年级跨度系数，以便获取有关初级抽样单位中 12 年级及总估计注册人数的必要信息。例如，以下步骤被用来估算一个初级抽样单位中的总注册人数。从 1 到 12 年级，每个年级的地区总注册人数来自美国教育厅的出版物：《公立学校统计数据，1964 年秋季》(OE-20007-64)。年级跨度为 t 到 12 年级的中学所使用的年级跨度系数按照下列公式进行计算，其中 t=6,7,8,9,10 或 11。

$$\frac{1 \text{至} 12 \text{年级的区域总注册人数}}{t \text{至} 12 \text{年级的区域总注册人数}}$$

这项计算的所有结果如表 9.2.3 所示。阿拉斯加州和夏威夷州分别使用了独立的系数。

表 9.2.3 用来估测初级抽样单位落入样本中总注册人数的年级跨度系数

中学的年级跨度	地区 I	II	III	IV	V	VI	VII	阿拉斯加州	夏威夷州
6—12	2.337	2.010	1.999	1.977	1.974	2.072	1.990	2.290	2.065
7—12	2.419	2.356	2.383	2.328	2.386	2.506	2.368	2.831	2.456
8—12	2.909	2.861	2.891	2.822	3.009	3.155	2.896	3.614	3.082
9—12	3.762	3.596	3.640	3.567	4.001	4.190	3.713	4.790	3.845
10—12	5.167	4.912	4.989	4.835	5.951	6.168	5.237	6.765	5.219
11—12	7.926	7.712	7.751	7.388	10.322	10.673	8.961	10.931	7.995

接着,用特定初级抽样单位中的中学注册人数乘以适当的年级跨度系数,并且相加,得出每个层和该初级抽样单位的总估计注册人数。

用以确定 12 年级注册人数的年级跨度系数的计算方法是：用 12 年级的区域总注册人数取代 1 至 12 年级的区域总注册人数,作为上述公式中的分子。

通过使用跟第一阶段类似的分配程序,并且考虑到每个学校的非白人平均注册人数,就可以确定样本中必须包括的学校数量,以便获得在第二阶段各层中所需的 12 年级学生数量。随机启动之后,就在每个层内部以系统的方式挑选中学,抽样率为该层样本中需要包括的中学数量与该层中包括的中学总数之比。

为了让读者对样本中中学的构成有一个大致的了解,表 9.2.4 显示了样本中选取的初级抽样单位中这些学校的总数、在样本的第二阶段被选取的中学数量以及基于区域平均比率的抽样率。在表 9.2.4 下方小表格中出现的大城市地区数据是基于表 9.2.2 中的抽样率近似值。从这两份表格的信息中,可以就一所拥有 12 年级的中学被选取为样本的近似总体概率(用选择初级抽样单位的概率乘以选择学校的概率)做出以下一般陈述：

1. 在最大的大城市地区,那些非白人注册人数超过 25% 的中学有大约 1 比 5 的机会被样本抽中;那些非白人注册人数在 10% 和 25% 之间的学校有 1 比 10 的机会被抽中;那些以白人为主的学校有 1 比 20 的机会被抽中。

表 9.2.4 被取样的初级抽样单位第二阶段的中学总数量(M),样本中的数量(m),和平均抽样率(m/M),根据非白人在中学的百分比,大城市地区第一阶段抽样率和县区初级抽样单位中非白人比例划分

	75.1%—100%			50.1%—75%			25.1%—50%			10.1%—25%			0—10%		
	M	m	m/M	M	m	m/M	M	m	m/M	M	m	m/M	M	m	m/M
大城市地区[1]															
第一阶段近似抽样率:															
1/1	201	43	1/4.67	59	15	1/3.93	71	24	1/2.96	105	17	1/6.13	1,256	75	1/16.75
1/3	55	26	1/2.12	7	0		20	0		44	1	1/44.00	321	14	1/22.93
1/5	33	27	1/1.22	4	4	1/1.00	10	10	1/1.00	27	20	1/1.35	528	73	1/7.23
大城市地区总计	289	96		70	19		101	34		176	38		2,105	162	
大城市地区以外的县[1]															
非白人比例:															
70%和以上	17	17	1/1.00	1	1	1/1.00	1	0		7	7	1/1.00	17	16	1/1.06
30%—70%以下	214	197	1/1.08	4	4	1/1.00	7	5	1/1.40	4	2	1/2.00	307	121	1/2.54
10%—30%以下	149	143	1/1.04	4	4	1/1.00	14	14	1/1.00	32	21	1/1.50	405	114	1/3.55
10%以下:															
100或更多非白人学生	19	7	1/2.71	1	1		10	10	1/1.00	26	18	1/1.44	299	56	1/5.34

续 表

<table>
<tr><th rowspan="2">学生</th><th colspan="12">非白人在中学的百分比</th></tr>
<tr><th colspan="3">75.1%—100%</th><th colspan="3">50.1%—75%</th><th colspan="3">25.1%—50%</th><th colspan="3">10.1%—25%</th><th colspan="3">0—10%</th></tr>
<tr><td></td><td>M</td><td>m</td><td>m/M</td><td>M</td><td>m</td><td>m/M</td><td>M</td><td>m</td><td>m/M</td><td>M</td><td>m</td><td>m/M</td><td>M</td><td>m</td><td>m/M</td></tr>
<tr><td>不到100非白人</td><td>4</td><td>2</td><td>1/1.75</td><td>1</td><td>1</td><td>1/1.00</td><td>8</td><td>6</td><td>1/1.33</td><td>7</td><td>2</td><td>1/3.50</td><td>205</td><td>50</td><td>1/4.10</td></tr>
<tr><td>非美国本土</td><td>10</td><td>7</td><td>1/1.43</td><td></td><td></td><td></td><td>2</td><td>2</td><td>1/1.00</td><td>3</td><td>1</td><td>1/3.00</td><td>8</td><td>3</td><td>1/2.66</td></tr>
<tr><td>县区总计</td><td>413</td><td>373</td><td></td><td>6</td><td>6</td><td></td><td>42</td><td>37</td><td></td><td>79</td><td>51</td><td></td><td>1,241</td><td>354</td><td></td></tr>
<tr><td>中学数量总计</td><td>702</td><td>469</td><td></td><td>76</td><td>25</td><td></td><td>143</td><td>71</td><td></td><td>255</td><td>89</td><td></td><td>3,346</td><td>516</td><td></td></tr>
</table>

1. 见下表：

	M	m
大城市地区中学数量总计	2,741	349
县区中学数量总计	1,781	821
合计	4,522	1,170

2. 在不属于最大的大城市地区且拥有 10% 或更多非白人人口的大城市地区,抽中一所以非白人为主的学校的几率大约是 1 比 5,抽中一所以白人为主的学校的几率大约是 1 比 36。

3. 在那些非白人比例低于 10% 的大城市地区,抽中一所非白人注册人数超过 10% 的学校的总体概率大约是 1 比 5;抽中一所以白人为主的学校的总体概率是 1 比 37。

4. 在那些非白人比例高于 30% 的县,抽中一所非白人注册人数超过 10% 的学校的概率大约是 1 比 2,抽中一所非白人注册人数为 10% 或更低的学校的概率大约是 1 比 4。

5. 在那些非白人比例为 10% 到 30% 以下的县,以非白人为主的学校被抽中的概率是 1 比 3,以白人为主的学校有 1 比 10 的几率被抽为样本。

6. 在那些非白人比例为 10% 以下且非白人学生数量为 100 或更多的县,以非白人为主的学校有 1 比 24 的几率被抽中,以白人为主的学校有 1 比 48 的几率被抽中。在那些非白人学生数量小于 100 的县,以非白人为主的学校有 1 比 54 的几率被抽中,以白人为主的学校有 1 比 113 的几率被抽为样本。

选择直属学校——对于每一所被选为样本的中学,地方学校管理者会确定向该中学输送学生的较低年级的学校名单,以及通常会在抽样中学就读的直属学校学生百分比。每一所将 90% 或更多学生输送到一所取样中学的直属学校会被选为确定性样本,其他直属学校被选中的概率相当于进入抽样中学就读的学生的百分比。

在被列入调查的五个年级中,1 年级将只包括其他年级抽样学生比例的一半。据此,调查中采取了一个步骤,对于被列入取样中学直属学校单位的一年级,随机排除了其中的一半。

9.3 数据采集与处理

数据采集的第一步是获得必要的各州首席教育官(CSSO)的自愿合作,并请求他们帮助获得各州地方学校管理者的合作。1965 年 6 月 10 日教育厅长致函每一位州首席教育官,概述了调查的目的和程序。同时,他要求每一位州首席教育官指派一名手下的工作人员作为其州代表,协助教育厅在样本中涵盖的地方学校系统安排进行数据采集。在另一封信函中,州政府机构被要求更新取样县区的中学名单,并提供抽样设计所要求的这些学校的种族构成信息。在一些州,必要的信息是从已出版的《州教育部公立学校统计报告和目录》中获得的。

一旦从各州获准与地方学校系统进行交流,教育统计署助理署长就致函每一位样本内中学所在系统的地方学校管理者。这些信函指出调查已获得州政府的批准,提供了州代表的姓名,对调查目的和程序进行了概述,并说明需要询问一些关于学生种族和家庭背景的问题。此外,信函中还提供了特定系统中的抽样中学名单,并且,教育总监要求获得完成抽样所需要的关于这些中学的直属学校的数据。

新泽西州普林斯顿的教育测试服务中心,即本次调查的承包人,在抽样中学所在的县区任命了一些顾问。他们可以回答有关调查的问题,并就调查的程序和测试管理提出建议。在无法方便地通过电话联系到顾问的地方,会有一名教育测试服务中心工作人员被指定为顾问。在全美国,总共任命了 434 名 ETS 顾问。

就在地方学校系统表示同意合作的同时,通知被转发给教育考试服务中心,即 ETS,它也负责印刷所有调查问卷,并将材料寄送到地方学校系统。ETS 从地方学校官员那里获取样本学校中 1、3、6、9 和 12 年级的教师和学生人数,以便寄送表格。

九月初,印刷厂交付了印好的调查测试卷和手册,一套完整的样本随即被邮寄给每位将参与调查的教育总监。此时,教育总监也获悉了 ETS 顾问的姓名、地址和电话号码。

到了 9 月 10 日,ETS 已经在将这些材料寄往各个学校。随同调查材料一同寄出的装运通知单上向每位校长提供了 ETS 顾问信息。各种延误情况使得所有学校不可能全都在预定日期,即 1965 年 9 月 28 日或 30 日进行调查测试,教育总监们被告知,如果材料送迟了,就将测试日期推迟到 10 月份。

ETS 收到测试卷和问卷后便按照原样进行了处理。11 月中旬,ETS 列出了向他们寄出完整测试材料的学校系统和学校的名单。在教育总监和校长的表格发生缺失的地方,教育厅随后致函相关人士请求完成。在这一材料回收工作中,校长和教育总监问卷被寄送到所有曾表示不太愿意参与调查的学校系统,以及已经同意进行测试但却未将寄去的材料返还的学校系统。为了在这次材料回收中最大限度地回收材料,若干据称是有争议的问题被从后续的校长和教育总监问卷中删除了。之后,又对于 19% 的未回应校长样本进行了第二次后续请求。在关于如何处理无回应现象的章节将讨论该阶段的细节。

在大多数学校,调查测试是在 1965 年 9 月 28 日或 30 日进行的。在一些地方,由于调查材料的寄送发生延误,需要将测试日期推后。校长、教育总监和教师的测试用具由他们自行分发并完成测试。学生的测试和问卷调查在教室里完成,由各个学校的教师负责主考。承包人编写了六份独立的测试管理手册,分别是 1、3、6、9、12 年级测试管理手册和学校协调员手册。每个年级的手册中都有详细的说明,用于在该年级进行调查测试,其中包括对学生的逐字指导。协调员手册为在一所学校中管理调查测试和处理调查材料提供了详细指示。此外,上文中提到的 ETS 顾问也会回答有关调查测试管理的问题。所有的调查测试用具,除了后续的校长和教育总监问卷,都配有可用机器阅卷的答题纸。在教师、校长及 6、9 和 12 年级的测试用具中,提供了与调查手册分开的答题纸。在一年级和三年级,答案直接标记在这些年级使用的折叠式手册上,然后由机器阅卷——对于最年幼的学生采取这一步骤杜绝了将答案转录到独立答题纸上可能导致的错误。每位学生都在答题纸上记录下自己的回答,只有一年级的调查问卷和三年级的几个问卷项目是由教师填写的。后续的校长和教育总监调查问卷不是由机器批阅的,答题纸上的答案会用键盘穿孔机进行输入。

ETS 负责处理完成的调查测试材料。这涉及测试阅卷和将可用于分析的测试用具上的信息转录到磁带上。ETS 为可供机器阅卷的测试用具和键盘穿孔测试用具开发了独立的程序。这一阶段工作的主要元素涉及——

(a) 将个人测试用具与适当的学校代码相匹配;

(b) 解析回应错误,如对同一项目的多重回应;

(c) 测试回应评分和将所有回应转录到磁带上的质量控制。

1. 因为分析计划要求将来自同一所学校的学生、教师、校长和教育总监的回应作为相关联信息汇集在一起,所以有必要用每所学校的独特代码来确定每位答卷人。然而,与此同时,为了确保抽样学校系统参与本调查,所以做出承诺,在调查报告中不使用学校、系统或州的名称,也不会要求学生和教师在调查测试用具上注明自己的身份。因此,有必要使用序列号,将它们分配给每一份调查答题纸,以便将每一位答卷人与他的学校相匹配。如果答卷人没有正确地给出他的序列号,系统控制就会拒绝将答卷人的测试用具用于文书解析,该用具会被收回,然后进行正确匹配。

出于以下原因,有一小部分(1.06%)返还的测试用具没有被纳入分析:

a. 从学校收到了将调查材料序列号与学校代码联系在一起的信息,但是却没有收到完整的调查材料。结果,学校中特定年级的所有测试用具都无法使用。在许多情况下，我们都成功地找回了所需要的信息并解决了匹配问题。

b. 个别学生会填错序列号，从而在转录过程中被拒绝。在无法解析的测试用具中，这种情况占了约40%，它们在调查中被逐个从许多学校中拒绝（在其学校中每个班有一或两起）。

下面的表格显示了计算机处理数据收集阶段的结果。

年级	返还测试用具	处理测试用具	未解析测试用具	未解析测试用具百分比
1	76,468	76,133	335	0.4
3	136,692	135,750	942	.7
6	128,078	125,170	2,908	2.3
9	135,010	134,030	980	.7
12	98,264	97,660	604	.6
教师	67,902	66,826	1,076	1.6
校长[1]	4,090	4,081	9	.2
总计	645,504	639,650	6,854	1.06

1. 另外还有131份校长问卷答题纸没有被纳入分析。在由ETS寄给抽样学校教育总监的调查材料样品套装中，这些答题纸没有标记用于识别的序列号，因此返回后无法使用。无疑，有许多校长再次回应了后续邮件，但是，有很多学校对学生进行了测试，但却没有关于校长信息的调查记录，这里有很大一部分比例可能是由这种情况导致的。

2. ETS用来给调查测试部分评分的程序和用来转录调查问卷项目回应的程序是一样的。在评分机器检测到多个答案的情况下，会选择颜色最深的标记作为答卷人希望做出的选择——这里的逻辑是，在大多数情况下，颜色较浅的标记是最初的选择，后来被擦掉时擦得不够干净，而颜色较深的标记则是最终的选择。

校长和教育总监问卷要用键盘穿孔机进行输入，如果出现多个答案的话，会在个别的基础上进行编辑。

3. ETS质量控制人员建立了质量控制程序，以确保以下各点得以实施：

(a) 记录在测试用具上的所有回应都被评分机器正确地转录到磁带上。

(b) 测试部分被正确地评分。

(c) 特定答卷人的答题纸的两面正确匹配。

(d) 所有的测试用具都得到了解释。

(e) 答卷人与学校信息正确匹配。

(f) 评分部分的换算系数得到了正确应用。

该程序包括人工给每第 1 000 份答题纸评分,并根据记录在磁带上的该份答题纸的信息检查项目回应和分数。

9.4 估计值的计算

本报告第 2 部分中提供的总数、平均数和比例的估计值是利用一种比率估计程序计算出来的。该程序被应用于每个初级抽样单位中五个种族构成群体中的每一个。然后,这些加权地区统计数据被结合起来,以产生所需的区域和全国估计值。

在一个给定的初级抽样单位中,给定种族构成的中学—直属学校系统样本的特征估计值是通过用以下膨胀因子给来自样本的总数加权产生的:

$$W_{ijkl} = \frac{N_i}{\sum_i N_{ij}} \cdot \frac{r_{ijk}}{\sum_i r_{ijkl}} \tag{1}$$

在这里,N_i 是在 1960 年人口普查中,在第一阶段第 i 层中所有学龄人口总数。

N_{ij} 是在 1960 年人口普查中,在第 i 层的样本中,第 j 初级抽样单位中所有学龄人口总数。

r_{ijk} 是 1964 年在第 i 层样本第 j 初级抽样单位中种族构成为 k 的所有公立学校 1 到 12 年级的估计注册人数。

r_{ijkl} 是 1964 年在第 i 层样本第 j 初级抽样单位中种族构成为 k 的第 l 抽样中学—直属学校系统的估计注册人数。

对于 r_{ijk} 和 r_{ijkl} 估计值的计算方式类似于前文中在有关样本分配部分中描述的通过中学年级跨度和注册数字估计注册人数的方法。

对于校长和学生问卷都未予以返还的中学—直属学校系统的未回应情况的调整,是通过假设在特定地区和种族构成范围内的答卷人也代表了该部分的未回应者而加以计算完成的。

对于 12 年级学校膨胀因子按照如下规则进行了调整:

(a) 当第 j 初级抽样单位中种族构成为 k 的一些抽样学校未返还问卷时,等式(1)中的因子 $\sum_i r_{ijkl}$ 就被调整为 $\sum_i r_{ijkl'}$,在这里 l' 代表做出回应的学校。

(b)当第 j 初级抽样单位中种族构成为 k 的所有学校都未返还问卷时,来自同一层或邻近层中相似初级抽样单位中种族构成为 k 的学校的信息就被与第 j 初级抽样单位配对,等式(1)中的元素则会进行适当的改变。在本质上,这种技巧可以被描述为一种折迭初级抽样单位程序。

现在,如果较低年级水平的所有直属学校都做出了回应,则这些学校的膨胀因子将等于其对口中学的膨胀因子。不过,在有直属学校未回应的情况下,对于低年级学生通常要去就读的 12 年级学校而言,膨胀因子就要乘上一个系数,该系数就是样本中该年级水平直属学校的总数与做出回应的此类学校数量之比。

对于项目未回应情况没有进行配置或虚拟估算,平均数的计算仅仅基于对该项目做出回应的学校。比例是按照所有学校计算的,未回应比例作为单独类别进行计算。

9.41 估计值的定义

用来计算本报告第 2 部分中提供的主要估计值的公式如下文所示。

设 W_{ijkl} 为第 i 层样本第 j 初级抽样单位中种族构成为 k 的第 l 学校的膨胀因子,

R_{ijkl} 为第 j 初级抽样单位样本中第 l 学校中特定种族或族裔的学生数量,

X'_{ijkl} 等于 1,前提是被关注的特征存在于第 j 初级抽样单位样本中的第 l 学校中;等于 0,前提是该特征不存在,

X''_{ijkl} 等于第 j 初级抽样单位样本中第 l 学校中被关注的特征的值,

P_{ijkl} 等于拥有第 j 初级抽样单位样本中第 l 学校的某一特征的单位比例。

因此,在最小加权地区就读于具有某一特征的学校的特定种族或族裔学生的百分比估计值可以用以下公式进行计算:

$$\frac{\sum W_{ijkl} X'_{ijkl} R_{ijkl}}{\sum W_{ijkl} R_{ijkl}} 100 \tag{2}$$

对于特定种族学生而言的一般学校特征估计值可以用以下公式进行计算:

$$\frac{\sum W_{ijkl} X''_{ijkl} R_{ijkl}}{\sum W_{ijkl} R_{ijkl}} \tag{3}$$

特定种族的普通学生所就读学校的某一特征的百分比估计值可以用以下公式进行计算:

$$\frac{\sum W_{ijkl}P_{ijkl}R_{ijkl}}{\sum W_{ijkl}R_{ijkl}}100 \tag{4}$$

为了让读者能够更好地理解这些公式和概念,用于获得上述测量结果的程序在下面的例子中加以说明。为简单起见,我们假设在初级抽样单位中只有四所中学,对每所学校而言 $W_{ijkl}=1$,而且学校具有以下特征:

	\multicolumn{8}{c	}{学校}	\multicolumn{2}{c}{总计}
	\multicolumn{2}{c	}{A}	\multicolumn{2}{c	}{B}	\multicolumn{2}{c	}{C}	\multicolumn{2}{c	}{D}		
校舍占地英亩数	\multicolumn{2}{c	}{3}	\multicolumn{2}{c	}{5}	\multicolumn{2}{c	}{4}	\multicolumn{2}{c	}{2}		
	\multicolumn{10}{c}{种族}
	白人	黑人	白人	黑人	白人	黑人	白人	黑人	白人	黑人
教师	3	3	6	0	1	2	0	5	10	10
学生	60	60	120	0	20	40	0	100	200	200

然后,为了确定就读于拥有白人教师的学校的黑人学生百分比,我们使用公式(2),如果学校里有白人教师,则设定 $X'_{ijkl}=1$;如果学校里没有任何白人教师,则设定 $X'_{ijkl}=0$。R_{ijkl} 就等于第 l 学校的黑人学生数量。这样就得出:

$$\frac{(1\times 1\times 60)+(1\times 1\times 0)+(1\times 1\times 40)+(1\times 0\times 100)}{(1\times 60)+(1\times 0)+(1\times 40)+(1\times 100)}=\frac{100}{200}=.50$$

这意味着,在这一初级抽样单位中有50%的黑人学生就读于拥有白人教师的中学。

普通黑人学生所就读学校的校舍占地面积估计值是利用公式(3)计算出来的,设定 X''_{ijkl} 等于第 l 学校的占地英亩数,即:

$$\frac{(1\times 3\times 60)+(1\times 5\times 0)+(1\times 4\times 40)+(1\times 2\times 100)}{(1\times 60)+(1\times 0)+(1\times 40)+(1\times 100)}=\frac{540}{200}=2.7\text{ 英亩}$$

普通黑人学生所就读学校中白人教师百分比的估计值是利用公式(4)计算出来的,设定 P_{ijkl} 等于第 l 学校中白人教师的百分比。

$$\frac{(1\times .50\times 60)+(1\times 1.00\times 0)+(1\times .33\times 40)+(1\times 0.00\times 100)}{(1\times 60)+(1\times 0)+(1\times 40)+(1\times 100)}=\frac{43}{200}=.22$$

普通白人学生所就读学校中白人教师百分比估计值为：

$$\frac{(1\times.50\times 60)+(1\times 1.00\times 120)+(1\times.33\times 20)+(1\times 0.00\times 0)}{(1\times 60)+(1\times 120)+(1\times 20)+(1\times 0)}=\frac{157}{200}=.79$$

与特定少数族群学生在同一个县内的"同县的白人"这一概念可以用以下公式表达：

$$\frac{\sum W_{ijkl}R_{ijkl}Y_{ij}(\text{白人})}{\sum W_{ijkl}R_{ijkl}} \tag{5}$$

在这里，Y_{ij}（白人）是利用公式(2)、(3)或(4)获得的第 i 层第 j 初级抽样单位中白人学生的值。

利用前面的例子，现在假设学校 A 和 B 在 Ⅰ 县，学校 C 和 D 在 Ⅱ 县。那么，利用公式(2)可知，白人学生所就读学校的校舍平均占地面积估计值为：

$$\text{Ⅰ 县：} Y_{X_1'}=\frac{(1\times 3\times 60)+(1\times 5\times 120)}{60+120}=4.3 \text{ 英亩}$$

$$\text{Ⅱ 县：} Y_{X_1''}=\frac{(1\times 4\times 20)+(1\times 2\times 0)}{20+0}=4.0 \text{ 英亩}$$

在 Ⅰ 县有 60 名黑人学生，在 Ⅱ 县有 140 名黑人学生，总计 200 名，因此，根据公式(5)可知：

$$\frac{[(1\times 60)+(1\times 0)](4.3)+[(1\times 40)+(1\times 100)](4.0)}{(1\times 200)}=4.1 \text{ 英亩}$$

然后，4.1 英亩这一测量结果可以被视为与黑人学生在同一地区的白人学生的校舍平均规模指数。如果该地区有第二个少数族群，比如说墨西哥裔，那么就会采用与上面一样的程序进行计算，只是白人学生的平均值要用各县墨西哥裔学生的比例进行加权。然后，由此得到的指数将被确定为与墨西哥裔学生在同一地区的白人学生的校舍平均规模。

要确定与就读于有白人教师的学校的黑人学生在同一地区的白人学生百分比指数，可以利用公式(2)计算出各县白人学生的百分比：

$$\text{Ⅰ 县：} Y_{X_1'}=\frac{(1\times 1\times 60)+(1\times 1\times 120)}{60+120}=1.00$$

$$\text{II 县}: Y_{X_{ij}^1} = \frac{(1 \times 1 \times 20) + (1 \times 0 \times 0)}{20 + 0} = 1.00$$

然后,根据公式(5)可得:

$$\frac{(60)(1.00) + (140)(1.00)}{200} = 1.00$$

对本节中讨论的示例测量值的总结如表9.4.1所示。

表9.4.1 在描述"同县的白人"这一概念的示例中,学校和学生特征的不同测量值

	\multicolumn{4}{c}{Ⅰ和Ⅱ县地区的学生}	\multicolumn{3}{c}{Ⅰ县的学生}	\multicolumn{3}{c}{Ⅱ县的学生}
	全部	白人	黑人	指数[1]	全部	白人	黑人	全部	白人	黑人
校舍平均面积数	3.5	4.3	2.7	4.1	4.0	4.3	3.0	2.8	4.0	2.5
有白人教师的学校中学生百分比	75	100	50	100	100	100	100	38	100	29
有黑人教师的学校中学生百分比	70	40	100	80	50	33	100	100	100	100
普通学生所在学校的白人教师百分比	50	79	21	48	75	83	50	12	33	9
普通学生所在学校的黑人教师百分比	50	21	79	52	25	17	50	88	67	91

1. 在报告第2部分的表格中,该指数被标记为白(黑)。

9.42 特殊测量值的定义

有17项特殊测量值(SM)或指数被用于提供第2部分表格中的一些调查数据。如下所示,它们是根据寄给学校校长的问卷所收到的回答计算出来的:

SM1:每间教室学生人数,用学校里的学生人数(P40)除以学校里的教室数量(P11)。

SM2:师生比,用学校里的学生人数(P40)除以学校里的教师数量(P26)。

SM3:临时教室百分比,用临时教室数量(P12)除以所有教室的数量(P11),再乘以100。

SM4:学校中以下特殊场馆百分比:会堂、餐厅、体育馆、运动场(P13)。

SM5:学校中以下三种科学实验室百分比:生物、化学、物理(P13)。

SM6:以百册为单位学校图书馆藏书量(P13b)。

SM7:学生人均拥有图书馆图书量,用图书数量(P13b)除以学生人数(P40)。

SM8：在校全职美术教师分数与在校全职音乐教师分数之和的一半。如果一所学校每周两天有一名音乐教师(.40全职)、每周一天有一名美术教师(.20全职)，则这所学校的该测量值为：½(.40+.20)＝.30(P30,31)。

SM9：问题P90中列出的可在学校获得的19项课外活动百分比(学生会,报纸,年刊,男生校际体育运动,女生校际体育运动,男生校内体育运动,女生校内体育运动,乐队,合唱队,优等生联合会,主题俱乐部,国际象棋俱乐部,兴趣小组,戏剧,辩论,交谊舞,军事培训,社区服务俱乐部,宗教社团)。

SM10：问题P94中列出的可在学校获得的七类特殊儿童班级百分比(智力发育迟缓,行为问题,不会说英语,天资聪颖,特殊技能,语言障碍,身体残疾)。

SM11：问题P78中列出的可在学校获得的六种课程百分比(大学预备,商业,一般,职业,农业,工艺课)

SM12：学校中行为问题严重程度指数,先给予问题P48的四种回应以一个数值：严重,0.75；中度,0.50；轻微,0.25；无,0；然后再计算问题P48中列出的七种问题在这些值上的平均数(故意破坏公共财物,莽撞无礼,种族关系紧张,偷窃,以怠惰的态度拒不执行教师指令,毒品,酒类饮料)。

SM13：问题P32到P38中列出的可在学校获得的七种特殊人员百分比(言语矫正,心理学家,阅读辅导,辅导员,图书管理员,护士,考勤官)。

SM14：前一学年转入和转出学校的学生总百分比(P44,45)。

SM15：辍学男生百分比加辍学女生百分比(P46,47)。将该数字除以2就会得到一个更有意义的指数,可以将之解释为两个性别辍学学生的平均百分比。

SM16：来自以黑人为主高校的高校代表访问学校的百分比(P53,54)。

SM17：问题P22,23和24中列举的三种课本(智力、成绩、兴趣)在学校中使用的百分比。

9.5 抽样变异性

在所有的统计调查中,无论是基于全数调查还是基于样本,总是存在错误和误差的可能性。在抽样调查中,总测量误差包括抽样误差与非抽样误差。后者可称为测量误差,其中,除了其他误差外,还包括以下这些：定义和问卷中的歧义,未能从答卷者那里获取所需的信息，获取的信息不一致，文书编码和编辑误差，机器处理操作过程中发生的误差，以及制表误差。

由于调查中的估计值是基于样本而不是对校长、教师和学生的全面普查，所以它们会与使用相同的工作计划、指示和程序的全数调查获得的数字有所不同。如果从人口中选择相同大小的重复样本，一些样本估计值将小于人口值，而另一些则会大于人口值。抽样误差是对这些样本估计值偏离人口值的一种测量值。估计值的标准误差被用来测量这种抽样变异性，也就是说，由于调查的是一个样本而非全部人口而偶然出现的变异。

在为本报告进行的计算中，标准误差也部分测量了回应误差的效应，但没有测量数据中的任何系统性偏差。来自样本的估计值与来自全数调查数据的估计值之间的差别小于标准误差的概率大约是68%，两者间差别小于两个标准误差的概率大约是95%。

对于人口比例相较小的统计数据的估计，总测量误差的主要成分往往是抽样误差。当样本比例接近总人口水平时，标准误差会随着估计值的规模而减小。对于非抽样误差来说则不一定是这样，它们往往在总测量误差中扮演了相对而言更为重要的角色。一般来说，本报告中大多数涉及少数族群的数据，除了黑人以外，有很高的抽样变异性，应被视为近似测量值，而非精确测量值。

在撰写本文时，只在全国层面计算了中学估计值的近似标准误差。根据预计，小学估计值的标准误差与中学估计值的标准误差拥有相同的相对幅度。表9.5.1显示了就读于具有特定特征的学校的中学生全国百分比估计值的近似标准误差。对于由白人学生（白）、黑人学生（黑）和与黑人同县的白人（白[黑]）导出的百分比估计值，计算并使用了单独的标准误差。例如，表2.21.4显示，在美国的学校中，年龄小于20岁的白人学生的比例是53%，黑人学生是60%，和黑人同县的白人为50%。通过表9.5.1中的线性插值法，白人学生的值的近似标准误差为3.9。这意味着，如果在完全相同的情况下进行全数调查，有三分之二的几率中学里年龄不满20岁的白人学生的百分比值在49.1%和56.9%之间。黑人学生的标准误差是4.8，与黑人同县的白人的标准误差为7.0。

为了确定白人和黑人在同一特征上的百分比差异在5%的水平上是否具有统计上的重要意义，应该采用以下程序：通过将它们相加并除以2来确定这两个百分比的平均值；将该值输入表9.5.2；获得两个百分比之间的差。如果两个百分比之间的差大于表格中（白-黑）一列下方的平均百分比的标准误差的两倍，则百分比之间的差异在5%的水平上具有统计上的重要意义。

表 9.5.1　就读于具有特定特征的中学的白人学生（白）、黑人学生（黑）和与黑人同县的白人学生（白[黑]）的全国百分比估计值的近似标准误差

【概率范围为三分之二】

百分比估计值	学生种族			百分比估计值	学生种族		
	白	黑	白[黑]		白	黑	白[黑]
2 或 98	1.3	1.0	2.1	25 或 75	3.0	4.3	6.0
5 或 95	1.6	1.5	3.0	50	4.1	5.2	7.0
10 或 90	2.0	2.2	4.2				

表 9.5.2　全国估计百分比平均值的近似标准误差，用于确定白人和黑人（白-黑）中学生以及与黑人同县的白人和黑人（白[黑]-黑）中学生之间百分比差异的重要性

【三分之二概率范围】

百分比平均值	（白-黑）	白[黑]-黑	百分比平均值	（白-黑）	白[黑]-黑
2 或 98	1.5	0.5	25 或 75	4.3	3.5
5 或 95	2.0	1.0	50	5.5	5.2
10 或 90	3.0	1.7			

说明：使用与上面相同的数据，年龄不满 20 岁的白人中学生和黑人中学生的百分比平均值为 $(53+60)/2=56.5\%$。通过在"（白-黑）"一列中采用线性插值法可知，表 9.5.2 中 56.5% 的近似标准误差为 5.2。将这个值乘以 2，我们得到 10.4。白人和黑人的百分比之差是 7。由于 7 不到 10.4，所以百分比差异在 5% 的水平上并不重要。

一个类似的程序被用来测试与黑人同县的白人和黑人之间的百分比差异，只是其间使用的是"白（黑）-黑"这一列。

普通白人学生、普通黑人学生和与黑人同县的普通白人学生所就读中学的具体特征的近似标准误差如表 9.5.3 所示。此外，该表还包括普通白人和黑人学生的学校特征差异的标准误差，以及与黑人同县的普通白人学生和普通黑人学生，即"白[黑]-黑"的学校特征差异的标准误差。

说明：在表 2.21.4 中，白人学生的平均师生比是每 22 名学生一位教师，黑人学生的平均师生比为每 26 名学生一位教师。表 9.5.3 显示，在学校特征"学生/教师"中，普通白人学生的近似标准误差为 0.82，普通黑人学生的近似标准误差为 1.06。这就意味着，在一项完整的人口普查中，有三分之二的几率，白人中学生和中学教师的比例

表 9.5.3　普通白人学生(白)、黑人学生(黑)、与黑人同县的白人学生(白[黑])的选定学校特征全国估计值的近似标准误差,以及普通白人和黑人学生(白-黑)、与黑人同县的普通白人学生和普通黑人学生(白[黑]-黑)的选定学校特征差异全国估计值的近似标准误差

【三分之二概率范围】

学 校 特 征	白	黑	白[黑]	白-黑	白[黑]-黑
SM1：学生/教室	1.28	2.09	0.98	1.94	1.74
SM2：学生/教师	.82	1.06	.64	.97	.71
SM3：临时教室百分比	.94	1.30	.88	1.31	1.38
SM4：特殊场馆	1.25	1.40	2.28	1.62	2.18
SM5：科学实验室	1.35	2.36	1.13	2.72	2.30
SM6：图书馆藏书量(以100为单位)	3.03	2.58	4.24	3.69	4.10
SM7：图书馆图书量/学生	.37	.40	1.85	.48	.55
SM8：特殊教师(美术,音乐)	1.82	1.60	1.98	2.01	1.40
SM9：课外活动	1.37	.71	.89	1.22	.57
SM10：特殊情况儿童的单独班级	1.63	1.45	3.25	1.49	2.78
SM11：课程的综合性	1.16	2.36	2.70	2.52	.93
SM12：学校中的问题	.50	.97	.69	1.01	.79
SM13：专门教师和矫正人员数量	1.02	.85	.89	1.24	.99
SM14：转校学生	.32	.37	.45	.51	.62
SM15：男性和女性辍学生	.32	1.14	.51	1.03	1.01
SM16：来自黑人高校的高校代表比例	1.30	22.12	8.28	19.07	25.65
SM17：测试：进行的测试类型数量	1.57	3.32	2.18	2.81	2.21
P8：学年天数	.54	.79	.20	.95	.76
P11：教室数量	.87	1.15	1.31	1.27	.88
P15：获得免费牛奶的百分比	1.40	1.97	1.72	2.50	.66
P27：离校教师数量	.93	.56	.66	1.17	.65
P40：注册人数	71.28	51.00	102.08	54.38	31.69
P42：日出勤百分比	.17	.41	.17	.33	.37
P43：白人学生百分比	.49	1.83	6.22	2.01	5.79
P49：上高校的毕业生百分比	1.58	1.16	2.75	2.62	1.35
P71：校长薪资(以100为单位)	1.97	4.59	4.28	2.57	1.45
P91：家庭作业小时数	.10	.10	.10	.10	.10

在 21.18 到 22.82 之间,黑人中学生和中学教师的比例在 24.94 到 27.06 之间。

为了确定白人和黑人的师生比平均值之间的差异,即差值 4,是否存在统计上的重要意义,表 9.5.3 的"白-黑"一列中"学生/教师"的标准误差被翻倍。而 1.94(0.97×2)这个值小于 4 这一差值,表明这是一种统计上的重要差异。

要获得区域估计值标准误差的粗略近似值,可以用表 9.5.1、9.5.2 和 9.5.3 中提供的全国值乘以表 9.5.4 中提供的适当区域系数。例如,在表 2.21.4 中,在南部非大城市地区,白人学生的师生比平均数是 20。表 9.5.3 则显示,对于该特征(学生/教师),普通白人学生的近似标准误差是 .82。将这个值乘以表 9.5.4 的系数,可以得到(0.82×1.6＝1.31),1.31 就是该项统计的近似标准误差。

表 9.5.4　通过全国估计值标准误差获得区域估计值近似标准误差的系数

区域	估计值				
	白	黑	白(黑)	白-黑	白(黑)-黑
北部和西部非大城市地区	2.0	2.7	2.4	1.85	1.13
南部非大城市地区	1.6	1.5	1.2	1.32	1.55
西南部大城市地区	4.3	3.1	3.8	2.56	3.13
东北部大城市地区	2.0	2.6	1.8	2.30	2.25
中西部大城市地区	1.7	1.9	1.5	2.26	2.95
南部大城市地区	3.5	2.1	2.2	3.26	3.01
西南部大城市地区	4.8	3.0	3.5	2.98	3.69
西部大城市地区	4.6	3.3	2.7	1.37	1.58

抽样误差的估计——一种"随机分组方法"被用来估计方差。这种方法将特征 x 的所有 n 个观测数据随机分配到 t 个互斥及周延组中,每个组包括(n/t)个元素,其样本设计基本上与调查中使用的总体设计一样。如果这些组的平均值是通过 $\bar{x}_1$, $\bar{x}_2$……, $\bar{x}_j$, ……, $\bar{x}_t$ 获得,那么,

$$\bar{x} = \sum_{j=1}^{t} \bar{x}_j / t$$

$\bar{x}$ 的方差可以用下列公式计算出来:

$$\frac{\sigma^2}{x} = \sum_{j=1}^{t} (\bar{x}_j - \bar{x})^2 / t(t-1)$$

为了给每个随机组提供足够的案例，以便获得一个合理稳定的估计值并简化方差的计算，大城市地区的区域数量被减少至五个，非大城市地区的区域数量被减少至三个，与报告第2部分中的表格和文本使用的区域相对应。在后者的情况下，根据按照区域内部层的顺序排列的县区列表，每个做出回应的县在随机启动后，以一种系统的方式被分配到十个组中的一个。对于前者而言，做出回应的大城市地区是通过概率而非统一性加以选择的，并以同样的方式被随机分为四组。大城市地区按照确定性方式选择的各个学校也以类似的随机方式被分配到这四个组中。区域数量的减少可能导致方差被轻微夸大。

全美国估计值方差是通过将每个区域的方差与适当的权重相结合得到的。

表 9.5.1 和 9.5.2 中显示的近似标准误差是基于为中学校长问卷中几个项目所计算的标准误差的泛化。对这些值和特征的关系进行考察，所得出的回归曲线被用于制作本报告的标准误差表格。

9.6 回应率

在 1 170 所样本选取的中学中，有大约 70%（818 所）的校长返还了可使用的调查问卷，有 67% 的中学（780 所）返还了学生问卷调查和测试。只有 59%（1 170 所中的 689 所）的中学是校长和学生问卷都可用的。在测试和寄送表格的过程中出现了严重错误，使我们无法对许多校长问卷进行确认，从而无法制定出准确的未回应者名单供后续工作使用。在那些的确发放了测试用具的学校里，校长问卷的损失大多数是由这些困难造成。这一错误更为严重的后果之一是，导致关于全体学生种族构成的细节信息丢失，因为只有校长问卷（P43）要求提供学校里的白人学生比例，而学生们则被要求确定自己属于本报告正文中使用的六个种族和族裔群体中的哪一类。在 3 223 所样本选取的拥有六年级的小学中，有大约 74%（2 377 所）的校长返还了调查问卷。根据地区以及根据非白人在中学中的比例划分的回应返回情况细节如表 9.6.1、9.6.2、9.6.3 和 9.6.4 所示。

个人拒绝回答问卷通常会导致有偏估计。为了获得关于未回应现象在多大程度上是这次调查的偏差源的某种测量值，我们在 352 所没有校长问卷的中学中随机抽取了 66 所作为子样本进行调查。教育厅里的一些统计学家熟知各州教育部所保存记录

表 9.6.1 根据地区、城市化程度和中学中非白人百分比划分，样本中中学数量(M)，同时返还了校长和学生问卷的学校数量(m)以及在被抽样的初级抽样单位中的回应率(m/M)

	中学中非白人百分比															
	75.1—100.0			50.1—75.0			25.1—50.0			10.1—25.0			0—10.0			总计		
	M	m	m/M	M	m	m/M	M	m	m/M	M	m	m/M	M	m	m/M	M	m	m/M
美国	469	271	0.58	25	15	0.60	71	45	0.63	89	59	0.66	516	299	0.58	1,170	689	0.59
非大城市地区	373	210	.56	6	3	.50	37	23	.62	51	36	.71	354	190	.54	821	462	.56
北部和西部	24	18	.75	5	2	.40	29	17	.59	30	22	.73	96	61	.64	184	120	.65
南部	293	60	.55	0	0	.00	1	1	1.00	6	6	1.00	212	110	.52	512	277	.54
西南部	56	32	.57	1	1	1.00	7	5	.71	15	8	.53	46	19	.41	125	65	.52
大城市地区	96	61	.64	19	12	.63	34	22	.65	38	23	.61	162	109	.67	349	227	.65
东北部	8	6	.75	8	5	.63	19	14	.74	12	7	.58	50	42	.84	97	74	.76
中西部	9	5	.56	8	6	.75	9	4	.44	14	7	.50	45	19	.64	85	51	.60
东南部	54	34	.67	0	0	.00	0	0	.00	1	1	1.00	34	18	.53	89	53	.60
西南部	20	13	.65	1	0	.00	2	0	.50	3	2	.67	16	9	.56	42	25	.60
西部	5	3	.60	2	1	.50	4	3	.75	8	6	.75	17	11	.65	36	24	.67

表 9.6.2 根据地区、城市化程度和中学中非白人百分比划分，样本中中学数量(M)，返还了校长问卷的学校数量(m)以及在被抽样的初级抽样单位中的回应率(m/M)

中学中非白人百分比

	75.1—100.0			50.1—75.0			25.1—50.0			10.1—25.0			0—10.0			总计		
	M	m	m/M	M	m	m/M	M	m	m/M	M	m	m/M	M	m	m/M	M	m	m/M
美国	469	332	0.71	25	18	0.72	71	50	0.70	89	64	0.71	516	354	0.69	1,170	818	0.70
非大城市地区	373	254	.68	6	4	.83	37	24	.65	51	36	.69	354	227	.64	821	545	.67
北部和西部	24	18	.75	5	3	.60	29	18	.62	30	21	.70	96	63	.66	184	123	.67
南部	293	194	.66	0	0	.00	1	1	1.00	6	6	1.00	212	140	.66	512	341	.67
西南部	56	42	.75	1	1	1.00	7	5	.71	15	9	.60	46	24	.52	125	81	.65
大城市地区	96	78	.81	19	14	.74	34	26	.76	38	28	.74	162	127	.72	349	273	.78
东北部	8	8	1.00	8	6	.75	19	16	.84	12	9	.75	50	44	.88	97	83	.86
中西部	9	7	.78	8	6	.75	9	6	.67	14	9	.64	45	34	.76	85	62	.73
东南部	54	45	.83	0	0	.00	0	0	.00	1	1	1.00	34	23	.68	89	69	.78
西南部	20	15	.75	1	1	1.00	1	1	.50	3	2	.67	16	11	.69	42	30	.71
西部	5	3	.60	2	1	.50	4	3	.75	8	7	.88	17	15	.88	36	29	.80

表 9.6.3 根据地区、城市化程度和中学中非白人中学数量(M)，
返还了 12 年级学生测试和问卷的学校数量(m)，以及在被抽样的初级抽样单位中的回应率(m/M)

中学中非白人百分比

	75.1—100.0			50.1—75.0			25.1—50.0			10.1—25.0			0.0—10.0			总计		
	M	m	m/M	M	m	m/M	M	m	m/M	M	m	m/M	M	m	m/M	M	m	m/M
美国	469	305	0.65	25	17	0.68	71	52	0.73	89	69	0.77	516	337	0.65	1,170	780	0.67
非大城市地区	373	239	.64	6	4	.67	37	28	.76	51	43	.84	354	223	.63	821	537	.65
北部和西部	24	21	.88	5	3	.60	29	22	.76	30	27	.90	96	78	.81	184	150	.82
南部	293	177	.60	0	0	.00	1	1	1.00	6	6	1.00	212	118	.56	512	302	.59
西南部	56	41	.73	1	1	1.00	7	5	.71	15	10	.67	46	27	.59	125	85	.68
大城市地区	96	66	.69	19	13	.68	34	24	.71	38	26	.68	162	114	.70	349	243	.70
东北部	8	7	.88	8	6	.75	19	15	.79	12	8	.67	50	44	.88	97	80	.82
中西部	9	6	.67	8	6	.75	9	4	.44	14	6	.43	45	30	.67	85	52	.61
东南部	54	35	.65	0	0	.00	0	0	.00	1	1	1.00	34	18	.53	89	54	.61
西南部	20	15	.75	1	0	.00	2	2	1.00	3	3	1.00	16	11	.69	42	31	.74
西部	5	3	.60	2	1	.50	4	3	.75	8	8	1.00	17	11	.65	36	26	.72

表 9.6.4 根据地区、城市化程度和中学中非白人百分比划分，拥有 6 年级的直属学校数量(M)，返还了学生问卷和测试的学校数量(m)，以及在被抽样的初级抽样单位中的回应率(m/M)

中学中非白人百分比

	75.1—100.0			50.1—75.0			25.1—50.0			10.1—25.0			0.0—10.0			总计		
	M	m	m/M	M	m	m/M	M	m	m/M	M	m	m/M	M	m	m/M	M	m	m/M
美国	959	700	0.73	116	89	0.77	314	211	0.67	391	313	0.80	1,443	1,064	0.74	3,223	2,377	0.74
非大城市地区	667	498	.75	18	5	.28	103	70	.68	184	143	.78	813	593	.73	1,785	1,309	.73
北部和西部	46	45	.98	17	4	.24	75	48	.64	129	99	.76	293	225	.77	560	421	.75
南部	544	390	.72	0	0	.00	2	2	1.00	33	30	.91	424	298	.70	1,003	720	.72
西南部	77	63	.82	1	1	1.00	26	20	.77	22	14	.64	96	70	.73	222	168	.76
大城市地区	292	202	.69	98	84	.86	211	141	.67	207	170	.82	630	471	.75	1,438	1,068	.74
东北部	29	22	.76	29	26	.90	121	89	.74	59	48	.81	192	174	.91	430	359	.83
中西部	42	22	.52	59	50	.85	62	38	.61	64	52	.81	208	138	.66	435	300	.69
东南部	170	118	.69	0	0	.00	0	0	.00	13	11	.85	105	65	.62	288	194	.67
西南部	40	30	.75	1	0	.00	7	6	.86	7	7	1.00	35	19	.54	90	62	.69
西部	11	10	.91	9	8	.89	21	8	.38	64	52	.81	90	75	.83	195	153	.78

的类型，他们从校长问卷中选择了一组项目，相信所有州教育部都可以回答。于是，从州教育部关于这些学校的档案中获得了66所学校中的每一所有关这些项目的信息。接着，通过让66所学校的子样本代表352所没有信息的学校，并且将它们与818位最初做出回应的校长的问卷结合起来，就可以计算出白人和非白人的全国一般中学特征的估计值。这些估计值，连同本报告中使用的由689所同时具备校长和学生问卷的学校样本推导出来的估计值，都在表9.6.5中加以显示。

表9.6.5 指定中学特征对于白人学生(X_w)和非白人学生(X_{nw})而言的可获得性(用百分比表示)，数据推导自(1)689所同时具有校长和学生测试用具的学校样本，(2)818所对校长问卷做出回应的学校样本，以及66所代表352所未回应学校的学校

项目	特征	来源	美国总计 X_w (百分比)	X_{nw} (百分比)
P-6	学校认证	(1)	75.6	71.0
		(2)	75.3	64.1
P-13a	集中式学校图书馆	(1)	95.9	96.1
		(2)	97.8	96.2
P-13c	会堂	(1)	45.8	52.4
		(2)	44.7	53.2
P-13e	体育馆	(1)	73.7	68.8
		(2)	72.5	57.1
P-13j	电动工具工作坊	(1)	95.9	90.7
		(2)	97.8	92.0
P-13k	生物实验室	(1)	93.7	92.8
		(2)	95.3	92.2
P-13l	化学实验室	(1)	98.1	96.6
		(2)	92.8	81.0
P-16	免费提供教科书	(1)	61.8	71.2
		(2)	68.0	69.9
P-29	使用国家教师考试	(1)	7.3	17.8
		(2)	9.0	35.6

续　表

项目	特征	来源	美国总计 X_w	美国总计 X_{nw}
P-60	校长有硕士学位	(1)	78.9	78.8
		(2)	83.6	68.2
P-78a	大学预备课程	(1)	96.0	90.6
		(2)	93.9	89.4
P-78b	商业课程	(1)	92.2	79.3
		(2)	94.2	77.4
P-78c	一般课程	(1)	92.3	91.7
		(2)	94.8	93.0
P-78d	职业课程	(1)	54.5	56.2
		(2)	56.7	65.4
P-78e	农业课程	(1)	28.4	22.2
		(2)	32.6	38.6

　　调查发现,在表格中的16个项目中,有5项显示出显著差异。其中的三项显示,报告中使用的数据(689所学校)夸大了非白人对该项目的获得机会;这三个项目分别是:学校认证、体育馆以及拥有硕士学位的校长。在五个项目的另两项中(使用全国教师考试和农业课程),非白人的获得机会被报告低估了。

　　如果将表9.6.5中16个项目的百分比平均一下,就会发现,报告中使用的689所学校显示,白人的项目平均可获得性为74%,非白人为72.4%。使用更完整数据,则相应的平均值分别为75.4%和73.1%。

　　因此,从对这66所学校的后续调查中获得的信息表明,本报告中给出的学校特征总体可获得性平均被低估了约1个百分点,白人和非白人的可获得性差异也被平均低估了约1个百分点。

9.7　问卷回应的可靠性

　　本节介绍了一项简单研究的发现,该项研究旨在对调查中产生的测量误差获得某种指标,这些误差源自学生对关于他们本人、学校教育、家庭和家人的一些问题的错误回答。从这项研究中不能做出任何科学推论,因为学区和学生都没有被选择作为概率样本。然而,我们认为,在这项研究中发现的导致测量误差的因素相当普遍,或许在美国的大部分地区都是一致的。

我们为 3、6、9 和 12 年级修订了调查问卷,只使用了学校调查测试问卷中那些可以由学校记录核实或者是父母知情的项目。

问卷调查由任课教师在田纳西州 2 个学区的 700 名学生中展开,其中一个学区是一个中等规模的城市学区,另一个是农村县学区。两个学区的教育总监被要求选出将代表各自学区的班级。参加调查的学生根据不同的特征分类,数量如表 9.7.1 所示。表中显示的非白人儿童的数量相对较少,这是因为在两个学区,非白人儿童都被融入白人班级,所以不存在以非白人为主的学校或班级。

表 9.7.1 参与学生数量;根据类别划分

学生类别	年级 3	年级 6	年级 9	年级 12	所有年级
男性,城市,白人	27	18	26	23	94
女性,城市,白人	17	19	19	18	73
男性,城市,非白人	16	20	17	22	75
女性,城市,非白人	28	28	13	28	97
男性,农村,白人	38	39	47	54	178
女性,农村,白人	38	41	50	46	175
男性,农村,非白人	1	0	1	0	2
女性,农村,非白人	0	6	0	0	6
男性总计	82	77	91	99	349
女性总计	83	94	82	92	351
城市总计	88	85	75	91	339
农村总计	77	86	98	100	361
白人总计	120	117	142	141	520
非白人总计	45	54	31	50	180
学生总数	165	171	173	191	700

后续工作由教师完成,他们为每位儿童完成了第二问卷。教师查阅学校记录,以确定能够从这些来源获得的答案。为了完成表格,教师还访问了家长。学生问卷和后续问卷被装订在一起,去除了姓名标识,这样家长和学生都可以放心,他们的回答是匿名的。

研究中使用的标准"回应一致"是将所有相同的、成对的(学生/后续)回应算作一致。回应"我不知道"和少量成对的空白回应也被认为是一致的。这些比较的结果如表 9.7.2 所示,根据教育机会调查中使用的原始问卷项目编号以及年级水平划分。这张表格中还包括一份根据学生类别划分的总结。

表 9.7.2 回应一致百分比;根据年级和问卷项目划分

特征	3 年级 项目编号	3 年级 百分比	6 年级 项目编号	6 年级 百分比	9 年级 项目编号	9 年级 百分比	12 年级 项目编号	12 年级 百分比
性别	1	99.4	1	99.5	3	99.4	3	99.5
年龄	2	98.2	2	87.8	4	98.3	4	96.3
种族	3	97.6	4	99.5	7	94.8	7	99.5
波多黎各人	4	98.2	5	99.5				
墨西哥裔美国人	5	98.2	6	100.0	8	98.8	8	100.0
家里的人数	6	90.8	7	89.6	9	98.3	9	95.3
家中的儿童数量	7	91.5	8	87.2	10	91.9	10	96.3
母亲是否工作	10	98.9	15	91.8	23	97.8	23	96.9
上学前有人为之朗读书籍	11	91.5	18	60.3	30	81.5	30	77.5
家中使用外语	12	97.0	16	97.1	13	97.8	13	99.5
你在学校外面说外语吗	13	96.4	17	98.3	14	97.1	14	85.9
家中房间数	14	82.4			15	95.9	15	92.7
家中是否有:								
电视机	15	98.9	19	97.7	31	100.0	31	98.9
电话	16	100.0	20	92.4	32	98.8	32	100.0
唱机等	17	95.7	21	92.4	23	98.8	33	98.9
冰箱	18	98.2	22	99.5	34	99.4	34	100.0

续 表

特征	3年级 项目编号	3年级 百分比	6年级 项目编号	6年级 百分比	9年级 项目编号	9年级 百分比	12年级 项目编号	12年级 百分比
汽车	21	96.4	25	94.8	37	96.5	37	100.0
真空吸尘器	22	97.6	26	97.1	38	95.9	38	97.4
日报	23	97.0	27	88.3	39	100.0	39	97.9
字典			23	94.8	35	97.8	35	100.0
百科全书			24	95.9	36	95.4	36	97.9
上过不同的学校	26	92.1	30	85.4				
去年非白人老师数量	32	96.4	43	98.3				
上过学前班	34	94.5	45	91.8	44	95.4	45	98.9
上过幼儿园	35	97.6	46	97.7	45	98.3	46	97.9
去年的年级	36	98.2	47	99.5				
出生地			3	87.8	1	100.0	1	98.9
父亲的受教育程度			11	79.0	19	86.7	19	84.3
父亲的工作			12	84.2			18	89.5
母亲的出生地			13	89.6	2	97.1	2	97.4
母亲的受教育程度			14	77.8	20	89.6	20	85.9
去年班上的白人学生数量			31	82.5				
花在家庭作业上的时间			32	64.4				
度过大部分时间的地区					5	96.5	5	97.9
社区类型					6	84.4	6	66.5
有多少哥哥姐姐					11	95.4	11	95.8
辍学次数					12	95.9	12	94.2
平均分					85	93.6	88	84.3
8年级时就读的学校类型					107	99.4	116	99.5
母亲读小学时所住社区类型					21	90.7	21	78.5
家长出席PTA会议次数					19	84.4	19	86.4
定期获得的杂志数量					41	81.0	41	86.4

续 表

特征	3 年级 项目编号	3 年级 百分比	6 年级 项目编号	6 年级 百分比	9 年级 项目编号	9 年级 百分比	12 年级 项目编号	12 年级 百分比
家中图书数量					42	82.1	42	84.8
报名参加的课程					46	84.4	47	77.0
上次转学时间					47	88.4	48	75.9
缺勤的天数					59	80.3	62	77.5
能力组或班级					83	69.4	86	63.9
重修英语课程					84	99.4	87	96.9
总结：								
总计		95.9		90.7		93.4		91.3
白人		95.7		90.8		95.4		92.5
非白人		96.6		90.3		84.3		88.2
城市		94.8		89.9		81.4		90.0
农村		97.1		91.9		95.0		92.6
男性		95.7		91.4		93.5		91.4
女性		96.2		90.1		93.5		91.3

在那些需要回忆过去的1年或更多年里信息的项目上，出现了相当多的分歧，那些需要对一般已知信息做出判断并从给定回应中选择特定一项的项目也是如此。值得注意的是，在涉及9和12年级能力分组的项目中，学生认为自己被分组了，而学校则否认这么做了。12年级中另一个高度不一致的项目与学生所居住的社区类型有关。回应不一致源自许多城市学生在根据人口给他们的城市分类时出现了划分错误。对问题回应一致性百分比的考察表明，就年级而言，并不存在回应准确性增加或减少的一致模式。

我们不应该断定所有的分歧都源自700个学生的回应。家长们被要求进行一些估计，比如家里的书籍和杂志数量。当被来访的教师问及参加家长教师联谊会会议的频率时，有些家长可能不太坦诚。

在考虑到上述研究局限性的同时，我们可以得出结论，学生们对本次调查所使用的问卷中关于他们本人、学校教育、家庭和家人的事实项目做出了具有合理准确性的回应。

9.8 回归分析的技术细节

除了在先前的附录中讨论的数据处理程序之外,回归分析要求进行进一步的数据准备。下面列出了回归分析所要求的步骤。

1. 回归分析中使用的变量来自四个源文件,它们首先按照各个年级水平被归档于四份独立的磁带文件中。

(a) 学生变量,包括测试成绩和学生问卷中的所有信息。在该文件中,每个学生都有一份记录。

(b) 教师变量,即对教师问卷中所有项目的回应,以及语言技能测试的分数。在该文件中,每位教师都有一份记录。

(c) 校长变量,即对校长问卷中所有项目的回应。在可能的范围内,项目回应由分类回应被转换为数值回应,并通过使用对多个项目(如每个学生拥有的图书馆图书量等)的回应创建了某些特殊测量值(参见附录 9.42)。在该文件中,每位校长都有一份记录。

(d) 教育总监变量,即对教育总监问卷中所有项目的回应。在该文件中,每个学校系统都有一份记录。

2. 建立回归分析记录的第一套步骤是:

(a) 对于每一个年级,对全校范围内(所讨论的年级中)的学生变量进行总合,以获得被称为学生环境变量的综合学生变量。由此产生了一个文件,在该文件中,每所学校都有一份记录。

(b) 将用于回归分析的项目从教育总监的记录转移到他的学区内每位校长的记录中。在报告中,只出现了一个这样的项目:每位学生的教学支出。

(c) 对教师变量进行总合,为学校中所有在特定年级任教的教师建立平均值。对 12 年级而言:9、10、11、12 年级教师;对 9 年级而言:7、8、9、10、11、12 年级教师;对于 6、3、1 年级而言:1、2、3、4、5、6 年级教师。在由此产生的文件中,每所学校都有一份记录。

3. 第二套步骤包括：在所有 20 个层(8 个黑人和白人的区域层，外加其他每个少数族裔各一个层)中的每一个年级抽取 1 000 名学生记录样本，并在每个年级建立 20 份新的文件，每份中包括 1 000 份记录，每份记录代表一名学生。在这份新文件中，每份记录都包括学生记录、其所在学校的教师综合记录、其所在学校的校长—教育总监记录以及其所在学校的学生环境记录。抽样是通过间隔抽样的方式进行的，每位学生被抽样的概率是，在他所在的层内，与他在人群中代表的学生数量成正比；也就是说，样本是从加权学生文件中抽取的。每位学生的权重计算方式类似于 9.4 节中的方程式(1)，只是稍加修改。在一个给定的层(由 9.4 节定义)中所有县区或者是大城市及其郊区中的所有学校样本代表着该层中的所有学校，而不只是同一个县内的学校。这样做的效果是减少权重差异。所使用的方程式是：

$$W_{ik} = \frac{N_i}{\sum_j N_{ij}} \cdot \frac{\sum_j r_{ijk}}{\sum_j \sum_l r_{ijkl}}$$

方程式中的标记系统与 9.4 节相同。被计算权重的区域层被折迭成一组 8 个，而不是最初的一组 14 个。如果在一个层内有任何权重范围超过了 15∶1 这一比例，则会通过对子层合并进行平滑，将范围缩小到 15∶1，只有区域 7 的情况例外，因为在那里这么做的话，相对于其余的西部地区而言，会对夏威夷的大城市地区过度加权。

4. 第三步包括创建一份新的记录，由 103 个用于回归分析的变量组成，这些变量由上文(3)中创建的记录中的变量构成。这些变量的构成在下文(6)的下方进行了描述。这给每个年级提供了一份最终的工作磁带，其中包括 20 份文件，每份文件中有 1 000 份代表每位学生的记录。这一磁带成为相关性研究的输入磁带。

5. 我们为 20 份文件中的每一份都创建了相关矩阵。缺失数据按照如下方式处理：通过使用两个相关变量都存在的案例来计算相关性。因此，如果有案例中缺失了某个观察数据，那么只有在涉及该变量的相关性计算中该案例会被删除。协方差根据总样本大小调整。组合区域(例如，北部的黑人、南部的黑人、北部的白人、南部的白人)也建立了相关矩阵，方法是在用每个区域层体现的人口总规模加权后，添加协方差矩阵。有一些相关矩阵是通过在探索性分析中使用 103 个变量的子集(有 60 个子集，这是相关矩阵的规模限度)计算出来的。在最终分析中，在探索性分析中显得最重要的 60 个变量被挑选出来，用于所有的年级(不过在较低的年级，有些变量并不存在，减少了这些年级的变量总数)。在分析中所有组使用的这些相关矩阵将包含在本报告的单独附录中。

6. 在一些情况下,回归分析中使用的变量包括由若干项目组成的指数。在建立这些指数时,每个项目都被标准化为零和相等标准差的均值。对一个项目的无回应被算作零,相当于在构建指数时赋予无回应一个总体平均值。相等标准差意味着每个项目的权重相等。

每个年级都建立了 103 个变量(尽管有些变量在较低的年级不存在)。在报告所附的电脑打印文件中,这些被标识为——

应变量(10 个测试分数)

学生(15 个学生问卷变量)

教师(20 个教师总合变量)

校长加教育总监(31 个校长和教育总监问卷变量)

学校环境(21 个学生总合变量)

根据问卷项目建立变量的方式如下表所示。每个年级调查问卷中的项目编号被列在变量名称的下面或旁边。在一种情况下,一个项目的一个变量被赋予了双倍权重。遇到这种情况时,该项目的编号会出现两次。

变量编号	应变量	学生	变量名称	年级(O=缺失)				
				12	9	6	3	1
1	1		非语言能力分数	X	X	X	X	X
2	2		一般信息测试 1	X	X	O	O	O
3	3		一般信息测试 2	X	X	O	O	O
4	4		一般信息测试 3	X	X	O	O	O
5	5		一般信息测试 4	X	X	O	O	O
6	6		一般信息测试 5	X	X	O	O	O
7	7		一般信息总计	X	X	O	O	O
8	8		语言能力分数	X	X	X	X	X
9	9		阅读理解	X	X	X	X	X
10	10		数学成绩	X	X	X	X	O

续 表

变量编号	应变量	学生	变 量 名 称	年级(O=缺失)				
				12	9	6	3	1
11		1	家庭阅读材料 (12,9:问题 35,36,39,41,42)(6:问题 23,24,27)(3:问题 19,20,23)(1:问题 22,23,26)	X	X	X	X	X
12		2	家中物品 (12,9:问题 31,32,33,34,37,38) (6:问题 19,20,21,22,25,26) (3:问题 15,16,17,18,21,22) (1:问题 18,19,20,21,24,25)	X	X	X	X	X
13		3	父母受教育程度 (12,9:问题 19,20)(6,1:问题Ⅱ,14)	X	X	X	O	X
14		4	兄弟姐妹(正值=很少) (12,9:问题 10)(6,1:问题 8)(3:问题 7)	X	X	X	X	X
15		5	父母的教育愿望 (12,9:问题 27,28,29,24,25)(6:问题 41,42)(3:问题 30,31)	X	X	X	X	O
16		6	父母的兴趣 (12,9:问题 26,30)(6:问题 18,54)(3:问题 11)	X	X	X	X	O
17		7	家庭结构完整性 (12,9:问题 16,17)(6,1:问题 9,10)(3:问题 8,9)	X	X	X	X	X
18		8	转校 (12:问题 47,48)(9:问题 46,47)(6:问题 30)(3:问题 26)	X	X	X	X	O
19		9	家中使用外语 (12,9:问题 13,14)(6,1:问题 16,17)(3:问题 12,13)	X	X	X	X	X
20		10	城市生活背景(12,9)或搬迁(6,1) (12,9:问题 6,6,21)(6,1:问题 3,13)	X	X	X	O	X
21		11	对环境的控制 (12:问题 102,103,110)(9:问题 93,94,103)(6:问题 38)	X	X	X	O	O

续　表

变量编号	应变量	学生	变 量 名 称	年级(O=缺失)				
				12	9	6	3	1
22		12	自我概念 　　(12：问题91,108,109)(9：问题88,99,100)(6：问题37,40)(3：问题29)	X	X	X	X	O
23		13	对学校和阅读的兴趣 　　(12：问题57,59,60,63)(9：问题54,56,57,60)(6：问题28,36,51)(3：问题24)	X	X	X	X	O
24		14	家庭作业(12,9,6),"领先"项目(1) 　　(12：问题61)(9：问题58)(6：问题32)(1：问题29)	X	X	X	O	X
25		15	学前教育 　　(12,6：问题45,46)(9：问题44,45)(3：问题34,35)(1：问题27,28)	X	X	X	X	X

变量编号	学校环境	变 量 名 称	年级(O=缺失)				
			12	9	6	3	1
26	1	x年级学生人数	X	X	X	X	X
27	2	非语言能力平均分	X	X	X	O	O
28	3	语言能力平均分	X	X	X	O	O
29	4	年级中黑人比例	X	X	X	X	O
30	5	年级中白人比例	X	X	X	X	O
31	6	年级中墨西哥裔美国人比例	X	X	X	X	O
32	7	年级中波多黎各裔比例	X	X	X	X	O
33	8	年级中印第安人比例	X	X	X	X	O
34	9	年级中东亚裔比例	X	X	X	X	O
35	10	年级中其他族裔比例	X	X	X	X	O
36	11	去年班级中白人平均数	X	X	X	O	O
37	12	去年全校白人平均数	X	X	O	O	O
38	13	有明确上大学计划的学生比例	X	X	O	O	O

续 表

变量编号	学校环境	变量名称	12	9	6	3	1
39	14	母亲读过大学的学生比例	X	X	X	O	X
40	15	母亲希望表现优秀的学生比例	X	X	X	X	O
41	16	拥有百科全书的学生比例	X	X	X	X	X
42	17	上大学预备课程的学生比例	X	X	O	O	O
43	18	读了超过16本书的学生比例	X	X	O	O	O
44	19	参加辩论俱乐部的学生比例	X	X	O	O	O
45	20	理科课程平均数	X	X	O	O	O
46	21	语言课程平均数	X	X	O	O	O
47	22	数学课程平均数	X	X	O	O	O
48	23	向辅导员咨询的平均时间	X	X	O	O	O
49	24	教师期望成为最优秀学生的学生比例	X	X	O	O	O
50	25	认为人生没有成功机会的学生比例	X	X	X	O	O
51	26	想在班上名列前茅的学生比例	X	X	O	O	O
52	27	做家庭作业的平均小时数	X	X	X	O	O

变量编号	教师(平均值)	变量名称
53	1	对学生质量的看法(问题33,34,47)
54	2	对学校质量的看法(问题38,44,47)
55	3	教师的SES水平(问题10)
56	4	经验(问题25)
57	5	地方性(问题3,7,25,26)
58	6	所上过的大学质量(问题23)
59	7	获得的学位(问题11)
60	8	专业水准(问题48,50)
61	9	对种族融合的态度(问题46a,46b,46d,46f)
62	10	对中产阶级学生的偏爱(问题39,40,43)
63	11	对白人学生的偏爱(问题42)

续 表

变量编号	教师(平均值)	变 量 名 称
64	12	语言能力分数
65	13	所教白人学生的比例差异(问题 45,学生差异)
66	14	性别:男性比例(问题 1)
67	15	种族:白人比例(问题 5)
68	16	认证类型(没有证书比例,问题 28)
69	17	平均工资(问题 32)
70	18	缺席次数(问题 27)
71	19	上过针对弱势学生的学校(问题 31)
72	20	上过 NSF 学校(问题 30)

变量编号	校长加教育总监	变 量 名 称
73	1	师生比(特殊测量值)
74	2	临时教室比例(特殊测量值)
75	3	专门教室比例(特殊测量值)
76	4	科学实验室设施(特殊测量值)(仅适用于 12,9)
77	5	学生人均图书量(特殊测量值)
78	6	课外活动(特殊测量值)(仅适用于 12,9)
79	7	为特殊学生单独开设的班级(特殊测量值)
80	8	课程综合性(特殊测量值)(仅适用于 12,9)
81	9	惩教和服务人员(特殊测量值)
82	10	学生转学(特殊测量值)
83	11	测试类型的数量(特殊测量值)
84	12	分班班组间的流动情况(特殊测量值)(仅适用于 12,9)
85	13	认证指数(问题 5,6)
86	14	学年天数(问题 8)
87	15	课本年龄(问题 61)
88	16	非全天出勤率(问题 21)
89	17	教师离职(问题 27)

续　表

变量编号	教师(平均值)	变 量 名 称
90	18	辅导员(问题35)(仅适用于12,9)
91	19	出勤率(问题42)
92	20	大学入学率(问题49)(仅适用于12,9)
93	21	针对校长的师范高校(问题55)
94	22	薪水(问题71)
95	23	学校位置(问题72)(城市高,农村低)
96	24	教学日长度(问题76)
97	25	分班(问题81)(仅适用于12,9)
98	26	速成课程(问题86)(高=无速成课程)
99	27	学习迟缓者升级(问题89)
100	28	对种族融合的态度(问题95,96)
101	29	每名学生教学支出(教育总监问卷)
102	30	当选的地方教育董事会(教育总监问卷)
103	31	教师考试(问题28)

7. 我们使用上述变量的组合进行特殊回归,以得出一些变量,它们代表着对成绩的不同类型的影响,这些变量组合如下表所示。变量数值后面的字母 R 代表其方向是相反的。

	年级中使用的变量				
	12	9	6	3	1
1. 语言能力分数					
2. 家庭经济水平	12,14,17,20	12,14,17,20	12,14,17,20	12,14,17,20	12,14,17,20
3. 家庭教育水平	11,13,15,16	11,13,15,16	11,13,15,16	11,15,16	11,13,15,16
4. 学生的态度	21,22,23,24	12,22,23,24	21,22,23,24	22,23	0
5. 学校设施	73,75,77,87R,87R,101,76,48	73,75,77,87R,88R,101,76,48	73,75,77,87R,87R,101	73,75,77,87R,88R,101	73,75,77,87R,88R,101

续 表

	年级中使用的变量				
	12	9	6	3	1
6. 学校课程	78,79,80,98R	78,79,80,98R	78,79,98R	78,79,98R	78,79,98R
7. 教师质量	58,59,64,68,71,72	58,59,64,68,71,72	58,59,64,68,71,72	58,59,64,68,71,72	58,59,64,68,71,72
8. 教师的态度	61,62R,63	61,62R,63	61,62R,63	61,62R,65	61,62R,63
9. 全体学生教育水平	27,28,41,42,46,39	27,28,41,42,46,39	27,28,41,42,39	41	41,39

8. 在第 3.2 节的分析中使用的主要回归的相关矩阵附在本报告后面(单独装订)。这些相关矩阵包含上述 103 个变量中的编号 45(1 年级)到 60(12 年级)。

9.9 调查工具

正如表 9.9.1 所显示的,1 年级的测试系列包括图片词汇测试,作为语言能力测量值;以及关联和分类测试,作为非语言能力测量值。在 3 年级,图片词汇测试再次被用作语言能力测量值,非语言能力测量值则是分类和类比。在 6、9、12 和 13 年级也使用了类似的非语言能力测量值。3 年级学生还接受了阅读和数学测试。类似的测试也用于更高的 6、9、12 和 13 年级。6 年级使用的是跟 3 年级类似的测试系列,除了一个例外,即用完成句子和同义词测试取代了图片词汇测试。这些类型的测试被反复用于 9、12 和 13 年级。然而,在 9 年级,增加了一般信息测试,并用于 12 和 13 年级。13 年级,即大学一年级学生,所接受的测试系列与 12 年级相同。16 年级,即大学毕业生,采用的是全国教师考试的一种形式。所选部分与上述系列中使用的相似。

因此,3、6、9、12 和 13 年级之间的测试分数是紧密相扣的,所有年级都采用了从"ETS 教育进程循序测试"系列开发而来的同一类型的阅读和数学测试。源自"泛美普通能力测试"的非语言能力测试被用于 1、3、6、9、12 和 13 年级。"ETS 大中小学能力测试"系列是 6、9、12 和 13 年级语言能力测试的来源。

表 9.9.1　根据年级划分,教育机会调查中的学生测试来源

年级	测试	来源
1 年级	图片词汇	泛美普通能力测试
	关联	
	分类	
3 年级	图片词汇	泛美普通能力测试
	分类	
	类比	
	阅读	ETS 大中小学能力测试系列
	数学	
6 年级	完成句子	ETS 大中小学能力测试系列
	同义词	
	分类	泛美普通能力测试
	类比	
	阅读	ETS 大中小学能力测试系列
	数学	
9,12,13 年级	完成句子	ETS 大中小学能力测试系列
	同义词	
	分类	泛美普通能力测试
	类比	
	阅读	ETS 大中小学能力测试系列
	数学	
	一般信息	收集自 ETS 测试项目文件
16 年级	职业信息	全国教师考试普通考试重印本
	英语	
	社会科学、文学、美术	
	科学,数学	
	非语言推理	

所有这些被使用的测试都是先前公开发布过的测试的一部分,只有9、12和13年级的一般信息测试除外。一般信息测试收集自ETS文件中曾在类似测试中使用过的项目。这一测试包括四个领域的项目:自然科学、社会科学、机械和实用技术、人文和艺术。机械和实用技术部分有一半项目是面向男性学生的,另一半则是面向女性学生的。

由于大多数测试目前仍在使用中,所以这里不予转载,但是本节中会对它们进行完整的描述,其中也包括说明性项目。

调查问卷的制作——学生调查问卷的预测试(不包括测试系列)在3、6、9、12年级进行。1年级问卷未在儿童中进行正式预测试,因为它是由教师分别进行测试的。预测试是在夏季的几个月中进行的,参加的学生数量很有限,目的主要是评估项目的清晰性。对此提供合作的有:一个天主教学校系统(以白人为主)、一座黑人教堂、一个以黑人为主的社区中心、一所公立中学的暑期学校、一个下层中产阶级社区里的一群儿童以及一个针对男生的大学强化项目。有数量大约相等的白人和黑人儿童参加了预测试。调查者努力让中等到较低能力儿童群体以及社会经济条件较差的儿童参加预测试。参加预测试的男生稍微多于女生,这主要是因为大学强化项目中有40名12年级男生。

儿童们根据年级分组参加预测试。儿童们提出的关于项目的问题会当场得到解答并被记录下来。虽然调查问卷上不要求写姓名,但是调查者对很多年龄较大的学生——包括白人和黑人——进行了简短的面谈,以了解他们对预计会遭到反对的项目的反应。

教师和校长调查问卷草案被发给研究生暑期学校的学生,征求他们的意见。

所有调查问卷草案都被寄给了ETS顾问小组中的学校教育总监,征求他们的意见。

参加每份问卷预测试的人数约为:

3年级:58   教师:22+

6年级:35   校长:17+

9年级:48   教育总监:11+

12年级:67

调查者对意见细节以及在这次预测试中发现的问题进行了总结,并将之用于调查问卷最终版的制作。

9.10 相关表格

本附录末提供了调查问卷的副本。

学校调查测试的说明和样题

教育机会调查中使用的"学校调查测试"来自已经公开发布的测试,其中一些是目前正在学校中使用的。为了减少测试所需的时间,一些测试的长度被缩短了;另一些测试则是作为完整的单元取自已经公开发布的测试。因此,学校调查测试并不是新的、未经尝试的测试,而是已经在学校中大量使用过的测试。

1年级的测试源自"泛美普通能力测试",由得州奥斯丁指导测试协会出版。语言理解测试的25个问题要求儿童从4张图片中选出1张与主考官说的刺激词相对应的图片。该测试不计时,但要由主考官控制节奏。

第1部分例题:

刺激词:桌子

刺激词:钥匙

刺激词:眼镜

刺激词:奔跑

测试的第2部分是非语言分类测试的25个问题。每个问题提供一张刺激图片和四张反应图片。学生的任务是在候选项中选出"与第一张图片相符合"的图片。时间限制为 4 分钟,在练习题目之后进行。

例题:

第 3 部分是非语言关联测试。学生的任务是在四个图片项目中选出一个与其他三个项目"不匹配"或者"不像"的项目。总共 20 题,时间限制为 4 分钟。

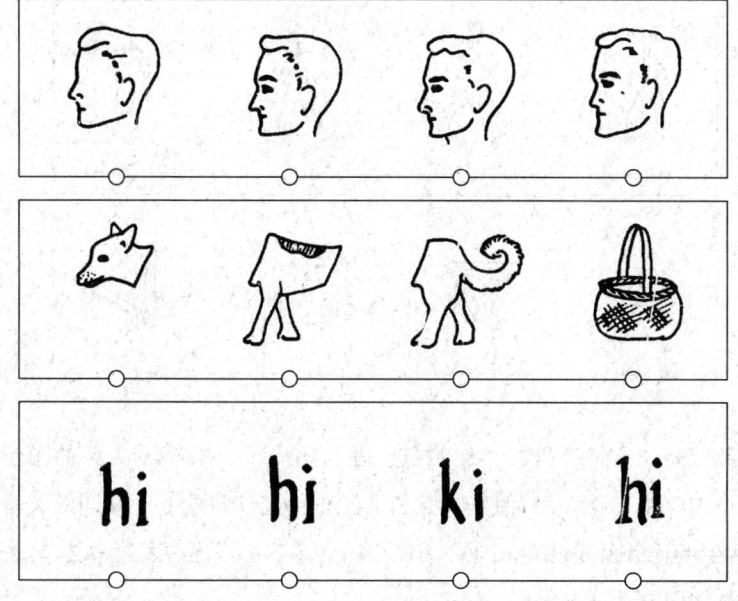

例题:

3年级

3年级考试的第1部分是语言理解能力的图片词汇测试,改编自泛美普通能力测试,类似于1年级的相应测试。共计有25个问题。

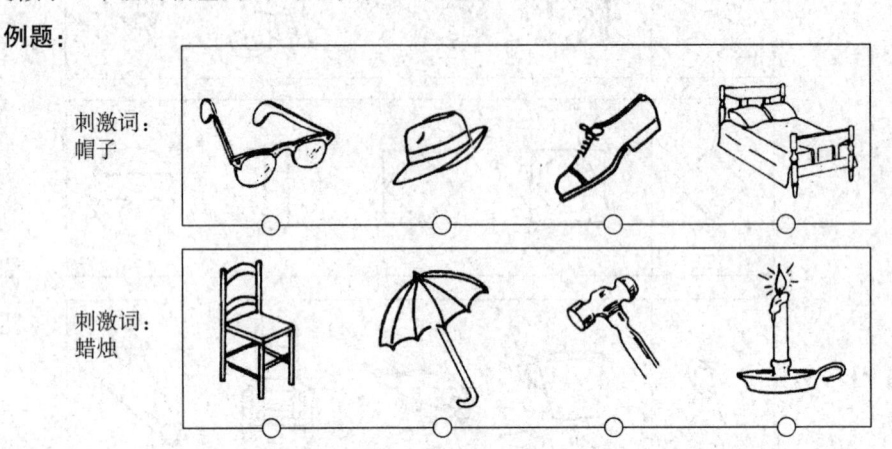

例题:

刺激词:
帽子

刺激词:
蜡烛

第2部分是非语言分类测试。学生的任务是在四个图片项目中选择一个与其他三个项目"不匹配"的项目。总共20题,时间限制为5分钟。

例题:

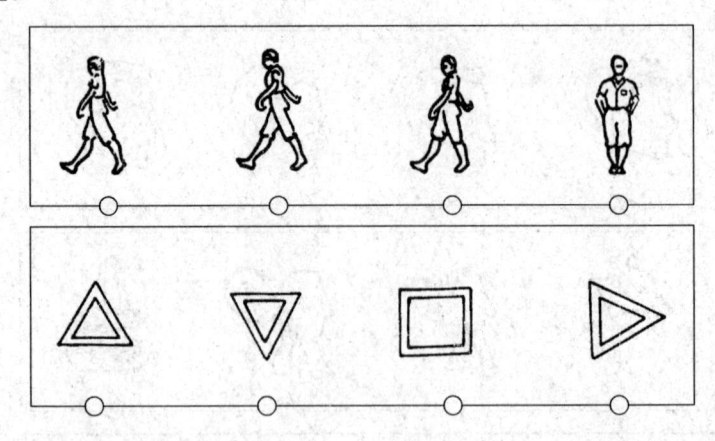

第3部分是非语言项目的类比测试。题目给出了具有某种关系的两个项目。学生要在四个选项中选择一个,使其能够和第三个给定项目建立起相同的关系。用符号来说明,学生的任务就是确定在"A∶B=C∶? 1 2 3 4 5"这一表达中的"?"是什么。总共12题,时间限制为4分钟。

例题：

第 4 部分是问卷调查。第 5 部分是阅读理解测试，源自"合作测试分部（CTD）预初测试"。学生的任务包括识别说明性或相关联实例，提炼元素，理解观点，并通过阅读文章段落进行推理。总共 37 题，不计时。

例题：

Here is a story John wrote:

The Mayor is like Father. But Father just has to look after us. The Mayor has to look after our whole town. Father will be Father for a very long time. The Mayor will be Mayor for just two years.

41 Why is the Mayor's job hard? | He has to look after the whole town. | He has to work for two years. | He is like Father.

42 Does the Mayor like his job? | Yes | No | The story does not tell.

43 What do you know about John? | He is the Mayor's son. | He has a very large family. | He and the Mayor live in the same town.

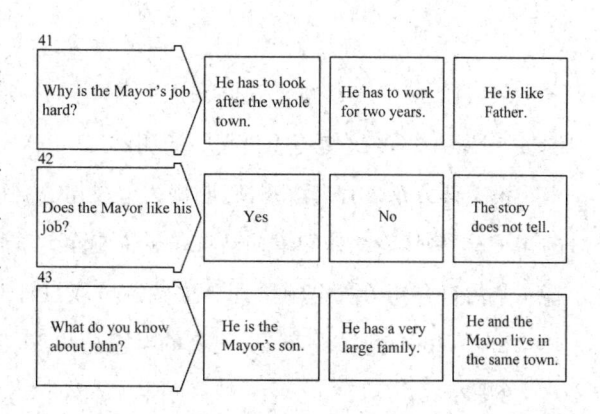

第 6 部分是数学测试，问题取自 CTD 预初测试。这里要测试的不是儿童对用于

计算的事实的记忆力,而是儿童对重要数学概念的掌握程度。

例题:

教师说:苏说狗比猫重。这条狗重二十磅。要想知道苏是否正确我们还需要知道什么?

教师说:这里面哪一项大约是6英寸长?

教师说:哪一张图片是四组三?

6—13 年级

6、9、12和13年级的测试在布局上是一样的,唯一的例外是6年级没有一般信息测试。12和13年级使用的是相同的测试。

第1部分是语言理解测试,题型为完成句子。每个问题都包含一个缺少一个单词的句子;空格代表此处的单词已从句子中删除。学生的任务是从五个给定的单词中选择一个最符合句子意思的单词。这些测试取自针对相应年级的"大中小学能力测试(SCAT)"。6年级总共25题,更高的年级总共30题,时间限制都是15分钟。

例题:

We had worked hard all day so that by evening we were quite _____.

(A) small   (D) untrained

(B) tired   (E) intelligent

(C) old

High yields of food crops per acre accelerate the _____ of soil nutrients.

(A) depletion   (D) fertilization

(B) erosion   (E) conservation

(C) cultivation

第2部分用同义词测试语言理解能力。一个给定的单词后面给出五个单词或短语,学生要从中选出意思最接近给定单词的单词或短语。这些测试来自 SCAT 系列。6 年级总共 25 题,更高的年级总共 30 题,时间限制都是 10 分钟。

例题:

Necessitate   Chilly

(A) make essential   (A) tired

(B) continue indefinitely (B) nice

(C) vibrate   (C) dry

(D) compete   (D) cold

(E) barely survive   (E) sunny

第3部分来自泛美普通能力测试,是一个非语言分类测试。学生要从一组六幅图画中选出"与其他项目不匹配"的一项。总共 26 题,时间限制为 8 分钟。

例题:

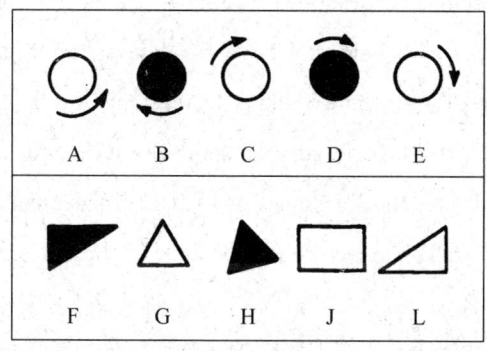

第4部分也来自泛美普通能力测试,是一个非语言类比测试。题目给出了具有某种关系的两个项目。学生要在五个选项中选择一个,使其能够和第三个给定项目建立起相同的关系。总共 24 题,时间限制为 8 分钟。

例题：

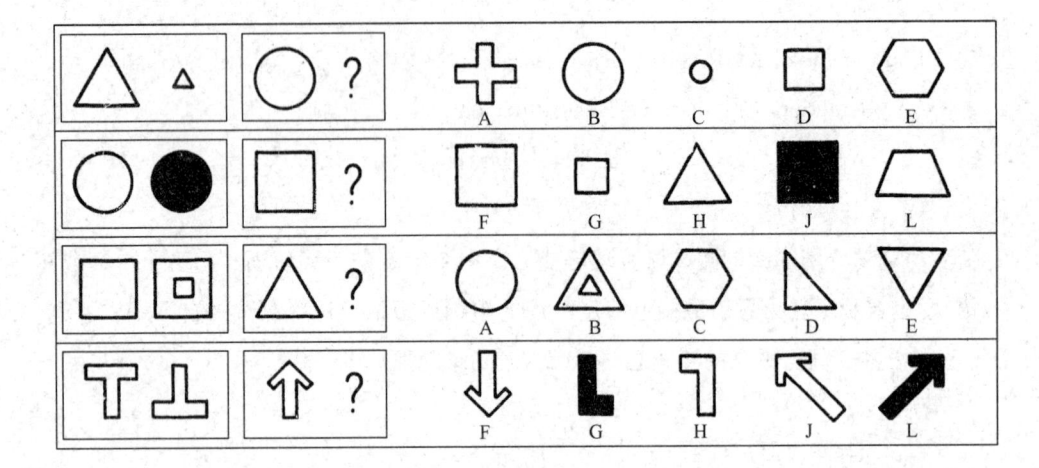

第 5 部分是一个来自 STEP 系列的阅读理解测试。学生所回答的问题包括识别、理解、提炼并根据散文体和诗歌体、正式和非正式、涉及各式话题的阅读段落进行推理。总共 35 题，时间限制为 35 分钟。

例题：

Soon after the First World War began, public attention was concentrated on the spectacular activities of the submarine, and the question was raised more pointedly than ever whether or not the day of the battleship had ended. Naval men conceded the importance of the U-boat and recognized the need for defense against it, but they still placed their confidence in big guns and big ships. The German naval victory at Coronel, off Chile, and the British victories at the Falkland Islands and in the North Sea convinced the experts that fortune still favored superior guns (even though speed played an important part in these battles); and, as long as British dreadnoughts kept the German High Seas Fleet immobilized, the battleship remained in the eyes of naval men the key to naval power.

10. Public attention was focused on the submarine because —

    (A) it had immobilized the German High Seas Fleet

    (B) of its superior speed

    (C) it had taken the place of the battleship

(D) of its spectacular activities

(E) it had played a major role in the British victories at the Falkland Islands and in the North Sea

11. Naval victories on both sides led naval authorities to —

   (A) disregard speed

   (B) retain their belief in heavy armament

   (C) consider the submarine the key member of the fleet

   (D) minimize the achievements of the submarine

   (E) revise their concept of naval strategy

12. Naval men acknowledged that the submarine was —

   (A) a factor which would revolutionize marine warfare

   (B) superior to the battleship in combat

   (C) more formidable than the other types of ships which composed the fleet

   (D) the successor to the surface raider

   (E) a strong weapon against which adequate defense would have to be provided

13. Naval men were not in accord with the champions of the submarine because —

   (A) they thought that the advantages of the submarine did not equal those of the battleship

   (B) they believed the submarine victories to be mere chance

   (C) the battleship was faster

   (D) the submarine was defenseless except when submerged

   (E) submarines could not escape a battleship blockade

第6部分是一个来自 STEP 系列的数学测试。它测试对数学概念的掌握程度以及定义问题并找到解决方案的能力。总共25题，时间限制为35分钟。

例题：

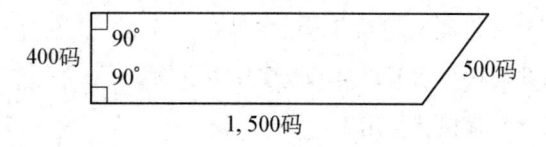

一位农民有一块量度如上图所示的田地，这块田地的周长是多少码？

(A) 3 700　　　　　　(B) 3 800　　　　　　(C) 3 900

(D) 4 200　　　　　　(E) 根据已知信息无法确定

已知某特定区域内的电费价格如下：

美分/千瓦小时

第 1 个 100 千瓦小时＿＿＿＿＿＿＿＿3

第 2 个 100 千瓦小时＿＿＿＿＿＿＿＿2.5

第 3 个 100 千瓦小时＿＿＿＿＿＿＿＿2

问：5 美元可以获得多少千瓦小时的电？

(A) 175　　　　　　(B) 180　　　　　　(C) 200

(D) 225　　　　　　(E) 250

梅森镇坐落在鹰湖边。坎顿镇坐落在梅森镇的西面。辛克莱在坎顿东面，但在梅森西面。德克斯特在里士满东面，但在辛克莱和梅森西面。假设它们都在美国，哪个镇子在最西面？

(A) 梅森　　　　　　(B) 德克斯特　　　　　　(C) 坎顿

(D) 辛克莱　　　　　(E) 里士满

对于 9、12 和 13 年级而言，第 7 部分是对一般信息的测试。共计 95 个问题，要在 45 分钟内完成。一位思维敏捷的成年人能够回答出这些问题中的大多数。它们所涉及的领域可能是要通过校外活动而非校内课程活动才能了解到的。测试中包括五个领域，每个领域都会产生一个分数。男性实用技术（25 个问题）包括工具、汽车、建筑等。女性实用技术（25 个问题）包括食物、缝纫、装饰等。自然科学包括航空航天、化学、保健等 15 个问题。人文和艺术领域（15 个问题）涉及文学、音乐和美术。社会科学（15 个问题）包括历史、政府和公共事务。学校调查测试中使用的一般信息测试来自教育测试服务中心的测试项目文件。

例题：

汽车发动机运转时，待在封闭的车库里是危险的，因为——

(A) 一氧化碳气体可能聚积到有毒的浓度。

(B) 未燃烧的碳氢化合物很快会形成爆炸混合物。

(C) 车库里的氧气很快就会用完。

(D) 车库内的气压将降低到危险的水平。

例题：

说明： 下面的每个句子中都有四处加了下划线并用字母进行标识。阅读每个句子，判断划线部分是否包含不符合规范英语要求的语法结构、单词用法或是标点符号错误或遗漏的情况。如果有，就根据该处的字母标识涂黑答题纸上相应的方框。如果你认为划线部分都没有错误，就涂黑字母 E 所标识的方框。每个句子中的错误不超过一个。

3. If Henry enjoys <u>this</u> (A) kind of performance, why <u>don't</u> (B) he arrange to accompany <u>us</u> (C) boys <u>more</u> (D) frequently?

4. Never had the fortunes of England <u>sank</u> (A) to a <u>lower</u> (B) ebb <u>than</u> (C) at the moment <u>when</u> (D) Elizabeth mounted the throne.

P. The Empire State Express, loaded with passengers, left New York.

Q. Unlike the businessmen, however, a few reporters on board had been told that this run would be newsworthy and were eagerly waiting for something unusual to occur.

R. At last the big day, May 10, arrived.

S. If some of the important businessmen on board had known what was going to happen, they might have found an excuse to leave the train at Albany.

T. Her secret had been carefully kept.

U. Only a few officials knew that a record was to be tried for.

问题：

i. Which sentence did you put first?

 (A) Sentence P   (B) Sentence R   (C) Sentence S

 (D) Sentence T   (E) Sentence U

ii. Which sentence did you put after Sentence P?

 (A) Sentence Q   (B) Sentence R   (C) Sentence S

 (D) Sentence T   (E) Sentence U

iii. Which sentence did you put after Sentence Q?

 (A) Sentence P   (B) Sentence R   (C) Sentence T

 (D) Sentence U   (E) None of the above. Sentence Q is last.

第 3 部分涉及社会学、文学和美术，总共 65 题，时间限制为 30 分钟。

例题：

Come, cheerful day, part of my life to me;

  For while thou view'st me with thy fading light
Part of my life doth still depart with thee,
  And I still onward haste to my last night.
Time's fatal wings do ever forward fly:
So every day we live, a day we die.
But O ye nights, ordained for barren rest,
  How are my days deprived of life in you
When heavy sleep my soul hath dispossest,
  By feigned death life sweetly to renew!
Part of my life in that, you life deny:
So every day we live, a day we die.

11. In stanza 2 the speaker considers sleep to be a —

 (A) healthful time of contemplation

 (B) necessary but wasteful part of life

 (C) necessary but undistinguished part of life

 (D) time of spiritual renewal

 (E) time when the body recovers from the turbulence of the day

12. All of the following poetic devices are used in the poem EXCEPT —

 (A) alliteration   (B) apostrophe   (C) personification

 (D) simile   (E) paradox

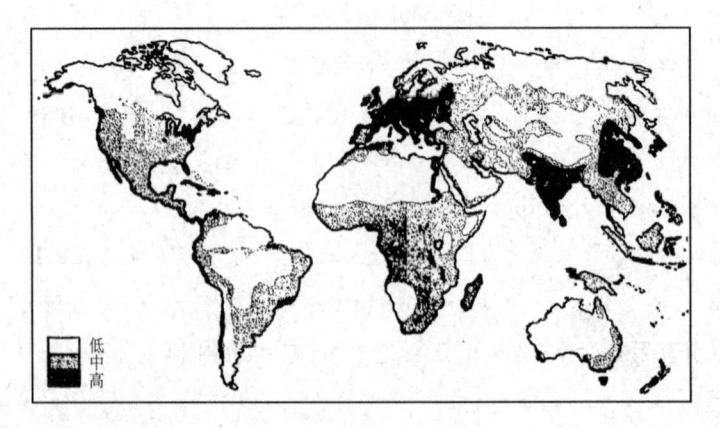

上面地图中的阴影部分被用来代表——

(A) 人口密度

(B) 农业劳动力总数的百分比

(C) 人均收入

(D) 每千人死亡率

第 4 部分包括数学和科学，总共 55 题，时间限制为 30 分钟。

例题：

将等量肥皂溶液加入两根装有等量水的试管中。摇晃两根试管相同次数，然后比较两根试管中的肥皂泡数量。这两份水样本中的下列哪一种属性可大致由这个实验确定？

(A) 它们的相对细菌数

(B) 它们的相对硬度

(C) 它们的相对饮用性

(D) 它们的相对化学纯度

(E) 它们的悬浮物质相对稀少度

冰被储存在冰箱的顶部而不是底部，是因为——

(A) 冷空气会上升到冰箱顶部

(B) 冰在冰箱底部的融化速度比冰箱顶部快

(C) 冰水自上而下滴落可以冷却冰箱

(D) 新冰放在冰箱顶部比放在底部更方便

(E) 暖空气会上升到冰箱顶部

如果制造两架飞机需要 r 磅铝，那么建造 t 架飞机需要多少磅铝？

(A) $\dfrac{r}{2t}$ (B) $\dfrac{rt}{2}$ (C) $\dfrac{t}{2r}$

(D) $\dfrac{2t}{r}$ (E) $2rt$

一立方英尺的铅被压成⅛英寸厚的板。铅板顶部的面积是多少（平方英尺）？

(A) 8   (B) 18   (C) 64

(D) 96   (E) 216

一辆汽车以每小时 40 英里的速度与公交车 R 和 T 往相同方向行驶，先超过 R，30 分钟后又超过 T。如果两辆公交车每小时行驶 35 英里，那么它们相距多少英里？

(A) 2½ (B) 5 (C) 7½
(D) 20 (E) 37½

第5部分是对非语言推理能力的测试。总共30道计分题,时间限制为25分钟,在计分题前面有说明和样题。

例题:

说明:这部分的问题是由按顺序排列的图形模式构成的,如图:

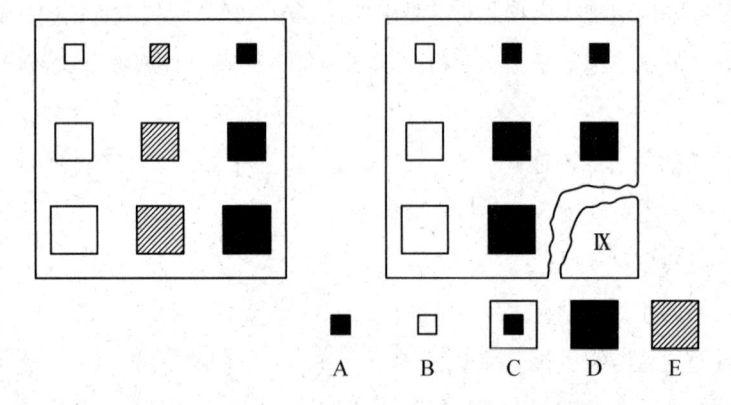

注意最上面一排的图形是如何变化的。它们变得越来越黑。第二排和第三排的图形也按照相同的规则改变。而每一列中的图形自上而下则遵循另一条变化规则,它们变得越来越大。整个图案中的每个图形都是根据这些规则构成的。

然而,在问题中,图案是不完整的。你要从答案选项中选出适合填在右下角标有Ⅸ的空白处的图形。这里有两道根据上面的图案出的样题。

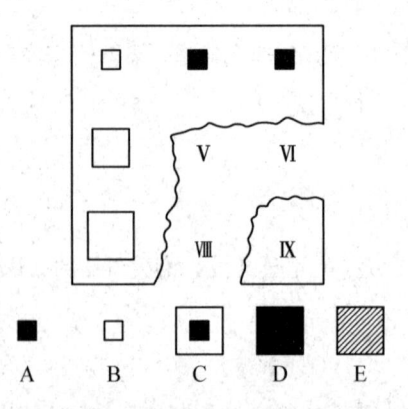

在两道样题中,符合空白处Ⅸ要求的都是D选项,因此正确答案是D。尽管在右边的样题中还有Ⅴ、Ⅵ和Ⅷ这三个空白处,但是决定图案模式的规则仍然相同。不管有多少图形缺失,你只需要选出符合空白处Ⅸ的图形。

下面左图的题目取自一个不同的图形模式。(完整的模式如右图所示。)请注意横杆数量和位置的变化。找出适合放在空白处Ⅸ的答案选项。

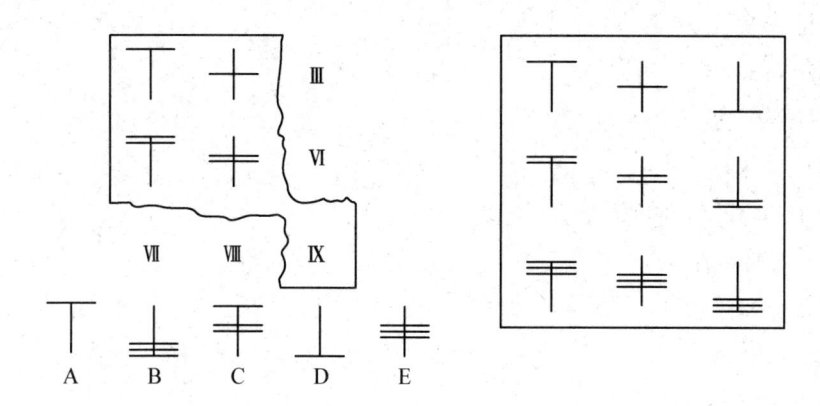

正确答案是 B。

下面是另一道样题。(完整的模式依然如右图所示。)

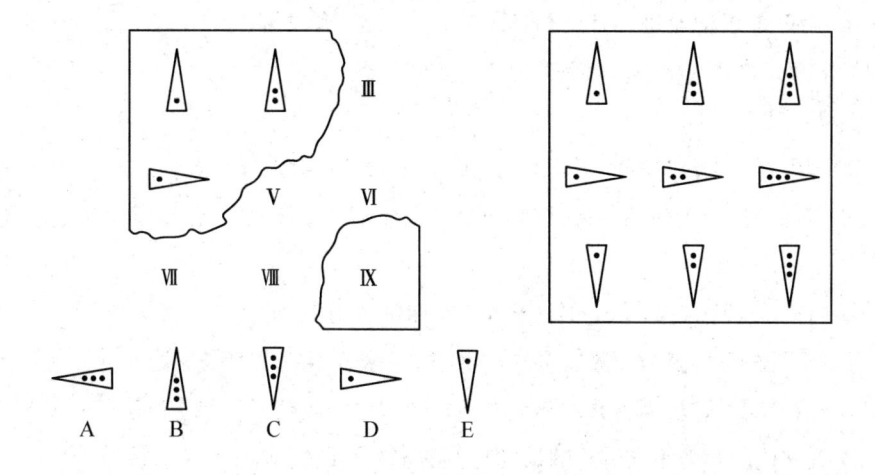

在这种情况下,只需要有三个图形就可以清楚地了解图形模式。从左往右,点的数量在增加。从上往下,三角形在旋转。正确答案是 C。

这项测试总共 30 道题,时间限制为 25 分钟。要细心做题,但不要在任何一道题上花太多时间。

对于每一道题目:

1. 寻找横向和竖向的变化规则。

2. 找到适合放在空白处Ⅸ的答案选项。

3. 在答题纸上涂黑你的选项字母下面的空格。

下列哪一种蛋糕配料最有可能用量杯测量？

(A) 面粉

(B) 鸡蛋

(C) 发酵粉

(D) 调味料

政府的财政年度开始于——

(A) 1月1日

(B) 3月15日

(C) 4月15日

(D) 7月1日

16年级

16年级（大学毕业班）测试源自全国教师考试。第1部分是专业信息，覆盖教学原理与实践。总共90道题，时间限制为75分钟。

例题：

1. 一位学生在课堂讨论期间开始做家庭作业。教师最好能够——

    (A) 下课后把学生叫到一边，解释说当他在课堂上做作业时，他给其余的学生树立了一个坏榜样。

    (B) 向全体学生宣布，家庭作业不可以在课堂活动中做。

    (C) 什么也不说，因为任务繁重的学生需要一些上课时间来做家庭作业。

    (D) 忽视这种情况，因为有些学生在独自学习中的收获多于课堂讨论。

    (E) 询问该生对与正在讨论的话题有关的某个问题的看法。

2. 反对用做功课来惩罚不当行为的最有效的理由是——

    (A) 它不如体罚有效。

    (B) 它可能会影响学生参加有益的课外活动。

    (C) 违纪的学生往往不需要做额外的功课。

    (D) 它可能使学生对所有功课产生反感。

    (E) 这可能需要很长时间才能完成，以至于学生不会将之与自己的违纪行为联系起来。

第 2 部分要求学生辨别语法和用法上的错误,并以最恰当的顺序排列句子。总共 45 道题,时间限制为 25 分钟。

学校调查测试——1 年级
主考官手册

本手册中包含了 1 年级学校调查测试管理的具体说明。您要向学生朗读的所有指示都封装在盒子内。您不可以偏离这些指示或是回答有关调查测试内容的任何问题。

您可以通过朗读这本手册中的适当内容并自己计时来估计实际调查测试所需要的大概时间。您应该留出更多时间用于分发和收集调查材料以及向学生做出必要的解释。

您会从您的校长那里收到一份关于调查测试管理的一般说明。他将解释本手册后面违规报告的使用方法。

调查测试管理所需的材料将由您的校长发给您。所有所需材料都列在下方的清单中,并留出括号空格方便您核查。

核对清单——测试用装备:

( )1. 调查手册(橙色)

( )2. 特殊大号铅笔

( )3. 学生身份卡

( )4. 本主考官手册,包括印在封三的一份违规报告

每张学生身份卡上都有一个预先印上去的序列号。您应该将每个学生的姓名写在一张卡片上,从而给每个学生分配一个序列号。然后,计划一下您能够完成每位学生的调查问卷,即第 4 部分的时间,该问卷在调查手册的最后。您应该根据您对该儿童的了解来完成问卷,无论是通过学校的记录还是通过与儿童的交谈。您应该在进行调查测试之前完成调查问卷的填写工作。

在填写调查问卷之前,先将学生身份卡上的学生编号填入调查手册封面用于填写序列号的大方格中。然后再涂黑序列号的六个数字下方的适当空格。将学生身份卡与调查手册放在一起。

对于每一位学生,将问卷中符合该儿童情况的答案空格标注出来。每一个问题请只涂黑一个空格。问题如下:

1. 性别：

    A. 男孩

    B. 女孩

2. 当前年龄：

    A. 5 岁或更小

    B. 6

    C. 7

    D. 8

    E. 9 岁或更大

3. 该儿童出生地：

    A. 本城、镇或县

    B. 本州，但不在本城、镇或县

    C. 美国的另一个州

    D. 在波多黎各

    E. 在墨西哥

    F. 在加拿大

    G. 在某个其他国家

    H. 我不知道

4. 该儿童属于哪个种族？

    A. 黑人

    B. 白人

    C. 美国印第安人

    D. 东亚裔

    E. 其他

5. 他是波多黎各人吗？

    A. 是

    B. 否

6. 他是墨西哥裔美国人吗？

    A. 是

    B. 否

7. 包括该儿童在内,该儿童家中住有多少人?算上母亲、父亲、兄弟姐妹、亲戚等。

    A. 2   G. 8
    B. 3   H. 9
    C. 4   I. 10
    D. 5   J. 11
    E. 6   K. 12
    F. 7   L. 13 或更多

8. 包括该儿童在内,该儿童家中有多少儿童(18 岁以下)?

    A. 1——只有该儿童   D. 4   G. 7   J. 10 或更多
    B. 2   E. 5   H. 8
    C. 3   F. 6   I. 9

9. 谁在充当他的父亲?对被收养的儿童而言,将养父视作他真正的父亲。

    A. 他真正的父亲,住在家里
    B. 他真正的父亲,不住在家里
    C. 他的继父
    D. 他的寄养父亲
    E. 祖父或外祖父
    F. 其他亲属(叔叔等)
    G. 其他成年人
    H. 没有人

10. 谁在充当他的母亲?对被收养的儿童而言,将养母视作他真正的母亲。

    A. 他真正的母亲,住在家里
    B. 他真正的母亲,不住在家里
    C. 他的继母
    D. 他的寄养母亲
    E. 祖父或外祖父
    F. 其他亲属(姨妈等)
    G. 其他成年人
    H. 没有人

对于所有关于学生父母亲的问题,回答符合问题 9 和 10 中所指定的人的情况。

11. 他父亲的受教育程度如何？（如果没有人在充当他的父亲，就回答他真正的父亲的情况。）

   A. 无,或上过一段小学

   B. 小学毕业

   C. 上过一段中学,但没有毕业

   D. 中学毕业

   E. 中学毕业后读过职业或商业学校

   F. 上过一段大学,但不到 4 年

   G. 毕业于四年制大学

   H. 读过研究生或专业学校

   I. 我不知道

12. 他父亲通常做什么工作？如果他的确切工作没有列在下面,就选一个看上去最接近的。

   A. 技术：如绘图员、测量员、医疗或牙科技师等

   B. 高级职员：如制造商、大公司的官员、银行家、政府官员或督察员等

   C. 经理：如销售经理、商店经理、办公室经理、工厂主管等

   业主或所有人：如小企业主、批发商、零售商、承包商、餐馆老板等

   D. 半熟练工人：如工厂机器操作员、公交车或出租车司机、肉类切割工等

   文员：如银行出纳员、记账员、售货员、办公室文员、邮递员、信使等

   服务人员：如理发师、餐厅服务员等

   安保人员：如警察、侦探、警长、消防员等

   E. 销售人员：如房地产或保险推销员、工厂代表等

   F. 农场或牧场经理或业主

   G. 一个或多个农场上的工人

   H. 工匠或体力劳动者：如工厂或矿山工人、渔民、加油站服务员、码头工人等

   I. 专业人员：如会计师、艺术家、牧师、牙医、医生、工程师、律师、图书管理员、科学家、大学教授、社会工作者

   J. 熟练工人或领班：如面包师、木匠、电工、军队现役士兵、机械工、水暖工、泥水匠、裁缝、工厂或矿山的领班

   K. 我不知道

13. 他的母亲出生在哪里？如果没有人在充当他的母亲,就回答他真正的母亲的情况。

    A. 本州

    B. 美国的另一个州

    C. 在波多黎各

    D. 在墨西哥

    E. 在加拿大

    F. 在某个其他国家

    G. 我不知道

14. 他母亲的受教育程度如何？

    A. 无,或上过一段小学

    B. 小学毕业

    C. 上过一段中学,但没有毕业

    D. 中学毕业

    E. 中学毕业后读过职业或商业学校

    F. 上过一段大学,但不到4年

    G. 毕业于四年制大学

    H. 读过研究生或专业学校

    I. 我不知道

15. 他母亲目前在外面工作吗？

    A. 是

    B. 否

    C. 家中无母亲

16. 他家中有人大部分时间说英语以外的语言吗？（西班牙语,意大利语,波兰语,德语等）

    A. 是

    B. 否

    C. 我不知道

17. 他在校外会说一种不是英语的语言吗？

    A. 是

B. 否

C. 我不知道

问题 18 到 25 是关于他家中可能拥有的物品。他家中是否有：

18. 电视机？

    A. 是

    B. 否

19. 电话？

    A. 是

    B. 否

20. 录音机、高保真音响或立体声音响？

    A. 是

    B. 否

21. 冰箱？

    A. 是

    B. 否

22. 字典？

    A. 是

    B. 否

    C. 我不知道

23. 百科全书？

    A. 是

    B. 否

    C. 我不知道

24. 汽车？

    A. 是

    B. 否

25. 真空吸尘器？

    A. 是

    B. 否

26. 他家里每天会收到一份报纸吗？

A. 是

B. 否

27. 他上过学前班吗？

    A. 是

    B. 否

28. 他上学前班前上过幼儿园吗？

    A. 是

    B. 否

    C. 我不知道

29. 该儿童参加过"领先"项目吗？

    A. 是

    B. 否，但他上过其他类似的暑期学前项目

    C. 否

30. 该儿童目前是在重读一年级吗？

    A. 是

    B. 否

31. 该儿童家附近有跟目前这所学校一样近或是更近的且设有他所在年级的公立学校吗？

    A. 是

    B. 否

请针对以下各个特征或行为模式对该儿童进行评分，方式如下：

如果该儿童通常会表现出这种特征或行为，就标注选项A；

如果这不是该儿童的通常行为模式，就标注选项B。

在评估一名儿童时，要将他的行为与其他同龄儿童进行参照。

32. 通常与班上的大多数儿童相处融洽。

    A. 是

    B. 否

33. 通常不会去打扰其他正在学习的儿童。

    A. 是

    B. 否

34. 通常会准时到校。

  A. 是

  B. 否

35. 通常表现出一种求知欲。

  A. 是

  B. 否

36. 通常有很好的口语词汇。

  A. 是

  B. 否

37. 上课通常注意力集中。

  A. 是

  B. 否

38. 通常可以逐步从一个活动转到另一个活动,既不很随意,也不花费很长过渡时间。

  A. 是

  B. 否

39. 通常能够承担起教室日常工作的责任,例如：做完事情会收拾一下以及整理物品。

  A. 是

  B. 否

　　当您完成每位儿童的调查问卷时,把他的学生身份卡夹在调查手册的封面内侧,这样就可以确保每位学生都能拿到正确的手册。

　　在调查开始之前,在黑板上抄下每一系列练习题目中的第一个问题。图画不需要很准确或优美。在调查的第2部分,您需要一个带长秒针的手表。

　　当学生入座并准备开始时,分发调查手册和特殊的人号铅笔。学生若想修改自己的答案,可以擦去原先的答案。但是,为了避免暗示他们修改答案,这一条不包括在指示说明中。阅读下面的指示,在出现省略号的地方暂停,以留出适当时间让学生完成指示中描述的步骤。对学生说：

　　我会说出一样东西的名字,然后大家在这些图片中找到它。(指着黑板。)这是一棵树。这些图片中的哪一张是房子？是的,这是房子。所以我们像这样给房

> 子标上记号。(涂黑您画的房子下面的圆圈。)
>
> 现在看你自己的手册。把你的手指放在树上……在同一排找到房子。用你的铅笔涂黑房子下面的小圆圈。(确保所有学生都照办了。)
>
> 现在把你的手指放在帽子上……在同一排找到猫。给猫下面的圆圈标上记号。(确保所有学生都照办了。)……
>
> 现在把你的手指放在鸟上……在同一排找到铅笔。给铅笔下面的圆圈标上记号。(确保所有学生都照办了。)……
>
> 现在把你的手指放在狗上……在同一排找到正在奔跑的男孩。给奔跑的男孩下面的圆圈标上记号。(确保所有学生都照办了。)……

停顿足够长时间,让学生们给图片标上记号,不要给予个人帮助,然后继续。从这里开始,只有当学生们没有听清楚时,才允许重复一个单词。每个问题所需的时间根据儿童的成熟程度和问题的难度从 15 秒到 25 秒不等。儿童们可能需要不时地加以鼓励:"来吧,标出我刚才跟你们说的图片。"

> 现在看我是怎么做的。把这页翻过去,像这样折回去。在这一页的角上,你应该看到一张男孩的图片。(示范。确保所有学生都翻到了正确的页面。)……
>
> 现在看着你的手册。把你的手指放在男孩上……在同一排找到铲子。给铲子下面的圆圈标上记号。
>
> 现在把你的手指放在小鸟上……在同一排找到勺子。给勺子下面的圆圈标上记号。
>
> 现在把你的手指放在狗上……在同一排找到正在读书的女人。给正在读书的女人下面的圆圈标上记号。
>
> 现在把你的手指放在花朵上……在同一排找到显示风把男人的帽子吹落的图片。给显示风把男人的帽子吹落的图片下面的圆圈标上记号。
>
> 现在把你的手指放在旗帜上……在同一排找到正把她的布娃娃放到最安全的地方的女孩。给正把她的布娃娃放到最安全的地方的女孩下面的圆圈标上记号。

现在把你的手指放在这一页最上面的蜡烛上……在同一排找到<u>正在推箱子的男人</u>。给<u>正在推箱子的男人</u>下面的圆圈标上记号。

现在把你的手指放在<u>鞋子</u>上……在同一排找到<u>树叶</u>。给<u>树叶</u>下面的圆圈标上记号。

现在把你的手指放在<u>椅子</u>上……在同一排找到<u>除了空气里面什么都没有的杯子</u>。给<u>除了空气里面什么都没有的杯子</u>下面的圆圈标上记号。

现在把你的手指放在<u>猫</u>上……在同一排找到<u>画家</u>。给<u>画家</u>下面的圆圈标上记号。

现在把你的手指放在<u>房子</u>上……在同一排找到让你想到<u>触摸</u>的图片。给让你想到<u>触摸</u>的图片下面的圆圈标上记号。

现在把手册像这样翻过来。（示范。确保所有学生都照办了。）……

现在把你的手指放在<u>狗</u>上……在同一排找到<u>正在写字的女人</u>。给<u>正在写字的女人</u>下面的圆圈标上记号。

现在把你的手指放在<u>帽子</u>上……在同一排找到<u>膝盖</u>。给<u>膝盖</u>下面的圆圈标上记号。

现在把你的手指放在<u>房子</u>上……在同一排找到<u>正在为邻居摘一大束花的女孩</u>。给<u>正在为邻居摘一大束花的女孩</u>下面的圆圈标上记号。

现在把你的手指放在<u>椅子</u>上……在同一排找到让你想到<u>高兴</u>的图片。给让你想到<u>高兴</u>的图片下面的圆圈标上记号。

现在把你的手指放在<u>猫</u>上……在同一排找到让你想到<u>系紧</u>的图片。给让你想到<u>系紧</u>的图片下面的圆圈标上记号。

现在把你的手指放在这一页最上面的旗帜上……在同一排找到<u>正在帮助一个孩子的警察</u>。给<u>正在帮助一个孩子的警察</u>下面的圆圈标上记号。

现在把你的手指放在<u>蜡烛</u>上……在同一排找到<u>昆虫</u>。给<u>昆虫</u>下面的圆圈标上记号。

现在把你的手指放在<u>男孩</u>上……在同一排找到<u>最高处有一位快乐的访客的树</u>。给<u>最高处有一位快乐的访客的树</u>下面的圆圈标上记号。

现在把你的手指放在<u>钟</u>上……在同一排找到让你想到<u>水平</u>的图片。给让你想到<u>水平</u>的图片下面的圆圈标上记号。

> 现在把你的手指放在鞋子上……在同一排找到让你想到撞击的图片。给让你想到撞击的图片下面的圆圈标上记号。
> 现在把手册像这样翻过来。（示范。确保所有学生都照办了。）……
> 现在把你的手指放在这一页最上面的狗上……找到正在跳过它的小房子的狗。给正在跳过它的小房子的狗下面的圆圈标上记号。
> 现在看下一行……到鸭妈妈和鸭宝宝似乎正在静静地做梦的图片。给鸭妈妈和鸭宝宝似乎正在静静地做梦的图片下面的圆圈标上记号。
> 现在看下一行……农夫正在用铲子挖土。给农夫正在用铲子挖土的图片下面的圆圈标上记号……
> 现在看下一行……找到让你想到服从的图片。给让你想到服从的图片下面的圆圈标上记号……
> 现在看下一行……找到让你想到权威的图片。给让你想到权威的图片下面的圆圈标上记号……

调查的第 1 部分到此结束。休息 5 或 10 分钟后进行调查的第 2 部分。在休息期间，应该合上手册。

在调查的第 2 部分，学生需要从右边的图片中选择一张属于或者匹配于左边方框中的图片。图片之间的关系因题目而异。主考官只帮助学生完成第一题。第一题应该被画在黑板上。

当所有学生都准备好开始时，让他们打开手册，翻到第 2 部分。对学生们说：

> 看这里的门。（指向你在黑板上画的门的图片。）门属于桌子吗？不。它属于桶吗？不。它属于树吗？不。它属于房子吗？是的。所以我们给房子下面的圆圈标上记号，表示门属于它。（涂黑您在房子下面画的圆圈。）现在，在你的手册上找到门。把你的手指放在门上……给房子下面的圆圈标上记号，表示门属于它。（确保所有学生都照办了。）……

> 现在看下一排的帽子。把你的手指放在帽子上。这顶帽子属于哪幅画？是的，它属于男人。现在给男人下面的圆圈标上记号，表示这顶帽子属于他。（确保所有学生都照办了。）……
> 现在看下一排。第一张图片是另一张图片的一部分。那么是哪张呢？第一张图片属于哪张图片，就给哪张图片下面的圆圈标上记号。（确保所有学生都照办了。）……
> 现在你们自己做下面两题。在每一排图片中找到与第一张图片相匹配或属于第一张图片的那张。每排只能给一张图片下面的圆圈标上记号。

从这里开始，儿童们应该独立完成每道题目。可以用以下指示鼓励他们："加油，在每一排中标出与第一张图片相匹配的图片。"给所有儿童或几乎所有儿童留出足够的时间来完成练习题目。然后说：

> 你应该已经给杯子下面的圆圈标上记号，还有脚下面的圆圈。现在像这样把手册翻过来。（确保所有学生都翻到了正确的页面，上面印着"第2部分"。）……现在做所有这些和这些题目。（指向两列题目。）……
> 在每一排中，找到属于或匹配于第一张图片的图片，给它下面的圆圈标上记号。准备好了吗？<u>开始</u>。

确保所有学生都只在做这一页上的题目。精确地留出整4分钟时间。请进行计时，不要依赖您的记忆。

在整4分钟结束时，说：

> 停。现在，把这页翻过去，像这样折回去。（示范。确保所有学生都翻到了左上角是第11题的那一页。）……现在做所有这些和这些题目。（指向两列题目。）……在每一排中，找到属于或匹配于第一张图片的图片，给它下面的圆圈标上记号。准备好了吗？开始。

确保所有学生都只在做这一页上的题目。精确地留出整 4 分钟时间。请进行计时，不要依赖您的记忆。

在整 4 分钟结束时，说：

停。现在像这样把手册翻过来。

示范。确保所有学生都照办了。在调查的第 3 部分，学生要找到与其他三项不匹配的项目。（不要说"与其他图片不相同"）。第一题应该被画在黑板上。当所有学生都准备好了，说：

看这四张图片。（指向画在黑板上的一组图片）……其中有三张图片是相似的，但其中一张不像另外三张。这是一棵树，这是一棵树，这也是一棵树，但椅子不是树。所以我们给"椅子"下面的圆圈标上记号，表示它是不同的；它与树不匹配。
（涂黑您在椅子下面画的圆圈。）……现在看你的手册。找到三棵树和椅子，给椅子下面的圆圈标上记号，表示它与树不匹配。（确保所有学生都照办了。）……
现在看下一排的四张图片。哪三张图片是相似的？是的，帽子。帽子是用来穿戴的。但是蜡烛不一样。它和帽子不匹配……给蜡烛下面的圆圈标上记号，表示它与帽子不匹配。（确保所有学生都照办了。）……
现在看下一排的四张图片。哪一张图片与其他三张不匹配？是的，第一张脸。它没有眼睛。给第一张脸下面的圆圈标上记号，表示它与其他三张脸不匹配。（确保所有学生都照办了。）……
现在看下一排的图片。哪一张图片与其他三张不匹配？是的，篮子。因为其他三张图片都是狗的一部分。给篮子下面的圆圈标上记号，表示它与狗的各部分不匹配。（确保所有学生都照办了。）……

> 现在你们自己做所有这些题目。(指出题目)……从最上面开始。在每一排中，有三张图片是相似的。找到与另外三张不一样的图片。每排只能给一张图片下面的圆圈标上记号，也就是与另外三张不匹配的那一张。

从这里开始，儿童们应该独立完成每道题目。可以用以下指示鼓励他们："加油，在每一排中标出与其他三张不匹配的图片。"给所有儿童或几乎所有儿童留出足够的时间来完成练习题目。然后说：

> 现在，把这页翻过去，像这样折回去。(示范。确保所有学生都翻到了左上角是第3部分第1题的那一页。)……现在做所有这些和这些题目。(指向两列题目。)……在每一排中，找到与其他三张不匹配的图片，给它下面的圆圈标上记号。准备好了吗？开始。

确保所有学生都只在做这一页上的题目。精确地留出整4分钟时间。请进行计时，不要依赖您的记忆。

在整4分钟结束时，说：

> 停。现在把手册像这样翻过去。(示范。确保所有学生都翻到了第11题。)……现在做所有这些和这些题目。(指向两列题目。)……在每一排中，找到与其他三张不匹配的图片，给它下面的圆圈标上记号。准备好了吗？开始。

确保所有学生都只在做这一页上的题目。精确地留出整4分钟时间。请进行计时，不要依赖您的记忆。

在整4分钟结束时，说：

停。现在把这一页翻过去,把手册像这样折叠。(示范。)……接下来我要收你们的手册了。你们可以把铅笔留着。

收集手册。检查一下,确保您从每位学生那里都收到了一本调查手册。

您应该将所有违规情况记录在您的《违规报告》中,然后将所有调查材料交还给您的校长,只有学生身份卡除外,应该将它从调查手册中移除并丢弃。

违规报告

只有在发生必须报告的违规情况时才需返还。参阅《校长手册》第 6 至 8 页。

学校调查测试　　　　　　　　　　　　　　　　　　　　　　1 年级

群体违规情况	个别学生违规情况					
	材料缺陷	作弊	退出	其他	答题纸序列号	调查部分
将所涉学生答题纸序列号列在背面	备注:					
只限于群体误定时						
- - - - - - - -	备注:					
调查部分						
其他群体违规情况	备注:					
- - - - - - - -						
调查部分	备注:					

校长: 如果您要就该**年级**提交超过一份违规报告,请注明总数_____。
如需要额外空间,请使用背面。

　　　　　　　　　　　　　　　　校长签名:_____　　主考官签名:_____

学校调查测试——3年级
主考官手册

　　本手册中包含了3年级学校调查测试管理的具体说明。您要向学生朗读的所有指示都封装在盒子内。您不可以偏离这些指示或是回答有关调查测试内容的任何问题。

　　您可以通过朗读这本手册中的适当内容并自己计时来估计实际调查测试所需要的大概时间。您应该留出更多时间用于分发和收集调查材料以及向学生做出必要的解释。您需要对调查手册很熟悉才能主持这次调查测试。

　　您会从您的校长那里收到一份关于调查测试管理的一般说明。他将解释本手册后面违规报告的使用方法。

　　一些调查测试管理所需的材料将由您的校长发给您。其他材料则应由您提供。所有所需材料都列在下方的清单中，并留出括号空格方便您核查。

核对清单——由校长提供的装备：

(　　)1. 调查手册(手册A是棕色，手册B是绿色)

(　　)2. 学生身份卡

(　　)3. 本主考官手册，包括印在封三的一份违规报告

核对清单——由您提供的装备：

(　　)1. 一个可靠的带长秒针的手表(不是秒表)

(　　)2. 几支带橡皮的2号铅笔和一个卷笔刀。应该事先告诉学生携带2号铅笔。

　　每张学生身份卡上都有一个预先印上去的序列号。您应该将每个学生的姓名写在一张卡片上，从而给每个学生分配一个序列号。然后，计划一下您能够完成手册A最后的调查问卷项目的时间。您必须根据您对每位学生的了解来完成该儿童的五个问卷项目，无论是通过学校的记录还是通过与儿童的交谈。您应该在进行调查测试之前完成调查问卷的填写工作。

　　在填写学生的五个问卷项目之前，先完成以下步骤：

1. 在手册A(棕色)上，将学生身份编号的六位数字填入标示有"序列号"字样的六个方格中。然后，以同样的方式，将数字填入手册B(绿色)。

2. 在两本手册上，涂黑与您填入方格的数字相对应的圆圈。

3. 检查两本手册,确保您都填入了正确的编号。再检查一下,确保您已经准确地将圆圈涂黑了,确定每一列都有一个涂黑的圆圈,而且任何一列都没有超过一个涂黑的圆圈。

4. 将两本手册与学生身份卡放在一起。

对于每一位学生,将问卷中符合该儿童情况的答案空格标注出来。每一个问题请只涂黑一个空格。问题如下:

48. 该儿童出生地是哪里?

    A. 本城、镇或县

    B. 本州,但不在本城、镇或县

    C. 美国的另一个州

    D. 在波多黎各

    E. 在墨西哥

    F. 在某个其他国家

    G. 我不知道

49. 他父亲的受教育程度如何?(回答符合问卷问题 8 中所指定的人的情况。)

    A. 无,或上过一段小学

    B. 小学毕业

    C. 上过一段中学,但没有毕业

    D. 中学毕业

    E. 中学毕业后读过职业或商业学校

    F. 上过一段大学,但不到 4 年

    G. 毕业于四年制大学

    H. 读过研究生或专业学校

    I. 我不知道

50. 他母亲的受教育程度如何?(回答符合问卷问题 9 中所指定的人的情况。)

    A. 无,或上过一段小学

    B. 小学毕业

    C. 上过一段中学,但没有毕业

    D. 中学毕业

    E. 中学毕业后读过职业或商业学校

F. 上过一段大学，但不到 4 年

G. 毕业于四年制大学

H. 读过研究生或专业学校

I. 我不知道

51. 他父亲通常做什么工作？如果他的确切工作没有列在下面，就选一个看上去最接近的。（回答符合问卷问题 8 中所指定的人的情况。）

　　A. 技术：如绘图员、测量员、医疗或牙科技师等

　　B. 高级职员：如制造商、大公司的官员、银行家、政府官员或督察员等

　　C. 经理：如销售经理、商店经理、办公室经理、工厂主管等

　　　　业主或所有人：如小企业主、批发商、零售商、承包商、餐馆老板等

　　D. 半熟练工人：如工厂机器操作员、公交车或出租车司机、肉类切割工等

　　　　文员：如银行出纳员、记账员、售货员、办公室文员、邮递员、信使等

　　　　服务人员：如理发师、餐厅服务员等

　　　　安保人员：如警察、侦探、警长、消防员等

　　E. 销售人员：如房地产或保险推销员、工厂代表等

　　F. 农场或牧场经理或业主

　　G. 一个或多个农场上的工人

　　H. 工匠或体力劳动者：如工厂或矿山工人、渔民、加油站服务员、码头工人等

　　I. 专业人员：如会计师、艺术家、牧师、牙医、医生、工程师、律师、图书管理员、科学家、大学教授、社会工作者

　　J. 熟练工人或领班：如面包师、木匠、电工、军队现役士兵、机械工、水暖工、泥水匠、裁缝、工厂或矿山的领班

　　K. 我不知道

52. 该儿童家附近有跟目前这所学校一样近或是更近的且设有他所在年级的公立学校吗？

　　A. 是

　　B. 否

当您完成每位儿童的调查问卷时，把他的学生身份卡夹在调查手册 A 的封面内侧，将手册 A 放在手册 B 上面，并且将手册放在不会被弄乱的地方。

在调查开始之前，在黑板上抄下每一系列练习题目中的第一个问题。图画不需要

很准确或优美。

当学生入座并准备开始时,根据学生身份卡分发调查手册。确保每位学生都有一支 2 号铅笔。学生若想修改自己的答案,可以擦去原先的答案。但是,为了避免暗示他们修改答案,这一条不包括在指示说明中。阅读下面的指示,在出现省略号的地方暂停,以留出适当时间让学生完成指示中描述的步骤。对学生说:

把棕色手册放在自己前面,把绿色手册放在旁边。我会说出一样东西的名字,然后大家在这些图片中找到它。(指着黑板。)这些图片中的哪一张是桌子?是的,这是桌子。所以我们像这样把桌子下面的圆圈涂黑。(涂黑您画的桌子下面的圆圈。)

现在看你自己的手册上的第一排图片。(指。)找到桌子。把桌子下面的圆圈涂黑。(确保所有学生都照办了。)……

下一排,第 2 题,找到只有两朵花的方框。把只有两朵花的方框下面的圆圈涂黑。(确保所有学生都照办了。)……

下一排,第 3 题,找到帽子。把帽子下面的圆圈涂黑。(确保所有学生都照办了。)……

下一排,第 4 题,找到蜡烛。把蜡烛下面的圆圈涂黑。(确保所有学生都照办了。)……

现在把这页翻过去,像这样折回去。(示范。确保所有学生都翻到了正确的页面。)……

看本页这边第一排的图片。(指示位置。)在这一排找到小鸟,把小鸟下面的圆圈涂黑。(停留 10 秒钟。)

下一排,第 2 题,找到狗。把狗下面的圆圈涂黑。……

下一排,第 3 题,把仙女下面的圆圈涂黑。单词是仙女。……

下一排,第 4 题,把家具下面的圆圈涂黑。单词是家具。……

下一排,第 5 题,把让你想到顽皮的图片下面的圆圈涂黑。单词是顽皮。……

下一排,第 6 题,在这一页的最上面,把机修工下面的圆圈涂黑。单词是机修工。……

下一排,第 7 题,把杂志下面的圆圈涂黑。单词是杂志。……

下一排,第 8 题,把风景下面的圆圈涂黑。单词是风景。……

下一排,第 9 题,把让你想到独自进入的图片下面的圆圈涂黑。单词是独自进入。……

下一排,第 10 题,把让你想到观赏的图片下面的圆圈涂黑。单词是观赏。……

现在像这样把手册翻过去。(示范)

看本页这边第一排的图片。(指示位置。)在这一排,第 11 题,把正在举东西的男人下面的圆圈涂黑。单词是举。……

下一排,第 12 题,把让你想到天真的图片下面的圆圈涂黑。单词是天真。……

下一排,第 13 题,把让你想到失去知觉的图片下面的圆圈涂黑。单词是失去知觉。……

下一排,第 14 题,把让你想到冒险的图片下面的圆圈涂黑。单词是冒险。……

下一排,第 15 题,把让你想到相似的图片下面的圆圈涂黑。单词是相似。……

下一排,第 16 题,把让你想到狭窄的图片下面的圆圈涂黑。单词是狭窄。……

下一排,第 17 题,把让你想到彬彬有礼的图片下面的圆圈涂黑。单词是彬彬有礼。……

下一排,第 18 题,把让你想到毁灭的图片下面的圆圈涂黑。单词是毁灭。……

下一排,第 19 题,把让你想到技艺娴熟的图片下面的圆圈涂黑。单词是技艺娴熟。……

下一排,第 20 题,把让你想到芳香的图片下面的圆圈涂黑。单词是芳香。……

现在把这页翻过去,像这样折回去。(示范。)……

看本页这边第一排的图片。(指示位置。)在这一排,第 21 题,把让你想到丰富的图片下面的圆圈涂黑。单词是丰富。……

下一排,第 22 题,把花瓣下面的圆圈涂黑。单词是花瓣。……

下一排,第 23 题,把让你想到水平线的图片下面的圆圈涂黑。单词是水平线。……

下一排,第 24 题,把山顶下面的圆圈涂黑。单词是山顶。……

下一排,第 25 题,把让你想到不计其数的图片下面的圆圈涂黑。单词是不计其数。……

> 看这四张图片。(指向黑板。)这是一棵树,这是一棵树,这也是一棵树,但这不是一棵树。椅子与树不匹配,因为它是不同的。所以我们把"椅子"下面的圆圈涂黑,就像这样。(涂黑您在椅子下面画的圆圈。)……
>
> 现在看你的手册上的第一排图片。(指示图片。)把椅子下面的圆圈涂黑,表示它与树不匹配。(确保所有学生都照办了。)……
>
> 现在看第二排图片。有三张图片是帽子,但是蜡烛不是帽子。把蜡烛下面的圆圈涂黑,表示它与其他图片不匹配。(确保所有学生都照办了。)……
>
> 现在看第三排图片。它们都是脸,但是第一张脸其他的脸不匹配,因为它没有眼睛。把第一张脸下面的圆圈涂黑,表示它与其他三张脸不匹配。(确保所有学生都照办了。)……
>
> 现在你们自己做这一页上的其他题目,一直做到第 5 题。找到与其他图片不匹配的一项,然后把正确选项下面的圆圈涂黑。

接下来不要给予学生任何帮助,只在必要的情况下重复:"找到与其他图片不匹配的一项。"给所有儿童或几乎所有儿童留出足够的时间来完成练习题目。然后说:

> 现在,把这页翻过去,像这样折回去。(示范。)这里有更多类似的题目。完成这一页的所有题目。(指示。)然后翻到下一页,完成下一页的所有题目。准备好了吗? <u>开始</u>。

当学生完成一页之后,确保他们继续去做下一页。精确地留出整 5 分钟时间。请进行计时,不要依赖您的记忆。在整 5 分钟结束时,说:

> 停。看这些图片。(指向黑板上的练习题目)。这两张图片是第一对:手、手套。要组成类似的一对,需要用什么跟脚配对? ……是的,鞋子。(指示。)<u>手</u>、<u>手套</u>;

> 脚、鞋子。所以我们把鞋子下面的圆圈涂黑，表示它跟脚配对后组成跟第一对图片类似的一对图片。(把鞋子下面的圆圈涂黑。)现在看你们自己的手册。(指示位置。)手、手套；脚、鞋子。大家把鞋子下面的圆圈涂黑，表示它跟脚配对。
> 现在看下一排图片：站着的狗，奔跑的狗；站着的男孩，？。哪张图片与站着的男孩相匹配？……是的，奔跑的男孩。站着的狗，奔跑的狗；站着的男孩，奔跑的男孩。把奔跑的男孩下面的圆圈涂黑，表示它跟站着的男孩匹配。(确保所有学生都照办了。)……
> 这里有更多类似的题目。(示范。)完成这一页上余下的所有题目。然后，把这页翻过去，完成下一页上的所有题目。记住，在每一排图片中，找到能组成第二对类似于第一对图片的那一项，然后把正确选项下面的圆圈涂黑。……准备好了吗？开始。

精确地留出整 4 分钟时间。请进行计时，不要依赖您的记忆。当学生完成一页之后，确保他们继续去做下一页。在整 4 分钟结束时，说：

> 停。

您应该留出大约 5 分钟的休息时间。当学生们准备好再次开始时，说：

> 下一部分是问卷。这一部分会问一些关于你和你的家人以及你所做的事情的问题。你知道关于你自己的所有答案。与我一起读题目，将符合你的情况的正确答案下面的圆圈涂黑。如果有任何问题你不想回答，你不必为那些问题涂黑圆圈，但请尽量回答所有的问题。

只有在这一部分，您可以解释问题的含义或是给予帮助。朗读每个问题和回应选项。如果对某个有关事实的问题的某项回应肯定适用于班上的所有儿童,您可以指导他们对正确的选项进行标注。问题 41、42、44、45 和 46 被略去了。问卷完成后,您可以让儿童们再休息大约 5 分钟。当您准备好再次开始时,说:

> 把棕色的手册整齐地折好,放到一边。把绿色的手册放在自己的前面。我们要看看你们的阅读能力如何。看这一页最上方的第一排方框。(指示位置。)读箭头中的单词。哪个方框与它最匹配?……箭头中的单词是飞。鸟的图片与它最匹配。把鸟下面的圆圈涂黑。(确保所有儿童都正确地将圆圈涂黑。)
>
> 现在自己完成阅读部分所有余下的题目,做题时要保持安静。在每一排,先读箭头中的内容,然后将与它最匹配的圆圈涂黑。每一排只能涂黑一个圆圈。当你做完一页时,直接做下一页。
>
> 有时你会在两个箭头之间读到一个故事,这时候,一定要仔细阅读故事。一直做到试卷上出现"停"这个单词,这时就将手册放在书桌上,放下铅笔,安静地坐着等大家都完成。
>
> 在每一排,先读箭头中的内容,然后将与它最匹配的圆圈涂黑。好的,从这一页的顶部开始。

给所有看似可以完成测试的儿童留出足够的时间做这些题。然后说:

> 把手册打开,翻到下一部分。(示范。)看第一排的方框,仔细听我说。哪一项是二?……二。中间方框中的数字是2。把中间方框下面的圆圈涂黑。(检查一下,确保每个孩子都正确标注了中间的方框。)……看下一排方框,仔细听。
>
> 哪一个数字小于66?把小于66的数字下面的圆圈涂黑。
>
> 现在看下一排方框,仔细听。
>
> 第 2 题。哪一个方框中是4 组3?把有4 组3 的方框下面的圆圈涂黑。
>
> 第 3 题。哪一个超过了6 个 10?……超过了6 个 10。
>
> 第 4 题。哪一个是5 200?……5 200。

第 5 题。看箭头中的内容。简正在倒数,数字间隔是 4。8 和 0 之间是什么数?……数字间隔为 4 进行倒数,把 8 和 0 之间那个数下面的圆圈涂黑。

第 6 题。约翰的父亲星期二上午开始工作,一直工作到星期五晚上。他一共工作了几天?……他星期二上午开始工作,星期五晚上结束。他工作了几天?

第 7 题。汤姆从第四级台阶跳到地面。他跳过了多少级台阶?……从第四级台阶到地面,他跳过了多少级台阶?

第 8 题:哪一组是偶数自然数?……偶数自然数。

第 9 题。哪一个数加上一个偶数后会得到一个奇数?……哪一个数加上一个偶数后会得到一个奇数?

翻到下一页。

看这一页最上面的问题。哪一个里面的答案是 0?……哪一个里面的答案是 0?

第 11 题。哪一项代表 15 是 5 个 3 的和?……15 是 5 个 3 的和?

第 12 题。简和贝蒂卖了 3 小时的柠檬汽水,每小时赚 2 美元。哪一项显示了如何计算她们赚了多少钱?……她们卖了 3 小时的柠檬汽水,每小时赚 2 美元。哪一项显示了如何计算她们赚了多少钱?

第 13 题。杰克有 30 颗弹珠。他给了拉尔夫 14 颗,给了唐 5 颗。哪一项显示了如何计算杰克还剩下多少颗弹珠?……他有 30 颗,给了拉尔夫 14 颗,给了唐 5 颗。哪一项显示了如何计算他还剩下多少颗弹珠?

第 14 题。山姆收集了 20 张棒球卡。他给了弟弟其中的四分之一。哪一项显示了如何计算山姆还剩下多少张卡?……他收集了 20 张,给了弟弟其中的四分之一。哪一项显示了如何计算他还剩下多少张卡?

第 15 题。苏在烘焙的甜点中放了 4 个鸡蛋。每个鸡蛋加 3 汤匙糖。她总共放了几汤匙的糖?……她放了 4 个鸡蛋,每个鸡蛋加 3 汤匙糖。她总共放了几汤匙糖?

第 16 题。驯兽师带领 4 只老虎进入笼子,每只老虎后面跟着 2 只狮子。笼子里一共有多少只狮子和老虎?……他带进去 4 只老虎,每只老虎后面跟着 2 只狮子。笼子里一共有多少只狮子和老虎?

第 17 题。琼带了 2 块三明治去野餐。每块三明治被切成两半。琼一共带了多少个半块三明治？……2 块三明治，每块被切成两半，她一共带了多少半块？

第 18 题。哪一项中的线段 A 是线段 B 的两倍？……线段 A 是线段 B 的两倍？

第 19 题。每 2 个复活节彩蛋中有 1 个是绿色的。如果总共有 6 个蛋，那么共有几个是绿色的？……总共有 6 个蛋，每 2 个蛋中有 1 个是绿色的，共有几个是绿色的？

现在翻到下一页。（示范）

第 20 题。看箭头中的数字。我们卖了 2 995 张票。这大约是多少？……把显示这大约是多少的方框下面的圆圈涂黑。

第 21 题。彼得最喜欢的饼干在商店里只有小袋装了，所以他买了 2 袋，总共是 21 块饼干。如果他只买 1 包的话，他大约会有多少块饼干？……他买了 2 袋，总共是 21 块饼干。如果他只买 1 包的话，他大约会有多少块饼干？

第 22 题。当你将一个稍稍大于 3 的数字加上一个稍稍大于 7 的数字，答案可能会是这里面的哪一个？……将一个稍稍大于 3 的数字加上一个稍稍大于 7 的数字。

第 23 题。当你将一个稍稍小于 3 的数字乘以一个稍稍小于 4 的数字，答案可能会是这里面的哪一个？……将一个稍稍小于 3 的数字乘以一个稍稍小于 4 的数字。

第 24 题。哪一个表示 3 小于 5？……3 小于 5。

第 25 题。49 美元和 9 美分的正确书写方式是哪一个？……49 美元和 9 美分。

第 26 题。唐刚刚错过了 2:45 的公交车，必须等待 3:05 的公交车，他必须等多久？……2:45 到 3:05，这中间是 20 分钟、45 分钟、还是 1 小时 20 分钟？

第 27 题。这里面哪一项大约是 6 英寸长？……大约 6 英寸长。

第 28 题。哪一项最长？……最长——2 码、4 英尺、还是 37 英寸？

第 29 题。我要花 20 分钟才能步行到安的家。它大约有几英里远？……我要花 20 分钟才能走到。它大约有几英里远？

第30题。有5个孩子,每个孩子要分到1品脱牛奶。我们至少需要多少夸脱牛奶？……5个孩子,每个孩子1品脱,至少需要多少夸脱？

翻到下一页。

第31题。这几组中哪一组通常重量超过150磅？……超过150磅。

第32题。这瓶果汁原先是满的,后来被倒出来一杯。大约还剩下多少杯？……它原先是满的……后来被倒出来一杯。大约还剩下多少杯？

第33题。哪一项中的东西是最相像的？……最相像的。

第34题。这里还需要填补多少块才能使它成为一个正方形？……还需要填补多少块才能使它成为一个正方形？

第35题。看箭头中的游戏板。在这个游戏中,你只能沿着线条移动硬币,不能直接跨越。如果你往上移动2格,再横向移动1格,你的硬币会在哪里？……哪个方框显示了你的硬币往上移动2格再横向移动1格后的位置,把它下面的圆圈涂黑。

第36题。看箭头中的游戏板。根据游戏规则,哪两枚硬币的距离最远？……哪个方框的图中显示了这两枚硬币,把它下面的圆圈涂黑。

停。

您应该让学生休息大约五分钟。当他们准备好再次开始时,说：

打开你的手册,翻到最上面有两只猫的那一页。(示范。)在这一部分,你将回答一种不同类型的问题。对于每一排,先看箭头中的内容。然后把与箭头中内容最匹配的方框下面的圆圈涂黑。

先看里面有两只猫的箭头。然后把与两只猫最匹配的方框下面的圆圈涂黑。……正确的方框是第一个,里面写着"2"。(确保每位儿童都正确标注了样题。)

现在自己完成手册中所有余下的题目,做题时要保持安静。在每一排,先看箭头中的内容,然后把与箭头中内容最匹配的方框下面的圆圈涂黑。每一排只能涂黑一个圆圈。当你做完一页时,直接做下一页,直到完成最后一题,第53题。

> 然后,将手册合上,放下铅笔,安静地坐着等大家都完成。
> 在每一排,先看箭头中的内容,然后把与箭头中内容最匹配的方框下面的圆圈涂黑。好的,开始。

在学生中巡视,确保他们正确地将圆圈涂黑,并且在按照页码顺序做题。回答任何有关程序的问题,但不要给他们任何关于特定答案的信息或线索。根据您的判断,留出足够的时间让所有儿童完成调查。

当所有人都完成时,说:

> 把绿色手册整齐地折好。(示范,如有需要则给予帮助。)
> 把棕色手册放在绿色手册上面。

把手册收上来。将手册整理好,将每个学生的两本手册放在一起,手册 A(棕色)放在上面,这样,在任何一叠手册中,两本手册会交替出现——棕色、绿色、棕色、绿色,等等。您应该扔掉学生身份卡。检查一下,确保您从每个学生那里都收到了两本手册,而您手中的材料与您从您的校长那里收到的数量相同。

您应该将所有违规情况记录在您的《违规报告》中,然后将所有调查材料交还给您的校长。

违规报告

只有在发生必须报告的违规情况时才需返还。参阅《校长手册》第 6 至 8 页。

学校调查测试   3 年级

群体违规情况	个别学生违规情况					
	材料缺陷	作弊	退出	其他	答题纸序列号	调查部分
	备注:					
将所涉学生答题纸序列号列在背面 只限于群体误定时 - - - - - - - - 调查部分 其他群体违规情况 - - - - - - - - 调查部分	备注:					
	备注:					
	备注:					

校长：如果您要就该年级提交超过一份违规报告，请注明总数＿＿＿＿。
如需要额外空间，请使用背面。

校长签名：＿＿＿＿　　主考官签名：＿＿＿＿

附录 | 805

此处请勿涂写

教育机会测试
学校调查测试
3 年级-手册 A
OE 2232C - 7
预算局编号：51 - 6518
批复到期：1966 年 6 月 30 日
版权 © 1962 Herschel T. Manuel 版权所有
版权 © 1965 教育测试服务中心版权所有
新泽西州普林斯顿教育测试服务中心

序列号

第 4 部分

1. 你属于哪一类?
   ○ 男孩
   ○ 女孩

2. 你现在多大了?
   ○ 7 岁或更小   ○ 10
   ○ 8   ○ 11 岁或更大
   ○ 9

3. 你是——
   ○ 黑人   ○ 东亚裔
   ○ 白人   ○ 其他
   ○ 美国印第安人

4. 你是波多黎各人吗?
   ○ 是
   ○ 否

5. 你是墨西哥裔美国人吗?
   ○ 是
   ○ 否

6. 你家中有多少人?算上母亲、父亲、兄弟姐妹、姑姨叔舅、(外)祖父母以及任何其他跟你住在一起的人。把你自己算进去,但<u>别</u>把你的宠物算进去。
   ○ 2   ○ 7
   ○ 3   ○ 8
   ○ 4   ○ 9
   ○ 5   ○ 10

   ○ 6   ○ 11 或更多

7. 包括你自己在内,你家中有多少儿童(18 岁以下)?
   ○ 1 - 只有我   ○ 6
   ○ 2   ○ 7
   ○ 3   ○ 8
   ○ 4   ○ 9
   ○ 5   ○ 10 或更多

8. 现在谁是你的父亲?
   ○ 我真正的父亲,他住在家里
   ○ 我真正的父亲,他不住在家里
   ○ 我的继父
   ○ 我的寄养父亲
   ○ 我的祖父或外祖父
   ○ 其他亲属(叔叔等)
   ○ 其他成年人(非亲戚)
   ○ 没有人

9. 现在谁是你的母亲?
   ○ 我真正的母亲,她住在家里
   ○ 我真正的母亲,她不住在家里
   ○ 我的继母
   ○ 我的寄养母亲
   ○ 我的祖母或外祖母
   ○ 其他亲属(姨妈等)
   ○ 其他成年人(非亲戚)
   ○ 没有人

10. 你母亲有工作吗？
    ○是
    ○否　　　　　○我没有母亲

11. 在你上学前，家里是否有人为你朗读书籍？
    ○否　　　　　○是，经常
    ○是，有时候　○我不记得了

12. 你家中有人大部分时间说英语以外的语言吗？（西班牙语，意大利语，波兰语，德语等）
    ○是
    ○否

13. 你在校外会说一种不是英语的语言吗？
    ○是
    ○否

14. 你家里有几个房间？只计算你和家人居住的房间。厨房（如果是独立的话）也算，但卫生间不算。
    ○1　　　　　○6
    ○2　　　　　○7
    ○3　　　　　○8
    ○4　　　　　○9
    ○5　　　　　○10 或更多

15. 你家有电视机吗？
    ○是　　　　　○否

16. 你家有电话吗？
    ○是　　　　　○否

17. 你家有录音机、高保真音响或立体声音响吗？
    ○是　　　　　○否

18. 你家有冰箱吗？
    ○是　　　　　○否

19. 你家有字典吗？
    ○是　　　　　○否

20. 你家有百科全书吗？
    ○是
    ○否　　　　　○我不知道

21. 你家有汽车吗？
    ○是　　　　　○否

22. 你家有真空吸尘器吗？
    ○是　　　　　○否

23. 你家每天会收到一份报纸吗？
    ○是　　　　　○否

24. 你这个暑假读过书吗？不要把杂志、读者周刊或漫画书算进去。
    ○否
    ○是，1 或 2 本　　○是，大约 10 本
    ○是，大约 5 本　　○是，超过 10 本

25. 在上学的日子里，你在家里会看多少时间电视？
    ○不看或几乎不看
    ○每天大约½小时
    ○每天大约 1 小时
    ○每天大约 1½小时
    ○每天大约 2 小时
    ○每天大约 3 小时
    ○每天 4 个或以上小时

26. 自从一年级以来，你上过多少所不同的学校？只计算你白天上的学校。

　　○ 1-只有这所

　　○ 2　　　　　　○ 4

　　○ 3　　　　　　○ 5 或更多

27. 如果你可以选择，你是不是宁可上另一所学校而不是目前这所？

　　○ 是

　　○ 否　　　　　　○ 我不确定

28. 你的大多数同学喜欢你吗？

　　○ 是　　　　　　○ 否

29. 你是一名多好的学生？

　　○ 我班最好的学生之一

　　○ 在我班属于中上水平

　　○ 在我班属于中等水平

　　○ 在我班属于中下水平

　　○ 在我班接近垫底

30. 你母亲希望你在学校里表现多好？

　　○ 我班最好的学生之一

　　○ 在我班属于中上水平

　　○ 在我班属于中等水平

　　○ 能过得去就行

　　○ 我不知道或问题无效

31. 你父亲希望你在学校里表现多好？

　　○ 我班最好的学生之一

　　○ 在我班属于中上水平

　　○ 在我班属于中等水平

　　○ 能过得去就行

　　○ 我不知道或问题无效

32. 你去年有黑人老师吗？<u>不要把代课老师算进来。</u>

　　○ 是　　　　　　○ 否

33. 你的好朋友中有多少是白人？

　　○ 无

　　○ 一些　　　　　○ 大多数

　　○ 大约一半　　　○ 全都是

34. 你上过学前班吗？

　　○ 是　　　　　　○ 否

35. 你上学前班前上过幼儿园吗？

　　○ 是　　　　　　○ 否

　　○ 我不记得

36. 你去年上几年级？

　　○ 一年级

　　○ 二年级

　　○ 三年级

37. 早晨你从家到学校要花多少时间？

　　○ 10 分钟

　　○ 20 分钟

　　○ 30 分钟

　　○ 45 分钟

　　○ 1 小时或更多

38. 早晨你通常如何上学？

　　○ 坐汽车

　　○ 步行或骑车

　　○ 坐校车

　　○ 坐公交车(非校车)，火车，电车，或地铁

　　○ 其他

环顾你的教室,然后看下面的每一张图片。关于这些图片有若干问题。对于每个问题,找到与你所选图片字母相同的选项,把它旁边的圆圈涂黑。

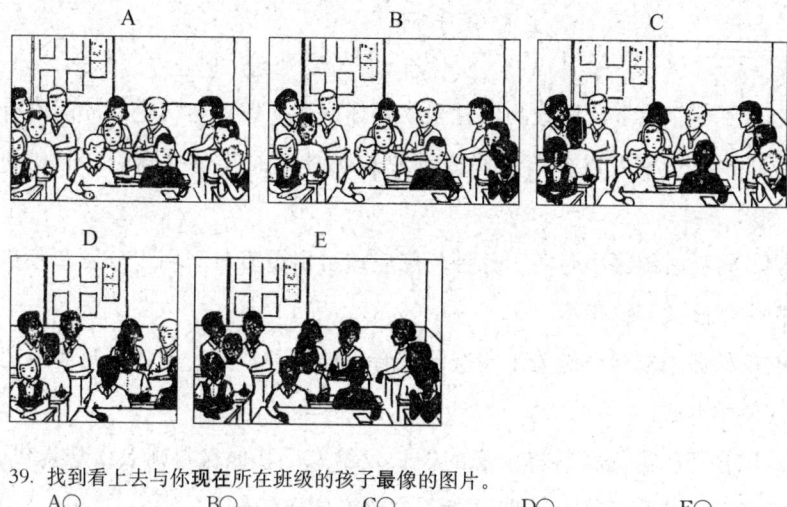

A   B   C
D   E

39. 找到看上去与你**现在**所在班级的孩子**最像**的图片。
    A○   B○   C○   D○   E○
40. 找到看上去与你**去年**所在班级的孩子**最像**的图片。
    A○   B○   C○   D○   E○
43. 找到看上去与你的好朋友**最像**的图片。
    A○   B○   C○   D○   E○

学校调查测试——6年级
主考官手册

本手册中包含了6年级学校调查测试管理的具体说明。您要向学生朗读的所有指示都封装在盒子内。您不可以偏离这些指示或是回答有关调查测试内容的任何问题。

实际调查测试将耗时约两小时四十分钟。您应该留出更多时间用于分发和收集调查材料以及向学生阅读测试指示。

您会从您的校长那里收到一份关于调查测试管理的一般说明。他将解释本手册后面违规报告的使用方法。

一些调查测试管理所需的材料将由您的校长发给您。其他材料则应由您提供。所有所需材料都列在下方的清单中,并留出括号空格方便您核查。

核对清单——由校长提供的装备:

(　)1. 调查手册(封面是蓝色的圆圈)

(　)2. 答题纸

(　)3. 本主考官手册,包括印在封三的一份违规报告

核对清单——由您提供的装备:

(　)1. 一个可靠的带长秒针的手表(不是秒表),您愿意根据指示对它进行调整。*

(　)2. 一个钟(闹钟规格或是更大),以防考场内没有钟。如果无法提供钟,您可以按照一定的时间间隔公布剩余的答题时间。*

(　)3. 几支带橡皮的2号铅笔和一个卷笔刀。应该事先告诉学生携带2号铅笔。

(　)4. 剪刀,以便迅速剪开装着答题纸的塑料袋。

＊每个调查测试考场应该始终有两个计时器,以防发生误定时。

当学生已经坐好并准备开始时,请阅读以下指示,在出现省略号的地方暂停,以留出适当时间让学生完成指示中描述的步骤。

有没有哪位同学没有带橡皮的2号铅笔?……

如果有学生没有,就提供一支铅笔给他。

你们每个人将发到一份答题纸和一本调查手册。在我告诉你们要做什么之前,不要在答题纸上写任何东西。当你们拿到调查手册后,阅读封底的说明,读完后抬头看着我。在我让你们打开调查手册之前,不要打开它。

按照顺序先后将答题纸和调查手册分发到每个学生的手中。确保所有学生都没有打开调查手册。当所有学生都已经读完调查手册封底的说明后,说:

把答题纸放好,让"学校调查测试"的标题位于上方,然后看标有"身份号码"的区域。……你的身份号码是印在六个大格子内的红色数字。在每个大格子下面都有一列用从1到0的数字标记的空格。沿着每个大格子下面的这一列空格,找到包含相应数字的空格,将它涂黑。例如,如果第一个大格子里的数字是3,你就沿着下面的一列空格,找到标记为3的空格,将它涂黑。注意,对待0也跟其他数字一样。完成以后,抬头看着我。还有什么问题吗?……

回答所有与操作程序有关的问题。等所有学生已经涂好他们的身份号码,说:

你将有大约2小时40分钟的时间用来做调查测试。看标有"第1部分"的区域。调查测试包括6个部分和一份问卷。我将宣布每一部分的开始时间。你不可以漏做任何一部分。如果你提前完成了某一部分,就检查一下你在该部分做的情况。你不可以提前做还没有宣布开始的部分,也不可以回去做前面的部分。<u>要确保你的所有答案标记都是黑色的,而且填满了答案空格。不要在答题纸上留下任何不相干的标记。如果要擦掉标记,就必须擦干净,没有擦干净的标记可能被当成你希望选的答案。</u>在涂黑每个答案空格时,确保题号与调查手册中的

> 题号一致。不允许使用草稿纸。草稿可以写在调查手册上，而<u>不</u>是在答题纸上。你在调查手册上写的任何内容都不计分。要记录答题结果，就必须在你的答题纸上涂黑适当的空格。在调查测试过程中你<u>不可以</u>问任何问题。如果你的调查手册、答题纸或铅笔有瑕疵，请举手。在调查测试期间，把你的答题纸和调查手册平摊在你正前方的桌面上。你的桌面上除了你的调查手册、答题纸和铅笔，不应该放任何其他东西。记住，在调查测试期间你不可以问任何问题，所以有问题必须现在问。还有什么问题吗？……

回答所有与操作程序有关的问题。然后说：

> 打开你的调查手册，翻到第 1 部分并阅读说明。不要翻页，直到我让你这么做。

将您的表设定为 8:59。当您的表正好走到 9:00 时，说：

9:00 说　你将有 15 分钟时间用来做第 1 部分。现在翻页，开始做。如果有需要，你可以翻看前面的说明。

每个部分开始之后，你和/或监考人员应该巡视考场，确保每位学生正在做正确的部分，并且将答案标注在答题纸的正确区域。

9:15 说　停。翻到第 2 部分的说明。仔细阅读样题，但是不要翻页，直到我让你这么做。

将您的表设定为 9:14。当您的表正好走到 9:15 时，说：

9:15 说 | 你将有 10 分钟时间用来做第 2 部分。现在翻页,开始做。如果有需要,你可以翻看前面的说明。

9:25 说 | 停。现在看第 3 部分的说明。仔细阅读说明,然后看第一道样题。……现在看第二道样题。这里有两对图画,一只大狗和一只小狗,以及一只大猫和一只小猫。母牛不属于任何一对,所以母牛是正确答案。……现在看第三道样题。这里也有两对图画。梳子不属于任何一对,所以它是正确答案。……在第四道样题中,正确答案是猪,因为它是唯一不在跑的动物,它与其他动物都不一样。……

将您的表设定为 9:24。当您的表正好走到 9:25 时,说:

你将有 8 分钟时间用来做第 3 部分。现在翻页,开始做。如果有需要,你可以翻看前面的说明。 | 9:25 说

停。现在看第 4 部分的说明。仔细阅读说明,然后看第一道样题。……现在看第二道样题。第一对是一个白圈和一个黑圈,所以第二对应该是白方块和黑方块。在第三道样题中,第二个选项是正确的:正方形,正方形中还有个小正方形——三角形,三角形中还有个小三角形。现在看第四道样题,在这里,第一个选项是正确的:第二个图形是将第一个颠倒过来。…… | 9:33 说

将您的表设定为 9:34。当您的表正好走到 9:35 时,说:

| 你将有 8 分钟时间用来做第 4 部分。现在翻页，开始做。如果有需要，你可以翻看前面的说明。 | 9:35 说 |

| 停。现在阅读第 5 部分的说明，但是不要翻页，直到我让你这么做。 | 9:43 说 |

将您的表设定为 9:44。当您的表正好走到 9:45 时，说：

| 你将有 35 分钟时间用来做第 5 部分。现在翻页，开始做。如果有需要，你可以翻看前面的说明。 | 9:45 说 |

| 停。把你的答题纸夹在测试手册中，合上测试手册，放在桌子上，不要打开。现在你将有 5 分钟休息时间。在这段时间里，你可以站在座位旁边，但是<u>不可以交谈</u>。 | 10:20 说 |

在休息期间，你和/或监考人员应该巡视考场，确保所有测试手册都合上了，所有答题纸都夹在测试手册中。

学生在休息期间可以去洗手间。确保所有调查材料都留在调查测试考场内，测试手册都合上了，答题纸都夹在测试手册中。

在休息时间即将结束之际，说：

| 请大家注意。回到座位上，准备继续做测试。 |

当所有学生都坐好后，将您的表设定为 10:24。当您的表正好走到 10:25 时，说：

| 10:25 说 | 你将有 35 分钟时间用来做第 6 部分。翻到第 6 部分,阅读说明,并开始答题。 |

| 11:00 说 | 停。本次调查的最后一部分是问卷调查。你应该尽你的所能试着回答所有问题。我和其他任何人都不会看到你是如何回答这些问题的——那些进行调查的人只能看到你的答题纸上的身份号码。你将有 45 分钟时间用来做问卷。如果你提前完成,请合上你的调查手册,安静地坐在原位,直到所有人都完成为止。现在,翻到问卷,开始答题。 |

调查测试主考官可以回答与问卷项目的意义或诠释有关的问题。

| 11:30 说 | 试着在接下来的 15 分钟内完成答卷。 |

这时,巡视考场,鼓励那些落后的学生。即使您必须花超过 45 分钟时间,也要给所有学生足够的时间去完成问卷。当所有学生都已经完成时,说:

> 合上你的调查手册。不要将答题纸夹在调查手册中。我们将先收调查手册,然后收答题纸。请不要交谈。

从每位学生那里分别按照顺序先后收集调查手册和答题纸,并进行清点。检查一下,确保您从每位学生那里都收到了一本手册和一份答题纸,而且您手中的材料与您从您的校长那里收到的数量相同。

您应该将所有违规情况记录在您的《违规报告》中,然后将所有调查材料交还给您的校长。

在这里列出涉及群体违规的学生的序列号

违规报告

只有在发生必须报告的违规情况时才需返还。参阅《校长手册》第 6 至 8 页。

学校调查测试							6 年级
群体违规情况	个别学生违规情况						
	材料缺陷	作弊	退出	其他	答题纸序列号	调查部分	
将所涉学生答题纸序列号列在背面 只限于群体误定时 - - - - - - - - 调查部分 其他群体违规情况 - - - - - - - - 调查部分	备注：						
	备注：						
	备注：						
	备注：						

校长：如果您要就该年级提交超过一份违规报告，请注明总数_____。
如需要额外空间，请使用背面。

校长签名：_____   主考官签名：_____

教育机会调查

学校调查
测试
6 年级

版权© 1965 新泽西州普林斯顿及加利福尼亚州伯克利教育测试服务中心版权所有。

第7部分 调查问卷

就每道题选出对你而言是正确的答案,在答题纸上标出对应题目的答案号。对每个问题只能标出一个答案。你可以跳过任何你不想回答的问题。

1. 你是男孩还是女孩?
   - (A) 男孩
   - (B) 女孩
2. 你现在多大了?
   - (A) 9 岁或更年轻
   - (B) 10 岁
   - (C) 11 岁
   - (D) 12 岁
   - (E) 13 岁或更大
3. 你出生在哪里?
   - (A) 本城、镇或县
   - (B) 本州的其他某个地方
   - (C) 美国的另一个州
   - (D) 在波多黎各
   - (E) 在墨西哥
   - (F) 在加拿大
   - (G) 在某个其他国家
   - (H) 我不知道
4. 下面哪一项最符合你的情况?
   - (A) 黑人
   - (B) 白人
   - (C) 美国印第安人
   - (D) 东亚裔
   - (E) 其他
5. 你是波多黎各人吗?
   - (A) 是
   - (B) 否
6. 你是墨西哥裔美国人吗?
   - (A) 是
   - (B) 否
7. 你家中有多少人?算上母亲、父亲、兄弟姐妹、姑姨叔舅、(外)祖父母以及任何其他跟你住在一起的人。把你自己算进去,但别把你的宠物算进去。
   - (A) 2
   - (B) 3
   - (C) 4
   - (D) 5
   - (E) 6
   - (F) 7
   - (G) 8
   - (H) 9
   - (I) 10
   - (J) 11 或更多
8. 包括你自己在内,你家中有多少儿童(18 岁以下)?
   - (A) 1 - 只有我

(B) 2

(C) 3

(D) 4

(E) 5

(F) 6

(G) 7

(H) 8

(I) 9

(J) 10 或更多

9. 现在谁是你的父亲?

(A) 我真正的父亲,他住在家里

(B) 我真正的父亲,他不住在家里

(C) 我的继父

(D) 寄养父亲

(E) 祖父或外祖父

(F) 其他亲属(叔叔等)

(G) 其他成年人

(H) 没有人

10. 现在谁是你的母亲?

(A) 我真正的母亲,她住在家里

(B) 我真正的母亲,她不住在家里

(C) 我的继母

(D) 寄养母亲

(E) 祖母或外祖母

(F) 其他亲属(姨妈等)

(G) 其他成年人

(H) 没有人

对于所有关于你父母的问题,按照在问题 9 和 10 中你所说的充当你父母的人的情况来回答。

11. 你父亲的受教育程度如何?

(A) 无,或上过一段小学

(B) 小学毕业

(C) 上过一段中学,但没有毕业

(D) 中学毕业

(E) 中学毕业后读过职业或商业学校

(F) 上过一段大学,但不到 4 年

(G) 毕业于四年制大学

(H) 读过研究生或专业学校

(I) 我不知道

12. 他平时或通常做什么工作?如果他的确切工作没有列在下面,就选一个看上去最接近的。

(A) 绘图员或医疗技师

(B) 银行家、大公司的官员或政府官员

(C) 商店业主或经理、办公室经理

(D) 售货员、办公室文员、卡车司机、招待、警察、记账员、邮差、理发师

(E) 推销员

(F) 农场或牧场经理或业主

(G) 一个或多个农场上的工人

(H) 工厂工人、体力劳动者或加油站服务员

(I) 医生、律师、牧师、工程师、科学家、教师、大学教授、艺术家、会

计师

(J) 木匠、电工、机械工、裁缝或工厂的领班

(K) 我不知道

13. 你母亲出生在哪里?

(A) 本州

(B) 美国的另一个州

(C) 在波多黎各

(D) 在墨西哥

(E) 在加拿大

(F) 在某个其他国家

(G) 我不知道

14. 你母亲的受教育程度如何?

(A) 无,或上过一段小学

(B) 小学毕业

(C) 上过一段中学,但没有毕业

(D) 中学毕业

(E) 中学毕业后读过职业或商业学校

(F) 上过一段大学,但不到4年

(G) 毕业于四年制大学

(H) 读过研究生或专业学校

(I) 我不知道

15. 你母亲在外面工作吗?

(A) 是,全职

(B) 是,兼职

(C) 否

16. 你家中有人大部分时间说英语以外的语言吗?(德语,意大利语,西班牙语等)

(A) 是

(B) 否

17. 你在校外会说一种不是英语的语言吗?

(A) 是

(B) 否

18. 在你上学前,家里是否有人为你朗读书籍?

(A) 否

(B) 偶尔

(C) 很多次,但不定期

(D) 很多次,定期

(E) 我不记得了

19. 你家里有电视机吗?

(A) 是

(B) 否

20. 你家里有电话吗?

(A) 是

(B) 否

21. 你家里有录音机、高保真音响或立体声音响吗?

(A) 是

(B) 否

22. 你家里有冰箱吗?

(A) 是

(B) 否

23. 你家里有字典吗?

(A) 是

(B) 否

(C) 我不知道

24. 你家里有百科全书吗?

(A) 是

(B) 否

(C) 我不知道

25. 你家里有汽车吗?

(A) 是

(B) 否

26. 你家里有真空吸尘器吗?

(A) 是

(B) 否

27. 你家里每天都能收到一份报纸吗?

(A) 是

(B) 否

28. 你这个暑假读过书吗?(不要把杂志或漫画书算进去。)

(A) 否

(B) 是,1 或 2 本

(C) 是,大约 5 本

(D) 是,大约 10 本

(E) 是,超过 10 本

29. 在上学的日子里,你在家里会看多少时间电视?

(A) 不看或几乎不看

(B) 每天大约½小时

(C) 每天大约 1 小时

(D) 每天大约 1½小时

(E) 每天大约 2 小时

(F) 每天大约 3 小时

(G) 每天 4 个或以上小时

30. 自从一年级以来,你上过多少所不同的学校?

(A) 1-只有这所

(B) 2

(C) 3

(D) 4

(E) 5 或更多

31. 去年你的班级里有多少学生是白人?

(A) 无

(B) 一些

(C) 大约一半

(D) 一大半

(E) 所有

32. 你每天大约花多少时间做家庭作业?("家庭作业"指学校布置的在家里做的作业。)

(A) 我没有家庭作业

(B) 每天大约½小时

(C) 每天大约 1 小时

(D) 每天大约 1½小时

(E) 每天大约 2 个或以上小时

33. 如果我可以改变,我希望变成一个不同于我自己的人。

(A) 是

(B) 否

(C) 我不确定

34. 我能做好很多事情。

(A) 是

(B) 否

(C) 我不确定

35. 如果可以,我宁可上另一所学校而不是目前这所。

(A) 是
(B) 否
(C) 我不确定

36. 我喜欢学校。
    (A) 是
    (B) 否

37. 有时候我觉得我就是学不会。
    (A) 是
    (B) 否

38. 像我这样的人在人生中没有很大的成功机会。
    (A) 同意
    (B) 不确定
    (C) 不同意

39. 我的同学大多数都喜欢我。
    (A) 是
    (B) 不确定
    (C) 否

40. 你是一名多好的学生？
    (A) 我班最好的学生之一
    (B) 在我班属于中上水平
    (C) 在我班属于中等水平
    (D) 在我班属于中下水平
    (E) 在我班接近垫底

41. 你母亲希望你成为多好的学生？
    (A) 我班最好的学生之一
    (B) 在我班属于中上水平
    (C) 在我班属于中等水平
    (D) 能过得去就行
    (E) 我不知道

42. 你父亲希望你成为多好的学生？
    (A) 我班最好的学生之一
    (B) 在我班属于中上水平
    (C) 在我班属于中等水平
    (D) 能过得去就行
    (E) 我不知道

43. 你去年有过一位非白人老师吗（如黑人、美国印第安人、东亚裔）？<u>不要把代课老师算进来。</u>
    (A) 是
    (B) 否

44. 想想你的好朋友，里面有多少是白人？
    (A) 无
    (B) 一些
    (C) 大约一半
    (D) 大多数
    (E) 所有

45. 你上过学前班吗？
    (A) 是
    (B) 否

46. 你上学前班前上过幼儿园吗？
    (A) 是
    (B) 否
    (C) 我不记得了

47. 你去年上几年级？
    (A) 四年级
    (B) 五年级
    (C) 六年级

48. 早晨你从家到学校要花多少时间？

(A) 10 分钟

(B) 20 分钟

(C) 30 分钟

(D) 45 分钟

(E) 1 小时或更多

49. 早晨你通常如何上学？

(A) 坐汽车

(B) 步行或骑车

(C) 坐校车

(D) 坐非校车的公交车、火车、电车、或地铁

(E) 其他

50. 你家附近有跟目前这所学校一样近或是更近的、且设有你所在年级的公立学校吗？

(A) 是

(B) 否

(C) 我不知道

51. 你希望最高读到几年级？

(A) 6 或 7 年级

(B) 8 或 9 年级

(C) 10 或 11 年级

(D) 12 年级

(E) 大学

52. 现在想想你最希望有什么样的同班同学。他们中有多少是白人？

(A) 无

(B) 一些

(C) 大约一半

(D) 大多数

(E) 所有

(F) 这不重要

53. 当你完成学业后，你认为你会从事什么样的工作？选择最接近的一个。

<u>男生从以下选项中选择</u>

(A) 绘图员或医疗技师

(B) 银行家、大公司的官员或政府官员

(C) 商店业主或经理、办公室经理

(D) 售货员、办公室文员、卡车司机、招待、警察、记账员、邮差、理发师

(E) 推销员

(F) 农场或牧场经理或业主

(G) 一个或多个农场上的工人

(H) 工厂工人、体力劳动者或加油站服务员

(I) 医生、律师、牧师、工程师、科学家、教师、大学教授、艺术家、会计师

(J) 木匠、电工、机械工、裁缝或工厂的领班

(K) 我不知道

<u>女生从以下选项中选择</u>

(A) 全职家庭主妇

(B) 医生、律师、科学家

(C) 美容师

(D) 记账员或秘书

(E) 女招待或洗衣店工人

(F) 中小学教师

(G) 护士

(H) 售货员

(I) 女佣或家佣

(J) 工厂工人

(K) 我不知道

54. 你和你的父母多久讨论一次你的学校功课?

(A) 大约每天

(B) 每周一到二次

(C) 偶尔,不是经常

(D) 从不或几乎从不

如果你提前完成了问卷,你只能检查这一部分的答案,不要去看本测试中的任何其他部分。

教育机会调查
学校调查测试

  这本测试手册分为若干测试部分和一份问卷。测试的目的是了解你做某些类型题目的能力；问卷的目的是了解关于你的一些事实。

  你的老师会告诉你每个部分的时间限制。在那段时间里，你<u>只能</u>做那一部分的测试。老师会告诉你每个测试的开始和结束时间。如果你在规定时间之前完成了该测试，你可以检查你在该部分做的情况，但是你<u>不能</u>去做其他任何部分的题目。

  如果你未能完成一项测试或者有一些问题你无法回答，不要担心。许多学生都有一些问题没有回答，没有人必须做对所有题目。你应该在不牺牲准确性的前提下尽可能迅速地做题。

  如果有一个问题对你来说太难了，不要浪费时间，继续做下一道题。你的分数将取决于正确答案的数量。你必须在发给你的单独的答题纸上标记你的所有答案。你可以在测试手册的空白处打草稿，但是测试手册上写的任何内容都不会计分。<u>要确保你的所有答案标记都是黑色的，而且填满了答案空格</u>；不要在答题纸上留下任何不相干的标记。如果要擦掉标记，就必须擦干净，没有擦干净的标记可能被当成你希望选的答案。<u>对每个问题只能标出一个答案。</u>

  最后一部分是问卷调查，问题涉及你和你的家庭。符合<u>你</u>的实际情况的选项就是每道问题的正确答案。因此，你可能知道问卷上所有问题的答案。如果有任何问题你不想回答，你可以跳过不答。

  你的测试答案和分数、以及问卷答案都不会公开。<u>不要在测试手册或答题纸上写你的姓名。</u>

  <u>不要打开这本测试手册，直到主考官让你这么做。</u>

学校调查测试——12年级
主考官手册

本手册中包含了12年级学校调查测试管理的具体说明。您要向学生朗读的所有指示都封装在盒子内。您不可以偏离这些指示或是回答有关调查测试内容的任何问题。

实际调查测试将耗时约三小时二十五分钟。您应该留出更多时间用于分发和收集调查材料以及向学生阅读测试指示。

您会从您的校长那里收到一份关于调查测试管理的一般说明。他将解释本手册后面违规报告的使用方法。

一些调查测试管理所需的材料将由您的校长发给您。其他材料则应由您提供。所有所需材料都列在下方的清单中,并留出括号空格方便您核查。

核对清单——由校长提供的装备:

( )1. 调查手册(封面是黄色的圆圈)

( )2. 答题纸

( )3. 本主考官手册,包括印在封三的一份违规报告

核对清单——由您提供的装备:

( )1. 一个可靠的带长秒针的手表(不是秒表),您愿意根据指示对它进行调整。*

( )2. 一个钟(闹钟规格或是更大),以防考场内没有钟。如果无法提供钟,您可以按照一定的时间间隔公布剩余的答题时间。*

( )3. 几支带橡皮的2号铅笔和一个卷笔刀。应该事先告诉学生携带2号铅笔。

( )4. 剪刀,以便迅速剪开装着答题纸的塑料袋。

* 每个调查测试考场应该始终有两个计时器,以防发生误定时。

当学生已经坐好并准备开始时,请阅读以下指示,在出现省略号的地方暂停,以留出适当时间让学生完成指示中描述的步骤。

有没有哪位同学没有带橡皮的2号铅笔?……

如果有学生没有,就提供一支铅笔给他。

你们每个人将发到一份答题纸和一本调查手册。在我告诉你们要做什么之前,不要在答题纸上写任何东西。当你们拿到调查手册后,阅读封底的说明,读完后抬头看着我。在我让你们打开调查手册之前,不要打开它。

按照顺序先后将答题纸和调查手册分发到每个学生的手中。确保所有学生都没有打开调查手册。当所有学生都已经读完调查手册封底的说明后,说:

把答题纸放好,让"学校调查测试——教育机会调查"的标题位于你的右侧,然后看标有"身份号码"的区域。……你的身份号码是印在六个大格子内的红色数字。在每个大格子下面都有一列用从 1 到 0 的数字标记的空格。沿着每个大格子下面的这一列空格,找到包含相应数字的空格,将它涂黑。例如,如果第一个大格子里的数字是 3,你就沿着下面的一列空格,找到标记为 3 的空格,将它涂黑。注意,对待 0 也跟其他数字一样。完成以后,抬头看着我。还有什么问题吗?……

回答所有与操作程序有关的问题。等所有学生已经涂好他们的身份号码,说:

现在把你们的答题纸翻到第二面,这一面也印有你的身份号码。像先前那样,把身份号码下方的正确空格涂黑……还有什么问题吗?……

回答所有与操作程序有关的问题。然后说:

现在把你的答题纸翻到第一面,看标有"第 1 部分"的区域。你将有大约 3 小时 25 分钟的时间用来做调查测试。调查测试包括 7 个部分和一份问卷。我将宣布每一部分的开始时间。你不可以漏做任何一部分。如果你提前完成了某一部分,就检查一下你在该部分做的情况。你不可以提前做还没有宣布开始的部分,也不可以回去做前面的部分。要确保你的所有答案标记都是黑色的,而且填满了答案空格。不要在答题纸上留下任何不相干的标记。如果要擦掉标记,就必须擦干净,没有擦干净的标记可能被当成你希望选的答案。在涂黑每个答案空格时,确保题号与调查手册中的题号一致。不允许使用草稿纸。草稿可以写在调查手册上,而不是在答题纸上。你在调查手册上写的任何内容都不计分。要记录答题结果,就必须在你的答题纸上涂黑适当的空格。在调查测试过程中你不可以问任何问题。如果你的调查手册、答题纸或铅笔有瑕疵,请举手。在调查测试期间,把你的答题纸和调查手册平摊在你正前方的桌面上。你的桌面上除了你的调查手册、答题纸和铅笔,不应该放任何其他东西。记住,在调查测试期间你不可以问任何问题,所以有问题必须现在问。还有什么问题吗?……

回答所有与操作程序有关的问题。然后说:

打开你的调查手册,翻到第 1 部分并阅读说明。不要翻页,直到我让你这么做。

将您的表设定为 8:59。当您的表正好走到 9:00 时,说:

9:00 说 你将有 15 分钟时间用来做第 1 部分。现在翻页,开始做。如果有需要,你可以翻看前面的说明。

每个部分开始之后,你和/或监考人员应该巡视考场,确保每位学生正在做正确的部分,并且将答案标记在答题纸的正确区域。

| 9:15 说 | 停。翻到第 2 部分的说明。仔细阅读样题,但是不要翻页,直到我让你这么做。 |

将您的表设定为 9:14。当您的表正好走到 9:15 时,说:

| 9:15 说 | 你将有 10 分钟时间用来做第 2 部分。现在翻页,开始做。如果有需要,你可以翻看前面的说明。 |

| 9:25 说 | 停。现在看第 3 部分的说明。仔细阅读说明,然后看第一道样题。……现在看第二道样题。图形 G,即圆圈,是正确答案。它是圆的,而其他图形都有直边。……现在看第三道样题。圆圈 A 是正确答案,因为它的转动方向和其他选项都不一样。……在第四道样题中,图形 J 是正确答案。它有 4 条边,而其他选项都只有 3 条边。…… |

将您的表设定为 9:24。当您的表正好走到 9:25 时,说:

| 你将有 8 分钟时间用来做第 3 部分。现在翻页,开始做。如果有需要,你可以翻看前面的说明。 | 9:25 说 |

| 停。现在看第 4 部分的说明。仔细阅读说明,然后看第一道样题。……现在看第二道样题。第一对是一个白圈和一个黑圈,所以第二对应该是白方块和黑方块。在第三道样题中,第二个选项是正确的:正方形,正方形中还有个小正方形——三角形,三角形中还有个小 | 9:33 说 |

> 三角形。现在看第四道样题,在这里,第一个选项是正确的:第二个图形是将第一个颠倒过来。……

将您的表设定为9∶34。当您的表正好走到9∶35时,说:

> 你将有8分钟时间用来做第4部分。现在翻页,开始做。如果有需要,你可以翻看前面的说明。　　　　9∶35 说

> 停。现在阅读第5部分的说明,但是不要翻页,直到我让你这么做。　　　9∶43 说

将您的表设定为9∶44。当您的表正好走到9∶45时,说:

> 你将有35分钟时间用来做第5部分。现在翻页,开始做。如果有需要,你可以翻看前面的说明。　　　　9∶45 说

> 停。把你的答题纸夹在测试手册中,合上测试手册,放在桌子上,不要打开。现在你将有5分钟休息时间。在这段时间里,你可以站在座位旁边,但是<u>不可以交谈</u>。　　　10∶20 说

在休息期间,你和/或监考人员应该巡视考场,确保所有测试手册都合上了,所有答题纸都夹在测试手册中。

学生在休息期间可以去洗手间。确保所有调查材料都留在调查测试考场内,测试手册都合上了,答题纸都夹在测试手册中。

在休息时间即将结束之际,说:

> 请大家注意。回到座位上，准备继续做测试。

当所有学生都坐好后，将您的表设定为10：24。当您的表正好走到10：25时，说：

10：25说　|你将有35分钟时间用来做第6部分。翻到第6部分，阅读说明，并开始答题。

11：00说　|停。你将有45分钟时间用来做第7部分。翻到第7部分，开始答题。

11：45说　|停。把你的答题纸翻到第二面。本次调查的最后一部分是问卷调查。你应该尽你的所能试着回答所有问题。我和其他任何人都不会看到你是如何回答这些问题的——那些进行调查的人只能看到你的答题纸上的身份号码。你将有45分钟时间用来做问卷。如果你提前完成，请合上你的调查手册，安静地坐在原位，直到所有人都完成为止。现在，翻到问卷，开始答题。

调查测试主考官可以回答与问卷项目的意义或诠释有关的问题。

12：15说　|试着在接下来的15分钟内完成答卷。

这时,巡视考场,鼓励那些落后的学生。即使您必须花超过 45 分钟时间,也要给所有学生足够的时间去完成问卷。当所有学生都已经完成时,说:

> 合上你的调查手册。<u>不要</u>将答题纸夹在调查手册中。我们将先收调查手册,然后收答题纸。请不要交谈。

从每位学生那里分别按照顺序先后收集调查手册和答题纸,并进行清点。检查一下,确保您从每位学生那里都收到了一本手册和一份答题纸,而且您手中的材料与您从您的校长那里收到的数量相同。

您应该将所有违规情况记录在您的《违规报告》中,然后将所有调查材料交还给您的校长。

在这里列出涉及群体违规的学生的序列号

违规报告

只有在发生必须报告的违规情况时才需返还。参阅《校长手册》第 6 至 8 页。

学校调查测试						12 年级
群体违规情况	个别学生违规情况					
	材料缺陷	作弊	退出	其他	答题纸序列号	调查部分
将所涉学生答题纸序列号列在背面 只限于群体误定时 - - - - - - - - - 调查部分	备注：					
其他群体违规情况 - - - - - - - - - 调查部分	备注：					
	备注：					

校长：如果您要就该年级提交超过一份违规报告，请注明总数＿＿＿＿。
如需要额外空间，请使用背面。

校长签名：＿＿＿＿　　主考官签名：＿＿＿＿

教育机会调查

学校调查
测试
12 年级

未包括 9 年级问卷，因为它与 12 年级问卷几乎完全一样。

版权© 1965 新泽西州普林斯顿及加利福尼亚州伯克利教育测试服务中心版权所有。

第8部分　调查问卷

每道题选出对你而言是正确的答案,在答题纸上标出对应题目的答案号。对每个问题只能标出一个答案。你可以跳过任何你不想回答的问题,但如果可能的话,请回答所有的问题。

　　使用下面的表格,在答题纸上标出问题1和2对应的答案号。

1. 你出生在哪里?
2. 你母亲出生在哪里?

① 亚拉巴马州
② 阿拉斯加州
③ 亚利桑那州
④ 阿肯色州
⑤ 加利福尼亚州
⑥ 科罗拉多州
⑦ 康涅狄格州
⑧ 特拉华州
⑨ 哥伦比亚特区
⑩ 佛罗里达州
⑪ 佐治亚州
⑫ 夏威夷州
⑬ 爱达荷州
⑭ 伊利诺伊州
⑮ 印第安纳州
⑯ 艾奥瓦州
⑰ 堪萨斯州
⑱ 肯塔基州
⑲ 路易斯安那州
⑳ 缅因州
㉑ 马里兰州
㉒ 马萨诸塞州
㉓ 密歇根州
㉔ 明尼苏达州
㉕ 密西西比州
㉖ 密苏里州
㉗ 蒙大拿州
㉘ 内布拉斯加州
㉙ 内华达州
㉚ 新罕布什尔州
㉛ 新泽西州
㉜ 新墨西哥州
㉝ 纽约州
㉞ 北卡罗来纳州
㉟ 北达科他州
㊱ 俄亥俄州
㊲ 俄克拉何马州
㊳ 俄勒冈州
㊴ 宾夕法尼亚州
㊵ 罗得岛州
㊶ 南卡罗来纳州
㊷ 南达科他州
㊸ 田纳西州
㊹ 得克萨斯州

㊺ 犹他州

㊻ 佛蒙特州

㊼ 弗吉尼亚州

㊽ 华盛顿州

㊾ 西弗吉尼亚州

㊿ 威斯康星州

(51) 怀俄明州

(52) 美国属地（美属萨摩亚、巴拿马运河区、关岛和维尔京群岛）

(53) 波多黎各

(54) 墨西哥

(55) 加拿大

(56) 非美国或其属地、波多黎各、加拿大或墨西哥的其他国家

(57) 我不知道

3. 你是男性还是女性？
   (A) 男性
   (B) 女性

4. 你过上一个生日时是几岁？
   (A) 14 或更年轻
   (B) 15
   (C) 16
   (D) 17
   (E) 18
   (F) 19
   (G) 20 或更年长

5. 你在哪里度过了一生中大部分时间？
   (A) 在这座城、镇或县
   (B) 在这个州，但不在这座城、镇或县
   (C) 在美国的另一个州
   (D) 在波多黎各或另一个美国属地
   (E) 在墨西哥
   (F) 在加拿大
   (G) 在非美国、加拿大或墨西哥的其他国家

6. 你是在什么类型的社区度过了大部分时间？（如果你不能肯定就尽量估计一下。）
   (A) 在乡下或是农场社区
   (B) 在一座非郊区的小镇（人口少于1万）
   (C) 在一座中等规模城市（1万到10万人口）
   (D) 在一座中等规模城市的郊区
   (E) 在一座大城市里（10万到50万人口）
   (F) 在一座大城市的郊区
   (G) 在一座非常大的城市里（50万以上人口）
   (H) 在一座非常大的城市的郊区

7. 下面哪一项最符合你的情况？
   (A) 黑人
   (B) 白人
   (C) 美国印第安人
   (D) 东亚裔
   (E) 其他

8. 你有波多黎各裔或墨西哥裔美国人血统吗？
   (A) 波多黎各裔
   (B) 墨西哥裔美国人

(C) 都没有

9. 有多少人住在你的家里？包括你自己、父母、兄弟姐妹、亲戚和跟你住在一起的其他人。

(A) 2
(B) 3
(C) 4
(D) 5
(E) 6
(F) 7
(G) 8
(H) 9
(I) 10
(J) 11 或更多

10. 你一共有几个兄弟姐妹？如果有的话，包括继兄弟和继姐妹、同父异母或同母异父的兄弟姐妹。

(A) 无
(B) 1
(C) 2
(D) 3
(E) 4
(F) 5
(G) 6
(H) 7
(I) 8
(J) 9 或更多

11. 你有多少个哥哥姐姐？如果有的话，包括继兄和继姐、同父异母或同母异父的哥哥姐姐。

(A) 无
(B) 1
(C) 2
(D) 3
(E) 4
(F) 5
(G) 6
(H) 7
(I) 8
(J) 9 或更多

12. 你有多少个哥哥姐姐没有完成中学学业就辍学了？

(A) 没有哥哥姐姐
(B) 没有
(C) 1
(D) 2
(E) 3
(F) 4
(G) 5
(H) 6
(I) 7
(J) 8 或更多

13. 你家里有人大部分时间都说英语以外的语言吗？（西班牙语、意大利语、波兰语、德语，等等）

(A) 是
(B) 否

14. 放学后，你会说一门英语以外的语言吗？

(A) 是的，经常

(B) 是的,偶尔

(C) 是的,很少

(D) 否

15. 你家里有几个房间?只计算你和家人居住的房间。厨房(如果是独立的话)也算,但卫生间<u>不算</u>。

(A) 1

(B) 2

(C) 3

(D) 4

(E) 5

(F) 6

(G) 7

(H) 8

(I) 9

(J) 10 或更多

16. 现在谁在充当你的父亲?如果你是被收养的,将你的养父看做是你真正的父亲。

(A) 我真正的父亲,他住在家里

(B) 我真正的父亲,他不住在家里

(C) 我的继父

(D) 我的寄养父亲

(E) 我的祖父或外祖父

(F) 其他亲属(叔叔等)

(G) 其他成年人

(H) 没有人

17. 现在谁在充当你的母亲?如果你是被收养的,将你的养母看做是你真正的母亲。

(A) 我真正的母亲,她住在家里

(B) 我真正的母亲,她不住在家里

(C) 我的继母

(D) 我的寄养母亲

(E) 我的祖母或外祖母

(F) 其他亲属(姨妈等)

(G) 其他成年人

(H) 没有人

<u>对于所有关于你父母的问题,回答符合问题 16 和 17 中所指定的人的情况。如果没有人充当你的父亲或母亲,那就按照你亲生父母的情况回答,不管他们是否在世。</u>

18. 你父亲做什么工作?他的确切工作可能没有列在下面,但你可以选一个最接近的。如果他现在失业或退休了,就选择他过去通常做的。如果他有一份以上工作,则标注他的主要工作。

(A) <u>技术</u>:如绘图员、测量员、医疗或牙科技师等

(B) <u>高级职员</u>:如制造商、大公司的官员、银行家、政府官员或督察员等

(C) <u>经理</u>:如销售经理、商店经理、办公室经理、工厂主管等

<u>业主或所有人</u>:如小企业主、批发商、零售商、承包商、餐馆老板等

(D) 半熟练工人：如工厂机器操作员、公交车或出租车司机、肉类切割工等

文员：如银行出纳员、记账员、售货员、办公室文员、邮递员、信使等

服务人员：如理发师、餐厅服务员等

安保人员：如警察、侦探、警长、消防员等

(E) 销售人员：如房地产或保险推销员、工厂代表等

(F) 农场或牧场经理或业主

(G) 一个或多个农场上的工人

(H) 工匠或体力劳动者：如工厂或矿山工人、渔民、加油站服务员、码头工人等

(I) 专业人员：如会计师、艺术家、牧师、牙医、医生、工程师、律师、图书管理员、科学家、大学教授、社会工作者等

(J) 熟练工人或领班：如面包师、木匠、电工、军队现役士兵、机械工、水暖工、泥水匠、裁缝、工厂或矿山的领班等

(K) 我不知道

19. 你父亲的受教育程度如何？

(A) 无，或上过一段小学
(B) 小学毕业
(C) 上过一段中学，但没有毕业
(D) 中学毕业
(E) 中学毕业后读过职业或商业学校
(F) 上过一段大学，但不到4年
(G) 毕业于四年制大学
(H) 读过研究生或专业学校
(I) 我不知道

20. 你母亲的受教育程度如何？

(A) 无，或上过一段小学
(B) 小学毕业
(C) 上过一段中学，但没有毕业
(D) 中学毕业
(E) 中学毕业后读过技术、护理或商业学校
(F) 上过一段大学，但不到4年
(G) 毕业于四年制大学
(H) 读过研究生或专业学校
(I) 我不知道

21. 你母亲在大约你这个年龄时住在什么类型的社区？（如果你不能肯定就尽量估计一下。）

(A) 在乡下或是农场社区
(B) 在一座非郊区的小镇（人口少于1万）
(C) 在一座中等规模城市（1万到10万人口）
(D) 在一座中等规模城市的郊区
(E) 在一座大城市里（10万到50万人口）
(F) 在一座大城市的郊区
(G) 在一座非常大的城市里（50万

以上人口）

(H) 在一座非常大的城市的郊区

(I) 我不知道

22. 用来为你支付食物、住房和衣服的大部分钱是从哪里来的？

(A) 我父亲的工作

(B) 我母亲的工作

(C) 我继父或一位男性亲戚的工作

(D) 我继母或一位女性亲戚的工作

(E) 这里没有列出来的某个人

(F) 我不知道

23. 你母亲在外面工作吗？

(A) 是，全职

(B) 是，兼职

(C) 否

24. 你母亲希望你在学校里表现多好？

(A) 我班最好的学生之一

(B) 在我班属于中上水平

(C) 在我班属于中等水平

(D) 能过得去就行

(E) 我不知道

25. 你父亲希望你在学校里表现多好？

(A) 我班最好的学生之一

(B) 在我班属于中上水平

(C) 在我班属于中等水平

(D) 能过得去就行

(E) 我不知道

26. 你和你的父母多久讨论一次你的学校功课？

(A) 大约每天

(B) 每周一到二次

(C) 每月一到二次

(D) 从不或几乎从不

27. 你父亲希望你接受多少教育？

(A) 不在乎我是否能中学毕业

(B) 只是中学毕业

(C) 中学毕业后上技术、护理或商业学校

(D) 读点大学，但不要四年

(E) 四年制大学毕业

(F) 专业或研究生学校毕业

(G) 父亲不在家里

(H) 我不知道

28. 你母亲希望你接受多少教育？

(A) 不在乎我是否能中学毕业

(B) 只是中学毕业

(C) 中学毕业后上技术、护理或商业学校

(D) 读点大学，但不要四年

(E) 四年制大学毕业

(F) 专业或研究生学校毕业

(G) 母亲不在家里

(H) 我不知道

29. 去年你母亲或父亲大约参加了多少次家长联合会会议如PTA？

(A) 从不

(B) 偶尔参加一次

(C) 大约一半会议

(D) 大多数或全部会议

(E) 这所学校里没有家长联合会

(F) 我不知道

30. 在你上学前,家里是否有人为你朗读书籍?

(A) 否
(B) 偶尔
(C) 很多次,但不定期
(D) 很多次,定期
(E) 我不记得了

下面的项目是你家可能拥有的物品。如果你家有,就标注<u>A</u>,如果你家中<u>没有</u>,就标注<u>B</u>。

31. 电视机
   (A) 是
   (B) 否
32. 电话
   (A) 是
   (B) 否
33. 录音机、高保真音响或立体声音响
   (A) 是
   (B) 否
34. 电子或煤气冰箱
   (A) 是
   (B) 否
35. 字典
   (A) 是
   (B) 否
36. 百科全书
   (A) 是
   (B) 否
37. 汽车
   (A) 是
   (B) 否
38. 真空吸尘器
   (A) 是
   (B) 否

39. 日报
   (A) 是
   (B) 否

40. 你大约多久去一次公共图书馆或流动图书馆(不是你的学校图书馆)?
   (A) 一周一次或更多
   (B) 一个月两到三次
   (C) 每月一次或更少
   (D) 从不

41. 你家中订阅了几本杂志?
   (A) 无
   (B) 1 或 2
   (C) 3 或 4
   (D) 5 或 6
   (E) 7 或更多

42. 你家中有多少本书?
   (A) 没有或很少(0—9)
   (B) 有一些(10—24)
   (C) 装满一个书柜(25—99)
   (D) 装满两个书柜(100—249)
   (E) 装满三或四个书柜(250 或更多)

43. 下列哪一项最能描述你所参加的项

目或课程？

(A) 一般

(B) 大学预备

(C) 工商或商业

(D) 职业培训

(E) 农业

(F) 工艺课

(G) 其他

44. 你是自己选择了你在问题 43 中指定的课程还是被分配去上的？

(A) 我自己的选择

(B) 被分配的

(C) 我的学校里只有一种课程

45. 在上一年级前你上过学前班吗？

(A) 是

(B) 否

46. 你上学前班前上过幼儿园吗？

(A) 是

(B) 否

(C) 我不记得了

47. 自从你上 1 年级以来转过多少次学（正常升学不算）？

(A) 从没有

(B) 一次

(C) 两次

(D) 三次

(E) 四次或更多

48. 你上次转校是什么时候（正常升学不算）？

(A) 我没有转过校

(B) 不到一年前

(C) 大约一年前

(D) 大约两年前

(E) 大约三年前

(F) 大约四年前

(G) 大约五年或更多年前

49. 你想接受多少教育？

(A) 我不想读完中学

(B) 我只想读完中学

(C) 我想中学毕业后上技术、护理或商业学校

(D) 一些大学培训，但不到四年

(E) 我想从四年制大学毕业

(F) 我想大学毕业后攻读专业或研究生课程

50. 去年你的班级里有多少学生是白人？

(A) 无

(B) 不到一半

(C) 大约一半

(D) 半数以上

(E) 所有

51. 去年你的老师中有多少是白人？

(A) 无

(B) 不到一半

(C) 大约一半

(D) 半数以上

(E) 所有

52. 自从你上学以来，你的班级里有多少学生是白人？

(A) 无

(B) 不到一半

(C) 大约一半

(D) 半数以上

(E) 所有

53. 自从你上学以来,你有多少老师是白人?

(A) 无

(B) 不到一半

(C) 大约一半

(D) 半数以上

(E) 所有

54. 你读过高校目录吗?

(A) 是

(B) 否

55. 在过去的 12 个月里,你是否就上大学事宜与高校官员通信或当面交流过?

(A) 是

(B) 否

56. 你计划明年上大学吗(大专或四年制大学)?

(A) 肯定是

(B) 可能是

(C) 可能不

(D) 肯定不

57. 这个暑假你读了多少本书(不包括学校要求读的)? 杂志或漫画书不算。

(A) 无

(B) 1 至 5

(C) 6 至 10

(D) 11 至 15

(E) 16 至 20

(F) 21 或更多

58. 在平时的教学日,你在校外花多少时间看电视?

(A) 不花或几乎不花任何时间

(B) 每天约½小时

(C) 每天约 1 小时

(D) 每天约 1½ 小时

(E) 每天约 2 小时

(F) 每天约 3 小时

(G) 每天 4 个小时或更多

59. 如果发生了什么事情,看起来你必须从中学辍学,你会有什么感觉?

(A) 很开心——我想退学

(B) 怎样我都不在乎

(C) 我会失望

(D) 我会努力继续学业

(E) 为了留在学校里,我愿意做几乎任何事情

60. 你希望自己在学校里表现多好?

(A) 我班最好的学生之一

(B) 在我班属于中上水平

(C) 在我班属于中等水平

(D) 能过得去就行

(E) 我不在乎

61. 在平时的教学日,你在校外花多少时间学习?

(A) 不花或几乎不花任何时间

(B) 每天约½小时

(C) 每天约 1 小时

(D) 每天约 1½ 小时

(E) 每天约 2 小时

(F) 每天约 3 小时

(G) 每天 4 个小时或更多

62. 去年你有大约多少天从学校缺勤？

(A) 无

(B) 1 或 2 天

(C) 3 至 6 天

(D) 7 至 15 天

(E) 16 或更多天

63. 在过去的一个学年中，你是否曾仅仅因为不想去而不去学校？

(A) 否

(B) 是，1 或 2 天

(C) 是，3 至 6 天

(D) 是，7 至 15 天

(E) 是，16 或更多天

64. 想想你的好朋友，里面有多少是白人？

(A) 无

(B) 一些

(C) 大约一半

(D) 大多数

(E) 所有

65. 如果你可以任意选择好朋友，其中有多少人会是白人？

(A) 无

(B) 不到一半

(C) 大约一半

(D) 半数以上

(E) 所有

(F) 我不在乎

66. 如果你能进你理想中的学校，你希望那里有多少学生是白人？

(A) 无

(B) 不到一半

(C) 大约一半

(D) 半数以上

(E) 所有

(F) 我不在乎

67. 如果你能进你理想中的学校，你希望那里有多少教师是白人？

(A) 无

(B) 不到一半

(C) 大约一半

(D) 半数以上

(E) 所有

(F) 我不在乎

68. 你的班上从哪个年级开始第一次有其他种族的学生？

(A) 1，2 或 3 年级

(B) 4，5 或 6 年级

(C) 7，8 或 9 年级

(D) 10，11 或 12 年级

(E) 我从没上过有其他种族学生的班级

69. 你是教师或未来教师组织的成员吗？

(A) 是

(B) 否

(C) 这所学校里一个都没有

70. 去年你是否是任何校体队队员或经理?

(A) 是

(B) 否

(C) 我们学校没有任何校体队

71. 去年你是否是学生会成员?

(A) 是

(B) 否

(C) 我们学校没有学生会

72. 去年你是否参加过任何辩论、戏剧或音乐俱乐部?

(A) 否

(B) 是,我是一名积极分子

(C) 是,但我不是很积极

(D) 我们学校没有这种俱乐部

73. 去年你是否在学校参加过任何兴趣小组,如摄影、建模、手工等?

(A) 否

(B) 是,我是一名积极分子

(C) 是,但我不是很积极

(D) 我们学校没有这种兴趣小组

从9年级开始,包括今年的整个学年,在以下各科目中,你将完成多少课程?

(A) 无

(B) $1/2$ 年

(C) 1 年

(D) $1^1/_2$ 年

(E) 2 年

(F) $2^1/_2$ 年

(G) 3 年

(H) $3^1/_2$ 年

(I) 4 年

(J) 4 年以上

74. 科学课程,如生物、化学、普通科学和物理。

75. 外语课程,如法语、德语和拉丁语。

76. 社会科学课程,如历史、市政学和经济学。

77. 英语课程,包括语法、文学、戏剧、演讲和新闻。

78. 数学课程,如代数、几何和三角学。不包括商业算术或商店数学。

79. 工艺课课程,如综合工场、木工、金属加工和制图。不包括职业培训课程。

80. 职业教育,贸易教育和职业培训课程,如汽车修理、铸造、配销教育和保健职业。

81. 商务课程,如打字、速记和记账。

82. 农业课程。

83. 家政学课程。

84. 你在过去两年中英语课程的平均成绩是多少？如果你们学校不使用字母等级，就尽可能估计一下。

    (A) A(A-, A 或 A+)

    (B) B(B-, B 或 B+)

    (C) C(C-, C 或 C+)

    (D) D(D-, D 或 D+)

    (E) 不及格

    (F) 未选修任何英语课

85. 你在过去两年中数学课程的平均成绩是多少？如果你们学校不使用字母等级，就尽可能估计一下。

    (A) A(A-, A 或 A+)

    (B) B(B-, B 或 B+)

    (C) C(C-, C 或 C+)

    (D) D(D-, D 或 D+)

    (E) 不及格

    (F) 未选修任何数学课

86. 上英语课时，你在哪一类能力小组或班级？

    (A) 最高级别班组

    (B) 中等班组

    (C) 较低班组

    (D) 我们学校没有能力小组或班级

    (E) 我不知道

87. 你目前有在重读去年的英语课吗？

    (A) 是

    (B) 否

88. 你中学的总平均成绩是多少？

    (A) A(A-, A 或 A+)

    (B) B(B-, B 或 B+)

    (C) C(C-, C 或 C+)

    (D) D(D-, D 或 D+)

    (E) 我不知道

89. 上个学年中，你每周大约勤工俭学多少个小时？不包括你在自己家里做的家务事。

    (A) 无

    (B) 大约 1 至 5 小时

    (C) 大约 6 至 10 小时

    (D) 大约 11 至 15 小时

    (E) 大约 16 至 20 小时

    (F) 大约 21 小时或更多

90. 你和你的朋友在这所学校里的社交级别如何？

    (A) 顶级

    (B) 接近顶级

    (C) 大约中等

    (D) 接近底部

91. 和同年级其他同学相比，你认为自己有多聪明？

    (A) 属于最聪明的

    (B) 高于平均水平

    (C) 平均水平

    (D) 低于平均水平

    (E) 属于最低的

92. 你觉得自己想要或需要时，能够见到辅导员吗？

    (A) 是

    (B) 否

(C) 我们没有辅导员

93. 去年你与辅导员交谈过多少次？

　　(A) 从没有

　　(B) 一次

　　(C) 两到三次

　　(D) 四到五次

　　(E) 六次或更多

　　(F) 我们没有辅导员

94. 你的老师或辅导员鼓励过你在中学毕业后接受进一步的培训吗？

　　(A) 是，上大学

　　(B) 是，接受技术或高级职业培训

　　(C) 是，接受工商或商业培训

　　(D) 是，接受其他培训

　　(E) 否

95. 如果你的中学提供一门你感兴趣的职业（职业培训）课程，你会报名参加吗？

　　(A) 我已经在上一门职业（职业培训）课程了

　　(B) 是，我会报名参加这样的课程

　　(C) 不，我不会报名参加这样的课程

如果你对95题的回答是B或C，就直接跳到第100题。

96. 这里列出了全国各地的职校学生在学校里上的职业培训课程类型。标出跟你在中学里学习的课程最接近的项目编号。

　1. 农业

　2. 空调

　3. 飞机机械

　4. 汽车维修

　5. 汽车机械

　6. 砖石建筑

　7. 橱柜制作

　8. 木工

　9. 商业美术

　10. 合作社办公室或业务培训

　11. 美容术（整形）

　12. 柴油机械

　13. 分销教育

　14. 电工

　15. 食品贸易

　16. 铸造

　17. 工业合作培训

　18. 机械修理店

　19. 女佣培训（家政训练）

　20. 缝纫业

　21. 油漆和装饰

　22. 水暖工（管道安装）

　23. 实用护理（保健）

　24. 印刷

　25. 无线电-电视修理

　26. 钣金工

　27. 焊接

　28. 其他

97. 当你高中毕业时，在你接受培训最多的职业领域，你将已经完成了多少个半年期的培训？

　　(A) ½ 年

(B) 1年

(C) 1½年

(D) 2年

(E) 2½年或更多

98. 你是否参加了半工半读的项目,学校和当地雇主合作对学生进行岗位培训?

(A) 是

(B) 否

99. 你是否正在接受中学毕业后你真正想做的工作的培训?

(A) 是

(B) 否,我没有获得资格

(C) 否,项目招满了,我必须去学别的

(D) 否,我没有尝试去学

(E) 这所学校没有对这个项目的培训

100. 你的老师希望你表现多好?

(A) 我班最好的学生之一

(B) 在我班属于中上水平

(C) 在我班属于中等水平

(D) 能过得去就行

(E) 我不知道

对下列每一项,如果你同意,回答A;如果你不确定,回答B;如果你不同意,回答C。

101. 随遇而安的人比努力改变现状的人更幸福。

(A) 同意

(B) 不确定

(C) 不同意

102. 对于成功来说,好运气比辛勤工作更重要。

(A) 同意

(B) 不确定

(C) 不同意

103. 每当我尝试获得成功,总有什么人或事作梗。

(A) 同意

(B) 不确定

(C) 不同意

104. 如果一个人在生活中不成功,那是他自己的过错。

(A) 同意

(B) 不确定

(C) 不同意

105. 即使受过良好的教育,我也很难找到合适的工作。

(A) 同意

(B) 不确定

(C) 不同意

106. 为了在这个世界上出人头地,我愿意做出任何牺牲。

(A) 同意

(B) 不确定

(C) 不同意

107. 如果我能改变,我希望变得跟现在的我不一样。

(A) 同意

(B) 不确定

(C) 不同意

108. 有时候我觉得我就是学不会。

(A) 同意

(B) 不确定

(C) 不同意

109. 如果老师讲课速度慢一点我的成绩会更好。

(A) 同意

(B) 不确定

(C) 不同意

110. 像我这样的人在人生中没有很大的成功机会。

(A) 同意

(B) 不确定

(C) 不同意

111. 工作越艰难,我就越努力。

(A) 同意

(B) 不确定

(C) 不同意

112. 我能做好很多事情。

(A) 同意

(B) 不确定

(C) 不同意

113. 早晨你从家到学校大约要花多少时间?

(A) 10 分钟

(B) 20 分钟

(C) 30 分钟

(D) 45 分钟

(E) 1 小时或更多

114. 早晨你通常如何上学?

(A) 坐汽车

(B) 步行或骑车

(C) 坐校车

(D) 坐非校车的公交车,火车,电车,或地铁

(E) 其他

115. 当你完成学业后,你认为你会从事什么样的工作?

A. 技术:如绘图员、测量员、医疗或牙科技师等

B. 高级职员:如制造商、大公司的官员、银行家、政府官员或督察员等

C. 经理:如销售经理、商店经理、办公室经理、工厂主管等

业主或所有人:如小企业主、批发商、零售商、承包商、餐馆老板等

D. 半熟练工人:如工厂机器操作员、公交车或出租车司机、肉类切割工等

文员:如银行出纳员、记账员、售货员、办公室文员、邮递员、信使等

服务人员:如理发师、餐厅服务员等

安保人员:如警察、侦探、警长、消防员等

E. 销售人员:如房地产或保险推销员、工厂代表等

F. 农场或牧场经理或业主

G. 一个或多个农场上的工人

H. 工匠或体力劳动者：如工厂或矿山工人、渔民、加油站服务员、码头工人等

I. 专业人员：如会计师、艺术家、牧师、牙医、医生、工程师、律师、图书管理员、科学家、大学教授、社会工作者等

J. 熟练工人或领班：如面包师、木匠、电工、军队现役士兵、机械工、水暖工、泥水匠、裁缝、工厂或矿山的领班等

K. 我不知道

116. 你8年级时上的是什么样的学校？

（A）公立学校

（B）私立天主教学校

（C）私立犹太教学校

（D）私立新教学校

（E）包括军事学校在内的其他私立学校

如果你提前完成了问卷，你只能检查这一部分的答案，不要去看本测试中的任何其他部分。

教育机会调查
学校调查测试

　　这本测试手册分为若干测试部分和一份问卷。测试的目的是了解你做某些类型题目的能力；问卷的目的是了解关于你的一些事实。

　　你的老师会告诉你每个部分的时间限制。在那段时间里，你只能做那一部分的测试。老师会告诉你每个测试的开始和结束时间。如果你在规定时间之前完成了该测试，你可以检查你在该部分做的情况，但是你不能去做其他任何部分的题目。

　　如果你未能完成一项测试或者有一些问题你无法回答，不要担心。许多学生都有一些问题没有回答，没人必须做对所有题目。你应该在不牺牲准确性的前提下尽可能迅速地做题。

　　如果有一个问题对你来说太难了，不要浪费时间，继续做下一道题。你的分数将取决于正确答案的数量。你必须在发给你的单独的答题纸上标记你的所有答案。你可以在测试手册的空白处打草稿，但是测试手册上写的任何内容都不会计分。要确保你的所有答案标记都是黑色的，而且填满了答案空格；不要在答题纸上留下任何不相干的标记。如果要擦掉标记，就必须擦干净，没有擦干净的标记可能被当成你希望选的答案。对每个问题只能标出一个答案。

　　最后一部分是问卷调查，问题涉及你和你的家庭。符合你的实际情况的选项就是每道问题的正确答案。因此，你可能知道问卷上所有问题的答案。如果有任何问题你不想回答，你可以跳过不答。

　　你的测试答案和分数以及问卷答案都不会公开。不要在测试手册或答题纸上写你的姓名。

　　不要打开这本测试手册，直到主考官让你这么做。

教育机会调查

学校调查测试

·

校长问卷

考试测试服务中心——纽约州普林斯顿,加利福尼亚州伯克利

本调查问卷没有版权。问题由美国教育厅提供。

OE 2232-2

预算局编号：51-6518

批复到期：1966 年 6 月 30 日

校长调查问卷

每道题选出正确的答案，在答题纸上标出对应题目的答案号。对每个问题只能标出一个答案。您可以跳过任何您不想回答的问题，但如果可能的话，请回答所有的问题。

1. 你们学校的最低年级是什么？（如果您的学校主要是一所中学，但幼儿园或学前班与中学家政课一起运作，则只按照您的中学的情况进行回答。）

    (A) 3 到 4 岁幼儿园

    (B) 4 到 5 岁幼儿园

    (C) 学前班

    (D) 1 年级

    (E) 2 年级

    (F) 3 年级

    (G) 4 年级

    (H) 5 年级

    (I) 6 年级

    (J) 7 年级

    (K) 8 年级

    (L) 9 年级

    (M) 10 年级

    (N) 11 年级

    (O) 12 年级

2. 你们学校的最高年级是什么？

    (A) 1 年级

    (B) 2 年级

    (C) 3 年级

    (D) 4 年级

    (E) 5 年级

    (F) 6 年级

    (G) 7 年级

    (H) 8 年级

    (I) 9 年级

    (J) 10 年级

    (K) 11 年级

    (L) 12 年级

3. (仅小学)你们学校有免费学前班吗？

    (A) 有

    (B) 这所学校没有学前班

    (C) 这所学校有学前班；收取固定费用，对无力承担的学生进行减免

    (D) 这所学校有学前班；收取固定费用，对无力承担的学生从不减免

    (E) 有学前班，收费采取浮动区间

4. (仅小学)你们学校有免费幼儿园(学

前班之前的年级)吗?

(A) 有

(B) 这所学校没有幼儿园

(C) 有幼儿园;收取固定费用,对无力承担的学生进行减免

(D) 有幼儿园;收取固定费用,对无力承担的学生从不减免

(E) 有幼儿园,收费采取浮动区间

5. 你们学校是由州认证机构认证的吗?

(A) 是

(B) 是,临时的

(C) 是,试行的

(D) 否

(E) 本州不对该年级水平的学校提供州认证

6. 你们学校是由地区认证机构认证的吗?

(A) 是

(B) 是,临时的

(C) 是,试行的

(D) 否

(E) 本地区不对该年级水平的学校提供地区认证

7. 你们学区对儿童的义务教育法执行得如何?

(A) 没有这类法律

(B) 有义务教育法,但执行不力

(C) 有义务教育法,并得到全面统一的强制执行

8. 上个学年(1964—1965 年)总共有多少教学日?只包括教师和学生都到校的日子。

把答案填在网格内,正确操作程序请参考封底说明。

9. 你们学校校舍的面积最接近哪个整英亩数?

(A) 不足 1 英亩

(B) 1 英亩

(C) 2 英亩

(D) 3 英亩

(E) 4 英亩

(F) 5 英亩

(G) 6 英亩

(H) 7 英亩

(I) 8 英亩

(J) 9 英亩或更多

10. 你们学校的主教学楼有多少年历史?

(A) 不到 1 年

(B) 1—4 年

(C) 5—9 年

(D) 10—19 年

(E) 20—29 年

(F) 30—39 年

(G) 40 年或更久

11. 请提供设计或改造用于课堂教学的教室数量,包括所有教室、实验室和工作坊。不包括简易、临时教室和一般用途设施。

把答案填在网格内,正确操作程序请参考封底说明。

12. 请提供用于教学的简易或临时教室的数量,但不包括用于此目的的设计或改造的教室;如,地下室、走廊等。把答案填在网格内。

13. 以下这组问题涉及学校设施。

   a. 你们学校是否有单独的房间作为集中式学校图书馆?

      (A) 是
      (B) 否

   b. 你们学校图书馆有多少本登记的藏书?

      (A) 无或少于249
      (B) 250—499
      (C) 500—749
      (D) 750—999
      (E) 1 000—1 499
      (F) 1 500—2 499
      (G) 2 500—4 999
      (H) 5 000—7 499
      (I) 7 500—9 999
      (J) 10 000 或更多

   c. 你们学校是否有仅作为会堂使用的会堂?

      (A) 是
      (B) 否

   d. 你们学校是否有仅作为餐厅使用的餐厅?

      (A) 是
      (B) 否

   e. 你们学校是否有仅作为体育馆使用的体育馆?

      (A) 是
      (B) 否

   f. 你们学校是否有体育馆兼会堂?

      (A) 是
      (B) 否

   g. 你们学校是否有餐厅兼会堂?

      (A) 是
      (B) 否

   h. 你们学校是否有餐厅兼体育馆?

      (A) 是
      (B) 否

   i. 你们学校是否有餐厅兼体育馆兼会堂?

      (A) 是
      (B) 否

   j. 你们学校是否有电动工具工作坊?

      (A) 是
      (B) 否

   k. 学生是否有做生物学实验的空间和设备?

      (A) 是
      (B) 否
      (C) 我们不开设生物学课程

   l. 学生是否有做化学实验的空间和设备?

      (A) 是
      (B) 否
      (C) 我们不开设化学课程

   m. 学生是否有做物理实验的空间和

设备?

(A) 是

(B) 否

(C) 我们不开设物理课程

n. 你们学校是否有带音响设备的外语实验室?

(A) 是,使用安装在固定位置的设备

(B) 是,使用便携设备

(C) 我们的外语课程不使用实验室

(D) 我们不开设外语课程

o. 你们学校是否有单独的打字教室?

(A) 是

(B) 否

(C) 我们不开设打字课程

p. 你们学校是否有可以打棒球或橄榄球的运动场?

(A) 是,在我们学校的领地上

(B) 是,属于社区设施

(C) 是,在另一所学校的领地上

(D) 没有运动场

q. 你们学校有多少带音响设备的电影放映机?

(A) 无

(B) 1

(C) 2

(D) 3 或更多

r. 你们学校有准备热餐的厨房吗?

(A) 是

(B) 否,但会从校外送热午餐

(C) 否,所有学生自行安排午餐

14. 你们学校每天获得免费午餐的学生百分比是多少?

(A) 无

(B) 1%—9%

(C) 10%—19%

(D) 20%—29%

(E) 30%—39%

(F) 40%—49%

(G) 50%—59%

(H) 60%—69%

(I) 70%—79%

(J) 80%—89%

(K) 90%—99%

(L) 100%

15. 你们学校每天获得免费牛奶的学生百分比是多少?

(A) 无

(B) 1%—9%

(C) 10%—19%

(D) 20%—29%

(E) 30%—39%

(F) 40%—49%

(G) 50%—59%

(H) 60%—69%

(I) 70%—79%

(J) 80%—89%

(K) 90%—99%

(L) 100%

16. 你们学生是如何获得课本的? 找到

最符合你们学校情况的描述。

(A) 所有课本都是免费的

(B) 租用计划,无费用减免

(C) 租用计划,减免某些学生的费用

(D) 所有学生都自己买课本

(E) 某些学生免费获得,但其他所有人都自己买课本

(F) 学生自己买一些,另一些免费获得

17. 提供给学生的课本平均年龄是多少?

(A) 我们不提供课本。

(B) 不到 4 年

(C) 4—8 年

(D) 9—12 年

(E) 13—16 年

(F) 16 年以上

18. 你们 3 年级使用的正规课堂阅读课本版权日期是哪一年?

(A) 这所学校没有 3 年级

(B) 1964—1965 年

(C) 1961—1963 年

(D) 1958—1960 年

(E) 1953—1957 年

(F) 1948—1952 年

(G) 1948 年之前

19. 你们学校使用的基础生物课本的版权日期是哪一年?

(A) 这所学校没有生物课

(B) 1964—1965 年

(C) 1961—1963 年

(D) 1958—1960 年

(E) 1953—1957 年

(F) 1948—1952 年

(G) 1948 年之前

20. 你们教学计划中使用的课本在学校里有足够的数量吗?

(A) 是

(B) 否

21. 你们学生出勤不满完整或正常教学日的百分比是多少?学前班或幼儿园的学生不算。

(A) 无

(B) 1%—9%

(C) 10%—19%

(D) 20%—29%

(E) 30%—39%

(F) 40%—49%

(G) 50%—59%

(H) 60%—69%

(I) 70%—79%

(J) 80%—89%

(K) 90%—99%

(L) 100%

22. 你们学校给学生做智力测试吗?

(A) 是,只在 1 个年级

(B) 是,在 2 个年级

(C) 是,在 3 个年级

(D) 是,在 4 个或更多年级

(E) 否

23. 你们学校给学生做标准化成绩测试吗?

(A) 是,只在 1 个年级

(B) 是,在 2 个年级

(C) 是,在 3 个年级

(D) 是,在 4 个年级

(E) 是,在 5 个年级

(F) 是,在 6 个年级

(G) 是,在 7 个年级

(H) 是,在 8 个年级

(I) 是,在 9 个或更多年级

(J) 否

24. 你们学校给学生提供兴趣目录吗?

(A) 是,在 1 个年级

(B) 是,在 2 个年级

(C) 是,在 3 个年级

(D) 是,在 4 个或更多年级

(E) 否

25. 你们有专门用于照顾生病儿童的疗养室或保健室吗?

(A) 是

(B) 否

26. 本学年你校的教学人员中有多少位教师?不包括图书管理员、辅导员和行政人员。根据全职当量计算兼职教师;例如,两名半工教师算一名全职教师。

把答案填在网格内。

27. 根据 1964 年 9 月你校任课教师人数,除了死亡或退休之外,离职教师占多少比例?

(A) 不到 5%

(B) 5%—9%

(C) 10%—14%

(D) 15%—19%

(E) 20%—29%

(F) 30%—49%

(G) 50% 或更多

28. 你们学校是否有正式的教师终身聘用制度?

(A) 合同每年一签,没有终身职位

(B) 根据学校官员的推荐授予教师终身职位

(C) 如果符合该职位的所有资格条件,经过学校系统或州法律规定的一段固定任期后,教师自动获得终身职位

29. 你们学校任用教师时是否使用国家教师考试或同等地方考试?

(A) 是,用于所有职位。

(B) 是,用于某些职位。

(C) 否

30. 你们学校有美术教师吗?

(A) 无

(B) 是,每周 1 天或更少

(C) 是,每周 2 天

(D) 是,每周 3 天

(E) 是,每周 4 天或更多

31. 你们学校有音乐教师吗?

(A) 无

(B) 是,每周 1 天或更少

(C) 是,每周 2 天

(D) 是,每周 3 天

(E) 是,每周 4 天或更多

32. 你们学校有言语矫治教师(言语治疗师)吗?

(A) 无

(B) 是,每周 1 天或更少

(C) 是,每周 2 天

(D) 是,每周 3 天

(E) 是,每周 4 天或更多

33. 你们学校应对学生心理健康问题有哪些措施?

(A) 我们学校有一位全职心理学家

(B) 我们学校有一位兼职心理学家

(C) 我们与一家精神健康诊所有转诊安排

(D) 其他

(E) 无

34. 按照全职当量计算,你们学校有多少教师在教授阅读辅导课?

(A) 无

(B) 一个,不是全职

(C) 一个全职

(D) 一个全职和一个兼职

(E) 两个

(F) 三个

(G) 四个或更多

35. 按照全职当量计算,你们学校有多少位辅导员?

(A) 无

(B) 一个,不是全职

(C) 一个全职

(D) 一个全职和一个兼职

(E) 两个

(F) 三个

(G) 四个

(H) 五个

(I) 六个

(J) 七个或更多

36. 你们学校有图书管理员吗?

(A) 无

(B) 有,一位教师兼任图书管理员

(C) 有,一名兼职图书管理员

(D) 有,一名专职图书管理员

(E) 有,两名或以上专职图书管理馆员

37. 你们学校有值班护士吗?

(A) 无

(B) 有,一位教师兼任护士

(C) 有,一名兼职护士

(D) 有,一名全职护士

38. 你们学校有考勤官(或家庭—学校顾问)吗?

(A) 无

(B) 有,一位教师兼任校考勤官

(C) 有,一名兼职校考勤官

(D) 有,一名全职校考勤官

39. 下列哪一项最能说明学生是如何被分配到你们学校的?

(A) 在某一特定地理区域内的所有学生都就读于这所学校,不允许

或很少允许转校

(B) 在这一特定地理区域内的学生通常被分配给这所学校,但是经常被允许转校

(C) 学生是根据智力、成绩或他们的学习计划被分配给这所学校的

(D) 该地区所有学生都可以进入本校

(E) 遵循其他一些做法

40. 你们学校的总注册人数是多少?
把答案填在网格内。

41. (仅高中)在1964至1965学年,有多少学生从12年级毕业?
把答案填在网格内。

42. 你们学校平均日出勤率是多少?
(A) 超过98%
(B) 97%—98%
(C) 95%—96%
(D) 93%—94%
(E) 91%—92%
(F) 86%—90%
(G) 85%或更少

43. 你校学生中白人的百分比大约是多少?
(A) 无
(B) 1%—9%
(C) 10%—19%
(D) 20%—29%
(E) 30%—39%
(F) 40%—49%

(G) 50%—59%
(H) 60%—69%
(I) 70%—79%
(J) 80%—89%
(K) 90%—99%
(L) 所有

44. 今年你校学生中有多少是从另一所学校转来的?(不包括已在转出学校中读完最高年级的学生。)
(A) 0—4%
(B) 5%—9%
(C) 10%—14%
(D) 15%—19%
(E) 20%—24%
(F) 25%或更多

45. 去年在你校就读的学生中有大约多少百分比的学生现在上了一所不同的学校?不包括因为毕业或升级而转出的。
(A) 0—4%
(B) 5%—9%
(C) 10%—14%
(D) 15%—19%
(E) 20%—24%
(F) 25%或更多

46. 所有在你校上了10年级但却在毕业前辍学的女生百分比大约是多少?不包括您计算的转到另一所学校的女生。
(A) 本校没有10年级

(B) 0—4%

(C) 5%—9%

(D) 10%—14%

(E) 15%—19%

(F) 20%—29%

(G) 30%—39%

(H) 40%—49%

(I) 50%或更多

47. 所有在你校上了10年级但却在毕业前辍学的男生百分比大约是多少? 不包括您计算的转到另一所学校的男生。

(A) 本校没有10年级

(B) 0—4%

(C) 5%—9%

(D) 10%—14%

(E) 15%—19%

(F) 20%—29%

(G) 30%—39%

(H) 40%—49%

(I) 50%或更多

48. 对于下列各个方面,指出这所学校中的学生是否存在纪律问题。

a. 是否存在损害学校财物的问题?

(A) 是,很严重

(B) 是,中等

(C) 是,轻微

(D) 无

b. 是否存在对教师鲁莽无礼的问题?

(A) 是,很严重

(B) 是,中等

(C) 是,轻微

(D) 无

c. 是否存在种族或族裔群体间关系紧张的问题?

(A) 是,很严重

(B) 是,中等

(C) 是,轻微

(D) 无

d. 是否存在性质严重的偷窃问题(钱、汽车等)?

(A) 是,很严重

(B) 是,中等

(C) 是,轻微

(D) 无

e. 是否存在严重的针对教师的肢体暴力问题?

(A) 是,很严重

(B) 是,中等

(C) 是,轻微

(D) 无

f. 是否存在吸食毒品或兴奋剂的问题?

(A) 是,很严重

(B) 是,中等

(C) 是,轻微

(D) 无

g. 是否存在在学校饮用酒精饮料的问题?

(A) 是,很严重

(B) 是,中等

(C) 是,轻微

(D) 无

49. (仅高中)你校去年毕业生中现在就读于普通两年制或四年制高校的学生百分比大约是多少?

(A) 0
(B) 1%—9%
(C) 10%—19%
(D) 20%—29%
(E) 30%—39%
(F) 40%—49%
(G) 50%—59%
(H) 60%—69%
(I) 70%—79%
(J) 80%—89%
(K) 90%—99%
(L) 100%

50. (仅高中)你校去年毕业生中现在接受某种高中后教育或培训(例如美容学校、职业技术学校或商业学校)而非就读于大专或四年制高校的学生百分比大约是多少? 不包括参军入伍或中学毕业后就工作的。

(A) 0
(B) 1%—9%
(C) 10%—19%
(D) 20%—29%
(E) 30%—39%
(F) 40%—49%
(G) 50%—59%
(H) 60%—69%
(I) 70%—79%
(J) 80%—89%
(K) 90%—99%
(L) 100%

51. (仅高中)你校去年毕业生中现在就读于普通两年制或四年制高校的非白人学生百分比大约是多少?

(A) 毕业生中无非白人
(B) 0
(C) 1%—9%
(D) 10%—19%
(E) 20%—29%
(F) 30%—39%
(G) 40%—49%
(H) 50%—59%
(I) 60%—69%
(J) 70%—79%
(K) 80%—89%
(L) 90%—99%
(M) 100%

52. (仅高中)你校去年毕业生中现在接受某种高中后教育或培训(例如美容学校、职业技术学校或商业学校)而非就读于大专或四年制高校的非白人学生百分比大约是多少? 不包括参军入伍或中学毕业后就工作的。

(A) 0

(B) 1%—9%

(C) 10%—19%

(D) 20%—29%

(E) 30%—39%

(F) 40%—49%

(G) 50%—59%

(H) 60%—69%

(I) 70%—79%

(J) 80%—89%

(K) 90%—99%

(L) 100%

53. 去年大约有多少所全黑人或以黑人为主的高校派代表跟你校有兴趣的学生面谈？

(A) 无

(B) 1 或 2

(C) 3 至 5

(D) 6 至 10

(E) 11 至 20

(F) 21 或更多

54. 去年大约有多少所全白人或以白人为主的高校派代表跟你校有兴趣的学生面谈？

(A) 无

(B) 1 或 2

(C) 3 至 5

(D) 6 至 10

(E) 11 至 20

(F) 21 或更多

55. 您读本科时是否就读于一所包括师范院校在内的教育高校（或学校）？

(A) 是

(B) 否

56. 截至 1965 年 6 月，您在任何学校担任校长（或助理校长）已经有多少年了？

(A) 无

(B) 1 或 2

(C) 3 或 4

(D) 5 至 9

(E) 10 至 14

(F) 15 至 19

(G) 20 至 29

(H) 30 或更多

57. 截至 1965 年 6 月，您在这所学校担任校长有多少年了？

(A) 无

(B) 1 或 2

(C) 3 或 4

(D) 5 至 9

(E) 10 至 14

(F) 15 至 19

(G) 20 至 29

(H) 30 或更多

58. 您过上一个生日时是多少岁？

(A) 不到 26

(B) 26 至 35

(C) 36—45

(D) 46—55

(E) 56—65

(F) 66 或更大

59. 您的性别是?

(A) 男

(B) 女

60. 您攻读获取的最高大学学位是什么?荣誉学位不算。

(A) 无学位

(B) 通过不足 4 年学习获得的学位或文凭

(C) 学士学位

(D) 硕士学位

(E) 专业或专科文凭(六年制)

(F) 博士学位

61. 您在大学主修什么专业?如果您有两门专业,就标出您投入精力最多的那个。

(A) 农业

(B) 生物科学

(C) 工商—商业

(D) 基础教育

(E) 工程

(F) 英语或新闻

(G) 外语

(H) 家政学

(I) 工艺课

(J) 数学

(K) 音乐—美术

(L) 哲学

(M) 体育—保健

(N) 物理科学

(O) 心理学

(P) 社会科学,包括历史

(Q) 职业或技术教育

(R) 特殊教育

(S) 其他

(T) 我没上过大学

62. 下列哪一类描述最符合您修读了大部分大学课程的高校? 如果您在若干所高校修读的课程相等,就根据最后一所高校的情况回答。

(A) 我没有上过大学(跳至第 67 题)

(B) 公立—综合性大学,学院,或理工学院

(C) 公立—师范院校

(D) 公立—其他(大专等)

(E) 私立—综合性大学,学院,或理工学院

(F) 私立—师范院校

(G) 私立—其他(大专等)

注: 如果您未上过大学,请略过问题 63 至 66,从 67 题开始往下做。

63. 在您就读期间,该高校提供的最高学位是什么?

(A) 仅有证书

(B) 学士学位

(C) 硕士学位

(D) 专业或专科文凭(六年制)

(E) 博士学位

64. 该高校位于哪里?

(A) 本城、镇或县

(B) 本州，但不在本城、镇或县

(C) 美国的另一个州

(D) 在波多黎各或另一个美国属地

(E) 在墨西哥

(F) 在加拿大

(G) 在美国、加拿大或墨西哥以外的其他国家

65. 在您就读期间，该高校中有多少学生是白人？

(A) 所有

(B) 90%—99%

(C) 75%—89%

(D) 50%—74%

(E) 25%—49%

(F) 10%—24%

(G) 1%—9%

(H) 无

66. 在您的最高学位之外，您还修了多少大学学分？

(A) 无

(B) 1 至 10 学期课时

(C) 11 至 20 学期课时

(D) 21 至 30 学期课时

(E) 31 或更多学期课时

67. 您是：

(A) 黑人

(B) 白人

(C) 美国印第安人

(D) 东亚裔

(E) 其他

68. 您有波多黎各裔或墨西哥裔美国人血统吗？

(A) 波多黎各裔

(B) 墨西哥裔美国人

(C) 都没有

69. 根据您的判断，这所学校在这一地区的教育者中的一般声誉如何？

(A) 属于最好的

(B) 超过平均水准

(C) 大约属于平均水准

(D) 在平均水准以下

(E) 低劣

(F) 不知道

70. 您的在校总时间里大约有多少是用来教学的？

(A) 无

(B) 1%—25%

(C) 26%—50%

(D) 51%—75%

(E) 76% 或更多

71. 今年您从这所学校获得的总年薪是多少？（根据去年获得的补贴数额估计通过额外服务获得的补贴）

(A) 4 000 美元以下

(B) 4 000 至 4 999 美元

(C) 5 000 至 5 999 美元

(D) 6 000 至 6 999 美元

(E) 7 000 至 7 999 美元

(F) 8 000 至 8 999 美元

(G) 9 000 至 9 999 美元

(H) 10 000 至 14 999 美元

(I) 15 000 至 19 999 美元

(J) 20 000 美元或更多

72. 哪一条描述最符合你校的位置情况？

(A) 在乡下

(B) 在郊区住宅区

(C) 在工业郊区

(D) 在一座小镇（人口 5 000 或更少）

(E) 在一座 5 000 到 50 000 人口的城市

(F) 在一座较大城市的住宅区（人口超过 50 000）

(G) 在一座较大城市的内城区（人口超过 50 000）

73. 哪一条描述最符合你校所服务的学生的情况？

(A) 都是专业人士和白领工作者的子女

(B) 大部分是专业人士和白领工作者的子女

(C) 儿童来自社会各阶层

(D) 大部分是工厂和其他蓝领工人的子女

(E) 都是工厂和其他蓝领工人的子女

(F) 来自农村家庭的儿童

74. 在你校的步行范围内有藏书量至少为 5 000 册的公共图书馆吗？

(A) 是

(B) 否

75. 你校有多少学生家庭在 PTA 或类似的家长组织的会议中有自己的代表？

(A) 我们没有家长组织

(B) 只有少数

(C) 不到一半

(D) 大约一半

(E) 超过一半

(F) 几乎所有

76. 学生的教学日大约有多长？

(A) 4 个小时或更短

(B) 4½ 小时

(C) 5 小时

(D) 5½ 小时

(E) 6 小时

(F) 6½ 小时

(G) 7 小时

(H) 7½ 小时

(I) 8 小时或更长

77. 在这所学校里，学生跟不同教师上不同课程的最低年级是多少？（不包括美术、音乐、体育或辅导课的专门教师。）

(A) 6 年级或更早

(B) 7 年级

(C) 8 年级

(D) 9 年级

(E) 10 年级

(F) 11 年级

(G) 12 年级

(H) 根本没有

78. (仅高中)你校是否开设了以下课程?

    a. 大学预备

      (A) 是

      (B) 否

    b. 商业

      (A) 是

      (B) 否

    c. 一般

      (A) 是

      (B) 否

    d. 职业

      (A) 是

      (B) 否

    e. 农业

      (A) 是

      (B) 否

    f. 工艺课

      (A) 是

      (B) 否

79. (仅高中)以下哪一条描述最符合你校的类别?

    (A) 注重为大学做准备的学术型学校

    (B) 综合性学校

    (C) 旨在为文化不利人群服务的特殊课程学校

    (D) 职业、技术或贸易学校

    (E) 商业或工商学校

80. 你校根据学生的能力或成绩进行分班或分组吗?

    (A) 是,针对所有学生

    (B) 是,只针对成绩最好的学生

    (C) 是,只针对成绩最差的学生

    (D) 否

81. 如果您在第80题中选择了A、B或C,以下哪一条最符合你们的分班制度?

    (A) 学生被分到特定的班组,并在这个班组中上所有课程

    (B) 学生会在不同的班组上不同科目的课程,取决于他在该科目上的能力

82. 你校学生在最高班组中所占比例如何?

    (A) 该问题不适用本校情况

    (B) 0—9%

    (C) 10%—19%

    (D) 20%—29%

    (E) 30%—39%

    (F) 40%—49%

    (G) 50%—59%

    (H) 60%—69%

    (I) 70%—79%

    (J) 80%或更多

83. 你校学生在最低班组中所占比例如何?

    (A) 该问题不适用本校情况

    (B) 0—9%

    (C) 10%—19%

    (D) 20%—29%

(E) 30%—39%

(F) 40%—49%

(G) 50%—59%

(H) 60%—69%

(I) 70%—79%

(J) 80%或更多

84. 自1964年9月以来,大约有多少学生转到了较高级别的班组?

(A) 该问题不适用本校情况

(B) 无

(C) 1%—4%

(D) 5%—9%

(E) 10%—14%

(F) 15%—19%

(G) 20%—39%

(H) 40%—59%

(I) 60%或更多

85. 自1964年9月以来,大约有多少学生转到了较低级别的班组?

(A) 该问题不适用本校情况

(B) 无

(C) 1%—4%

(D) 5%—9%

(E) 10%—14%

(F) 15%—19%

(G) 20%—39%

(H) 40%—59%

(I) 60%或更多

86. 你校是否提供速成课程?

(A) 是,在所有学术科目上

(B) 是,在若干科目上

(C) 是,在一或两门科目上

(D) 否

87. 你校是什么时候首次招收非白人学生?

(A) 今年

(B) 过去的2年内

(C) 3至5年前

(D) 5至10年前

(E) 超过10年前

(F) 本校一直都完全是非白人学校

(G) 这里没有非白人

88. (仅高中)你校学生获得进阶课程或大学学分的机会如何?

(A) 我们提供一个或多个大学理事会进阶项目课程

(B) 我们提供自己的进阶课程

(C) 无特殊课程,但学生可以通过进阶考试获得资格

(D) 无该机会

89. 你校学习迟缓者的升级政策是什么?

(A) 学生必须在考试不合格的年级留级

(B) 学生必须重修不合格科目

(C) 被认定为学习迟缓者未入学或被送到其他学校

(D) 学生随年龄组升级

90. 你校是否提供以下课外活动?是则选A,否则选B。

a. 学生会

(A) 是

(B) 否

b. 校报

(A) 是

(B) 否

c. 校刊或年刊

(A) 是

(B) 否

d. 男生校际体育运动

(A) 是

(B) 否

e. 女生校际体育运动

(A) 是

(B) 否

f. 男生校内体育运动

(A) 是

(B) 否

g. 女生校内体育运动

(A) 是

(B) 否

h. 乐团和/或乐队

(A) 是

(B) 否

i. 合唱团和/或合唱队

(A) 是

(B) 否

j. 全国优等生联合会

(A) 是

(B) 否

k. 主题俱乐部（如数学、拉丁语俱乐部等）

(A) 是

(B) 否

l. 国际象棋俱乐部

(A) 是

(B) 否

m. 兴趣俱乐部（如集邮、高保真音响俱乐部等）

(A) 是

(B) 否

n. 戏剧,演出

(A) 是

(B) 否

o. 辩论队

(A) 是

(B) 否

p. 交谊舞

(A) 是

(B) 否

q. 军事培训（ROTC 预备役军官训练团,NDCC 国家国防军官学校学生军团等）

(A) 是

(B) 否

r. 社区服务俱乐部（如私人俱乐部、中学青年会等）

(A) 是

(B) 否

s. 宗教俱乐部（如纽曼社等）

(A) 是

(B) 否

91. 你校学生每天预期的平均作业量是多少？（如果您的学校包括小学和中学生，则只回答中学生的情况）

　　(A) 学生通常没有校外作业

　　(B) 不到1小时

　　(C) 1—2小时

　　(D) 2—3小时

　　(E) 3—4小时

　　(F) 5个小时或更多

92. 你校有多大比例的学生在上算术或数学的辅导课程或特别辅导班？

　　(A) 0—4%

　　(B) 5%—9%

　　(C) 10%—14%

　　(D) 15%—19%

　　(E) 20%—24%

　　(F) 25%或更多

　　(G) 本校不提供此类班课

93. 你校有多大比例的学生在上阅读或英语的辅导课程或特别辅导班？

　　(A) 0—4%

　　(B) 5%—9%

　　(C) 10%—14%

　　(D) 15%—19%

　　(E) 20%—24%

　　(F) 25%或更多

　　(G) 本校不提供此类班课

94. 对于下列每一组学生，请注明你校是否在常规教学日或放学后提供单独课程。

a. 低智商或智力发育迟缓学生

　　(A) 是

　　(B) 否

b. 行为或适应问题

　　(A) 是

　　(B) 否

c. 非英语学生

　　(A) 是

　　(B) 否

d. 快速学习者

　　(A) 是

　　(B) 否

e. 特殊技能或天赋（如美术、音乐）

　　(A) 是

　　(B) 否

f. 有言语障碍者

　　(A) 是

　　(B) 否

g. 有身体残疾者

　　(A) 是

　　(B) 否

下面是一个当前学校议题列表，我们希望全国教育管理者对之做出判断。请根据您所认为的最好的教育实践进行回答。

95. 下列社区小学政策中哪一条是您心目中最好的教育实践？

　　(A) 应该维持社区小学，即使会产生种族失衡

　　(B) 应该维持社区小学，但在可能的情况下，应使用某种方法，例如

降低学校年级跨度、学校"配对"或其他做法,促进种族平衡

(C) 社区小学的想法可以被摈弃,不会造成重大损失

96. 下列用校车接送小学生的政策中哪一条是您心目中最好的教育实践?

(A) 不应该用校车接送儿童去不是他们社区学校的学校

(B) 应该用校车接送儿童去另一所学校,仅仅是为了缓解拥挤

(C) 应该用校车接送非白人儿童去另一所学校,以实现种族平衡

(D) 白人和非白人儿童都应该被用校车送到以另一个种族为主的学校,以实现种族平衡

97. 您认为教育政策中支付额外人均费用对文化不利学生实行的补偿教育计划是否合理?

(A) 是

(B) 否

(C) 未决定

98. 您认为什么样的教师队伍最适合一所全体学生都是非白人或主要是非白人的公立学校?

(A) 全白人教师队伍

(B) 以白人为主的教师队伍

(C) 白人和非白人教师数量大致相等

(D) 以非白人为主的教师队伍

(E) 全非白人教师队伍

(F) 这不重要

(G) 选择教师时不考虑种族

(H) 一定程度的种族融合,但比例并不重要

99. 您认为什么样的教师队伍最适合一所全体学生为种族混合型的公立学校?

(A) 全白人教师队伍

(B) 以白人为主的教师队伍

(C) 白人和非白人教师数量大致相等

(D) 以非白人为主的教师队伍

(E) 全非白人教师队伍

(F) 这不重要

(G) 选择教师时不考虑种族

(H) 一定程度的种族融合,但比例并不重要

100. 您认为什么样的教师队伍最适合一所全体学生都是白人或主要是白人的公立学校?

(A) 全白人教师队伍

(B) 以白人为主的教师队伍

(C) 白人和非白人教师数量大致相等

(D) 以非白人为主的教师队伍

(E) 全非白人教师队伍

(F) 这不重要

(G) 选择教师时不考虑种族

(H) 一定程度的种族融合,但比例并不重要

谢谢您的配合。

校长调查问卷

说明

本问卷应由受测试学生所在学校的校长完成。

请在发给您的单独的答题纸上标注您的所有答案。

要确保您的所有答案标记都是黑色的，而且填满了答案空格；不要在答题纸上留下任何不相干的标记。如果要擦掉标记，就必须擦干净，没有擦干净的标记可能被当成您希望选的答案。**对每个问题只能标出一个答案。**

在若干问题中，你被要求提供一个数字，这些题目的答题指示是"把答案填在网格内"。对于这些问题，请在答题纸上的每个大方格内写一个数字。如果您的答案位数小于方格数，就尽可能把答案靠右写，然后在未使用的方格内填上 0。接着，沿着每个大方格下的数列找到包含对应数字的小空格，将它涂黑。例如，如果您的答案是 390，答题纸上有四个方格，那么网格看上去就应该是这样的：

教育机会调查

学校调查测试
·
教师问卷

考试测试服务中心——纽约州普林斯顿,加利福尼亚州伯克利

本调查问卷没有版权。

问题由美国教育厅提供。

教师调查问卷

本问卷应由受测试学生所在学校中属于以下两组类别中任意一组的全体人员完成：

(a) 今年教一个或以上班级的教师

(b) 每周花五个小时以上时间做咨询辅导工作的任何人

每道题选出正确的答案,在答题纸上标出对应题目的答案号。对每个问题只能标出一个答案。您可以跳过任何您不想回答的问题,但如果可能的话,请回答所有的问题。

第1部分

1. 您的性别是？

   (A) 男

   (B) 女

2. 您过上一个生日时是多少岁？

   (A) 不到26

   (B) 26 至 35

   (C) 36—45

   (D) 46—55

   (E) 56—65

   (F) 66 或更大

3. 您在哪里度过了一生中大部分时间？

   (A) 本城、镇或县

   (B) 本州,但不在本城、镇或县

   (C) 美国的另一个州

   (D) 在波多黎各或另一个美国属地

   (E) 在墨西哥

   (F) 在加拿大

   (G) 在美国、加拿大或墨西哥以外的其他国家

4. 您是在什么类型的社区度过了大部分时间？（如果您不能肯定就尽量估计一下。）

   (A) 在乡下或是农场社区

   (B) 在一座非郊区的小镇（人口少于1万）

   (C) 在一座中等规模城市（1万到10万人口）

   (D) 在一座中等规模城市的郊区

   (E) 在一座大城市里（10万到50万人口）

   (F) 在一座大城市的郊区

   (G) 在一座非常大的城市里（50万以上人口）

   (H) 在一座非常大的城市的郊区

5. 您是

(A) 黑人

(B) 白人

(C) 美国印第安人

(D) 东亚裔

(E) 其他

6. 您有波多黎各裔或墨西哥裔美国人血统吗?

(A) 波多黎各裔

(B) 墨西哥裔美国人

(C) 都没有

7. 您毕业于哪里的中学?

(A) 在这座城、镇或县

(B) 在本州,但不在本城、镇或县

(C) 在美国的另一个州

(D) 在波多黎各或另一个美国属地

(E) 在另一个国家

8. 您父亲做什么工作?他的确切工作可能没有列在下面,但您可以选一个最接近的。

(A) 技术:如绘图员、测量员、医疗或牙科技师等

(B) 高级职员:如制造商、大公司的官员、银行家、政府官员或督察员等

(C) 经理:如销售经理、商店经理、办公室经理、工厂主管等

业主或所有人:如小企业主、批发商、零售商、承包商、餐馆老板等

(D) 半熟练工人:如工厂机器操作员、公交车或出租车司机、肉类切割工等

文员:如银行出纳员、记账员、售货员、办公室文员、邮递员、信使等

服务人员:如理发师、餐厅服务员等

安保人员:如警察、侦探、警长、消防员等

(E) 销售人员:如房地产或保险推销员、工厂代表等

(F) 农场或牧场经理或业主

(G) 一个或多个农场上的工人

(H) 工匠或体力劳动者:如工厂或矿山工人、渔民、加油站服务员、码头工人等

(I) 专业人员:如会计师、艺术家、牧师、牙医、医生、工程师、律师、图书管理员、科学家、大学教授、社会工作者等

(J) 熟练工人或领班:如面包师、木匠、电工、军队现役士兵、机械工、水暖工、泥水匠、裁缝、工厂或矿山的领班等

(K) 我不知道

9. 你父亲上过多少年学?

(A) 无,或上过一段小学

(B) 小学毕业

(C) 上过一段中学

(D) 中学毕业

(E) 中学毕业后读过技术或商业学校

(F) 上过一段大学,但不到4年

(G) 毕业于正规四年制大学

(H) 读过研究生或专业学校

(I) 我不知道

10. 你母亲上过多少年学?

(A) 无,或上过一段小学

(B) 小学毕业

(C) 上过一段中学

(D) 中学毕业

(E) 中学毕业后读过技术或商业学校

(F) 上过一段大学,但不到4年

(G) 毕业于正规四年制大学

(H) 读过研究生或专业学校

(I) 我不知道

11. 您攻读获取的最高大学学位是什么?荣誉学位不算。

(A) 无学位

(B) 通过不足4年学习获得的学位或文凭

(C) 学士学位

(D) 硕士学位

(E) 专业或专科文凭(六年制)

(F) 博士学位

12. 您在大学主修什么专业?如果您有两门专业,就标出您投入精力最多的那个。

(A) 农业

(B) 生物科学

(C) 工商—商业

(D) 基础教育

(E) 工程

(F) 英语或新闻

(G) 外语

(H) 家政学

(I) 工艺课

(J) 数学

(K) 音乐—美术

(L) 哲学

(M) 体育—保健

(N) 物理科学

(O) 心理学

(P) 社会科学,包括历史

(Q) 职业或技术教育

(R) 特殊教育

(S) 其他

(T) 我没上过大学

13. 下列哪一类描述最符合您修读了大部分大学课程的高校?如果您在若干所高校修读的课程相等,就根据最后一所高校的情况回答。

(A) 我没有上过大学(跳至第25题)

(B) 公立—综合性大学或理工学院

(C) 公立—师范院校

(D) 公立—其他(大专等)

(E) 私立—综合性大学,学院,或理工学院

(F) 私立——师范院校

(G) 私立——其他(大专等)

注：如果您未上过大学,请略过问题14至24,从25题开始往下做。

14. 在您就读期间,该高校提供的最高学位是什么?

    (A) 仅有证书

    (B) 学士学位

    (C) 硕士学位

    (D) 专业或专科文凭(六年制)

    (E) 博士学位

15. 该高校位于哪里?

    (A) 本城、镇或县

    (B) 本州,但不在本城、镇或县

    (C) 美国的另一个州

    (D) 在波多黎各或另一个美国属地

    (E) 在墨西哥

    (F) 在加拿大

    (G) 在美国、加拿大或墨西哥以外的其他国家

16. 在您就读期间,该高校中有多少学生是白人?

    (A) 所有

    (B) 90%—99%

    (C) 75%—89%

    (D) 50%—74%

    (E) 25%—49%

    (F) 10%—24%

    (G) 1%—9%

    (H) 无

问题17至23问的是在您就读期间该高校的情况。根据前面问题中所选择高校的情况进行回答。

17. 在大部分学生中是否存在获取高分的激烈竞争?

    (A) 是

    (B) 否

18. 新生是否要听命于学长一段时间?

    (A) 是

    (B) 否

19. 大多数学生的学术能力都很强吗?

    (A) 是

    (B) 否

20. 您是否经常与同学讨论如何赚钱?

    (A) 是

    (B) 否

21. 学生是否有很大的压力要取得好成绩?

    (A) 是

    (B) 否

22. 您会跟不认识的学生打招呼吗?

    (A) 是

    (B) 否

23. 您如何评价您就读的大学在美国所有高校中的学术水平?(尽量评估一下)

    (A) 前10%

    (B) 11%—20%

    (C) 21%—30%

    (D) 31%—40%

(E) 41%—50%

(F) 51%—60%

(G) 61%—70%

(H) 71%—80%

(I) 81%—90%

(J) 91%—100%

24. 在您的最高学位之外,您还修了多少大学学分?

(A) 无

(B) 1 至 10 学期课时

(C) 11 至 20 学期课时

(D) 21 至 30 学期课时

(E) 31 或更多学期课时

25. 截至 1965 年 6 月,您的全职总教龄是多少年?(辅导咨询也算教龄)

(A) 无

(B) 1 或 2

(C) 3 或 4

(D) 5 至 9

(E) 10 至 14

(F) 15 至 19

(G) 20 至 29

(H) 30 或更多

26. 截至 1965 年 6 月,您在这所学校的全职教龄是多少年?(辅导咨询也算教龄)

(A) 无

(B) 1 或 2

(C) 3 或 4

(D) 5 至 9

(E) 10 至 14

(F) 15 至 19

(G) 20 至 29

(H) 30 或更多

27. 上一学年(1964—1965),您在这所学校缺勤多少教学日?

(A) 去年我不是正规教师或辅导员

(B) 无

(C) 1 或 2

(D) 3 至 6

(E) 7 至 15

(F) 16 或更多

28. 您拥有哪一种州教学认证?

(A) 无认证

(B) 临时、暂时或应急认证

(C) 常规但非本州最高级别认证

(D) 本州最高级别认证(通常是终身、永久或长期的)

29. 您是如何被分配到这所学校而非该地区其他学校的?

(A) 我主动要求在这所学校工作

(B) 我被分配到这所学校

30. 您是否参加过由国家科学基金会资助或是由《国防教育法案》或《1965 年中小学教育法案》资助的暑期学校?

(A) 无

(B) 1 次

(C) 2 或 3 次

(D) 4 次或更多

31. 您是否参加过任何暑期培训班或类似的培训项目,获得过旨在为文化不利学生提供教学或咨询的特殊培训?

   (A) 否

   (B) 是,1 次

   (C) 是,2 次或更多

32. 今年您从这所学校获得的总年薪是多少?(根据去年获得的补贴数额估计通过额外服务获得的补贴)

   (A) 3 000 美元以下

   (B) 3 000 至 3 999 美元

   (C) 4 000 至 4 999 美元

   (D) 5 000 至 5 999 美元

   (E) 6 000 至 6 999 美元

   (F) 7 000 至 7 999 美元

   (G) 8 000 至 8 999 美元

   (H) 9 000 至 9 999 美元

   (I) 10 000 美元或更多

33. 总的来说,您认为你校学生在学校里的努力程度如何?

   (A) 优秀

   (B) 好

   (C) 一般

   (D) 尚可

   (E) 差

34. 总的来说,您认为你校学生的学术能力水平如何?

   (A) 优秀

   (B) 好

   (C) 一般

   (D) 尚可

   (E) 差

35. 您在这所学校的聘用状况如何?

   (A) 我有终身职位

   (B) 我有正规全职工作,但非终身职位

   (C) 我是临时指派的代课教师

36. 您是任何全国优等生联合会如 KDP 或 PBK 的成员吗?

   (A) 是

   (B) 否

37. 假设时光倒流,您能重新读大学,根据您目前的知识,您会进入教师行业吗?

   (A) 肯定会

   (B) 可能会

   (C) 未定

   (D) 可能不会

   (E) 绝对不会

38. 如果您可以选择,您希望成为其他学校而非这所学校的教员吗?

   (A) 是

   (B) 也许

   (C) 否

39. 您最想在什么样的中学执教?(即使您不是中学教师也请回答。)

   (A) 注重为大学做准备的学术型学校

   (B) 综合性学校

   (C) 旨在为文化不利人群服务的特

殊课程学校

(D) 职业、技术或贸易学校

(E) 商业或工商学校

40. 如果您可以选择学校的背景,您会选择以下的哪一种?

(A) 所有儿童都是专业人士和白领工作者的子女

(B) 大部分儿童是专业人士和白领工作者的子女

(C) 儿童来自社会各个阶层

(D) 大部分儿童是工厂和其他蓝领工人的子女

(E) 所有儿童都是工厂和其他蓝领工人的子女

(F) 来自农村家庭的儿童

(G) 我没有偏好

41. 就族裔构成而言,您喜欢在什么样的学校工作?

(A) 以盎格鲁—撒克逊裔学生为主的学校

(B) 盎格鲁—撒克逊裔和其他少数族群混合的学校

(C) 以少数族群为主的学校

(D) 我没有偏好

42. 就种族构成而言,您喜欢在什么样的学校工作?

(A) 全白人学校

(B) 大多数是白人,但有一些非白人学生

(C) 大约有一半白人和一半非白人

(D) 大多数是非白人,但有一些白人学生

(E) 全部是非白人学生

(F) 我没有偏好

43. 您最喜欢教或者指导什么班级?

(A) 高能力班组

(B) 平均能力班组

(C) 低能力班组

(D) 混合能力班组

(E) 我没有偏好

44. 根据您的判断,这所学校在非本校教师中的一般声誉如何?

(A) 属于最好的

(B) 超过平均水准

(C) 大约属于平均水准

(D) 低于平均水准

(E) 低劣

(F) 不知道

45. 今年您教或者指导的白人学生百分比大约是多少?

(A) 无

(B) 1%—9%

(C) 10%—24%

(D) 25%—49%

(E) 50%—74%

(F) 75%—89%

(G) 90%—99%

(H) 全都是

46. 下面是一个当前学校议题列表,我们希望全国教育管理者对之做出判断。

请根据您所认为的最好的教育实践进行回答。

a. 下列社区小学政策中哪一条是您心目中最好的教育实践?

　(A) 应该维持社区小学,即使会产生种族失衡

　(B) 应该维持社区小学,但在可能的情况下,应使用某种方法,例如降低学校年级跨度、学校"配对"或其他做法,促进种族平衡

　(C) 社区小学的想法可以被摈弃,不会造成重大损失

b. 下列用校车接送小学生的政策中哪一条是您心目中最好的教育实践?

　(A) 不应该用校车接送儿童去不是他们社区学校的学校

　(B) 应该用校车接送儿童去另一所学校,仅仅是为了缓解拥挤

　(C) 应该用校车接送非白人儿童去另一所学校,以实现种族平衡

　(D) 白人和非白人儿童都应该被用校车送到以另一个种族为主的学校,以实现种族平衡

c. 您认为教育政策中支付额外人均费用对文化不利学生实行的补偿教育计划是否合理?

　(A) 是

　(B) 否

　(C) 未决定

d. 您认为什么样的教师队伍最适合一所全体学生都是非白人或主要是非白人的公立学校?

　(A) 全白人教师队伍

　(B) 以白人为主的教师队伍

　(C) 白人和非白人教师数量大致相等

　(D) 以非白人为主的教师队伍

　(E) 全非白人教师队伍

　(F) 这不重要

　(G) 选择教师时不考虑种族

　(H) 一定程度的种族融合,但比例并不重要

e. 您认为什么样的教师队伍最适合一所全体学生为种族混合型的公立学校?

　(A) 全白人教师队伍

　(B) 以白人为主的教师队伍

　(C) 白人和非白人教师数量大致相等

　(D) 以非白人为主的教师队伍

　(E) 全非白人教师队伍

　(F) 这不重要

　(G) 选择教师时不考虑种族

　(H) 一定程度的种族融合,但比例并不重要

f. 您认为什么样的教师队伍最适合一所全体学生都是白人或主要是

白人的公立学校?

(A) 全白人教师队伍

(B) 以白人为主的教师队伍

(C) 白人和非白人教师数量大致相等

(D) 以非白人为主的教师队伍

(E) 全非白人教师队伍

(F) 这不重要

(G) 选择教师时不考虑种族

(H) 一定程度的种族融合,但比例并不重要

47. 对学校问题的调查显示,教师报告的一些事情降低了学校的效能。下面是这些问题的部分列表。对那些在你们学校构成问题的情况标注 Y(是);对那些在你们学校不构成问题的情况标注 N(否)。

a. 学生的家庭环境不好。

b. 学生吃得不好,穿得也不好。

c. 不同种族或族裔群体相处不好。

d. 家长企图干扰学校事务。

e. 分数竞争太激烈。

f. 过分强调体育运动。

g. 学生缺课太多。

h. 课堂太大,难以进行有效的教学。

i. 应进行更好的混合,所有学生都是差不多类型的。

j. 必须花太多的时间整顿纪律。

k. 学生对学习不是很感兴趣。

l. 在学校管理层面缺乏有效的领导。

m. 家长在分数上对学生施加了太多压力。

n. 教师们似乎不能够很好地在一起工作。

o. 教师在教材选择、课程规划和纪律训练等方面的自由太少。

p. 学生转学率太高。

q. 家长对自己孩子的学校功课没有足够的兴趣。

r. 我们的教学设备很差,包括必需品、书籍、实验室设备等。

s. 课堂被打断的现象太频繁。

t. 教师流动率太高。

u. 管理人员流动率太高。

48. 您是任何教师协会成员吗?

(A) 否

(B) 是,一名官员

(C) 是,一名积极工作者

(D) 是,一名成员但非积极工作者

49. 您是否定期阅读任何全国教育或主题期刊,如《全国教育协会期刊》、《全国学校期刊》、《英语期刊》等?

(A) 否,不定期阅读

(B) 是,定期阅读 1 份

(C) 是,定期阅读 2 份

(D) 是,定期阅读 3 份

50. 您是否会从事全职公共教育直至退休?

(A) 肯定会

(B) 可能会

(C) 可能不会

(D) 绝对不会

51. 您每天在工作日程外会花多少个小时准备教学或辅导工作?

(A) 无

(B) 1

(C) 2

(D) 3

(E) 4 或更多

52. 今年您每天有多少个小时用于课堂教学?

(A) 无(跳至第 63 题)

(B) 1

(C) 2

(D) 3

(E) 4

(F) 5

(G) 6 或更多

注：如果您未花时间进行课堂教学，请略过问题 53 至 62，从 63 题开始往下做。

53. 平均而言，您今年每个班有多少学生？如果您只教一个班，就根据这个班的情况回答。在答题区上面的空格填写数字。如果数字小于 100，就在第一格写上 0，然后填写数字；如果数字小于 10，就在第一、二格写上 0，并在第三格填写数字。现在，将您写的数字下方与该数字对应的编号方框涂黑。

54. (如果您只教五年级或更低的年级，则略过本题)您本学期教多少不同的科目？同一科目在不同年级算不同的科目。例如，9 和 10 年级的英语算两个科目，3 和 4 年级的法语算两个科目。

(A) 1

(B) 2

(C) 3

(D) 4

(E) 5

(F) 6

(G) 7

(H) 8 或更多

55. 除了正式辅导工作所花的时间外，您每周要花多少小时进行正式和非正式的个人或集体辅导？

(A) 无

(B) 每周 1 或 2 小时

(C) 每周 3 至 5 小时

(D) 每周 6 至 10 小时

(E) 每周 11 或更多小时

56. (如果您只教五年级或更低的年级，则略过本题)请指出您今年在下列领域中教授多少课程。注：同一课程在不同年级算不同的课程。例如，1 和 2 年级的法语课算两门外语课。

(A) 无

(B) 一

(C) 二

(D) 三

(E) 四

(F) 五或更多

a. <u>科学课程</u>,如生物、化学、普通科学和物理

b. <u>外语课程</u>,如法语、德语和拉丁语

c. <u>社会科学课程</u>,如历史、市政学和经济学

d. <u>英语课程</u>,包括文学、戏剧、演讲和新闻

e. <u>数学课程</u>,如代数、几何和三角学。<u>不包括</u>商业算术或商店数学

f. <u>工艺课课程</u>,如综合工场、木工、金属加工和制图。<u>不包括职业培训课程</u>

g. <u>职业教育</u>、<u>贸易教育</u>和<u>职业培训课程</u>,如汽车修理、铸造、配销教育和保健职业

h. <u>商务课程</u>,如打字、速记、记账和商业算术

i. <u>农业课程</u>

j. <u>家政学课程</u>

k. <u>健康和体育课程</u>

l. <u>其他课程</u>如美术、音乐、岗前培训

57. 由于有些学校对学生进行能力分组,有些教师以教某一能力水平的学生为主。下列哪个类别最符合您所教的班组?

(A) 全是高能力班组

(B) 全是低能力班组

(C) 各种能力班组的组合

(D) 本校不进行能力分组

58. 您今年教的最低年级是什么?

(A) 幼儿园或学前班

(B) 1

(C) 2

(D) 3

(E) 4

(F) 5

(G) 6

(H) 7

(I) 8

(J) 9

(K) 10

(L) 11

(M) 12

59. 您今年教的最高年级是什么?

(A) 幼儿园或学前班

(B) 1

(C) 2

(D) 3

(E) 4

(F) 5

(G) 6

(H) 7

(I) 8

(J) 9

(K) 10

(L) 11

(M) 12

60. 从现实的角度看,黑人可能会被一些工作排除在外。您个人认为教师或辅导员应该鼓励黑人学生向往此类工作吗?

    (A) 是

    (B) 是,但要充分讨论其中的困难

    (C) 否

    (D) 无看法

61. 一般而言,什么类型的高校对大多数想上大学的黑人而言是最好的?

    (A) 大多数黑人上黑人大学会更好

    (B) 大多数黑人上以白人为主的大学会更好

    (C) 无论上什么大学都没有或几乎不会有什么差别。

62. 如果您只能在这两种学生之间进行选择,你更愿意教哪一类学生?

    (A) 具有平均能力的学生,其父母对他的学习成绩有浓厚的兴趣。

    (B) 一个能力很强的学生,其父母对他的学业成绩没有任何兴趣。

63. 您在工作时间承担学校辅导员的工作吗?本班教室里的活动不算。

    (A) 否(跳至第73题)

    (B) 是,每周不到5小时(跳至第73题)

    (C) 是,每周5小时(跳至第73题)

    (D) 是,每周6至10小时

    (E) 是,每周11至15小时

    (F) 是,每周16至20小时

    (G) 是,每周21至25小时

    (H) 是,每周超过25小时

    注:如果您每周做的辅导员工作时间为5小时或更少(您在63题中答案选A,B或C),则直接跳至73题。如果您每周做的辅导员工作时间超过5小时,请继续做64至72题。

64. 哪个头衔最能描述您的正式咨询职务?

    (A) 顾问

    (B) 指导顾问

    (C) 调整顾问

    (D) 职业顾问

    (E) 指导主任

    (F) 教务长

    (G) 副校长

    (H) 其他

65. 您作为辅导员正式被分配负责的学生数量是多少?

    (A) 不到 200

    (B) 200—249

    (C) 250—299

    (D) 300—349

    (E) 359—399

    (F) 400—499

    (G) 500—699

    (H) 700 或更多

66. 您平均每周辅导多少位<u>不同</u>的学生?

    (A) 不到 10

    (B) 10—19

(C) 20—29

(D) 30—39

(E) 40—49

(F) 50—59

(G) 60—69

(H) 70 或更多

对于问题 67，根据以下比例在答题纸上标注适当的空格。

(A) 不到 5%

(B) 5%—9%

(C) 10%—14%

(D) 15%—19%

(E) 20%—24%

(F) 25%—29%

(G) 30%—34%

(H) 35%—39%

(I) 40%—44%

(J) 45%—49%

(K) 50% 或更多

对于问题 67 中所列的每一个辅导领域，请注明在这整个学年中您辅导学生所用总时间的大致百分比：

67. a. 教育咨询：课程选择、规划等

    b. 教育咨询：大学选择，大学专业等

    c. 个人和/或情感调整等

    d. 职业、工作选择等

68. 截至 1965 年 6 月，您担任兼职或全职辅导员已经有多少年了？

    (A) 无

    (B) 1 或 2 年

(C) 3 或 4 年

(D) 5 至 9 年

(E) 10 至 14 年

(F) 15 至 19 年

(G) 20 或更多年

69. 辅导或相关学科（如心理学）是您获取最高学历的主要研究领域吗？

    (A) 是

    (B) 否

70. 您参加了多少专业指导咨询组织，如美国学校辅导员协会、全国职业指导协会（NVGA）、美国人事和指导协会（APGA）等？

    (A) 无

    (B) 一

    (C) 二

    (D) 三

    (E) 四

    (F) 五

    (G) 六或更多

71. 您定期阅读多少份专业指导咨询期刊？（《人事和指导期刊》、《全国职业指导季刊》等）

    (A) 无

    (B) 一

    (C) 二

    (D) 三

    (E) 四或更多

72. 如果必须选择一项，您认为以下哪一种信息来源最能预测一个学生在高

等教育中的成败？

(A) 教师推荐

(B) 集体或个人智力或学术能力测试成绩

(C) 其他标准化测试成绩（如人格与职业目录等）

(D) 学校成绩

(E) 其他

第 2 部分

问卷的最后部分包括一个简短的语言测试。跟调查问卷的其余部分一样，它是自愿和匿名的。它被包括在问卷中，目的是对全国教师的语言能力获取一个简单的测量值。在这里，正如在这整个调查中一样，您的协助对于 1965 年度美国儿童教育机会评估而言至关重要。

大多数人会在 15 分钟或更少的时间内完成这些问题。在做题前请勿查阅任何书籍或与他人进行讨论。

每个问题都包含一个缺少一个单词的句子；空格代表此处的单词已从句子中删除。每个句子下面有五个单词，其中一个就是原句中缺少的单词。您的任务是从五个单词中选出最符合句子意思的那个单词。

样题

We had worked hard all day so that by evening we were quite _____.

(A) small (B) tired (C) old (D) untrained (E) intelligent

如果您理解样题句子的意思，您就会意识到"tired"正是缺失的单词，因为其他单词都不符合句子的意思。接下来，请在答题纸上找到与问题编号一致的编号空格，并将与缺失单词的标注字母一致的空格涂黑。

73. Dick apparently had little _____ in his own ideas for he desperately feared being laughed at.

(A) interest

(B) depth

(C) confidence

(D) difficulty

(E) continuity

74. No money should be wasted on luxuries until all _____ have been provided for.

(F) assets

(G) opportunities

(H) resources

(I) proceeds

(J) necessities

75. France is still, if not the only country in the world where _____ is an art, at least the only one where the dressmaker and the milliner are artists.

(A) democracy
(B) behavior
(C) society
(D) dress
(E) conversation

76. The _____ of the animals was astounding; they would sit unmoving as we walked about and took their pictures.

(F) stupidity
(G) tameness
(H) grace
(I) shyness
(J) photography

77. He told the story apparently with indifference, yet with _____ enough to fix the words in his hearers' memory.

(A) jurisdiction
(B) literacy
(C) emphasis
(D) insight
(E) ecstasy

78. Down with them all! I am taking my _____ for all the humiliation I endured in my youth.

(F) revenge
(G) punishment
(H) reward
(I) time
(J) opportunity

79. At sea he was an amateur, not an expert, and thus for the first time became an _____ instead of a man of action.

(A) authority
(B) instigator
(C) onlooker
(D) outcast
(E) inspiration

80. Science, art, literature, philosophy, and religion are the institutions that _____ great civilizations from mere groups of villages.

(F) regulate
(G) extricate
(H) distinguish
(I) release
(J) save

81. As often happens to those in a bad humor, it seemed to him that everyone regarded him with _____ and that he was in everybody's way.

(A) aversion
(B) curiosity

(C) respect

(D) understanding

(E) fear

82. People in temperate climates, faced with many _____, gain resources within themselves which eventually lead to a greater prosperity than that possessed by people where living conditions are easier.

(F) obstacles

(G) directions

(H) advantages

(I) possibilities

(J) experiences

83. He was fired from a job sorting oranges because he was not able to _____ well enough.

(A) produce

(B) sample

(C) walk

(D) discriminate

(E) dye

84. During the course of the trial he exhausted every form of _____ in an attempt to prove his innocence.

(F) camouflage

(G) intrigue

(H) appeal

(I) credit

(J) insistence

85. To make you understand my point I must go back a bit and seem to change the subject, but the _____ will soon be plain.

(A) correction

(B) effect

(C) origin

(D) controversy

(E) connection

86. In pace, the industrial revolution has been not a revolution at all but a _____ change, dependent on the energy and ingenuity of individuals and limited by the scarcity of men possessing these qualities.

(F) gradual

(G) sudden

(H) deliberate

(I) doubtful

(J) debatable

87. The shortage of wage labor in the farming districts _____ the invention of labor-saving devices.

(A) delayed

(B) threatened

(C) determined

(D) quickened

(E) characterized

88. You deplore heresy only if you accept an orthodoxy; you talk of damnation

only if you believe in the possibility of _____.

(F) recantation

(G) salvation

(H) heresy

(I) perfection

(J) error

89. Because of the system of growing crops until the land was _____, cotton culture was ever on the move in quest of fresh and fertile soils.

(A) exhausted

(B) cleared

(C) reclaimed

(D) improved

(E) satiated

90. The paper currency did not depreciate to a great degree, but it tended to _____ with the success or failure of allied armies and with the conditions of the crops and trade.

(F) balance

(G) diminish

(H) circulate

(I) stabilize

(J) fluctuate

91. Himself a man who had vainly striven against _____ he readily accepted the dollar sign as the hallmark of success.

(A) graft

(B) materialism

(C) suppression

(D) defeat

(E) poverty

92. To be dependent upon them would embitter my whole life; I should feel begging to be far less _____.

(F) criminal

(G) degrading

(H) restricting

(I) mistaken

(J) crucial

93. Even when the profession is fairly lucrative, its gains are _____ by the fact that the work must all be done by the practitioner's own hand.

(A) obscured

(B) exaggerated

(C) increased

(D) developed

(E) limited

94. The early Puritans sought to fortify themselves against _____ by acquiring the habit of self-denial.

(F) generosity

(G) temptation

(H) happiness

(I) life

(J) persecution

95. Consumption of protein declines in periods of economic stress because it is the most _____ of all essential food elements.

    (A) desirable
    (B) nutritious
    (C) concentrated
    (D) stable
    (E) expensive

96. They could tell from the dark funnel-shaped cloud coming their way that a tornado was probably _____.

    (F) present
    (G) crucial
    (H) normal
    (I) over
    (J) imminent

97. The diplomatic remonstrance was so _____ that it was almost equivalent to a declaration of war.

    (A) well-worded
    (B) astute
    (C) strong
    (D) intentional
    (E) clever

98. When the _____ of universal suffrage based on universal ignorance was perceived, education was given a new significance.

    (F) equality
    (G) danger
    (H) loss
    (I) usefulness
    (J) success

99. The art of reading comes without undue pains to a great many of us, but it is a gift which is certainly not _____.

    (A) exclusive
    (B) profitable
    (C) appreciated
    (D) universal
    (E) refused

100. Assuming that most writing problems are within the scope of the sentence, the author concentrated on the _____ as the focal point of his freshman English text-book.

    (F) paragraph
    (G) theme
    (H) sentence
    (I) topic
    (J) grammar

101. The _____ of living, the arrangement of the day so that he might be on time everywhere and leave no detail unattended, absorbed the greater part of his vital energy.

    (A) necessity
    (B) adventure

(C) awareness

(D) exhaustion

(E) mechanics

102. In trying to build up a new style of design in opposition to the technical potentialities of the century, he was just as much an _____ as the architect who disguises a modern town hall as a Greek temple.

(F) explorer

(G) atheist

(H) introvert

(I) escapist

(J) optimist

本调查问卷到此结束。

谢谢您的配合。

教师调查问卷
说明

本问卷应由受测试学生所在学校中属于以下两组类别中任意一组的全体人员完成：

（a）今年教一个或以上班级的教师

（b）每周花五个小时以上时间做咨询辅导工作的任何人

请在发给您的单独的答题纸上标注您的所有答案。

<u>要确保您的所有答案标记都是黑色的,而且填满了答案空格</u>。不要在答题纸上留下任何不相干的标记。如果要擦掉标记,就必须擦干净;没有擦干净的标记可能被当成您希望选的答案。**对每个问题只能标出一个答案。**

教育机会调查

学校调查测试
·
教育总监问卷

考试测试服务中心——纽约州普林斯顿,加利福尼亚州伯克利

OE 2232C‑1

预算局编号：51‑6518

批复到期：1966 年 6 月 30 日

教育机会调查
教育总监调查问卷

本问卷应由学校调查测试中受测试学生所在各学区的教育总监完成。

请填妥此问卷，并尽快返还给教育测试服务中心。您对问卷的回应应该标注在这本手册上。在您所选择答案的左边空格上画×，或者在所提供的空格中写上相应的数字。对每个问题只能标出一个答案。

由于第 4 部分要求提供学校系统的统计数据，您可能需要请人在您做其他部分之前记录下相关信息。请自行填写第 1、第 2 和第 3 部分，因为它们涉及政策、观点和个人信息。您可以跳过任何您不想回答的问题，但如果可能的话，请回答所有的问题。

当您完成调查问卷，请将它装在随抽样调查材料一同寄给您的商务回复信封中，并邮寄给 ETS。

本调查问卷没有版权。

问题由美国教育厅提供。

第 1 部分 管理及总务

1. 下列哪一项最能说明这个学区的小学生是如何分配入学的？（不考虑可训练、可教育或身体残疾因素。）

    _____ (1) 在某一特定地理区域内的所有学生都就读于那个区域的学校，不允许或很少允许转校。

    _____ (2) 在某一特定地理区域内的学生通常被分配给服务该区域的学校，但是经常被允许转校。

    _____ (3) 学生是根据智力或成绩被分配到某所学校的。

    _____ (4) 学生可以自行选择学区内的任何学校。

    _____ (5) 遵循其他一些做法。

2. 下列哪一项最能说明这个学区的中学生是如何分配入学的？（不考虑可训练、可教育或身体残疾因素。）

_____(1) 在某一特定地理区域内的所有学生都就读于那个区域的学校,不允许或很少允许转校。

_____(2) 在某一特定地理区域内的学生通常被分配给服务该区域的学校,但是经常被允许转校。

_____(3) 学生是根据智力、成绩或学习计划被分配到某所学校的。

_____(4) 学生可以自行选择学区内的任何学校。

_____(5) 遵循其他一些做法。

3. 选择教师时是否使用国家教师考试或同等地方考试?

_____(1) 是

_____(2) 否

4. 如果问题3的答案是"是":

_____ a. 小学白人教师的分数分界点是多少?

_____ 中学白人教师的分数分界点是多少?

_____ b. 小学非白人教师的分数分界点是多少?

_____ 中学非白人教师的分数分界点是多少?

c. 考试成绩会成为让教师优先选择学校的依据吗?

_____(1) 是

_____(2) 否

5. 下列哪一项最能说明该学区通常遵循的教师工作分配方式?

_____(1) 教师被专门聘用在一所特定的学校教书

_____(2) 教师由学校系统聘用,可以选择在哪里教书

_____(3) 教师由学校系统聘用并分配到校,不考虑个人选择

_____(4) 分配兼顾个人选择和学区的需要

_____(5) 其他

6. 根据1964年9月该学区的任课教师人数,除了死亡或退休之外,离职教师占多少百分比?

_____(1) 不到5%

_____(2) 5%—9%

_____(3) 10%—14%

_____(4) 15%—19%

_____ (5) 20%—29%

_____ (6) 30%—49%

_____ (7) 50%或更多

7. 该学校系统是否有正式的教师终身聘用制度?

_____ (1) 是

_____ (2) 否

8. 根据您的判断,这一公立学校系统在你们州教育者中的一般声誉如何?

_____ (1) 属于最好的

_____ (2) 超过平均水准

_____ (3) 大约属于平均水准

_____ (4) 在平均水准以下

_____ (5) 低劣

_____ (6) 我不知道

9. 目前,在这一学校系统内全体学生是<u>非白人或以非白人为主</u>的学校中,典型的学校教师种族构成是怎样的?

_____ (1) 问题不适用;本系统中没有全体学生是非白人或以非白人为主的学校

_____ (2) 全体教师都是白人

_____ (3) 教师以白人为主

_____ (4) 教师中白人和非白人数量大致相等

_____ (5) 以非白人教师为主

_____ (6) 全体教师都是非白人

10. 目前,在这一学校系统内全体学生是<u>白人或以白人为主</u>的学校中,典型的学校教师种族构成是怎样的?

_____ (1) 问题不适用;本系统中没有全体学生是白人或以白人为主的学校

_____ (2) 全体教师都是白人

_____ (3) 教师以白人为主

_____ (4) 教师中白人和非白人数量大致相等

_____ (5) 以非白人教师为主

_____ (6) 全体教师都是非白人

第 2 部分　当前学校议题

下面是一个当前学校议题列表,我们希望全国教育管理者对之做出判断。请根据您所认为的最好的教育实践进行回答。

11. 下列社区小学政策中哪一条是您心目中最好的教育实践?
    _____ (1) 应该维持社区小学,即使会产生种族失衡
    _____ (2) 应该维持社区小学,但在可能的情况下,应使用某种方法,例如降低学校年级跨度、学校"配对"或其他做法,促进种族平衡
    _____ (3) 社区小学的想法可以被摈弃,不会造成重大损失

12. 下列用校车接送小学生的政策中哪一条是您心目中最好的教育实践?
    _____ (1) 不应该用校车接送儿童去不是他们社区学校的学校
    _____ (2) 应该用校车接送儿童去另一所学校,仅仅是为了缓解拥挤
    _____ (3) 应该用校车接送非白人儿童去另一所学校,以实现种族平衡
    _____ (4) 白人和非白人儿童都应该被用校车送到以另一个种族为主的学校,以实现种族平衡

13. 您认为教育政策中支付额外人均费用对文化不利学生实行的补偿教育计划是否合理?
    _____ (1) 是
    _____ (2) 否
    _____ (3) 未决定

14. 您认为什么样的教师队伍最适合一所全体学生都是非白人或主要是非白人的公立学校?
    _____ (1) 全白人教师队伍
    _____ (2) 以白人为主的教师队伍
    _____ (3) 白人和非白人教师数量大致相等
    _____ (4) 以非白人为主的教师队伍
    _____ (5) 全非白人教师队伍
    _____ (6) 这不重要
    _____ (7) 选择教师时不考虑种族
    _____ (8) 一定程度的种族融合,但比例并不重要

15. 您认为什么样的教师队伍最适合一所全体学生为种族混合型的公立学校？

　　_____（1）全白人教师队伍

　　_____（2）以白人为主的教师队伍

　　_____（3）白人和非白人教师数量大致相等

　　_____（4）以非白人为主的教师队伍

　　_____（5）全非白人教师队伍

　　_____（6）这不重要

　　_____（7）选择教师时不考虑种族

　　_____（8）一定程度的种族融合，但比例并不重要

16. 您认为什么样的教师队伍最适合一所全体学生都是白人或主要是白人的公立学校？

　　_____（1）全白人教师队伍

　　_____（2）以白人为主的教师队伍

　　_____（3）白人和非白人教师数量大致相等

　　_____（4）以非白人为主的教师队伍

　　_____（5）全非白人教师队伍

　　_____（6）这不重要

　　_____（7）选择教师时不考虑种族

　　_____（8）一定程度的种族融合，但比例并不重要

第 3 部分　个人信息

17. 您过上一个生日时是多少岁？

　　_____（1）不到 26

　　_____（2）26 至 35

　　_____（3）36—45

　　_____（4）46—55

　　_____（5）56—65

　　_____（6）66 或更大

18. 您的性别是？

　　_____（1）男

_____ (2) 女

19. 截至1965年6月,您在该学校系统担任总监有多少年了?

_____ (1) 无

_____ (2) 1 或 2

_____ (3) 3 或 4

_____ (4) 5 至 9

_____ (5) 10 至 14

_____ (6) 15 至 19

_____ (7) 20 至 29

_____ (8) 30 或更多

20. 您攻读获取的最高大学学位是什么?荣誉学位不算。

_____ (1) 无学位

_____ (2) 通过不足4年学习获得的学位或文凭

_____ (3) 学士学位

_____ (4) 硕士学位

_____ (5) 专业或专科文凭(第六年)

_____ (6) 博士学位

21. 在您的最高学位之外,您还修了多少大学学分?

_____ (1) 无

_____ (2) 1 至 10 学期课时

_____ (3) 11 至 20 学期课时

_____ (4) 21 至 30 学期课时

_____ (5) 31 或更多学期课时

22. 您是:

_____ (1) 黑人

_____ (2) 白人

_____ (3) 美国印第安人

_____ (4) 东亚裔

_____ (5) 其他

23. 您有波多黎各裔或墨西哥裔美国人血统吗?

　　　　　　（1）波多黎各裔

　　　　　　（2）墨西哥裔美国人

　　　　　　（3）都没有

24. 您是被任命还是被选举为该学区教育总监的？

　　　　　　（1）被任命

　　　　　　（2）被选举

25. 该学区的地方教育董事会是被任命还是被选举的？

　　　　　　（1）被任命

　　　　　　（2）被选举

　　　　　　（3）该学区没有地方教育董事会

26. 您在教育行业的总工作年数是多少？包括您担任教育总监的年数。

　　　　　　（1）无

　　　　　　（2）1 或 2

　　　　　　（3）3 或 4

　　　　　　（4）5 至 9

　　　　　　（5）10 至 14

　　　　　　（6）15 至 19

　　　　　　（7）20 至 29

　　　　　　（8）30 或更多

27. 在您完成大部分本科学业的大学里，白人学生的百分比大约是多少？

　　　　　　（1）全部

　　　　　　（2）90%—99%

　　　　　　（3）75%—89%

　　　　　　（4）50%—74%

　　　　　　（5）25%—49%

　　　　　　（6）10%—24%

　　　　　　（7）1%—9%

　　　　　　（8）无

　　　　　　（9）我没上过大学

28. 今年您从该学校系统获得的总年薪是多少？（根据去年获得的补贴数额估计通过

额外服务获得的补贴）

_____ (1) 3 000 美元以下

_____ (2) 3 000 至 3 999 美元

_____ (3) 4 000 至 4 999 美元

_____ (4) 5 000 至 5 999 美元

_____ (5) 6 000 至 6 999 美元

_____ (6) 7 000 至 7 999 美元

_____ (7) 8 000 至 8 999 美元

_____ (8) 9 000 至 9 999 美元

_____ (9) 10 000 至 14 999 美元

_____ (10) 15 000 至 19 999 美元

_____ (11) 20 000 至 24 999 美元

_____ (12) 25 000 至 29 999 美元

_____ (13) 30 000 至 34 999 美元

_____ (14) 35 000 至 39 999 美元

_____ (15) 40 000 美元或更多

第 4 部分说明　系统统计数据

一般说明

(A) 覆盖面：只需提供普通小学和中学的数据。排除大专、暑期学校和成人教育数据。

(B) 时间：除非另行注明，所有报告数据皆应为当前 1965—1966 学年开始时的数据。项目 34、39、40 以及 D 部分应为 1964—1965 学年的数据。如果你们的财政年度晚于 1965 年 9 月 1 日结束，则在 D 部分使用前一个财政年度的支出数据。如果你们的记录是基于日历年，则报告 1964 日历年的数据。

(C) 条目与估计：请尽一切努力提供与您所在学区有关的所有项目的信息。如果在任何项目上无法提供准确信息，就请做出估计，并标注"估"。如果有任何项目不适用于您的学校系统，就输入一个破折号（—）；当所要报告的数量为零时，就输入零(0)。不要留下任何空白单元格。

(D) 工资：工资数据应为雇员扣除养老金计划、税收等之前的工资总额。

(E) 教师人数：任课教师总数应与第 35 和 36 项所报告的数据相同。

单项说明

项目 30、32 和 33A：校舍的定义是由一处场地和建筑物构成的物理设施，可由一所学校使用，也可由两所或多所学校共用其公共设施。

项目 35：各条目应基于当地学校行政单位的人员配备模式。不要报告空缺职位。如果一名员工效力于超过一个岗位，则将其算作是他（或她）投入了最多时间的那个岗位的员工。如果在各个岗位投入的时间相等，则将其算作是按照工资表薪水最高的那个岗位的员工。

兼职岗位应该按照全职当量进行报告。例如，在一个较小的学区，辅导员或图书管理员的岗位只要求工作半个教学日，而不是一整个教学日，这就可以被看成是一个全职岗位的一半，算作是 0.5 个岗位。（以岗位为单位，换算成保留一位小数的近似值。）

支出项目：这里显示的支出类别符合教育厅 1957 年第 4 号公告《地方和州学校系统财务会计》手册 Ⅱ，这通常是各州会计制度所遵循的指导原则。如果您的记录系统所使用的一般类别下的项目与本报告中的主要支出类别不同，请尽量将这些项目调整到这里所要求的系统中。

课本支出：这里只需报告免费向所有公立学校小学生提供的课本费用；不包括向贫困生免费提供的课本费用。

考勤服务支出：考勤服务包括那些以促进和改善儿童出勤率为主旨的活动，通过执行义务教育法和采取其他手段加以实行。考勤人员薪酬包括支付给考勤官、客座教师、家校辅导员、社会工作者等的工资。

医疗保健服务支出：包括所有学区用于公立学校学生和从业人员医疗保健服务的支出。

学校系统以外的其他机构用于学校目的的目前支出：在这里报告由学区基金以外的公共资源向学区提供的服务价值。

第4部分　系统统计数据：A. 学校组织和学校

（请忽略方格上面的数字）

29A. 在该学校系统提供的最低分和最高分的空格上方输入"×"。

01	02	03	04	05	06	07	08	09	10	11	12	13	14	15	16
幼儿园	学前班	1	2	3	4	5	6	7	8	9	10	11	12	13	14

29B. 请勾选该学区最普遍的学校组织方式（仅在学校系统同时包括小学和中学的情况下回答）

1	2	3	4
6-6	6-3-3	8-4	其他（具体说明）

30. 按注册学生人数和学校组织级别分配的校舍数量，1965 年秋：请输入每个类别的学校数量。

注册规模	(1)仅小学（包括幼儿园和学前班）	(2)小学和中学结合	(3)仅中学	1,2,3 总数
(A) 1—49				
(B) 50—99				
(C) 100—299				
(D) 300—499				
(E) 500—999				
(F) 1 000—1 499				
(G) 1 500—1 999				
(H) 2 000—3 999				
(I) 4 000 或更多				
总计				

31. 在问题 30 第 2 栏和第 3 栏中所报告的所有<u>中学</u>中,

(A) 有多少是由州认证机构认可的 _____

(B) 有多少是由地方认证机构认可的 _____

32. 没有选定物理设施的校舍数量:(指出<u>没有</u>下列指定设施的校舍数量)

项 目	(1)仅小学	(2)小学和中学结合	(3)仅中学	(4)1,2,3 总数
(A) 会堂				
(B) 商业教育教室(带设备)				
(C) 餐厅或午餐室				
(D) 体育馆(室内)				
(E) 家政教室(带设备)				
(F) 实验室 — 科学(生物,化学,物理)				
(F) 实验室 — 外语				
(F) 实验室 — 阅读辅导				
(G) 学校图书馆				
(H) 工作坊				
(I) 会堂-餐厅				
(J) 会堂-体育馆				
(K) 餐厅-体育馆				
(L) 医务室或保健室(带设备)				

32. 学校午餐,1965 年秋

<u>数量</u>

(A) 实行有组织的学校午餐计划的校舍总数 _____

(B) 每天享受有组织的学校午餐计划所提供午餐的学生平均人数 _____

(C) 享受免费午餐的学生平均人数(每天) _____

(D) 享受免费早餐的学生平均人数(每天) _____

34. 1964—1965 学期长度

(A) <u>学生</u>的学年:在 1964—1965 学年中,教学日有多少<u>天</u>? _____

(B) <u>任课教师</u>的学年:包括学生在的日子,教师需要工作多少天? _____

第 4 部分 B：教员数量

35. 教员（有人员任职的岗位总数量，全职当量），1965 年秋

员 工 类 型	根据学校组织级别划分的员工数量			
	(1)幼儿园和学前班	(2)小学，不包括幼儿园和学前班	(3)同时服务于小学和中学	(4)中学	(5)1—4总数
(A) 校长（包括助理和副校长）					
(B) 教学顾问或督导					
(C) 任课教师			▨▨▨		
(D) 学校图书管理员					
(E) 辅导员（非教学）					
(F) 视听和电视员工					
(G) 心理学家和心理测试人员					
(H) 教员总数					

36A. 根据学位和证书类型划分的任课教师特征，1965 年秋：

在下表中，报告每一级别学校组织中根据最高学位和教师证书类型划分的教师数量。在表格的两个部分中，每位教师各只统计一次。

组 织 级 别	教师数量				
	(1) 最高学位			(2) 教师证书类型	
	学士	硕士或更高	无学位	完全认证	临时或应急证书
(A) 小学（包括幼儿园和学前班）					
(B) 中学（包括初中）					
(C) 教师总数					

36B. 根据薪资组别划分全职任课教师,1965年秋:

所有调整和增加的款项都包括在薪水中,如被抚养者的额外款项,以及教练、图书管理员等的酬劳。

薪资组别	教师数量	薪资组别	教师数量
(A) 3 000 美元以下		(H) 6 000—6 999 美元	
(B) 3 000—3 499 美元		(I) 7 000—7 999 美元	
(C) 3 500—3 999 美元		(J) 8 000—8 999 美元	
(D) 4 000—4 499 美元		(K) 9 000—9 999 美元	
(E) 4 500—4 999 美元		(L) 10 000 美元及以上	
(F) 5 000—5 499 美元		(M) 教师总数	
(G) 5 500—5 999 美元			

第4部分C:学生

37A. 根据学校组织级别和年级划分的当前注册学生数量,1965年秋:

(A)	小学	幼儿园	学前班	1年级	2年级	3年级	4年级	5年级	6年级	7年级(小学)	8年级(小学)	小学,未划分年级和班组	小学总人数(包括幼儿园和学前班)
(B)	中学,包括初中	7年级(中学)	8年级(中学)	9年级	10年级	11年级	12年级	结业生	中学,未划分年级和班组	中学总人数	全部总人数(小学和中学)

37B. 根据学校组织级别和族裔划分,当前注册学生分布情况的估计百分比:

群 体	总注册人数百分比		
	总计	小学	中学
(A) 白人:			
1. 墨西哥裔美国人			

续 表

群 体	总注册人数百分比		
	总计	小学	中学
2. 波多黎各人			
3. 其他白人			
(B) 美国印第安人			
(C) 黑人			
(D) 东亚裔			
(E) 其他			
总计	100.0	100.0	100.0

38. 采取"半日"和"减缩"学制的学生和学校数量。(包括学时被缩减到低于所属群体正常学时数的学前班或特殊儿童。)

         小学   中学

  (A) 学校数量 _____ _____

  (B) 学生数量 _____ _____

39A. 小学平均每日出勤率,1964—1965 年 _____

39B. 中学平均每日出勤率,1964—1965 年 _____

40A. 小学平均每日全体人数,1964—1965 年 _____

40B. 中学平均每日全体人数,1964—1965 年 _____

第 4 部分 D：公立小学和中学的当前支出,1964—1965 年

(仅全日制学校。不包括当前的食品服务、全体学生活动、成人教育、暑期学校和大专的支出。)

41A. 本报告所涵盖的时间段(请给出该学校系统的财政年度起止日期)：

    自 1964 年 _____ 起

    至 1965 年 _____ 止

41B. 学校系统当前支出,1964—1965 年

账目	手册Ⅱ账目编号	支出类型	全职岗位数量	总计 数量	总计 系列总数
管理	100系列	教育总监及助手、文职人员的工资,以及其他行政费用,包括签约服务、补给等。			$
教学	211	校长的工资(包括助理校长和行政教务长)		$	
	212	教学顾问或督导的工资			
	213	小学任课教师工资			
	213	中学任课教师工资			
	214a	学校图书管理员工资			
	214c	咨询和辅导人员工资			
	214d	心理学家和心理测试人员工资			
	214b,e	视听和电视教学人员工资			
	215,216	秘书和文书助理以及教学人员助理工资			
	220	教科书(如果是由当地学校系统或当地系统的某个分配中介免费提供的话)			
	230	学校图书馆和音像资料(包括图书、期刊的经常性支出;不包括新进或扩充设施的资本支出)			
	240,250	其他教学支出(包括办公和教学用品)			
		200系列总数量			
考勤服务	310	考勤官、客座教师、秘书和文书人员的工资			
	320	其他考勤服务支出(补给、出差等)			
		300系列总数量			
健康服务	410	医生、牙医、护士和文书人员的工资			
	420	其他(补给、出差、设备租赁等)			
		400系列总数量			
学生交通服务	500系列	工资、签约服务、维修、保险、公共承运人车费、车辆更换等。			
工作坊运作	600系列	包括保管员、一般杂务工以及总务工作人员的工资和薪水、签约服务、暖气和其他设施、清洁用品等。			

续 表

账目	手册Ⅱ账目编号	支 出 类 型	全职岗位数量	总计 数量	系列总数
工作坊维护	700系列	包括场地维护劳务员工如木工、管道工、电工等的工资和薪水；签约服务、房屋修理、设备更换、补给等。			
固定费用	800系列	雇主对退休基金、社会保险、租金、保险、当前贷款利息等的定期缴款。			
		系列100—800 = 总数量			

41C. 学校系统以外的其他机构当前用于学校目的支出

服务类型	提供服务的机构	总计
		$

谢谢您的合作。

学校调查测试
大学调查测试

校长手册
大学协调员手册

请立即对照装运通知单和《调查主考官手册》中的清单核对所有调查材料。如果有任何数量上的错误请立刻通知ETS。

教育测试服务中心

新泽西州普林斯顿 08540

版权© 1965 教育测试服务中心版权所有。

目录

引言
一般说明
    学校校长/大学协调员的职责
    调查材料的保密措施
    调查答卷的保密措施
    调查主考官的职责
    调查时间
    调查考勤
    座位
    监考人员的协助
    监考人员的职责
    猜测信息
    铅笔
    禁止使用辅助器具
    监考中发现的违规行为
    调查材料的收集
    调查材料的销毁
调查材料的返还

> 教师问卷应由受测试学生所在学校中属于以下两组类别中任意一组的全体人员完成：
>   （a）今年教一个或以上班级的教师
>   （b）每周花五个小时以上时间做咨询辅导工作的任何人
> 因此，在未接受测试的年级任教的教师也应该填写问卷。

引言

根据《1964年民权法案》的规定，美国教育厅须展开一次调查，考察在全美范围内公立学校中少数族群儿童获得公平教育机会的状况，并于1966年7月向总统和国会提交调查结果报告。

该调查正在各州及地方学校系统与教育厅的共同努力下展开。该学校系统和该所学校已被选定为样本，作为北部、南部、东部和西部所有美国学校的代表。

调查的目的是获取有关美国学校的尽可能完整的描述。选定年级的学生将参加由其教师负责主持的一系列测试和问卷调查。教师、校长和教育总监需要回答调查问卷，以提供关于该校的完整描述。

为了保护每位答卷人的隐私，调查要求学生和教师不在答题纸上写自己的名字。为了保持学校的匿名性，在向总统和国会提交的报告中不会对学校或学校系统进行任何标识。

这项调查的发现将对所有美国儿童的教育机会做出重要贡献。你们的努力，以及全国其他抽样学校中人员的努力，将使这一贡献成为可能。

一般说明

在任何调查中,只有当所有执行人员遵守一套相同的程序时,所有被调查学生的分数才具有可比性。因此,您和您的助手们必须熟悉这些操作指示,并且必须严格遵守所有指示。

学校校长/大学协调员的职责

作为学校校长/大学协调员,您的主要职责是:

1. 从教育测试服务中心获得材料。检查以确保收到的材料数量与装运通知单中列出的数量相同。将答题纸序列号与装运通知单上的序列号进行核对,确保它们是一致的。在您与调查材料一同收到的《调查管理报告》上记录下任何有出入的情况。

2. 在学校/大学为调查监考做出必要的安排。学校/大学只可对收到相应材料的年级进行测试。

3. 在规定的调查日之前,与教师(调查监考人员)仔细研究调查监考程序。向每位教师提供一份正确的《主考官手册》。校长/协调员必须熟悉每个他所负责年级的《主考官手册》。

4. 调查只应在先前信函中指定的日期进行。在调查当日,向每位调查主考官发放适当的调查材料。(见第9页的调查材料表。)

5. 调查测试完成后,从教师处收集填妥的答题纸、使用过和未使用过的材料。核实教师提供的数目。对于每一个年级,计算教师所提供数目的总数,并且按照年级将接受调查的总人数填写在《调查管理报告》中。被调查的教师总数也要填写在《调查管理报告》中。

6. 要返还给ETS的填妥的答卷须按照年级分装在由ETS提供的塑料袋中。在学校层面,校长的答题纸放在教师答题纸组的最上面。根据本手册第9页的详细说明,答案材料应该邮寄给ETS,寄出时间不迟于测试举行后的第一天。

7. 销毁所有剩余的使用过和未使用过的调查手册,以及所有未使用过的答题纸,可以焚毁或是用碎纸机彻底粉碎。这项工作应该在测试后立即完成,并且必须由校长/协调员在《调查管理报告》上签名认证。

调查材料的保密措施

在从收到调查材料到举行测试之间的日子里,所有材料必须存放在只有您或您指定的助手可以进入的上锁的房间里。任何人不得在调查日之前查看调查材料。

任何教师(调查主考官)都必须先确定受调查学生的数量加上未使用调查手册的数量等于从您处收到的调查手册数量,然后才能让学生离开。

调查答卷的保密措施

来自所有年级的调查答题材料和教师及校长的答题纸必须是保密的。一旦返还给校长/协调员后,任何人都不得查看这些材料。校长/协调员应该向所有主考官及接受调查的所有教师强调调查答卷的机密性质。

调查主考官的职责

调查主考官的主要职责是有效、安静地进行调查,保护学生不受干扰。

调查时间

调查监考说明假定测试是在上午进行,但事实上它既可以在上午也可以在下午进行。如果有必要在一天的不同时间段分两个或更多部分进行测试,那么您就应该确保各个受调查组别之间没有机会讨论调查项目,不然调查的保密性就会遭到破坏。

实际调查时间在《主考官手册》中有具体规定,因此可以准确地加以确定。必须留出额外的时间供学生阅读说明、分发并收集调查资料。

调查考勤

校长/协调员应在《调查管理报告》中记录每个年级的实际注册人数、调查日的出勤人数和接受调查的学生人数。如果调查日的出勤人数和接受调查的人数之间存在任何差异,都应在《调查管理报告》的背面加以解释。

座位

在理想的情况下,学生的座位之间有足够的距离,让任何学生都不可能看到其他学生的答题纸。最常见的安排方式是,在空间允许的前提下,每两个学生之间要有一个空位,且前后两排的座位要错开。

监考人员的协助

如果有超过25名学生在同一位主考官的主持下接受测试,建议您每增加25名学生就安排一名监考人员,协助分发和收集调查材料并进行一般测试监考。

监考人员的职责

在调查测试期间,监考人员应当经常在教室中走动,防止违规行为,并确保所有学生始终都遵守考试规则。

监考人员应严格履行自己的职责。在调查测试期间,他们不应该阅读或交谈。如果一名监考人员站在某位学生身后,就应该注意不要逗留过久,以免对学生形成干扰或是让学生感到难堪。

<u>猜测信息</u>

如果有学生问您是否可以猜测答案,就告诉他,他的分数取决于他标出的正确答案的数量。

<u>铅笔</u>

对于一年级的学生,ETS将提供铅笔。其他所有接受调查的学生都应当接到指示,需要携带带橡皮的2号铅笔去参加调查测试。答案标记应该是黑色的,应该涂满整个答案空格。不可以使用钢笔或圆珠笔、彩色铅笔或是笔芯极软的铅笔。如果不使用2号铅笔,可能会导致评分不准确。

<u>禁止使用辅助器具</u>

在调查测试中禁止使用书本、计算尺、圆规、直尺、字典或任何纸张。应告知学生考场中不允许使用这种辅助器具。主考官和监考人员必须坚持立即拿开这些辅助器具。

草稿纸也是禁止使用的。如需进行初步计算,可以在调查手册的空白处进行,但不可以在答题纸上打草稿。

在调查测试开始之前,学生应被要求将所有不必要的材料从课桌上拿开。

<u>监考中发现的违规行为</u>

在监考过程中可能会出现各种违规现象。应指示主考官将所有违规情况记录在每份《主考官手册》背面的《违规报告》中。只有在发生必须报告的违规情况时才需返还《违规报告》。

<u>群体违规情况</u>:(请填写受影响的调查部分)

<u>超时</u>——超时五分钟以上应被视为一种违规。超时学生的答题纸应该用回形针,而非订书钉,附在《违规报告》中。

<u>测试时间不足</u>——测试时间短缺达到五分钟以上且无法弥补应被视为一种违规。测试时间不足的学生的答题纸应该附在《违规报告》上加以返还。

<u>可能出现的调查问题错误</u>——任何与可能的排版错误或调查问题措辞含糊不清的问题有关的问题应作为"其他违规情况"进行报告。请注明问题所属调查部分和题号。

<u>个别学生违规情况</u>:(对于每个学生,请在表格上的方框中输入识别信息,包括答

题纸序列号和问题所属调查部分。)

<u>有缺陷的调查材料</u>——如果调查手册有缺陷,就给学生一本新手册。他应该用他原先的答题纸继续做调查题目。

如果<u>答题纸</u>有缺陷,就给学生一份新的答题纸,并让他立即继续做调查题目。该学生不应该在他的新答题纸上标注身份号码。主考官应将两份答题纸用回形针别在一起,附在《违规报告》上返还给 ETS。

<u>作弊</u>——如果您依据"无可置疑原则",确信某个学生在调查测试部分给予或接受任何形式的协助,就没收他的调查手册和答题纸。如果可能的话,应该将该生与其他正在继续做调查题目的学生隔离开。应将该生的答题纸序列号记录在《违规报告》中。在左侧"作弊"一栏上打钩,并在"备注"下方进行简要说明。

由于调查测试监考是学校的责任,所以学校有责任采取任何适当的措施维护纪律。

<u>退出调查</u>——如果有学生因为任何原因而永久退出调查,请在左侧"退出"一栏上打钩,并在"备注"下方进行简要说明。答题纸应该附在《违规报告》上返还给 ETS。

<u>其他违规情况</u>——偶尔,(在提供单独答题纸的年级中)学生可能在调查手册上而非答题纸上标注答案,或者可能在答题纸上错误的位置标注答案。

所有这些被报告或发现的情况都应填写到《违规报告》的"个别学生违规情况"一栏中,记录下学生的答题纸序列号,在左侧"其他"一栏上打钩,并在"备注"下方进行简要说明。将答题纸和调查手册(如果答案被标注在调查手册中的话)附在《违规报告》上返还给 ETS。所有其他未能遵循调查指示的情况也应被记录在《违规报告》中。

不应该向 ETS 报告的违规情况

<u>临时缺席调查测试</u>——学生可能在调查测试正在进行时离开考场,这时应将他的调查材料收上去,待他返回时还给他。如果可能的话,当两个或两个以上的学生离场时,应该有监考人员陪同,但在任何情况下,考场都必须有人监督。对于临时离场的学生,<u>不</u>可以给予额外的调查测试时间,而且此类情况<u>不</u>应该写入《违规报告》。

在测试日当天缺勤的学生不会获得补考机会,此类缺勤不应该写入《违规报告》。

<u>疾病和干扰</u>——在给答题纸评分时,无法将学生在测试期间出现的情绪和身体状况以及遇到的各种干扰考虑在内,因此,此类事件不应该向 ETS 报告。

调查材料的收集

在规定的调查测试时间结束时,当学生被告知合上调查手册后,主考官和/或监考人员需挨个从每个学生那里收集手册和答题纸。

在让学生离场前,必须对<u>所有</u>调查手册和答题纸(包括使用过的、未使用过的和有缺陷的)进行彻底清点与核对。

<u>调查材料的销毁</u>

在调查测试结束后,应该通过焚毁或是用碎纸机<u>彻底</u>粉碎的方式立即销毁所有未返还给 ETS 的调查材料。

调查材料的返还

下面的图表显示了各年级调查材料的颜色编码。将每个年级的答题纸装在塑料袋中，不同年级的答题纸分开保存。从 ETS 提供的包装材料中，选择可以最有效地包装您必须返还的材料的纸箱。将所有塑料袋装进纸箱，以便返还给 ETS。纸箱从邮局寄出的时间<u>不得晚于</u>调查测试举行后的第一天。

您应该将与调查材料一同收到的填妥的《调查管理报告》放在第一个纸箱的最上面。如果需要用超过一个纸箱包装返还的调查材料，就应当对纸箱进行连续编号。也就是说，如果有三个纸箱，您就应该在第一个纸箱上标注："3 之 1"，在第二个纸箱上标注："3 之 2"，在第三个纸箱上标注："3 之 3"。将打印地址标签上的回复地址标签贴在装运箱上。要确保输入所有要求的信息，并用尽可能醒目的字体打印出来，以方便对返还的材料进行核查。

年级	答题纸	调查手册	主考官手册
1 年级	橙色	无	橙红色纸张
3 年级手册 A / 手册 B	棕色 / 绿色	无	绿色纸张
6 年级	包装袋为蓝色条纹	封面上有蓝色圆圈	蓝色纸张
9 年级	包装袋为粉色条纹	封面上有粉色圆圈	粉色纸张
12 年级	包装袋为黄色条纹	封面上有黄色圆圈	黄色纸张
大学新生（13 年级）	包装袋为灰色条纹	封面上有灰色圆圈	灰色纸张
大学毕业班学生（16 年级）	包装袋为樱桃色条纹	封面上有樱桃色圆圈	樱桃色纸张
教师和校长	无色	无色	无

（结束）

三年级答案材料的特别注意事项：每位接受调查的三年级学生都需要返还两本答题手册。手册 A 是棕色的，手册 B 是绿色的。三年级调查主考官应该已被告知要将按序整理好的调查材料返还给您，每位学生的调查材料都应将手册 A（棕色）放在最上面，这样在每一叠材料中，两种手册应该交替排列——棕色，绿色，棕色，绿色，以此类推。在您将材料装进塑料袋前,应该进行检查,确保手册是按照正确的顺序摆放的。您应该注意将同一个学生的两本手册放在同一个袋子里。手册只能通过身份号码加以区分,同一名学生的两本手册上的身份号码是相同的。

注：违规答题纸在返还时应附在《违规报告》上。只有在发生违规情况时才返还《违规报告》。包装时,《违规报告》应放在答题纸的最上面。

教育机会调查

大学调查
测试
·
毕业班学生

未包括大学一年级学生问卷,因为它与大学毕业班学生问卷几乎完全一样。

版权© 1965 新泽西州普林斯顿及加利福尼亚州伯克利教育测试服务中心版权所有。

教育机会调查
大学调查测试

这本测试手册分为若干测试部分和一份问卷。调查测试主考官会告诉你每个部分的时间限制。在那段时间里,你<u>只能</u>做那一部分的题目。主考官会告诉你每个部分的开始和结束时间。如果你在规定时间之前完成了该部分,你可以检查你在该部分做的情况,但是你<u>不能</u>去做其他任何部分的题目。

如果你未能完成一项测试或者有一些问题你无法回答,不要担心。许多学生都有一些问题没有回答,没有人必须做对所有题目。你应该在不牺牲准确性的前提下尽可能迅速地做题。

如果有一个问题对你来说太难了,不要浪费时间,继续做下一道题。你的分数将取决于正确答案的数量。**你必须在发给你的单独的答题纸上标记你的所有答案。**你可以在测试手册的空白处打草稿,但是测试手册上写的任何内容都不会计分。<u>要确保你的所有答案标记都是黑色的,而且填满了答案空格</u>;不要在答题纸上留下任何不相干的标记。如果要擦掉标记,就必须擦干净,没有擦干净的标记可能被当成你希望选的答案。**对每个问题只能标出一个答案。**

最后一部分是问卷调查,问题涉及你的背景和兴趣。符合你实际情况的选项就是每道问题的正确答案。因此,你可能知道问卷上所有问题的答案。你可以跳过不答任何你不想回答的问题,但如果可能的话,请回答所有的问题。你的所有答案都是保密的。

不要在测试手册或答题纸上写你的姓名。

不要打开这本测试手册,直到主考官让你这么做。

第 6 部分 调查问卷

每道题选出答案后,在答题纸上标出对应题目的答案号。对每个问题只能标出一个答案。你可以跳过任何你不想回答的问题,但如果可能的话,请回答所有的问题。

1. 你是男性还是女性?

    (A) 男性

    (B) 女性

2. 你过上一个生日时是几岁?

    (A) 16 或更年轻

    (B) 17

    (C) 18

    (D) 19

    (E) 20

    (F) 21

    (G) 22

    (H) 23

    (I) 24

    (J) 25 或更年长

3. 你出生在哪里?

    ① 亚拉巴马州

    ② 阿拉斯加州

    ③ 亚利桑那州

    ④ 阿肯色州

    ⑤ 加利福尼亚州

    ⑥ 科罗拉多州

    ⑦ 康涅狄格州

    ⑧ 特拉华州

    ⑨ 哥伦比亚特区

    ⑩ 佛罗里达州

    ⑪ 佐治亚州

    ⑫ 夏威夷州

    ⑬ 爱达荷州

    ⑭ 伊利诺伊州

    ⑮ 印第安纳州

    ⑯ 艾奥瓦州

    ⑰ 堪萨斯州

    ⑱ 肯塔基州

    ⑲ 路易斯安那州

    ⑳ 缅因州

    ㉑ 马里兰州

    ㉒ 马萨诸塞州

    ㉓ 密歇根州

    ㉔ 明尼苏达州

    ㉕ 密西西比州

    ㉖ 密苏里州

    ㉗ 蒙大拿州

    ㉘ 内布拉斯加州

    ㉙ 内华达州

    ㉚ 新罕布什尔州

    ㉛ 新泽西州

    ㉜ 新墨西哥州

    ㉝ 纽约州

    ㉞ 北卡罗来纳州

    ㉟ 北达科他州

㊱ 俄亥俄州
㊲ 俄克拉何马州
㊳ 俄勒冈州
㊴ 宾夕法尼亚州
㊵ 罗得岛州
㊶ 南卡罗来纳州
㊷ 南达科他州
㊸ 田纳西州
㊹ 得克萨斯州
㊺ 犹他州
㊻ 佛蒙特州
㊼ 弗吉尼亚州
㊽ 华盛顿州
㊾ 西弗吉尼亚州
㊿ 威斯康星州
(51) 怀俄明州
(52) 美国属地（美属萨摩亚、巴拿马运河区、关岛和维尔京群岛）
(53) 波多黎各
(54) 墨西哥
(55) 加拿大
(56) 非美国或其属地、波多黎各、加拿大或墨西哥的其他国家
(57) 我不知道

4. 你母亲出生在哪里？
注：使用问题 3 中的地名表标注答案。

5. 你在哪里度过了一生中大部分时间？
(A) 在这座城、镇或县
(B) 在这个州，但不在这座城、镇或县
(C) 在美国的另一个州
(D) 在波多黎各或另一个美国属地
(E) 在墨西哥
(F) 在加拿大
(G) 在非美国、加拿大或墨西哥的其他国家

6. 你毕业于哪里的中学？
(A) 在这座城、镇或县
(B) 在邻县
(C) 在这个州的另一个地方
(D) 不在这个州但在美国或其属地
(E) 不在美国或其属地

7. 你具体毕业于哪里的中学？
注：使用问题 3 中的地名表标注答案。

8. 你是在什么类型的社区度过了大部分时间？（如果你不能肯定就尽量估计一下。）
(A) 在乡下或是农场社区
(B) 在一座非郊区的小镇（人口少于 1 万）
(C) 在一座中等规模城市（1 万到 10 万人口）
(D) 在一座中等规模城市的郊区
(E) 在一座大城市里（10 万到 50 万人口）
(F) 在一座大城市的郊区
(G) 在一座非常大的城市里（50 万以上人口）

(H) 在一座非常大的城市的郊区

9. 你是:

(A) 黑人

(B) 白人

(C) 美国印第安人

(D) 东亚裔

(E) 其他

10. 你有波多黎各裔或墨西哥裔美国人血统吗?

(A) 波多黎各裔

(B) 墨西哥裔美国人

(C) 都没有

11. 你信仰什么宗教?

(A) 浸信会

(B) 卫理公会

(C) 路德教会

(D) 长老会

(E) 新教圣公会

(F) 其他新教

(G) 罗马天主教

(H) 东正教(包括希腊和俄罗斯东正教)

(I) 犹太教

(J) 其他宗教

(K) 无宗教信仰

注:问题12—19指当你在高中毕业班时你的家庭情况。

12. 当你在高中毕业班时,有多少人住在你的家里?包括你自己、兄弟姐妹、父母、亲戚和跟你住在一起的其他人。

(A) 2

(B) 3

(C) 4

(D) 5

(E) 6

(F) 7

(G) 8

(H) 9

(I) 10

(J) 11 或更多

13. 你家里有几个房间?只计算你和家人居住的房间。厨房(如果是独立的话)也算,但卫生间不算。

(A) 1

(B) 2

(C) 3

(D) 4

(E) 5

(F) 6

(G) 7

(H) 8

(I) 9

(J) 10 或更多

14. 当你在高中毕业班时,用来为你支付食物、住房和衣服的大部分钱是从哪里来的?

(A) 我父亲的工作

(B) 我母亲的工作

(C) 我继父或一位男性亲戚的工作

(D) 我继母或一位女性亲戚的工作

(E) 这里没有列出来的某个人

(F) 我不知道

15. 下面的项目是你家中可能拥有的物品。如果你家中有,就标注(A),如果你家中没有,就标注(B)。

a. 电视机

(A) 是

(B) 否

b. 电话

(A) 是

(B) 否

c. 录音机、高保真音响或立体声音响

(A) 是

(B) 否

d. 电子或煤气冰箱

(A) 是

(B) 否

e. 字典

(A) 是

(B) 否

f. 一套百科全书

(A) 是

(B) 否

g. 汽车

(A) 是

(B) 否

h. 真空吸尘器

(A) 是

(B) 否

i. 日报

(A) 是

(B) 否

16. 当你在高中毕业班时,你母亲或父亲大约参加了多少次家长联合会会议如 PTA?

(A) 从不

(B) 偶尔参加一次

(C) 大约一半会议

(D) 大多数或全部会议

(E) 我的中学里没有家长联合会

17. 你家中订阅了几本杂志?

(A) 无

(B) 1 或 2

(C) 3 或 4

(D) 5 或 6

(E) 7 或更多

18. 当你在高中毕业班时,你家中有多少本书?

(A) 没有或很少(0—9)

(B) 有一些(10—24)

(C) 装满一个书柜(25—99)

(D) 装满两个书柜(100—249)

(E) 装满三或四个书柜(250—499)

(F) 装满五到八个书柜(500—999)

(G) 超过这些(1 000 或更多)

19. 你家里有人大部分时间都说英语以外的语言吗?(西班牙语、意大利语、波兰语、德语,等等)

(A) 是

(B) 否

20. 放学后,你会说一门英语以外的语言吗?

(A) 是的,经常

(B) 是的,偶尔

(C) 是的,很少

(D) 否

21. 在你上中学时,你大约多久去一次公共图书馆进行非学校要求的阅读?

(A) 一周一次或更多

(B) 一个月两到三次

(C) 每月一次或更少

(D) 从不

22. 现在谁在充当你的父亲?如果你是被收养的,回答"真正的父亲"。

(A) 我真正的父亲,他住在家里

(B) 我真正的父亲,他不住在家里

(C) 我的继父

(D) 我的寄养父亲

(E) 祖父或外祖父

(F) 其他亲属(叔叔等)

(G) 其他成年人

(H) 没有人

23. 现在谁在充当你的母亲?如果你是被收养的,回答"真正的母亲"。

(A) 我真正的母亲,她住在家里

(B) 我真正的母亲,她不住在家里

(C) 我的继母

(D) 我的寄养母亲

(E) 祖母或外祖母

(F) 其他亲属(姨妈等)

(G) 其他成年人

(H) 没有人

注:下列关于你父母的问题是指你在问题22和23中指定的人。如果你已经标明没有人充当你的父亲或母亲,那就按照你亲生父母的情况回答,不管他们是否在世。

24. 你父亲做什么工作?他的确切工作可能没有列在下面,但你可以选一个最接近的。如果他现在失业或退休了,就选择他过去通常做的。如果他有一份以上工作,则标注他的主要工作。

(A) 技术:如绘图员、测量员、医疗或牙科技师等

(B) 高级职员:如制造商、大公司的官员、银行家、政府官员或督察员等

(C) 经理:如销售经理、商店经理、办公室经理、工厂主管等

业主或所有人:如小企业主、批发商、零售商、承包商、餐馆老板等

(D) 半熟练工人:如工厂机器操作员、公交车或出租车司机、肉类切割工等

文员:如银行出纳员、记账员、售货员、办公室文员、邮递员、信使等

服务人员:如理发师、餐厅服务员等

安保人员：如警察、侦探、警长、消防员等

(E) 销售人员：如房地产或保险推销员、工厂代表等

(F) 农场或牧场经理或业主

(G) 一个或多个农场上的工人

(H) 工匠或体力劳动者：如工厂或矿山工人、渔民、加油站服务员、码头工人等

(I) 专业人员：如会计师、艺术家、牧师、牙医、医生、工程师、律师、图书管理员、科学家、大学教授、社会工作者

(J) 熟练工人或领班：如面包师、木匠、电工、军队现役士兵、机械工、水暖工、泥水匠、裁缝、工厂或矿山的领班

(K) 我不知道

25. 你母亲在大约你这个年龄时住在什么类型的社区？（如果你不能肯定就尽量估计一下。）

(A) 在乡下或是农场社区

(B) 在一座非郊区的小镇（人口少于1万）

(C) 在一座中等规模城市（1万到10万人口）

(D) 在一座中等规模城市的郊区

(E) 在一座大城市里（10万到50万人口）

(F) 在一座大城市的郊区

(G) 在一座非常大的城市里（50万以上人口）

(H) 在一座非常大的城市的郊区

(I) 我不知道

26. 你父亲的受教育程度如何？

(A) 无，或上过一段小学

(B) 小学毕业

(C) 上过一段中学，但没有毕业

(D) 中学毕业

(E) 中学毕业后读过技术或商业学校

(F) 上过一段大学，但不到4年

(G) 毕业于四年制大学

(H) 读过研究生或专业学校

(I) 我不知道

27. 你母亲的受教育程度如何？

(A) 无，或上过一段小学

(B) 小学毕业

(C) 上过一段中学，但没有毕业

(D) 中学毕业

(E) 中学毕业后读过技术、护理或商业学校

(F) 上过一段大学，但不到4年

(G) 毕业于正规四年制大学

(H) 读过研究生或专业学校

(I) 我不知道

注：对于问题28到32，如果目前没有人充当你的父亲或母亲，在关于所缺失父母的问题中回答(E)"我不知道"。

28. 你母亲希望你在大学里表现多好？

(A) 我班最好的学生之一

(B) 在我班属于中上水平

(C) 在我班属于中等水平

(D) 能过得去就行

(E) 我不知道

29. 你父亲希望你在大学里表现多好？

(A) 我班最好的学生之一

(B) 在我班属于中上水平

(C) 在我班属于中等水平

(D) 能过得去就行

(E) 我不知道

30. 你希望自己在大学里表现多好？

(A) 我班最好的学生之一

(B) 在我班属于中上水平

(C) 在我班属于中等水平

(D) 能过得去就行

(E) 我不在乎

31. 一般来说，你父母是否认为大学教育对你来说是绝对必要的？

(A) 是，父母都这么认为

(B) 母亲是但父亲不是

(C) 父亲是但母亲不是

(D) 否，父母都不这么认为

32. 你一共有几个兄弟姐妹？如果有的话，包括继兄弟和继姐妹、同父异母或同母异父的兄弟姐妹。

(A) 无

(B) 1

(C) 2

(D) 3

(E) 4

(F) 5

(G) 6

(H) 7

(I) 8

(J) 9 或更多

33. 你有多少个**哥哥姐姐**？如果有的话，包括继兄和继姐、同父异母或同母异父的哥哥姐姐。

(A) 无

(B) 1

(C) 2

(D) 3

(E) 4

(F) 5

(G) 6

(H) 7

(I) 8

(J) 9 或更多

34. 你有多少个**哥哥姐姐**没有完成中学学业就辍学了？

(A) 没有哥哥姐姐

(B) 没有

(C) 1

(D) 2

(E) 3

(F) 4

(G) 5

(H) 6

(I) 7

(J) 8 或更多

35. 你有多少个<u>哥哥姐姐</u>上过一年或更多大学？

(A) 没有哥哥姐姐

(B) 没有

(C) 1

(D) 2

(E) 3

(F) 4

(G) 5

(H) 6

(I) 7

(J) 8 或更多

36. 你是从什么样的高中或中学毕业的？

(A) 公立中学

(B) 私立,非教会学校,非军校

(C) 新教教派

(D) 天主教

(E) 犹太教

(F) 军校

(G) 其他

37. 你所毕业的中学是男女同校吗？

(A) 是

(B) 否

38. 你在大学里上的是什么班级？

(A) 一年级

(B) 二年级

(C) 三年级

(D) 四年级

39. 用来支付你大学费用的<u>大部分</u>钱是从哪里来的？

(A) 我父亲的工作

(B) 我母亲的工作

(C) 自筹,包括暑期工作

(D) 体育奖学金

(E) 学术奖学金

(F) 大学或银行贷款

(G) 亲属或朋友

(H) 家庭信托基金、保险计划或类似安排

(I) 其他

40. 在经济上,你要获取支付大学教育费用的钱有多困难？

(A) 一点问题也没有

(B) 只是一个小问题

(C) 相当困难

(D) 非常困难

41. 这学期你在大学里住什么地方？

(A) 宿舍

(B) 男生或女生联谊会会馆

(C) 家里

(D) 亲属家

(E) 其他校外住处

42. 你参加过大学入学考试委员会的学术能力评估测验(SAT)吗？

(A) 是

(B) 否

(C) 我不知道

43. 如果你参加过学术能力评估测验,并且记得你的分数,哪怕只是大概分

数,请将语言和数学分数相加(两个分数都是 200 到 800 间的一个三位数)。如果你参加 SAT 不止一次,那就使用你记得的最近的分数。将两个分数的和写在编号方框柱顶端的空格里。如果你的分数和不到 1 000,就在第一个空格内写 0,然后将总数的三个数字写在另外三个空格中。接着,将你写的每一个数字下方与该数字对应的编号方框涂黑。

44. 你是否参加过美国大学测试项目考试(ACT)?

    (A) 是

    (B) 否

    (C) 我不知道

45. 如果你参加过美国大学测试项目考试,并且记得你的分数,哪怕只是大概分数,请将分数写在编号方框柱顶端的空格里。综合得分范围是 0 分到 36 分。如果你的分数低于 10,就在第一个空格内写 0。接着,将你写的每一个数字下方与该数字对应的编号方框涂黑。如果你参加 ACT 不止一次,那就使用你记得的最近的分数。

46. 你的中学毕业班有大约多少学生?

    (A) 不到 50

    (B) 50—99

    (C) 100—199

    (D) 200—299

    (E) 300—399

    (F) 400—599

    (G) 600—799

    (H) 800—1 000

    (I) 1 000 以上

47. 据你估计,你的中学毕业班里上大学的学生比例是多少(包括大专,但不包括技术或商业学校)?

    (A) 不到四分之一

    (B) 四分之一到一半

    (C) 一半到四分之三

    (D) 超过四分之三

    (E) 我不知道

48. 你觉得在中学里你在多大程度上学会了如何学习?

    (A) 我根本没有学会如何学习

    (B) 关于如何学习我学到的相对很少

    (C) 我学到了挺多

    (D) 我学到了非常多

49. 你在中学获得的训练为你上大学做了怎样的准备?

    (A) 非常好

    (B) 很好

    (C) 相当不错

    (D) 差劲

    (E) 非常差劲

50. 你想接受多少教育?

    (A) 我不在乎

    (B) 一些大学培训,但不到四年

(C) 从四年制大学毕业

(D) 研究生学位,如硕士或博士

(E) 专业学位,如法律(LL. B)或医学(M. D.)

(F) 未定

51. 你在大学主修的专业是或会是什么?

(A) 农业

(B) 生物科学

(C) 工商—商业

(D) 基础教育

(E) 工程

(F) 英语或新闻

(G) 外语

(H) 家政学

(I) 工艺课

(J) 数学

(K) 音乐—美术

(L) 哲学

(M) 体育—保健

(N) 物理科学

(O) 心理学

(P) 社会科学,包括历史

(Q) 职业或技术教育

(R) 特殊教育

(S) 其他

(T) 未定

52. 目前看来,你认为你今年读的课程能够得到什么成绩?

(A) 不确定我能否通过

(B) 可能是 C 和 D

(C) 可能是 B 和 C

(D) 可能是 A 和 B

(E) 如果我努力,可能都是 A

53. 目前这个学期你是全日制还是非全日制学生?

(A) 全日制

(B) 大约四分之三的时间上学

(C) 大约一半的时间上学

(D) 大约四分之一的时间上学或更少

54. 这个夏天你读了多少本书(不包括学校要求读的)? 杂志不算。

(A) 无

(B) 1 至 5

(C) 6 至 10

(D) 11 至 15

(E) 16 至 20

(F) 21 或更多

55. 如果发生了什么事情,看起来你必须从大学辍学,你会有什么感觉?

(A) 很开心——我想退学

(B) 怎样我都不在乎

(C) 我会失望

(D) 我会努力继续学业

(E) 为了留在大学里,我愿意做几乎任何事情

56. 在平时的教学日,你花多少时间学习?

(A) 不花或几乎不花任何时间

(B) 每天约½小时

(C) 每天约 1 小时

(D) 每天约 1½ 小时

(E) 每天约 2 小时

(F) 每天约 3 小时

(G) 每天 4 个小时或更多

57. 和大学同班同学相比,你花在学习上的时间比他们多还是少?

(A) 比其他人多

(B) 与其他人大致相同

(C) 比其他人少

(D) 我不知道

58. 你有没有在课堂上觉得很无聊?

(A) 几乎一直是

(B) 相当频繁

(C) 偶尔

(D) 几乎从不

59. 你的好朋友中有多少是白人?

(A) 无

(B) 不到一半

(C) 大约一半

(D) 半数以上

(E) 所有

60. 今年你的班级里有多少学生是白人?

(A) 无

(B) 不到一半

(C) 大约一半

(D) 半数以上

(E) 所有

61. 你上中学时,大约有多少学生是白人?

(A) 无

(B) 一些

(C) 不到一半

(D) 大约一半

(E) 半数以上

(F) 几乎所有

(G) 所有

62. 在你读前八个年级时,你的班上大约有多少学生是白人?

(A) 无

(B) 一些

(C) 不到一半

(D) 大约一半

(E) 半数以上

(F) 几乎所有

(G) 所有

63. 你上中学时,有多少教师是白人?

(A) 无

(B) 一些

(C) 不到一半

(D) 大约一半

(E) 半数以上

(F) 几乎所有

(G) 所有

64. 这学期你们有多少教师是白人?

(A) 无

(B) 不到一半

(C) 大约一半

(D) 半数以上

(E) 所有

65. 在你读前八个年级时,你们学校有多少教师是白人?

(A) 无

(B) 一些

(C) 不到一半

(D) 大约一半

(E) 半数以上

(F) 几乎所有

(G) 所有

66. 如果你可以任意选择好朋友,其中有多少人会是白人?

(A) 无

(B) 不到一半

(C) 大约一半

(D) 半数以上

(E) 所有

(F) 这无关紧要

67. 如果你能进你理想中的大学,你希望那里有多少学生是白人?

(A) 无

(B) 一些

(C) 大约一半

(D) 大多数

(E) 所有

(F) 这无关紧要

68. 如果你能进你理想中的大学,你希望那里有多少教师是白人?

(A) 无

(B) 一些

(C) 大约一半

(D) 大多数

(E) 所有

(F) 这无关紧要

69. 你的班上从哪个年级开始第一次有其他种族的学生?

(A) 1,2 或 3 年级

(B) 4,5 或 6 年级

(C) 7,8 或 9 年级

(D) 10,11 或 12 年级

(E) 大学

(F) 从没上过有其他种族学生的班级

70. 你是教师或未来教师组织的成员吗?

(A) 是

(B) 否

71. 对于所列出的每一个领域,说明你在中学 10,11 和 12 年级就该科目修了多少课程。

(A) 无

(B) ½ 年

(C) 1 年

(D) 1½ 年

(E) 2 年

(F) 2½ 年

(G) 3 年

(H) 3½ 年

(I) 4 年

(J) 4 年以上

a. <u>科学课程</u>,如生物、化学、普通科学和物理。

b. 外语课程，如法语、德语和拉丁语。
c. 社会科学课程，如历史、市政学和经济学。
d. 英语课程，包括文学、戏剧、演讲和新闻。
e. 数学课程，如代数、几何和三角学。不包括商业算术或商店数学。
f. 工艺课程，如综合工场、木工、金属加工和制图。不包括职业培训课程。
g. 职业教育，贸易教育和职业培训课程，如汽车修理、铸造、配销或办公室教育和保健职业。
h. 商务课程，如打字、速记和记账。
i. 农业课程。
j. 家政学课程。

72. 你大学英语课程的平均成绩是多少？如果不使用字母等级，就尽可能估计一下。

(A) A(A-,A 或 A+)
(B) B(B-,B 或 B+)
(C) C(C-,C 或 C+)
(D) D(D-,D 或 D+)
(E) 不及格

73. 你中学英语课程的平均成绩是多少？

(A) A(A-,A 或 A+)
(B) B(B-,B 或 B+)
(C) C(C-,C 或 C+)
(D) D(D-,D 或 D+)

(E) 不及格

74. 你大学数学课程的平均成绩是多少？如果不使用字母等级，就尽可能估计一下。

(A) A(A-,A 或 A+)
(B) B(B-,B 或 B+)
(C) C(C-,C 或 C+)
(D) D(D-,D 或 D+)
(E) 不及格
(F) 未选修数学课

75. 你中学数学课程的平均成绩是多少？

(A) A(A-,A 或 A+)
(B) B(B-,B 或 B+)
(C) C(C-,C 或 C+)
(D) D(D-,D 或 D+)
(E) 不及格
(F) 未选修数学课

76. 你在大学的总平均成绩是多少？

(A) A(A-,A 或 A+)
(B) B(B-,B 或 B+)
(C) C(C-,C 或 C+)
(D) D(D-,D 或 D+)

77. 你在中学的总平均成绩是多少？

(A) A(A-,A 或 A+)
(B) B(B-,B 或 B+)
(C) C(C-,C 或 C+)
(D) D(D-,D 或 D+)

78. 上高中英语课时，你是在哪一类能力小组或班级？

(A) 最高级别班组

(B) 中等班组

(C) 较低班组

(D) 我们学校没有能力小组或班级

(E) 我不知道

79. 下列哪一项最能描述你本人上过的高中课程?

(A) 一般

(B) 大学预备

(C) 工商或商业

(D) 职业培训

(E) 农业

(F) 工艺课

(G) 其他

80. 当你在中学毕业班时,大约有多少全白人或以白人为主的大学派代表去跟你校有兴趣的学生面谈?(如果你不知道的话,就尽可能估计一下)。

(A) 无

(B) 1 或 2

(C) 3 至 5

(D) 6 至 10

(E) 11 至 20

(F) 21 或更多

81. 当你在中学毕业班时,大约有多少全黑人或以黑人为主的大学派代表去跟你校有兴趣的学生面谈?(如果你不知道的话,就尽可能估计一下)。

(A) 无

(B) 1 或 2

(C) 3 至 5

(D) 6 至 10

(E) 11 至 20

(F) 21 或更多

82. 当你在初中或高中时,你目前所在的大学是否曾派官员,比如招生官或招生人员,访问过你的中学?

(A) 是

(B) 否

(C) 我不知道

83. 你是什么时候决定要上大学的?

(A) 我一直认为我会上大学

(B) 在我上小学的时候

(C) 当我读 7、8 或 9 年级时

(D) 当我读 10 或 11 年级时

(E) 当我在中学毕业班时

(F) 当我中学毕业以后

84. 你是什么时候决定要上这所大学的?

(A) 我一直认为我会上这所大学

(B) 在我上小学的时候

(C) 当我读 7、8 或 9 年级时

(D) 当我读 10 或 11 年级时

(E) 当我在中学毕业班时

(F) 当我中学毕业以后

85. 你上的是你<u>最</u>想上的大学吗?

(A) 是

(B) 否

86. 你和你的朋友在这所学校里的社交级别如何?

(A) 顶级

(B) 接近顶级

(C) 大约中等

(D) 接近底部

(E) 我不知道

87. 你通常会觉得写论文困难吗？还是说你把想法写下来相对没什么困难？

(A) 我觉得写论文是一项非常困难的工作

(B) 我经常在写作上遇到困难

(C) 通常我在写作上没有多大困难

(D) 我用写作表达自己几乎没有任何困难

88. 和今年你班上的其他同学相比，你认为自己有多聪明？

(A) 属于最聪明的

(B) 高于平均水平

(C) 平均水平

(D) 低于平均水平

(E) 属于最低的

89. 有没有教师或辅导员鼓励你在中学毕业后接受进一步的培训？

(A) 是，上大学

(B) 是，接受技术或高级职业培训

(C) 是，接受工商或商业培训

(D) 是，接受其他培训

(E) 没有

90. 你在大学里是否曾因为成绩低而被留校察看？

(A) 无

(B) 一次

(C) 两次

(D) 三次

(E) 超过三次

91. 自从你第一次上大学之后，是否曾因为成绩不好而被要求退学？

(A) 无

(B) 一次

(C) 两次

(D) 三次

(E) 超过三次

92. 你在读课本时做笔记吗？

(A) 不或几乎从不

(B) 偶尔，取决于科目

(C) 一般会做，但我没有特定的笔记系统

(D) 我读书时几乎总是要做笔记，而且我有一套系统的做笔记的方法

93. 在大学里，你一般都能按时完成课程作业吗？

(A) 我的作业通常都落后了

(B) 我的作业经常落后

(C) 我通常按时完成作业

(D) 我几乎总是按时完成作业

94. 你在大学里获得过学术成就方面的荣誉或奖励吗？

(A) 否

(B) 是，一或两次

(C) 是，三或四次

(D) 是，五次或更多

95. 你是否在你的大学学生会中担任任

何重要职务？例如,学生会主席,班长,荣誉理事会成员等。

(A) 否

(B) 是,一个这样的职务

(C) 是,两个这样的职务

(D) 是,三个或以上重要职务

96. 你是任何全国性学术荣誉协会的成员吗？如 KDP 或者 PBK。

(A) 是

(B) 否

97. 到今年年底,你将修过多少门大学数学课程？(注：每个学期或季度作为一门单独的课程计算。)

(A) 无课程(学期、季度或等同物)

(B) 1 门课

(C) 2 门课

(D) 3 门课

(E) 4 门课

(F) 5 门课

(G) 6 或 7 门课

(H) 8 或 9 门课

(I) 10 门课或更多

98. 到今年年底,你将修过几门英语课程(包括文学、戏剧、演讲和新闻)？

(A) 无课程(学期、季度或等同物)

(B) 1 门课

(C) 2 门课

(D) 3 门课

(E) 4 门课

(F) 5 门课

(G) 6 或 7 门课

(H) 8 或 9 门课

(I) 10 门课或更多

99. 到今年年底,你将修过多少门科学课程(生物学、物理、化学等)？

(A) 无课程(学期、季度或等同物)

(B) 1 门课

(C) 2 门课

(D) 3 门课

(E) 4 门课

(F) 5 门课

(G) 6 或 7 门课

(H) 8 或 9 门课

(I) 10 门课或更多

100. 到今年年底,你将修过多少门教育课程？

(A) 无课程(学期、季度或等同物)

(B) 1 门课

(C) 2 门课

(D) 3 门课

(E) 4 门课

(F) 5 门课

(G) 6 或 7 门课

(H) 8 或 9 门课

(I) 10 门课或更多

101. 到今年年底,你将修过多少门外语课程？

(A) 无课程(学期、季度或等同物)

(B) 1 门课

(C) 2 门课

(D) 3门课

(E) 4门课

(F) 5门课

(G) 6 或 7 门课

(H) 8 或 9 门课

(I) 10 门课或更多

102. 在下列每一项中，如果你同意，回答(A)；如果你不确定，回答(B)；如果你不同意，回答(C)。

a. 随遇而安的人比努力改变现状的人更幸福。

(A) 同意

(B) 不确定

(C) 不同意

b. 对于成功来说，好运气比辛勤工作更重要。

(A) 同意

(B) 不确定

(C) 不同意

c. 像我这样的人在人生中没有很大的成功机会。

(A) 同意

(B) 不确定

(C) 不同意

d. 每当我尝试获得成功，总有什么人或事作梗。

(A) 同意

(B) 不确定

(C) 不同意

e. 如果一个人在生活中不成功，那是他自己的过错。

(A) 同意

(B) 不确定

(C) 不同意

f. 即使受过良好的教育，我也很难找到合适的工作。

(A) 同意

(B) 不确定

(C) 不同意

g. 为了在这个世界上出人头地，我愿意做出任何牺牲。

(A) 同意

(B) 不确定

(C) 不同意

h. 如果我能改变，我希望变得跟现在的我不一样。

(A) 同意

(B) 不确定

(C) 不同意

i. 有时候我觉得我就是学不会。

(A) 同意

(B) 不确定

(C) 不同意

j. 如果老师讲课速度慢一点我的成绩会更好。

(A) 同意

(B) 不确定

(C) 不同意

k. 工作越艰难，我就越努力。

(A) 同意

(B) 不确定

(C) 不同意

l. 我能做好很多事情。

(A) 同意

(B) 不确定

(C) 不同意

103. 当你完成学业后,你认为你会从事什么样的工作? 这一工作可能没有列在下面,但你可以选一个最接近的。

(A) 技术:如绘图员、测量员、医疗或牙科技师等

(B) 高级职员:如制造商、大公司的官员、银行家、政府官员或督察员等

(C) 经理:如销售经理、商店经理、办公室经理、工厂主管等

(D) 业主或所有人:如小企业主、批发商、零售商、承包商、业主等

(E) 文员:如银行出纳员、记账员、售货员等

(F) 安保人员:如警察、侦探、警长等

(G) 销售人员:如房地产或保险推销员、工厂代表等

(H) 农场或牧场经理或业主

(I) 护士

(J) 中小学教师或辅导员

(K) 工程或人事工作

(L) 医生、律师、大学教授或研究科学家

(M) 艺术家、会计师、社会工作者或图书管理员

(N) 熟练工人或领班:如木匠、电工、机械工、裁缝或工场或矿山的领班

(O) 我不知道或没有

104. 你进入大学时是否上过任何科目的进阶课程?

(A) 否

(B) 是,一门

(C) 是,两门或更多

105. 中学毕业后,你被要求补过任何课(不计学分)吗?

(A) 否

(B) 是,一门

(C) 是,两门或更多

106. 你第一次上大学是什么时候?

(A) 1962 年或更近

(B) 1961 年

(C) 1960 年

(D) 1959 年

(E) 1959 年以前

107. 你曾经上过多少所大学?

(A) 只有这一所

(B) 两所

(C) 三所

(D) 三所以上

108. 关于在公立学校从教,下列哪一项最符合你的计划?

(A) 我不打算当教师(跳过下面的问题)

(B) 只从教一小段时间

(C) 在有家庭之前和之后从教

(D) 以从教为事业

(E) 以咨询辅导或教育管理为事业

(F) 未定

注：如果你确实不打算从教(也就是你回答了(A))，那么你已经完成了问卷。但如果你有一定可能从教，就请在上交答题纸和测试手册前回答其余的问题。

109. 你最想在什么样的中学执教？（即使你不会成为中学教师，也要回答。）

(A) 注重为大学做准备的学术型学校

(B) 综合性学校

(C) 旨在为文化不利人群服务的特殊课程学校

(D) 职业、技术或贸易学校

(E) 商业或工商学校

110. 如果你可以选择学校的背景，你会选择以下的哪一种？

(A) 所有儿童都是专业人士和白领工作者的子女

(B) 大部分儿童是专业人士和白领工作者的子女

(C) 儿童来自社会各个阶层

(D) 大部分儿童是工厂和其他蓝领工人的子女

(E) 所有儿童都是工厂和其他蓝领工人的子女

(F) 来自农村家庭的儿童

(G) 我没有偏好

111. 就种族构成而言，你喜欢在什么样的学校工作？

(A) 全白人学校

(B) 大多数是白人，但有一些非白人学生

(C) 大约有一半白人和一半非白人

(D) 大多数是非白人，但有一些白人学生

(E) 全部是非白人学生

(F) 我没有偏好

112. 你最喜欢教或者指导什么班级？

(A) 高能力班组

(B) 平均能力班组

(C) 低能力班组

(D) 混合能力班组

(E) 我没有偏好

113. 如果你在学校教书，你想教几年级？

(A) 小学，很肯定

(B) 中学，很肯定

(C) 小学，可能

(D) 中学，可能

(E) 我不知道

114. 在你实习或是可能实习的学校，种族构成是怎样的？

(A) 问题不适用于我，我不会去实习

(B) 全白人

(C) 以白人为主

(D) 种族混合但白人更多

(E) 种族混合但非白人更多

(F) 以非白人为主

(G) 全部是非白人

(H) 我不知道我将在哪里实习

115. 下列用校车接送小学生的政策中哪一条是你心目中最好的教育实践?

(A) 不应该用校车接送儿童去不是他们社区学校的学校

(B) 应该用校车接送儿童去另一所学校,仅仅是为了缓解拥挤

(C) 应该用校车接送非白人儿童去另一所学校,以实现种族平衡

(D) 白人和非白人儿童都应该被用校车送到以另一个种族为主的学校,以实现种族平衡

116. 下列社区小学政策中哪一条是你心目中最好的教育实践?

(A) 应该维持社区小学,即使会产生种族失衡

(B) 应该维持社区小学,但在可能的情况下,应使用某种方法,例如降低学校年级跨度、学校"配对"或其他做法,促进种族平衡

(C) 社区小学的想法可以被摈弃,不会造成重大损失。

117. 你认为教育政策中支付额外人均费用对文化不利学生实行的补偿教育计划是否合理?

(A) 是

(B) 否

(C) 未决定

118. 你认为什么样的教师队伍最适合一所全体学生都是非白人或主要是非白人的公立学校?

(A) 全白人教师队伍

(B) 以白人为主的教师队伍

(C) 白人和非白人教师数量大致相等

(D) 以非白人为主的教师队伍

(E) 全非白人教师队伍

(F) 这不重要

(G) 选择教师时不考虑种族

(H) 一定程度的种族融合,但比例并不重要

119. 你认为什么样的教师队伍最适合一所全体学生为种族混合型的公立学校?

(A) 全白人教师队伍

(B) 以白人为主的教师队伍

(C) 白人和非白人教师数量大致相等

(D) 以非白人为主的教师队伍

(E) 全非白人教师队伍

(F) 这不重要

(G) 选择教师时不考虑种族

(H) 一定程度的种族融合,但比例

　　　　　并不重要　　　　　　　　　　　　　　相等

120. 你认为什么样的教师队伍最适合一所全体学生都是白人或主要是白人的公立学校？

（A）全白人教师队伍

（B）以白人为主的教师队伍

（C）白人和非白人教师数量大致

（D）以非白人为主的教师队伍

（E）全非白人教师队伍

（F）这不重要

（G）选择教师时不考虑种族

（H）一定程度的种族融合，但比例并不重要

如果你提前完成了问卷，你只能检查这一部分的答案，不要去看本测试中的其他部分。

大学调查测试——毕业班学生
主考官手册

　　本手册中包含了毕业班学生(16年级)大学调查测试管理的具体说明。您要向学生朗读的所有指示都封装在盒子内。您不可以偏离这些指示或是回答有关调查内容的任何问题。

　　实际调查测试将耗时约四小时五分钟。您应该留出更多时间用于分发和收集调查材料以及向学生阅读测试指示。

　　您会从您的大学协调员那里收到一份关于调查测试管理的一般说明。他将解释本手册后面违规报告的使用方法。

　　一些调查测试管理所需的材料将由您的大学协调员发给您。其他材料则应由您提供。所有所需材料都列在下方的清单中,并留出括号空格方便您核查。

核对清单——由大学协调员提供的装备:

(　　)1. 调查手册(封面是樱桃色的圆圈)

(　　)2. 答题纸

(　　)3. 本主考官手册,包括印在封三的一份违规报告

核对清单——由您提供的装备:

(　　)1. 一个可靠的带长秒针的手表(不是秒表),您愿意根据指示对它进行调整。*

(　　)2. 一个钟(闹钟规格或是更大),以防考场内没有钟。如果无法提供钟,您可以按照一定的时间间隔公布剩余的答题时间。*

(　　)3. 几支带橡皮的2号铅笔和一个卷笔刀。应该事先告诉学生携带2号铅笔。

(　　)4. 剪刀,以便迅速剪开装着答题纸的塑料袋。

* 每个调查测试考场应该始终有两个计时器,以防发生误定时。

　　当学生已经坐好并准备开始时,请阅读指示,在出现省略号的地方暂停,以留出适当时间让学生按照指示采取行动。

有没有哪位同学没有带橡皮的2号铅笔?……

如果有学生没有，就提供一支铅笔给他。

> 你们每个人将发到一份答题纸和一本调查手册。在我告诉你们要做什么之前，不要在答题纸上写任何东西。当你们拿到调查手册后，阅读封底的说明，读完后抬头看着我。在我让你们打开调查手册之前，不要打开它。

按照顺序先后将答题纸和调查手册分发到每个学生的手中。确保所有学生都没有打开调查手册。当所有学生都已经读完调查手册封底的说明后，说：

> 把答题纸放好，让"大学调查测试—教育机会调查"的标题位于你的右侧，然后看标有"身份号码"的区域。……你的身份号码是印在六个大格子内的红色数字。在每个大格子下面都有一列用从1到0的数字标记的空格。沿着每个大格子下面的这一列空格，找到包含相应数字的空格，将它涂黑。例如，如果第一个大格子里的数字是3，你就沿着下面的一列空格，找到标记为3的空格，将它涂黑。注意，对待0也跟其他数字一样。完成以后，抬头看着我。还有什么问题吗？……

回答所有与操作程序有关的问题。等所有学生已经涂好他们的身份号码，说：

> 现在把你们的答题纸翻到第二面，这一面也印有你的身份号码。像先前那样，把身份号码下方的正确空格涂黑……还有什么问题吗？……

回答所有与操作程序有关的问题。然后说：

> 现在把你的答题纸翻到第一面,看标有"第1部分"的区域。你将有大约3小时25分钟的时间用来做调查测试。调查测试包括7个部分和一份问卷。我将宣布每一部分的开始时间。你不可以漏做任何一部分。如果你提前完成了某一部分,就检查一下你在该部分做的情况。你不可以提前做还没有宣布开始的部分,也不可以回去做前面的部分。<u>要确保你的所有答案标记都是黑色的,而且填满了答案空格。</u>不要在答题纸上留下任何不相干的标记。如果要擦掉标记,<u>就必须擦干净,没有擦干净的标记可能被当成你希望选的答案。</u>在涂黑每个答案空格时,确保题号与调查手册中的题号一致。不允许使用草稿纸。草稿可以写在调查手册上,而<u>不</u>是在答题纸上。你在调查手册上写的任何内容都不计分。要记录答题结果,就必须在你的答题纸上涂黑适当的空格。在调查测试过程中你<u>不</u>可以问任何问题。如果你的调查手册、答题纸或铅笔有瑕疵,请举手。在调查测试期间,把你的答题纸和调查手册平摊在你正前方的桌面上。你的桌面上除了你的调查手册、答题纸和铅笔,不应该放任何其他东西。记住,在调查测试期间你不可以问任何问题,所以有问题必须现在问。还有什么问题吗?……

回答所有与操作程序有关的问题。然后将您的表设定为 8:59。当您的表正好走到 9:00 时,说:

9:00 说 | 你将有 75 分钟时间用来做第 1 部分。现在翻页,开始做。

每个部分开始之后,你和/或监考人员应该巡视考场,确保每位学生正在做正确的部分,并且将答案标记在答题纸的正确区域。

10:15 说 | 停。你将有 25 分钟时间用来做第 2 部分。现在开始做。

10:40 说　停。你将有 30 分钟时间用来做第 3 部分。现在开始做。

11:10 说　停。你将有 30 分钟时间用来做第 4 部分。现在开始做。

11:40 说　停。把你的答题纸夹在测试手册中，合上测试手册，放在桌子上，不要打开。现在你将有 5 分钟休息时间。在这段时间里，你可以站在座位旁边，但是**不可以交谈**。

在休息期间，你和/或监考人员应该巡视考场，确保所有测试手册都合上了，所有答题纸都夹在测试手册中。

学生在休息期间可以去洗手间。确保所有调查材料都留在调查测试考场内，测试手册都合上了，答题纸都夹在测试手册中。

在休息时间即将结束之际，说：

请大家注意。回到座位上，准备继续做测试。

当所有学生都坐好后，将您的表设定为 11:39。当您的表正好走到 11:40 时，说：

你将有 5 分钟时间用来仔细看第 5 部分的说明。打开你的手册，翻到第 5 部分的说明。　　　11:40 说

你将有 25 分钟时间用来回答第 5 部分的问题。翻到第 5 部分，开始答题。　　　11:45 说

> 本次调查的最后一部分是问卷调查。你应该尽你的所能试着回答所有问题。我和其他任何人都不会看到你是如何回答这些问题的——那些进行调查的人只能看到你的答题纸上的身份号码。你将有 60 分钟时间用来做问卷。如果你提前完成,请合上你的调查手册,安静地坐在原位,直到所有人都完成为止。现在,翻到问卷,开始答题。

12:10 说

调查测试主考官可以回答与问卷项目的意义或诠释有关的问题。

> 努力在接下来的 15 分钟内完成答题纸。

12:55 说

这时,巡视考场,鼓励那些落后的学生。即使您必须花超过 60 分钟时间,也要给所有学生足够的时间去完成问卷。当所有学生都已经完成时,说:

> 合上你的调查手册。**不要**将答题纸夹在调查手册中。我们将先收调查手册,然后收答题纸。请不要交谈。

从每位学生那里分别按照顺序先后收集调查手册和答题纸,并进行清点。检查一下,确保您从每位学生那里都收到了一本手册和一份答题纸,而且您手中的材料与您从您的大学协调员那里收到的数量相同。

您应该将所有违规情况记录在您的《违规报告》中,然后将所有调查材料交还给您的大学协调员。

违规报告

只有在发生必须报告的违规情况时才需返还。参阅《大学协调员手册》第 6 至 8 页。

高校调查问卷调查					16 年级（大学毕业班学生）	
群体违规情况	个别学生违规情况					
	材料缺陷	作弊	退出	其他	答题纸序列号	调查部分
将所涉学生答题纸序列号列在背面 只限于群体误定时 — — — — — — — 调查部分 其他群体违规情况 — — — — — — — 调查部分	备注：					
	备注：					
	备注：					
	备注：					

协调员：如果您要就该年级提交超过一份违规报告，请注明总数_____。
如需要额外空间，请使用背面。

协调员签名：_____   主考官签名：_____

图书在版编目(CIP)数据

科尔曼报告:教育机会公平/(美)科尔曼等著;汪幼枫译.—上海:华东师范大学出版社,2018
(教育公平研究译丛)
ISBN 978-7-5675-7746-6

Ⅰ.①科… Ⅱ.①科…②汪… Ⅲ.①教育-公平原则-调查报告-美国 Ⅳ.①G571.2

中国版本图书馆CIP数据核字(2018)第100090号

本书由上海文化发展基金会出版专项基金资助出版

教育公平研究译丛
科尔曼报告:教育机会公平

著　　者	[美]詹姆斯·S.科尔曼等
译　　者	汪幼枫
策划编辑	彭呈军
审读编辑	徐思思
装帧设计	卢晓红
出版发行	华东师范大学出版社
社　　址	上海市中山北路3663号　邮编 200062
网　　址	www.ecnupress.com.cn
电　　话	021-60821666　行政传真 021-62572105
客服电话	021-62865537　门市(邮购)电话 021-62869887
地　　址	上海市中山北路3663号华东师范大学校内先锋路口
网　　店	http://hdsdcbs.tmall.com
印 刷 者	杭州日报报业集团盛元印务有限公司
开　　本	787×1092　16开
印　　张	61.25
字　　数	1048千字
版　　次	2019年3月第1版
印　　次	2019年3月第1次
书　　号	ISBN 978-7-5675-7746-6/G·11132
定　　价	238.00元
出 版 人	王　焰

(如发现本版图书有印订质量问题,请寄回本社客服中心调换或电话021-62865537联系)